L'INSPIRATION BIBLIQUE
DANS LA POÉSIE RELIGIEUSE
D'AGRIPPA D'AUBIGNÉ

Marguerite SOULIÉ

L'INSPIRATION BIBLIQUE DANS LA POÉSIE RELIGIEUSE D'AGRIPPA D'AUBIGNÉ

KLINCKSIECK
1977

© Marguerite Soulié, 1977.

ISBN 2-252-01945-X

AVANT-PROPOS

Avant de présenter ce travail, je dois adresser de chaleureux remerciements à mes maîtres et à mes amis qui m'ont permis de le mener à bien.

J'aimerais d'abord rappeler le souvenir de Lucien Febvre, dont j'ai suivi les cours à l'E.N.S. de Sèvres et au Collège de France : il m'a appris à lire les textes anciens en tenant compte des mentalités du temps.

M. Raymond Lebègue a bien voulu diriger mon travail, qu'il trouve ici l'expression de toute ma gratitude, sa vaste érudition, l'exigeante probité intellectuelle dont il m'a sans cesse donné l'exemple, sa bienveillance et son humour m'ont encouragée à approfondir ces recherches.

A la Faculté des Lettres de Montpellier, le doyen Jourda m'avait accueillie, Henri Weber, après avoir éprouvé le projet de ma thèse, m'a fourni de précieux renseignements, ainsi que le secours de son discernement.

Sur les conseils de M. Lebègue, j'ai étudié l'hébreu ; les professeurs W. Vischer et D. Lys, de la faculté de Théologie de Montpellier, m'ont initiée à cette langue ainsi qu'à l'exégèse moderne des prophètes d'Israël.

Je dois citer aussi M. le Président Allier et M. F. Delteil qui m'ont ouvert les portes de la Bibliothèque du Protestantisme français, à Paris, rue des Saints-Pères, et M. le Pasteur Bosc qui m'a révélé les trésors de cette Bibliothèque qu'il animait véritablement. A la Bibliothèque publique et universitaire de Genève, auprès du Conservateur des manuscrits, j'ai toujours trouvé un accueil sympathique ; au rez-de-chaussée, le Musée d'Histoire de la Réformation m'a souvent offert les richesses de ses documents et l'accueil stimulant d'une équipe au travail. A la Bibliothèque nationale, j'ai découvert non seulement les livres et les pièces historiques indispensables mais le dévouement, toujours si courtois, des divers bibliothécaires.

Je ne puis citer tous les collègues dont l'amitié m'a encouragée, ni l'aide matérielle, si précieuse, que m'ont prêtée, généreusement, mes amis

Montpellier, le 10 avril 1975.

PREFACE

A la Bourse des valeurs littéraires les poésies de D'Aubigné ont connu d'étonnantes fluctuations. Après sa mort, on cesse de réimprimer *Les Tragiques,* et la première réédition date du Second Empire. C'est en vain que l'on cherche des échos de cette œuvre avant la fin du Classicisme.

En revanche, dans notre siècle, on porte un intérêt croissant à la grande geste huguenote, et particulièrement à l'art de son auteur, que l'on oppose à celui de son contemporain Malherbe. Et *Les Tragiques* bénéficient de la découverte et de la vogue de la poésie « baroque ».

Aujourd'hui il est facile de se procurer le texte des *Tragiques,* avec des notes qui en expliquent les obscurités. En outre, en France et à l'étranger, des livres sont publiés qui en éclairent tel ou tel aspect. Parmi les études qui, depuis quelques dizaines d'années, se sont multipliées, l'ouvrage de Mlle Soulié occupera une place à part.

Au début de ce siècle, Trénel avait fourni un catalogue des tournures bibliques employées dans *Les Tragiques,* et les travaux sur D'Aubigné faisaient une place à ses emprunts à la Bible. Mais pour la première fois un ouvrage est uniquement consacré à l'usage qu'il en a fait dans ce poème et dans ses autres poésies.

Marguerite Soulié ne s'est pas contentée de grossir et d'améliorer la liste des sources bibliques de D'Aubigné. En choisissant comme titre « l'inspiration biblique », elle a voulu analyser avec précision l'influence des deux Testaments sur la pensée religieuse (et aussi sur le style) de ce huguenot.

Par suite il lui fallait lire l'Ancien Testament comme l'avait fait D'Aubigné : dans les traductions françaises qui en son temps avaient été faites sur le texte hébreu, et directement dans ce texte. Mlle Soulié a donc appris l'hébreu. Aussi est-ce en connaissance de cause que, dans le dernier chapitre, elle a étudié les hébraïsmes de ce poète.

Et elle a utilisé les meilleures études bibliques, afin de comparer à l'esprit des prophètes d'Israël celui de D'Aubigné et de ses coreligionnaires.

Mais d'Aubigné ne se contentait pas de connaître par cœur la Bible ; il l'interprétait en s'aidant des livres des théologiens protestants. Aussi, dans la première partie de l'ouvrage, Mlle Soulié confronte sa pensée avec celle de Calvin, de Bèze, de Bullinger et d'autres, et elle nous remet en mémoire l'histoire matérielle et spirituelle de l'Eglise réformée.

L'image que D'Aubigné se faisait de l'histoire biblique, a été fortement influencée par les événements contemporains. Mlle Soulié distingue plusieurs époques successives : celle de la première levée des armes, puis la réaction après le massacre de la Saint-Barthélémy, enfin les conséquences de la conversion d'Henri IV.

Les livres protestants de cette époque sont devenus rarissimes : Mlle Soulié a poursuivi de longues et difficiles recherches à Montpellier, à Paris, en cette Suisse romande qui conserve tant d'écrits des Protestants francophones du XVIe siècle, etc...

Si, dans la première partie, D'Aubigné est replacé dans son époque et dans son milieu religieux, la seconde nous introduit au cœur de son œuvre, dans les thèmes de chacun des livres. Selon le thème traité, D'Aubigné utilise de préférence tel ou tel livre de l'Ancien Testament (ou l'Apocalypse). Mais le thème dominant est le prophétisme ; à bon droit Mlle Soulié écrit : « D'Aubigné s'insère après vingt siècles dans la lignée des prophètes d'Israël ».

Ce serait trahir D'Aubigné que de se borner à mettre sur deux colonnes des passages des *Tragiques* et leurs sources bibliques ou contemporaines : cette méthode sommaire est périmée. Mlle Soulié s'est efforcée avec succès de reconstituer pour chacun d'eux le travail de l'auteur et de marquer la différence entre son héros et les écrivains protestants du temps. Comme elle l'écrit, le mérite de D'Aubigné n'est pas mince quand il insuffle à ces textes bibliques souvent cités par d'autres « une vie neuve, un mouvement impétueux ». Ses souvenirs bibliques sont repensés, adaptés, amplifiés, réduits à une allusion, fondus avec d'autres ; tel passage est « une véritable marqueterie de versets bibliques et de commentaires calviniens ».

Quand je commençai à lire les travaux modernes sur nos guerres de religion, ils sentaient encore la poudre : leurs auteurs exprimaient avec véhémence les uns l'opinion des Ligueurs, les autres celle des huguenots. Mlle Soulié, elle, s'est efforcée d'être objective. Et elle reconnaît qu'à la date de leur publication *Les Tragiques* étaient une œuvre périmée : d'une part, elle tombait en pleine Contre-Réforme ; d'autre part, la poésie et la langue française prenaient de tout autres directions.

Mais Marguerite Soulié n'est pas indifférente. Elle vibre avec les coreligionnaires de D'Aubigné. Et, sans que la vérité soit offensée, cette foi donne à son ouvrage une fermeté et un chaleureux élan.

Pour un lecteur d'aujourd'hui *Les Tragiques* comptent parmi les livres du XVIe siècle les plus difficiles. Il faut leur appliquer les connaissances de la théologie, de l'histoire, de la grammaire historique et de la stylistique. Le travail de Mlle Soulié permet d'en faire l'approche et d'en percevoir tout le sens et toute la beauté.

Raymond Lebègue,
Membre de l'Institut.

INTRODUCTION

« Dieu mesme a donné l'argument
Je ne te donne qu'à l'Eglise. » [1]

« Tu m'as donné la voix, je te louerai, mon Dieu,
Je chanteray ton los et ta force au milieu
De tes sacrés parvis, je ferai tes merveilles,
Ta deffence et tes coups retentir aux oreilles
Des Princes de la terre, et si le peuple bas
Sçaura par moy comment les tyrans tu abas... » [2]

A plusieurs reprises, dans les *Tragiques*, A. d'Aubigné déclare que
ce poème nouveau a été inspiré par Dieu, que lui-même n'a été sauvé,
lors de l'attentat qui lui fit goûter la mort, que pour rallier un peuple
en désarroi en lui rappelant les délivrances de son Seigneur. Il ne cesse
d'assumer le rôle du prophète biblique que le souffle de Dieu possède
et contraint. Aussi ne peut-on pénétrer le sens profond de cette œuvre,
et retrouver une communion spirituelle avec son auteur, que si l'on
croit, avec le poète, à cette vocation surnaturelle. Les *Tragiques* sont
une épopée de la foi ; pour les Réformés du XVIᵉ siècle, cette foi rend
vivante, actuelle et créatrice la Parole de Dieu contenue dans la Bible.
Nous n'avons pas voulu faire un simple catalogue — d'ailleurs J. Trénel
l'avait déjà dressé [3] — des expressions bibliques et des tours hébraïques
qui donnent au poème un caractère un peu étrange, nous avons tenté
de saisir l'esprit de cette création, si fortement marquée par les épisodes,
les personnages, les élans poétiques de la Bible. Pour cela nous avons
longuement étudié le milieu historique où une poésie d'une inspiration
analogue — bien que sa valeur littéraire paraisse bien inférieure — a
fleuri, comme le laurier d'Apollon, dont parle Diderot « qui s'agite et

---

1. Préface des *Tragiques*, vers 410-411.
2. Les *Fers*, v. 1435-1440.
3. Trenel J. *L'élément biblique dans l'œuvre poétique d'Agrippa d'Aubigné.*
Thèse. Paris, Léopold Cerf. in 8°, 1904.

verdit lorsque la fureur de la guerre civile... arme les hommes de poignards » [4]. Jacques Pineaux a récemment présenté la poésie protestante de ce temps, dans une thèse d'une extrême richesse [5] ; l'analyse qu'il fait de la *poésie de combat* confirme les conclusions que l'étude des pamphlets en prose ou des traités d'exhortation, contemporains des guerres de religion et de la Saint-Barthélémy, nous avait fournies sur le rôle de la Bible qui a contribué, pour une large part, à donner, dans cette littérature de propagande, une dimension épique aux combats, à la résistance désespérée des assiégés. En effet, on ne doit point se représenter Agrippa d'Aubigné lisant la Bible dans son cabinet de travail, comme Ronsard ou Vauquelin de la Fresnoye lisaient Homère ou Virgile. La libre lecture de la Parole a été l'enjeu du combat mené par les Réformés depuis le temps des premiers martyrs : la Bible fut aussi l'enseigne qui ralliait les combattants et sanctifiait la guerre ; les épisodes de l'histoire d'Israël, délivrance d'Egypte, marche à travers le désert, conquête de Canaan ont constitué les mythes-conducteurs d'une véritable épopée réformée dont les guerres de religion, puis le regroupement des forces après la Saint-Barthélémy étaient la base historique. Agrippa d'Aubigné ne pouvait lire ou écouter l'histoire de son parti sans être imprégné de ces rapprochements constants entre l'actualité et les délivrances ou les épreuves d'Israël. Nos deux premiers chapitres sont consacrés à l'étude du rôle de la Bible dans cette vision épique qui forgea une unité idéologique pour un parti longuement soumis à l'épreuve du temps et des intérêts divergents ; après la Saint-Barthélémy, une vision prophétique de l'histoire, nourrie de la Bible, a permis un rassemblement des églises éparses, et la constitution d'une résistance à la tyrannie.

Nous n'avons guère d'études sur les mentalités religieuses de cette époque tourmentée [6]. J'ai posé au chapitre IV le problème de la *mystique calviniste* en essayant de déterminer quels sont, pour un artiste réformé, les rapports entre les réalités visibles et le monde surnaturel ; cette étude doit nous conduire à une conception plus nette de la valeur du *signe* dans la poésie religieuse d'A d'Aubigné. La pratique religieuse des Réformés, méditation personnelle, liturgie, prédication, chant des psaumes par des assemblées militantes, a dû, aussi bien que la doctrine calviniste, influer sur l'imitation de la Bible ; les témoignages des

---

4. Diderot. *De la poésie dramatique*. Chap. XIII.
5. Pineaux J. *La poésie des protestants de langue française* (1559-1598). Paris, Librairie Klincksieck. 1971. in-8°, 524 p.
6. Voir Geisendorf P.F. « *La vie religieuse dans les pays de langue française à la fin du* XVIe *siècle* », in Colloque d'Histoire Religieuse. Grenoble, 1963, pp. 87 à 100.

contemporains, « la Forme des prières ecclésiastiques » qui nous livre le mouvement liturgique du culte, le rôle croissant du chant des Psaumes, enfin certaines « liturgies », qui servent de conclusion à certains des pamphlets polémiques, révèlent que le texte biblique proclamé dans sa littéralité avait valeur d'exorcisme, agissait sur une situation donnée, pourvu que l'assemblée ou l'auditoire fussent accordés à la volonté divine exprimée dans cette parole ; mais comme la Bible était quotidiennement méditée, commentée dans les sermons fréquents, certains thèmes bibliques ont pu être adaptés à la vie de ce temps, certains événements ou certaines rencontres évoquant des épisodes analogues de la Bible ont représenté tel ou tel thème biblique bien connu, et ceci nous livre un second mode d'imitation qui n'est plus formel mais qui transpose des éléments bibliques dans l'histoire contemporaine. Ces constatations me conduisent à définir deux modes de l'imitation des Écritures chez A. d'Aubigné : une reprise des thèmes sous une forme moderne, transposée dans la réalité contemporaine, et une citation textuelle, volontairement hébraïsante, de la Parole à laquelle A. d'Aubigné, comme ses contemporains, prête alors une force quasi-magique.

Le chapitre VI clôt cette première partie par l'étude de la crise spirituelle que provoqua, chez le compagnon d'Henri de Navarre, la certitude que l'établissement du parti protestant, son hégémonie politique ne se réaliseraient pas et que le chef élu de Dieu qu'il servait renierait la voie étroite de l'élection divine pour choisir la large avenue des compromis. A l'épopée historique qui devait aboutir à une victoire visible, succède alors une épopée mystique, tout entière orientée vers les fins dernières, et ceci n'est pas sans analogie avec l'expérience douloureuse du peuple d'Israël et de ses prophètes.

Dans la deuxième partie de ce travail sont présentés les principaux thèmes bibliques qui constituent la trame, et souvent les idées-forces de chaque chant. Ils ont été retrouvés non seulement dans la lecture directe de la Bible mais aussi dans les sermons, et les commentaires de Luther, Calvin, Bèze, Bullinger, parfois dans des ouvrages moins connus qui servaient à l'exhortation des fidèles. Exposer cette très ample matière offrait de graves difficultés ; à propos d'un seul livre, *La Chambre dorée,* que l'on étudie assez peu, j'ai indiqué ces thèmes dans leur succession, au fil du texte ; pour les autres livres, en groupant *Misères* et *Princes, Feux* et *Fers, Vengeances* et *Jugement,* j'ai dû n'exposer que les thèmes principaux, en soulignant le caractère particulier qu'ils confèrent à la satire ou à l'épopée. Après une brève étude des thèmes bibliques dans les *Poésies religieuses,* j'ai entrepris un examen des *hébraïsmes* dont l'étrangeté fait la force : ils permettent au

poète de joindre deux emprunts textuels en gardant une « couleur hébraïque » ou de rendre sensible, au cours d'une satire virulente, la présence du regard de Dieu ; A. d'Aubigné recrée ainsi une langue proprement *poétique,* chargée d'une puissance surnaturelle.

Au terme de ces recherches qui n'ont d'autre ambition que de fournir quelques références précises à d'autres travaux, l'inspiration biblique, d'un caractère nettement prophétique dans les *Tragiques,* apparaît comme la raison d'être de l'entreprise poétique d'A. d'Aubigné et
ce qui lui confère, en même temps qu'une certaine étrangeté, qui contra-
riait absolument la poésie éloquente et ornée de la fin du siècle, l'originalité, la hardiesse abrupte qui peuvent séduire un lecteur moderne.

PREMIERE PARTIE

Chapitre premier

I. — L'EPOPEE DES GUERRES DE RELIGION ET LES THEMES BIBLIQUES QU'ELLE DEVELOPPE. FORMATION D'UN CLIMAT EPIQUE

On s'accorde à dire que les *Tragiques* sont, pour une bonne part, une *épopée religieuse* et qu'A. d'Aubigné réussit à éviter la froideur et la convention du *merveilleux païen*, hérité de l'épopée antique, en lui substituant un *merveilleux auquel il croit*, une matière biblique qui fait partie de son héritage spirituel.

A ce point de vue, les *Tragiques* ne sont nullement une création isolée, ni originale — d'ailleurs conçoit-on une épopée sans public ? sans un peuple qui la soutienne de sa ferveur ? — Dans d'innombrables œuvres, plus polémiques que littéraires, dans des tragédies, des pamphlets vengeurs, des chants, des poèmes et naturellement aussi des sermons, les *thèmes épiques empruntés à l'Ancien Testament* ont été non seulement repris pour offrir un enseignement ou une exhortation, ce qui reste assez loin de l'épopée, mais traités comme des récits historiques fraîchement vécus, présents, pour ainsi dire, dans l'Histoire en train de se faire, propres à révéler, immédiatement, son sens.

Qu'est-ce qui a poussé ainsi les huguenots à réactualiser l'épopée d'Israël ? Certes, la Réforme affirme qu'il n'y a qu'une Eglise ; par-delà plusieurs siècles d'infidélité, les théologiens réformés renouent avec la doctrine et les rites de la primitive Eglise et, au-delà, avec ce peuple élu de Dieu dont le choix et l'existence manifestent si clairement la grâce divine. Mais pour Luther, Calvin et leurs disciples, il ne s'agit pas de retourner à l'ancienne loi, de modeler sa vie sur les épisodes de l'Ancien Testament qui n'était que l'ombre et la figure de la réalité à venir.

Quel est donc le point de départ de cette assimilation, et, si on peut les saisir, les causes qui ont fait marcher les huguenots sur la piste des tribus libérées d'Egypte, qui leur ont fait voir dans leurs chefs des Moïse, des Josué, des Gédéon, dans les engagements ou les sièges qu'ils soutenaient, des batailles où « le Dieu des armées » animait leurs troupes ? Réflexion indispensable pour sentir ce qu'offrent de réel et d'authentiquement vécu les épisodes, les personnages et les souvenirs bibliques si fréquents dans les *Tragiques*. On peut rappeler ce premier éclat de la trompette épique : « Sortez de Babylone mon peuple... » lancé par Luther en 1520 avant même son excommunication [1]. C'est la première brèche ouverte dans le mur de la tradition. Ce cri de délivrance, qui retentira dans tout le siècle, mêle intimement épopée et prophétisme.

On pourrait relever, quand l'attaque des dogmes et des abus se fait particulièrement virulente, des allusions, des cris, de brèves métaphores qui, dans un éclair, évoquent les luttes non seulement religieuses mais concrètes, sanglantes d'Israël contre les Cananéens idolâtres. Mais tant que la Réforme se propage par le témoignage et les traités polémiques, c'est occasionnel ; on peut dire que l'évocation constante des tribulations et des combats d'Israël, de son histoire en général, pour donner sens et forme à l'histoire du peuple réformé, peut être, en gros, datée de 1560 — date de la Conjuration d'Amboise, prélude aux guerres civiles — jusque vers 1589, moment où Henri IV donne des assurances aux catholiques, où le parti réformé va traverser une crise très dure.

Avant cette date, 1560, les thèmes bibliques sont développés soit pour instruire le fidèle, soit pour nourrir la polémique antipapiste, soit pour exhorter les persécutés à rester fermes dans les tribulations. Mais ces thèmes sont éclairés par l'Evangile, développés en symboles de la vie chrétienne, ils sont *christologiques*. De même, dans le temps de la pacification, à la fin du siècle, on peut lire des *Poésies chrétiennes* d'Odet de La Noue par exemple [2], qui ont pour sujet la vie intérieure, la sanctification du croyant. Dans le même recueil, des *Odes* consacrées

---

1. C'est bien le sens du titre du premier traité de Luther « *De captivitate babylonica* » mais la formule précise et sa référence au chapitre XVIII de l'Apocalypse se trouvent à la page 41 de « *l'Antithèse de la vraye et faulse église* » extraite d'un livre envoyé au Duc de Brunswick 1545 (traduction française). Cette formule a fait fortune, elle est citée comme la référence nécessaire de toute contestation religieuse et reprise dans la plupart des confessions de foi des membres du clergé ou des catholiques qui se convertissent à la Réforme, voir *Opuscules et pièces fugitives*, B.P.U. Genève (Rés. 880. Bc (10 vol.).

2. Odet de La Noue. *Poésies chrestiennes* nouvellement mises en lumière par le sieur de La Violette. Genève, 1594, in-8°.

aux derniers combats contre la Ligue paraissent bien froides, les allusions bibliques y sont devenues formules de convention, tournures stéréotypées.

Il me paraît utile d'étudier la formation de cet esprit épique, étroitement lié à une mobilisation à la fois militaire et politique, à la constitution d'un peuple à part — ce que n'avaient pas voulu être auparavant « ceux de la religion » qui se voyaient plutôt comme « le levain dans la pâte », jusqu'à la fin du « temps des martyrs ». Une persécution larvée, des parodies de justice, des spoliations, une insécurité générale, enfin l'impitoyable répression d'Amboise amènent les Réformés à accepter la guerre civile ; il leur faut convaincre certaines âmes scrupuleuses, regrouper leurs forces, s'organiser, s'unir moralement surtout (même s'ils n'ont pas tous le pur et noble mobile du service de la vraie foi pour s'engager dans la guerre), gagner l'appui moral des princes allemands qui les soutiennent et des cantons suisses favorables à leur combat. L'épopée d'Israël, les souvenirs épiques des Psaumes, les épisodes de l'histoire des Juges ou des Rois fournissent à la propagande guerrière de remarquables motifs unificateurs, car tous ces thèmes bibliques manifestent qu'il s'agit d'une guerre religieuse et que Dieu combat pour ceux qui n'ont d'espérance qu'en lui.

Deux crises très graves ont suscité ces rassemblements du peuple réformé qui se considérera désormais comme un peuple à part, librement rassemblé autour de ses chefs, et qui doit à la fois trouver des moyens de subsistance et une discipline qui lui est propre, si bien que cette vie militaire et partisane apparaît bien comme une « totalité de la vie », ce qui, d'après Hegel [3], caractérise l'épopée.

1° *L'entrée en guerre après le massacre de Wassy* (mars 1562). Cette justification de la prise d'armes se renouvellera à chaque guerre, et, aussi, chaque fois que les troupes rassemblées et leurs chefs seront menacés par le découragement et la lassitude.

a) *La légitimité de la guerre défensive* est à la base même d'une guerre voulue par Dieu et soutenue par Lui, qui en ce sens est « *sainte* », ce qui ne veut pas dire pure, ni sans péché.

De nombreux témoignages [4] indiquent que Calvin et Th. de Bèze qui, jusqu'à la Conjuration d'Amboise, avaient contenu de toutes leurs

---

3. Hegel G.W.F. *Esthétique. La poésie*, 2 vol., éd. Aubier, Paris, 1965.
4. Voir en particulier H. Naef. *La conjuration d'Amboise et Genève*. Paris, 1922, in-8°.

forces les passions belliqueuses qui bouillonnaient en France, après la répression d'Amboise et surtout le massacre de Wassy, renoncent, pour des *motifs théologiques et religieux,* à endiguer le déchaînement de la guerre.

Il s'agit ici d'une étude de motivations morales et religieuses conscientes, et non d'une étude historique, c'est-à-dire complète et impartiale des causes, souvent cachées aux acteurs du drame, des guerres de religion, puisque nous voulons expliquer la réactualisation d'épisodes de l'Histoire Sainte.

L'image du « *petit troupeau en prières* » massacré par des soldats armés jusqu'aux dents, que les estampes de Tortorel et Périssin [5] ont répandue à travers toute l'Europe, est sans cesse reprise dans tous les pamphlets qui appellent aux armes. C'est l'Eglise, cernée par les « *loups ravissants* » ; mais il fallait d'autres raisons, plus profondes, aux chefs spirituels de la Réforme pour voir se dresser, devant les colonnes en marche du parti réformé, la « *colonne de nuées* », signe de la présence de Dieu.

Ecartons nos conceptions trop modernes de « liberté de conscience », d'autonomie spirituelle des citoyens.

C'est le sentiment *d'une vocation,* la certitude de l'appel de Dieu, Seigneur des Seigneurs, les signes qu'il leur avait donnés de Sa volonté et qui jalonnaient leur difficile chemin, qui ont persuadé les Réformés que leur présence au Royaume de France était nécessaire, et qu'ils y seraient maintenus « à main forte et à bras étendu ».

D'abord persuadés que, le Seigneur donnant les moyens de ce qu'Il ordonne, le Roi, les Princes, les plus grands seigneurs seraient gagnés à la cause du « *pur évangile* », ils ont attendu des rois successifs, François Ier, Henri II, Charles IX, une conversion à la vraie foi, ou tout au moins une large tolérance pour qu'ils aient la liberté d'adorer en « esprit et en vérité » et de prêcher la Parole. C'est ce qui explique la rédaction de Confessions de foi ou de Remontrances adressées à Henri II, Catherine de Médicis, Charles IX et l'*Institution de la Religion chrétienne* dédiée à François Ier, avec sa célèbre préface où, dit Pierre Mesnard, « Calvin s'acquitte

> *du devoir d'un prophète* qui a mission d'éclairer le roi avec *la révérence d'un sujet fidèle* qui ne le tient pas pour responsable des

---

5. Tortorel (Jacques) et Perissin (Jean). *Premier volume contenant quarante tableaux ou histoires diverses...* Lyon 1569-1570, in-f° oblong. B.N. Rés. Fol. La 21. 7.

iniquités commises en son nom et la *sainte indignation d'un reli-gionnaire* contre les accusations infamantes de troubles et de sédi-tions [6] ».

Elle sert de modèle à ces pamphlets où l'affirmation très sincère de la fidélité monarchique s'allie à une attente du personnage providentiel qui guidera le peuple de Dieu vers la Terre Promise, la terre de l'établisse-ment ; ce personnage providentiel étant le roi ou le prince qui va accé-der à sa majorité et qui reçoit, comme signe de cette divine vocation, les noms de *Josué, Josias, Ezéchias* ou, dans les *Remontrances* adressées à Catherine, ceux d'*Esther,* de *Déborah* [7].

Des signes éclatants à leurs yeux, donnés par Dieu lui-même, ont fortifié cette espérance tenace :

La mort de Henri II, blessé mortellement au milieu des réjouissan-ces par la lance de Montgommery, le capitaine des gardes qui, sur son ordre, avait arrêté Anne du Bourg en pleine Mercuriale. (Hist. Universelle - 1ʳᵉ partie, livre II - chap. II) [8].

Et selon le récit d'A. d'Aubigné : « Comme on l'emportait, le roi tourna la face vers la Bastille, lui échappant de dire avec un grand soupir qu'il avait injustement affligé les gens de bien qui étaient là-dedans. »

La mort de François II ainsi présentée dans les *Mémoires de Condé* :

« Il se faisait de grandes menées, et se préparoyent de grandes cruautez, pour lesquelles devancer, Dieu permit que le Roi inopiné-ment fut saisi d'un mal en l'aureille gauche, le 19 du mois de Dé-cembre, ayant été malade 17 jours.

Ceste mort fut cause de l'élargissement de M. le Prince de Condé et d'autres, et fit aussi cesser les persécutions contre ceux de la Reli-gion. » [9].

Même interprétation à Genève : « Or fut dict communément que ceste mort était une œuvre de Dieu, merveilleuse et non attendue. » [10]

6. Mesnard P. *L'essor de la philosophie Politique au* XVIᵉ *siècle.* Thèse, Paris, Boivin, 1936, gr. in-8°, p. 277.

7. Voir entre autres *Exhortation Chrestienne au Roy de France Tres Chrestien Charles IX* à l'advènement de sa couronne. *Mémoires de Condé,* éd. en 6 vol. in-4°, Londres, 1743, II, pp. 230 à 266.

8. Voir A. d'Aubigné : *Histoire Universelle* (1553-1602). Editions publiée pour la Société de l'Histoire de France, par le baron A. de Ruble. Paris, 1886-1897. 9 vol., in-8°, voir aussi : *Mémoires de Condé.* Op. cit., p. 615, t. II.

9. *Mémoires de Condé.* (Sommaire des choses contenues au premier et second volume du recueil), t. III.

10. Michel Roset. *Chroniques,* p. 442 ; cité par H. Naef. *La Conjuration d'Amboise et Genève, op. cit.,* p. 215.

L'entreprise d'Amboise qui « intimida tellement le cœur des Seigneurs qui poursuyvaient obstinément l'affliction de ce povre peuple, qu'eux-mesmes par une estrange métamorphose donnèrent les premiers avis de lui ouvrir les prisons ». (*Exhortation aux Princes et Seigneurs du Conseil privé du Roy.*)

Et le même auteur conclut, après avoir mis au nombre des *faicts de Dieu* la mort de François II : « Qui est celuy si hébété, lequel discourant cecy ne recognoisse tous les effets sus mentionnés estre yssus de la main de Dieu ? » [12]

L'assassinat du duc de Guise, par *Poltrot de Méré* :

« Les povres subjets du Roy enfermez à Orléans, recognoissans les bénéfices de Dieu, tous d'un commun accord, comme fit le peuple du Seigneur assiégé en Béthulie, dirent cantiques de louanges au Seigneur leur Dieu : nostre Dieu, loué sois-tu qui as aujourd'hui anéanti l'ennemi de ton peuple. » [13]

Ces faits auxquels on en ajoutait d'autres : la mort du cardinal de Lorraine au cours d'un orage effroyable, l'assassinat à Blois du duc de Guise et de son frère, devinrent très vite pour les Protestants les signes de l'action vigilante de Dieu contre les ennemis de Son peuple.

La vision qu'avaient les Réformés d'une évolution politique qui leur garantît une liberté sans le recours à la violence paraissait être réalisée avec *l'édit de janvier 1562,* deux mois avant le massacre de Vassy.

Ainsi, aux yeux des chefs politiques, aussi bien qu'au yeux des théologiens, le duc de Guise avait transgressé un édit royal et son impunité paraissait due à une faiblesse incompréhensible de l'autorité du magistrat (dans ce cas précis de la Régente) qui, d'après le chapitre XIII de *l'Epître aux Romains,* a reçu de Dieu mission de maintenir d'ordre dans la cité tant qu'il a plu à Dieu de maintenir ce monde.

D'où le mythe du petit prince et de la Régente « prisonniers des Guise » et que les armées de Condé, loyaux sujets de sa majesté, devaient délivrer.

---

11. *Mémoires de Condé,* t. II, p. 615, pamphlet attribué à Etienne Pasquier Attribution assez suspecte parce que ce « particulier » paraît très favorable aux protestants, il demande la reconnaissance des deux religions.
12. *Mémoires de Condé* II, p. 613. Exhortation aux princes et seigneurs du Conseil privé du Roy.
13. Mémoires de Condé IV, pp. 56, 74 et 472 (Lettre de J.P. Spifame à la Royne mère du Roy).

Guerre légitime, entrant dans le dessein de Dieu, qui déjà par bien des signes avait délivré les siens dans les situations critiques de la main des « méchants ».

Guerre nécessaire pour maintenir au royaume de France un grand nombre d'églises « dressées » grâce au témoignage des martyrs. Combats dont l'objectif fut toujours la liberté religieuse, l'édit de Janvier.

Armées qui groupaient toutes les classes sociales, puisque chaque paroisse devait envoyer une enseigne.

Tout ceci rapprochait singulierement le peuple huguenot en lutte de cette première Eglise des temps anciens à laquelle les théologiens se référaient sans cesse, figure de l'Eglise à venir, peuple choisi pour sa faiblesse et appelé à la fidélité rigoureuse de la foi. C'est-à-dire *le peuple d'Israël.*

b) *Analogies entre Israël et le peuple réformé*

Il s'agit d'analogies très profondes, plusieurs paraissent évidentes dès que la Réforme est prêchée. Les théologiens de la Réforme, au moment où ils provoquent une ferveur nouvelle, ne font d'ailleurs que raviver, au cœur des nouveaux croyants, un héritage très ancien, très fondamental de l'Eglise.

1) *Un peuple élu pour une mission salvatrice*

Dans la promesse adressée àAbraham : « Je ferai de toi une grande nation », « tous les peuples de la terre seront bénis en toi », est proclamée l'alliance qui fonde le peuple d'Israël et lui donne sa raison d'être : une alliance de grâce pour l'humanité entière.

Mais on y découvre aussi la figure du peuple de Dieu, de l'Eglise, fondée sur la nouvelle alliance, sur la Promesse faite chair en Christ. La prédication réformée depuis ses origines n'a cessé de constituer ce peuple qui *par la foi* répond aux promesses de la Grâce. L'histoire d'Abraham est donc la figure de l'événement extraordinaire que les Réformés vivent. Sans doute Israël était-il *Christophore,* le Christ devant apparaître dans la succession des générations. Mais les croyants de la Réforme considèrent qu'ils sont annonciateurs du pur Evangile, du Message salutaire pour leur temps. Ils rouvrent pour leurs contemporains les Ecritures fermées, c'est la seule voie à leurs yeux pour revenir au Christ. C'est pourquoi, spirituellement, ils sont aussi *Christophores.*

2) *Mis à part au milieu des nations idolâtres*

On sait quelle place tient le « culte des idoles » dans la polémique contre l'Eglise officielle.

Il n'est pas un pamphlet, adressé au roi Charles IX ou à la reine mère, qui ne les invite à imiter le bon roi Josias qui remit en honneur le livre de la Loi, ôta du temple tous les objets consacrés au culte de Baal, profana les hauts-lieux, brisa les statues, abattit les idoles d'Astarté. Et, de son côté, la reine de Navarre répond au cardinal d'Armagnac que, pour son instruction, elle lit « la Bible au livre des Rois d'Israël, formant [son] patron sur le roy Josias ; afin qu'il ne [luy] soit reproché, comme aux autres rois d'Israël, [d'avoir] servi Dieu mais d'avoir laissé les hauts-lieux » [14].

3) *Ce peuple est encore châtié quand il se glorifie, miraculeusement préservé au cœur de l'épreuve* car il doit vivre dans la relation de l'amour.
Cette alternance du châtiment et de la grâce s'appliquait particulièrement aux Réformés dans ces temps de la guerre civile où les échecs militaires étaient fréquents, la vie très difficile pour les troupes qui vivaient sur le territoire occupé, comme pour les civils en proie au pillage, aux dévastations, où la paix était sauvée d'une façon extraordinaire, une ville assiégée délivrée par un retour des choses inattendu.

On peut bien dire que le parti réformé menait un combat inégal, assez analogue à la longue marche d'Israël à travers le désert, les lendemains n'étant jamais sûrs, la paix n'étant jamais définitive et que, comme Israël, il n'avait qu'un double recours, la vigilance et la prière, la foi de « *la sentinelle qui compte sur le matin* » [15].

Ces analogies profondes, très étroitement liées à la vie d'une église militante devaient permettre, dans les temps d'angoisse et de troubles, de rapprocher le présent des épisodes du passé, de grandir l'histoire présente confuse, obscure, au cours de guerres dont l'issue était douteuse, en y reconnaissant ces batailles de l'histoire biblique, ces délivrances miraculeuses qui lui prêtaient leur noblesse héroïque ainsi qu'une orientation et un sens. Voilà pourquoi on peut souligner l'authenticité de ces identifications et parler *d'une épopée vécue*. Les thèmes bibliques de l'épopée hébraïque ne seraient pas sans cesse repris dans les pamphlets, les chansons, les poèmes ou les prières du peuple réformé en guerre s'ils n'étaient que de brillantes images.

---

14. *Mémoires de Condé, op. cit.*, t. IV, p. 600. Lettre datée de 1563.
15. Ps. CXXX, v. 6.

Un cri comme celui-ci :

« Si Pharaon ce grand meurtrier
Est revenu, fay le noyer
Encore un coup dans la mer Rouge. »

(Cantique sur le Ps. XXXV daté de 1561) [16],

appartient à un combattant qui prie tout en s'élançant au combat. Entre ces luttes d'Israël et les combats actuels toute distance est abolie.

One ne saurait donner une liste exhaustive des *thèmes épiques de l'Ancien Testament* qui servent de pivot, de démonstration ou d'exemple-type aux pamphlets, exhortations, chants de guerre, remontrances ou épîtres de propagande qui se proposent soit d'inciter les rois à reconnaître le peuple que Dieu défend car il l'a suscité, soit à stimuler la résistance armée et la guerre. Citons ceux qui reviennent le plus fréquemment :

Thèmes *de l'Exode, de la marche au Désert, de la guerre sainte* [17],

Combat de Debora et Barac [18],

Victoires miraculeuses des *Juges : Gédéon et ses trois cents hommes, défaite des Madianites* [19].

Certains thèmes manifestent *l'élection* soulignent que ni le nombre ni la force des « méchants » ne résistent à la volonté de Dieu qui sauve ses élus. *Le Déluge* [20]. *Sodome et Gomorrhe* [21]. *David combattant Goliath* [22]. *Rôle de Moïse* [23] — mais surtout *combats de Josué*

---

16. *Chansonnier huguenot du seizième siècle,* éd. H. Bordier, Paris, 1870, t. II, p. 209.

17. Dieu délivre son peuple de la multitude des ennemis ; délivrance des enfants d'Israël et ruine des Egyptiens. Voir *Complainte apologique des Eglises de France.* Mémoires de Condé, t. II, pp. 288 à 319.

18. On exhorte ainsi la reine mère et le roi de Navarre à prendre parti pour les églises réformées ; *ibid.* p. 316.

19. *Ibid.,* p. 301.

20. *Ibid.* p. 296.

21. *Remonstrance aux Fidèles de persévérer en leur saincte entreprise.* Mémoires de Condé III, p. 268.

22. Voir Trilogie de des Masures en particulier *David combattant.* Des Masures (Louis) *Tragédies saintes* éd. critique par Ch. Comte, S.T.F.M., Paris, Droz, 1932, in-16. cf.: A.M. Schmidt: *Les dramaturges huguenots du* XVIe *siècle.* » Foi et Vie, 1936.

Notons ces vers de l'épître liminaire des *Tragédies sainctes* :
« ...Afin que tu te représentes
(les lisant à part toi) le courage endurci
Des Philistins pressant Israël en Querci. »

23. Voir *Epistre envoyée au Roy de Navarre par les Ministres et Eglise Assemblée au Nom de Jésus-Christ en la ville de Rouen.* Mémoires de Condé, t. II, p. 325.

qui installe le peuple errant dans la Terre promise. On exhorte le roi de Navarre à être un nouveau Josué à « conduire son peuple... outre le Jourdain » [24].

Le thème du combat contre l'Idolâtrie qui exprime le caractère religieux de la guerre met en valeur le *combat de Josias* qui devrait, espère-t-on, inspirer les actes du jeune roi [25].

D'autres chefs ou *roi fidèles* mènent le même combat : *Jéhu, Ezéchias, Josaphat* et *Asa* [26].

L'épisode *du combat d'Elie contre les prophètes de Baal* [27] est cité en exemple aux princes du temps.

L'ange de Sennacherib enfin constitue la preuve qu'aucune situation n'est désespérée puisque Dieu combat pour les siens [28].

Tous ces épisodes sont d'ailleurs compris dans la longue guerre qui oppose au cours des âges le *Christ* et *l'Antechrist*. Jésus-Christ étant vu comme « le Dieu guerrier qui a toutes créatures et toutes autres choses à son commandement : desquelles il se sert comme de Soldats pour guerroyer contre ses ennemis... » [29]. Cette conception marque la fusion dans une seule figure héroïque du Dieu de l'Alliance qui fait passer son peuple en la terre de Canaan et du Roi-combattant qui, dans l'Apocalypse, livre la bataille des derniers temps contre la bête et les Rois de la terre [30].

---

24. *Complainte apologique...* Mémoires de Condé, t. II, p. 302.
25. Voir H. Bordier, *chansonnier huguenot*, t. II, p. 220 :
    « Ce Roy va chasser l'Idole
        Plein de dole
    Cognoissant un tel forfait
    Selon la vertu Royale
        et loyale
    Comme Josias a faict. »
Voir aussi le *Josias* de Philone, Genève, 1566.
26. *Mémoires de Condé*, t. II, p. 310.
27. *Ibid.*
28. *Chansonnier huguenot : op. cit.*, vol. II, p. 110 :
    « Car comme advint au Roy de Babylon
    Duquel le camp par l'Ange fut desfait,
    De nos haineux le visage felon
    Verrons perir : aussi tost que fut fait. »
Cf. *Mémoires de Condé*, t. II, p. 319.
29. *Ibid.* p. 302.
30. *Apocal.* XIX, v. 11 à 21.

c) *Le rôle de la doctrine de la prédestination dans la formation de ce climat épique.*

La doctrine de la prédestination est très liée dans la pensée réformée à la connaissance de la grâce. La grâce est le libre et souverain choix de Dieu. Nul ne peut pénétrer le mystère de Son amour.

Cette doctrine, sans cesse défendue et reprise par les successeurs de Calvin, a certainement donné une singulière énergie aux combattants des guerres de religion, et nous verrons qu'elle certifie, au cœur d'A. d'Aubigné, la réalisation de sa vocation prophétique. Mais quel rapport y a-t-il entre cette conception du choix que Dieu fait de ses élus et un *esprit épique* ?

Il convient de remarquer qu'en 1560, au moment où des conflits armés paraissent inévitables, Th. de Bèze publie un petit manuel de vulgarisation, adapté à tout croyant qui sait lire et qui a une Bible en mains et intitulé : « *Brève exposition de la table ou figure contenant les principaux poincts de la religion Chrestienne.* » [31]

La prédestination est au centre de ce petit traité et, de plus, il est accompagné d'une figure qui représente, en le schématisant à l'extrême, une sorte de plan de l'histoire du salut. L'histoire humaine, comme celle du salut de chaque homme, est déterminée par le « conseil de Dieu » et c'est « ce qu'il a plu à Dieu proposer en soy-mesme » qui dirige toute l'histoire ; ainsi les hommes sont libérés du souci, pourvu qu'ils aient la ferme certitude d'être les fidèles instruments du Seigneur, de vouloir ce que Dieu veut par eux et pour eux.

Cela donne une dimension très haute, très élevée aux épisodes de l'histoire : le jeu humain, ici et maintenant, est régi par une volonté éternelle en vue de la fin dernière des hommes et du monde.

De plus, la figure destinée à représenter pour les moins instruits l'ample dessein de Dieu oppose les hommes, les héros de la Bible et les puissances invisibles en deux camps bien tranchés ; en haut, Dieu, en bas le dernier but du conseil de Dieu, sa gloire.

Doctrine contestable sans doute et presque incompréhensible de nos jours, mais très propre à arracher n'importe quel croyant à soi et à le lancer dans ce vaste combat pour son suzerain, Dieu, qui l'a choisi, qui le guide et le conduit. Elle prête aux combats et aux épisodes de l'histoire humaine une singulière grandeur car il ne s'agit plus même de

---

31. S.l. par Jean Rivery, 1560, in-8°, B.N. D² 5928.

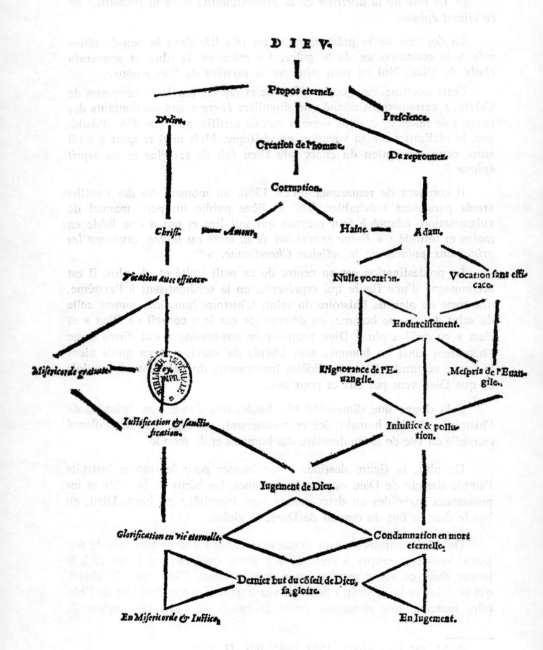

grandir des engagements mineurs en les revivant comme les combats héroïques d'Israël. Tout le combat des croyants unis au Christ, enrôlés sous sa bannière, est orienté vers le Jugement et la vie éternelle ; en revanche, l'histoire des Réprouvés, dont le modèle est Adam et qui s'acheminent vers l'endurcissement, aboutit, à travers l'*Injustice* et la « *Pollution* », au jugement de Dieu et à la condamnation éternelle.

C'est ainsi, me semble-t-il, que se trouve préparée une épopée où les adversaires s'opposent sans nuances, une lutte de caractère manichéen, mystérieusement ordonnée par Dieu, élargie aux dimensions de l'univers, sans limite dans le temps et où, pourtant, chaque geste a un sens mystérieux et profond, car il manifeste et scelle une destinée qui, elle-même, a un rôle précis dans le plan divin. Il est bon de voir que ces âpres combats entre les ennemis de Dieu et ses fidèles reposent sur une conviction théologique et ne sont pas uniquement dus à la violence de la passion ou à l'amour des contrastes voulus par une esthétique littéraire.

Voici donc la preuve que la vision épique qui grandit les guerres de religion atteint la sublime dimension du dessein de Dieu, puisque le regard part de l'éternité de Son mystérieux conseil pour aboutir à la révélation éclatante de Sa gloire et à la vie éternelle. L'histoire et les actes humains dont elle est faite ne sont qu'un point dans ce vaste mouvement, mais ils sont chargés de sens et véritablement révélateurs. Nous sommes plus près de Dante que d'Homère. Cette dimension mystique de l'épopée me paraît nette dans les *Tragiques*, elle n'est que pressentie parfois par les contemporains d'A. d'Aubigné.

2° *Deuxième crise très grave, mobilisant toutes les énergies et renouvelant un courant épique : la Saint-Barthélémy.*

L'événement historique provoque le même effet de surprise (mais l'effroi et le désespoir éclatent) que le massacre de Vassy. Les Réformés étaient en confiance, ils croyaient avoir l'appui du pouvoir royal ; brusquement, c'est le massacre, ils deviennent des hors-la-loi ; dans toutes les villes, on les arrête en masse pour les massacrer. Sièges de Sancerre, Sommières, La Rochelle. Genève commence une longue veillée d'armes et s'attend à une attaque en force.

La volonté d'exterminer tous « ceux de la Religion » semble évidente aussi bien à tous les Huguenots de France qu'aux princes protestants et aux Réformés de l'Europe.

C'est que le massacre n'apparaît pas comme un mouvement passionnel et impulsif de vengeance, il est aussitôt suivi par des mesures très cohérentes pour convaincre les Réformés d'être les complices d'une vaste conjuration et leur offrir une abjuration qui seule prouvera leur loyalisme monarchique. Au même moment apparaissent des traités catholiques qui reprennent les principaux points théologiques controversés pour servir à point nommé de propédeutique à cette abjuration générale.

Ainsi, aux malheureux restes des familles décimées, échappés comme par miracle au massacre, on tend d'une main un poignard et de l'autre une déclaration d'abjuration, pire que la mort pour des croyants sincères, car c'est leur faire renier leur foi et leurs morts.

La réaction des Réformés à tout cela est la résistance dans le désespoir et surtout une *résistance d'ordre spirituel*. La parole de Jésus : « Ne craignez pas ceux qui tuent le corps, craignez plutôt celui qui peut jeter l'âme et le corps dans la géhenne du feu » apparaît comme le mot d'ordre de cette résistance.

1. *Que fait l'Eglise ?* Un synode réuni en Béarn dès 1572 — au dire d'un certain écrivain catholique dont le témoignage n'est pas contesté — décide l'application de certains articles « depuis apportez à Millau » :

1) « Que comme les Ninivites *à la voix de Jonas,* les fidèles, aussi à la voix de Dieu courroucé parlant par ses serviteurs, et ses verges et menaces, publient et observent estroitement et sans hypocrisie, par autant de jours que l'Eglise avisera, en chascune cité ou ville, où Dieu les aura retirez, un sainct et chrestien iusne, qui serve à les humilier, abbattre et matter la chair, et eslever l'esprit à Dieu.

2) « Que par prières publiques et très ardentes, avec un continuel amendement de vie, du plus grand jusques au plus petit, ils facent (comme de nouveau) ainsi qu'*au temps de Josias* paix et alliance avec ce grand Père de famille irrité pour leurs péchez : et sur ce l'un avec l'autre conjoincts par vraye foy et charité, ils annoncent la mort du Seigneur, célébrans sa mémoire en l'action de la saincte et sacrée Cène.

3) « Que cela fait... ils eslisent avec voix et suffrages publiques en leur dite ville ou cité un Chef ou Maieur pour leur commander tant au fait de la guerre (pour leur défence et conservation) que de la police civile, afin que le tout y soit fait par bon ordre. » [32]

---

32. Voir Mémoires de l'Estat de France sous Charles IXe. Vol. II, pp. 164-165, éd. de 1577. S.l.

Ce texte indique combien l'Ancien Testament est actuel aux yeux des Eglises éprouvées. En même temps il permet de souligner l'étroite liaison entre le spirituel et le politique. Des mesures très concrètes, une organisation politique autonome, là où les Réformés sont assez forts dans une ville ou une région, suit immédiatement une acte de repentance solennelle destiné à rétablir l'alliance avec Dieu, maître de tout pouvoir humain, qui a permis la persécution et qui peut l'arrêter. C'est vraiment l'esprit et la foi du peuple de Dieu aux temps bibliques.

2. *Les aspects de la Résistance au sortir du massacre et le rôle de la Bible* dans cette organisation d'une résistance spirituelle.

Comme dans tous les massacres de l'histoire où une cruauté sans frein est accompagnée d'une propagande mensongère qui fait des victimes les agresseurs, les Protestants qui avaient échappé à la boucherie éprouvèrent le besoin

1) de gémir en invoquant Dieu comme témoin,

2) de proclamer la vérité,

3) de survivre. Je ne veux pas parler du seul instinct vital mais de la volonté de vivre conformément à leur foi, c'est-à-dire d'organiser une résistance spirituelle.

1) Le gémissement le plus émouvant, car le rythme du vers rend le souffle court des victimes épuisées d'horreur et de tourment, et comme frappées de stupeur, s'exprime dans le *Cantique sur le massacre de la Saint-Barthélémy* par Etienne de Maisonfleur, gentilhomme huguenot, le 30° d'Aoust 1572 :

« Toutes nos voix faites plaintes
Toutes nos lampes esteintes
Tous nos temples démolis
Nos églises dissipées
Nos unions déliées
Et nos prêches abolis. » [33]

Le rythme, constitué par ces courtes notations juxtaposées, paraît inspiré par les lamentations de Jérémie [34].

---

33. *Chansonnier Huguenot* op. cit., t. II, p. 288 et suivantes.
34. C'est en effet le rythme de la *qîna*, complainte hébraïque au rythme boîteux.

Trois strophes seulement sont composées sur des thèmes bibliques :
la strophe 5 :

« Parmi tant d'aspres souffrances
A tes divines vengeances
Nous avons recours Seigneur. »

et surtout la strophe 6 :

« D'une canaille infidèle
La *Jérusalem nouvelle*
Est la proie et le butin
Et Sion ton héritage
Est démembrée par la rage
D'un cruel peuple mutin. »

On voit ici une expression empruntée à l'*Apocalypse* combinée avec
un verset du ps. 79 [35].

Enfin, à la strophe 13 :

« Quand le peuple Israëlite
Par son Roy fut mis en fuite
Ce fut un signal exprès
De sa prochaine ruine... »

Ici le roi Charles IX est comparé à *Manassé* « qui avait inondé
Jérusalem de sang innocent », c'est ce qui entraîna, lit-on au *deuxième
livre des Rois* XXIV, 3, l'invasion de Nébucanetsar [36] et la première
déportation à Babylone. Ce cantique, immédiatement très populaire et
imité, *appelle Dieu à témoin et invoque la vengeance divine.* Il annonce
ainsi un thème important des *Tragiques.* Il faut un certain recul, après
l'horreur du massacre, pour qu'apparaissent vraiment les thèmes de l'épopée biblique, pour traduire l'épouvante, le caractère exceptionnel de cette
épreuve. (Thème de *la sortie d'Egypte,* du *passage de la Mer rouge,* thème du *Déluge et de l'Arche.*) Mais au lendemain même de ce bain de
sang, les *Psaumes* [37] où David, opprimé par des hommes impies et san-

---

35. « O Dieu, les nations sont entrées en ton héritage... et ont mis Jérusalem
en monceaux de pierres ». Ps. LXXIX v. 1.

36. Transcription littérale d'une forme hébraïque de ce nom d'après II Rois
XXIV-1.

37. Les Psaumes offrent en effet un double caractère : on y trouve les
souvenirs des délivrances de Dieu, ils chantent les délivrances ou les angoisses
du Roi exilé et fugitif ; ils sont donc *épiques* mais le lyrisme anime cette inspiration épique, c'est David qui prie ou célèbre, soutenu par une mélodie orchestrée, les délivrances d'Israël ou ses propres triomphes, après la prière angoissée-

guinaires qui sont, comme dans le *Psaume* LV, ses amis et ses familiers crie vers Dieu et en appelle à Sa protection, à Sa vengeance, servent à exprimer la douleur de ceux qui subsistent, leurs imprécations vengeresses, et, malgré l'épouvante à laquelle ils sont en proie, la foi qui leur permet de s'assurer en Dieu.

Le Tocsain contre les Massacreurs et auteurs des confusions en France, publié en 1577 [38], mais qui est présenté comme un témoignage écrit au lendemain de la Saint-Barthélémy, montre bien ce recours spontané et immédiat, semble-t-il, aux cris et aux gémissements du Roi-prophète qu'on choisit parce qu'ils ont plus de force et parce que Dieu même, dans l'histoire de David, a répondu à ces véhémentes prières par une prompte délivrance. Certaines pages de ce pamphlet ne sont guère qu'un *centon* de versets des *Psaumes.*

Celle-ci, par exemple, où l'évocation de la cité opprimée est étroitement liée à la dénonciation du vrai responsable, le Roi :

« Et pouvait-on dire de cette ville meurtrière et de son Roy ce que le prophète a escrit d'une autre : « J'ay vu mutinerie et oppression en la Cité, qui environnent nuit et jour ses murailles, malice et moleste sont au milieu d'elle : dol et fraude ne se partent point de ses murs. » Et peu après commence le réquisitoire :

Le *Psaume* dit : « Chacun d'eux a jeté ses mains sur ceux qui vivaient paisiblement avec lui. »

L'auteur du *Tocsain contre les Massacreurs* n'a qu'un mot à changer pour faire éclater *par la bouche du Roi-prophète* la responsabilité royale ; il écrit :

« *Il* a jetté ses mains sur ceux qui vivaient paisiblement avec luy et a violé son alliance. Les parolles de sa bouche sont plus molles que beurre, mais guerre est en son cœur. Ses paroles sont plus douces qu'huile, mais elles sont comme glaives tranchants. » [39]

Enfin le *Psaume* V versets 10 et 11 permet de réunir l'expression de la crainte, la dénonciation du prince cruel et hypocrite et l'appel à la vengeance de Dieu :

---

38. Anonyme. Reims, 1577. B.N. L 3βb 326.

39. *Le Tocsain contre les Massacreurs, op. cit.,* p. 87.

« Il n'y a point de droiture en leur bouche et le dedans d'eux est malice, leur gosier est un sépulcre ouvert, et flattent de leur langue. O Dieu, destruis-les et qu'ils déchéent de leurs conseils. » [40]

Par un mouvement naturel et attendu, à l'ardente invocation répondent des paroles prophétiques par lesquelles le Seigneur lui-même annonce qu'il maudit l'iniquité et qu'il va tirer vengeance de la nation hypocrite.

Jérémie, Esaïe interviennent pour annoncer la malédiction de Dieu :

« Malédiction sur ceux qui constituent ordonnances iniques et qui escrivent oppression pour subvertir le droit des pauvres, defrauder en jugement les affligés et pour avoir les veuves en proie et piller les orphelins. »
Esaïe X, 1 et 2. [41]

On voit comme la plainte du peuple tourmenté devient épique en reprenant les accents de David, l'oint du Seigneur, qui représente aussi le peuple d'Israël opprimé. L'histoire profane s'inscrit dans le déroulement de l'histoire sacrée, lui empruntant une grandeur particulière. Une parole prophétique est ainsi prononcée sur les événements contemporains, elle révèle leur sens aussi bien que le terme de l'épreuve. Cela n'annonce-t-il pas certaines fins de livres dans les *Tragiques* où d'Aubigné recompose un Psaume adapté au thème principal en gardant très rigoureusement le style des versets qu'il imite ? Nous verrons qu'il prête à ce lyrisme épique un accent nouveau parce qu'il est certain de sa vocation prophétique et qu'il garde d'une façon plus continue le ton de la prière.

2. *Proclamation de la vérité.* Elle paraît plus nécessaire que la vie à ceux qui sont accusés de complot et, sous ce prétexte, contraints à abjurer ou à quitter leur foyer et le pays.

Certains épisodes bibliques, certains personnages leur permettent de faire éclater la vérité dans les événements qu'ils viennent de vivre, de rendre claires les menées obscures des responsables.

Voici, par exemple, comment s'est formé le thème qui dénonce la préméditation du crime :

---

40. *Ibid.* p. 87.
41. *Ibid.* p. 93.

Le piège des noces royales.

On retrouve au chapitre xxxiv de la *Genèse* le récit d'une trahison à propos d'un mariage. Cruelle histoire, odieuse même.

Siméon et Lévi, frères de Dina, que Sichem avait enlevée et qu'il aimait, sous couleur du mariage de leur sœur, demandèrent à tout le peuple de Sichem de se faire circoncire et, profitant de cet affaiblissement, tuèrent tous les mâles y compris Sichem et son père Hamor.

Ainsi les chefs Huguenots étaient venus désarmés aux noces d'Henry de Navarre et du prince de Condé ; affaiblis par la confiance et les réjouissances multiples, ils avaient été une proie facile.

La reine mère qui est aux yeux des Réformés l'instigatrice de massacre devient pour toujours : *JEZABEL.*

Ce n'est pas la première fois que ce nom désigne Catherine de Médicis, l'étrangère, coupable de favoriser l'idolâtrie, de ne jouer jamais franc jeu. Mais l'identification se généralise, devient un lieu commun ; on rappelle alors l'épisode qui décida du destin de Jézabel :

« Il est bien aisé à Jézabel qui désire la vigne et la vie de Naboth
de le charger d'avoir blasphémé Dieu et le Roi. »
(*Tocsain des Massacreurs*) [42]

Désormais elle n'est plus seulement celle qui a détourné Achab et Israël du vrai Dieu et persécuté les prophètes, elle a sur les mains le sang des justes qu'elle a fait calomnier par des scélérats. Elle est responsable de la mort de l'Amiral.

3. *La nécessité de survivre. Passage du repentir à la résistance spirituelle.*

Pour tout chrétien, une calamité est un appel à la repentance. Le vers d'A. d'Aubigné :
« Faisons paix avec Dieu pour la faire avec nous » [43]

a exprimé le sentiment profond de toutes les communautés réformées, y compris Genève et d'autres églises en Europe, dès qu'on apprit le massacre. La même nécessité fut ressentie par les communautés chré-

---

42. *Op. cit.*, p. 98.
43. *Tragiques.* Misères, v. 1267.

tiennes en juin 1940. Mais le repentir n'a qu'un temps, le prolonger trop c'est abdiquer devant la violence, la force victorieuse qui s'affirme comme la justice.

Aussitôt après le jeûne et les prières, avec des cœurs et des mains purifiés, les Réformés s'organisent pour résister.

Il leur faut de prophètes, aussi bien que des chefs d'armées car quelques-uns des leurs ont déjà plié devant ce chantage de la force, le plus connu étant Hugues Sureau, dit du Rosier, pasteur, qui, arrêté alors qu'il s'enfuyait, abjura le 16 septembre 1572 et qu'on dépêcha aussitôt auprès du Roi de Navarre et du Prince de Condé pour les exhorter à « se retirer en l'Eglise catholique hors laquelle il n'y a point de salut non plus que hors l'Arche durant les eaux du Déluge ».

On lit sur les *Registres du Conseil de Genève* à la date du 1ᵉʳ septembre 1572 : « *Que chacun ayt à tenir ses armes prestes et hanter les sermons,* et pareillement que chacun ayt *à faire battre les grains qu'il a au dehors.* »

L'union étroite de la résistance spirituelle et de la résistance armée est encore attestée par la *Déclaration des Causes qui on meu ceux de la Religion à reprendre les armes pour leur conservation* l'an 1574 :

L'exemple du siège de La Rochelle a rendu manifeste aux Réformés que seule la résistance armée leur permettrait de jouir de la prédication de l'Evangile ; pour les autres qui « soubs prétexte de ne désobéir au Roy abandonnaient légèrement ce qu'ils debvoient à Dieu », il n'y avait qu' « oppression misérable ». Donc : « ont iugé que leur humilité estoit vaine et dommageable et qu'il n'y avait que la seule force qui peult renger à raison ceux dont l'arrogance qui estoit eslevée par dessus tout ce qui s'appelle Dieu ne pouvoit estre surmontée par une trop servile submission. »

C'est très exactement dans ce contexte de *résistance désespérée,* humainement du moins, car les Réformés comptent sur les desseins de Dieu à leur égard, qu'il faut situer l'inspiration des *Tragiques :*

« Mais dessous les autels des idoles j'advise
Le visage meurtri de la captive Eglise
Qui à sa délivrance (aux despens des hazards)
M'appelle, m'animant de ses tranchans regards. » [44]

---

44. *Tragiques,* livre I, vers 13 à 16.

La figure de Rome (*Tragiques I*, v. 9 à 12) libre et démocratique interdisait à César, usurpateur génial, le chemin de la guerre civile.

En contraste nettement marqué avec cette apparition, A. d'Aubigné a la vision de son Eglise esclave, contrainte à l'idolâtrie « gehennée en sa conscience » comme dit le pamphlet déjà cité, de ses coreligionnaires qui vivent « une vie non vie » ; ces victimes implorent la libération. Les bras doivent s'armer mais les esprits aussi car il n'y a pas de résistance armée concevable si les Réformés considèrent que cette dernière calamité est le signe que Dieu a rejeté son peuple.

On reprend alors les thèmes bibliques qui fortifiaient les combattants au cours des premières guerres. Mais certains sont mieux compris quand on les médite en ces heures tragiques.

Ainsi - *Le thème de l'Arche.*

Il ne signifie plus l'effort humain, inspiré de Dieu, pour préserver au sein de la tempête les valeurs essentielles d'une civilisation [45].

Il est bien plutôt le signe d'un recommencement au sein de la mort, quand tout espoir humain de survivre est perdu.

C'est Dieu qui est ici le héros épique, et non pas Noé. Ayant débouché l'abîme des eaux de mort, Dieu maintient Noé dans une parcelle de la création. Celui-ci « forcloz du ciel et de l'air », c'est-à-dire privé des éléments qui permettent une vie naturelle, trouve vie au *sépulchre,* il vit de grâce, il annonce à un peuple presque anéanti une vie promise au-delà de l'épreuve mortelle.

La dernière plaie d'Egypte et le passage de la mer Rouge.

La préservation miraculeuse des premiers nés d'Israël apparaît comme un miracle actuel. N'est-ce pas une merveille de Dieu si quelques rescapés, quelques enfants des familles réformées ont pu subsister dans l'extermination générale ?

Et comme tous les témoignages rapportent la vision de ruisseaux de sang, de fleuves rougis de sang, que tous les récits parlent de boucherie en prenant le mot à la lettre, la mer Rouge désigne cette entreprise sanguinaire qu'un bien petit nombre a traversée [46].

---

45. C'est l'interprétation que donne Victor-Henry Debidour dans une étude stimulante *Epique et Epopée* in *Saveur des Lettres.* Paris, Plon, 1946, p. 171.
46. Cf. Th. de Bèze, sermon cité chap. II, p. 38, note 5.

La marche au désert. On a dit [47] que c'était : « quarante ans de soif, de rage et de foi, de désespoir et de ténacité de tout un peuple pour accéder victorieusement en son propre pays. » On y a vu un thème de reconquête très proche de la colonisation du Latium par Enée ou du retour d'Ulysse.

Disons d'abord que les troupes réformées, rescapés du massacre ou partisans qui avaient tenu certaines villes parce qu'ils y étaient en force, devaient se reconnaître dans ce peuple d'Israël meurtri, désarmé par un long esclavage, lancé dans une marche aventureuse. Le colonel Pablo dans sa *Contribution à l'étude de l'histoire des institutions militaires huguenotes* [48] n'affirme-t-il pas qu'elles durent plusieurs succès à leur habileté à exécuter des marches ? Les exemples cités sont datés de 1568 ou 1570, mais quand les Huguenots se reprennent et se réorganisent, leur tactique n'a pas dû beaucoup changer.

Mais après la Saint-Barthélémy, l'aspect misérable et précaire de cette libération pleine d'aléas devait frapper ceux qui résistaient dans des conditions difficiles. N'oublions pas que la génération libérée d'Egypte mourut au désert et que Moïse lui-même, prophète et conducteur du peuple, n'a salué la Terre Promise que de loin. S'il y a quelque chose de viril et d'exaltant dans ce thème, c'est la ténacité de l'espérance et de la foi qui soutiennent ce peuple en proie aux attaques, à la famine, aux découragements funestes. Thème épique certes, mais la grâce de Dieu soutient les hommes dans cette épreuve inhumaine, et la loi reçue au Sinaï, destinée à conserver le peuple, est le signe de cette grâce. Ils sont sauvés et conduits comme au travers de la mort.

Si Dieu veille sur cette aventure et la rend possible, on est sûr aussi qu'*IL châtie les traîtres.*

Cette certitude fortifie la foi de ceux qui sont accusés de complot et persécutés.

Des exemples bibliques du châtimen[t] des traîtres font qu'on attend des punitions terribles pour les responsables du massacre :

On rappelle le sort de *Sédécias,* roi de Juda « qui eust les yeux crevés et ses enfants tuez en sa présence pour n'avoir pas tenu sa foi au Roy de Babylone. » [49]

---

47. Voir V.H. Debidour : *Saveur des Lettres, op. cit.* p. 172.
48. Sonderdruck aus « *Archiv für Reformations geschichte* », Heft 48/2, p. 203.
49. *Tocsain contre les Massacreurs,* p. 111.

On rappelle les paroles de Dieu qui condamnent la déloyauté, la cruauté et annoncent un châtiment imminent :

« L'homme trompeur ne rostira point sa chasse » Prov. XII-27 [50]
« La malédiction de Dieu demeurera en la maison du meschant. Mais il bénira l'habitation des justes. » [51]

Le thème très classique de la *vengeance qui se prépare toujours contre le tyran* est allié à des exemples bibliques.

On rappelle, dans bon nombre de pamphlets de cette époque, la ruse d'Aod contre Eglon [52].

Les penseurs politiques méditeront ces exemples pour en tirer une doctrine. Ceci sera précisé au 3e chapitre.

Qu'il suffise pour le moment d'indiquer ces thèmes qui nourrissent l'espoir d'une vengeance et par là même fortifient l'esprit de résistance.

Désormais ceux qui *combattent pour la foi* les armes à la main sont mis au même rang que les *martyrs* qui ont témoigné jusqu'à la mort en « gardant les mains liées ». Calvin les distinguait soigneusement. Th. de Bèze dans *Du droit des magistrats sur leurs sujets* les confond dans une même vénération puisque parfois « la Religion autorisée par les Edits » doit être « maintenue par les armes contre la Tyrannie manifeste comme en témoignent l'exemple de Lobna contre Joram et de Jérusalem contre Amasias.

« Et conclus par cela que non seulement il faut tenir pour martyrs ceux qui auront vaincu sans résistance et par la seule patience la Tyrannie des persécuteurs de Vérité : mais ceux aussi, qui suffisamment authorisez des Loix, et de ceux qu'il appartient, emploient leurs personnes pour la défense de la vraie Religion. » [53].

La prière des fidèles persécutés.

C'est le *Psaume 79* que dans *Des persécutions de l'Eglise* [54], Bullinger considère comme la prière des fidèles persécutés.

— Le sentiment qu'ont les Réformés d'être le peuple de Dieu,

---

50. *Ibid.* p. 111.
51. *Ibid.* p. 112, Prov. III/33.
52. *Le Tocsain, op. cit.* p. 100 ; *Vindiciae contra Tyrannos*, p. 182.
53. Th. de Bèze. *Du Droit des magistrats sur leurs sujets*. Ed. 1574, p. 84.
54. L'édition latine traduite de l'allemand paraît en 1573.

— Un sens très fort de la communauté,

— La conviction qu'ils perpétuent le peuple d'Israël, ce qui constitue leur unique espérance,

— Enfin la représentation obsédante du sang versé, constituent les thèmes principaux de ce psaume :

1 - « O Dieu, les nations sont *entrées en ton héritage* : ils ont pollu le Temple de ta saincteté, et ont mis *Jérusalem* en monceaux de pierres.

2 - Ils ont donné les corps morts de tes serviteurs pour viande aux oiseaux des cieux, la chair de tes bien-aimés aux bestes de la terre.

3 - *Ils ont espandu le sang d'iceux comme eau* à l'entour de Jérusalem et n'y avoit personne qui les ensevelist...

7 - Car on a dévoré *Jacob* et on a désolé son plaisant logis..

13 - Mais nous, *ton peuple,* et le *troupeau de ta pasture* te célébrerons à toujours d'aage en aage et raconterons ta louange. »

Quand les Réformés, abattus par une sanglante persécution, prient ce psaume comme leur propre prière, on voit bien que la cruauté de l'épreuve a constitué un peuple à l'intérieur d'un peuple ; ce peuple est lié à Israël par la communauté de l'héritage — la promesse non seulement d'un établissement terrestre mais surtout d'une mission de salut qui sera terminée et couronnée par l'accès au pays céleste de Canaan —, il partage avec Israël les souffrances du massacre et de l'exil, et la foi.

— *Comparaison entre les thèmes bibliques* utilisés au cours de la première crise et *ceux qu'amène la seconde.*

Si on laisse de côté des thèmes très étroitement liés à l'actualité :

Les exemples du châtiment des traîtres,

Le châtiment de *Baana et Rebecha,* « meschans hommes qui avoyent tué un prince innocent, le trouvant couché sur son lit »,

Ou la machination de *Jézabel* contre la vigne et la vie de *Naboth,* thèmes de combat propres à la Saint-Barthélémy, il semble bien qu'on reprenne les mêmes thèmes car si l'épreuve était moins cruelle pour la communauté, il s'agissait bien de la vie ou de la mort des Eglises, et chacun pouvait être appelé au martyre.

Un thème est cependant moins fréquent :

Celui de la colère de Dieu contre les idolâtres - et naturellement les figures symboliques qui s'y rattachent :

Achab auquel il est dit par Elie : « c'est toi qui troubles Israël ».
Babylone - la grande Paillarde.
La lutte des rois contre l'idolâtrie : *Jéhu* chassant les prêtres de Baal, l'action du roi *Josias.*

La raison en paraît évidente : c'était *un signe de ralliement* dans la lutte armée qui s'ouvrait ; après le massacre, les armées huguenotes ont d'autres signes évidents pour se reconnaître et se rassembler : leurs plaies, leurs meurtrissures, leur volonté de résistance au sein même de la mort. Mais deux princes restent captifs du pouvoir : Henri de Navarre et le prince de Condé.

Le « *Fuyez Loths de Sodome et Gomorrhe bruslantes* » [55] est la reprise du « *sortez de Babylone mon peuple* », mais la cité idolâtre et condamnée est remplacée par *Sodome et Gomorrhe,* dont le châtiment terrible et déjà accompli a quelque chose de plus inéluctable.

Un thème nouveau apparaît qui répond à la soif ardente de vengeance et de justice :

les jugements de Dieu contre les hommes sanguinaires.

Le Tocsain contre les Massacreurs en dresse un long catalogue [56].

On y trouve :

les Madianites défaits par Gédéon,
ceux de Socoth et de Phanuel,
Zebee et Salmana,
Abimelech pour avoir tué les 70 fils de Gédéon à l'aide de ceux de Sichem,
les Beniamites.

Tous ces exemples empruntés au *livre des Juges.*

Agag roi d'Amalech,
Saül pour avoir persécuté David et fait meurtrir les sacrificateurs de Nobé,

---

55. *Tragiques.* Princes, v. 1503.
56. Voir p. 122 et suivantes.

Joab qui avait tué Abner en trahison,
Baana et Rebecha,
Hanon, roi de Moab,
David pour le meurtre d'Urie,
Saül qui avait tué la plupart des Gabaonites.
Roboam qui, croyant le conseil des jeunes, voulut tyranniser le peuple et l'opprimer de diverses impositions.

(Ici il ne s'agit plus de meurtres mais de tyrannie).

Zamri,

Jesabel - « de laquelle nous avons aujourd'huy un vray portrait de Royne mère qui fit tuer les prophètes du Seigneur pour maintenir l'idolâtrie ».

la mère d'Ochosias. (Athalie)
Sellum qui oint Zacharie roi d'Israël,
Phacée,
Osée,
Sennacherib,
Zacharie - Prophè e, « fils de Ieoiada qui reprenant l'idolâtrie est lapidé par le commandant du roi Joas. »
Joas « contre lequel Dieu suscite ses propres serviteurs qui l'occirent en punition de ce meurtre. »
Ses serviteurs défaits par Amasias son successeur.
les serviteurs d'Aman, fils de Manassé, « qui avaient fait mourir leur maître quoiqu'il fût idolâtre. »
Aman - serviteur d'Assuérus.
les Babyloniens « qui avoient usé de plusieurs inhumanités envers les Juifs, non seulement au sac de Jérusalem, où ils mirent à mort jusques aux enfants de la mamelle, mais aussi en menant le reste du peuple captif. »

« Voilà des exemples assez clairs pour monstrer quels jugements Dieu a exercez de tous temps, contre les sanguinaires, assavoir ceux qui tuent ou sans autorité ou qui abusent de celle qui leur est donnée. »

Si l'on reprend les mêmes thèmes qu'au début des guerres de religion, l'*allégresse guerrière*, très sensible dans le rythme de certaines chansons, a disparu.

La volonté de résister est aussi ferme mais elle se fait plus âpre, plus sombre. Certains thèmes, sans être modifiés, offrent des détails qui les rapprochent de la tragédie que les Huguenots viennent de vivre :

— *les eaux changées en sang* (plaie d'Egypte),

— *le massacre des premiers nés* dont seul le signe du sang a sauvé les Israélites,

— *le passage de la mer Rouge,*

— *les lamentations de Jérémie.*

La présence de la mort est partout dans ces thèmes.

Certains de leur salut, en tant que communauté, donc de l'issue des combats qu'ils soutiennent pour maintenir « un reste fidèle », les combattants réformés ne vivent plus l'allégresse d'une guerre indispensable et libératrice, mais l'âpre résolution du soldat harassé qui doit lutter jusqu'à la mort et qui perdrait cœur s'il ne voyait le ciel ouvert.

C'est à ce moment de la lutte que d'Aubigné conçoit son œuvre. Qu'elle soit sous le signe de *Jonas* qui, englouti au creux de l'abîme, « n'a point perdu courage ni espérance » mais a gardé « une foi obstinée et invincible au milieu des péchés et de la mort, contraignant Dieu, si l'on peut dire, qui ne se peut oublier soy-mesme de le remettre en vie » [57], n'est pas pour nous étonner.

Surtout il faut bien comprendre ici la valeur du personnage de *Job,* héros de ce combat apparemment sans issue entre la justice et le malheur qui semble le condamner.

Depuis le début de la guerre civile, les adversaires des Huguenots n'avaient pas manqué, à chacun de leurs échecs, de souligner que chaque défaite était un signe de Dieu qui rejetait ainsi ses prétendus fidèles. Après la Saint-Barthélémy l'argument fut repris avec toute sa force. Dans un pamphlet catholique *Discours sur la mort de Gaspart de Coligny qui fut amiral de France et de ses complices,* sans date, par I.S.P. [58], ne voit-on pas les dieux mêmes, les dieux de l'Olympe, par trois jours et trois nuits accomplir le massacre ? C'était, d'après les conceptions du temps, (et les expressions habituelles aux humanistes) attribuer le massacre à la main même de Dieu. Accusation intolérable. Pour tremper leur résistance spirituelle les Réformés, très généralement, méditent le combat de Job [59].

---

57. Luther : *Interprétation du livre du prophète Jonas.* Chez J. Crespin, 1558.
58. Je pense qu'il s'agit de Jean Sorbin.
59. Cf. Mort du seigneur de la Place (*Mémoires de l'Etat de France sous Charles IX*e, t. I, p. 408) qui, lorsqu'on vint l'arrêter pour le mener à la mort, « commença à lire un chapitre de Job avec l'exposition ou sermon de M. Jean Calvin ».

Job est l'*athlète de Dieu* d'après le commentaire de Th. de Bèze professé un peu tardivement, en 1587, et publié en 1589 (mais les allusions sont constantes dans tous les écrits réformés après la Saint-Barthélémy).

Le combat de Job n'est pas seulement livré contre la chair et le sang mais contre les forces invisibles, et Satan, prince du mensonge.

C'est bien ainsi que Calvin le présente aux fidèles. Il examine dans son premier sermon sur *Job* la *tentation spirituelle* à laquelle *Job* est soumis :

« Or j'appelle tentation spirituelle, quand nous sommes non seulement battus et affligés en nos corps mais quand le diable nous vient mettre en phantasie que Dieu nous est ennemy mortel et qu'il ne faut plus que nous ayons recours à luy, ains que nous sachions que jamais il ne nous doit faire merci. Voilà où tendent tous les propos qu'ont mis en avant les amis de Job, c'estoit de lui persuader qu'il estoit un homme réprouvé de Dieu et qu'il s'abusoit bien cuidant que Dieu luy deust estre propice. Or ces combats spirituels sont beaucoup plus difficiles à porter que ne sont pas tous les maux et toutes les adversitez que nous pouvons souffrir quand on nous persécute. » [60].

Aux prises avec des malheurs répétés, incompréhensibles, Job livre un combat terrible contre le désespoir, combat sans recours humain, sa femme ne le soutient pas, ses amis deviennent de perfides accusateurs : « Tu as dû pécher gravement », disent-ils, « car Dieu est juste, il n'afflige pas l'innocent. » La tentation du repentir, moralement si confortable, car Job ne serait plus en proie au châtiment arbitraire, incompréhensible, c'est la tentation des Réformés tièdes, celle d'un du Rosier, qui, dans l'extrême épreuve, pensent que la vérité est du côté de la force triomphante.

Mais Job a résisté aux raisonnements moraux et captieux de ses amis, et Dieu a pris sa cause en main : « Mon courroux est enflammé contre vous, parce que vous n'avez pas parlé de moi selon la vérité, comme l'a fait Job, mon serviteur. »

Ainsi Job a triomphé dans ce combat spirituel, contre le désespoir, contre des amis étroitement légalistes, Dieu ne lui a pas pour autant donné l'explication de son destin, il doit croire et adorer au sein de l'épreuve, mais Dieu approuve et entend le cri du juste persécuté.

_____

60. *Sermons sur Job* ; Genève, 1563, p. 1.

Il reste que Job a la révélation de la majesté incompréhensible de Dieu et du caractère secret de ses desseins, qu'avec toute l'Eglise il aspire au jour où, comme dit Saint-Paul, « nous connaîtrons comme nous avons été connus. »

En Job se rejoignent l'énergie du combat, le caractère épique de la lutte, et l'aspiration du croyant qui, tout en ayant en son cœur le témoignage de la foi, désire contempler la face du Seigneur.

Après la Saint-Barthélémy, les Réformés reçoivent de Job la force de continuer un combat désespéré pour le triomphe de la vérité et en même temps ils aspirent au Jugement où justice et injustice seront révélées, où les masques tomberont. L'*Apocalypse* leur offrira la grande vision épique du triomphe des armées du Juste en même temps que la contemplation de la gloire de Dieu pour laquelle ils combattent. Dans la souffrance et la foi de Job apparaît l'attente eschatologique : « Je sais, dit Job, que mon Rédempteur est vivant. »

CHAPITRE II

LE PROPHETISME HUGUENOT APRES LA ST. BARTHELEMY ET LE PROPHETISME D'AGRIPPA D'AUBIGNE.

Le problème de la vocation prophétique de l'auteur des *Tragiques* que l'on n'a pas encore, semble-t-il, examiné à fond, commande notre étude. L'inspiration biblique est-elle pour A. d'Aubigné seulement d'ordre littéraire ? A-t-il trouvé dans la Bible des modèles de construction oratoire, des images originales, une forme ou plutôt des formes — car la Bible offre toute une gamme de styles et de génies différents — l'a-t-il utilisée comme Virgile a fait de l'*Iliade,* ou, au contraire, dans un face à face mystérieux avec le Dieu vivant, a-t-il reçu tel livre, tel message comme ces livres mystiques qu'un Jérémie, un Ezéchiel ont *mangés :*

> « Et il me dit : Fils de l'homme, mange ce que tu trouves là, mange ce rouleau et va parler à la maison d'Israël. J'ouvris la bouche et il me fit manger le rouleau. Et il me dit : « Fils de l'homme, tu nourriras ton ventre et rempliras tes entrailles de ce rouleau que je te donne ». Je le mangeai et il devint dans ma bouche aussi doux que du miel. »

(*Ezéchiel,* III, 1-3)

Henri Weber a, semble-t-il, bien posé la question et donné une réponse en écrivant dans sa thèse sur *La Création poétique au* XVIe *siècle* [1] *:*

> « En multipliant les emprunts d'images et d'expressions à la Bible, d'Aubigné ne procède pas tout à fait comme l'humaniste pillant les expressions des meilleurs poètes de l'Antiquité, on ne saurait non plus comparer son travail à la marqueterie savante d'un Chénier, ni même

---

1. H. Weber : *La Création poétique au seizieme siècle en France,* Paris 1956, t. II, p. 607.

à celle d'un Ronsard. Il se sent dans une situation identique à celle des prophètes appelant le châtiment de Dieu sur les adorateurs de Baal et redonnant l'espoir aux fidèles de Jéhovah, persécutés par des étrangers triomphants ou par des rois trahissant la religion. A l'imitation se joint une sorte de communauté d'inspiration. »

« Communauté d'inspiration », cette formule heureuse, car elle reconnaît, ou du moins elle permet que l'on prête à d'Aubigné un véritable *charisme prophétique,* comment pouvons-nous l'entendre et la préciser ?

Des études récentes sur le prophétisme biblique [2] nous permettent de définir plus clairement le rôle des prophètes au milieu du peuple d'Israël, leur vocation, le caractère de leur message, les liens étroits de leur prédication avec l'histoire qu'ils vivaient aussi bien qu'avec le temps messianique et la fin de l'histoire. Des comparaisons précises entre la situation de tel ou tel prophète et le rôle d'Agrippa d'Aubigné, appelé à témoigner de la colère comme de la grâce de Dieu, pourront nous éclairer.

Mais auparavant une question se pose : n'est-il pas abusif, ne serait-il pas sacrilège de placer côte à côte A. d'Aubigné, fidèle croyant réformé du XVIᵉ siècle, et ces hommes inspirés de Dieu qui ont fait l'histoire en prononçant sur les événements la parole de Yaveh, du Seigneur des Armées ? Leurs paroles, leurs actes font partie du Canon ; aux yeux de la Réforme, la Révélation est complète. Tout ce qui est nécessaire à notre salut est contenu dans le trésor des Ecritures. A. d'Aubigné lui-même pouvait-il, devant son Seigneur, se croire prophète et n'allons-nous pas traiter sérieusement de ce qui n'est que fiction poétique, jeu purement rhétorique ?

Pour apprécier la part qui revient à l'information théologique, aux sentiments tumultueux que des événements tragiques ont inspirés à A. d'Aubigné comme à ses contemporains, enfin à la méditation quotidienne des Ecritures — qui reste, pour une bonne part, le secret d'une âme — les *Méditations sur les Psaumes* [3] nous permettent d'entrevoir ce que fut

---

2. A. Neher : *L'Essence du prophétisme* (Presses Universitaires de France, 1955).
Théologie de l'Ancien Testament. Volume II par Gerhard Von Rad. L'édition originale a paru en 1960 à Munich. Nous utilisons la traduction française (Labor et Fides, Genève, 1967).
3. Voir *Œuvres complètes d'A. d'Aubigné.* Ed. Réaume et Caussade, t. II. A. d'Aubigné *Œuvres.* Ed. Weber, 1969, Paris, (Gallimard).

ce dialogue intérieur d'A. d'Aubigné ; mais il n'est pas mauvais de considérer d'abord le rôle que les théologiens réformés assignaient aux prophéties bibliques dans la vie des Eglises et des croyants de leur temps.

1. *Le message des prophètes a été réintroduit dans l'histoire vécue.*

Certains grands textes prophétiques figuraient aussi bien que les Psaumes dans la liturgie des Eglises catholiques, mais c'étaient des paroles vénérables, des symboles spirituels annonçant le Christ, sans rien de commun avec l'histoire en train de se faire.

Théologiens et prédicateurs réformés ont traduit ces textes, les ont commentés pour le peuple : Calvin et les prédicateurs génevois, par exemple, expliquaient chaque jour, à la suite, une dizaine de versets empruntés soit aux livres de l'Ancien Testament, soit aux livres du Nouveau Testament. Ces commentaires non seulement éclairaient le vrai sens du texte dans son contexte historique ancien, mettaient en valeur l'annonce messianique qu'il contenait, mais lui donnaient une vie, une force actuelles.

Prenons comme exemple, pour voir ceci au temps où les *Tragiques* ont été composés, un sermon de Théodore de Bèze, le 1ᵉʳ *Sermon sur l'histoire de la passion et sépulture de nostre Seigneur Jésus-Christ*. Mais, dira-t-on, il s'agit d'un texte tiré des évangiles ; sans doute, mais la méditation du successeur de Calvin est nourrie d'allusions à l'*Exode* et à de grands textes prophétiques que le prédicateur paraphrase. Ce sermon, publié en 1592, a été prêché deux ou trois ans auparavant, l'armée génevoise était entrée en campagne le 30 mars 1589 ; pendant plus de quatre ans la guerre va battre les portes de Genève. Dans ce climat de guerre et d'alarme, la parole prophétique retrouve l'accent, l'exigence qu'elle eut pour l'infidèle Israël.

« C'est à nous, dis-je, peuple de Genève, d'y penser très vivement. Car à qui pourrait mieux appartenir qu'à nous ceste tant lamentable complainte du Seigneur par son *prophète Michée* VI-3 : « Mon peuple que t'ay-je fait et en quoi t'ay-je travaillé respon-moy. Car de quelle servitude d'Egypte avons-nous été délivrés ? Quels Moyse et quels Aaron nous ont été envoyés de Dieu ? De quelle paillardise d'Egypte sommes-nous sortis ? Quelle mer rouge de persécutions avons-nous passée ? »[4].

---

4. Ce ton interrogatif doit être bien compris, il ne s'agit pas de mettre en doute ces délivrances mais au contraire de les rappeler avec force. Actuellement nous dirions : « De quelle servitude *n'avons-nous pas été délivrés ?* »

Nous dis-je qui avons esté tirés et conduits par la main de Dieu, des bourdeaux de tant de nations, non point en un désert mais tout droit en une terre de Gosen, affluente de ses vrayes délices, et là où mesme nous avons esté et sommes corporellement nourris par trop délicatement.

« Et cependant, que peut trouver le Seigneur en ceste vigne tant bien cultivée, sinon des lambrusches et fruicts très amers, maintenant que le Seigneur, après avoir tant attendu nous fait bien entendre, si nous avons des aureilles, qu'il est venu vendanger... ». Et Théodore de Bèze développe en la paraphrasant la parabole de la Vigne, cette chanson symbolique qu'on trouve au chapitre v d'*Isaïe* [5].

Deux traits dans cette prédication fondée sur l'histoire biblique et les textes prophétiques doivent être relevés : le rappel de l'histoire d'Israël permet au prédicateur de saisir ses auditeurs au plus concret de leur vie ; les bénédictions de Dieu sont pour eux précises : la liberté de revenir au pur évangile leur a été donnée, leur culte a été purifié de toute idolâtrie, ils ont été sauvés de la persécution et du massacre, Genève leur a offert un refuge, c'est une cité assez prospère et surtout une ville où la vraie foi s'épanouit. L'auditeur est ainsi mis en demeure de reconnaître les bienfaits de Dieu qui l'a guidé comme il a guidé son peuple au désert. Ainsi, dans leur destin individuel et collectif, apparaît clairement le dessein d'amour de Dieu. En second lieu, le mouvement même de ce développement, où la paraphrase inspirée par l'Exode sert à réunir deux textes prophétiques très connus, reproduit le schéma de nombreuses prédications prophétiques de la Bible.

Cela commence par un *procès*. Mais ce n'est pas le Seigneur qui accuse. Il se laisse accuser, il plaide pour lui-même, il se défend. N'est-ce pas un moyen de faire éclater sa grâce ?

Alors le peuple est convaincu *d'infidélité* car à toutes les grâces, aux bénédictions précises, à tous les actes du Dieu Sauveur, il n'a répondu que par la stérilité, l'indifférence. Vient alors la parabole de la vigne où les deux thèmes de l'amour prévenant et de la menace contre le peuple infidèle s'unissent, mais le thème de l'amour plein de sollicitude, de l'amour passionné de Dieu qui attend une réponse domine ce cantique.

---

5. Bèze (de) Th. *Premier Sermon sur l'histoire de la passion et sépulture de nostre Seigneur Jésus-Christ*, p. 17, Genève, 1598, éd. seconde in-8°. B.P.U. Bd. 2020.

Procès, jalousie de Dieu qui a sauvé son peuple et lui rappelle ses délivrances, menaces d'un châtiment, mais d'un châtiment à salut car Dieu attend le retour d'Israël et veut pour lui la vie, c'est là le mouvement habituel de la prédication prophétique ; mais il est évident que si nous trouvons ici le message central des prophètes, c'est qu'il peut retrouver sa réalité et son dynamisme à tel ou tel moment de l'histoire, il n'a pas été aboli à la venue du Christ mais *accompli*. L'Eglise — peuple de Dieu — peut y trouver, au fort de la détresse, le sens du châtiment qui la frappe et la promesse qui la délivre.

Cependant, ce développement tout pénétré de l'histoire concrète du peuple élu, fondé sur des textes prophétiques précis est, dans la prédication de Th. de Bèze, tout entier tourné vers le Christ, le fils aîné du Maître de la vigne, qui a repris la parabole pour la compléter devant les chefs des prêtres et les Pharisiens.

Ce n'est pas là un exemple privilégié ; pour les théologiens et les prédicateurs de la Réforme, l'Ancien Testament, livres historiques et prophétiques, n'est que la figure de la réalité à venir, c'est-à-dire de la nouvelle alliance en Christ, Christ étant celui qui accomplit les prophéties et les révèle pleinement.

Luther avait bien souligné cette orientation lorsqu'il définissait ainsi la prophétie dans son *commentaire sur Joël* : « La Prophétie signifie la révélation des événements futurs tant en la police qu'en l'Eglise. De là ceux sont appelés Prophètes auxquels les choses à venir ont esté révélées. Le souverain degré a esté entre eux, de ceux qui enseigneroyent la cognoissance de Christ et la conduite de son royaume » [6].

Luther affirme clairement que les prophéties appartiennent à un certain temps, et que la venue du Messie a mis fin à ce temps.

2. *La Prophétie pour les Réformés et la Prédication de la Parole.*

Le commentaire sur Joël que nous venons de citer est capital pour définir la valeur de la prophétie et ses limites car le prophète Joël a centré son message sur les derniers temps, les temps du Jugement qu'Agrippa d'Aubigné comme ses contemporains croyaient vivre.

---

6. Luther. *Commentaire sur les révélations des Prophètes Joël et Jonas.* Genève, 1558, p. 130.

« Après cela (il s'agit de la réconciliation de Dieu et d'Israël), je répandrai mon Esprit sur toute créature ; vos fils et vos filles prophétiseront, vos vieillards auront des songes et vos jeunes gens des visions. Même sur les serviteurs et les servantes, je répandrai mon Esprit en ces jours-là. » [7]

Nous verrons plus loin, comment Agrippa d'Aubigné médite ce texte, en considérant sa vocation personnelle, et les sacrifices qu'elle lui impose.

Luther, lui, était préoccupé par le prophétisme anarchique et extravagant des anabaptistes qui, justement, attendaient d'un jour à l'autre le retour du Seigneur et admettaient les prophéties les plus étonnantes de tout homme, de toute femme en s'appuyant sur ce texte. Il a donc médité sur l'inspiration des prophètes et sur le rôle actuel des révélations. De l'inspiration prophétique, il a une conception assez simple, d'où est bannie toute extase, toute illumination mystique autre qu'intérieure, conception très proche de son expérience propre. Pour lui, même au temps où la prophétie était vivante au sein du peuple d'Israël, les prophètes ont médité la Parole déjà écrite ou transmise oralement, ils s'en sont nourris et le Saint-Esprit l'a rendue claire et vivante pour eux, ils ont prêché ce qui était déjà écrit comme une Parole vivante, capable de les transformer et de changer leur peuple, ils ont été ainsi « réveillés » et c'est dans la méditation de cette parole rendue vivante par l'action du Saint-Esprit en eux qu'il leur a été donné de prolonger ces visions, de découvrir une portée nouvelle à des paroles anciennes et vénérables, de voir au-delà de leur temps, de contempler déjà les temps messianiques. Ainsi « David, Esaye, Jérémie ont été nourris des prédications de Dieu et des Saincts Pères que Moyse récite tant souvent... Daniel, réveillé par la lecture de la Prophétie révélée par Jérémie, pensa du terme de la captivité et fut instruit par l'Ange du temps de la venue du Christ » [8]. Mais si, même au temps où la prophétie biblique se constituait en Israël, elle n'était en fait que la parole déjà reçue, vivifiée pour éclater dans un temps avec une force et un dynamisme nouveaux, après la venue du Christ, qui représente à la fois le terme et le sens dernier de la Prophétie, peut-on concevoir des visions, des songes, des oracles prophétiques qui soient autres que des commentaires inspirés de la Parole ? C'est-à-dire, pour ne pas affadir l'expression, la Parole de Dieu déjà

---

7. *Joël*, chap. II, v. 28-29.
8. Luther, *op. cit.* p. 131.

écrite mais reçue comme vivante, efficace, comme parole-acte propre à changer les cœurs de chaque croyant, des Eglises et des ennemis de l'Eglise eux-mêmes ?

Par rapport au sens courant du mot « prophétie », l'interprétation donnée par Luther est particulièrement sobre et peut paraître restrictive. Il rappelle, pour s'en moquer, la superstition des monastères d'autrefois où « tous songes se devoyent mettre par escrit et estre tenus pour révélations », il souligne le danger et le caractère ridicule des « prophéties des anabaptistes qui songent de nouvelles révélations ». A ses yeux, cette effusion de l'Esprit annoncée par Joël ne produira pas des prédictions ou des révélations nouvelles, mais provoquera une purification des esprits et des cœurs par la foi, pour que tous éprouvent une véritable conversion, connaissent le Fils de Dieu, soient libérés du péché et amenés à la vie éternelle. Ainsi la prophétie-prédiction, qui fait souvent partie de l'arsenal des faux prophètes, et que Satan lui-même pratique, se trouve dévaluée, ramenée à une jonglerie verbale au prix de l'Esprit de Dieu, descendant en l'esprit des hommes pour les gouverner et les conduire.

Dès lors, qu'est-ce que la *prophétie* dans l'Eglise, sinon une prédication de la Parole, pourvu que l'on n'oublie pas que toute prédication est vaine si le Saint-Esprit ne l'atteste comme vraie et puissante, plus pénétrante que le glaive à deux tranchants ?

Les théologiens et les prédicateurs de Genève avaient bien la même conception de la « prophétie » puisqu'ils désignaient par ce nom une étude biblique préalable [9], groupant pasteurs et docteurs, où, après avoir demandé l'illumination au Seigneur, on étudiait sérieusement une page de la Bible, en dégageant son sens actuel, l'engagement concret que le texte allait demander aussi bien au prédicateur qu'aux fidèles, réunis pour entendre la Parole salvatrice qui purifiait les cœurs et consacrait les vies au Seigneur des Seigneurs. Après cette étude communautaire placée sous l'invocation du Saint-Esprit, chacun s'en allait prêcher sur le texte ainsi « réveillé » et nous devons encore noter qu'une *prière pour l'illumination* précédait, dans la liturgie instaurée par Calvin, la lecture de la Bible.

Nous avons ainsi défini le rôle des prophéties dans la pensée et la piété réformées ; cette conception « christocentrique » imposait des li-

_____

9. Remarque due à M. Esnault, Professeur d'Histoire de la Réforme à la Fac. de Théologie de Montpellier.

mites sévères aux inspirés. Ils étaient sans cesse invités à soumettre leurs visions ou révélations à l'autorité des Ecritures, ces révélations mêmes n'étaient pas neuves, elles étaient provoquées par l'Esprit de Dieu venant vivifier comme un sang nouveau le texte des Ecritures, qu'on devait éclairer en le rapprochant d'autres textes puisque, comme le rappelle Th. de Bèze [10], il ne faut pas chercher ailleurs que dans les Ecritures elles-mêmes l'interprétation des Ecritures.

Agrippa d'Aubigné et la conception Réformée de la Prophétie.

La prophétie envisagée comme prédication inspirée, actualisée, de la Parole a certainement exercé une influence sur le prophétisme d'Agrippa d'Aubigné. Faut-il soutenir avec Mlle S. Coq [11] — dont le travail est par ailleurs remarquable — que « le prophétisme d'A. d'Aubigné est la prédication de la foi réformée » ? C'est ce qu'il faut examiner de près. Personne ne songe à contester qu'Agrippa d'Aubigné n'ait été un calviniste convaincu, il a mis remarquablement en valeur la confession de foi d'un Montalchine [12], qui, au pied de l'échafaud, jouant de « seul, seule, seulement » reprend avec une remarquable assurance les « sola fide », « sola scriptura », « soli deo gloria », affirmations centrales de la Réforme. Mais la prophétie n'a rien à faire avec la logique doctrinale, elle n'éclate pas au moment où on rédige des confessions de foi car c'est le temps où la doctrine a mûri, où les principes clairs et leur cohérence ont remplacé cette fusion ardente entre l'Esprit divin et l'âme tourmentée des hommes, ces temps de troubles et de certitudes fulgurantes.

Pour indiquer tout de suite l'action de la pensée de Luther et de Calvin sur la conception que d'Aubigné se fait de la prophétie, il suffit d'étudier le très beau texte de *Vengeances,* du début jusqu'au vers 95. Remarquons d'abord que, dès le début du chant, la pensée du lecteur est tournée vers le Christ. Les vers 5 et 8 l'indiquent :

> « Si je n'ay or ne myrrhe à faire mon offrande
>
> Je t'apporte du lait ; ta douceur est si grande
>
> Que de mesme œil et cœur tu vois et tu reçois
>
> Des bergers le doux lait et la myrrhe des Rois. »

---

10. Dans le *De Veris et visibilibus Ecclesiae Catholicae notis tractatio.* Genève, 1579, in-8°, 90 p. ; éd. latine, p. 36.
11. S. Coq. *Le surnaturel dans les Tragiques.* D.E.S. dirigé par M. Lebègue. 1946, Paris, Sorbonne.
12. *Tragiques,* livre IV, *Les Feux,* vers 647-706.

Une nativité est ici esquissée et le prophète fougueux, au lieu de brandir la torche enflammée de Yaveh, se mêle au cortège des bergers, se revêt de leur bure grise. Nous ne sommes plus reportés au temps de l'Exode et l'évocation rapide de la lutte d'Elie contre les prophètes de Baal est transposée sur un registre chrétien : il s'agit de l'autel des « *chétifs* », de ceux qui sont humbles de cœur. Le climat spirituel est celui de la prédication du Christ et des apôtres. Dans ce climat, la prophétie de Joël rappelée très nettement aux vers 15 et 16 (la paraphrase des principaux versets constituant l'essentiel de ce passage) est pour ainsi dire remise en place, considérée par un croyant actuel qui vit après la venue du Christ, entre la Résurrection et la Parousie ; A. d'Aubigné reprend alors la position de Luther : ce qu'il demande au Seigneur c'est la mort à soi-même, la purification de ses visions par l'Esprit-Saint, l'obéissance et cette communion avec Dieu qui est le gage de la vie éternelle. Alors, dans cette méditation où paraît une foi humble et pure, un message tout spirituel est prononcé, comme si l'Esprit-Saint, invoqué au vers 59 : « Que je ne sois qu'organe à la céleste voix » parlait par la bouche du serviteur sanctifié. Ce message c'est : « Vous n'aurez point de signe ». C'est le contraire d'une prophétie car le prophète, par son enthousiasme, parfois par son aspect qui le fait ressembler à un fou, par les aventures de sa vie, au plus haut point signifiantes, est un *signe*, et la parole qu'il prononce rend les événements particulièrement signifiants. Vous n'aurez point de signe, sauf « *des abysmes creux Jonas ressuscité* », c'est-à-dire *le Christ* qui, lui-même (*Matthieu* XII-38, 40), a répondu aux scribes et aux pharisiens qui demandaient un signe : « La nation meschante et adulteresse demande d'abondant un signe, mais signe ne lui sera donné sinon le signe de Jonas le prophète ; car comme Jonas fut au ventre de la baleine trois jours et trois nuicts, ainsi sera le Fils de l'homme dedans la terre trois jours et trois nuicts ». Nous voilà bien réinsérés dans le temps de l'Eglise, temps de la foi, où tout ce qu'il faut savoir et vivre pour être sauvé c'est la bonne nouvelle de la Résurrection transmise par le témoignage des apôtres. Berger adorant parmi les bergers, croyant parmi les croyants, refusant les prestiges suspects des visions baroques aussi bien que les formules magiques de la Cabale, Agrippa d'Aubigné se montre ici dépouillé, humble de cœur et il annonce que désormais sa prophétie sera, comme nous l'avons montré chez Luther et Calvin, prédication vivante des « exemples vrais de nos histoires sainctes ».

Mais ce texte marque un tournant dans l'œuvre, et peut-être dans la vie spirituelle de l'auteur ; il paraît, au regard de l'ensemble, assez exceptionnel.

Agrippa d'Aubigné ne s'est pas toujours situé ainsi dans la contemplation du dessein de Dieu achevé en Christ.

Il est vraiment *prophète,* à nos yeux, lorsque, se transportant par un effort de l'imagination, au temps où l'histoire d'Israël se fait, où Dieu suscite des prophètes pour guider son peuple, il prononce, sur l'événement actuel ou imminent, la Parole divine qui lui donne son sens et agit sur lui ; ou bien encore d'Aubigné évoque le mouvement qui fait sortir Dieu de l'Empyrée et toute la réalité historique qui s'ordonne à nouveau sous le regard divin, événements et personnages se groupant suivant le sens surnaturel qui est leur seule réalité. Ainsi nous pouvons étroitement rapprocher d'Aubigné des prophètes d'Israël à propos desquels A. Neher souligne que la « prophétie n'est que très accessoirement anticipatrice. Sa voyance n'est pas nécessairement liée à l'avenir ; elle a sa valeur propre, instantanée. Son dire n'est pas un prédire... Vision et parole sont, dans cette prophétie, en quête de découverte. Mais ce qu'elles dévoilent ce n'est pas l'avenir, c'est l'absolu ». [13]

Nous pourrions montrer que plusieurs thèmes que les prophètes d'Israël ont, tour à tour, repris, sont à nouveau traités par Agrippa d'Aubigné : thème de la *justice et du devoir des Princes,* appel à la *repentance,* c'est-à-dire à un *renouveau de l'Alliance,* thème de l'ὕϐϱις et de son châtiment, enfin le grand thème eschatologique du *Jour du Seigneur.* Mais ces comparaisons prendront tout leur sens si nous essayons de résoudre auparavant une question difficile :

— Agrippa d'Aubigné pouvait-il être intérieurement convaincu que Dieu l'avait élu comme prophète ?

« Il n'est pas facile », écrit Marcel Raymond, dans la préface de son édition [14], « de concevoir quelle idée le poète a pu avoir de l'audace et, pour juger humainement, de l'outrecuidance de son dessein de lancer l'anathème au nom du Seigneur ». Voilà un problème que l'on ne peut éluder car l'esprit de l'œuvre commande sa forme et un prophétisme qui n'engagerait pas l'être tout entier de celui qui s'avance au nom du Seigneur aurait à peu près la même force qu'un dragon d'opéra.

Une explication purement rhétorique du prophétisme chez Agrippa d'Aubigné ne saurait être, nous semble-t-il, sérieusement soutenue. Pourrait-on imaginer en effet que le capitaine huguenot engagé dans l'épopée

---

13. A. Neher, *op. cit.* Introduction p. 1.
14. Agrippa d'Aubigné. *Prose et Poésie* (2 vol.). Ides et Calendes, Neufchâtel, 1943, p. 24 (Introduction).

vécue que nous avons évoquée, sans cesse à cheval, recrutant des hommes, formant ses troupes, conduisant l'assaut, organisant des retraites difficiles, « avortant ses chants au milieu des armées », aurait pu choisir, comme l'eût fait un poète tranquille en sa bibliothèque, une source neuve d'inspiration pour renouveler l'épopée antique en utilisant les thèmes et les images que lui offrait une solide culture d'humaniste hébraïsant ? Faut-il croire qu'un Réformé fervent, dont la vie était renouvelée et nourrie par la Parole, aurait cherché à utiliser le Verbe du Tout-Puissant au gré de ses émotions, de ses desseins oratoires, de ses passions ? Ne savait-il pas que lui-même lui était totalement soumis ? N'affirmait-il pas que « quand la Vérité nous met le poignard à la gorge, il faut baiser sa main blanche quoique tachée de notre sang » [15] ? N'a-t-il pas, surtout, comme nous le montrerons, prophétisé contre lui-même et, méditant sur la souffrance incompréhensible de Job, accepté dans la foi, en attendant le grand jour de la Rétribution, des échecs inexplicables et révoltants aussi bien pour lui-même que pour son parti ? C'est là sans doute le meilleur argument pour réfuter une interprétation purement oratoire et littéraire de l'inspiration prophétique chez A. d'Aubigné. Mais il faut aussi tenir compte de ses déclarations solennelles, des confidences sérieuses et humbles que l'auteur des *Tragiques* et des *Méditations sur les Psaumes* nous livre. Ces textes, eux-même inspirés par le récit des vocations prophétiques de la Bible, affirment que les *Tragiques* sont la réponse à un appel divin, la consécration à Dieu d'un talent et d'un *secret* confiés sans doute, avant même sa naissance, au poète [16], soutien d'une Eglise brisée et, humainement, vaincue. Pourquoi douter de la parole d'un homme aussi entier, surtout quand ses déclarations prennent la forme de la prière, montent vers Dieu en actions de grâces ?

Pourquoi en douter, mais comment la croire ? Il nous paraît inconcevable, sinon en quelques moments de passion exaspérée ou de détresse, que ce soldat du XVIᵉ siècle ait pu voir l'histoire avec les yeux de l'Eternel, invoquer le Seigneur des armées, prier comme Elie pour que le feu du ciel descende, appeler la bénédiction ou la malédiction comme si elles étaient magiquement liées à la Parole sainte, discerner en ce monde les réprouvés d'avec les élus comme s'ils étaient clairement marqués d'un signe.

---

15. Sentence placée par d'Aubigné à la fin de la préface au t. IV de son *Hist. Univ.* (*Supplément à l'Hist. Univ.*, éd. Plattard, p. 8).
    16. Cf. *Misères*, vers 43-44 :
        « Dieu, qui d'un style vif, comme il te plaist escris
        Le secret plus obscur en l'obscur des esprits : »

Avant d'étudier les déclarations précises du poète-prophète sur sa vocation, il est sans doute nécessaire de considérer à nouveau l'atmosphère spirituelle que respirent les témoins de la Saint-Barthélémy et qui explique, pour une part, l'impulsion créatrice des *Tragiques*.

La Saint-Barthélémy et le « Jour du Seigneur » annoncé par les Prophètes.

Nous avons vu quelle importance décisive avait eu pour le combat des Réformés, pour leur pensée politique, ces massacres furieux, totalement inattendus, anéantissant toute parole donnée, brisant les liens féodaux qui fondaient la communauté sociale et nationale. Spontanément les grandes épreuves d'Israël à l'aube de son histoire [17] furent utilisées pour peindre ces tragédies inexprimables. « Un nouveau Déluge », « une mer Rouge », voilà les images qu'emploient les témoins meurtris et désolés, petit reste d'un grand peuple. Ceux qui pensaient ces calamités — et il fallait les penser pour les surmonter et retrouver la force de vivre — ne pouvaient les expliquer seulement par une machination machiavélique ou une explosion des passions humaines. Dieu sans doute avait permis ce déluge de meurtres ; seuls la Volonté divine, l'Infini divin étaient à la mesure de ce massacre ; Dieu seul, dans Sa miséricorde, pouvait panser les plaies de son peuple, le maintenir au-dessus de l'abîme comme IL avait maintenu l'Arche, lui inspirer la prière qui restaurerait son être et sa vie.

La Saint-Barthélémy « Jour du Seigneur »

Le choc reçu par toute la communauté protestante aussi bien en France qu'en Europe lors de la Saint-Barthélémy explique suffisamment, nous semble-t-il, un état d'esprit, une sensibilité religieuse propres à favoriser une pensée et des vocations prophétiques.

« Il leur fallait quelques miracles », écrit Voltaire à propos des disciples de Fox, « ils en firent ». Otons toute ironie à cette assertion et disons : « Il leur fallait des prophètes, ils en eurent. »

En effet, hors de la foi, et même d'une foi doublée d'un profond attachement pour les martyrs réformés de ce temps, nous ne pourrons affirmer que Dieu suscita des prophètes à cette communauté exsangue et terrorisée que Théodore de Bèze compare aux « pauvres brebis effa-

_____

17. Ou au temps de l'Exil.

rouchées » cernée par « l'assemblée de ceux qui ne vivent que de proie » [18]. Mais nous pouvons nous représenter, d'après les témoignages du temps, un certain état psychologique et spirituel des Eglises protestantes, de leurs pauvres restes qui se rassemblaient, tel que, *la vie du peuple étant en jeu,* toute la doctrine relative au martyr, à la patience dans les afflictions, à l'espérance des fins dernières, toute cette tradition établie par le travail théologique de Luther et de Calvin, où les prophéties étaient, en bonne doctrine chrétienne, orientées vers le Christ, toute cette construction doctrinale si riche et spirituellement si juste, se trouvait ébranlée, mise en question, substantielle et utile encore, mais par fragments, car il fallait vivre et on avait soif de paroles plus âpres, de messages plus passionnés et plus rudes, de signes flamboyants, de prodiges peut-être.

Pour les Huguenots qui constituent un peuple à l'intérieur d'un état, à cause des longues années de guerres soutenues dans tout le royaume, et du massacre qui a ravagé leurs rangs, un certain état d'esprit, analogue à celui que connaissait Israël au temps de la guerre sainte, s'établit. Nous comprenons assez bien la théorie de la guerre sainte dans l'ancien Israël, en particulier grâce à l'étude de G. von Rad [19]. C'est dans le *livre des Juges* que cet auteur trouve l'évocation la plus authentique de la guerre sainte et il cite en particulier la campagne victorieuse menée sous la direction de Débora et de Barak (*Juges* 4 et 5). Comment apparaît le prophète ou le guide qui rassemble « le peuple de l'Eternel » [20] et le mène au combat ? Notons d'abord qu'il ne s'agit pas d'une guerre offensive ; c'est l'Eternel qui défend la survie de son peuple. Il lui suscite un conducteur, revêtu de son Esprit, la foule suit des ordres sacraux, les hommes sont sanctifiés ; on consulte l'Eternel (*Juges* 20, 23, 27). Le « guide » annonce alors au peuple : « je livre entre vos mains... » et c'est la foi dans cette parole qui constitue le caractère décisif de la guerre sainte. Sans doute l'Eternel intervient, il fait tomber une frayeur sur les ennemis, mais cela n'exclut pas une action énergique de la part des Israélites : le combat reste au premier plan, il ne s'agit pas, dans ces temps héroïques, d'attendre un pur miracle. Cette tradition ancienne, d'après l'étude de von Rad, fut toujours présente dans la prédication prophétique et toujours liée au *temps du désert,* surtout chez Esaïe. Mais plusieurs des thèmes de la guerre sainte s'étaient alors spiritualisés : « C'est dans le calme et la confiance que sera votre force » (*Esaïe* xxx-15).

---

18. Lettre de Th. de Bèze au sujet de la situation des Huguenots en France. 19 novembre 1573.

19. *Der heilige Krieg im Alten Israel*, par G. von Rad (en allemand).

20. Juges 5/11, 13 ; 20/2.

Au XVIe siècle, après une conception intérieure et spiritualisée de la prophétie, à cause de la défaite, d'une situation humainement sans issue, après la Saint-Barthélémy, on était revenu, spirituellement parlant, *aux temps du désert,* avant que doctrines, confessions de foi, commentaires théologiques ne fussent élaborés, ou, si l'on veut utiliser une image biblique, que le temple ne fût construit. C'est alors que l'éclair dans la nuée, la Parole directement reçue de la Bible, le signe analogue aux signes reçus dans l'histoire du Peuple saint pouvaient fortifier et rassembler ces restes épars du nouveau « peuple élu ».

Pour la plupart des croyants pourchassés, réduits à abjurer, à abandonner leurs charges, accusés à leur grande indignation de complot contre la monarchie, la Saint-Barthélémy était ressentie comme le « *jour du Seigneur* » annoncé et comme vécu dans l'angoisse par les prophètes, attendu depuis longtemps par les Eglises persécutées. Cela paraît paradoxal, mais il faut d'abord prendre conscience de cette attente, si nette dans les documents de ces années tourmentées et qui n'était point limitée aux Anabaptistes.

1) *L'attente du « Jour du Seigneur »* - Luther l'évoque dans son *Commentaire du prophète Joël* d'après le chapitre II : « Que tous les habitants de la terre tremblent, car *le jour du Seigneur vient* : car il est près. Le jour des ténèbres et d'obscurité, le jour de nuées et de troubles. »[21] Pour Luther, c'est le grand jour du Jugement où l'indifférence du monde et son péché seront anéantis : « Jour grand et horrible à merveilles auquel Dieu lasche la bride à son ire et monstre qu'il est Dieu, ne voulant iniquité ». Les Réformés l'attendaient avec une soif de justice et une extrême ardeur à triompher des ennemis de la foi ; c'était le jour où les Martyrs seraient justifiés aux yeux de tous, où il apparaîtrait nettement qu'ils n'étaient pas morts en vain. Alors l'Eglise du Christ, invisible et souffrante, serait manifestée. Ils attendaient aussi l'heure où des luttes épuisantes, une persécution larvée, sans cesse renaissante prendraient fin, le grand Jour du règlement de comptes non par les armes humaines qui ne décident jamais rien de définitif, mais par le retour du Seigneur venant « vendanger les esprits des méchants » et lever la grande moisson de ses serviteurs fidèles.

2) *La Saint-Barthélémy vue comme le « Jour du Seigneur »*

Mais voici que ce jour de ténèbres et de troubles éclate, comme un orage incompréhensible, dans un ciel serein.

---

21. Luther. *Commentaire sur les révélations des prophètes Joël et Jonas.* Genève, 1558, in-8°, p. 43.

La catastrophe, le déluge de sang qui affligent les Réformés, pour l'instant pacifiques et prêts à jouir d'une longue trêve, apparaissent à beaucoup comme cet ébranlement de la terre et du ciel qui devait précéder la venue du Seigneur. Seules, nous l'avons vu, des expressions empruntées aux *Psaumes* et aux *Prophètes* sont à la mesure de ce jour ténébreux et sanglant.

Etait-ce donc là ce Jour de la Justice où l'on devait cribler l'ivraie et le bon grain ? Certains Catholiques — les adversaires les plus acharnés des Huguenots — (et non tous) pensèrent en tout cas que c'en était fait en France des Eglises de la Réforme et « qu'on avait bon espoir que maintenant les affaires se porteraient bien en France » [22].

Un polémiste nourri de mythologie [23] représente les dieux de l'Olympe — c'était là pour un humaniste figuration tout à fait acceptable du Tout-Puissant — descendant en armes du ciel sur Paris pour y exécuter eux-mêmes le massacre : après un conseil des dieux où Jupiter met en accusation les Huguenots, prétend que leurs chefs veulent usurper « la laurière couronne » et s'ouvrir un chemin vers la succession monarchique, sur l'avis de Minerve, ils décident de guider le roy « ce prince tant doux » et quelques autres braves guerriers si bien qu'ils se ruent sur ce Coligny et en font boucherie. Enfin les dieux eux-mêmes, par trois jours et trois nuits, accomplissent le massacre.

Sous la mise en scène mythologique apparaît clairement la thèse : le Roi, ses conseillers, puis les tueurs ont accompli les desseins d'en-Haut en noyant dans le sang l'hérésie. Ainsi Dieu avait permis, avait voulu le massacre, c'était la fin des rebelles et des hérétiques. On comprend mieux alors les prescriptions très dures de Charles IX : si quelques-uns subsistaient, ils n'avaient qu'à choisir entre l'exil et l'abjuration ; c'était donc bien, d'après les Catholiques et l'autorité royale, sur le plan humain, le *Jour du Seigneur,* l'anéantissement d'une faction religieuse, par Dieu lui-même, dont elle se réclamait.

Plus outrageants encore étaient pour les Huguenots qui se relevaient frappés de stupeur et comptaient leurs plaies les libelles où la Bible même, l'histoire d'Israël, les *Psaumes,* les *Prophètes,* tous ces thèmes de l'épopée huguenote qui leur avaient servi de signes de ralliement, étaient retournés contre les vaincus et utilisés par les polémistes et les théologiens

---

22. Cité par H. Fazy. *La Saint-Barthélémy et Genève.* 1879, in-4°, Genève, p. 6 ; extrait d'une lettre non signée (Archives de Genève) portef. histor. n° 1929.

23. *Discours sur la mort de Gaspart de Coligny*, par I.S.P., sans date.

catholiques pour célébrer la Saint-Barthélémy. Pour ces controversistes, au service de la thèse royale et des desseins du Pape, c'était de bonne guerre, ils atteignaient le nerf de la résistance ; tuer l'espérance des révolutionnaires est plus décisif que massacrer les révolutionnaires eux-mêmes.

Un recueil de sonnets vengeurs suivi par un discours en vers [24] porte en épigraphe ce verset du *Psaume* LVII : « Lætabitur iustus cum viderit vindictum : lavabit manus suas in sanguine peccatoris. » [25]

Le *Discours*, qui suit, « sur les occurences des guerres intestines de ce royaume, et de la justice de Dieu contre les rebelles au Roy... » évoque sur le mode héroïque la vigilance et l'action vigoureuse du Dieu d'Israël maintenant à main forte son peuple, les catholiques fidèles au roi :

« Le grand Dieu d'Israël ne sommeille, ne dort,
Sur son peuple a les yeux, pour conduire à bon port
Cette Arche de Noé, son Eglise flottante
Du vent de nos péchés : desia la grand tourmente
Sous un astre bénin, sa violence pert :
Et d'heureuse influence a le ciel descouvert
Que Dieu garde les siens en l'ombre de ses ailes
Renversant les desseins de ces Geans rebelles
Qui taschaient rebastir en France leur Babel... »

Plusieurs vers reprennent le thème du mémorial des délivrances d'Israël qu'on trouve par exemple au *Psaume* LXXVIII :

« Et nostre Dieu vivant, le Dieu des exercites,
Luy mesme combatit pour les Israélites
Par l'Herculle François, des monstres le dompteur,
Fils et frère de Roy, nostre Achille vainqueur
Qui comme Daniel, au printemps de son aage
Surmonta le Dragon et tira de la rage
Des Lyons inhumains les Chrestiens opprimez. »

Du récit de caractère épique on passe au mouvement lyrique qui exprime une prière d'action de grâces, elle est nourrie des psaumes et des oracles prophétiques :

---

24. *Allégresse chrétienne de l'heureux succès des guerres de ce royaume et de la justice de Dieu contre les rebelles au Roy...* par I.T. (Jean Touchard), Paris, 1572.

25. On peut rapprocher ceci de l'apostrophe d'A. d'Aubigné aux renégats, (*Jugement* 119-21) où le réalisme d'un geste quotidien est transformé en une vision horrible.

« O favorable nuit !
... Ainsi par l'Ange fut en une seule nuict
L'exercite du Roy Sennacherib destruit.
O jugement de Dieu ! ô heureux qui se fie
En toy seul, ô Seigneur, nostre appuy et rempart
Bien gardé est celuy, que tu tiens de ta part
Tu nous a conservé nostre bon Ezechie... »

On croit entendre l'écho du *Psaume* XCI : « Celui qui réside en la cachette du Souverain se loge à l'ombre du Tout-Puissant.

Je dirai à l'Eternel, Tu es ma retraite et ma forteresse, mon Dieu en qui je m'assure... »

Mais le texte catholique suit de plus près la paraphrase de Clément Marot que chantaient les Huguenots :

« Qui *en la garde* du haut Dieu
Pour jamais se retire,
En ombre bonne et en fort lieu
Retiré se peut dire.
Conclu donc en l'entendement,
Dieu est ma garde seure,
Ma haute tour et fondement,
Sur lequel je m'asseure. »

La plupart des personnages et des épisodes bibliques utilisés par les dramaturges, les théologiens ou les pamphlétaires réformés pour glorifier le combat contre l'idolâtrie, la résistance des martyrs ou annoncer les châtiments de Dieu : les fléaux de l'Egypte, Assur, Jéhu oint pour exterminer l'infidèle Achab, le feu du ciel anéantissant « tant de prophètes faux à la voix d'Hélisée », Daniel et les 3 enfants dans la fournaise, Gédéon, Josué, Samuel, David, enfin Aman qui désigne Coligny, tous ces thèmes sont repris au bénéfice du « peuple favorit » qui doit :

« Magnifier son nom et la nuict fortunée
Ou nostre liberté fut du ciel ordonnée. »

Il s'agit là d'un écrit de propagande qui doit appuyer la thèse royale de la conspiration ourdie par Coligny et les chefs protestants. Mais ce souci de reprendre, au profit de l'Eglise catholique romaine, tous les épisodes et même les expressions bibliques qui avaient rassemblé les combattants huguenots et fortifié leur bras indique bien — même si cette accumulation hâtive et maladroite ne pouvait qu'exaspérer la résistance —

que les militants catholiques ont senti ce qui faisait la force morale de l'adversaire : la foi dans le dessein de Dieu qui conduit leur peuple, leur identification avec le peuple d'Israël, humilié quand il abandonne Dieu mais relevé par grâce au moment où tout est perdu et promis à la bénédiction. Ce qui est proprement le centre du message des prophètes en Israël.

Nous avons ici des documents qui, comme un négatif, témoignent de l'espérance prophétique de « ceux de la Religion » qui survivaient.

Même utilisation — sacrilège aux yeux des Réformés — des Prophètes. Dans la *Brieve Remonstrance sur la mort de l'Amiral et de ses adhérans,*

Sous la dédicace, on lit en épigraphe le verset d'Isaïe :

« Il n'y a point de paix aux méchants, dit le Seigneur. » Isaïe 48 et 57.

Ce verset annonce un des thèmes principaux du libelle : les prophètes bibliques sont invoqués comme les garants du massacre. Les instigateurs de la Saint-Barthélémy n'ont-ils pas été les prophètes inspirés de Dieu qui ont retiré le roi d'une politique de compromis, intolérable aux yeux du vrai Dieu qui ne peut souffrir que la véritable Eglise ? Les protestants qui entouraient le roi sont assimilés aux faux prophètes entourant Jézabel. Un Hélie (on ne sait lequel) a purgé la cour de cette engeance idolâtre et les bénédictions de Dieu vont à nouveau féconder la France. Et les figures bibliques se multiplient pour illustrer cette thèse :

« Quelque Michée [26] est venu resveiller le Roy pour punir le blasphémateur Adab : car Dieu n'a permis qu'il eust puissance d'endommager davantage le Roy, comme Adab fait Achab, ou bien quelque bon Samuel pour le retirer du danger où tomba Saül, pour avoir mesprisé Dieu ayant sauvé la vie au Roy des Amalécites. » [27]

―――――――――

26. On sait qu'A. d'Aubigné s'attribue volontiers ce nom prophétique qui symbolise le vrai prophète souffleté par des prophètes du mensonge. Cf. *Les Fers*, v. 166.

27. *Brieve Remonstrance sur la Mort de l'Amiral*, A Lyon, par Benoit Rigaud, 1572, p. B.2 verso.

Mais l'auteur se fait plus véhément et, dans une prosopopée où il reprend les expressions prophétiques chères à la propagande luthérienne pour les retourner contre les « conjurés », il apostrophe ainsi l'Amiral :

> « Ne craignais-tu point d'estre appelé quelque jour devant ce jugement espouvantable de Dieu, pour ton ingratitude, d'estre condamné et puny grievement pour ce crime détestable ? Et vous rebelles, pour avoir adhéré à ce malheureux et avoir *beu l'hanap de la paillarde Babylonne,* ne craignez-vous point la punition divine ? Ce qui est dit en Isaïe, de ceux qui ont rejetté la loy du Seigneur des batailles et ont blasphémé la parole du Seigneur d'Israël ? » [28]

Le chapitre 7 d'Osée, librement paraphrasé mais où on reconnaît les images du prophète : « Ils sont tous adultères, pareils à un four allumé par un boulanger qui cesse d'attiser le feu depuis qu'il a pétri la pâte jusqu'à ce qu'elle soit levée... », soutient à son tour la diatribe :

> « Malheur sur ceux qui combattent la puissance divine et qui sont resilis de son service. Malheureux ceux qui sont bandez contre Dieu, lequel les a rachetés, et ont parlé contre son honneur. Malheur est sur celuy qui s'élève contre son Roy et mesdit de luy. Ne pensiez-vous point que vostre chef devait un jour mourir et que les petits qui se formalisent portent la paste au four pour les grands ?.. » [29]

On ne peut citer tout ce texte mais il est assez remarquable que les Prophètes, leur vocation comme leur prédication soient ainsi utilisés comme des armes, comme des couteaux spirituels pour achever le petit reste aux abois. Etrange visée où se mêlent un sentiment d'âpre triomphe devant l'ennemi expirant, (l'auteur ne va-t-il pas jusqu'à rappeler le Psaume LXVIII, le fameux « psaume des batailles », qui avait si souvent soutenu la charge des troupes huguenotes s'élançant au combat ; il le parodie avec une joie mauvaise en rappelant un autre massacre : « on a vu ceux de Cabrières lesquels comme la neige se sont fonduz, et comme la fumée n'ont fait que passer... ») et en même temps le désir de convaincre ceux qui restent (et qui ne peuvent lire ces « prophéties » blasphématoires que la rage au cœur) que toute résistance est bien vaine puisque Dieu a guidé les mains qui maniaient les couteaux. Ouvrage de commande sans doute, mais la méthode est d'un adversaire qui connaît bien la Bible et l'ennemi à abattre, qui cherche à l'atteindre au secret de sa force.

---

28. *Ibid.* p. D.2 verso.
29. *Ibid.* p. D.2, verso D.3.

Si l'on considère attentivement ces écrits où se développe une véritable offensive spirituelle qui ne fut pas sans succès [30], on comprend mieux que les prophéties bibliques où un Luther, un Calvin entendaient une parole actuelle de Dieu dans le présent de chaque génération mais où ils discernaient surtout l'annonce de la venue du Christ aient été interprétées, après le grand désastre, comme un message direct de Dieu à son peuple exsangue, qui n'avait désormais d'espérance et de vie qu'en Lui. Cette interprétation nouvelle était vécue au niveau de l'expérience journalière, des derniers combats, des évasions pleines de périls, dans les aventures risquées qui permettaient, par un coup de main, de prendre un château, de se rendre maître d'une place. Les mémoires du temps évoquent toute une série de combats mineurs, de hauts faits dispersés qui permirent aux restes des armées huguenotes de se regrouper, de se fortifier dans telle ou telle région. Les textes prophétiques et les psaumes sont alors beaucoup plus étroitement mêlés à l'histoire qui se fait au jour le jour ; ils deviennent messages de libérations très concrètes, ne portent-ils pas l'esprit qui souffle dans le désert, sur une armée abattue, immense amas d'os blanchissants, comme ce peuple évoqué dans la vision du prophète Ezéchiel, et qui, sans cette parole de vie, cette force, véritable parole-acte, s'enfoncerait pour jamais aux limbes de la mort ?

C'est par des actes, en effet, des succès précis, des signes miraculeux obtenus dans des situations désespérées que les Réformés décimés, sans forces, assaillis dans leur espérance même, pouvaient répondre vigoureusement à ces proclamations de « faux prophètes», plus perfides à leurs yeux que les glaives des bourreaux.

Les événements et les points marqués par une propagande que nous appellerions de nos jours idéologique, les conduisaient donc à une interprétation plus primitive, plus concrète, plus militante des prophéties que nous pourrions qualifier, parce qu'elle porte en elle d'abord un espoir de libération matérielle et historique, de « judaïsante ».

Mais l'assaut des controversistes catholiques appuyant la version du massacre fournie par la Cour [31] n'explique pas à lui seul la nouvelle lecture que les Huguenots firent alors des Prophètes.

---

30. L'abjuration de Hugues Sureau dit « du Rosier », pasteur d'Orléans, aussitôt utilisé comme convertisseur, fut provoquée, a-t-il dit, par le sentiment que Dieu rejetait les Eglises issues de la Réforme. Cf. *Confession et Recognoissance* de Hugues Sureau dit du Rosier touchant sa chute en la Papauté et les horribles scandales par lui commis ; à Heidelberg par Jean Mayer M. DLXXIII. B.P.U. Ba. 4363.

31. Faut-il rappeler que certains protestants renégats se joignirent à eux ? Cf. Lettre de P. Carpentier, Jurisconsulte à François Portus Candiot. S.l. 1572. Voir *Mémoires de l'Estat de France sous Charles IX*, t. I, p. 596.

Qu'on veuille bien songer que les Réformés savaient par cœur bon nombre de *psaumes* et de longs passages prophétiques particulièrement adaptés aux « jours de colère » ; au temps de la détresse, ils modelaient leurs prières sur ces textes imagés et forts qu'ils avaient reçus de l'Eglise ancienne, du peuple d'Israël auquel spirituellement, pensaient-ils, ils succédaient [32]. Plusieurs témoignages historiques nous les montrent chantant des *psaumes* au fort de la mêlée ou répondant par des versets prophétiques aux brocards de l'adversaire. Au cœur de l'épreuve ils n'avaient plus besoin d'entendre des sermons ou de méditer la Bible, ils en étaient imprégnés et, dans telle ou telle situation critique, la Parole montait du cœur à leurs lèvres, mais alors n'imaginaient-ils pas qu'ils recevaient une réponse personnelle et directe de Dieu, la prophétie actuelle et précise qui devait les délivrer de l'embûche présente, qu'elle fût matérielle ou spirituelle ? Et quand une délivrance concrète avait été ainsi saisie dans la foi puis réalisée, ils avaient bien la certitude qu'ils prenaient place dans cette longue colonne des « rescapés d'Egypte », sauvés et nourris au jour le jour, divinement gardés, assurés d'un établissement en ce monde-ci comme s'ils voyaient déjà les falaises escarpées de la Terre Promise.

Quels furent donc les principaux aspects de cet *enseignement prophétique* plus que jamais vivant et efficace ?

1. *Il passe d'abord par l'âpre chemin de la repentance* et explique les massacres, scandaleusement injustes en apparence, par le *courroux de Dieu.* Ainsi ceux de la Religion comme les catholiques reconnaissent sans réserve la souveraineté de Dieu qui a permis ce déluge de meurtres.

Mais la raison de ce courroux n'est pas, bien sûr, l'hérésie. C'est la même que le péché d'Israël : le refroidissement du zèle et de la foi. Par exemple, si l'Amiral n'a pas vu clair, lui « qui s'était toujours montré prudent et avisé en infinies autres affaires c'est que Dieu se préparait *pour visiter la France* ».

N'avait-on pas noté, à l'occasion du Synode de Nîmes (mai 1572), que « l'estat de ceux de la Religion commençait à se débaucher merveilleusement » ? [33]

---

32. On trouve encore des traces de cette conviction dans certaines régions rurales où les protestants ont été persécutés (fréquence des prénoms hébraïques : Sarah, Rachel, Benjamin, Joël, Jérémie, Gédéon, Josué : rites familiaux rappelant le départ de l'Egypte). Or, il ne s'agit pas, dans ces régions rurales, d'une influence juive.

33. *Mémoires de l'Estat de France sous Charles IX*, t. I, p. 294.

Le relâchement des mœurs, le peu d'affection que les Huguenots portent à la Religion et à Dieu a rendu nécessaire le châtiment.

C'est aussi le terrible courroux de Dieu contre la France qu'on donne comme la cause fondamentale des massacres de Meaux.

Ainsi les Réformés retrouvent (après l'événement du massacre) un thème essentiel de la prédication des prophètes, *son premier temps*, pour ainsi dire, car le second contiendra l'appel au retour vers Dieu et l'annonce de la grâce. Soulignons combien ce thème est profondément lié à la vocation d'Israël et à son histoire puisqu'il développe et explicite le chapitre XXVIII du Deutéronome.

En plus de cette infidélité générale qui a précédé la Saint-Barthélemy, des infidélités précises rendent nécessaires cet appel à la repentance *et à l'humiliation. Les Mémoires de l'Estat de France sous Charles IX*ᵉ rapportent que les abjurations avaient été massives (si scandaleuse que fût la formule imposée aux fidèles qui subsistaient).

« Ceux qui estoyent restez en vie... demeuroyent éperdus tellement qu'en tous les endroits du Royaume il y eust d'estranges abiurations » [34]

Des pasteurs, la première vague de terreur passée, sortirent de leurs cachettes, ou revinrent de Genève pour regrouper les petits troupeaux dispersés ; mais avant leur retour, des libelles comme celui-ci :

Amiable Remonstrance aux Lyonnais, lesquels par timidité et contre leur propre conscience continuent à faire hommage aux idoles [35] par I.R.D.L., rappelaient avec fermeté aux « révoltés » que les vrais enfants de Dieu savent bien que l'Evangile est conjoint à la Croix et que « pour être une minute de temps à leur aise c'est folie d'avoir renié la vraie foi ».

C'est alors que le prophète Daniel, véritable patron des martyrs depuis les premiers temps de la Réforme, est longuement cité et paraphrasé pour exhorter les persécutés qui ont faibli à « faire leur procès », à se condamner eux-mêmes » [36], pour être absous devant Dieu. En répétant les paroles de Daniel, ils doivent confesser leur « rébellion » dans un recueillement plein d'humilité, ils retourneront ainsi à Dieu qui seul

---

34. *Mémoires de l'Etat de France sous Charles* IX, t. I, p. 563.
35. *Ibid.* p. 564.
36. *Ibid.* p. 566.

affermit et fait miséricorde. Le texte prophétique devient la trame d'une confession décisive qui doit provoquer la conversion du cœur, et, avec l'assistance du Saint-Esprit, transformer la brebis égarée, à demi-morte, en martyr.

« Le prophète Daniel nous a monstré ce que doit faire tout fidèle et toute l'Eglise affligée disant : « Nous avons fait iniquité [37], nous avons fait meschamment, nous avons esté rebelles et avons décliné arrière de tes commandements et de tes jugements... Nous n'avons point obéi à tes serviteurs prophètes, lesquels ont parlé en ton nom, à nos Roys et nos Princes et à nos Pères et à tout le peuple de la Terre. » [38]

Dure discipline pour les brebis éparses et lassées. Mais les apostats, après avoir touché le fond des enfers, se relèvent à la voix du Prophète :

« Car, dit le texte, comme enfans justement chastiez, ils se sont adressez à leur Père en ceste sorte : Mais il y a miséricorde et pardon vers le Seigneur nostre Dieu, combien que nous nous sommes rebellez contre luy. O mon Dieu (dit Daniel) encline ton oreille et escoute : ouvre les yeux et regarde nos désolations et la cité sur laquelle ton nom a esté invoqué. Car nous ne présentons point nos prières devant ta face selon nos justices, mais selon tes grandes compassions. O Seigneur exauce, ô Seigneur pardonne, ô Seigneur enten et le fay : ô mon Dieu, ne tarde point à cause de toy-mesme. Disons aussi avec Isaïe, Seigneur, ne te courrouce point tant et n'aye plus recordation de nostre iniquité. Et alors sera accompli en nous ce que Dieu mesme a dit de sa bouche : Mais à qui regarderay-je, sinon à l'affligé, et outré d'esprit, et à celuy qui tremble à mes paroles. Voicy que dit le Seigneur par le mesme Prophète : Comme si on trouve un grain en bourgeon et qu'on dise, ne le dissipe pas : car c'est bénédiction : ainsi feray-je à cause de mes serviteurs, afin qu'ils ne soyent pas tous détruits. Voilà comme il se faut approcher de Dieu, et non pas s'en esloigner par un dédain refrongné, et une desloyale lascheté et révolte endurcie et obstinée... » [39]

Sans doute c'était là leçon venue de Genève et qui dut paraître dure à quelques faibles en la foi que le désespoir avait gagnés, mais il est utile, pour juger de la force et de l'authenticité du « prophétisme » qui maintint et fit se rassembler les pauvres restes d'une Eglise persécutée, de marquer nettement que l'attente des délivrances fut précédée d'un

---

37. *Daniel* IX, 5.
38. *Mémoires de l'Estat de France...* Vol. I, p. 566.
39. *Ibid.* p. 567.

mouvement profond de repentance et de retour à Dieu, comme si la seule restauration possible était justement la restauration de l'Alliance, d'une relation d'amour avec le Seigneur, maître des événements. Dans ce double mouvement, si fidèle non seulement à la prophétie de Daniel mais aux messages des autres prophètes, les Réformés, sur le plan individuel aussi bien que pour la vie des petites communautés, retrouvaient la spiritualité authentique d'Israël, peuple élu — conscient de sa filialité — peuple de l'attente.

Ils croyaient avec lui que Dieu ne rejette pas à toujours ceux qu'Il a appelés. Ils se fondaient sur Sa parole et attendaient, à travers les pires épreuves, l'accomplissement de Ses promesses.

2. *La nécessité d'une fidélité entière et sans partage*

L'excuse avancée par ces Réformés terrorisés qui cherchaient à sauver leur vie et leurs charges — l'abjuration devait leur permettre de les conserver pourvu qu'elles fussent mineures —, c'est qu'ils abjuraient du bout des lèvres, restant dans leurs cœurs fidèles à la « vraie doctrine ». Ce partage n'est pas tolérable aux yeux de Dieu ; on leur rappelle la formule scripturaire célèbre : « le Dieu jaloux » et le développement très concret de cette formule : « Dieu est jaloux comme le mary ne peut souffrir qu'on lui oste sa chère épouse ou qu'elle-même s'abandonne à un autre » [40], amène tout naturellement le beau développement du Prophète Osée sur l'amour exigeant et absolu de Dieu pour l'épouse qu'il s'est choisie, le peuple d'Israël. C'est l'occasion de rappeler l'identification constante dans l'esprit des théologiens et des fidèles de ce temps : « Vous estes l'Espouse de Jésus-Christ : car Dieu par le Prophète a parlé de vous, qui devez estre les vrays Israëlites : ie t'espouseray, dit l'Eternel, pour moy à toujours mais : ie t'espouseray, à savoir en justice, et en jugement, et en bénignité, et en compassion : je t'espouseray en foy et cognoistras l'Eternel » [41].

Ainsi la connaissance du pur Evangile, leur appartenance à la Réforme a été le signe sûr de l'amour de Dieu et de Son choix, mais la passion absolue de Dieu exige un don total et exclut la « paillardise spirituelle » c'est-à-dire l'abandon de la foi réformée aux yeux des hommes, même si le cœur ou l'intention restent fidèles.

---

40. *Ibid.* p. 570-571.
41. *Ibid.* p. 571.

Après avoir inspiré la repentance, les prophètes, et en particulier Osée, servent à rappeler l'exigence souveraine de l'amour divin. Une fidélité entière et sans compromis doit répondre à cet amour.

3. *La puissance souveraine de Dieu, salut du peuple opprimé et ruine de ses ennemis*

Pour renoncer à tout compromis, se séparer des idolâtres, c'est-à-dire ne pas aller à la messe, ne pas suivre les processions — et donc exposer sa vie, la vie des siens et tous ses biens — il faut croire sans réserves à la puissance de Dieu qui garde ses élus et les venge, *non seulement dans la vie éternelle mais en ce monde-ci.*

L'exemple de Daniel « vray serviteur de Dieu » qui « ne se contenta pas de le prier en son cœur » est plus efficace encore si on l'oppose à la vision de la ruine de *Babylone,* la cité idôlatre, symbole de toutes les puissances terrestres. Jérémie l'évoque avec puissance au chapitre LI auquel l'*Amiable Remonstrance* renvoie le lecteur. On assiste à la grande bataille où *Babylone* sera de fond en comble dévastée pour qu'éclate la puissance du « *Dieu de vie* » à la face des idoles qui ne sont que néant : cette bataille décisive est un jugement ; le courroux de Dieu s'abat sur ceux qui ont opprimé Sion, son peuple élu ; il terrasse la puissance guerrière qui avait terrorisé les nations, comme un stratège invincible il domine la grande mêlée et dirige lui-même l'assaut.

Disons tout de suite que de ce magnifique morceau d'épopée « baroque » car les mouvements y sont violents, contrastés, la « Remonstrance » ne garde aucune trace, mais elle retient deux thèmes essentiels du texte biblique :

Le *Dieu de vie* opposé aux « dieux qui n'ont point fait le ciel et la terre », et *la fureur terrible de Dieu venant juger,* fureur que les gens ne peuvent soutenir.

Nous verrons qu'A. d'Aubigné reprenant ces thèmes et en particulier le dernier saura s'inspirer du mouvement du texte prophétique et joindre à l'enseignement le feu et la passion traduits par le Prophète et propres à dompter les cœurs.

A cause de cette double manifestation de la puissance de Dieu qui sauve les siens, souvent au travers des pires désastres, et ruine sans recours possible les ennemis de son peuple, *le sens de la persécution est pour ainsi dire renversé :*

Elle semblait de sa nature être « messagère de l'ire de Dieu » —
et c'est bien ainsi que l'entendaient les propagandistes catholiques —
en fait elle ouvre la voie à une vive espérance, elle est témoignage de
l'élection et de l'amour attentif du Seigneur, car « Dieu nous chastie d'autant qu'il nous ayme »[42].

Mais ce jugement subi par « les fils » du Tout-Puissant est une
épreuve, sa fin est de redresser la conduite d'Israël comme la verge ou
la houlette du berger ramènent, rudement parfois, le troupeau dans le
droit chemin.

Plusieurs exemples actuels de ce *châtiment à salut* sont donnés.
Ainsi « Dieu a visité Lyon en estat de martyre ». Or « le martyre n'est
pas la mort de l'Eglise, mais bien le froid cuisant et aspre de l'hiver
reschauffant les entrailles des estres et fortifiant les racines non tarées
pour reverdir et florir plus magnifiquement en son renouveau »[43].

Ainsi la persécution la plus sanglante doit être accueillie comme une
exhortation à la repentance, à la purification de la foi.

Mais pour les *méchants* qui s'opiniâtrent à meurtrir le peuple du
Seigneur, leur acharnement, leur ironie triomphante sont les signes mêmes
de leur condamnation que l'histoire humaine révèlera en attendant la
condamnation du dernier jour.

Ces deux certitudes de la foi, opposées mais complémentaires, s'in-
carnent en deux séries antithétiques où les événements de chaque jour,
la plupart du temps d'ordre militaire, sont éclairés et commentés dans le
langage même des prophètes bibliques. On signale d'une part :

1) *Les signes prophétiques de Dieu au jour du malheur*, et d'autre
part, pour affirmer la Résistance des fidèles et avertir l'adversaire, on
annonce que

2) *Dieu voit les forfaits, il entend la clameur des affligés.*

Quelques exemples illustrent ces deux thèmes, exemples pris dans
les mémoires du temps ou dans des pamphlets peu connus ; ils nous
permettent d'indiquer qu'une véritable attente des signes prophétiques

---

42. *Mémoires de l'Estat de France sous Charles IX*, t. I, p. 579. On retrouve ici le thème central du *Traité des Scandales* de Calvin.
43. *Ibid.* p. 579. N'aurait-on pas ici l'origine de l'admirable métaphore
d'A. d'Aubigné : « Les cendres des brûlés sont précieuses graines... » Cf. *Ch.
Dorée*, v. 654 et sq.

RÉSISTANCE ET PROPHÉTISME

affermit les courages ; quand ils ont été discernés, la résistance s'en trouve galvanisée. Ceci entraînait une imitation des expressions bibliques ou prophétiques liée à la méditation assidue de ces textes et à la conviction profonde que l'histoire actuelle était aussi riche en miracles et en signes que le passé d'Israël. Dieu regroupait à nouveau ses tribus dispersées, leur avenir se confondait avec le sens de leur vocation.

1) *Les signes prophétiques de Dieu au jour du malheur*

Les affligés, au creuset de l'épreuve, devaient trouver un réconfort dans les signes précis où se marquait l'amour de Dieu pour les siens.

Il leur parut d'heureux présage que « parmi tant de meurtres et déluges de sang... presque tous les ministres des Eglises Réformées (hays spécialement des massacreurs) estoyent eschappez : s'assurans que Dieu n'avait conservé les pasteurs *que pour rassembler encore quelque jour les brebis éparses* » [44].

Th. de Bèze, qui suit attentivement le développement de la persécution et s'afflige des abjurations, interprète de la même façon cette grâce singulière de Dieu : il écrit à Bullinger le 19 janvier 1573 en signalant qu'à Loudun (Ludino) une grande foule de Réformés ont été sauvés, parmi eux 100 ministres. Il y en a 50 à La Rochelle, 15 à Sancerre, à Genève 52 « et pauculi latitantes adhuc paucas infirmas oviculas alicubi sustinent. Hoc inter cetera me solatur quod quum Dominus tam multos operarios servarit, omnino sit suum aedificium intauraturum ».

Le volume I *des Mémoires de l'Estat de France* s'achève sur l'indication des innombrables délivrances individuelles de Dieu au cours des massacres, on ne saurait les rapporter car « il faudrait la vie d'un homme pour les écrire », ces miracles manifestent clairement « qu'il conserve les siens en la fosse des lions et chemine avec eux en l'abysme de la mort » [45].

Lorsqu'un coup de main tourne mal pour les assaillants catholiques, par exemple au début du siège de Sancerre, surtout si c'est un traître qui a ouvert une poterne, livré un bastion, on souligne l'intervention de Dieu qui a permis de contenir les assiégeants ou de les repousser [46]. Le

---

44. *Mémoires de l'Estat de France,* t. I, p. 782.
45. *Ibid.* p. 782.
46. Cf. *Ibid.*, vol. II, pp. 93 et 103.

lendemain, on rassemble la population pour rendre grâces à Dieu de
« cette délivrance admirable non attendue selon le jugement humain » et
on chante le Psaume 144.

La troisième strophe de celui-ci est une invocation pressante à Dieu
pour qu'il vienne juger :

« Baisse, Seigneur, tes hauts cieux pour descendre,
Frappe les monts, fay les fumer et fendre [47],
Lance l'esclair, dissipe ces pervers,
Lasche tes traicts, romps-les tout au travers
Ten-moy d'en haut ta main qui me délivre
D'entre les mains et terribles dangers
De ces enfants bastards et estrangers. »

Quant au prédicateur, il rappelle que quatre ans auparavant, « au
mesme jour », « Dieu a déjà délivré la ville ».

En Languedoc, au même moment, le problème de la Résistance
aux ordres du roi se pose d'une façon aiguë. Pour beaucoup, la « pi-
toyable issue » des guerres précédentes condamne la cause. On manque
de chefs prestigieux, de magistrats qui aient autorité pour organiser la
résistance en obtenant un consentement unanime.

C'est alors « qu'en ces angoisses, la providence de Dieu dressa un
chemin par des moyens fort contemptibles et ridicules au jugement humain. Il ne se trouva point de grands Seigneurs et Capitaines de marque.
Les Princes étrangers ne se bougèrent : pour cela toutefois Dieu ne laissa
de monstrer son bras et favoriser les siens. Mais ces grandes merveilles
venues depuis, et qui sont sorties de si petits commencements, descou-
vrent un adorable conseil de Dieu qui sans force humaine, a fait des délivrances et jugements qui ne se doivent jamais oublier ».

« La quatrième guerre est plus admirable que les autres en ce que
par des moyens de nulle apparence Dieu a fait de si grandes choses. »
C'est alors que « la pureté de la Religion, l'innocence de ceux qui en
font vraye profession est apparue clairement, quand ils ont esté conservés parmy tant de fournaises ardentes, pour louer Dieu » [48].

---

47. A. d'Aubigné reproduit textuellement ces vers au début de Jugement,
vers 1 et 2.
48. Mémoires de l'Estat de France, pp. 117 et 118, vol. II.

Le signe de Dieu, c'est justement cette petite poignée de fidèles qui avaient délibéré de ne pas se laisser écorcher tout vifs. On voit quelle actualité retrouve alors l'histoire de Gédéon (que certains prophètes, en particulier Isaïe, ont rappelée) ainsi que l'épisode du livre de Daniel.

A Sommières, assiégée par le maréchal Damville, la résistance s'organise avec efficacité et les Réformés gagnent plusieurs points d'appui dans les environs, « voyant une *telle assistance de Dieu* » ils reprennent courage, et la résistance victorieuse d'une si petite place apparaît aux autres groupes réformés comme un signe divin. Bèze note le 30 avril 1573 que Sommières s'est rendue aux conditions les plus honorables [49]. Il encadre ce demi-échec entre la nouvelle d'un grand combat à La Rochelle et d'une résistance armée importante en Dauphiné. Ces foyers de résistance sont les signes que Dieu fortifie son peuple, que désormais les fidèles ne sont plus comme des moutons livrés à la boucherie.

A Sancerre, une erreur tactique des Catholiques qui s'opiniâtraient à battre la muraille près la porte Viel permet de discerner que Dieu veille sur les siens « *car Dieu la fortifia tellement* qu'elle reçut six fois plus de coups avant de tomber qu'on n'eust pensé... ». On va plus loin . Dieu protège les assiégés d'une furieuse tempête de boulets : « les cailloux et les éclats de bois des maisons où tonnait le canon vouloyent en l'air plus dru que mousches... Ces cailloux rompayent les harquebouses entre les mains et sur les espaules des soldats de dedans, deschiroyent et perçoyent les chausses, mandils et chappeaux de plusieurs sans les offenser... » Ces détails merveilleux sont suivis de plusieurs autres analogues et on aboutit à cette conclusion : « *tous appercevoyent en cela la main de Dieu* qui empeschoit qu'ils ne fussent tous tuez et accablez de ceste foudre contre laquelle rien ne peut résister » [50].

---

49. Th. de Bèze, Lettre à Bullinger, 30 avril 1573.
50. *Mémoires de l'Estat de France*, t. II, p. 282.
On pourrait multiplier les exemples ; la relation du siège de La Rochelle et les pièces qui s'y rapportent fournissent des allusions assez nombreuses.
— Le Maire, Eschevins, Pairs et Bourgeois répondent aux instructions de Sr. Gadaigne que « les dits de la Rochelle n'eussent jamais évité la furie des violences exercées contre les religionnaires sans « *une manifeste et miraculeuse assistance de Dieu* » (Mémoires de l'Estat de France sous Charles IXe, p. 303).
— On s'émerveille que dans tout le cours du siège il y ait eu si peu de gens atteints de maladies naturelles, « ce que les théologiens attribuoyent à la bonté de Dieu et à l'exercice du corps ». Admirable équilibre entre le bon sens et la foi ! Nous sommes ici très loin du prophétisme des Anabaptistes.
— Th. de Bèze dans ses lettres relève les signes des temps. Le 20 mars 1574 il a plu du sang à Lyon... « Sic clamat Deus, lachrymatur coelum, terra indignatur, mare brevi procul dubio magnis classibus sternendum remugit. Soli homines non moventur, imo Deo ipsi tonanti, student oppedere. »
On a ici l'indication d'une révolte des éléments annonciatrice du Jugement divin.

Ces textes rendent bien le climat exalté de ces sièges qui ne durent que par miracle, miracle de l'énergie et de la foi, car la ville est petite, les provisions courtes, et à l'intérieur l'accord ne règne pas toujours entre les habitants attitrés du lieu et les réfugiés. Dans le dernier exemple cité, on est tout près des prophéties exaltées et extravagantes des Ana-baptistes qui s'avançaient quasi-désarmés au-devant des balles. Si la pro-phétie a gardé à Sancerre malgré ces quelques notations une mesure et une sobriété bibliques, c'est qu'il y avait quinze pasteurs, nous dit Bèze, qui prêchaient la Parole.

Ils ne choisissaient pas des passages propres à annoncer des mer-veilles mais humblement, s'en remettant au Saint-Esprit pour éclairer le texte de chaque jour, expliquaient, à tour de rôle, suivant la tradition de Calvin, des passages pris à la suite de façon à commenter tout un livre de la Bible. Quels étaient ces livres, nous ne le savons pas, les *Pro-phètes* et *Job* devaient offrir une riche matière aux méditations. Nous en avons cependant un témoignage aux heures les plus douloureuses, lorsque l'extrême famine (n'avait-on pas salé et mangé une petite fille morte de faim) réduisit les assiégés épuisés à se rendre.

Jean de Léry, qui a fait le récit du siège de Sancerre, rapporte que le ministre Claireau, aux derniers jours du siège, *a eu pour son texte* (c'est-à-dire qu'il ne l'avait pas choisi) le verset 18 du chapitre II de *Joël* [51] où Dieu parle ainsi par un prophète :

« Le Seigneur a esté jaloux de sa terre et a pardonné à son peuple, et le Seigneur a respondu et dit à son peuple, Voicy ie vous envoyeroy du froment et du vin et de l'huile, et en serez rassasiez, et ne vous abandonneroy plus en opprobre entre les gens », etc. « Et comme le dit de Claireau est un bon et fidèle serviteur de Dieu, aussi sceut-il bien tirer doctrine pour consoler son povre troupeau pour lequel il estoit merveilleusement affligé, le voyant ainsi languir et mourir de faim de iour en iour. Ce que j'ai bien voulu noter en passant (ajoute le té-moin) pour monstrer comment Dieu, par sa providence sçait bien faire venir les choses à poinct pour la consolation des siens ; car à peine pou-voit-on choisir passage ne texte plus propre pour ce temps, et la fin de ceste famine extrême ou presque tous ceux de la ville avoyent perdu espérance de voir ni manger jamais pain » [52].

Ce témoignage précieux nous montre comment la *prophétie* enten-due au sens de Luther et de Calvin, c'est-à-dire la prédication inspirée de la Parole, qui est ici considérée comme envoyée par Dieu lui-même,

---

51. Il s'agit des versets 18 et 19.
52. *Mémoires de l'Estat de France sous Charles IX*e, t. II, p. 527.

rejoint ce que nous appelons ordinairement la *prophétie*, c'est-à-dire l'annonce des événements futurs, ici d'une délivrance vraiment divine aux yeux des assiégés mourant de faim. Comme la *prophétie* qui prédit est intimement liée à l'annonce d'une délivrance spirituelle, à la prédication de la Parole dans laquelle le prédicateur ne choisit pas ce qui flatte les passions, mais prêche, à la suite, fidèlement, sur tout un livre biblique, les déviations anabaptistes sont évitées. Le prophète n'usurpe pas la place de Dieu, il accueille l'inspiration, il ne lui substitue pas sa propre exaltation mystique.

Des esprits de peu de foi pourraient penser que la délivrance a été dérisoire puisque le pardon de Dieu s'est traduit par la reddition ; mais Jean de Léry souligne que les conditions furent particulièrement favorables, au moins au moment où le siège fut levé, c'était presque à ses yeux une paix accordée avec les honneurs de la guerre.

Ici intervient en effet, un signe plus surprenant encore de la bienveillance de Dieu : *l'arrivée des ambassadeurs de Pologne.* Ceux-ci sont venus chercher leur roi, il faut leur montrer qu'il est entouré de sujets affectionnés ; il serait bien fâcheux qu'il continuât de diriger le siège de La Rochelle ou qu'au milieu des réjouissances on dût annoncer le massacre des pauvres Sancerrois « attenuez » et à demi morts de faim. L'on sait d'ailleurs qu'en Pologne la concorde règne entre Catholiques et Protestants et qu'une des clauses de l'élection du prince a été le maintien de cet heureux équilibre en Pologne et l'octroi d'un édit de pacification ou du moins de quelque rémission aux Réformés de France qui résistent. Tout s'enchaîne logiquement pour un historien informé, mais tout est miracle, signe divin pour les Sancerrois, comme pour les combattants de La Rochelle ; les mémorialistes s'émerveillent de l'arrivée de « ces bons personnages, que Dieu leur suscita et envoya de lointains pays et comme du bout du monde, leurs voisins et ceux des pays plus proches ne les ayans secourus »[53].

Ces exemples nous permettent de constater que « le petit reste » qui avait survécu à la Saint-Barthélemy, les Huguenots qui se regroupaient, organisaient la résistance et retrouvaient le sens de leur vocation, se sentaient guidés par Dieu, en tant que peuple, comme Israël dont ils s'appropriaient toujours la mission, et le destin, sur lequel la fatalité de l'histoire et le machiavélisme du pouvoir royal n'avaient point de prise.

---

53. *Mémoires de l'Estat de France sous Charles IX*, relation du siège de Sancerre, p. 527, vol. II.

Le thème antithétique de l'assistance portée par Dieu à son peuple c'est celui du jugement.

2) *Dieu voit les forfaits, il entend la clameur des affligés.* Le jugement est proche.

Une épître « d'un excellent personnage de ce royaume », datée du 1ᵉʳ novembre 1572 et adressée à un Seigneur Elvide [54], accusait avec force détails l'Amiral d'avoir ourdi une conspiration en son logis. C'est Dieu même qui, « pour le salut du Royaume avait délivré la France de l'Amiral » ; la foy, la justice, la piété devaient être rendues au pays où « les autheurs de séditions étaient maintenant estaints ».

A ces calomnies infamantes répond une autre épître [55], où Dieu est présenté comme juge et vengeur. Devant pareille forfaiture — noircir l'âme pure et généreuse de Coligny — seule l'attention du Dieu qui voit les cœurs et juge les nations peut être citée en témoignage.

« On ne pense point combien de *clameurs de sang espandu parviennent aux oreilles de Dieu et cruel juge et vengeur* et quel est *le regard de son œil tout voyant* sur l'impiété désespérément obstinée et sur la cruauté orgueilleusement furieuse. » [56]

Une déclaration analogue est proclamée au-delà des frontières : Wolffgang Prisbachius, polonais, dans sa « *Response à une harangue soustenant les massacres et brigandages commis en Fronce, prononcée en l'assemblée des Ligues* », après avoir nettement démontré que la Saint-Barthélémy est dirigée contre la Religion réformée, lave Coligny de toute infamie en soulignant que ce n'est pas le supplice qui fait l'infamie mais la cause pour laquelle on le subit [57]. Coligny a suivi la voie douloureuse des Prophètes, celle du Christ lui-même, attaché au gibet, supplice ignominieux entre tous autres... L'Ecriture l'atteste : *la mort des justes est précieuse devant les yeux du Seigneur.*

On voit combien la noble figure de Coligny devient le symbole de l'homme de Dieu, du juste persécuté. Aux calomnies odieuses pour les Huguenots répond une hagiographie de ton prophétique. Il est beaucoup

---

54. *Ibid.* vol. II, p. 11.
55. Response de Stanislas Elvidius à l'épître d'un certain excellent personnage, touchant les afaires de France : escrite et publiée l'an 1572. Voir *Mémoires de l'Estat de France*, vol. II, p. 70.
56. *Mémoires de l'Estat de France sous Charles IXᵉ*, vol. II, p. 135 et sq.
57. Cf. *Les Tragiques*, livre IV, 909-911.

plus facile de voir en Coligny un héros de la foi, un martyr d'élection qu'il ne l'était à propos de Poltrot de Méré, assez mince personnage, aventurier plutôt que soldat de Dieu. Mais on reprend les mêmes thèmes bibliques : la souffrance injuste du pauvre ou de l'homme élu qui crie vers Dieu est liée très étroitement au thème du Jugement.

Si les apologistes de la Saint-Barthélémy avaient la moindre foi, ils feindraient au moins de craindre celuy « qu'on sauroit avoir *des pieds de laïne pour venir faire jugement* et *un bras de fer* pour froisser ceux qui sont endurcis au mal » [58].

Les expressions soulignées se retrouvent dans les *Tragiques* et les *Méditations sur les Psaumes* et le rapprochement n'est pas purement formel. Un des thèmes du prophétisme d'A. d'Aubigné, nettement développé et repris dans *Misères* et surtout dans *les Fers,* est celui du Dieu « *tout voyant* » qui, siégeant en son trône de justice, entend la clameur des persécutés, spécialement des enfants ou des « petits », c'est-à-dire des pauvres.

Le *prophète Amos,* chapitre II et V, a centré sa prédication sur ce thème : l'imminence du jugement contre les chefs d'Israël qui oppriment les justes et font fléchir en justice le droit des pauvres. Les *psaumes* LVIII, LIX, LXIV, LXIX, LXXIII, LXXIV, LXXV, entre autres, contiennent un appel du juste persécuté qui prend Dieu à témoin de l'insolence des méchants.

Ce thème est constant dans les délibérations des villes qui reçoivent l'ordre de s'ouvrir aux troupes royales :

Ceux de Nîmes répondent au duc de Joyeuse : « Nous savons bien quelle est notre portée, quelle et combien grande est la puissance de nos ennemis, mais ne doutons nullement que Dieu *juste et vengeur* n'assiste en temps propre à nous pauvres oppressez, pour nous faire la grâce de garantir et défendre nos vies contre la violence des brigands ou finir nos jours en *une saincte résistance...* » [59]

Il contient la promesse de la vengeance et du rétablissement du petit reste fidèle. Ce thème du Dieu justicier et vengeur permet à la fois de discerner les causes de ce terrible *jour du Seigneur* que les

---

58. *Mémoires de l'Estat de France.* Vol. II, p. 70.
L'expression qui se trouve déjà dans un pamphlet antérieur signifie non que Dieu a des jambes flageolantes mais que ses pieds chaussés de laine s'avancent sans faire aucun bruit si bien que le châtiment est inéluctable.
Cf. *Tragiques :* I, v. 1377.
59. *Mémoires de l'Estat de France...* Vol. II, p. 123.

Eglises réformées viennent de subir, et de reconnaître, à travers l'épreuve sanglante, un chemin ouvert par un Dieu créateur et père.

La corruption morale de ceux de la Religion avait été déplorée « haut et clair par l'Amiral lui-même », « ce n'est donc pas de merveilles, si Dieu qui cognoit encor plus avant que tous les plus avisez, a chastié plusieurs qui abusoyent de la Religion... » [60]. Mais si le Dieu de justice a si cruellement châtié son peuple, c'était pour que ce peuple redevînt fidèle à sa vocation : annoncer le salut par grâce, prêcher purement la Parole, vivre selon la justice. La sévérité même du châtiment garantit que Dieu n'a pas quitté ni ne quittera jamais son ouvrage. Son élection demeure, la cruauté même du châtiment l'atteste.

Ainsi le bain de sang qui laisse le peuple navré, éperdu comme un troupeau ravagé, offre un côté positif. C'est ce châtiment paternel, ce châtiment épreuve purificatrice qu'A. d'Aubigné, avec tous les pamphlétaires de ce temps, représentera sous le signe des *verges* sanglantes, de la houlette ou du bâton qui ramènent et maintiennent le troupeau dans la voie droite.

Mais un autre châtiment, sans recours celui-là, s'apprête pour les massacreurs. Quelques-uns sont déjà morts d'une mort misérable. Voilà des signes qui manifestent que « les survivants ne font que traîner le cordeau de la vengeance de Dieu et des hommes en attendant le coup de leur ruine » [61]. Cette attente des châtiments visibles qui frappent l'imagination et qui sont eux-mêmes les signes avant-coureurs du Jugement dernier deviendra de plus en plus nette à mesure que la résolution des deux partis, le parti de la Cour et le parti huguenot, réorganisés sur le plan civil et militaire, se durcira. Au-delà des massacres et de la guerre, qui ne décide rien, car les restes du peuple huguenot sont trop faibles pour réussir autre chose qu'une résistance désespérée et les troupes royales sont arrêtées par la pauvreté des moyens matériels — les finances étant dans un état désastreux — on contemple cet au-delà du monde où la Justice sera rendue d'une éclatante façon, où les opprimés recevront la juste rétribution d'un long martyre.

On peut indiquer, me semble-t-il, par quel cheminement de la pensée l'attente du *Jugement dernier* se lie étroitement à la décision de prendre les armes et de coordonner les efforts de résistance armée.

---

60. *Ibid.* vol. II, p. 117.
61. *Ibid.* vol. II, p. 117.

Après le récit du siège de Sancerre, Jean de Léry aborde ce grave problème : « Est-ce le succès ou l'insuccès qui juge de la justice d'une cause ? »[62]

Nous avons indiqué au début du chapitre que la réponse était essentielle pour maintenir dans la fidélité les pauvres brebis dispersées en proie aux convertisseurs. Après avoir noté l'utilité du châtiment pour les justes car le châtiment est comparable à la « douleur du cautère dommageable à celuy qui périroit sans iceluy », il montre, par de nombreux exemples empruntés à l'Histoire sainte, que la protection de Dieu n'est pas toujours du côté de celui qui triomphe et qui est à son aise. Voilà qui est clair, nous sommes ramenés à l'enseignement de Calvin : « Tant y a que le Seigneur conioint la croix et l'Evangile, comme choses inséparables[63] ». Mais ces considérations expliquent le martyre et sa nécessité, elles ne légitiment pas la résistance armée. Or, Jean de Léry conclut : « Qu'il n'y a juste occasion de donner le tort à ceux de Sancerre, parce qu'il leur est advenu, ni le droict aussi : mais qu'il faudrait prendre la cause de plus haut, ne leur estant advenue chose, par laquelle n'ayent passé ceux contre lesquels ne prononceront jamais Sentence de condamnation ceux qui nous favorisent le moins. Ie remets donc ceste décision, encores que de ma partie ne la révoque en doute, iusques au temps auquel Dieu luy-mesmes monstrera tout clairement ce qui en est »[64].

Quelle est la démarche de ce raisonnement un peu obscur ? Puisque la force victorieuse ne saurait juger de la justice et de la vérité d'une cause — les martyrs des premiers temps de l'Eglise et la croix du Christ en sont de bonnes preuves — ce n'est pas le succès des armes ni la réduction à merci des assiégés qui prouvent le droit. On est renvoyé au *Jugement de Dieu* qui révèlera la justice cachée aussi bien que l'opprobre des persécuteurs triomphant, au dernier jour.

Pour des croyants, cela est parfaitement logique. Mais alors faut-il renoncer à la résistance armée et s'en tenir au martyre ? Mais le martyre n'est plus témoignage individuel de quelques pionniers de la foi, il est devenu massacre d'un peuple désarmé, l'accepter c'est accepter l'anéantissement, la suppression complète des Eglises de la Réforme en France. Peut-on y consentir ? Pour sortir de cet embarras tragique, on va considérer attentivement *les signes annonciateurs du Jugement*.

---

62. *Mémoires de l'Estat de France*, vol. II, p. 546 (éd. 1577).
63. *Ibid.* p. 549.
64. *Ibid.* pp. 549-550.

Ainsi à Sancerre, « l'issue vrayment notable et plus qu'esmerveillable du siège », le fait que les Ministres de la Parole ont été conservés « *comme les enfans en la fournaise* » révèle clairement que « le Seigneur a plutôt voulu châtier que perdre » [65].

Même appel au Jugement dernier dans la *Résolution claire et facile sur la question tant de fois faite de la prise des armes par les inférieurs* [66].

Dans ce pamphlet, on affirme qu'il n'y a plus aucune différence entre les *martyrs* qui ont été iniquement condamnés en jugement politique, et les *combattants* qui ont été « accablés par la violence des armes, en guerre ouverte contre la doctrine chrestienne » [67]. Car ce n'est pas le lieu, ou le genre de supplice qui fait le martyr, mais la cause.

Si les uns et les autres ont souffert, c'était non à cause de leurs péchés mais pour le témoignage qu'ils rendaient à la vérité de Dieu, et leur souffrance même, quand ils ont préféré la doctrine de l'Evangile à leur propre vie, était le signe du Jugement à venir. Le sens de la souffrance et de la mort est renversé, elles appellent et hâtent la marche de la justice divine. « Car puisque Dieu a permis que par Néron, tyran très cruel et horrible, saint Paul ait été tué ores qu'il l'eust tant aimé et tellement orné de ses grâces, *il faut bien croire qu'il reste un autre jugement* où l'innocence de Paul sera reconnue et récompensée mais la félonnie et cruauté de Néron condamnée éternellement. » [68]

Un pamphlet comme celui-ci, centré sur le thème du *malheur des justes,* qui éclate dans la persécution des prophètes et des apôtres, nous montre la liaison intime entre la réflexion politique et les textes prophétiques, ou plus généralement bibliques, sur lesquels elle se fonde. On peut bien parler d'un « état d'esprit prophétique » car la logique du raisonnement y est sans cesse éclairée, orientée par les extraits des prophètes ou des apôtres, reçus comme paroles vivantes chargées d'une espérance pour le temps présent. Ces témoignages des prophètes permettent d'attendre et presque de contempler déjà la justice de Dieu : « cette fin de ceux qui sont rebelles à l'Evangile de Dieu » et qui « sera merveilleusement espouvantable.» [69]

---

65. *Ibid.* p. 550.
66. Pamphlet anonyme ; Bâle 1575. Les initiales O.D.L.N. ne sauraient désigner Odet de la Noue trop jeune à cette date.
67. *Résolution Claire et facile*, p. 85.
68. *Ibid.* p. 83.
69. *Ibid.* p. 80.

Ce pamphlet comme les *Vindiciae contra Tyrannos,* composé peu après, ou le traité de Th. de Bèze publié en 1574, au moyen d'arguments habiles très logiquement ordonnés, établit que la résistance à la tyrannie est un devoir et un droit à la fois spirituels et civiques. On voit tout de suite qu'il ne s'agit pas d'une réflexion théorique et gratuite mais bien d'une étude préparant l'engagement des nobles, des notables, des chefs spirituels protestants dans une résistance armée. « Les inférieurs » représentent tous ceux qui ont une autorité politique, sociale ou morale en dehors du Roi. Quelques vers liminaires définissent l'idée-force de ce pamphlet :

> « Soutenez, vrays Français contre ces furieux
> Pour le bien de l'Etat, l'honneur de la couronne
> Tenés jusqu'à la mort ceste double colonne,
> Iustice et piété, pourriés vous faire mieux ? »

L'auteur distingue avec soin dans la monarchie deux éléments :

la personne, le roi en tant qu'individu

et *l'Estat* qui est le droit de commander, l'autorité et majesté.

Ces prérogatives sont inséparables de leur fin : le bien public, le respect des personnes et des biens. Si la *personne royale* abuse de l'autorité et du droit de commander, le fidèle sujet de la couronne doit employer tout ce qu'il a de puissance et de moyens pour la conservation de l'Etat et pratiquer le serment des Athéniens qui est :

> « Ie combattray seul et avec plusieurs pour les choses sainctes. » [70]

Ainsi « pour bien assurer et conserver la Monarchie, il est nécessaire de s'opposer et rejeter la Tyrannie » [71]. Mais la réflexion ne s'en tient pas aux idées générales et « laïques » sur le sujet, nous ne sommes pas au temps des Montesquieu. L'opposition du Roi peut se tourner contre Dieu même, nous voici ramenés aux prédications et aux visions prophétiques. Le songe de Nébucadnetzar rapporté au chapitre II de *Daniel* sert à évoquer ces malheurs et ces décadences fatales des Empires les mieux établis : « Quand un Royaume s'adresse contre ceste pierre coupée sans main de la montagne, laquelle abat tous les Roys de ce monde : les Empires reçoivent lors grande altération que l'on void à l'œil... » [72]

---

70. *Résolution claire et facile,* p. 10.
71. *Ibid.* p. 15.
72. *Ibid.* p. 55.

Nul doute que cette vision et son explication, qui annoncent les temps eschatologiques, n'apparaissent à l'auteur du pamphlet comme la raison surnaturelle mais réelle des fureurs qui ont abattu le Royaume, en même temps que la promesse assurée de la victoire finale et définitive puisque cette pierre détachée de la montagne, qui doit briser tous les autres royaumes, doit grandir, devenir une montagne qui remplira toute la terre, allégorie du Royaume des Cieux. Ainsi la réflexion la plus logiquement ordonnée s'appuie, pour discerner les forces qui dirigent les événements contemporains, sur des révélations prophétiques. Si bien que, lorsque l'auteur se réfère à la notion de *salut public* qui fait une obligation au sujet de s'armer pour le bien de la Couronne, la formule ne sonne pas comme en 89, le salut historique du peuple et du royaume est intimement lié à la vocation secrète et mystérieuse de cette entité politique à laquelle Dieu, maître des Empires, a assigné une durée ainsi qu'un rôle particuliers.

Aussitôt, d'ailleurs, un rappel de l'histoire récente permet de définir la forme actuelle de la tyrannie et l'engagement précis que Dieu demande aux croyants réformés. L'argument sans cesse repris pour légitimer les guerres de religion réapparaît : l'édit de Janvier, accordé par les Etats de Pontoise, enregistré par le Parlement, signé par le roi et la reine, avait force de loi. Violer cet édit c'était faire preuve de *tyrannie manifeste*. Nous restons sur le plan juridique et humain. Mais la Saint-Barthélemy « déluge de toute félonie » forfait « horrible et exécrable » qui dépasse l'entendement humain révèle encore mieux la tyrannie. C'est la Parole de Dieu qui seule peut inspirer ici une juste conduite. Or le Seigneur n'a-t-il pas voulu « que le peuple s'armât pour la conquête et possession de la terre de Chanaan ? » [73] Ne voit-on pas ici combien l'histoire du peuple d'Israël est présente et actuelle, révélatrice du sens des événements récents aussi bien que de la marche de l'histoire ?

Voilà donc l'argument décisif. Ceux qui refusent de s'armer « ne nieront pas que la terre de Chanaan ne fust la figure de la jouyssance de la vie éternelle au Royaume céleste, que sera-ce donc de la vraye fruition et jouyssance de ceste béatitude de laquelle nous percevons déjà les fruits en ceste vie par le ministère de l'Eglise contre laquelle ces tyrans ennemis barbares et félons se bandent et nous en veulent débouter et empescher la possession ? » [74]

---

73. *Ibid.*, p. 68.
74. *Ibid.*, p. 68.

Ce qui permet cette argumentation mystique et prophétique c'est évidemment la comparaison, si souvent reprise qu'elle a établi une analogie entre le « bain de sang » et le *passage de la mer Rouge,* les mots *déluge,* la France « quasi toute noyée » révèlent cette analogie. On voit nettement comment à un type de raisonnement juridique succède, sans qu'aucun changement de plan soit indiqué, des prescriptions fondées sur *l'analogie de la foi.*

Mais, comme l'objet de ce traité est d'inviter à prendre les armes la petite noblesse et les notables, il faut joindre au commandement de Dieu Ses promesses qui fortifient l'espoir du succès. On ne peut éviter le *problème du malheur des justes,* (c'est-à-dire des religionnaires) qui semble condamner la Cause.

Les *Psaumes,* donnés comme parole prophétique, dépeignent le triomphe momentané des méchants qui « éclatent de graisse »,

« La graisse leur pousse les yeux [75]
Hors de leur chef malicieux... »

qui se glorifient de tourmenter les justes en défiant Dieu, et en même temps annoncent la ruine irrémédiable et soudaine de ces révoltés cyniques :

« Il cherra, dit ailleurs le Prophète, sur les malins orages ; et puis après le faux faudra si tost et tellement

« Que quand sa place iras chercher et querre
N'y trouveras la trace seulement. » [76]

Leur perte ne fait aucun doute car « privés de lumière » « ils tombent dans des fureurs horribles voire jusques à lever la teste contre Dieu ». Ces forfaits, et en particulier le massacre des enfants de Dieu, hâtent et avancent leur perdition. Ici la doctrine réformée de la prédestination rejoint la croyance à l'ἄτη des tragiques grecs. Quant aux enfants de Dieu, ils doivent méditer les exhortations du prophète Michée (chap. VII, v. 7 et suivants) :

« Mais moi je serai au guet attendant l'Eternel, j'attendrai le Dieu de mon salut : mon Dieu m'exaucera...

---

75. *Ibid.* p. 72.
Ps. LXXIII/7. Ces vers reproduisent la traduction en vers de Th. de Bèze dans le *Psautier Huguenot.*
76. *Ibid.* p. 72.
Cf. Psautier Huguenot. Ps. XXXVII, trad. de Clément Marot.

» Si je suis tombée, je me relèverai: si j'ai esté gisante en ténèbres, l'Eternel m'esclairera.

» Je porterai l'indignation de l'Eternel, parce que j'ai péché contre lui, jusques à ce qu'il ait débattu ma cause et m'ait fait justice : il me conduira à la lumière et verray sa justice, et mon ennemie regardera et confusion la couvrira, laquelle me dit où est le Seigneur ton Dieu, mes yeux la regarderont, et sera bien tost foulée en la boue des rues. » [77]

Ainsi l'Eglise de Dieu redit avec Jérusalem la prophétie qui annonce la venue du Messie, et, pour les croyants du XVIᵉ siècle, le retour du Christ venant juger le monde.

Par un mouvement naturel dans lequel s'enchaînent les textes historiques de l'*Exode,* les *psaumes* de David, révélateurs de l'actualité et prophétiques, les prophéties messianiques, enfin les textes de l'*Apocalypse,* la souffrance du juste terrassé et expirant devient témoignage de la grâce qu'il a reçue et se transmue en espérance aussi vive et tendue vers la Parousie que le regard de la sentinelle qui compte sur le matin.

La justification de la fidélité présente ne gît en aucun raisonnement humain, nulle épreuve de force ne peut l'établir, un miracle même ne l'assurerait pas, mais le dernier Jour la fera éclater. Aussi ce jugement, cet accomplissement de la Promesse, ce Jour du Seigneur sont-ils impliqués dans tous les thèmes bibliques déjà énumérés : la terre de Canaan, l'anéantissement des malins, l'attente de Jérusalem — symbole de l'Eglise ; la Saint-Barthélemy, « *tragique tragédie* » aux yeux des profanes, devient une sorte de drame sacré. Dieu ayant produit à la face du monde un grand nombre de fidèles pour la confession de sa doctrine, tandis que leurs adversaires manifestaient pour un temps l'incrédulité et l'idolâtrie, signes évidents de leur perte. Un dernier exemple est cité, après une longue liste de persécutés « élus de Dieu : Abel, Esaïe, Jérémie, Zacharie, Jehan Baptiste » : l'exemple de Néron persécuteur de l'apôtre Paul clôt l'énumération.

Il nous a paru utile de considérer attentivement ce pamphlet, qu'on n'a étudié jusqu'ici que sous son aspect juridique ou politique [78], car les thèmes bibliques, exemples tirés de l'histoire sainte ou prophéties, y

---

77. *Ibid.* p. 73 ; citation textuelle de *Michée VII* versets 7 à 11.
78. Voir G. Weill, *Théories sur le pouvoir royal en France pendant les guerres de Religion,* Paris 1892, p. 91.
Et P. Mesnard, *L'essor de la philosophie politique au seizième siècle,* pp. 337 et sq.

occupent la première place. Il répond bien au problème initial qui se posait au lendemain des massacres : le malheur des justes est-il le signe du rejet de Dieu ? Mais la réponse n'est pas du domaine de la théologie spéculative, elle commande l'engagement dans les armées qui se reconstituent.

Quant au mouvement qui enchaîne les thèmes bibliques depuis l'épopée d'Israël en passant par le Roi-prophète, figure du Juste en proie aux ennemis de Dieu, puis par les prophéties messianiques qu'on peut interpréter comme une attente du Dernier Jour, l'évangile étant passé sous silence, pour aboutir à l'attente du Jour du Seigneur, jour de la délivrance et du châtiment, il se prête bien à une épopée actuelle, où la bataille, le glaive, la marche en avant, la mort et la victoire ne sont pas des symboles de la vie spirituelle, mais la plus concrète réalité.

Nous avons vu combien l'attente du Jugement dernier tient à la situation même de deux Eglises opposées, chacune revendiquant la vérité et la direction de Dieu ; cet affrontement, sans autre recours que la guerre à outrance ou le martyre, est particulièrement souligné dans un dialogue intitulé « *le Politique* » (Mémoires de l'Estat de France sous Charles IXe [79]. Deux personnages s'entretiennent, et pour un temps l'un d'eux soutient la position de l'Eglise catholique qui condamne les Protestants comme hérétiques et apostats, l'autre répond alors :

« Elle (la doctrine des Protestants) ne peut être condamnée, puisqu'elle est approuvée de Dieu par sa parole, à laquelle elle se conforme, et n'est point Eglise ceste Assemblée qui lui est adversaire, d'autant qu'elle n'a point la parole de Dieu pour reigle, ains l'autorité que le Pape et ses suppots se sont attribués hors d'icelle... » [80]

On est ramené aux premiers temps de la controverse, aux arguments de *l'Institution Chrétienne.*

Comme depuis plus de quarante ans tout a été dit en fait de controverse sur le dogme ou la piété, la logique interne du conflit conduit les adversaires à attendre, avec toute leur passion pour la justice et la victoire, ce *dernier jour,* jour de l'accomplissement de l'histoire, qui révèlera le sens et la raison de toute chose.

En cette même année 1575 paraît également un curieux libelle :

---

79. Vol. III, p. 80.
80. M.E.F. vol. III, p. 139.

Mémoires et Remonstrances sur le fait de la paix, faictes par les deputez de ce grand Roy Emmanuel, Admirable Prince de Paix, Roy des Roys, Seigneur des Seigneurians ; et adressé « aux Eglises réformées de France et du pais bas [81]. »

Il porte en épigraphe le verset bien connu d'Esaïe 52 :

« O que les pieds de ceux qui annoncent la paix sont beaux. »

Mais ce petit traité n'a rien d'irénique, il est rédigé contre ceux de la Religion qui pactisent avec la Cour, « se joignent avec les Idolâtres », il faut entendre sans doute avec les Catholiques modérés qui veulent la paix, enfin contre les Politiques. On rappelle avec énergie que la guerre est religieuse, qu'il faut donc se purifier encore de l'idolâtrie, se convertir, se réveiller pour recevoir de Dieu la paix que lui seul détient.

L'essentiel de cette prédication militante, sans doute l'œuvre d'un ou plusieurs pasteurs, n'est autre que le grand thème prophétique du procès entre Dieu et son peuple qui s'éloigne de lui pour aller rendre un culte aux idoles. Cette idôlatrie offre un aspect particulier, lié à la situation politique : le peuple de Dieu, en 1575, idolâtre les rois bien que « les povres Eglises de France aient tant de fois payé l'amende » de leurs vaines espérances et de l'assurance qu'elles avaient placée « en la foy de putiers et de putains masqués du tiltre d'édicts irrévocables et de paroles de Roy » [82].

L'intérêt de ce pamphlet pour notre étude c'est qu'il constitue un véritable centon de versets bibliques, extraits de prophéties, versets des *Psaumes* et des *Proverbes* : le texte a été composé d'après cette idée puisque « c'est le Prince de la Paix lui-même qui par ses fidèles ministres et députez donne aux Eglises affligées l'advis et advertissement qui s'ensuit ».

Aussi y trouve-t-on, à la page 6, et à la page 8, des paraphrases ou même des transpositions directes des prédications de Jérémie ou d'Esaïe. Voici par exemple l'exhortation prophétique de la page 6 : « Jusques à quant aurez-vous les yeux bandez, et ne recognoistrez en vous-mesmes, que c'est au Prince de paix qu'il vous faut addresser pour avoir la paix : et avec Dieu qu'il vous faut et convient avant toutes choses appointer ? Quelle iniquité ont trouvé, dit le Seigneur, vos pères en moy, qu'ils se

---

81. B.Ars. in-8° H. 12780, XVII.
82. *Mémoires et remonstrances*, p. 4.

sont eslongnez de moy et ont cheminé après la vanité et ont esté faictz vains ? Or Israël si tu te retournes, retourne toy à moy [83]. Et comme il dit déréchef : Qui a donné Iacob en fouragement et Israël aux pillards. N'a ce pas esté le Seigneur, celuy contre lequel nous avons péché. C'est luy, c'est luy, qui a frappé et lequel aussi guérira et médicinera. Il ne fait point selon l'embrasement de son ire et ne prend point plaisir à détruire car il est Dieu et non point homme... » [84]

Ce texte prouverait s'il en était besoin combien les Réformés revêtent aisément la personnalité d'Israël. Nul besoin d'un terme de comparaison, aucun passage entre le passé biblique et le présent n'est ménagé. Les imprécations prophétiques s'appliquent directement au peuple actuel, elles l'atteignent de plein fouet aussi bien que les promesses et les adjurations de l'amour divin. L'assimilation est ancienne, les métaphores et les comparaisons sont devenues langage courant.

Il faut aussi remarquer la puissance particulière qu'on prête à la Parole. Tout le texte est constitué par des paraphrases de versets prophétiques reliées entre elles par des versets empruntés aux *Psaumes* et aux *Proverbes*. A. d'Aubigné emploiera le même procédé dans les *Méditations sur les Psaumes* mais d'une façon beaucoup plus intelligente, laissant, pour ainsi dire, résonner tous les harmoniques d'un verset à travers la Bible ; ici les textes sont cousus ensemble, les versets des *Psaumes* ou des *Proverbes* permettent de passer de l'un à l'autre sans que le ton, le style biblique soient rompus. Pourquoi cela ? C'est qu'il s'agit de convaincre les fidèles, et sans doute la masse de ces fidèles, que Dieu même, par sa Parole, refuse une fausse paix. L'objet du libelle est politique — dans un temps où le politique et le religieux sont inextricablement mêlés — mais le ressort de la conviction qu'il veut communiquer est religieux, car le véritable levier de l'opinion des masses en ce temps-là est religieux, non politique. La Parole pure et nue se présente alors comme chargée d'une force puissante propre à révéler le péché, raison du malheur, à convertir les cœurs et à susciter, par cette réconciliation avec le Seigneur, des temps de rafraîchissement. Donc le style est constamment celui du discours des prophètes.

Quant à la critique des rois elle se fait très virulente : on les montre frappés d'aveuglement, précipités vers leur ruine : « Voyez-vous pas au chemin que prennent vos Rois, qu'eux-mêmes se roulent en ruine et

---

83. Cf. *Jérémie* II-5 ; *Jérémie* IV-1.
84. Cf. *Osée* XI, 9.

desia ont perdu le sens. » [85] Mais à cette révélation se joint, pour lui donner autorité, un parallèle entre les qualités ou les devoirs des Rois tels que les présentent les *Proverbes* de Salomon et la pratique actuelle des Rois. Ici donc la *Sagesse* des livres bibliques se fait révélatrice d'une réalité minée par la destruction et la mort. Les sentences qui constituent *l'Ecclésiaste* ou le *livre des Proverbes*, reçues comme des paroles pleines d'autorité, propres à éclairer la situation actuelle, à souligner l'iniquité des Rois, permettent une analyse critique, une diatribe morale qui précède, en la rendant nécessaire, la prédication prophétique.

Un exemple fera sentir cette opposition radicale entre le roi selon la Parole et les rois actuels, opposition qui annonce le Jugement aussi bien que le parallélisme entre les fous qui préparent leur propre ruine et l'extravagance des Rois actuels, signe de leur chute imminente :

« Car comme dit Salomon (*Prov. 1*) l'aise des fols les tuera et la prospérité des fols les perdra, mais celuy qui escoute habitera seurement. Et de faict voyez-vous pas au chemin que prennent vos Rois, qu'eux-mêmes se roulent en ruine, et desia ont perdu le sens. La magnificence d'un Roy est en beaucoup de peuple, mais quand le peuple défaut, c'est la faiblesse d'un Prince (*Prov. 14*). Or, ceux-ci prenant une résolution contraire n'ont d'autre pensée que de ruiner et achever leurs sujets » [85].

Les Rois maintiennent leur pais par jugement (*Prov. 29*). Ceux-cy ne s'estudient qu'à toute iniquité au lieu de piété et justice comme pour despiter Dieu... » [86]

Les polémistes religieux du XVIᵉ siècle suivent en cela la tradition même des prophètes bibliques et la technique oratoire de leur prédication. Des études récentes ont montré que dans le genre littéraire que constitue « l'oracle prophétique » seul le message central était considéré comme parole directement venue de Dieu, et prononcé à la première personne car le Prophète est l'ambassadeur du Roi divin ; mais ce message est toujours précédé d'une diatribe s'il consiste en menaces ou d'une exhortation si le prophète transmet une promesse de Dieu ; diatribe ou exhortations sont des paroles humaines, conçues par le prophète pour conduire l'auditoire à la Parole de Dieu en préparant sa voie et en désignant clairement ceux que la Parole inspirée doit atteindre. Mais ce prélude à la prophétie proprement dite, si nécessaire puisqu'il indique le groupe d'hommes que la menace concerne, n'est pas lié à une connais-

---

85. *Ibid.* p. 13.
86. *Ibid.* p. 13.

sance personnelle du prophète, la démonstration est accessible à tout homme qui a quelque expérience du monde, de la vie et des commandements fondamentaux de Dieu. « C'est ici le lieu où la prophétie et la sagesse se côtoient de façon étroite et vivante. » [87]
Nous verrons qu'Agrippa d'Aubigné utilise la même composition, faisant précéder un message prophétique très directement emprunté de la Bible d'une analyse critique virulente où des sentences empruntées aux livres de la Sagesse (*Ecclésiaste - Proverbes - Ecclésiastique*), ainsi qu'aux livres de la Loi servent à donner un puissant relief aux situations humaines qui provoquent le courroux de Dieu.

La diatribe violente suivie des menaces prononcées par Dieu convient aux ennemis que l'on rejette, mais il faut aussi regrouper les tièdes, ceux qui « détestent la tyrannie » mnais se taisent ou se cachent « esperdus », ceux qui ont perdu cœur et qui, selon Osée « n'ont point crié vers moy en leurs cœurs, mais hurloyent en leurs couches ». [88]

Pour ceux-là une forme plus humaine de l'exhortation est employée : le dialogue. Aux paroles découragées ou révoltées du peuple affligé répondent des versets prophétiques ou des paroles de David où Dieu fait entendre un message de salut :

« Vous avez dit : On sert en vain le Seigneur et quel profit a-t-on si nous gardons son observation, et si nous vivons en tristesse pour le Seigneur des armées ? Mais *dit le Seigneur par le prophète Malachie :* Convertissez-vous et vous verrez la différence entre le serviteur de Dieu et celui qui ne sert point » (*Malachie* 3). « La main du Seigneur n'est point accourcie qu'elle ne puisse sauver », (*Esaïe XIX*) mais nos iniquités ont fait la division entre Dieu et nous. Et comme dit David : « O si mon peuple m'eust ouy : Si Israël eust cheminé en mes voyes, i'eusse en moins de rien humilié leurs adversaires. Or sus Eglises, il vaut mieux tard que iamais... [89]

« Que doncques ceux qui sont tombez se relèvent, ceux qui sont endormis se réveillent devant que le son de la grande trompette vienne qui les réveillera malgré eux. » [90]

---

87. Von Rad. *op. cit,* II, p. 67.
88. Osée VII, 14.
89. *Mémoires et Remonstrances,* p. 16.
90. Notons encore une fois l'apparition du thème du *Jugement Dernier,* constant dans les textes de cette époque.

Cette forme plus humaine et presque tendre de la prédication prophétique n'est pas absente des prophéties bibliques. On la trouve en particulier dans le *second Esaïe : (Es.* XL, 27 ; XLI, 10 ; XLIX, 14a, 16a,) où Dieu lui-même prête à son peuple des paroles de doute et même de découragement pour le réconforter avec tendresse ; on trouve le même ton d'affection et une esquisse de dialogue au chapitre V de *Michée* (v. 6 à 11), et au chapitre VI (v. 1 à 9), où l'amour divin apparaît à travers le thème du procès.

La trouve-t-on chez A. d'Aubigné ? Bien rarement sans doute. Mais il se peut que certains passages empreints de tendresse mystique soient indirectement inspirés par ce lyrisme de l'amour divin qui se penche vers la créature et l'Eglise affligée pour lui rendre le courage de la lutte [91].

Les Eglises et les fidèles ayant été ainsi exhortés sont invités à une conversion totale, « *à se refondre de nouveau* », à publier de « *vrais ieusnes* » ; on leur offre alors une longue prière, nourrie de prières prophétiques et surtout de *Psaumes* qui doit accomplir dans les âmes une purification profonde, un retournement de l'être intérieur pour tourner ensuite les fidèles, redevenus enfants de Dieu, vers une fervente supplication. Voici le schéma de cette prière axée d'abord sur la repentance et la confession des péchés :

« O Seigneur dominateur... qui contemples d'en-haut ce qui est ici-
[bas...
Nous confessons avec l'enfant desbauché que nous avons péché...
Nous avons péché : nous avons fait iniquité.

(Prière empruntée à *Daniel* IX-5 et 6.)

« Voilà pourquoi tout ce grand mal est venu sur nous...
Tellement hélas qu'à nous voir nous sommes comme ceux entre lesquels tu ne domines point.

(*Esaïe* LXIII/19).

« Et ainsi que celle qui est enceinte [92] quand elle approche d'enfanter elle travaille et crie de douleur :
ainsi sommes-nous... Nous avons conceu et travaillé comme si nous eussions enfanté le vent...
Car il n'y a point eu de délivrance pour nous, et nos ennemis ne sont point tombez, ains plustost se sont renforcés.

(*Paraphrase des Lamentations de Jérémie*).

---

91. Cf. Livre III, vers 654-670 ; Livre IV, vers 1081-1090.
92. Cette vision de la *femme enceinte*, symbole de l'Eglise qu'on trouve à la fois au chap. XXVI *d'Esaïe* v. 17 et au chap. XII de *l'Apocalypse*, versets 1 et 2 revient plusieurs fois dans les *Tragiques*.

« Car toy, Seigneur nous estant adversaire, tout nous est contraire et vient à rebours (on peut trouver ici l'origine religieuse du thème de la paix non-paix et de la nature dénaturée)...

« O Seigneur à toy est la justice et à nous confusion de face, à nos Rois, et à nos Princes et à nos frères...

« Mais il y a miséricorde et pardon vers toy Seigneur et c'est toy qui as nos temps en ta main...

(Ici commence une paraphrase continue des *Psaumes,* en particulier de ceux qui expriment la supplication des justes persécutés.)

« Nous périssons et nous escoulons comme eau, mais ta bégninité dure à jamais.

« Rends doncques tes bontés admirables en nous sauvant et délivrant. Nos ennemis ne font estat que de leur malice fraudes et mauvais tours.

« Ils sont en grand nombre et nous hayent de haine cruelle. (*Ps.* XXV).

« Mais toy Seigneur, sauve ton peuple, bénis ton héritage... (*Ps.* LXXIX).

« Ils ont donné les corps morts de tes Serviteurs aux oiseaux du ciel, et la chair de tes débonnaires aux bestes de la terre... (*Ps.* LXXIX)

« au lieu de te louer (ils) te blasphèment... »

« O Dieu jusques à quand l'adversaire te blasphèmera-t-il et se moquera de ton nom ? »... (*Ps.* XLII).

« Excite, Seigneur ta puissance, dissipe leurs conseils...

« Que doncques la vengeance du sang de tes serviteurs
respandu soit cogneue parmy les gens en nostre présence... (*Esaïe* XXVI est donné comme référence, il s'agit du cantique des rachetés...)
« Fay le Seigneur pour l'amour de toy
Fay le pour l'amour de ton peuple et de ta povre Brebis... »

Ici commence une paraphrase du *Cantique des Cantiques, chap.* II, qui développe le *thème de l'élection* qui est le fondement de cette prière :

« Car ô Seigneur Dominateur, tu as esleu de tous les fruicts de la terre et de tous les arbres une seule vigne : de toutes les fleurs une seule fleur de lis...

« et de tous les peuples, un peuple, à savoir ta povre Eglise, maintenant pourquoy as-tu exposé ton unique en proye à plusieurs qui l'ont foulée aux pieds... »

Une prière de ce genre n'est nullement une exception à cette époque : on peut lire dans les *Archives Tronchin* une prière — malheureusement sans aucune indication de lieu et de date — constituée également de paraphrases et des citations des *Psaumes* directement appliquées à la situation d'une Eglise persécutée :

1) Thème de l'Election.

2) Supplication au Dieu Tout-voyant, d'une Majesté inaccessible mais qui s'est fait père pour les brebis d'Israël.

3) Appel au berger d'Israël pour qu'il relève la consternation d'Ephraïm...

4) Repentance.

5) Supplication : « Redresse-nous et nous serons redressés, donne-nous parmy nos journées orageuses la Colonne pour guide et en nostre mortelle nuit le pilier de feu de ton esprit [93]. Arbore au devant de nous pour nous ralier ta face réconciliée seule enseigne de vie et seul auriflam de salut [94]. »

6) Appel à Dieu : « Jusques à quand la veux-tu cacher...
Est-ce à toujours que tu veux nous repaistre de pain d'angoisse ?
Nos ennemis sont les tiens. Ne voy-tu point ou bien oublies-tu la tuerie de tes adversaires ?... »
La prière s'achève sur la vision des vingt-quatre anciens de l'Eglise [95].

Dans le *Resveille Matin des François et de leurs voisins* (1574) l'Eglise (personnage allégorique) intervient surtout à la fin du dialogue pour supplier le « Dieu d'Israël » d'envoyer son Ange ou de susciter une Judith en faveur de son peuple ; les formules employées sont de véritables pastiches du style prophétique des *Psaumes* ou rappellent les épisodes du *livre des Juges*. Les interlocuteurs profanes s'associent à ces prières « prophétiques » qui concluent les développements successifs. Même si les prédications prononcées en France au cours de ces années d'angoisse ne nous ont pas été conservées [96], cette profusion de thèmes bibliques nous permet de nous représenter assez bien le climat religieux,

---

93. Ces images bibliques empruntées au livre de l'*Exode* sont reprises par A. d'Aubigné : cf. *Misères,* 1/25.
94. Cf. A. d'Aubigné, *Tragiques* IV, v. 1 à 8.
95. *Archives Tronchin* (B.P.U Genève Manuscrits) n° 353.
96. Nous avons trouvé dans la Bibliothèque de la S.H.P.F. un cahier de « conciones » daté de 1578 attribuées à Chassanion. Le manuscrit, délavé par endroits, d'une écriture très serrée et pâlie, c'est à peu près indéchiffrable, c'est une série de prédications sur la 2e *épître aux Thessaloniciens* dans laquelle saint Paul fortifie les Eglises en proie à la persécution et annonce la venue de l'Antéchrist précédant le retour du Seigneur.

inséparable de la constitution d'une résistance armée, de ces années troublées, qui vont de la St. Barthélémy à l'organisation d'un Etat réformé dans l'Etat.

Nous devons cependant ajouter à ces documents les témoignages sur l'état des Eglises françaises qu'offre la correspondance de Théodore de Bèze. Les copies qu'en a faites Baum nous ont permis de les lire de 1572 à 1582 [97].

Ce qu'elles offrent de plus frappant, en relation avec l'objet de notre étude, c'est le *pressentiment d'une Apocalypse* que seules la patience de Dieu et son affection pour ses élus suspendent.

Nous avons indiqué que l'attente et le désir du Jugement dernier tenaient à la logique même de cet affrontement de deux Eglises revendiquant chacune la légitimité et l'élection. C'est à Dieu, venant pour juger, qu'on en appelle après d'atroces massacres qui ne pouvaient fonder le droit d'aucun des adversaires, l'un et l'autre reconnaissant comme les plus purs témoins du Christ les Apôtres et les martyrs des premiers temps. Dans les lettres du successeur de Calvin, qui ne sont pas destinées à la publication, mais à des amis, des frères qui soutiennent le chef spirituel des Eglises réformées et prient avec lui, il ne s'agit plus de cette logique interne de la polémique mais des faits, des souffrances des paysans ou des fidèles dispersés, des abjurations massives, du risque pour les Eglises et les petites communautés de disparaître à jamais. Tous ces événements sont interprétés par le Réformateur à la lumière des Ecritures.

Quelques exemples, extraits des lettres de Bèze à Bullinger, permettent de voir comment on passe de la conception de la *Guerre sainte,* où la main de Dieu agit puissamment, à l'attente du Jugement.

Après avoir annoncé la désagrégation de l'armées royale, du moins pour la plus grande partie : « nec unquam exstitisse nostra memoria, fatentibus etiam ipsis adversariis certiora irae divinae in istos testimonia, misere partim fame, partim rabie, partim peste, partim vulneribus trucidatis fere omnibus qui horrendam illam carnificam exercuerunt »... [98].

_____

97. Nous savons bien que ces copies ne sont pas sans fautes, mais nous ne pouvions attendre l'excellente édition que MM. F. Aubert, Meylan et Dufour ont entreprise.

98. 2 juin 1573.

On voit déjà apparaître ici le thème des vengeances célestes, annonciatrices du jugement de Dieu. Nouveau signe : dans le Dauphiné, le gouverneur de Gordes, le même jour, a perdu sa femme et reçu la nouvelle de la mort de son fils tué à La Rochelle.

Le 15 juillet 1573, le bilan des pertes subies par les Royaux au siège de La Rochelle est annoncé ainsi : « Rupellæ uno triomphavit Dei manus » [99].

Par contre, la tiédeur des Eglises réformées de Suisse ou d'Europe qui n'ont secouru efficacement ni Harlem ni Sancerre, toutes deux en proie à l'extrême famine, lui fait évoquer le cantique de Deborah et sa malédiction contre Méroz [100], malédiction que vient préciser l'image prophétique de la coupe d'étourdissement (Esaïe LI, 17) :

« Et quam hic vereor ne quid ad nos omnes attineat quod de Meros pronuntiat illo suo cantico Debora. Nam certe parum istis fratrum miseriis afficimur, qui fortasse quod limpidius est in calice furoris Dei exhauserunt ut feces ebibamus » [101].

En effet, Bèze est convaincu que le Jugement de Dieu, la Parousie du Christ venant délivrer son Eglise et juger le monde ne sauraient tarder ; pour résumer la situation, il note le 6 septembre 1573 :

« In summa fieri non potest quin judex suo tempore appareat Dominus, qui utinam ne stertenses opprimat. » ,

Les désordres et les stupres de la cour des Valois ne font que confirmer sa conviction :

« Lutetiae vix credes quid egerint nostri Sardanapali sive Heliogabali, quorum vix mihi persuadere possum, longissime abesse judicium, quod tamen est in manu Dei. » [102]

Tous tremblent déjà, même les ennemis de l'Evangile, cependant il est bien probable que la reine d'Angleterre va encore tomber dans leurs filets. C'est là l'effet de la promesse de Satan qui affirma au Christ :

---

99. Même constatation à propos de l'ensemble du siège : « *Certum est tamen potenti Dei manu percussos fuisse adversarios.* » (5 octobre 1573.)

100. *Juges*, V. 23.

101. Cf. A. d'Aubigné. *Misères*, v. 1285 :
   « Cette bande meurtrière à boire nous convie
   Le vin de ton courroux : boiront-ils point la lie ? »
   On ne peut parler d'une source puisque la lettre de Bèze est privée, mais l'image est dans l'air.

102. Bèze à Bullinger, 15 septembre 1573.

« Je te donnerai tout cela si tu te prosternes devant moi et si tu m'adores ». Mais « exitus ultimus omnia probabit ».

Une nouvelle conjuration ourdie contre les Réformés et destinée à perdre tous ceux qui avaient échappé à la Saint-Barthélémy a été miraculeusement découverte et étouffée à La Rochelle, voilà ce qu'on peut attendre de ces suppôts de Satan (Satanae mancipiis) ; mais Dieu veille.

Après avoir noté l'endurcissement progressif de « Pharaon » (Charles IX), il indique en contraste les succès militaires remportés en Hollande et conclut : « Nec miror ego ista Dei judicia, sed immensam potius et infinitam patientiam quas utinam nos sustineat et in tantis tempestatibus fulciat » [103].

Enfin le pressentiment d'un bouleversement tout proche et radical du royaume de France s'exprime nettement dans la lettre de Bèze à Bullinger du 28 mars 1574 :

« Universa Gallia sic est perturbata ut nunquam concussum fuerit regnum illud, quod tamen ego scio jam pridem hac una ratione stare, quod nemo sit a quo occupetur. Sic nimirum statuente Dei misericordia tum propter electos quos illic sane multos habet, tum ut quo ejus patientia, eo severiora sint tandem ejus iudicia. »

Dans cette perspective, il note *les signes des temps* et la *révolte des éléments* : le 20 de ce mois, il a plu du sang à Lyon : « Sic clamat Deus, lachrymatur coelum, terra indignatur, mare brevi procul dubio magnis classibus sternendum remugit. Soli homines non moventur, imo Deo ipsi tonanti, student oppedere »... [104].

Or, l'indication des signes des temps (*Matth.* XXIV, V, 29 et 33), de même que le thème de la patience de Dieu, ainsi que la vision des hommes qui blasphèment quand les fléaux divins les atteignent (*Apocal.* VI - 11 et VII - 3, XVI - 9, 11, 21) renvoient expressément dans la Bible au Jugement dernier [105].

Le 19 septembre 1575, nouveau rappel d'épisodes bibliques qui symbolisent les catastrophes :

---

103. 12 mars 1574.
104. 28 mars 1574.
105. L'attente du Jugement s'exprime encore dans la lettre à Bullinger du 14 juillet 1574.

« Quæ in aula patrantur, sicut in diebus Noæ talia sunt, ut Sodoma et Gomorrha »... « Strenue interea furit Sathan... »

Ces jugements d'un témoin, qui domine la situation en Europe et suit avec passion son évolution, nous permettent de voir les événements comme les Réformés les voyaient, de sentir leur angoisse dominée par la foi et de mieux comprendre pourquoi certains thèmes bibliques obsé-dants reviennent dans les écrits contemporains.

Les textes rassemblés sont suffisants pour que nous puissions dégager les caractères dominants de ce prophétisme que nous avons attentivement étudié de la Saint-Barthélémy à « l'évasion » d'Henri IV.

1° Il offre un caractère *communautaire* indiscutable [106]. Il s'agit toujours de la vie, de l'obéissance, de l'avenir du peuple réformé ; or, c'est sa *relation avec Dieu* qui est sa raison de vivre. Qu'il soit fidèle, et il respirera à nouveau, il connaîtra des temps de rafraîchissement. Car il est le serviteur de Dieu, son élu choisi pour sauver une communauté plus vaste.

2° Ce prophétisme est *épique* dans son essence même. On pourrait objecter que nous avons analysé beaucoup de pamphlets qui n'étaient que des appels aux armes et que la conclusion se trouvait ainsi contenue dans les prémisses. Mais les lettres de Théodore de Bèze, certains écrits d'édification fournissent une contre-épreuve. Nous n'avons pas les prédications, il est vrai, mais on recevait de Zurich l'*Histoire des persécutions de l'Eglise,* de Bullinger, parue en allemand en 1573, traduite en français en 1577, contenant les causes des persécutions et le jugement de Dieu contre les persécuteurs, on relisait les *Cent sermons sur l'Apocalypse* du même auteur, livre paru en France en 1565, dont la préface met en valeur essentiellement deux figures aux prises : *la Femme couronnée de soleil* qui est la figure de l'Eglise fidèle et, à l'opposite, son ennemi terrible et cruel, le *grand Dragon roux.*

Surtout nous avons remarqué le caractère profondément religieux des pamphlets qui appellent à la résistance. Le professeur Léonard a souligné le caractère populaire de cette reconstitution d'un peuple en armes, la « base » relayant les nobles tués ou massacrés, « résistance de populations non militaires chauffée à blanc par les exhortations des ministres

---

106. Il s'agit toujours du salut du « peuple de Dieu » choisi pour une mission précise, et non de la vie intérieure des croyants individuels, on ne saurait faire de ces textes une littérature de dévotion.

et par toute une littérature de pamphlets » [107]. La teneur « prophétique » de ces pamphlets permet d'imaginer que les exhortations des ministres n'étaient pas consacrées à célébrer la paix de l'âme individuelle réfugiée dans le sein de Dieu. La paix du cœur, proclamait-on en ces temps-là, était acquise à ceux qui ne refusaient pas leur bras et leur sang pour la querelle de Dieu ; même si la piété individuelle gardait ses droits, on sentait que la vie et la mort d'un peuple, serviteur du dieu d'Israël, se jouait ici et maintenant, et que le salut de chacun était lié au combat de l'Eglise dont le martyre attestait la fidélité.

Ainsi ces thèmes prophétiques jouent le même rôle que les images et les épisodes empruntés à l'histoire d'Israël dont nous avons remarqué l'utilisation et le développement dans le premier chapitre : ils *rassemblent,* après la Saint-Barthélémy, *ils reconstituent, plutôt, un peuple* qui doit se battre, résister pour ne pas disparaître. Et le fait qu'on soit passé de l'épopée d'Israël aux textes prophétiques — qui, d'ailleurs, reprennent souvent les épisodes de l'*Exode* ou du *livre des Juges* pour leur donner un nouveau sens — ce déplacement des « mythes conducteurs » révèlerait à lui seul le caractère de ce nouveau combat. C'est la résistance d'un peuple au bord du désespoir, qui a perdu ses forces vives, ses cadres, ses points d'appui stratégiques. La seule force qui lui reste c'est de garder la vision de la grâce et de la vocation qui l'ont suscité, dans un passé récent, et de discerner dans les *grands jours de Dieu* dont il garde la vive mémoire, la ferme promesse du rétablissement, de la restauration qui lui permettront de réaliser sa vocation. Cette attitude me paraît en tout point semblable à celle des prophètes bibliques qui, recevant de Dieu un message de destruction, annonçaient comme au travers du feu la restauration d'Israël, le retour de l'exil. Voilà pourquoi les Réformés abattus et dispersés au lendemain de la Saint-Barthélémy, attaqués et pressés de se rendre et de renoncer à leur raison d'être, ont inlassablement médité le message des prophètes et chanté les psaumes comme s'ils étaient des révélations prophétiques : ils se voyaient comme un peuple en proie au courroux divin, poursuivi sans relâche par les ennemis de Dieu triomphants et cyniques, seuls les Prophètes leur annonçaient que l'épreuve sanglante était un châtiment à salut et qu'il ne va jamais jusqu'à la mort, pour les enfants de Dieu ; que les malheurs extrêmes sont le signe de la grande bataille engagée par Dieu lui-même contre ceux qui persécutent son oint ou ses élus, et qu'ils inaugurent ce déroulement irréversible du temps au bout duquel, autour d'une relation d'amour restaurée, s'ordonnera un monde de justice et de paix, cette « *nouvelle terre où la justice habitera* ».

---

107. E.G. Léonard. *Histoire générale du Protestantisme,* Paris, P.U.F., 1961, T. II, p. 126.

3° Ce « prophétisme » est étroitement lié à une attente des derniers jours et du Jugement dernier.

Ce lien existait déjà chez de nombreux prophètes : pour eux [108], l'action salvatrice de Dieu qui allait, dans une situation historique donnée, faire toutes choses nouvelles, était à la fois un renversement extraordinaire du cours des événements dans un proche avenir et le signe de l'accomplissement de l'élection, à la fin de l'histoire.

Les Réformés ont explicité ce message en le liant aux révélations du *prophète Daniel* et de l'*Apocalypse* — n'appelaient-ils pas le voyant de l'*Apocalypse* « l'expositeur des prophètes » ? [109]

C'était, avons-nous remarqué, l'aboutissement logique d'un conflit religieux dans lequel aucun des deux adversaires ne voulait admettre la loi de la force, tous deux reconnaissant au contraire l'éminente valeur des martyrs et des communautés persécutées de la primitive Eglise. Seul le Christ, venant dans sa gloire, après la catastrophe finale, devait séparer l'ivraie d'avec le bon grain, et les faux prophètes d'avec les envoyés du Seigneur.

Mais le témoignage de Th. de Bèze et certains écrits du temps [110] nous laissent voir que la venue des derniers temps, dans un royaume épuisé par les guerres, les scandales moraux, les cruautés des deux partis aux prises et des mercenaires étrangers, constituait comme un pressentiment courant fondé sur l'angoisse même où l'on vivait quotidiennement. La fusion de la terre, l'éclatement du monde connu paraissaient la seule issue possible à cette *vie non-vie,* puisque toutes les lois divines et humaines se trouvaient violées.

Parce que les pasteurs sont formés à Genève, que les écrits des Réformateurs nourrissent la méditation des ministres comme des laïques, que la Bible surtout reste, dans sa totalité, la règle de la foi, on ne

---

108. Voici par exemple *Esaïe* IX-1 à 5. *Osée* II-14, 23. *Joël* III. *Amos* IX-5 à 15.

109. Formule d'Oecolampade reprise par Bullinger in : *Cent sermons sur l'Apocalypse* (Préface). Même opinion chez Th. de Bèze : « il a presque tout tiré des Prophètes mot à mot » in *Préface à l'exposition sur l'Apocalypse de Saint Jean* d'Antoine du Pinet : 1557. B.P.U. Bb 2291.

110. *Prodiges merveilleux apparus au pays d'Anjou* (1575). Bibl. de l'Arsenal, 1575. *Signes et prodiges apparus en la ville de Genève.* Paris, 1579 (Bibl. de l'Arsenal). Traduit du néerlandais également un livre où l'on démontre longuement que Charles IX porte le signe de la Bête. 666. « *Glaube und Geduld der Heiligen in dem Babylonischen Frankreich.* »

verse pas dans l'illusionisme et le prophétisme aberrant des Anabaptistes. Nous avons vu au contraire avec quelle netteté ce prophétisme hugue-not s'insérait dans la tradition prophétique d'Israël. Mais on vit et on combat comme si on discernait déjà clairement les *signes des temps*.

Peut-être sommes-nous mieux à même maintenant d'examiner — sans prétendre sonder les reins et les cœurs — la question posée au début de ce chapitre : « Agrippa d'Aubigné pouvait-il se croire choisi par Dieu pour être le prophète du peuple Réformé décimé et abattu par les massacres ainsi que par l'offensive spirituelle qui devait achever l'anéantissement de la Réforme en France ? »

Tous les textes consultés nous permettent d'affirmer que cette mis-sion spirituelle est inséparable du combat temporel et même militaire. La prédication de caractère prophétique permet de recruter des trou-pes, de trouver l'argent, de tremper l'énergie de ceux qui s'engagent corps et biens au service de la Cause. Or, que fait d'Aubigné en ces années décisives où les forces protestantes se regroupent péniblement, où un Montbrun trouve une mort héroïque ? Il partage la captivité dorée, voluptueuse parfois de la Cour où l'on retient son maître ; il a dû, même, jouant le jeu de la fidélité monarchique, combattre dans les armées catholiques. Mais ses désirs, ses pensées, sa volonté sont ten-dus vers l'Eglise écrasée qui se redresse pour combattre ; n'a-t-il pas écrit un sonnet adressé à deux amis poètes, Amadis Jamyn et Vatel :

« Ainsi nos jeux, mignards essais de nos espritz
Préparent pour un jour nos courageux escritz
A décocher du fond d'une petite fonde
Le caillou qui saura bien dessirer les lions,
Les hydres, les Pythons, conceus d'infections
Et des fiers Goliath desengeancer le monde. »

Il me semble que le début de *Misères* porte le témoignage de cette volonté d'action, d'action sur les deux plans, qui n'a pu encore s'accom-plir. N'évoque-t-il pas l'image de Rome et le visage de l'Eglise à une certaine distance, au-delà d'une frontière qu'il faut franchir ? Mais sa décision est prise déjà :

« Mes désirs sont déjà volez outre la rive
Du Rubicon troublé : que mon reste les suive... »

De plus, le souvenir de l'engagement décisif de César, chef de la guerre civile, lié à l'évocation d'une autre aventure et d'un autre chef, l'Exode, Moïse, le premier des prophètes, celui à qui Dieu parlait face à face, le premier « rassembleur » du peuple d'Israël échappé aux flots de la Mer Rouge, ces surimpressions d'images et de personnages symboliques indiquent clairement la double vocation du poète : devenir un chef militaire du peuple regroupé, faire entendre la voix du prophète combattant qui guidera la colonne en marche, à travers les déserts, vers la reconquête de Canaan.

Un argument doit encore préciser notre réponse. Au lendemain de la Saint-Barthélémy, tous les chefs militaires de quelque importance qui ont échappé au massacre sont présentés dans les mémoires comme *mis à part* [111], sauvés par une bénédiction particulière de Dieu qui les destine à relever son peuple ; A. d'Aubigné partage cette conception : sauvé lui aussi contre toute espérance humaine, il se reconnaît mis à part pour tenir un rôle précis dans le plan de Dieu. Le récit de l'extase mystique qui a scellé en son cœur sa vocation le déclare :

> « Il te faut retourner satisfaict en ton lieu
> Employer ton bras droict aux vengeances de Dieu... »
>
> Les Fers (1419-1420)
>
> « Ne chante que de Dieu, n'oubliant que lui mesme
> T'a retiré... »
>
> ibid. (1425-26)

« Ton bras droit » annonce la tâche du combattant, mais la vocation du poète-prophète est indiquée plus nettement encore car, à cette date, d'autres chefs militaires dans le camp des Réformés jouissent de plus de prestige ; la carrière du jeune Agrippa est devant lui, non derrière, il ne possède ni l'expérience ni la réputation d'un Montbrun, d'un La Noue, par contre il a reçu le don de poésie, sa fronde c'est sa plume. Jeune David, il sait bien que le Goliath moderne ne tire pas son avantage de la force brutale seulement mais de la perfidie des faux prophètes, loups vêtus de peaux de brebis, disciples de Satan qui se déguise en Ange de lumière ; en ce combat nouveau, l'interprète de la parole du Dieu vivant, le prophète qui fait se lever une armée au souffle de l'Esprit est plus nécessaire que le stratège. Agrippa d'Aubigné, qui brûle de reprendre sa place dans les armées qui se reforment, sait qu'il a reçu, en même temps que la grâce qui le réconcilie avec Dieu et le fait vivre, une vocation originale : révéler la volonté de Dieu qui recrée Son peuple et le conduit.

---

111. Dans les *Mémoires de l'Estat de France sous Charles IX*ᵉ : « Le sieur de Mombrun, gentilhomme de Dauphiné, Capitaine vaillant et expérimenté, ne s'estoit pas trouvé aux noces à Paris : Dieu l'ayant réservé pour faire de grandes choses avant de mourir. » (Vol. II, p. 126.)
De même La Noue : « Il a esté après Dieu un des premiers instruments pour conserver ceste ville. » (*ibid.* p. 113).

CHAPITRE III

LA BIBLE DANS LES TRAITES POLITIQUES
ET LES PAMPHLETS REFORMES PUBLIES
ENTRE 1572 ET 1581

LA PHILOSOPHIE DE L'HISTOIRE
CHEZ LES MONARCHOMAQUES
ET CHEZ A. D'AUBIGNE

Après la Saint-Barthélémy, un large développement du « Prophétisme » avait animé la résistance du peuple réformé massacré, dispersé, accusé, dans la personne de ses chefs, de haute trahison ; l'épreuve épurait le « petit reste fidèle », et, dans la détresse, une prédication prophétique l'assurait de sa vocation. Ce véritable réarmement spirituel des Réformés allait de pair avec une réorganisation politique qui faisait désormais du parti de la « *Cause* », un Etat dans l'Etat.

Mais ce mouvement de résistance devait prendre d'autres formes et chercher d'autres appuis que la prédication, la prière ou les certitudes de la foi. Les penseurs et les publicistes de la Réforme cherchèrent à gagner, pour laisser à leur peuple le temps de respirer et de s'affermir, la sympathie de l'opinion européenne, celle des catholiques modérés, scandalisés par ce bain de sang où leurs amis, leurs parents avaient été plongés, enfin l'appui de la noblesse qui sentait bien que les chefs huguenots, les compagnons d'armes d'Henri de Navarre, avaient été exterminés d'après un plan concerté. Après ce grand ébranlement, l'édifice social paraissait fissuré et même branlant, et tandis que des pamphlets vengeurs anonymes comme le *Discours merveilleux de la vie, actions et déportements de Catherine de Médicis* (1575), le *Réveille-matin des Français* (1574), ou *Le Tocsain contre les massacreurs et auteurs des confusions en France* (1579), stigmatisaient le machiavélisme et la cruauté de la Cour, des traités politiques moins violents, plus objectifs se proposaient d'examiner à quelles fins légitimes le pouvoir royal doit se borner, quelles lois constitutionnelles, quelles traditions peuvent contenir dans de justes limites un prince tyrannique. Hotman, en publiant la *Franco-Gallia* (1573), avait ouvert la voie. Même si l'on admet, suivant la thèse de R.-E. Giesey [1], que l'ouvrage, écrit vraisemblablement avant la Saint-Barthélémy, soit un traité savant et non un manifeste, il reste, comme le reconnaît R.-E. Giesey lui-même, que la Saint-Barthélémy fit de ce « manuel pour des hommes d'étude » un livre d'actualité. En retrouvant, aux temps lointains des origines de la monarchie française, le rôle prépondérant d'une aristocratie de chefs de famille, dépositaires de l'autorité souveraine, chargés d'élire le monarque, de surveiller sa gestion, de le déposer au besoin, il dressait, en face de l'arbitraire du pouvoir royal, de la raison d'Etat prônée par les partisans de Machiavel, un corps « *d'éphores* » capables de faire respecter le droit des gens et de contenir une autorité sans frein, au nom du bien public. Cette réflexion, strictement juridique et laïque, fondée sur les coutumes franques et des sources latines, allait être reprise par un Théodore de Bèze, un J. Brutus [2] sur les bases, plus vénérables encore, de l'histoire d'Israël. Entreprendre ainsi un examen critique des fondements de l'autorité monarchique c'était, pour les théologiens ou les chefs réformés, se séparer nettement de Calvin dont le loyalisme monarchique est sans faille [3] ; l'oppression tyrannique d'un peuple contraint à renier son être même, c'est-à-dire sa vocation, en est la cause principale sans doute, mais on doit tenir compte aussi du sentiment assez répandu que Ph. Duplessis-Mornay exprimait à l'occasion des Etats de Blois (1576) en ces termes :

Et qui veut voir comme il [l'Etat] s'approche de sa ruyne, considère seulement comment il s'est crevassé et esbranlé depuis la journée de Saint-Barthélémi, depuis dis-je que la foi du prince envers le subject et du subject envers le prince, qui est le seul ciment qui entretient les estats en ung, s'est si outrageusement démentie » [4].

---

1. R.E. Giesey. *When and why Hotman wrote the Franco-Gallia.* Bibliothèque d'Humanisme et Renaissance, t. XXIX, 1967.
2. C'est le pseudonyme de l'auteur ou des auteurs des *Vindiciae contra Tyrannos* (H. Languet ou Duplessis-Mornay). Voir un résumé de la controverse dans l'article de G.T. Van Ysselsteyn : « *l'auteur de l'ouvrage Vindiciae contra Tyrannos* ». Revue historique 1931, t. CLXVII ; Van Ysselsteyn pense que Ph. Duplessis-Mornay aurait construit son ouvrage autour de la troisième partie, un traité du tyran rédigé par son vieil ami Languet.
3. Voir Calvin. *Commentaire de l'Epître aux Romains* ; C.O. XLIX, col. 249 ; également préface de l'*Institution Chrétienne.*
4. Ph. Duplessis-Mornay. *Mémoires* ; éd. complète 1824 (chez Treuttel et Wurtz). *Remontrance aux Estats de Blois pour la Paix,* sous la personne d'un Catholique Romain, l'an 1576, p. 70.

Même affirmation, qui oriente la critique dans un sens constructif, aux premières lignes des *Vindiciae* : l'auteur se propose « de ramener la domination des Princes et le droit des peuples à ses légitimes et certains premiers principes sans quoi *le gouvernement de l'Estat ne peut subsister* »[5].

On voit combien le nom de *monarchomaques* attribué à ces auteurs[6] représente une caricature de leur attitude ; « dans l'ensemble, les monarchomaques n'affectent aucun sentiment d'hostilité envers le régime monarchique, ce qui autorise à douter du bien-fondé de l'étiquette de *monarchomaques* que Barclay leur a donnée » écrit M. Maratuto dans sa thèse[7]. On peut souscrire à cette affirmation. Sans doute, en effet, le dessein des monarchomaques réformés est-il de fonder sur l'écriture sainte et sur le droit des gens une théorie de la légitime résistance au roi-tyran, de vaincre les scrupules des calvinistes de stricte obédience, convaincus que toute révérence est due au « gouvernement civil », fût-il tyrannique, car il est ordonné de Dieu ; mais cet aspect « révolutionnaire » n'est pas leur seule visée ; ils étudient très attentivement la constitution du peuple d'Israël, l'institution monarchique succédant à la théocratie des Juges, pour en tirer des leçons, des principes applicables aux Etats contemporains ; s'ils critiquent durement le machiavélisme de la Cour, ils ne se contentent pas de détruire, ils veulent restaurer les assises d'un régime que beaucoup en France et hors de France avaient mis en question au lendemain de la Saint-Barthélémy parce qu'il avait manqué à sa propre loi : le pacte de fidélité et d'assistance mutuelle qui liait le suzerain à son vassal, fondement du régime féodal. Aux yeux des Réformés, en effet, le roi, Catherine de Médicis, le cardinal de Lorraine avaient attiré dans un guet-apens l'élite de la noblesse huguenote, la mère et les compagnons d'Henri de Navarre, chef du parti, pour s'en défaire d'un seul coup[8]. Qu'ils aient ensuite

---

5. Nous avons utilisé à la fois l'édition latine des *Vindiciae* et la traduction française : « *De la puissance légitime du Prince sur le peuple et du peuple sur le Prince.* » S.l. 1581, in-8°, 264 p. B.N. *E. 3967.

6. Cf. W. Barclay. *De regno et regali potestate adversus buchanum, brutum, boucherium et reliquos monarchomachos libri sex.* (1600).

7. M. Marabuto : « *Les théories politiques des monarchomaques français.* » Thèse soutenue en vue du doctorat en Droit le 18 mars 1967 (Faculté de Droit de Paris).

8. Cette accusation est nettement formulée dans le *Discours merveilleux de la vie actions et déportements de Catherine de Médicis* (1575) mais dans de nombreux pamphlets et lettres du temps on fait allusion aux « noces vermeilles », au « piège des noces ». (*suite page suivante*)

chargé les victimes d'une prétendue conjuration et supplicié Cavagne et Briquemault pour donner un semblant de réalité à ce prétexte n'avait fait que répandre, dans les pays réformés d'Europe, l'indignation devant tant de perfidie. Le pacte féodal ainsi détruit par l'un des contractants, on allait chercher dans l'Ecriture de nouveaux modèles d'alliance, un lien renouvelé, plus solide, pour maintenir ou rassembler le peuple, ses représentants naturels et le Magistrat suprême. Quel intérêt ces traités présentent-ils pour notre étude ? Qu'A. d'Aubigné les ait lus et admirés, nous en avons des témoignages certains ; des formules empruntées à Hotman, à J. Brutus, à Bèze sont passées dans les vers des *Tragiques*, mais, pour nous en tenir au sujet précis de ce travail, si le dessein de ces penseurs est politique, tout leur discours s'appuie sur des exemples bibliques et suppose un choix religieux, la célèbre formule : « Il vaut mieux obéir à Dieu plutôt qu'aux hommes » leur paraît fondamentale dans la vie individuelle mais surtout pour la vie et la conservation des peuples et des Etats. Ils ont donc mis en circulation des *thèmes bibliques nouveaux,* la plupart empruntés à l'histoire d'Israël, aux livres des Juges et des Rois, ils ont repris, en leur donnant un sens nouveau, des thèmes bibliques longuement exploités et déjà usés, par exemple le catalogue des rois fidèles à Dieu ou certains aspects de l'épopée de David. Ce nouvel apport biblique vivifié, doué d'une force explosive par l'actualité, ne nous paraît point négligeable. De plus, la connaissance de ces théoriciens politiques permet, par comparaison, de mieux discerner les choix politiques d'A. d'Aubigné, or ces choix expliquent, pour une bonne part, la conscience qu'il prend d'une vocation particulière et la manière dont il éclaire l'histoire du temps présent à l'aide de la Bible.

---

8. (*suite*)
Cf. *Déclaration des causes qui ont meu ceux de la Religion à reprendre les armes pour leur conservation.* Montauban, 1574.
Dans le *Réveille matin :* éd. de 1574, S.l., p. 105 : le dialogisme en vers qui ouvre le recueil.
Voir aussi le *Tocsain des Massacreurs.*
Le même thème est repris dans la *Résolution claire et facile* (1575 à Basle) pp. 95-97.
A l'origine de toutes ces déclarations on trouve dans le *De furoribus gallicis* de Hotman l'affirmation que la rupture de la foi jurée entraîne la déchéance du Prince.
Cf. Mealy, *Les Publicistes de la Réforme sous François II et Charles IX.* Thèse de Théologie, Paris, 1903, p. 141.
Loutchizki, dans le compte rendu qu'il fait de son ouvrage sur le rôle de la noblesse (en russe) note que les Huguenots furent persuadés que le massacre avait eu pour but l'anéantissement de la noblesse (B.S.H.P.F., 1872, p. 572).

I. — *Les thèmes bibliques nouveaux lancés par les Monarcho-maques.*

a) *LA DOUBLE ALLIANCE.* La pierre angulaire du traité de Bèze *Du droit des magistrats sur leurs sujets* [9], comme des *Vindiciae contra Tyrannos* [10], c'est la notion de la *double alliance.*

Dieu fait d'abord alliance avec son peuple pour qu'il soit peuple de Dieu ; à l'origine, l'Eternel seul a été le monarque. Th. de Bèze écrit :

« Au commencement, l'Eternel seul luy mesme en [d'Israël] a esté le Monarque, non seulement en tant qu'IL est Seigneur souverain de toutes choses, mais aussi en une façon particulière, ayant mesme en fa-çon visible donné des Loix par Moyse puis introduit son peuple par Josué en la Terre promise et finalement gouverné par ceux que luy mesme seul avoit immédiatement choisis qu'on a appelés Juges [11] ».

Dans les *Vindiciae,* c'est là le point de départ de la seconde ques-tion « s'il est loisible de résister à un Prince enfreignant la loi de Dieu ».

« En premier lieu, il faut ici considérer, que Dieu ayant choisi Israël d'entre tous autres peuples, pour lui estre *peuple peculier* fit al-liance avec, à ce qu'il fust peuple de Dieu. Cela est escrit en plusieurs endroits du Deutéronome. La substance et tenneur de ceste alliance estoit que tous fussent soigneux en leurs lignées, tribus et familles en la terre de Chanaan, de servir purement à Dieu, lequel vouloit avoir une Eglise dressée à jamais au milieu d'eux... » [12] L'auteur cite ensuite les textes précis (Deutér. XI-29), ou l'on voit Moïse et les Lévites exhorter le peuple à reconnaître cette alliance et à la garder. Au moment où il entre en la terre de Chanaan et quelques jours avant sa mort, Josué renouvelle cette déclaration. Ce thème constitue le leitmotiv de la seconde partie des *Vindiciæ.*

---

9. A. Cartier dans une communication à la Société d'Histoire et d'Archéo-logie de Genève a prouvé que ce traité avait été composé par Th. de Bèze en 1573, mais le Conseil de Genève, pour éviter des représailles du Roi de France, en refusa la publication. Il parut, sans lieu ni date en 1574. (Bulletin de la Société d'Histoire et d'Archéologie de Genève, t. II, 1900.)

10. L'ouvrage parut en 1579 (Edimburg), 2ᵉ édition sans lieu, en 1580. L'auteur des *Vindiciae* est, d'après le témoignage d'A. d'Aubigné lui-même, Hubert Languet ; Ph. Duplessis Mornay n'aurait été que l'éditeur du livre, mais une incertitude subsiste, cf. article de G.T. Ysselsteyn déjà cité. Il reste que Ph. Duplessis Mornay et Hubert Languet étaient très liés et qu'une colla-boration dans la réflexion est tout à fait concevable entre eux.

11. De Bèze (Th. de) ; *Du Droit des Magistrats,* p. 57.

12. Deutér. VII-6 et XIV-2, références données par l'auteur ; p. 47. *Vindiciae,* éd. en français.

Mais comme le peuple infidèle n'a pas voulu se contenter de cet Etat théocratique, admirable aux yeux de Th. de Bèze, où les Juges, à la fois chefs militaires et prophètes, recevaient directement leur inspiration du Seigneur des Armées, Dieu, à la demande de Samuel, a consenti à choisir un roi pour son peuple. Il est bien évident que son droit à la souveraineté n'est en rien diminuée ; Dieu fait *alliance avec un roi* pour qu'il maintienne Son peuple dans la fidélité.

« La terre appartient au Seigneur, et tout le contenu d'icelle, ce dit le roi David, Ps. XXIV-1. » Ainsi le Roi-Prophète témoigne dans les *Vindiciae* de la souveraineté inaliénable de Dieu [13]. Le même auteur cite encore le verset 1 du chapitre 66 d'*Isaïe* [14] ; c'est pour poser très nettement cette conclusion : « Or, après que les Rois eurent esté donnez au peuple, ce pacte au lieu d'être rescindé fut renouvelé et confessé pour jamais. » [15] Toute une série de textes empruntés à l'histoire des rois d'Israël viennent appuyer cette affirmation : « Le peuple est tousiours appelé *peuple et héritage du Seigneur* et le Roy *gouverneur de cest héritage* et *conducteur du peuple* de Dieu qui est le titre donné nommément à David, à Salomon, à Ezéchias et aux autres bons princes. Quand aussi l'alliance se passe entre Dieu et le Roy, c'est à condition que le *peuple soit et demeure tousiours le peuple de Dieu* pour montrer que Dieu ne se dépouille point de sa propriété et possession. » [16]

Ainsi, sur le fondement de l'histoire d'Israël et de la Parole sainte, se trouve restaurée une communauté réelle, où le magistrat souverain est responsable de la fidélité du Peuple aussi bien que de sa vie, où le Peuple, de son côté, est responsable de la fidélité du Roi, son conducteur ; la raison d'être de cette communauté n'étant autre que la seule gloire de Dieu.

C'est ici qu'apparaît, sous un jour nouveau, le rôle du *Prophète*, mainteneur de ce double contrat. Les Prophètes d'Israël s'adressent au peuple en disant : « *Maison de Juda* » ou « *Maison de Jacob* », ils le considèrent comme une personnalité morale, responsable ; ils ont mis-

---

13. P. 20, éd. en français (1581).

14. *Isaïe* 66, verset 1 : « Le ciel est le trône du Seigneur, et la terre le scabeau de ses pieds. » D'Aubigné reprend bien des fois l'idée et l'image : cf. *Misères*, v. 1308-1313 à 1316, voir aussi *Poésies religieuses*, éd. Réaume, t. III, p. 290... « Dieu qui pour escabeau

Tiens du monde le rond, soubz qui le Ciel heureux
Porte un throsne majestueux. »

15. *Vindiciae contra Tyrannos.* Ed. en français, 1581, p. 50.

16. *Ibid.* p. 21.

sion de l'avertir si le Roi manque à l'alliance que l'onction royale a attestée. Junius Brutus souligne ce rôle en commentant la scène où le prophète Elie soulève le peuple contre les prophètes de Baal. Exemple maintes fois repris, mais dans les *Vindiciae* singulièrement modernisé : « Achab ayant tué les prophètes de Dieu, le prophète Elie assemble le peuple et par manière de dire *tient les estats,* tance, reprend et redargue un chacun. Le peuple à son exhortation empoigne et fait mourir les prestres de Baal. Pour ce que le Roy ne se soucie de son devoir, il faut qu'Israël s'acquitte du sien, sans tumulte ni à l'estourdie, ainsi par autorité publique, les estats assemblez, et l'équité de la cause ayant esté débattue par ordre et bien connue avant que mettre la main à aucune exécution... » [17]

Il est évident qu'ici la volonté de trouver un fondement juridique au contrôle du Prince par les Etats ôte à l'épisode biblique toute vraisemblance, et presque toute valeur spirituelle : la scène prophétique devient un argument pour légitimer la résistance religieuse dans le cadre du droit positif contemporain. A. d'Aubigné refusera cette laïcisation qui, si on y persévérait, ferait de la Bible un simple recueil de sagesse. Mais il reste que le rôle du Prophète auprès du Roi et du peuple se trouve mis au premier plan. Notons que le thème majeur de la *double alliance* a pour corollaire celui de la *double élection* qui manifeste, à chaque étape importante de l'histoire d'Israël, et en particulier au moment solennel de l'intronisation royale, l'adhésion du peuple, c'est-à-dire de *ses représentants naturels* à l'élection divine ; tout le peuple renouvelant ainsi son serment d'allégeance au Roi des Rois. Sur le plan pratique, Junius Brutus indique ainsi une limitation (d'origine théologique) au pouvoir royal.

Saül, David sont les premiers rois ainsi élus par tous les anciens d'Israël après avoir reçu, en secret, l'onction du prophète Samuel. Un catalogue de rois où figurent Salomon, Roboam, Joas, Uzias et Isachar prouve que cet usage est devenu une loi constitutionnelle en Israël.

Ainsi l'Histoire sainte rejoint et confirme les affirmations de Hotman dans la *Franco-Gallia* : le caractère électif de la monarchie.

b) *LA PROPENSION DES ROIS A LA TYRANNIE*

Au moment même où la royauté est instituée en Israël, Samuel annonce au peuple ce que sera *le droit du Roy* [18] : il doit faire tout ce

---

17. *Vindiciae*. Edition en français (1581), S.l., p. 56, « et quasi concilium indicit, coarguit convincit », p. 41, édition latine.
18. I *Samuel VIII*, 4 à 11, cf. A. d'Aubigné. *Les Tragiques, La Chambre Dorée*, v. 720.

qui lui plaira tant des personnes que des biens de ses sujets. « Il n'est pas un écrit du temps », écrit G. Weill dans son ouvrage, « où ne reparaisse la phrase de Samuel sur les exigences d'un despote oriental »[19]. Théodore de Bèze ne cache pas son pessimisme à l'égard d'une monarchie sans bride, qui doit fatalement, au dire des philosophes, plutôt entraîner la ruine du peuple qu'assurer sa conservation. Junius Brutus souligne moins cette tentation de la tyrannie inhérente au pouvoir absolu mais il emprunte à la Bible de nombreux exemples de despotes qui, voulant « escheller les cieux à la façon des Géans », ont encouru, pour ce crime de lèse-majesté divine, les vengeances de l'unique Souverain. Ainsi Pharaon[20], Nebucadnezar qui « voulant estre estimé Dieu devient beste et extravague par lieux déserts »[21], Belsazar son fils qui pour avoir abusé des vaisseaux sacrés du temple de Jérusalem fut tué « en la mesme nuit de son festin »[22]. Quant au *Réveille-Matin,* il complète ces exemples bibliques en citant les débordements et les orgies des rois contemporains[23].

c) CEUX QUI ONT VOCATION DE RESISTER PAR LES ARMES AUX ROIS IMPIES ET AUX TYRANS

Le principe de *la double alliance* fonde, en raison et en droit, le devoir de s'opposer, au besoin par la violence, à l'impiété des tyrans ; l'alliance de Dieu avec Son peuple étant primordiale, c'est la fin de tout pouvoir politique que de maintenir le peuple fidèle à Dieu.

Les monarchomaques s'adressent surtout à la noblesse, noblesse d'épée ou de robe. Le pacte féodal leur permet de présenter nettement leur position. Si le Peuple se soumet aux commandements des rois impies, puisqu'il est co-responsable dans l'alliance,[24] le voici rebelle à son

---

19. G. Weill, *op. cit.* p. 84.
20. *Exode* V et VIII. *Vindiciae...* Ed. en français, p. 35.
21. *Daniel* III-5 et IV-25 ; cf. *Vindiciae,* p. 35, éd. en français.
22. *Ibid.* p. 36, éd. en français. Ed. latine, p. 22.
23. *Réveille-Matin.* Dialogue II, pp. 166-167. Il est bien probable que cette relation des « Sardanapalismes » des trois Rois est la source de la satire virulente d'A. d'Aubigné dans les Princes, vers 682-689-693. A. d'Aubigné stigmatise les débauches des Princes en même temps que la tyrannie des Valois (v. 755).
24. Cf. *Vindiciae contra Tyrannos :* « Spondet Rex, spondet Israël (universitas enim hominum unius personae vicem sustinet et quidem conjunctim, non divisim ut ex ipsis verbis apparet ; incontinenti non ex intervallo. Constituuntur ergo hic duo Rei, Rex et Israël, ideoque aequaliter in solidum obliguntur » p. 37.

véritable suzerain « ne plus ne moins que nous appellerions rebelle un paysan, qui pour l'amour de quelque riche et vieil vassal porterait les armes contre le Prince souverain » [25].

Mais le raisonnement humain, s'il explicite sur le plan juridique et politique la révélation biblique, revient sans cesse aux textes bibliques pour y trouver des formules frappantes et des personnages exemplaires.

Le prophète *MICHEE* se trouve cité et commenté dans tous ces traités [26] ; faisant retentir la voix même de Dieu, il maudit tous ceux qui se soumettent aux commandements des tyrans et les voue aux vengeances funestes.

Lorsque, avertis par le prophète — ces textes si souvent cités ont dû faire l'objet de mainte prédication — les petits troupeaux dispersés se furent regroupés au lendemain de la Saint-Barthélémy, les seigneurs ou les officiers royaux, qui, d'après la théorie de Bèze, avaient mission d'organiser la résistance se voyaient exhortés par l'exemple des chefs de guerre et des rois d'Israël fidèles, depuis l'Exode jusqu'au temps d'Antiochus.

Les *JUGES* tiennent le premier rang dans ce cortège de capitaines. Théodore de Bèze ne récuse pas leur exemple, comme le faisait Calvin, jugeant que les délivrances rapportées au livre des *Juges* étaient extraordinaires [27] et qu'on devait soigneusement se garder d'imiter, dans les épreuves actuelles, les actions violentes d'un Jephté, d'un Samson, d'un Gédéon. Le successeur de Calvin, qui paraît ici contredire son maître, déclare : « Aussi peu suis-je de l'avis de ceux qui estiment les délivrances contenues aux livres des Juges, estre tellement particulières et extraordinaires qu'il ne les faille aucunement tirer en conséquence. » [28] Il voit en eux non des inspirés doués de charismes exceptionnels mais des *magistrats* ordonnés de Dieu, reconnus par le Peuple, qui, dans des

---

25. *Vindiciae*, trad. française, p. 38.
26. Cf. *Du droit des Magistrats*, p. 6.
   Vindiciae (trad. française), p. 38. Ces deux traités paraphrasent *Michée* VI-16. Mais la *Résolution claire et facile* se réfère au chapitre VII, 1 à 10 qu'elle commente dans un esprit très proche de celui d'A. d'Aubigné. Voir p. 73.
   Rappelons que, dans les *Tragiques*, *Michée* opposé à Sédécias, le faux prophète, symbole du flatteur, représente chaque fois A. d'Aubigné lui-même placé par Dieu à la Cour, auprès d'Henri de Navarre.
27. « Ainsi donc toutes fois et quantes que nous voyons que Dieu a voulu subvenir à son Eglise par ceux qu'il a ordonnez comme ministres de la rédemption et du salut qu'il avait appresté, cognoissons que ce sont des actes singuliers que la main de Dieu y a passé et que ceux-là ont été choisis de luy. » Cité par H. Naef : *La Conjuration d'Amboise et Genève* (1922), p. 162.
28. Voir : *Du droit des Magistrats...* Ed. 1574, p. 15.

situations de désastre où les Israélites subissaient passivement le châtiment de Dieu, l'oppression des rois idolâtres, ont rassemblé quelques tribus pour s'opposer vigoureusement au tyran sans titre, à la fois étranger et idolâtre.

JOSUÉ occupe une place à part dans ce défilé de guerriers-prophètes ; il succède à Moïse, il lui revient la lourde tâche non seulement de conquérir militairement la Terre promise mais aussi de conduire le peuple du nomadisme à l'établissement, du *désert,* où il était divinement guidé, à l'occupation d'un pays où il doit s'organiser en cités ; Josué traduit les termes de l'alliance dans la vie politique. Le livre de Josué est très largement utilisé dans les *Vindiciae* [29] : les principaux épisodes de sa vie, inséparables des graves conflits qui opposent les tribus entre elles [30], sont encadrés par deux actes solennels : à son entrée en Chanaan il renouvelle l'Alliance, la loi de Dieu étant lue par les Lévites entre les deux moitiés du peuple rassemblé ; à la veille de sa mort, il assemble « tout Israël en Sichem devant l'Arche de l'Alliance et fait jurer aux Anciens du Peuple, chef des lignées, d'observer la loi du Dieu tout puissant ». Une pierre dressée doit perpétuer la mémoire de cet engagement. Dans le même traité, son choix personnel : « Quant à vous autres, regardez à qui vous aimez mieux obéir, ou au vray Dieu ou aux dieux des Amorrhéens » devient symboliquement le choix de la « sanior pars » du peuple, la décision de la minorité fidèle et de son chef dans un état où la majorité accepterait avec résignation que la « vraie religion » soit abolie [31].

DEBORA. — Dans les pamphlets antérieurs à la Saint-Barthélémy [32], on la plaçait toujours parmi les personnages saintement inspirés parce qu'elle avait délivré Israël de la tyrannie de *Jubin* roi idolâtre ; son nom constituait le plus beau titre décerné aux princesses fidèles, une Jeanne d'Albret, plus tard une Elizabeth.

Dans les traités des Monarchomaques, ce personnage représente la résistance d'une minorité : « Elle délivre Israël qui n'y pensait pas et estoit content de demeurer esclave et l'arrache du joug des Chananéens puis remet sus le service du vray Dieu. » [33] Mais cette héroïne paraît à l'auteur des *Vindiciae* un peu dangereuse à utiliser pour son propos,

29. Voir : Edit. française p. 26, 48, 49, 70, 73. Ed. lat. 15, 33, 34, 51, 54, 55, 57.

30. Ces conflits (*Jos.* XXII-12) sont l'occasion de montrer la coalition de tout Israël contre un petit nombre de tribus qui s'étaient « détournées à Idolâtrie » (Bèze : *Du droit des Magistrats* p. 98) (*Vindiciae,* éd. française, p. 50).

31. Voir *Du droit des Magistrats,* p. 66, éd. 1574.

32. Par exemple dans les « Sentences redoutables, et arrest rigoureux »... (1563). Voir *Mémoires de Condé,* t. V.

33. Voir *Vindiciae,* éd. latine, p. 53 ; éd. française p. 69.

il ne la trouve pas assez nettement investie d'une charge publique, il abandonne vite l'exemple pour l'examen juridique de la question posée.

Par contre la *Résolution claire et facile...* lui garde sa place dans le catalogue des « *vocations particulières* » qui légitiment la résistance armée par une inspiration directe de Dieu [34], elle y figure entre Othoniel et Gédéon.

Quant à *GEDEON* le voici, dans la plupart des traités politiques, mis à l'écart. Tous les efforts des Monarchomaques réformés visent en effet à légitimer la résistance, mais une résistance du peuple organisé, guidé par les Princes et Seigneurs, encadré par les magistrats ou les notables des villes ; le « Peuple » n'est à leurs yeux ni la masse ni la multitude, aussi les personnes privées ne sauraient-elles, de leur propre chef, s'opposer au tyran, en particulier au *tyran d'exercice,* c'est-à-dire au *Magistrat* légitime qui viole la loi de Dieu ou la loi des hommes. Seule l'assemblée des Etats, représentant le Peuple souverain (mais le Peuple est ici plutôt une entité que la masse des citoyens) peut s'opposer au tyran, et s'il refuse d'amender sa conduite, le déposer. Or Gédéon, depuis la mise en garde vigoureuse de Calvin, symbolise aussi bien que Samson ou Jephté, l'homme providentiel, mystérieusement élu, sans qu'aucun mandat public ait ratifié sa mission ; c'est le Libérateur, modeste paysan appelé par Dieu quand il battait dans le pressoir les chétives gerbes dérobées aux ravages de Madian. Ces libérateurs à vocation extraordinaire n'avaient que trop paru au temps des Anabaptistes [35] : Bèze aussi bien que l'auteur des *Vindiciae,* sans déclarer formellement qu'ils appartiennent aux temps mythiques, demandent à l'Eglise et à ces inspirés eux-mêmes, s'il en surgit, de bien sonder leur vocation. Ainsi, bien que l'Eglise fidèle soit en péril, que les *Pharaons* et les *Achabs* s'acharnent à persécuter les prophètes et à meurtrir le peuple, la plupart des penseurs protestants gardent la tête froide, ils préparent une résistance de l'ensemble des fidèles, appuyée sur un large consensus de l'opinion publique, une opposition énergique mais dans l'ordre, animée par « *ceux à qui il appartient* » : les Princes fidèles, la

---

34. *Résolution claire et facile...,* p. 55. A. d'Aubigné, en donnant ce nom héroïque à Elizabeth d'Angleterre n'innove pas, c'était langage courant.

35. Rappel précis de ces insurrections dans les *Vindiciae ;* édit. française, p. 84. Cf. de même, Bèze : « *Du droit des Magistrats* », p. 9 : « Et quand ie parle ainsi, je prie que personne pour cela n'estime que ie favorise aucunement à ces enragez Anabaptistes ou à autres séditieux et mutins, lesquels au contraire ie croi estre dignes de la haine de tout le reste des hommes... » Egalement dans le *Réveille-matin.* Dialogue II, p. 80 ; « Ia n'avienne que je favorise en cest endroit le party de ces furieux et turbulents Anabaptistes, que nous confessons tous pouvoir estre dignement chastiez par le Magistrat. »

haute et moyenne noblesse ; ils ne veulent pas d'émeutes sporadiques, d'aventures sanglantes menées par quelques « prophètes exaltés », A. d'Aubigné, au contraire, en citant Gédéon, Samson, Jephté, Débora, donne aux luttes qu'il exalte un tout autre caractère.

Enfin l'exemple de Lobna permet à Bèze, à Junius Brutus comme à l'auteur du *Réveille-matin* d'indiquer la voie légitime de la sécession à une ville, une communauté opprimées pour leur foi. Ils ont vu dans cette ville sacerdotale le symbole de Genève ou de certains cantons suisses qui s'étaient séparés de l'Autriche ; peut-être aussi Lobna était-elle pour eux un Sancerre ou une La Rochelle israélites. Mais aucun des épisodes célébrés par d'Aubigné n'appelle le nom de Lobna. Il préfère chanter les exploits de chefs prestigieux que la résistance de cités libres, semble-t-il.

II. — *Reprise de thèmes bibliques traditionnels dans la prédication et la polémique*

Après la cohorte des Juges, on voit apparaître à nouveau la théorie des Rois fidèles, mais, après la Saint-Barthélemy, les polémistes mettent l'accent sur un aspect particulier de leur fidélité : ils ont *renouvelé l'alliance,* la double alliance, ou bien ils ont restauré l'alliance et la Loi après une longue période d'infidélité : David, Salomon, Roboam, Joas, Uzias, Joachaz sont cités par Bèze [36] pour attester que l'élection divine (élection de la race de David) était reconnue et complétée par une élection du « peuple » qui choisissait la *personne.* Dans les *Vindiciae* l'alliance par laquelle le roi et le peuple, en présence du Souverain Sacrificateur se lient est aussitôt suivie de son effet, la destruction des idoles [37] ; c'est là en effet ce qui a toujours caractérisé aux yeux des Réformés les rois fidèles, mais le caractère politique de leur action, sa légitimité liée à leur vassalité vis-à-vis du seul Souverain, le dynamisme de l'alliance créatrice d'unité nationale rajeunissent le thème déjà ancien des rois d'Israël adversaires de l'idolâtrie. *Néhémie,* le libérateur qui a délivré le peuple de la captivité de Babylone, l'a ramené en Palestine, a renouvelé l'alliance, se trouve ajouté au catalogue des rois fidèles [38].

Leur fidélité ressort mieux encore en face de la désobéissance des rois choisis, oints, élus par le peuple puis rejetés par Dieu.

---

36. *Du droit de Magistrats sur leurs sujets,* p. 14.
37. Cf. *Vindiciae,* p. 25-26, p. 28. Josias restaure l'alliance. Ed. latine, p. 12, p. 15.
38. A. d'Aubigné reprend à son tour ce catalogue : « David, Salomon, Josaphat, Ezechie, Josias, Néhémie figurent (Cf. *Chambre dorée,* v. 720 à 732) parmi les *maîtres de justice.* »

L'exemple de *SAÜL,* maintes fois commenté, illustré par plusieurs tragédies est à nouveau présenté. Mais ce rejet de Saul a perdu, dans les *Vindiciae,* tout caractère tragique, tout mystère. « Saül a sacrifié, contrevenant à la Loy de Dieu », il a ensuite sauvé la vie à Agag, roy des Amalécites » contre l'exprès mandement du Seigneur ». « Pour cette cause il est appelé rebelle par Samuel... Tu as rejetté le Seigneur ton Dieu, luy aussi t'a rejetté, à ce que tu ne règnes plus sur Israël » [39].

SALOMON lui aussi rompt l'alliance : « Il se révolte de Dieu pour servir aux idoles ». Incontinent le Prophète Ahias prédit que le royaume sera divisé sous son fils Roboam.

JEROBOAM joue le rôle d'un instrument de Dieu pour châtier Salomon, mais, « ayant dressé les veaux en Bethel pour fortifier l'unité de son royaume — unité qui eût été alors fondée sur l'idolâtrie —, il est châtié : « Son fils mourut, et enfin toute sa race jusques au dernier masle fut raclée du monde par le glaive de Baasa... Parce que il s'était révolté de l'obéissance du Seigneur Dieu. » [40]

Dans ce catalogue des Rois rejetés, une place spéciale est réservée à *MANASSES,* car le châtiment n'a pas seulement frappé sa personne ou sa lignée mais tout le peuple ; c'est la preuve évidente de la co-responsabilité [41].

La figure exemplaire de *DAVID* fournit également aux Monarchomaques l'occasion d'un renouvellement bien significatif dans l'interprétation des épisodes bibliques. Une infidélité du Roi, un manque de foi ont attiré sur son peuple un lourd châtiment, n'avait-il pas commandé à Joab et aux gouverneurs de « nombrer le peuple », manifestant ainsi qu'il comptait sur les forces matérielles plus que sur la grâce ? « C'était là une espèce d'idolâtrie abominable » ; or les Anciens, les gouverneurs et le peuple même ne s'y étaient pas opposés [42], c'est pourquoi ils furent frappés par le châtiment.

Mais David devait surtout offrir à ces théoriciens de la résistance, légitime mais contenue dans les limites précises, un exemple de choix.

---

39. *Vindiciae,* éd. française, p. 29. Cf. A. d'Aubigné. Préface en vers 271 et sq. ; VI-327, 330, 1025.
40. *Ibid.,* p. 17 ; éd. française p. 30.
41. Cf. *Ibid.,* p. 59 : « Dieu tança non seulement Manasses, ains aussi tout le peuple, estoit-ce pas afin d'avertir Israël, l'un des respondans, que s'il ne contenait le Roy en devoir, ce serait au dam de tous ?... » Ed. latine, pp. 44-45.
42. Aubigné reprend l'exemple de ce péché de David (les Fers, v. 442) mais il ne souligne pas ainsi la coresponsabilité des représentants du Peuple.

L'argument classique des tenants de la majesté quasi-divine du roi c'était l'épisode de Saül endormi surpris par David en fuite : Saül étant à la merci de son ennemi, les gens de David lui dirent : « Voici le jour annoncé par l'Eternel quand il t'a dit :« Je livrerai ton ennemi entre tes mains... » Mais David se leva et coupa sans bruit un pan du manteau de Saül... et il dit à ses hommes : « Que l'Eternel me garde de commettre contre mon Seigneur, l'oint de l'Eternel, le crime de porter la main sur lui, car il est l'oint de l'Eternel. » [43]

Th. de Bèze reprend l'épisode, mais en modifie l'éclairage : toute la lumière est projetée sur David dont la résistance armée est présentée comme légitime puisqu'il était non une personne privée mais *un officier du* Royaume, ayant la conduite des armées, « outre ce qu'il avait par Dieu la promesse de la succession du Royaume » ; après ces remarques, le geste de David épargnant Saül est présenté comme un acte de modération exemplaire, règle de conduite proposée à ceux qui veulent mener une résistance autorisée par Dieu en se contentant en leurs limites et conformément à leur vocation ; l'épisode se clôt sur la parole de la *sage Abigaïl* : « David, injustement assailli, menait les guerres de l'Eternel, c'est-à-dire usoit d'une juste défense » [44]. Nombreux sans doute furent les Huguenots qui ne virent pas seulement dans ce commentaire une réflexion théorique mais qui durent y discerner un parallèle prophétique lorsque le roi de Navarre apparut, à la suite d'un concours assez exceptionnel de circonstances, comme l'élu de Dieu, pour la succession, mais un « Prince choisi de Dieu » qui devait conquérir le trône, évadé de la Cour, chevauchant à travers le pays, guerroyant et menant la vie précaire d'un chef de parti, d'un parti minoritaire.

Cependant il est clair que l'adversaire de Saül représente pour Bèze comme pour J. Brutus la résistance réformée qui sait arrêter la lutte armée dès que l'objectif, religieux, du combat est atteint. Cette interprétation renouvelle l'intérêt pour la figure exemplaire du roi David. Elle permet aussi, tout en légitimant la révolte, de marquer son terme : « Ceux qui de nostre temps ont combattu pour la vraye Religion contre l'Antéchrist, en Allemagne et en France, ont posé les armes si tôt qu'on leur a permis de servir purement à Dieu » [45]. A ce moment-là, le Roi a cessé d'être un tyran, il renoue l'alliance avec Dieu qui est la raison d'être de

---

43. I *Samuel* XXIV-5 à 8.
44. *Du droit des Magistrats*, p. 27, éd. 1574.
Junius Brutus dans les *Vindiciae* reprend le même exemple avec la même interprétation : David persécuté rassemble un parti autour de lui « non pas pour oter la vie à Saül, mais pour conserver la sienne » ; aussi Jonathan, fils de Saül, ne fait-il pas de difficulté pour traiter alliance avec David, « David fait la guerre de Dieu ». Ed. franç. p. 78, éd. latine, p. 61.
45. *Vindiciae...* trad. française p. 78.

son pouvoir, il redevient le vassal fidèle de l'Unique Seigneur, l'harmonie et la paix entre le Roi et le peuple sont par là-même restaurées. Cette démarche de la pensée prouve bien nettement que les prétendus « monarchomaques » ne sont pas les ennemis jurés de la monarchie : ils distinguent soigneusement le *Roi* du *Tyran*. C'est l'absolutisme qu'ils combattent de toutes leurs forces et qu'ils montrent en proie à la colère, à la malédiction de Dieu tout en indiquant aux peuples que ne pas résister serait un crime de lèse-majesté divine [46].

Les textes prophétiques longuement cités et commentés au cours des premières guerres, dans lesquels les rois d'Israël et les chefs religieux sont pris violemment à partie, fournissent aux Monarchomaques quelques épisodes où la main de Dieu terrasse les puissants de ce monde tandis que même des despotes païens, s'ils sont inspirés par l'Esprit, glorifient la majesté du Roi des Rois.

Job, le *roi-prophète David, Isaïe, Daniel* proclament la souveraineté inaliénable du Très-Haut : « l'Ecriture saincte enseigne que Dieu règne par sa propre autorité, les Rois par emprunt : Dieu de par soi-même, les Rois de par Dieu... »[47] Ces affirmations viennent du livre des *Proverbes* et de *Job*[48].

Dans le *Psaume* XXIV, v. 1, David proclame : « la terre appartient au Seigneur et tout le contenu d'icelle... »

Bèze ou l'auteur des *Vindiciae* invoquent ainsi le témoignage *d'Esaïe* : « Dieu dit par la bouche d'Esaïe son prophète qu'il ne transportera pas sa gloire à un autre... »[49] ; « Le ciel est le throne du Seigneur et la terre le scabeau de ses pieds. »[50] On reconnaît là des thèmes fréquents dans la poésie religieuse d'A. d'Aubigné ; il les développe plusieurs fois dans les prières solennelles qui donnent au final de certains chants des *Tragiques* une gravité prophétique.

Enfin la confession de Nébucadnézar dans le livre de *Daniel* est sans cesse rappelée ; ne reconnaît-il pas, lui le tyran, au sommet de sa puissance, que le Dieu de Daniel est le dominateur des dominateurs : « Comme

---

46. Etude de C. Vautier : *Les théories relatives à la souveraineté et à la résistance chez d'auteur des Vindiciae.* Thèse de droit, Lausanne, 1947, p. 48.
47. *Vindiciae,* trad. française, p. 19.
48. *Prov.* VIII-15, deux fois cité dans les *Vindiciae,* p. 19 et 20. *Job.* XII-18-19.
49. Cité par Bèze (du *droit des Magistrats sur leurs sujets*) p. 3. *Vindiciae,* éd. latine, p. 9. Trad. franç., p. 23.
50. *Vindiciae,* p. 20.

Daniel l'appelast Roy des rois auquel le roi des cieux avait donné une puissance et gloire royale sur tous les autres : mais au contraire, dit-il, ton Dieu est vrayment le Dieu des dieux et le dominateur des dominateurs : donnant les royaumes à qui bon lui semble, voire aux plus chétifs du monde... » [51]

Mais en dehors de ces proclamations de la souveraineté de Dieu, déjà bien connues, il est très frappant de voir combien les prédications des prophètes ou les épisodes symboliques de leur vie sont peu exploités dans ces traités. Mis à part le *Réveille-matin* qui, au centre du premier dialogue, devient un véritable centon des invectives prophétiques contre les despotes idolâtres, les Monarchomaques, dans leur argumentation, ne reprennent que quelques épisodes très rebattus déjà, montrant les rois impies terrassés par Dieu, anéantis en une nuit ou réduits à l'état de bêtes brutes [52].

Il faut attendre la fin des *Vindiciae* pour entendre un écho plus direct de la voix des Prophètes. Est-ce à l'imitation de Hotman dont la réédition de la *Franco-Gallia,* en 1576, contenait à la dernière page du volume un appel de ton prophétique à l'Emmanuel ? [53]. Ne doit-on pas plutôt voir dans les *Vindiciae* comme dans la *Franco-Gallia* un écho du pamphlet prophétique *Mémoires et Remonstrances sur le fait de la paix faictes par les despotes de ce grand Roy Emmanuel* que nous avons analysé dans un chapitre précédent ? [54] Quoi qu'il en soit, à la page 252 des *Vindiciae* le témoignage des Prophètes est rappelé : « Mais il faut ouïr ce que Dieu même prononce en plusieurs endroits de sa parole, par la bouche des Prophètes contre ceux qui n'avancent point le bastiment de l'Eglise, ou qui ne tiennent compte de l'affliction d'icelle » [55]. L'auteur rapporte alors, mais d'une façon assez abstraite et schématique, l'anathème de Moïse contre les tribus établies au-delà du Jourdain s'il leur prenait envie d'abandonner leurs frères dans la lutte ; il cite la prophétie de Débora : « Maudissez Méroz et ses habitants, dit l'Ange du Seigneur, car ils ne sont point venus au secours du Seigneur avec

51. *Ibid.* p. 22.
52. Cf. *Vindiciae*, p. 32 renvoie à *Daniel* IV-24 (chute de Nebucadnezar) l'auteur stigmatise ainsi l'ὕβρις du despote : « Voulant estre estimé Dieu il devient beste et extravague par les lieux déserts comme un asne sauvage... (p. 35) à son tour Belsasar, son fils, tué la nuit même du festin qu'il avait profané les vaisseaux sacrés du temple de Jérusalem donne un avertissement aux tyrans impies. » p. 35, cf., *Tragiques*, VI-419, 423.
53. Cité par Melle Marabuto dans sa thèse « *Les Théories politiques des Monarchomaques français* ». Thèse, 1967. Fac. de Droit de Paris. Voir *Franco-Gallia*, éd. de 1576, p. 254. B.P.U. Genève S 1997, in-16.
54. Cf. *Le Prophétisme.* Chap. II, p. 76.
55. *Vindiciae*, Ed. latine, p. 226 ; éd. française, p. 252.

les vaillants. »[56] *Enfin la prophétie* d'*Amos,* chapitre VI, sert à caractériser l'impiété des Princes d'Israël : « Quand sous l'assurance des hautes montagnes de Samarie et de la forteresse de Sion, ils se débordent en dissolution, banquettent, boivent le vin délicieux, dorment ès licts d'yvoire et se parfument mesprisant le pauvre Joseph (c'est-à-dire le troupeau du Seigneur) froissé, fourragé et harassé de toutes parts et n'ont compassion quelconque de son affliction. Pour ceste cause, dit le Seigneur des armées, ie hay l'orgueil de la maison de Jacob, ie déteste ses palais magnifiques, j'ay juré par mon âme que je livrerai la ville et l'entour d'icelle : et ceux qui se veautrent ainsi en leurs délices, marcheront les premiers en captivité. »[57] On commettrait un lourd contresens si l'on pensait que l'auteur cloue au pilori le luxe, les paillardises, les vices de la Cour de France. En fait, tout le développement lance l'anathème contre les Chrétiens de nom qui « refusent boire en la coupe d'affliction avec leurs frères », et comme les *Vindiciae* sont dédiées aux Princes chrétiens, ces princes d'Israël que désigne Amos représentent les rois, princes et seigneurs d'Europe acquis à la Réforme, et qui refuseraient de soutenir les Eglises françaises décimées et dispersées. Il s'agit d'un appel pressant à la solidarité internationale.

Le petit nombre des textes prophétiques cités ou paraphrasés par les *Monarchomaques* indique, semble-t-il, que ces théoriciens ne trouvent pas chez les Prophètes leurs références et leurs arguments de prédilection. Ils ont recours bien plus souvent aux livres historiques[58]. Ce sont les textes de la Loi, les livres historiques (*Juges, Samuel, Rois, Chroniques*) à travers lesquels on voit s'organiser la vie communautaire du peuple d'Israël ou apparaître un nouveau régime politique, qui constituent le fondement de la réflexion des Monarchomaques. L'histoire et la

---

56. *Ibid.*
57. *Vindiciae,* éd. latine, pp. 226-227 ; éd. franç., pp. 253-254.
58. Dans le *Réveille-matin* 10 pages environ sur 160 sont composées de versets bibliques empruntés aux *Psaumes* et aux *Prophètes* et animées d'un mouvement prophétique, pour le 1ᵉʳ dialogue ; dans le 2ᵉ un court développement prophétique est destiné à légitimer l'exécution de la reine d'Ecosse et 5 pages seulement, qui rapportent les exhortations des pasteurs de Sancerre aux fidèles en proie à la famine, utilisent les textes prophétiques, sur 192 pages.
Dans le traité de Bèze on trouve 6 textes empruntés aux prophètes, alors que les livres historiques offrent 38 références ; les textes prophétiques représentent donc le 1/7ᵉ des références bibliques.
— Pour les 2 premières questions des *Vindiciae* sur les 85 p. de l'éd. française on compte 16 citations empruntées à *Job,* aux *Psaumes,* aux *Prophètes,* 81 citations ou références aux livres historiques de l'Ancien Testament, soit un rapport de 1 à 5.
— Par contre dans la *Résolution claire et facile,* appel à la résistance armée qui s'adresse à la noblesse, une théologie plus conservatrice, proche de la pensée de Calvin, apparaît ; sur 30 citations ou références bibliques, 10 sont de caractère prophétique.

tradition politique d'Israël sont d'ailleurs toujours présentées comme normatives pour les peuples chrétiens qu'ils soient réformés ou catholiques romains.

Dans les *Vindiciae,* par exemple, la continuité entre Israël et la chrétienté est affirmée sans aucune réserve :

> « Or combien que la forme de l'Eglise et du Royaume Judaïque soit changée, attendu que ce qui estait auparavant enclos en Judée peut estre estendu par tout le monde ; si est-ce qu'il faut dire le même des Rois Chrestiens. L'Evangile a succédé à la Loy et les Rois chrétiens sont au lieu des Rois Juifs. Il y a mesme alliance, mesmes conditions, mesmes chastimens, si on ne les accomplit, un mesme Dieu tout puissant vengeur de toute perfidie et desloyauté... » [59]

Considérés ainsi, les textes bibliques d'une antiquité vénérable deviennent des documents très proches que le théoricien peut interpréter ; ils informent sa pensée mais sans l'asservir à une réalité d'un autre ordre. Quelques exemples nous ont montré avec quelle liberté — qui peut sembler sacrilège ou naïve— certains épisodes sont transposés dans la vie politique contemporaine : « Elie assemble le peuple, et par manière de dire tient les estats. » [60] Tout le caractère religieux et surnaturel de la scène disparaît : « Le prophète tance, reprend et redargue un chacun. Le peuple a son exhortation empoigne et fait mourir les prestres de Baal. » De même lorsque David rencontre Saül endormi dans la caverne d'En Guédi, le texte biblique souligne la crainte religieuse qui s'empare de David devant l'oint du Seigneur [61] ; pour les besoins de la démonstration, Th. de Bèze passe sous silence cette émotion devant le caractère sacré du roi, il souligne la foi, la patience, la bonté de David en évoquant la longue résistance qu'il a soutenue, mais il semble que la droite exégèse du texte aille dans le sens de la thèse adverse. On ne saurait faire, dans les limites de ce travail une comparaison suivie entre les textes utilisés et commentés par les Monarchomaques et les mêmes textes replacés dans les récits bibliques qui leur donnent leur véritable accent. Quelques sondages permettent de dire que l'interprétation que les Monarchomaques donnent des textes scripturaires paraît libre et très modernisée. On ne saurait les accuser de profaner les Ecritures, mais il est clair que, dans

---

59. *Vindiciae,* éd. franç., p. 31.
60. *Ibid,* p. 56.
61. « Le cœur lui battit de ce qu'il avait coupé le pan du manteau du roi. Et il dit à ses hommes : Que l'Eternel me garde de commettre contre mon seigneur, l'oint de l'Eternel, le crime de porter ma main sur lui, car il est l'oint de l'Eternel. » I *Samuel* XXIV-7.

leur souci de convaincre tous les bons esprits du temps et d'orienter la vie politique contemporaine, ils ont ôté à la plupart des épisodes bibliques leur caractère mystérieux et incompréhensible à qui ne partage pas la foi d'Israël ou de chrétiens fervents dans l'élection d'un peuple particulier. Le bon sens, l'intelligence politique, le goût de la justice suffisent pour approuver et recevoir les exemples ou les préceptes qu'offre la Bible ainsi traitée, si bien que toute la substance humaine de l'Ancien Testament pénètre facilement la réflexion historique et juridique du XVI° siècle pour y créer une prise de conscience critique, mais la perte du dynamisme spirituel de ces textes, de la révélation qu'ils contenaient paraît évidente. Doit-on penser que cette utilisation de l'Ecriture sainte, traitée comme un texte d'histoire, interprétée assez librement, sans souci du contexte parfois, sans que sa valeur prophétique soit toujours maintenue, est le signe *d'une formidable poussée laïque* comme l'affirme G. de Lagarde dans sa conclusion [62], ou encore « qu'ils n'accordent aucun droit souverain à Dieu ce qui autorise à douter de leurs options religieuses » [63]. Le thème fondamental de l'*alliance* interdit ces interprétations : le peuple ne se constitue et ne subsiste que parce que Dieu l'a choisi, l'a appelé à l'existence ; il n'existe que pour Sa gloire, c'est ce que souligne nettement Th. de Bèze dans la conclusion du *Droit des Magistrats sur leurs sujets* :

> « Le vrai but des polices bien dressées n'est pas la tranquillité de ceste vie, comme quelques philosophes païens ont estimé, mais la gloire de Dieu, à quoi mesme toute la vie présente doit viser... Et quand la tranquillité de ceste vie serait le dernier but des polices encore faudrait-il confesser que le vray moien de la contenir et conserver c'est de servir celui qui en est le donneur et conservateur... » [64]

L'on reste très proche pour l'essentiel de la pensée de Calvin que Ch. Mercier analysait ainsi : « Si Calvin insiste sur cette idée de pacte, c'est afin que, pleinement instruits de nos devoirs envers Dieu, nous acceptions spontanément la grâce qui nous est offerte et collaborions avec d'autant plus de zèle et d'enthousiasme à la réalisation de son plan divin : « Ainsi Dieu avait ordonné que le peuple fust là pour oyer et recevoir la doctrine

---

62. « Un grand souffle de révolte a passé sur le monde. Il apporte la liberté de l'Etat contre l'Eglise. » G. de LAGARDE : *Recherches sur l'esprit politique de de la Réforme*. Thèse pour le Doctorat en Droit, Paris, 1926, p. 642.
Voir encore p. 129, à propos des Monarchomaques ; « Peu à peu la philosophie naturelle reprenait la direction de la science politique et en chassait la théologie. »
63. M. Marabuto : *Les Théories politiques de Monarchomaques français*, 1967, *op. cit.* p. 170.
64. Bèze. *Du Droit des Magistrats*, p. 79.

du salut et qu'il respondit de son costé comme s'il eust passé un *contrat solennel* [65] afin qu'il cogneust à quelle condition il estoit choisi de Dieu. » [66] C'est sous ce signe que Calvin a voulu engager notre coopération et la rendre plus efficace. » [67] Ainsi ce qui fait l'originalité de la pensée des Monarchomaques, la *notion de contrat* qui, sur le plan du droit constitutionnel, assure au Peuple une véritable personnalité morale, une souveraineté imprescriptible, cette notion repose sur un fondement théologique : la Parole de Dieu, Son appel créent, garantissent la liberté humaine ; un homme, un peuple ne sont rien en dehors de ce lien, de cette alliance qui leur donne la vie. Dans et par l'Alliance, une personne une société trouvent leur unique raison d'être. Le fondement théologique de la pensée politique des Monarchomaques explique aussi qu'au premier rang des tyrans vienne le Pape, l'Antéchrist, celui qui usurpe la souveraineté inaliénable du Seigneur. Dans ces traités où la logique règne, où le ton de l'exposé sans passion est de règle, brusquement on voit surgir à nouveau, contre le Pontife romain, les invectives prophétiques des premiers prédicateurs de la Réforme. Th. de Bèze garde encore un ton modéré : « Ainsi aujourd'hui que nous voyons tant de magistrats ensorcelés par l'Antéchrist Romain, commander à leurs sujets de se trouver a cest execrable service de Messe, le devoir de tous fidèles est non seulement de ne leur obéir en cela, mais aussi à l'exemple d'Elie et d'Elisée et de toute l'ancienne vraie et pure Eglise de se trouver aux sainctes assemblées pour ouir la parolle de Dieu et participer aux Sacrements comme le Seigneur a commandé qu'il soit fait en son Eglise. » [68]

Mais Junius Brutus, appelant à la résistance armée pour « garder les limites de l'Eglise, qui est le Royaume de Jésus-Christ », retrouve la violence de Luther et de ses disciples contre la « putain de Babylone » [69].

Dans la *Résolution claire et facile,* on ne trouve guère que quelques allusions à l'Antéchrist et aux « Papes abominables » « qui ont esté si

---

65. C'est nous qui soulignons.
66. Calvin. Sermon LXXIX sur le chapitre XI du Deutéronome. C.O., t. XXVII, col. 146. Sermon CXLIX, *op. cit.* XXVIII. col. 305 et 306,
67. Ch. Mercier : *L'Esprit de Calvin et la démocratie.* Extrait de la Revue d'Histoire ecclésiastique de Louvain, t. XXX, n° 1, 1934, p. 24.
68. Th. de Bèze : *Du droits des Magistrats...* p. 7 ; même ouvrage p. 17. « Les rois et peuples ne sont pas plus adstreints par leur serment à l'Antéchrist romain que s'ils s'estoient manifestement obligez à Satan lui mesme, en personne de renverser tous droits divins et humains. »
69. « S'il en estoit autrement, à quel propos saint Jean eust-il prédit que *la putain de Babylone* sera finalement exterminée par les dix Rois qu'elle aura ensorcelez ? » p. 91 (éd. française), éd. latine, p. 72.

puamment impudents que d'avoir desgorgé tel blasphème »[70], en prétendant que l'Evangile n'est qu'une fable. L'auteur craindrait, semble-t-il, s'il s'en prenait à l'Antéchrist, de diminuer la responsabilité du roi-tyran et de ses conseillers sanguinaires qu'il veut offrir aux glaives vengeurs de la noblesse. Il en est de même dans le *Réveille-Matin* ; cependant, au dialogue II, la tyrannie papale est violemment prise à partie[71] sans que la responsabilité du roi soit pour autant atténuée : l'accusation de l'une et l'autre puissance offre une note de parallélisme dans l'invective[72].

On peut dire que c'est dans les deux œuvres les plus théologiques et les plus fortement pensées *du Droit des Magistrats* et les *Vindiciae* que le thème de l'Antéchrist réapparaît avec le plus de vigueur. Il s'y exprime avec une violence et un mouvement prophétiques qui surprennent dans ces traités bien déduits et sans passion ; mais cette rupture de ton suffirait à prouver que ces traités politiques, où les exemples bibliques sont utilisés, comme les préceptes des philosophes anciens ou les exemples d'un Cicéron ou d'un Tite-Live, pour illustrer des théories que tout humaniste, tout homme raisonnable pourrait approuver, ont, en fait, une orientation polémique et mènent le combat pour « la vraie religion ». Malgré les apparences, nous restons loin d'une pensée rationaliste ou laïcisée, même si la raison est souvent invoquée pour l'application d'un texte scripturaire à des situations contemporaines.

Ce bref aperçu des rapports étroits entre une critique politique exactement contemporaine de la genèse des *Tragiques* et la Bible n'aurait pas d'intérêt pour ce travail si elle ne permettait de poser deux questions importantes :A. d'Aubigné a-t-il subi l'influence des Monarchomaques ? A-t-il été frappé par tel ou tel thème biblique ? Et en second lieu : Pouvons-nous mieux discerner les choix politiques de notre poète, la manière dont la Bible éclaire pour lui l'histoire qui se fait, à l'aide des théories politiques professées par un Bèze, un Duplessis-Mornay, bons théologiens à ses yeux ?

---

70. *Résolution claire et facile*, p. 84.
71. *Réveille-Matin*, p. 93.
72. « Cependant en la tyrannie ecclésiastique du Pape, qui a corrompu toute la doctrine et violé tout ordre dans l'Eglise, n'ayant esté permis d'assembler un Synode libre qui eut esté comme les trois estats en la Police, parce qu'il eust été besoin le demander aux mesmes tyrans et par conséquent approuver la tyrannie papale... » Cf. p. 165 la définition du Roi : « Magistrat perivre, perfide, cruel oppresseur du peuple, mange-suiet de l'infameté duquel toute la terre est infectée... »

1° L'INFLUENCE DES MONARCHOMAQUES SUR A. D'AU-
BIGNE ET LES THEMES BIBLIQUES QU'IL A PU LEUR EM-
PRUNTER.

Les déclarations d'A. d'Aubigné lui-même permettent de poser le
problème. Il a exprimé son admiration pour les *Vindiciae* : « Tout cela
traité en grand jurisconsulte et en grand théologien » [73] et nous savons
que Th. de Bèze, que Henri IV appelait « *son père* », fut le maître à
penser de la génération pour laquelle les *Tragiques* ont été écrits ; d'autre
part on pourrait découvrir dans la *Résolution claire et facile* le germe
de la structure des *Tragiques* [74].

Par contre, dans l'*Avis aux Lecteurs,* composé sans doute au moment de la publication, en 1616, d'Aubigné, qui commence l'impression
de l'*Histoire universelle* et voudrait bien ménager la faveur du Roi à
son œuvre maîtresse, distingue nettement son œuvre poétique des
pamphlets politiques tels que l'*Estat de l'Eglise*, l'*Alethye* [75], le *Réveille-
matin, la Légende de Saincte Catherine* [76]. Si on devait lui prêter les
mêmes intentions, « je gagneray, dit-il, une place au rolle des fols, et
de plus le nom de turbulent, de républicain. » Rappelons que P. Mesnard juge que le *Réveille-matin* est « le plus démocratique, le plus révolutionnaire des traités rédigés par les Monarchomaques » [77] ; quant
au *Discours merveilleux de la vie... de Catherine de Médicis*, il
présente la reine comme une adepte de Machiavel acharnée à ruiner
la noblesse française la plus authentique ; la Saint-Barthélémy, ce piège
savamment tendu n'ayant été, au jugement de l'auteur, qu'un moyen
parmi d'autres pour « exterminer tous les chefs de la noblesse « qui
pourraient être, qui sont « par la bonté de leur naturel » les « contre-
rolleurs » de la Monarchie. Peut-être A. d'Aubigné a-t-il raison de refuser
toute assimilation avec ces auteurs compromettants ; il ne nomme pas

---

73. *Histoire universelle*, 1616-1620, t. II, livre II, chap. II, p. 108.
74. Après avoir évoqué les *misères* et calamités subies par les Réformés,
tant par les *martyrs* que par les *soldats d'une juste cause*, l'auteur affirme qu'il
y aura nécessairement un *autre jugement*, car Dieu ne permet que pour un
temps la domination de la violence injuste.
75. C'est sans doute le premier dialogue du *Réveille-matin des Français
et de leurs voisins*, le personnage d'Alithie (transcription du grec ᾽Αλήθεια)
ne figurant pas dans le IIe dialogue ; le 2e dialogue p. 113 signale un petit
dialogue « contenant un devis passé d'entre l'Eglise, Alithie, et nous autres ».
76. Titre de la version latine du *Discours merveilleux de la vie, actions
et déportements de Catherine de Médicis* 1575. Cf. la note de l'Ed. Garnier-
Plattard, des *Tragiques*, sur l'identification de ces pamphlets, p. 4.
77. P. Mesnard, *L'essor de la philosophie politique au seizième siècle*,
pp. 354-355. « Le *Réveille-matin* dépasse de beaucoup les tendances aristocra-
tiques des ouvrages précédents et représente au sein de la politique protestante
une pointe *hardiment démocratique*. »

des écrits moins violents et plus profonds mais, en refusant de passer pour un *turbulent* et un *républicain,* en présentant les *Tragiques* comme le témoignage qui l'a disculpé, au jugement d'Henri de Navarre, de l'accusation portée par ses ennemis, de préférer le gouvernement aristocratique au monarchique, il prend ses distances par rapport aux Monarchomaques les plus sérieux, il se sépare nettement de la *Franco-Gallia,* du *Droit des Magistrats sur leurs sujets,* des *Vindiciae,* qui tous demandent que soit remis en vigueur un contrôle de la Monarchie par les Nobles et les Etats, représentants naturels du Peuple. Il semble bien que la protestation véhémente de loyalisme monarchique contenue dans l'adresse aux lecteurs ne représente pas simplement une attitude opportuniste [78], et l'anecdote qui évoque Henri IV relisant les *Tragiques* sans y trouver la justification d'une attitude hostile à la monarchie paraît bien vraisemblable. Remarquons toutefois que les dates ici ont leur importance. A. d'Aubigné précise que le Roi était encore *Roy de Navarre,* le prétendant qui guerroyait à la tête d'un parti pour conquérir le trône devait alors trouver supportables des critiques ou des principes de gouvernement que le roi Henri IV, dont Roland Mousnier souligne la tendance à l'absolutisme et le mépris pour la constitution du royaume [79], aurait sans doute jugés inacceptables. Du côté des sujets, des personnages qui entouraient le Roi, un changement notable d'attitude s'est manifesté, en particulier chez les Réformés [80] entre ce temps de la résistance armée dont Henri de Navarre fut le chef et les débuts du règne : Philippe Duplessis-Mornay par exemple, devenu le principal conseiller de Henri IV faisait ôter d'un cabinet, où l'on voyait bien reliées toutes ses oeuvres, les *Vindiciae* quand un hôte visitait sa bibliothèque[81], était-ce scrupule d'honnête homme qui ne voulait pas donner l'ouvrage comme sien parce qu'il n'en avait été que l'éditeur, ou craignait-il une paternité compromettante ? Mais c'est à la date où les *Tragiques* furent composés et écrits pour l'essentiel, entre 1577 et 1585, qu'il faut se demander si A. d'Aubigné a pu approuver la critique de la monarchie tyrannique et se joindre à ceux qui demandaient au Roi d'être fidèle à son Suzerain, Dieu, s'il voulait conserver le respect et la fidélité de ses vassaux. Il est bien

---

78. Voir S. Kinser : *Agrippa d'Aubigné and the Apostasy of Henri IV ; Studies in the Renaissance* (vol. XI, 1964) l'auteur cite la préface du volume III de l'*Histoire universelle* : « Si je laissais tomber indiscrètement le grand roi que Dieu m'avait donné pour maître en réputation de tyran, quel supplice n'auroye-je mérité... », p. 263.

79. R. Mousnier : l'*Assassinat d'Henri IV,* p. 180.

80. Les pamphlétaires catholiques ont souligné ce revirement. Cf. Louis Dorléans : *Advertissement des catholiques anglais anx français.* S. 1. 1586. B.N. in-8⁰ Lb.34 311.

81. Anecdote citée par G. Van Ysselsteyn. L'auteur des *Vindiciae contra tyrannos.* Revue historique 1931, t. CLXVII, p. 55.

évident que, à cette critique, justification de la résistance armée et de la guerre civile, A. d'Aubigné adhéra, sinon il n'eût pas quitté la Cour, il n'eût pas arraché Henri de Navarre à « Sodome » et « Gomorrhe » ; s'il se distingue, à ce moment-là, des Monarchomaques, c'est parce qu'il est plus radical dans la polémique ; la voie de l'opposition juridique ne lui convient pas, il a choisi l'insurrection. Mais l'analyse des Monarchomaques explicite bien sa conviction que la rupture avec un despote déloyal et ennemi de Dieu représente la volonté du Seigneur. Cette conviction apparaît dès les premiers vers de *Misères* : une troupe en révolte contre l'ordre établi s'élance au combat, avec une sorte d'âpre allégresse, d'assurance de son bon droit, propre aux Croisés comme aux révolutionnaires sûrs d'attaquer pour une cause juste. On pourrait objecter qu'il s'agit d'investir Rome, la cité de l'Antechrist, mais on affaiblirait le texte à ne voir ici qu'une croisade religieuse : l'évocation de César, arrêté un instant par l'image de Rome, la *mère patrie* [82], indique bien que l'objectif n'est autre que le pouvoir royal en France, asservi à la tyrannie du « Loup romain ».

Or, cette ardeur révolutionnaire n'apparaissait jamais dans aucune des déclarations qui rassemblaient les combattants au cours des premières guerres de religion. Chaque fois, les chefs réformés soulignaient au contraire leur loyalisme, déclarant qu'ils volaient au service de la reine ou du roi prisonniers « d'étrangers », les Guise, ou de conseillers perfides. Désormais cette couverture du loyalisme monarchique est rejetée, la rupture avec le gouvernement légal est consommée, la Saint-Barthélemy et la perfidie de la Cour ont brisé le pacte essentiel de vassalité. Nous avons vu que les Monarchomaques, partant de cette situation de rupture, avaient entrepris à la fois de légitimer la résistance et de construire une monarchie durable.

A. d'Aubigné vit sa résistance et son combat comme parfaitement légitimes, et Dieu l'appelle, pense-t-il, à célébrer les batailles et les héros des armées de la Cause : songe-t-il au terme des hostilités, à la reconstruction de la cité ? Il est soldat et non juriste ou homme de gouvernement, il fait et il chante la guerre. Le voilà défenseur d'une Lobna itinérante. Entre les Monarchomaques et l'auteur des *Tragiques* il y a donc une différence de vocation mais le même état d'esprit.

Des rapprochements plus précis en découlent : les Monarchomaques mettent au rang des *martyrs* les soldats et les chefs militaires des armées ou des bandes réformées lorsqu'ils ont perdu la vie dans cette *guerre*

---

82. « Patriae trepidantis imago », Lucain Pharsale I. 186. A. d'Aubigné suit de près le texte de Lucain.

sainte ». Le premier, Bèze avait écrit : « Et conclus pour cela que non seulement il faut tenir pour martyrs ceux qui auront vaincu sans résistance et par la seule patience la tyrannie des persécuteurs de vérité, mais ceux aussi qui suffisamment authorisez des Loix, et de ceux qu'il appartient emploient leurs personnes pour la défense de la vraye Religion. » [83]

Et l'auteur des *Vindiciae* reprend la même déclaration, après avoir évoqué l'extermination de Babylone par les dix rois qu'elle avait ensorcelés, les guerres de Constantin contre Maxence et les Croisades : « Combien donc que l'Eglise ne s'avance point par les armes, toutefois on la peut iustement conserver par le moyen des armes. Ie di davantage, que ceux qui meurent en une guerre si saincte ne sont pas moins martyrs 'de Jesus Christ que leurs frères qui ont été exécutez à mort pour la Religion. Qui plus est, ceux qui meurent en guerre semblent avoir cela de plus, que de leur franche volonté et sachans assez en quel hasard ils se vont mettre, néantmoins s'exposent courageusement aux coups, au lieu que les autres se sont simplement offerts à la mort qu'il leur convenait souffrir. » [84]

Même position dans la *Résolution claire et facile*, plus affirmée encore, car l'auteur déclare : « Car ce n'est pas le lieu ou le genre de supplice, qui fait le martyre, mais la cause. Pourquoy tous ceux qui pour la vérité du service de Dieu soustiennent contre le Diable et les autres adversaires de piété, et combattent jusqu'à la mort sont proprement martyrs de notre doctrine qu'ils scellent par l'effusion de leur sang. » [85]

Cette conviction passionnée se retrouve dans les *Tragiques*. C'est elle qui permet à d'Aubigné d'exalter dans le même chant les saints de Coutras, les héros massacrés à Moncontour et les martyrs innocents de la Saint-Barthélémy qui rendent leur âme au Seigneur dans une ultime prière ou dans un suprême appel à sa justice. On peut aller plus loin et remarquer combien le livre IV, les *Feux* et le livre V sont étroitement reliés non seulement par le style, l'un « d'un style tragicque moyen », l'autre « du style tragicque élevé » au dire même de l'auteur, mais surtout parce que le livre IV ne se termine pas sur un thème de conclusion et d'apaisement : Dieu ne peut plus supporter la vue de la Terre, il se repent de l'avoir formée comme aux jours de Noé ; un « suspense » est créé, va-t-il anéantir la Création ? Rien n'annonce le dénouement du drame, l'angoisse atteint son paroxysme. Mais Dieu est

83. *Du Droit des Magistrats sur leurs sujets*, p. 84.
84. *De la puissance légitime du Prince sur le peuple* (trad. française des *Vindiciae*), pp. 91-92.
85. *Résolution claire et facile*, p. 86.

fidèle : « il veut garder sa foy / A ceux qui n'en ont point, car ce n'est pas un Roy / Tel que les tyranneaux... » Ainsi le Seigneur retient encor le châtiment « pour laisser combler le vice aux vicieux », il va laisser encor éprouver les élus, « Il sauta de la terre en l'obscur de la nue » [86] : les ténèbres de l'aveuglement, c'est-à-dire de l'endurcissement s'épaississent sur la terre ; au ciel au début du livre V, réapparaît le Roi Justicier dans un rayonnement pur.

La liaison des deux chants ne peut être plus étroite. Mais alors le Prologue du livre IV qui évoque si magnifiquement l'entrée triomphale du « *lion de Juda et des vainqueurs de Sion* » dans la Jérusalem céleste, l'accomplissement de l'histoire d'Israël au triomphe du dernier jour, ce sublime *défilé militaire* annonce à la fois le cortège des martyrs et la rédemption des troupes huguenotes, des combattants de l'Eglise, ceux qui ont relevé l'*enseigne d'Israël* et sont tombés dans la bataille que les Anges peignaient au ciel. En effet, A. d'Aubigné entrelace ici deux thèmes de l'*Apocalypse* qui n'ont point de rapport dans le texte biblique : la présence devant le trône de Dieu d'une foule d'élus, vêtus de robes blanches, les palmes à la main, les mêmes qu'on voit rayonner dans leur blancheur candide sur la haute frise de la Basilique de Ravenne, *c'est la vision du chapitre* VII, versets 9 et 10 de l'*Apocalypse et*, d'autre part, l'armée céleste qui suit le Fidèle et le Véritable, qui n'est pas composée de rachetés, mais d'anges ou de créatures célestes prêtant leur puissance surnaturelle à Celui qui est la Parole de Dieu (*Apocalypse* XIX 14). A la troupe nombreuse et statique, prémices de la résurrection des Justes, s'opposent en un saisissant contraste ces armées célestes en mouvement rassemblées pour le jour de la vengeance. La fusion des deux thèmes dans le prologue du livre IV est bien significative, elle s'éclaire encore si on relève dans la *Résolution claire et facile* cette remarque : « Mais icy se lève un autre scandale qu'il faut bien encore remuer, c'est que le commencement, progrès et issue des armes en ceste cause nous a tousiours laissés comblés d'un infinité de misères et calamités. Sur quoy, ceux qui ancrent leur espérance en la vase de ce monde concluent de la justice de Dieu, que nostre parti est condamné de Dieu, veu qu'il en est si peu favorisé... » [87] Pour illustrer ce scandale apparent de l'échec des Justes, toute une série de figures bibliques sont évoquées : Abel, les Prophètes et les Apôtres, Joseph, David, Job, Saint-Paul. La conclusion c'est qu'il faut « croire qu'il y aura un autre jugement ou l'innocence de Paul sera recognue et la cruauté de Néron condamnée éternellement » [88]. Cet exemple vaut pour « tous ceux qui ont été

---

86. Les *Feux*, v. 1418.
87. *Résolution claire et facile*, pp. 73-74.
88. Ibid. p. 85.

massacrés pour le témoignage de Jésus : soit qu'ils ayent été iniquement condamnés en jugement politique, soit qu'ils ayent été autrement accablés par la violence des armes, en guerre ouverte contre les ennemis de la doctrine chrestienne » [89].

Ce que l'auteur de la *Résolution* déduit, avec une logique un peu lourde, pour appeler aux armes la noblesse, A. d'Aubigné le dépeint dans une vision grandiose où les enseignes et les combats terrestres se trouvent à jamais revêtus de leur vrai sens et glorifiés.

D'autres détails qu'on relève dans *les Fers* appuient cette interprétation : les martyrs célébrés au livre IV, contemplant les batailles et les escarmouches du livre V reconnaissent :

« ... L'admirable constance
De leur postérité qui, en tendrette enfance
Pressoyent les mesmes pas qu'ils leur avoyent tracés. » [90]

Au temps des « *martyrs* » qui ont « *dressé* » l'Eglise par leur témoignage individuel a succédé le temps des batailles pour défendre l'Eglise persécutée, mais c'est le même combat. D'Aubigné partage ici, sans réserve aucune, les théories des Monarchomaques sur le droit à la résistance. Ne voit-on pas des soldats « *passer dans les cieux* » à l'heure même où ils reçoivent leur blessure ? Jamais sans doute le merveilleux épique n'a si bien servi une conviction, une passion à la fois religieuse et politique. Et même, comme, ravi en esprit, A. d'Aubigné contemple, hors du temps humain, des tableaux peints par les anges, « *des yeux de leurs esprits* » les combattants qui vont donner leur vie « voyent leurs autres yeux » [91]. Condé, protecteur des armées huguenotes, contemple du ciel la bataille de Jarnac, son dernier combat ; et comme le combat terrestre et la vie céleste sont fondus en un, il se voit « *passer dans les cieux* », « *Aillé de sa vertu il volle au ciel nouveau* » [92]. Enfin dans le même chant les vers :

« Qui voudra se sauver de l'Egypte infidelle,
Conquérir Canaan et habiter en elle,
O tribus d'Israël, il faut marcher de rang,
Dedans le golfe rouge et dans la mer de sang,
Et puis à reins troussés passer, grimper habiles
Les déserts sans humeur et les rocs difficiles... »

(Les Fers v. 521-529).

89. *Ibid.* p. 85.
90. *Les Fers*, livre V. v. 283-285.
91. Livre V : *Les Fers*, v. 306.
92. *Ibid.* v. 409.

célèbrent moins les délivrances dont Dieu seul aurait l'initiative que l'énergie, l'ardeur et le courage militaires. Rapprochons cet appel d'un passage de la *Résolution claire et facile* où l'exemple de la conquête de Canaan était utilisé pour montrer que Dieu ne se venge pas lui-même en descendant du Ciel quand son Eglise est outragée mais « qu'il a voulu que le peuple s'armast pour la possession de la terre » [93], c'est-à-dire de la *terre promise* qui représente à la fois, aux yeux des coreligionnaires d'A. d'Aubigné, l'établissement, le droit à la prédication publique, la reconnaissance de leur personnalité morale dans le pays et la béatitude que la vraye Eglise offre aux fidèles.

Un dernier détail confirmerait, s'il en était besoin, que le prologue du livre IV est un porche triomphal érigé aussi bien pour les combattants que pour les martyrs. L'*écharpe blanche* des vainqueurs de Sion [94] peut-elle distinguer les officiers huguenots ? d'après l'étude du colonel de Pablo [95], dès 1562, les officiers de l'armée catholique auraient porté des écharpes de couleur cramoisie (couleur de l'Espagne) bien que le blanc fut sous Charles IX la « livrée du royaume ». Ainsi l'écharpe blanche des vainqueurs de Sion n'est pas la transposition de la *robe blanche* des élus que l'on trouve au *chapitre* VII de *l'Apocalypse* (verset 9) ; même si elle devient signe d'élection elle représente un détail important de l'uniforme militaire, la vision mystique conçue par A. d'Aubigné n'est pas désincarnée, elle magnifie un engagement à la fois religieux et militaire.

Si la pensée et la propagande des Monarchomaques ont ainsi inspiré l'action d'A. d'Aubigné et l'épopée des *Tragiques* intimement liée au combat réel, les thèmes bibliques sur lesquels se fondent les théories des

---

93. *Résolution claire et facile*, p. 68.
94. Cf. livre IV, v. 3 et 4.
95. Colonel Jean de Pablo : Sonderdrück aus « Archiv. fur Reformation Geschischte » 48/2. *Contribution à l'étude de l'histoire des institutions militaires hugnenotes, et La question du drapeau huguenot.* B.S.H.P.F., Paris, 1957, t. CIII. L'écharpe blanche a été effectivement le signe distinctif de la plupart des officiers huguenots dès 1562, à la veille de la bataille de Dreux. Il y avait des exceptions, en particulier l'écharpe jaune et noire des Français recrutés par Ludwig de Bavière et qui, après avoir guerroyé aux côtés des Gueux aux Pays-Bas, se joignirent à l'armée huguenote à la veille de la bataille de la Roche l'Abeille. Mais les catholiques, eux, arboraient une écharpe rouge, aux couleurs de l'Espagne, l'Amiral les appelait les « ventres rouges ». Henri IV rétablit par ordonnance de 1590 l'écharpe blanche pour tous bons et loyaux Français, non parce que c'était la couleur huguenote mais parce que c'était la livrée royale de France ; la couleur cramoisie restait aux ligueurs.

politologues réformés, et parfois même la charte de la Résistance [96], devaient prendre aux yeux du poète-combattant une actualité nouvelle.

Nous avons vu que le *thème de l'alliance* constituait la pierre angulaire de la pensée de Bèze, il lui a fourni un argument de fond contre le « bon plaisir » royal ; pour les chefs huguenots qui ont « dressé » les « articles pour le règlement des affaires de guerre » apportés à Millau en 1573, ce thème représente le fondement idéologique de toute l'organisation : l'alliance commande la guerre sainte et garantit, par la bénédiction ou la malédiction divines, l'union des frères en la foi. En fait c'est là un thème central constamment repris et médité depuis la Saint-Barthélémy et la large réflexion sur le châtiment de Dieu que la catastrophe a suscitée. La plupart des penseurs et des publicistes que nous groupons sous le nom de Monarchomaques fondent sur cette notion, si importante dans toute la Bible, une conception rénovée du pouvoir monarchique et de la communauté nationale, certains autres croyants, par exemple La Noue, s'en tiennent à une interprétation religieuse et morale du même thème. Dans le premier de ses *Discours politiques et militaires,* le grand chef militaire des Réformés, dont le loyalisme monarchique a été si évident, médite le chapitre XXVIII du Deutéronome ; il y trouve la menace d'une malédiction de la Création tout entière si les commandements de Dieu ne sont pas gardés ; tout le développement annonçant ces malédictions dépeint à ses yeux le tableau des misères présentes [97]. C'est l'occasion pour lui d'inviter ses compatriotes à la repentance, à une restauration morale de l'esprit public. Il préconise non le « conseil politic des sages » mais une conversion de chacun, de la noblesse et de la Cour, qui puisse changer le décret de Dieu.

C'est bien sur ce mode, religieux et prophétique, qu'Agrippa d'Aubigné reprend le thème. Il en fait le fil conducteur du chant I et peut ainsi annoncer, à travers le chaos des misères incompréhensibles, l'espérance qui fait vivre le croyant : si le cœur du peuple se détourne des idoles et revient au Seigneur, IL remettra toute chose en son lieu. Une analyse même rapide de *Misères* peut en effet nous convaincre que c'est le thème fondamental et dynamique sur lequel se greffent épisodes, portraits, invectives, exhortations ou prières qui n'en sont que les variations. Comme La Noue et les Monarchomaques, A. d'Aubigné témoigne

---

96. Voir le *Réveille-matin.* Dialogue I, p. 151, qui reproduit les articles dits « de Millau ». L'article 25 reproduit les formules mêmes du Deutéronome XXVIII qui énumère les bénédictions de Dieu si le peuple d'Israël respecte l'alliance.

97. Voir La Noue : *Discours politiques et militaires.* Basle, 1588.

que l'alliance est perturbée, presque rompue, ce qui entraîne, suivant la promesse du Deutéronome XXVIII, longuement commentée par La Noue [98], une *Nature dénaturée*.

La première vision de la France [99], en effet, montre la rupture des liens les plus naturels, les plus charnels ; une mère meurtrie et déchirée par ses enfants au moment même où elle tente de les nourrir, de faire passer sa substance en eux, des enfants qui s'acharnent l'un contre l'autre ; aussitôt l'évocation de la lutte d'Esaü et de Jacob, traditionnelle dans la polémique réformée, agit comme révélateur car c'est le thème de l'alliance biblique à ses origines : Esaü devait hériter de la Promesse selon la filiation naturelle, Jacob, par libre choix de Dieu, devint l'héritier de l'alliance selon la grâce [100]. Mais, sur le plan humain, Esaü a rompu le juste partage des biens, le pacte de fraternité. Jacob cependant, bien que sa défense semble juste et légitime, ne saurait rétablir, par les coups, un état normal des choses : la bataille acharnée et sanglante n'est pas la voie qui peut mener à la restauration de l'alliance ; la guerre fratricide ne fait que dévaster la terre, perdre le lait. On voit ici que les théories de résistance légitime sont dépassées et qu'une méditation authentique des Ecritures conduit l'homme de parti à la repentance. Le mythe du Géant, d'origine antique, déjà utilisé par les Monarchomaques et les pamphlétaires du temps [101] paraît orienter la « prophétie » vers une réflexion politique ; la corruption du corps social provient de l'anarchie, les Monarchomaques détestent également cette confusion ; mais l'allégorie traditionnelle qui depuis Menenius Agrippa représente le danger de la secession entre les classes et de la guerre civile est ici modifiée par un souvenir biblique : ce « monstrueux géant »

« superbe, florissant, si brave qu'il ne treuve
Nul qui de sa valeur entreprenne la preuve »

évoque Goliath, insultant Israël et maudissant David au nom de ses dieux [102]. La cause profonde du déséquilibre de ce « vieil corps tout infect » n'est donc pas uniquement due à la corruption des lois. Ici encore A. d'Aubigné reprend un thème des politologues mais en modifie le sens.

---

98. La Noue, *op. cit.*, p. 22.
99. Les *Tragiques. Misères*, vers 97 et suivants.
100. Cf. *Epître aux Romains* IX, versets 11 à 13.
101. Voir *Vindiciae* : « si un Prince... s'ingère à la façon des Géants de vouloir escheller les cieux... » (édit. latine, p. 21 ; éd. française, p. 32) ; pour l'image du corps gigantesque voir : *Résolution claire et facile*, p. 50.
102. Cf. I *Samuel* XVII, versets 4 et suivants.

Pourtant la critique de Hotman et des Monarchomaques reste présente à l'esprit d'A. d'Aubigné ; cette présence au monde, cet intérêt pour une pensée politique neuve et hardie enracinent le poème dans la réalité contemporaine :

« Barbares en effet, François de nom, François,
Vos fausses lois ont fait de faux et jeunes rois. »

(Misères, v. 191, 192).

Hotman, après avoir indiqué que les Germains entendaient par ce mot de Francs un peuple libre, sans esclavage, écrivait : « Valeat igitur omen, ut Franci vere proprieque dicuntur, qui Tyrannorum servitute depulsa, honestam, etiam sub Regum auctoritate, libertatem sibi retinemdam putarunt [103]. » De même le vers 194 :

« Rebelles ils ont veu la désobéissance »
semble condenser dans une maxime la pensée d'un Bèze ou d'un Junius Brutus : le Roi ayant rompu l'alliance qui le liait à Dieu ne doit plus attendre de ses sujets qu'ils respectent leur serment envers lui.

Mais aussitôt après ces allusions précises qui risquaient en effet de faire passer l'auteur des Tragiques pour un turbulent, Agrippa d'Aubigné revient à l'interprétation biblique et calviniste des vraies causes de la tyrannie : le courroux de Dieu qui, par la main des Tyrans, châtie son peuple. Toute l'évocation réaliste de la violence et de l'injustice qu'ils pratiquent et propagent comme une contagion sinistre est introduite par les vers 197-199 :

Les Rois qui sont du peuple et les Rois et les pères [104],
Du troupeau domesticq sont les loups sanguinaires
Ils sont l'ire allumée et les verges de Dieu. »

L'image très ancienne du chef devenu « loup ravissant » qu'on retrouve dans toutes les querelles religieuses, depuis les premiers siècles jusqu'aux premiers temps de la Réforme, en passant par les accusations des Cathares, est transférée ici de la polémique religieuse à la critique politique, mais est-il nécessaire de rappeler qu'aux yeux des Réformés, la Saint-Barthélémy a été l'exécution par un roi d'un dessein d'exterminer les hérétiques conçu au Concile de Trente et approuvé par

---

103. Hotman. Franco-Gallia, Genève, 1573, chap. I, p. 37.
104. Cf. Vindiciae, éd. française. « Les théologiens d'alors célèbrent si hautement la piété de ce Constantin qu'aucuns ont estimé que ce qui est contenu en Isaïe, eust esté expressément dit de cest Empereur, asavoir que les Roys seroyent pasteurs et nourriciers de l'Eglise », p. 250. Voir la transformation du texte d'Isaïe, dans ce travail, IIᵉ partie, chap. VII, p. 241-242.

le Pape ? [105]. Une double tyrannie a conçu et ordonné le massacre, celle du Pape paraît à d'Aubigné la plus intolérable. Désormais tous pactes humains sont renversés et rompus : suzeraineté du Roi sur son peuple, relations des hommes entre eux, liens conjugaux, amour filial ou fraternel, hiérarchie sociale, sécurité des personnes, respect des lois et des « sages justiciers ». C'est le *monde à l'envers*. Le pays qui a violé l'Alliance fondamentale, pacte de grâce qui garantissait sa vie, se trouve en proie à la violence absurde, à la dissolution. Mais Agrippa d'Aubigné élargit encore sa vision car les récits de la Création et les promesses du Deutéronome relatives à la fécondité des champs [106] lui permettent de discerner pourquoi la terre reste stérile tandis que la Nature se dénature. L'ordre du monde, les saisons, la croissance des moissons sont les signes mêmes de la fidélité de Dieu : il a promis à Noé, en renouvelant l'alliance après le Déluge, de les maintenir. Mais voici que, l'impiété humaine ayant rompu cette alliance primordiale, l'homme est maudit au champ, le ciel devient d'airain et la terre de fer. Toutes les créatures, en particulier les animaux, par une perversion singulière, changent de nature [107]. D'ailleurs le lien essentiel entre l'obéissance de l'Homme et l'intégrité des créatures, nettement indiqué dans la Genèse, était rappelé par saint-Paul : « la création assujettie à la vanité... soupire, elle est comme en travail en attendant d'être délivrée de la servitude au jour où les enfants de Dieu seront manifestés [108] ». L'auteur des *Tragiques* n'a garde de négliger ces signes évidents d'une terrible malédiction qui, paradoxalement, manifestent la fidélité de Dieu.

Il montre que le péché des tyrans auquel les sujets participent [109], violence, meurtres, stupres, stérilise la terre. Dieu même, comme aux jours de Noé, pense à la détruire ; c'est le sens de l'avertissement prophétique adressé par la terre-mère aux « petits ».

« ... Du haut ciel l'ire émue
Pour me vouloir tuer [110] premièrement vous tue. »

Le désordre odieux dans la répartition des biens terrestres qui se trouve souligné aux vers suivants :

---

105. Lettre de Th. de Beze déjà citée (4 septembre 1572).
106. *Deutéronome ;* XXVIII, 3 à 6.
107. « Les matins allouvis sont devenus sauvages » *Misères*, 465 et sq.
108. *Romains* VIII, v. 20-22.
109. En vertu même de la coresponsabilité analysée dans ce chapitre, p. 96, et note 24, p. 98.
110. Nous interprétons : « Parce qu'il veut me tuer » ou bien *émue : mise en branle pour ma destruction,* ce qui offre une construction grammaticale plus rigoureuse.

« ... Le plus doux de mon bien
Va saoulant de plaisirs ceux qui ne valent rien [111]. »
annonce la destruction prochaine.

La Terre fait entendre la voix de Dieu même :

« Et je retirerai mes bénédictions
De ceux qui vont sucçans le sang des nations [112]. »

Déjà on touche au terme annoncé par les prophètes Esaïe, Jérémie :
dans les champs de Juda désolé, dans les ruines de ses villes, le chacal
et le loup doivent établir leur repaire :

« Le loup et les renards et les bestes sauvages
Tiennent place d'humains, possèdent les villages. [113] »

Bien des notations que nous pourrions considérer comme des peintures réalistes apparaissent ainsi comme des prophéties déjà réalisées et
par là même comme les derniers avertissements avant l'écroulement du
monde. L'endurcissement des Rois (vers 362-366), la rage des hommes
(vers 443-446) marquent les progrès inéluctables de cette marche vers
la catastrophe. Seuls le pauvre, l'affligé, l'enfant qui meurt de faim gardent encore un lien avec Dieu ; leur voix s'élève jusqu'à son trône, mais
leur plainte devient l'assignation des tyrans et de leurs séides au siège
« judicial » du Dieu qui va paraître.

Les détails, les évocations qui montrent la *nature dénaturée* offrent
ce même caractère de l'observation réaliste, d'un réalisme qui va jusqu'à l'horreur, mais on ne saurait y voir simplement le témoignage d'un
spectateur, ce sont des signes de la malédiction en train de s'accomplir.
Le réel prend alors un relief hallucinant, il emprunte à l'invisible qu'il
manifeste ou laisse pressentir une sorte d'horreur sacrée. Le tableau
où A. d'Aubigné dépeint avec une insistance insoutenable la mère dévorant son enfant [114] nous renvoie au chapitre XXVIII du Deutéronome [115] où le Seigneur annonce les malédictions qui fondront sur le

---

111. *Misères* : v. 295.
112. *Misères* : v. 307-308. Pour l'origine et le commentaire de cette image
voir IIᵉ partie du présent ouvrage. Chap. VII, p. 251.
113. *Ibid.* 325-326.
114. *Misères* : vers 499 et suivants.
115. Chapitre longuement commenté par La Noue. *Discours politiques et
militaires*, p. 22. La Noue conclut ainsi : « Et puisque la parole divine s'est
montrée si véritable en ceste dure flagellation, ayons crainte qu'elle ne le
soit aussi en destruction. » La Noue et A. d'Aubigné exercent le même discernement théologique sur les « confusions » dont ils sont les témoins.

peuple *s'il ne garde pas l'alliance* : « Au sein de la détresse et de l'angoisse où te réduira ton ennemi, tu mangeras le fruit de tes entrailles, la chair de tes fils et de tes filles, que l'Eternel, ton Dieu, t'aura donnés L'homme le plus tendre et le plus délicat d'entre vous regardera d'un œil hostile son frère, la femme qui repose sur son sein et ceux de ses enfants qui lui restent encore : ne voulant livrer à aucun d'eux la chair de ses enfants dont il se nourrira parce qu'il ne lui restera plus aucune ressource... [116] »

Ce crime contre nature fait éclater la rupture de l'alliance entre le roi devenu tyran et son peuple car il manifeste que Dieu maudit la nation qui a rompu l'alliance ; désormais un procès est ouvert : la ville morte, accusatrice, saigne de toutes ses blessures à l'entrée du tyran pour désigner son meurtrier [117].

Mais il est clair que la perversion de l'ordre politique et celle de l'ordre naturel ont des raisons plus profondes que le machiavélisme des gouvernants ou la mise à l'écart des corps intermédiaires.

La vision de Catherine de Médicis, adonnée aux pratiques magiques et à l'évocation des morts, n'est pas commandée non plus par un choix esthétique. Après que le poète a présenté tous les forfaits caractéristiques de la tyrannie qu'elle exerce : usurpation du trône par une femme au mépris de la loi salique, abaissement des grands au profit des « coquins », politique de bascule qui nourrit la guerre civile, emprisonnements, accusations que le « *Discours merveilleux* »... ou le « *Réveille-matin* » avaient déjà lancées, voici la figure hallucinante de la magicienne infernale, « l'Eryne envenimée » qui « change en discord l'accord des éléments » ; c'est-à-dire la puissance mauvaise qui dénature la Nature ; quelle révolte abominable, quelle rupture du pacte divin ont-ils pu lui conférer cette ténébreuse puissance à travers laquelle transparaît un asservissement aux forces démoniaques ? Elle a violé un commandement essentiel de l'alliance, un de ceux qui étaient liés à la possession de la terre et à la bénédiction du sol et qu'on lit au chapitre XVIII du Deutéronome : « Quand tu seras entré au pays que l'Eternel ton Dieu te donne, tu n'apprendras point à faire selon les abominations de ces nations-là. Il ne se trouvera point parmi toi aucun qui fasse passer par le feu son fils ou sa fille, ni devin usant de devinements, ni pronostiqueur de temps, ni aucun qui use de prédictions, ni sorcier : ni enchanteur usant d'enchantement, ni homme demandant conseil à un

---

116. Versets 53-55.
117. *Misères* : v. 585 et suivants.

esprit de python, ni diseur de bonne aventure, ni aucun qui s'enqueste vers les morts. Car quiconque fait telles choses est en abomination à l'Eternel et à cause de telles abominations l'Eternel ton Dieu déchasse ces nations devant toi. [118] »

Par de telles pratiques, Catherine de Médicis et le « Cardinal sanglant », son allié, manifestent qu'ils sont les instruments de la « Vengeance des Cieux » mais que, comme la verge du châtiment, ils sont promis au feu qui ne s'éteint point. La tyrannie papale servie par l'armée des jésuites constitue le troisième terme de ces fléaux divins mais il est possible, comme le signalent les éditeurs A. Garnier et J. Plattard, qu'une bonne part de ce développement ait été inspirée par l'abjuration d'Henri IV et n'ait pas figuré dans un premier état de texte ; cependant le parallélisme entre Néron, type des tyrans sanguinaires et le « loup de ce siècle » nous paraît en accord avec l'évocation de la « carnassière beste » et de la nature dénaturée, malédiction qui s'accomplit en quelque sorte par la perversion de tout l'ordre social :

« Je fais de boue un Roi, je mets les Rois aux fanges »
usurpation caractérisée d'une prérogative divine [119] et par le bouleversement insensé — mais tout illusoire — du monde qui est au-delà de la vie.

Il fallait sans doute ce paroxysme du désordre, cet extrême désarroi des cœurs et des âmes pour que les hommes « foudroyez » par la malédiction divine pussent écouter la parole prophétique :

« Faisons paix avec Dieu pour la faire avec nous ».
Voilà quelle conjuration de la tyrannie A. d'Aubigné propose : la cause dernière des fléaux vengeurs se trouve ainsi révélée, la voie du salut collectif s'ouvre : une restauration de l'alliance avec Dieu — mais ceci suppose une conversion des coeurs — est la seule voie pour fonder à nouveau une société, une vie commune, un monde sauvé de la désolation et de la mort.

Si nous comparons cet ample développement du livre premier qui se modèle non sur un schéma logique ou descriptif mais sur l'un des plus anciens textes prophétiques, le chapitre XXXII *du Deutéronome* [120], nous voyons combien A. d'Aubigné s'éloigne de la pensée des Monarchomaques : l'analyse politique éclairée par la Bible et les principes

---

118. *Deutéronome :* XVIII, versets 9 à 13.
119. C'est l'usurpation de la souveraineté de Dieu. Cf. I *Samuel*, II, 8 - *Ps.* CXIII, 7-8 ; *Luc*, I, 52.
120. Le cantique où Moïse rappelle les grâces infinies de Dieu à l'égard d'Israël, prophétise sa ruine à cause de l'ingratitude et de l'idolâtrie du peuple et laisse espérer cependant une grâce si le peuple se repent et retourne au Rocher de son salut.

tirés de la constitution du peuple d'Israël ne sauraient rétablir la paix et l'harmonie du corps social ; le mal, la perversion des rapports humains ont des racines théologiques et mystiques. A. d'Aubigné pense avec La Noue qu'il convient « de demesler les affaires de l'Etat par des maximes recueillies de la Théologie », que « les causes fondamentales de l'altération des Estats doivent être cherchées dans les Escritures et n'ont d'autre origine que les pechez des hommes », car « Dieu les ayant en détestation retire sa faveur et protection des Royaumes et alors naissent les confusions » [121].

Pour celui qui porte un tel diagnostic sur les maux qui bouleversent la France, il ne peut y avoir d'autre salut qu'un changement total des cœurs et des esprits, une μετανοία collective, au bord du gouffre ; c'est la conviction de La Noue qui appelle de ses vœux un nouveau Jonas, un prophète. Agrippa d'Aubigné a reçu cette vocation et, à cause de ce choix fondamental, même s'il avait conscience de mener le même combat que les Monarchomaques ou les pamphlétaires contemporains, il devait s'inspirer et se nourrir de ce qui est dans la Bible le plus étranger à la commune sagesse, les textes où la voix du Seigneur éclate avec puissance, vocations extraordinaires ou messages prophétiques.

L'IMPORTANCE des JUGES. On peut discerner dans les différents livres de la Bible une dominante et classer ces écrits en livres historiques, livres de la sagesse, livres prophétiques ; mais la richesse de chacun apparaît si diverse que les livres de la sagesse ont pu offrir aux prophète des signes prophétiques et les livres historiques préfigurer un message de salut.

Après la Saint-Barthélémy, on réfléchit sur les livres historiques, on y découvre des analogies frappantes avec la situation du peuple Réformé échappé au massacre, mais la réflexion politique ranime l'intérêt pour l'étude théologique des mêmes thèmes ; les rééditions à Genève des commentaires de Calvin en font foi [122].

C'est pourquoi, même si la vocation prophétique d'A. d'Aubigné devait l'éloigner de la réflexion plus humaine, plus rationnelle des Monarchomaques, il nous semble qu'il leur doit le point de départ de l'épopée au livre I, le thème de la marche au désert et surtout la figure qui lui permet de représenter symboliquement sa vocation propre : celle

---

121) La Noue. *Premier discours politique,* p. 23.
122. On réimprime à Genève en 1575 le commentaire de Calvin *in historiam Josue* 2ᵉ éd. ; en 1577, à nouveau, *In librum Josue brevis commentarius.*

d'un Moïse ou d'un Josué. Il ne nomme ni l'un ni l'autre, mais quel est donc ce chef militaire-prophète dont il s'efforce de reconnaître les vestiges tandis que son regard retrouve la direction des yeux anciens attachés à la colonne de nuées ou au pilier de feu, sinon Moyse ou Josué son successeur ?

Et ce guerrier botté [123] qui rassemble une troupe armée et l'entraîne par une parole prophétique n'est pas un *nabi* vivant au temps des Rois à l'ombre du temple, mais bien plutôt le combattant inspiré qui accompagne la longue marche au désert et révèle au peuple émacié, découragé, le terme de l'épreuve. Les Juges fournissaient à A. d'Aubigné l'image la plus satisfaisante de ce rôle d'exception.

Cependant, nous avons vu que si les Monarchomaques s'étaient particulièrement attachés à l'histoire des Juges, c'est que l'installation en Canaan, la constitution d'une communauté nationale, juste et stable, les préoccupaient. A. d'Aubigné n'a pas le même intérêt pour cet établissement sous la conduite d'un chef élu de Dieu et autorisé du peuple, un « président fédéral » garant d'une monarchie constitutionnelle ne le séduit guère. Lorsqu'il nomme le chef selon son cœur, des Juges ignorés ou suspectés par les Monarchomaques apparaissent : un Gédéon, figure du Navarrais menant la guérilla à la tête de petites troupes choisies par Dieu, un Samson, un Jephté même. C'est la vocation inattendue, surprenante qui lui paraît admirable. L'homme sans charge ni mandat, brusquement animé d'un feu divin correspond à son attente, à sa prière [124]. Nous dirions aujourd'hui qu'A. d'Aubigné est un prophète non de l'institution mais de l'événement.

Ces exemples suffisent à montrer que même s'il adopte les thèmes bibliques mis en circulation par les théories des Monarchomaques, il les traite dans un esprit bien différent.

AGRIPPA D'AUBIGNE ET LA MONARCHIE

La pensée des Monarchomaques, sa hardiesse par rapport à la vénération religieuse dont le roi était l'objet, nous permettent d'apprécier, par comparaison, l'attitude d'A. d'Aubigné devant les rois. Il est bien clair que ses convictions politiques ne sont pas sans influence sur

---

123. Cf. *Misères*, v. 78 : « D'ici la botte en jambe et non pas le cothurne... »
124. Cf. Théodore de Bèze : « Rupella et alia passim oppida... a nostris tenentur, sed exigua spe, nisi vindicem quempiam Dominus extra ordinem suscitavit. » Lettre à Bullinger, 30 octobre 1572.

la manière dont il utilise la Bible pour stigmatiser les vices de la Cour ou indiquer à l'héritier présomptif à quelles fins le Seigneur lui ouvre un chemin vers le trône.

Les Monarchomaques réformés, si on juge dans l'ensemble leur action, ont *désacralisé* la Monarchie. C'était bien conforme à l'esprit de la Réforme ou à la vision des hommes de l'Ancien Testament pour qui, hormis Dieu, tout est profane, à l'exception, pour les tenants de l'ancienne Loi, du Temple et des lieux précis où Dieu s'est manifesté. Aucune institution humaine, aucun objet, aucune tradition, aucun personnage ne peuvent porter un caractère sacré qui ferait d'eux des intermédiaires et permettrait de se concilier Dieu. Dieu inconnaissable, sauf en Jésus-Christ et par le témoignage des Ecritures, Dieu insaisissable, caché, c'est bien là le message central de la Réforme. L'éminente majesté du Roi, la conception encore bien vivante au début du XVIᵉ siècle qu'il forme avec la République un *corps mystique* dont il est le chef ne pouvait tenir devant le dynamisme religieux de la Réforme. Calvin, semble-t-il, n'en a pas eu conscience, mais n'attendait-il pas du Roi, auquel il a dédié l'*Institution chrestienne,* une conversion profonde qui eût fait de lui le protecteur de la nouvelle Eglise ? Ne croyait-il pas qu'un Josias serait accordé à la France pour répondre aux prières des fidèles et faire triompher le dessein de Dieu ? D'ailleurs la manière dont le Réformateur français se représente la Seigneurie de Jésus-Christ, l'honneur de Dieu, la vocation du croyant liée à un libre choix, à la libre grâce de Dieu, se trouve exactement figurée par la constitution féodale de la société ; novateur dans l'ordre de la foi, bâtisseur de l'Eglise nouvelle, Jean Calvin n'est pas un révolutionnaire sur le plan politique même si sa théologie porte en elle un ferment de vie démocratique.

Mais Bèze et ses contemporains ont connu un gouvernement d'un type tout nouveau à Genève, la rupture totale avec le roi-tyran a été consommée, enfin une longue série de guerres entreprises pour revendiquer la liberté religieuse devaient fatalement susciter dans le peuple et chez beaucoup de nobles une volonté d'émancipation, une poussée révolutionnaire. Monluc rapporte dans ses Mémoires que des Huguenots, révoltés contre leur Seigneur, répondirent à celui qui leur avait remontré qu'ils faisaient mal et que le roi le trouverait mauvais : « Quel Roi ? Nous sommes le roi. Celui-là que vous dites est un petit reyot de m... Nous lui donnerons des verges et lui donnerons métier pour lui apprendre à gagner sa vie comme les autres... [125] » L'on se souvient

---

125. Cité par Mealy : « *Les publicistes de la Réforme* », p. 119.

aussi de l'insolente réplique de Montbrun à Henri III pour affirmer l'égalité entre compagnons ou adversaires dans le combat [126].

Ce bref rappel de positions politiques bien différentes montre que l'engagement politique d'A. d'Aubigné n'était pas déterminé d'avance par ses croyances ou même par ses engagements militaires ; quels facteurs pouvaient donc l'orienter ? J'en vois deux qui, d'ailleurs, se rejoignent : sa position sociale et son attachement passionné à son « maître », Henri de Navarre.

1. *La situation sociale d'A. d'Aubigné*

Les études précises sur l'origine de sa noblesse que l'on trouve résumées dans le premier chapitre de la thèse d'A. Garnier n'aboutissent à aucune conclusion décisive en raison de pièces perdues ou falsifiées ; son père, dans les actes d'hommage qu'il fit pour la terre de sa femme, était qualifié de « noble homme, messire Jehan d'Aubigné, juge au tribunal de la ville » [127]... Il ne semble pas qu'il s'agisse d'un gentilhomme d'antique lignée et sa charge de maître des requêtes ne fait pas de lui un très grand personnage ; il devait cependant jouer un rôle assez important lors de la conjuration d'Amboise, mais les affaires dangereuses offrent souvent le premier rang aux plus hardis. A propos des discussions qui opposèrent A. d'Aubigné aux parents de sa « maîtresse », Suzanne de Lezay — on sait que les parents de la jeune fille trouvaient sa noblesse trop discutable — bien des années après il évoque ainsi, dans ses mémoires, son attitude : « Aubigné qui ne s'estoit jamais soucié ni de biens, ni de maison, ni de titres... » D'ordinaire, une pareille insouciance est le fait de ceux dont l'escarcelle est vide, la naissance assez obscure et les titres de noblesse peu brillants, mais qui ont l'ambition de fonder la noblesse et la richesse de leur maison sur leur valeur personnelle, grâce à leurs exploits guerriers et aux services éclatants qu'ils peuvent rendre. Tel est bien le cas, semble-t-il, d'A. d'Aubigné qui, élevé un temps chez son cousin, juge attaché à la maison de madame de Pons, fille du seigneur d'Albret, eut l'occasion de rencontrer Henri de Navarre dans son enfance puis de faire partie de sa maison en qualité d'écuyer. Son activité prodigieuse au cours de la troisième guerre, la fermeté de sa foi avaient dû particulièrement le recommander à ses protecteurs désireux de placer auprès du prince prison-

---

126. « Quoy ! Le roy m'escrit comme roy, et comme si je debvois le recognoistre ? Qu'il sache que cela seroit bon en temps de paix et que lors je cognoistray mon Roy, mais en temps de guerre, qu'on a le bras armé et le cul sur la selle tout le monde est compagnon. » Cité par J.D. Long : *La Réforme et les guerres de religion en Dauphiné*. Paris, 1856.
127. Cf. A. Garnier. *A. d'Aubigné et le parti protestant*, p. 29.

nier de la Cour un compagnon aux convictions solides. Quoiqu'il en
soit, Aubigné apparaît alors comme un jeune homme de bonne famille,
mais sans titres particuliers, pauvre de biens, et qui a choisi un parti
persécuté. Mais ses liens avec Henri de Navarre lui permettent de vivre
à la Cour, de s'entretenir avec les ambassadeurs polonais, de connaître
Henri III ; même s'il est l'ami d'un prisonnier, sa charge lui vaut de
respirer le même air que les puissants qu'il déteste. A travers sa mission, qui est de favoriser la fuite de son Prince hors de la Cour corrompue de Valois, au cours de cette existence de dangers, de sacrifices,
d'aventures qu'il choisit avec enthousiasme, il vit exactement comme
les premiers féodaux, compagnons d'armes d'un conquérant ou d'un duc
en route pour la croisade. La vie des camps, les chevauchées ou les
coups de main aux côtés d'un « maître » admiré et aimé, la rude familiarité imposée par les logis de rencontre, cette éducation âpre du caractère, qui trempe les âmes bien nées ou les révèle, lui permettront
de définir en termes sobres et forts ce qu'est la vraie noblesse [128], celle
qui s'enracine dans une épopée.

2. Le « serviteur » d'un chef charismatique

Ces années de lutte marqueront toute son existence, il les évoquera
avec nostalgie au moment où Henri IV, à la veille d'avoir pacifié le
pays, mettra à l'écart ses vieux compagnons d'armes ; ce fut « le désert », le temps des petites troupes menées par Dieu même à l'assaut
des rocs de Canaan. Dans cette situation, alors que, soldat d'aventure,
au service d'un prince sans royaume mais s'avançant à ses côtés vers un
grand destin, montant avec lui vers la victoire, il avait vu se réaliser par
des voies mystérieuses ce qui n'était au départ qu'un rêve de gloire à
partir d'une situation désespérée, A. d'Aubigné pouvait-il faire sienne
la critique des Monarchomaques, concevoir et désirer une monarchie
contrôlée, un équilibre des pouvoirs ? Pouvait-il discerner que son Roi,
profitant de l'extrême lassitude de la majorité des Français, auréolé d'une
gloire de pacificateur, allait gouverner en prince absolu « violant les
libertés des corps intermédiaires, réduisant les princes du sang à un
rôle décoratif... méprisant la constitution coutumière du royaume » [129] ?
Or c'étaient là les traits caractéristiques du tyran d'exercice, d'après les
Monarchomaques. Mais A. d'Aubigné voyait toujours, même à travers
ses ressentiments personnels, le chef du parti victorieux, le Gédéon purifié par la foi et les misères endurées. Il n'est donc pas surprenant
que la conception de la monarchie chez notre auteur nous paraisse bien

---

128. Cf. *Princes*, 1165 et suivants. *Misères*, 1121-1133 : la biographie
d'A. d'Aubigné nous permet de mettre un nom de bataille ou de place forte
sous chacune de ces allusions.
129. R. Mousnier, « *L'assassinat d'Henri IV* », p. 180.

traditionnelle. A cause des circonstances historiques si particulières où il a vécu, les Réformés constituant un état dans l'Etat, mais un état naissant, contesté, exigeant toujours une milice en armes, A. d'Aubigné a connu la vie d'alarmes et de prouesses des anciens chevaliers, guerroyant pour Dieu sous la direction d'un chef prestigieux qui, au terme d'une campagne ou même en pleine guerre, attribuait des fiefs à ses barons, leur laissant la charge de les conquérir et de les défendre [130].

Nous avons indiqué que les Monarchomaques avaient *désacralisé* la Monarchie, A d'Aubigné, animé de la même foi, pouvait bien penser que le Monarque n'était pas « la justice vivante » [131] et qu'il ne participait pas de l'être de Dieu, mais chaque homme était à ses yeux, qu'il en eût conscience ou non, un instrument de Dieu. Si le Seigneur avait fait des derniers des Valois les verges de son courroux, un Prince, éloigné du trône selon l'ordre naturel, avait été élu dans le secret conseil de Dieu, car les événements servent les décrets du Seigneur, sa vocation apparaissait clairement au poète : après avoir « relevé l'enseigne d'Israël » il devait restaurer l'unité nationale sous l'hégémonie spirituelle du parti réformé. La réalité historique révélait une réalité plus profonde : Henri IV, sans doute, n'était pas une personne sacrée par droit monarchique ou par l'effet d'un rite, mais, comme David, il était le Roi mystérieusement mis à part, le serviteur d'élection ; son charisme royal étant l'effet d'une grâce et non de la succession dynastique faisait éclater l'action de Dieu, et le Prince n'en était que plus admirable. Le caractère divin du monarque se trouvait ainsi attaché à une personne plutôt qu'à l'institution. Ainsi A. d'Aubigné si entier de caractère, et d'un tempérament révolutionnaire, semble-t-il, était prêt à ouvrir le cortège des thuriféraires royaux si Henri IV n'eût commis le péché capital : renier sa vocation pour s'asservir au Tyran romain.

Pouvons-nous, pour conclure, indiquer le rapport entre cette conception de la Monarchie et le choix de certains épisodes ou figures bibliques ? Les Monarchomaques fondaient leur réflexion sur les livres historiques, sur les témoignages relatant l'institution d'un état théocratique ou royal en Israël. Dans ces mêmes livres historiques A. d'Aubigné choisit les personnages qu'aucune charge officielle ne désigne à l'attention avant qu'ils aient reçu directement de Dieu une vocation, il reprend les événements où l'action de Dieu rétablit brusquement une situation désespérée,

---

130. Voir l'épisode de la conquête d'Oléron. A. Garnier, *A. dAubigné et le parti protestant*, p. 351-356, t. I.
131. Expression de Chasseneux dans le *Catalogus Gloria Mundi*, 1529, cité par R. Mousnier dans *Etat et société sous François I   et pendant le gouvernement de Louis XIV* (Cours de la Sorbonne, 1966).

le surnaturel biblique l'inspire. Or, ce surnaturel n'éclate jamais mieux que dans le « désert », pays où l'homme avance sans ressource aucune, lieu de la grâce.

De plus, A. d'Aubigné s'intéresse plutôt à des héros, symboles du destin d'un peuple, qu'à des groupes d'hommes, il lève sur ces personnages le fouet de la satire, s'ils sont réprouvés, ou la verge qui châtie à salut s'ils doivent devenir les «piliers du temple ». Dans les deux cas, les *livres Prophétiques* auxquels il faut joindre les *Psaumes,* prophéties de David, lui fournissent une riche matière où l'observation réaliste s'allie à la vision surnaturelle.

Enfin le loyalisme monarchique d'A. d'Aubigné ou plutôt l'attachement passionné qui le liait à « son maître », attachement religieux puisque sa vocation était de servir et d'influencer selon Dieu le champion que Dieu s'était choisi, ces représentations toutes pénétrées de passion devaient le ramener à la théologie calvinienne dans laquelle l'honneur de Dieu, la prédestination, les interventions miraculeuses du Seigneur dans les affaires humaines et les signes prophétiques jouaient un si grand rôle.

Les Monarchomaques étaient les maîtres d'œuvre d'une doctrine inspirée par la Bible mais raisonnable, cohérente, à laquelle tous les humanistes pouvaient adhérer. A. d'Aubigné apparaît comme le héraut du Seigneur des Armées, le prophète habité par l'Esprit.

CHAPITRE IV

« MYSTIQUE » CHEZ CALVIN
et CREATION LITTERAIRE

Dans une enquête où nous cherchons comment A. d'Aubigné a nourri son inspiration poétique de la Bible, de ses images, de ses visions, nous devons poser clairement le problème de la mystique et de ses rapports avec la Parole de Dieu tels que les Réformés contemporains d'A. d'Aubigné les concevaient. On s'accorde à dire avec Marcel Raymond que « l'univers d'A. d'Aubigné est celui d'un mystique... en contact quasi permanent avec l'ineffable »[1] ; A. Garnier de son côté signalait chez A. d'Aubigné une disposition aux visitations mystiques dès ses plus jeunes années et surtout A. d'Aubigné lui-même présente la conception des *Tragiques* comme une mission reçue d'un Ange au cours d'une longue extase[2], ce sont les visions surnaturelles qui « authorisent » sa prophétie, ou même, nous le verrons, qui donnent tout leur poids de réalité à ses descriptions réalistes. S'il y a là un tempérament, une vocation particulière dont le secret nous échappera toujours, n'est-il pas possible de préciser l'influence que la doctrine et la piété réformées ont exercée sur le poète ? Il ne saurait être question de ramener un génie poétique hors série au cadre étroit d'une théologie, cependant ne peut-on saisir, en étudiant de près l'enseignement de Calvin sur les rapports de la mystique et de la Parole, en rappelant ce qu'est pour le Réformateur la vie en Christ, certaines orientations et certaines limites qu'A. d'Aubigné a très consciemment acceptées et qui ont modifié, dans une certaine mesure, les expériences ou les visions mystiques qu'il nous livre ? Doctrine et piété sont inséparables ; pour la clarté de l'exposé il est nécessaire d'examiner d'abord la doctrine ; mais la pratique religieuse, la prière, la méditation de la Parole et le chant des Psaumes entretiennent, en ces temps de crise,

---

1. *L'influence de Ronsard sur la Poésie française*, t. II, p. 325.
2. *Tragiques ;* livre V, vers 1195-1420.

une communion vécue avec Dieu, source vive de la vie intérieure et de la création poétique ; dans le chapitre suivant nous essaierons de définir l'importance de cette piété, du moins dans son aspect communautaire, et de préciser, en particulier, l'apport mystique des Psaumes qui constituaient, pour les Réformés, dans la vie quotidienne comme dans les camps et au cœur des batailles, un courant continu d'adoration et de prière.

CALVIN. — Son opposition à la mystique.
Sa conception de *la Vie en Christ*.
Son interprétation des visions et des visitations mystiques de l'Ancien Testament.

Essayons d'abord de donner une définition de la vie mystique afin de préciser un mot qui n'offre plus aucune rigueur de nos jours, tant on l'a appliqué à toutes sortes d'états d'âme, ou de sentiments collectifs. C'est, si nous considérons le mysticisme chrétien, un certain mode de vie en Dieu qui n'est donné, par une intervention surnaturelle, qu'à certaines âmes privilégiées. Le phénomène essentiel en est *l'extase* : « l'âme sortie de soi et portée dans un au-delà d'elle-même, croit accéder à une région où lui advient une révélation dont elle ne saurait rendre compte une fois revenue à elle » [3], car même si le mystique a reçu, au cours de son extase, une claire révélation, comme saint Paul, il ne saurait rapporter ni comprendre dans sa pensée les paroles qu'il a entendues, la plénitude de la joie qui l'a pénétré ; il a touché, pour un moment, aux arcanes du divin. La vie du mystique est profondément bouleversée par cette effusion du surnaturel au cœur de sa vie intérieure, et même s'il a seulement pressenti ce haut degré d'illumination, il aspirera désormais à travers la prière, la contemplation et l'ascèse à une union parfaite avec l'esprit qu'on appelle *unio mystica* ou mariage spirituel.

« Les autres chrétiens, écrit L. Bordet [4], recourent aux sacrements pour s'unir à Dieu ; les sacrements leur garantissent, avec leurs symboles sensibles, que la vie divine de la grâce et l'union avec Dieu qu'elle procure est réalisée : mais les mystiques atteignent Dieu en dehors des sacrements, par l'extase qui les porte jusqu'à lui et les fait jouir consciemment de la vie divine en Dieu. En somme, n'ayant pas à recourir aux représentations dogmatiques et aux sacrements, les mystiques prennent un chemin de traverse pour atteindre Dieu et

---

3. Voir Louis Bordet : *Religion et Mysticisme*, Paris, P.U.F., 1959, pp. 11-12.
4. *Ibid.*, p. 127.

il faut même dire que ce chemin de traverse les conduit plus loin que la grande route : car au terme de la grande route, les autres chrétiens n'atteignent encore Dieu que par la foi ; Dieu demeure pour eux un objet de croyance non pas de vue ; dans l'extase au contraire Dieu se dévoile aux mystiques ; ils font l'expérience de Dieu. »

Les Réformateurs n'ignoraient pas les témoignages des grands mystiques, Calvin a lu saint Bernard [5] et l'on a étudié l'influence des mystiques rhénans sur la pensée de Luther, mais l'expérience religieuse qui a bouleversé la vie du moine Luther s'oppose, par sa nature, à l'expérience des mystiques : il ne s'agit pas d'une vision personnelle et incommunicable de la gloire de Dieu ; pour Luther une parole apostolique redevient témoignage et agit dans sa vie ; d'un texte vénérable, si longtemps récité et qu'on n'entendait plus, tant il était intégré aux liturgies traditionnelles, jaillit une voix vivante, parole de réconciliation articulée par le Saint-Esprit. Or c'est là l'origine spirituelle de la Réforme. Les Réformateurs seront convaincus qu'on ne peut trouver Dieu, le connaître comme Père, l'aimer en retour et recevoir le message du salut que *dans* et *par la Parole.*

Qu'on n'y voie pas seulement une découverte intellectuelle ou morale, tout l'être de Luther fut renouvelé, pacifié, comblé de joie ; la ferveur des théologiens ou des croyants réformés qui témoignent qu'ils ont été ainsi saisis par Christ, illuminés par le Saint-Esprit paraît tout aussi ardente que celle des mystiques et certains mots chargés de sentiment ou exprimant une communion intime peuvent être les mêmes : « Union avec Christ », « être enté en son corps », « Christ s'unit journellement de plus en plus à nous en une mesme substance [6], « goûter Christ », « jouir de Christ », « mourir à soi-même », « s'anéantir », « faire abnégation de soi-même », toutes ces expressions familières aux mystiques de son temps se retrouvent chez Calvin, il reprend même une formule de saint Ber-

---

5. A. d'Aubigné aussi d'ailleurs : l'image du « *double manteau* » qui stigmatise l'hypocrisie des Jésuites est empruntée, semble-t-il, à un sermon de saint Bernard. Sermon LXXXII sur le Cantique des Cantiques : « Il est arrivé qu'elle (la créature) ait été revêtue de sa propre honte » « comme d'un double manteau » : Psaume 108-29. Et c'est fort à propos que l'on se sert du terme du double manteau, parce que sa liberté demeure toujours à cause de sa volonté, sa conduite toute servile ne laisse pas de faire voir la nécessité où elle se trouve... » Cité par E. Gilson d'après une trad. du XVIIᵉ siècle. Etienne Gilson. *Saint Bernard. Un itinéraire de retour à Dieu.* Paris, éd. du Cerf, 1964.

6. Lat. « in unum corpus donec unum penitus vobiscum fiat ». Calvin. *I.C.* III, II, 24p. 43. Cité par W Kolfhaus in *Christus gemeinschaft, bei Johannes Calvin* im « Beiträge zur Geschischte und Lehre der Reformierten Kirche », 1939, p. 26, n. 3. Pour toutes ces expressions : *ibid.* p. 125.

nard, il faut, dit-il « chercher le secret du mariage que Dieu a avec nous » (quaeramus sponsam) [7]. Cependant des affirmations théologiques très importantes et sans cesse reprises dans les traités, les commentaires ou les sermons nous interdisent de parler d'un mysticisme de Calvin. Citons trois de ces points de doctrine qui maintiennent le croyant dans la voie d'une connaissance imparfaite, de l'humble pèlerinage terrien :

1) La distance infinie de Dieu à l'homme, l'abîme qui les sépare interdit tout accès immédiat à Dieu. *Un seul médiateur* permet de connaître Dieu : Jésus-Christ.

2) La foi, profondément enracinée dans la parole de Dieu ne peut rien faire d'autre que contempler le Christ.

3) Le chrétien dont toute la vie consiste à prêter une oreille obéissante à la Parole vit dans une tension constante entre la révélation du Salut et l'attente des fins dernières. Il n'aura la pleine révélation des secrets de Dieu, et de Sa gloire qu'au dernier jour.

1. *Nécessité d'un médiateur.* — Calvin souligne sans cesse la distance infinie, incompréhensible pour la pensée, qui sépare Dieu de l'homme pécheur ; ce n'est pas seulement une différence d'essence entre le créé et l'incréé, entre la Majesté toute puissante et celui qui n'est qu'un ver de terre, ce que les mystiques admettent sans réserve, mais une incapacité fondamentale à vouloir le bien et l'amour. Même les anges, en tant qu'ils étaient des créatures, étaient exposés à la Chute si la grâce du Christ ne les eût raffermis, et même leur obéissance n'a pas cette exquise perfection qui puisse satisfaire Dieu ; si bien qu'ils ont besoin d'un *pacificateur* par la grâce duquel ils adhèrent (adherunt) complètement à Dieu [8]. Ce médiateur unique c'est *Christ*, aucune connaissance de Dieu n'est possible en dehors de lui, le Fils, en qui Dieu révèle pleinement sa grâce. Dans un sermon sur le XIe chapitre de *Job*, Calvin condamne toute recherche qui n'aboutirait à cette certitude : *Dieu Père* ; la vanité de la gnose ou des rêves mystiques y est soulignée avec force :

> « Cependant cognoissons qu'il ne faut point que nous prétendions de monter si haut pour cognoistre que c'est de ceste sagesse de Dieu en soy. Car c'est un abysme profond : et qui est-ce qui pourra atteindre là ? Sachons que toutes nos vertus y defaudront. Il faut donc que les hommes s'humilient. Et ainsi retenons ce que nous dit sainct Paul : c'est, que quand nous monterons haut par-dessus les cieux nous ne prétendions point de savoir autre chose, sinon de cognoistre *la*

---

7. Calvin *I.C.* III, II, 25, p. 44.
8. Cf. Wendel François. *Calvin, sources et évolution de sa pensée religieuse.* Paris, P.U.F., 1950, in-8°, p. 162.

bonté paternelle de nostre Dieu, sachons qu'en cela nous aurons une perfection de toute sagesse, qui aura son étendue de haut et de large, et de long et de tous costez. En ces mots St. Paul se moque de ces esprits curieux, qui voltigent ça et là, qui voudroyent monter bien haut et descendre bien bas, aller à tors et à travers, voire mais cependant il n'y a que vanité. » [9]

L'homme reste dans son ordre de créature limitée et pécheresse lorsqu'il accepte et reconnaît que Dieu est descendu vers lui, qu'il s'est approché en la naissance de Jésus-Christ, car « jamais nous n'aurions pu contempler face à face la gloire de Dieu, si elle ne s'était cachée sous le voile de l'humanité » [10]

Ainsi, pour Calvin, il ne saurait exister, même pour des âmes d'exception, une connaissance immédiate des mystères de Dieu ; toute connaissance, en donnant à ce mot son sens le plus riche — car elle entraîne un renouvellement de l'être intérieur — s'accomplit par et à travers le *Médiateur,* le Fils incarné, en qui resplendissent la gloire et l'amour du Père, par qui nous pouvons dire « Père » à notre tour.

2. *La foi.* — « Nous sommes sauvés par grâce, par le moyen de la foi », voilà l'affirmation centrale de la Réforme. C'est la foi, selon Calvin, qui nous fait saisir, en écoutant le témoignage des prophètes et des Apôtres, la bonne nouvelle du salut. Bien supérieure à toute adhésion intellectuelle, elle nous fait « goûter Christ », par elle il « habite en nous », « nous sommes entez en son corps », crucifiés et ensevelis avec luy, bref « nous sommes os de ses os et chair de sa chair afin que sa vie soit nostre » [11].

Ces expressions ont un caractère mystique indiscutable mais elles ne proviennent pas, chez Calvin, « d'une plongée dans une intériorité singulière et d'une contemplation solitaire mais bien de l'écoute de la parole de Dieu qui nous frappe comme un éclair du ciel » [12]. On pourrait nuancer ce dernier jugement, il est vrai, en montrant qu'à travers la foi de

---

9. *C.O.* XXXIII/537/538.
10. Cité par Wendel. *Op. cit.* p. 163.
11. *Calvin* contre Heshusius, in *Recueil des Opuscules* ou *Petits traictez* Genève par Baptiste Pinereul 1566 in-fol. p. 1722 (citation et commentaire de l'Épître aux Ephésiens V/3.)
12. W. Kolfhaus, article cité p. 128. « Diese Erlebnisse und Seelenverfassungen stammen bei ihm nicht wie in der Mystik aus dem mystischem Erlebnis der Versenkung in das eigne Innere und aus der einsamen Betrachtung, sondern aus dem Hören des Wortes Gottes, das uns trifft wie ein Blitz von Himmel. »

Calvin au témoignage de l'Apôtre ses disciples reçoivent, avec sa pleine vigueur, l'expression d'une expérience mystique très profonde que saint Paul a vécue. Ainsi A. d'Aubigné pouvait établir, à travers les enseignements de ses « pères en la foi », un contact presque direct avec la mystique paulinienne. Cependant tous les développements de Calvin sur la foi mettent en lumière la nécessaire sobriété de toute connaissance chrétienne, la modestie du regard que le croyant doit jeter vers les profondeurs insondables. Ainsi dans le sermon sur le ixe chapitre de *Job* : « Or il y a d'autres secrets qui nous sont cachez, et auxquels Dieu ne nous permet point de venir encores ; mais maintenant il doit nous souvenir de ce que dict Saint Paul (1 *Cor.* xiii-9) c'est à savoir que nous connaissons en partie, voire en obscurité : que Dieu nous donne maintenant quelque goust de ce qui nous sera révélé en perfection quand nous serons transfigurez pleinement en son image et en sa gloire. Estans dons vestus de nostre chair mortelle, cognoissons nostre petite capacité et contentons-nous de ce qu'il plaist à Dieu nous donner et révéler... » [13]

Il n'y a rien d'étriqué ou de pauvre dans cette contemplation du Christ, qui manifeste pour l'émerveillement de l'âme toute la richesse de l'amour divin, Calvin emprunte même à saint Bernard les métaphores les plus charnelles pour exprimer la joie profonde, la ferveur de la communion avec Christ :

> « L'advertissement de Saint Bernard est bien digne qu'on y pense : c'est que le nom de Jésus n'est pas seulement clairté, mais aussi viande, pareillement huyle de confiture sans laquelle toute viande est seiche, que c'est le sel pour donner goust à toute doctrine qui autrement serait fade ; bref que c'est miel en la bouche, mélodie aux oreilles, liesse au cœur, médecine à l'âme, et que tout ce qu'on peut disputer n'est que fadaise si ce nom n'y résonne. » [14]

On remarquera combien tous les sens mais aussi l'esprit, l'âme et les profondeurs de l'être sont à la fois réjouis mais aussi renouvelés et nourris d'une sève neuve lorsque le croyant accueille son Sauveur, mais il s'agit toujours du seul Médiateur, le Fils incarné. Toute la vie ne suffit pas pour méditer et approfondir cette grâce et surtout pour en

---

13. Calvin. *Op.* 33/534.
14. Voir Calvin. *Institution de la Religion Chrestienne.* II, XVI 1 (éd. de **J.D.** Benoît, Paris, 1957-1963).
Cf. Bernard Clairv. *Serm. in Cantic,* 15, 6 MPL CLXXXIII, 340s.

vivre en étant transformé progressivement à l'image du Fils incarné parfaitement obéissant, parfaitement aimant, puisqu'il a aimé jusqu'à la mort ceux que le Père lui avait donnés. Aux yeux de Calvin, c'est encore une grâce que la gloire de Dieu soit voilée dans cette chair mortelle car sa vue, sa présence seraient insoutenables aux yeux et au cœur de l'homme. « Nous avons tout pleinement en Christ », peut-il dire avec saint Paul, parce qu'en lui nous sommes réconciliés avec le Père et qu'ainsi tout commence dans la lumière grâce à un esprit de filialité, d'adoption, Dieu nous conduisant par la main.

Cette foi est toujours liée à la Parole, c'est-à-dire à la lecture et à la méditation des Ecritures que le Saint-Esprit éclaire et rend vivantes si bien que le croyant peut dire : « Oui Seigneur, cela est pour moi, c'est Ta volonté que je reçois » [15]. Et il ne s'agit pas là d'inspiration individuelle sans fondement, l'énorme travail d'exégèse scripturaire, de méditation « prophétique » de la Parole accompli par les Réformateurs, leurs références si nombreuses aux Pères de l'Eglise, leur soin d'éclairer chaque texte par référence à d'autres textes bibliques et en particulier aux épîtres apostoliques, tout cela manifeste une recherche d'explication dans la communion de l'Eglise et une volonté d'être disponibles à l'Esprit de vérité. Mais l'Ecriture comme la Foi au Christ incarné est une limite que Calvin pose fermement, s'opposant ainsi à la conception d'une voie supérieure de la connaissance. Sa mise en garde contre ceux qui prétendent s'en remettre à une inspiration mystique exprime un interdit brutal. Il ne cesse de répéter que Foi et Parole sont conjointes, l'une engendrant l'autre, le lien qui unit la foi à la Parole, c'est un lien de génération : « Clavis enim coelorum est gratuita Dei adoptio quam nos ex verbo concipimus. Et tenenda est ista copula, quod primo audire, deinde et servare oporteat : nam quia fides est ex auditu, hinc etiam sumendum est exordium spiritualis vitae. » [16]

Le fils de Dieu lui-même, Parole faite chair et que nous ne connaissons que par le témoignage des Ecritures, a voulu cette conjonction si étroite :

« Quicunque vero arcana inspiratione se contentos esse jactant, et hoc praetextu negligunt externam praedicationem, a coelesti vita arcentur. Ergo quae filius Dei coniunxit, ne sacrilega temeritate homines separent... » [16]

---

15. « Il y a une correspondance de la foy avec la parole dont elle ne peut être séparée ni distraite non plus que les rayons du Soleil lequel les produit. Et voilà pourquoy Dieu crie par Isaïe : « Escoutez moy et vostre âme vivra. » (Isaïe 55,3) *Inst. Chret.* III, II, 6, p. 20.
16. *C.O.* XLV/349 (Commentaire de Luc XI-27).

Cette condamnation frappe tous les mystiques, à quelque niveau spirituel qu'ils se situent. Mais elle est particulièrement lancée contre les rêveries et extravagances des Anabaptistes.

Guy de Brès reprend les mêmes arguments dans les mêmes termes, mais il insiste sur la soumission de l'apôtre Paul, le plus grand des mystiques, à la Parole, aux Ecritures :

« Et certes il avoit esté ainsi promis de Dieu par la bouche d'Esaye le Prophète (Esaïe 59/21) disant que Dieu mettroit son Esprit en l'Eglise, et mettroit aussi ses paroles en la bouche d'icelle, et de ses enfants à jamais, afin que ni l'un ni l'autre n'en départe éternellement.

« Nous voyons ici que le Seigneur conioinct ces deux choses ensemble, sa Parole et son Esprit. Pourquoy endurerions-nous qu'on sépare ce que Dieu a conjoinct d'un lien inviolable ?

« Outre plus voila saint Paul qui a esté ravi iusques au troisième ciel, iusques en Paradis, et là a apris des paroles qui ne sont pas licites à l'homme de dire, néantmoins il n'a pas laissé de profiter et de lire diligemment les livres du vieil Testament, commandant à son disciple Timothée qu'en retournant il luy rapportast ses livres qu'il avoit laissez en Troas chez Carpe.

« Quel Esprit promettait le Seigneur de donner à ses disciples ? Il le montre clairement quand il dit que cest Esprit ne parleroit point de soy-mesme, mais qu'il leur reduiroit en l'entendement les paroles qu'il leur avoit dites auparavant. Ce n'est donc pas l'office du Saint-Esprit tel qu'il nous est promis de songer nouvelle révélation et incogneue, ou mettre en avant une nouvelle doctrine, pour nous retirer de la doctrine de l'Evangile : ains plus tost c'est le propre de l'Esprit de Dieu de confirmer en nous ce que desja il a parlé par les Prophètes et les Apostres. »

Il nous est donc nécessaire de « scruter » et de sonder les Ecritures. Si nous faisions autrement :

« Comment pourrions-nous donner garde des tromperies de Satan, lequel journellement se transfigure en Ange de Lumière ? [17]

---

17. Gui de Bres. *La Racine source et fondement des Anabaptistes, ou rebaptisez de nostre temps*, chez Abel Clémence (1565), in-16, p. 84.

On pourrait objecter que les grands mystiques n'ont pas fondé leur vie sur les révélations exceptionnelles qu'ils avaient reçues : c'étaient à leurs yeux d'extraordinaires récompenses, grâces particulières dont ils n'étaient jamais dignes. Calvin pense qu'elles sont inutiles ; à ses yeux, désirer des visions c'est mépriser l'Evangile « perfection de sagesse »[18] ; peut-être même le Malin peut-il susciter ces dangereuses illusions, car « voir comme dans un miroir », « passer par la porte étroite de la foi », s'en remettre à Christ « unique canal du salut » caractérisent la condition du croyant en cette vie, les fruits de la foi étant l'amour filial, l'obéissance, la sérénité d'un cœur réconcilié. Toute voie directe n'est-elle pas la tentation de s'écarter de l'unique voie du salut, le Christ ?[19]. Ainsi il n'y a pas de chemin de traverse, pas de vision directe de la gloire de Dieu en cette vie où nous cheminons par la foi, non par la vue. Mais cette vie par la foi est une *marche,* l'espérance qui l'anime c'est la pleine vision de Dieu dans sa gloire.

3. *Tension du croyant orienté vers les fins dernières.* — Par son obéissance, la réalisation de sa vocation, la sainteté que l'Esprit du Christ réalise en lui, le fidèle participe au grand mouvement animé par Dieu, à la grande bataille contre les forces du mal qui aboutira au règne de l'Agneau immolé, au grand renouvellement de toutes choses visibles et invisibles. Cette tension eschatologique, l'espérance du renversement des valeurs et des pouvoirs caractérisent la doctrine réformée et la préservent de tout quiétisme, aussi bien que de tout moralisme rationaliste. Cet aspect de la foi réformée marque également une différence essentielle avec les mystiques. L'âme mystique au cours de ses extases, de ses visions, échappe à la durée, son ravissement la fait sortir du temps. Le disciple de Calvin reste constamment dans le cours du temps et de l'histoire, où il milite pour Dieu ; « lorsque Calvin se sert du tour, « s'élancer au ciel par la foi », cela n'a rien à voir avec un élan de l'âme vers le haut, mais c'est, comme Niesel l'a remarqué, « une énergique exhortation à une attitude eschatologique »[20]. Ainsi la plénitude des biens spirituels que Christ offre à notre vue dans l'Evangile ne saurait être goûtée dans l'exaltation de l'instant, elle reste

---

18. *C.O.* XXXIII, 203.
19. Cf. Commentaire de Matthieu XI-27 « patefactam nobis in ipso Christo vitam esse... » « Quare a Christo deflectere fas non est, nisi salutem nobis expositam repudiare libeat ». *C.O.* XLV/319 (Commentarius in Harmoniam evangelicam).
20. Remarque de Kolfhaus (article cité) p. 127. « Wenn Calvin sich der Wendung bedient « durch den Glauben in den Himmel aufsteigen », so hat das mit einem Sichaufschwingen der Seele nichts zu tun, sondern ist, wie Niesel bemerkt, eine strenge Mahnung zu eschatologischer Haltung ».

espérance, promesse du Saint-Esprit, jusqu'à ce que nous soyons trans-
figurés en Christ qui nous a précédés dans la gloire. L'aspiration à
cette plénitude, la soif qu'elle provoque en lui, donnent à la vie du
croyant un puissant mouvement intérieur, et c'est ainsi qu'elle se trouve
en harmonie avec le plan de Dieu. La vie est un rude combat ; cette
tension de la vie chrétienne fortifie l'énergie du croyant aux prises avec
les difficultés, les persécutions, les trahisons ; elle lui permet de traverser les déserts en gardant les reins ceints et sa lampe au poing, suivant l'expression de Jésus-Christ reprise par Calvin. Cette image rend
assez bien compte, nous semble-t-il, de l'attitude militante du croyant
formé par Calvin qui apparaît comme un soldat de Dieu et non comme
un contemplatif.

Mais si nous avons montré qu'au sens étroit où nous l'avons défini le mysticisme est étranger à la théologie calviniste, il faut bien préciser que l'aspect surnaturel du monde, de l'Eglise et de la foi n'est en
rien amoindri par cette conception. L'invisible est réel, il a même plus
de réalité que le monde visible qui « passe avec sa convoitise ». Il est
à la fois réel et présent. Commentant la vision d'Etienne (*Actes des
Apôtres* VII, 54 à 56), Calvin précise que les cieux ne se sont pas ouverts pour que le martyr ait la vision de la gloire de Dieu : « nihil in
coelorum mutatum fuisse arbitor... » [21], mais une acuité nouvelle du
regard a été donnée à Etienne qui a permis à ses yeux de contempler la
gloire invisible du royaume céleste. Mais, même dans cette vision excep-
tionnelle où rien n'appartenait plus à l'ordre humain et à ses limites,
Etienne n'a pas contemplé la gloire de Dieu dans sa pleine réalité :

« Hoc praeterea notare operae pretium est, Dei gloriam Stephano
non apparuisset in solidum qualis erat, sed quantum ferebat hominis
captus. Neque enim illa immensitas creaturae modulo comprehendi potest » [22].

Restriction qui revient sans cesse chaque fois que Calvin commente les visions des prophètes et des apôtres.

Cependant ces visions exceptionnelles rapportées par l'Ecriture
permettent au croyant de concevoir l'ampleur de l'univers. La création
ne consiste pas seulement dans le monde visible et perceptible par
nos sens, mais aussi dans le monde spirituel et invisible auquel appartiennent aussi bien les anges que les âmes humaines [23].

---

21. Voir *O.C.* XLVIII/167.
22. *Ibid.*/168. Calvin renvoie à ce commentaire lorsqu'il commente l'extase
de saint Paul dans le Temple (Actes XXII. 17,21) *op. cit.* XLVIII/498.
23. Wendel : *op. cit.*, p. 127.

Si Calvin récusait la connaissance directe et souvent ineffable des mystiques, il s'émerveillait des interventions de Dieu en ce monde qui manifestent sa puissance et sa pensée, totalement étrangères à l'ordre humain. Ainsi la naissance du Christ à Bethléem fait éclater la victoire de Dieu sur les tyrans : au moment même où Marie et Joseph viennent « comme pauvres gens asservis à un tyran, à un payen et incrédule », Dieu fait naître à Bethléem celui qui était promis pour délivrer les juifs et tous les fidèles de la sujétion de Satan et de toute tyrannie. Le miracle de la vision mystique, le choc provoqué par le « tout autre », est ainsi transposé sur le plan des événements qui témoignent que le Royaume des Cieux s'est approché de nous, pour rendre manifeste la fragilité de l'ordre humain marqué par le péché, caduc. Mais ces événements miraculeux, inconcevables, doivent être attestés par la Parole, et si certaines délivrances actuelles sont reconnues comme actions divines du même ordre, c'est encore la Parole qui permet de les interpréter ainsi, qui révèle leur véritable nature. Enfin l'Eglise ne se réduit pas aux communautés chrétiennes visibles, elle est aussi la communion des saints que le Christ rassemble depuis le commencement du monde. Il faut « croire l'Eglise », voilà une des premières assertions du Réformateur.

S'il faut trouver un lien entre les deux mondes, le Royaume de Dieu et le monde où se déroule le pèlerinage terrestre du croyant, c'est l'Esprit Saint qui l'assure en attestant « en l'intérieur de l'homme » la vérité de la Parole, en produisant en son cœur, c'est-à-dire à la source de toute pensée et de toute action, la foi « vision de ce qui ne se voit point », « perspicuité des choses obscures », « présence des choses absentes », « démonstrance des choses cachées » [24]. « Car les mystères de Dieu et principalement ceux qui appartiennent à notre salut ne se peuvent contempler en leur nature, mais nous les regardons seulement en la parolle de Dieu, de laquelle la vérité nous doit estre tellement persuadée que nous tenions pour fait accompli tout ce qu'elle dit » [25].

Il faut maintenant étudier comment cette connaissance particulière de Dieu, toujours médiatisée mais orientée vers le surnaturel et tendue vers la pleine manifestation de la gloire divine, doit modifier ou renouveler l'inspiration de l'artiste qui a accepté la doctrine de Calvin.

---

24. *Institution Chrétienne*, III, II. 41 (expressions empruntées à saint Augustin).
25. *Ibid.*

Elle le soumettra d'abord à une discipline spirituelle rigoureuse, Calvin recommande une « sobriété de foy » [26] : c'est la modestie de celui qui sait que l'homme n'entre point au « Conseil secret de Dieu ». La limite entre le Ciel et la terre est ferme, aucun regard humain ne saurait la pénétrer. Jusqu'au dernier jour « auquel les livres seront ouverts », la sagesse de Dieu restera mystérieuse et cachée. Le créateur formé par Calvin n'est pas un Prométhée, il n'aspire pas, en cette vie, à « sortir des nombres et des êtres » ; il accepte même les limites opposées à son regard et à son désir de contempler Dieu face à face comme une grâce : Moïse lui-même n'a vu la gloire de Dieu que de dos, et le Seigneur, de sa main, masquait son regard pour que son serviteur ne fût pas consumé par le feu dévorant.

Mais à cet artiste, élu pour être un témoin, tout le monde visible est offert et ce monde est signifiant, puisque nous avons vu que toute connaissance de Dieu et du Royaume à venir, tout ce qui est nécessaire au salut est révélé par des signes. Mais ces signes eux-mêmes ne pourront être compris qu'à travers une révélation donnée à ce témoin précis par une parole explicite de Dieu.

Une certaine vision du monde commune aux prédicateurs et aux artistes réformés peut être ici indiquée : certains artistes de la Renaissance ont peint ou célébré tel ou tel aspect de la réalité en exprimant une plénitude de beauté et de joie que leur sentiment de l'harmonie du monde et du bonheur accessible à leurs contemporains expliquait. L'artiste réformé ne peut accepter cette glorification du réel, de la splendeur apparente du monde comme si la Chute n'avait pas eu lieu et si l'homme jouissait encore naturellement de la communion avec Dieu, principe de toute harmonie. Le péché, en séparant Adam du Dieu créateur, a asservi toute la Création où la violence et la mort se jouent librement désormais. La perversion des rapports entre les créatures, l'absurdité, le chaos ont été entraînés par cette rupture du lien entre le Créateur et l'homme : le monde qui devait être « le théâtre de la gloire de Dieu » n'offre qu'exceptionnellement la vision d'une création harmonieuse, et l'œil humain, aveuglé par le péché, ne peut plus reconnaître la grâce Divine dans cette Création, si la Parole ne vient éclairer l'être intérieur.

---

26. Cf. *I.C.* III.XXIV. 3 « Ceux qui appètent de voltiger sur les nues pour s'asseurer du conseil de Dieu, lequel il nous a mis au cœur et en la bouche (Deut. 30, 14) pervertissent tout ordre. Il est donc besoin de réfréner nostre témérité par *sobriété de foy* afin que Dieu nous soit témoin suffisant de sa grâce occulte quand il nous la déclare par sa parolle. »

Mais l'artiste, que Dieu a appelé pour être son serviteur, reçoit, par sa vocation même, un regard renouvelé. Ce n'est pas un regard angélique qui lui ferait voir le monde avec les yeux de Dieu ; cette vision, à la fois lucide et totale étant réservée aux élus dans le Royaume, mais il discerne à nouveau, dans « ce beau et spacieux théâtre qu'est l'univers », comme en un miroir brisé ou à travers des signes fulgurants, la gloire de Dieu qui triomphera un jour, et, sous la splendeur apparente du monde, il voit apparaître ce qui est pourri et caduc aussi bien que ce qui germe pour s'élever et fleurir dans la gloire attendue.

La vision de l'artiste réformé ne saurait être que *dramatique* car il est témoin de l'action de Dieu et de ses élus aux prises avec les maléfices de Satan, la corruption, les ténèbres ; il a été choisi pour dire ce combat et indiquer son sens : il révèle par exemple que les justes qui, pour un temps, sont marqués par l'opprobre, vont être vêtus d'une splendeur nouvelle et briller comme des étoiles. Ce dynamisme interne et souverain conduit à un art de caractère épique. Il en va tout autrement pour des artistes influencés par le thomisme qui gardent une vision du monde beaucoup plus statique et qui contemplent *sub specie aeternitatis* la beauté du monde déjà transfiguré par la grâce [27].

Ce n'est pas la beauté en elle-même que choisit d'exprimer l'artiste formé par la doctrine de Calvin, c'est parfois la laideur, l'objet usuel, un aspect tourmenté du paysage, mais c'est toujours le *significatif* ou pour mieux dire ce qui est *signe*. Non qu'il s'agisse d'une signification morale, accessible à la sagesse humaine, l'artiste n'a pas reçu vocation de Dieu pour retrouver les symboles traditionnels de la rhétorique ou de l'art pictural ; il s'attache bien plutôt à exprimer une signification neuve et surprenante dont la clé se trouve dans la Parole reçue avec sa force originelle. Les objets, les spectacles, les gestes humains sont chargés de sens dans la mesure où il traduisent en clair un mouvement, une force qui vont vers la seule Réalité, une action de Dieu en ce monde ou une figure de l'ordre à venir.

On doit observer ici que le *signe* que le peintre ou le poète découvrent et communiquent aux hommes n'est pas sans analogie avec

---

27. La remarque de Wencelius me semble particulièrement juste : « Saint Thomas nous montre la beauté et l'art comme s'ils étaient vus par un ange les contemplant d'une étoile lointaine, glorieuse vision d'un christianisme triomphant ; Calvin nous montre la beauté et l'art tout vibrants de la présence et de la puissance divines vus par un homme en pleine lutte pour le royaume du Christ : vision tendue d'un christianisme militant. » *L'Esthétique de Calvin*, *Op. cit.* p. 417.

le *sacrement religieux* [28] que Calvin définissait ainsi : « un signe extérieur par lequel notre Seigneur nous représente et testifie sa bonne volonté envers nous, pour soustenir et confermer l'imbécillité de notre foy », ou encore « il se peut aussi deffinir et appeler tesmoignage de la grâce de Dieu déclaré par signe extérieur », mais, ajoute Calvin, « le sacrement n'est jamais sans que la parole de Dieu précède » et il reprend la formule de saint Augustin : « le sacrement est appellé *parole visible* [29] ». La Parole, la volonté de Dieu sont nécessaires pour donner à ces éléments qualité et vertu de signes [30]. Le signe reste dans l'ordre humain, il est choisi dans la plus quotidienne réalité.

Dans l'interprétation des *signes bibliques,* Calvin souligne les mêmes caractères et réaffirme l'étroite connexion du signe et de la Parole qui l'éclaire, lui donne son sens et son efficacité. C'est ce qui apparaît nettement, par exemple, dans le commentaire sur la vision du buisson ardent (*Exode* III - *C.O.* XXIV 36) : le Réformateur écarte d'abord l'interprétation allégorique, traditionnelle au Moyen Age qui voyait dans le buisson ardent le corps du Christ que la majesté céleste n'a pas consumé [31]. Pour préciser le sens de la vision, il la rapproche de celle qui s'offrit aux regards d'Abraham (*Gen.* XV-17) « Ratio », écrit-il à propos de cette dernière, « exprimitur, quod Deum populum suum in tenebris extingui non sinet. Eadem analogia respondet rubo suam integritatem retinenti in media flamma ». Dieu, par ce signe, démontre qu'il s'oppose à l'oppression d'Israël car la tyrannie de l'Egypte, comme un feu dévorant, aurait anéanti le peuple, si le maître du feu et de l'histoire n'était pas intervenu miraculeusement.

---

28. On peut même dire qu'il y a identité car Calvin nomme *sacrement* « tous les signes que Dieu a jamais assignez et donnez aux hommes, afin de les acertener et asseurer de la vérité de ses promesses ». Il cite comme exemples : l'arbre de vie donné à Adam et Eve, l'arc du ciel, à Noé « Adam et Noé ont eu ces choses pour Sacremens ; non pas que l'arbre leur donnast immortalité, laquelle il ne se pouvait donner à luy-mesme, ne que l'arc, qui n'est seulement qu'une reverbération des rais du Soleil encontre les nuées, eust la vertu de retenir et arrester les eaux ; mais parce qu'ils avoyent la marque engravée en eux par la parolle de Dieu, pour estre enseignez et seaux de ses promesses ». Calvin. *Institution de la Religion Chrétienne.* IV. XIV-18.

29. Calvin. *Ibid.,* IV.XIV-6. Des sacrements : cf. : August. In Joan. tract LXXX, 3 MPL XXXV, 1840.

30. « Le Seigneur... par ces éléments charnels nous fait contempler mesmes en la chair ce qui est de l'esprit. Non pas pource que les choses qui nous sont proposées pour sacrement ayant de leur nature telle qualité et vertu, mais pource qu'elles sont signées et marquées de Dieu pour avoir celle signification. » *ibid* § 3.

31. Ou celui de la Vierge, voir le tableau célèbre de la cathédrale d'Aix « La vierge au buisson de roses ».

Le signe est ainsi replacé dans l'histoire du peuple d'Israël, figure de l'histoire du salut ; il devient vraiment actuel pour Moïse et aussi clair qu'une parole ; de la Parole divine il a aussi la force créatrice, l'efficacité puisqu'il instruit et convainc le prophète que Dieu s'est choisi et, à travers lui, change le cours de l'histoire.

« Primo loco observent lectores quod omnibus fere visionibus commune est, non *fuisse mutum spectaculum* sancto viro territando, sed additum fuisse simul doctrinam quae ejus mentem colligeret. Nulla enim signorum esset utilitas, si suspensos tenerent eorum a quibus cernuntur sensus. »

On peut conclure que, pour Calvin, le signe est, comme le sacrement, une réalité tangible conjointe à la parole, un symbole clair qui permet à l'homme de saisir, de tout son être, sens, intelligence, cœur, volonté, une notion ou un message venus de Dieu et, pour une part, ineffables. Le signe va bien au-delà de la métaphore [32] : d'une part il n'est point représentation, image, mais objet visible, tangible, et surtout une réalité surnaturelle est effectivement communiquée à l'homme par le sacrement, non point matériellement mais spirituellement — or le spirituel pour Calvin a plus de force que le charnel —. L'invisible vient vivifier le sacrement ou le signe visible par la puissance de l'Esprit pourvu que le sacrement ou signe soit reçu dans la communion de l'Amour. Dieu manifeste au croyant, en lui donnant ce signe, sa présence, sa grâce, il régénère son serviteur dans cette approche mystique, il le fortifie pour une obéissance précise et cette obéissance peut être acte créateur d'un artiste aussi bien qu'une action politique ou militaire.

La beauté n'est pas bannie pour autant ; elle aussi peut avoir valeur de signe ; on pourrait même dire qu'elle ne joue son vrai rôle, sans ambiguïté, qu'en tant qu'elle renvoie au monde invisible, à une plénitude de lumière, à une harmonie céleste que l'œil ni l'esprit humain ne pourraient percevoir. Ainsi, dans l'Ancien Testament, où tout est figure [33],

---

32. Calvin se moque des esprits logiques qui voudraient réduire l'action de l'Esprit Saint au travail d'expression que font les grammairiens : cf. Contre *Heshusius ;* « Mais combien est ce babil prophane, quand il dit estre fait par métaphore, ce qui se fait spirituellement ? Comme s'il assujetissoit aux Grammairiens la vertu secrète et incompréhensible du Saint Esprit. » (p. 1715, Recueil des Opuscules).

33. Mais la figure contient déjà, mystérieusement, la réalité à venir. Voir *Contre Heshusius,* p. 1720. Calvin condamne l'affirmation d'Heshusius : « Il dit que sous le vieil Testament tout a esté représenté par ombres et figures : mais qu'au Nouveau, les figures ayant pris fin, ou plustost ayant eu leur accomplissement, la chose et la vérité a esté baillée. Et il lui oppose l'affirmation de Saint Paul : « Sainct Paul parle bien mieux, lequel enseignant que nous avons le corps au lieu des figures anciennes, n'entend pas que par les figures soit maintenant accompli ce qui estoit alors figuré : mais il met J.C. lui-mesmes en qui doit estre cerchée la substance et vérité. » Ainsi la figure ne se réduit pas au symbole.

selon Calvin et les réformateurs, la magnificence du Temple, la splendeur des cérémonies préfigurent la gloire spirituelle du grand-prêtre à venir ; la beauté de David est le signe de la grâce divine, toute la vie de David offrant d'ailleurs comme le miroir de cette grâce ; la splendeur de Sion renvoie à l'éclat de la Jérusalem nouvelle. Théologiens et artistes réformés s'accordent sur ce point, et Léon Wencelius a bien montré, dans son étude sur Rembrandt, que le peintre visionnaire avait su donner aux cérémonies ou aux costumes juifs cette richesse, cette magnificence symboliques [34]. Attachés à cette ferme doctrine, qui affirme que toute réalité peut devenir signe et que le surnaturel se manifeste non point dans une sphère inaccessible, au cours d'ascensions spirituelles, ineffables, mais dans l'humble réalité quotidienne, sans perdre sa puissance, les poètes et les peintres réformés échappaient à ce maniérisme de la Renaissance triomphante qui s'enchantait de ses créations en évoquant un Olympe ou des déités dont la beauté voluptueuse ne renvoyait qu'à elles-mêmes et aux délices de l'instant. « Dans notre pèlerinage terrestre, note Calvin, nous ne verrons la gloire de Dieu que par analogie. » [35]

Mais l'analogie, le signe reçoivent une valeur extraordinaire, ils fascinent le regard lorsque toute une communauté religieuse reconnaît en eux une manifestation de la présence de Dieu, le sceau de ses promesses. Cela est vrai des signes bibliques et de ceux qui, dans la vie actuelle du peuple persécuté, attestent une action particulière de Dieu et, tout à coup, rendent vivant, présent un épisode biblique ; ils corroborent alors une prédication prophétique de la Parole, ou la suscitent, car la Parole proclamée, expliquée reste toujours la pierre de touche de toute révélation.

On ne saurait donc parler semble-t-il de visions *mystiques* dans la spiritualité réformée, au sens étroit où nous avons défini le mot, même si Luther, Calvin et leurs disciples ont éprouvé d'une façon intense le sentiment de la présence de Dieu ; il est plus juste de dire que ces témoins prédestinés, théologiens, prédicateurs artistes ou simples fidèles ont reçu des visions ou des signes *prophétiques* au double sens étymologique du terme : spectacles, gestes, objets qui se chargent de sens pour *produire au jour une parole* de la Bible qui devient parole et ordre précis *hic et nunc,* ou encore coïncidences, rencontres, paroles qui *annoncent* un jugement ou une délivrance qui vient, la main du Seigneur étant prête à changer la face des événements, mieux même, étant déjà à l'œuvre.

---

34. L. Wencelius. *Calvin et Rembrandt.* 1957, pp. 142-143.
35. Cité par Wencelius. *L'Esthétique de Calvin,* Les Belles Lettres. Paris, 1937, p. 86.

Il faut souligner aussi combien cette conception du surnaturel donne sa pleine valeur à la réalité du monde, au détail concret. Au cours de leurs visions ineffables, les mystiques franchissent les bornes du visible, ils gardent la nostalgie de ce royaume où ils n'ont plus senti les limites de l'être, où la connaissance qui les pénétrait d'une exaltation délicieuse était, ainsi qu'ils le rapportent, générale et confuse, où l'humanité de Jésus-Christ, sa croix disparaissaient dans la ténèbre puis dans le mystère de l'essence divine. C'est là pour Calvin et les Réformés un royaume interdit au pèlerin terrestre ; celui-ci doit regarder Dieu en face dans l'Evangile, « miroir auquel Jésus doit être contemplé » selon saint Paul, plus généralement dans les figures et les signes bibliques où le Tout-Puissant, le Transcendant s'est abaissé pour rencontrer l'homme et se faire connaître à lui. Ces signes ont été parfois des manifestations inconcevables, extraordinaires de la puissance de Dieu, ainsi le char ailé de la vision d'Ezéchiel, ou la résurrection des ossements desséchés, ou encore certaines visions hallucinantes de l'*Apocalypse* ; mais, à certains moments décisifs de l'histoire du peuple élu, Dieu s'est manifesté à ses témoins à travers les humbles réalités de la vie : une toison mouillée de rosée sur une terre sèche, un buisson enflammé, une branche d'amandier, une marmite bouillante, un pot où l'huile des galettes quotidiennes ne s'épuisait pas, un vent doux et léger frémissant autour de la caverne d'Elie. Pour le penseur et l'artiste, puisque ces humbles réalités de la vie quotidienne ou ces éléments ont pu, selon la volonté souveraine de Dieu, signifier sa grâce, ils acquièrent une beauté particulière surtout dans des compositions picturales et des récits où leur valeur de signe apparaît clairement. Ainsi pour l'artiste ou le poète réformé, tout faux idéalisme se trouve condamné, il n'y a plus d'objets nobles et d'objets bas, plus d'académisme, car l'Esprit change et renouvelle les symboles figés, la révélation s'incarne dans l'histoire du peuple d'Israël et dans le Christ, réalité des figures et du « temps ombratile » de l'Ancien Testament ; tout peut devenir signe pour une âme régénérée par la Parole et docile à l'inspiration authentique.

La pratique de l'hébreu, où toute idée morale est signifiée par une réalité très concrète, où les mots et leur juxtaposition sont plus importants que la structure abstraite de la pensée occidentale favorisait encore cette primauté d'un réalisme symbolique ou, pour mieux dire, de réalités aussi vraies et concrètes qu'il est possible mais animées, éclairées, renouvelées dans leur sens par une lumière et un souffle venus d'en-haut.

Ainsi un réalisme très vigoureux témoigne que les artistes protestants acceptent ce monde et leurs limites, mais à tout moment, tableaux ou poèmes peuvent s'ouvrir à la lumière mystérieuse, attestant que Dieu regarde et agit par ses serviteurs. Le réalisme le plus charnel renvoie ainsi à un autre ordre, spirituel, lieu de l'action toute puissante et novatrice. Ces quelques remarques fondées sur la théologie peuvent-elles expliquer, pour une part, le choix du genre littéraire et du style qu'A. d'Aubigné a fait très consciemment, au début de son œuvre ? N'indique-t-il pas justement qu'il va adopter un nouvel ordre de signes sans rapport avec les ornements traditionnels de l'épopée ou de la tragédie mythique ? Et c'est là sans doute, à ses yeux, la marque d'une inspiration véritable. Ne nous permettent-elles pas de mieux apprécier le réalisme du poète voyant et ce mélange si original de sensations précises qui accuse les reliefs et enfante, pour ainsi dire, dans le concret du vécu, du senti, une vision surnaturelle ?

Pourrons-nous enfin tenter de voir dans quelle mesure un auteur d'un tempérament assurément visionnaire et mystique a su, dans une œuvre qu'il consacrait à Dieu et à l'Eglise, tenir fermement les rênes de son imagination, refuser une expérience mystique que la Parole n'aurait pu d'avance cautionner, s'arrêter aux frontières de l'inconnaissable, du non-révélé, et témoigner par là de la révérence qu'il portait à la transcendance, à la liberté souveraine de son Dieu ? Vastes questions qui nous amèneront à percevoir, à travers l'imitation et la paraphrase des textes bibliques, la théologie de ce poète passionné de doctrine. Mais avant cette étude précise des textes que nous réservons à la deuxième partie, la lecture attentive du début de *Misères* prouve que très consciemment A. d'Aubigné répondait à l'appel divin en élaborant une vision prophétique et non des révélations mystiques, ce qui marquait dès le départ son œuvre d'une empreinte épique, l'épopée étant essentiellement récit, parole et non d'un caractère lyrique que lui aurait conféré un message mystique.

1° *Vision prophétique et renouvellement d'un genre.*

L'artiste réformé, avons-nous dit, ne crée que lorsqu'il a reçu du Seigneur un message particulier et, en lui adressant vocation, Dieu renouvelle son regard.

A. d'Aubigné était tout pénétré de culture antique, il admirait avec force un Ronsard et son imitation originale des mythes anciens. Cependant, au début des *Tragiques,* ce n'est pas la muse de l'*Epopée* ou de la *Tragédie* qu'il invoque d'abord ; il n'appelle « *Melpomène en sa vive fureur* » [36] qu'après avoir proclamé sa vocation prophétique et supplié

---

36. *Tragiques.* Livre I, v. 79.

Dieu, qui l'a appelé comme guide et consolateur de Son peuple, de consumer tout vice naturel en lui pour qu'il ne soit « qu'organe à la céleste voix ». Dieu a eu l'initiative de cette vocation qui est comme le *sceau* de son élection ; Aubigné répond par un zèle ardent à la grâce reçue, il n'aspire pas de lui-même à une connaissance privilégiée, il ne se présente pas, comme Hugo, sous la forme de l'âpre athlète, du gladiateur nu, du Prométhée moderne qui aspirerait à forcer les portes d'airain du mystère. Non, il reconnaît en lui, avec émerveillement le signe de l'inspiration prophétique, et il obéit :

> « Dieu qui d'un style vif, comme il te plaist, escris
> Le secret plus obscur en l'obscur des esprits. » [37]

Cette invocation à Dieu est la réponse de la foi. En effet, ces vers s'éclairent si l'on songe à la vocation du prophète Jérémie : « Devant que je te formasse au ventre, je t'ai cognu ; et devant que tu sortisses de la matrice, je t'ai sanctifié, je t'ai ordonné Prophète pour les nations. » A. d'Aubigné se voit ainsi inséré dans la lignée des témoins et prophètes de Dieu. L'amour qui échauffe son âme (v. 45) n'est point l'ἔρως mystique, c'est en lui l'effet de la grâce, la réponse du cœur libéré à la prédestination ; l'Eternel n'est-il pas ce « *feu consumant* » [38] qui descend dans le cœur de l'homme pour le sanctifier, comme le feu divin descendait sur l'holocauste pour sceller l'alliance, au temps des anciens prophètes ? Dans cette invocation initiale, qui tient très exactement la place de l'invocation à la Muse en tête des épopées homériques ou de l'Enéide, A. d'Aubigné indique clairement sa volonté de soumettre à la parole du Dieu vivant son inspiration poétique comme ses passions ; il se présente donc comme le prophète à l'écoute de Dieu, non comme un visionnaire inspiré qui vaticinerait sous l'empire de sa fureur personnelle. C'est alors que son regard, régénéré par l'Esprit saint, peut discerner la vérité profonde des événements que le théâtre humain offre à nos yeux ; Melpomène, la muse qu'il invoque alors, n'est plus l'inspiratrice païenne, le nom symbolique d'une fureur poétique autonome, mais une figure mythique qui caractérise la réalité actuelle que le prophète a mission d'exprimer : des événements qui se précipitent vers une sanglante catastrophe. Il s'agit d'une tragédie sans mythes et sans masques, pour bien souligner cette réalité, la Muse a perdu sa forme traditionnelle ; elle surgit de la terre fraîchement remuée des tombeaux, elle devient elle-même l'un de ces martyrs qui éparpillaient deux poignées de leur sang pour attester à la face du Ciel l'iniquité des persécuteurs.

---

37. *Misères*, v. 43-44.
38. Cf. *Hébreux* XII-29. *Deut.* IV-24.

Ce changement initial s'accompagne d'un renouveau du langage et des signes ; A. d'Aubigné brise les conventions de la tragédie et de l'épopée parce que le message qu'il doit faire éclater est étranger au jeu artistique, il renvoie non à une réalité d'ordre moral ou psychologique, comme les tragédies grecques ou latines, que l'on imite, mais au drame réel et signifiant à la fois que le Tout-Puissant contemple et conduit.

2° La réalité révélée par la vision prophétique.

Progressivement dans le cours du premier livre, *Misères,* par exemple, on voit tous les acteurs et les éléments du drame prendre leur place, leur vrai rôle dans ces « tragédies » cruelles jusqu'à l'absurdité, et c'est souvent un nom emprunté à la Bible, l'allusion à tel ou tel épisode biblique, une brève comparaison tirée des Ecritures, *donc une référence à la Parole,* qui font passer tel personnage ou tel événement de l'histoire anecdotique, du plan du fait divers, que le courant de la vie emporte, à l'échafaud dressé à la vue de Dieu et de ses élus où se jouent les épisodes que le temps n'efface pas car leur sens, pour l'éternité, s'y révèle. C'est alors que le lecteur-témoin, cerné par l'angoisse, est invité à participer à ce renouvellement du regard qui permet de contempler les *faits* et les *signes* de Dieu à travers la mouvante et confuse réalité ; on est bien loin du spectacle tragique, d'un jeu imaginaire [39] ; Dieu même incite les siens à une conversion des esprits et des cœurs comme il n'a cessé de le faire à travers la prédication et les gestes symboliques des anciens prophètes. L'évocation la plus réaliste des drames humains, signes d'une réalité plus profonde, aboutit, quand l'émotion est à son comble, à l'appel prophétique :

> « Or, laissons-la courir la pierre et le cousteau
> Qui nous frappe d'en haut, voyons d'un *œil nouveau*
> Et la cause et le bras qui justement les pousse
> Foudroyez, regardons qui c'est qui se courrouce
> Faisons paix avec Dieu pour la faire avec nous... » [40]

Pour conclure sur un exemple précis, la comparaison entre deux textes inspirés d'un même mythe biblique, l'histoire de Jonas, montre bien l'opposition de deux expériences religieuses. Saint Jean de la Croix est l'auteur du premier témoignage, A. d'Aubigné reprend le même texte biblique au début de *Vengeances,* mais pour l'essentiel il suit le commentaire qu'en avait fait Calvin [41].

---

39. « Vous n'êtes spectateurs, vous estes personnages. » *Misères :* vers 169-170.
40. *Tragiques* - Misères, vers 1263-1268.
41. *Praelectiones in duodecim prophetas quos vocant minores.* Genève, 1569.

Pour le grand mystique du XVIᵉ siècle, le séjour de Jonas dans le ventre du grand poisson n'est que la figure du voyage ténébreux à travers lequel l'âme passive, en proie à la nuit obscure, modelée en elle, progresse, sans même que sa volonté ait un rôle, vers la lumière à laquelle elle sera brusquement enfantée :

> « l'âme », dit-il, « a l'impression d'être engloutie vivante par une bête, digérée dans son ventre ténébreux, avec les angoisses que Jonas a éprouvées dans les cavités abdominales du monstre marin. Et il faut qu'elle passe par ce tombeau de mort obscure pour parvenir à la résurrection qui l'attend. » [42]

Grâce à une identification profondément ressentie, Saint Jean de la Croix communique des sensations physiques aussi bien que l'angoisse profonde qui précède l'extase. Le mythe est entièrement intériorisé et subjectif. Le Jonas de Calvin, au contraire, garde une bonne part de sa réalité objective ; c'est une histoire exemplaire, « le ventre du poisson étant pour ainsi dire le ventre de l'enfer ou du tombeau [43]. Dans cette situation Jonas reprend ses esprits et peut étroitement s'en remettre à Dieu : c'est un admirable et presque incroyable exemple de foi ». Pour Calvin, Jonas représente un combattant aux prises avec la mort et la tentation du désespoir pour avoir trahi sa vocation prophétique. On voit tout de suite quelle exhortation adressée aux croyants qui renie raient leur élection, ou aux pasteurs qui fléchissaient dans l'épreuve ce texte fournissait au Réformateur. Le signe biblique reprenait vie dans les combats de l'église et non dans l'aventure toute personnelle, hors de la durée et presque ineffable, d'une âme sainte, il était offert à toute la communauté des croyants. Tout est enseignement et exhortation d'actualité dans le commentaire de Calvin ; tout exprime une épreuve ineffable, vécue dans une idenification au Christ mourant chez Saint Jean de la Croix. C'est la foi qui constitue pour les Réformés l'illumination divine et la foi naît de la Parole que Dieu fait vivre au cœur de ses fidèles, à chaque génération par la voix de ses prophètes « qu'il a voulu pour témoins et hérauts de sa volonté ». Mais le plus grand des prophètes n'est jamais qu'un serviteur et qu'un témoin du Christ Crucifié. Il trouve toute sa nourriture dans la Parole et ne saurait transcender ses limites. Il n'a pas à se saisir du Royaume, ou à l'attirer à soi.

---

42. Jean de la Croix « *La nuit obscure* » livre II chap. VI, cité par Bordet. *Religion et mysticisme*, p. 94.
43. N'est-ce pas la source de l'expression saisissante d'A. d'Aubigné. Jugement, v. 665-666 :
« ... Du ventre des tombeaux
Naissent des enterrés les visages nouveaux. » ?

CHAPITRE V

LE COMBAT POUR LA PAROLE
Les thèmes bibliques qui le figurent

LA PAROLE DANS LE CULTE
Prédication et liturgie
— Problème de l'influence du style évangélique sur la poétique réformée.
— Pratique cultuelle et création poétique.

Dans le chapitre précédent, nous avons montré combien la connaissance mystique restait étrangère à Calvin et à ses disciples dans la mesure même où ils suivaient avec ferveur l'exhortation du Christ : « Sondez les Ecritures ».

« Or de toutes choses invisibles et mesmes qui surmontent la capacité de nostre entendement, il n'y en a nulle assurance que par la seule parolle de Dieu »[1]. Elle est la *doctrine céleste,* le *registre authentique où Dieu a couché sa vérité, la source d'eau vive, l'armure du chrétien,* par elle « Dieu nous a engendrez à la vie »[2]. Calvin n'est pas le premier à employer ces fortes expressions, à brûler d'amour pour la Parole ; déjà les Vaudois, les Bibliens du début du siècle, les premiers martyrs de la Réforme avaient affronté l'exil, la persécution ou la mort pour la Parole, « semence de vie », « pain céleste » qui leur donnait la plénitude de la joie ; en effet, ces Ecritures retrouvées, étudiées dans le texte, ou, pour les moins instruits, sans cesse commentées dans les sermons, expliquées dans des « écoles buissonnières »[3] ou les livrets de propagande, reprises dans la prière collective qui s'appropriait leur substance et leur forme, représentaient pour les croyants la voix vivante d'un Dieu

---

1. *Institution Chrétienne.* III-XXV-5 (éd. 1560).
2. *Ibid.* I-VI-2 ; I-VI-3 ; III-23-3 ; IV-XVII-1.
3. Cf. Préface de H. Meylan in « *Aspects de la Propagande religieuse* ». Travaux d'Humanisme et Renaissance, Droz, Genève, 1957.

tout proche, le gage même de sa grâce et, jusqu'à ce que les Réformés aient conquis « le droit d'adorer et servir purement Dieu selon les Ecritures » — c'est là le leitmotiv des générations successives —, ils témoignèrent au pied des bûchers ou organisèrent la résistance armée. Cet attachement, plus enraciné en eux que l'amour de la vie, devait, sans aucun doute, marquer d'un caractère particulier l'imitation de la Bible chez les artistes huguenots. La révérence due à la Parole, la force créatrice qu'on lui attribue expliquent aussi bien le foisonnement des citations et la paraphrase constante des livres saints dans les traités de propagande ou d'exhortation, dans toute cette pré-littérature que nous avons sans cesse utilisée, que dans les tragédies, les œuvres morales et les poèmes. Il ne s'agit donc pas ici de démontrer la primauté de la Parole dans la renaissance religieuse que constitue la Réforme, c'est là un fait acquis, mais d'analyser quelques-uns des aspects de cette ferveur pour la Parole ce qui permettra de mieux apprécier l'influence qu'ont exercée la méditation quotidienne des Ecritures, la prédication, la liturgie rénovée, sur l'imagination, la pensée profonde et le style des écrivains réformés.

Cette Parole n'est pas découverte et propagée dans un climat de paix. Avant même que la Réforme ait entraîné le schisme dans la chrétienté occidentale, les partisans des idées nouvelles sont calomniés, poursuivis, brûlés avec leurs livres. Obtenir le droit, pour soi-même et pour tout un peuple, de vivre et d'adorer suivant les Ecritures apparaît comme l'enjeu d'un rude combat. L'Evangile est à la fois le prix de la conquête et l'enseigne qui rallie les combattants. Dès les premiers temps de la Réforme, les néophytes ne s'enrôlent pas uniquement dans le combat spirituel qu'évoquait l'apôtre Paul lorsqu'il invitait les chrétiens d'Ephèse à « revêtir toutes les armes de Dieu, afin de pouvoir tenir ferme contre les embûches du Diable » ; la bataille, qui prendra au cours des guerres et des massacres une dimension eschatologique, se livre d'abord au cœur de la vie quotidienne et d'une civilisation où les attitudes et les croyances religieuses commandent encore tous les choix humains, en particulier toute la pensée politique et sociale, c'est dire l'ampleur et la gravité du conflit. Sans doute, on ne songe pas tout de suite à utiliser les armes matérielles pour faire triompher la nouvelle doctrine, mais la Parole est elle-même une arme ; les Bibliens ou les Fabristes, tous ceux qu'on accusait, au temps d'Erasme et de Marot, de « luthéranisme », pour les emprisonner ou les brûler, comptaient sur la force explosive de la Parole pour démanteler les antiques bastilles où l'ignorance s'unissait aux « traditions humaines », aux « abus ». Les premiers prédicateurs « évangéliques » visaient à la fois les usages de l'Eglise établie, qui, à leurs yeux, masquaient, barraient la voie du salut mais aussi une culture intellectuelle et théologique dont la sclérose donnait à ces traditions un caractère sacré.

Ainsi ce combat est engagé avant même que la Réforme apparaisse comme une séparation des Eglises. Nous en trouvons le témoignage dans le *Brief recueil de la substance et principal fondement de la doctrine évangélique* (1525), plus nettement encore dans le *Combat Chrestien* (1529) [4]. Ces deux livrets contiennent d'abord un appel pour l'évangile, mais le premier exhorte les « Princes et senatz » à établir, à l'exemple de Josaphat, des gens de bien « modestes et vertueux » qui prêcheraient la loi de Dieu et l'évangile non sans avoir stigmatisé auparavant les « traditions humaines » : continence, vœux monastiques, messes ; quant au second, il développe de bout en bout le thème du combat ; une bataille est engagée pour la Parole ; dans cette lutte, le fidèle est invité à prendre le « glaive de l'esprit », qui est cette parole même. Mais ce combat n'apparaît ni individuel ni limité à la vie intérieure ; l'exemple parfait que donne l'auteur n'est-il pas la bataille de David contre Goliath ? [5]

« ung bergier contre le chef de l'armée, ung désarmé d'armes matérielles contre ung de toutes partz treffort armé... ung humble contre ung contemneur et de la personne et de l'aage... »

Or David savait bien que ce combat « estoit de Dieu et avoit foy que son ayde ne luy fauldroit... »

On voit aisément que le symbolisme propre de l'épisode biblique devait suggérer des batailles réelles pour l'offensive conquérante d'un nouvel Israël, et, peu de temps après, animer à la résistance de petits troupeaux qui ne se borneraient pas à un combat spirituel.

De plus, la vision luthérienne des *deux cités* permet à l'auteur anonyme du *Combat Chrestien* d'esquisser l'affrontement sans merci de deux mondes, de prolonger la lutte terrestre jusqu'à son accomplissement eschatologique :

« Goliath donques est figure du maling

« Les Philistins des citoyens de la ville d'icelluy. David figure le Christ.

---

4. Voir une analyse de ces deux opuscules dans : *Aspects de la Propagande religieuse, op. cit.*
5. Cf. *Le Combat Chrestien*, chap. VIII.

« Les Israélites figurent des citoiens de la cité du victorieux Roy pacifique Jésus-Christ, chef du combat chrestien qui a prosterné et vaincu le diable... »

Quand les partis opposés se seront constitués, chacun des deux camps prendra à son compte cette vision manichéenne d'une guerre sainte et, après la Saint-Barthélémy, comme nous l'avons montré, les Huguenots éperdus, privés de leur noblesse et de leurs chefs, déchiffreront, dans le livre de Daniel ou l'Apocalypse, les signes qui annoncent la destruction de Satan et de ses suppôts, la revanche céleste des cohortes conduites par « le lion de Juda » [6].

Dans le premier chapitre de cette étude, nous avons montré comment ce combat avait rassemblé un peuple à l'intérieur d'un peuple, constituant la légitimité d'un état dans l'état, créant les conditions d'une épopée vécue. C'est le mythe de l'élection d'Israël qui a permis aux protestants d'autoriser leurs entreprises et de fonder spirituellement leur résistance ; ce mythe nourrissait en même temps leur foi dans la victoire décisive, liée à leur vocation même. A chacun des moments cruciaux de cette lutte de plus de soixante ans, dont trente-trois de guerres, la Parole de Dieu, reçue et méditée à travers tel ou tel livre de la Bible, fortifie le courage des combattants, inspire des actions politiques précises, toujours soutenues par une mobilisation spirituelle. Or, dans la période qui nous occupe, celle dans laquelle s'inscrivent les *Tragiques,* que l'on considère les années où ils ont été composés ou la matière historique qu'ils élaborent, ce combat n'a jamais été gagné, souvent il a semblé perdu ou escamoté par des manœuvres politiques, des compromis. Pour A. d'Aubigné, l'abjuration d'Henri IV et l'instauration de la paix religieuse ne sont que le plus odieux de ces compromis, car le roi et ses conseillers font fi des promesses de Dieu à son peuple, récusent la foi, renient l'Alliance.

1° *Puissance de la Parole, la Parole-glaive, elle transforme l'être de l'homme.*

Pour que tous aient accès au chemin du salut, que l'évangile seul révèle, les Réformés endurèrent le martyre, souffrirent la spoliation ou l'exil ; dans un large mouvement de révolte ils s'armèrent, se jetèrent aux batailles, menant des guérillas dans les provinces, soutenant des

---

6. Cf. A. d'Aubigné : *Les Feux,* v. 1 à 18 et notre commentaire au chapitre VI.

sièges jusqu'à la mort. Tout au long de ces années de « guerre sainte », la Parole, c'est-à-dire le texte biblique reçu comme vivant, comme l'appel exigeant ou la révélation donnée *hic et nunc*, la Parole « voix de Dieu » devient une arme dardée d'en haut qui tantôt frappe l'adversaire et tantôt passe au travers de l'Eglise éprouvée pour séparer l'ivraie du bon grain. Elle ne se réduit jamais à une loi morale, à un système de principes, on est bien loin du puritanisme encore, jamais non plus on ne la restreint au dialogue secret d'une conscience avec son Seigneur, le piétisme et sa mystique individualiste demandent sans doute une société plus définie, plus compartimentée, mieux fixée sur ses assises ; au XVIᵉ siècle la Parole rassemble des hommes et des communautés de plein vent qui lui vouent un engagement total ; elle sépare des familles, et A. d'Aubigné commente, à l'aide d'épisodes concrets [7], ces paroles du Christ : « Ne pensez pas que je sois venu apporter la paix sur la terre ; je suis venu apporter non la paix mais l'épée. Je suis venu mettre la division entre le fils et son père, entre la fille et sa mère, entre la belle-fille et sa belle-mère ; et l'homme aura pour ennemi ceux de sa propre maison » (Matthieu X-34, 35). Véritable ferment révolutionnaire, elle institue des communautés militantes et militaires où les classes sociales se confondent dans une action commune, au service du Très-Haut, jusqu'au moment où la lassitude des longs sièges ou des campagnes épuisantes dissocie bourgeois et nobles, seigneurs et artisans, mais, même en ces moments de crise, l'exhortation des prédicateurs agit sur les éléments de discorde, et les citations de l'Ancien Testament, faisant taire les murmures des dissidents, les regroupent dans la colonne en marche.

Quelques vers du *Josias* de Philone — mais on pourrait citer des centaines de déclarations analogues — attestent cette foi dans l'efficacité toujours actuelle de la Parole :

« Escouste ici la parole immuable
Du Grand Dieu éternel
Retourner en arrière
N'est jamais coustumière
Ne vuide ou sans effect

---

7. Cf. *Misères* 211 et suivants. 233-242. Tous ces crimes abominables n'ont pas d'ailleurs pour cause unique les passions religieuses ; l'auteur indique clairement que la mise hors la loi des Réformés autorise le déchaînement des instincts, des passions et qu'un prétexte religieux couvre le banditisme ; la véritable cause il la trouve dans la perversion des rois et la rupture de l'alliance entre Dieu et la France, c'est-à-dire dans le refus du pur évangile.

> Qu'elle n'ait toute chose
> Selon qu'elle dispose
> Accomplie de faict. » [8]

Une métaphore empruntée à Saint Paul fournit un thème qui a plus de richesse théologique et d'accent que cette paraphrase assez pauvre. C'est l'image du *glaive* ; Saint-Paul exhortait les croyants d'Ephèse à prendre l'*épée de l'Esprit qui est la parole de Dieu,* mais l'image, qui s'enrichit dans une vision triomphale de l'*Apocalypse,* a si vivement frappé ceux qui luttent pour « le pur évangile » qu'on la retrouve sans cesse développée, paraphrasée inlassablement. Citons ce commentaire de Bullinger sur le verset 15 du cap. XIX de l'*Apocalypse :*

« Un glaive pointu et tranchant des deux costez sort hors de la bouche du Seigneur. Ce glaive est la parole de Dieu ce qui est ouvertement monstré Ephés. 6 et Heb. 4. Au reste ceste Parole ou ce glaive n'est point pendu en une paroy, il n'est point caché au fourreau, il n'est point porté au cousté mais il sort de la bouche... Il est eguisé et tranchant des deux costez, perçant les cœurs des fidèles et reprouvez pour leur condamnation et ruine... » [9]

« Jésus-Christ a un glaive non point en la main, ains en la bouche, et il console et conserve les Croyants par son Esprit et par sa Parole : et estonne et destruit les meschants, les perçants tout outre par ceste mesme Parole... » [10]

Ce commentaire concentre plusieurs idées-forces du mouvement réformé : c'est la prédication de la Parole — jointe à l'administration « pure » des sacrements — qui constitue l'Eglise, non point seulement l'église visible mais ce peuple que le Christ rassemble lui-même depuis le commencement. L'Evangile est *livre de vie* pour ceux qui sont prédestinés au salut car la Parole opère en eux un total changement de l'être, elle les fait passer de la mort à la vie, de l'angoisse mortelle du jugement à l'amour filial qui permet à la créature de revêtir l'homme nouveau et de retrouver ainsi sa place dans le plan divin, d'œuvrer avec Dieu. Mais la Parole est *odeur de mort* pour ceux qui périssent [11],

8. *Josias* (Philone). Acte 3e. Juda s'adresse à Josias.
9. Ve sermon sur l'Apocalypse, in *Cent sermons sur l'Apocalypse de J.C.* Genève 1558.
10. *Ibid.,* Xe sermon.
11. Cf. II *Corinthiens* 2/15 à 17 : « Car nous sommes la bonne odeur de Christ à Dieu, en ceux qui sont sauvés, et en ceux qui périssent. C'est à savoir à ceux-ci odeur de mort à mort : et à ceux-là odeur de vie à vie. Et qui est suffisant pour ces choses ? Car nous ne sommes pas maquignons de la Parole de Dieu comme plusieurs mais nous parlons touchant le Christ comme en sincérité. »

c'est-à-dire, dans la pensée des Réformés du XVIe siècle, des réprouvés qui justement manifestent qu'ils sont rejetés en refusant d'être pénétrés par la Parole « jusqu'aux jointures et aux moëlles », en gardant leur autonomie, en persécutant les prophètes. Si bien que la prédication de la Parole, si elle est fidèle et vraiment animée par l'Esprit, manifeste dans une large mesure, par son effet même, le jugement dernier. Convictions absolues et inhumaines, dira-t-on ; nous n'avons pas à les juger d'un point de vue humanitaire mais à sentir quelle force indomptable elles ont communiquée à un peuple de partisans, à une nouvelle recrue de martyrs. De graves théologiens, pour convaincre les clercs, développaient les mêmes idées sous une forme plus abstraite. C'est ce que fait, après les fortes affirmations doctrinales de Luther [12], de Calvin [13], Théodore de Bèze qui explicite dans le *De veris et visibilibus Ecclesiae catholicae notis tractatio* [14], ce qu'est l'intelligence des Ecritures. Il semble nécessaire de citer ce texte où l'humaniste, rompu aux commentaires du *Nouveau Testament*, se révèle mais où, à ses yeux, l'exacte connaissance des textes le cède à l'illumination souveraine du Saint-Esprit, cette illumination étant reçue comme une grâce par les seuls élus qui reconnaissent alors, dans les Ecritures, le signe même de l'Amour :

> « Longe enim aliud est percipere quid hic vel ille dicat, quam quae perspicias sic intellegere ut etiam probes, et non tantum τὸ ὅτι sed τὸ διότι teneas : et aliud est κατάληψις quam ἐπισήμη in prophanis etiam rebus ; et haec rursus in Theologicis ἐπισήμη aliud est quam πληροφορία. Itaque κατάληψις quidem omnium est aliquo judicio praeditorum : ad ἐπισήμην autem externa quoque Spiritus divini illustratione propter humani iudicii caecitate opus est, quod tamen donum est multis etiam malis cum bonis commune. At πληροφορία electos a reprobis discernit estque proprium sanctorum peculium. » [15]

En distinguant ainsi la compréhension qui implique l'adhésion à un enchaînement logique d'idées puisqu'on saisit non seulement le contenu mais la démarche de l'esprit, puis à un degré supérieur l'ἐπισήμη, la conviction profonde qui entraîne l'adhésion de la volonté et qui paraît tout à fait analogue au fait d'être *persuadé* selon la rhéto-

---

12. Cf. Luther : *Antithèse de la vraye et faulse église*, trad. française, 1545, p. 73.
13. Cf. I.C. III.XXIV-2 et 3 ; III.II-34.
14. *Op. cit.*, (1579).
15. Theodori Bezae Vezelii *volument tertium Tractationum Theologicarum*. 4e éd., E. Vignon, Genève, p. 138.

rique pascalienne, puis en découvrant au-dessus encore la πληροφορία [16] que les traducteur rendent en français par « pleine assurance » ou « pleine persuasion », « grande certitude » (trad. de 1563), Théodore de Bèze montre que l'intelligence des Ecritures est d'abord semblable à la juste interprétation de n'importe quel texte mais il souligne combien la Parole, pour être reçue et transformer le lecteur ou l'auditeur en témoin du salut, requiert, à deux degrés, l'action du Saint-Esprit. Pour que l'homme soit *persuadé* de la vérité de l'Ecriture, l'illumination de l'Esprit divin est nécessaire à cause de l'aveuglement de l'homme naturel, mais être *persuadé* ce n'est pas encore être *converti*, et Bèze pensait sans doute à l'avertissement de Jésus : « Les démons le croient aussi, et ils en tremblent » ; pour que la « pleine certitude » succède à l'ἐπισήμη, il faut le choix libre de Dieu, il est nécessaire que le pécheur misérable et angoissé reconnaisse la grâce offerte, comprenne qu'il est « fils », sente que cette parole, qui le dépouille de toute humaine sécurité, recrée un lien rompu, le replace dans l'alliance, c'est bien là certitude de l'élection au cœur de l'homme sauvé, et cette « pleine certitude » inséparable de la joie, de la vie en Dieu selon l'harmonie de la création devient alors l'héritage propre des saints. Il semble difficile de trouver un texte plus clair sur l'intelligence spirituelle des Ecritures, un témoignage qui réfute plus nettement ce vieux préjugé que la Bible est pour le Protestant un « Pape de papier ». Pour cette communion retrouvée grâce à l'Esprit qui donne vie, et puissance de vie (« vitae efficaciam » écrivait Calvin) [17] aux Ecritures, les Réformés ont résisté jusqu'au sang, certains d'être les messagers de l'alliance de grâce.

L'action de cette Parole dépasse largement le domaine spirituel, n'est-elle pas douée d'une puissance cosmique ? Calvin le déclare avec un accent prophétique dans l'épître dédicatoire qu'il adresse à François Ier en lui présentant l'*Institution Chrétienne* :

« Notre doctrine n'est pas nôtre, mais de Dieu vivant et de son Christ, lequel le Père a constitué Roy, pour dominer d'une mer à l'autre et depuis les fleuves jusques aux fins de la terre. Et tellement dominer, qu'en frappant la terre de *la seule verge de sa bouche,* il la casse toute avec sa force et sa gloire, comme un pot de terre, ainsi que les Prophètes

---

16. Mot employé par l'apôtre Paul. I Thessal. 1/5.
17 *Institution Chrétienne*, II. X.7 : « Il y a une telle vigueur (vitae efficaciam) en la parolle de Dieu, qu'elle suffit à vivifier les âmes de tous ceux qui y participent. »

ont prédit de la magnificence de son règne, qu'il abbastroit les royaumes durs comme fer et airain, et reluisans comme or et argent. » (Isa. 11/4 ; Ps. II-9 ; Dan. II/32) [18].

Ce texte permet de constater que l'attente du triomphe du Christ, Parole faite chair, au dernier jour, est inséparable de la prédication ; entre le pouvoir terrestre et la Seigneurie du Christ les Réformés ont choisi, ils appartiennent au Christ - Roi ; le message libérateur des consciences contient un ferment d'indépendance politique. Si les rois se bandent contre la prédication de la Parole, leur puissance sera anéantie. Donc, quand la persécution se fera rigoureuse, il vaudra mieux obéir à Dieu plutôt qu'aux hommes. Mais la foi dans ce triomphe final servira surtout à justifier la résistance des fidèles au cœur de l'épreuve ; au temps où l'Eglise nouvelle se constitue ou, après les guerres et les massacres, se regroupe, un autre thème, aussi fréquent que l'image du glaive, apparaît, il exprime le renouveau total de la personne touchée par l'Evangile. Selon ce qu'un Jérémie, un Ezéchiel avaient promis « la loy de Dieu s'escrivera dans nostre chair et en nos cœurs, non en dures pierres comme la loy de Moyse » [19].

Th. de Bèze écrit de son côté dans la *Confession de la Foy Chrestienne* [20] :

« Il faut que Dieu par sa seule miséricorde nous tire, c'est-à-dire qu'il nous fasse totalement nouvelles créatures... *changeant nos cœurs de pierre en cœurs de chair.* » En 1591, dans l'épître dédicatoire des *Sermons sur l'histoire de la Passion,* il réaffirme avec force la puissance de la Parole lorsque la grâce l'imprime au cœur de l'homme : « Nous croyons, voulons et faisons ce qu'il faut croire, vouloir et faire... d'autant que nous avons été faits nouveaux hommes par la seule grâce *changeant nos cœurs de pierre en cœurs de chair.* » Ce thème paraît exprimer la conversion individuelle et opposer la grâce à la loi de Moïse écrite sur les tables de pierre, cependant la promesse d'Ezéchiel et de Jérémie s'adressait à tout le peuple et l'assurait d'une restauration de l'Alliance, d'un renouveau du pacte prophétique énoncé dans le *Deutéronome* [21] ; les Réformés du XVIe siècle ont certainement reçu cette parole comme une promesse ou une réalité vécue par chacun d'eux mais aussi comme l'annonce d'une restauration de l'Alliance qui, régénérant

18. I.C. Préface, p. 30-31 (éd. J.D. Benoît).
19. Luther. *Commentaire sur Joël, op. cit.,* p. 127.
20. Imprimée en 1559 par Conrad Badius. Ed. utilisée, 4e éd., s.l., par J. Durand, 1561, in-8°.
21. Cf. von Rad. *Théologie de l'Ancien Testament. II,* pp. 231-232.

le peuple, l'Eglise nouvelle et le Royaume conquis à l'Evangile, devait rétablir l'équilibre harmonieux du monde lorsqu'une obéissance totale répondrait à la grâce totale du Seigneur ; c'était là proprement resserrer l'alliance, revivre la grâce de l'élection.

Il nous paraît que le thème, fondamental pour les **Réformés**, du *Combat pour la Parole* peut définir l'intention même d'A. d'Aubigné en composant les *Tragiques*. La Préface « rédigée dans la vieillesse de d'Aubigné, au moment même où il se décide à publier en 1616 l'ensemble du poème écrit depuis longtemps » [22] souligne ce dessein ; ce texte, bien sûr, ne saurait nous livrer le jaillissement initial du poème —- que nous croyons déceler dans certaines prières ou confessions insérées dans l'œuvre elle-même — mais, du moins, il atteste ce que l'ouvrage représentait pour son auteur au moment où il allait être lancé à travers l'Europe, dardé « par l'univers » comme les dernières foudres du vieux guerrier. Dans cette préface, le substantif qui revient comme un leitmotiv et autour duquel s'organisent des images, des sentences, parfois l'esquisse d'un tableau, lorsque ce nom devient une allégorie, c'est *vérité*. Il est bien évident qu'il signifie presque toujours la Parole, et parfois le Christ lui-même [23], mais le mot permet à l'auteur d'exprimer à la fois ses convictions — son esprit ayant été régénéré par la lumière de l'Evangile — son message prophétique aussi bien que son témoignage d'homme. Néanmoins, une personnification de la *vérité* est à remarquer : du vers 157 à 162 elle apparaît comme l'alliée active d'A. d'Aubigné dans le combat « et elle tordoit une fonde », or il s'agit du *combat de David* qui, pour plusieurs générations de Réformés, a signifié le combat pour la Parole, mené par d'humbles gens contre l'Eglise traditionnelle armée du pouvoir temporel, soutenue par tout l'appareil de la justice séculière ; l'engagement « évangélique » d'A. d'Aubigné est donc clairement indiqué ; il a repris, en lui donnant plus d'éclat, le témoignage des martyrs et des combattants réformés. Une autre mythe sert de pendant eschatologique à cette vision de la vérité, c'est celui de *l'Eglise primitive enfermée d'eau dans un désert*.

---

22. Note de H. Weber. édition des *Œuvres d'A. d'Aubigné*. (La Pléiade) p. 899.
    23. Cf. vers 115 à 120 :
    « Vallons d'Angrongne bien-heureux,
    Vous bien-heurez les mal-heureux... »
à rapprocher des *Béatitudes :* « Heureux serez-vous quand on vous outragera, quand on vous persécutera et que l'on dira faussement contre vous toute sorte de mal à cause de moi », *Matth*. V/11. Cf. également vers 1501 et *Math*. XVI-25 : « Car celui qui voudra sauver sa vie la perdra, mais celui qui aura perdu sa vie à cause de moi la retrouvera. »

Quelques chiffres vont nous permettre de préciser l'importance de ce thème du combat dans la Préface. A partir du vers 108 (jusque-là l'auteur a présenté son livre comme l'œuvre de son élection [24]), A. d'Aubigné caractérise le message de son œuvre ; sur les 51 strophes qui restent, 27 développent une image, un épisode, un thème relatif au combat et 22 sont entièrement consacrées à ce thème. A l'exception d'une strophe qui développe « l'exemple de Scevole », toutes les autres sont consacrées aux combats de l'Eglise, qu'il s'agisse des luttes d'Israël ou des batailles contemporaines, souvent intimement mêlées par le jeu des images symboliques.

L'un de ces combats pour la Parole est largement développé, du vers 115 au vers 240, ou plutôt ce thème est sans cesse présent mais il suscite des variations qui apparaissent au premier plan sans qu'on oublie jamais le thème fondamental : il s'agit du combat des Vaudois retranchés dans la haute vallée d'Angrongne. Certains ont voulu voir, dans cet hommage rendu à la résistance vaudoise, une sorte de compensation tardive parce que le sujet aurait été trop rapidement traité au livre V (vers 687-692) ; il nous semble plus utile de remarquer les thèmes bibliques que cette évocation fait réapparaître : l'un est le thème du combat de David qui est présenté en même temps que les paysans du val d'Angrongne :

« Vous defendez à coups de fonde
Les logis de la vérité. »,

ce thème prend une force particulière aux vers 157-162, il symbolise alors la composition des *Tragiques,* la lutte d'A. d'Aubigné s'inscrivant, par une sorte d'analogie, dans ce mouvement particulièrement pur de la résistance pour l'Evangile ; puis le thème fait une courte apparition aux vers 182-183 [25], il se retrouve au vers 204, au vers 209, la *fronde* des bergers suffisant à rappeler le combat de David, enfin il est nettement repris dans la conclusion de l'épisode :

---

24. Cette conviction éclaire les vers 55-60 : Le premier ouvrage d'A. d'Aubigné est comparé à Esaü, cf. vers 58 : « Il chasse les cerfs et les Ours, » mais le second est assimilé à Jacob : « Tu deniaises son ainesse, » c'est-à-dire tu le frustres de son droit d'aînesse ; mais il ne faut pas voir ici seulement une préférence de l'auteur qui fera paraître les *Tragiques* et gardera manuscrit le *Printemps*. Ces allusions bibliques expriment clairement que le *Printemps* est l'œuvre inspirée par les passion, l'œuvre de la nature, mais que les *Tragiques* représentent l'œuvre poétique d'un *élu*, un message de prophète inspiré par le Dieu de vérité. En le composant, l'auteur répond à une vocation, scelle son élection.

25. « Quel Roi si heureux qu'un berger ?
Quel sceptre vaut une houlette ? »

« N'avons-nous pas encore appris
Par David que les grands du monde
Sont impuissants encontre nous,
Et que Dieu ne veut qu'une fonde
Pour instrument de son courroux ? »

L'autre thème, nettement eschatologique, permet d'entrevoir le terme du combat et son sens dans la tragédie divine qui pénètre et dépasse l'histoire humaine : c'est la *femme enceinte* de l'*Apocalypse* [26], figure de l'Eglise fidèle et persécutée. Certains traits permettent à ce mythe d'être le symbole de la résistance farouche des Vaudois : la femme s'est enfuie dans le désert, elle a mieux aimé se perdre dans la solitude des hautes vallées que perdre son âme, ces terres ingrates ont été pour le peuple persécuté le lieu de la grâce ; enfin « circui mais non surpris » le peuple a pu échapper à l'encerclement. Mais c'est le propre d'un mythe que de s'adapter à des situations différentes, cette femme en mal d'enfant que Dieu conduit et garde dans le désert, qui est pour elle un refuge, représente aussi bien telle ou telle communauté réformée française et les Eglises du refuge, dont A. d'Aubigné après sa « mort civile » fait partie. Au terme de l'histoire, le peuple fidèle, qui a résisté jusqu'au sang, reçoit ainsi bénédiction pleine et entière, le salut promis, après l'épreuve du dépouillement total, comme au début de son existence le peuple d'Israël avait été sauvé par la foi à travers la mer Rouge et les pérégrinations hasardeuses du désert. Le dernier combat récapitule l'histoire, et c'est la foi dans la Parole, dans le salut promis qui donne la victoire.

Cette étude rapide des principaux thèmes bibliques de la *Préface* prouve, semble-t-il, que l'inspiration et la composition des *Tragiques* rejoignent le combat de toute l'Eglise nouvelle pour la Parole libératrice. L'œuvre explicite le sens et le destin de ce combat multiple, elle éclaire d'en haut la marche des armées grâce à une méditation constante des Ecritures, à la conviction, très profonde chez A. d'Aubigné, qu'il a reçu une mission prophétique.

2° *La Parole expliquée. Sa place dans la liturgie.*

Relation entre le rôle culturel de la Parole et l'imitation de la Bible.

Le problème qui se présente à nous ensuite paraît beaucoup plus difficile à résoudre. Comment cet attachement des Réformés à la Parole, leur pratique quotidienne des Ecritures, le fondement théologique qu'ils

---

26. *Apocalypse*, chap. XII.

trouvaient en elle ont-ils orienté et modelé en quelque sorte l'imitation de la Bible chez les poètes et les écrivains de la Réforme ?

Le problème offre une grande complexité qui tient pour une bonne part à la nature de la Bible elle-même. Mario Richter a entrepris une enquête plus large mais qui touche à cette question, il a cherché dans un article, très documenté [27] et fort judicieux dans l'ensemble, la relation qui existe entre le jugement que les Réformateurs portaient sur la forme et l'action de la Parole et la théorie poétique des écrivains ou des poètes huguenots au XVIe siècle. Ce critique voit, dans la méditation et la prédication des Ecritures, la principale cause qui a fait délaisser par ces auteurs le style « floride » des poètes de la Pléiade pour une écriture simple, dépourvue d'ornements rhétoriques, fonctionnelle, dirions-nous, ce *rudis stylus,* accessible à tous et non à la seule élite des doctes, une forme rigoureuse, transparente à la pensée. Calvin en trouvait la théorie chez l'apôtre Paul qui déclare aux Corinthiens que Christ l'a envoyé pour annoncer l'Evangile sans recourir à la sagesse des discours et le Réformateur développe ainsi le témoignage de l'apôtre : « Dicit, se non creatum esse rhetorem qui verborum sermone se venditet, sed ministrum spiritus, qui rudi et plebeio sermone mundi sapientiam in ordinem cogat » [28]. D'autre part M. Richter souligne la défiance de Calvin et de Th. de Bèze pour la théologie naturelle, ce qui devait détourner les poètes d'une inspiration naturaliste, de la tentation d'exprimer leurs émotions à travers le foisonnement des formes et favoriser, par l'imitation de la Bible qui contient « les hauts secrets du Royaume céleste... baillez sous parolles contemptibles, sans grande éloquence... », une poésie essentiellement religieuse, conduisant à la prière, nourrie de la lecture attentive des textes sacrés dont elle s'approprierait les ressources expressives. Mais, après avoir cité ces textes de Calvin et montré que l'esthétique de certains poètes, en particulier celle de Th. de Bèze, s'y conforme, M. Richter conclut, d'une façon trop stricte à notre avis, que la poésie réformée est caractérisée par l'influence toute morale et intérieure qu'elle se propose d'exercer, une fidélité rigoureuse à la lettre du texte sacré, enfin un langage immédiat, directement accessible, qui ne s'orne guère que de métaphores et d'images bibliques, « un style invisible » (P. Chazel) [29]. Suivant cette théorie, que le style de plusieurs écrivains et poètes réformés justifie sans aucun doute, une poésie qui ferait une large place aux sensations, aux formes de la nature, à la beauté charnelle du créé, relève-

---

27. Voir : *Aspetti et orientamenti della poetica protestante nel secolo XVI ;* in Studi Francesi, Maggio-Agosto 1967.
28. Cité par M. Richter, *c.o.,* XLIX, c. 319.
29. « Style protestant, style dépouillé, style invisible », p. 450, in : « Y a-t-il un style réformé ? », p. P. Chazel : Foi et Vie 1947, pp. 444-454, 588-600.

rait de l'esthétique ronsardienne, d'une influence antique et païenne mais serait contraire à la poétique calviniste. Si bien que, même si le poète des *Tragiques* doit son originalité à la théorie calviniste qui l'astreint à suivre la Bible fidèlement, à couler sa pensée dans les moyens d'expression que lui fournit l'Ecriture, à fuir les artifices poétiques (ce qui explique la rudesse de certains de ses vers), pour le mouvement, la hardiesse de l'inspiration, la fureur poétique, la technique du vers, A. d'Aubigné reste, d'après M. Richter, le fidèle disciple de Ronsard. Nous ne saurions contester qu'A. d'Aubigné soit un fervent admirateur de Ronsard, qu'il lui doive certains thèmes, certains mythes antiques auxquels il fait allusion et sans doute une aisance dans la facture du vers qu'on ne doit pas sous-estimer. Mais il faut se demander ce qu'est la Bible pour un poète du XVIᵉ siècle qui trouve en elle sa nourriture ; sur ce point les affirmations de M. Richter paraissent trop étroites, et ses distinctions trop rigides.

La Bible constitue, en effet, à elle seule, une bibliothèque ; on n'y entend jamais un Verbe désincarné ; au contraire, la Parole s'exprime à travers des voix humaines très différentes qui se font écho à longs intervalles historiques. Presque tous les genres littéraires y trouvent place : récits historiques, chroniques, sentences, cantiques épiques, élégie, parabole, chanson populaire, visions mystiques, démonstrations théologiques, énigmes, hymnes religieux, poésie de cour, tragédie même [30]. Il se peut que des théologiens de la Réforme, engagés dans un combat pour une foi et une Eglise purifiées, aient insisté sur le caractère dépouillé du style évangélique, qu'ils aient mis en valeur le style rude de l'apôtre Paul. Mais ils lisaient toute la Bible, la commentaient de bout en bout, prêchaient en suivant le déroulement continu d'un livre ; d'autre part, c'est par référence à tel ou tel passage antérieur qu'ils éclairaient les textes obscurs, s'attachant à montrer la liaison entre les prophéties ou les livres historiques et les évangiles. Toute la Bible s'offrait ainsi à la méditation quotidienne des croyants et A. d'Aubigné adopte cette méthode d'explication, d'explicitation du message biblique par référence à d'autres livres de la Bible dans ses *Méditations sur les Psaumes*. Ainsi l'on ne saurait parler d'un style unique même si la prédication réformée trouvait ses modèles dans les premiers témoignages apostoliques et dans les épîtres pauliniennes.

---

30. Th. de Bèze déclarait que le *Livre de Job* constitue une tragédie. Voir Bèze (Théodore de) ; *Jobus, Theodori Bezae partim commentariis, partim paraphrasi illustratus*. Genevae, Joannes le Preux, 1589, 4°, Genève, B.P.U., p. 2.

Il est bien vrai, comme le souligne M. Richter, que Calvin et ses disciples écartaient la théologie naturelle donc refusaient de sacraliser une évocation sensuelle de la nature, une exaltation païenne des désirs charnels et cette glorification du monde et de l'homme qui rendrait vaine la Croix, mais les poètes réformés et même les pamphlétaires ou les prédicateurs ne versaient pas pour autant dans un art abstrait et désincarné. La Bible avec ses histoires, si réalistes, l'évocation des travaux et des jours d'un peuple nomade, puis paysan, leur offrait toute la gamme des situations et des sentiments humains, toutes les métaphores que la nature, le travail des champs fournissent, et nous avons vu l'importance de *ce monde visible* qui, par la grâce de Dieu, *témoigne pour l'invisible*. La vie quotidienne, la marche au désert, les combats d'Israël, la Terre Promise n'ont-ils pas été, sans cesse, dans l'Ancien comme dans le Nouveau Testament, le lieu et le moyen de la Révélation ? Le système de signes que la poétique de Dieu a choisi embrasse toutes les actions, tous les rêves des hommes. Ainsi la richesse du monde, sa vie concrète, les sensations et les sentiments humains s'offraient à nouveau aux yeux de l'artiste à qui Dieu avait donné vocation de témoin, mais ils étaient porteurs d'un sens nouveau ; si le regard humain les saisissait dans leur réalité où l'âme trouvait d'abord sa joie, l'œil intérieur les voyait comme signes et ce n'était pas là appauvrissement ou abstraction du réel mais pleine réalisation des créatures qui doivent chanter la gloire de Dieu et servir à manifester ses desseins. D'ailleurs, dans son article, M. Richter cite un texte de Calvin lui-même qui nous permet de voir comment le style simple et dépouillé, si bien adapté à la discussion théologique ou à la prédication familière, pouvait, dans l'esprit même des Réformés, céder la place à un autre, tout animé de fureur poétique. A propos de la vigoureuse métaphore du verset 5 du Psaume XVIII : « Cordeaux de mort m'avaient environné et terreurs des meschants m'avaient espouvanté », voici le commentaire de Calvin : « Nec mirum est, poetice et splendido verborum ornatu, amplificari quae simplicius et aequabili stylo describi poterant ; nam spiritus sanctus, cum malignis et pravis hominum ingeniis certare volens, Davidem hic quasi hyperbolica facundia instruxit, quae ad consideranda Dei beneficia mundum expergefaceret. » [31]

D'après ce commentaire, c'est la finalité du discours ou du poème qui commande la forme, mieux même c'est le vouloir divin, le souffle du Seigneur qui modèle le style, lui imprimant un mouvement plus tourmenté ou lui prêtant la richesse des images hyperboliques lorsqu'il s'agit de lutter contre les ennemis de Dieu, ou de réveiller les tièdes, devenus aveugles aux merveilles divines.

---

31. C.O. vol. XXXI, col. 172. Cité par M. Richter (art. cité S.F., p. 228).

Ce jugement n'est-il pas tout proche de l'intention clairement affirmée par A. d'Aubigné dans *l'avis au lecteur* ? C'est à l'appel des serviteurs de Dieu qu'il a publié son œuvre quand ils l'adjuraient ainsi : « Nous sommes ennuyés de livres qui enseignent, donnez-nous en pour esmouvoir, en un siècle où tout zèle chrestien est péri, où la différence du vray et du mensonge est comme abolie, où les mains des ennemis de l'Eglise cachent le sang duquel elles sont tachées sous les présents... »

Pour l'auteur des *Tragiques,* comme pour David, il s'agit aussi de réveiller le monde en lui faisant ouïr les merveilles de Dieu ; le moment où ont été composés ces chants est également à considérer : ce n'était plus l'aube du combat pour la Parole, où, dans sa nudité, elle faisait brèche dans les vieux remparts ; la bataille ne faisait plus rage en plein midi, dans l'éclat brutal du soleil et des armes, on était parvenu à ce moment douteux où les mains tachées de sang des anciens persécuteurs se chargeaient de présents, où la langue pleine d'astuce des convertisseurs, habiles désormais à citer la Parole, s'efforçait de circonvenir les fils des martyrs et des Réformés massacrés. Dans la pensée d'A. d'Aubigné, l'Esprit saint devait, comme il l'avait fait pour David, armer le combattant solitaire, en proie à des ennemis faux et tortueux, d'une éloquence hyperbolique, d'un style ample et violent, paré de tout l'éclat des mots et des images prophétiques pour séparer le bien du mal, le juste de l'injuste, annonçant ainsi, avec force, le Jugement imminent. Ce serait là une explication possible [32] de la différence énorme qui existe entre le style d'un Calvin, d'un Bèze, d'une rigueur toute classique, et l'invention verbale, la vigueur des images, le mouvement tumultueux qui animent le style d'A. d'Aubigné, si bien que les Réformateurs de Genève et le capitaine huguenot ne choisissent pas les mêmes auteurs bibliques comme modèles.

Il faut donc conclure sur ce point en affirmant que la Bible, si on la conçoit comme source d'inspiration, libère le créateur plutôt qu'elle ne l'asservit à un certain idéal littéraire, surtout lorsque le poète, étroitement lié à l'aventure d'une communauté, reçoit, dans une Eglise qui refuse les traditions, une mission prophétique et, par là, n'est soumis qu'au souffle du Dieu vivant.

Cependant, après avoir affirmé la liberté surnaturelle du poète-prophète, il faut remarquer qu'il était homme, partisan, et fidèle calviniste, et son imitation de la Bible, tout inspirée qu'elle fût, n'était pas étran-

---

32. Nous n'aurions garde d'oublier la différence des tempéraments, de l'engagement militaire, de la formation, des genres littéraires.

gère à l'utilisation que faisaient de la Parole sainte, dans leur vie quotidienne, les prédication et leur liturgie, ses coreligionnaires. Deux aspects
assez généraux de cette utilisation valent, nous semble-t-il, d'être examinés :

a) La Bible quotidiennement méditée et prêchée paraît vivante et
familière, elle se mêle à la trame des jours.

b) La Bible est révérée, son texte respecté dans sa lettre, car la Parole apparaît comme créatrice.

Ces deux attitudes qui vont de pair amènent les imitateurs de la
Bible à deux procédés d'imitation opposés.

a) *La Bible, pain quotidien de la pensée ou de l'action.*

— *le caractère de l'imitation que cette pratique entraîne.*

On l'a vu, la grande révolution que l'évangélisme puis la Réforme
ont amenée dans le domaine de la piété, c'est la découverte de la Parole
comme un message direct, vivant, adressé à chacun, *hic et nunc.* Les
extraits de la Bible, des Psaumes, des passages des Evangiles étaient nombreux dans la liturgie de la messe, mais ils étaient fixés dans un ensemble
rituel comme des émaux sur l'or d'une châsse, ils y restaient immuables,
splendides et lointains. Les Réformés ont manié ces textes, en toute révérence, mais en les regardant de près, en les comparant pour mieux les
comprendre de l'intérieur ; ils se les sont appropriés, saisissant avec avi-
dité les promesses du salut qu'ils recevaient désormais plus directement,
retrouvant dans leur propre langue la Parole de Celui qui appelle en tout
temps les brebis de Son pâturage. Aussitôt on a lu et relu les Evangiles,
puis les livres plus difficiles de l'Ancien Testament que traductions et
commentaires rendaient plus accessibles, et tout un monde neuf — car on
venait de le redécouvrir — exotique mais fraternel, puisque tous ces témoins étaient en marche vers le même Salut, a servi d'exemple, de référence à la réflexion morale, politique, liturgique.

Ce goût de la Parole avait touché tous les milieux, nobles, bourgeois, artisans itinérants, gens des campagnes ; quand il gagnait les prêtres ou les religieux, ceux-ci remplaçaient les homélies morales qui pré-
cédaient la messe par une méditation du Texte sacré, et ensuite, souvent,
passaient à l'hérésie.

Nous n'avons guère de sermons prononcés en France, mais c'est à
Genève que se formaient les pasteurs, et les prédications de Calvin, de
Bèze, de Bullinger permettent d'imaginer ce qu'étaient ces longs commen-
taires portant chaque fois sur 5 ou 6 versets bibliques pris à la suite dans

un même livre de l'Ecriture. Chaque élément important du texte était éclairé par les rapprochements avec d'autres textes, presque toujours dans une perspective christologique. Mais la vie quotidienne pénètre ces sermons : des observations morales ou sociales précisent le sens du texte ancien et, lorqu'il a été élucidé dans ses rapports avec l'ensemble de la Révélation, il est utilisé pour combattre les « traditions humaines » mais aussi pour amener les fidèles à un engagement plus concret, plus précis. Pour les croyants, qui recevaient cet enseignement biblique deux ou trois fois par semaine et le complétaient par la méditation quotidienne de la Bible, la Parole devenait vraiment, au même titre que le sacrement de la Cène, une nourriture.

On peut aisément comprendre que cette Parole méditée, apprise par cœur, utilisée par des gens même peu instruits dans des controverses, comme si elle était toujours présente à leur esprit, était devenue comme la substance de la pensée et de la prière, si bien que lorsqu'on la transposait dans un texte non plus théologique mais littéraire, on pouvait abandonner sa forme primitive pour des mots ou des images pris dans la vie actuelle pourvu que le sens et la force du témoignage biblique fussent gardés. Ainsi, comme plusieurs traductions des psaumes de Marot le prouvent, l'Ecriture sainte s'établissait au cœur de la vie française du XVIe siècle sans rien perdre de son accent : en modifiant la lettre on s'attachait à l'esprit. Un message vivant qui doit changer la vie peut et même doit, sans rien perdre de sa valeur intrinsèque, passer dans des formes de vie actuelles. Si le retour à la Parole s'était opéré dans un climat de paix, nul doute que cette transposition, plus fidèle que l'imitation purement formelle, n'eût été plus fréquente. Mais nous avons vu qu'en raison de leur combat, pour être plus étroitement soudés dans une milice active et pour revivre les mythes de la marche au Désert ou de la conquête de Canaan, les Huguenots s'étaient fait une âme et un langage hébraïsants comme les révolutionnaires de 89 se forgeront une rhétorique et des âmes romaines.

Cependant, malgré ce climat épique, l'appropriation profonde du message biblique a fait que souvent on a gardé « l'idée, le tour » du texte biblique sans pour autant utiliser les mêmes mots : le thème et le mouvement réapparaissent ainsi, mais la réalité concrète et familière aux gens du XVIe siècle ou celle qui caractérise tel ou tel événement récent remplacent, sans que les rapports fondamentaux soient changés, la lettre du texte biblique. Sur le plan littéraire cette transposition est conforme à *l'analogie de la foi* qui, d'après Calvin, qui cite Saint Paul, est « très certaine reigle pour esprouver toute interprétation de l'Escriture » [33].

Dans les *Tragiques,* cet aspect de l'imitation biblique est important ; mais il n'est pas toujours aperçu parce que les éditeurs successifs ont surtout relevé les passages où le texte biblique apparaissait avec une exactitude formelle, et le catalogue dressé par Trénel n'offre aucun exemple de ces textes bibliques transposés car il s'est limité à un relevé du vocabulaire et des tours syntaxiques. Pourtant l'intérêt de ces imitations est évident : elles témoignent d'une appropriation de la Parole et indiquent souvent le thème dominant, spirituel ou polémique, de tout un passage. Voici deux exemples : à la fin des *Princes* A. d'Aubigné représente la chute des « chênes résistants et des cèdres superbes » [34], il transpose librement le chapitre XXXI d'Ezéchiel qui décrivait la chute d'un cèdre magnifique du Liban, symbole de l'orgueil du roi d'Assyrie ; le sens de l'image est bien le même : cette catastrophe figure la chute des rois impies, idoles de leur peuple : « ces petits dieux enflez en la terre habitable » ; certains détails du texte biblique inspirent Aubigné : les oiseaux qui nichaient dans les branches (v. 6), les bêtes des champs qui faisaient leurs petits sous ses rameaux, mais seul le mot *cèdre* rappelle la forme exacte du mythe biblique ; l'écuyer d'Henri de Navarre décrit un chêne qui s'élevait dans un paysage pastoral appartenant au bocage de la Vendée, du Poitou ou à l'orée d'une des grandes forêts où les princes prisonniers allaient chasser. Ce paysage français rend l'avertissement prophétique plus proche, plus pressant, le signe fait partie de la réalité quotidienne.

Voici encore un passage du livre des *Fers,* où la source biblique n'apparaît pas de prime abord, il s'agit de l'évocation de l'aube qui précède la Saint-Barthélémy, mais c'est plutôt une manière de présage car, au vers 787, A. d'Aubigné, suivant la chronologie historique, note que le massacre a commencé au cœur de la nuit précédente. La description de l'aube du vers 771 au vers 778 paraît n'être qu'une personnification du lever du jour traitée dans le goût baroque, mais pourquoi alors ce détail :

« Quand, par son treillis d'or, la rose cramoisie
Esclatoit, on disait : « Voici ou vent, ou pluye. » [35]

---

33. Cf. *Institution Chrétienne :* Epître au Roi, p. 31.
34. *Princes,* v. 1519.
35. *Tragiques :* Les Fers, 773-774.

Une source biblique éclaire cette notation et permet de justifier en même temps cette évocation éclatante et tourmentée. Au chapitre XVI de l'Evangile selon St. Matthieu [36], aux Pharisiens et aux Saducéens qui lui demandent un signe du ciel, Jésus répond : « Quand le soir est venu, vous dites, il fera beau temps, car le ciel est rouge. Et au matin, vous dites, il fera aujourd'hui tempeste : car le ciel mal plaisant est rouge. Hypocrites, vous savez bien juger de l'apparence du ciel et ne pouvez juger des signes des saisons ».

Ce thème des *signes des temps* se trouve repris au chapitre XXIV du même Evangile où l'apparition des bourgeons et des feuilles du figuier, signe évident de la venue de l'été, est mise en parallèle avec l'apparition de phénomènes cosmiques, annonciateurs de l'Apocalypse et du retour du Fils de l'homme. Le thème des signes des temps paraît avoir frappé A. d'Aubigné, il le transpose dans la réalité française et paysanne qu'il connaît bien : les paysans ou les soldats au matin pressentent, dans le rougeoiement de l'aube, une journée de mauvais temps, de même le disciple averti pouvait discerner, dans cette aube d'Apocalypse, annonciatrice de meurtres et de brasiers, le début des terribles épreuves que les saints ont à traverser. Nous voyons ici un exemple d'imitation libre ; c'est seulement la notion de *signe des temps* liée aux visions d'épreuves terribles et de la destruction de Jérusalem que le poète a retenue et transposée [37]. Si le rapprochement que nous faisons est fondé, on peut voir la liaison étroite de ce thème avec le thème biblique fondamental du livre V qui est bien constitué par le *Jugement*.

Ainsi donc, à cause de cette « innutrition » des Réformés, l'imitation de la Bible, chez les écrivains ou les poètes de la Religion, peut ne pas être formelle mais modeler leur vision ou commander le choix de détails concrets d'après un thème biblique, en créant une sorte de schéma analogique.

b) *La Bible révérée ; citations littérales du texte biblique.*

Mais d'innombrables exemples et des usages constants prouvent que la *transposition libre* de la Parole, que nous venons de définir,

---

36. Vers. 2 et 3.
37. Pour l'expression « treillis d'or », « rose cramoisie » on peut faire un rapprochement avec le Cantique des Cantiques, chap. II, v. 1 « je suis la *rose de Sçaron* »... verset 9 : « Mon bien-aimé... se faisant voir à demi par *les treillis* »... Le thème du figuier qui « jette ses figons » apparaît au verset 13 du même chapitre. C'est là une simple conjecture mais nous pensons qu'une exégèse qui se fonde sur le rapprochement des textes a pu fournir à la fois l'explication théologique de certains passages et une gerbe d'images au théologien-poète.

est beaucoup moins fréquente dans les écrits des Réformés au XVIᵉ siècle que la citation directe et littérale de l'Ecriture. Ainsi Calvin cite constamment l'Ecriture dans ses sermons ; après avoir indiqué l'actualité du texte qu'il commente, par de sobres rapprochements avec la situation des fidèles qui l'écoutent, il utilise des connaissances psychologiques, historiques, philosophiques, pour rendre compte du sens, mais tout son commentaire théologique se trouve étayé par des citations scripturaires littérales. Bullinger, Bèze suivent la même méthode dans leurs prédications. Les traités de controverse apparaissent comme des centons d'extraits des Ecritures, les références précises au texte étant le plus souvent indiquées en marge. Des œuvres non théologiques offrent les mêmes usages : dans les tragédies de des Masures ou *l'Abraham sacrifiant* de Bèze, chez d'autres dramaturges de moindre importance, des passages entiers des Ecritures sont introduits, à peine modifiés pour la nécessité de la rime. Dans toutes les épîtres polémiques, les traités d'exhortation, les lettres même que nous avons pu voir, cet usage de l'insertion littérale d'un texte scripturaire comme argument décisif ou comme révélateur d'une situation donnée est constant. Quelles en sont les raisons et quelle influence en découle sur la littérature d'inspiration biblique, c'est ce qu'il faut essayer de préciser.

On pourrait penser que l'humanisme, cet amour du texte original saisi dans sa vérité historique et philosophique, suffit à rendre compte de ce procédé ; l'origine commune de l'Humanisme et de la Réforme n'a pas besoin d'être soulignée ; mais d'autres causes d'ordre spirituel ou théologique expliquent ce recours constant aux citations littérales.

1. Les Réformés ont eu la même révérence pour les Ecritures que le peuple d'Israël.

2. La Parole occupe dans la liturgie réformée une place éminente, surtout lorsque la Cène n'est célébrée que rarement.

1. *Le peuple d'Israël et les auteurs divers des livres bibliques ont toujours gardé la conviction que la Parole de Dieu est un acte ;* d'ailleurs, en hébreu, le même mot *dabʰar* désigne la parole et la chose, l'acte ou la cause.

« Dieu dit et la chose arrive
Il commande et elle existe. »
Cette déclaration prophétique se trouve profondément enracinée dans la langue elle-même.

La Bible fournit d'autres preuves de cette conviction : le récit de la *Genèse* doit toute sa force à la parole créatrice et Marot souligne ces merveilles dans le Psaume XXXIII [38].

Dieu change le *nom* des patriarches : Abraham, Jacob, lorsqu'il fait alliance avec eux car il change alors leur destin.

La formule prophétique « oracle du Seigneur » marque d'un sceau divin ce qui, dans la prédication des prophètes, est comme la parole invincible, inaliénable, reçue de Dieu. On peut citer encore le *parfait prophétique* qui, par son aspect modal, transforme une parole qui logiquement se rapporte au futur, en action déjà exécutée.

L'usage très direct, littéral, que les théologiens ou les écrivains réformés ont fait de la Parole ne s'expliquerait pas sans une conviction tout à fait comparable. Notons cependant qu'ils considéraient comme un péché contre l'Esprit une utilisation « magique » de la Parole, ils ne la brandissent contre l'adversaire ou n'en savourent la consolation que lorsqu'ils ont l'ultime conviction de la recevoir à nouveau de Dieu lui-même, dans une adhésion sans réserve à la volonté divine qui suscite prophètes et témoins. C'est l'Esprit qui fait du texte littéral une Parole de vie.

Ainsi la Parole porteuse de puissance, *plus pénétrante qu'un glaive à deux tranchants* [39], prend, lorsqu'elle est prononcée à propos, une valeur sacrée ; alors que la Réforme proclamait que le monde était profane et qu'il fallait se garder de sacraliser les rites, elle tendait à sacraliser la Parole.

2. *La place des lectures bibliques et de la prédication dans le culte allait accentuer cette tendance.*

« Et ne mettons point en nostre cerveau », écrivait Calvin, « de chercher Dieu si non en sa parolle, de penser de luy, si non estans guidez par icelle, et n'en rien dire qui n'en soit tiré et puisé. » [40]

---

38. En particulier dans les strophes 4 et 5
   « Que la terre toute
4 Ce grand Dieu redoute
   Qui fit tout de rien...
5 Car toute chose qu'il a dite
   A été faite promptement
   L'obéissance aussi subite
   A été que le mandement. »
39. *Épître aux Hébreux*, IV, 12.
40. Calvin I.C., livre I-XIII-21.

Si la Parole de Dieu est l'unique voie ouverte à la connaissance de Dieu, cette Parole est aussi, d'après Calvin, la *règle de l'oraison*.

« Davantage, puisque Dieu ne veut estre invoqué qu'avec foy, et que notamment *il nous commande de former nos oraisons à la reigle de sa parolle*, finallement puisque la foy estant fondé en icelle, est la vraye mère d'oraison, si tost qu'on se destourne de la Parolle, l'oraison est quant et quant abastardie. » [41]

Voilà ce qui devait permettre, aux yeux de Calvin, de passer au crible la liturgie de l'Eglise traditionnelle et de ne garder que les prières ou les cérémonies conformes à l'usage biblique, c'est-à-dire, dans la pensée du Réformateur, aux traditions de l'église primitive. Réforme de l'ordre liturgique, mais aussi du contenu de la prière. Et l'on comprend aussitôt l'importance des prières bibliques, psaumes, cantiques spirituels comme le Magnificat, les cantiques de Siméon et de Zacharie, qui devaient présenter, aux yeux des Réformés, les modèles incomparables de la prière individuelle ou collective. Dans les « prières d'abondance », celles dont la forme n'était pas fixée, comme la prière d'illumination précédant la lecture de la Bible ou la Grande Prière qui ouvre le service de la Cène et dont une partie est réservée à l'intercession, la paraphrase et la citation de textes scripturaires dominaient largement.

Pour l'ensemble du service, W. D. Maxwell [42], qui a étudié de près les modifications que Bucer à Strasbourg avait fait subir à la *Deutsche Messe* (que Luther avait instaurée à partir de la liturgie eucharistique romaine), note que « l'accent mis sur l'Ecriture est très net dans le soin qu'on met à utiliser une forme strictement scripturaire quand on cite l'Ecriture », il note également que plusieurs parties de la liturgie traditionnelle sont remplacées par des textes empruntés directement aux Ecritures. Cela est vrai pour les paroles de l'Institution, et pour la Bénédiction qui suit la communion et que l'on emprunte au livre des Nombres.

Or, c'est là le service que trouve Calvin à son arrivée à Strasbourg, c'est celui qu'il emprunta et transporta à Genève comme en témoigne son *Discours d'adieu aux ministres :* « Quant aux prières du Dimanche, ie prins la forme de Strasbourg et en empruntay la plus grande partie. » [43]

---

41. Calvin. I.C. livre III-XX, 27, p. 366.
42. Maxwell, W.D. *The liturgical portions of the Genevan Service Book used by John Knox while a minister of the english congregation of marian exiles at Geneva 1556-1557. Edinburgh, 1931.*
43. C.O. IX, 894.

D'autre part, Maxwell, comparant l'ordre liturgique réformé que nous livrent un Psautier de 1539 [44], puis la « Forme des Prières » de 1545 et 1556, souligne l'importance croissante, dans le service, des Psaumes chantés par toute l'assemblée. Dans la liturgie de Bucer, de 1525 à 1537, de un ou deux psaumes on était passé à 5 ou 7. En 1556 on chante un Psaume pendant la préparation des Eléments et l'assemblée chante encore le Psaume 103 avant la bénédiction finale. En 1556, également, on lit des passages de l'Ecriture pendant qu'on distribue le pain et le vin de la Cène.

Mais un autre usage, indépendant de l'intention de Calvin, devait encore accentuer l'importance et le caractère sacré de la Parole. Calvin désira toute sa vie que la Communion fût célébrée tous les dimanches [45]. Mais ce fut là une des raisons de sa querelle avec les Magistrats de Genève qui aboutit à son départ en 1538 ; à Strasbourg, où il était devenu ministre de l'Eglise française, il obtint des magistrats la permission de célébrer la Communion une fois par mois. Qui ne voit que, les dimanches où la Cène ne fait pas partie du Culte, tout le mouvement liturgique du service aboutit non au point culminant du sacrement mais à l'explication de la Parole, au sermon ? Ce mouvement liturgique, dans un service en quelque sorte tronqué, est, à nos yeux, ce qui a induit les Réformés à sacraliser la Parole, à lui prêter, lorsqu'elle était prononcée sous l'impulsion de l'Esprit, un pouvoir extraordinaire, la force qui transporte les montagnes, anéantit les armées ou change les cœurs.

La puissance que l'on prêtait à cette Parole, à certains moments liturgiques qu'elle animait, apparaît notamment dans certains traités polémiques, dans certaines lettres de propagande ; on dirait que l'action véhémente qui se traduit par l'éloquence ou une mordante satire est brusquement transposée du plan terrestre au plan mystique, parce que la citation textuelle de l'Ecriture remplace la simple rhétorique.

Un traité polémique extrêmement connu au lendemain de la Saint-Barthélémy fournit un bon exemple de cette utilisation quasi sacrée de la Parole : *Le Resveille matin des François et de leurs voisins* (1574) [46].

---

44. Psalter mit aller Kirchenübung die man bey des Christlicher Gemein zu Straszburg und anderswo plägt zu siingen. 1539.
45. Cf. C.O. IV, 1051-1052. « On devait à tout le moins chacune semaine une fois proposer à la congrégation des chrestiens la Cène de nostre Seigneur ».
46. *Resveille matin des François et de leurs voisins*, composé par Eusebe Philadelphe Cosmopolite en forme de dialogues à Edimbourg 1574. Le véritable auteur en est, semble-t-il, N. Barnaud.

Par de nombreux rapprochements, J. Bailbé, dans sa thèse, a montré que ce pamphlet avait été largement exploité par A. d'Aubigné [47] pour relater les préparatifs et l'exécution de la Saint-Barthélémy. Mais ce qui nous frappe, dans ce traité de propagande, c'est qu'au moment où le récit, qui a d'ailleurs l'accent d'un témoignage passionné, atteint sa plus forte tension tragique, il cède la place à une véritable liturgie prononcée par un personnage du dialogue, *l'Eglise* que les autres écoutent avec une particulière révérence. Ainsi comme l'*Historiographe* vient d'annoncer le nombre des Huguenots massacrés : « Plus de cent mille personnes huguenotes tuées par toute la France... »

L'Eglise « soupire » : « O Dieu tout puissant, ô pasteur d'Israël »,

Ps. LXXX 1   iusques à quand fumeras-tu contre l'oraison

5   de ton peuple ? Tu l'as repu de pain de larmes

6   et tu l'as abreuvé de pleurs. Tu nous a mis en querelles contre nos plus proches et

7   en moqueries parmi les nations. Tu as transpor-

9   té ta vigne d'Egypte, tu l'as plantée, et lui a préparé le lieu, afin qu'elle y prinst racine

13   et s'estendist, en remplissant la terre : Pourquoy donc, as-tu rompu sa haye, la baillant en proye aux passants ? pourquoy a elle esté consumée par le sanglier, et dévorée par les bestes sauvages »... Cette lamentation se développe avec le psaume LXXIX :

« Les gens sont entrez en ton héritage, ils ont baillé les corps de tes serviteurs en viande aux corbeaux, et la chair des bien vivants aux bestes de la terre. Ils ont espars le sang des tiens et n'y avoit aucun qui les ensevelist... » [48] (Ps. LXXIX, v. 1, 2, 3 et suivants). Les deux premiers tiers de cette prière véhémente sont uniquement constitués par un fragment du Ps. LXXX accolé au début du Ps. LXXIX. Le dernier tiers n'appartient plus entièrement au texte des Psaumes mais se trouve si parfaitement imité, avec des versets bibliques comme : « Rends à nos

47. Cf. J. Bailbe, *op. cit.*, pp. 72, 74, 120, 121, 122 : « Dans le récit de la Saint-Barthélémy il suit pas à pas la relation du *Tocsain* contre les auteurs du massacre de France et celle du *Resveille matin des Français et de leurs voisins* », p. 120.

48. *Op. cit.*, pp. 78-79.

voisins *sept fois au double,* l'outrage duquel ils t'ont diffamé, Seigneur »... que la couture paraît invisible et que la prière de *l'Eglise* tout entière paraît n'être qu'un Psaume cité littéralement.

Quelques pages plus loin, l'historiographe vient d'évoquer les Huguenots qui ont trahi la Cause et vont à la Messe soit « de gayeté de cœur » soit par force. Nous avons vu que c'étaient là des faits scandaleux, insoutenables pour le petit reste fidèle ; *l'Eglise* intervient à nouveau et prononce une *confession des péchés* qui se développe en une prière pour la conservation d'Israël, prière émaillée de citations scripturaires [49], et qui reproduit le rythme des Psaumes ; « *l'Eglise* » imitant David et en particulier le thème du Ps. LXXVIII (dont le verset 4 se trouve cité à la page 87 [50]) rappelle les délivrances bibliques qui obligent Dieu, en quelque sorte, pour l'honneur de son Nom, à garder ce pacte de fidélité dont Il a donné des signes si éclatants. Après que les nouveaux Israélites ont confessé leur faute, affirmé solennellement qu'ils choisiront le Dieu qui leur fait grâce — et cette affirmation de la foi s'exprime également par des formules tirées des Psaumes [51] — l'Alliance entre Dieu et son peuple étant fermement rétablie, une double invocation antithétique monte vers Dieu : la bénédiction est demandée pour les fidèles : « deffen-les, Père sainct, à cause de ton honneur et gloire, qui est coniointe à leur délivrance », la malédiction est appelée sur le méchant, caractérisé avec les formules mêmes des Psaumes : « Leve toy donques Seigneur, hausse ta main, casse le bras des meschants, pren le bouclier et la targe pour secourir ceux qu'on persécute pour ton Nom... ». La prière de ce « service liturgique » s'oriente ensuite vers les « révoltés », ceux qui ont abjuré la foi réformée ; il s'agit d'obtenir du Seigneur qu'il ramène à la « vraye église » ceux que la persécution a frappés de terreur et qui ont renié leur Dieu. Le « liturge » rappelle les plaintes impies des Israélites au désert lorsqu'ils regrettaient « les aulx et les oignons d'Egypte », l'adjuration qu'il adresse à la fois au Seigneur et aux renégats s'exprime en vers dans le texte même du Psautier :

« Que trop mieux vault en toutes sortes
Un iour chez toy, que mille ailleurs :
Et sont les estats trop meilleurs

---

49. Cf. *Ibid.,* p. 85 : « Nous sommes livrez à mort pour l'amour de toy tous les jours et sommes estimez comme brebis de la boucherie... ».
50. « Seigneur, nous avons ouy de nos oreilles, nos pères nous ont raconté les œuvres que tu as faites en leurs jours en Egypte »...
51. Cf. pp. 87-88 « Sachant que c'est en vain qu'on edifie la maison si tu ne gardes la cité... » (Ps. CXXVII, v. 1).

Des simples gardes de tes portes,
Qu'avoir un logis de beauté
Entre les meschants arresté. » [52]

Enfin lorsque l'historiographe a fait le récit du procès et du supplice de Cavagne et Briquemault — nous avons indiqué déjà au chapitre II que cette accusation, destinée à étayer la thèse royale de la conspiration, avait été jugée par les Réformés comme plus abominable que le bain de sang de la Saint-Barthélémy — « l'*Eglise* » prononce à nouveau un psaume en l'annonçant ainsi : « Je puis bien dire maintenant avec David parlant de la meschanceté des ministres de Saül, et de toute iniquité et injustice » :

l'Eglise « Entre vous conseillers, qui estes
　　　　　Liguez et bandez contre moy,
　　　　　Dites un peu en bonne foy,
　　　　　Est ce iustice que vous faites ?
　　　　　Enfans d'Adam, vous meslez-vous
　　　　　De faire la raison à tous ?
　　　　　Ainçois vos ames desloyales,
　　　　　Ne pensent qu'à meschanceté,
　　　　　Et ne pesez qu'iniquité,
　　　　　En vos balances inégales.
　　　　　Car les meschans dès qu'ils sont nez
　　　　　Du Seigneur sont alienez. » [53]

Alithie répond : « Les jugements de Dieu sont grands ». Il est bien clair que le texte du Psaume a une valeur prophétique. Enfin la citation littérale d'un Psaume vient encore nourrir, à la fin du dialogue, une prière qui maudit le roy et supplie le Seigneur de sauver son Eglise. *Alithie* (la Vérité) fait alors monter vers Dieu un psaume d'action de grâces car la prière précédente prononcée dans la foi par une Eglise qui prie dans un esprit d'obéissance est déjà exaucée.

Alithie : « A donc tous pleins d'eiouissance
　　　　　　Tes enfans qu'on a oppressez,
　　　　　　Voyans desrompus et cassez
　　　　　　Les pervers par iuste vengeance

---

52. *Ibid.*, p. 92. C'est le texte de la strophe 5 du Ps. LXXXIV traduit par Th. de Bèze moins les deux premiers vers.
53. *Ibid.*, p. 120. C'est le Psaume LVIII. Traduction de Th. de Bèze, strophes 1 et 2.

> Dedans le sang se baigneront
> De ces meschans, et puis diront
> L'innocent ne perd point sa peine... » [54]

Ce dialogue, comme un service liturgique, se termine par une formule de bénédiction. La Parole, citée littéralement ou bien sous la forme métrique que lui avaient donnée les traducteurs des Psaumes, y est utilisée avec des intentions très précises. Elle intervient à certains moments du récit : aux moments les plus tragiques où l'intolérable triomphe, où nul recours humain n'apparaît dans la réalité de l'événement, elle représente alors l'irruption brusque d'un autre monde, d'un autre ordre, une réalité, une volonté transcendantes qui vont se manifester dans l'histoire pour l'infléchir d'une façon décisive en attendant le Jugement que le Psalmiste annonce comme imminent. Elle est prononcée par « *l'église* » c'est-à-dire la communauté qui combat et souffre pour Dieu, le peuple qu'il a élu, et que sa vocation même offre aux pièges des « pervers », au poignard des bourreaux. Elle est à la fois témoignage du peuple meurtri, prière qui monte vers Dieu pour attester le crime, et réponse du Dieu sauveur et vengeur de la maison qu'il a lui-même fondée, c'est un *dialogue prophétique*. Cette prière inspirée garde soigneusement le langage, les images, les rythmes des Psaumes : cette reproduction littérale fait du discours de « *l'église* » une langue à part, toute différente de l'éloquence humaine, douée du pouvoir formidable d'en appeler à Dieu comme Témoin et comme Juge : à travers les mots et les images de David, à travers son chant que suggèrent les strophes du Psautier, un autre Juste persécuté fait monter sa supplication jusqu'au trône divin, ce n'est même pas un autre mais une nouvelle figure du peuple élu s'exprimant par la voix d'un prophète ; le Seigneur des Seigneurs doit prêter l'oreille à cette voix car ce juste qui crie vers lui est en communion avec Sa volonté, il est son Jacob, son Oint.

Peut-on accuser l'auteur du *Réveille-Matin* ou A. d'Aubigné (qui, nous le verrons, donne à l'Ecriture le même pouvoir) de prêter à cette Parole une efficacité magique ? Sans aucun doute ils s'en servent comme les prophètes de l'Ancien Testament pour lesquels la voix de Dieu change le cours de l'histoire, fait tomber les murs, arrête le soleil, disperse une armée puissante en une nuit, elle est aussi à leurs yeux ce qui manifeste au cœur des événements humains, une autre réalité, l'invisible devenant plus réel, plus efficace que le visible, mais

---

54. *Ibid.*, p. 129. Il s'agit du Psaume LIX. Traduction de Th. de Bèze, strophes 7 et 8.

ces « prophètes modernes » n'agissent point comme des sorciers ; ils ne s'arrogent point la puissance de Dieu, ils n'en disposent point au moyen d'incantations auxquelles la force de Dieu serait liée. Ils se mettent d'abord dans une juste relation avec le Seigneur, c'est ce qui explique, dans les deux ouvrages, les confessions des péchés, la prédication d'une repentance (dans la vie réelle, de même, les Réformés décimés avaient jeûné à la manière des Ninivites exhortés par Jonas, avant de réorganiser militairement les restes de leurs communautés) ; à leurs yeux, le Peuple pour lequel ils témoignent n'a pas de raison d'être en dehors de sa mission, du combat pour la Parole ; persécutés, massacrés pour cette Parole, mis à mort à cause de leur obéissance, les Réformés deviennent alors, en leur temps, ce Juste persécuté que David, traqué par les forces de Saül ou par les rebelles, a représenté, celui qui ne peut plus compter, dans l'angoisse qui l'étreint, que sur la promesse du Dieu qui délivre. C'est lorsque le Prophète, en accord avec son peuple, a fermement renoué l'alliance qu'il peut invoquer la bénédiction, qui est, selon la pensée hébraïque, la force de vie du Dieu-Roi et qu'il peut aussi, à l'exemple du Psalmiste, appeler la malédiction, le retrait de cette force, sur ceux qui nient Dieu en exerçant l'injustice sur ceux qu'il s'est choisis.

On voit combien l'identification avec David, l'élu persécuté, est profonde dans l'imagination et la sensibilité religieuse des Réformés de ce temps [55] et l'on conçoit que les Psaumes, à nouveau animés par l'Esprit, puissent avoir la force de la Parole qui crée, ex-nihilo. Ce texte littéral apparaît ainsi comme une parole *poétique* au plein sens du terme. Chaque fois qu'on change de registre, qu'on passe d'un langage humain, aussi passionné soit-il, à cette langue religieuse sacrée, d'autant plus efficace qu'elle est proférée dans une structure liturgique, Dieu paraît, Son Esprit œuvre avec puissance, le Jugement commence.

On peut dire, si l'on suit les distinctions familières aux théologiens, que la Parole citée littéralement dans le *Réveille-matin* comme dans les *Tragiques* a une valeur plus *eschatologique* qu'*apocalyptique* : elle manifeste ce qui est déjà et qui sera pleinement révélé au dernier jour, elle fait irruption dans le chaos de l'Histoire pour remettre chaque chose en son lieu, délivrant des angoisses, marquant au front les responsables, couronnant les martyrs pour l'éternité.

55. La trilogie de des Masures confirmerait encore cette constatation.

Mais cette parole vraiment prophétique ne pourrait être lancée avec cette force par un « homme de Dieu » isolé, fût-il génial ; elle suppose tout un climat de foi ardente, une communauté en alerte, à l'écoute. Cette audience fervente s'explique si l'on prend garde à quelques aspects, déjà bien connus, de la vie des Eglises réformées au XVIe siècle : même en pays languedocien on n'a jamais prêché qu'en français ; les évangiles, les cantiques, les traités de propagande n'ont pas été traduits en occitan ; la raison essentielle en était, bien sûr, que les pasteurs étaient entièrement formés à Genève, que plusieurs étaient originaires d'autres régions où la langue populaire était le français, de plus, libelles, pamphlets, psautiers étaient, en règle générale, imprimés dans la cité de Calvin, centre européen de la Réforme. Mais ce fait contribue à souligner encore, pour la moitié Sud de la France, ce caractère tout à fait particulier du texte biblique littéral : les citations textuelles de la Bible constituent une langue à part, douée d'une force divine. Les « prophètes du Désert », au temps de la guerre des Camisards, utiliseront également, dans leurs prédications inspirées, des citations littérales empruntées aux Psaumes et aux Prophètes, on sait qu'après avoir repris, dénoncé, fustigé en langue d'oc ceux qui les entouraient, ils proféraient *en français* et sans changer les mots du texte biblique malédictions, exhortations au combat ou promesses de vie. Mais au XVIe siècle, le fait capital qui peut expliquer le caractère prophétique de la Parole c'est que les communautés réformées se sont constituées et soudées au chant des Psaumes, c'est aussi ce chant qui, au cœur des marches forcées ou des engagements militaires a forgé l'unité des enseignes et des bataillons formés par les artisans, les bourgeois ou les hobereaux que chaque paroisse, chaque district envoyait à l'armée des Princes.

Même quand les Psaumes furent traduits et mis en rimes par Cl. Marot ou Th. de Bèze, ils représentaient pour les Huguenots le texte dicté à David par le Saint-Esprit. Une « préface de l'imprimeur au lecteur chrestien », écrite en 1556, en fait foi : « ...Or combien qu'il n'y ait livre en toute la saincte Escriture qui ne nous exhorte à bien rentrer dedans nous, pour nous faire sentir à bon escient nostre nécessité : à cette fin que nous recourions à la bonté de Dieu, lequel seul peut remédier à nos maux : néantmoins le livre des Psaulmes est plus propre à cela que nul autre... » ; l'imprimeur indique alors que « à l'opposite de la rithme » il a mis en regard les versets bibliques en prose ; ainsi chacun pourra vérifier que « les Psaulmes lesquelz on ha appelez coustumièrement Psaulmes de Th. de Bèze ou de Clément Marot ne sont autres Psaulmes sinon ceux qui ont esté dictez à David et autres Prophètes par le Saint-Esprit : à fin que le fruict en fust perpétuel à l'Eglise... » [56]

Calvin, dans la préface à l'édition de 1543, avait fortement souligné la recréation du chant, au cœur du fidèle, par l'Esprit, il indiquait donc nettement que le Psaume, parole reçue dans sa nouveauté, n'est autre qu'une prophétie : « Nous ne trouverons meilleures chansons, ne plus propres pour ce faire (c'est-à-dire louer Dieu) que les Psaulmes de David lesquels le Saint-Esprit lui a dictez et faitz. Et partout, quand nous les chantons, nous sommes certains *que Dieu nous met en la bouche les paroles, comme si luy mesme chantait en nous*, pour exalter sa gloire. Par quoy Chrysostome exhorte tant hommes que femmes et petits enfans de s'accoutumer à les chanter, afin que cela soit *comme une méditation* pour s'associer à la compagnie des Anges... » [57]. L'aspect mystique du chant des Psaumes apparaît nettement : ils permettent à l'Eglise visible de se joindre aux chœurs des Anges et d'avoir un avant-goût de cette plénitude de l'adoration réservée aux élus. Mais, sur la terre, l'Eglise combat pour assurer sa vie et sa mission ; ces chants communautaires, où la guerre est partout présente, lui donnent la cohésion interne, l'élan conquérant au service du Dieu des armées : le Dieu de David a conduit les armées qui restaient fidèles au roi qu'Il avait élu, Il guidera et maintiendra l'Eglise qu'Il a lui-même assemblée.

La musique et les vers favorisaient assurément un transport spirituel qui disposait les fidèles à consacrer à Dieu leurs volontés, dans cette unité qu'une force surnaturelle leur communiquait. « Nous cognoissons *par expérience* », écrit Calvin [58] « que le chant a grand force et vigueur d'esmouvoir et enflamber les cœurs des hommes pour invoquer et louer Dieu d'un zèle plus véhément et ardent... », et après avoir prescrit une musique qui ait « pois et majesté », il précise que seule elle convient « puisque les psaulmes qui se chantent en l'église (se chantent)... en la présence de Dieu et de ses Anges ».

---

56. Cité par Pidoux. *Le psautier huguenot du XVIe siècle*, (1962). Vol. II, p. 97. Il s'agit d'une édition des *Psaumes* de 1556 (presses de du Bosc).
57. Calvin. Préface de l'édition des *Psaumes* 1543. Cité par Pidoux, *ibid*. vol. II, p. 21.
58. *La forme des prières et chants*. Genève 1542. *Epistre au lecteur* (Calvin) cité par Pidoux, *ibid*., vol. II, p. 20.

Théodore de Bèze a rappelé l'impression profonde qu'il avait reçue à son arrivée à Genève alors que l'Assemblée chantait le psaume XCI [59] :

« Accidit autem mihi tunc primum in publicum Christianorum vestigium ponenti, ut hunc Psalmum coetus concineret, cujus cantu perinde ac si Deum ipsum audirem me proprie compellantem, ita me sensi recreari ut illum ab eo tempore habuerim intime pectori meo insculptum ; et hoc vero coram Deo testari possim, ex eius meditatione me non tantum quum essem etiam peste corruptus, et idem malum familiam meam invasisset, verum etiam in gravissimis aliis tentationibus, mirificam laevationem aegritudinis ac doloris ex eo percepisse... » [60]

Certes, les psaumes n'étaient pas au XVIe siècle la propriété exclusive des « hérétiques » ; tous les chrétiens, les Princes, la cour, certains évêques, comme l'évêque de Valence, avaient accueilli avec joie la version française de ce livre qui nourrissait depuis toujours la méditation et la vie liturgique de l'Eglise, mais tous les historiens s'accordent pour dire que les psaumes chantés en commun devinrent très vite le signe de ralliement des hérétiques lorsqu'ils s'assemblaient, « faisant monopolles et conventicules ». Ils devenaient ainsi le chant de partisans opposés à l'autorité royale. Deux rapports conservés aux archives de Lyon font état de tels actes de sédition [61]. Aux yeux des Réformés comme de leurs adversaires ces chants, entonnés par l'assemblée et non par le prêtre seul, caractérisaient le nouveau culte comme l'indique Félix Bovet dans son *Histoire du Psautier* (p. 68-69).

L'on sait aussi, par de nombreux témoignages, que les martyrs de la Réforme, s'avançaient vers le bûcher en chantant des *Psaumes* [62].

Nous pouvons donc attribuer aux *Psaumes* chantés en commun par les Réformés une double valeur. Ils introduisent les fidèles dans la compagnie des Anges, et, par le truchement de David, leurs supplications, leurs soupirs s'élèvent jusqu'au trône de Dieu, c'est leur aspect

---

59. « Qui sous la garde du grand Dieu pour jamais se retire... ». Traduit par Clément Marot.
60. P.F. Geisendorf. *Théodore de Bèze*, pp. 29 et sq.
61. *Chronique lyonnaise* de J. Gueraud, p. 54, cité par Pidoux, *op. cit.* vol. II, p. 51.
62. Bovet (F.), *Histoire du Psautier des Eglises Réformées*. Neuchâtel-Paris, 1872, p. 661 : « Le premier martyr Leclerc, les récite sur son bûcher... » ; cf. *Mémoires de Félix Platter*, p. 58 : « Dalençon prêtre converti est mené au supplice à Montpellier... il ne cessait de chanter des Psaumes ».

mystique. Mais dans les combats que les persécutés ou les armées huguenotes doivent soutenir, et même dans les simples affrontements
entre catholiques et protestants ou entre les Réformés et la police
royale, ils servent de ralliement, d'enseigne à la nouvelle Eglise, ils sou-
dent les « défenseurs de la foi » dans une idéologie commune et les
disposent à mener la « guerre sainte », grâce à eux la voix du prophète
David, l'oint du Seigneur, retentit au cœur des batailles. Lorsque les
Eglises furent dispersées, les pasteurs traqués, quand on ne pouvait
continuer à vivre de la Parole qu'en exil ou les armes à la main, le caractère mystique des Psaumes se confondit avec l'élan guerrier qu'ils
donnaient aux combattants, on choisit de préférence certains psaumes
qui annonçaient la victoire de Dieu et de David sur les ennemis, par
exemple le Ps. LXVIII, traditionnellement appelé le *psaume des batailles*.
Citons en deux strophes pour montrer quelle violence sanguinaire il
pouvait exprimer :

> « Je deffendray mon peuple eleu
> Dit le Seigneur, car il m'a pleu :
> De Basan l'orgueilleuse
> Sain et sauf tirer je le veux
> Dehors du gouffre dangereux
> De la mer périlleuse,
> Si que ton pied baigné sera
> Dans le sang qui regorgera
> De la tuerie extrême
> Et tes chiens le sang lècheront
> De tes ennemis qui cherront
> Voire de leur chef même... »

Nous savons que ce psaume LXVIII fut très souvent entonné dans les
hautes vallées cévenoles, au temps de la guerre des Camisards, il est
permis de penser qu'il a souvent rythmé la marche des troupes huguenotes en Dauphiné ou dans l'Ouest.

Ce qui paraît ressortir des témoignages de Calvin, de Th. de
Bèze [63], des chroniqueurs du temps et d'A. d'Aubigné lui-même [64],

---

63. Cf. une ancienne lettre de Th. de Bèze (déc. 1561) « Relatio tumultus in
Suburbio S. Marcelli exorti » où l'on lit cette phrase digne de Tite Live : « Malotius
ipse minime perturbatus, signo dato ut Psalmum decimum sextum caneremus,
populum utrumque retinuit... ». Correspondance, tome II, p. 252. Lettre à Calvin.
Ici le psaume a pacifié les deux partis, c'est plutôt rare.
64. A. d'Aubigné. *Hist. Univ.*, t. IV, p. 13. Au moment le plus critique de
l'évasion hors de la cour des Valois, A. d'Aubigné avait fait chanter à Henri de
Navarre le Ps. XXI : « Seigneur le roi s'esjouira d'avoir eu délivrance... ». On le
chantait au prêche à Châteauneuf où ils parvinrent sains et saufs. A. d'Aubigné
vit là une vérification d'une inspiration prophétique.

c'est le caractère épique et prophétique des *Psaumes*. La musique et le chant qui unissaient fortement les cœurs de la communauté en vue d'une action permettaient de les avoir toujours présents à la pensée ; à l'heure où le croyant se tournait vers Dieu, mais aussi dans les situations critiques ils apparaissaient comme la voix de Dieu présente au cœur des fidèles. Avec autorité, la voix du « prophète royal » (David est souvent désigné ainsi dans le titre même des *Psaumes* [65]) rappelait à la communauté des croyants que Dieu est le maître des armées et de la vie et que les siens demeurent en sa sainte garde. Citons encore ce témoignage que la chronique du siège de Sancerre rapporte : les assiégés étaient à toute extrémité ; leurs pasteurs les exhortèrent à garder la foi à l'aide d'un Psaume : « Les pasteurs leur remontraient « que les Roys de la Terre avoyent beau se mutiner, beau comploter et s'eslever contre le Seigneur pour rompre et secouer son joug et pour ruiner son Eglise : que celui qui habite es cieux s'en rira... ». Ce sont les versets 2 et 4 du *Psaume* II qui fournissent le thème prophétique de cette exhortation et les pasteurs les font suivre, après avoir cité le verset 9 du même *Psaume,* de la prophétie de *Daniel :* « Qu'ils s'assurent que la pierre, que Nabuchodonosor vit en songe couppée sans mains, cassera le fer, la terre, l'airain, l'argent et l'or de l'image, et seront comme la paille que le vent emporte... » (*Daniel* II. 34,35) [66].

Le lien du psaume et de la prophétie n'est pas fortuit, les psaumes sont constamment utilisés comme des prophéties : la parole prophétique jaillit dès que, au cœur d'une situation donnée, le croyant sent monter à ses lèvres, comme *si Dieu les lui dictait à nouveau,* les paroles du Roi-prophète.

Mais cela invite à nuancer ce qui a été établi au chapitre précédent à propos de la mystique. Le calvinisme, très attaché à la Parole et au Médiateur qui l'accomplit, refuse catégoriquement l'aventure spirituelle de la mystique ; mais la Parole, reçue dans la communauté comme le signe même de la présence de Dieu, et le rôle capital des Psaumes dans la vie religieuse, dans la vie quotidienne et aux armées, imprègnent la spiritualité huguenote d'un certain mysticisme. Cette communion en Dieu est fortement marquée par la révélation centrale de l'Ancien Testament, l'Alliance, et par la mystique des Psaumes, largement influencée par le modèle religieux de l'Alliance qui exclut

---

65. Titre de deux éditions de 1555. « Le second livre des psaumes et sentences tirées tant du psalmiste royal que des autres saincts Prophètes » (cité par Pidoux). « Les cent cinquante Psaumes du Royal prophète David ».
66. *Le Réveille-matin*, dialogue II, p. 147.

toute notion d'*unio mystica* [67]. M. Franken a publié une étude très documentée sur la communion mystique avec Yaveh dans le livre des Psaumes. Ses remarques, fondées sur une étude précise des racines hébraïques, permettent d'éclairer le sentiment mystique du Psalmiste et de ceux qui ont modelé leur spiritualité sur le texte des Psaumes. Il montre en particulier quelle est l'attitude spirituelle du croyant de l'Ancien Testament qui « médite les ordonnances de Dieu » : « ce fidèle dispose son âme à faire l'expérience de l'unité avec le monde de Dieu en s'assimilant ses manifestations dans la loi ». Il nous semble que les Réformés du XVIᵉ siècle, lorsqu'ils se sentaient unis à la volonté de Dieu, dans la justice et la droiture de l'Alliance, chantant les Psaumes comme la prière collective qui faisait d'eux un peuple de serviteurs, étaient convaincus que le courant de la puissance souveraine de Dieu passait à travers eux, qu'ils étaient dans la sphère de l'action divine, que les hauts faits de Dieu célébrés par les Psaumes allaient faire éclater la réalité de leur temps. Ils s'attendaient avec le Psalmiste à voir la bonté du Seigneur sur la terre des vivants ; leur union avec Dieu les rendait alors invincibles. Les Psaumes ont donc représenté le lien vivant entre Dieu et Son peuple, leurs versets ont permis d'exprimer les certitudes prophétiques de ceux qui contemplaient Sa gloire, et qui comptaient dans les combats très concrets sur Ses délivrances.

---

67. Voir H.J. Franken. *The mystical communion with JHWH in the Book of Psalms.* 1954, Leiden.

CHAPITRE VI

LA BIBLE, PAROLE VIVANTE DANS LA CRISE
RELIGIEUSE VECUE PAR A. D'AUBIGNE

1. *Vrais et faux prophètes*

Au cours des crises nationales, on voit apparaître en Israël, en face du Prophète inspiré et dominé par Dieu, un ou plusieurs faux prophètes qui, par la parole ou des gestes symboliques, proclament la vérité attendue, un message d'espérance réconfortant qui satisfait au nationalisme du peuple et du Roi, rassure les prêtres mainteneurs de la tradition et procure aux prophètes eux-mêmes prestige et popularité. Le conflit entre vrais et faux prophètes est apparu à d'Aubigné comme très actuel : les conseillers politiques de Catherine de Médicis, de Charles IX, d'Henri III n'étaient-ils pas souvent des hommes d'Eglise, les choix politiques n'étaient-ils pas toujours liés à des choix religieux ? La paix en Europe et en France n'était-elle pas fondée sur l'apaisement des esprits animés de haines aux mobiles complexes mais qui se fondaient ouvertement sur la défense de la « vraye religion » ? Voilà pourquoi les noms d'Achitophel [1], de faux Sédecias [2], les « prophètes menteurs », les pharisiens hypocrites, apparaissent en face des Nathans, des Michées [3]. Les grandes batailles comme les conflits décisifs dans la vie d'Henri IV sont commandés, selon la vision d'A. d'Aubigné, par cette opposition entre les messagers de Dieu et les « docteurs cornus » que Satan, prince du mensonge, inspire. A. d'Aubigné, qui se sait prophète, prend souvent les traits de *Michée* quand ce n'est pas le rôle, plus tragique, de Daniel interprétant après la mort de son

---

1. Achitophel — nom symbolique du Cardinal de Lorraine. *Misères*, v. 994 —. *Vengeances*, v. 337.
2. Cf. *Princes*, v. 956. *Fers*, v. 167. *Discours par stances*. v. 152-157.
3. *Fers*, v. 166 *Discours par stances*, v. 151.

maître le « Mené, Thekel, Pherés » [4] écrit par un doigt divin sur « la funeste paroy » et qui donne à la mort du roi son véritable sens.

Mais une simplification abusive ne doit pas, nous semble-t-il, faire de notre auteur le prophète figé dans une seule attitude, l'homme de parti utilisant le message des prophètes en vue d'une seule prédication, sans cesse reprise et orchestrée. A ce compte, une personnalité dont personne ne conteste la richesse deviendrait un pantin de Guignol, la caricature de l'homme inspiré. La biographie d'A. d'Aubigné révèle, au contraire, des crises profondes qui ont mobilisé toutes les forces de son être et remis en question, parfois, des choix fondamentaux : après un échec amoureux à Talcy, il aspire à la mort et ce n'est pas pour lui un lieu commun poétique ; après sa rupture avec le roi de Navarre en 1577, il eut « le dessein... de vendre son bien et de s'attacher au duc Casimir » [5] ; c'était briser non seulement un attachement profond, mais aussi, comme nous le verrons, une vocation ; en 1586, humilié par le roi de Navarre, car son maître avait vendu son « fief » d'Oléron ou, plus vraisemblablement, n'avait pas engagé ses forces pour le reprendre, il s'enferme à Mursay, ulcéré, il songe à rompre avec son maître et avec le Parti [5], et puisque l'âme du Parti est la religion, il étudie avec soin les controversistes et les théologiens catholiques, songeant à renier sa foi [6]. Ces moments de crise et ces brusques revirements nous permettent de penser que le rôle de « prophète » (cette vocation qui s'affirme au début des *Tragiques* [7] comme son unique mission poétique) aussi bien que son message longuement inspiré par l'épopée d'Israël, durent être mis en question dans certains moments de révolte ou de déception graves, et, sans doute, éprouvés au creuset de la méditation intérieure, dans le dialogue que le croyant entretenait avec son Dieu. De bonnes études ont dessiné la figure du *partisan,* il est nécessaire d'affirmer avec force que jamais l'engagement à la fois religieux et politique d'A. d'Aubigné n'a asservi la Parole de Dieu à sa passion ; au contraire, son action dans le Parti et son message poétique, comme les décisions de sa vie quotidienne ont été examinés à la lumière de la Bible lue et méditée chaque jour, véritable nourriture de la vie intérieure, comme le soulignent si justement Raymond Lebègue et Jacques Bailbé [8]. Si bien que nous pouvons au moins poser comme hypothèse qu'à un certain moment crucial pour son

---

4. Cf. *Discours par stances,* v. 30.
5. *Mémoires :* éd. Réaume, I, p. 37.
6. Cf. Garnier : *Agrippa d'Aubigné et le parti protestant,* t. I, p. 362.
7. Cf. *Misères :* v. 35 à 55.
8. R. Lebègue : *La poésie française de 1560 à 1630.* t. II, p. 59.
J. Bailbé : *Agrippa d'Aubigné, poète des Tragiques,* p. 431.

Parti-Eglise et pour lui-même d'Aubigné a dû, sous le regard de Dieu, avec un esprit et un cœur humiliés et comme mis en croix, se demander, au creuset de l'épreuve, si la vocation prophétique qu'il avait reçue et le message inspiré que les *Tragiques* transmettaient à tout un peuple de combattants et de martyrs étaient bien la volonté de Dieu, et s'il avait été un messager fidèle.

Non qu'il ait jamais douté du plan de Dieu, du triomphe assuré de la Parole et de la vraie Eglise, mais après avoir mis ses pas dans les pas des plus grands serviteurs de Dieu : un Moyse, un Elie, un saint Paul, il a revécu leur expérience douloureuse : les ennemis de Dieu, un moment écrasés au Carmel, se sont relevés avec l'appui du roi idolâtre ; Moyse, parvenu au terme de sa marche épuisante au désert, n'a vu la Terre Promise que de loin ; le retour en gloire du Christ, attendu dans l'immédiat par les premiers disciples, s'est enfoncé dans un avenir lointain. L'épopée de la Cause n'aboutira jamais à l'établissement définitif, au triomphe incontesté que le champion des armes réformées a attendu.

Cette épreuve de la foi, qui est au centre du *Traité des Scandales* de Calvin, a marqué A. d'Aubigné ; plusieurs textes, en dehors des *Tragiques*, en témoignent [9]. Pouvons-nous aller plus loin et affirmer que deux attitudes prophétiques successives coexistent dans les *Tragiques* et que chacune de ces visions commande une conception différente de l'épopée, un choix différent dans les sources bibliques ? Si cette hypothèse pouvait être vérifiée et précisée par la date de composition de certains passages, ou de certains livres, nous aurions établi une relation entre une crise religieuse et la création poétique, le rôle de la Bible, reçue comme Parole vivante et créatrice dans cette crise spirituelle, apparaîtrait alors plus clairement.

2. *Les deux textes des Tragiques où s'exprime la vocation prophétique du poète*

Le premier se trouve au début de *Misères* :

« Tout-Puissant, tout-voyant, qui du haut des hauts cieux
Fends les cœurs plus serrez par l'esclair de tes yeux,
Qui fis tout, et conneus tout ce que tu fis estre ;
Tout parfaict en ouvrant, tout parfaict en connoistre,

---

9. Texte inédit relevé dans les Archives Tronchin, n° 148, f. 117 r°. cité infra p. 505. *Méditation sur le Psaume* 73. (Elle sera étudiée dans le cours du chapitre).

De qui l'œil tout courant, et tout voyant aussi,
De qui le soin sans soin prend de tout le souci,
De qui la main forma exemplaires et causes,
Qui préveus les effects dès le naistre des choses ;
Dieu, qui d'un style vif, comme il te plaist, escris
Le secret plus obscur en l'obscur des esprits :
Puisque de ton amour mon ame est eschauffee,
Jalouze de ton nom, ma poictrine embrazee
De ton feu, repurge aussi de mesmes feux
Le vice naturel de mon cœur vicieuz ;
De ce zele tres sainct rebrusle-moi encore,
Si que (tout consommé au feu qui me devore,
N'estant serf de ton ire, en ire transporté
Sans passion) je sois propre à ta vérité ;
Ailleurs qu'à te louër ne soit abandonnee
La plume que je tiens, puis que tu l'as donnee. »

Cette invocation à Dieu tient la place de l'invocation à la Muse dans les épopées antiques, c'est donc bien un appel à l'inspiration, mais, à l'exemple des prophètes d'Israël, A. d'Aubigné ne recherche pas cette voyance mystique dans un élan créateur qui viendrait de lui-même, il a été choisi déjà au moment où son existence commençait, l'esprit de Dieu s'était alors emparé de son être : ceci est bien conforme à la doctrine réformée de la prédestination ainsi qu'à la vocation de plusieurs prophètes bibliques qui, ayant essayé de se dérober au choix de Dieu [10], ont reçu la révélation de leur élection liée à leur vie même. Les vers 43 et 44 :

« Dieu, qui d'un style vif, comme il te plaist, escris
Le secret plus obscur en l'obscur des esprits : »

sont un écho de la révélation divine à Jérémie : « Devant que je te formasse au ventre, je t'ai connu, devant que tu sortisses de la matrice, je t'ai sanctifié, je t'ai ordonné Prophète pour les nations. » (Jér. 1/5).

Ce texte est certainement antérieur à la belle prière d'offrande et de repentance qui ouvre le livre VI, il traduit cette force explosive « des sentiments accumulés dans la poitrine et qui la travaillent » selon l'image de Diderot [11], de plus ce thème de la vocation prophétique accompagne le thème épique de l'Exode ; A. d'Aubigné se voit sous la figure de Moïse, le libérateur par excellence ; un esprit cri-

---

10. *Jérémie :* I/6 ; *Jonas* I/3.
11. Diderot. *De la poésie dramatique.* Chap. XVIII.

tique pourrait souligner l'outrecuidance de ce thème s'il ne prenait garde qu'on retrouve ici l'affirmation centrale de la Réforme : la Parole est libératrice. La nouveauté, liée à la situation historique de 1576-77, et qui donne à ce passage un caractère propre, c'est que le Libérateur-Prophète, botté, armé, mène ses troupes vers une conquête, ou une reconquête. Un élan guerrier, invincible, anime le texte, précipite le mouvement, impatience ardente d'un poète inspiré mais aussi, sans doute, fougue du capitaine désormais libre qui peut organiser de hardis coups de main.

Le thème de la vocation prophétique reparaît au début du livre VI ; il s'exprime dans un registre bien différent : après l'éclat des trompettes voici l'harmonie pénétrante de la prière [12], prière d'expiation et d'offrande qui s'élève avec l'encens ou la fumée du sacrifice à l'intérieur du « saint des saints », lieu clos, où la méditation, le retour sur soi trouvent leur place.

« Ouvre tes grands thresors, ouvre ton sanctuaire,
Ame de tout, Soleil qui aux astres esclaire,
Ouvre ton temple sainct à moy, Seigneur, qui veux
Ton sacré, ton secret enfumer de mes vœux.
Si je n'ay or ne myrrhe à faire mon offrande
Je t'apporte du laict : ta douceur est si grande
Que de mesme œil et cœur tu vois et tu reçois
Des bergers le doux laict et la myrrhe des Rois.
Sur l'autel des chetifs ton feu pourra descendre
Pour y mettre le bois et l'holocauste en cendre,
Tournant le dos aux grands, sans oreilles, sans yeux
A leurs cris esclatans, à leurs dons précieux.
     Or soyent du ciel riant les beautés descouvertes,
Et à l'humble craintif ses grand's portes ouvertes.
Comme tu as promis, donne en ces derniers ans
Songes à nos vieillards, visions aux enfans.
Fay paroistre aux petits les choses inconues,
Du vent de ton esprit trousse les noires nues,
Ravi-nous de la terre au beau pourpris des cieux,
Commençant de donner autre vie, autres yeux
A l'aveugle mortel : car sa masse mortelle
Ne pourroit vivre et voir une lumière telle.

---

12. Elle est figurée par la *fumée de l'encens, Tragiques*, livre VI, v. 4.

> Il faut estre vieillard, caduc, humilié,
> A demi mort au monde, à luy mortifié,
> Que l'ame recommence à retrouver sa vie
> Sentant par tous endroits sa maison desmolie,
> Que ce corps ruiné de breches en tous lieux
> Laisse voler l'esprit dans le chemin des cieux,
> Quitter jeunesse et jeux, le monde et ses mensonges,
> Le vent, la vanité, pour songer ces beaux songes. »

Ce texte est centré sur la contemplation que précise l'invocation au Soleil.

« Soleil levant qui nous a visités d'en haut » selon la belle image du *Cantique de Zacharie*, reprenant la prophétie de *Malachie*[13]. Le thème a une double signification :

a) Il est le symbole de Jésus-Christ, lumière apparaissant dans notre monde de ténèbres selon l'*évangile de Jean*[14].

Calvin, dans l'*Institution Chrétienne*, à propos des Juifs déclare que « c'estait une chose bien convenable que devant que le soleil de justice fust levé, il n'y eust pas si grande clarté de révélation, ni si claire intelligence... »[15].

A. d'Aubigné comprend bien ainsi puisque l'adoration des bergers auprès de la crèche succède aussitôt à l'invocation prononcée dans le « saint des saints ». Il y a donc ici plus qu'une image.

b) Ce symbole offre aussi un sens eschatologique. La venue du Messie a toujours marqué pour les Juifs, comme pour les Chrétiens, le commencement des derniers temps, l'accomplissement de l'histoire. Cet aspect se précise à partir du vers 15 où commence une libre et large paraphrase du *prophète Joël* permettant à A. d'Aubigné de demander visions et prophéties qui doivent être, à la veille « du jour de l'Eternel », accordées à « l'humble craintif » (v. 14), aux *vieillards*, aux *enfants*, aux *petits*. Après s'être mêlé aux bergers[16], le voici confondu avec ceux qui n'ont ni apparence, ni puissance, ni sagesse. Il sait bien

---

13. *Malachie*, chap. IV, v. 2.
14. *Evangile de Jean*, I. v. 4 à 12. Voir aussi : « Sur ceux qui habitaient le pays de l'ombre de la mort une lumière resplendit ». *Esaïe*, IX, v. 1.
15. I.C., II. XI-5, voir aussi II, X.20.
16. *Vengeances*, v. 6.

qu'il ne peut s'humilier lui-même, mortifier ses ambitions, devenir un enfant abandonné à la volonté du Père, mais il aspire à ce dépouillement. à cette mort à soi-même qui seuls lui permettront d'être baptisé par l'esprit, il les demande comme une grâce ; ce faisant il revit la *prophétie de Joël* à la lumière des *Evangiles* et des *Actes,* il l'interprète comme Luther qui commentait ainsi le texte de Joël : « ... Il n'entend cela de nouvelles révélations par songes et visions ains du sainct Esprit qui purifie les cœurs par foy et gouverne les esprits... »[17] Car Luther se méfie du don de Prophétie « qui peut être aussi donné aux mauvais » mais il exalte ce don, que l'Esprit répandu sur les Apôtres à la Pentecôte a rendu possible : « Quand donc au présent passage du Prophète c'est tout un de prophétie, vision et de songe : c'est-à-dire cognoissance de Dieu par Christ, laquelle le sainct Esprit fait reluire par la parole de l'Evangile. » Chez A. d'Aubigné cette interprétation, liée à un mouvement profond de repentance, représente une véritable μετάνοια, une conversion totale du cœur et de la pensée. Le prophète des premiers chants, nouvel Esaïe, nouveau Moyse qui a lancé l'anathème contre les ennemis du Seigneur, qui a fait monter vers Dieu les plaintes de son peuple et contemplé le triomphe céleste des martyrs et des combattants, devient maintenant l'humble servant de l'Evangile, il soupire avec l'apôtre Paul : « Qui me délivrera de ce corps de mort ? » C'est seulement après une longue et douloureuse méditation, après s'être remis à la seule grâce du Père, qu'il peut demander d'un cœur purifié :

« D'un sainct enthousiasme appelle aux cieux mon âme,
Mets au lieu de ma langue une langue de flamme,
Que je ne sois qu'organe à la céleste voix... »

La prophétie qui lui est alors donnée c'est la parole du Sauveur : « Vous n'aurez point de signe... »

Mais il est bien clair que cette conception purement évangélique est incompatible avec la fougueuse ardeur guerrière et prophétique qui animait le début du chant I. Deux questions se posent alors : quel texte paraît antérieur, peut-on préciser l'intervalle qui les sépare ? et surtout : quels événements, quel drame intérieur ont pu ramener le prophète combattant de l'assurance exaltée de la fureur prophétique à une ferveur si humble ?

---

17. Luther. *Commentaire sur Joël,* p. 133. Nous avons vu que les prophéties aberrantes des Anabaptistes déterminaient le jugement de Luther. Mais pour tous les Réformateurs, la Prophétie est essentiellement annonce du message biblique hic et nunc. Cf. notre chapitre sur le Prophétisme.

Armand Garnier a consacré un chapitre de sa thèse à ces problèmes de composition et de date. Ses conclusions paraissent souvent inat-
taquables. Que dit-il du livre VI — et de ce prologue qui comprend
les 90 premiers vers jusqu'à l'indication du plan ?

« Pour composer la première partie — il s'agit pour A. Garnier
à la fois du prologue et du long développement qui évoque « les vengeances du Jehovah biblique » — il suffisait d'avoir une Bible sous
la main. Tout protestant était d'ailleurs tout imprégné du livre sacré,
d'Aubigné plus que quiconque... Et les souvenirs, les exemples,
affluaient d'eux-mêmes sous sa plume ; du reste il déclare expressément,
au début du chant, qu'il est jeune, et il s'excuse de remplir, malgré
son âge, une mission analogue à celle de Jonas, et de venir lancer sur
les Ninives modernes les malédictions de l'Eternel. Aussi lui deman-
de-t-il de réparer son insuffisance par une assistance spéciale :

« Or je suis un enfant sans aage et sans raison,
Où ma raison se sent de sa neufve prison ;
Le mal bourgeonne en moy, en moy fleurit le vice,
Un printemps de pechés, espineux de malice :
Change-moy, refai-moy, exerce ta pitié,
Rens moy mort en ce monde, oste la mauvaistié
Qui possede à son gré ma jeunesse premiere ;
Lors je songeray songe et verray ta lumiere. »

Ces premiers arguments d'A. Garnier paraissent peu solides car
ils ne tiennent pas compte du sens précis du mythe de Jonas. Mais A.
Garnier appuie sa conviction que le passage a été écrit en 1577, au
moment de la retraite aux Landes, sur un rapprochement avec l'Elégie
autobiographique [18] écrite en 1577 qui paraît plus convaincant :

« Dans les deux endroits, écrit-il, il avoue ses péchés de jeunesse, l'oubli de Dieu au milieu des camps, ses repentirs vite étouffés
et la résurrection tardive de sa conscience dans l'épreuve d'une grande
maladie. Mais maintenant il enveloppe ses confidences dans le mythe de
Jonas, jeté au fond de l'abîme des mers et sauvé par la baleine légendaire ; et ce vêtement biblique le préserve des franchises parfois un
peu crues de l'élégie. Mais le fond, la matière est la même sinon le
moule où elle est coulée... » [19]

---

18. La Ve des *Poésies diverses*, cf. : ed. Réaume III, p. 219 et sq. ed. Weber
(La Pléiade), p. 326 et sq.
19. A. Garnier. *A. d'Aubigné et le parti protestant*. Tome II, p. 232.

Certains vers du prologue de *Vengeances* rappellent, il est vrai, les péchés qu'A. d'Aubigné confesse dans l'Elégie, le vers 114 :

« Satan le destournait au grand chemin du vice... » (il s'agit de l'esprit d'A. d'Aubigné).

Les vers 119 et 120 :

« Aux tourbillons venteux des guerres et des cours,
    Insolent, j'ay usé ma jeunesse et mes jours ; »
ou encore :

« J'ai adoré les Rois, servi la vanité » au vers 123 [20], mais ce qui fait le fond de sa repentance dans le livre VI des *Tragiques* et que le mythe de Jonas exprime, c'est un péché plus grave que la licence des mœurs, l'orgueil ou l'ambition : il s'est dérobé à une mission prophétique clairement reçue et acceptée ; le bien qu'il n'a pas su vouloir c'est :

« Le zèle qui me fait du fer de vérité
    Fascher avec Sathan le fils de vanité. » [21]

En se dérobant à cette mission il risque de s'assujettir à Satan, prince de mensonge, et de trouver la mort, en renonçant à son élection même, dont sa vocation prophétique était le sceau.

Mais le Prologue du Livre VI et l'Elégie autobiographique, même si on relève dans les deux textes le thème analogue de la repentance (la « matière est la même », affirme A. Garnier) présentent des différences très importantes dans la mise en œuvre, les réminiscences littéraires et les images qui donnent au thème sa valeur émotive, son accent. L'Elégie nous paraît utiliser largement des textes célèbres de Virgile et d'Horace [22] en les imitant de près. Il s'agit parfois d'une traduction libre [23], parfois aussi des sentences proverbiales complètent une série d'exemples généraux destinés à prouver, par contraste, l'heureux équilibre du petit propriétaire campagnard. Rien de tout cela ne paraît bien original même si des détails précis permettent à A. d'Aubigné d'appliquer à sa propre vie ces réflexions d'humanistes célèbres.

---

20. Cf. : Un long développement inspiré de Virgile et d'Horace, dans l'*Elégie* sur la vanité de l'ambition, v. 104-140.
21. « *Le fils de vanité* » est, à notre avis, une apposition à *Sathan* défini comme *prince de mensonge*.
22. *Géorgiques* II. 490-510. Horace, *Satires*, livre II. Satire 6.
23. On trouve en particulier du v. 110 à 130 une adaptation du texte des *Géorgiques* qui est cité.

L'Elégie nous paraît une sorte d'exercice poétique, une biographie assez précise de l'auteur s'y trouve mise en vers et illustrée de quelques imitations de Virgile et d'Horace ; qu'elle soit une œuvre de jeunesse ne nous étonne pas. Mais le prologue du Livre VI, ce dialogue lyrique avec Dieu, ce face à face plein d'humilité, n'a pas grand-chose à voir avec ce qui est une épître biographique et sentencieuse. Le poète, dans l'Elégie, raconte sa retraite et s'en loue en confessant la vie d'aventurier pleine de péchés, éloignée de Dieu, qu'il a menée, mais la méditation si personnelle du livre VI, si différente par sa profondeur et le lyrisme spirituel qui l'anime, repose sur une confession bien différente, il ne s'agit plus des vices du temps, de la foi perdue et miraculeusement retrouvée aux portes de la mort, mais bien d'une vocation prophétique reçue, puis mise en oubli ou gauchie, et que l'élu de Dieu reçoit à nouveau dans la prière et l'humiliation. Nous ne saurions dire avec A. Garnier que la matière est la même, il faudrait ôter à ce prologue tout son caractère biblique et sacré, toute la paraphrase de Jonas et du prophète Joël qui donnent à la confession et à la prière leur sens véritable. Ainsi le principal argument d'A. Garnier pour dater ce texte, le rapprochement avec l'Elégie, nous paraît contestable.

Le mythe de Jonas se développe sur quarante vers, aucun épisode biblique en dehors du Jugement et du Prologue de Job n'est paraphrasé aussi longuement dans les *Tragiques ;* il faut bien voir dans cette continuité une intention. Nous pensons donc que ce « vêtement biblique », selon la formule d'A. Garnier, n'est pas le manteau de Noé, et que la repentance qu'il permet d'exprimer n'a point pour objet, ou du moins pour objet unique, des vices ordinaires mais bien l'angoisse de celui qui « au lieu d'aller faire au combat son office », office qui était d'ordre prophétique, a refusé la lutte âpre et sans compromis, peut être la prédication intransigeante d'un Jérémie parmi ses frères. Des thèmes bibliques de même sens, insérés dans la trame de cette confesssion, permettent d'appuyer cette interprétation : « J'ai fait un trou en terre et caché le talent » (vers 107) est particulièrement net ; mais le vers 31 : « Or je suis un enfant sans aage et sans raison » n'a peut-être pas le sens direct et simple qu'on lui a prêté ; le vers occupe en quelque sorte la mineure d'un syllogisme : « Il faut être vieillard... à demi-mort au monde... pour songer ces beaux songes », « Or je suis un enfant... en moy fleurit le vice,... Rens moy mort en ce monde... lors je songeray songe ». Il est possible qu'A. d'Aubigné ait fait monter vers Dieu cette prière dans sa jeunesse, à vingt-cinq ans, mais le sens littéral n'épuise pas le texte et il est bon de rappeler que le « je ne sais pas parler, je ne suis qu'un enfant » exprime souvent, chez le prophète biblique qui reçoit sa vocation, un refus, une crainte, voire une angoisse devant le changement total de vie et d'attitude qu'implique la disponibilité du prophète à l'Esprit.

Moïse [24], Jérémie [25], ont ainsi résisté un instant à l'appel impérieux du Seigneur. Enfin, dans le Nouveau Testament, le thème s'inverse à cause des paroles du Christ aux disciples et à Nicodème [26] et sa valeur double est nettement indiquée par l'apôtre Paul (1re aux Corinthiens xiv/20) : « Frères ne soyez pas des enfants sous le rapport du jugement ; mais pour la malice soyez enfants et, à l'égard du jugement, soyez des hommes faits. » Notons que ce verset, dans l'épître, est le point de départ d'une exhortation à pratiquer la *prophétie* dans les assemblées chrétiennes, au sens du témoignage clair fondé sur les Ecritures.

Pour résumer cette discussion, le mythe de Jonas nous paraît le fil conducteur de ce passage, il exprime la repentance d'un *prophète* qui a préféré un temps son confort ou ses passions à la rude mission qu'il avait acceptée : « J'ai fait des cabinets sous espérances vertes » [27] peut s'appliquer à toutes sortes d'évasions et de compromis — plans de réussite politique par exemple. Dieu l'a réveillé par une épreuve terrible comparable à la mort ; il n'est pas sûr que cette épreuve soit le séjour à la cour des Valois de 1573 à 1576, ni que « j'ay esté par les miens précipité dans l'onde » représente la haine de ses parents catholiques du Blésois qui le conduisit aux portes de la mort, mais avant qu'il eût reçu la vocation prophétique dont il témoigne dans les *Fers ;* les « siens » peuvent figurer sa famille spirituelle, son parti. A vrai dire, si on voulait utiliser ce mythe comme une allégorie et appliquer chacun des termes à un épisode précis de la vie du poète, aucun rapport certain ne pourrait être établi, mais le sens spirituel de l'ensemble paraît clair : A. d'Aubigné demande à Dieu de le ramener dans la droite ligne du combat prophétique ; ce combat exige une purification de l'être tout entier, un passage par la mort du Christ (figurée par l'engloutissement de Jonas dans le ventre

---

24. Cf. Exode III / 11 ; IV / 1 et 10.
25. Jérémie 1 / 6.
26. Cf. Matth. XVIII/3 et Matth. XI/25 ; Jean III/3,56.
27. On ne voit là une allusion au rêve de bonheur d'A. d'Aubigné que si on est déjà convaincu que cette infidélité se situe au cours de son premier séjour aux Landes. Mais la formule peut s'appliquer à toutes sortes d'espérances et de compromis. « La véritable faute de Jonas c'est qu'en dépit de toute son orthodoxie il se tient à l'écart... Quand la vie et la mort étaient en jeu, il se trouvait en dehors, dans un lieu inconfortable à l'extrême (jusqu'au moment où Dieu fit pousser un arbuste à larges feuilles qui lui donna un sentiment de bien-être) ». Von Rad. *op. cit.* t. II, p. 252.

du grand poisson). Purifié par ce passage au travers des ondes de mort, il reçoit un nouveau message prophétique beaucoup plus fidèle à la *prophétie* telle que la concevaient les théologiens réformés qu'aux signes et aux visions, aux tableaux épiques qui animaient les premiers chants des *Tragiques*. Il ne s'agit plus désormais pour le combattant inspiré de réactualiser les grandes fresques de l'histoire d'Israël et d'imaginer prophétiquement la reconquête glorieuse de Canaan, mais de méditer sobrement « *les exemples vrais de nos histoires sainctes* ». L'allusion, à partir de Jonas, à la mort et à la résurrection du Christ, la paraphrase du prophète Joël, situent ce nouveau message prophétique dans un temps particulier de l'histoire : il s'agit des derniers temps, inaugurés par l'apparition du Christ dans l'histoire, et qui sont entraînés invinciblement vers la Parousie, d'où l'accent évangélique et mystique de ce prologue. On peut regretter la grandeur et le mouvement de certaines visions prophétiques précédentes mais l'authenticité spirituelle de cette prière, toute pénétrée de l'attente de l'Esprit saint, paraît très remarquable.

A-t-on suffisamment souligné l'importance de cette « ouverture » du livre VI, le rôle qu'elle joue dans l'économie de l'œuvre ? Dans les livres précédents se déploie une épopée ardente, tendue vers la revanche visible et terrestre, une conquête à la fois spirituelle et politique y est évoquée à partir du thème de l'Exode *(Misères* v. 20, 27, 28) et la vocation prophétique d'A. d'Aubigné se lie intimement au thème du combat militaire ; *les Fers* s'achève sur des visions de batailles et de sièges, le triomphe de Jérusalem, la ruine de l'Antéchrist. Même le mythe final, l'Océan accueillant le sang et les cadavres des martyrs, représente une revanche puisque, après la Saint-Barthélémy, des poèmes et des pamphlets catholiques soulignaient que tous les éléments de la terre et l'Océan en particulier avaient refusé d'accueillir l'impure dépouille de Coligny et les cadavres des Réformés massacrés [28].

---

28. Cf. : *Tombeaux des brise-croix.*
Mesme de Gaspard de Colligni iadis Admiral de France, à Lyon par Benoist Rigaud, 1573.
« Ipse vel Oceanus qui cuncta piacula purgat
  Horum causa nequeat triste piare nefas.
  Expuit extremis obscoena cadavera ripis,
  Ex hiis contagii ne quid arena trahat.
  Aut etiam inferni vada mergit in ima caribdis
  Rursus ut in summas non revomantur aquas... »
C'est un poème de Dorat, cité et commenté dans ma communication « la poésie inspirée par la mort de Coligny » in *Actes du Colloque l'Amiral de Coligny et son temps,* S.H.P.F., 1974, pp. 389-405.

A partir du livre VI, ceux qui attendent visions et miracles sont *renvoyés aux spectacles passés* comme Jésus-Christ renvoyait les Juifs, grands amateurs de miracles, à la loi et au témoignage :

> « Ainsi les visions qui seront ici peintes
> Seront exemples vrais de nos histoires sainctes. »

(Vengeances vers 89-90)

La *Prophétie* devient beaucoup plus une méditation des Ecritures pour discerner les signes et le sens qu'offrent les événements actuels, elle est beaucoup plus liée à l'attente de la foi tandis qu'elle représentait, jusqu'au chant V, le moyen de grandir l'événement, de l'orienter, elle fulgurait comme le foudre vengeur du Dieu vivant. Le prophète est ramené au rang de témoin, de porte-parole, la parole qu'il transmet le dépasse et le juge d'abord lui-même. Dans les deux derniers livres des *Tragiques* une vision mystique éblouissante, mais très fidèlement inspirée des Ecritures, apparaît au terme d'une prédication fidèle et fervente de la Parole. Non que le thème de la revanche ait disparu, mais cette revanche est attendue dans la foi, liée au Jugement dernier et à l'Apocalypse.

La déroute des ennemis de Dieu devient l'objet de l'espérance et de la vision mystiques tout au long du livre des *Vengeances,* après que le prophète-témoin a souligné l'action souveraine de Dieu dans les situations de crise que la Bible rapporte ; il discerne le doigt de Dieu dans les catastrophes individuelles ou collectives des temps actuels mais, pour reconnaître cette puissance à l'œuvre, la foi est indispensable : Dieu offre ces signes à ses élus comme les arrhes du Jugement à venir, mais pour les indifférents ou les réprouvés aucun de ces signes n'est discernable [29].

Si nous comparons les deux textes où s'exprime la vocation prophétique d'Agrippa d'Aubigné, l'un (*Misères*, vers 35 à 55) inspiré par la vocation d'un Esaïe ou d'un Jérémie et l'autre qui ouvre le livre VI, qui donne à l'épopée son second élan, appuyé sur l'interprétation du mythe de Jonas par le Christ et sur les promesses du livre de Joël, l'opposition entre deux attitudes prophétiques apparaît nettement : un prophète combattant, nouveau Moïse rassemble un peuple au début de *Misères ;* dans le prologue de *Vengeances,* un témoin du Christ s'agenouille et contemple les hauts faits du Seigneur dans l'histoire sainte, sa prophétie ne sera qu'une prédication de la Parole, une attente des signes des temps.

---

29. Au vers 82 le « vous n'aurez point de signe » s'adresse au « vain lecteur », au spectateur hostile ou indifférent comme l'étaient les Scribes et les Pharisiens qui demandaient un signe à Jésus pour le confondre.

Ne peut-on penser qu'une certaine expérience sépare ces deux conceptions, et que la foi qui sait attendre, celle qui espère, même quand le triomphe tarde à venir et que les signes sont peu évidents, a succédé, après une crise, à la fougue emportée qui se lançait à l'assaut d'une terre de Canaan saisissable et visible ? A notre avis, ces deux attitudes ne peuvent être simultanées, elles nous paraissent liées à la résistance protestante, à son élan de reconquête, puis aux échecs qui l'ont marquée lorsque le durcissement de la Ligue, à la mort du duc d'Anjou (1584), a dressé un mur infranchissable entre l'héritier présomptif du trône, hérétique et relaps aux yeux des catholiques, et le trône de France. On sait le rôle d'ami, de directeur de conscience, « d'envoyé de Dieu » devait-il penser, qu'A. d'Aubigné a joué auprès du chef, le Gédéon élu pour « relever l'enseigne d'Israël » ; qu'il ait cru à la victoire possible, au triomphe à portée de la main et définitif de la Cause, ce qui était à ses yeux la vocation divine du « petit reste » réformé, d'autant plus invincible qu'il s'assurait en Dieu, ses violentes diatribes contre les concessions aux catholiques et l'abjuration politique de son maître le prouvent, ainsi que la réaction « prophétique » qu'il eut après l'abjuration et sa conviction que Dieu même frapperait au cœur celui qui l'avait renié. C'est cette grande épopée à demi réussie, ce rêve de reconquête que célèbrent les premiers chants des *Tragiques,* même s'ils ont été composés au moment où le protecteur des armées huguenotes donnait des gages aux éléments modérés de l'autre parti.

Mais le rêve de reconquête et d'hégémonie politique des Huguenots fut brusquement anéanti au moment même où le chef du parti, par le jeu des destins, touchait au trône.

3. *L'épreuve de la trahison d'Henri IV*

Le drame que constituèrent, pour ses compagnons d'armes et pour le parti protestant, les concessions du roi de Navarre aux catholiques puis son abjuration est mal compris de nos jours car tous les manuels d'histoire ont célébré ce prince intelligent et sans fanatisme, sceptique comme les historiens diserts du XIXe siècle qui se sont retrouvés en lui. Pourquoi son abjuration apparut-elle comme une trahison scandaleuse aux yeux d'A. d'Aubigné, du parti et des Eglises réformées ? C'est ce qu'il faut essayer de voir, en rappelant son rôle à la tête des troupes huguenotes et la marche de ce prince vers le trône qui parut à ses partisans le signe même d'une élection divine.

C'est au moment où Jeanne d'Albret amène son fils à La Rochelle avec 4.000 Gascons, au commencement de la troisième guerre, en 1568, que le jeune Agrippa, échappant à la surveillance de son curateur, une nuit, en chemise, « dévala par la fenêtre » et rejoignit la troupe du capitaine Sainct-Lô. Au cours de cette IIIᵉ guerre, le Protestantisme lutte pour son existence [30]. Henri de Navarre apparaît déjà comme le jeune protecteur du parti aux côtés de Condé tandis qu'Agrippa d'Aubigné gagne à la pointe de l'épée son équipement et ses grades. Deux destins de soldats commencent pour ces adolescents ; ils se rapprocheront pour se mêler pendant plus de quinze années dans la même épopée à la fois politique et religieuse, puis la séparation, rupture déchirante pour le Serviteur, surviendra, après plusieurs brouilles ; la seule qui fut vraiment grave a provoqué chez A. d'Aubigné une très profonde crise psychologique et religieuse dont on doit tenir le plus grand compte pour expliquer comment sa foi, purifiée par cette épreuve, a su trouver de nouveaux chemins et inspirer à ce « prophète » une nouvelle vision des desseins de Dieu. La lecture de certains mémoires militaires montre à l'évidence combien Henri de Navarre incarnait la résistance réformée. Par exemple, pour Godefroy de Vivant, capitaine de 50 hommes, qui ne cessa de guerroyer en Sarladois et en Périgord de 1569 à 1592, il n'y a aucune différence, aucune rupture entre l'autorité des chefs locaux, comme le vicomte de Gourdon, qu'il a servi aux premiers temps de ses « campagnes », puis celle de Condé ou d'Henri de Navarre ; Henri est vraiment le gouverneur de la province et la tête du parti, celui qui coordonne les diverses actions locales et qui même, au besoin, vient à la rescousse d'une place avec une petite troupe. Ces combats de partisans, où le territoire d'une sénéchaussée était conquis peu à peu, bourgade par bourgade, chaque progrès étant marqué par les contributions qu'on exigeait des seigneurs ou des villages catholiques, ou des marchands soumis à un péage sur la Garonne [31], avaient noué entre le Protecteur et ces capitaines d'aventure une camaraderie militaire très étroite, une véritable fraternité d'armes. On connaît l'épisode, raconté dans ses *Mémoires* par d'Aubigné, où H. de Navarre, entouré d'une vingtaine de gentilshommes sans armes, tomba sur une embuscade et fut couché en joue à trente pas ; ses compagnons lui firent un rempart de leurs poitrines et, l'écartant de l'un à l'autre, le firent passer à l'arrière du groupe qu'ils avaient ainsi formé. C'est là un fait vrai mais dont la valeur symbolique souligne ce compagnonnage que rien ne pouvait faire oublier aux maîtres de camp comme A. d'Aubigné aussi bien qu'aux officiers du parti. A tous, Henri de Navarre apparaissait comme le mainteneur des Eglises de la Réforme, le vengeur de la Saint-Barthélémy. N'oublions pas que c'est immédiatement après la paix de Beaulieu (6 mai

---

30. Voir : A. Garnier, *op. cit.*, t. I, p. 76.
31. Cf. *Mémoires véritables que le Sieur de Vivant a recueillis des faits d'armes de Godefroy de Vivant son père puis l'an 1569 jusques en l'an 1592.* Genève, Archives Tronchin, n° 143, pièce n° 5.

1576) où la Saint-Barthélémy est enfin désavouée [32], où les protestants obtiennent de sérieuses garanties pour l'exercice de la Religion ainsi que des chambres mi-parties, que se forment les premières Ligues pour continuer le combat ; *La Déclaration des Justes Causes qui ont contraint le roi de Navarre de prendre les armes* [33], au moment où (après les Etats de Blois qui avaient voté le rétablissement de l'unité religieuse par l'interdiction du culte réformé) la guerre reprenait, fait du roi de Navarre le champion de la Cause en même temps que le défenseur de la légalité et des édits promulgués par le Roi (mais il s'agit ici de la paix de Beaulieu qui avait provoqué l'indignation des Catholiques), et de l'indépendance de la noblesse. C'était là les mêmes revendications et la même apologie de la « *guerre défensive* » que celles des chefs réformés depuis le début des guerres de religion. Cette intransigeance exprime certainement la position d'A. d'Aubigné et des nobles protestants qui entouraient Henri de Navarre, même si ce dernier devait admettre que certains avantages « accordés à ceulx de la Religion » par l'édit de Beaulieu « devaient être diminués ou retranchés » [34] ; voilà donc ce que représentait Henri de Navarre pour ceux qui se battaient à ses côtés : Henri est l'adversaire des Ligueurs, du parti Guisart dans un combat sans merci pour la vraie religion. Michel Hurault en donne une nouvelle preuve en 1588, dans un pamphlet sans passion, où il s'efforce d'apprécier impartialement les droits des deux leaders, Henri de Guise et Henri de Navarre, ainsi que la fortune de leurs deux partis [35]. « Le roi de Navarre, écrit-il, n'a d'autre but de ses armes que la paix et le repos du Royaume », mais il ne saurait consentir à cette paix « que les Eglises de France, et par ce degré, s'il peut les estrangères ne soyent en liberté ». C'était l'incontestable prestige moral du roi de Navarre que d'avoir des droits à la succession de France et d'être le défenseur, le chef d'une minorité persécutée pour laquelle il mettait en jeu ces droits mêmes. Les Réformés et même les Catholiques modérés pensaient que « rien n'avait assisté Navarre », rien sinon Dieu « qui ne laisse jamais perdre ce qui est à lui » et « qui peut bien abaisser quelque fois les siens jusques à deux doigts de l'eau : mais lors il allongea son bras de délivrance pour les retirer du gouffre... » [36]. Ce prétendant, qui menait la vie rude des camps, jouissait d'un appui surnaturel.

---

32. « Les victimes de la Saint-Barthélémy et de ses suites depuis l'Amiral de Coligny jusqu'à Montbrun étaient réhabilitées, et leurs familles dédommagées. » A. Garnier : *A. d'Aubigné et le parti protestant*, t. I, p. 194.
33. Pamphlet imprimé S. l., 1577. Bibliothèque nationale, Dep. des Manuscrits. Nouvelles acquisitions françaises (7.740, Henri III.)
34. Lettres missives d'Henri IV, t. I, p. 147. Cf. A. Garnier, *op. cit.*, t. I, p. 200, note.
35. M. Hurault : *Excellent et libre discours sur l'Estat présent de la France*, 1588.
36. M. Hurault : *op. cit.*, p. 40.

On conçoit mieux, dans ce climat, quel dut être le bouleversement et le scandale de cette armée de partisans qui voyaient, ou croyaient voir, la victoire définitive et le triomphe de leur cause à portée de leur main (le destin lui-même, c'est-à-dire la volonté de Dieu, ayant offert la couronne au Béarnais), quand les compagnons de cette épopée de quinze années assistèrent, impuissants, à toute une série de manœuvres politiques ayant pour but de rallier les têtes du Tiers-parti, les catholiques modérés, par toutes sortes de faveurs et de déclarations « d'union nationale », quand ils connurent enfin le projet d'abjuration. On les frustrait de la victoire, leur chef, à qu'ils avaient tout sacrifié : biens, enfants, sécurité, intégrité physique, faisait volte-face au moment du dernier affrontement et acceptait de passer sous les fourches caudines de l'adversaire. Même les personnages les plus modérés expriment une stupeur douloureuse, comme en témoigne la lettre du 11 août 1593 adressée à M. de Loménie par Duplessis-Mornay : « Je plains et pleure au fond de mon âme la gehenne de sa majesté, que certes je n'ignore poinct, et vous prye là-dessus de lui dire que, s'il lui prend jamais envie de sortir de ceste captivité et spirituelle et temporelle, je ne puis croistre de fidélité à son service ; mais bien y doublerai-je de courage, pour la juste douleur que j'en ressens. Ils ne lui donnent poinct la paix de l'estat, et lui ostent la paix de la conscience. Ils ne lui reconcilient poinct les rebelles, et lui refroidissent ses plus fidèles. Ils ne lui rendent poinct son royaume ; car c'est à Dieu et non au diable à le donner, et lui font renoncer autant qu'en eulx est le royaume des cieulx. Je endure de le voir ainsi servi, ainsi *trompé,* ainsi *trahi,* et ne vois homme de bien, entre les catholiques de deçà, qui n'en die de mesmes »[37].

On pourrait joindre à ce témoignage pathétique plusieurs missives venues de l'étranger, de la Compagnie des Pasteurs de Genève ou d'Elizabeth d'Angleterre qui, toutes, mettent en parallèle la volonté de Dieu et l'héroïsme de la foi avec les résultats trompeurs de l'habileté politique inspirée par le Prince du Mensonge.

Il n'est pas exagéré de dire que les Réformés se sentirent menacés dans leur existence même, dans la mesure où ils avaient toujours le sentiment de former un peuple à part, distinct des autres Français à cause de sa foi, ciment plus solide que celui du sentiment national, et en raison des épreuves passées. Voici en effet comment Mornay envisageait les conséquences de l'abjuration au moment où Bellegarde, envoyé du roi de Navarre, partait pour la négocier : « Si le pape refuse l'absolu-

---

37. Duplessis-Mornay : *Mémoires,* t. V, p. 511. Texte cité par A. Garnier, *op. cit.,* t. II, p. 91.

tion, ce sera ung schisme ; mais il ne le fera pas quand on lui représentera la conqueste d'ung roy de France et l'honneur que ce luy est à son pontificat. Il l'acceptera donc... et pour pénitence lui enjoindra secrètement la guerre contre la religion » [38].

A. d'Aubigné, dépeignant le désarroi moral de son parti, dans un chapitre de l'*Histoire Universelle* « l'Estat des Réformez depuis la conjonction des deux rois [39] jusques en l'an 1595 », entrevoit une nouvelle vague de persécutions : « La mesme suite d'affaires, les mesmes impressions, promesses et menaces qui avoient poussé le roi au penchant et puis au précipice de sa conscience le pousseroyent aussi au penchant des promesses et puis au précipice de la persécution » [40].

Mais pour d'Aubigné ce tourment s'aigrissait à cause d'un douloureux problème personnel. N'avait-il pas annoncé à son Eglise, témoigné devant son Parti que Henri de Navarre était l'élu de Dieu, le Gédéon ou le David choisi pour reconquérir et pacifier Canaan et pour mener, selon l'expression de Th. de Bèze à propos de David, « les guerres de l'Eternel » ? Plusieurs critiques ont soutenu, à propos de Victor Hugo, que si la satire prenait un tour si âpre dans les *Châtiments* et se haussait jusqu'à l'épopée, c'est que le chantre de Napoléon avait contribué « à redorer le soleil d'Austerlitz » et par là même à préparer la défaite des hommes libres. Un certain rapprochement peut être fait sur ce point entre Hugo et A. d'Aubigné, mais l'engagement de l'écuyer d'Henri IV était allé bien plus avant ; il avait cru sincèrement qu'il était, lui, choisi par Dieu pour intervenir auprès de ce prince, le fortifier dans les décisions importantes qui étaient toujours à la fois politiques *et* religieuses. Rappelons à titre d'exemple, les circonstances de l'évasion en 1576 : A. d'Aubigné raconte qu'Henri de Navarre dans son lit méditait en soupirant sur un psaume lorsqu'il l'entendit et lui persuada d'organiser son évasion pour mettre sa vie d'accord avec sa conscience.

Après que les fugitifs eurent trouvé sûreté dans Alençon, « au prêche, ce jour-là, on chanta le psaume XXI, qui commence ainsi : « Seigneur le roi s'esjouira d'avoir eu délivrance etc. ». Ce prince s'enquit si on avait pris ce psaume exprès pour sa bienvenue. Ayant su que non et qu'il estoit à son ordre, il se souvint qu'*un des siens* [41], qui avait passé seul avec lui au batteau près Poissy, lui avait fait chanter ce mesme pseaume comme ils promenoyent chacun son cheval par la bride attendant les com-

---

38. Texte cité par A. Garnier, *op. cit.*, t. II, p. 92. *Mémoires de Mornay*, t. V, p. 509.
39. C'est la trève de Plessis-les-Tours.
40. Texte cité par A. Garnier, t. II, p. 94.
41. A d'Aubigné par cette formule se désigne lui-même.

pagnons » [42]. On voit ici que la coïncidence entre le psaume du service et celui qu'A. d'Aubigné avait fait chanter à son maître au fort du danger est soulignée comme la vérification d'une inspiration venue de Dieu ; au moment critique de la fuite, le chant qui montait aux lèvres du serviteur apparaît, après coup, comme le signe même de la protection du Seigneur. Bien souvent, les textes des psaumes ou des prophètes durent être utilisés par A. d'Aubigné dans ses entretiens avec Henri de Navarre comme des avertissements, des signes actuels. Les *Tragiques* portent la trace de ces exhortations [43], ou peut-être les offrent au futur roi sous le voile transparent de la fiction poétique. D'après les *Mémoires* nous pouvons affirmer aussi que le Roi consultait A. d'Aubigné sur des cas de conscience ; ne lui demanda-t-il pas, au cours d'une violente maladie, postérieure à l'abjuration s'il n'avait pas péché contre le Saint-Esprit ? [44]. Ainsi A. d'Aubigné avait pu imaginer qu'il était un Nathan auprès de ce David.

Mais l'abjuration devait porter un rude coup à cette conception du roi choisi par Dieu pour conduire son peuple et le rétablir (et nous avons vu que cette perspective historique n'était pas propre au seul d'Aubigné).

Non seulement le cœur était atteint par cette rupture mais le mouvement épique des *Tragiques,* le rôle prophétique d'A. d'Aubigné subissaient la rude contestation de l'histoire, fallait-il penser que ces visions prophétiques, que le poète avait cru inspirées par l'Esprit, n'étaient que l'exaltation passionnée de l'imagination ? L'œuvre d'A. d'Aubigné était trop liée au sentiment de son élection et à son engagement politique pour que la crise fût limitée au domaine de la réflexion politique et de l'action ; le problème de l'authenticité de son inspiration, de sa valeur métaphysique dut se poser pour lui. Avait-il été le jouet d'un esprit d'erreur, d'une force d'aveuglement ? A la limite avait-il été un faux prophète ? Tant que l'épopée vécue permettait tous les espoirs, la prophétie d'un nouveau Moïse pouvait dominer les temps d'un vol libre et hardi, mais quand les armées protestantes, en apparence guidées et fortifiées par Dieu, eurent vu la victoire finale leur échapper et se dissoudre au vent des manœuvres politiques, des trahisons humaines, n'y avait-il pas lieu de rentrer en soi-même et, puisque la fidélité de Dieu

---

42. Extrait de *L'Histoire Universelle,* t. IV, p. 13. Texte cité par A. Garnier. t. I, p. 190.
43. *Tragiques :* Préface, v. 307-315 et suivants
   Princes, 399-415, 500-525, 535-537, 599-626, 630-655, 1470-1476.
44. *Œuvres* d'A. d'Aubigné, éd. Réaume, t. I, p. 69.

ne saurait être mise en doute, de se demander si l'on avait été, si l'on était fidèle dans la prédication de Sa volonté ? A notre avis, on n'a pas assez souligné cet aspect critique qui apparaît dans le prologue de *Vengeances* sous la forme d'une méditation humble et profonde et qui ramène le voyant exalté à l'essentiel : le roc de la Parole, la foi qui est attente et non saisie des desseins de Dieu.

Un texte, entre autres, nous permet de comprendre la profondeur de cette crise et, sans doute, d'en déduire les conséquences qu'elle eut pour A. d'Aubigné sur le plan de la foi, il s'agit de la *Méditation sur le Psaume* LXXIII. Elle fut écrite après l'abjuration d'Henri IV pour consoler « quelques Seigneurs de Gascogne [qui], après de grands services faits au Roy Henri IV se voyaient appauvris et privés des honneurs qu'ils estimaient non à tort avoir esté mérités par les vertus... » Avant d'étudier le commentaire qu'A. d'Aubigné en fait pour ses amis et qui nous livre, croyons-nous, une bonne part de sa propre révolte, il convient de remarquer que, pendant toute la durée des persécutions, ce psaume a été choisi pour faire monter vers Dieu le cri des fidèles persécutés ; en particulier on le trouve paraphrasé dans l'*Histoire des Persécutions de l'Eglise* de Bullinger parue en 1577 où il illustre ce thème : la prospérité des méchants est scandaleuse pour le fidèle. Cette utilisation traditionnelle du *psaume* LXXIII suffit à indiquer qu'il ne s'agit pas seulement pour A. d'Aubigné de consoler un compagnon d'arme déçu (le vicomte de Gourdon, qui n'avait pu être honoré d'un collier), mais bien de méditer sous le regard de Dieu, d'affronter une très rude épreuve analogue à la persécution de l'Eglise fidèle, « l'ire de Dieu paraissant comme attachée sur les bons et sur les autres l'apparente faveur du Ciel ». La foi y est intéressée au premier chef, c'est elle qui peut vaincre les tentations du monde, le désespoir provoqué par un très grave échec ; « ce n'est pas sans le secours de l'Esprit », déclare le poète, que le croyant peut redire avec David : « Quoi que ce soit, Dieu est bon à Israël, à ceux qui sont nets de cœur ». Mais avant d'aboutir à cette confession, le poète redit le psaume et l'amplifie en exprimant toute l'amertume de son cœur : les vicissitudes actuelles constituent le scandale qui fait broncher le croyant. Tous les jours ne voit-on pas triompher ceux qui ont renié Dieu, qui n'ont d'autre loi que leur propre réussite ? « L'impiété est ainsi l'assise de l'insolence. » On reconnaît ici le cynisme de ceux qui, à la suite d'Henri de Navarre, ont proclamé par leur trahison que « Paris vaut bien une messe » ou encore les partisans de la Ligue qui, sentant leur cause compromise, ont su monnayer à temps un ralliement opportuniste. En face, les fidèles du Parti-Eglise, ceux qui n'ont pas failli malgré les persécutions, l'éloignement d'un maître aimé, ou les séductions d'une brillante carrière ; ceux-là répètent avec le Psalmiste, avec A.

d'Aubigné lui-même, « quoi que ce soit, c'est en vain que j'ai nettoyé mon cœur, et que j'ai lavé mes mains en innocence »[45]. Mais ici la révolte s'aigrit : le commentaire du *Psaume* est emprunté au chapitre XXXI de *Job,* Dieu même est pris comme témoin et comme juge : les actions justes, la loyauté, l'intégrité du cœur, la justice et la bonté à l'égard de la veuve, de l'orphelin, du misérable, de l'étranger plaident pour les fidèles ; ils vont jusqu'à « provoquer Dieu en jugement », non certes que d'Aubigné les approuve, mais on a bien l'impression qu'il ressent une sorte de soulagement à faire entendre cette voix qui libère la révolte du juste.

« Que me sert (disent ces esprits altérés) — la parenthèse ici est une sorte de censure qui, une fois exprimée, permet à la colère quasi-blasphématoire d'éclater — « Que me sert d'avoir gardé le sentier de la foi, que me sert l'amour et la crainte de mon Dieu, et de n'avoir eu recours qu'en lui ; si ceux qui sacrifient aux faux dieux sont exaucés et ceux qui s'attendent au Tout-Puissant périssent en leur espérance, repoussez et non entendus ? » La douleur poignante qui brise l'énergie, et que seule peut évoquer l'image du noyé flottant entre les gouffres, s'exprime alors à l'aide du *Psaume* XLII, versets 4 et 8, elle mène l'homme jusqu'à la tentation de maudire Dieu et la vie ; *Job* encore ici (chap. III, v. 3 à 13) fournit un développement furieux et désespéré ; certes, par un effort de l'Esprit, auquel cède la volonté rebelle de l'homme, ces excès de douleur cèdent la place au chant de la repentance. Mais le thème de la révolte reprend ensuite, comme dans une fugue, sur un registre plus profond, aux résonances élargies : l'Eglise fidèle apparaît sous les traits de la *Femme enceinte* de l'*Apocalypse,* celle qui vit au désert[46], sa lamentation se fait accusatrice contre celui qu'elle a aimé d'un unique amour : « Où est, s'écrie-t-elle, cette union prospère pour laquelle je devoye laisser de si bon cœur père et mère ? Où est l'or d'Ophir et les riches présents de Tyr ? Où sont ces beaux et nobles enfans qui devoyent estre Rois triomphans sur la Terre ? »

Le chant collectif du peuple de Dieu abandonné éclate alors, il est, pour A. d'Aubigné, la lamentation du Parti-Eglise en proie aux persécuteurs : « Les nations sont entrées en ton héritage, ont pollu le temple de ta Saincteté. Ils ont donné les corps morts de tes serviteurs pour viande aux oyseaux des Cieux et la chair de tes bien-aimés aux bestes de la terre... »[47]. Qui a fait cela, sinon les instigateurs et les exécutants

45. *Psaume* LXXIII/13, v. 5.
46. *Apocal.,* chap. XII.
47. Psaume LXXIX, v. 1 et 2.

de la Saint-Barthélémy [48] et voici qu'ils figurent, ou du moins que leurs alliés et leurs partisans figurent, dans l'entourage ou le conseil d'Henri de Navarre, et celui-ci a recherché leur caution !

Ainsi Dieu a abandonné l'Eglise, son épouse. « Il l'a frappée d'un ulcère mauvais depuis la teste jusques aux pieds ». Ce détail précis fait bien voir que désormais l'Eglise fidèle prend la place de Job, et ce ne sont pas des développements rhétoriques : on peut traduire en clair chacune de ces allusions, les préciser avec des noms, des dates.

> « Ce qui représentait mon chef a esté troublé par l'esprit d'estourdissement : mon Conseil a failli, mes Lévites corrompus et ceux par lesquels j'interrogeois la bouche du Seigneur devenus frénétiques, mes Balaams se sont accueillis à maudire Israël ; le mal est venu du Prophète, et mes autels ont porté le sacrifice des Baalims. Tu as fait fondre mon cœur quand les Princes qui représentoyent cette place ont baisé la pantoufle de l'Ante-Christ, et sur les pieds impurs lesché le pur sang de leurs frères, et puis en sont devenus les bourreaux... » [49]

Ce beau morceau de poésie biblique est composé d'accusations précises : Henri IV a été « troublé par l'esprit d'estourdissement ». Plusieurs personnages du parti, qui l'entouraient, ont trahi en ne le détournant pas d'un dessein funeste ; c'est la résolution adoptée par le *conseil du Roi* dans les séances tenues à Mantes les 15 et 16 mai 1593 qui décida des modalités de la conversion [50] ; on sait qu'A. d'Aubigné a toujours accusé certains pasteurs, gagnés par l'argent, d'avoir accepté un simulacre de débat théologique avec l'évêque du Perron et quelques autres catholiques (débat qui fut ensuite annulé) ; voilà donc les *Lévites* et les *prophètes* corrompus que désigne le texte ; enfin ces « Balaams qui se sont accueillis à maudire Israël » représentent les deux personnages envoyés en mission par le Roi pour expliquer aux Eglises et leur faire accepter cette résolution du 15 mai, il s'agit de MM. de Viçose et de Beauchamp, l'un envoyé aux Eglises de l'Ouest et du Sud-Ouest, l'autre en Languedoc et Dauphiné [51]. « Ce sont sans doute, écrit A. Garnier, les nouvelles apportées par M. de Viçose en Poitou, qui déterminèrent d'Aubigné à partir pour Dreux pour tenter d'empêcher l'irréparable ».

---

48. Il faut noter que ce *Psaume* LXXIX tenait une très large part dans le *Tocsain contre les Massacreurs* ; le retour du thème biblique rend à nouveau présente la nuit abominable.
49. *Méditations sur les Psaumes*, éd. Réaume, t. II, p. 165.
50. Détail fourni par A. Garnier, *op. cit.*, t. II, p. 78.
51. Cf. A. Garnier. p. 97.

« Les autels qui ont porté le sacrifice des Baalims » figurent les temples et les chapelles rendus au culte catholique [52].

Cette expression d'une révolte exaspérée, placée au centre de la *Méditation,* nous livre son sens véritable. Le style biblique souligne ce sens : il ne s'agit pas d'une crise personnelle, ce qui est en jeu c'est la vie de l'Eglise et sa vocation. Or, « *le mal est venu du Prophète* », il est spirituel ; le message de la Réforme s'est sans doute émoussé au cours des guerres ; des alliances incompatibles avec ses exigences lui ont fait perdre sa force, comment le retrouver dans sa pureté, sa force explosive et retrouver en même temps l'ardeur contagieuse des premiers martyrs, des premiers combattants ? Par une repentance profonde, pense A. d'Aubigné, par le recours à la seule grâce de Dieu qui n'a pas délaissé David ou Job au fort de la détresse. C'est à notre avis l'attitude humble et adorante, le mysticisme plein de foi, d'une foi fondée sur la seule Parole que nous trouvons dans le prologue de *Vengeances.* Dans le cours de la Méditation que nous étudions, cette foi s'exprime sobrement, elle est l'aboutissement du mouvement spirituel comme la vague paisible qui s'éploie sur le rivage après les déferlements de la tempête :

« Nous confessons donc, ô Dieu, que nous t'avons offensé en nos pensees, quand nous avons mesuré tes jugement à nostre aulne, estimé tes verges à deffaveur, et la prospérité mondaine à felicité... »

A. d'Aubigné reçoit alors de plein fouet le jugement divin et s'approprie les paroles de repentance du psalmiste : « Nous avouons avoir esté bestes en ton endroit ». L'allusion précise à la métamorphose de Nebuchodonosor : « justement ployeras-tu la face vers la terre (comme aux bestes brutes) à ceux qui prennent loi des choses basses et les contemplent comme but principal... » [53], fortifie la repentance d'A. d'Aubigné et amène « chacun fidèle », qui se sent gracié, à dire à son Dieu : « Je serai donc toujours avec toi, puisque tu m'as pris par la main droite » [54]. « N'abandonne point cette conduite, ô Pere de lumiere, et serre estroitement la main que tu as prise, afin que je ne me

---

52. Je reproduis la note d'A. Garnier, *op. cit.* t. II, pp. 101-102 : « C'est ainsi qu'à Poitiers pour la région de d'Aubigné, l'édit concédé par le Roi le 4 juillet 1594 prescrira le rétablissement du culte catholique dans les villes du diocèse où il avait été interrompu (Niort, Châtellerault, Fontenay-le-Comte, etc...) mais interdira la célébration du culte réformé même dans les faubourgs de Poitiers. »
53. Notons que cet épisode biblique (*Daniel* IV, 13 à 33) est longuement développé dans *Vengeances,* v. 380 à 419.
54. *Ps.* LXXIII, v. 23.

desvoye en me soustrayant. Renforce cette main droite que tu as prise
pour le bon combat de ton parti, et tu l'assureras de la victoire en lui
disant : « Je suis ta délivrance »[55].

Une crise très grave est alors dénouée, dans la vie intérieure d'A.
d'Aubigné et sans doute aussi dans le cœur des chefs de son parti, puisqu'il écrit pour une communauté. Le revirement spirituel que seul
l'Esprit de Dieu pouvait opérer en eux est très profond : ils ont appris,
pour en vivre, à travers la souffrance et la révolte, que la sagesse des
hommes est folie, les victoires de la force faiblesse, les richesses pauvreté. A. d'Aubigné et ses compagnons sont passés d'une espérance de
messianisme terrestre et tangible à l'attente du seul messianisme évangélique : le triomphe du Christ aux derniers temps. La méditation s'achève dans un admirable mouvement d'abandon à Dieu, les paroles des psaumes se succèdent alors comme les flots d'une eau vive, la
joie de la communion emplit une âme pacifiée.

La gravité de la crise, l'importance de ce retournement spirituel
n'échappent à personne, mais peut-on soutenir que l'inspiration des deux
derniers livres des Tragiques se lie étroitement à cette μετάνοια dont
nous avons ici le témoignage clair, en d'autres termes peut-on affirmer que
la Bible, méditée dans un esprit de prière et reçue comme parole vivante
de Dieu fut pour A. d'Aubigné ce glaive à deux tranchants qui « perce
le cœur des fidèles à salut »[56], atteignant la division de l'âme et de
l'esprit, des jointures et des moelles ?[57]. Ce serait la preuve irréfutable
que la « prophétie » d'A. d'Aubigné est vraiment authentique puisqu'elle le frappe et le transforme d'abord lui-même. Mais ici nous ne
pouvons éluder la question de la date de composition des deux derniers
livres des Tragiques et de la Méditation sur le Psaume LXXIII. La première des Méditations a été composée, selon M. Weber, en 1588 ; pour
celle qui nous occupe, une notation de l'Estoile permettrait de la dater de
la fin de 1595. Peut-on soutenir que les deux livres de Vengeances et
Jugement ont été composés à cette date ? Pour le dernier livre, cela ne
fait pas difficulté car la plupart des érudits en retardent la composition
jusqu'en 1600, ou même après cette date[58].

---

55. Edition Réaume. Méditations sur les Psaumes, p. 169-170.
56. Bullinger Ve Sermon sur l'Apocalypse.
57. Epître aux Hébreux, IV-12.
58. Cf. A. Garnier, op. cit., t. II, p. 245. « Il semble avoir fait presque tout
entier après 1600, et plutôt même dans les dernires années du règne de Henri IV. »
et A.M. Schmidt. Information littéraire n° 2, 1958 : « Il n'élabore qu'aux alen-
tours de 1600 les vers minutieusement emportés de Jugement. »

Mais pour *Vengeances,* tous les spécialistes qui ont étudié de près les *Tragiques* posent comme une certitude que le livre a été composé dans son ensemble vers 1580. « Il est de la première époque », conclut A. Garnier, « d'Aubigné le dit expressément et rien, dans la matière du chant, ne s'oppose à cette déclaration » [59].

Il faut examiner de près ces deux assertions.

L'argument principal sur lequel se fonde A. Garnier, c'est l'affirmation de la bouche même du poète, qu'il est jeune. On lit en effet, à partir du vers 31 :

> « Or je suis un enfant sans aage et sans raison,
> Ou ma raison se sent de sa *neuve* prison ;
> Le mal *bourgeonne* en moi, en moy fleurit le vice,
> Un printemps de pechés, espineux de malice :
> Change-moy, refai-moy, exerce ta pitié,
> Rens moy mort en ce monde, oste la mauvaistié
> Qui possède à son gré ma jeunesse première... »

Mais il ne faut pas oublier qu'A. d'Aubigné est en train de paraphraser la prophétie de *Joël* II,28 : « Et adviendra après ces choses que je respandrai mon esprit sur toute chair, et vos fils et vos filles prophétiseront : vos anciens songeront des songes, et vos jeunes gens verront des visions ». Dans un premier mouvement, plein d'humilité, A. d'Aubigné affirme qu'il est incapable de « songer ces beaux songes » parce qu'il n'est pas un vieillard « caduc, humilié, à demi mort au monde » (on pourrait d'ailleurs se demander à quel moment de sa vie il fut ce vieillard-là, assurément ce n'est pas l'homme naturel qui pouvait être « mortifié » en lui par les glaces de l'âge). A partir du vers 39, dans un mouvement opposé, il déclare :

> « Puis il faut estre enfant pour voir des visions
> Naistre, et renaistre après, net de pollutions,
> Ne sçavoir qu'un sçavoir, se sçavoir sans science
> Pour consacrer à Dieu ses mains en innocence... »

Il s'agit-là d'une enfance spirituelle, de cette nouvelle naissance dont parlait Jésus à Nicodème. En toute humilité, A. d'Aubigné confesse qu'il n'est pas « semblable à ces petits » qui hériteront le royaume des

---

59. A. Garnier, *op. cit.,* t. II. p. 245.

cieux. Dépassant alors cette double opposition, il prie le Père qui, seul, peut accomplir ce miracle de « le relever d'entre les morts » pour l'éclairer de la pure lumière du Christ [60] ; il ne demande rien que « la mort à soi-même » ; c'est ainsi qu'il pourra « n'être qu'organe à la céleste voix ». Par la pensée, il se joint alors à ces prophètes nouveaux, signe des derniers temps, que le prophète Joël a annoncés, que l'effusion de l'Esprit, au jour de la Pentecôte, a fait surgir. Tout ce prologue nous offre une méditation spirituelle, soulevée d'une aspiration vigoureuse à une communion avec le Seigneur Jésus, humilié dans le cours de sa vie terrestre, glorifié par les choses qu'il a souffertes ; A. d'Aubigné sait bien que cette extase ne peut être accordée à l'homme naturel, car nul ne peut voir Dieu face à face et vivre. Mais, déjà pénétré par la grâce divine, il peut demander avec ferveur que tout ce qu'il y a en lui d'humanité aveugle, de passion partisane, d'amour de soi, par l'Esprit soit consumé. Nous ne pouvons pas conclure qu'il n'est pas jeune, au sens littéral du terme, mais, à coup sûr, *enfance* ou *jeunesse* ont ici la valeur symbolique que ces mots prennent souvent dans l'Ancien ou le Nouveau Testament : refus des responsabilités [61], ardeur à vivre, innocence et confiance totale dans le Père. La « déclaration de jeunesse » d'A. d'Aubigné paraît peut-être un peu moins probante qu'on ne l'a dit. Quant à l'argument secondaire d'A. Garnier : la comparaison entre ce *Prologue* et l'*Elégie autobiographique* (la Ve des poésies diverses), il nous paraît peu convaincant parce que l'Elégie semble assez conventionnelle, qu'elle démarque trop souvent les passages célèbres d'Horace et de Virgile sur le bonheur du propriétaire campagnard, lieux communs familiers à tout humaniste, tandis que le long développement du mythe de Jonas, comme nous l'avons dit, ce mythe qui renvoie au Christ crucifié, témoigne à nos yeux d'une repentance personnelle et profonde.

Si nous laissons de côté pour un moment le *Prologue de Vengeances,* l'essentiel du chant est construit en trois parties. Dans la première figurent « les exemples vrais de nos histoires sainctes » : Dieu venge son nom méprisé et justifie ses élus en châtiant leurs persécuteurs. Une double analogie apparaît en chacun de ces exemples bibliques : analogie entre le crime et le châtiment, analogie entre la haine inspirée par Satan dans les exemples de l'Ecriture et les crimes actuels dont le châtiment se trouve ainsi prophétisé. La seconde partie voit le défilé des empereurs romains enchaînés et humiliés devant « la bannière de l'Agneau triomphant », c'est le renversement du plus haut exemple

---

60. Cf. *Epître de Paul aux Ephésiens,* V/14.
61. Cf. *Jérémie,* I/6.

de la puissance terrestre que ce triomphe inverse ; enfin, dans son propre siècle, A. d'Aubigné contemple les vengeances si étroitement liées au crime qu'elles ne peuvent être un effet du hasard ou des lois de la nature. Rien ne nous permet de dater avec précision ce canevas car certaines transitions et certains exemples tardifs ont pu être insérés dans cette ample fresque dont le plan et les épisodes n'ont rien d'original. Dans l'*Histoire Universelle*, A. d'Aubigné indique une de ses sources : « un livre qui s'appelait *Dan*, c'est-à-dire *Jugement* ». On n'a point retrouvé de livre de ce nom mais les pamphlets qui énuméraient ainsi les châtiments de l'Ancien Testament, puis ceux des « tyrans » romains, enfin les vengeances divines du temps présent pour consoler l'Eglise persécutée étaient fort nombreux ; il semble même qu'ils étaient réimprimés ou démarqués à dix ans d'intervalle quand la persécution menaçait ou que la « trahison » d'un assez grand nombre de fidèles risquait d'affaiblir le parti. Si bien que les « sources » du développement essentiel de *Vengeances* ne nous permettent pas de dater ce chant. Lalanne cite la *Sentence redoutable et arrest rigoureux du Jugement de Dieu à l'encontre de l'impiété des tyrans* [62]. L'affaire de Poltrot de Méré a inspiré ce pamphlet dont le sous-titre : « Traité historial du jugement de Dieu sur l'impiété des tirans » rappelle le jugement d'A. d'Aubigné sur la teneur du livre VI : théologien et *historial*.

La même année paraît à Lyon un :

Discours excellent lequel demonstre clairement quels assaux la primitive Eglise de Dieu a soutenu, de quelles armes elle a combattu et convaincu ses ennemis, et comment ils ont esté puniz de Dieu.

Au lendemain de la Saint-Barthélémy, le *Tocsain contre les Massacreurs et auteurs des confusions en France* [63] contient une longue liste des jugements exercés par Dieu sur les hommes sanguinaires.

Dans le *Politique* que l'on peut lire au Tome III des *Mémoires de l'Estat de France sous Charles IX (1576)*, on souligne que « tousiours quelque jugement de Dieu apparaît sur ces diables enchainnez (il s'agit des tyrans) avant leur mort ».

En 1577 paraît l'*Histoire des Persécutions de l'Eglise*, de Bullinger, *contenant le dénombrement des persécutions que l'Eglise de Dieu a*

---

62. On le trouve dans les *Mémoires de Condé*, t. V. daté de 1563.
63. Nous avons consulté un exemplaire daté de 1577 mais ce traité se présente comme publié assez longtemps après qu'il avait été écrit.

souffertes depuis la naissance de Jésus-Christ jusques à présent : ensemble les causes de persécutions et les jugements de Dieu contre les persécuteurs, *nouvellement traduite en français.*

Une comparaison entre le catalogue des persécuteurs de l'Eglise chrétienne dans l'ouvrage de Bullinger et dans *Vengeances* offre beaucoup d'exemples communs [64]. A. Garnier s'étonnait de voir cloués au pilori des tyrans persécuteurs de noble figure comme Adrien, Septime Sévère, Aurélien : les deux derniers sont cités par Bullinger. Ce théologien développe assez longuement la mort de Julien l'Apostat et dans les mêmes termes qu'A d'Aubigné. Nous avons certainement là une source précise de la deuxième partie de *Vengeances.*

L'édition critique de Garnier et Plattard signale que ce mystérieux livre de *Dan* pourrait bien être un traité de Chassanion :
Des grands et redoutables jugements et punitions de Dieu, advenus au monde, principalement sur les grands, à cause de leurs meffaits, contrevenants aux commandemens de la loy de Dieu, le tout mis en deux livres ». A. Morges par Jean Le Preux... 1581, in-8⁰.

Notons encore un traité paru à Leyde en 1586 :
Des marques des enfants de Dieu et consolation dans leurs afflictions, par J. Tassin où l'on trouve des *élus* qui sont restés fidèles, et Tassin commence par Abel une liste des épreuves subies par l'ancien Israël jusqu'au temps d'Antiochus et d'Hérode.

Nous pouvons conclure qu'en 1582 ou 1583, A. d'Aubigné avait à sa disposition la matière de son livre, ces listes d'exemples étaient même devenues des lieux communs si l'on songe que les sermons devaient souvent reprendre la matière de ces traités.

Quelle occasion pouvait amener A. d'Aubigné à rappeler à ses coreligionnaires que l'Eglise est gardée au temps de l'épreuve et que Dieu tire une vengeance éclatante des tyrans ? La rébellion de la Ligue qui sut imposer au Roi une alliance humiliante, l'*Edit de Juillet 1585* qui exécutait une des clauses du honteux traité de Nemours et qui donnait un mois aux pasteurs pour quitter la France, six mois aux fidèles pour abjurer le Protestantisme ou s'exiler [65], voilà les circonstances tra-

---

64. On y trouve en particulier les trois Hérodes qui ne figurent pas dans la liste de *Dan* que d'Aubigné reproduit dans l'*Histoire Universelle.* Ed. Ruble, t. I. p. 228.
65. Détails cités par A. Garnier, *op. cit.,* t. I, p. 331.

giques qui rappelaient les jours sombres de la Saint-Barthélémy et toutes les violences passées. La tyrannie papale se joignait à la tyrannie du roi manœuvré par le parti rebelle puisque, le 9 septembre, Sixte V publiait une Bulle déclarant le roi de Navarre et le prince de Condé déchus de leurs droits à la couronne. A. d'Aubigné a vécu la dernière guerre de religion, que cette coalition avait rendu inévitable, à la pointe du combat. Après la désastreuse expédition d'Angers, il avait réussi à ramener une partie de l'armée de Condé en Poitou ; au passage de Saint-Dyé, seules la fougue de son cheval et sa présence d'esprit l'avaient sauvé de la mort. A-t-il écrit *Vengeances* pour l'essentiel à Mursay, où il passa l'hiver ou après la brève épopée d'Oléron ? Remarquons que déjà, dans ces mois critiques pour les Protestants en France et en Europe, Henri de Navarre agit en héritier présomptif, plus soucieux de rallier autour de lui toutes les forces modérées, en exploitant la réaction nationale provoquée par la Bulle du Pape, que de prendre la tête du parti et de l'armée. D'Aubigné souligne ces divisions dans l'*Histoire Universelle* : « ... Le désastre d'Angers servit de farce à toute la cour de Navarre ; et celui qui pouvoit le mieux se moquer de la misère de leurs frères estoit mieux venu ; joinct que le roi de Narvarre jouait un personnage nouveau, ne parlant plus que de conserver l'Estat et ayant mis les passions huguenotes en crouppe. » [66]

Voilà la preuve que, bien avant la rupture scandaleuse de l'abjuration, A. d'Aubigné avait senti chez son maître le refroidissement pour la Cause que son intransigeante fidélité ne pouvait admettre, car, sauf pour les tièdes et les politiques, il n'y avait pas, entre les deux partis, de moyen terme. L'affaire d'Oléron, un beau rêve de conquête héroïque, un instant réalisé puis brisé car le « suzerain » n'avait pas appuyé son « vassal » en difficulté, aigrit si violemment A. d'Aubigné qu'il pensa briser, tout lien avec son maître comme avec le Parti. C'est là que je verrais la crise évoquée par le prologue de *Vengeances* et qui fut pour le serviteur de Dieu comme une mort. Violent ébranlement qui mit en question tout ce qui constituait son engagement, sa vocation : sa fidélité à Henri de Navarre, le maître donné par Dieu, son combat pour l'avancement du règne de Dieu, sa *vocation prophétique* qui réalisait au plan poétique ces deux aspects d'une même vocation et l'assurait de son élection.

Mais une nature aussi violente et tourmentée, aussi intuitive pour tout ce qui touchait à sa passion, dut, à travers la colère qui ébranlait

---

66. *Histoire Universelle :* t. VI, p. 366. Cité par A. Garnier, *op. cit.,* t. I, p. 345.

cette double fidélité, pressentir la ruine de ses plus nobles ambitions, de ce qui lui était apparu comme le « dessein de Dieu » : voir le chef du Parti réformé à la tête d'une France pacifiée, ouverte à la prédication de la Parole, et conquise par elle. Le *Gédéon* choisi de Dieu n'avait-il pas cessé de mener les guerres de l'Eternel pour accepter un compromis avec *Saül*, le prince rejeté ? La rupture entre Henri de Navarre, le politique, et A. d'Aubigné, le voyant, ne date pas de l'abjuration, elle commença dès que la voie choisie par Henri de Navarre, alors que Dieu seul lui avait ouvert le chemin du trône, fut celle de la conciliation et des moyens humains.

Il paraît difficile de repousser la date de composition de *Vengeances,* pour le corps du livre, au-delà de 1586, le prologue pouvant être légèrement postérieur, car il a très bien pu coiffer une série d'épisodes déjà rédigés, pour l'essentiel, en 1586.

Nous avons essayé de montrer que ce prologue indiquait une profonde crise spirituelle surmontée ; or, cette crise, pensons-nous, se produit au moment où A. d'Aubigné prend conscience que le grand dessein de son parti, la reconquête d'une large partie du pays qui garantirait la liberté religieuse et permettrait un nouvel essor de la propagande réformée, ou bien le règne, dans un pays pacifié, du chef du parti, ne se réalisera pas. On doit bien nous accorder qu'il n'est pas besoin d'attendre 1593, le fait patent de l'abjuration, pour que le compagnon d'Henri IV ait pressenti que son maître n'attendrait pas de Dieu seul, d'une intransigeante fidélité à la Cause son accession au trône de France : les manœuvres politiques, les faveurs accordées à des catholiques modérés, l'alliance avec le Roi qui avait accepté en 1585 la loi du parti rebelle, la réserve prudente d'Henri de Navarre au début de la dernière guerre de religion, malgré la décision prise à son conseil sous l'influence d'A. d'Aubigné, tous ces faits annonçaient qu'Henri de Navarre avait déjà choisi la voie du calcul politique, de l'action humaine plutôt que celle de l'attente d'une miraculeuse action divine. La *Méditation du Psaume* LXXIII nous offre un témoignage direct et daté de la violente crise traversée par A. d'Aubigné au moment de l'abjuration ; nous y voyons le croyant, le prophète aussi désespéré que Job, roulé par les eaux de mort à travers le gouffre amer du désespoir ; le prologue de *Vengeances* qui développe un thème analogue : [67]

---

67. Dans *Vengeances* c'est le Ps. XLII, v. 4 qui exprime le désespoir du croyant : « Mes larmes ont esté au lieu de pain jour et nuict ; un abysme appelle l'autre abysme et flots ont passé sur moi. »

« Je m'enfuyais de Dieu, mais il enfla la mer,
M'abysma plusieurs fois sans du tout m'abysmer.
J'ay vu des creux enfers la caverne profonde... »

témoigne sinon d'une révolte aussi violente, du moins d'un très grave
détachement, d'une infidélité aux ordres de Dieu, à la vocation prophétique qui était la raison d'être du poète. Un sens nouveau de sa mission, une vie nouvelle ont été rendus à A. d'Aubigné comme par une
résurrection intérieure.

S'agit-il de la même crise, située au même moment ? Nous pensons,
sans pouvoir apporter une réponse nette à cette question, que la conception *prophétique* si fortement marquée par l'attente, la ferveur mystique,
que l'on trouve dans le prologue de *Vengeances* et une bonne part des
exemples bibliques du Livre VI, et qui constitue l'essentiel du livre VII
s'explique par ce qui fut aux yeux des Huguenots l'épreuve suprême, la
désillusion totale quant à leurs espérances de rétablissement terrestre,
de restauration définitive de l'Eglise. Au creuset de cette épreuve, A.
d'Aubigné fit, à la suite du Christ, des apôtres et des prophètes l'expérience de la croix, il abandonna une conception terrestre et saisissable
de la reconquête de Canaan, et l'imitation quasi-littérale de l'épopée
d'Israël pour lever les yeux vers l'invisible et apprendre, à travers la
souffrance, une nouvelle attente : celle des temps derniers, la bataille
des derniers jours, le moment où l'agneau immolé apparaîtra comme le
Roi de gloire.

Cette vue nouvelle des desseins de Dieu nous paraît avoir une profonde importance si l'on considère la composition des *Tragiques.*

L'œuvre ne constitue pas une épopée continue et l'on a souvent dit
que ce poème échappait à toute classification, car les ruptures du ton
y sont de règle. Tantôt on passe d'une vision épique à la peinture réaliste ou même expressionniste des misères de la France, tantôt la satire
aboutit à un véritable transport prophétique, ou bien encore une méditation morale et un récit épique s'enchaînent. Mais les considérations
qui précèdent peuvent ouvrir certaines perspectives dans ce poème tourmenté et nous aider à voir comment une certaine conception de la prophétie se lie à un certain genre de l'épopée :

a) Une certaine conception de la prophétie apparaît dans *Misères.*
Il s'agit d'une prophétie liée au combat, à la reconquête. Le prophète,
botté, armé, nouveau Moïse, rassemble son peuple au début d'une longue marche.

Dans ce climat spirituel, où l'histoire d'Israël occupe la première place, nous trouvons des visions ou des récits épiques au sens habituel du terme : les desseins de Dieu s'accomplissent à travers les actions des hommes.

On a dit qu'il s'agissait d'une épopée sans héros et à laquelle manquait un épisode central. Mais nous y voyons, comme nous l'avons montré, une épopée collective, le vrai sujet c'est le salut d'un peuple, le peuple de la Réforme, et si, se réformant, il accomplit sa mission, c'est le pays entier qui retrouvera équilibre et prospérité ; la nature et les éléments connaîtront à nouveau cet ordre fécond que garantit l'alliance de grâce. Il est vrai qu'on n'admire jamais dans ces récits, comme dans l'épopée classique, l'éclat des armures, la belle ordonnance d'une armée qui marche au combat ou la beauté plastique des corps à corps, mais le poète chante les souffrances et le redressement d'un peuple meurtri, massacré, dispersé. Néanmoins tous les caractères constructifs de l'épopée se trouvent bien dans les cinq premiers livre : l'Eglise militante se regroupe et se reconstruit pour la reconquête ; ce qui reconstitue ce peuple exsangue et l'anime, c'est la parole prophétique aussi puissante que le souffle de l'Esprit qui, au chapitre XXXVII d'Ezéchiel, rassemble les os blanchissants sur la plaine, les recouvre de chair, leur insuffle la vie et fait se dresser une armée nombreuse, très nombreuse.

Mais, lorsque les vicissitudes de l'histoire ont mis fin à cet espoir de reconquête visible, de rétablissement dans une France pacifiée sous un Prince réformé, l'épopée change de registre, de genre. Les héros humains disparaissent, les petits troupeaux fidèles n'occupent plus la scène ; on peut parler d'une *épopée mystique* car la lutte continue entre Dieu et les forces du mal mais elle est beaucoup moins visible, et la victoire finale, si elle reste assurée, recule jusqu'à l'horizon du temps. Apparemment les ennemis de Dieu triomphent, leur cynisme s'exprime librement, ils accomplissent hardiment leurs forfaits, c'est seulement un petit fait, inaperçu des indifférents ou des réprouvés qui manifeste, à la fin de leur vie, la puissance souveraine de Dieu. Cette nouvelle forme de l'épopée rappelle celle de Dante car ce fait unique signifie en clair le jugement que ces rebelles, ces blasphémateurs subiront dans l'Au-delà. Elle se rapproche aussi des récits épiques de Victor Hugo car ce dernier, dans un monde de ténèbres et d'oppression, signale, par quelque fait surprenant, le progrès de la victoire de l'esprit.

Le catalogue des exemples bibliques dans *Vengeances* illustre cette idée : le jugement des crimes, qui s'accomplira au-delà du monde visible, se manifeste déjà en ce monde par le genre de mort ou la catastrophe qui mettent fin au triomphe insolent des impies :

> ... « et Dieu en toute sorte
> Par tous les éléments a monstré sa main forte » [68].

Lorsque la méditation des exemples bibliques a permis au voyant
d'acquérir un véritable discernement spirituel, il peut, en prolongeant
cette méditation, découvrir la main de Dieu et Son jugement dans les
tragédies qui ont terminé la vie de certains empereurs romains ; il peut
ensuite dégager le sens épique de destinées contemporaines, montrer du
doigt les :

> ... « signes évidens
> Des ténèbres, du ver, et grincement de dents ! » [69]

en considérant les principaux responsables de la persécution dans « le
siècle qui court » et leur fin tragique.

Une liaison étroite entre *Vengeances* et *Jugement* a été voulue par
d'Aubigné puisque le plan des deux livres est annoncé en même temps
(*Vengeances,* vers 89 à 99) ; mais il y a une différence d'intensité prophétique entre les deux livres : dans *Vengeances,* la vérité est lue dans
l'événement et le style est celui du récit, coupé, parfois, d'invocations
qui appellent sur un siècle corrompu les fléaux purificateurs.

Dans *Jugement,* les mêmes révélations, plus actuelles encore, sont
non plus reçues par le prophète mais lancées par lui sur le monde comme
des traits de feu pour créer l'événement. La Parole aux uns donne vie,
s'ils se repentent dans les dernières heures de la patience de Dieu, aux
autres, qui s'endurcissent en l'écoutant, apporte la mort. Le monde
terrestre vit dans les derniers temps où tout devient signe, où il faut
choisir pour ou contre Dieu, sans possibilité de repentir car le temps
humain touche à son terme. A. d'Aubigné, en accélérant ainsi la marche
du temps rend sensible la proximité des derniers temps, l'effet de surprise et de désarroi qui frappera les hommes dans ces temps décisifs.
Mais surtout il témoigne d'une violente soif de justice, d'une indignation bouillonnante devant les bassesses, les trahisons, le succès humain
des apostats. L'échec d'une prophétie trop humaine, trop impatiente
de succès visibles l'a ramené au pur évangile, à l'humilité, à la croix,

---

68. *Vengeances* : vers 325-326.
69. *Ibid.* v. 739-740.

mais sa passion de la justice, de la victoire définitive et totale du Dieu
vivant n'en est que plus vive, une espérance ardente, bien qu'elle reste
soumise aux desseins impénétrables de Dieu, brûle au cœur du « Prophète ».

Au cours de ce chapitre, il est apparu clairement qu'A. d'Aubigné
n'avait pas fabriqué, à l'aide de la Bible, un message unique propre à
faire triompher ses passions grâce à l'éclat sombre des formules prophétiques.

Il était certain d'avoir reçu une vocation qui donnait un caractère
sacré à son inspiration poétique, mais cette vocation s'est toujours exercée avec une volonté d'obéissance, dans une écoute de la Parole. Lorsque
de graves crises historiques ou personnelles ont détruit la certitude
d'une victoire de la Cause, d'un rétablissement glorieux des Eglises réformées au royaume de France, en lui l'homme, le partisan ont été
abattus et désespérés : l'épopée de son peuple au moment où, conduite
par la main de Dieu, elle touchait au triomphe s'anéantissait comme un
songe ; mais le croyant a cherché alors, en reprenant la Bible, en la
méditant dans la prière, à retrouver la voix vivante de Dieu, à mieux
reconnaître son dessein de grâce. La nouvelle révélation qu'il reçut alors
c'est que l'épopée d'Israël ne pouvait être recommencée en son temps,
que les Eglises de la Réforme ne connaîtraient pas à la fin du XVIe siècle
la joie exaltante du rétablissement par la victoire militaire et politique,
que la conquête spirituelle du pays sous l'égide d'un Josias ou d'un nouveau David n'était qu'un rêve. Elles avaient à vivre dans l'incertitude,
l'humiliation, l'injustice, attendant, avec toute la Création, le jour où
toutes choses seront changées pour être rétablies dans leur vrai sens,
le temps où la justice régnera. Ce temps c'est le retour du Christ qui
doit l'inaugurer.

Ainsi A. d'Aubigné a fait la même expérience que certains prophètes bibliques, un Esaïe, un Zacharie, ou même le peuple d'Israël, à
certaines époques de son histoire : ils annonçaient un Roi ou un Messie
visible qui, dans un avenir proche, libérerait le peuple, restaurerait
l'unité et la puissance d'Israël et ferait régner la justice au sein du
peuple et jusqu'aux îles, mais ce Messie attendu et que parfois on croyait
reconnaître décevait cette attente, il échouait dans sa révolte contre les
grandes puissances qui « protégeaient » la Palestine, ou bien pactisait
avec elles, ou encore il ne réussissait pas à maintenir le peuple dans
la fidélité et la justice ; les prophètes alors, et les sages qui méditaient
les Ecritures étaient amenés à concevoir que le Messie promis viendrait

dans un temps beaucoup plus éloigné ou même au terme de l'histoire ; c'est ainsi que l'espérance messianique est passée du domaine de l'histoire à celui de la mystique et de la foi. Pour A. d'Aubigné cette évolution du prophétisme fut plus facile encore à concevoir : il trouvait dans son héritage spirituel deux témoignages : l'*Ancien Testament* que, de très bonne foi, les Huguenots ont cru revivre, à la lettre, au temps des premières guerres de religion, et les *Evangiles* qui annoncent la Croix et qui révèlent que Dieu reste un Dieu caché, rejeté par les hommes. Les déceptions et les vicissitudes de l'histoire ont appris douloureusement à Agrippa d'Aubigné que l'humilité et les souffrances du Christ étaient le lot des croyants, la persécution, leur marque d'honneur. Mais son grand rêve épique s'est alors transmué en une ardente passion pour la victoire de Dieu et de la Justice ; c'est pourquoi la lutte sans merci des derniers temps et les visions tourmentées de l'*Apocalypse* tiennent dans le dernier livre une si grande place, c'est pourquoi aussi, après avoir connu le drame de Job, il dénombre, avec une passion fervente, les signes de la souveraine puissance de Dieu, réconfort pour la foi des élus, avertissement sinistre pour les persécuteurs. En toute cette aventure spirituelle, la Bible a été pour A. d'Aubigné la règle de la foi, la source de toute révélation, l'eau d'Horeb et la manne. C'est là ce qui fait l'authenticité de sa prédication prophétique : le Dieu souverain pouvait lui dicter une prophétie qui crucifiait ses espérances et lui inspirer un dépouillement qu'il n'acceptait qu'à travers la révolte, comme Jacob luttant avec l'ange ou comme Job plaidant contre Dieu lui-même.

DEUXIEME PARTIE

CHAPITRE VII

VOCATION PROPHETIQUE ET SATIRE

Etude des livres I et II des Tragiques.

Avant de peindre les *Misères* de la France déchirée, de prononcer un violent réquisitoire contre les responsables et de susciter contre eux les vengeances divines, A. d'Aubigné proclame qu'il a reçu une *vocation prophétique*. A l'aide d'allusions, de thèmes bibliques, il se présente au début de *Misères* comme un nouveau *prophète combattant*, choisi par Dieu pour délivrer son peuple captif, tel un nouveau *Moïse* ; au début du livre II il réaffirme la nécessité d'une entreprise quasi impossible en même temps que l'urgence de la vision qui lui est imposée. Nous nous proposons d'indiquer d'abord les modèles bibliques, les mots-clés qui permettent d'apprécier l'authenticité de cette vocation, puisque le caractère très particulier de la *satire* dans ces deux premiers livres en dépend. Nous examinerons ensuite ce que les thèmes, le mouvement et l'accent de la satire doivent à cette imitation très consciente des prophètes de l'Ancien Testament.

1) *les modèles* que A. d'Aubigné choisit dans la Bible.

2) La *Vérité,* figure de son entreprise.

1. Moïse n'est pas nommé, mais l'allusion aux Pyramides et surtout le vers 22 ne laissent aucun doute : « J'ai de jour le pilier, de nuict les feux pour guides » [1]. C'est bien le libérateur d'Israël, le premier et le plus grand des prophètes [2] que le capitaine des troupes huguenotes,

---

1. *Misères,* v. 22.
2. Calvin déclare à son sujet : « prophetae doctrinam Suam a Mose mutuantur ». C.O. : 36/568 ; 39/67, 508 ; 40/127, 135.

voulant désormais consacrer toute son inspiration poétique à la délivrance de « la captive Eglise », a choisi comme héros. Figure gigantesque, sans doute, ambition démesurée, mais ce choix souligne la liaison étroite entre la parole prophétique et l'action, la poésie et la conquête. A. d'Aubigné est convaincu qu'il est l'élu de Dieu pour la lutte et la restauration d'Israël. Dans le premier chapitre de cette étude, nous avons montré que cette vision épique de la délivrance, de la marche au désert avait fortifié la résistance des Huguenots, donnant un contenu concret à leur foi ; figurant ainsi sa vocation, le nouveau « prophète » reste lié à la communauté qu'il défend. Notons encore que Moïse est le vis-à-vis de Dieu dans la conclusion de l'Alliance et que le thème de l'Alliance, rompue par les Rois mais proposée à nouveau par la grâce de Dieu, joue un rôle capital dans la critique des deux premiers livres.

Deux autres figures significatives de prophètes sont encore évoquées : celle d'Esaïe qui, au moment où il accepte sa vocation, tremble en présence du Dieu saint parce que ses lèvres sont souillées [3], mais surtout celle de Jérémie, prédestiné dès le sein de sa mère pour être un prophète combattant, brûlé du feu de l'inspiration divine [4], isolé et honni, traître à son pays aux yeux des politiques de son temps, espérant contre toute espérance en se fondant sur la seule parole de Dieu [5] ; Jérémie a voulu se dérober à cette vocation, résister à Dieu, A. d'Aubigné a également cherché à échapper à cette mission dangereuse par un silence

---

3. Cf. *Misères*, vers 47, 48... « repurge aussi de mesmes feux
Le vice naturel de mon cœur vicieux ».
et *Esaïe* VI, v. 5 à 7 : « Alors ie di, Malheur sur moy, car c'est faict de moy, pour ce que je suis un homme souillé de levres... toutes fois mes yeux ont vu le Roy, le Seigneur des armées. Et l'un des Seraphim (« saraph », en hébreu veut dire brûler) vola vers moi en la main duquel estoit un charbon qu'il avait prins de l'autel avec des tenailles. Et en toucha ma bouche, et dit, voici, j'ay touché tes lèvres de ceci, afin que ton iniquité soit ostée, et que ton péché soit nettoyé ».

4. *Jérémie* XX,9 : « lors la parole d'iceluy fut faicte en mon cœur comme un feu bruslant enfermé dans mes os. » *Jérémie* XXII, 29 : « Ma parole n'est-elle point comme le feu, dit le Seigneur, et comme le marteau qui brise la pierre. » Cette dernière expression a peut-être inspiré le vers 7 de *Misères* : « Je brise les rochers... »

5. Voici les références qui appuient cette identification :
Cf. *Misères* :
« Dieu qui d'un style vif, comme il te plaist escris
Le secret plus obscur en l'obscur des esprits. »
et *Jérémie* 1,5 : « Avant que je te formasse au ventre, je t'ay connu : et avant que tu sortisses de la matrice, je t'ay sanctifié, et t'ay mis pour prophète entre les gens. » Dans *Princes* aux vers 41 et 155 : « Le fardeau, l'entreprise est rude, pour m'abattre. » « Cet épineux fardeau qu'on nomme vérité. » Jérémie sent aussi que sa charge de Prophète est une *massa*, un fardeau.

complice [6] et par la fuite ; si le « doigt de Dieu » les ramène tous deux au combat c'est la preuve qu'ils sont d'authentiques messagers de Dieu, habités par l'esprit de vérité, porte-parole du Dieu vivant. La présence de *l'esprit* (*ruaḥ* en hébreu, qui signifie à la fois le vent et le souffle créateur de Dieu) s'affirme au vers 34 de *Misères :*

« Fleurs qui tombent si tost qu'un vrai soleil les touche
Ou que Dieu *fenera par le vent de sa bouche.* »

L'inspiration profane s'abolit car le souffle prophétique emplit tout l'homme. D'ailleurs, de même que Jérémie au chapitre XXIII s'en prend aux faux prophètes qui ne récitent que songes et paroles de paille, A. d'Aubigné apostrophe violemment les flatteurs qui « ploient à tout vent », « ne vivent que de vent » parce qu'ils ont refusé de porter « cet espineux fardeau qu'on nomme vérité ». D'Aubigné s'oppose à ces fantoches venteux et tout au long de son œuvre il affirme qu'il est mû par le souffle divin, animé et purifié par la *ruaḥ* divine [7].

Cette conviction commande toute l'œuvre mais en particulier la satire prophétique des deux premiers livres.

2. La fonction de toute satire est de mettre au jour la vérité, mais il y a autant de vérités que de genres et de poètes satiriques.

Le thème de la *Vérité* qui apparaît dans *Misères,* dans *Princes* et se développe longuement dans la *Préface,* mérite une étude particulière car il est donné comme l'objet de toute l'œuvre, mais surtout la méditation de textes bibliques fait de cette vérité non point une notion abstraite mais un être vivant, un symbole animé tout à fait original :

« (Que) ... je sois propre à ta vérité» ; [8] c'est la prière du prophète qui demande non l'exaltation de ses passions propres, mais la rupture totale avec son moi ancien pour vivre de la communion avec Dieu [9], pour n'être, comme il le dira plus tard, « qu'organe à la céleste voix ».

---

6. Cf. Jérémie I.6 : « Lors ie di, Ha, ha, Seigneur éternel, voici ie ne sçay parler, car ie suis enfant.
Et le Seigneur me dit, Ne di point, Ie suis enfant car tu iras partout ou je t'envoyeray, et annonceras tout ce que je te commanderay. »
Cf. *Tragiques - Princes* 27 à 35 et le mythe de Jonas au début de *Vengeances.*
7. Livres III, vers 957, 958. Livre V, vers 1198 et suivants : 1272-1425 ; livre VI. 35-39 ; 55-60, 103-104, 137-138, livre VII, 803-805, 1215-1219.
8. *Misères,* v. 52.
9. Voir dans *l'Essence du prophétisme* d'A. Neher, ce qui est dit de l'*expérience prophétique :* « la ruaḥ est terrifiante par sa liberté même... Elle est l'altérité et l'homme surpris par elle est conscient tout d'abord d'une chose : c'est qu'il est devenu *autre*... Ce n'est pas en se singularisant que l'homme biblique devenait prophète mais en communiant. Il est *nabi* par la conscience de participer à une autre réalité que celle de sa propre vie : à la vie de Dieu », p. 93.

Mais le mot revient avec insistance dans *Princes* et dans la *Préface* :

> « ... combien de fois fermee
> Ai-je à la *vérité* la lumiere allumee :
> *Verité* de laquelle et l'honneur et le droit,
> Conu, loué de tous, meurt de faim et de froid ;
> *Verité* qui ayant son throne sur les nues
> N'a couvert que le ciel, et traîne par les rues. » [10]

Plusieurs textes bibliques se trouvent concentrés dans cette image composite :

1) La parabole évangélique : « Vous êtes la lumière du monde : la cité assise sur une montagne ne peut être cachée.
Et on n'allume point la chandelle pour la mettre sous un boisseau mais sur le chandelier et elle esclaire à tous ceux qui sont en la maison » [11].

L'idée que la rayonnante vérité de l'Evangile a été mise sous le boisseau par les traditions et abus de l'Eglise romaine est un lieu commun des débuts de la Réforme. De plus une édition de la *Confession de la Foy chrestienne* de Th. de Bèze (1561) porte la marque *au chandelier*.

2) Deux textes moins connus permettent à cette notion de s'animer et de devenir représentation à la fois humaine et divine.

Dans l'*Ecclésiastique*, chap. XXIV, voici ce que la Sagesse dit d'elle-même :

> « J'ay créé ès cieux la lumière permanente et ay couvert la terre comme une nuée.
> J'ai mis mon siège ès hauts lieux, *et mon throsne est sur la colonne de nuée* » [12].

---

10. *Princes*, vers 21 à 26.
11. *Matthieu* V. 14 et 15. Note de la Bible de 1563 : « Les Apostres sont ainsi nommés pour ce qu'ils portent la lumière de la doctrine celeste pour esclairer aux hommes. »
12. Versets 6 et 7.

Le commentateur de la Bible de 1563 voyait dans ces versets le Christ « la parole éternelle du Père ».

Dans *Esaïe* LIX ont lit : « Car *vérité est tresbuchée ès rues* et équité n'y a pu entrer », ce que Luther commente ainsi : « Qui verbum Dei pure praedicant occiduntur » [13].

Mais la vérité prend plus nettement forme humaine dans la *Préface* et dans la suite de *Princes* :

La *Préface* précise :

« que la vérité a coustume
D'accoucher en un lieu secret ». [14]

Les combattants des vallons d'Angrogne défendent comme David, « à coups de fronde les logis de la vérité ». Le poète lui-même a su la découvrir « aux aspres lieux » dans une « obscure tanière » qu'elle faisait resplendir de sa clarté, il a bien alors la certitude qu'il n'a cessé de la servir au prix de sa tranquillité et de sa vie elle-même :

« Aux lieux où celle qui enfante
De peur de se perdre, se perd,
Et où l'Eglise qu'on tourmente
S'enferma d'eau dans le désert. » [15]

Ces deux représentations se superposent et se fondent dans le texte des *Princes* où d'Aubigné voue sa vie à la manifestation de la Vérité ; citons les vers les plus importants :

« Voila comment de nous la verité bannie,
Meurtrie et deschirée est aux prisons, aux fers,
Ou esgare ses pas parmi les lieux deserts.
. . . .
« Je l'ai prise aux deserts, et la trouvant au bord
Des Isles des bannis, j'y ai trouvé la mort.
La voici par la main, elle est marquée en sorte
Qu'elle porte un cousteau pour celui qui la porte.
Que je sois ta victime, ô celeste beauté,

---

13. In *Scholia Lutheri in Esaiam*.
14. *Préface*, vers 29-30.
15. *Préface*, 165-168 et 175. Cf. *Apocal.* XII, 15 : « Et le Serpent jetta de l'eau comme un fleuve de sa gueule après la femme afin qu'il la fist emporter par le fleuve. »

Blanche fille du ciel, flambeau d'Eternité !
Nul bon œil ne la void qui transi ne se pasme,
Dans cette pasmoison s'esleve au ciel tout ame ; » [16].

Il ne s'agit plus seulement d'une image mais d'un personnage mystique à travers lequel s'expriment la conversion d'A. d'Aubigné et son engagement total. Cette figure se compose de réminiscences bibliques et de traits empruntés à des marques d'imprimeurs [17] ; c'est sans doute un texte biblique précis qui a communiqué à cette figure féminine son mouvement et son mystère. On lit en effet au chapitre XII de l'*Apocalypse* la description d'une *femme environnée de Soleil, enceinte ;* poursuivie par un grand dragon Roux, *elle s'enfuit au désert* où elle a un lieu préparé de Dieu. Michel et ses Anges combattent le Dragon qui l'assiège, le Dragon vaincu continue de persécuter la femme qui a enfanté un enfant mâle, mais « deux ailes d'une grande aigle furent données à la femme afin qu'elle s'envolast de devant le Serpent » [18].

Ce texte est cher à A. d'Aubigné [19] ; en imaginant la Vérité sous les traits de la femme enceinte réfugiée au désert, en reproduisant des figures liées à la *Confession de la foy Chrestienne* ainsi qu'au *Pourtrait de la Vraye religion,* il manifeste, même s'il n'en est pas clairement conscient, qu'il consacre son inspiration au combat pour l'Eglise souffrante

---

16. *Princes,* 162-165 ; 171-178.
17. La marque de Conrad Badius qui a imprimé entre autres la *Confession de la foy chrestienne* de Théodore de Bèze en 1559 représente une grotte dans un lieu sauvage et désert, un grand vieillard, le Temps ailé, appuyé sur une faux, tire à lui au sortir de cette grotte une femme nue, une légende encadre cette figurine : « Des creux manoirs et pleins d'obscurité Dieu par le temps retire vérité. » C'est ce qui nous fait préférer la leçon de A et B car A. d'Aubigné au vers 173 prend la place du Temps dans cette représentation : il tire la Vérité des déserts et la conduit au jour en la tenant par la main, il se fait ainsi son champion. L'édition Garnier Plattard ponctue : « La voici : par la main elle est marquée en sorte... »
Les vers 143-144 de la Préface :
« [mes yeux]
l'eurent à l'instant recogneüe
A ses habits tous deschirez. »
reproduisent une autre marque d'imprimeur celle des Haultin de La Rochelle qui a servi à illustrer dans l'édition du même ouvrage (ed. 1561) le *Pourtrait de la vraye religion* ; on y voit une femme ailée, à la tunique déchirée, appuyée sur la Croix et qui tend un volume vers le haut, son pied botté est posé sur un cadavre ; un détail a son importance : à la traverse de la Croix est suspendue une fronde ce qui explique le vers 159 de la *Préface.* Voir Louis Desgraves : *L'Imprimerie à La Rochelle,* les Haultin (Travaux d'Humanisme et Renaissance, Genève 1960) p. XXXIV, 35, 37, 55, 59, 64... ainsi que F. Gardy, *Bibliographie des œuvres de Th. de Bèze* (Travaux d'Humanisme et Renaissance, XLI, Genève 1960), p. 65.
18. Cf. *Apocal.* XII, v. 1, 2, 6, 7, 13, 14.
19. Cf. *Misères* 695 ; *Princes* 171 ; *Vengeances* v. 150, 154, 719, 721.

et persécutée, il indique aussi qu'on est arrivé au terme du temps puisqu'il s'agit, dans le texte de l'*Apocalypse*, des derniers soubresauts de Satan.

Toute une orientation de la satire prophétique est ainsi définie : quel que soit le risque — et la vie du prophète doit être par avance sacrifiée — il combattra non seulement les puissances visibles mais les invisibles, la Vérité dont il est le champion n'est pas un principe ni le consensus d'un groupe humain, c'est la sagesse-Christ, « la lumière qui illumine tout homme venant au monde » [20], la volonté du Dieu vivant qui se manifeste dans l'histoire des hommes. Mais cette lumière ne brille, au temps d'A. d'Aubigné, qu'à travers les ténèbres, elle donne la mort à qui veut la défendre.

Qu'on n'aille pas croire que nous voulons ramener tous les aspects de la satire dans les *Tragiques* à ce combat prophétique, à cette annonce pathétique de l'inéluctable catastrophe. On sait que la satire, d'après l'étymologie même du mot, est un mélange de toutes sortes de légumes ou de viandes, une farce, un pot-pourri. Tous les tons de la satire se retrouvent dans les *Tragiques* depuis la franche cocasserie du duel de femmes dépeint dans *Misères* [21] jusqu'à l'humour brillant de la scène si vivante où le jeune gentilhomme provincial découvre la splendeur et la vanité des mignons du roi [22], en passant par l'obscénité la plus crue [23] ; on y entend souvent aussi l'accent vigoureux de la diatribe stoïcienne qui est bien proche de l'indignation des prophètes bibliques. Mais notre propos est de montrer ce que les réminiscences bibliques, images, noms symboliques, thèmes, textes transcrits ou transposés, apportent à ces tableaux violents. Il n'est pas exagéré de dire — et l'étude d'un assez grand nombre d'exemples le prouvera — que la Bible, en particulier les prophéties et l'*Apocalypse* qui, pour le poète, représentent la vérité profonde éclairant le présent aussi bien que la réalité des fins dernières, offrent à A. d'Aubigné une lecture du réel, lui montrent les desseins de Dieu en train de s'accomplir dans la trame quotidienne de l'histoire. C'est en cela que le poète est vraiment le disciple et l'imitateur des prophètes.

---

20. *Jean* I/9.
21. *Misères* : 1179-1184 :
« Ces hommaces, plutost ces demons desguisez,
Ont mis l'espée au poing, les cotillons posez,
Trepigné dans le pré avec bouche embavee,
Bras courbé, les yeux clos, et la jambe levee ;
L'une dessus la peur de l'autre s'avançant
Menace de frayeur et crie en offençant. »
22. *Princes*, 1143-1185.
23. Voir l'évocation des orgies royales. *Princes* : 691-693.

Voici d'abord quelques éléments statistiques :

Pour *Misères.* Laissant de côté les vers 1273 à 1380 qui constituent une sorte de Psaume, formé de versets bibliques ou fragments de versets juxtaposés, nous avons relevé 78 emprunts bibliques d'une certaine importance [24].

Sur ces 78 emprunts, 36 proviennent des *Prophètes,* 5 de l'*Apocalypse.*
On trouve par ailleurs 10 citations ou imitations du *Pentateuque,*
dont 5 proviennent du *Deutéronome,*
6 citations ou imitations des *livres historiques,*
12 emprunts au livre de *Job* et aux *Psaumes,*
1 à l'*Ecclésiaste,*
1 référence aux *Actes,*
2 aux *Epîtres.*

On voit tout de suite l'importance des réminiscences des *Prophètes* si l'on songe que certains prophètes bibliques ont largement repris les menaces et les promesses du *Deutéronome* [25] et que l'*Apocalypse* apparaissait aux Réformés comme une « exposition des *Prophètes* ».

Pour les *Princes :*

Sur 119 emprunts relevés,
46 proviennent des *Prophètes,*
6 de l'*Apocalypse,*
9 du *Pentateuque,* dont 1 vient du *Deutéronome,*
6 viennent des *livres historiques,*
22 de *Job* et des *Psaumes,*
11 des *Proverbes* et de l'*Ecclésiaste,*
7 des *Evangiles,*
13 des *Epîtres* (il s'agit non de préceptes moraux mais d'éléments relatifs à la révélation).

---

24. Nous ne tenons pas compte des expressions ou images bibliques qui font partie de la langue courante, mais il est souvent difficile de distinguer entre une image usée, devenue expression banale, et la même image chargée à nouveau d'une efficacité particulière. Il ne s'agit donc pas d'une évaluation statistique vraiment précise mais d'une tentative pour déterminer à quels livres de la Bible l'auteur a fait appel de préférence.

25. On ne saurait faire remonter la composition et la rédaction du *Deutéronome* à l'époque des vraies guerres saintes, au temps des Juges. Von Rad pense qu'il a été rédigé à partir de traditions orales anciennes, peu avant la réforme du roi Josias qu'il inspire et qu'il appuie, vers 621 av. J.C. ; il serait donc contemporain de la première prédication de Jérémie. Voir G. von Rad, *op. cit.,* t. I, p. 72-73 et t. II, p. 166.

Si l'on songe que les traités politiques d'un Bèze ou d'un Duplessis-Mornay sont nourris de références bibliques empruntées aux livres historiques de l'Ancien Testament, *Juges, Josué, Samuel, Rois,* on mesure tout de suite la différence. A. d'Aubigné ne cherche pas dans la Bible le modèle d'un état juste ou des exemples de résistance légitime, il a recours aux *Prophètes,* aux *Psaumes* et au livre de *Job* où il trouve des appels à Dieu, des protestations du Juste persécuté, l'exaltation de la gloire du roi et la célébration de l'Exode, ces textes globalement prophétiques représentent avec ceux de l'*Apocalypse* 74 emprunts, soit les trois cinquièmes des références bibliques d'une certaine étendue.

Nous ne saurions infliger au lecteur l'énumération de ces thèmes bibliques ; choisir des exemples pour étudier l'influence de ces emprunts sur la satire dans ces deux livres ce serait orienter la démonstration. Il vaut mieux sans doute proposer quelques grands thèmes théologiques essentiels [26], que le *Deutéronome,* les *Prophètes* et parfois les *Psaumes* reprennent, en montrant que ces idées chargées d'images soutiennent la série d'exemples que le poète produit et parfois expliquent leur ordre ou leurs outrances. Nous en avons choisi trois qui permettent de dominer l'ensemble des deux livres :

1) *L'Alliance* — les malédictions lancées par le *Deutéronome* contre Israël s'il abandonne la Loi (chapitre XXVIII) nous font comprendre l'importance du thème de la *nature dénaturée* ou plus généralement du *monde à l'envers.*

2) *Le rôle du prophète.*

3) *Le jugement porté sur les rois* et l'espérance d'une royauté rénovée.

I. - L'ALLIANCE

C'est l'élection qui a constitué le peuple d'Israël, mais l'alliance est sa forme visible : Israël répond au libre choix de Dieu par l'amour et l'obéissance, cette relation vivante garantit aux yeux des conducteurs du peuple et des prophètes la vie du peuple, sa prospérité, la fécondité de ses troupeaux et le bon équilibre de la nature qui l'entoure, la paix enfin qui signifie la plénitude de la vie.

---

26. C'est le titre de la thèse d'E. Jacob : *Les thèmes essentiels d'une théologie de l'Ancien Testament* (Faculté de Théologie protestante de Strasbourg) imprimée en 1955 à Neuchâtel. Cette étude si documentée et si claire m'a beaucoup servi.

Nous avons montré, au chapitre 1 de la première partie, que les Eglises réformées avaient cru revivre l'aventure de la délivrance et de l'élection d'Israël. Or, au moment où d'A. d'Aubigné va énumérer les *Misères* de la France, il la présente tenant dans ses bras deux enfants acharnés au combat, l'un est *Jacob,* élu de Dieu qui n'a pas tenu compte des droits de la chair et du sang [27] mais a manifesté le libre choix de son amour. *Jacob,* succédant ainsi à son père dans la lignée avec qui Dieu a fait alliance, représente les Eglises et le parti des Réformés qui auraient pu être en bénédiction à tous le pays s'ils avaient gardé une stricte fidélité au Dieu de leur délivrance et si la nation tout entière avec ses rois, ses chefs ses prêtres les avait reconnus, avait reçu leur message spirituel. Parce que rois, princes, conseillers ont rejeté ce nouvel élu, ils ont rompu l'Alliance de grâce, ils tombent alors sous le coup des malédictions que le *Deutéronome* place dans la bouche de Moïse, si bien que, paradoxalement, les horreurs indicibles de la guerre, la famine, la perversion des lois naturelles démontrent la fidélité de Dieu, prouvent qu'Il est réellement le maître de la nature et de l'histoire.

Au chapitre XXVIII du Deutéronome, à partir du verset 15, commence cette longue énumération de calamités réservées au peuple d'Israël s'il n'obéit pas à la voix de l'Eternel son Dieu. Nous n'en citons que quelques-unes pour montrer que les traits qui peignent le *monde à l'envers* ou la *nature dénaturée* dans les deux premiers livres des *Tragiques* ne sont pas uniquement des scènes et des détails vécus, encore qu'ils le soient, mais qu'ils représentent également le signes d'une réalité invisible plus menaçante encore que la souffrance présente, la colère de Dieu qui peut anéantir ceux qu'il a sauvés :

v. 16 « Tu seras maudit dans la ville et tu seras maudit dans les champs.
17 » Maudites seront ta corbeille et ta huche.
18 » Maudit sera le fruit de tes entrailles et le fruit de ton sol, ainsi que les portées de tes vaches et de tes brebis !
20 » L'Eternel enverra contre toi la malédiction, l'effroi et la menace dans toutes les œuvres que tu entreprendras.

---

27. Voir dans notre premier chapitre combien cette notion du libre choix de Dieu justifie l'existence et la légitimité des Eglises issues de la Réforme ; elles se fondaient sur le récit de la *Genèse* et surtout sur le commentaire de Paul : *Ep. aux Romains* IX, 11 à 13. Dans le *sermon* 132 sur le *Deutéronome,* Calvin rappelle le lien fraternel qui unit Papistes et Huguenots, mais « c'est bien raison qu'ils (les Papistes) soyent tenus comme Iduméens (descendants d'Esaü) » puisqu'ils « ont perverti le service de Dieu, que mesme ils ont quasi anéanti la Foy » C. O. XXVIII/91-92).

21 « L'Eternel t'enverra la peste...

23 « Les cieux au-dessus de ta tête seront d'airain et la terre au-dessous de toi sera de fer.

26 « Tes dépouilles serviront de pâture à tous les oiseaux du ciel et aux bêtes de la terre, sans que personne les mette en fuite...

30 « Tu bâtiras une maison et tu ne l'habiteras pas...

49 « L'Eternel fera lever contre toi, de loin, ... une nation à la marche rapide comme le vol de l'aigle...

50 « Une nation au visage farouche qui n'aura ni respect pour le vieillard ni pitié pour l'enfant,

51 « Elle dévorera le fruit de ton bétail et le produit de ton sol, jusqu'à ce que tu sois exterminé...

53 « Au sein de la détresse et de l'angoisse où te réduira ton ennemi, tu mangeras le fruit de tes entrailles, la chair de tes fils et de tes filles...

56 « La femme la plus tendre et la plus délicate d'entre vous qui, par mollesse ou par délicatesse n'eût point essayé de mettre la plante de son pied sur la terre, regardera d'un œil hostile le mari qui reposait sur son sein, son fils et sa fille,

57 « à cause du nouveau-né, fruit de ses entrailles et des enfants qu'elle aura mis au monde car, dans son extrême disette elle s'en nourrira en secret au sein de la détresse et de l'angoisse où te réduira l'ennemi dans tes villes... » [28].

Voilà donc le texte originel qui a été interprété *dans un sens typique* [29] par les prophètes, en particulier *Ezéchiel* et *Jérémie*, pour annon-

---

28. Nous citons ce texte d'après une version moderne de la Bible car c'est le thème de la malédiction qui importe ; pour la forme, A. d'Aubigné est plus proche des prophètes qui réinterprètent ce texte dans l'actualité de leur temps en particulier d'Ezéchiel qui voit se réaliser ces malédictions lors du siège de Jérusalem. C'est exactement la pensée de Th. de Bèze : « Et pourtant appert-il que les Prophètes qui ont suyvi Moyse, n'ont été qu'expositeurs de ce cantique, en appliquant en particulier selon que l'esprit de Dieu les conduisoit les circonstances des temps et des lieux, et des personnes ausquelles ils avoyent à faire, tant les menaces que les promesses ici generalement et indifiniement predits par Moyse ». Introduction au *Cantique de Moyse, Deutéronome* XXXII ; in *Les saincts cantiques recueillis tant du Vieil que du Nouveau Testament* mis en rime françoise par Théodore de Bèze. Genève, 1595.

29. Nous entendons par cette expression le fait de lire dans un épisode où une exhortation l'histoire actuelle, de voir la parole de Dieu agissant *hic et nunc*. Dans sa *Mimésis*, E. Auerbach dit que le caractère propre des textes bibliques — il prend l'exemple du sacrifice d'Abraham — c'est d'être assez sobres et mystérieux pour servir d'aliment à la méditation des générations successives et de reprendre vie à chacune de ces lectures. E. Jacob souligne également que « de bonne heure, à l'intérieur de l'Ancien Testament l'histoire d'Israël a été interprétée dans un sens typique », *op. cit.*, p. 149. Cela est vrai a fortiori de promesses ou de menaces étroitement liées à la Loi, inscrites dans le pacte de l'Alliance.

cer ou décrire la chute de Jérusalem et la déportation du peuple. Voici quelques traits ou épisodes dépeignant le « *monde à l'envers* » dans les *Tragiques* et qui, sans que leur valeur de témoignage vécu puisse être niée, évoquent les malédictions du *Deutéronome* ou les perversions sociales stigmatisées par les prophètes :

> Le pauvre est opprimé par ceux qu'il nourrit et par les juges qui devraient le défendre [30].

> « Les Rois, qui sont du peuple et les Rois et les pères,
> Du troupeau domesticq sont les loups sanguinaires ;
> Ils sont l'ire allumée et les verges de Dieu » [31].

Nous reviendrons sur le rôle capital qu'A. d'Aubigné prête au roi, en se séparant sur ce point du *Deutéronome* et même des *prophètes*. *Ezéchiel* accuse les princes dans les mêmes termes, mais les prophètes et les prêtres partagent cette responsabilité : « Ses princes estoyent au milieu d'elle comme les loups qui ravissent la proye pour respandre le sang et pour perdre les âmes » [32].

Calvin déclarait aussi que les princes tyranniques sont « elevez de Dieu pour punir l'iniquité du peuple, ils sont ses verges » et que « un mauvais roi est une ire de Dieu sur la terre » [33]. Mais c'était pour exhorter les fidèles à se soumettre à ces fléaux. A. d'Aubigné reprend, presque dans les mêmes termes, l'aphorisme de Calvin [34] mais avec une visée bien différente, il ne s'agit pas d'exhorter à la repentance mais de révéler la funeste contagion qu'un roi cruel et dépravé communique à tout le corps social. A partir du vers 206, toute l'angoisse d'une société humaine où les lois les plus naturelles sont anéanties s'exprime :

---

30. Cf. *Misères*, vers 163-165 :
« Financiers, justiciers, qui opprimez de faim
   Celui qui vous fait naistre ou qui défend le pain,
   Sous qui le laboureur s'abreuve de ses larmes. »
et *Amos* chap. v, 11 : « Pourtant, à cause que vous foulez le povre et lui ôtez la charge du froment (en note : vous lui ravissez son blé) vous avez édifié des maisons de pierres taillées mais vous n'habiterez point en icelles ».
31. *Misères* : 197-199.
32. *Ezéchiel*, XXII, 27.
33. Cf. *Institution chrétienne* : IV-XX, 25 ; XX-26, 27 et les références bibliques citées par Calvin. *Job* XXXIV, 30 ; *Isaïe* III, 4, X, 5 ; *Osée* XIII, 11 : « Je t'ai donné un roi en mon ire ».
34. Cf. *Princes*, vers 391-93 :
« Dieu veut punir les siens quand il lève sur eux
   Comme sur des meschans, les princes vicieux,
   Chefs de ses membres chers... »

Rois adultères, débauchés,
Maris dépouillés de leurs biens, couples séparés par la violence,
« Meurtriers souldoyez »
« L'homme est en proye à l'homme, un loup à son pareil ;
Le père estrangle au lit le fils, et le cercueil
Preparé par le fils sollicite le pere. »

Cette énumération de violences et de cruautés insoutenables s'achève par deux témoignages plus affreux que tout le reste : la famille de paysans massacrés par les reîtres [35], et l'épisode de la mère dévorant son petit enfant lors du siège de Paris [36].

Plusieurs de ces abominations nous paraissent inspirées par le chapitre XXII d'*Ezéchiel* qui énumère tous les crimes de Jérusalem, « ville sanguinaire », en appelant sur elle le feu de la colère divine. Mais dans les *Tragiques,* il s'agit d'une imitation libre et non d'une reproduction du texte biblique [37]. A. d'Aubigné a vu ces scandales, ces spoliations, ces assassinats, il a assisté dans les villages brûlés à ces agonies effroyables, alors il reconnaît dans ces scènes horribles d'autres horreurs semblables que les prophètes d'Israël ont exprimées avant lui sur l'ordre de Dieu, pour qu'elles prissent un sens par cette parole même. Ainsi l'horrible repas de la *mère - non-mère,* annoncé parmi les menaces du *Deutéronome* est décrit comme le signe tragique du jugement dans les *Lamentations de Jérémie* : « Regarde, Seigneur... les femmes mangeront-elles leurs fruitcs, et leurs enfans non plus grans qu'une paume ? » (Jérémie-Lamentations II-20) [38]. Car lorsque Dieu, par la bouche du prophète proclamait ces crimes, IL plaçait les responsables dans le creuset de Sa colère, et Il leur annonçait qu'Il les fondrait au feu de son courroux.

---

35. *Misères*, v. 382-427.
36. *Misères*, 495-562.
37. Cf. *Ezéchiel* XXII, 12 : « Ils ont receu presens en toy pour répandre le sang » ; et *Misèrse* 210 : « Les meurtriers souldoyez s'eschauffent à la suite ».
Ezéchiel XXII, 11 : « Et un chacun a faict abomination avec la femme d'autrui : et un chacun a pollu sa belle fille laschement », et *Misères* 201-202 (les Rois)... ravisseurs de pucelles.
Adultères, souillans les couches des plus belles «.
Ezéchiel XX, 25 : « La conjuration de ses Prophètes est au milieu d'elle : ils ont dévoré les âmes comme le lion rugissant qui ravit la proye : ils ont pris les richesses et la gloire : ils ont multiplié les veuves au milieu d'elle (en note : il veut dire qu'ils ont mis leurs maris à mort) » cf. v. 208. *Ezéchiel* V. 9-10 : « Et feroy en toy les choses que jamais ie ne fi... Car les pères mangeront leurs enfants au milieu de toy, et les enfants mangeront leurs pères. » Cf. *Misères,* v. 212-213.
38. Cette tournure n'exprime pas une simple hypothèse mais l'horreur indignée devant un fait réel. Trad. d'E. Dhorme (Pléiade) : « Est-ce que des femmes doivent manger leurs fruits, ces enfançons encore sur les bras ? »

Lorsqu'il marque ainsi les abominations qu'il dénonce du sceau de la prophétie biblique, A. d'Aubigné donne à sa parole la même densité, il atteste l'efficacité de ces menaces.

La terre est maudite et sa fécondité suspendue [39].

Misères 291-294.

Les villes et les villages sont le repaire des bêtes sauvages.

Misères 325-328 [40].

Les animaux changent de nature.

Misères 466-815.
Princes 290-329.

Pour comprendre comment les animaux cités dans ces deux livres prennent place dans le grand thème de la *nature dénaturée* qui devient un signe prophétique, il faut considérer qu'A. d'Aubigné, comme le fait la Bible, tantôt cite des animaux réels, tantôt les utilise comme symboles. Les animaux font partie de la création que l'homme, même après la chute, a la charge de garder et de maintenir ; si les animaux familiers deviennent des bêtes féroces, c'est un signe que la création tout entière est profondément pervertie :

> « Les mastins allouvis sont devenus sauvages,
> Faicts loups de naturel et non pas de la peau :
> Imitans les plus grands, les pasteurs du troupeau
> Eux-mesme ont esgorgé ce qu'ils avaient en garde. » [41]

A. d'Aubigné souligne le message clair que cette rage apporte : comme les princes et les rois, ils dévorent le troupeau, nous sommes renvoyés au verset 27 du chapitre XXII d'*Ezéchiel* [42], mais ce qui était image appli-

---

39. « Enfans de ma douleur, du haut ciel l'ire esmeuë
    Pour me vouloir tuer premièrement vous tue. »
J'interprête ainsi ces vers : Dieu dans son courroux veut anéantir la terre et pour cela il laisse mourir d'abord ceux qui la travaillent et la rendent belle. A. d'Aubigné rappelle ici la menace du Déluge, le retour au chaos primordial (*Genèse* VI, 13) ; on sait que dans le pacte d'alliance conclu avec Noé Dieu s'était engagé à ne plus exterminer les créatures par le Déluge. Mais la menace d'une terre inféconde subsiste (*Deutéronome* XXVIII/16 et 23).

40. 325, 326 : « Les loups et les renards et les bestes sauvages
    Tiennent place d'humains, possèdent les villages »
A. d'Aubigné a simplifié et actualisé la prophétie d'*Esaïe* décrivant Babylone dévastée :
    « Les Siim (en note les *bestes sauvages*) y reposeront et leurs maisons seront remplies d'Ohim (en note : martes ou furons) et habiteront illec les austruches et les luitons (en note : folnes, marmotes ou oiseaux sauvages) sauteront là... » *Esaïe*, XIII. 21.

41. *Misères*, 466-470.

42. Cf. vers 197 de *Misères*.

quée aux rois devient maintenant réalité visible et, de plus, si les princes de bergers sont devenus loups, « les mastins allouvis » ne vont pas assaillir seulement les brebis, ils sauteront à la gorge des responsables ; le jugement s'approche, Dieu le confie aux animaux lorsque les magistrats et les rois ont trahi leur charge pour se ruer à la curée [43].

Mais les animaux dans la Bible ont aussi une valeur exemplaire et symbolique. Le livre des *Proverbes* comme le prophète *Esaïe* renvoient l'homme à l'animal pour qu'il reçoive de lui une certaine sagesse [44]. L'animal-symbole représente alors telle vertu ou tel vice dans sa pureté ; par là il est le garant d'un ordre stable de valeurs : ces vivantes allégories contribuent à l'instruction morale des enfants et des hommes ; se former à la sagesse c'est déjà, pour le lecteur de *l'Ecclésiaste* ou des *Proverbes*, se déprendre des folies du monde et choisir le chemin qui mène à Dieu. Mais les animaux qu'énumère A. d'Aubigné au livre des *Princes* ont échangé leurs symboles habituels contre des symboles contraires, une confusion s'ensuit, à travers la violence déchaînée des ambitions ou la bouffonnerie dérisoire des divertissements, les rois aveuglés glissent vers la catastrophe.

Les Rois dénaturés.

Alors que les enfants au berceau meurent de faim
... « Les Rois parez de leur substance
En pompes et festins trompoyent leur conscience,
Estoffoyent leur grandeur des ruines d'autruy,
Gras du suc innocent...
« Pour les pleurs et les cris n'ayant yeux ni oreilles. » [45]

Il est bien rare que la satire de la cruauté et de la cupidité du roi atteigne une telle intensité. A. d'Aubigné obtient cette image à partir d'un commentaire de Calvin qui retourne un texte d'*Esaïe* pour marquer

---

43. On retrouve au vers 466 la formule du vers 199 mais les « bourreaux de l'ire du grand Dieu » s'attaquent maintenant aux bergers devenus loups.
44. Cf. *Prov.* VI, 6 : « Va vers la fourmi paresseux
   Considère ses voies et deviens sage... »
     Esaïe I, 3 : « Le bœuf connaît son possesseur
   Et l'âne la crèche de son maître
   Israël ne connaît rien. »
45. *Misères* 361-366, le même thème est repris dans *Misères* v. 917-918 et dans *Princes* v. 550.

comme au fer rouge les rois persécuteurs de l'Eglise. On lit au chapitre XLIX d'*Esaïe,* verset 23 : « Et les rois seront tes nourriciers : et les princesses seront tes nourrices » [46].

Calvin, après avoir souligné que le devoir des rois est « d'avancer le royaume de Jésus-Christ » remarque qu'« aujourd'huy tant s'en faut que les roys soyent nourriciers de l'Eglise que plustost ils en sont bourreaux : ... les vrays ministres sont chassés, et en leur place on engraisse des ventres paresseux, des gouffres insatiables... (car les princes distribuent volontiers de leurs biens à telle manière de gens, c'est à dire le *suc et le sang,* qu'*ils ont succé du peuple* ». La violence de l'image, l'évocation d'une cuisine infâme est sans doute empruntée à la prophétie de *Michée,* dirigée contre les responsables du gouvernement :

> « Ils dévorent la chair de mon peuple,
> lui râclent la peau
> lui brisent les os,
> Ils le dépècent comme chair dans la marmite
> Comme viande dans la casserole. » [47]

Toutes ces abominations prouvent que les malédictions de Dieu s'accomplissent, les responsables doivent être clairement désignés : ce sont *les rois qui ont rompu l'Alliance* et leur péché est, au premier chef, *religieux.* Le comble de l'horreur paraît atteint dans le récit de l'infanticide provoqué par la famine, mais un sacrilège plus lourd de conséquences est décrit avec force détails à partir du vers 889 : Catherine de Médicis figure, sous diverses formes dirait-on, une sorcière qui renverse l'ordre naturel grâce au pacte qu'elle a conclu avec les démons. Or, il est certain que, d'après la théologie d'A. d'Aubigné, l'existence et les forfaits de cette reine impie sont la cause de la perversion des lois, des rapports humains, de l'équilibre fécond de la création.

---

46. A. d'Aubigné reproduit ce verset au vers 574 de *Misères* pour glorifier les rois du passé :
« Iadis nos Rois anciens, vrais pères et vrais Rois
    Nourrissons de la France... »
47. Michée III, 3 et 2 b.
Cité d'après la traduction de R. Vuilleumier (*Commentaire de l'Ancien Testament* publié sous la direction de R. Martin-Achard. Delachaux et Niestlé, 1971) Nous citons une traduction moderne car c'est le thème qui importe ici et non la forme littérale. Voir aussi *Jérémie* V. 28 (des gens meschans)... « ils sont devenus gras et reluisans de graisse... Ils ne jugent point aucune cause, soit la cause de l'orphelin, et néanmoins prospèrent sans faire jugement pour les povres ».

Le poète présente ce personnage avec une gravité particulière. A partir du vers 679 de *Misères*, il abandonne le récit des calamités qu'endure la France pour « en toucher les causes ».

La responsabilité du peuple tout entier, il est vrai, n'est pas contestée :
« Tes superstitions et des coustumes folles
De Dieu qui te frappoit te poussoyent aux idoles.
Tu te crevois de graisse en patience, mais
Ta paix estoit la sœur bastarde de la paix. » [48]

mais l'instrument des vengeances que Dieu a choisi au fond des gouffres infernaux, la reine, assistée par le cardinal de Lorraine, participe à ces péchés, en fait sa règle de conduite et les inspire à son peuple. Toute une série de rappels bibliques servent à présenter cet acteur principal comme le personnage-clé de la situation, à travers une révélation solennisée par la prophétie. Après la reprise du style sentencieux de l'*Ecclésiaste*[49], voici le surnom biblique, *Jézabel*, qui définit un rôle et marque un destin[50], voici surtout des actes qui la font entrer dans la catégorie des réprouvés : elle prend la place de Dieu en s'arrogeant le pouvoir de bouleverser les hiérarchies sociales[51] ; surtout elle se livre à des pratiques magiques formellement interdites par le Deutéronome : « Quand tu entreras en la terre que le Seigneur ton Dieu te donne, tu n'apprendras de faire selon les abominations de ces gens. Nul en toi ne sera trouvé, qui face passer son fils ou sa fille par le feu, ni *magicien usant d'art magique,* ni homme ayant *esgard au temps,* et aux oiseaux ni *sorciers,* ni *enchanteur,* qui enchante, ni homme demandant conseil aux esprits familiers, ni *devins,* ne *demandant advis aux morts.* Car tous ceux qui font telles choses sont abomination au Seigneur : et à cause de telles abominations le Seigneur ton Dieu les dechassera devant ta face. » [52]

---

48. *Misères* 689-692 : « Tu te crevois de graisse » est à rapprocher de *Deutéronome* XXXI, 20 : « Quand je l'auray introduit en la terre, laquelle i'ay juré à ses pères, ayant affluence de laict et de miel, et il aura mangé et se sera rassasié et *engraissé,* et se destournera aux autres dieux... » La prospérité d'Israël installé en Canaan et son idolâtrie sont étroitement liées.

49. Cf. vers 727 et *Ecclésiaste* X, 16 : Malheur à toy, terre quand ton Roy est jeune, et quand tes princes mangent de matin. »

50. Oon sait que ce nom était employé couramment dans les pamphlets huguenots, voir en particulier le *Resveille-matin des François et de leurs voisins* où l'on trouve une « sympathie de la vie de Catherine et de Jézabel », p. 125.

51. Vers 753-754 : « ainsi comme eux (les ducs de Florence) tu sçais te rendre redoutable.
Faisant le grand coquin, haussant le misérable ». Cf. le Cantique d'Anne, II *Samuel* 7 : « le Seigneur apovrit et il enrichit, il abaisse et hausse ».

52. *Deutéronome* XVIII, 9 à 11.

Il s'agit bien des pratiques magiques propres aux peuples idolâtres de Canaan ; donc d'un choix entre le Dieu de l'Alliance, vrai
maître de la nature et de l'histoire, et le démonisme des *baalim* ou
autres esprits qui fait croire à l'homme qu'il peut agir sur les forces
obscures.

La tentative de *nécromancie* prêtée à Catherine la rejette définitivement parmi les réprouvés puisqu'une évocation analogue a été pratiquée par Saül, le roi élu puis rejeté, et Samuel, remontant du
Shéol, n'a fait que lui confirmer sa condition d'ennemi de Dieu [53].
Mais il faut noter que réapparaît dans ces scènes fascinantes et
affreuses, le thème du vers 364 « les Rois gras du suc innocent » :

> « Les enfants innocens ont presté leurs moëlles,
> Leurs graisses et leur suc à fournir des chandelles,
> Et, pour faire trotter les esprits aux tombeaux,
> On offre à Belzebub leurs innocentes peaux » [54].

A. d'Aubigné obtient un effet d'horreur particulier en présentant
comme réalité, comme un sinistre ingrédient de magie noire, ce qui
n'était dans la Bible qu'une image, c'est certainement un procédé habituel du fantastique ; son intérêt ici, en dehors du choc émotionnel qu'il
provoque, c'est de ramener un thème dans lequel le « monde à l'envers » et l'abomination de l'apostasie royale se trouvent fondus.

La Reine a choisi l'inanité des Démons au lieu de la voie proposée par le Dieu de l'Alliance ; ce choix mortel déchaîne le *chaos* [55],
il n'y a plus d'espoir ni pour la société ni pour la nature, seul *l'esprit*
qui anime le prophète pourra éviter une dissolution des personnes et
des institutions ; à la résurrection illusoire des ossements terreux
qu'opère la Reine pourra s'opposer l'authentique résurrection dont
Ezéchiel fut le médiateur pour faire revivre un peuple et le dresser
dans la lumière [56].

---

53. La lecture de cet épisode, I *Samuel* 28, est assez révélatrice de l'interprétation réformée si on considère les notes de la Bible de 1563. Jamais il n'est
admis que l'esprit de Samuel soit réellement remonté du Sheol « ce n'estoit autre
chose que pure illusion du diable à laquelle Dieu bailla efficace à la ruine et
condamnation de Saül » ; on souligne encore « la ruse et cautèle de ce malin
esprit faignant porter honneur à Dieu... » ; c'est bien dans ce sens qu'A.
d'Aubigné imagine la nécromancie truquée et les pièges tendus par les Démons
à la reine.

54. Vers 917-920.

55. Cf. v. 895. « Elle change en discord l'accord des éléments. »

56. On peut en effet penser que la « résurrection » factice opérée par les
incantations de la magicienne constitue une sorte de caricature de la résurrection
décrite au chap. XXXVII d'*Ezéchiel*, qui n'est d'ailleurs donnée que comme une
vision symbolique.

On pourrait également découvrir une *rupture de l'alliance* dans la *luxure* des Rois qu'une série de scènes et de détails scabreux dépeint à partir du vers 690 de *Princes* :

«En autant de malheurs qu'un peuple misérable
Traine une triste vie en un temps lamentable,
En autant de plaisirs les Rois voluptueux
Yvres d'ire et de sang, nagent luxurieux
Sur le sein des putains... »[57].

Osée, qui ne cesse de présenter la trahison du peuple et celle des prêtres comme une prostitution[58] ainsi que le mythe de *Babylone*[59], la paillarde, pourraient fournir des arguments. Mais ce serait, à notre avis, plaquer des textes bibliques sur une diatribe où éclate surtout l'indignation morale : ce que stigmatise A. d'Aubigné, en rapportant ces orgies très réelles, c'est le fossé profond qui s'est creusé entre le peuple et les princes[60] : ils ignorent et bafouent la souffrance des pauvres, le refus de l'alliance avec Dieu a provoqué la rupture des liens normaux entre les hommes et en particulier de cette alliance, faite de protection et de service, qui légitime seule l'autorité monarchique. Il n'est donc pas sûr que la figure de *Babylone* transparaisse à travers la formule « les Roys voluptueux, yvres d'ire et de sang... », par contre ce thème de *Babylone* entourée du ballet des rois éclate aux vers 971-982, lorsque François de Valois a trahi le parti et qu'Henri III a mis le comble à ses infamies en organisant d'austères processions de pénitents :

---

57. *Princes*, 689-693.
58. Cf. *Osée* IV, 11 : « Paillardise et le vin et le moust leur ostent le cœur » et *Osée* IV, 12, 13 : « Mon peuple consulte son arbre et son bâton le renseigne, car un esprit de prostitution l'a égaré, ils se sont prostitués en s'éloignant de leur Dieu. Sur les sommets des montagnes ils sacrifient et sur les collines ils offrent de l'encens, sous le chêne, le peuplier et le térébinthe, car on est bien à leur ombre ». Les commentateurs modernes voient dans ce dernier verset une dénonciation précise des rites de prostitution sacrée, les rites cananéens ayant corrompu la religion d'Israël.
59. Cf. *Apocalypse* XVII, 2 « Vien, et je te montrerai la damnation de la grande paillarde laquelle se sied sur plusieurs eaux : avec *laquelle les Rois de la terre ont paillardé*, et ceux qui habitent en la terre se sont enyvrés du vin de sa paillardise... ». Ce texte est le point de départ de la satire épique de Louis des Masures intitulée : *Babylone ou la ruine de la grande cité tyranique de la grande paillarde babylonnienne*. Genève 1563.
60. Cf. *Isaïe* V, 11 à 13 ; XXII, 13-14 : « Les militaires s'adonnent à la jouissance à la veille de la mort » (A. Neher), et *Amos* II. 6 et 7. Le verset 7 d'*Amos*, ainsi traduit par Calvin : « lesquels soufflent d'ahan après la teste des povres sur la poudre de la terre... » a peut-être fourni à A. d'Aubigné le développement des vers 683-686 de *Princes ;* c'est l'idée que les pauvres déjà abattus dans la poussière par les juges sont encore foulés aux pieds et tourmentés dans leur détresse.

« Tous ces desguisements sont vaines mascarades
Qui aux portes d'enfer présentent leurs aubades,
Ribaus de la paillarde ou affaités valets
Qui de processions lui donnent des balets :
Les uns, mignons muguets, se parent et font braves
De clincant et d'or trait ; les autres, vils esclaves,
Fagottés d'une corde et pasles marmiteux,
Vont pieds nuds par la ruë abuser les piteux,
Ont pour masque le froc, pour vestemens des poches,
Pour cadance leurs pas, pour violons des cloches,
Pour vers la letanie ; un avocat nommé,
A chasque pas rend Christ, chasque fois, diffamé. »

L'imitation du texte de Louis des Masures est ici très nette. A.
d'Aubigné annonce ainsi, à travers la fête impie, la chute d'un roi
voué aux dévotions hypocrites, coupé depuis longtemps, d'après d'Aubigné et les pamphlétaires huguenots, de tout lien authentique avec le
Dieu vivant, si bien que ses masques et ses déguisements révèlent une
vie factice, une mort spirituelle. Les menaces du chapitre XXVIII du
Deutéronome, reprises par les prophètes et en particulier par *Ezéchiel*,
donnent aux souffrances inexplicables et aux horreurs de la guerre qui
torturent les petits et les pauvres une sorte de logique et de nécessité :
ces spectacles affreux font éclater aux yeux du croyant le mépris de
l'Alliance, de la vie offerte par la grâce ; la mort règne donc sur les
villages, les campagnes, elle corrompt toutes les relations humaines. Des
rois iniques, à l'âme corrompue, sont en même temps les fléaux susci-
tés par Dieu et les responsables de cette *nature dénaturée ;* ils pouvaient
et devaient maintenir l'Alliance ou la restaurer comme avait fait Josias ; en pratiquant une religion qui n'est que prostitution (car leurs
pratiques ont pour but de mettre Dieu à leur service) ils attirent sur
leurs têtes le châtiment des rebelles et des réprouvés,

« Stupides, sans gouster ni pitiez ni merveilles
Pour les pleurs et les cris n'ayant yeux ni oreilles. »

Leur dureté est le signe de l'endurcissement, de l'impénitence finale [61].

---

61. Voir *Ezéchiel* XII, 2 : « Fils de l'homme, tu demeures au milieu de la
maison rebelle, qui ont des yeux pour veoir et ne voyent point et des oreilles
pour ouïr et n'oyent point : pource que c'est une maison rebelle. »

II. - LE ROLE DU PROPHETE

Si l'on considère quelle est la fonction et la force d'impact de la satire, il est aisé de voir que la *satire prophétique* se distingue nettement de la satire classique. L'auteur qui prend pour modèle Horace ou Juvénal pense qu'il suffit de dire la vérité pour que les abus soient réprimés, les vices corrigés. Pour le satirique optimiste, le rire suffit à redresser les travers puisqu'il s'adresse à un groupe d'amis ou de lecteurs qui partagent son idéal moral ou littéraire ; le satirique pessimiste exprime des haines vigoureuses, qui trouveront sans doute, pense-t-il, un écho dans la *sanior pars* de la société et cristalliseront de salubres mouvements de révolte. L'un et l'autre attendent des hommes, mieux éclairés ou secoués par des témoignages vengeurs, le mouvement qui abattra l'adversaire ou la réaction individuelle qui doit rendre la société plus humaine, l'art plus rigoureux. Mais c'est quand cette participation, ces connivences viennent à manquer, quand le parti adverse ou les mœurs corrompues sont si solidement implantés que la parole la plus vigoureuse ne peut faire brèche dans le mur de l'indifférence générale que le poète doit :

« ajoute [r] à [sa] lyre une corde d'airain. »[62]

c'est alors qu'il peut dire de sa parole :
    « Qu'elle poursuit l'infâme et non le ridicule. »[63]
ou encore :

    « C'est en nos cœurs gonflés la colère profonde
    « C'est l'épée en nos mains pour délivrer le monde. »[64]

Le *poète-prophète* se réfère à une foi, il sait qu'il y a un *recours* hors du monde visible même si le peuple est endormi ou muselé, si les rois et les juges ont perdu le sens de leur vocation. Les prophètes bibliques ont exprimé cette conviction en définissant ainsi leur rôle : le prophète est *une sentinelle*[65], une *guette* suivant la traduction du xvi siècle, et Calvin se représente les prophètes « colloquez comme en une haute tour pour faire le guet pour le bien et le salut de toute l'Eglise ». Cette image qui suppose un conflit guerrier, la venue du châtiment sous

---

62. V. Hugo. *Les Feuilles d'automne,* dernier vers du poème XL qui clôt le recueil.
    63. V. Hugo. *Les quatre vents de l'Esprit.* Pièce V : « La satire à présent, chant où se mêle un cri... » vers 63.
    64. V. Hugo. *Après Seize ans,* Pièce XLI des *Années funestes.* Œuvres complètes. Paris, Albin Michel. Ces trois citations sont empruntées au livre de P. Stapfer : *Victor Hugo et la grande poésie satirique en France,* Paris 1901, pp. 3, 6 et 7.
    65. Voir *Ezéchiel* III, 17 à 21 et XXXIII, 2 à 9, et *Jérémie* VI, 17.

la forme de puissantes vagues d'invasion [66], nous paraît rendre compte du rôle d'A. d'Aubigné comme prophète de Dieu et surtout de la représentation qu'il s'en fait. Nous allons examiner :

1° Comment il utilise la Bible pour avertir du châtiment qui vient.

2° Comment son message de salut s'inspire de la prédication prophétique et spécialement des prophètes du VIIIe siècle.

3° Enfin quel est le rapport entre les prophéties précises contre des personnages, les apophéties et ce message de salut.

1° *Comment la « sentinelle » A. d'Aubigné annonce la catastrophe.*

André Neher écrit à propos de la prophétie scripturaire, qui commence au milieu du VIIIe siècle et finit vers la fin du VIe, qu' « elle est tout entière située sur la pente de la chute.. Elle est comme précipitée vers un abîme aux pentes raides, dont les gouffres les plus profonds sont les catastrophes de 722 et 586 »[67]. C'est cette prophétie-là qu'A. d'Aubigné choisit, surtout parce que, dans les deux premiers livres, il dépeint un tableau des troubles et des persécutions qui, pour l'essentiel, précèdent la Saint-Barthélémy ; il réserve aux livres suivants des récits datés avec plus de précision et, dans l'ensemble, sauf pour les *Feux*, postérieurs[68]. La Saint-Barthélémy fait partie des catastrophes annoncées mais la vengeance de Dieu qu'elle entraînera, la chute des Valois, l'embrasement du pays constituent d'autres abîmes, tout aussi profonds.

Un geste choisi par le poète montre l'accord du prophète et du Dieu qui parle par sa bouche :

« ...tant d'actes passez
me font frapper des mains et dire : c'est assez »[69].

Ainsi Ezéchiel avait reçu l'ordre de prophétiser et de frapper une main contre l'autre[70], et Dieu, reprenant à son compte le même geste,

---

66. « Quand je ferai venir l'épée sur la terre » *Ezéchiel* XXXIII, 17. C'est le début de la métaphore.
67. A. Neher. *L'Essence du prophétisme*, p. 192..
68. Tout ceci ne peut être qu'approximatif parce que la poésie épique n'est pas l'histoire et parce que le poète a inséré des faits plus récents dans un tableau d'ensemble qui présente les premières guerres de religion. On peut évidemment objecter que la satire dirigée contre Henri III et les débauchés de la Cour, contredit cette affirmation. Mais pour l'imagination poétique et suivant la logique de ces récits. les deux premiers livres précèdent le grand drame.
69. *Princes* v. 83-84.
70. *Ezéchiel* XXI, 14 : « Prophétise et frappe d'une main contre l'autre et que l'épée soit doublée ». 17 « Aussi je frapperai ma main contre l'autre, et feray cesser ma fureur, moy qui suis le Seigneur, j'ai dit ». Note de la Bible de 1563 : « i'envoyerai affliction et persécution tant que ma fureur soit passée ».

déchaînait le fléau ; le geste comme la parole du prophète est geste et parole de Dieu : l'histoire ne suit plus alors son cours ordinaire, l'accumulation des injustices, des violences, des infamies cachées va être révélée par la parole et brusquement châtiée par le feu du jugement.

Nous avons suffisamment insisté sur la dénonciation des violences, des cruautés royales, des supplices infligés aux pauvres, et que le poète souligne très volontairement par des expressions empruntées aux prophètes, pour n'y point revenir. Mais il faut remarquer ce qui n'est pas aussi évident : en décrivant telle scène ou tel personnage, A. d'Aubigné éclaire un détail, retient un mot, emploie une image qui fait d'un spectacle banal une vision où l'invisible se manifeste ; tout à coup, sans que le geste ou la personne perdent quoi que ce soit de leur réalité, leur destin, c'est-à-dire le jugement de Dieu sur eux, se révèle : une figure biblique change le sens de la quotidienne apparence. L'exemple le plus caractéristique paraît être la *coupe* que « la troupe des maquereaux » présente à Henri III :

> « Mais, estant en sa cour, des maquereaux la troupe
> Lui fait humer le vice en l'obscur d'une coupe » [71].

Scène d'une riche sensualité où l'on pourrait ne voir qu'un symbolisme moral. Mais pour les prophètes bibliques la *coupe* est à la fois le symbole de tous les plaisirs sensuels et *la coupe d'étourdissement* où Dieu a versé le vin de sa colère [72]. Dans l'obscurité ténébreuse de la coupe, c'est l'ἄτη divine que le Roi condamné aspire.

Mais un lecteur assidu de la Bible, comme l'étaient les contemporains d'A. d'Aubigné, perçoit d'autres résonances ; ainsi les péchés du Conseil sont typiquement ceux que la Loi du Sinaï condamne et que les prophètes stigmatisent à leur tour :

> « On foule l'orphelin, le pauvre y est vendu
> Point n'y est le tourment de la vefue entendu » [73].

---

71. *Princes*, 365-366.
72. Cf. *Ezéchiel* XXIII, 32 : Tu boiras le calice de ta sœur » (il s'agit de Samarie et Dieu parle à Jérusalem) « le profond et le large ». Mais surtout *Jérémie* XXV, 15 et suivants : « Pren le calice du vin de ceste fureur de ma main et en donne à boire à toutes gens, ausquels je t'envoye. Ils en boiront et seront esmeus et seront insensés pour le glaive que j'envoye entre eux ». La *coupe* fait partie du thème de *Babylone. Apocal.* XVIII, 6 et du châtiment final. *Apocal.* XIV, 10.
73. *Princes*, 531-532, cf. *Jérémie* XXII, 3 : « Ne contristez point l'orphelin, l'estranger et la vefve » et *Amos* II, 6 « pour ce qu'il a *vendu le juste* pour argent et le *pauvre* pour une paire de souliers ».

Le rappel impératif de la Loi est suivi dans ces textes bibliques des menaces de la fin de la dynastie, ou de la déroute d'Israël au jour de la bataille. Ainsi le réquisitoire se charge de menaces.

Il est assez commun de dire que les mauvais rois sont les *verges de Dieu,* mais le rapprochement de la verge et du feu qui va la consumer évoque le destin d'Assur, le roi qui n'a pas voulu savoir qu'il n'était que l'instrument de Dieu pour châtier Israël :

« Toi, verge de   courroux, impure Florentine
Nos cicatrices sont ton plaisir et ton jeu ;
Mais tu iras en fin comme la verge au feu. »[74]

Catherine de Médicis est encore nommée *sauvage et carnacière beste* l'allusion aux bêtes du livre de Daniel [75] n'est pas certaine, il s'agit peut-être simplement du thème du loup (Ezéchiel XXII, 27) mais la formule typiquement biblique *aux œuvres de tes mains* fait que tout l'énoncé s'éclaire d'une brusque lumière prophétique, ce qui donne au rire de la « beste » l'éclat sinistre de la joie du réprouvé.

Il suffit que le nom *d'Achitophel*[76] désigne le cardinal de Lorraine pour que la haine implacable entre deux partis soit évoquée ainsi que le destin funeste du conseiller traître à son roi.

On pourrait citer de nombreux autres exemples de ces *touches prophétiques* qui font apparaître le surnaturel, le regard et l'action de Dieu, à travers la réalité la plus concrète.

Parfois ces *touches prophétiques* se développent en paroles prêtées aux éléments ou se concentrent en traits aigus ouvrant une brèche dans l'invisible :

La Terre accueillant les « petits », les paysans fuyant leurs villages,

---

74. *Misères* v. 802-804, cf. *Esaïe* X, v. 5 : « O Assur, verge de ma fureur aussi mon baston qui est en sa main est mon indignation. »
v. 15 : « La coignée se glorifiera-t-elle contre celui qu'on coupe ? v. 16 : Pour ce que le Seigneur... envoyera la maigreur sur les gras et au dessous de sa gloire il fera ardre comme bruslure de feu. »
v. 17 : « Et la lumière d'Israël sera un feu et son Sainct sera comme flamme laquelle ardra et consumera les espines et les ronces d'icelui tout en un jour. »
75. Cf. *Daniel* VII, 5 (à la seconde beste) « semblable à un ours, ils lui disoient « lève-toi mange force chair, et la quatrième avoit de grandes dens de fer. »
76. *Misères,* 994. Achitophel, bon conseiller de David, fit partie de la conjuration d'Absalon qui chassa le roi de Jérusalem (II *Samuel* XV, 12 et 32 ; XVI, 16-23 et XVII, 1-23) ; il conseilla à Absalon de s'unir aux concubines de David aux yeux de tout le peuple, par la suite. son plan de campagne ayant été refusé, il s'en alla en sa maison et s'étrangla.

prononce sur leur malheur une parole prophétique ; elle voit leurs souffrances avec les yeux de Dieu, cite les responsables et profère une malédiction qui paraît purement biblique :

> « ... Et je retirerai mes bénédictions
> De ceux qui vont sucçans le sang des nations. » [77]

Dieu transmet ainsi sa parole par un des *éléments* qui, eux, restent fidèles [78], même quand le peuple renie l'alliance. La malédiction de la Terre reproduit celle qu'Osée lançait contre le peuple et les prêtres qui favorisaient les cultes orgiastiques :

> « Ils mangeront et ne seront point rassasiés. » [79]

Lorsque la fureur des hommes a « villené » les dons de Dieu et que les pauvres, les innocents périssent de famine, la protestation de l'affligé monte jusqu'au trône de la Justice divine :

> « Le malade se plaint : cette voix nous adjourne
> Au trosne du grand Dieu ; ce que l'affligé dit
> En l'amer de son cœur quand son cœur nous maudit
> Dieu l'entend, Dieu l'exauce, et ce cri d'amertume
> Dans l'air ni dans le feu volant ne se consume ;
> Dieu seele de son seau ce piteux testament,
> Nostre mort en la mort qui le va consumant. » [80]

Nous voyons que ces passages prophétiques, qui sont toujours placés au moment où le comble de l'horreur et de l'impunité semblent atteints, ont pour objet d'annoncer le *jugement,* un *jugement venu d'ailleurs* puis-

---

77. *Misères* v. 307-308. Le premier vers semble calqué sur la formule d'*Esaïe* LIV/10 : « Ma miséricorde ne se retirera pas de toi. » Le second reprend le thème, inversé par Calvin, du chapitre XLIX d'Esaïe v. 23. Voir p. 241 et 242.

78. On sait qu'ils sont cités comme témoins dans la Bible, dans le procès que Dieu intente au peuple. Voir notre commentaire à propos du Livre VII, v. 667-669, p. 425.

79. On doit admirer ici l'énergie violente des vers du poète :
> « ... Qu'ils sortent exécrables
> Du lict sans reposer, allouvis de leurs tables. »
(*Misères* : 309-310).

80. *Misères* : 454-460. Certaines expressions créent ici un texte de caractère prophétique. Ainsi « au throsne du grand Dieu », expression fréquente dans la Bible ou encore « en l'amer de son cœur », cf. *Job* X, 2 : « Je parlerai en l'amertume de mon âme ». Mais le thème essentiel vient du *Psaume* IX, 13 que Clément Marot traduit ainsi :
> « Car du sang du juste il s'enquiert
> Luy en souvient et le requiert
> Et jamais la clameur n'oublie
> De l'affligé qui le supplie. »

que la lâcheté humaine a stérilisé la justice, mais ce jugement est *délivrance* : il sauve la justice piétinée par les rois vicieux, il sauve le faible et le petit en faisant éclater leur droit, en déclenchant la vengeance divine dont ce monde-ci, avant même le Jugement dernier, sera le théâtre. En résumé le moderne prophète *dit la parole de Dieu sur l'événement,* d'une façon, nous l'avons vu, tout à fait littérale et cette parole, parce qu'elle vient de Dieu, dans le feu d'une inspiration très actuelle, change la face de l'événement. Cette parole est un acte.

2° Comment le prophète-sentinelle annonce-t-il le salut ?

Lorsque *Ezéchiel* dresse la silhouette du *prophète-sentinelle* il rappelle aussitôt que Dieu veut sauver son peuple, à l'heure même où il déchaîne la catastrophe :

« Et toi, fils de l'homme, dis à la maison d'Israël : Vous dites : « Nos transgressions et nos péchés sont sur nous, et c'est à cause d'eux que nous sommes frappés de langueur ; comment pourrions-nous vivre ? Dis-leur : Je suis vivant ! dit le Seigneur l'Eternel, ce que je désire, ce n'est pas que le méchant meure ; c'est qu'il change de conduite et qu'il vive. Revenez, revenez de votre mauvaise voie ; et pourquoi mourriez-vous maison d'Israël ? » [81]

André Néher [82] remarque cette étonnante liaison entre l'annonce d'un châtiment radical et l'espoir du salut, l'analyse très pénétrante qu'il en fait vaut pour les prophètes bibliques mais aussi pour A. d'Aubigné qui partage la même conception épique de l'histoire :

« A cette certitude de la catastrophe, écrit A. Neher, s'en ajoute, chez les prophètes scripturaires, une autre, tout aussi forte, mais qui n'était plus d'ordre politique seulement, celle de la rédemption. Sans nier la réalité politique, elle en manifestait une sorte de revers, tout subjectif, éminemment religieux, et signifiait l'espoir tenace et le salut. Conviction qui reposait d'abord sur l'idée que Dieu était plus puissant que toutes les puissances, que le centre de gravité des forces universelles ne se trouvait point en Assyrie, mais en Dieu, que l'Assyrie et la Chaldée n'étaient elles-mêmes que des créatures menées par Dieu. Théocentrisme donc, mais qui eût pu rester pessimiste et ne laisser finalement la victoire à Dieu qu'au prix de la disparition de l'humanité entière, si un israélo-centrisme n'était venu le compenser et le rendre obstinément optimiste. A la victoire de Dieu se rattachait la survivance d'Israël. Liens obscurs,

---

81. *Ezéchiel,* XXXIII, v. 10-11.
82. In *L'Essence du Prophétisme,* op. cit. p. 217-218.

que la raison ou la politique étaient incapables de déchiffrer, et qui loin d'être détendus par la chute, se trouvaient raffermis par elle. Tout se passe comme si la chute d'Israël était indispensable à sa survie, comme si la perspective pessimiste était nécessaire à la remontée. Tout se passe également comme si le monde reposait tout entier sur Dieu et Israël et comme si les problèmes de sa destinée se résumaient dans cette polarité, dans laquelle on voit apparaître, dans sa signification brute, la portée de l'alliance, de la *berit*. C'est avec les données de l'alliance que les prophètes scripturaires ont pensé l'histoire qu'ils vivaient. Ils l'ont finalement réduite à la liaison naïve entre Dieu et Israël, soustrayant ce qui n'était ni l'un ni l'autre, parce que l'un et l'autre étaient pour eux le tout. L'influence de cette pensée prophétique a été extraordinaire, puisque c'est elle qui a, en grande partie, donné aux Hébreux les moyens spirituels de survivre à la catastrophe. »

Nous citons cette page si pénétrante car elle s'applique trait pour trait à la conception que se fait A. d'Aubigné de sa charge prophétique. Le chapitre premier de notre travail a tenté de démontrer que l'histoire d'Israël, centrée sur *l'élection* du peuple et *l'alliance*, avait été pour les Réformés le miroir de leur propre histoire, au milieu des défaites et des catastrophes qui s'abattaient sur eux. Au moyen d'une puissante et belle simplification épique, le peuple opprimé des Eglises réformées, comme son prophète, réduisait une histoire confuse et malheureuse à ce rapport, peut-être naïf, entre Dieu et le nouvel Israël parce qu'en effet comme le souligne A. Neher : « *Dieu était pour eux le tout.* »

Si le prophète annonce la catastrophe et le jugement, son rôle essentiel est de rappeler *l'alliance*, de la proposer à nouveau, comme par la bouche de Dieu, au peuple ruiné.

Tous les prophètes scripturaires, au centre de leur message font entendre l'appel de Dieu comme un appel d'amour [83]. Lorsque guerres, famines, perversion de la foi et de la politique ont été étalées, A. d'Aubigné indique le chemin du salut :

---

83. Citons entre autres *Esaïe* LIV, 10 : « Car encore que les montagnes soyent esmeuës, et les montagnettes tremblent, ma miséricorde ne se retirera point de toy et *l'alliance de ma paix* ne se bougera, dit le Seigneur, qui a compassion de toy ».

Et *Osée* : « Lorsqu'Israël était jeune, je l'aimais et d'Egypte j'ai appelé mon fils... » l'« épée fondra sur ses villes, elle anéantira ses veuves, elle mangera à cause de leurs desseins... », « Comment t'abandonnerai-je Ephraïm, te livrerai-je Israël ? Mon cœur est soulevé contre moi en même temps que bouillonne ma compassion. » *Osée* XI, v. 1-6-8.

« Or laissons-la courir la pierre et le cousteau
Qui nous frappe d'en haut, voyons d'un œil nouveau
Et la cause et le bras qui justement les pousse ;
Foudroyez, regardons qui c'est qui se courrouce,
Faisons paix avec Dieu pour *la faire avec nous.* » [84]

La guérison de tous les troubles moraux, sociaux, politiques se trouve dans la restauration de l'alliance : c'est là le *secret* [85] que le prophète a la charge de révéler pour que le cœur du peuple soit converti et qu'il retrouve la plénitude de la vie.

Cependant il faut apporter quelques nuances à cette assimilation entre A. d'Aubigné et les prophètes qu'il imite. Chez eux le message de l'amour divin est vraiment au centre de leur prédication, il se fait insistant, avec l'accent parfois d'une plainte amoureuse, les promesses de Dieu équilibrant ses menaces. Chez le prophète des guerres de religion la dénonciation des crimes, l'effet des malédictions divines occupent presque toute la place, un constat *tragique* est dressé ; de plus, le prophète n'entrevoit guère une restauration du peuple de France dans l'unité ; même si, par le moyen du reste fidèle, l'ensemble du pays doit retrouver les chemins de l'alliance et de la droiture, cette résurrection n'est pas pressentie comme prochaine. Voilà pourquoi, sans doute, les prophètes de la captivité inspirent particulièrement le poète des *Tragiques* : un *reste* sera sauvé et possédera la terre promise, mais il sera sauvé comme au travers du feu, c'est pour ce reste que le prophète intercède car sa fidélité même est menacée. Les sombres lueurs de l'Apocalypse envahissent ces tableaux et leur communiquent la tension angoissée des derniers temps.

3° *Prophéties et apophéties concernant des personnages.*

Les thèmes théologiques que nous venons d'analyser constituent l'axe du message prophétique d'A. d'Aubigné, si bien que les prophéties précises lancées contre Catherine de Médicis, Henri III ou Henri IV peuvent paraître secondaires ; certaines sont d'ailleurs de l'aveu même du poète, des *apophéties,* c'est-à-dire des prédictions formulées après l'événement.

---

84. *Misères :* 1264-1267.
85. A Neher distingue nettement le *conseil du sage* qui rattache l'effet à la cause du *conseil du Prophète* qui est un *sod* un secret reliant l'action de l'homme à la volonté de Dieu.

Examinons d'abord les *prophéties authentiques* : l'une concerne Henri III :

« Aigle né dans le haut des plus superbes aires,
Ou bien œuf supposé puisque tu degeneres,
Degenere Henri, hypocrite bigot,
Qui aime moins jouër le Roy que le cagot,
Tu vole un faux gibier, de ton droit tu t'eslongne ;
Ces corbeaux se paistront un jour de ta charongne,
Dieu t'occira par eux : ainsi le fauconnier,
Quand l'oiseau trop de fois a quitté son gibier,
Le bat d'une corneille et la foule à sa veuë,
Puis d'elle, s'il ne peut le corriger, le tuë. » [86]

Elle se trouve précédée, dans le même livre, par l'annonce de la conjuration des Guise et de la Ligue : le roi ayant rêvé que les lions de sa ménagerie le déchiraient tout vif les fit tuer le 21 janvier 1583. A. d'Aubigné, à la manière d'un Daniel ou d'un Joseph, donne de ces songes la juste interprétation :

« Un bon Joseph eust pris autrement un tel songe,
Et eust dit : « Les lions superbes, indomptez,
Que tu dois redouter, sont princes irritez,
Qui briseront tes reins et tes faibles barrieres
Pour n'estre pas tournez aux proyes estrangeres. » [87]

Dans la *Préface* A. d'Aubigné relie trois moments capitaux de la vie d'Henri IV : la passion pour Gabrielle d'Estrée, l'abjuration, que les intrigues de la maîtresse toute puissante ont favorisée, enfin la mort ; l'histoire de Samson, juge en Israël [88], fournit le mythe révélateur de ces tragiques événements. Les tentatives de meurtre puis le coup de poignard de Ravaillac sont, aux yeux d'A. d'Aubigné, les signes de la vengeance de Dieu punissant l'apostasie des lèvres, puis celle du cœur.

---

86. *Princes* v. 983-992. D'après l'épître « aux lecteurs » en tête des *Tragiques,* il s'agit là d'une véritable prédiction, « écrite avant les choses advenues », il en est de même pour l'apostasie d'Henri IV et sa mort (*Préface,* v. 319-336).
87. *Princes,* 314-318.
88. Cf. *Juges* XVI, v. 23 à 30. Samson, le nazir, consacré par Dieu dès le sein de sa mère pour délivrer Israël que les Philistins dominaient, était irrésistiblement attiré par les filles des Philistins ; ses malheurs et sa mort ont été directement causés par ses passions sensuelles et son abandon au sein du plaisir : symboles clairs pour le mentor d'Henri IV.

Ces prophéties reproduisent fidèlement des *schémas bibliques* : l'interprétation inspirée d'un songe, qui réfute une autre interprétation, ou bien éclaire ce que les devins ordinaires ne comprennent pas, est tout à fait classique. L'histoire de Joseph interprétant les songes de Pharaon qui avait vu sept vaches maigres, montant du fleuve, dévorer sept vaches grasses qui les avaient précédées [89] fournit ce modèle ; A. d'Aubigné l'indique lui-même. Ce qu'il y a ici d'assez piquant c'est que le conseil du « bon Joseph » pour éviter la catastrophe n'est autre que la politique préconisée par l'Amiral et que Henri IV reprendra, semble-t-il, pour sa perte.

La prophétie de la mort tragique de Henri III paraît plus difficile à ramener à un épisode biblique. Il s'agit d'un aigle, symbole de la royauté et de la puissance, battu, mis à mort, dépecé par les corbeaux, oiseaux impurs, sans force ni noblesse. Les visions de *Daniel* et celles du *quatrième Esdras,* offrent des combats d'animaux symboliques qui représentent la lutte violente des grandes puissances pour régner sur le monde [90]. Au chapitre XI du *quatrième Esdras* une longue vision présente un aigle à plusieurs têtes, en conflit avec ses plumes qui deviennent des ailes, puis la tête de droite dévore celle de gauche jusqu'à ce que la voix d'un lion anéantisse l'aigle. Mais sans doute ne faut-il pas chercher si loin : les corbeaux ont nourri Elie, défenseur de la vraie foi [91] ; Henri III, persécuteur des prophètes et cagot, l'anti-Elie, servira de pâture aux corbeaux : un retournement syntaxique du verset biblique donne la vision prophétique, elle est ensuite expliquée par une technique humaine particulière [92], qui aux yeux du prophète devient signe : ainsi Jérémie, invité par Dieu à observer les gestes du potier [93], découvre que le vase manqué que l'artisan rejette, pour recommencer un autre vase, « comme bon lui semble », révèle le rejet d'Israël ou des hommes rebelles.

Quant aux prophéties concernant l'abjuration et la mort de Henri IV, A. d'Aubigné les conçoit de la même manière qu'il a déchiffré d'avance le dessein de Dieu sur Henri de Navarre. C'est parce

---

89. Cf. *Genèse* XLI, v. 17. à 36.
90. Cf. *Daniel* VIII. Le combat du bélier et du bouc.
91. Cf. I *Rois* XVII, 4 : « J'ai commandé aux corbeaux qu'ils te paissent là » ; il suffit d'inverser le sujet et l'objet.
92. Il s'agit du procédé du fauconnier qui châtie avec une corneille l'oiseau de proie qui néglige de poursuivre sa proie.
93. Voir *Jérémie* XVIII.

qu'il a vu en lui le chef charismatique *Gédéon*[94], ou encore un nouveau *David*, qu'il prédit, avec douleur, que le Roi, traître à sa vocation, sera rejeté.

C'est une nouvelle illustration tragique du *Deutéronome*, de l'Alliance principe de vie ou de mort suivant que le pacte est accompli ou renié ; l'antique loi du talion commande la prédiction précise[95] :

> « Quand ta bouche renoncera
> Ton Dieu, ton Dieu la percera,
> Punissant le membre coulpable ;
> Quand ton cœur, desloyal mocqueur,
> Comme elle sera punissable,
> Alors Dieu percera ton cœur. »

Ces exemples ne constituent pas une imitation superficielle de la Bible, ils se modèlent sur des types de prophéties bibliques et sont étroitement liés aux thèmes théologiques fondamentaux que nous avons dégagés.

Doit-on faire grief à A. d'Aubigné d'avoir mêlé à ses *prophéties* des *apophéties* ? Font-elles mettre en doute le sérieux du prophète ? En fait ce n'est pas la prédiction et sa conformité à l'événement qui font l'authenticité de sa parole. « Sa voyance », écrit A. Neher pour définir la prophétie, « n'est pas nécessairement liée à l'avenir ; elle a sa valeur propre, instantanée. Son dire n'est pas un prédire... Vision et parole sont, dans cette prophétie, en quête de découverte. Mais ce qu'elles dévoilent, ce n'est pas l'avenir, c'est l'absolu »[96]. Si cela est vrai des prophètes bibliques, A. d'Aubigné vit comme eux sa vocation : l'inspiration prophétique le met en communication avec une réalité profonde qui englobe le temps, comme si le regard de Dieu remodelait pour lui les ombres et les lumières de l'histoire humaine. Dans cet état de haute conscience, il dit le *vrai*, il ne le sait pas seulement d'une connaissance objective et rationnelle, il le connaît dans le mouvement qui le fait ou le fera apparaître et qui n'est autre que la marche, mystérieuse, du dessein de Dieu. Lorsqu'il prédit à Catherine de Médicis :

---

94. Cf. la *Préface*, v. 307 et sq. :
« Ren-toi d'un soin continuel
Prince, Gedeon d'Israël :
Boi le premier dedans l'eau vive. »
95. Pour trouver des modèles de châtiments qui correspondent trait pour trait à la faute voir la prédiction d'Elie contre Achab, I *Rois* XXI, 19 ; cf. *Préface* v. 325-330.
96. A. Neher, *op. cit.*, p. 9 (Introduction).

« Tu ne peux empescher par arc-boutant ni fulcre
Que Dieu de ta maison ne fasse ton sépulchre ;
. . . .
« Il falloit contre toi et contre ta machine
Appuyer et munir, ingratte Catherine,
Cette haute maison, la maison de Valois,
Qui s'en va dire à Dieu au monde et aux François. » [97]

peu importe que les événements de Blois aient eu lieu, car ce qu'A. d'Aubigné a charge de prophétiser c'est le châtiment qui foudroie les princes persécuteurs, même s'ils ont été l'instrument de Dieu pour châtier son peuple, c'est donc moins l'événement que le lien entre le forfait et la vengeance divine :

« Mais tu iras enfin comme la verge au feu. » [97]

Ce n'est pas par hasard que cet énoncé essentiel de la « prophétie » sur le destin de la reine impie est exprimé en termes bibliques. Ainsi les *apophéties* rejoignent les prophéties pour faire éclater la souveraineté de Dieu et son attention vigilante aux tribulations de son peuple.

III. *Thèmes bibliques dans la critique du roi et la Prophétie d'une restauration monarchique :*

Le roi est le vis-à-vis privilégié du prophète dans *Misères* comme dans *Princes* : tantôt il reçoit le fouet cinglant de la satire et l'annonce d'un jugement sans recours, tantôt il est l'objet d'exhortations ferventes, il redevient alors le médiateur entre Dieu et son peuple par le canal des grâces divines.

Dans la longue liste des crimes et des perversions qui marquent la rupture de l'alliance, les rois occupent la première place parmi les responsables : leurs turpitudes secrètes sont étalées au grand jour. Les prophètes bibliques, eux aussi, stigmatisaient les crimes des élites, mais chefs du peuple, prêtres et prophètes se partageaient réprobations et menaces ; dans les *Tragiques,* la culpabilité des rois, et des rois seuls, ressort avec beaucoup plus de force, elle est soulignée sans

---

97. *Misères,* 877-878 et 881-885, cette « prophétie » commence au vers 804 :
« Mais tu iras enfin comme la verge au feu,
Quand au lict de la mort ton fils et tes plus proches
Consoleront tes plaints de ris et de reprqches,
Quand l'édifice haut des superbes Lorreins
Maugré tes estançons t'accablera les reins
Et par toy eslevé t'accrasera la teste. »

cesse, avec insistance. Pour le féodal français en effet, le roi représente l'ensemble du peuple, la tête d'un corps, comme le Christ est le chef de l'Eglise [98]. Mais, en même temps, d'après la théologie de Calvin, les rois vicieux sont, à la lettre, les *verges de Dieu,* instruments de vengeance, de destruction parfois. Une tête corrompue ou malade fait que le corps, saisi d'un vertige mortel, marche vers l'abîme ; cela est un *signe :* la colère de Dieu contre l'infidélité collective suscite un roi cruel et dépravé, image du péché du peuple et bâton pour le châtier [99]. Pour provoquer un sursaut salutaire, un mouvement de repentance qui aboutira à la restauration de l'Alliance, A. d'Aubigné grandit ce signe, le répète jusqu'à le rendre presque obsédant. L'on peut dire que les rois et les princes vicieux sont flagellés par le fouet de la satire mais qu'ils deviennent aussi, dans la main de Dieu, le fouet du malheur qui cingle les reins du peuple infidèle.

La satire et la menace prophétiques peuvent-elles régénérer le Roi ? On connaît le face à face si rude mais salutaire au cours duquel Nathan jette à la face de David son péché [100], mais par ailleurs Achab reçoit la prophétie terrible d'Elie [101], il a beau se repentir, un châtiment radical tombe sur sa femme et sur lui-même, ses descendants seront retranchés. Ainsi deux séries de thèmes s'offrent à A. d'Aubigné :

> *Des types de perdition :* le rejet de Saül, le châtiment d'Achab et, parmi les ennemis d'Israël, l'anéantissement de Pharaon et de son armée, la ruine d'Assur, de Babylone, l'image magnifique du cèdre abattu, qui représente la chute d'Assur, ou encore la déchéance de Nabuchodonozor, la mort brutale de son successeur Balsasar ; il ne faut pas oublier la destruction de Sodome, figure privilégiée de la catastrophe, dans toute la Bible.

---

98. Il s'agit d'une conception traditionnelle qui fait coïncider en quelque sorte les hiérarchies sociales visibles et les ordres célestes. R. Mousnier rappelle qu'on trouve cette conception de la France chez Cl. Seyssel : « Le roi doit veiller à ce que les trois estats soient bien d'accord » autrement, nous dit Seyssel, « s'en suivrait la ruine de la monarchie et la dissolution de ce corps mystique ». Pour Seyssel, il y a un corps qui s'appelle la France, dont le roi est la tête et dont les trois états sont les membres. Voir R. Mousnier, « *Etudes sur la France de 1494 à 1559,* p. 54, (cours de Sorbonne), fasc. I, C.D.U. Paris.
99. Ce thème est tout à fait clair, au cœur de la prophétie qui révèle la cause des horreurs de la guerre : *Misères,* vers 697-698. Le thème est repris dans *Princes,* v. 381-382 :
   « Dieu veut punir les siens quand il lève sur eux
   Comme sur des meschans les princes vicieux. »
100. II Samuel XII. v. 7.
101. I *Rois* XXI. 19 et suivants, voir, v. 26 : « Il fut fort abominable suyvant les images, tout ainsi que firent les Amorrhéens, lesquels le Seigneur rejetta de devant les enfants d'Israël. »

Des types d'épreuves salutaires à travers lesquelles un nouveau départ est offert au roi et à son peuple. Parmi ces thèmes où l'espérance, l'ouverture sur l'avenir s'expriment, on peut citer : l'alliance avec Noé, la rencontre de Jacob avec l'Ange, le choix de Josué, l'élection de Juges comme Déborah, Gédéon, Samson, l'élection et le pardon de David, Josias restaurateur de l'Alliance. Un thème fondamental court à travers tous ces exemples, celui de la délivrance d'Egypte et du choix de Moïse. Chez les prophètes, l'*image du feu* qui éprouve l'or symbolise le salut offert à travers la souffrance et l'épreuve quasi mortelles.

Indiquons rapidement les *thèmes de perdition* que le prophète du XVIᵉ siècle choisit pour les appliquer à la maison des Valois et tout particulièrement aux responsables de la Saint-Barthélémy :

a) voici d'abord des *types de réprouvés* :

Les *Géants* dont la violence et la révolte ont provoqué le Déluge [102]. Leur révolte est évoquée pour distinguer les « noirs péchez » des rois devenus tyrans, de l'humaine et pardonnable faiblesse des grands. Ils ont été « raclés » du monde, comme dit Calvin.

« Et vous (comme jadis les bastards de la Terre)
Blessez le Sainct-Esprit et à Dieu faites guerre. » [103]
Esaü [104] — nom prêté à Charles IX. Soulignons son goût pour la chasse ; c'est aussi un symbole de son destin, il est écarté de l'Alliance. *Pharaon*. Il est impliqué dans la mention de Joseph [105] mais surtout il réapparaît avec le thème de l'impénitence dont il est le symbole dans la Bible.

---

102. Il ne s'agit pas des géants de la Fable, mais de ces bâtards issus de l'union des « fils de Dieu » avec les « *filles des hommes* » (*Genèse* VI.4). « Il ne peut autrement advenir par succession de temps que les enfants de Dieu ne s'abastardissent, dit Calvin, « Quand ils s'enveloppent en un mesme joug avec les infidèles. Or il semble que le Seigneur oppose son Esprit à la nature charnelle des hommes » ; plus loin : « les géants ont riblé et régné par tyrannie et violence... Voilà la première noblesse du monde ». Calvin, *Commentaire sur le premier livre de Moyse*. Genève 1554, p. 91-93.

103. *Princes*, v. 457-458.

104. *Princes*, v. 765.

105. *Princes*, 314. Il s'agit du songe de Henri III. Le Pharaon que Joseph instruisit était bienveillant, ce n'est pas de celui-là qu'il s'agit, mais de celui qui fut noyé dans la Mer Rouge. *Pharaon* était le sobriquet de Henri III dans les lettres de Th. de Bèze, voir notre chapitre II, p. 85. Lettres à Bullinger, 13 février 1574, 12 mars 1574.

[Les Rois] « Stupides, sans gouster ni pitiez ni merveilles
Pour les pleurs et les cris n'ayant yeux ni oreilles. »[106]
Goliath. Le géant morgueur qui représente la tyrannie[107].
Jézabel. Nom « prophétique » de Catherine de Médicis[108].
Achab qui n'est pas effectivement nommé mais que le nom du faux
prophète Sédécias suggère[109].
Babylone qui est sans doute une ville mais aussi une figure féminine[110].

b) Les thèmes de bénédiction inversés. Lorsque des thèmes bibliques liés à une promesse dans la Bible sont inversés par A. d'Aubigné, ils deviennent porteurs d'une malédiction particulièrement efficace.

Nous avons déjà signalé le thème des *rois nourriciers* que Calvin
a inversé dans son commentaire d'*Esaïe*[111]. Le thème positif réapparaît, mais nié, parce qu'il revit dans un passé aboli, au vers 564 de
Misères :

« Iadis nos Rois anciens, vrais pères et vrais Rois
Nourrissons de la France... »

Autre thème inversé et porteur de malédiction :

les *étoiles du ciel,* le *sable de la mer* qui figuraient l'innombrable
postérité d'Abraham[112].

---

106. *Misères,* 365-366 ; même thème dans la prière finale 1297-98 ; cf.
Jugement, v. 13-14 :
              « ... Pour les hautes merveilles
Les pharaons ferrés, n'ont point d'yeux point d'oreilles. »
Cf. *Exode* VII, 3-4 et Paul, *Ep. Romains* IX. 17.
107. *Princes,* v. 39 à 49.
108. *Misères,* v. 747, nous avons commenté cette prophétie en étudiant la
rupture de l'Alliance, p. 250 de ce chapitre.
109. *Prince,* v. 956, cf. I *Rois* XXII, 11 et 24 ; Sedecias et les autres prophètes
sont habités par un esprit de mensonge pour perdre Achab.
110. Elle est présente en plusieurs passages : nous avons étudié les vers 365-366
de *Princes* où la coupe (de la paillardise) est associée aux maquereaux. L'allusion
est plus précise encore du vers 971 à 982, grâce à l'imitation incontestable d'un
passage de la *Chute de Babylone* de L. Des Masures ; on peut citer aussi dans *Princes*
les vers 692-93 .
              « Yvres d'ire et de sang, nagent luxurieux
Sur le sein des putains ».
Cf. *Apocalypse* XVII.6 : « Et je vei la femme enyvrée du sang des Saints et du
sang des martyrs de Jésus ». Dans tous les sermons et pamphlets réformés, la grande
paillarde c'est toujours Babylone ; les rois sont ses *«putiers* », selon Des Masures.
111. *Esaïe* XLIX. 23. Commentaire de Calvin *op. cit* 37/211 ; c'est un véritable leit motiv : cf. *Misères* 361-364 ; *Princes,* 549-551.
112. *Genèse* XXII.17.

Ce thème s'inverse car il sert à mesurer :

> « ... les infections qui tirent sur nos testes
> Du ciel armé, noirci, les meurtrières tempestes. » [113]

c) Les désastres qui anéantissent un monde :

La chute de Sodome et Gomorrhe, leur embrasement constitue la figure la plus puissante de la vengeance divine contre l'impureté et les péchés infâmes ; ce thème réapparaît plusieurs fois dans la Bible.

Au vers 1056 de *Princes* :

> « Le péché de Sodome et le sanglant inceste
> Sont reproches joyeux de nos impures cours. »

il n'est guère qu'un nom commun, mais ce thème reparaît avec vigueur dans le mouvement fougueux de la prophétie qui clôt le livre des *Princes*.

> « Fuyez, Loths, de Sodome et Gomorrhe bruslantes... » [114] La sanglante *vendange* de l'*Apocalypse* [115], cataclysme plus effroyable encore, fait pendant, à la fin des temps, à la catastrophe de la Genèse.

d) la malédiction est parfois lancée *par une parole tirée des livres sapientiaux :* un texte de l'Ecclésiaste scande les malheurs de la France et annonce l'issue funeste, en clair, la chute des Valois :

> « Malheur à toi, ô terre, quand ton roi est jeune et
> quand tes gouverneurs mangent dès le matin. » [116]

> « Malheur, ce dit le Sage, au peuple dont les loix
> Tournent dans les esprits, des fols et jeunes Rois
> Et qui mangent matin... » (*Misères*, v. 727-728.)

---

113. *Princes*, v. 1067-1068.
114. *Princes*, v. 1503. Pour le sens, comme pour le mouvement nous pouvons rapprocher cette objurgation du fougueux : « Sortez de Babylone. mon peuple... » lancé par Luther et repris par nombre de propagandistes de la Réforme. Cf. notre chapitre I.
115. Cf. *Apocal.* XIX.15 : « C'est luy qui foulera le pressoir du courroux et de l'ire de Dieu tout puissant » et v. 16 : « Et en son vestement et en sa cuisse il avoit escrit ce nom, le Roy des Rois et le Seigneur des Seigneurs ». Ainsi que *Apocal.* XIV, 18-20 : « Un ange disant : « Iette ta faucille tranchante et *vendange* les grappes de la Terre ».
116. *Ecclésiaste* X.16-17. Le thème revient dans *Princes*, v. 655-656 :
« O quel malheur du ciel, vengeance du destin
Donne des Rois enfans et qui mangent matin ».
Il se combine avec la prophétie d'*Esaïe* annonçant l'anarchie à Jérusalem : « Je leur donnerai des enfants pour princes et les petits domineront sur eux ». *Esaïe*. III.4. Traduction moderne : « et des jouvenceaux domineront sur eux ».

On mesure mieux l'actualité de cette malédiction prophétique si l'on considère qu'elle est liée chez A. d'Aubigné, comme dans les pamphlets de ses contemporains, au roi Roboam [117] et que Henri III est gratifié de ce nom à cause des *mignons,* passionnés et frivoles, qui l'entourent, à cause aussi de sa prodigalité qui appesantit de façon intolérable le joug de l'impôt.

Si l'on cherche quel est le roi qui sert de cible à ces malédictions il est incontestable que Henri III est le plus souvent visé, du moins quand ces « prophéties » s'adressent à un prince particulier. Sur les douze thèmes cités, quatre concernent l'ensemble des tyrans, un s'applique particulièrement à Charles IX, un autre à Catherine de Médicis, six visent directement Henri III : il est particulièrement honni par d'Aubigné parce qu'il a été, avec sa mère, responsable de la Saint-Barthélémy, mais aussi il représente le dernier des Valois, la fin catastrophique de sa vie marque la fin d'une dynastie, donc d'accomplissement des jugements de Dieu sur sa maison.

Ce n'est pas simple effet de symétrie et goût de l'antithèse si *des thèmes de salut* s'opposent aux *thèmes de perdition.* Dans *Misères,* A. d'Aubigné annonce et suscite l'intervention de Dieu qui sauvera un *reste fidèle.* A. d'Aubigné n'imagine pas la vie de ce reste qui doit régénérer la nation tout entière hors de l'ordre monarchique. L'épisode capital du rejet de Saül et de l'élection de David lui fournit le modèle biblique du remplacement d'une dynastie par une autre, à partir d'une alliance dont Dieu a l'initiative. Mais les événements vécus par le capitaine huguenot, le grand mythe de l'*Exode* que les rescapés de la Saint-Barthélémy ont transposé dans leur vie lui fournissent un type de roi que les plus anciennes traditions d'Israël définissent : *l'oint charismatique du Seigneur.* La *vocation de Moïse* apparaît dans *Princes* [118] pour présenter non seulement la figure idéale du Roi mais aussi le roi de demain, déjà présent, encore caché aux yeux de la multitude.

« Princes que Dieu choisit pour du milieu des feux,
    Du service d'Egypte et du joug odieux

---

117. Roboam, en effet, au moment où il accédait au trône reçut une délégation du peuple lui demandant un allègement de son joug ; alors que les vieillards de la cour lui conseillaient bienveillance et modération, il consulta les *jeunes gens* qui avaient grandi avec lui et formaient sa cour personnelle, ceux-ci lui dictèrent une réponse arrogante et dure qui provoqua la révolte des dix tribus du Nord ; c'était l'effondrement de la « maison de David » et l'affaiblissement mortel d'Israël. (I *Rois.* XII).

118. On a vu qu'elle servait de point de départ à l'œuvre elle-même. Cf. *Misères,* v. 21-22.

Retirer ses troupeaux, *beaux piliers de son temple,*
Vous estes de ce temple et la gloire et l'exemple. » [119]
Les Princes « *pilliers du temple* » ont, bien sûr, la vocation de soutenir
l'Eglise mais l'image est prise de la Bible, elle symbolise *l'alliance* [120],
plus précisément encore la restauration de l'Alliance par Josias.

Dans le vers suivant la *délivrance de l'Exode* reparaît sous une
autre forme : il s'agit du retour des captifs, du rétablissement de Sion.
En effet :

« Tant d'yeux sont sur vos pieds... »
suggère un très beau passage du *second Esaïe* :

« Combien sont beaux sur les montagnes les pieds de celui qui
annonce et publie la paix, de celui qui annonce le bien, qui prêche
le salut, qui dit à Sion : Ton Dieu règne. » [121]

Avant de développer une exhortation morale, de rappeler à Henri
de Navarre aussi bien qu'à Henri III les conséquences de leurs péchés,
le « prophète » exprime l'espérance fervente de la délivrance et du renouveau, au moyen d'un serviteur élu de Dieu et mu par son souffle.

Dans l'ancienne histoire d'Israël, *les oints du Seigneur* sont d'abord
les *Juges,* chefs du peuple non par filiation humaine mais par la seule
élection de Dieu qui les remplit de son esprit pour accomplir une
mission de libération. *Gédéon* est le nom qu'A. d'Aubigné avait attribué à Henri de Navarre [122], lorsqu'il lui paraissait le libérateur charismatique qui devait tout recevoir de Dieu [123], sa vocation royale, la force
de vaincre. Mais comme la *Préface* fut écrite au terme de l'épopée,

---

119. *Princes* v. 399-402. Le vers 399 offre d'abord un sens clair, les feux
étant les bûchers des martyrs et l'incendie des maisons et des villes. mais il suggère
aussi, par une sorte d'hypallage, l'appel adressé à Moïse du *milieu du buisson
ardent. Exode* III.2.
120. Voir II *Rois* XXIII, 3 « Le roy (il s'agit de Josias) se tint auprès de la
colonne et fit alliance devant le Seigneur qu'ils chemineroyent après le Seigneur
et garderoyent ses commandements et ses tesmoignages... qu'ils accompliroyent
les paroles de ceste alliance... ». Cf. *Apocal.* III, 12.
121. *Esaïe* LII, v. 7. C'est l'annonce du retour des captifs de Babylone que le
prophète représente comme un *nouvel Exode*; cf. verset 4.
122. Cf. *Préface*, 301, 307 à 312.
123. « Boire la glace à la fontaine », « Bois le premier dedans l'eau vive »;
ces vers rappellent que, sur l'ordre de Dieu, Gédéon ne garda que les trois cents
hommes qui lapaient l'eau dans leurs mains au lieu de s'agenouiller pour boire.
Ainsi ce n'était pas la force humaine qui avait vaincu Madian mais la force de
Dieu. Ceci exige évidemment la foi. Agrippa d'Aubigné sera profondément meurtri
lorsqu'il découvrira un politique en celui qui « menait les guerres de l'Eternel ».

lorsque le nouveau *Gédéon* avait trahi sa vocation, A. d'Aubigné l'appelle désormais *Samson* et caractérise ainsi un destin ambigu, où la grâce de Dieu apparaît parfois éclatante, mais disparaît aussi lorsque la sensualité du héros anéantit sa force et sa lucidité [124]. Cependant, même dans sa déchéance, il a écrasé les Philistins sous les ruines de leur temple ; par sa propre ruine, le dessein de Dieu s'est accompli. Ces *thèmes de salut* indiquent la seule voie possible, aux yeux du « prophète » pour une rénovation de la royauté [125]. Il s'agit non seulement d'un changement de dynastie mais du retour à un ordre théocratique. Entre ces deux séries de thèmes, A. d'Aubigné trace le portrait du roi idéal ; « les plus sages payens » dit-il, lui ont fourni ses traits. En fait un certain nombre de ces caractères sont directement empruntés aux Ecritures et se rapportent tantôt à Dieu, tantôt au roi inspiré par Dieu, c'est-à-dire David ou ses successeurs [126].

On trouve ici une assez curieuse restauration de l'*imago dei* qui, depuis le haut Moyen Age, a fait du Roi un personnage mis à part,

---

124. Von Rad. (*Théologie de l'Ancien Testament*) dit de lui que sa vocation en fait « un instrument privilégié de Iahvé » mais que « les histoires de Samson montrent aussi la défaite d'un charismatique et l'image d'une force divine gaspillée », p. 289, vol. I.

125. Il faudrait placer en face de *Gédéon*, devenu *Samson*, la figure de *Débora* (Elisabeth d'Angleterre) que nous étudions au chapitre suivant. H. Sauerwein voit en elle la figure antithétique de *Jésabel* (Catherine de Médicis) mais on peut considérer qu'elle s'oppose, par sa foi et sa détermination dans la lutte, aux louvoiements d'Henri IV. Cf. La lettre d'Elisabeth à Henri IV au moment de son abdication (Mss Tronchin, volume 143, pièce n° 8).

126. *Princes*. vers 503 « Qui caint Dieu, qui esmeut pour l'affligé son cœur ».
Le *Psaume LXXII*, *psaume d'intronisation* est centré sur la justice du Roi, la défense du pauvre et de l'opprimé qui est son principal office : « Car il délivre le pauvre criant à lui et l'affligé qui n'a nul qui l'aide ».
Princes : v. 513. « Faisant que l'humble espère et que l'orgueilleux tremble » :
Cf. *Epître de Jacques* IV,6 « Dieu résiste aux orgueilleux mais il fait grâce aux humbles ».
v. 517 « Qu'il ait le cœur dompté ».
Cf. *Prov.* XVI,32 : « Celui qui maîtrise son courage vaut mieux que celui qui prend des villes ».
v. 518 : « Que sa main blanche et pure
          Soit nette de l'autruy ».
Cf. *Ps.* XXIV.
« Qui montera en la montagne du Seigneur
et qui aura ferme demeure en son saint lieu !
Celuy qui est *net* de *mains* et de cœur ».
v. 519 « Son esprit à bien faire emploie ses plaisirs ».
Ps. CXIX, v. 143 : « tes commandements ont esté ma délectation ». Trad. de Bèze :
« Mais ta Loy est mon plaisir approuvé ».
v. 520 « Qu'il arreste son œil de semer des désirs ».
Cf. I *Jean* II,16 : « Car tout ce qui est au monde la *convoitise des yeux et outrecuidance* de la vie n'est pas du Père mais du monde ». En note Bible 1563 : *regards impudiques*, cela éclaire le texte d'A. d'Aubigné.

sacré [127]. Calvin, dont le sentiment de fidélité à la monarchie n'est pas contestable, a très souvent déclaré que les rois de la terre étaient la figure du Christ [128], il en fait un des moyens de la pédagogie divine. Mais ce n'est pas à dire que le roi régnant soit sacré, inviolable ; l'exemple de Saül, oint puis rejeté, indique bien que, dans l'histoire d'Israël, Dieu a fait passer son peuple de la vue d'un roi visible à l'espérance messianique d'un roi totalement fidèle à Dieu, totalement dévoué au pauvre et à l'opprimé. Pour les contemporains d'A. d'Aubigné et pour lui-même, la Saint-Barthélémy fut le signe que le Roi, bourreau de sa noblesse, était rejeté. L'*imago dei* devient alors un véritable acte d'accusation. Au reste cet idéal paraît si complet, si conforme au Messie divin que même un nouveau roi ne saurait l'atteindre par ses propres forces. Le seul espoir d'un renouveau dynastique réside donc dans l'attente d'un chef charismatique, miraculeusement suscité par Dieu dans un temps d'extrême détresse. On pense au prophète Osée qui, après avoir déclaré que les enfants d'Israël resteront sans roi et sans chef, sans prêtres ni culte annonce, dans un poème, que le Seigneur va « séduire » « son peuple », « parler à son cœur » et le conduire à nouveau au désert pour se fiancer à nouveau avec lui. Comme Osée, A. d'Aubigné voit le salut dans un commencement tout nouveau : il a vécu ce commencement « au désert », dans la résistance hasardeuse, la vie clandestine de la guerilla où un peuple nouveau se forgeait, guidé par un chef encore pur et fort, élu et béni par Dieu.

---

127. Voir Marc Bloch. *Les rois thaumaturges*. Paris, 1924, rééd. 1961. Tout l'ouvrage éclaire cette vénération particulière pour le Roi, *oint du Seigneur* mais M. Bloch cite une lettre de Pierre de Blois vivant à la cour d'Angleterre (fin du XIIe siècle) qui déclare « le roi est saint, il est le Christ du Seigneur », p. 41. Notons la réapparition de ce sentiment dans la *Monarchie de France* de Cl. de Seyssel où les Conseils du Roi sont comparés au collège des 12 apôtres et aux LXXII disciples qui étaient comme le grand Conseil de Jésus-Christ (Section II. chap. IV, p. 234).

128. « Qua propter usque ad Davidem Deus non perfecte declaraverat se velle populum habere in rege *speculum in quo redemptorem intueretur*... Verum tamen quum unctio Sauli fuerit communis cum sequentibus regibus, quae tamen in ipso fuit abolita, Deus iam tum populum coepit docere se tandem regem populum in pace retineret et servatus ipsius esset. Sic. igitur Deus ista duo vexilla et signa in ecclesiae signa errexit in quae singulae fideles sensus suos converterent et quibus tanquam columnis fides ipsorum fulciretur, sacerdotium inquam et regnum ».

Homilia LXXX in I *Sam*. chap. XXII, v. 11 à 22. C.O. 30/433 ; voir également C.O. 28/421 : « Les successeurs de David ont esté traitez cruellement... combien que Dieu les eust ordonnez, voire qu'ils fussent *figure et image* de nostre Seigneur Jesus-Christ ». Ou encore à propos de *Deutéronome* XVII, 15 : « Ac sane scimus oportuisse esse imaginem regni Domini nostri Iesu Christi », cette phrase commente : « ne manque pas de mettre à la tête un roi choisi par le Seigneur lui-même ».

Ainsi la satire prophétique du Roi n'est pas *réformiste,* elle annonce la destruction des rois infidèles, une catastrophe plus effroyable que les massacres dont elle sera le châtiment ; et l'auteur, à l'exemple des prophètes, fait ressentir l'approche du Jour de Dieu avec toute son angoisse ; mais dans le cœur de Dieu subsiste un amour inaliénable pour son peuple.

« Comment t'abandonnerai-je Ephraïm, te livrerai-je Israël ? [129] »

La voie étroite où luit l'espérance est la même dans les deux livres : dans *Misères,* au cœur de la détresse, un renouveau du pacte d'alliance est proposé, il suffit que le peuple réponde à la grâce ; dans *Princes,* la Cour, les Valois sont déjà en proie au cataclysme de Sodome mais Dieu sauve, comme aux premiers jours de l'Exode, ceux qui choisissent le risque du « désert », de la lutte et de la foi : à côté du « Prophète », « l'Oint du Seigneur » est visible.

Ces deux premiers chants, où les spectacles et les témoignages vécus tiennent une si grande place, aboutissent à deux morceaux lyriques, véritables transports prophétiques d'une âme possédée par l'enthousiasme. Dans *Misères* une prière liturgique [130] constitue un nouveau psaume : la parole du poète divinement inspirée, c'est-à-dire parfaitement adéquate à la volonté actuelle de Dieu, s'élève, violente, pour hâter Son jugement. La fidélité stricte aux textes bibliques est, pour ainsi dire, la loi du genre [131] : une parole différente du langage poétique employé jusque là (c'est en effet un tissu serré de versets et d'images bibliques) [132] manifeste que l'esprit de Dieu tombe sur le prophète et parle par sa bouche.

---

129. *Osée* XI, 8.
130. J'emploie à dessein ce mot parce qu'A. d'Aubigné rassemble ici l'Eglise souffrante et intercède en son nom, c'est la supplication collective d'Israël errant et persécuté.
131. Racine dans la prophétie de Joad (*Athalie,* Acte III, sc. VII, v. 295) reprend textuellement le début du *cantique de Moïse,* plusieurs versets des *psaumes* et des *prophètes.*
132. En voici la preuve. nous ne proposons qu'un court passage à titre d'exemple, soit les vers 1309 à 1330 :
1309 — Les moineaux ont leurs nids, leurs nids les hirondelles ;
1310 — On dresse quelque fuye aux simples colombelles ;
1311 — Tout est mis à l'abri par le soin des mortels ;
1312 - Et Dieu seul, immortel, n'a logis ni autels.
Agrippa d'Aubigné imite de près la traduction de Théodore de Bèze qui constituait le chant du culte réformé :
« Les passereaux trouvent logis
Et les arondelles leurs nids
Hélas ! Grand Dieu des exercites

Un des textes lyriques les plus importants de l'Ancien Testament sert de thème conducteur, à notre avis, à cette longue prière ; il s'agit du *cantique de Moïse* qu'on lit au chapitre 32 du *Deutéronome*. Voici le résumé qu'en donne la *Bible du Centenaire* : « le but du poète est

---

Mon Dieu mon Roy me soustenant,
Ou est-ce que sont maintenant
Les autels esquels tu habites ? » *Psaume LXXXIV*, 4. Cette version représente une *interprétation du Psaume* ; car celui-ci est un *psaume des degrés* (il était chanté par les Pélerins qui montaient à Jérusalem) et la simple exclamation : « ô tes autels, Seigneur des Armées » indique seulement un désir fervent de communion dans le sanctuaire.

1313 : « Tu as tout l'univers ou ta gloire on contemple ». Cf. Calvin. *Préface de la Bible d'Olivetan* (1535) « en toutes les parties du monde, au ciel et en la terre, il a escrit et quasi engravé la gloire de sa puissance.. ».

1314 « Pour marchepied la terre et le ciel pour un temple ». *Esaïe LXVI*. 1 et 2 : « Ces cieux sont mon throsne, et la terre est le marchepied de mes pieds ».

1316 « Tu possèdes le ciel, et les cieux des hauts cieux ». *Deutéronome X*.14 « Voici les cieux et les cieux des cieux sont au Seigneur ton Dieu ». A. d'Aubigné a écrit dans la *Méditation sur le Psaume LI :* « Le tout puissant créateur de tout l'univers... qui a pour haut dais les Cieux des Cieux, la terre pour marchepied ».

1317 « Nous faisons des rochers des lieux où l'on te presche ». III *Esdras XVI.29* : « Car il en restera seulement dix d'une cité et deux du champ, lesquels se seront cachez aux forests espaisses et aux cavernes des rochers ».

1318 « Un temple de *l'estable,* un autel de la *cresche* » ceci rappelle la naissance de Jésus, cf. : *Luc II.7*

1320 « De la sainte maison la caverne aux brigands ». Cf. *Matth. XXI.13 :* « Et il leur dit : il est escrit, *ma maison* sera appelés maison de prière ; mais vous en avez fait *une caverne de brigans* ».

1323-24 « Nous avons fait ouïr aux tombeaux nos prières
Fait sonner aux tombeaux le nom de Dieu le fort
Et annoncé la vie aux logis de la mort ».
Cf. *Ps. LXXXVIII*, versets 11 - 13, trad. Th. de Bèze :
« Les morts viendront-ils à sortir
Afin de prescher tes merveilles ?
Pourront tes bontez non pareilles
Dans les sépulchres retentir
Et ta fidélité reluire
en ceux que mort a peu destruire ? »
Les réformés ont ainsi triomphé d'un *adunaton*. « Tombeaux » ayant ici le sens de cavernes ou grottes, refuge des persécutés.

1325 « Tu peux faire conter ta louange à la pierre ». Cf. *Luc XIX.40 :* « Lui respondant leur dit : « Je vous dis que si ceux-ci se taisent, les pierres mesmes crieront ».

1326. Voir note du vers 1314. Le *marchepied* c'est ici le temple formé des pierres vivantes de l'église fidèle. Cf. illustration d'une Bible de 1578. Paris G. Buon : Au début du chapitre VI d'*Esaïe*, Dieu apparaît au-dessus du temple qui lui sert pour ainsi dire de tabouret.

1327 « Ne veux-tu plus avoir d'autres temples sacrez
Qu'un blanchissant amas d'os de morts massacrez ?
Les morts te loueront-ils ? Tes faits grands et terribles
1330 Sortiront-ils du creux de ces bouches horribles ? »
Ici le *psaume LXXXVIII* est repris avec son vrai sens d'*Adunaton* et transposé dans un registre nettement plus réaliste qu'aux vers 1322-23.

de montrer que les calamités qui accablent le peuple sont l'effet de la juste colère de Dieu, et surtout d'annoncer que Iahvé ne détruira pas cependant entièrement la nation mais vengera le sang de ses serviteurs » [133].

Cette brève analyse reflète exactement le thème central de *Misères* qui explique, comme nous l'avons vu, les horreurs de la guerre par la juste colère de Dieu, vengeant la rupture de l'Alliance, mais c'est la supplication du prophète pour que Dieu venge le sang de ses serviteurs et les délivre qu'A. d'Aubigné choisit de reprendre dans cette prière finale. Citons les principaux points du *Cantique de Moïse* et surtout les versets qui servent d'articulation à la pensée théologique :

v. 5 : Ses fils ont trahi la fidélité qu'ils lui devaient
v. 18 : Tu oublies le Rocher qui t'a engendré
Tu ne te souvins plus du Dieu qui t'a enfanté.
v. 19 : Iahvé le vit et fut saisi de jalousie
Il s'irrita contre ses fils et ses filles,
suit la liste des châtiments, famine, fièvre, peste dominée par le « feu qui s'est allumé dans les mains de Dieu et qui brûlera jusqu'aux profondeurs du Chéol ».
Mais voici que le jugement sur les enfants de Dieu change de direction :
v. 26 « Je dirois : » Je soufflerai sur eux
J'abolirai leur souvenir du milieu des hommes.
v. 27 : Si je ne redoutais les propos irritants de l'ennemi
Leurs adversaires pourraient se méprendre,
Ils pourraient dire : « c'est notre force qui a triomphé
Ce n'est pas Iahvé qui a fait cela. »
v. 36 : Iahvé fera droit à son peuple
et il aura pitié de ses serviteurs.
En voyant que leur force est épuisée
et que c'en est fait de l'impur et du pur [134].
v. 36 : Alors il dira : « où sont leurs dieux

---

133. Théodore de Bèze disait plus longuement la même chose : « Ce cantique donc contient une très aspre reproche faite à ce peuple, afin qu'advenant ces menaces, chacun sceust que cela ne se faisoit point que le Seigneur eust oublié sa promesse ou qu'ils n'eust pas la puissance de l'exécuter, mais d'autant que l'indomptable perversité de ce peuple le contraignoit par manière de dire d'en venir jusques là. Ce néant moins, a fin que les esleus ne perdissent courage, Moyse adjouste pour eux la promesse de l'esprit de repentance et de restablissement, et mesmes de la juste punition de ceux desquels Dieu se seroit servi pour chastier les siens ». Théodore de Bèze. Introduction au Cantique III (Deut. 32). *Les saincts Cantiques*. 1595.
134. « et n'y aura rien de reste ni serré ni délaissé » (Bible 1583).

ces rochers dans lesquels ils mettaient leur confiance [135] ?
v. 39 : Reconnaissez-le donc : c'est moi qui suis Dieu
et il n'y en a pas d'autre à côté de moi ;
c'est moi qui fais mourir et qui fais vivre
c'est moi qui blesse et qui guéris.
v. 40 : Je lève ma main vers le ciel
et je déclare : Aussi vrai que je vis éternellement
v. 41 : Quand j'aiguiserai l'éclair de mon glaive
et que ma main prendra le carquois
je tirerai vengeance de mes adversaires... [136] »

Voilà donc le mouvement de la pensée dans cette prière prophétique [137]. A. d'Aubigné insiste beaucoup moins que le texte biblique sur
le châtiment des « enfants » qui ont délaissé Dieu pour adorer des
dieux étrangers : dans son esprit tous les récits et les spectacles de
Misères illustrent un châtiment. En revanche il développe et enrichit
les thèmes qui, à partir du verset 27, évoquent la dure punition des
ennemis d'Israël. Une série d'images et de formules, tirées des *prophètes* ou des *psaumes,* viennent illustrer la pensée prophétique fondamentale, et nous retrouvons ici une méthode d'enrichissement du texte biblique par une association d'autres textes des Ecritures dont le thème
est analogue : méthode constamment utilisée dans les *Méditations sur
les Psaumes* [138].

---

135. La traduction littérale de l'hébreu est : « rocher où ils trouvaient
refuge ». La Bible de 1588 traduit : « le Rocher vers lequel ils se retiroyent ».
C'est là l'origine du thème des *rochers* (v. 1315) qui se développe jusqu'au vers
1329 et s'enchaîne avec l'image du *tombeau* (caverne qui sert de refuge dans
l'extrême détresse) Cf. Réaume II, p. 44.
136. Nous transcrivons ce texte d'après la traduction moderne de la Bible du
Centenaire pour que le lecteur contemporain en suive mieux le dessin. C'est la
pensée directrice de la prière qu'il s'agit d'abord d'étudier.
137. Dans sa thèse, J. Pineaux a cité trois recueils de cantiques où se retrouve
ce cantique prophétique de Moïse. 1558. *Divers cantiques esleus et extraits entre les
plus notables du Vieil et Nouveau Testament.* Par Accasse d'Albiac dit du Plessis
(B.N. Res. A. 6202).
1579. *Les cantiques saints mis en vers françois...* par Ch de Navières. Anvers
(B.N. Res. A.6884).
1595. *Les saincts cantiques recueillis tant du vieil que du nouveau Testament*
Mis en rimes françoises par Th. de Bèze (*op. cit.,* p. 237-238).
En lisant dans le recueil d'A. d'Albiac le cantique d'Esaïe (*Esaïe* chap. 40),
on retrouve la source de deux vers d'A. d'Aubigné insérés dans la prière :
« N'as-tu point seu et entendu
Qu'Il est *Seigneur du monde*
Qu'il a *créé la terre ronde :* cf. *Misères* 1293-1294. J. Pineaux signale
également une traduction du *Cantique de Moïse* de Boucher de Boiscommun (ibid.
p. 239.
138. C'est le procédé constant de Calvin dans ses sermons et ses commentaires.
Un texte isolé s'enrichit ainsi de tous ses harmoniques et trouve sa place dans
l'ensemble de la révélation scripturaire.

L'opposition *enfants/ennemis* constitue, nous l'avons vu, l'articulation essentielle du cantique de Moïse ; puisqu'il s'agit du châtiment, elle entraîne l'opposition *verge/barre,* l'une étant la houlette qui remet l'agneau dans le droit chemin, l'autre la « virga ferrea », « la verge de fer » [139] qui brise et abat les ennemis de Dieu. Mais la verge que Dieu a suscitée pour punir ses enfants est vouée au feu de la colère divine, comme le fut Assur [140].

Au verset 42 du cantique, on lit « j'*enyvrerai* mes flèches de sang ». Le « *vin du courroux* » de Dieu apparaît dans une des plus effroyables visions de l'*Apocalypse* [141] étroitement lié au thème de la *verge de fer,* ce vin est du sang que le Juge messianique, à la tête des armées célestes, a répandu. Mais ce vin de colère a déjà abreuvé les enfants de Dieu à la Saint-Barthélémy, et, puisqu'ils n'ont pas renié leur foi, il est devenu le gage de leur fidélité, si bien que le châtiment actuel ne peut plus viser que les ennemis du Seigneur et de son peuple.

C'est sans doute parce que l'alliance est ainsi restaurée, à travers la souffrance et le sang, que le prophète peut, en quelque sorte, *provoquer* Dieu en l'appelant au combat contre ses ennemis qui, comme Assur, idolâtrent leur propre puissance ; ceci rejoint le thème fondamental et en particulier le verset 27. C'est ici qu'apparaît, comme le thème d'une fugue qu'on réexpose, le verset 39 du *Cantique de Moïse :* affirmation de la toute puissance de Dieu qui s'oppose à l'inanité des idoles :

> « Toy, Seigneur, qui abbas qui blesses, qui guéris,
> Qui donne vie et mort, qui tue et qui nourris. »

Mais ce que Dieu, dans le *Cantique,* déclarait est confessé par le prophète et sa communauté qui n'ont désormais d'autre volonté que la volonté divine. Le texte du *Deutéronome* XXXII fournit deux images :

les *rochers* : « De lui, notre *Rocher* », dit le *Cantique,* « tout l'œuvre est parfaite. » [142]

---

139. *Ps.* II.9. *Apocal.* XIX, 15. Calvin commente : « Brief il sont brisez en diverses sortes tant qu'ils sont fait le scabeau de ses pieds » (*Commentaire du Ps.*2/9).

140. Cf. *Esaïe* X,5 et 17. Le chapitre X d'*Esaïe* reprend exactement le thème du *Cantique de Moïse.*

141. Cf. *Apocal.* XIX, 15 « car il les gouverne avec une verge de fer et c'est lui qui foulera la cuve de vin du courroux et de l'ire du Dieu tout puissant. »

142. *Deutéronome* XXXII, v. 4.

et encore au verset 18 : « Tu oublias le *Rocher* qui t'a engendré ».
Par antiphrase, les idoles, au moment où Dieu a presque anéanti le
peuple idolâtre, sont appelées « *ces Rochers, leur refuge* ». A. d'Aubigné saisit ce mot, élimine, semble-t-il, son sens métaphorique, mais en fait
il retourne la métaphore biblique pour en faire le signe de la fidélité
des Huguenots : ils sont effectivement réfugiés dans les rochers et les
cavernes du *désert* parce qu'ils n'ont pas voulu trahir le *Rocher* de
leur foi. Ces *rochers* refuge deviennent des *tombeaux* [143], mais dans cette
image mouvante deux sens apparaissent : la foi des martyrs qui passe
par la croix : ils annoncent :

« la vie aux logis de la mort »,

mais aussi le risque de voir les pauvres restes des églises fidèles totalement anéantis, d'où l'appel pathétique du *Psaume* LXXXVIII :

« les trespassés se relèveront-ils pour te célébrer ? »

Le geste du Dieu vengeur. « Je lève ma main vers le ciel et je déclare » ... [144] dit Dieu dans le *Deutéronome.* C'est un serment, mais le *glaive
étincelant* est évoqué dans le même verset, c'est pourquoi les deux notations sont fondues et le prophète huguenot retrouve ici l'adjuration de
ses coreligionnaires répondant aux apologistes de la Saint-Barthélémy :

« Leve ton bras de fer, haste tes pieds de laine. » [145]

La prophétie d'A. d'Aubigné à la fin de *Misères* apparaît non
comme une rhapsodie de passages bibliques composée au gré d'associations libres de thèmes et d'idées mais comme une proclamation très sé-
rieuse et méditée de la Parole. Pour composer ce final, A. d'Aubigné
choisit un texte très connu, considéré par les poètes et les théologiens
de son temps non seulement comme *prophétique,* mais comme la matrice
de la prophétie postérieure [146]. Comme il est presque aussi familier
aux lecteurs huguenots que les *Psaumes,* le poète le renouvelle par une
série d'images, de mythes, de formules tirées des prophéties ou des
psaumes mais très étroitement liés au thème fondamental. Le réalis-

---

143. On sait qu'Abraham fut enseveli dans la *caverne de Macpéla* (*Gen.*
XXV.9). Cf. aussi l'ensevelissement de Jésus.
144. *Deutéronome* XXXII.40.
145. Voir notre chapitre sur « *le prophétisme huguenot* ». La source
biblique de cet appel se trouve au chapitre LI d'*Esaïe*, v. 9 : « O bras du Seigneur,
resveille-toy, resveille-toy, vets-toy de force ; resveille-toy comme aux jours anciens ».
146. Voir de Bèze : argument et usage du *Cantique* III (*Deutéronome* XXXII :
« Pourtant apert-il que les Prophètes, qui ont suyvi Moyse, n'on esté qu'expositeurs
de ce Cantique en appliquant en particulier (selon que l'Esprit de Dieu les
conduisoit) les circonstances des temps, des lieux et des personnes auxquelles ils
avoyent à faire, tant les menaces que les promesses ici *généralement et indefiniement
Prédites* ». *in les saincts cantiques,* op. cit., 1595.

me même que l'on loue chez A. d'Aubigné n'y est pas simple observation du réel : ainsi la notation des *rochers* prend un sens symbolique précis. Ces éléments, si divers en apparence, se trouvent déjà correspondre les uns aux autres dans la Bible et dans l'exégèse que la Réforme a développée. Cette unité d'ordre théologique permet un engendrement cohérent des images et des symboles, elle prête à l'inspiration prophétique un caractère d'authenticité.

Le final de *Princes* présente un autre aspect de l'action prophétique : le cri lancé par le « guetteur » mais directement venu de Dieu, ce cri étant explicité par une vision. Deux textes bibliques essentiels sont utilisés. L'un communique au texte son mouvement : dans l'Apocalypse, une voix venue du ciel ordonne au peuple de Dieu de quitter Babylone dont la chute est imminente [147]. C'est la bonne nouvelle qui annonce chez les prophètes la fin de la captivité ; mais en même temps — et les Réformés l'ont surtout interprété ainsi — c'est l'ordre de se séparer des infidèles et des idolâtres. A. d'Aubigné rend plus pressante la menace de la catastrophe en insérant dans un texte le nom des villes maudites, Sodome et Gomorrhe, le texte de l'*Apocalypse* l'incitait à cet échange de symboles [148]. Ceci lui permet de nommer Loth, neveu d'Abraham, qui est à la fois un juste et un jeune homme lié à la race élue, à la maison que Dieu aime ; le thème de l'alliance reparaît ici [149].

La vision qui explicite le danger est plus directement reliée au thème central de *Princes* puisqu'il s'agit de la destruction d'un roi, d'un bâtisseur d'empire. Nous trouvons ce mythe prophétique au chapitre XXXI *d'Ezéchiel,* qui dépeint la chute du roi d'Assur assimilé au *cèdre*

---

147. Cf. *Apocalypse* XVIII, 4 : « Puis j'ouï du ciel une autre voix, disant, sortez d'icelle, mon peuple, afin que ne soyez participants de ses pechez et que ne receviez de ses playes ». C'est la reprise de plusieurs passages prophétiques, notamment *Esaïe* XLVIII, 20 : « Sortez hors de Babylone, *fuyez* arrière des Chaldéens »... et surtout *Jérémie* LI, 6 : « *Fuyez* hors du mil*ieu* de Babylone, et qu'un chacun sauve son âme, afin que ne soyez accablez en son iniquité : car c'est le temps de la vengeance du Seigneur ; il luy rendra sa rétribution ». Nous avons vu au chapitre I l'importance de ce thème d'après le *De Babylonica Captivitate* de Luther, « Sortez de Babylone mon peuple... » est un thème sans cesse repris par la propagande religieuse.

148. Cf. *Apocal.* XI.8 : « Et leurs corps seront gisans ès places de la grande Cité, qui est appelée spirituellement Sodome et Egypte, là ou aussi nostre Seigneur a esté crucifié ».

149. Il me semble qu'A. d'Aubigné se reporte au temps où le prince de Condé et H. de Navarre étaient prisonniers de la cour des Valois. Mais on peut penser aussi qu'il a en vue tel ou tel descendant d'une noble famille réformée.

du Liban [150] « beau de branches et de rameaux ombrageux ». La puissance du roi d'Assyrie était ainsi évoquée par le prophète :

« Tous les oiseaux du ciel ont fait des nids en ses branches, et toutes les bestes des champs ont fait les petits sous ses arbrisseaux, et sous son ombrage ont habité plusieurs gens de toutes parts. » [151]

Dieu le fait descendre au sépulcre avec « tous les arbres d'Eden exquis et les meilleurs du Liban » ; « iceux aussi descendront avec luy au sépulchre, avec ceux qui sont occis par l'espée et son bras, qui *habitoyent en son ombre au milieu des nations* ».

Entre ces deux évocations de la catastrophe imminente, la mystérieure figure du Dieu vengeur se dessine ; c'est le Roi des Rois, le Messie victorieux des derniers jours. La vendange sanglante [152] est foulée *hors de la cité,* dit l'Apocalypse : ainsi le thème de la séparation d'avec les « méchans », les idolâtres, thème de jugement, s'il en fût, est commun aux trois passages bibliques qui sont ici transposés. Ce qu'on doit admirer c'est l'adaptation parfaite de la prophétie *d'Ezéchiel* à la réalité familière ; ce paysage gracieux de bocage, à l'orée d'une forêt profonde, n'est-ce pas ce qu'un gentilhomme campagnard, chassant sur ses terres, peut aimer le plus ? Mais à travers les spectacles quotidiens, les signes de la colère ou de la grâce divine apparaissent à qui sait voir. La sobriété de la prophétie dans cette conclusion du chant II, son intégration à la réalité sociale et aux paysages familiers font la force 'de ce texte, final digne de tout le livre dont le réalisme est si souvent le support de signes prophétiques.

CONCLUSION : La satire se propose en premier lieu de révéler la vérité. A. d'Aubigné croit de toute sa force qu'il a reçu vocation de prophète pour proclamer la vérité profonde, celle que l'œil de Dieu découvre et juge. Cette conviction fait qu'il révèle d'abord à son insu, à travers mythes et allusions bibliques *sa* vérité. La satire prophétique dans ces deux premiers livres est éminemment subjective et lyrique : à la faveur d'une inspiration venue d'ailleurs, il livre, comme tout poète, ses désirs et ses désillusions.

---

150. C'est la mention des *cèdres superbes* au vers 1519 qui permet de reconnaître la parabole prophétique puisque le premier cèdre ne fut planté en France au Jardin des Plantes de Paris qu'en 1734.
151. *Ezéchiel* XXXI, verset 6.
152. Cf. *Apocal.* XIV,19 et 20 : « Et l'Ange iette sa faucille, trenchante en la terre et vendangea la vigne de la terre, et l'envoya au grand pressoir de l'ire de Dieu. Et le pressoir fut foulé hors de la Cité : et du pressoir sortit du sang jusqu'aux freins des chevaux... »

Son rêve pour la Cause et pour la France qu'il voudrait avec passion voir pacifiée, mais dans la fidélité de l'Alliance (c'est-à-dire pénétrée et renouvelée par la Réforme), c'est un roi *charismatique :* un « oint du Seigneur » en communion avec le Dieu jaloux, purifié par *l'eau vive.* au désert, lieu du dépouillement et de la grâce. Seul un prince ainsi converti pourrait transformer son peuple en restaurant l'Alliance. Or ce roi existe ; comme David ou Gédéon, il a connu, en conduisant une guérilla féconde en aventures, la toute puissance de Dieu. A. d'Aubigné était alors, au temps du désert, le conseiller écouté de ce chef, son Nathan, exigeant et sûr. Ah ! si le roi était resté ce libérateur, ce Juge animé par l'Esprit ! Une bonne part du prophétisme biblique dans *Misères* et *Princes* exprime cette nostalgie ; à travers elle un désir très personnel se fait jour : celui du compagnonnage fraternel avec un prince « choisi de Dieu » et aimé : le mythe « féodal » s'allie au rêve épique de l'Exode.

Mais chez les Prophètes bibliques les drames personnels ne nuisent pas à la portée générale du message ; la satire constitue, comme le dit Charles Lenient, pour les défenseurs de la Réforme, « une arme au service de la vérité. » [153] De quelle vérité s'agit-il ? Non de principes ou d'une vérité doctrinale. Nous avons vu, au début de *Princes,* que la Vérité est une personne

> « meurtrie et deschirée [elle] est aux prisons, aux fers,
> Ou esgare ses pas parmi les lieux déserts. » [154]

Elle s'identifie à l'Eglise souffrante, à un peuple. On a dit, à juste titre, qu'en s'inspirant des prophètes d'Israël Agrippa d'Aubigné soutenait la lutte des petits, des pauvres contre les grands et les tyrans, c'est incontestable car la pierre de touche de la foi, dans l'Ancien Testament, consiste dans la justice et le respect du pauvre, de l'étranger. Mais ne voir dans les deux premiers livres des *Tragiques* qu'une protestation véhémente contre l'injustice c'est laisser de côté l'aspect religieux de la satire qui est fondamental : les malheurs, les massacres, la famine s'installent parce que toute la société est corrompue, malade : le peuple, les grands, les rois sont coupés des sources de la vie. La restauration qui pourrait sauver le pays n'est pas d'ordre moral seulement, mais d'ordre mystique : une repentance qui ploie chaque individu et l'ensemble du peuple tout entier aux pieds du Dieu de

---

153. C. Lenient : *La Satire en France ou la littérature militante au XVIᵉ siècle.* Paris, 1866, p. 164.
154. *Princes.* vers 163-164.

l'Alliance qui veut renouveler cœurs et esprits, voilà la seule porte du salut [155], c'est la raison d'être du psaume tumultueux et pathétique qui clôt le premier chant. La satire se double d'une ardente prédication.

N'oublions pas, pour autant, l'appel au Dieu vengeur ; mais le combat des Réformés n'a de sens et n'appelle la bénédiction du Seigneur que si, à travers l'épreuve, le peuple est purifié, rendu plus docile à la mission divine.

Les moyens d'action d'une telle satire, épique et religieuse à la fois, paraissent, aux yeux du croyant, beaucoup plus puissants que le rire ou le fouet vengeur de la satire classique.

Aux yeux du peuple d'Israël, et des Réformés du xvie siècle, une parole de Dieu prononcée sur une situation humaine est un acte, l'effet suit la parole inspirée :

« Car Dieu dit et la chose arrive ; il commande, et elle existe. » [156]

Ainsi la prière qui appelle la vengeance de Dieu « l'éveille », la met en marche et, en même temps, elle envoie au combat celui qui la prononce ou l'entend comme une parole de Dieu. Si bien que, dans les *Tragiques,* prières et malédictions prophétiques ont pour objet de rassembler et de fortifier un faisceau de volontés guerrières.

A cette action visible s'ajoute la puissance du mystère : la certitude que la fin des temps est proche où l'on verra paraître le Messie victorieux raffermit le fidèle et doit frapper d'épouvante l'ennemi de Dieu et de son peuple. Le prophète discerne les signes avant-coureurs des derniers jours et communique une angoisse salutaire à ceux qui doivent choisir le bon parti.

Ainsi la parole véritablement inspirée abat et élève, arrache et plante comme celle qui fut confiée à Jérémie [157].

---

155. J. Pineaux retrouve dans presque tous les « chants d'appel » « une véritable confession des péchés » même après la Saint-Barthélémy. Il écrit ; « En écho aux psaumes de David, les cantiques réformés prosternent devant l'Eternel un peuple repentant qui implore la miséricorde de celui qu'il a offensé ». *op. cit.,* p. 210.
156. *Ps.* XXXIII/9.
157. Cf. *Jérémie* I, 9 :
« J'ai mis ma parole dans ta bouche
Vois je te donne aujourd'hui pouvoir
Pour arracher et pour abattre
Pour ruiner et pour détruire
Pour bâtir et pour planter ».

Voilà bien ce qui fait aux yeux d'A. d'Aubigné la valeur *poétique* de cette satire. La parole reçue et transmise est *de poids,* comme la gloire de Dieu que la Bible appelle *kabôd* « lourde, pleine ». Elle sépare ce qui est de la vanité, ce qui n'est point. Le prophète fidèle devient ainsi porteur d'une puissance.

CHAPITRE VIII

CHAMBRE DORÉE

Quelques éléments statistiques.

Ces résultats ne peuvent constituer que des indications car, dans divers livres de la Bible elle-même, se trouvent repris d'anciens textes que les Prophètes, Jésus-Christ ou les apôtres citent en les commentant, en leur donnant un sens nouveau. Comment attribuer dès lors tel rappel biblique à tel livre, plutôt qu'à tel autre ? Nous avons choisi le texte qui semble le plus proche des vers d'A. d'Aubigné ou celui qui se trouve lié à l'allusion biblique qui le précède dans le récit des *Tragiques*. Comme les thèmes principaux seront présentés successivement, il sera aisé de voir, par quelques exemples, comment A. d'Aubigné développe et souvent enrichit le thème initial ou même l'alourdit de nouvelles significations symboliques.

Cependant, une classification même assez grossière des principaux emprunts bibliques nous paraît fournir d'intéressantes indications propres à préciser le caractère de l'inspiration biblique dans le livre III ; cette classification pourra être comparée avec celle qui a déjà été esquissée pour les *Princes*. Sur les 153 textes bibliques inventoriés, on compte :

18 références au *Pentateuque* dont 7 allusions à la Loi donnée au Sinaï.

17 références aux livres historiques dont 7 consacrées à la *vocation et au règne de David*.

8 références au *livre de Job,*

42 références aux *Psaumes,*

1 référence au *Cantique des Cantiques,*

3 références aux *Proverbes* et à *l'Ecclésiastique,*

31 références aux *Prophètes* avec une préférence marquée pour les prophètes visionnaires : *Ezéchiel, Daniel, Habacuc.*

15 références empruntées aux *Evangiles,*

1 référence aux *Actes des Apôtres,*

9 références aux *Epîtres,*

8 références à l'*Apocalypse,*

    mais, en fait, la part de ce livre est plus importante que le nombre précis des références ne le laisserait supposer car

3 des thèmes empruntés aux *Psaumes,*

1 des thèmes empruntés aux *prophètes* évoquent le Dieu de l'orage venant pour juger le monde.

Le *livre de Daniel* est lui-même, pour une large part, une apocalypse.

Ce qui frappe, dans cette liste de références, c'est la place des citations ou réminiscences des *Psaumes dans ce troisième chant.*

Job et les *Psaumes* fournissaient 22 références aux *Princes.*

Ces deux livres fournissent 50 références à la « *Chambre dorée* ».

Les *prophètes* n'offrent que 31 références sur 153 textes bibliques inventoriés, alors qu'on avait dénombré 46 références aux *livres prophétiques* sur 119 réminiscences bibliques dans les *Princes.*

Deux raisons nous semblent commander cette utilisation privilégiée des *Psaumes.* Ou bien ils fournissent des *motifs de liaison* entre les représentations, les visions et les invectives. (Ce rôle ne pourra être apprécié qu'à la fin de ce chapitre, lorsqu'on examinera la structure du développement.)

Ou bien le nombre élevé de ces références est dû aux thèmes eux-mêmes qui dominent dans les *Psaumes* et qui constituent, aux yeux d'A. d'Aubigné, les thèmes majeurs de la satire prophétique contre les juges et les princes iniques :

1° Le thème du Juste, du fidèle ou de l'innocent, persécuté par les impies.

2° Le thème du Dieu vengeur venant juger la Terre.

Ces deux thèmes, antithétiques mais complémentaires, sont constamment liés dans les prières prophétiques de David : parce que la vision de *Dieu venant juger* répond au cri de l'opprimé comme au défi de l'impie, *la Justice de Dieu* éclate dans cet enchaînement : cette justice est avant tout *démonstration de la puissance de Dieu* ; le méchant, celui qui a nié Dieu et sa loi, n'est pas jugé dans les *Psaumes* au *cours d'un débat*, il est *anéanti* [1] brusquement, et dans *Job* s'exprime ce même thème du châtiment soudain [2].

Comme l'ampleur cosmique et les fulgurantes visions du prologue permettent de le démontrer, nous touchons ici à l'idée-force de la *Chambre dorée* : il ne s'agit pas de chercher dans la Bible des principes ou un modèle de juste jugement qui fournirait matière à la satire de la justice humaine : rois, présidents, magistrats connaissent ces principes et, dans l'histoire récente, la courageuse protestation d'Anne du Bourg, témoignant pour le faible persécuté au nom de la justice, l'a bien montré ; A. d'Aubigné veut prouver d'une manière éclatante que la force qui bâillonne la Justice, c'est-à-dire la tyrannie, est elle-même dominée par la Justice toute puissante de Dieu et déjà enveloppée par elle. La vision du *siège judicial* de Dieu, de Ses armées, de Son regard qui perce les nuées et les forteresses humaines est donc primordiale. Le « prophète » non seulement dénonce les scandales d'une justice asservie mais il provoque, par une parole puissante, le bouleversement de cette institution corrompue.

On peut être assuré que des circonstances très précises ont donné l'essor à la véhémente protestation que constitue la *Chambre dorée*. Un document nous permet, semble-t-il, de les mieux connaître. A l'ouverture de la *Cour de Justice envoyée par le Roy en ses païs et duché de Guienne*, un discours d'apparat a été prononcé le 26 janvier 1582 ; une plaquette éditée en 1584 contient ce texte [3]. L'orateur y exalte la Justice du Roi exercée dans les Provinces par les « Grands jours de son Parlement », c'est-à-dire par une compagnie de Parlementaires parisiens destinés à porter jusque dans les lointaines provinces la justice impartiale découlant de « cette fontaine de droiture et équité » que constitue le Parlement de Paris. C'est le meilleur moyen de restaurer cette région, d'y rétablir la paix et d'y ramener cette douceur du climat et cette fécondité que célébrait Ausone. « Vous avez donc », s'écrie le panégyriste, « tous très grande occasion de vous esjouir en voyant ceste Cour :

---

1. Cf. passim : *Ps.* X/15 ; XI/6 ; XIV/5 : XVIII/38-39-41-43 ; XXI/10-11-13 ; XXXV/26 ; XXXVI/13 ; XXXVII/20-22-28-36-38 ; LXXIII/18-19-27...
2. Voir *Job* XX, 7 et 8 ; XXVII, 13 à 21.
3. *De l'Œil des Rois et de la Justice.* Remonstrance faite en la ville de Bordeaux à l'ouverture de la cour de Justice envoyée par le Roy en ses païs et duché de Guienne. à Paris, chez Robert Le Mangnier, 1584 (extrait de *La Guyenne* d'Antoine Loisel).

et de chanter avec une allégresse publique ce que chantoient iadis les Perses lorsqu'ils estoient visitez de pareilles et semblables compagnies... : « Voici le fils du Roy qui marche, voici le frère du Roy, *voicy l'œil du Roy...* »

N'est-il pas évident que ce discours, qui devait faire un certain bruit, a dû scandaliser, à la fois les magistrats locaux, les partisans d'Henri de Navarre à qui le gouvernement de Guyenne avait été dévolu [4], et les protestants qui connaissaient l'hostilité d'un Parlement qui avait approuvé la Saint-Barthélémy, condamné Cavagne et Briquemault, sacrifié l'un des siens à la tyrannie royale [5] ? La Bible se trouve alors utilisée dans la *Chambre dorée* pour anéantir cette pompeuse fiction d'un Parlement magnifique et incorruptible, en confrontant *le Roy des Rois* et sa *Cour de Justice* avec *le Roy de la Terre et ses juges asservis à son bon plaisir,* en dénonçant, grâce au thème de *l'œil de Dieu* qui s'oppose à *l'œil du Roi,* les crimes recouverts de beaux dehors, les iniquités que les formes traditionnelles revêtent d'un pudique manteau. Ne nous y trompons pas, la splendeur des visions célestes, l'autorité des paroles de David éclatent d'autant mieux que l'indignation d'Agrippa d'Aubigné est plus vive et rappelle à sa pensée des scènes insupportables.

LES PRINCIPAUX THÈMES BIBLIQUES
DANS LA CHAMBRE DORÉE

I. *La grande vision du throne de Dieu* et les thèmes bibliques qu'elle met en œuvre.

Il nous semble que la structure de la fugue nous permettrait de rendre compte du foisonnement des variations du thème qui apparaissent sur des registres différents et ne cessent de renvoyer au thème fondamental : Dieu rayonnant de pure lumière, entouré de ses légions d'anges qui exécutent infailliblement ses volontés. Le *Psaume* XI, verset 4, et le commentaire que Calvin en donne fournissent le thème fondamental. Mais d'autres versets de psaumes, des visions empruntées aux *prophètes* ou à l'*Apocalypse* offrent comme des variations qui permettent au thème initial de développer toute sa richesse : ces variations trans-

---

4. Il en était le gouverneur en titre ; en 1582 c'était Matignon que le roi avait nommé pour y exercer l'autorité royale. La cour du roi de Navarre ne quitta Nérac que le 29 janvier (A. Garnier, T. I, pp. 283-286).
5. De plus, depuis la paix de Bergerac, la chambre mi-partie du Parlement de Paris avait été supprimée.

portent le cœur et les sens, elles permettent à la vision de la gloire et de la toute puissance divines de s'imposer à l'imagination comme un éclair dont l'éclat surnaturel durerait et bouleverserait l'être de qui le contemple.

Voici *le thème* de ce qui semble une sorte de « fugue » :

Psaume XI-4 : Le Seigneur est au palais de sa saincteté, le Seigneur ha son throne aux cieux : ses yeux verront, ses paupières considéreront les fils des hommes ».

Et voici le commentaire de Calvin sur ce verset qui semble correspondre exactement aux aspirations d'A. d'Aubigné et des siens :

« David, destitué de secours du costé des hommes, ha son secours à la providence de Dieu. C'est une excellente espreuve de la foy (comme i'ay dit ailleurs) lorsque nous sommes environnez de toutes parts de ténèbres en ce monde, d'emprunter la clarté du Ciel pour nous conduire en l'espérance du salut. Car combien que tous confessent que le monde est gouverné par Dieu, si tost qu'il vient quelque confusion qui trouble nostre aise, il y en a peu qui persistent en ceste ferme persuasion. Mais à l'exemple de David, *il nous faut tellement dependre de la providence de Dieu, qu'ès choses desesperées nous attendions le remède de son jugement. Il y a ici une opposition entre le ciel et la terre ;* car si David se fust arrêté à l'estat des choses de ce monde, tel qu'il le voyait estre, il n'eust veu ni fons ni rive en son affaire : mais combien que toute équité soit renversée au monde et qu'il n'y ait plus ni foy ni loyauté il sçait toutes fois que Dieu réside inviolable au ciel, duquel il faut attendre la restauration de ceste misérable dissipation. Car il ne dit pas simplement que Dieu habite au Ciel, mais qu'*il domine en son palais royal* et *qu'il tient là le siège de iustice.* Et certes nous ne luy rendons point l'honneur qui luy est deu, si non quand nous sommes du tout persuadez que son siège est un sainct et seur refuge pour les povres désolez et ceux qui sont injustement oppressez ».

Ce commentaire permet de situer dans l'économie des *Tragiques* le chant tout entier, à la fois témoignage d'un croyant, vision d'un prophète, appel à l'action divine. La vision qui ouvre la *Chambre dorée* représente la Cour d'appel de tout jugement inique, la réalité d'une justice alliée à une force invincible, l'éternité de la vérité et de la justice qui enveloppent le temps, l'histoire humaine.

Le livre de *Daniel* (chap. VII, 9 et 10) transpose ce thème fondamental en une vision éclatante et animée, il lui ajoute l'éclat du feu et la présence des Anges qui, « par mille milliers luy administroyent et dix mille milliers assistoyent devant luy ». Il faut bien remarquer que ce qui permet de lier ce texte au précédent, c'est la notion de *jugement :* « le jugement se tint et les livres furent ouverts » (*Daniel* VII, 10b).

a) *Les Anges serviteurs.* Une première variation, inspirée par le verset 4 du *psaume* CIV, rend sensible la présence des Anges, la force de leurs mouvements, la multitude de cette armée aussi rapide et sûre dans son élan que la flèche. Marot traduisait ainsi ce verset :

« Des vents aussi diligens et legers
Fais tes herauts, postes et messagers ».

L'épitre aux Hébreux commentait ainsi le *Psaume :*

« Et quant aux Anges, il dit : Faisant les vents ses Anges et la flamme de feu ses ministres. »

Calvin, qui note à plusieurs reprises que les Anges sont comme les « *mains de Dieu* », commente ainsi les deux textes : « En somme, il veut dire que Dieu use des vents comme de ses messagers, qu'il les tourne çà et là, qu'il les affaire et les esmeut quand bon luy semble afin que, par leur service, il déclare sa puissance : ainsi que les Anges ont été créez afin qu'ils exécutent les commandements de Dieu ».

Mais qu'il y a loin de la paraphrase du théologien à la vision d'A. d'Aubigné où l'on sent la tension d'armées unanimes, le regard attaché à guetter le signal divin puis, cette puissance de mouvement s'étant accumulée comme par la tension de la corde d'un arc, la rapidité foudroyante du départ, l'élan du serviteur répondant exactement à la force de la Parole [6]. L'image de l'arc se trouve à plusieurs reprises dans l'*Apocalypse* [7] mais A. d'Aubigné en fait « un grand arc de couleurs » car cet arc rappelle l'alliance conclue avec Noé [8] : le jugement de Dieu ne se sépare point de sa miséricorde et de l'élection, mais seul un théologien-homme de guerre pouvait figurer par la détente de l'arc la force invincible des légions célestes.

---

6. Cf. II *Samuel* XXII, 14-15. « Le Seigneur a tonné du ciel, et le Très souverain a proféré sa voix. Il a tiré ses flèches et les a abattus. »
7. Cf. *Apocal.* IV, 3 mais aussi X, 1 : « ie vei un fort Ange descendant du Ciel au chef duquel estoit l'arc du ciel. »
8. Note de la Bible de 1563 pour le verset 3 du chap. IV de l'*Apocalypse.*

Le double rôle des Anges : sauvegarde des élus, exécution des jugements de Dieu.

Des textes bibliques précis et les commentaires de Calvin permettent de contempler l'action de ces instruments infaillibles, « ceste chevalerie dont saint Luc a parlé » disait Calvin [9] :

« Ils sont les *gardiens* des fidèles [10]
L'Ange de l'Eternel *se campe à l'entour* de ceux qui le craignent » déclare le *Psaume* XXXIV, v. 8 ;

et cette protection quasi-militaire d'une troupe errante a été vue sous la forme d'une colonne de feu précédant la cohorte des Israélites à la sortie d'Egypte :

« L'Ange de Dieu qui allait devant l'ost d'Israël se partit et s'en alla derrière eux », est-il écrit. (*Exode* XIV, 19).

Les vers 14 et 15 :

« Les défendre d'injure et destourner l'injure
Sur le chef des tyrans »
paraît une allusion très précise à la dernière plaie d'Egypte [11], à la Pâque où l'ange exterminateur est passé par-dessus les portes teintes du sang de l'agneau pour frapper les Egyptiens et en premier lieu le premier né de Pharaon.

Chaque formule est ici nourrie d'une parole ou d'un épisode bibliques.

Il en va de même pour l'énumération d'une série de châtiments [12].

Le premier est celui qui interdit à Adam et Eve la *porte du paradis*. Les Chérubins qui gardaient l'Orient du jardin d'Eden étaient armés d'un *glaive flamboyant* souvent figuré sur les gravures, depuis le Moyen Age, par un *coutelas ondé*.

---

9. C. O. 46/303.
10. C.O. 45/135 - « Jubet nos Deus ambulare in viis nostris et tunc angelos pronuntiat fore nobis custodes ».
11. *Exode* XII, 23. Car le Seigneur passera pour navrer les Egyptiens... et le Seigneur passera par dessus la porte et ne permettra point venir le destructeur en vos maisons. Cf. C. O. 36/99 : « refertur signatas domos *ab angelo ultore fuisse...* ».
12. Cf. Calvin 48/275 : « Solet autem Deus interdum uti angelorum coelestium opera in poenis infligendis. »

C'est *un vent impétueux* qui, d'après le texte *d'Exode* XIV, 21, fit reculer la mer toute la nuit si bien que les eaux furent divisées, mais « les vents sont les Anges du Seigneur » (*Heb.* I, 7).

Enfin l'action de l'ange qui enrichit le pauvre, console l'affligé, glorifie les humbles est inspirée par un thème qui revient à plusieurs reprises dans la Bible et qui se trouve initialement dans le *cantique d'Anne* (I *Samuel*, II, 7 et 8) :

> « Le Seigneur apovrit et enrichit : il abaisse et il hausse.
> Il eslève le povre hors de la poudre et le chétif hors de la fiente afin de le faire seoir avec les Princes et le faire hériter le siege de gloire... » [13]

Ce thème repris mot pour mot au *Psaume* CXIII, v. 7-8 se retrouve dans le Magnificat : « Il a rempli de biens ceux qui avoyent faim et il a renvoyé les riches vuides... » [14], on peut y voir aussi une allusion aux Béatitudes. C'est proprement l'évangile de la Grâce qui énonce avec force le renversement des situations humaines et proclame qu'il y a désormais une espérance pour les opprimés, les affligés, les pauvres. Cette traduction de la Grâce dans les événements humains constituait, pour l'Eglise opprimée, l'objet essentiel de sa foi.

Le châtiment des persécuteurs d'Israël et de l'Eglise n'est que la face ténébreuse du même évangile de délivrance. Calvin, commentant la mort d'Hérode rongé de vermine, rapprochait de ce châtiment celui de Pharaon : « locustæ et bruci fuerunt Dei milites ad gerendum cum eo bellum » [15]. A. d'Aubigné suit de près le commentaire de Calvin, il reste très fidèle à la conception que le théologien se faisait des anges. En effet, Calvin combat la doctrine catholique des anges gardiens : « tantôt, dit-il, selon les témoignages des Ecritures, un seul ange est donné à un grand peuple, tantôt un seul homme peut être gardé par une nombreuse armée angélique, mais qu'il nous suffise de savoir que pour le salut de l'Eglise toute l'armée céleste monte la garde » [16]. Calvin semble avoir également fourni à A. d'Aubigné le point de départ d'une très belle image :

---

13. On sait le succès du *Cantique d'Anne* dans la poésie réformée, cf. : thèse de J. Pineaux, op. cit, p. 238-256.

14. *Luc* I. 52-53.

15. C.O. 48/276 - commentaire des *Actes* XII, 23 « Confestim autem percussit eum Angelus domini... et consumptus a verminibus expiravit ».

16. Traduction de Calvin. C. O. 48/272.

« [les anges]
Portent dedans le ciel les larmes, les soupirs
Et les gémissements des bien-heureux martyrs » [17].

Commentant *Job* xx, v. 8, sur la mort des méchants, Calvin évoque ainsi la mort du juste : « nous aurons une bonne compagnie quand nous connaîtrons que les Anges de Dieu mesmes (comme l'Escriture le montre) recevront nos ames pour les mettre en ceste garde bonne et seure, jusques à ce que nous ressuscitions dans la gloire céleste » [18].

Ainsi la « variation » sur le rôle des Anges est une véritable marqueterie de versets bibliques et de commentaires calviniens, elle est centrée sur cette certitude : les anges sont les gardiens vigilants des fidèles. On dirait qu'en affirmant ces réalités mystiques A. d'Aubigné n'a rien voulu inventer qui ne soit certifié par la Parole.

b) *Un épisode dramatique* (vers 33 à 78).

La « variation » suivante qui met en scène la parole de l'apôtre Paul au chap. iii des *Romains :*

« Il n'y a nul juste, non pas un seul
Il n'y a nul qui entende, il n'y a nul qui cherche Dieu ; » [19]
est plus libre dans son invention car le poète coule un thème antique dans des formes bibliques. Ronsard dans son *Hymne de la Justice* qui contient de nombreux échos bibliques [20] avait déjà fourni un modèle de cette mise en scène allégorique. Mais A. d'Aubigné fait parler trois personnages : la Justice, la Piété, la Paix dans le même sens et anime leurs plaintes d'une énergie prophétique en mettant dans leur bouche des textes empruntés au « prophète » David ou aux prophètes qui ont dénoncé la corruption générale d'Israël. Le thème du *Procès,* si fréquent chez les *Prophètes,* s'offre ici comme une vision dramatique dans une rayonnante clarté.

D'emblée, l'expression *throsne de gloire* [21] offre l'essentiel de la scène : il s'agit du « siège de la justice » de Dieu [22] ; le jugement déci-

---

17. *Chambre dorée,* v. 31.32
18. C.O. 34/160.
19. *Romains* III, 10-11. L'apôtre cite le *Ps.* 14/1 et 53/4.
20. Voir : in *Mélanges Chamard* l'article de J. Frappier : *l'inspiration biblique et théologique de Ronsard dans l'Hymne de la Justice,* p. 97.
21. Vers 34.
22. Cf. ci-dessus, p. 283, commentaire de Calvin et *Matth.* XIX, 28. « Quand le Fils de l'Homme sera assis au throsne de sa majesté » ; *Matth.* XXV, 31 : « Or quand le Fils de l'homme viendra avec sa gloire et tous les saincts Anges avec lui, adonc il se serra sur le *throsne de sa gloire* ». Dans les deux textes il s'agit du Jugement dernier.

sif précède immédiatement le « jour de la vengeance » ; est-il besoin de préciser que cette scène céleste est l'exacte antithèse de ces « grands jours royaux » que le discours du 26 janvier célébrait, et en particulier de cette Mercuriale présidée par Henri II qui constitue le type du jugement tyrannique ?

La Justice prononce elle-même le réquisitoire en reprenant le thème du *De profundis* : « O Eternel, j'ai crié à toy des lieux profonds... » et l'expression de son espérance : « Vers toi i'ay mon recours... » est commune à la traduction de plusieurs psaumes. Mais à travers la plainte de la Justice, apparaît le visage du Juste, et un vers comme celui-ci : « Les humains ont meurtri sa face révérée » [23] impose à tout chrétien l'image du Christ aux outrages, du Crucifié. Calvin avait indiqué ce rapprochement entre notre justice, c'est-à-dire notre justification, et la mort du Christ [24] ; mais A. d'Aubigné est tellement pénétré de la prédication de saint Paul : « Jésus-Christ est devenu pour nous justice », qu'il *voit* le Christ à travers la justice lacérée et pantelante ; le poète-voyant ne se contente pas de reproduire un commentaire théologique, il le transforme en vision mystique. Cependant, la foi du combattant durcit le réquisitoire : la remise en ordre que la Justice-Christ demande au Père, c'est l'impitoyable guerre eschatologique que dirige, au chapitre XIX de l'*Apocalypse,* le Cavalier éclatant, à l'heure où la patience de Dieu a fait place au combat sans merci. En effet, la conclusion, au vers 53 :

« ... Baisse en elle ta face »

qui transpose l'expression biblique « ie mettray ma face contre vous » [25] n'évoque pas une attitude inoffensive, elle signifie le combat de Dieu, l'extermination des méchants.

La blanche Piété dont la couleur ne symbolise pas l'innocence mais plutôt le pardon (*Ps.* LI/9), la réconciliation, apporte un nouveau grief : son accusation repose sur le mépris de l'Alliance ; l'opposition soulignée par le chiasme du vers 67 :

« Tu la fis pour ta gloire, à ta gloire deffaicts
Celle qui m'a chassé... »

---

23. *Chambre dorée*, vers 46.
24. Cf. Calvin. *Commentaire de l'épître aux Romains III,* 24 : « per redemptionem. Materia nostrae iustitiae, quod sua obedientia Christus patris iudicio satisfacit et vices nostras subeundo tyrannide mortis, qua tenebamur captivi, nos liberavit ». C.O. 49/61.
25. Cf. *Ps.* XXXIV. 17 et *Jérémie* XLIV/11 : « Je mettray ma face contre vous en mal, pour exterminer tous ceux de Juda ».

renvoie certainement aux chapitres 28 et 29 du Deutéronome : la terre créée de rien, d'après le terme même de la *Genèse*, ne pouvant subsister que par l'Alliance et dans la communion avec celui qui lui a donné l'être et la vie.

Le thème du peuple aveuglé par l'orgueil, du peuple « au cou roide » qui brise la relation de l'Alliance et, par là même, provoque la destruction du pays, est au centre du *Deutéronome*[26], il constitue également l'accusation majeure de mainte prédication prophétique.

Mais *la Paix*, chassée de la terre, aggrave encore l'accusation en signalant *l'endurcissement* de ceux qui ne peuvent plus entendre les avertissements divins.

« Tout y est abruti, tout est de moi quitté
En sommeil lethargic, d'une tranquillité
Que le monde cherit. »

C'est le chapitre XXIX *d'Esaïe* (v. 9 à 14) qui semble inspirer ici A. d'Aubigné :

« ils sont aveuglés, et aveuglent : ils sont anyvrés et non pas de vin...
10 - Car le Seigneur vous accablera *d'esprit de somme* : il fermera vos yeux, il couvrira vos prophètes et les principaux de vos voyants... »

La référence au texte prophétique semble bien indiquer que la condamnation n'est pas seulement morale, mais qu'une léthargie mortelle a été répandue sur le monde, signe avant-coureur du jugement. A. d'Aubigné en profite pour mettre au rang des faux prophètes les partisans de la paix qui accepteraient une persécution continuelle des églises réformées sous le couvert d'une fausse paix, Jérémie lui fournit cette condamnation[27].

Il est donc évident que les *allégories* auxquelles A. d'Aubigné donne le rôle de témoins à charge devant le trône de Dieu, dans une *scène de procès* telle que les prophètes bibliques en ont figuré, parlent elles-mê-

---

26. *Deut.* XXXII/6-18.24.25. « Est-ce ainsi que tu récompenses le Seigneur, peuple fol et mal avisé ? N'est-il pas ton père et ton possesseur, ne t'a-t-il pas fait et formé ? ». 18 - « Tu as oublié le fort Dieu qui t'a engendré et as mis en oubli le Dieu qui t'a formé ». 24 - « Ils seront bruslés de famine et consumés d'ardeur et d'extermination amère ». 25 - « Le glaive les privera d'enfans par dehors... » cf. Calvin O.C. 28/307.
27. Cf. vers 75 et *Jérémie* VI, 14 : « Iceux ont guéri la désolation de la fille de mon peuple à la légère disans : Paix, paix, et n'y avait point de paix ».

mes en termes prophétiques. Leurs accusations : meurtre des justes, tyrannie des magistrats, trahison du peuple qui brise l'Alliance et endurcit
son cœur, fausse paix qui tolère les persécutions pourraient être illustrées
par des faits contemporains mais A. d'Aubigné les emprunte au prophète des *Psaumes,* à *Esaïe, Jérémie, Osée* parce qu'il n'oublie pas le
thème fondamental du passage : le jugement de Dieu dans les parvis
célestes qui est la mesure de tout jugement humain sur l'actualité et qui
fait pâlir les feux des suppliciés à la flamme du jugement qui vient.

c) *La prière des Anges.* Ils forment le trait d'union entre le Ciel
et la terre ; étant des serviteurs totalement soumis à Dieu, leur prière
n'est pas étrangère à la volonté divine, mais d'autre part ils sont *membres de l'Eglise,* selon Calvin [28], ils combattent afin de nous retirer de
toutes les tentations de Satan [29], ils campent autour des fidèles dont la
garde leur est spécialement confiée [30]. A. d'Aubigné va plus loin encore
que Calvin car il fait des Anges les *intercesseurs,* les *avocats des martyrs
auprès du Père,* rôle qui est réservé par les Evangiles au Saint-Esprit ;
il est vrai que le poète a soin de les montrer en extase : « le troupeau
des esprits fut ravi » [31], ce transport de douleur ou cette visitation de
l'Esprit leur permet de franchir les limites de leur office. Il s'agit en
effet, au jour du procès décisif, de distinguer les victimes des coupables,
de blanchir ceux que les jugements iniques et les bûchers ont fait passer
pour des suppôts de Satan ; l'intercession de l'Esprit de vérité qui s'exprime par la bouche des Anges est d'abord restitution de la vérité, cassa-
tion des arrêts menteurs, séparation des méchants et des justes ; le pouvoir perverti du glaive est converti à l'ordre voulu de Dieu [32] « Car il
rendra à l'homme selon son œuvre, il fait trouver à chacun selon ses
voyes » [33]. Les *coupables sont clairement dénoncés :* ce sont les Géants
« faibles Dieux de la terre ». La fable mythologique ne sert ici que de
symbole : il s'agit des ennemis de David tels qu'ils sont dépeints au
Psaume LXII, v. 5 :

---

28. Cf. *sermon* de Calvin sur *Daniel* XII. 5 à 7 : « Les anges estans membres
de l'Eglise, ils ont le soing du Salut de tous fidèles, car aussi ils sont ordonnés
à cela et ils s'acquittent fidèlement de leur office, car il n'y a qu'obéissance en
eux. ils ne demandent sinon de servir a Dieu comme aussi ce titre leur est attribué
au Ps. 104 et cela nous apporte grand consolation quand nous voyons que les
vertus et les puissances de Dieu s'appliquent tous à notre usage et à nostre profit,
voilà Dieu qui use des Anges comme de ses mains pour manière de dire...
Il les constitue pour avoir soing de nous et pour procurer nostre salut ».
29. C. O. 29/215.
30. C. O. 30/480.
31. *Chambre dorée,* 79.
32. Cf. *Romains* XIII, 3 et 4.
33. Vers 88 et *Job* XXXIV, 11 « Car il rendra à l'homme selon son œuvre... ».

« Touteffois ils consultent de sa hautesse pour la débouter, ils prennent plaisir en mensonge, ils bénissent de bouche et maudissent en leur cœur. » [34]

Calvin indique clairement dans son commentaire que « ceux qui s'emploient de toutes leurs forces à opprimer celuy que Dieu a élevé (et ici David représente l'élu du Seigneur) entreprennent de faire la guerre à Dieu, vu qu'ils s'efforcent de renverser son œuvre. »

Le pouvoir tyrannique des « Géants », c'est-à-dire du magistrat rebelle représente la *négation du pouvoir de Dieu*.

Ainsi, pour délivrer les siens, Dieu avait changé en sang les rivières d'Egypte [35]. Les ennemis du Tout-Puissant renversent le miracle : à la Saint-Barthélémy ils ont changé en sang les claires eaux en les teignant du sang des élus.

Au *Psaume* xxxvii/13, Le Seigneur se rit du méchant.

Les impies de ce siècle se rient de Dieu [36] parce qu'il tarde à venger ses serviteurs.

Les anges reprennent alors l'ardente objurgation du Psalmiste : « Ne vois-tu pas, n'entends-tu pas ? » [37]

S'opposant à l'insolence et aux blasphèmes des princes et des juges iniques voici les victimes :

« Tes patiens tesmoins souffrent sans pleurs et cris. »
Paul exhortait aussi les Romains à être « patiens en tribulations.» [38]

Leur constance, leur persévérance, leur sérénité dans l'épreuve ont surpassé le courage et la sérénité des anges. Mais ici l'hyperbole poétique n'a pas de répondant biblique.

---

34. C'est Calvin dans son commentaire sur ce verset qui indique le rapprochement avec la fable : « Comme les poètes ont dépeint impiété sous la personne des Géants ». Et une note résume la tentative des Géants « pour arracher Jupiter de son siège ».
35. Cf. *Exode* VII, 17.
36. Cf. *Ps* XCIV et trad. de Bèze :
« Jusqu'à quand des meschans la bande
jusqu'à quand en fierté si grande
Seigneur les malins se riront ? ».
37. Cf. *Ps.* XCIV.9
38. Cf. *Romains* XII.12 voir aussi Calvin, « *Traité des scandales* ».

d) La présentation des âmes des martyrs à Dieu.

Déjà le vers 84 :

« [Les Anges]... et firent, gémissans,
Fumer cette oraison d'un précieux encens : »

rappelait une scène mystique de l'*Apocalypse* [39]. A partir du vers 109 une autre scène empruntée à ce livre se développe à travers une vision des sphères célestes toute moderne. Les anges présentent à Dieu

« mil ames despouillées
De leurs corps par les feux, les cordes, les couteaux. » [40]

Mil n'est sûrement pas un chiffre précis ; on peut donc dire qu'A. d'Aubigné transpose ici la vision du chap. VII de *l'Apocalypse* : on lit au verset 9 :

« Voici une grande multitude laquelle nul ne pouvait nombrer, de toutes gens et lignées et peuples et langues qui estoyent devant le throsne et en la présence de l'Agneau vestus de *longues robes blanches*. » [41]

v. 11 - et tous les Anges assistoyent à l'entour du throsne

v. 14 - et [un des Anciens] me dit : « Ce sont ceux qui sont venus de la *grande tribulation.* »

Ces visions splendides sont empruntées à l'*Apocalypse* mais l'idée vient peut-être du commentaire que Calvin faisait à propos de *Job* XXVII, 19 pour réconforter les martyrs : « Quand nous voyons les bons estre bruslez, cognoissons que le ciel servira de sépulture à ceux qui seront ainsi tyrannisez. » [42]

Ceux qui sont ainsi les prémices de l'Eglise ressuscitée s'élèvent jusqu'au séjour de Dieu, au-delà de l'Empyrée, suivant la cosmologie de la Renaissance.

Ils perçoivent l'harmonie des sphères mais cette musique platonicienne se fond dans l'hymne des saints et des Anges qui glorifient le

---

39. *Apocal.* VIII 3 et 4 : 3 « un autre Ange vint... ayant un encensoir d'or ». 4 : « Et la fumée des odeurs. avec les oraisons des saincts, monta de la main de l'Ange devant Dieu ».
40. *Chambre dorée*, v. 111.
41. En signe de pureté, dit une note.
42. C.O. 34/494.

Roi, l'Agneau immolé[43]. Le vers 118 rappelle que ces martyrs étaient inscrits avant la création du monde au livre de vie, ainsi se trouvent combinés dans cette poésie, en apparence si spontanée, les points importants de la théloogie de Calvin et les visions de l'*Apocalypse*.

Mais la victoire définitive n'est pas gagnée, cette résurrection partielle n'est qu'un signe ; la réalité du monde reste la souffrance, les cris des justes persécutés, c'est pourquoi le *Psaume* XVIII fournit au poète la vision épique du Dieu justicier qui descend pour juger le monde :

« En ma détresse *j'invoquay* le Seigneur et criay à mon Dieu et il ouit de son temple ma voix, et mon *cri* devant luy parvint à ses oreilles.

Fumée montait en ses narines, et *feu sortant de sa bouche* consumait, charbons s'embrasoyent de luy ;

Il baissa les cieux et descendit, et *obscurité noire estoit* sous ses pieds. »

Les vers 119 à 122 tirent de ce texte tous les traits du tableau contrasté et tourmenté qu'ils dépeignent. On pourrait n'y voir qu'une représentation baroque qui intéresse tous les sens et rend visible, efficace, la souffrance invisible, mais si l'on compare ce tableau au *psaume* qui l'inspire, l'originalité de d'Aubigné éclate dans l'assimilation qu'il fait entre l'obscurité qui revêt le Dieu de l'orage et la fumée des bûchers, le mouvement de la flamme et l'élan de la prière ; la flamme qui dévore les corps des suppliciés provoque l'incendie de la colère divine. La passion d'A. d'Aubigné pour la justice renouvelle vraiment ici la vision de **David**.

Le verset 8 du même *psaume* sera développé à partir de v. 140, mais ces deux imitations sont reliées par une scène de la vie de David qui offre à d'Aubigné la figure typique du *Roi Justicier*. On trouve au IIe livre de *Samuel,* chap. XIV, cet épisode de la *veuve de Thécoa ;* il est assez compliqué d'autant qu'il s'agit d'une mise en scène organisée par Joab pour favoriser la réconciliation de David et d'Absalon, mais A. d'Aubigné a retenu les éléments tragiques de la scène : le deuil de

---

43. Cf. *Apocal.* V, versets 11 à 13 : « Lors ie vi et ouï la voix de plusieurs Anges à l'entour du throsne... disans à haute voix. L'agneau qui a esté occis est digne de prendre puissance, et richesse et sapience... 13 - Et i'ouï toute créature qui est au ciel, et sur la terre et sous la terre, et qui est en la mer... disans : A celui qui est assis au throsne et à l'Agneau soit louange, honneur et gloire et puissance ès siècles des siècles ».

cette, veuve dont un fils a tué l'autre, et à qui les gens de sa lignée demandent le survivant pour le faire mourir, le contraste entre la femme ravagée de douleur, en habits de deuil, et la vie brillante de la cour ; enfin la spontanéité de David qui, s'opposant à la lettre de la loi, prononce un jugement humain et s'engage tout entier pour sauver une vie, consoler une femme déchirée, est rendue visible par le vers 138 :

« Le bon Roy...
Met l'Espée au côté et marche à la vengeance. » [44]

Cette évocation du *Roi Justicier* qui part en guerre contre le mal va donner une réalité, un relief saisissants à la vision du *Dieu Justicier* qui descend pour juger la terre et dont le verset 8 du *Psaume* XVIII fournit le thème essentiel :

« Lors la terre s'esmeut et trembla, et les fondements des montagnes feirent bruit, et *crollerent,* pource qu'il estoit courroucé. »

D'autres textes viennent enrichir ce verset,

« O si tu *desrompais* les cieux et que tu descendisses, afin que les *montagnes s'escroulassent* de ta présence. » [45]
« O Dieu, les eaux t'ont veu, les eaux t'ont veu : les abysmes ont craint, voire ils ont tremblé.
« Les nues ont fait croistre les eaux ; les cieux ont retenti
La voix de ton tonnerre en la sphere, les esclairs ont reluy par le monde : la terre a tremblé et a esté esbranlée. » [46]
« [les eaux] elles s'enfuiront quand tu les tanceras, elles passeront subitement à cause de la voix de ton tonnerre. » [47]

Au cœur du cataclysme qui bouleverse les éléments, les rois sont atteints car toute cette puissante théophanie est message de salut pour Israël :

« Les Rois espouvantez laissent choir, paslissans,
De leurs sanglantes mains les sceptres rougissans » ;

---

44. Ce vers est inspiré par le *Psaume* XLV/4 et 5 :
4 - Ceins ton espée sur ta cuisse o très puissant
5 - et triomphe en ton honneur.
45. *Esaïe* LXIV, 1.
46. *Ps.* LXVIII, versets 17 à 19.
47. *Ps.* CIV/7. On peut aussi voir dans le vers 146 une allusion au *Psaume* LXVIII/2 « Dieu s'eslevera, ses ennemis seront espars et ceux qui le hayent s'enfuyront de devant sa face ».
48. Vers 147-148.

Le *Psaume* cxxv (verset 3) souligne cette délivrance des justes :

« Car le sceptre des meschans ne reposera point sur le sort des justes. »

Or Calvin avait déjà adapté ce texte aux tribulations des fidèles de son temps : « Encore qu'il advienne que soyons opprimez par la tyrannie des meschans, toutes fois nous attendons patiemment que Dieu *ait brisé leur sceptre, ou arraché de leurs mains* »[49]. Mais la Saint-Barthélémy a eu lieu, l'évocation des Rois se colore d'un rouge sanglant et leur blême épouvante manifeste qu'il n'y a point pour eux de pardon.

Les prodiges qui suivent ne sont pas destinés seulement à frapper l'imagination[50], ils traduisent la volonté de sauver un peuple, que Dieu a manifestée au passage de la mer Rouge. Le verset du *Psaume* cxiv qui inspire le vers 149 renvoie nettement à ce jour de vengeance et de salut, tandis que :
« l'Univers arresté
Adore en frémissant sa haute Majesté »

vient vraisemblablement de *Habacuc* iii-11[51] qui reprend le miracle de Josué. La terreur dont sont frappés les éléments les plus redoutables et en particulier ceux qui sont porteurs de mort, la mer, l'abysme[52], représente pour les fidèles l'assurance du salut. Si bien que les chrétiens, sûrs de leur délivrance, battant des mains et entonnant le *Psaume* réservé à l'intronisation royale[53] peuvent dès maintenant célébrer le triomphe du Roi victorieux. Il semble qu'A. d'Aubigné reprenne ici le *Psaume* xlvii.

---

49. Calvin. *Commentaire sur les Psaumes* (1563). p. 810.
50. Vers 149 : « Le mer fuit et ne peut trouver une cachette ». Il y a dans le manuscrit Tronchin un point après *cachette*, puis une virgule après « Devant les yeux de Dieu », on ne voit pas pourquoi les éditeurs ont changé cette ponctuation même si le texte du *Psaume* qui inspire le passage est celui-ci : « la mer l'a vu et s'en est fuye...».
51. Le Soleil et la Lune se sont arrestés en leur habitation ». Note de la Bible : « Ce fut lorsque Josué batailloit contre les Amorrhéens ».
52. Cf. *Habacuc* III, 10b « l'abysme a fait retentir sa voix, la profondeur a levé les mains », et la note : « comme en montrant qu'il estoit prêt d'obéir au commandement de Dieu ».
53. Ou bien composé au moment où l'arche fut déposée à Jérusalem.
cf. vers 155 et sq.
« Les chrestiens seulement affligés sont ouis
156 - D'une voix de louange et d'un psaume esjouis
157 - Au tocquement de mains faire comme une entrée
158. - Au roy de leur secours et victoire assurée » et le *psaume* XLVII.

« Tous peuples claquez des mains, chantez hautement à Dieu en voix d'esjouissance,

Car le Seigneur est haut et terrible, grand Roy sur toute la terre. »

Calvin souligne dans son commentaire : « c'estoit comme si un Roy faisant son entrée vers ses sujets se presentoit à eux en parure magnifique ». Mais il indique aussitôt que, sous cette ombre et cérémonie externe, le Prophète a voulu nous faire considérer le triomphe du Christ qui, « armé de sa vertu céleste, a domté toute gloire et hautesse » [54]. Même si la dernière bataille n'est pas encore livrée, le chant plein de foi des disciples du Christ annonce au monde le triomphe des justes et chacun pressent à ces voix prophétiques l'imminence du jugement.

On peut dire qu'ici s'achève cette grande vision de Dieu descendant pour juger la Terre, planant au-dessus de la nuée, dans la pure lumière de sa justice. Les variations du thème fondamental l'ont développé avec toute la richesse possible. Les *Psaumes* essentiellement, complétés par quelques visions prophétiques, ont inspiré ces aspects de la vision, mais le thème fondamental n'est jamais oublié : la justice de Dieu est puissante, le Tout Puissant descend dans l'histoire pour sauver ses élus.

La dernière variation est la plus émouvante : les justes, encore en proie aux tribulations célèbrent le triomphe du Roi de gloire qui est leur secours, et leurs cœurs pacifiés par la foy font éclater une joie pure.

L'étude de ce tableau céleste appelle deux remarques :

1. *La continuité de l'inspiration biblique et théologique.* Rien n'est inventé par A. d'Aubigné ; les *anges intercesseurs* empiètent peut-être sur les prérogatives du Saint-Esprit, d'après l'Evangile ou la doctrine calvinienne, mais la prière d'adoration des Anges dans l'*Apocalypse* (VII, 13) ou le cri de l'ange porteur du sceau pour retarder les fléaux (ibid. VII, 3) peuvent légitimer cette hardiesse. Les références bibliques sont constantes : le « prophète » A. d'Aubigné ne joue pas avec le

---

54. On trouve ici le thème du prologue des *Feux* mais il sera retrouvé à travers les visions de l'*Apocalypse* tandis qu'ici les *Psaumes* et les *Prophètes* sont surtout exploités, comme si A. d'Aubigné voulait ménager un certain développement de la Révélation dans le temps.

texte biblique, il le vénère, il le sert, il trouve en lui la lumière qui transforme le spectacle terrestre, accuse ses ombres ténébreuses ou révèle qu'un simple geste est déjà un signe de la vie authentique.

2. *La liaison des références bibliques se fait,* comme nous l'avons vu, *par un jeu de miroirs* qui sans cesse renvoient à la lumière centrale. On dirait que la construction de ce texte, que nous avons comparée à la structure de la fugue, réalise cette définition des Anges donnée par Calvin :

> « Car qu'est-ce des Anges ? Ce ne sont que comme petits raions du soleil : voilà donc Dieu qui iette ses rais en ses anges, mais tant y a que la clarté principale demeure en lui. »[55]

Mais la succession de ces variations n'apporte pas seulement une clarté à l'esprit ; les sens et l'âme sont sollicités par des visions qui les exaltent, un sommet mystique, analogue, si l'on veut, à la strette de la fugue où les thèmes opposés se succèdent rapidement et se font valoir, apparaît du vers 109 au vers 122 : l'office des anges, la délivrance des martyrs, leur ascension, le concert des sphères figurant la création, l'harmonie de l'adoration des Anges et des supplications de l'Eglise souffrante, toute cette vision où l'*Apocalypse* et la théophanie des *Psaumes* s'allient avec tant d'éclat constitue, si on la contemple avec les yeux de la foi, une véritable extase, une recréation de l'être par l'expérience mystique.

Un autre mode de liaison est celui que les textes bibliques offrent d'eux-mêmes : ainsi le texte d'*Habacuc* reprend des épisodes de l'*Exode ;* le thème de l'Alliance et celui de l'endurcissement sont liés ; ou encore le Roi-Justicier David figure l'apparition du Dieu-Justicier armé pour la bataille. La Bible sans cesse paraphasée, éclairée par les rapprochements que font les exégètes, foisonnante de jeux étymologiques et d'échos qui renvoient d'un texte à l'autre offre au « prophète » du XVIᵉ siècle une forêt de symboles presque sans limites. Il utilise des chaînes ou des faisceaux d'images, constitués par la théologie de son temps, mais il peut, d'après les modèles que la Bible lui offre, en découvrir d'autres qui répondent aux angoisses et aux passions de la communauté qu'il veut réconforter et conduire ; ainsi l'histoire la plus récente commande cette recherche d'une *prophétie* très actuelle.

---

55. C.O. 41/572.

II - *L'œil de Dieu et les juges de la Terre.*

Le verset d'un psaume assure la transition entre la vision céleste du *siège judicial* et le jugement qui révèle les turpitudes de la justice humaine. Il est emprunté au *Psaume* CIV, v. 3 que Th. de Bèze traduit ainsi :

« en lieu de char sur la nue est porté ».

Le regard de Dieu n'est pas seulement pénétrant, *il est jugement* ceci étant exprimé par :

« jettant le feu et l'ire de sa veuë
sur la terre... » [56]

— Le Palais de Justice est une *moderne Babel* [57]. Il en a l'orgueil, c'est-à-dire une volonté d'indépendance qui le soustrait à la loi divine ; sa magnificence évoque la richesse et l'éclat de la grande cité oppressive *Babylone*. On sait que la tour de Babel et Babylone, lieu de captivité des Juifs et cité corrompue, sont assimilées dans l'Ecriture et dans les commentaires des Réformateurs. Mais ici c'est plutôt de l'orgueil de Babel qu'il s'agit. Le Seigneur descend vers elle comme il descendit vers la tour qui s'édifiait pour braver sa puissance [58].

Mais *l'iniquité sanguinaire* de cette forteresse de l'oppression s'exprime avec un réalisme presque insoutenable [59]. *Habacuc* avait aussi maudit les princes cupides et sanguinaires : « Malheur à qui bâtit une ville avec du sang et qui fonde une cité sur l'iniquité. » [60] L'image est détaillée et réalisée avec une précision macabre, elle perd sa qualité de symbole pour exprimer l'horrible boucherie des massacres collectifs que seule une démission de la justice — pense d'Aubigné — a permise.

Un autre cité conquérante et impitoyable sert à caractériser la tyrannie des gens de justice : le Palais devient la *roche aux Lions* comme *Ninive* dans la prédication de *Nahum* : « Où est le repaire

---

56. A rapprocher *Ps.* XVIII versets 9 et 10 a : « Fumée montoit de ses narines et feu de sa bouche qui consumait, et charbons s'embrasoyent de luy. Il baissa les cieux et descendit... ».
57. Cf. *Genèse* XI, 4 « Puis dirent. Or ça bastissons-nous une ville et une tour de laquelle le sommet soit jusques aux cieux ».
58. Cf. *Genèse* XI/5.
59. Cf. vers 179-186.
60. *Habacuc* II/12.

des Lions, et ce qui estoit le viandis des lionceaux ?... Les lions y
ravissoient tout ce qu'il fallait à leurs faons... et remplissoyent de
proye leurs tasnières et leurs repaires de rapine. »[61]

Ce thème prophétique est fondu avec le mythe grec de Lycaon
qui avait servi à Jupiter un « enfant desguisé », c'est la légende de
Lycaon qui fait succéder les loups aux lions mais surtout le thème du
loup ravissant paraît plus riche de signification religieuse [62] ; il suggère la violence, souvent masquée, de la fausse doctrine en même
temps que la cruauté rapace des princes [63]. La croyance à la lycan-
thropie [64] couramment admise de son temps, permet au poète, par
des détails précis, de faire du symbole une réalité observable qui suscite un sursaut d'horreur.

Nous avons bien, dans ces évocations, des sources bibliques mais,
en utilisant l'actualité ou les pamphlets polémiques [65], A. d'Aubigné
défait le symbole biblique et lui substitue la réalité de la chair pantelante et du sang qui fume, il évoque une cuisine infâme ; les pamphlets satiriques qui ne reculaient ni devant la scatologie ni devant
le sang frais, ont eu plus d'influence sur A. d'Aubigné, quand il veut
suggérer l'horreur insoutenable, que les images tirées des *Prophètes*.
La Bible, dans ce cas, offre un thème, parfois il a déjà été chargé
d'une réalité charnelle par un théologien qui a commenté le texte :
ainsi *Esaïe* a écrit :

« Malédictions sur ceux qui constituent ordonnances iniques...
pour avoir les veuves en proye et pour pille les orphelins. »[66]

---

61. Cf. vers 191 : « Dieu voulut visiter *cette roche aux lions* » avec
Nahum II. 11 et 12 et commentaire de Calvin qui applique la prophétie aux rois
contemporains. C.O. 44/471. Traduction de la Bible de Genève (1588).
62. Ce thème est sans cesse repris dans l'*Histoire de l'Inquisition d'Espagne*,
de Montes (Reynaldo Gonzalez) (Genève 1568) « l'évêque est invité au banquet
apresté du sang de sa pauvre brebis, comme un loup pour recevoir sa juste
portion des autres ».
63. Cf. *Ezéchiel* XXII, 27. « Ses princes estoyent au milieu d'elle comme les
loups qui ravissent la proye pour *espandre le sang* et pour perdre les âmes ». Et
Michée III, 3 qui suggère « cette gent canibale » : « ils ont mangé la chair de
mon peuple, et ont escorché leur peaux d'eux, et ont rompu leurs os et les ont
brisés comme en un pot ».
64. Voir Cimber et Danjou : *Archives curieuses de la France*. T. VIII, procès
d'un loup garou : Arrest contre Gilles Garnier en 1573, p. 7.
65. Cf. vers 203 « Font leur chair de la chair des orphelins occis ».
et *Comédie du pape malade* attribuée à Conrad Badius : (1584) (le pape vomit)
Satan - Il a mangé tant d'orphelins
En guise de bons poupelins
Et beu le sang de mainte veuve
Que je m'esbahi qu'il n'en creve. Ed de 1591 (Genève).
66. *Esaïe* X. 1, 2.

Calvin a ainsi caractérisé la trahison des rois qui, au lieu d'être les nourriciers, se sont fait bourreaux de l'Eglise :

> « car les princes distribuent volontiers de leurs biens à telles manières de gens, c'est-à-dire le *suc* et le *sang* qu'ils ont *succé du peuple.* » [67]

de même l'*Apocalypse* offre cette image de Babylone :

> « la femme... ayant une coupe d'or en sa main...
> « Et je vis la femme enyvrée du sang des saincts et du sang des martyrs de Jésus. » [68]

Bullinger, dans son *73ᵉ sermon sur l'Apocalypse*, souligne l'actualité de cette vision. A. d'Aubigné alourdit ces images [69], les charge de notations sensuelles afin de les imposer comme une réalité présente, insupportable :

> « Ils *hument* à longs traits dans leurs couppes dorées
> Suc, *laict*, sang et *sueurs* des vefves esplorées. » [70]

Le lait et la sueur qui se trouvent ajoutés au commentaire de Calvin suggèrent une oppression odieuse de la misère humaine, une violation du droit à la vie pour l'orphelin.

Et l'ivresse sanguinaire est vraiment sacrilège car A. d'Aubigné utilise, pour dépeindre les vomissures horribles qui dégouttent des bouches d'ivrognes, un *psaume* qui célébrait l'huile de joie, symbole de la fraternité :

> « C'est comme ceste huile précieuse, espandue sur la teste, laquelle découle sur la barbe d'Aaron, et qui découle puis après sur le bord de ses vêtements. » [71]

La parodie du *psaume* souligne ici l'horreur.

---

67. « l'ay horreur de raconter ce qui a esté fait ou quelle abondance de sang humain a esté espandue depuis 30 ou 40 ans, en çà... » Calvin, *Commentaires sur le Prophète Isaïe*. Genève 1552, p. 674.
68. *Apocal.* XVII, 4 et 6.
69. Il les trouvait déjà élaborées dans certains traités polémiques. Ainsi dans l'*Histoire de l'Inquisition d'Espagne, op. cit.* (préface). « Et ainsi fut prouveu de nouveau troupeau à ces bons pasteurs, non seulement pour *humer* le laict de ces nouvelles brebis, mais aussi tirer le *sang et la peau pour s'en couvrir à l'advenir* ».
70. *Chambre dorée*, v. 213-214.
71. *Ps.* CXXXIII verset 2 (trad. de 1583).

La violation des dix commandements par ceux-là même qui sont chargés de maintenir la Loi de Dieu résume l'état de péché où vivent les garants de la Justice. Non seulement ils violent ces articles mais ils cautionnent la perversion de la loi :

Ils pervertissent le   7ᵉ commandement [72]

de même que le   8ᵉ commandement [73]

de même que le   9ᵉ commandement [74]

de même que le   10ᵉ commandement [74] en garantissant les faux témoignages.

C'est-à-dire que, parmi les commandements de la seconde table, ils violent tous les commandements qui touchent à la vie sociale, et absolvent ceux qui les transgressent. Ainsi ils machinent la perversion de l'ordre social, ils organisent *le monde à l'envers*.

Les Allégories de la Chambre dorée et la Bible.

La Grande Chambre du Parlement de Paris est une galerie de portraits allégoriques. Les vices divers des Conseillers ou leurs faiblesses y tiennent séance sous la présidence de l'Injustice qui figure le Roi exigeant de sanglantes condamnations [76]. A première vue, l'influence de la Bible sur l'invention de ces figures paraît bien secondaire ou bien lointaine. Il faut sûrement les rattacher à l'art médiéval, à ce thème du combat des vertus et des vices qui ornait, pour l'instruction des fidèles, les voussures, les bas-reliefs des portails ou les vitraux des cathédrales du XIIᵉ, du XIIIᵉ, parfois du XIVᵉ siècle [77].

En effet, on ne saurait les identifier aux allégories de la statuaire ou de la peinture qu'Emile Mâle étudie dans « l'Art de la Contre-Réforme » [78] et qui reproduisent l'attitude et les attributs des figures

---

72. *Deut.* V. 17 : « Tu ne tueras pas ».
Chambre dorée, v. 228 :
« Aux meurtriers si benins, des benins les meurtriers ».
73. *Deut.* V. 18 : « et tu ne seras point adultère ».
vers 230 : « maquereaux d'adultères ».
74. *Deut.* V. 19. : « tu ne seras point larron ».
vers 230 : « receleurs des larrons ».
75. *Deut.* V. 20 : « Et tu ne diras point de faux témoignage contre ton prochain ».
vers 229 : « Tesmoins du faux tesmoin, les pleiges des faussaires ».
76. *Chambre dorée*, v. 317.
77. En particulier les vers 249 à 260 qui peignent l'Avarice utilisant la Justice comme marchepied évoquent, mais en renversant le sens du thème, l'attitude des Vertus victorieuses des Vices, cf. : E. Mâle « *L'Art religieux du XIIIᵉ siècle* », p. 141.
78. Cf. *Art religieux après le Concile de Trente*, chap. IX.
Les survivances du passé... l'Allégorie alinéas 1 et 2.

de César Ripa dans son *Iconologia*. D'ailleurs la première édition de cet ouvrage si célèbre ne paraît qu'en 1593, les figures allégoriques d'A. d'Aubigné ont été imaginées au moins dix ans avant cette date. Elles ne constituent point une synthèse entre la sagesse antique et la morale contemporaine, ce ne sont pas des statues qui, par le canal d'une érudition mythologique, transmettraient un enseignement ; nous avons affaire surtout à des visages, grossis, caricaturés, à des gestes ou des paroles simplifiés à l'extrême pour faire éclater un vice. Peut-on découvrir dans cette galerie de masques grimaçants une certaine influence de la Bible ? Il semble qu'ici le texte biblique et le commentaire polémique auquel il a donné lieu aient eu surtout pour effet de modifier tel ou tel détail, de rendre actuelle la représentation traditionnelle de tel ou tel péché.

Ainsi l'*Hypocrisie* [79] paraît marquée par la diatribe d'Esaïe [80] contre les dévotions hypocrites et surtout le commentaire de Calvin sur ce passage [81] ; elle se trouve alliée au commerce des indulgences et aux superstitions qui caractérisaient la piété d'Henri III, ou encore le *Psaume* I verset 1, sert à confondre, devant le jugement de Dieu, ce sénat qui *s'assied au banc des moqueurs* en s'associant aux brocards et aux lazzi de la *Bouffonnerie* [82].

Pourtant les allégories de la *Chambre dorée* ne constituent pas une simple résurgence de l'allégorie médiévale, elles n'entrent pas dans les catégories théologiques du Moyen Age, et même si les artistes médiévaux ont pris une grande liberté à ce sujet, ils n'ont jamais développé une aussi longue galerie. Voici *28* figures de « vices » dont certains sont étroitement liés : la colère, la cruauté, la vengeance, la haine, par exemple ; certaines figures ne sont pas des vices, d'ailleurs, mais l'allégorie de caractères ou de procédés qui faussent le jugement, comme la Faveur, la Jeunesse, la Formalité. De plus, l'attitude ou le costume ne suffisent pas à définir ces personnages : les traits du visage, le front, la forme du crâne, la bouche qui broie serpents et crapauds, le teint, le timbre de voix, la stupidité des questions posées cernent le personnage d'un

---

79. Cf *Chambre dorée*, v. 317-328.
80. *Esaïe* XXIX : « Pourquoi le Seigneur dit, Pour ce que ce peuple ci s'approche de moi de sa bouche, et m'honore de ses lèvres... ».
81. Commentaire de Calvin : « Pour ce que le Seigneur requiert intégrité de cœur. Si elle défaut, il rejette toutes nos œuvres... Nous pouvons aisément juger de cecy, combien on doit priser le service que les Papistes pensent faire à Dieu, quands ils l'honorent au son des cloches et d'orgues, en chants et murmures, cierges encens, en pompes et magnifiques ornements. (*Commentaire sur le prophète Isaïe*, p. 382).
82. *Chambre dorée*, vers 429-432.

trait vigoureux ; une cruauté caricaturale, à la Daumier, renouvelle le style de l'allégorie traditionnelle. D'où vient cette modernité ? Il semble bien que ce nombre 28 corresponde à l'effectif double d'une Chambre [83], on sait que les conseillers siégeaient par semestre et par roulement. Ces personnages allégoriques représentent les Conseillers, ce sont des caricatures, la déformation physique faisant éclater la corruption morale. Un texte biblique et un commentaire peuvent ici avoir suscité ces portraits déformés : *Job* déclare (chap. IX, 24) : « La terre est donnée en la main du meschant [84], il couvre la face des justes ». Calvin commente longuement ce texte [85] et certaines expressions ont dû frapper A. d'Aubigné : « On n'a nul soulagement des magistrats, dit Calvin, *ils sont des idoles* », si Dieu ne donne pas aux magistrats la vertu de se pouvoir acquitter de leur office, ils ne peuvent par eux-mêmes l'exercer car c'est « l'office de Dieu en ce monde » c'est alors « qu'ils supportent le mal et le favorisent », « Dieu les a frappés d'un esprit d'estourdissement (*Isaïe* XIX, 14) ». Ceci a pu mettre en branle l'imagination d'A. d'Aubigné , il a forcé les traits caricaturaux de ces « idoles » qui croient détenir la Justice au lieu de s'humilier et de demander l'esprit de prudence, l'esprit de force, l'esprit d'équité. Ces personnages de théâtre sont outrés, grimaçants et creux comme des marionnettes. C'est parce qu'ils sont individuellement responsables pour avoir manqué, chacun, à sa vocation, trahissant les exigences de Dieu qu'ils auraient dû représenter, qu'ils sont rejetés, exclus de l'ordre divin, et chacun d'eux figure un aspect particulier du péché une nuance de tel ou tel vice, car chacun a reçu une vocation personnelle. Leurs grimaces, leurs oripeaux, le carnaval tragique qu'ils offrent aux regards, manifestent que leur vie est déjà jouée et perdue mais aussi que l'équilibre voulu par Dieu se trouve rejeté, le monde étant en proie à la vanité, au burlesque absurde.

Mais si c'est bien là le fondement théologique de cette invention qu'on pourrait dire « *expressionniste* », tout le pittoresque de ces portraits truculents appartient en propre à d'Aubigné, la Bible ou le commentaire de Calvin ne lui ont fourni que quelques expressions suggestives.

---

83. Voir N. WEISS. *La chambre ardente*, 1889. Paris. Environ vingt quatre conseillers firent partie, à tour de rôle, de la « chambre particulière ». Ils étaient généralement douze, quelques fois plus ou moins.
p. 251. 14 signatures au bas d'un arrêt rendu le 4 oct. 1548.
p. 307. de même le 26 oct. 1548.
84. « Il s'agit du tyran », précise la Bible de 1563.
85. C.O. 33/447, 448, 449 - (*sermons sur le livre de Job*).

L'inquisition jugée par la Croix du Christ.

Lorsque les prisons horribles de l'Inquisition, puis l'autodafé des « hérétiques » s'offrent aux yeux de Dieu, l'émotion atteint à son comble : toute la mise en scène qui précède la mise à mort des condamnés figure en effet non pas un jugement humain, mais le jugement dernier, le triomphe de la Croix sur l'hérésie : les condamnés sont revêtus de *sanbenits* « peints de croix et de diables », ils sont donc déjà voués à Satan, des juges humains distribuent ainsi le ciel et l'enfer [86]. C'est une atteinte grave à la souveraineté de Dieu, une parodie sinistre du Jugement auquel doit procéder l'Agneau immolé. C'est pourquoi le thème biblique qui court à travers toute cette évocation est celui de la *crucifixion du Christ :* Dieu voit le vrai sens de cette mascarade : la marche à la mort des « héritiers insignes » [87] de son Fils. « Les Anges en effet (c'est-à-dire en réalité) leur vont tenant la main » [88], or, au jardin des Oliviers, à l'heure de l'angoisse, un Ange apparut au Christ pour le fortifier [89], ils sont vêtus d'un habit voyant, à la fois tragique et grotesque : le Christ a été affublé du costume et des insignes royaux [90]. Les docteurs de la loi et les Pharisiens voulant, selon la loi, s'abstenir de mettre à mort un condamné juif l'ont déféré au bras séculier, c'est ce que pratiquent, avec la même hypocrisie de dévotion, les juges ecclésiastiques, mais la foule, animée par les Pharisiens, a crié « Crucifie-le ! » [91]. Ainsi *le drame de la croix* se trouve reproduit par les *témoins fidèles du Christ* et c'est la réalité que la référence aux Evangiles révèle sous la pompe idolâtre qui, elle, n'a point de réalité.

Mais le Christ a été ressuscité et, selon les apôtres, il est les prémices de notre résurrection. Trois références à l'Ecriture manifestent ce triomphe des martyrs.

---

86. « Ceux qui ont constamment soustenu la vérité iusques à la fin, portent le sambenit, c'est assavoir un certain habit jaune, ressemblant, hors mis les manches, à une saye d'armes, tout semé d'images noires de diables. Et en la teste une mitre haute de papier, à l'environ de laquelle est despeinct une homme bruslant sur un tas de bois, et force diables à l'entour attisans le feu... ». Montes : *Histoire de l'Inquisition d'Espagne, op. cit,* p. 130.

87. L'expression se trouve dans *Romains* VIII, 17 « *héritiers de Dieu,* et *cohéritiers* de Christ voire si nous souffrons avec Luy afin que nous soyons aussi glorifiez avec luy ».

88. Vers 554.

89. Cf. *Luc* XXII, 43.

90. Cf. *Matth.* XXVII, 28 et 29 : « Et l'ayans devestu, mirent sur lui un *manteau* d'escarlate, et plièrent une *couronne* d'espines et la mirent sur sa teste, et un *roseau* en sa main droite ».

91. Cf. *Marc* XV, 13 et 14 « Et iceux derechef crièrent : « Crucifie-le ». Et *Jean* XVIII, 13 : « Adonc Pilate leur dit : Prenez le vous et le jugez selon vostre loy. A donc les Juifs lui dirent : Ils ne nous est point loisible de mettre aucun à mort ».

Au vers 581 :
Dieu « receut en son sein les ames infinies
Qu'en secret, qu'en public trainoyent ces tragédies, »

La parabole du pauvre méprisé par le riche Lazare a fourni la formule de ce triomphe des justes [92].

Mieux même, d'un seul et même mouvement de grands personnages qui ont sacrifié leurs honneurs et leur vie pour se déclarer disciples du Christ marchent au supplice et entrent dans les cieux où leur place est préparée. L'*Apocalypse* permet à A. d'Aubigné d'affirmer que cette élite des Martyrs se retrouvera aux côtés du Christ pour juger, sans attendre le grand jour de la Résurrection [93].

Ainsi donc, à partir de la Parole, et d'ailleurs sous une forme empruntée au prophète David lui-même, A. d'Aubigné peut avertir solennellement les juges : David avait écrit : « Toute sorte de mort des bien-aimés de l'Eternel est prétieuse devant ses yeux [94] ». A. d'Aubigné reprend presque mot pour mot le verset de ce *Psaume* :

« Tremblez, juges, sachez que le juge des cieux
Tient de chacun des siens le sang très précieux. »
Et sans doute il a lu le commentaire de Calvin sur ce verset, ce qui l'amènera à imaginer ce tableau mystique : les anges recueillant les cendres des brûlés et Dieu lui-même gardant les larmes des martyrs en un vaisseau [95].

« Dieu à la fin, avait écrit Calvin, fera comparoistre combien nos ames lui sont chères. Comme quand auiourd'huy le sang innocent est espandu, et que les meschants contempteurs de Dieu s'eslevant furieusement, comme si après avoir vaincu Dieu ils faisoyent leurs triomphes ; que nous retenions fermes ceste doctrine, que la mort des fidèles... est

---

92. *Luc* XVI, 32. Or advint que le pauvre mourut, et fut porté des Anges *au sein d'Abraham*, et commentaire de Calvin : « Quod ad nomen spectat, tum sinus Abrahae quam Christi vocari potest ille portus qui a praesentis vitae navigatione fidelis excepit ». 45/410.
93. *Apocal.* XX, 4 : « Lors ie vei des sieges, sur lesquels, s'assirent des gens, et le jugement leur fut donné à sçavoir les ames des décolés pour le tesmoignage de Jésus et pour la Parole de Dieu : qui n'avoyent point adoré la beste ni son image et qui n'avoyent pas pris sa marque en leurs fronts et en leurs mains, lesquels vivroyent et regneroyent avec Christ mille ans » et le commentaire de Bullinger, op. cit., p. 772, 73-74.
94. *Ps.* CXVI/15.
95. Il y a là un thème fréquent dans l'iconographie : dans de nombreux retables du XIVe ou XVe siècles, les anges recueillent dans des coupes le sang qui jaillit des plaies du Christ.

précieuse devant Dieu : en sorte que mesmes après qu'ils sont morts il leur tend finalement la main, et démontre par exemples horribles, combien la cruauté de ceux qui affligent à tort les bons et les simples lui est en horreur. *Car s'il garde leurs larmes en un vaisseau comme par conte* : comment permettrait-il *que leur sang* s'esvanouist ? La prophétie d'Isaïe donc s'accomplira en son temps, qui est que la *Terre descouvrira ses sangs* » (*Ps.* LVI, 6-9) (*Isaïe* XXVI, v. 21).

Il y a dans ce commentaire de Calvin comme des amorces d'images ou de tableaux qui seront développés aux vers 667-670 et dans le mythe final des *Fers*.

On a beaucoup discuté sur la liaison des images et des mythes dans la Poésie d'A. d'Aubigné : elle n'est point linéaire, c'est un fait, et ne paraît pas en général logiquement ordonnée ; cependant, sans écarter définitivement d'autres conceptions, ne peut-on éclairer ici certaines liaisons *selon le sens,* je veux dire le *sens théologique* des événements humains et suivant les rapports que les textes bibliques entretiennent entre eux ? Rapports et liens que prédicateurs et théologiens ont créés, bien sûr, pour répondre aux angoisses des fidèles, actualiser la parole de Dieu, c'est-à-dire faire un acte prophétique, persuadés qu'ils étaient que, dans leur méditation, l'Esprit même présentait à leur pensée ces rapprochements, et que l'Ecriture doit être interprétée par elle-même.

Si maintenant nous examinons l'ensemble du texte qui dépeint *l'inquisition* en Espagne, il nous paraît difficile de la considérer comme une « pièce rapportée » selon l'hypothèse de l'édition Garnier Plattard [96]. Après avoir outré les grimaces et les déformations des juges iniques de la Grande Chambre, qui ont condamné les martyrs réformés et en particulier Anne du Bourg, martyr de la Justice, il était assez conforme à l'art de d'Aubigné et à l'esthétique baroque d'anéantir ces marionnettes grimaçantes en montrant dans un autre tribunal, plus odieux mais consacré de même aux condamnations pour hérésie des témoins du Christ, l'inanité, le néant des Juges-Pharisiens face à la réalité, à l'existence inattaquable de ceux qui sont co-héritiers du Christ. L'injustice triomphe, *mais* les juges sont des réprouvés, leurs visages, leurs corps en portent la marque ; les « hérétiques » vont être brûlés *mais* l'autodafé n'est qu'une sinistre farce et les martyrs représentent, aux yeux de Dieu, le saint mystère de la mort de Son Fils, le triomphe

---

96. Tome II, p. 144 (note).

réel et déjà acquis du Christ leur ouvre les parvis célestes. Les deux panneaux de ce dyptique, placés face à face et complémentaires, permettent de dominer à travers toute l'Europe les bûchers où les martyrs s'associent aux souffrances du Christ et, lorsque cette vision a été condensée en quatre vers calqués sur des versets bibliques [97], de développer une admirable vision mystique : la victoire de ces croyants.

Bible et floraison mystique des martyrs : vers 654 à 673.

Nous avions pensé, au début de notre étude, que cet admirable tableau mystique de la floraison des « cendres des brûlés » pouvait avoir été inspiré au « prophète huguenot » par un sermon de saint Bernard paraphrasant le *Cantique des Cantiques* (chap. II, 11 à 13)[98]. Il faut voir cela de plus près. L'origine du vers 654 est bien nette, c'est une sentence de Tertullien citée par Calvin dans son *Commentaire de l'épître aux Philippiens* : « hoc saltem tot martyrum cædibus fuisse profectum, ut totidem quasi sigillis evangelium cordibus nostris obsignaretur. Unde illud Tertulliani, eorum sanguinem semen esse ecclesiæ » [99]. Et si la vision mystique de saint Bernard est passée dans le poème des *Tragiques*, c'est par l'intermédiaire de Th. de Bèze qui, en 1586, publie les *Sermons sur les trois premiers chapitres du Cantique des Cantiques*. Après avoir expliqué que l'Eglise, tant qu'elle sera ici bas, connaîtra des saisons : un printemps, un été, un automne et un hiver, le prédicateur précise ce qu'est *le printemps de l'Eglise :* le temps où la parole est remise en honneur dans sa pureté, du temps de Josué, de Samuel, de David, de Salomon et, enfin, au moment de la Réforme [100], puis il évoque le *champ du Seigneur* « tout semé de fleurs jettans odeur iusques au ciel » : « Et qui sème ces fleurs, sinon le Seigneur, les envoyant d'en haut par sa

---

97. v. 635 : « Ceux qui portent du Christ en leurs membres la Croix
Ils la souffrent en chair... » cf. *Matth.* XVI, 24 « Lors Jésus dit à ses disciples : Si quelqu'un veut venir après moi, qu'il renonce à soi-mesme, et charge sur soi sa croix et me suive ». C'est le thème central du *Traité des scandales* de Calvin.
v. 637-638 : « Les orgueilleux blasphèmes
Blessent l'Agneau lié plus fort que la mort mesme. »
C'est la célèbre image d'*Esaïe* LIII, 7 : « Il a esté mené à la tuerie comme un agneau, et comme une brebis muette devant celui qui la tond, voire n'a-t-il pas ouvert la bouche ». C'est ce passage que Philippe explique à l'eunuque (*Actes* VIII, 32) en lui annonçant Jésus-Christ.
98. Cf. : *Saint-Bernard, un itinéraire de retour à Dieu ;* textes choisis et présentés par E. Gilson, *op. cit*, p. 163-164.
99. C.O. LII/11.
100. « Ce printemps donc a esté renvoyé du ciel ayant le Seigneur suscité de nostre temps ces grands personnages au saint ministère de sa parole, et d'aultre part, colloqué ès sieges des magistrats, des Ezechias et des Josias qui ont puissamment destruit les nouveaux Baalins et Astarots » (p. 402).

parole très précieuse ? » ceci grâce aux apôtres et évangélistes « très
diligens planteurs et semeurs, par lesquels le parterre de ce monde
[a été] défriché et transformé en un nouveau paradis »... [101].

Th. de Bèze a cité les *Psaumes* I v. 3[102] et XCII 14 pour évoquer les
sources d'eaux mystiques qui nourrissent cette floraison : « ce sont les
eaux qui sourdent en vie éternelle » *(Jean* IV, 14), « de l'eau, dist cest
Espoux, que je donne asçavoir qui a *ses sources d'en haut* lesquelles ce
soleil n'attire point de la terre, mais envoye en terre comme procedantes
de luy. De sorte qu'il est dit, *Ps.* CX/3 que l'Eglise vient à naître de la
rosée de cest amour, et *Matth.* V/7 asçavoir renée de l'eau d'en haut,
qui est l'Esprit de Dieu ».

Il est intéressant de relier le tableau mystique recréé par d'Aubigné
et cette source : le texte de saint Bernard est tout céleste, il nous introduit à la contemplation mystique de l'amour pur, le sermon de Th. de
Bèze évoque à partir du *Cantique des Cantiques,* interprété de façon
mystique, *le renouveau de l'Eglise,* son *printemps terrestre,* « les parvis
de Sion florissante » ne sont pas ici les jardins mystérieux du Royaume
mais le « labourage de Dieu » comme dit Th. de Bèze, le champ que
constitue l'Eglise régénérée. Il s'agit bien de la propagation de la foi,
de la vie de l'Eglise en ce monde. Cependant, à cause du *Ps.* XCII, la
la floraison dans les parvis célestes n'est pas écartée ; ce double sens enrichit la poésie du texte et prête une profondeur mystérieuse à ce paysage
à la fois spirituel et réel où un air vif et embaumé circule : le témoignage des rachetés répondant à la grâce, à l'eau vive qui les fait croître.
Mais c'est dans un second temps, après que le témoignage des martyrs
aura fait lever d'amples moissons de croyants en ce monde qu'ils se
lèveront, au dernier jour, pour confondre leurs juges.

A partir du vers 667, en effet, le thème du *Psaume* CXVI/15 reparaît :

> « Toute sorte de mort des bien aimés de l'Eternel est prétieuse
> devant ses yeux. »

---

101. Th. de Bèze. *Sermons sur le Cantique des Cantiques,* p. 404.
102. « Car il sera comme l'arbre planté auprès des ruisseaux des eaux. *Ps.* 1, 3.
« Ceux qui sont plantés en la maison du Seigneur fleurissent ès parvis de nostre
Dieu » *Ps.* XCII/14, la traduction du Psautier due à Bèze est très près du texte :
  « Bref les heureux plants
De la maison de Dieu
Seront au beau milieu
Des parvis florissants ».

Il est développé par le verset 9 du *Psaume* LVI [103] et par une citation de l'*Apocalypse* [104] qui indique très précisément le début du *Jugement dernier*.

Le Jugement dernier — Renversement des puissances impies et terme de l'histoire.

Le thème qui réapparaît ici n'est pas exactement celui de la vision qui ouvre le chant III : « Dieu dans le rayonnement de la lumière céleste tenant le siège de sa justice ». Pourtant, c'est bien vers le jugement dernier qu'A. d'Aubigné tourne les yeux des juges, mais il est présenté ici non comme une vision céleste mais comme le terme de l'histoire, le moment où la réalité de chaque vie sera révélée. Pris dans le courant de leur histoire individuelle et de l'histoire collective, ils sont entraînés invinciblement vers ce terme du temps, ils y arriveront chargés des événements et des décisions dont ils sont responsables. Alors les juges jugés découvriront la réalité de la Cour suprême dont ils n'ont offert au monde que la caricature. Mais le thème n'est qu'indiqué car il sera amplement repris et développé d'après les visions de l'*Apocalypse* au dernier chant. Il n'est pour le moment qu'un terrible avertissement.

Les signes du Jugement dans l'Histoire. Le cortège des Juges fidèles.

Le temps de la vue n'est pas encore là, A. d'Aubigné et ses contemporains vivent encore au temps de la foi, où la réalité dernière ne se manifeste que par des signes [105], que la Parole authentifie ; c'est pourquoi, sans doute, l'émeute populaire qui doit tirer vengeance des mauvais juges et des inquisiteurs est présentée au travers du sanglant épisode d'Elie qui fit mettre à mort les prophètes de Baal [106], mais la réminiscence ne semble pas très précise.

---

103. « mets nos larmes en ta phiole : ne sont-elles pas en ton registre » ? Trad. de 1588 : « mets mes larmes en ton ouaire » (outre).

104. *Apocal.* XX.13 « Et la mer rendit les morts qui estoyent en elle, et la mort et enfer rendirent les morts qui estoyent en eux : et fut fait jugement de chacun selon leurs œuvres ».
Vers 671-72 : « Les quatre parts du monde et la terre et la mer
Rendront compte des morts qui lui plaira nommer ».

105. Mais ces signes restent invisibles aux réprouvés - d'où le vers 684 qui renvoie par exemple à *Ezéchiel* XII, 2. Cf. C.O. 39/129 : « illa est horribilis caecitas quae cernitur in omnibus reprobis quorum mentes fascinavit diabolus ».

106. Vers 691-692. Garnier de son propre chef a isolé entre parenthèses le « souvenir biblique ». Les éditions A et B et le manuscrit n'ont pas même une virgule après Babel. Il semble donc que l'allusion biblique soit intimement mêlée à un épisode plus moderne « les prestres de Babel » peut signifier simplement les prestres idolâtres c'est à dire les prêtres catholiques, et on peut penser à une émeute au cours de laquelle des responsables de l'Inquisition auraient trouvé la mort, par exemple à l'assassinat du légat du Pape en pays cathare, en 1209.

Le long cortège des juges intègres peut être calqué sur des listes bibliques (liste généalogique des patriarches ou, dans l'*épître aux Hébreux*, liste de ceux qui ont agi par la foi). En fait, ce défilé n'offre rien de très original, on trouve dans les pamphlets du temps de longues listes de bons rois ou des protecteurs des fidèles opposés aux rois ou aux persécuteurs de l'Eglise.

Mais ce catalogue doit servir d'avertissement aux juges iniques, car il met devant leurs yeux les exemples de ceux qui ont répondu à la vocation divine.

La loy de Dieu est l'emblème de Thémis. Elle offre un double aspect : loi inscrite dans le cœur des Gentils pour ceux qui sont « sans loi », loi écrite sur les tables de Moyse pour les Juifs [107]. C'est pourquoi ce cortège unit aux justes juges des Hébreux, les Grecs, les Romains ou les Druides.

Les personnages choisis dans la Bible illustrent les grandes périodes de l'histoire hébraïque :

Moyse, témoin et garant de l'Alliance dont la loi constitue le pacte ; Juge et vengeur car il met à mort des idolâtres.

Phinéas, qui, dans un geste de colère inspirée (il transperça de sa lance un Israélite qui forniquait avec une Madianite), détourna la colère de Dieu et fit cesser la peste qui frappait le camp des Hébreux ; il conjura ainsi une rupture du pacte de l'alliance.

Puis viennent 3 *Juges* à la fois chefs de guerre et magistrats : *Josué, Jephté, Samuel.*

Les deux rois les plus prestigieux de l'histoire juive :

David [108]

---

107. D'après le chapitre II de l'*Epitre aux Romains,* cité par Calvin : « Ceste loy a esté receüe des hommes, sans que iamais ils eussent entendu que Moyse eust parlé. Car ce faict nostre Seigneur a imprimé au cœur des hommes ce qu'il a mis par escrit en son peuple ». O.C. 27/568.

108. David « gueres loin de la teste » v. 721 : cette définition est à rapprocher des éminentes qualités que souligne Calvin : « Ayant donc reçu des graces si excellentes de Dieu, ayant esté un miroir de toute perfection... ».

Salomon dont le jugement est universellement célèbre, jugement qui, selon Calvin, a manifesté « la sagesse de Dieu qui estoit en luy à faire jugement » [109].

3 Rois aux prises avec les invasions étrangères et l'idolâtrie :

Josaphat - Ezechie - Josias [110].

3 Conducteurs de peuple et prophètes qui ont rétabli l'Alliance après l'exil ou vaincu l'idolâtrie : *Néhemias - Esdras - Daniel.* [111]

Tous ces personnages ont défendu l'Alliance et lutté vigoureusement contre l'idolâtrie, l'aspect religieux de leur justice est bien ce qui a guidé le choix d'A. d'Aubigné ; un seul paraît contestable sur ce point : Salomon qui, entretenant un harem considérable, peuplé d'étrangers qui avaient gardé leur culte, favorisa l'idolâtrie. Mais il était lui-même un gage de l'alliance divine, et la figure du Messie [112].

Les visions prophétiques inspirées d'Ezéchiel :

Une troupe peinte également au plafond de la Chambre Dorée contraste avec « le triomphe sainct de la sage Thémis ». Ce sont les victimes des juges iniques condamnées et exécutées. On voit mal comment ces morts ensevelis dans leur suaire pourraient avoir des visions prophétiques mais peut-être A. d'Aubigné a-t-il fondu deux visions d'*Ezéchiel*, celle du chapitre XXXVII : la vision des ossements desséchés qui ressuscitent à la voix du prophète, que le vers 824 indiquerait, et la vision des quatre animaux associés à un char de feu supportant un trône qu'*Ezéchiel*, en déportation, vit sur les bords du fleuve Kébar [113].

A. d'Aubigné suit de très près le texte biblique, il recopie, pour ainsi dire les principaux faits de la vision :

---

109. I *Rois* III. 28.
110. Cf. Lettre de Jeanne d'Albret au Cardinal d'Armagnac (citée au chap. I, p. 12).
111. Cf. *Commentaire de Calvin sur Amos :* « Jeremias, Daniel, Esra, Nehemias, Sidrach, Misach et Abed nego erant certe quasi angeli inter homines. Deinde hoc fuit instar miraculi, quod inter tot impietates tamen steterint integri ».
112. Cf. II *Samuel* VII, 12 à 14.
113. Voir *Ezéchiel* I, 4 à 28.

Vers 826 - *Un throsne dans les nues,*

Ezéchiel 1/26 : « et sur ceste estendue qui estoit sur leurs testes estoit la similitude d'un throsne.

Vers 827 - *en gloire appareillé,*

Ezéchiel 1/28 :« c'estoit la vision de la similitude et de la gloire du Seigneur. »

Vers 828 - *un regard de Hasmal,*

4, « d'entre le feu issoit comme le regard de Hasmal,

Vers 829 - *des quatre coins sortoyent comme formes nouvelles*

5, d'iceluy sortoit une figure de quatre bestes : et telle estoit leur forme, elles avoient similitude d'hommes .

Vers 830 - *d'animaux, qui portaient 4 faces, 4 ailes ;*

6, et chacune avoit quatre faces et chacune quatre ailes.

Vers 831 - *Leurs pieds estoient piliers, leurs mains prestes sortoyent ;*

versets 7 et 8 : Et leurs pieds estoyent pieds droits
et mains d'hommes sortoyent de dessous leurs ailes.

Vers 832 - *Leurs fronts d'airain poli quatre espèces portoyent,*
tournans en quatre endroits semblances comme
De l'Aigle, du Taureau, du Lion et de l'Homme :

10, « Et la ressemblance de leurs face estoit la face d'un homme, et la face d'un lion à la main droite des quatre, et la face d'un bœuf à la gauche des quatre, ensemble la face d'un aigle à tous les quatre. »

Vers 835 - *Effrayants animaux qui, de toutes les parts*
Où en charbon de feu
ils lançoyent leurs regards,

13, « et leur regard estoit comme le charbon de feu ardent, et comme le regard de lampes. »

Repartoyent comme esclairs sans destourner la face,
Et foudroyoyent au loin sans partir d'une place.

14, « Et les bestes alloyent courant et retournoyent comme espèce d'esclairs. »

L'imitation est rigoureuse, la seule différence c'est qu'*Ezéchiel* découvre en dernier lieu le trône et sur le trône « comme la semblance d'un homme ».

A. d'Aubigné met le trône au centre de la vision, il symbolise la Justice de Dieu, et les quatre animaux représentent alors à la fois la *connaissance* et la *force* de Dieu. Toutes les directions, tous les pouvoirs vitesse, fécondité, force, intelligence leur appartiennent, ainsi les juges iniques seront pénétrés par le feu du regard divin et cernés de toutes parts.

Cependant l'imitation littérale du texte d'*Ezéchiel* pose une question. A. d'Aubigné a pour ainsi dire introduit dans son poème un *texte prophétique pur,* comme un joyau serti dans un travail d'orfèvre. Quelle en est la raison ? Ne serait-ce pas qu'il voit dans ce texte, d'une extrême puissance imaginaire et très difficile à pénétrer, comme un bloc mystérieux recélant une force quasi magique ? L'apparition de ce trône d'où jaillissent des flammes et tous les symboles de la connaissance et de la puissance constitue à elle seule la force explosive qui fait éclater les murs, les tours, l'appareil judiciaire et les arrêts rendus. Nous avons ici un bon exemple de la prophétie biblique respectée dans sa lettre, considérée comme une flamme brûlante.

Le trône judicial de Dieu

Mais cette vision provoque un nouvel élan prophétique chez le poète lui-même qui va, à son tour, imaginer le siège judicial de Dieu et la cérémonie d'inauguration des « *grands jours divins* ».

La description précise du trône de Salomon [114] au premier livre des Rois permet à d'Aubigné de figurer la majesté quasi inconcevable du trône de Dieu et la puissance de Sa Justice aussi prompte que Sa pensée. Le vers 844 reprend le vers 10 de la *Chambre Dorée : les lions* ont remplacé les « légions d'anges » mais ces lions sont les symboles de la force surnaturelle, c'est la même réalité perçue à travers un symbole différent. A cette vue, la bande des opprimés, des innocents massacrés, se transforme, elle devient l'assistance joyeuse qui applaudit la venue du Grand Juge.

Ce qu'il y a d'original, semble-t-il, dans cette vision de Dieu « en majesté » c'est que le trône est un chariot, sur lequel le Juge a pris place, ce Juge étant une gloire flamboyante, selon la vision d'*Ezéchiel* [115]. Il s'avance, et la foule qui fait appel des jugements iniques

---

114. Cf. I *Rois* X, 18-20. Salomon est figure du Christ, comme Calvin le souligne plusieurs fois.
115. *Ezéchiel* I/27. « Et vi comme le regard de Hasmal, comme espèce de feu par dedans iceluy à l'environ... et avoit splendeur à l'entour.
28. Comme le regard [c'est-à-dire l'aspect] de l'arc, qui se fait en la nuée au jour de pluye, tel estoit le regard de sa splendeur à l'environ ».

marche sous cette splendeur triomphale. M. Raymond a souligné que
l'art d'A. d'Aubigné se distinguait des visions de l'*Apocalypse* « immobile sur un fond d'or byzantin ». Il est vrai, mais d'autres textes bibliques montrent la gloire flamboyante de Dieu en mouvement, comme
la vision d'*Ezéchiel* qui domine tout ce passage ou comme le *Psaume*
xcxvii où Dieu est présenté venant dans la nuée pour juger la
terre :

> « le feu chemine devant lui et embrase tout autour ses adver-
> saires.
> Les esclairs reluisent par le monde, et la terre les voyant en
> tremble. »

Von Rad donne de ces descriptions théophaniques une explication
très remarquable :

> « La plus grande beauté, écrit-il, précédant toute beauté de la
> créature, se manifesterait dans l'abaissement de Yahvé *au sein de l'exis-
> tence historique d'Israël.* C'est ce qu'expriment au premier chef les
> descriptions théophaniques auxquelles s'est complu Israël, dès les temps
> les plus reculés et jusqu'aux psaumes les plus récents, et qui contiennent
> les expressions esthétiques les plus intenses de tout l'Ancien Testa-
> ment » [116].

Il ajoute : « même ces phénomènes redoutables (nuée, tremblement de terre, montagnes qui se brisent) participent de la plus grande
gloire. C'est ainsi que Yahvé apparaît *pour secourir son peuple.* Lors
même qu'il paraît pour le jugement dans « l'éclat de sa majesté »,
pour faire mordre la poussière à l'orgueil humain, l'œil des prophètes
s'attache avec ravissement à cette révélation de lui-même que Yahvé
leur accorde » [117].

C'est bien ce qu'a saisi d'Aubigné ce qu'il a voulu exprimer dans
le contexte *épique* que nous avons essayé de caractériser au chapitre 1,
et dans ce chapitre-ci : Dieu, monté sur un char de guerre est un
juge combattant entouré de foudres et de feux, peu au-dessus de l'armée
des témoins fidèles qu'il défend et qu'il venge. *Il s'abaisse dans l'histoire,* qui est mouvement, avant qu'elle soit récapitulée, dans une scène
statique, aux derniers jours. L'art d'A. d'Aubigné n'est point un jeu
formel, il est pénétré d'un sens prophétique.

---

116. G. von Rad. *Théologie de l'A.T.* t. I, p. 316, un grand nombre de textes
sont cités en note.
117. Ibid., p. 317.

Le châtiment des juges : vers 871-874.

Plusieurs textes bibliques qui tous annoncent la même réalité du salut pour les pauvres et les opprimés ont fourni le schéma du châtiment des Juges.

> ... « la haute Majesté
> Les meine aux prisonniers cercher la liberté,
> Du pain aux confisqués, aux bannis la patrie,
> L'honneur aux diffamés, aux condamnés la vie ».

c'est le thème du *Cantique d'Anne* [118] ; il reparaît au chap. LXI d'*Esaïe :* « l'esprit du Seigneur est sur moi, car il m'a oint : il m'a envoyé pour porter la bonne nouvelle aux affligés... pour publier aux captifs la délivrance et aux prisonniers l'ouverture de la prison ». C'est le grand renversement de l'ordre du monde par la grâce toute puissante qui reparaît aussi dans le Magnificat

> « les affamés il a fourni de nourriture » [119].

« Dieu », dit Calvin, commentant *Esaïe,* « ne peut délivrer son Eglise sans se montrer juste juge et faire vengeance des Infidèles » [120].

Ce nouvel *ordre de la grâce* détruira les corruptions dénoncées par le Christ, si bien qu'on trouve, mais inversée, aux vers 881-882, la parole du Christ : « Il est escrit : Ma maison sera appelée maison de prière ; mais vous en avez fait une caverne de brigands » [121].

Mais cette restauration de la Justice s'opère par la force, le *chariot* de Thémis est un char de guerre qui broie les ennemis comme le chariot dont *Amos* menace les chefs d'Israël corrompus ; il y a sans doute ici une reprise de la vision d'*Ezéchiel* reproduite par A. d'Aubigné à partir du vers 828. Les Chérubins surmontaient les roues du char de feu portant le trône divin et guidaient ces roues. Leur puissance invincible est rappelée ; n'ont-ils pas anéanti l'armée victorieuse d'Assur qui cernait Jérusalem ? [122]. Cette Justice qui n'écrase que les

---

118. Voir I *Samuel* II, 4 à 7 ; il a déjà été utilisé aux vers 20-22 de ce même chant.

119. *Cantique de la Bienheureuse Vierge Marie.* Trad. de Th. de Bèze.

120. Calvin. *Commentaire sur le Prophète Isaïe,* p. 808.

121. *Matth.* XXI, 13 - *Marc* XI, 17, etc.

122. Cf. vers 898, 899 et II *Rois* XIX, 15 et 35. Le texte biblique dit simplement : « advint ceste nuit-la que l'ange du Seigneur sortit et tua 185 000 hommes es pavillons d'Assur » mais Ezéchias avait invoqué au verset 15, le Seigneur *assis sur les Chérubins.*

juges iniques et vénaux restaure les lois fondamentales de l'Alliance [123] :
elle soutient la veuve et l'orphelin, la violence sanglante n'est qu'une
remise en ordre, voulue par Dieu, exécutée par ses Anges.

*Elisabeth exemple de la grâce divine, modèle de Justice : Déborah
d'Israël.*

Tout le passage consacré à Elisabeth se donne comme une prophétie « dictée par l'Esprit » et plusieurs *thèmes bibliques* vont être utilisés
pour montrer *la main de Dieu* dirigeant le destin de la Reine.

a) *La Grâce en elle a précédé la Justice* — et, par là, elle peut
être symbole du peuple élu qui a été délivré « à main forte et à bras
étendu » puis qui a répondu à l'Alliance de grâce en vivant selon la
Justice. Elle a choisi le martyr et sacrifié sa vie par avance, ainsi elle
peut entrer dans cette 'longue série des « témoins de la foi » qu'énumère
l'épître aux Hébreux.

Il est sûr que cette « prophétie » a un caractère polémique nettement marqué, car Henri IV, élu de Dieu, amené par Sa main au trône
de France, miraculeusement délivré n'a pas choisi la voie de la grâce,
n'a pas « gardé son âme » mais s'est livré aux ambitions et aux
funestes calculs politiques [124]. *Débora arrivée au terme de sa vie* [125]
tient ici la place de *Gédéon* [126] qui a trahi sa vocation première.

Elisabeth pour avoir constamment reconnu la main de Dieu dans
sa vie a été l'objet d'une bénédiction continue qui s'exprime par des
images bibliques rappelant la délivrance d'Israël :

« Cet œil vit les dangers, *sa main porta le faix* » reproduit le
Psaume LXXXI/7 « J'ai soustrait ses espaules de la charge » [127]

---

123. Cf. vers 908 et le précepte du *Lévitique* XIX, 36 : « Vous aurez les
balances justes, les poids justes... je suis le Seigneur vostre Dieu qui vous ay
retirés de la terre d'Egypte ».
124. Une lettre d'Elisabeth à son « cousin » au moment de l'abjuration
d'Henri IV repose tout entière sur ce thème ; même si elle n'est pas authentique
elle exprime la conviction d'A. d'Aubigné et du parti huguenot (Copie dans
Archives Tronchin 143, pièce n° 8).
125. Tout ce texte est évidemment une addition au chant primitif, comme le
prouvent les vers 943 à 952 qui servent à l'introduire et qui ne figurent ni dans
l'édition princeps ni dans le corps du manuscrit Tronchin.
126. Voir chap. I et IV.
127. Traduction du Psautier : « De dessus son dos
    La charge ai ostée. »

Le prophète huguenot va beaucoup plus loin dans l'éloge, il affirme que le Saint-Esprit lui a donné ce don des langues que les Apôtres reçurent à la Pentecôte et qui marque le début du témoignage de l'Eglise [128], n'est-elle pas le chef de l'Eglise anglaise ?

« Tu marcheras sur le lion, l'aspic, et fouleras le lionceau » est-il dit au *Psaume* XCI/13. L'image [129] rappelle à la fois les périls que Dieu a écartés de la route d'Elisabeth et la fidélité de ses capitaines, redoutables à ses ennemis, mais surtout elle ramène le *thème des lions* du trône de Salomon (vers 840), les lions vivants du trône de Dieu, c'est-à-dire le symbole de la force au service de la justice. Et la « tendre humilité » des lions est évidemment une grâce surnaturelle. Le nom d'une héroïne biblique résume cet éloge : *Déborah* ; il convient à celle que Bèze appelait *verae religionis invicta propugnatrix* en lui dédiant son commentaire sur *Job,* mais on n'a peut-être pas remarqué la pointe polémique de ce nom légendaire : *Déborah* a marché au combat avec Barac, mais les principaux chefs des tribus avaient renoncé à se battre contre les Chananéens et Calvin remarque soigneusement que le don prophétique de *Déborah* comme sa victoire sont une honte pour les chefs qui ont trahi [130].

Le final du chant : une prière prophétique.

Du vers 1011 au vers 1054, A. d'Aubigné lance à la face des juges qui refusent de se repentir un Psaume de David, le *Psaume* LVIII dont la forme, le rythme sont soigneusement conservés.

Il s'agit d'un *acte prophétique.* Sans doute les juges pervers n'écoutent pas [131] mais justement le Seigneur a envoyé plus d'un prophète aux rebelles que sa Parole doit endurcir. C'est le mystère de la grâce offerte à laquelle répond la rebellion. A. d'Aubigné a conscience de prononcer une *parole de jugement* et de traduire ainsi les juges criminels devant le tribunal céleste que le prologue a dépeint. Volontairement il reprend le *psaume* de David qu'il paraphrase en respectant sa forme : ainsi le tranchant du glaive ne sera pas émoussé. Dans l'Ancien Testament il arrive souvent qu'un prophète reprenne une

---

128. Vers 966-67.
129. Cf. vers 972.
130. C.O. 40/228, « mais quand Débora et Otda ont fait office de prophétesses, il n'y a point de doute que Dieu ne les ait voulu eslever, pour faire honte aux hommes et leur montrer obliquement leur lascheté ».
131. Vers 1006. « Vous ne m'écoutez plus, stupides endormis ! » Cf. *Esaïe* VI, 10 ; *Amos* IV.

parole ancienne ou une sentence proverbiale et la *darde* contre ceux que l'Esprit de Dieu doit atteindre. Dans cette actualisation de la Parole il accomplit sa mission prophétique.

Le fils d'Adam du vers 1012 est la transcription exacte du *bené 'Adâm* qui termine le verset 2 du *psaume* hébraïque, l'exactitude littérale de certaines formules caractérise toute la transcription. A. d'Aubigné ne s'est pas astreint à une traduction littérale, car il se réserve le droit d'adapter tel ou tel détail, et il amplifie chaque verset, mais, gardant le rythme et certaines formules typiquement hébraïques, il donne l'impression de lancer l'anathème même de David, devant lequel il s'efface en quelque sorte.

Voici par exemple la traduction littérale du verset 4 :

« Ils se sont détournés les méchants dès le ventre / ils ont erré dès le sein maternel les diseurs de mensonge ».

Comparons les vers 1019 à 1023 :

« Vos mères ont conceu en l'impure matrice,
Puis avorté de vous tout d'un coup et du vice.
Le mensonge qui fut vostre laict au berceau
Vous nourrit en jeunesse et abeche au tombeau ».

C'est une amplification mais elle garde les détails très charnels du texte ainsi qu'un certain parallélisme. Certains traits sont transcrits beaucoup plus fidèlement, ainsi l'image de l'aspic qui s'*estouppe l'oreille* :

Leur venin est comme... « celui d'un aspic sourd qui bouche son oreille » dit le texte. « *Estoupi* » figure dans la traduction de 1563.

« Dieu brise leurs dents dans leur bouche » s'écrie le psalmiste [132], « casse les mâchoires des lionceaux Seigneur ! » A. d'Aubigné, enrichissant le texte à l'aide du *Psaume* II, 9 :

« tu les casseras d'un sceptre de fer » [133] compose ces vers très

---

132. A. d'Aubigné alourdit la malédiction de détails répugnants qu'on trouve dans des pamphlets contemporains : « puante bouche » est très souvent appliqué à l'Antechrist. Voir Ch. Léonard. *Le Magnificat du Pape et de Sainte Eglise Romaine*, p. 29 et 30.
133. En note (Bible 1563) : ou bâton ou *verge*.

proches du texte original :

> « A ce troupeau, Seigneur, qui l'oreille se bouche,
> Brise leurs grosses dents en leur puante bouche ;
> Pren ta verge de fer, fracasse [134] de tes fleaux
> La mâchoire fumante à ces fiers lionceaux ».

C'est seulement aux vers 1043-1046 de ce *Psaume* qu'A. d'Aubigné semble abandonner le texte hébraïque. En fait ici, suivant la méthode qu'il utilisera constamment dans les *Méditations,* il introduit la substance de deux versets empruntés à Esaïe x, 16-17 :

> « Et la lumière d'Israël sera un feu, et son saint comme une flamme, laquelle ardra et consumera les espines et les ronces d'iceluy tout en un jour » [135].

Le vers 1050 évoque une attitude qui a frappé A. d'Aubigné [136], c'est une nouvelle façon contemporaine de faire de ce *Psaume* ancien une prophétie qui doit agir sur la réalité la plus actuelle et hâter la venue de Dieu justicier. D'ailleurs A. d'Aubigné qui s'était effacé devant le Roi-prophète rassemble autour de lui les fidèles opprimés et cette communauté, inspirée par l'Esprit, prononce la prière communautaire de l'*Apocalypse* : « Et l'Esprit et l'Espouse, disent, Vien ». Mais, d'après les notes de la Bible que lit A. d'Aubigné, il s'agit bien d'invoquer le Dieu qui vient en Jugement pour délivrer les siens et exécuter la vengeance.

Le chant se termine sur l'attente d'une délivrance au travers de la grande bataille apocalyptique. Le thème fondamental du Jugement de Dieu n'a cessé, dans tout le cours du chant, de transformer la chronique et l'observation satirique en visions épiques, toutes ces scènes humaines étant entraînées dans l'ample mouvement qui projette l'histoire vers son terme, qui présente, au Dieu-Justicier qui descend, les plaies de ce monde et les meurtrissures de Son Eglise.

---

134. *Fracasse* est la bonne leçon, très visible sur le manuscrit Tronchin.
135. Note de la Bible de 1563 à propos du verset 16 :
« Le Seigneur... envoyera la maigresse sur ses gras :
« elle les destruira de fons en comble, comme qui brusleroit la racine d'un arbre pour le faire sécher ».
136. Cf. *Misères,* v. 86 et la gravure de Tortorel et Perissin illustrant les supplices d'Amboise et le geste du Sr. de Villemongis.

Résumons les principaux résultats de cette étude :

1) La Bible est utilisée dans la *Chambre Dorée* pour mener un combat et anéantir les prétentions royales, celles des Parlementaires parisiens à rendre une justice omnisciente et sans passion, restauratrice de la Paix. A. d'Aubigné en contemplant Dieu Tout-voyant et Tout-puissant, assis sur son siège judicial révèle le néant de ces institutions pompeuses, il abat des idoles. Il montre même le Christ à nouveau supplicié dans les victimes de l'Inquisition.

2) A. d'Aubigné sert la Parole, il ne la soumet pas à son imagination créatrice. Les théologiens de son temps sont ses guides. Calvin, Bèze lui fournissent des thèmes, plus encore, ils le guident dans le choix des textes bibliques qui viennent développer ou compléter un texte initial, c'est-à-dire dans la construction de certains tableaux ou la structure de visions célestes dont le sens est très important, ainsi que dans l'enchaînement des images. Il est intéressant de souligner que les notes de la Bible de 1563, rédigées à partir des commentaires de Calvin, ont souvent fourni à A. d'Aubigné un mot, une image.

Mais A. d'Aubigné reste libre ; la tradition, si neuve encore, de l'interprétation des Réformateurs ne bride pas son invention poétique : ainsi il attribue aux Anges un rôle d'intercesseurs que Calvin ne leur eût pas reconnu, et quand il évoque la floraison des martyrs, il paraît nettement plus mystique qu'un Bèze. Surtout il crée des images, des tableaux, des visions, et souvent il transforme un énoncé théologique en vision de lumière, en un tableau structuré suivant le sens. Le commentaire de la Bible, toujours clair chez Calvin, mais souvent lent et assez abstrait, est transmué en gestes de Dieu, en actes, en symboles visibles.

3) *La Chambre Dorée,* plus qu'un autre chant, semble-t-il, fournit toute une gamme d'imitations bibliques, et de procédés très variés dans ces imitations. Tantôt un texte précis ordonne une vision céleste, et les passages qui éclairent ce texte initial dans les Commentaires théologiques permettent au tableau de se préciser, de s'amplifier sans qu'on perde jamais de vue le centre. Tantôt une représentation initiale statique devient mouvante, ou bien une prophétie jaillit de la vision à la suite d'un rapprochement de textes différents.

Des allégories morales, figées par la tradition de la sculpture médiévale, se trouvent renouvelées et reprennent une vie intense à cause d'une vérité spirituelle étroitement rattachée à l'enseignement biblique.

Un spectacle humain comme la procession des condamnés de l'Inquisition, à cause de détails symboliques, tirés des évangiles, laisse voir une autre réalité qui manifeste sa vérité aux yeux de Dieu.

Un personnage royal peut aussi, à travers les événements de sa vie dont la Bible révèle le sens par analogie, se trouver magnifié, élevé au rang des héros d'Israël.

Parfois encore, un texte prophétique brut, inséré dans le poème, donc dans la chronique actuelle, prête à la parole du poète-prophète une densité et comme une force mystérieuse propre à faire voler en éclats l'ordre humain, les réputations mensongères, les usages vénérables qui couvrent l'iniquité.

A. d'Aubigné ne néglige pas les séries des juges fidèles, ces exemples sans cesse repris dans les pamphlets du temps, le défilé des « Maîtres de Justice » en est la preuve ; David surtout, combattant-élu et justicier vraiment inspiré, lui fournit une figure admirable, une représentation précise du souverain Juge ; la prédication et l'attente des prophètes se retrouvent dans ce passage de l'histoire au surnaturel.

Mais toutes ces visions, ces épisodes que la Parole pénètre et transforme aboutissent à la liturgie finale, où le poète, laissant parler David, lance contre les juges aveuglés l'anathème que Dieu même profère. La Parole biblique devient alors ce glaive à deux tranchants qui, au moment où la patience de Dieu prend fin, où le jugement va fondre sur ceux qui font la guerre à Dieu, à l'heure du combat eschatologique, tue et fait vivre, sépare les élus des réprouvés.

L'imitation ou, pour mieux dire, la présence constante de la Bible dans la *Chambre Dorée* contribue largement à transformer la polémique et la satire en mouvement épique, à faire sentir que l'histoire est en marche, et que victimes et bourreaux, scènes où la Justice est parodiée, supplices iniques sont entraînés vers les Grands Jours de Dieu, présentés par la voix prophétique au Justicier qui descend pour visiter la terre.

CHAPITRE IX

SENS ET UTILISATION
DES THEMES BIBLIQUES
dans
LES FEUX ET LES FERS

Ces deux livres constituent le sommet épique des *Tragiques* : c'est là que l'on trouve, largement dégagée de la satire, la geste des martyrs et des combattants huguenots. Comme les deux volets d'un diptyque, ils sont très étroitement reliés : le *Prologue* des Fers assemble dans une même apothéose les martyrs et les troupes de combattants, et un unique personnage, l'Acteur souverain des confuses tragédies humaines, relie les deux séries de tableaux épiques : en un seul mouvement Dieu « saute de la terre en l'obscur de la nue », c'est la fin des *Feux* ; aussitôt IL fait rayonner le ciel d'heureux contentement et c'est la vision éclatante du Dieu en majesté, entouré des légions d'Anges, qui ouvre le livre des *Fers*. Enfin le mythe final des *Fers*, au cours duquel le dieu-Océan recueille en son sein les corps des victimes de la Saint-Barthélémy jusqu'au jour du Jugement dernier, n'est pas étranger au thème plusieurs fois repris dans les *Feux* : les éléments sont au service de Dieu et se refusent à torturer les martyrs [1].

De plus, au témoignage même de l'auteur, le style des deux livres est qualifié de *tragique*, ce qui, à notre avis, exprime ce que nous mettons dans le mot *épique*, style tendu et noble, approprié aux grands drames de l'histoire qui se jouent sous les yeux du Justicier céleste. Assurément le merveilleux biblique constitue l'ornement le plus caractéristique de ce style élevé mais surtout, puisque A. d'Aubigné témoigne pour la vérité, qui est à ses yeux la Parole actualisée à nouveau dans tous ces drames individuels ou collectifs, l'action de Dieu miraculeusement révélée au plus fort de l'épreuve, les thèmes bibliques serviront dans ces récits

---

1. Voir en particulier l'épisode du paumier d'Avignon. *Les Feux*, v. 391-426.

à donner aux exemples que fournit la chronique leur signification mystique, à dévoiler leur sens véritable. Il paraît donc nécessaire d'étudier de près :

1° La vision du prologue des *Feux,* largement inspirée par *l'Apocalypse.*

2° Le rôle de la Bible, en particulier des références précises au *Nouveau Testament* dans la composition des tableaux qui dépeignent les martyrs.

3° La vision anthropomorphique du Tout-Puissant en courroux dans laquelle les *Psaumes* sont utilisés.

4° Les épisodes de l'histoire d'Israël qui relient entre elles les évocations des combats et des massacres dans les *Fers.*

5° Le caractère très particulier du mythe final des *Fers* qui allie mythologie païenne et théologie biblique mais « démythise » le dieu-Océan, pour faire de lui une simple créature.

THÈMES BIBLIQUES DANS LES FEUX ET LES FERS

1. LE PROLOGUE DES FEUX — LES SOURCES — LE SENS SYMBOLIQUE DE LA VISION

Le caractère épique de la vision qui ouvre le livre IV ne saurait être contesté. Il s'agit du triomphe définitif du Lion de Juda [2] et le thème conducteur de cette vision est sans aucun doute celui du *combat eschatologique* que le *chapitre* XIX de *l'Apocalypse* évoque avec puissance :

« Puy je vei le ciel ouvert, et voici *un cheval blanc,* et celuy qui estoit assis dessus estoit appelé *Fidèle* et *véritable,* lequel juge et bataille jutement...
» Il estoit vestu d'une robbe teinte de sang, et son nom est la Parole de Dieu.
» Et les asmes [3] qui sont au ciel le suyvoient sur chevaux blancs, vestues de crespe blanc et net.

---

2. Et par là de l'accomplissement pour Israël de toute son histoire. Cf. *Gen.* XLIX, 9.
3. Note de la Bible de 1563 : « cette gendarmerie excellente signifie les esprits célestes et tous les fidèles lesquels en preschant et enseignant en l'Eglise du Seigneur ont bataillé contre le diable et l'Antéchrist ».

» Et en son vestement et   en sa cuisse il avoit escrit ce nom Le
Roy des Roys et le Seigneur des Seigneurs. » [4]

Cette vision du Christ combattant est aussitôt suivie dans le texte
biblique de celle d'un festin offert à tous les oiseaux du ciel qu'un Ange
invite à dévorer la chair des capitaines et des Rois, la chair des chevaux et de leurs cavaliers, car les armées de l'Antéchrist ont été totalement massacrées.

Mais le prophète huguenot ne s'en tient pas à cette vision [5] : il a
entrecroisé avec celui-là d'autres thèmes apocalyptiques ou prophétiques
qui lui permettent de reconnaître, dans les cohortes angéliques, les martyrs et les soldats qu'il veut glorifier.

En particulier il compose cette armée des âmes de ceux qui avaient
été tués pour la parole de Dieu dont il est dit au chapitre VI de l'*Apocalypse* :

« et leur furent donnés à chacun des *robes blanches.* » [6]

Mais ces soldats de Sion ne sont point, au chant IV des *Tragiques*,
revêtus de la robe de pureté, ils portent *l'écharpe blanche,* leur élection
est liée à leur engagement militaire puisque l'écharpe blanche n'est autre
que le signe distinctif des troupes huguenotes [7], du moins des officiers
huguenots depuis la bataille de Dreux.

Et le *caillou blanc* qu'ils tiennent en main (signe de l'absolution par
la grâce, selon Calvin [8]) est interprété comme le signe de la victoire par
un commentateur contemporain des *Tragiques* [9].

Il est intéressant de rapprocher ces signes du très beau vers qui
consacre l'apothéose des brûlés :

---

4. *Apocal.* XI. versets 11-13-14-16.
5. Notons qu'elle avait subjugué les Anabaptistes qui ont cru — pour leur
malheur — la vivre dans leur révolte contre les Rois iniques. Cf. Gui de Bres :
La Racine source et fondement des Anabaptistes, chap. IV.
6. *Apocalypse* VI/9 ; VII/9. A. d'Aubigné avait déjà introduit ce thème des
âmes écrasées sous l'autel dans *Misères* — vers 13 à 15 et il avait fait de cette
vision le mobile principal de son œuvre.
7. Cf. Jean de Pablo. *La question du drapeau huguenot.* B.S.H.P.F. CIII.
Avril-juin 1957.
8. Note de la Bible de 1563.
9. Cf. Jean Napeir : *Ouverture de tous les secrets de l'Apocalypse.* La
Rochelle 1607, 3e éd.

« Les feux qui vous brusloyent vous ont rendus candides » [10]. Ainsi l'on découvre, confondus dans la même vision triomphale, les soldats de Moncontour ou de Coutras et les martyrs qui ont offert leur poitrine nue au bourreau. C'est là l'illustration d'une conviction générale, après la Saint-Barthélémy, que les combattants et les martyrs sont également admirables et sanctifiés, comme nous l'avons déjà indiqué [11].

Mais ces vers, si proches de l'*Apocalypse* et si liés en même temps à la réalité concrète des supplices ou des batailles, révèlent un aspect essentiel de la création poétique chez A. d'Aubigné. Pour lui, un détail caractéristique, une sensation font surgir dans le présent de l'homme la réalité durable de l'éternel présent, il ne s'agit point de comparaisons ou de rapprochements théoriques : le signe est là, lié à ce monde, mais il ouvre une perspective sur l'autre ; ce geste, cette sensation avec tout leur poids de réalité humaine, parce que l'œil qui sait voir les retrouve dans la trame de la révélation biblique, attestent le dessein de Dieu, désignant Sa volonté en train de s'accomplir. Il n'est sans doute pas exagéré de dire que, à la manière dont un croyant comprend le sacrement, une lumière, un détail du costume, un geste, une couleur attestent la vérité de la Parole, rendent témoignage à l'action de Dieu avec toute la densité du fait concret et toute la force mystique de la Parole qui crée à partir de rien. Voilà pourquoi ce triomphe eschatologique qui oriente tous les récits des deux livres nous paraît si rayonnant de mystique vérité, et en même temps, si chargé de réalité humaine, d'espérance passionnée.

D'autre part plusieurs citations des *Psaumes* qui sont reprises ici avec leur mouvement lyrique communiquent aux spectateurs de ce tableau l'émotion de l'expérience vécue. Les Réformés chantaient :

« Haussez vos testes grands portaux :
Huis éternels, tenez vous hauts,
Si entrera le Roi de gloire... » [12]

de même « *l'enseigne victorieuse d'Israël* », la « *bannière déployée* » ont été contemplées et attendues par le peuple en prière qui redit, avant les batailles ou au cours des cultes, les paroles du *Psaume* XX traduit par Bèze [13] :

---

10. *Feux*, v. 14.
11. C'est l'opinion de Bèze, la thèse des *Vindiciae contra Tyrannos*, voir aussi la *Résolution claire et facile...* op. cit. voir chapitre III de cette thèse, p. 117.
12. *Psaume* XXIV, v. 9. Traduction de Clément Marot.
13. Il est ainsi présenté : « Psaume propre pour l'Eglise assaillie de tous costez par les Princes infidèles ».

« Afin que tous joyeux
Dressions enseignes et banières
En son nom glorieux. »

Il ne faut pas oublier que le chant des *Psaumes* a fait revivre aux Réformés les délivrances, les batailles et les chants de victoire d'Israël. Les commuuantés qui chantaient les *Psaumes* prenaient place déjà, en imagination, dans le cortège triomphal du *Lion de Juda*. Ainsi le rappel de ces vers très connus rapproche la vision glorieuse de l'espérance que le chant familier entretient dans la communauté. Ce qui caractérise l'imitation de la Bible dans ce prologue, qui confère à tout le livre un caractère d'épopée mystique, c'est l'éclat fascinant d'une vision d'*Apocalypse* mais très largement réinterprétée pour traduire l'espérance d'une église persécutée, la résurrection contemplée à travers une présence très concrète des martyrs et des combattants ; cependant que le rappel de plusieurs psaumes rapproche cette vision du lecteur qui assiste à ce cortège symbolique, qui s'y joint en esprit, car ce triomphe exprime sa foi et figure son propre destin.

II. - LA BIBLE ET LES ACTES DES MARTYRS

Un thème déjà utilisé par A. d'Aubigné marque le début de ce catalogue, il était énoncé au début même de l'œuvre, aux vers 13 et 14 de *Misères :*

« Mais dessous les autels des idoles j'advise
Le visage meurtri de la captive Eglise. »
« Ames dessous l'autel victimes des idoles
Je preste à vos courroux le fiel de mes paroles... »

Feux — 53-54.

C'est un thème-clé, la raison d'être de l'œuvre ; comme il vient de l'*Apocalypse*[14], il contient à la fois l'expression du tourment des persécutés et la ferme assurance de leur glorification ; dès que leur gémissement est monté vers Dieu, ils reçoivent des robes blanches, gage de la gloire à venir. Le rôle du poète-prophète se bornera sans doute à expliciter pour chacun des martyrs ses souffrances, à rendre l'accent particulier de son témoignage, à manifester non sa gloire, puisqu'elle n'éclatera qu'au Jour du Jugement, mais le signe particulier qui marque une sorte d'acquiescement divin à la fidélité de chaque supplicié.

---

14. Cf. *Apocal.* VI, 9 : « Et quand il eut ouvert le 5ᵉ sceau, ie vei sous l'autel les ames de ceux qui avaient esté tuez pour la Parole de Dieu, et pour le tesmoignage qu'ils maintenoyent ».

Du vers 57 au vers 1389, où le poète dépeint la fuite courroucée de Dieu, il est assez remarquable de constater l'importance des références au Nouveau Testament.

Sur 79 passages relevés, 49 appartiennent au *Nouveau Testament*, 30 à l'*Ancien*.

Sur ces 30 :

— 9 sont empruntés aux *Psaumes*.
— 1 au *cantique des Cantiques*.
— 1 au *Cantique d'Anne* dont le *Magnificat* reprend le thème.

Ainsi sur 79 références bibliques,

— 19 seulement viennent des livres historiques ou prophétiques de l'*Ancien Testament*.

Cela est tout à fait exceptionnel dans les *Tragiques*. Une étude précise des gestes, des paroles des martyrs inspirés par le texte biblique, aussi bien que des signes de leur élection que Dieu leur accorde, montrera sans doute qu'A. d'Aubigné prend « martyr » au sens le plus littéral et choisit de célébrer des témoins du Christ, les disciples qui, suivant la recommandation de Jésus-Christ [15] commentée par Calvin dans le *Traité des Scandales* se sont chargés de la croix.

1° Textes bibliques et témoignages individuels

Jean Plattard, dans un article assez peu connu [16], comparant le choix des martyrs au dessein primitif exprimé aux vers 19 à 22, pense que A. d'Aubigné a été bien souvent guidé par la possibilité de donner une portée symbolique à une attitude, un geste. D'autre part, il souligne le rôle que jouent les mains dans ces descriptions poétiques ; mais le célèbre spécialiste du XVIᵉ siècle ne souligne qu'une seule fois, à propos du supplice d'un des trois Anglais [17], que le martyr, lié sur un âne tandis qu'on le brûlait avec des torches, avait la même monture que Jésus au jour de son entrée triomphale à Jérusalem.

Il nous semble qu'on peut caractériser avec plus de précision le geste ou l'attitude des martyrs que choisit d'Aubigné si l'on prend garde que la parole, le geste ou l'attitude qui caractérisent et fixent à jamais chaque évocation reproduisent une exhortation du Christ ou des Apôtres, qu'ils sont en somme une *parabole*.

---

15. *Matth.* 16/24 ; *Marc* 8/34.
16. Plattard (J.) *La poésie et l'éloquence d'A. d'Aubigné ;* la composition du IVᵉ livre des Tragiques. in *Miscellany of Studies in Romance Languages and Litterature* presented to L.E. Kastner 1932. Cambridge.
17. Les *Feux*, 1155-1180.

On trouve d'ailleurs, dans le cours de ce long défilé, un rappel de plus en plus précis des *Evangiles* ou des *Epîtres*. On peut souligner d'abord des gestes symboliques, puis des attitudes qui renvoient à des scènes de la vie du Christ, des allusions à des paraboles, tous ces signes étant dégagés par A. d'Aubigné lui-même dans le récit ; mais ensuite les martyrs prennent la parole, exhortent, comme les apôtres ou les premiers chrétiens, leurs compagnons, enfin, par des confessions de foi développées, affrontent leurs bourreaux ; ils vivent ainsi sur la terre ce combat décisif de la Parole-glaive qui triomphe de l'Antéchrist, et dont nous avons contemplé, à travers l'éclat surnaturel du prologue, le terme triomphal.

Voici tout d'abord des traits ou gestes symboliques qui, au travers du supplice, annoncent l'Evangile [18] :

> « Hus, Hierome de Prague, images bien cognues
> Des tesmoins que Sodome a trainé par les rues. »

Ces deux précurseurs de la Réforme deviennent les *deux Témoins* dépeints au chapitre XI de l'*Apocalypse*, prophètes vaincus et tués par la *beste de l'abysme* après qu'ils auront achevé leur témoignage.

> « Et leurs corps seront gisans ès places de la grande cité, qui est appelée spirituellement Sodome et Egypte, là ou aussi nostre Seigneur a esté crucifié... » [19]

Le supplice des dix-huit martyrs anglais prend place au coeur de l'hiver, mais ce que l'on retient c'est le chant qu'ils répètent jusqu'à leur mort :

c'est un verset emprunté aux *Béatitudes* :

> « Heureux qui pour justice a l'honneur de souffrir. » [20]

Par une grâce insigne ils ont réalisé cette exhortation du Maître.

Fricht baise une poignée de bois [21]
> « tant lui semblèrent beaux
> Ces eschellons du ciel ».

----

18. *Feux*, v. 61-62. A. d'Aubigné déclare nettement aux vers 34 et 38 que la raison du choix qu'il fait répond « au style du siècle » et « à la poésie ». Il est d'autant plus significatif de voir le rôle joué par les réminiscences de l'Ecriture dans cette évocation *poétique*.
19. *Apocal.* XI, 8.
20. *Feux*, v. 84, cf. *Matth.* V/10 « Bienheureux ceux qui sont persécutés pour la justice ».
21. Vers 98 ; 99 « l'échelle est l'effigie du Christ ». *Commentaire de Calvin sur Genèse* XXVIII, 16 à 22.

On peut discerner ici une allusion à l'échelle de Jacob qui était pour Calvin la figure de Jésus Christ lui-même [21]. Mais l'allusion n'est peut-être pas aussi nette.

Après avoir énuméré un certain nombre de martyrs anglais et notamment le grand primat Krammer, d'Aubigné indique qu'il leur a été donné d'échapper au sévère avertissement du Christ :

« Il est plus facile qu'un câble passe par le pertuis d'une aiguille qu'un riche entre au Royaume de Dieu. » [22]

La grâce a vaincu en eux l'obstacle que constituait leur assurance de hauts dignitaires ecclésiastiques : rare exemple qui annonce la force de l'Esprit.

Haux

« Des os qui furent bras fit couronne à sa teste. » [23]

Le martyrologe de Crespin indiquait simplement qu'il s'acquitta de la promesse faite à ses amis en témoignant par ce geste que la violence du feu était tolérable. A. d'Aubigné introduit ici un symbole fréquent dans les *épîtres de l'apôtre Paul*[24] : cette couronne dessinée par les deux bras décharnés est le signe de la *couronne incorruptible* que l'atlhète de Dieu, ferme jusqu'à la fin, vient de remporter.

Chaque fois que, au cours de son supplice, un martyr réalise une parole de l'évangile ou une exhortation des épîtres, que ce qui était *figure* dans le texte biblique s'accomplit devant le public témoin de cette fidélité, A. d'Aubigné y voit le sceau de l'élection, la preuve visible que Dieu agrée ce compagnon du Christ, et le reçoit dans les parvis célestes.

Ainsi Norris qui« sans figure a, pieds nus, cheminé » sur « le sentier estroit qui est jonché d'espines [25] », réalise l'exhortation d'une pa-

---

22. Une note de Calvin dans la Bible de 1563 signale que *cable* est une leçon qui vaut mieux que *chameau*.

23. *Feux*, vers 134.

24. Cf. I Cor. IX,25 « Tous ceux qui combattent s'imposent toute espèce d'abstinences, et ils le font pour obtenir une couronne corruptible ; mais nous faisons-le pour une couronne incorruptible ». cf. II Timothée II/5 ; IV/8 voir aussi Jacques I/12.

25. *Feux*, vers 139 et 138. On lit seulement dans la Bible : « Entrez par la porte étroite
Car la porte est estroite et le chemin estroit qui mène à la vie » (*Matth.* VII 13 et 14).
Mais la *marque* de F. Perrin (éd. de la Bible de 1563) figure un portique étroit, surmonté d'une couronne et le passage du portique est barré d'épines ; à côté un portique large surmonté d'un feu et sur le chemin qui passe au travers s'épanouissent des fleurs en bas la devise : « Je suis la porte si quelqu'un entre par moi il sera sauvé ».

rabole très célèbre et sans cesse illustrée dans l'iconographie en ces temps difficiles. La liaison des deux thèmes *sentier étroit* et *couronne* s'explique justement par ces images peintes ou gravées qui ont dû être le support de nombreuses méditations à l'heure des persécutions et des choix déchirants. Ainsi réapparaît cette image du chemin [26] qui désignait les premiers disciples du Christ : « ceux de la voie », « ceux du chemin » avant qu'on leur appliquât, comme un sobriquet, le nom de chrétiens.

Mais la Parole biblique prend une force plus grande encore lorsque le martyr la profère pour exhorter ses compagnons de supplice, car il livre le secret de sa force : il révèle la grâce qui a fortifié l'âme dans le corps torturé : Anne Askève reprend le cri victorieux de l'apôtre Paul : « O mort, où est ta victoire ? ô sépulchre où est ton aiguillon ? » [27] Elle revit la vision du premier martyr, Etienne :

« Voici les cieux ouverts, voici son beau visage ; »

Ainsi s'achève l'horrible description de la torture minutieuse et lente qui n'a été si longuement développée que pour montrer, devant la foi ferme d'une jeune femme, l'impuissance des cordes tendues, de l'inquisiteur, du juge et du feu lui-même qui, élément soumis au vouloir divin, porte au ciel l'âme et la parole du témoin.

C'est également une formule biblique, sobre mais chargée d'un symbolisme très frappant, qui clôt l'émouvant récit de la mort de Jane Grey [28] :

« Elle demeure seule en agneau despouillée. »

Depuis la salutation de Jean-Baptiste : « Voici l'agneau de Dieu qui ôte les péchés du monde » [29], l'Agneau figure le dépouillement total du Christ « qui s'est dépouillé lui-même se rendant obéissant jusqu'à la mort, même jusqu'à la mort de la Croix »[30]. Un verset des *Actes des Apôtres* précise encore la comparaison :« il a été mené comme une brebis à la tuerie, comme un agneau muet devant celui qui le tond. » [31]

---

26. « *Chemin* », « *chemine* », « *sentier* », « *trace* » se trouvent 6 fois en 7 vers (vers 137 à 145).
27. Cf. I *Cor.* XV, 55 et vers 195. Il faut remarquer que le commentaire de Calvin sur ce verset fournit à A. d'Aubigné le vers 200 : « Ille ergo verus est sensus : quod Dominus mortem interficiet, infernumque destruet ».
28. *Feux*, vers 207 - 280.
29. *Jean* I/29. Nul n'ignore qu'il s'agit d'un texte liturgique capital que tous les chrétiens ont chanté avant l'Eucharistie depuis les premiers siècles. Le texte de *Jean* renvoie au chap. 53 *d'Esaïe* v. 7.
30. Voir *Philip.* II. 6 à 9.
31. *Actes* VIII/32 - cf. *Apocal.* V/6 et 9.

Si nous venons de citer le texte de l'*épître aux Philippiens* qui évoque l'abaissement volontaire du Fils de Dieu, c'est qu'on trouve là le schéma du récit tout entier ; une princesse de sang royal a reçu « d'un autre Roy »

> « Grace de mespriser la mortelle couronne
> En cherchant l'immortelle... »

Toute une série de détails s'ordonnent pour faire sentir ce dépouillement progressif, volontaire, qui fait vivre à cette princesse de dix-sept ans l'imitation de Jésus-Christ ; certains de ces détails évoquent d'ailleurs des malédictions prophétiques contre l'orgueil des filles de Sion [32] qui, au jour du jugement, se verront dépouiller de leurs « brasselets, carquans, atours, miroirs, diadèmes, ceintures » ... Ici le mouvement est inversé : l'amour de la Croix fait choisir à la jeune reine l'infame charrette des condamnés, les cordes, les chaînes, et toutes les souffrances du *Christ aux outrages* et cette imitation de l'Agneau immolé révèle que le royaume des cieux l'attend, elle suivra son Maître dans le mouvement ascendant que le texte des *Philippiens* oppose à l'abaissement de l'Incarnation :

> « C'est pourquoi aussi Dieu l'a souverainement élevé, et lui a donné le nom qui est au-dessus de tout nom, afin qu'au nom de Jésus tout genou fléchisse dans les cieux, sur la terre et sous la terre ... »

Son martyr et sa mort témoignent qu'elle a pleinement réalisé l'exhortation évangélique, que seule la Grâce permet de vivre :

> « Qui hait sa vie en ce monde, la gardera en vie éternelle. » [33]

C'est le testament spirituel qu'elle laisse au garde de la tour :

> « Hay ton corps pour l'aimer, aprens à le nourrir
> De façon que pour vivre il soit prest de mourir. » [34]

On comprend qu'une prédication si authentique, scellée par la mort de celle qui la transmet, ait converti soudain le geôlier, comme fut converti le geôlier de Paul à Philippes [35].

---

32. *Esaïe*, III, 16 à 24.
33. *Jean* XII-25.
34. Vers 243, 244.
35. *Actes* XVI, versets 25 à 34.

Mais il faut encore qu'une vision de salut souligne la victoire du martyr sur ses persécuteurs ; un dernier trait biblique, emprunté à une parabole [36], celle du *riche et de Lazare,* atteste et donne à voir la victoire et la félicité du témoin fidèle.

Ces quelques exemples nous permettent d'indiquer quel est le rôle du texte biblique dans ces récits ou ces tableaux : A. d'Aubigné choisit une parole des Apôtres ou de Jésus parfois un trait de la passion du Christ, le récit ou le tableau convergent de toutes leurs lignes vers ce trait qui offre l'essence du témoignage et donne son sens à l'ensemble ; cette parole ou ce geste expriment la fidélité entière du supplicié, en même temps que le salut que Dieu lui accorde : le Ciel l'accueille, la couronne incorruptible lui est décernée au terme de la course. Apreté du combat, triomphe de la Grâce se trouvent ainsi joints dans une parole évangélique mise en action qui n'est plus seulement promesse mais réalisation, car nous voyons le martyr passer de la mort à la vie.

Dans quelle mesure A. d'Aubigné est-il original lorsqu'il compose ces récits qui aboutissent à une image ou à une parole du *Nouveau Testament* ? Il a lu, parfois un peu vite[37], le martyrologe de Crespin, mais dans ces notices où les controverses théologiques sont longuement développées, il a su trouver soit le détail qui rappelle une parabole de *l'Evangile,* soit, dans la profession de foi du martyr, l'exhortation et le verset biblique précis qui marquent d'un sceau original chacune de ces tragédies. Ainsi Crammer, dans son sermon au peuple, développait, entre plusieurs autres thèmes, « ces dicts de Jésus-Christ, qu'il est bien difficile que le Riche entre jamais au royaume de Dieu » [38]. A. d'Aubigné choisit cette parole pour souligner un rare exemple de la Grâce dans la mort courageuse de ce prélat. Thomas, cité en même temps que Norris, avait marché sur des épines [39], A. d'Aubigné fait de ce détail la réalisation d'une parabole. Haux avait exécuté, héroïquement, un signe convenu [40], le poète en fait le symbole de sa victoire spirituelle en introduisant l'image de la couronne incorruptible. Jane Grey, dans une très longue épître adressée à un personnage, l'exhortait à se libérer des idoles [41], elle lui rappelait aussi de façon pressante la parole du Christ

---

36. Cf. *Luc* XVI. 22 « Or advint que le pauvre mourut et fut porté des Anges au sein d'Abraham ».
37. C'est Thomas, cité conjointement avec Norris, qui fut condamné à marcher sur des épines en allant au bûcher. cf. v. 136.
38. Crespin : *Histoire des vrays Tesmoins de la vérité de l'évangile :* éd. de 1570, p. 42.
39. *Ibidem*, p. 56.
40. *Ibidem*, p. 329.
41. Crespin : op. cit. p. 266, cf. vers 242 :
« Si tu veux suyvre Dieu, fuy de loin les idoles ».

à ses disciples : « Qui aime sa vie la perdra : mais qui la perdra pour
mon nom, il la trouvera »[42]. A. d'Aubigné choisit ce thème et ordonne
autour de lui toute une série d'actions qui font de cette jeune princesse
le disciple authentique, vraiment digne du Maître. C'est dans ces choix
rapides et sûrs, qui dégagent l'image typique empruntée aux Ecritures
et permettent d'ordonner une scène ou un témoignage autour d'une
Parole sacrée — celle-ci apparaît alors comme le sceau de l'élection — que réside l'originalité d'A. d'Aubigné. Jean Plattard parle
de gestes de théâtre à valeur symbolique sur lesquels s'achèvent ces
scènes de martyres, on peut bien dire cela à condition de voir, dans ces
paroles bibliques réalisées en spectacles, le dévoilement d'une vie, l'expression d'une vocation, l'attitude du confessant qui apparaîtra ainsi au
dernier jour. Les paroles ou les gestes du Christ, le témoignage des
apôtres représentent pour le poète huguenot la pure lumière, le feu qui
éprouve tout acte humain. Si le témoignage ou la mort d'un martyr
rendent visible telle ou telle parole de l'Ecriture, la réalité dernière de
ce personnage, de sa vie qui embrasse la croix, se trouve ainsi révélée
et transportée dans le temps de Dieu, au royaume de la plénitude. Le
caractère théâtral que d'Aubigné prête à ces gestes ou à ces paroles
décisives est là pour manifester, aux yeux de la foule qui regarde, un
effet merveilleux de la Grâce ; il sert la proclamation de l'Evangile,
comme le chandelier qui permet à la lampe de rayonner dans toute la
maison[43].

2° *Les thèmes bibliques expriment la Grâce souveraine, encadrent
la présentation* des martyrs anonymes ou des groupes de martyrs.

Les vers 377-382 et 475-478 sont composés de citations ou d'allusions bibliques empruntées à des livres divers mais un thème théologique se trouve énoncé avec force : « Le Seigneur appauvrit et enrichit ;
il abaisse et il hausse ». C'est le thème fondamental du *Cantique
d'Anne*[44], repris dans le *Magnificat* et dans plusieurs *Psaumes,* en particulier le *Psaume* CXIII qu'A .d'Aubigné a plusieurs fois cité dans les
Méditations sur les Psaumes : « (Le Seigneur) relève le chétif de la
poudre et esleve le povre de la fiente le faisant seoir avec les Princes
voire avec les princes de son peuple »...[45].

---

42. *Matth.* X. 39. Crespin, p. 266, v°.
43. A. d'Aubigné lui-même reprend cette comparaison évangélique à propos
du martyre de Venot :
    « l'homme est un cher flambeau, tel flambeau ne s'allume
      afin que sous le muys sa lueur se consume ». cf. *Matth.* V, 15.
44. *Samuel* II, v. 7 et suivants.
45. *Ps.* CXIII, v. 7 et 8.

C'est le grand thème de l'élection : David représente le côté positif et Pharaon l'aspect négatif de cet amour divin et libre qui *choisit qui il veut.*

Tous les martyrs qui sont ensuite présentés dans cette lumière offrent la preuve que Dieu même suscite les témoins, les fortifie dans l'épreuve et maîtrise les éléments pour qu'ils ne torturent point ses élus jusqu'à étouffer leur voix.

La précision et la force du texte biblique font que les vers de d'Aubigné ont une densité poétique remarquable même lorsqu'ils reprennent tel ou tel passage de Crespin :

Voici comment le martyrologe souligne la fermeté de la demoiselle de Graveron et de ses compagnons :

« Mais Dieu monstra quelle est la force de sa puissance et à rasseurer la ieunesse, et luy faire oublier ceste terre-cy et à renforcer la vieillesse pour la faire combattre contre tous tourmens : et à changer l'imbecillité de la femme en un courage plus qu'héroïque, pour vaincre, voire quand il luy plaist besongner en ses esclaves » [46].

Les vers d'A. d'Aubigné ont bien plus d'énergie et de dynamisme prophétique, en outre ils parlent au cœur en reprenant des textes vénérés par toute l'Eglise :

« Dieu ne donne sa force à ceux qui sont si forts,
Le présent de la vie est pour les demi-morts.
Il départ les plaisirs aux vaincus de tristesse,
L'honneur aux plus honteux, aux pauvres la richesse. » [47].

Le groupe des martyrs anonymes ou d'origine très humble : le tisserand de Meaux, le paumier d'Avignon — seule la demoiselle Graveron fait exception —, ainsi encadré par des textes qui célèbrent les merveilles de Dieu et le renversement des valeurs, des situations humaines, l'élection toute gratuite « des plus simples cœurs », prend une valeur particulière.

---

46. Crespin, op. cit. p. 484.
47. *Feux*, vers 475-478. Cf. : Le *Cantique d'Anne :* « l'arc des forts est rompu et les débiles sont ceints de force... » I *Samuel* II/4 et suivants, ainsi que le *Magnificat :* « Il a mis bas de leurs throsnes les puissants et a élevé les petits. Il a rempli de biens ceux qui avoyent faim, il a renvoyé les riches vuides ». *Luc* I. 52, 53.

3° *La Pentecôte des bûchers* et la *prédication des martyrs.*

Après avoir présenté une série de tableaux où les gestes, les attitudes, parfois une parole témoignent pour le Christ, A. d'Aubigné va produire des martyrs qui preschent, révélant ainsi, pleinement, que l'Esprit habite en eux. Se reportant, en imagination, aux temps de la toute première église, le poète rappelle, justement avant ces prédications inspirées, le miracle de la première Pentecôte.

Trois martyrs dont la demoiselle Graveron ont accepté de tendre leur langue au couteau. Mais alors ce sont les « *langues de feu* », c'est-à-dire les flammes du bûcher devenues langues, propres à émouvoir et à convaincre ceux que Dieu a déjà élus dans l'assistance, qui portent le nom de Dieu au cœur des spectateurs. Invention poétique originale et forte, plus compliquée que la vision des *Actes des Apôtres,* mais qui exprime la foi invincible du poète lui-même, sa passion pour la vérité bâillonnée, étouffée : l'élément qui servait au supplice se fait l'instrument du témoignage. Les gouttes de sang « que le vent fait voler » [48] sont animées du même mouvement, du même pouvoir. La violence de l'expression picturale, le tableau biblique dont le sens métaphorique est pour ainsi dire retourné, puisqu'il ne s'agit plus d'une figure mais d'un élément réel [49] produisant une action indicible, servent à faire éclater le triomphe de la Parole quand toute voix est anéantie.

Après cette nouvelle Pentecôte, les martyrs parlent : exhortations, professions de foi se succèdent. Chacun de ces témoignages est centré sur une parole de l'Evangile ou bien conclu par une exhortation du Christ : c'est là le sceau de la fidélité du témoin.

Ainsi la « constante Marie » [50], devant la fosse où elle va être enterrée vive, répète la parabole de Jésus-Christ annonçant sa mort :

« Si le grain de froment cheant en la terre ne meurt, il demeure seul, mais s'il meurt il apporte beaucoup de fruit. » [51]

---

48. C'est peut-être le *vent* au sens naturel, mais dans le récit de la Pentecôte « il se fit un son du ciel comme d'un vent qui souffle en véhémence ». Note de la Bible : « Par ce vent il est dénoté le Sainct-Esprit ». *Actes* II. 2.

49. Le schéma de cette invention a pu être suggéré par la parole de Jésus à son entrée à Jérusalem : « Je vous le dis, s'ils se taisent, les pierres crieront ». *Luc* XIX/40.

50. Vers 529.

51. Cf. Calvin 33/675 : « Dieu nous montre ici comme des figures de nostre resurrection. Un grain de blé sera jeté en terre, et quand il est là, il pourrit ». Ce symbole a été repris dans le texte capital sur la Résurrection I *Cor.* XV. 36 à 38. C'est le cœur du message apostolique.

Anne du Bourg, condamné, prononce la sentence de ses juges, c'est un texte de l'apôtre Paul qui fonde son réquisitoire :

Paul en effet écrit à Timothée :

« J'endure (pour l'Evangile) travaux jusques aux liens comme malfaiteur ; mais la Parole de Dieu n'est pas liée. » [52]

A. d'Aubigné aux vers 569-570 s'inspire de ce texte mais il en retient surtout l'opposition violente entre l'esclavage apparemment honteux du prisonnier et la puissance libre de la Parole : Paul en prison sert l'action de Dieu souverainement libre, il participe à la victoire du Christ et de sa Parole. Les juges d'Anne du Bourg, asservis à la loi du Prince et condamnant leur collègue contre leur conscience, choisissent l'esclavage spirituel et la mort ; le condamné qui va mourir est seul libre et vivant. L'imitation de la parole apostolique *dans sa structure* permet de dégager le message révolutionnaire du conseiller : une justice sévère et droite peut et doit s'opposer au bon plaisir royal lorsque le pouvoir royal s'en prend à la liberté des consciences. L'évangile, revécu dans sa nouveauté, brise une longue tradition judiciaire qui asservissait les juges. Mais la sainteté du martyr apparaît plus nettement encore au moment où il expire :

« Mon Dieu, vray juge et père, au milieu du trépas
Je ne t'ai point laissé ne m'abandonne pas. » [53]

Anne du Bourg reprend le cri du Psalmiste :

« Seigneur ne me délaisse pas... [53]

et se fonde sur la promesse de Jésus :

« quiconque me confessera devant les hommes, je le confesserai aussi devant mon père qui est dans les cieux » [54].

A. d'Aubigné ici n'invente rien, il se contente de reproduire les dernières paroles du supplicié telles que les rapportait Crespin. Mais il a su orienter les deux discours de du Bourg vers ces paroles évangéliques qui livrent le secret de sa force, l'aspect essentiel de sa vocation.

---

52. II*Tim.* II/9.
53. Cf. *Psaume* XXXVIII. 22. *Les Feux*, v. 599. 600.
54. *Matth.* X. 32 ; *Luc* XII. 8.

La Bible et la confession de foi de Montalchine.

En face du martyr laïc, emprisonné et exécuté pour avoir revendiqué
l'indépendance de la Justice, voici le moine, martyr à Rome, au cœur
de la forteresse papale, pour avoir proclamé le *pur évangile*. Pouvons-
nous rattacher à la Bible ce catéchisme essentiellement polémique et doctrinal ? Il faudrait une longue et subtile analyse théologique d'une multitude de textes pour démontrer que ces formules sont l'expression rigoureuse de l'évangile, ce serait reprendre tout le travail théologique de la
Réforme. Nul ne peut savoir si A. d'Aubigné, longuement informé par
le neveu du Cardinal Baronius, a reproduit pour l'essentiel une des prédications du martyr romain ou si, comme c'est plus vraisemblable, il a
voulu composer dans ce dernier discours une prédication exemplaire,
d'après les thèmes indiqués dans la première notice du *Martyrologe* [55].

Des documents nous permettent cependant d'avancer que cet abrégé
si percutant de la doctrine réformée a été élaboré par un autre théologien que Montalchine et soigneusement nourri de références bibliques.
Henri Bullinger a rédigé en 1551 un traité en latin dédié à Henri II :
De Perfectione Christianorum [56], Bèze l'a traduit en français en
1552 [57] et il a été réédité en 1557, 1562, 1563. Il suffit de lire quelques
pages de ce traité pour découvrir la répétition obsédante de *seul* généralement allié à Jésus-Christ : « Parquoy, si en delaissant tous les autres
moyens, tous autres chemins et manières de faire, par lesquelles les hommes s'efforcent d'atteindre à cette perfection nous nous en tenons à un

---

55. Il paraît bien difficile de dater la composition de cet épisode.
A. Garnier le situe entre 1577 et 1579 sans prendre garde que la première
mention du Martyre de Jean Molte (Moltio) de Montalchine n'apparaît que dans
l'édition de 1582 du martyrologe de Crespin.
    D'autre part il signale, dans l'édition critique, la rencontre d'A. d'Aubigné
et de Brocardio Baronius qu'il situe en 1601 et, comme on trouve dans la lettre
à Madame sur la douceur des afflictions (1600) le développemlnt scandé par
seul, seule et *seulement,* il pense que c'est là une création originale d'A. d'Aubigné.
    Deux hypohèses nous semblent pouvoir être retenues :
    1. — l'épisode du discours de Montalchine aurait été inséré après la compo-
sition de l'ensemble du chant, cela nous paraît peu probable, il n'y aurait pas eu
à l'origine d'exposé doctrinal dans les discours des martyrs.
    2. — l'épisode a été écrit après la publication de l'édition de 1582 du
Martyrologe et l'invention de *seul, seule, seulement* doit beaucoup au traité
de Bullinger, l'originalité d'A. d'Aubigné consistant dans le choix de quelques
arguments, le mouvement ardent du discours, la vigueur et la rigueur des
antithèses.
    56. *Perfectio Christianorum.* Tiguri. Andr. Gessnerus 1551.
    57. Nous avons travaillé sur lédition de 1557 : *La Perfection des Chrestiens,*
Démonstrant comme nostre Seigneur Jésus-Christ a esté donné du père céleste
pour estre le Sauveur du Monde. Au Roy de France Henry deuxième de ce nom.
à Genève, 1557, in 16.

seul Jésus-Christ : nous sommes assurez, que sans avoir affaire d'autres aides, nous aurons et possederons par le *seul Jésus-Christ* le plein et parfait accomplissement de vie et de salut, et qui est celuy qui ne voit, que nous péchons très grièvement contre le conseil éternel de Dieu et contre sa grâce et bonne volonté, si nous ne nous contentons de son *seul* Fils pour obtenir toute perfection... » [58].

Voilà un exemple de ce retour obsédant et évidemment polémique de la formule. Mais, sans doute pour répondre à des adversaires qui l'accusaient d'ajouter arbitrairement *seule, seulement* ou *seul* à divers énoncés dogmatiques, voici que paraît du même Bullinger en 1565 : *De la seule foy en Christ justifiante et des œuvres vrayement bonnes* [59].

Or le réformateur de Zurich, dans cet ouvrage, se livre à une minutieuse étude stylistique pour démontrer que tous les passages bibliques comportant une tournure exclusive du type : « si ne... vous ne... », ou « nous savons que ne... sinon » par exemple la formule de Saint Jean « Si vous ne mangez de la chair du fils de l'homme et ne buvez son sang vous n'aurez point vie en vous... » peuvent se rendre par *seule* ou *seulement*. « Voilà comment, écrit-il, la seule manducation de la chair du Christ nous vivifie ». Citant l'*épître aux Galates* II, 6 : « Nous sçavons que l'homme n'est point justifié par les œuvres de la Loy, sinon par la foy en Jésus-Christ », il obtient le *sola fide* [60] formule clé de toute la prédication réformée. Qu'on n'y voie pas un vain jeu scolastique, il s'agit pour Bullinger de prouver que les formules typiquement réformées : « par la *seule grâce* », « Jésus-Christ *seule oblation* pour le péché », « l'*Ecriture seule* », « à *Dieu seul* la gloire » sont nourries de la substance même des Ecritures. Cette démonstration prouve que Bullinger considérait qu'il était largement responsable de ces formulations doctrinales, ou du moins responsable de les avoir reprises systématiquement puisqu'il les légitimait par la confrontation avec des textes scripturaires. Que les prédicateurs qui recevaient ces opuscules diffusés depuis Lyon ou Genève en aient tiré maint sermon, maint canevas de controverses, c'est évident. Pour A. d'Aubigné, placer au centre des trois longs témoignages de martyrs la proclamation dépouillée, percutante de la doctrine des Ré-

---

58. Op. cit. p. 7.
59. A Lyon par Jean Saugrain. Il s'agit d'un extrait traduit en français de son *Commentaire sur l'Evangile de Jean* publié à Zurich en 1543.
60. Bullinger avait déjà publié en 1554 : *De gratia Dei justificante nos propter Christum per solam fidem absque operibus bonis...* exposition particulièrement claire et nourrie de textes bibliques du dogme central de la Réforme.

formateurs, c'était soumettre toute son inspiration prophétique à un Credo clair et, au moment où une offensive de conversions était entreprise, rappeler l'essentiel de la foi réformée, dresser le donjon de sa foi.

Le discours de Richard de Gastines

Même si l'exhortation du jeune Gastines aux prisonniers et sa fermeté au moment de la mort sont d'une rare élévation, on n'y saurait trouver une inspiration proprement biblique. « Il prescha l'Evangile » déclare d'Aubigné ; sa foi, son espérance éclatent en effet dans son attitude, mais l'argumentation de son discours doit beaucoup plus à la philosophie antique qu'aux livres de la Bible ; Platon, Sénèque, les adages stoïciens alimentent cette exhortation menée suivant les meilleurs modèles de la rhétorique, riche de questions oratoires et de *sententiæ*. Les humanistes ont prêté au spiritualisme de Sénèque une couleur chrétienne et les meilleurs esprits du parti réformé n'ont pas toujours senti l'antinomie entre l'évangile de la grâce et l'ascèse spiritualiste qui permet d'accéder au « dieu des philosophes ». Nous ne devons donc pas chercher dans cette belle harangue une inspiration proprement biblique. Indiquons cependant qu'elle est singulièrement proche par ses thèmes, le mouvement du style et les images du *Discours de la vie et de la mort* de Ph. Du Plessis-Mornay [61]. Les comparaisons précises que nous avons faites établissent, nous semble-t-il, qu'A. d'Aubigné a prêté à son condisciple les idées et les expressions d'un personnage qu'il admirait [62]. A la suite du *Discours,* Ph. Du Plessis-Mornay donne en appendice de nombreux passages de Sénèque qui ont nourri sa méditation ; certaines images, certains exemples sont tout à fait reconnaissables dans la harangue du jeune Gastines. C'est la preuve que l'humanisme chrétien ne fut pas réservé aux tenants de la Contre-Réforme : des Réformés fervents, prêts à monter sur le bûcher pour confesser la seigneurie du Christ, avaient assimilé la sagesse stoïcienne et armé leur courage en lisant les lettres à Lucilius, aussi bien que les *épîtres de saint Paul.*

----

61. Méditation d'une émouvante gravité que Ph. Du Plessis Mornay rédigea en 1575 pour en faire cadeau à sa fiancée et que nous avons consulté dans une édition de 1584. Paris. La première édition est datée de Lausanne 1576, 8°.

62. Un des thèmes importants du discours de Gastine c'est que le méchant qui jouit de la prospérité est en fait « pour jamais clos dans la prison de Dieu ». Mornay développe le même thème en comparant les prisonniers et les ambitieux : « aussi n'est l'un enchaîné que par le corps, au lieu que l'autre l'est par l'esprit ». Cf. également : vers 763 - 64 et l'Ode qui sert de préface au discours.
vers 811 et p. 40 - même type de transition
vers 857 et p. 41
vers 846 et p. 42.

A. d'Aubigné, cependant, donne une couleur biblique à l'épisode en nommant le père et l'oncle de Richard de Gastines « ces deux Eleazars ». C'est au II⁰ *livre des Macchabées* que ce vieillard héroïque est mentionné : refusant le mensonge qui lui aurait sauvé la vie, le vieil Eléazar mourut pour maintenir le respect de la loi juive et laisser aux adolescents un noble exemple [63]. Cette réminiscence biblique permet de suggérer une émouvante émulation entre les adolescents et les vieillards chenus, elle constitue la meilleure conclusion d'un épisode où l'héroïsme éclatant du discours juvénile n'est pas démenti par le sacrifice volontaire et serein des trois martyrs.

4⁰ *Les martyrs de la nuit.*

On pourrait croire qu'un sommet a été atteint par ces témoignages rendus devant les foules, avec une extraordinaire maîtrise, mais une nouvelle gerbe va être rassemblée : les martyrs dont les persécuteurs ont voulu anéantir le témoignage ; ceux-là paraissent encore plus proches de la Croix parce qu'ils ont été privés de la vie et du sens de cette vie : A. d'Aubigné se propose de les retirer de la nuit ou plutôt de révéler la face éclatante de ces supplices secrets, le sens de ces témoignages enfouis ; il ne saurait être que surnaturel et mystique. Dieu les contemple et les agrée. Le procédé poétique qui permettait de discerner le visage ou les paroles du Christ à travers l'attitude dernière du martyr est ici repris avec plus d'insistance encore. La petite fille suppliciée par des membres de sa famille puis par les « gardes de l'hospital » est assistée dans son agonie par Dieu lui-même qui « luy prit la main », « luy soustint le menton, l'esveilla de sa voix » [64]. Cette scène émouvante, où Dieu se fait la mère de la jeune enfant plutôt que son père, rappelle la guérison de la fille de Jaïrus lorsque Jésus avec une sobre tendresse « la prit par la main » et lui dit : « Talitha koumi ! Petite fille lève-toi » [65]. Jésus-Christ a été évoqué au centre de l'épisode comme :

> « le vray berger [qui] sçait ainsi faire choix
> De ses tendres brebis, et les marque à la voix. »

On ne saurait parler de l'anthropomorphisme de Dieu dans ce passage puisque nous pouvons le rapprocher de la tendresse de Jésus ressuscitant la fille de Jaïrus, et que le livre des *Feux* se déroule, pour l'essentiel, dans la lumière du *Nouveau Testament*.

---

63. Dans *l'Histoire des Persécutions de l'Eglise*, de Bullinger, cet extrait du II *livre des Macchabées*, chap. 6, versets 23 à 28 figure à la fin de l'ouvrage (p. 256).
64. *Feux*, vers 1085-1087.
65. Cf. *Marc* 5/39 à 41 ; *Luc* 8/51-55.

L'Anglais qui eut l'audace « d'aller annoncer Dieu » à la face du Pape subit un supplice qui reproduit l'entrée de Jésus à Jérusalem et les souffrances du Christ :

> « Christ lui donna sa marque, et le voulut faire estre
> Imitateur privé des honneurs de son maistre,
> Monté dessus l'asnon pour entrer tout en paix
> Dans la Hierusalem permanente à jamais ». [66]

« Sur un âne on le lie » [67] : c'était la monture de Jésus entrant à Jérusalem, le jour des Rameaux. Jésus réalisait ainsi la prophétie de *Zacharie* (IX. 9) :

> « Voici ton Roy viendra a toy estant juste et sauvé luy-mesme, povre et monté sur un asne et sur un asnon. »

Il s'agissait d'une monture messianique indiquant à la fois la puissance royale et la paix. Mais les exégètes d'Occident, influencés par une autre civilisation, et Calvin lui-même, ont souligné la pauvreté du Christ qui vient sans apparence. L'Anglais retrouve l'humilité et les souffrances de son Maître, il le fait revivre en sa Passion jusque dans ce cri : « Seigneur pardonne à leur folie » [68]. A cause de cette grâce insigne, ce témoin, dont le visage a été brûlé, les yeux crevés, rayonne d'un éclat céleste, il a « revêtu Christ », les portes de la Jérusalem céleste s'ouvrent pour l'accueillir.

Il reste à signaler une dernière métaphore qui, empruntée à l'apôtre Paul a été traitée d'une façon très originale par le poète. Le « maigre capucin » qui avait jeté à la face du Pape Clément VIII le nom d'Antéchrist réalise à ses derniers moments l'exhortation de l'apôtre Paul qui comparait le corps humain à une tente sous laquelle l'esprit gémissait, attendant « une maison céleste » [69]. A. d'Aubigné, qui a pratiqué les camps et connu les brusques départs pour la bataille, compare l'audace du martyr à l'élan de soldats d'élite qui, entendant une certaine batterie (ici les menaces des persécuteurs), s'élancent au combat et « mettent le feu aux tentes » en supprimant tout refuge. La hardiesse toute guerrière de la métaphore porte ici la marque du combattant.

---

66. *Feux*, vers 1177-1180.
67. Vers 1163.
68. Cf. *Luc* XXIII. 34 : « Et Jésus disoit : Père pardonne-leur car ils ne sçavent ce qu'ils font ».
69. Cf. II *Corinthiens* V, 1.

Quelques remarques permettront à partir de ces exemples si divers de tenter une synthèse.

1° La composition de cette large revue des martyrs n'est pas simple accumulation ou soumission à un ordre chronologique. Elle offre en raccourci, nous avons essayé de le montrer, comme un abrégé de l'histoire de l'Eglise ; en cela A. d'Aubigné s'inspire du *Nouveau Testament*, tel que lui-même et ses contemporains le lisaient[70]. Au commencement, des attitudes, des paroles brèves, la figure d'un destin, sobrement indiqué, donnent à voir le Christ, puisque la prédication est bâillonnée : le martyr incarne par son courage et sa mort une parole importante du Christ ou des apôtres, sa vie aboutit à une parabole. Puis, lorsque les bourreaux ont imaginé de couper les langues des martyrs, A. d'Aubigné imagine une Pentecôte de flammes : le feu se fait langue pour témoigner. Après cette « Pentecôte » vient un temps de plus âpres supplices mais le témoignage se fait plus explicite et plus hardi : la constante Marie, Anne du Bourg, Montalchine, Richard de Gastines sont les héros qui transposent au XVIe siècle la hardiesse, l'esprit d'à-propos et la solidité des premiers apôtres. Enfin l'oppression s'appesantit encore, le *martyr* se voit interdire sa vocation même : il ne peut plus témoigner ni par le geste, ni par la parole : ce sont les temps derniers, que les Réformés croyaient vivre au moment de la Saint-Barthélémy, temps où l'Antéchrist, allié aux puissants du jour, massacrait les saints, l'*Apocalypse* avait évoqué ces jours d'épouvante. Alors à des fidélités sans exemple : la confession d'une petite fille affamée et torturée, l'acte inimaginable de l'Anglais ou l'attaque directe du « maigre capucin » — notons qu'il s'agit de personnages anonymes, qui par eux-mêmes ne sont rien — répondent une présence, un amour de Dieu tout à fait extraordinaires.

Cette hagiographie des martyrs de la Réforme possède un fil conducteur : elle s'organise suivant l'histoire du Christ et du témoignage apostolique, elle s'insère dans le large courant de l'histoire humaine, telle que les Ecritures la préfigurent, c'est-à-dire en tant qu'elle aboutit à l'Apocalypse. Cette poésie est donc essentiellement didactique : elle présente sans cesse tel verset, tel épisode du *Nouveau Testament* comme révélant le sens d'un destin humain et la vérité profonde de l'histoire ; c'était la croyance générale, mais ici paroles et scènes du *Nouveau Tes-*

---

70. Les croyants du XVIe siècle lisaient « naïvement » ces différents écrits en pensant que l'ordre qui s'offrait à eux reflétait celui de la rédaction des témoignages, et présentait un miroir de l'histoire humaine.

tament se trouvent réincarnées dans chacune de ces vies, l'histoire de chaque martyr devient proclamation de la puissance de Dieu et du salut, tantôt sur un théâtre humain, tantôt sur une scène mystique.

2° La matière de ces tableaux et même le thème biblique qui les termine sont rarement de l'invention d'A. d'Aubigné, il les emprunte à Crespin ; mais le poète choisit dans les notices touffues de l'*Histoire des martyrs* à la fois le geste symbolique et original et *un seul thème biblique,* il laisse de côté les longues controverses théologiques que chaque accusé soutenait avec ses proches ou ses juges, il retrouve la simplicité dense de tel ou tel verset mis en valeur à la fin d'un récit poignant, et qui fixe l'image, scellant en quelque sorte la vocation particulière du martyr.

Lorsque, selon la formule d'A. Garnier, c'est d'Aubigné qui « autorise » le *Martyrologe,* parce que les notices de l'édition de 1619 ont démarqué le récit des *Tragiques,* A. d'Aubigné crée à partir d'une source orale, mais il utilise tel traité dogmatique, contemporain de la confession de foi qu'il rapporte, ou telle méditation en accord avec les pensées de celui qu'il fait revivre. Parfois l'enseignement de l'évangile se trouve ainsi fondu avec les plus hautes pensées des sages antiques, c'est le cas du discours de R. Gastine ou bien il se trouve exprimé, selon la pensée théologique de la Réforme, dans des formules lapidaires qui sont comme les flèches de la foi nouvelle. L'authenticité du témoignage se trouve ainsi restituée par une recréation littéraire. Assez souvent un détail vrai, qui sera rapporté sans commentaire dans l'*Histoire Universelle,* fournit un rapprochement saisissant avec la vie du Christ et permet le développement poétique de la scène ; mais il ne s'agit nullement d'un grandissement ou d'un effet décoratif : l'apparition du trait biblique à travers la réalité humaine est révélation, et permet le passage du transitoire à l'éternel.

3° On a pu soutenir qu'A. d'Aubigné redoublait souvent l'image biblique ou lui imprimait un mouvement tourmenté. Dans la série des scènes que nous venons d'examiner ce qui frappe c'est, au contraire, la pureté dépouillée de l'image évangélique : l'accumulation des tortures, les figures tourmentées, l'horreur démentielle des supplices appartiennent aux bourreaux mais la foi du martyr ou le secours de Dieu s'expriment en formules, en gestes simples ; la fin de chaque supplice fait succéder aux grouillantes ténèbres la claire lumière du matin de Pâques. Le triomphe du martyr s'exprime par une allégresse qui ne pèse pas, et la clarté de sa face s'accorde au rayonnement pur de la Jérusalem céleste. Nous ne devons jamais oublier que pour A. d'Aubigné la Parôle de Dieu dans sa pureté est créatrice : elle suffit à conjurer les efforts de Satan, à changer le feu du supplice en proclamation rayonnante.

III. — DIEU COMBATTANT ET JUSTICIER

Textes bibliques utilisés ; problème de l'anthropomorphisme.
Réforme théologique et liberté de l'invention poétique.
La vision du Dieu justicier dans la Bible et dans ce texte.

L'évocation de *Dieu combattant* qui se transforme en un tableau tourmenté représentant le *Dieu justicier* a certainement pour point de départ un texte de Saint Cyprien exhortant les fidèles de son temps à soutenir le combat contre l'Antéchrist [71], à la veille du combat apocalyptique.

Après avoir rappelé l'ardeur des soldats d'élite qui vont combattre et être couronnés en présence de l'empereur, ce père de l'Eglise rappelle aux Chrétiens en proie à la persécution que Dieu même préside à leur combat : « Voici », écrit-il, « un combat grand et excellent, il est magnifique à cause du loier de la couronne céleste, et que Dieu nous regarde combatans, voire prend plaisir à voir ceste meslee, baissant les yeux sur ceux qu'il a daigné faire ses enfants. Dieu nous regarde, aussi font les Anges, et Jésus-Christ lorsque nous avons les armes au poing, et nous fourrons aux coups en vertu de la foi... » [72]. Christ lui-même, capitaine des martyrs, s'est offert aux coups le [73] premier. L'image se précise encore dans l'épître de Saint Cyprien : Dieu confondu avec le Christ non seulement préside au combat mais marche à la tête de ses troupes [74].

---

71. Il s'agit d'un extrait de l'*Epître aux habitants de Thibare* qu'on lit, dans une traduction française, en appendice, au traité de Bullinger : *Histoire des Persécutions de l'Eglise*, nouvellement traduite en français. 1577.

72. Op. cit. p. 270.

73. Op. cit. p. 264 : « Aussi nous n'avons pas esté enroullez sous son enseigne pour nous forger une paix et fuir le combat ; veu que *nostre capitaine*, monstre d'humilité et de souffrances, s'est présenté aux coups le premier, faisant lui-mesme ce qu'il enseigne de faire et souffrant pour nous premièrement. »

74. Op. cit. p. 266 : « Celui qui meine au combat et couronne les martyrs est assez suffisant tesmoin de leurs souffrances ». Précisons que le vers 1357 :
« Vient de Dieu qui *présent au milieu de vos flammes* »
est inspiré par *Daniel* III. 25, cet épisode des enfants dans la fournaise étant utilisé 6 fois dans *les Feux*.

Les vers d'A. d'Aubigné condensent la pensée de Saint Cyprien :

« Ainsy en ces combats ce grand Chef souverain
Commande de la voix et combat de sa main ;
Il marche au rang des siens : nul champion en peine
N'est sans la main de Dieu, qui par la main le meine. » [75]

Les théologiens et l'évêque du IIIe siècle avaient en effet un objectif commun : fortifier les fidèles en proie à une persécution si âpre qu'elle n'était autre, à leurs yeux, que le combat eschatologique évoqué au chapitre XIX de l'*Apocalypse*.

Mais avant de montrer le Dieu de justice, préparant, pour venger les siens, un nouveau Déluge, A. d'Aubigné voit, avec les yeux de Dieu, et dénonce avec une virulence toute prophétique

« Ceux qui tiennent le lieu et le nom de l'Eglise ».

La figure de Babylone [76] qu'on trouve dans l'*Apocalypse*, thème plus que banal dans la polémique réformée, a repris vigueur depuis la Saint-Barthélémy car Saint Jean écrivait :

«, Et je vi la femme enyvrée du sang des saincts et du sang des martyrs de Jésus. » [77]

A. d'Aubigné renouvelle ce mythe, qu'il doit juger bien usé, en appliquant ces caractéristiques aux puissants de son temps : prélats et cardinaux de l'Eglise qui font partie du Conseil du roi et qui furent sans doute les instigateurs de la Saint-Barthélémy. Plusieurs des détails d'actualité et en particulier le rôle des prélats, qui jugent l'hérétique mais remettent le coupable au bras séculier, ont pu être suggérés par l'*Histoire de l'Inquisition d'Espagne*, de Montès, publiée en 1568 dans une traduction française par J. Crespin, déjà utilisée dans la *Chambre dorée* (v. 525-610) [78]. Mais ce qui caractérise cette nouvelle attaque, c'est l'utilisation de réminiscences bibliques qui lui prêtent un ton pro-

---

75. *Feux*, vers 1359-1363.
76. Cf. *Apocal*. XVII. 6.
77. Bullinger commente ainsi ce texte in *Cent sermons sur l'Apocalypse* : « car Rome est appelée par figure Babylone. Les autres l'appellent Apostolique, divine, première saincte par dessus toutes autres : le Seigneur l'appelle Babylone voire l'appelle la Grand'Babylone... outre cela il aioute un cas fort grief, son yvrognerie, sa tyrannie, et ses meurtres ». op. cit. p. 572.
78. Les passages de *l'Histoire Univ*. t. 1, p. 348-349 cités dans l'édition Weber p. 314-315, à propos de la *Chambre dorée* ne sont qu'une copie d'un passage de l'opuscule de Montes.

phétique préparant l'apparition même du Dieu Vengeur. Ainsi ces
« porteurs de croix » ivres de sang, mais aussi de vin, sont justiciables
de la malédiction d'*Esaïe* : « Sur la couronne d'orgueil des yvrognes
d'Ephraïm » (*Esaïe* XXVIII. 1 et 7) parmi lesquels se trouvent le Sacrificateur et le Prophète ; ils adoptent l'attitude des rebelles que décrit
le chapitre XVI de l'*Apocalypse* au jour du châtiment [79], « Sel sans saveur », « bois verd », « nuage sans liqueur », autant d'images bibliques
qui évoquent celui qui est en butte au châtiment céleste [80]. Pour finir,
le rappel de la découverte du premier péché fait clairement sentir qu'on
ne trompe pas Dieu et que l'hypocrisie la mieux ourdie n'est aux yeux
du Tout Voyant qu'une ruse enfantine. Lorsque la parole a ainsi décelé
puis condamné l'hypocrisie et la cruauté des persécuteurs, A. d'Aubigné
fait apparaître *Dieu en courroux* :

> « Dieu voulut en voir plus, mais de regret et d'ire
> Tout son sang escuma : il fuit, il se retire,
> Met ses mains au-devant de ses yeux en courroux.
> Le Tout Puissant ne peut résider entre nous.
> Sa barbe et ses cheveux de fureur hérissèrent,
> Les sourcis de son front en rides s'enfoncèrent,
> Ses yeux changés en feu jettèrent pleurs amers,
> Son sein enflé de vent vomissoit des esclairs. » [81]

Cette représentation tourmentée de la fureur de Dieu est-elle légi-
timée par des visions bibliques, est-elle en accord avec les principes
réformés qui recommandent aux artistes de ne pas forger d'idoles et de
soumettre leur inspiration à la Parole souveraine ?

a) Dans tout l'Ancien Testament, les représentations anthropomorphiques de Dieu sont extrêmement nombreuses. En particulier tout
ce qui a trait aux sentiments de Dieu, à sa puissance, à ses rapports
avec l'homme s'exprime en termes relatifs au corps et à l'esprit hu-

---

79. Cf. *Apocal.* XVI-9 et la paraphrase de Napeir (op. cit. p. 280) : « Et
les hommes furent estrangement eschaufez et enflés des arguments contentieux,
maintenant des blasphèmes contre le nom de Dieu ».
80. Vers 1377 - *sel sans saveur*, cf. *Marc* IX. 50 « Si le sel est sans saveur,
de quoy lui rendrez-vous saveur ? » et *Luc* XIV. 34 ajoute : « Il n'est propre
ni pour mettre en la terre, ni au fumier, mais on le jette hors. Qui veut ouïr, oye ».
bois verd. cf. *Ezéchiel* XVII. 24 : « Et tous les bois des champs cognoistront
que moi qui suis le Seigneur ai abaissé le haut arbre et ay exalté l'arbre bas :
et que j'ay *séché le bois verd* et ay fait reverdir le bois sec ».
vers 1378 *nuage sans liqueur, abondance affamée.* Cf. *Ep. de Jude* v. 12
« se repaissant eux-mêmes sans crainte, *nuées sans eau* emportés des vents ça et là,
arbre dont le fruit se pourrit ».
81. *Feux*, vers 1389-1396.

mains. Dieu, dont le nom reste toujours caché — car l'homme ne saurait mettre la main sur son être — possède un nez, des yeux, une bouche, un souffle, des oreilles, un visage, des mains, des bras ; l'odeur des sacrifices monte à ses narines ; les gestes, les sentiments humains font partie de cette représentation qui atteint une hardiesse étonnante dans l'expression de la passion jalouse ou de la tendresse [82]. Et d'ailleurs certains exégètes ont montré que bien des mythes bibliques reprenaient de éléments mythologiques de l'Orient ancien, dans lesquels les dieux avaient figure d'homme. Mais l'interdiction de dresser des images taillées et de leur rendre un culte, l'avertissement de ne pas confondre le Dieu d'Abraham avec les divinités cananéennes sont un point capital de l'Alliance ; les malédictions contre les idoles, leur renversement et le massacre des prêtres qui les servaient au temps de Josias, tout cela exige du peuple d'Israël une foi dans le Dieu invisible, qu'aucun signe ne peut figurer. Si Dieu est évoqué avec des traits humains c'est que l'homme ne peut concevoir le *tout autre*, mais ces expressions toujours symboliques sont aussi toujours inadéquates. Un texte capital à cet égard, c'est la fin du chapitre XXXIII de l'*Exode* : « Fais-moi voir ta gloire » demande Moïse à Dieu ; l'Eternel dit : « Tu ne pourras pas voir ma face car l'homme ne peut me voir et vivre ». Or, les théologiens réformés, violemment opposés au culte des saints et des images, ont amplement commenté ce passage ; Calvin ne cesse de souligner que la figuration de Dieu dans l'Ancien Testament ne doit pas être interprétée au sens littéral, que la contemplation directe de Dieu est impossible en cette vie [83]. « Chaque fois qu'il s'est offert à la vue des Pères (c'est-à-dire des juifs de l'Ancien Testament) ce n'est pas dans son essence même mais sous des figures symboliques qu'ils l'ont vu ». Et dans son *Commentaire sur Job,* Th. de Bèze reprend les mêmes mises en garde [84] il souligne le caractère mythique des scènes où Dieu paraît, et demande qu'on ôte tout réalisme à des expressions comme le visage, les pieds, les mains de Dieu, que seule l'infirmité de notre nature rend nécessaires. Agrippa d'Aubigné était certainement en plein accord avec cette doctrine, il ne la trahit pas en dépeignant la figure baroque du Dieu en courroux. C'est une représentation mythique : certains détails outrés,

---

82. Voir en particulier *Osée* II ; *Esaïe* XXXI. 5.
83. Entre cent autres passages, voici le commentaire de Calvin sur I *Jean* III. 2: « ce que nous serons n'a pas encore été manifesté ; mais nous savons que lorsque cela sera manifesté, nous serons semblables à lui parce que nous le verrons tel qu'il est ». « Sed quum dicit Apostolus nos eum, qualis est visuros, novum et ineffabilem vivendi modum designat, cuius nunc sumus expertes... Et quoties se visendum patribus praebuit, non in sua essentia sed sub symbolis semper visus est. Ergo tunc demum in se videbitur quae nunc latat Dei maiestas, ubi ablatum fuerit mortalis huius et corruptibilis naturae velum ». C.O. 55/332.
84. Cf. Th. de Bèze, *Jobus,* Genève 1589, p. 23.

certains caractères que la Bible ne fournit pas : « tout son sang escuma », « sa barbe et ses cheveux de fureur hérissèrent », suffiraient à montrer qu'il y a là une création poétique dont le relief est violemment accusé, comme dans un décor d'opéra. Mais même si la représentation paraît outrée, cette outrance étant voulue, elle reste signifiante, elle exprime une vérité ; il ne s'agit pas d'une composition décorative ni même d'une vérité morale traduite en un symbole mais bien d'une vision chargée de puissance, les emprunts faits au *Psaume* XVIII, qui décrit le *Dieu armé de la tempête,* à des visions d'*Isaïe* ou de *Daniel,* révèlent le dynamisme prophétique de cette figure tourmentée.

En effet, même si l'imitation du *Psaume* XVIII n'est pas rigoureuse puisque, au lieu de descendre du ciel pour anéantir la terre, Dieu ici remonte [85], laissant encore un répit à ce monde, c'est bien le Dieu justicier venant dans la tempête qui est évoqué. On sait que le Déluge constituait pour le Psalmiste et pour les prophètes la représentation du jugement final ; « il se repentit donc d'avoir formé la terre » [86] introduit le thème du Déluge que les vers 1401 et 1402 précisent. Mais les temps ne sont point accomplis puisque le massacre de la Saint Barthélémy n'a pas encore eu lieu. Dieu se contente donc d'abandonner le monde à lui-même, ce qui est déjà une grave malédiction, le signe que l'alliance est rompue [87].

Dans ce texte tourmenté où les mouvements contraires de « l'âme de Dieu » se traduisent en gestes de théâtre, violemment contrastés, malgré les outrances de l'évocation, A. d'Aubigné s'appuie solidement sur des textes bibliques ; il retrouve le jeu des figures symboliques

---

85. C'est dans *Ezéchiel,* X/4, 20 et sq. qu'on trouve la vision de la gloire de Dieu abandonnant le temple de Jérusalem. A. d'Aubigné, comme il arrive souvent, a fondu ici deux textes, cf. *Ps.* XVIII/8 à 16 et notamment : « Fumée montait de ses narines et feu de sa bouche qui consumoit et charbons s'embrasoyent de luy.

Il baissa les cieux et descendit et obscurité noire estoit sous ses pieds.

Il estoit monté sur un Cherub et voloit, et estoit porté sur les ailes du vent ;

Il mit pour sa cachette des ténèbres et pour son tabernacle autour de soi, obscurité d'eaux et nuées espesses.

De la lueur qui estoit devant luy, ses grosses nuées partirent et charbons de feu.

Il tira ses flèches... il lança des esclairs

Et les canaux des eaux apparurent ; et les fondements du monde furent descouverts par ta menace, Seigneur, par le souffle du vent de ton nez ». Le thème est repris par *Esaïe* XXX, 30 où la colère de Dieu contre Assur se déchaîne la flamme dévorante est associée à la tempête, à la grêle...

86. Vers 1397, cf. *Gen.* VI-6 « Adonc il se repentit d'avoir fait l'homme en la terre et fut dolant en son cœur ».

87. Cf. *Ezéchiel* X-18. Ezéchiel voit la gloire de Dieu abandonner le temple, c'est le signe du désastre : Israël n'est plus un peuple.

utilisé par le Psalmiste et les prophètes : il s'agit pour lui d'annoncer, avec sérieux, le jugement qui vient ; c'est l'espérance de la foi qui seule peut équilibrer la longue suite des tourments endurés par les martyrs et assouvir la soif de justice que cette longue série de persécutions, couronnée par l'hypocrisie religieuse, a provoquée. Il fallait cette puissante représentation mythique du Dieu justicier pour affronter victorieusement les responsables de l'Eglise établie qui ont commis ce péché suprême : juguler la proclamation de la Parole, couper la langue des martyrs, supplicier à nouveau le Christ dans ses élus. Mais nous n'avons pas affaire ici à une représentation sacrilège du Dieu invisible : c'est une peinture *poétique* qui met en scène, en quelque sorte, la Parole. Les *Psaumes* et les écrits des *prophètes* contiennent un grand nombre de descriptions aussi hardies que celles-ci, destinées à l'enseignement ou à l'expression de l'adoration [88]. Les Israélites ou les Réformés n'y voyaient point une transgression du deuxième commandement. « Il se montra ferme », est-il dit de Moïse dans l'*épître aux Hébreux*, « comme voyant celui qui est invisible » [89]. Avec toute sa foi, et au nom des martyrs, A. d'Aubigné exprime, par cette théophanie, son espérance.

IV. — LA BIBLE DANS « LES FERS »

Ce livre célèbre les batailles des guerres de religion, la résistance huguenote, il évoque enfin les martyrs de la Saint-Barthélémy. Un thème biblique important, celui de *Job*, inspire le prologue qui donne la clé de tout le chant ; entre les divers épisodes des guerres, des emprunts à l'histoire d'Israël indiquent la ferme direction que Dieu imprime aux événements, enfin le mythe final offre des aspects bibliques. Le merveilleux biblique reste bien distinct des épisodes humains en général mais, par avance, il oriente les batailles ou les épreuves des martyrs, à la manière des scènes de l'Olympe, dans l'Iliade, où le conseil des dieux déterminait la marche de l'épopée humaine. C'est ainsi, me semble-t-il, qu'on peut expliquer le rôle de plusieurs scènes de l'histoire d'Israël qui servent de transition, définissant par avance le caractère des récits qu'elles introduisent, et surtout leur valeur dans le plan de Dieu.

1° Le mythe de Job et le sens des combats

Nous avons indiqué quelle avait été l'importance du livre de Job pour la communauté réformée aux heures où tout semblait non seule-

---

88. Voir von Rad. op. cit. I p. 315 n.
89. Cf. *Epître aux Hébreux* XI. 27.

ment perdu mais condamné par Dieu [90]. Calvin avait commenté ce livre, et ses *sermons sur Job,* plusieurs fois réédités, furent largement répandus [91]. Bien des croyants durent trouver dans ce livre une exhortation à s'en remettre totalement à Dieu quand ils étaient submergés par le flot de souffrances incompréhensibles, et surtout, comme nous l'avons déjà exposé, au moment où les églises de la Réforme dispersées, anéanties, paraissaient à plusieurs rejetées par Dieu même. Car Job cherche sans doute le sens de la souffrance mais plus encore « sa justification qui lui paraît perdue » [92] puisque, aux yeux de ses contemporains, la souffrance est liée au mal que l'on a commis.

Ainsi, en reprenant le prologue de *Job* au début des *Fers,* A. d'Aubigné place tous les récits qui vont suivre dans une certaine lumière. Il n'ôte rien à l'angoisse, à l'horreur des tragiques spectacles qui vont s'animer, mais le théâtre humain se trouve au cœur d'un autre théâtre, céleste celui-là, sur lequel se joue le vrai drame, l'histoire des hommes dans sa réalité surnaturelle. Elle est déjà jouée, peut-on dire, car le dénouement de ces drames terrestres, leur dénouement dernier, le salut de ces combattants est connu de Dieu qui les aime, qui les a choisis pour sa gloire. Dans le prologue du livre de *Job,* Dieu, qui domine sur Satan, lui ordonne de préserver la vie de Job, mais on ne sait pas si Job restera jusqu'au bout le serviteur fidèle, s'il justifiera ou discréditera la parole de Dieu qui est en jeu [93], un « suspense », dirions-nous, est créé, mais A. d'Aubigné, en fidèle disciple de Calvin, sait que de toute éternité les âmes élues dans le conseil de Dieu sont sauvées. Les spectacles qui vont suivre ne seraient-ils donc que des compétitions sportives, des tournois aux lames mouchetées ? Non certes, car on ne sait pas qui seront ces vaisseaux d'élection, de plus l'horreur des combats, qui va succéder au rayonnement de la scène céleste, éloigne cette certitude ; d'ailleurs ni Job, ni les champions modernes n'ont assisté à ce prologue, ils luttent dans la nuit. Il faut souligner encore la modification du personnage de Job qu'A. d'Aubigné trouvait dans les commen-

---

90. Voir la 2ᵉ partie du chap. I p. 30 et la mort du Sieur de Laplace (*Mémoires de l'Estat de France sous Charles IX°,* T. I, p. 408).

91. La première édition paraît en 1563. *Sermons sur le livre de Job.* Recueillis fidèlement de sa bouche selon qu'il les preschoit. J. de Laon ; fol.
En 1569 nouvelle édition par F. Perrin.
En 1593. *In librum Jobi conciones.* ed. Latine exécutée à la demande des églises de Hongrie.
En 1574-1580. Traductions anglaises parues à Londres. nouvelle éd. en 1584 *Jobus sive de constantia libri IIII poetica metaphrasi explicati* J.A. de Thou. D. Duvalius Parisiis 1587 in 8° au British Museum.

92. Von Rad, op. cit, p. 353. T.II.

93. *Ibid.,* op. cit, p. 353.

taires bibliques de son temps : Dieu désigne à Satan ces nouveaux
« Jobs » en les appelant « *mes saincts champions* », Théodore de Bèze [94]
appelle Job un athlète ; Job, sans doute, est un martyr puisqu'il soutient la gloire et l'honneur de Dieu [95] ; mais, en ces temps de résistance
militaire, on insiste sur la force, l'ardeur combattive de ce héros de
Dieu, il est aisé pour A. d'Aubigné de voir en lui la figure de compagnons d'armes. Satan surtout, si important dans ce prologue, est transformé : il devient vraiment l'adversaire de Dieu, le diable tel que Pierre
l'évoquait dans sa *première épître* [96], sans cesse à la recherche d'une
proie, il est « déguisé en Ange de lumière », formule d'une extrême
banalité en ces temps de querelles religieuses, mais que d'Aubigné
interprète plastiquement en revêtant Satan de robes éclatantes. Ce déguisement, étranger au texte biblique, caractérise la lutte actuelle car
la constitution du parti réformé et sa cohésion dépendent des solides
convictions de ses membres ; au temps de la Saint-Barthélémy comme
dans les années qui ont précédé l'abjuration de Henri IV, l'offensive
des convertisseurs ou des diplomates de cour fut plus dangereuse pour
le parti que les coups d'épée. Mais ce déguisement et toutes les ruses
de l'Ennemi sont anéanties par une seule parole de Dieu. Toute la scène
se transforme à partir du vers 52 :

« D'où viens-tu, faux Satan, que viens-tu faire ici ? »

Alors que, dans la Bible, Satan répondait très franchement et simplement à Dieu, tout l'art baroque d'A. d'Aubigné qui permet de noter la
flétrissure progressive du faux ange et le passage de l'éclat pur à la couleur diverse, signe de perversion, n'est que le commentaire plastique de
ce principe essentiel de la Réforme : la Parole de Dieu est la pierre de
touche qui permet de discerner et d'anéantir toute la magie des traditions
humaines et des discours captieux.

Enfin toute l'évocation de la gloire de Dieu, des anges qui le servent
et qui sont comme les rayons de sa clarté a été ajoutée au prologue de
Job qui rapporte tout simplement : « Mais un jour, comme les fils de
Dieu estoyent venus pour assister devant le Seigneur, Satan aussi se

---

94. Th. de Bèze : *Jobus partim commentariis partim paraphrasi illustratus*.
Genève 1589 ; dans ce commentaire le thème de la prédestination est longuement
développé. « Sed contra, superato Satana, Victor tandem fortissimus Dei athleta
triumphat. » p. 4, p. 46.
95. Cf. Von Rad. op. cit. t. II, p. 353.
96. I *Pierre*, v. 8 : « vostre adversaire le diable chemine comme un lion
bruyant à l'entour de vous cerchant qui il pourra engloutir ». A. d'Aubigné note
haletant, v. 38, Calvin explique ainsi l'action de Satan. *Sermon sur Job* n° 4. O.C.
33/63.

trouva entr'eux » [97]. On pourrait penser qu'A. d'Aubigné a pris plaisir à composer cette amplification comme une fresque, mettant en œuvre tout son talent pour traduire un rayonnement d'une pureté et d'une profondeur inexprimables ; mais cet ébouissement mouvant, toute clarté procédant de Dieu et revenant à lui dans l'extase de l'amour, n'est pas uniquement une tentative pour révéler l'ineffable, il est la traduction plastique de quelques versets des *Colossiens* et du *Commentaire* de Calvin qui les explique [98]. Ainsi, soumettant son inspiration aux Ecritures et aux théologiens qui les explicitent, A. d'Aubigné fait surgir un tableau lumineux qui suggère la plénitude de Dieu, cet « héritage des saints dans la lumière », terre promise pour ceux qui tombent sur les champs de bataille ou expirent dans les massacres collectifs. Même si le prologue biblique et les souffrances de Job constituent un thème conducteur de tout le livre, l'exploitation qu'en fait A. d'Aubigné apparaît comme tout à fait originale. Le prologue de *Job,* considérablement enrichi, donne la raison des luttes et des tourments des « justes », il annonce pour eux des épreuves plus subtiles encore mais surtout il en évoque le terme, la plénitude de la gloire qui les attend ; il déclare que la victoire est déjà gagnée, car Dieu a empoigné Satan et l'a vaincu. Ce prologue des *Fers* rappelle, avec une lumière plus éclatante, celui des *Feux,* il ne représente, par rapport à lui, qu'une variation. Avant la rude épreuve des combats et la Saint-Barthélémy, il souligne la prédestination des combattants et des victimes.

Une question se pose alors : à la lumière de cette interprétation, le livre tout entier nous offre-t-il une chronique, une tragédie ou une épopée ?

Le *Commentaire* de Th. de Bèze sur *Job* démontre que ce livre de la Bible est, par sa structure, une tragédie [99], pourvu qu'on en retranche le prologue et le dénouement tout à fait heureux, mais précisément A. d'Aubigné développe le prologue, l'enrichit d'une scène où Dieu confond les ruses de Satan, et ce prologue se termine sur la ferme assurance de la victoire des élus. La chronique, l'histoire sont ainsi orientées

---

97. *Job* 1/6.
98. I *Colossiens* 12 : « Rendons grâces au Père, qui nous a fays idoines à participer à l'héritage des saints en la lumières... Car en luy (il s'agit du Christ image du Dieu invisible) ont esté créées toutes choses qui sont ès cieux, et qui sont en la terre, visibles et invisibles, soyent les thrones ou les dominations, ou les principautez ou les puissances : toutes choses di-ie, sont créées par luy et pour luy ».
... *Note de la Bible de* 1563 : « Il entend par les throsnes le palais céleste de la maiesté de Dieu, avec toute la magnificence d'iceluy et par les Dominations, Principautez et puissances, les Anges célestes ; d'autant qu'ils sont ministres et serviteurs de la domination, principauté et puissance divine. » I *Colossiens* 16.
99. Cf. *Jobus,* op. cit. p. 2 et 3.

dès le départ et, si la tension tragique subsiste dans les récits qui vont suivre, le tragique proprement dit, ce malheur absolu, ces ténèbres où aboutissent des destins, est éliminé d'avance ; comme les martyrs du livre IV, mais d'une façon plus mystérieuse, les combattants des guerres de religion et les victimes de la Saint-Barthélémy vont réaliser leur vocation, manifester dans la souffrance consentie, dans l'horreur patiemment endurée, leur élection. Ils résisteront jusqu'au sang pour maintenir le nom de Dieu, et à travers leur courage, leur obstination, dans des actions tout humaines, le fait qu'ils sont liés au Royaume céleste apparaîtra. Nous sommes bien dans l'épopée, et même dans une épopée tout à fait classique par certains aspects formels. Comme dans l'Iliade, en effet, A. d'Aubigné sépare les scènes célestes et les combats terrestres, l'issue des combats sur le plan terrestre dépend des combattants, de leur force, de leur ruse ; mais le sens du combat, sa réalité dernière restent dans la main de Dieu qui n'a pas besoin qu'on lui conquière un royaume, mais seulement, pour que Sa gloire éclate, qu'on garde foi en lui, qu'on attende tout, et la vie même, de Sa Grâce. Mais qu'on se garde de voir dans les *Fers* une épopée mystique : A. d'Aubigné reste persuadé, comme ses compagnons et les pasteurs de son temps, que le dessein de Dieu est d'établir fermement son Eglise en Europe et en France, pour que l'évangile de la grâce soit prêché à toute créature ; c'est donc l'histoire d'Israël, où la grâce de Dieu, son élection se manifestent dans la vie concrète d'un peuple, qui va fournir des références, éclairant les luttes contemporaines, révélant leur sens, renvoyant sans cesse au dessein de Dieu : après la vision de la cour céleste, le *merveilleux épique* dans les *Fers* est constitué par ces épisodes d'une histoire très ancienne où la main de Dieu a renversé les plans des hommes, et qui interviennent dans le récit soit pour annoncer, soit pour conclure une série d'événements.

Voici d'abord une explication générale des succès ou revers des armées huguenotes :   ,

> « Tantost ils remarquoyent le bras pesant de Moyse,
> Et d'Israël fuyant l'enseigne en terre mise :
> Puis Dieu leve ses bras et cette enseigne, alors
> Qu'afoiblis aux moyens par foy nous sommes forts ;
> Puis elle deperit quand orgueilleux nous sommes,
> Sans le secours de Dieu, secourus par les hommes. » [100]

---

100. Vers 295-300. cf. *Exode* XVII. 11. 12 « Et quand Moyse eslevait sa main, Israël vainquoit ; aussi quand il abaissoit sa main, Amalec vainquoit.

Mais les mains de Moyse estoyent pesantes, dont iceux prindrent une pierre, et la mirent sous luy, sur laquelle il s'assit. Et Aaron et Hur soustenoyent ses mains... ».

Après l'échec de la conjuration d'Amboise, au cours de la sanglante répression qui suivit, un condamné fait monter vers Dieu ce
cri prophétique :

> « O Dieu, puissant vengeur, tes mains seront ostées
> De ton sein, car ceci du haut ciel tu verras
> Et de cent mille morts à poinct te vengeras. » [101]

Dieu intervient au cours de la première guerre pour montrer que
la force n'est pas ce qui décide des batailles mais que sa volonté peut
abaisser le puissant et élever le faible. Il arme le bras de Poltrot de
Méré comme IL avait permis à la faible Judith de tuer Holopherne. En
rappelant cet exploit, A. d'Aubigné ne fait que reprendre le thème de
nombreux pamphlets ou chansons de circonstances qui exaltaient cet
assassinat [102] et assimilaient le meurtre de Poltrot à l'exploit de Judith.

Au cours de la deuxième guerre, l'intervention des Anges n'est sans
doute qu'une métaphore :

> « Là vous voyez comment la chrestienne vertu
> Par le doigt du grand Dieu a si bien combattu
> Que les meschans, troublés par leurs succès estranges,
> Penserent, esbahis, faire la guerre aux Anges. » [103]

On ne saurait oublier cependant que Calvin, commentant le livre
de *Daniel,* a posé d'une façon très claire que les anges combattent pour
l'Eglise de Dieu et, selon le *Psaume* XXXIV (v. 8), « campent autour de
ceux qui le craignent. » [104]

Mais la chronique continue, les protestants subissent de très graves
défaites, Jarnac, Moncontour. C'est l'occasion pour le poète de rappeler que Dieu a sauvé son peuple avec de petites troupes, qu'il s'est servi
des choses faibles de ce monde pour confondre les fortes [105]. D'Aubigné

---

101. Ce texte combine un appel à la veangeance du *Ps.* LXXIV « O Dieu...
despitera-t-il ton nom à jamais ? Pourquoi retires-tu ta main, voire ta dextre ?
Consume les, la retirant du milieu de ton sein » (versets 10-11). Et l'affirmation
qu'on lit dans *Luc* XVIII-7 : « Or Dieu ne vengera-t-il point ses eslus qui
crient à luy jour et nuïct ? ». *Les Fers,* v. 360-363.
102. Voir en particulier « *Sentence redoutable et arrêt rigoureux* du jugement
de Dieu à l'encontre de l'impiété des tyrans ». Lyon 1563, in 8° ; dans les *Mémoires
de Condé.* T. V, p. 56-65. *Les Fers,* vers 383-384.
103. Vers 397-400.
104. Cf. O.C. 41/206. *Praelectiones in Danielem* X.13.
105. I *Cor.* I/27.

oppose à la tragique bataille de Moncontour la guérilla qu'il a lui-même dirigée, au même moment, faisant revivre les délivrances de Gédéon.

« Mais les petits troupeaux favorisés des cieux
Choisis des Gedeons, chantent victorieux » [106].

Voilà bien le thème caractéristique de l'épopée d'Israël : le peuple n'existe que parce que Dieu l'a fait sortir d'Egypte ; il ne subsiste que par la Grâce [107]. Assurément, ce n'est pas là le dynamisme ordinaire de l'épopée qui célèbre les marches guerrières, les victoires, l'anéantissement de l'adversaire, celle-ci exige les yeux de la foi, elle repose sur des signes ; la continuité d'Israël, le fait qu'il est sauvé, comme Noé, au travers de la mort, qu'il connaît une sorte de résurrection après l'exil sont ces signes et le thème le plus caractéristique de cette épopée reste la *marche au désert,* lieu par excellence de la mort, selon la nature des choses, mais lieu des visitations de Dieu, et de la Grâce.

Parfois A. d'Aubigné modifie les faits historiques pour que ce thème de l'*Exode* apparaisse plus nettement : ainsi le petit troupeau de « femmes, enfants, vieillards », expulsés de Montargis, qui se trouve pris entre deux bandes armées, sans recours possible, comme Israël poursuivi par les armées de Pharaon et arrêté, en avant, par la mer Rouge. La prière du pasteur Beaumont reproduit un *Psaume* où s'exprime la foi totale du « pauvre » au cœur de la détresse, et Dieu, comme dans l'*Exode,* ouvre un chemin pour ses rachetés [108]. Si ce thème des « *gesta Dei per pauperes* » dominait, d'Aubigné ne raconterait plus que des épreuves et des miracles puisqu'il a bien énoncé lui-même ce thème du triomphe divin à travers les souffrances du peuple élu :

« [Dieu] veut vaincre par soy et rendre consolés
Les camps tout ruinés et les cœurs désolés,
Les tirer du tombeau afin que la victoire
De luy, et non de nous, éternise la gloire. » [109]

Mais cette conception profonde des desseins de Dieu qui préfigure l'abaissement du Christ et la Croix n'amenait pas les huguenots à trouver leur joie dans la défaite ou dans on ne sait quel quiétisme :

---

106. Vers 433-434, cf. *Juges,* chap. VII.
107. D'Aubigné souligne ce caractère essentiel de l'histoire d'Israël en rappelant la colère de l'Eternel contre David qui avait ordonné le dénombrement du peuple Hébreu, cf. II *Samuel* XXIV. *Les Fers,* vers 441-442.
108. *Les Fers,* 475-498. Les vers 475-476 manifestent clairement le contraste entre le contenu de l'épopée classique où un chef militaire harangue les guerriers et cette épopée biblique où un pasteur harangue « un escadron d'oüailles ».
109. *Les Fers,* vers 437-440.

comme les Israélites, ils attendaient le secours de Dieu lorsqu'Amalec ou Madian les opprimait, mais la certitude des bénédictions divines stimulait leur élan guerrier : puisque Dieu était avec eux, ils devaient aller de l'avant, aussi solides et robustes que les tribus éprouvées par quarante ans de vie au désert. C'est pourquoi le thème de l'*Exode*, de la délivrance miraculeuse, s'unit étroitement à l'appel au combat : Dieu fait tout, aussi l'homme fidèle doit-il allègrement monter à l'assaut. Le livre de *Josué* fournissait ces exhortations viriles [110]. C'est pourquoi le récit des combats et des succès miraculeux des armées de la Cause s'achève sur une sorte de prophétie inspirée par l'*Exode* mais aussi par les batailles du livre de *Josué*, cette conquête hardie des villes cananéennes fortifiées, au-dessus des plaines du Jourdain [111] :

« Qui voudra se sauver de l'Egypte infidelle,
Conquérir Canaan et habiter en elle,
O tribus d'Israël, il faut marcher de rang
Dedans le golfe rouge et dans la mer de sang... » [112]

Cela, c'est le thème de l'*Exode* : les délivrances au travers de la mort, la foi qui lance les élus de Dieu au milieu des flots ; les Réformés réchappés de la Saint-Barthélémy avaient revécu, croyaient-ils, cette expérience unique :

« ... Et puis à reins troussés passer, grimper habiles
Les déserts sans humeur et les rocs difficiles. »

C'est ici la reprise d'une rude conquête où les délivrances du passé affermissent les cœurs ; la terre du repos, l'établissement sont le prix de ces derniers exploits.

Ces thèmes bibliques permettent de définir clairement le double caractère de la « geste huguenote » telle qu'A. d'Aubigné la représentait après l'avoir vécue : le peuple huguenot, nouvel Israël, constitué par la Parole et le choix de Dieu, est maintenu « à main forte et à bras étendu » par Dieu lui-même [113] ; il est conduit, souvent miraculeusement, vers Canaan, la Terre promise, et cet établissement n'est pas en-

---

110. Cf. *Josué* I/6 « Sois donc fort et robuste... », 9 « Ne t'ay-je point commandé que tu fusses fort et vaillant, et que tu ne t'espouvantasses ni ne craignisses ? Car le Seigneur ton Dieu est avec toy partout où tu iras ».
111. Voir *Josué* IV-19 « A donc le peuple monta du Jourdain ». VIII-1 « pren avec toy tout le peuple fait à la guerre et te levant monte en Hai ».
112. *Fers*, vers 521-524.
113. Expression du *Deutéronome* XXVI, 8 « Credo du Deutéronome qui présente tous les signes d'une haute antiquité ». (Von Rad., p. 112, vol. 1).

tendu dans un sens spirituel seulement. C'est l'aspect religieux et mystique de cette épopée ; l'honneur de Dieu y est premier, il éclate quand les « petits troupeaux » obtiennent la victoire. Mais la foi de ces guerriers se traduit dans l'action, ils vivent une histoire humaine : leur discipline militaire, leur force, leurs ruses, leur endurance sont la manifestation visible des desseins de Dieu. Sur ce plan là, tout reste humain, et les soldats huguenots sont pleinement responsables de l'issue des combats ; l'Iliade ou les combats d'Enée peuvent servir de modèle à cette chronique épique. Seulement, le poète donne une troisième dimension à son récit : il le transpose en tableaux célestes, peints par les anges, contemplés par les combattants et les martyrs, c'est à ses yeux une invention poétique ; « il s'en deffendait », dit l'avis aux lecteurs, « par les inventions d'Homère, de Virgile, et de nouveau du Tasse, qui ont feint les conseils tenus au Ciel, les brigue et partialités des Célestes sur les affaires des Grecs, des Romains, et, depuis des Chrétiens » [114]. La Bible a-t-elle pu inspirer cette présentation céleste des « hontes de Satan, des combats de l'Eglise ? ». On trouve, au livre des *Rois* [115], dans la bouche du prophète Michée, l'évocation d'une vision de la cour céleste où le Seigneur charge un esprit d'aveugler Achab ; cette scène a dû frapper A. d'Aubigné ; mais cette galerie de tableaux peints au ciel, si riche de sens, car elle permet une représentation vive du regard de Dieu [116], elle annonce ses jugements, est bien d'ordre poétique ; on peut y voir la réplique du poète au Pape qui avait fait peindre par Vasari les scènes de la Saint-Barthélémy comme pour leur donner une réalité permanente. « Les noms inscrits au livre de vie », répond A. d'Aubigné, sont la seule réalité ; Dieu voit et juge.

Nous nous contenterons d'énumérer les thèmes bibliques qui annoncent ou concluent les récits de la Saint-Barthélémy et les tueries des principales villes. L'ensemble est annoncé par la « prophétie » de Coligny qui, à la tête de la colonne des martyrs désormais citoyens des cieux, voit d'un œil nouveau sa vie terrestre. Aubigné a composé cet acte collectif de repentance avec des expressions et des versets pris à

---

114. *Avis aux Lecteurs* - p. 10 édition Garnier-Plattard.
    115. I Rois XXII, 19 à 22. A. d'Aubigné s'inspire de ce passage dans le Prologue des *Fers.* vers 165-168.
    116. Cf. II *Chroniques* XVI.9 « Car les yeux du Seigneur contemplent toute la terre pour fortifier ceux qui sont de cœur entier avec luy ». Cette notion du regard de Dieu attentif aux actions des hommes est constamment présente dans la Bible.

divers livres et juxtaposés [117] : nous avons affaire ici à une *prophétie recomposée,* il ne s'agit pas de la langue de Canaan car certains vers : 705, 706, 709, 711, 713, 714, 715, 718, en particulier, constituent des rappels précis et volontaires de versets bibliques et l'ensemble se présente comme une prophétie semblable à ces prédications au cours desquelles un Jérémie, un Amos, un Ezéchiel analysaient une situation, stigmatisaient les péchés du peuple en prononçant sur des faits récents une Parole de Dieu qui les condamnait. A travers la fiction imaginée par le poète, cette prophétie exprime d'abord la conviction des Réformés, témoins des massacres qui avaient cherché, douloureusement, pourquoi Dieu avait permis la Saint-Barthélémy ; les mémorialistes du temps avaient insisté sur le relâchement de la foi des Eglises et sur la naïveté de Coligny, convaincu que Dieu avait changé le cœur du Roi ; l'un avait attiré sur le peuple réformé « la verge de Dieu », la générosité

---

117. Voici quelques sources possibles de ce passage :
v. 705, cf. *Ps.* XCIV/10 : « Celui qui chastie les peuples...
Ps. XXXVIII/1 : Seigneur ne me chastie point en ta fureur ».
v. 706 « Quand sur nous, non sur luy, sa force fut assise », Dans de très nombreux passages on trouve : « l'Eternel est ma force ».
Passim - *Ps.* XXVIII/8 : « L'Eternel est la force de son peuple ».
Ps. LII/9 : « Voilà, diront-ils, l'homme qui ne se proposoit point Dieu pour sa force ».
707-708, cf. Prov. III.5 : « Confie-toi au Seigneur de tout ton cœur, et ne te fonde point en ta prudence ».
709. « il se montra fidèle ». A partir du *Deutéronome* VII. 9 : « Dieu est le Dieu fidèle ». Ce thème revient constamment, cf. I *Thess.* V. 24, II *Tim* II. 13.
Le thème de la *fidélité de Dieu* manifestée par ses délivrances est constant dans les *Psaumes.* cf. *Ps.* XCVIII. 3 mais aussi XXII/5 ; LIV/7 ; *Ps.* LVII/10 ; *Ps.* CXVIII/14.
711 « (il fit) Rester si abbatu et foible son troupeau ».
Ps. LXXX. 2. : « O Pasteur d'Israël, escoute qui mènes Joseph comme un troupeau ».
712 « Qu'en terre il ne trainoit que les os et la peau ». cf. *Job* XIX.20 « Mon os s'est joint à ma peau... ».
713 « Nous voulions contraster du peuple les finesses,
Nous enfans du royaume... », cf. *Luc* XVI-8 : « Les enfans de ce monde sont plus prudens en leur generation que les enfans de la lumière ».
715 : « Dieu mit nos sagesses comme folie au vent ». cf. *Jérémie* XIII. 24. 25 : « Je les disperseray comme l'esteule qui est transportée par le vent du désert. C'est ton sort et la part de ta mesure de par moy, dit le Seigneur, parce que tu m'as oublié et que tu as eu confiance en mensonge ».
715. 718... « encor l'homme obstiné
ne peut jamais tirer du mortel sa fiance
cf. *Ps.* CXVIII : « Mieux vaut avoir en Dieu fiance,
Qu'en l'homme qui est moins que riens :
Mieux vaut avoir en Dieu fiance
Qu'aux Princes et grands terriens ». Trad. Cl. Marot.
720 « O decret bien certain des divins jugements ! Les expressions ici sont très nombreuses dans la Bible, mais le vers indique que les jugements de Dieu sont inévitables. cf. *Ps.* CV/7 - CX/6.

aveugle de l'Amiral représentait le prodrome du châtiment. Mais A.
d'Aubigné fait œuvre d'orateur et de poète, il lui faut un prélude saisissant digne d'introduire « la tragédie qui efface le reste » [118] : la prophétie hébraïque dans laquelle l'homme fait entendre la voix même de
Dieu, la révélation que le cœur humain ne peut concevoir, lui fournit
ce prélude, et, comme va surgir la scène la plus violente des *Tragiques*,
A. d'Aubigné appuie cette prophétie de l'acteur principal d'une admirable comparaison de style homérique qui permet de dominer l'événement et d'y lire le dessein de Dieu [119].

Juste avant le récit proprement dit, un trait biblique, très intégré
à la description symbolique de l'aube, vient rappeler la signification
apocalyptique de cette journée [120] : c'est le point de départ d'une évocation où la souffrance humaine et la mort prennent une dimension
cosmique.

Dans le développement où les persécutions de Charles IX sont
assimilées à celles de Néron, deux traits bibliques rappellent que le Roi
s'oppose directement à l'action de Dieu et qu'il a brisé l'Alliance, ex-
posant le pays aux malédictions de Dieu [121]. Charles IX apparaît donc
comme un tyran qui précipite la France dans l'abîme, puisque Dieu déploie déjà ses jugements sur le corps dont il est la tête.

Les massacres de Lyon, particulièrement odieux, ont eu pour
conséquence inattendue la corruption des eaux du Rhône devenu « pur
sang ». Le poète relève ce signe du jugement de Dieu et introduit dans
son récit trois versets de l'*Apocalypse* qu'il transcrit presque textuellement : « Et le troisième Ange versa sa phiole sur les fleuves et sur les
fontaines des eaux disant : Seigneur, tu es juste, qui es, qui estois, et qui

---

118. *Les Fers*, vers 703-704.
119. *Les Fers*, vers 721-745.
120. Cf. *Matth*. XVI. 2 et 3 : « Mais lui respondant leur dit. Quand le soir
est venu, vous dites, Il fera beau temps : car le ciel est rouge. Et au matin vous
dites, Il fera aujourd'hui tempeste : car le ciel mal plaisant est rouge. Hypocrites
vous sçavez bien juger de l'apparence du ciel : et ne pouvez juger des signes
des saisons ? ». *Luc* XXI. 11 (au retour du Christ précédant la fin du monde) « y
aura grands signes du ciel », cf. vers 771-778.
121. Vers 986 : « Humilie le peuple, esleve l'arrogance » cf. *Sam* II. 8
« Il eslève le pauvre... » et *Luc* I. 52 : « Il a mis bas les puissants de leur
siege et a eslevé les petits ».
Vers 991-992 :
« Il fait les vrais chrestiens cause de peste et faim,
Changeans la terre en fer et le ciel en airain ».
Ce sont les malédictions annoncées au peuple d'Israël dans *Deutéronome*
XXVIII. 21 et 23 s'il ne garde pas ses commandements.

seras, pource que tu as fait un tel jugement. Pourtant qu'ils ont respandu le sang des saincts et des Prophètes, tu leur as aussi baillé du sang à boire, car ils en sont dignes » (*Apocal.* XVI 4 à 6) ; la Seine avec ses « deux cornes » qui rappellent la seconde bête de l'*Apocalypse* [122] s'inscrit sur ce registre des puissances mauvaises qui annoncent clairement l'imminence du Jour du Seigneur.

Mais au cœur de ces jours ténébreux, des signes de la grâce ont paru : le rappel de certains thèmes bibliques prête à ces événements miraculeux la valeur d'actes précis, volontaires, du Dieu qui délivre.

C'est encore le thème du *Cantique d'Anne,* repris par plusieurs *psaumes* et dans le *Magnificat* que l'on retrouve ici.

« Le Seigneur garantit ta vie de la fosse » chante le *Psaume* CIII, v. 4 et voici la parole réalisée à la lettre par le vieillard qu'on tire du puits où il s'était précipité. Comme un des massacreurs a été depesché en sa place, le thème du Dieu qui fait grâce conclut l'aventure :

« Ils luy donnent du pain, pour en luy faire voir
Comment Dieu met la vie au péril plus extrême
. . . .
Releve l'estonné, affoiblit le plus fort. »[123]

Renversement analogue d'une situation tragique dans l'épisode du meurtrier qui a blasphémé le nom de Dieu. Mais ici il s'agit d'une miraculeuse résurrection de la navrante victime [124].

---

122. *Apocal.* XIII. 11 « Puis ie vei une autre beste montant de la terre, laquelle avoit deux cornes semblables à l'Agneau, et parloit comme le dragon ».
123. Vers 1144. 1147.
Cf. *Ps.* CXIII/6 « (Dieu) qui relève le chétif de la poudre et eslève le pauvre de la fiente ».
Cantique d'Anne, I Samuel II.6 :
« Le Seigneur est celui qui fait mourir et qui fait vivre : qui fait descendre en la fosse et en fait remonter ». 7 : « Le Seigneur appauvrit et enrichit ; il abaisse et il hausse. » 8 : « Il eslève le pauvre hors de la poudre et lève le chétif hors de la fiente... ».
124. Vers 1169 : « Va t'en dire à ton Dieu qu'il te sauve à cette heure ».
Vers 1171. 72... « certes le Dieu vivant
Pour arme lui donna de sa bouche le vent » inspiré par le *Ps.* XXXIII. 6 : « Les cieux ont été faits par la parole de l'Eternel, et toute l'armée d'iceux par le vent de sa bouche » mais aussi sans doute par la résurrection du fils de la Sunamite par Elisée (II *Rois.* 4 « il mit sa bouche sur sa bouche »).

Enfin le pasteur Merlin, « prophète », puisqu'il a la charge de prêcher la parole [125], bénéficie, comme Elie au désert, d'un secours surnaturel. Le rapprochement entre « la poule de Merlin » et « les corbeaux d'Elie » [126] est un nouveau témoignage de la puissance actuelle de la Parole. Dans ces coïncidences extraordinaires, Dieu est présent, et le mode de sa Présence c'est que la Parole devient acte, acte de salut.

Après avoir ainsi marqué la place des citations ou des rappels d'épisodes bibliques dans les récits épiques des *Fers,* quelles remarques générales pouvons-nous tirer de cette analyse ?

Les rappels de la Bible sont comme les vivantes articulations de ces scènes : ils les annoncent ou les concluent en leur donnant leur véritable éclairage. Et si l'on prétend, à la suite de Faguet, qu'il n'y a aucune unité dans ce récit, aucune continuité, c'est qu'on se refuse à le lire comme l'épopée d'un peuple, conduite et soutenue par Dieu, comme l'histoire d'Israël revécue au XVIe siècle. « Cette épopée est mystique en son entier » déclare M. Raymond [127] ; je dirais plutôt que, dans ce livre des *Fers,* tout est prophétique car les événements de l'histoire révèlent le dessein de Dieu, et la Parole claire de la Bible fait saillir le vrai sens de chaque acte, l'enchaînement même paraît suivre une ligne dont le modèle est dans la Bible. Ainsi le récit des épisodes des guerres est surtout tributaire de l'*Exode,* des livres de *Josué* ou des *Juges,* une épopée de la conquête de Canaan s'y projette ; par contre les récits des massacres. puis des quelques délivrances miraculeuses sont rattachés à l'*Apocalypse* ou à ce thème de l'action salvatrice de Dieu qui renverse l'ordre du monde et dont le *Cantique d'Anne* représente la première expression. A partir du vers 705, le *thème du Jugement de Dieu* devient ainsi le leitmotiv des citations ou allusions bibliques.

Mais il faut essayer de définir l'influence qu'une inspiration biblique authentique a pu exercer sur cette traduction épique de l'histoire : nous verrons alors nettement la vérité dont le poème est chargé.

Il est certain qu'une vue générale des guerres de religion, des persécutions, des paix précaires et du massacre de la Saint-Barthélémy n'offrait qu'une matière bien ingrate à une épopée de type traditionnel : l'Iliade célèbre sans doute des épreuves, des combats douteux, voire des

---

125. Voir notre note sur la *prophétie* à Genève. chap. II, 1re partie, p. 41.
126. Cf. I *Rois* XVII, 4.
127. Raymond (M.) : *Agrippa d'Aubigné, Prose et Poésie,* édition Ides et Calendes. Préface, p. 23.

échecs, mais elle est animée d'un élan très vigoureux, de la conviction
que la victoire ne saurait échapper aux Grecs : les dieux les plus virils,
maîtres de l'intelligence et de l'action, sont dans leur camp. Le merveilleux tiré de l'histoire d'Israël offre un tout autre caractère ; sans doute
le Dieu de l'Alliance mène la guerre sainte, des victoires éclatantes manifestent sa visible bénédiction, mais il ne s'identifie pas aux plus hautes
valeurs humaines, et il n'est pas diminué par les défaites de son peuple.
Souverainement libre, enveloppé de mystère, « Dieu caché », il demande
à Job et à son peuple de garder la foi alors qu'ils semblent abandonnés
par lui, voués à la déroute et à la mort. A. d'Aubigné n'a pas oublié
ce caractère des interventions de Dieu dans l'histoire :

« Dieu fit la force vaine et l'appui vain périr
Quand l'Eglise n'eut plus la marque de souffrir,
« Connoissant les humains qui n'ont leur espérance
En leur puissant secours que vaincus d'impuissance. » [128]

« Il veut vaincre par soy et rendre consolés
Les camps tout ruinés et les cœurs désolés,
Les tirer du tombeau afin que la victoire
De luy, et non de nous, éternise la gloire. » [129]

L'héroïsme inspiré par ce Dieu qui délivre ne se ramène pas à la
vigueur guerrière, il comporte une résistance spirituelle, un combat contre
le doute, une attente de la promesse même si le combattant bande son
énergie et s'engage tout entier dans l'action présente. De plus lorsque,
à certains moments décisifs, l'action propre de Dieu est révélée dans
la Bible, c'est une action de salut inconcevable à l'imagination des
hommes : un nouvel ordre, une *grandeur inversée* par rapport à l'ordre
du monde s'établiront : Dieu brise l'arrogance du puissant, il renvoie
le riche les mains vides, il exalte le pauvre, il le relève de la fiente et
le fait asseoir aux côtés des princes [130]. L'épopée de Dieu apparaît ainsi
comme une épopée inversée : ceux qui ne sont rien hériteront la terre.
Mais ce triomphe ne sera manifesté qu'à la fin de l'histoire, lorsque les
puissances de tous ordres, liguées contre le Messie, auront été écrasées
dans le combat eschatologique [131]. Le cantique d'Anne, celui de Marie,
les paroles du Christ prophétisent cet ordre de la grâce. Comment A.
d'Aubigné, si passionnément attaché à la justification du parti réformé,

---

128. *Les Fers*, vers 425-428.
129. *Les Fers*, vers 437-440.
130. Voir références déjà indiquées aux *Cantique d'Anne* et au *Magnificat*
et *Job* V, 11 et suivants.
131. Voir *Apocal.* XIX 11 et sq.

à sa victoire visible, accomplissement d'une vocation certaine, pouvait-il faire de ces révélations les phares de son épopée ? Il ne faut pas oublier que même les victoires et les édits avantageux sont vus, au moment où il compose les *Tragiques,* à travers les années des persécutions et de massacres collectifs qui ont sévi de 1569 à 1573, la paix de 1570 et la faveur de Coligny étant, aux yeux des Réformés, plutôt un piège de la cour qu'une paix véritable. Le poète considère son parti comme un nouveau Job dépouillé, humilié, cerné par les raisonnements captieux de l'apologétique catholique qui va répétant aux vaincus qu'il faut se rendre spirituellement puisque Dieu les a livrés au couteau de l'Ange exterminateur [132], que leur prétendue élection n'était qu'illusion. C'est pour mener ce combat spirituel que le poète rappelle, à côté des victoires visibles des guerres de religion, les succès et les délivrances accordés par Dieu aux petits troupeaux, aux bandes désarmées des « petits ». Le mystère dans lequel Dieu s'enveloppe brise les raisonnements rationnels des pourfendeurs de l'hérésie. Cette anti-épopée de Dieu peut devenir le fer de lance de la foi et de la résistance huguenotes car la loi de la force se trouve ainsi anéantie, les « champions de Dieu » n'ont plus à reconnaître la maîtrise des puissants de la terre, le temps lui-même devient relatif, puisque le cours de l'histoire aboutit au triomphe de l'Agneau immolé.

Il faut encore souligner la sobriété spirituelle du poète : des mystiques de ce temps ont imaginé des visitations surnaturelles, des visions qui étaient pour eux des révélations particulières ; A. d'Aubigné n'utilise qu'une fois ce procédé de la révélation mystique et ici encore il garde un modèle biblique : le transport mystique raconté par Saint Paul [133] ; il présente ainsi sa vocation de prophète inspiré et témoigne, semble-t-il, d'une expérience mystique réelle ; mais, devant les géométries d'astres où s'inscrit l'avenir, le prophète-messager respecte l'inconnaissable, les secrets du Conseil de Dieu, il ne veut transmettre que la Parole révélée ; il est vrai qu'à partir du vers 1270 l'Ange qui l'a guidé interprète pour lui l'un de « ces rangs si beaux de luisants caractères » [314] mais il s'agit bien évidemment d'une histoire déjà connue, d'une « apophétie » donc, qui n'est, pour d'Aubigné, que le moyen de présenter, à la fin du livre, le redressement du parti réformé, sa réorganisation militaire au début du règne de Henri III ou encore les châtiments exemplaires des respon-

---

132. Voir la médaille que fit frapper Grégoire XIII. B.S.H.P.F. I p. 240 et la description qu'en donne Philippe Bonanni (*Numismata Pontificum Romae,* 1689).
133. Cf. II Cor. XII versets 2 et suivants : « Je cognoy un homme en Christ devant quatorze ans (si ce fut en son corps, ie ne sçay si ce ne fut hors du corps, je ne sçay : Dieu le sait) qui a été ravi jusqu'au tiers ciel. Et sçay que tel homme... a esté ravi en Paradis, et a ouy paroles inénarrables, lesquelles il n'est possible à homme de dire ».
134. Vers 1273.

sables de la Saint-Barthélémy ; pour indiquer l'interprétation des événements historiques, leur rôle dans le plan de Dieu, le sens prophétique de l'histoire, la Parole seule — souvent le texte biblique littéral — est utilisée. A. d'Aubigné sonde les Ecritures, il y déchiffre la volonté de Dieu pour son temps et pour l'avenir immédiat, mais il s'interdit, du moins dans sa claire conscience, de se les approprier pour en faire le vêtement éclatant de ses passions ; il ne coule pas son éloquence dans leur bronze. En particulier dans les *Fers,* le fait que la Parole scande les épisodes de l'histoire humaine, les domine et les relie exprime la souveraineté du Seigneur : Dieu est au ciel et les hommes restent sur la terre, l'Ecriture interprétée par les Prophètes révèle le sens des événements mais Dieu domine et tient en sa main les chaînons de l'histoire, la connaissance du destin est subordonnée à l'obéissance des fidèles. Et le prophète reçoit l'inspiration pour un temps, il ne possède pas la Parole.

2° Le mythe final des Fers : la « conversion » de l'Océan.

Il semble que cette magnifique représentation doive peu de chose aux textes bibliques : l'art plastique du temps, les thèmes de l'art baroque et en particulier les gestes et les mouvements qui expriment les passions violentes paraissent commander cette création [135]. Pourtant l'origine de ce mythe qui conclut les *Fers* semble bien être l'anathème qu'avait lancé Dorat contre les victimes et les cadavres de la Saint-Barthélémy [136]. Le poème de Dorat utilise tous les thèmes mythologiques des châtiments infernaux et il présente l'Océan comme un dieu qui d'ordinaire lave toutes les souillures mais qui cette fois, parce que l'infamie des victimes est trop abominable, les vomira sur ses rivages pour que cette peste morale ne souille pas le sable pur des fonds marins. Ce serait trop peu pour d'Aubigné que d'inverser le sens du mythe : selon l'esprit de la Bible et en particulier de la *Genèse* et des *Prophètes* [137] il démythologise

---

135. J. Bailbé souligne très justement dans sa thèse le style alexandrin de la présentation de l'Océan, op. cit. p. 219.

136. Cf. *Poematum liber quartus.* ed. 1586, p. 293 un extrait du poème intitulé : *In alios Haereticos cum ipso interfectos.*

« Ipse vel Oceanus, qui cuncta piacula purgat
Horum cum nequeat triste piare nefas
Expuet externis obscoena cadavera rippis
Ex his contagii ne quid arena trahat.
Aut inferna etiam vada mergit in atra Caribdis
In summas rursus ne revocentur aquas
Tartareis sed ibi sine fine pientur in undis
Sive tuis, Phlegeton, Stix nigra sive tuis... ».
Il avait été publié dans les *Tumbeaux des Brise-Croix, Paris* 1573.

137. Tous les exégètes modernes remarquent que le récit de la création reprend certains éléments de mythes mésopotamiens mais enlève tout caractère divin à la Lune, au Soleil, aux Astres, qui ne sont dans la *Genèse* que des créatures.

la Nature : l'Océan, comme les luminaires célestes dans la *Genèse*, n'est qu'une créature, ce n'est donc pas lui qui décide de la pureté ou de l'impureté des cadavres et du sort qui doit leur être réservé jusqu'au jour du Jugement dernier. Ici encore, la Parole de Dieu retourne la scène et transforme le combat de l'Océan contre les eaux sanglantes, le refoulement des cadavres, en attitude d'accueil, en bénédiction. Ce renversement de la situation est tout à fait symétrique de celui que nous avons remarqué dans le Prologue au vers 52 : la volonté de Dieu, sa Parole transforment soit le mensonge, soit l'ignorance de ceux qui ne sont rien d'autre que ses serviteurs pour que ses élus soient gardés même au-delà de la mort. La Parole est ici figurée par le geste des Anges. Nous avons vu qu'ils sont les messagers de Dieu et que, d'autre part, ils recueillent les âmes des fidèles tout spécialement celles des martyrs pour les porter au Ciel [138]. Mais ce que d'Aubigné utilise ici et transforme, c'est un thème iconographique lié à la dévotion catholique qui s'adressait spécialement aux plaies du Christ. A partir du XVIᵉ siècle on voit apparaître, dans des tableaux, des vitraux représentant la Crucifixion, des anges tenant en mains des calices qui recueillent le sang des cinq plaies ; au début du XVIᵉ siècle la dévotion au saint sang témoigne, contre la prédication réformée, de la présence réelle du corps et du sang de Christ dans l'Eucharistie [139]. A. d'Aubigné reprend ce thème liturgique, mais le profane en quelque sorte : la représentation, qui garde tout de même un certain caractère sacré, traduit plastiquement deux versets empruntés aux *Psaumes* [140]. Ainsi les éléments, ici la mer qui, d'après les poètes catholiques, devaient soit disperser le corps des victimes soit le refouler jusqu'au fond du Tartare, les recueillent avec amour selon la volonté du seul Maître de l'Univers. Toute la splendeur du tableau baroque présentant la force de l'Océan aboutit à cette parole de soumission toute simple :

« Je garderoy ceux-ci, tant que Dieu me commande
Que les fils du bonheur à leur bon heur je rende. » [141]

---

138. Cf. C. O. XXXIV/160 ; *sermon sur le chap. XX de Job :* « nous aurons une bonne compagnie quand nous cognoistrons que les Anges de Dieu mesmes (comme l'Escriture le monstre) recevront nos âmes pour les mettre en ceste bonne garde et sûre jusques à ce que nous ressuscitions en la gloire céleste ». Voir chap. VIII. *La Chambre dorée* et *Luc* XVI. 22.

139. Il y a de très nombreuses représentations des anges recueillant le sang du Christ. passim une gravure de A. Collaert (1560-1618). Rc. 34/XIV. Cabinet des Estampes B.N.

140. Cf. *Ps.* LXXII/14 « leur sang (il s'agit du pauvre, du chétif, du souffreteux) sera précieux devant luy », et *Ps.* LVI/9 : « tu as nombré mes virevoustes : mets toy-mesme mes larmes en ton baril » (ou phiole) dit la note. Trad. de Th. de Bèze : « en tes vaisseaux mes pleurs serrez tu as ».

141. *Fers*, 1525-1526.

Il fallait ce final paisible et harmonieux pour suggérer, après les tableaux terribles et les angoisses, la ferme assurance de ceux qui comptent sur le Seigneur. Mais ce qui paraît le plus intéressant dans ce mythe c'est que A. d'Aubigné refuse ce qui restait de divin, donc de païen dans la figuration mythologique si chère à la Renaissance. Les forces de la Nature ne sont pas redoutables à ceux qui ont été fidèles jusqu'à la mort, elles ne se déchaînent point à la voix du *vates,* car elles sont servantes du Seigneur unique, et leur obéissance est souvent, pour les hommes, exemplaire. Après l'épreuve qui a si rudement « criblé » l'Eglise et qui fit passer le poète par une sorte de mort, une seule puissance poétique demeure : la Parole qui porte en elle le souffle du Dieu vivant.

CHAPITRE X

CATECHESE BIBLIQUE
ET ESPERANCE ESCHATOLOGIQUE
dans les LIVRES VI et VII des TRAGIQUES

1. VENGEANCES

A. ETUDE DES THEMES BIBLIQUES DANS LE PROLOGUE, LE SENS THEOLOGIQUE DE LEUR ENCHAINEMENT

Vers. 1 à 140.

Le prologue de *Vengeances* est très important car il révèle le sens spirituel, la vérité prophétique des deux chants *Vengeances* et *Jugement* dont il constitue l'ouverture. Il suffit en effet de lire les derniers vers du livre VI qui évoquent la vision du Dieu de l'orage descendant pour juger la terre, largement empruntée au *Psaume* XVIII, et de les comparer au début du livre VII.

« Baisse donc, Eternel, tes hauts cieux pour descendre
Frappe les monts cornus, fay les fumer et fendre... »

pour découvrir que la prière prophétique imitée de David qui ouvre le livre VII ne fait que rendre visible, présent le dynamisme du mouvement divin en reprenant le même thème [1]. Il s'agit d'une seule et même vision évoquée comme une réalité à partir du vers 1123 du livre VI, plus inéluctable encore à partir des premiers vers du livre VII car la prière du

---

1. Cf. *Ps.* XVIII. 10 : « Il baissa les cieux et descendit ». A. d'Aubigné reproduit au début du chant VII la 3ᵉ strophe du *Ps.* CXLIV. trad. Th. de Bèze :
« Baisse, Seigneur, tes hauts cieux pour descendre
Frape les monts, fai les fumer et fendre
Lance l'esclair, dissipe ces pervers
Lasche tes traicts, romps les tout au travers ».
Les deux psaumes contiennent les mêmes images.

Voyant, incantation qui profère la volonté divine, fait entrer dans l'histoire humaine l'invincible descente du Dieu vengeur, tandis que l'effroi qu'elle provoque paralyse déjà les ennemis de Dieu. Les deux chants se trouvent ainsi fortement reliés. Leur caractère complémentaire est d'ailleurs nettement indiqué à partir du vers 89 de *Vengeances* où s'esquisse à larges traits cette revue des châtiments de Dieu dans l'histoire sainte, puis au premier temps de l'Eglise chrétienne, enfin dans l'actualité : c'est la matière de *Vengeances* :

> « Puis une pause après, clairons de sa venue
> Nous les ferons ouïr dans l'esclair de la nue. » [2]

c'est le thème conducteur de *Jugement*.

A. d'Aubigné relie ainsi les vengeances de Dieu qui, dans l'histoire juive, préfigurent le combat qu'Il mène actuellement pour les siens aux visions de l'Apocalypse, que l'Eglise commence déjà, selon l'interprétation des docteurs réformés, à vivre. Toutes les dimensions du temps apparaissent coordonnées et même concentrées dans cette vision globale.

Cette vaste revue des châtiments célestes exigeait un prologue dense où fût réaffirmée la vocation prophétique d'A. d'Aubigné, dans toute son authenticité, dans la fidélité à toute l'Ecriture. Examiner les principaux thèmes bibliques du prologue, leur sens, leur relation théologique permet de mieux saisir la puissance d'un message qui veut échapper à toute rhétorique, à toute logique humaine.

Enumérons les principaux de ces thèmes qui sont entrelacés dans la trame de ce prologue :

1° *la prière du grand prêtre* dans le saint des saints,
2° *l'invocation au Soleil* (certainement le soleil de Justice). [3]
3° *l'offrande des bergers* à la crèche.
4° *la prière d'Elie* qui fit descendre le feu du ciel sur l'holocauste du prophète fidèle ; c'est l'occasion de rappeler que Dieu confond les rois impies et idolâtres.
5° *l'effusion de l'esprit divin* sur les vieillards et les enfants aux derniers temps [4].

---

2. *Vengeance*, vers 97-98.
3. Pour *Soleil*, cf. le cantique de Zacharie dans *Luc* I. 18 « Par l'affection miséricordieuses de nostre Dieu de laquelle nous a visité l'Orient d'en haut ». *Note de la Bible* : « Il entend le Seigneur Jésus-Christ soleil de justice qui nous a reluy du ciel. »
4. Cf. *Joël* II. 28. 29 : « Et après cela ie respandray mon Esprit sur toute chair, et prophétiseront vos fils et vos filles : vos anciens songeront des songes et vos jouvenceaux des visions ».

6° *le thème de l'homme mortel* qui ne peut voir la gloire de Dieu et vivre [5].

7° *le thème de la résurrection* symbolisé par la maison terrestre démolie [6].

8° *le thème de l'enfant* impropre à porter la parole divine (*Jérémie* I, 6).

auquel s'oppose celui de la *nouvelle naissance*, de la *conversion* qui recrée l'innocence et la confiance de l'enfant (*Matth.* XVIII. 3.).

9° *le thème de l'effusion de l'Esprit* promise par Joël se trouve alors repris et paraphrasé par l'évocation de la Pentecôte.

10° enfin le thème *de l'histoire de Jonas.*

Notons d'abord que tous ces thèmes renvoient à un seul personnage : A. d'Aubigné lui-même. Ils sont tous intégrés à une longue prière qui est à la fois demande de l'Esprit, on pourrait même dire du baptême de l'Esprit [7], et confession fervente d'une disposition à pécher aussi forte que l'élan vital.

On a peu de chances de comprendre la succession de ces thèmes ou même leur sens spirituel si on les ramène à une interprétation symbolique couramment admise. Croire que d'Aubigné contemple la douceur du Christ enfant, aspire à retrouver par une ascèse la pureté et l'innocence perdues, demande un regard neuf qui pénétretrait les arcanes de l'invisible, toutes ces interprétations moralisantes, aussi bien que celles qui introduiraient ici des symboles empruntés à la psychanalyse, risqueraient fort de passer à côté du symbolisme religieux de ce prologue. Par contre l'interprétation de ces thèmes par les théologiens et les prédicateurs contemporains, leur liaison qui apparaît dans les commentaires de Luther, de Calvin, nous donnent la clé de cet enchaînement de figures et fait apparaître le véritable caractère du prophétisme qui inspire le poète.

Le commentaire de Luther sur *Joël* et *Jonas* [8] a sans doute fourni à d'Aubigné le rapprochement de ces deux noms qui constituent les deux

---

5. Cf. *Exode* XXXIII. 20. 22 ; mais aussi Apôtre Paul - II *Cor.* 3-7 qui reprend le passage de *l'Exode* en glorifiant le ministère de l'Esprit.

6. IIe *épître aux Corinth.* opposant les choses visibles aux invisibles ; Paul écrit V. 1 : « Car nous sçavons que si nostre habitation terrestre de ceste loge est destruite, nous avons un édifice de par Dieu, asçavoir, une maison éternelle ès cieux... ».

7. C'est bien le sens des vers 20 et suivants qui évoquent la mort et la résurrection et pas seulement une ascèse, une mortification qui seraient bien contraires à la doctrine réformée.

8. *Commentaire sur les Révélations des prophètes Joël et Jonas* (j'utilise la traduction française éditée en 1558).

pôles du prologue [9]. Mais la lecture attentive de ce commentaire nous introduit plus avant dans l'intelligence des textes symboliques qui s'y succèdent.

Ainsi Luther, commentant le chapitre II de *Joël* [10], compare le lieu assigné aux sacrificateurs dans le Temple, « lieu auquel indubitablement il exaucerait ceux qui le reclamoyent » [11] au Fils promis et donné aux hommes « bénéficie trop plus magnifique et singulier ». Le lien qui unit ces deux réalités c'est la grâce de Dieu, figurée par le Temple, où la présence de Dieu résidait, mais réalisée en Jésus-Christ. On voit mieux pourquoi A. d'Aubigné fait brusquement succéder à l'évocation du Sacrificateur enfumant de ses vœux le saint des saints, une Nativité : l'un et l'autre représentant la ferme espérance de l'exaucement.

Dans la même page Luther souligne combien *l'humiliation* est « nécessaire à l'oraison ; » or c'est bien cette attitude d'humilité, de dépouillement intérieur qu'A. d'Aubigné adopte et dont il affirme avec insistance la nécessité, au moment où il requiert la plus haute bénédiction : voir la lumière du Seigneur, « n'être qu'organe à la céleste voix » pour discerner et proclamer les signes du Jugement.

Le réformateur, dans l'*Interprétation du livre de Jonas* fait encore remarquer que le Christ a préféré Jonas à tout autre prophète pour donner « un vif patron de sa mort et résurrection. » [12]

Plusieurs des expressions par lesquelles A. d'Aubigné dépeint son péché, l'angoisse devant l'ire de Dieu, la traversée de l'enfer et la halte illusoire des « cabinets sous espérances vertes » paraissent inspirés par la paraphrase de Luther [13], mais ce qui nous semble plus digne de remar-

---

9. Le thème de *Joël* exprime la requête de l'inspiration dans une situation de désespoir, celui de *Jonas*, la repentance du prophète infidèle ramené à sa vocation par une sorte de mort, qui est grâce.
10. *Joël* II. 17 : « Or tout ainsi que les Juifs avoyent promesse d'estre exaucez en priant au temple, ou Dieu avoit promis de faire sa résidence : ainsi nous avons promesse non de quelque lieu temporel ains au nom de Christ, comme il dit. En vérité ie vous dy tout ce que vous demanderez en mon nom mon Père vous l'ottroyera. » (*Comm. sur Joël*, p. 72).
11. La malédiction proférée depuis le lieu saint, en face de l'autel, a une force particulière, cf : I Rois VIII, 31.
12. *Interprétation du livre de Jonas* : préface, p. 7.
13. Voici quelques exemples :
Vers 115 : « Je m'enfuyois de Dieu », p. 22, « Il s'enfuyoit de la face du Seigneur ».
Vers 116 : « M'abysma plusieurs fois sans du tout m'abysmer » et p. 25 « Il faut iustement dire avec David, Le Seigneur m'a chastié, mais il ne m'a livré à la mort ».

que, c'est la *conception de la prophétie* que Luther développe dans le *commentaire de Joël,* et que A. d'Aubigné reprend en termes nets ; par elle s'explique le long cortège des exemples bibliques, garants de l'efficacité de la Parole. Nous avons déjà indiqué cette orientation de la pensée réformée mais il est bon de la rappeler au seuil d'un chant où nombre de critiques ne voient qu'une accumulation fastidieuse d'exemples bibliques et historiques. En étudiant de près cette explication de la prophétie, on découvre la nécessité de cette longue énumération « des exemples vrais de nos histoires saintes. »

Au moment précis où Luther commente le texte de *Joël,* que d'Aubigné transforme en prière aux vers 15, 16 et 17 [14], il essaie de montrer par quel moyen « Dieu ouvre le mystère de la foy et de la cognoissance de Christ aux saincts Prophètes ». Il fera une certaine place à la révélation par les Anges, mais il insiste particulièrement sur le don du Saint Esprit qui a rendu efficace, dans l'ancien Israël comme dans l'Eglise primitive, le ministère de la Parole : « Plusieurs écrit-il, ont resté réveillez par la Parole pour les faire voir le royaume du Christ en la *parole vocale* comme en un tableau [15] ». A chaque crise grave, en méditant soigneusement et saintement (c'est-à-dire dans la prière et l'humilité) les Ecritures, chacun des témoins que Dieu s'est choisi non seulement découvre la volonté de Dieu pour son peuple dans la situation présente mais aussi reçoit « telle lumière par le Saint Esprit, qu'il prophétise de la mort et passion du Christ. »

Agrippa d'Aubigné n'a pas une autre conception de la prophétie. Lui aussi est aiguillonné, dans ces temps de détresse « à la diligente lecture des Escritures », il reçoit de Moïse, David, des anciens prophètes *grâce à l'Esprit* [16] qui vivifie leur témoignage, le rend direct et présent

---

V. 115 : « Mais il enfla la mer
J'ay veu des creux enfers la caverne profonde ».
Luther p. 66 : « en pareil cas la conscience se ressent de la tempeste du courroux de Dieu en tant qu'enfer et l'éternelle damnation veullent du tout engouler l'ame pertroublée ».
Vers 129 : « J'ay fait des cabinets sous espérances vertes ». Luther p. 128. Pour conclusion voici la vigne blanche avec le ver, par la morsure duquel elle sèche sur l'aube du jour... laquelle au commencement a les feuilles larges et fort singulières, sous l'espesseur desquelles Jonas est à l'ombre ». On trouve ensuite l'expression « un tabernacle ombratile ».
14. « Et aprè cela je respandray mon Esprit sur toute. chair, et prophétiseront vos fils et vos filles : vos anciens songeront des songes et vos iuvenceaux verront des visions. Et aussi en ce temps là ie respandray mon Esprit sur mes serviteurs et servantes ». *Joël* II. 28. 29.
15. Luther, op. cit., p. 130.
16. Cf. Luther, op. cit, p. 131 « non que notre industrie soit si grande ou que nous soyons si aigus : mais que l'Esprit use de la Parole comme d'un organe par lequel il enflamme et esmeut les cœurs ».

pour les rescapés de la Saint-Barthélémy, une claire vision des délivrances de Dieu, des combats qu'Il a menés pour les siens ; cette vision redevient actuelle et dynamique, c'est une parole pleine de force, aussi efficace que la fronde de David ; rappelant alors, dans les termes mêmes de
la Bible, les châtiments et les délivrances qu'attestent ces prophètes, il
déclenche, puisqu'il ne veut avoir d'autre connaissance et d'autre volonté
que celle que le Seigneur donne, le même geste libérateur de Dieu qui
agit par sa Parole ; car si on ne comprend pas que l'oracle des prophètes
est comme une flèche dardée qui vole vers sa cible on ne peut saisir la
force du message prophétique. Mais en même temps ces témoins ont vu
au-delà : « un Daniel réveillé par la lecture de Jérémie non seulement
voit le terme de la captivité mais est instruit par l'Ange du temps de la
venue du Christ »[17]. A. d'Aubigné voit plus loin que les châtiments présents ou imminents, il discerne les linéaments d'un avenir caché mais
proche : c'est la Parousie, le retour triomphal du Christ vainqueur, les
combats sanglants contre les Rois infidèles, l'anéantissement du vieux
monde souillé, de la mer, des cieux visibles. « *Vengeances* » n'est que le
premier temps de l'acte prophétique, celui-ci s'achève sur les visions
apocalyptiques de *Jugement*. La liaison des deux livres est commandée,
me semble-t-il, par une conception très précise de la prophétie, ce mouvement de l'esprit, habité par la force de Dieu, vers la claire connaissance des fins dernières.

Il ne faut point s'étonner de la succession rapide, sans aucune transition, des thèmes du prologue, on dirait qu'ils se superposent, que l'un
se mire dans l'autre. Assistons-nous à un jeu de discours baroques em-
boîtés ? Il ne semble pas. Il s'agit plutôt d'un glissement de la *figure*,
au sens calvinien du terme, à la réalité que mystérieusement elle représentait : le Temple était la figure de la Grâce : Dieu y était accessible ;
Emmanuel : « Dieu avec nous », lui succède ; en lui le signe du Temple
devient réalité, mais le Christ nouveau-né, pauvre entre les pauvres, est
à la fois la promesse réalisée et le signe qu'un Ordre nouveau s'établit :
le règne des tyrans et des riches prend fin, Dieu s'est approché du
pauvre, de « l'humble craintif ». L'éclatante victoire d'Elie, le prophète
du désert, sur les prêtres de Baal, dieu de la fécondité, renvoyait déjà
à cette apparition du Roi messianique, dieu des fidèles et des pauvres.
La naissance de l'enfant de Bethléem n'est point une réalité statique et
finie, elle donne une nouvelle impulsion à l'histoire, « le règne de Dieu

---

17. Luther, op. cit., p. 131.

lors est ouvert » [18], les derniers temps ont commencé. Il me semble que toute scène biblique étant à la fois réalité, réalisation d'un dessein divin et *signe* d'une réalité à venir, prophétie pour l'œil qui sait voir, le poète-prophète se meut à l'intérieur d'un système complexe de réalités, de reflets, de miroirs qui renvoient les uns aux autres pour donner plus de force aux certitudes essentielles : ici la puissance cosmique de Dieu, incarnée dans l'histoire, donc révélée dans les épisodes divers des histoires humaines, en second lieu l'authenticité de la Parole-acte que va proférer le prophète élu, purifié par la vocation qu'il a reçue et par l'humble prière que Dieu lui inspire.

Mais la fidélité la plus rigoureuse au texte biblique, support de la Parole vivifiée, est encore une fois posée par A. d'Aubigné comme la pierre d'angle de son témoignage. « Vous n'aurez point de signe » s'écrie-t-il, à l'imitation du Sauveur qui écartait de lui les douteurs exigeant un miracle. « Mais », dira-t-on, « toute la matière de *Vengeances* et de *Jugement* n'est que signes, les exemples bibliques comme les trépas tragiques des empereurs romains ou des princes contemporains ». Sans doute, mais chacun voit que ce que d'Aubigné réprouve ce sont les prodiges, le surnaturel subjectif, les phénomènes fantastiques, que Satan lui-même peut provoquer. Les signes que retiendra A. d'Aubigné sont authentifiés par la Parole, la Parole retrouvée, revécue dans une situation actuelle et messagère de salut, car elle renvoie toujours au Christ, à sa Croix, à sa résurrection. C'est le sens profond de ces vers qui reproduisent l'évangile de Matthieu :

« Ainsi dit le Sauveur : Vous n'aurez point de signe,
Vous n'aurez de nouveau (friands de nouveauté)
Que des abysmes creux Jonas ressuscité. » [19]

Le mythe de Jonas : l'épreuve du Prophète.

Le prologue de *Vengeances* se clôt sur le mythe de Jonas, librement paraphrasé par A. d'Aubigné. Il est bien remarquable qu'avant de tirer les coupables dans la lumière crue des jugements divins le « procureur » de Dieu confesse publiquement ses fautes : c'est la marque de l'authenticité prophétique. Le péché que d'Aubigné avoue

---

18. Calvin : « Car c'estoit une chose bien convenable que devant que le *Soleil de Justice* fust levé, il n'y eust pas si grande clarté de révélation ni si claire intelligence... Mais quand Jésus-Christ peut estre monstré au doigt, le règne de Dieu lors est *ouvert*. Car en luy sont cachez tous les thresors de sagesse et doctrnie (Col. II. 3) pour monter quasi jusques au plus haut du ciel ». I.C. II-X-5, p. 222.
19. *Vengeances*, vers 82 à 85 et *Matth.* XII.40. C'est un très bon exemple d'un épisode biblique repris par le Christ pour être réinterprété et utilisé pour la révélation du plus grand mystère. Voilà le modèle de la prophétie qu'A. d'Aubigné se propose.

ici n'est point véniel : chargé d'une mission prophétique, il y a renoncé pour conserver sa vie, sa vie humaine s'entend, car il jouait ainsi sa communion avec Dieu, sa vraie vie.

> « au lieu d'aller faire au combat son office,
> Sathan le destournoit au grand chemin du vice. » [20]

L'adaptation du mythe symbolique à la vie réelle du jeune écuyer du roi de Navarre paraît admirable ; n'en doutons point, c'est l'émotion du pécheur repenti et grâcié qui prête à ce lyrisme un véritable souffle épique, élevant le mythe de Jonas jusqu'à la contemplation d'une destinée et même d'une société qu'un regard domine :

> « J'ay veu des creux enfers la caverne profonde
> J'ay esté balancé des orages du monde ;
> Aux tourbillons venteux des guerres et des cours
> Insolent, j'ay usé ma jeunesse et mes jours ; » [21]

Le poète combattant n'a pas eu besoin de méditer sur les promontoires, au-dessus des gouffres amers, pour éprouver le vide des ambitions humaines et l'attirance mortelle des compromissions fructueuses. Mais l'épreuve du malheur, d'une sorte de mort qui remet l'élu de Dieu dans le droit chemin de sa vocation, grâce au mythe de Jonas, est présentée avec sa véritable dimension spirituelle. L'expérience de la mort, qu'A. d'Aubigné rappelle au livre des *Fers*, a été l'occasion d'une vie donnée, d'une vie grâciée comme celle que l'on reçoit au baptême, mais la traversée des ténèbres a été vécue et pas seulement perçue par la foi.

Bien sûr on pourrait objecter que le revirement intérieur n'a pas été total puisque le poète consacre cette nouvelle énergie de la grâce « à guerroyer la puante Ninive », tandis que Jonas, désormais docile, était allé prêcher la repentance à toute la cité qui, prenant le sac et la cendre, avait apaisé la colère de Dieu.

Mais si A. d'Aubigné, comme Jonas, est chargé de « crier contre les infidèles », les délivrances qu'il va annoncer s'opèrent toutes grâce à la déroute des ennemis de Sion. Tous les épisodes évoqués dans *Vengeances* sont liés à la *guerre sainte*. La vie du « peuple de Dieu », que défend d'Aubigné, n'est possible que si les modernes Ninivites sont écrasés [22].

---

20. *Vengeances*, vers 113-114.
21. *Vengeances*, vers 117-120.
22. Cf. dans ce même chapitre, p. 446-447.

B. ORIGINALITE d'A. d'AUBIGNE par RAPPORT AUX CATALOGUES DES CHATIMENTS CELESTES.

Dans cet effort de recréation est-il plus proche de la Bible que ses devanciers ?

Le Prologue de *Vengeances* a été particulièrement médité par A. d'Aubigné, il porte la marque d'une μετάνοια, d'un ressourcement du messager et du message en Dieu, en sa Parole. Mais le long défilé d'exemples qui suivent peut sembler moins personnel : il reprend une vieille tradition des polémistes des deux partis et même on pourrait y voir cette collection d'*exempla* que tout érudit au XVIᵉ siècle avait assemblés pour en faire le point d'appui de sa réflexion [23] ; si l'on remonte le cours des siècles, voici les catalogues des guerriers ou des navires de l'ancienne épopée, où chaque cité grecque pouvait trouver ses lettres de noblesse ; la Bible nous offre aussi ses longues listes généalogiques et surtout les brèves notices du *livre des Rois,* où, de père en fils, se retrouvent même péché d'idolâtrie et même destin. Voici, entre beaucoup d'autres, le *modèle* de punition céleste qu'offre la vie d'Achazia [24].

« Achazia, fils d'Achab, régna sur Israël à Samarie...
« Il fit ce qui est mal aux yeux de l'Eternel, et il
marcha dans la voie de son père et dans la voie de
sa mère, et dans la voie de Jéroboam...
Il servit Baal et se prosterna devant lui, et il irrita l'Eternel, le Dieu
d'Israël, comme avait fait son père... »
Suit l'annonce de sa mort par le prophète Elie à la suite d'un acte d'idolâtrie :

« Ainsi parle l'Eternel : parce que tu as envoyé des messagers pour consulter Baal-Zebub, comme s'il n'y avait en Israël point de Dieu dont on puisse consulter la parole, tu ne descendras pas du lit sur lequel tu es monté, car tu mourras ».

« Achazia mourut selon la parole de l'Eternel prononcée par Elie ».

---

23. Nous avons consulté un recueil d'*exempla* tirés des Ecritures : *Virtutum et vitorum exempla ex canonicis libris, veteris et novi Testamenti (tum ex Apocryphis scriptis) singulari studio... collecta et ordine alphabetico digesta*
per Christophorum Obenhainium Ottigensem, Ecclesiae Ursellanae Pastorem Nova Editio ex officina Jacobi Stoer.
[I] I][(1600)
on y trouve, en fin de chaque liste, quelques exemples tirés de l'histoire de l'Eglise.
P. 373: un liste des châtiments : *Punitionis homicidarum exempla.* Il s'agit de toute évidence d'un recueil destiné aux prédicateurs.
24. I *Rois* 22 verset 52 et II *Rois* chap. I.

On trouve ici un épisode original, la consultation de Baal au moment où Achazia est en danger et la malédiction prononcée par Elie, mais cet épisode s'insère dans un cadre stéréotypé et la répétition de ce cadre, tandis que l'énumération des rois se poursuit, constitue la valeur didactique du catalogue. Il était bien facile aux prédicateurs ou aux pamphlétaires de reprendre la liste de ces rois caractérisés chacun par leur péché, l'idolâtrie, parfois la persécution des prophètes, marqués par une mort prématurée ou ignominieuse qui était le salaire de ce péché, pour en faire une série d'*exempla* propres à inciter les tyrans à se repentir ou à exhorter les fidèles persécutés.

Nous ne citerons qu'un petit nombre de ces catalogues mais nous nous arrêterons un peu plus longuement sur celui qu'A. d'Aubigné a suivi de près : « *Des grands et redoutables jugements et punitions de Dieu* » (1581) que Brunet attribue à J. Chassanion de Monistrol [25].

C'est le dernier d'une série qui présentent une distribution d'exemples classiques : les châtiments des Rois dans l'*Ancien Testament, la* punition des persécuteurs des Apôtres et de la primitive Eglise, notamment les vengeances que Dieu a déployées sur les empereurs romains, on y ajoute parfois les morts prodigieuses des rois francs, enfin les châtiments célestes exercés sur quelques grands personnages contemporains.

Citons le *Traicté de la Justice de Dieu et Horribles vengeances contre les meurtres commis par les Princes et Potentats de la terre.*
MDLXII [26].

Puis on a traduit *l'Histoire des Persécutions de l'Eglise* de H. Bullinger en 1577 [24].

Les exemples tirés de l'Ancien Testament n'y sont pas très nombreux, mais on y trouve les trois Hérodes (Chassanion n'en cite que

---

25. L'édition de J. Le Preux (Genève 1586) porte le nom de cet auteur. *Histoires Mémorables des grands et merveilleux iugements et punitions de Dieu avenues au monde, principalement par les grans, à cause de leurs mesfaits contre venans aux Commandemens de la Loy de Dieu.* Par Jean Chassanion de Monistrol en Vellay. Par Jean le Preux. M.D. LXXXVI.

26. Le verset mis en épigraphe mérite d'être relevé : « Gens, louez le peuple de Dieu, car il vengera le sang de ses Serviteurs et rendra vengeance à ses adversaires, et sera propice à sa terre et à son peuple ». (Deut. 32/43).
A. d'Aubigné s'est souvenu semble-t-il de ce double mouvement, la vengeance de Dieu contre ses adversaires apporte la délivrance à ses élus.

27. Une édition latine traduite de l'allemand avait paru en 1573.

deux, à la suite ; le 3°, Hérode Agrippa, étant cité au chap. XXIII) [28] Bullinger ajoute le châtiment des infidèles (Mahomet, les Sarrazins, les Turcs) auxquels il joint les Papes.

S'inspirant de ce traité, un auteur anonyme a écrit : « *le Tocsain contre les Massacreurs et auteurs des confusions en France* » [29].

Le catalogue des empereurs romains y est particulièrement riche.

A. d'Aubigné a certainement lu ce dernier traité qui lui fournit, semble-t-il, le nom d'*Adonibesec* [30] mais confirmerait surtout sa conviction à propos de l'efficacité de la Parole inspirée ; l'auteur exprime, dans la Préface, une conception toute prophétique des exemples qu'il va citer : « Il s'agit, dit-il, de rapporter les tesmoignages des Escritures : les fidèles y trouveront matière à se consoler, mais les princes sanguinaires deussent-ils les avoir en risée, selon leur coustume, les entendront pour leur condamnation ». La parole prophétique est déjà jugement [31] ; elle redresse celui qui la reçoit et le châtie à salut, mais elle perd celui qui s'en rit [32].

Ceci nous permet de sentir la force des exemples bibliques cités par notre poète : ils constituent le dernier et solennel avertissement, l'appel divin qui exige un choix pour ou contre Dieu. Si nous les lisons comme des anecdotes morales, leur vigueur prophétique s'anéantit.

Enfin Chassanion a repris le plan de ses prédécesseurs et la plupart des personnages qu'ils citaient. Faut-il voir dans son livre : « *Des grands et redoutables iugemens et punitions de Dieu advenus au monde principalement sur les grands, à cause de leurs meffaits, contrevenans aux Commandemens de la Loy de Dieu.*

à Morges par Jean le Preux, 1581

ce mystérieux livre de *Dan* que résume A. d'Aubigné dans l'*Histoire universelle* ? [33]. Déjà dans leur édition critique des *Tragiques,* Garnier et

---

28. Hérode Agrippa figure à la suite de Nabuchodonozor et le roi de Tyr parmi ceux « qui par outrecuidance ont voulu usurper l'honneur de Dieu ».

29. Publié à Reims, 1577, voir *supra*, p. 21.

30. Cf. *Vengeances*. v. 440.

31. Cf. *Vengeances*, v. 767-768 :
« Encores le chrestien aura ici dedans
Pour chanter ; l'athéiste en grincera des dents ».

32. C'est également dans ce pamphlet qu'A d'Aubigné a pu recueillir l'image de la *Verge jetée au feu* après que Dieu s'en est servi pour un temps (p. 160 V°). Cf. *Misères*, v. 804, *Vengeances*, v. 363-368 ; 1287-1288 et *Jugement*, v. 238. *Esaïe* X/5, 16-17 est la source de cette image.

33. Tome I, p. 228.

Plattard soulignent l'identité des exemples et de leur succession, pour la deuxième période (les empereurs romains persécuteurs des premiers chrétiens), entre le résumé du *Dan* et la liste que donnent les *Tragiques* [34]. La liste des Empereurs qui, ayant persécuté l'Eglise, ont subi une mort violente ou d'horribles maladies s'arrête à *Julien* chez Chassanion (encore est-il cité dans un chapitre séparé « Des apostats les plus coupables »), sept empereurs cités par l'*Histoire Universelle* n'y figurent point, quatre de ceux-ci se retrouvent dans *Vengeances*. Ces rapprochements ne sauraient servir de preuves. En effet, tout en s'inspirant de Chassanion, qu'il versifie le plus souvent, dans cette énumération, A. d'Aubigné a certainement fait des emprunts à d'autres catalogues et il peut très bien avoir recomposé dans son esprit la liste du *Dan* d'après ces diverses sources confondues. *Dan* appartient au verbe hébreu *dîn*, c'est soit un participe-actif « exécutant ses jugements » ou « vengeant », Dieu étant souvent le sujet de ce verbe, ou encore un parfait « prophétique » qui présente l'action comme accomplie et absolue, non comme un futur mais comme une réalité qui entre dans le temps et s'y développe, c'est-à-dire « [Dieu] exécute ses jugements ». Si l'on considère le goût constant des humanistes pour les transpositions de mots, et en particulier de noms, d'une langue dans l'autre, on voit bien que « *Des jugements de Dieu* » peut être transposé dans cette phrase-verbe : *Dan*. C'est tout ce qu'on peut avancer pour fortifier l'hypothèse que *Dan* et le traité de Chassanion ne font qu'un [35]. Il reste que la matière de *Vengeances* est largement empruntée aux catalogues existants, comme leur est empruntée aussi la succession des Empereurs ou celle des persécuteurs « du siècle qui court ». L'imitation de la Bible est donc, ici, indirecte puisqu'elle se fait à travers des catalogues déjà établis où se trouvent des traits, des détails, des images que le poète s'approprie. Mais une question se pose ici. Où se situe la recréation d'A. d'Aubigné ? Et, s'il a fait autre chose que versifier les notices de Chassanion, quel rôle la Bible joue-t-elle dans cette appropriation originale ?

----

34. Deux empereurs manquent à la liste du *Dan*, Galerius et Décius ; *Décius* était cité dans Chassanion et par le *Martyrologe de Crespin* (Livre I), il se peut que A. d'Aubigné l'ait omis dans son résumé. *Galère Maximin* figurait dans la liste de Bullinger et dans le livre I du *Martyrologe*, où la maladie d'Antiochus et d'Hérode lui était attribuée, *Decius* s'y trouvait également, on le trouve aussi dans le *Tocsain contre les Massacreurs*.

35. L'identité de *Dan* et du traité de Chassanion paraît certaine, en effet, non seulement la liste des empereurs est semblable — à deux exceptions près — mais *tous* les châtiments des persécuteurs modernes que A. d'Aubigné énumère dans l'*Histoire Universelle* en commençant par la mort d'Arondel se trouvent dans Chassanion ainsi que la plupart des détails qui caractérisent leur cruauté et leur mort.

Originalité dans l'orientation de l'ensemble

Les nombreux traités qui développent toute une série de jugements divins qui se sont abattus sur les plus grands personnages de l'histoire ont tous une *intention didactique* : il s'agit à la fois de consoler les fidèles persécutés et d'avertir les grands que « l'orage de l'ire de Dieu [peut] tomber sur la teste mesme des plus hautains » [36] ; les auteurs offrent aux persécuteurs modernes des Eglises un miroir de leurs cruautés et en même temps des épouvantables châtiments qu'elles entraînent, car Dieu veille sur les siens. C'est bien là ce qu'Agrippa d'Aubigné s'est proposé, lui aussi, de faire ; mais ses « modèles » cherchent, soit à prouver que les châtiments vengent avec usure les persécutions soit, comme Chassanion, qu'à chaque transgression des Commandements correspond un châtiment effroyable. Ils s'en tiennent à une justice rétributive, comme si la Bible était un code moral : Chassanion organise tout son traité sur la base du Décalogue, analysant au cours des chapitres successifs les différentes manières de violer le premier commandement par exemple, puis le second, puis le troisième... A. d'Aubigné concentre et anime ces défilés monotones en replaçant ces *exemples* dans une perspective différente : celle du *combat de Dieu pour les siens,* de la marche en avant, conquérante, malgré les apparences, d'Israël, puis de la primitive Eglise, enfin de cet Israël contemporain que constituent les Eglises de la Réforme. Ce faisant, il accomplit sa mission prophétique qui consiste à lire le destin de son peuple à travers les affrontements sanglants des derniers jours. Mais *la justice* à laquelle le prophète-combattant se réfère n'est pas une notion statique et normative pour l'humanité en général (comme celle que Chassanion ou l'auteur du *Martyrologe* proposent à tous les gens de bien), elle est inséparable des actes de salut par lesquels Dieu s'est fait connaître. « Ta droite est pleine de justice » s'écrie le Psalmiste [37] dans un chant qui célèbre la défaite des rois coalisés contre Sion [38]. La *justice* que les ennemis d'Israël ont violée n'est pas une ensemble de préceptes mais la volonté même de Dieu de maintenir et sauver son peuple, de rester fidèle à son

---

36. *Histoire memorable des grans et merveilleux jugemens et punitions de Dieu avenues au monde,* par Jean Chassanion. Préface, p. 2.

37. On trouve déjà cette orientation dans un pamphlet paru à Lyon en 1563 : « *Discours excellent,* lequel demonstre clairement quelz assaux la primitive Eglise de Dieu a soustenu, de quelles armes elle a combattu et convaincu ses ennemis, et comment ils ont esté puniz de Dieu ». à Lyon 1563.

où l'auteur se propose de montrer « comment elle a vaincu et prospéré au milieu des plus grandes afflictions qui lui ont esté faites... cependant que ses adversaires on esté horriblement puniz de Dieu ». La liste de base des châtiments jusqu'à celui d'Antiochus s'y trouve déjà, l'attente du jugement dernier apparaît dans la conclusion.

38. Ps. XLVIII/11.

alliance. Ainsi les hommes et les princes « justes » sont ceux qui servent les desseins de Dieu, qui ont favorisé l'établissement de ce petit peuple en guenilles sur les hauteurs escarpées de Canaan, ou bien, en transposant ce même schéma épique au temps de la primitive Eglise, ceux qui reconnaissent à Rome comme une vérité essentielle la prédication « totalitaire », car elle n'admet pas de demi-consentement, d'un artisan venu de Judée et deviennent à leur tour témoins du Christ. A. d'Aubigné, ployant sous la volonté du Seigneur, est devenu, après la Saint-Barthélémy, le prophète qui annonce à un peuple écrasé, en affrontant les potentats sanglants et les convertisseurs subtils, la « contemporanéité » de l'alliance du Sinaï [39]. Voilà ce qui a fait de *Vengeances,* aux yeux des humanistes libéraux, un tissu de malédictions extravagantes — les exemples de Chassanion ou du *Martyrologe* leur paraîtraient plus raisonnables dans l'ensemble — mais alors c'est tout l'*Ancien Testament,* à l'exception des livres sapientiaux, qu'on pourrait ainsi condamner. A. d'Aubigné, dans le feu de sa passion guerrière, a retrouvé le sens de la justice biblique et du dessein de Dieu. Pour rendre évident ce combat de Dieu, d'Aubigné choisit d'évoquer plus particulièrement les épisodes surprenants où, par un seul acte, Dieu sauve son peuple ou son Oint et perd l'ennemi de ses élus.

Le meurtre d'Abel n'est point le résultat d'une jalousie fratricide dont le motif serait humain mais l'acte de révolte du frère aîné dont le sacrifice n'a point été agréé : le conflit est d'ordre religieux et A. d'Aubigné, forçant les termes du récit biblique [40], souligne, plus que ne le fait la Bible, l'*élection d'Abel,* créatrice des bonnes dispositions de son cœur, et le *rejet de Caïn* qui lui donne aussitôt l'aspect et la nature profonde du réprouvé [41] :

« L'un fut au gré de Dieu, l'autre non agréable.
Caïn grinça des dents, pâlit, espouvantable... »

L'auteur du *Martyrologe* pas plus que Chassanion n'expliquait ainsi le meurtre de Caïn, tous deux l'attribuaient à l'impulsion de l'Esprit malin. Cette recréation du mythe biblique est évidemment une actualisation de la *Genèse,* un miroir du conflit sanglant que vivent Catholiques et Réformés [42].

---

39. Expression empruntée à von Rad. *Théologie de l'Ancien Testament,* tome II, p. 230. J'ai suivi l'étude que ce théologien fait de la notion de *justice* chez les prophètes de l'époque babylonienne.
40. En effet le « *cœur endurci* » de Caïn n'est pas concommittant de son sacrifice, il le suit, Caïn ayant été exhorté par Dieu à se repentir.
41. *Vengeances :* 181-182.
42. Cf. la même pensée théologiüe dans la lutte fratricide de Jacob et Esaü. *Misères,* vers 98 et suivants.

Le *Déluge* présente encore plus vivement cette opposition entre le salut des élus et la perte des réprouvés : la violente et invincible montée des flots furieux noie les rebelles, mais élève jusqu'aux cieux l'arche d'élection « pilotée par les Anges ». Ce thème du *Déluge* est particulièrement cher à A. d'Aubigné puisqu'il l'a étendu à toute la primitive histoire d'Israël jusqu'à l'Exode. Un *même élément,* un *même mouvement* anéantissent un peuple, en font éclore un autre, dans la lumière de la grâce ; c'était, aux yeux du poète, une expression admirable du mystère de l'amour divin, une représentation saisissante de l'Alliance.

Enumérons sans commentaires ces actes de salut qui constituent la partie proprement biblique de *Vengeances* :

La terre engloutit *Dathan et Abiron ;* l'autorité de Moïse, mainteneur de l'Alliance et de la Loi religieuse, est sauvegardée, Dieu ratifie le sacerdoce qu'il a établi [43].

La folie de Saül [44] témoigne de l'élection de David.

L'assassinat de Jézabel libère les Saints prophètes de Dieu.

Jézabel comme Athalie ont été un temps l'instrument de Dieu pour châtier le peuple infidèle ; *le bâton qui sert pour attiser le feu* transpose en termes familiers l'expression *verge de courroux* souvent appliquée par A. d'Aubigné à Catherine de Médicis [45], comme Esaïe au roi d'Assur. Mais ce bâton, épargné pour un temps, reste voué au feu du châtiment, d'autant plus inéluctable que l'instrument s'est glorifié de sa puissance. La métaphore familière rejoint ici la malédiction d'Esaïe.

L'histoire de Nébucadnetsar paraît échapper à ce partage impitoyable entre élus et réprouvés. A. d'Aubigné est ici, pour l'ensemble du récit, plus fidèle à la Bible que Chassanion qui ne dépeint que la folie du roi [46], mais par ce double renversement : de la puissance abso-

---

43. La condamnation des « ennemis du dedans », de ceux qui, par ambition, inventent de nouvelles sectes est certainement la raison d'être de cet exemple chez d'Aubigné comme dans le traité de Chassanion.
44. *Vengeances,* vers 327-335.
45. Cf. *Misères,* vers 802 et sq :
« Toi verge de courroux, impure Florentine
Nos cicatrices sont ton plaisir et ton jeu
Mais tu iras enfin comme la verge au feu ». Cf. *Esaïe* X-5, 16, 17.
46. Dans « *Les armes de la primitive église* » on ne signale que son abêtissement, châtiment de son idolâtrie. Voir ci-dessus, p. 381, note 37. « *Discours excellent...* ».

lue à la vie d'une bête, puis de la fange au trône rayonnant, le poète, à la fin d'une énumération qui jalonne toute l'histoire d'Israël, veut démontrer « que rien n'est difficile au céleste courroux ». Tout le drame de Nébucadnetsar illustre ces versets du *Cantique d'Anne* repris dans les *Psaumes* et le *Magnificat :*

> « Le Seigneur mortifie et vivifie, il mène aux enfers et ramène.
> Le Seigneur faict le povre et l'enrichit,
> Il humilie et il élève.
> Il suscite l'indigent de la poudre, et il esleve le povre de la fiente :
> à fin qu'il soit assis avec les princes et qu'il tienne le siège de gloire : car au Seigneur sont les colonnes de la terre, et a mis le monde sur icelles. »
>
> *Samuel* I, chap. II, v. 6 à 8.

C'est là le leitmotiv qui soutient la foi des Eglises de la Réforme durant toutes les guerres civiles et qu'A. d'Aubigné lui-même ne cesse d'entendre au cours de ses épreuves. Mais cette souveraineté absolue de Dieu est liée au thème de l'élection ; la puissance « prophétique » du poète se manifeste plus nettement encore par *l'actualisation des exemples* bibliques ou historiques qu'il développe. Ses prédécesseurs les rendaient présents et efficaces à l'aide d'un commentaire didactique :

> « Mais au reste », lit-on dans le *Martyrologe*, « ceux qui se sont ainsi furieusement attachez aux membres de Jésus-Christ ont senti en la vie présente mesmes le juste courroux d'iceluy... »

ou encore :

> « On ne trouvera que par trop d'autres Caïns qui, sans occasion aussi, ont meurtri traîtreusement ceux, lesquels ils devoyent recognoistre pour frères et amis,
> » à raison de la nature commune, par laquelle tous les hommes sont conioints ensemble...
> » sur lesquels meurtriers aussi la main de Dieu ne s'est montrée moins forte... » [47]

et voici la consolation jointe à l'avertissement :

> « Si pour un temps il semble que Dieu dorme, et qu'il ne lui chaut des violences et oppressions que les siens souffrent et endurent :

---

47. Chassanion. *Histoires mémorables...* p. 240.

il ne laisse pas pourtant d'avoir toujours l'œil sur eux, et de faire vengeance de leurs ennemis en temps opportun. » [48]

A. d'Aubigné donne un accent contemporain à l'épisode biblique lui-même par quelques détails ou par une imitation libre qui rendent tel personnage ou telle métamorphose très proches de la réalité quotidienne, ainsi la menace d'un châtiment semblable n'a pas à être formulée [49], le récit biblique ainsi actualisé parle de lui-même. La fuite hallucinée de Caïn, sa tragique solitude que le rythme haletant impose à l'imagination correspondent à une sensibilité toute moderne : parce que le regard du Ciel se refuse, toute communion avec la nature lui est ôtée [50] ; et sa fuite n'a point de terme :

« Il fuit d'effroi transi, troublé, tremblant et blesme,
Il fuit de tout le monde, il s'enfuit de soy mesme... » [51]

Seule l'esthétique baroque peut exprimer ce paroxysme de l'angoisse, cette horreur de soi qui creuse un gouffre vertigineux dans l'âme. Il serait facile de sourire à la lecture du vers 205 [52] mais justement cet anachronisme ne fait pas sourire parce que Caïn est devenu un criminel contemporain.

L'identification entre Catherine de Médicis et Jézabel est un lieu commun depuis la Saint-Barthélémy [53]. Jezabel est un nom-clé, mais A. d'Aubigné confond véritablement les deux personnages [54]. La Bible énonçait dans une formule rapide la malédiction de Dieu contre Jézabel : « Les chiens mangeront Iezabel pres le rempart de Iizrehel » et l'accomplissement II Rois IX. 35 : « Ils s'en allerent donc pour l'ensevelir : mais ils n'y trouverent rien que le test de la tecte, et les pieds et les paumes des mains ». Jéhu reconnaissait alors la parole du Seigneur proférée par Elie et la rappelait : « Les chiens mangeront les chairs de Jézabel au champ de Jizrehel, et seront les chairs de Jézabel,

---

48. Chassanion, op. cit., p. 72.
49. Elle l'est cependant, car la certitude d'être le messager choisi par Dieu fait qu'A. d'Aubigné reprend en un mouvement lyrique l'enseignement contenu dans le récit. Le style de ces temps troublés accepte la surcharge.
50. Notons cette remarque de Calvin dans l'*Institution Chrétienne* : « toutes créatures servent tellement à icelle (l'indignation de Dieu), pour exécuter sa rigueur (judicium) que tous ceux ausquels Dieu a révélé son ire sentent le ciel, la terre, la mer, toutes bestes et toutes autres choses *comme armées* en leur ruine et perdition ». I.C. III XXV-12. Cf. *Vengeances*, vers 204.
51. *Vengeances*, vers 201-202.
52. « Les plumes de son lit [lui estoient] des esguilles piquantes »,
53. Voir dans le *Resveille Matin* un long développement sur la similitude des deux reines : « Sympathie de la vie de Catherine et de Jézabel »... p. 125.
54. L'épithète « Florentine » du vers 347, qu'il avait gardée secrète, substitue véritablement Catherine de Médicis à la femme d'Achab.

comme la fiente sur la face de la terre au champ de Iizrehel » [55]. Les vers
d'A. d'Aubigné nous font assister à la curée, mais il ne s'agit plus d'un
personnage lointain quasi-mythique :

> « Les chiens se sont soulés des superbes tétins
> (noton que ce mot rime avec « florentins », si bien que c'est le
> corps nu de Catherine qui apparaît)
> « Que tu enflois d'orgueil, et cette gorge unie,
> Et cette tendre peau fut des mastins la vie,
> De ton sein sans pitié ce chaud cœur fut ravi... » [56]

C'est la reine vivante et palpitante, avec la blancheur de sa peau
que ses sombres vêtements soulignaient, qui est ici livrée à la meute
affamée. Gardons-nous de parler d'inspiration prophétique, une haine
brûlante contre la Florentine hypocrite et sanguinaire explique cette vie
nouvelle insufflée au texte des Rois ; le texte s'est chargé d'une sensualité et presque d'un sadisme étrangers à la Bible [57]. Mais les prophètes
anciens n'étaient pas non plus des hommes désincarnés ; leurs passions,
leurs maladies, les conflits de leur vie intime servaient à leur prédication.

Cependant, la « prophétie » qui paraît à la fois la plus fidèle à
l'esprit de la Bible et la plus heureusement modernisée est sans doute
le récit de l'égarement de Nebucadnetsar [58], le tout puissant roi de Babylone.

Notons que Calvin interprétait ce récit rationnellement et pensait
que le Roi, sans perdre sa forme humaine, avait été simplement exclu
de la société des hommes par son égarement [59]. A. d'Aubigné revient
à la lettre du texte biblique, mais l'adapte. Chassanion, ou l'auteur anonyme du « Discours excellent... » [60] ne citaient que le châtiment et
transcrivaient littéralement le texte biblique. A. d'Aubigné aborde ce
récit avec une solennité particulière et il reproduit, en le resserrant, le
texte de la vision du roi : le grand arbre dont la hauteur touchait au ciel
brusquement ébranlé et abattu sur un ordre venu d'en-haut. Cette vi-

---

55. II *Rois*. 35-38.
56. *Vengeances*, vers 348 et sq.
57. Notons toutefois qu'une illustration de la Bible imprimée à Lyon en 1581
par Barthélémi Honorati montre, dans un décor tout moderne, une femme
découronnée en proie à quatre chiens dont l'un mord un sein, l'autre plante
ses crocs dans la cuisse. Jéhu et des guerriers vêtus à la mode du XVIe siècle
contemplent le spectacle.
58. On trouve en hébreu deux formes de ce nom Nebukadnessar et
Nebukadressar. La forme Nabuchodonosor vient des Septante et de la Vulgate.
59. *Praelectiones in Danielem*. O.C. XL col. 680 et sq.
60. Op. cit., p. 122 (Chassanion).

sion lui fournit le prologue saisissant qui prépare la tragédie. Mais la catastrophe arrive brutalement dès que le Roi, « de cent princes l'idole », a pu s'arroger l'honneur de Dieu ; la simplicité du geste de Dieu : Il

> « ploya contrebas
> Ce visage eslevé »

est exactement l'opposé du mouvement d'orgueil du Roi et exprime la toute puissance : cette expressive sobriété vaut mieux que le texte biblique [61]. Mais ensuite la transformation du texte révèle la liberté du poète. On lit dans *Daniel* : « et il fut déchassé d'entre les hommes et mangea l'herbe comme les bœufs ; et son corps fut arrosé de la rosée des cieux jusques à ce que son poil creut comme celui de l'aigle, et ses ongles comme ceux des oiseaux ». A. d'Aubigné adopte un instant ce texte, il y voit un signe de malédiction marquant les mignons et les muguets de la Cour qui : « Font un bizarre orgueil d'ongles et de cheveux », mais il n'a garde de reprendre l'image de *l'aigle* car il retrouverait un symbole fréquemment utilisé dans l'art du blason ou dans l'art religieux et cette figure suggère la puissance [62] ; l'animal choisi pour marquer la déchéance du « roy abesti » c'est le *sanglier,* bête impure au regard de la loi juive, particulièrement associée à la boue et à l'ordure pour les Français [63], mais le nom qui objectiverait la métamorphose n'est pas prononcé ; le poète, par une série d'antithèses, préfère communiquer la notion de passage d'un état à un autre état : le luxe du prince n'est jamais oublié, il est évoqué « *en creux* » par toutes les expressions qui suggèrent la boue, la puanteur, l'eau croupie, la laideur repoussante et qui sont couplées avec tous les aspects classiques de la magnificence : le palais, l'oreiller parfumé, les chantres, les vaisseaux d'or ; une réalité sordide, puante vient, comme un décor de théâtre mobile, recouvrir exactement l'univers rutilant de trésors, tout amolli de luxe oriental du prince tout puissant ; or ce passage provoque un effet d'attirance et de vertige, comme si un gouffre s'ouvrait devant les pas du potentat le mieux assuré de sa domination. Le poète va plus loin encore :

---

61. « En la mesme heure la parole (à savoir « Le Royaume se departira de toy ») fut accompli sur Nabuchodonozor ». *Daniel* IV.30.
62. Le texte biblique fait sans doute allusion aux pattes fortement empennées de l'aigle. Dans l'art religieux l'aigle représente souvent l'évangéliste Jean. Dans l'art chrétien médiéval il est le symbole de la souveraineté, de l'ascension sociale ou spirituelle, de tout état transcendant (Dictionaire des Symboles).
63. Dans la tradition chrétienne il symbolise le démon, soit qu'on l'assimile au porc, goinfre et lubrique, soit que sa fougue représente l'élan des passions (Diction. des Symboles).

> « ... abruti il n'est plus rien en somme,
> Il n'est homme ne beste et craint la beste et l'homme. » [64]

L'angoisse d'un état indéterminé, le malaise de celui qui n'a plus de nom entre les créatures, sont ici proposés comme un châtiment possible. Le texte biblique ainsi renouvelé devient une prédication actuelle, dynamique, propre à toucher « les petits géantaux » ou mieux encore, le Chasseur de la Cour [65]. A ce moment-là, la menace prophétique directement lancée contre les tyrans éclate avec force car un climat d'angoisse a été créé. Quant au vers :

> « Dieu refit cette beste un Roy quand il luy pleust »,

on peut difficilement y voir une annonce de la grâce, il est trop bref ; par le déséquilibre qu'il crée, il humilie toute puissance humaine devant la grâce souveraine de Dieu.

Cette actualisation presque constante des récits et des personnages bibliques est-elle en contradiction avec la vocation prophétique que le poète a reçue, l'éloigne-t-elle de la fidélité à la Parole que les Réformés revendiquent ? Mais ,justement, pour que la Parole de Dieu vive et agisse dans les situations concrètes de la vie humaine, elle doit être réinterprétée, ranimée par la puissance de l'Esprit. Nous savons par le chapitre XIII de l'*Exode* que, lorsqu'Israël fut établi en Canaan, tout le peuple célébrait la Pâque comme un événement présent et actuel pour que cet acte de salut fût revécu à chaque génération. Un théologien moderne aussi sérieux que G. von Rad a démontré que les prophètes et certains milieux religieux « n'avaient jamais perdu de vue l'actualité durable du message prophétique » [66] ; il en trouve la preuve dans des remaniements ou des adjonctions secondaires destinés à adapter des textes anciens à des situations très différentes, et dont les textes prophétiques portent la trace [67]. Luther, dans son commentaire sur *Joël*, montre que le Saint Esprit réveille les âmes de ceux que Dieu a choisis, qu'Il « leur fait voir le royaume de Christ en la parole vocale, comme en un tableau pour qu'ils le proposent au monde plus clairement, quasi remonté et enrichi de couleurs et mis en grande lumière ». Nous avons indiqué que ce que les ministres de Genève, au temps de Calvin, appelaient *prophétie* [68] c'était cette diligente lecture de la Parole, pratiquée

---

64. *Vengeances*, vers 413-414.
65. On sait que dans le *Réveille-Matin* une anagramme désigne Charles de Valois comme le « *Chasseur desloyal* ». Il semble bien que les vers 409-412 visent Charles IX.
66. G. von Rad : *Théologie de l'Ancien Testament*. T. II, p. 40.
67. G. von Rad : Ibid., p. 43.
68. Cf. supra, chap. II. p. 41.

par le collège des pasteurs, précédée par la prière et qui inspirait une
prédication vivante axée sur les problèmes individuels ou collectifs du
temps présent. Proclamer prophétiquement la Parole de Dieu ne consiste
pas à réciter exactement un texte mais à l'entendre *hic et nunc*, comme
une parole neuve, qui doit agir sur la situation actuelle et les hommes au
milieu desquels elle éclate. Le génie poétique d'A. d'Aubigné retrouve
la tradition très ancienne de la prédication biblique des prophètes, fondée
sur la réinterprétation des actes de salut de Dieu et de ses merveilles.
Même s'il emprunte des séries d'exemples aux compilateurs de la Bible
ou des pères de l'Eglise, il leur redonne la force d'impact d'une parole
inspirée.

C. - LES MODELES BIBLIQUES SUR LESQUELS SONT CALQUES LES CHATIMENTS DE L'HISTOIRE PROFANE

La transition qui permet de passer de l'histoire biblique aux premiers
siècles du christianisme est chargée d'un sens théologique précis. Le
poète reprend ici [69] le thème biblique qui constitue le prologue *des Feux* :
le triomphe de l'Agneau, du Lion de Juda. Mais, comme nous l'avons
vu, la vision de l'*Apocalypse* d'où procède ce tableau a été profondément modifiée : le Christ victorieux de la fin des temps n'est plus
l'Agneau immolé, assis au centre du trône de gloire et du cercle des
Anciens ; il apparaît comme un triomphateur romain conduisant son
char de guerre, entouré de ses cohortes.

A. d'Aubigné introduit les *persécuteurs de l'Eglise première*
en les faisant défiler derrière le char du Messie triomphant. Admirable
renversement des apparences humaines : en tête du cortège des captifs
marche Hérode, tétrarque de Galilée qui a voulu faire assassiner l'enfant
de Bethléem ; il est suivi des empereurs, ces triomphateurs du passé, persécuteurs des apôtres et des martyrs, maintenant « traînés au chariot de
l'immortelle gloire », cela indique nettement que le Dieu d'Israël ne
limite pas sa puissance et sa fidélité au peuple qu'il s'est choisi, toutes
les nations et leurs rois sont dans sa main, et puisque le Christ, en qui
l'élection trouve sa raison d'être et son accomplissement, rassemble
un peuple nouveau « enté sur le tronc du peuple élu » [70], la justice et
la vigilance de Dieu maintiendront ce nouvel Israël jusqu'à la fin des
temps.

Pour manifester avec plus d'évidence la continuité d'Israël et de
l'Eglise, les *modèles des châtiments* qui frappent les persécuteurs des

---

69. *Vengeances*, vers 449 et sq.
70. Voir *épître aux Romains*, chap. XI.

apôtres et des premiers chrétiens sont emprunté à la Bible, aux malédictions des Prophètes qui sont aussi des actes [71].

1° *La similitude entre la faute et le châtiment.*

Dans la Bible ce rapport est très important : le châtiment dénonce le crime et le venge. Il est la preuve certaine que le Tout-puissant voit tout et ne laisse agir les méchants que pour mieux les confondre.

Calvin souligne le caractère miraculeux de ces châtiments en développant le verset 46 du chapitre XXVIII du *Deutéronome* : « et en toy ces malédictions seront signes et prodiges et en ta semence à iamais ». Les châtiments envoyés par Dieu à ceux qui lui ont été rebelles jusqu'au bout sont si énormes ou si particuliers qu'on ne peut les attribuer à la Fortune ; Il excède « l'ordre et le cours de la nature tellement qu'il faut que nous soyons ravis en estonnement et que nous appercevions que Dieu alors se montre comme si sa main nous estoit apparue du Ciel. » [72]

Des exemple précis de ces châtiments étaient dans toutes les mémoires : Jézabel a spolié Naboth de sa vigne que convoitait Achab, en le faisant assassiner ; dès que Achab a pris possesion de la vigne de Naboth, le Seigneur envoie le prophète Elie dire à Achab : « Tu as occis, et puis après tu l'as possédé. Telles choses dit le Seigneur : [73] Au lieu auquel les chiens ont lesché le sang de Naboth, au mesme lieu aussi ils lècheront ton sang » [74].

> « Or le roy mourut, et fut porté en Samarie, et ensevelirent le roy en Samarie.
> Et ils laverent son chariot en la piscine de Samarie, et les chiens lescherent son sang... selon la parole du Seigneur, qui avait parlé. » [75]

---

71. On sait que le mot hébreu qui signifie *parole* veut également dire *acte*. Dans la mentalité d'Israël, la malédiction du prophète met en branle le châtiment. Voir J. Pedersen : *Israël, it's life and culture*, p. 168, T. I.
72. C.O. XXVIII. col. 436 (sermon CLX).
cf. *Vengeances*, v. 765-766.
« Encores trouvons nous les exprès tesmoignages
Que nature ne peut avouër pour ouvrages ».
et vers 1081-1082 ; 1085-1086 :
« Est-il vicissitude ou fortune qui puisse
Fausse et folle, trouver si à poinct la justice ? »
« Sont-ce là des arrests d'une femme qui roule
Sans yeux, au gré des vents, sur l'inconstante boule : ».
73. C'est la formule qui annonce la parole même de Dieu.
74. I *Rois* XXI. 19.
75. I *Rois* XXII/37. 38.

Bien d'autres paroles prophétiques soulignent cette identité de la faute et de la punition envoyée par Dieu :

« Vous avez dit : « Non ! nous prendrons la course à cheval
C'est pourquoi vous fuirez à la course ;
Nous monterons des coursiers légers,
C'est pourquoi ceux qui vous poursuivront seront légers... » [76]

ou encore :

« Malheur à toi qui ravages, et qui n'as pas été ravagé
Qui pilles, et qu'on n'a pas encore pillé ;
Quand tu auras fini de ravager, tu seras ravagé,
Quand tu auras achevé de piller, on te pillera. » [77]

Ici la menace s'adresse au peuple étranger dont Dieu s'est servi pour châtier les siens. Donc, même l'instrument de Dieu subira la loi du talion.

Voilà les modèles qu'A. d'Aubigné et ses contemporains trouvaient dans la Bible, mais une très ancienne tradition chrétienne, transmise par les Pères de l'Eglise, avait aussi recueilli les faits étranges où le doigt de Dieu apparaissait, à la mort des empereurs romains qui avaient persécuté les Chrétiens [78]. Et il ne faut pas oublier l'abondance des opuscules qui relatent en ce siècle troublé toutes sortes de prodiges et de miracles ; le surnaturel est permanent au XVIᵉ siècle, mais il a plus de force aux yeux des Catholiques ou des Réformés s'il reproduit un événement biblique.

Plus systématiquement que Crespin, Chassanion, le *Tocsain contre les massacreurs*, Bullinger ou d'autres auteurs de traités anonymes, A. d'Aubigné se plaît à marquer le parallélisme entre la mort étrange de tel empereur ou de tel grand personnage moderne et la cruauté qu'il a exercée contre les disciples du Christ. Pour prendre un exemple nous nous bornons à citer la fin d'un des derniers empereurs : l'apostat Julian paraît au poète le plus odieux des persécuteurs parce qu'il a perdu non les corps mais les âmes des fidèles. Son action perfide paraissait invisible, un adversaire invisible l'atteint mortellement du haut du ciel. A. d'Aubigné suit ici le récit rappelé par Bullinger [79] qui lui fournit en particulier

---

76. *Esaïe* XXX/1.6. Je cite une traduction moderne.
77. *Esaïe* XXXIII 1.
78. Chassanion cite ses sources : Eusèbe, Nicéphore, Eutrope, St Cyprien, Tertullien...
79. Bullinger. *Histoire des persécutions de l'Eglise*. Le même récit, avec des termes identiques se trouve dans le *Martyrologe* (cité dans l'édition Garnier et Plattard, t. IV, p. 69).

le geste théâtral de l'apostat jetant contre le ciel le sang qui découlait de sa plaie et devenant, en dépit de sa haine, un confesseur.

2° *Etude de quelques thèmes de ces châtiments* : le ver - le feu - la folie :

a) *le ver* - A. d'Aubigné fait intervenir avec prédilection ce châtiment, il le dépeint avec une sorte d'horreur fascinée.

Huit personnages en sont frappés [80] ; de plus, dans un mouvement prophétique, il assimile ses vers vengeurs à la plaie qui gangrènera le corps de Philippe II.

Quelle est la valeur symbolique de cette plaie dans la Bible ?

Quel est le péché particulier que les *vers* font apparaître dans *Vengeances* ?

La Bible emploie deux mots, souvent unis (*rimmâh* et *tôlà*) pour désigner un grouillement de bestioles rampantes (vers, chenilles, poux ou teigne), nées de la poussière, qui s'attaquent aux matières animales ou végétales provoquant leur décomposition. Ils sont associés à la mort, à la dissolution de la chair et constituent le plus souvent une plaie, un châtiment exemplaire. Ainsi dans l'*Ecclésiastique* : « Et qui se joint aux paillardes, il sera mauvais. La pourriture et les vers auront iceluy pour héritage » [81]. Mais le ver est aussi le symbole de l'homme méprisable ou méprisé, le Psalmiste s'écrie : « Mais moi je suis un ver, et non pas un homme : opprobre des hommes et le mépris du peuple » [82]. Les vers qui grouillent sur les cadavres peuvent être le châtiment terrible qui frappe les puissances, anéantit les despotes. *Esaïe* annonce ainsi la destruction de Babylone : « Le Séjour des Morts a réveillé pour toi les trépassés, tous les puissants de la terre... ils prennent la parole pour te dire : « Toi aussi te voilà déchu comme nous... Une couche de pourriture te sert de litière et les *vers sont ta couverture* » [83]. Mais cette destruction peut aller au-delà de la vie humaine et devenir le *symbole de la seconde mort*. On lit au dernier verset du livre d'*Esaïe* : « ils verront les corps mortz des hommes qui ont trangressé contre moy. Le ver d'iceux

---

80. Cf. *Vengeances*, vers 490, 500, 515, 517, 568, 570, 672, 822, 839, 849. au vers 862, A. d'Aubigné annonce « prophétiquement » ce châtiment à Philippe II dont la vermine a été déjà évoquée aux vers 517-518.
81. *Eccli.* X, 13.
82. *Ps.* XXII. 7.
83. *Esaïe* XIV. 9 à 11 (traduction moderne, version synodale).

ne. mourra pas, et le feu d'iceux ne sera poinct esteinct ». Parole que reprend le Christ au chap. IX de l'*évangile de Marc* en menaçant les pécheurs de la *géhenne* : « là où leur ver ne meurt point et le feu ne s'éteind point. » [84]

Tout ce riche symbolisme s'offrait à A. d'Aubigné, mais Calvin avait particulièrement souligné que la vermine et les poux constituaient le châtiment par excellence de l'orgueil [85] ; c'est lui qui fournit à d'Aubigné l'image de la *petite armée* ; citant la troisième plaie d'Egypte, il remarque qu'une forte armée n'eût pas déshonoré les Egyptiens, mais le grouillement des poux constitue une armée dérisoire, bien propre à abattre leur orgueil : « quand il y a tels *soldats* sur les Egyptiens, ils doivent avoir vergogne ». Dans le même passage, le châtiment d'Hérode devient le châtiment typique de celui qui a blasphémé « en endurant qu'on l'appelât Dieu » : « Quand Dieu le fait manger et consommer de vers, qu'il est si puant qu'il n'en peut plus, il est contraint de dire en telle infection : « et voici un beau dieu » « estant contraint en une telle puanteur de sentir que la main de Dieu le persécutait à cause de son orgueil ».

A. d'Aubigné emprunte à Calvin (mais Chassanion, Bullinger et la plupart des pamphlétaires l'avaient déjà repris) cet exemple-type d'Hérode.

Mais il fait aussi des vers le châtiment de l'inceste, crime énorme dans la Bible, pour lequel l'Eternel a condamné les Cananéens [86]. Les vers, dans ces deux morts, révèlent que les coupables ont transgressé les lois qui président à la transmission de la vie [87].

Herminian comme Honorique, ainsi que trois persécuteurs modernes sont châtiés pour leur déchaînement diabolique contre les fidèles. Les *vers persécuteurs,* formule qui définit Jean de Roma et ses complices, allie deux symboles : d'une part le caractère méprisable de

---

84. *Marc* IX, v. 44. On sait que la *géhenne* (dans la réalité une vallée emplie d'immondices où anciennement on jetait les cadavres des enfants sacrifiés à Moloch) est, dans la Bible, le symbole de l'enfer.

85. Voir C.O. 28/429 : *Sermons sur le Deutéronome* (à propos du verset 42 du chapitre XXVIII) : « Si Dieu eust suscité quelque grosse armée contre les Egyptiens au lieu de leur envoyer les poux et la vermine, ils fussent toujours demeurés en leur orgueil et présomption... Mais quand les poux les persecutent, et qu'il y a de tels soldats sur les Egyptiens : ils doivent avoir vergogne ».

86. Cf. *Lévitique* chap. XVIII ; *Vengeances,* v. 515-516. L'idolâtrie aussi bien que l'inceste permet de rapprocher le Pape-Inquisiteur et les Cananéens.

87. Mais ce pape Paul comme Philippe II est aussi un idolâtre, un orgueilleux et un persécuteur acharné.

ce moine, d'autre part son action destructrice : il *minait*[88], il décomposait les Eglises vaudoises. Le ver révèle alors la nature de ver du personnage : homme méprisé, corrupteur puant. D'ailleurs les vers ici sont alliés aux diables, l'infection que dégage la dépouille de l'inquisiteur est le signe d'une corruption non seulement matérielle mais spirituelle, elle est *odeur de mort.* Pour Du Prat, une curieuse génération spontanée fait que le ver du remords qui taraudait sa conscience, engendre un amas de vers bien visibles qui « percerent sa panse » : le mot symbolique devient réalité tangible, c'est le mouvement inverse de la métaphore ; ce procédé, qui rappelle la création magique, permet de donner à la symbolique *du ver* toute sa force. Dans ces derniers tableaux le *ver,* qui engendre ces horribles plaies physiques, annonce le châtiment définitif et sans pardon de ces réprouvés[89] ; la série s'achève sur la « prophétie » lancée contre Philippe II, qui réunit l'orgueil sacrilège d'Hérode et la crauté des persécuteurs qui font la guerre à Dieu :

> « . . . . Dieu vengeur à sa gloire
> Peindra de vers ton corps, de mes vers ta mémoire ».

Même si nous goûtons fort peu ce jeu de mots, le premier hémistiche, inspiré semble-t-il par la prophétie d'*Esaïe* contre Babylone : « les vers sont ta couverture », doit à son étrangeté une énergie certaine, de plus le parallélisme souligne l'étroite liaison entre la parole du « Prophète » et la vengeance de Dieu : ce sont les deux faces d'une même action divine.

b) *Le thème du feu-châtiment*

Dans la Bible le *feu* est associé au *ver* dans le châtiment des impies[90]. Dans *Vengeances* A. d'Aubigné en fait surtout le châtiment des persécuteurs modernes.

---

88. Qu'on se souvienne du refrain satirique :
« la vermine mine mine,   —
la vermine minera... » cité par H. Weber : *Poésie polémique et satirique de la Réforme...* in C.A.I.E.F. Paris, 1958, p. 97.
89. Allier le *ver* et *l'enfer* est bien la pensée d'A. d'Aubigné, elle s'exprime nettement au vers 740 :
« O pieges dangereux et signes evidens
Des tenebres, du ver, et grincement de dents ! ».
90. Voir entre autres *Judith,* XVI 21-22 : « Le Seigneur se vengera sur eux et les visitera au jour du jugement. Car il baillera *du feu* et *des vers* en leurs chairs afin quils soyent bruslez et qu'ils les sentent jusques à tousjoursmais ». De même *Eccl.* VII, 19 ; *Esaïe* LXVI, 24.

Comme le temps des « monstrueux miracles » est passé, le poète ne peut produire des exemples de méchants foudroyés, de villes brûlées par le feu du ciel ; ce châtiment frappe les impies sous la forme de flammes intérieures, mortelles, mais quasi secrètes. Pour montrer clairement qu'il s'agit bien de la colère de Dieu qui détruit tout, comme un feu consumant, le poète constitue une *série* d'exemples dont les premiers termes sont les épisodes les plus fameux de l'histoire biblique où le feu de Dieu a frappé les rebelles endurcis ; il lui suffit ensuite de déclarer :

« . . . . *que les jugemens*
Dedans nous, contre nous, trouvent les instrumens », [91]

pour que des fièvres inconnues, des inflammations bizarres apparaissent comme les signes du céleste courroux. L'exemple typique du châtiment des impies dans la Bible est l'anéantissement de *Sodome et Gomorrhe* dont le *Deutéronome*, déjà, fait la figure exemplaire du courroux céleste [92]. *Esaïe* annonçait sur ce modèle la destruction de *Babylone* [93]. Calvin commente longuement ces deux textes [94] en soulignant la permanence de Dieu « toujours vivant », qui veille sur les siens, qui a exécuté son juste jugement sur les impies et qui l'exécutera encore, sur tous les réprouvés jusqu'à la fin des temps. Nous verrons à la fin de cette étude que d'Aubigné se fonde sur cette notion de la vigilance permanente de Dieu pour redonner une vie nouvelle à ce thème dans un mouvement véritablement prophétique, mais tous les pamphlétaires ou auteurs de traités d'exhortation s'y référaient.

Dathan et *Abiron* sont cités ensuite ; ils avaient été engloutis par la terre mais « le feu sortant du Seigneur » avait consumé les deux cent cinquante Lévites qui avaient pris leur parti [95].

Par une métaphore hardie — mais qui n'est pas d'origine biblique — d'Aubigné fait entrer *Saül* dans cette série d'hommes et de peuples châtiés par le feu. S'il a sa place ici, c'est qu'il est le type de l'homme

---

91. *Vengeances*, vers 791-92.
92. *Deutéronome* XXIX. 23 (Moïse annonce une plaie terrible pour la terre si les Israélites abandonnent l'alliance) « ainsi comme la subversion de Sodome et Gomorrhe, Adama et Seboim, que le Seigneur a destruit par son ire et par sa fureur ».
93. *Esaïe* XIII. 19.
94. Cf. C.O., 28/535 ; 36/268.
95. *Nombres* XVI. 35. Chassanion soulignait qu'ils avaient été anéantis par le feu même de leurs encensements : « Car soudain ce feu estrange qu'ils offroyent, s'enflamma si fort et si avant, qu'aussi tost ils en furent envahis et consumés ». Cf. *Vengeances*, v. 321.

rejeté, réprouvé. Le « mauvais esprit de Dieu » qui le troublait, selon
la Bible, est assimilé aux démons de l'Enfer torturant les condamnés
avec des tenailles rougies au feu ; le poète introduit ici une représentation des châtiments de l'Enfer comme on en voit aux tympans de
plusieurs cathédrales [96]. En fait la folie de Saül offre à David le moyen
d'être introduit auprès du roi et c'est la première manifestation de
son élection. C'est l'opposition Saül-David qui intéresse A. d'Aubigné :
le thème de l'élection étant inséparable de cette conception épique de
l'histoire.

Le *baston* que le poète introduit, au vers 363 n'est pas exactement
une image familière ; il représente Assur [97] et avec lui tous les rois
enivrés de leur puissance que Dieu a chargés pour un temps de châtier
son peuple. Dès qu'ils s'élèvent, se croyant autonomes, Dieu les traite
comme vils ustensiles, un bâton de bois qu'on peut jeter au feu. Le
poète garde le caractère familier de l'image biblique, il accuse même
ce caractère puisque l'instrument chargé d'attiser le courroux de Dieu
est justement le bâton-tisonnier, mais le symbole contient une menace
terrible contre les reines qui ont persécuté le peuple fidèle : Jézabel,
Athalie et, dans le prolongement de cette série, Catherine de Médicis,
présente sans être nommée dans tout ce passage. Ici le feu reste métaphorique ; il représente la destruction totale de ceux que Dieu avait
choisis pour exercer, pour une temps, son courroux.

Un *glaive flamboyant* achève la série des châtiments par le feu, celui
que brandit un chérubin au-dessus de l'armée de Sennachérib qui in-
vestissait Jérusalem [98]. A. d'Aubigné précise que l'ange du Seigneur
était un *Cherub* parce que ces anges sont associés à la théophanie du
Jugement [99], le *hachis de l'armée* assyrienne est un signe *du jugement*. Mais Dieu avait placé à la porte du Paradis un Cherub armé d'un
glaive flamboyant et voltigeant çà et là : c'est le *coutelas ondé* dont
il est question au vers 17 de la *Chambre dorée*, certaines illustrations

---

96. Calvin dit seulement que les diables sont comme des fouets (flagello) dont
Dieu nous frappe.
97. Cf. *Esaïe* X.5 : « Malheur sur Assur, verge de ma colère, iceluy aussi
est mon baston. Mon indignationt est en leurs mains... »
15 : « La coignée se glorifiera elle contre celuy qui en couppe ?... Ainsi
comme la verge s'eslevoit contre celuy qui l'esleve, et que le baston s'eslevast,
lequel certainement est bois ».
16 b : « Sa gloire allumée par dessous, ardra comme la chose brusle par le
feu ».
98. *Esaïe* XXXVII/36-38 : « Et l'ange du Seigneur issit et en frappa au
siege des Assyriens cent quatre vingt et cinq mille. Lors se leverent un matin, et
voicy tous estoyent corps morts ».
99. Cf. *Ps.* XVIII, 11 et la fin de *Vengeances* ; ils rappellent aussi l'Alliance
puisqu'ils recouvrent l'Arche dans le temple de Jérusalem.

de la Bible en font une flamme. Ceci permet à d'Aubigné d'exprimer symboliquement ce que fut ce mystérieux fléau, une peste pensent les commentateurs, mais le poète, avec raison, ne veut point élucider le mystère.

L'imagination est alors préparée à découvrir la main de Dieu dans ces trépas étranges où le corps est miné par un feu caché ou envahi par une inflammation qui le dessèche : Bellomonte [100], « bruslé par une flamme secrète de l'ire de Dieu » comme dit Chassanion, Pontcher qui, « repoussant la mort endura sept morts », Castelan [101] que le feu et la glace se partagent, témoignant que le temps des miracles n'est pas fini, même si le feu se propage à l'intérieur des apostats et des persécuteurs. Il faut noter que ces signes offrent toujours une double signification : ils révèlent la vérité de l'être ; le feu physique manifeste la rage intérieure qui enflamme les persécuteurs, et ils marquent, pour le jugement, des réprouvés — la notion de l'élection commande la composition de ces séries — les vouant à la seconde mort dont ils sont le symbole. Le vers 934 :

> « ...et voir ceux qu'en ce monde
> Dieu a voulu arrer de la peine seconde »,

paraît contredire cette prédestination de ceux qui ont été frappés par les vers, le feu, la mort sanglante, mais d'autres notations la suggèrent. Ainsi les vers 836, 869 :

> « Cette terre a regret fut son premier enfer. »
> « En attendant le feu préparé pour leurs ames... »

Calvin indiquait nettement en effet que ces châtiments extraordinaires frappaient ceux qui ont été rebelles jusqu'au bout ; ils sont le salaire de l'impénitence finale.

Nous pourrions étudier de la même façon la série de châtiments où le sang du bourreau venge le sang de la victime, nous y verrions le même procédé : les *exemples vrais de l'histoire saincte* permettent de discerner l'action de Dieu dans l'actualité ou l'histoire très proche. La *prophétie* d'A. d'Aubigné se fonde solidement sur la Parole.

c) *La folie*

Le catalogue des vengeances célestes se termine par la série des morts les plus épouvantables : celles des criminels devenus fous furieux. La folie est en effet la plus frappante des malédictions annoncées dans le *Deutéronome* :

---

100. *Vengeances,* v. 871.
101. Ibid. v. 890 ; v. 897.

« Le Seigneur te frappera de forcenerie et d'aveuglement et de
                                              fureur de cœur
« Et seras tastant en plein midi, ainsi comme un aveugle taste en
                                              ténèbres »... [102]

Aux yeux de Calvin et des croyants du XVIe siècle, « les châtiments spirituels » nous doivent être plus terribles que tout ce que nous
pouvons souffrir dans nos corps parce que c'est là le signe qu'un homme
est délaissé de Dieu [103]. « Quand l'homme ne sait que c'est de gémir
en ses fautes, mais grince des dents et ronge là son frein comme une
mule ne voilà point une chose espouvantable ? Quand nous voyons de
tels miroirs, les cheveux nous dressent en la teste » [104].

Ainsi les exemples de folie dépeints dans *Vengeances* ne sont pas
destinés à provoquer seulement une horreur physique mais à montrer
du doigt la malédiction de Dieu qui châtie ainsi l'endurcissement dans
le mal ou le blasphème : la perte de l'espérance, l'impénitence caractérisent ces pécheurs qui reçoivent les « arres de la seconde mort ».
L'exemple de Saül, cité au vers 1025, souligne cette intention : il est le
type du réprouvé.

Mais A. d'Aubigné se souvient des possédés que Jésus-Christ a
rencontrés : leurs démons, à l'approche du Fils de l'Homme, les agi-
taient violemment, signe d'une intense souffrance, et ils confessaient la
divinité du Christ ; par exemple les deux démoniaques du pays des Ga-
daréniens s'écrient : « Qu'y a-t-il entre nous et toy, Jésus Fils de Dieu ?
Es-tu venu ici devant le temps pour nous tourmenter ? » [105]. Se fondant
sur ces exemples, le poète nous fait entendre ces criminels, hors de sens,
qui rendent témoignage au Christ qu'ils ont persécuté dans ses élus ;
malgré eux, démentant toutes leurs actions passées, ils deviennent des
confesseurs, mais ce n'est pas de leur part un repentir, qui serait un
effet tardif de la grâce [106] : ils proclament à haute voix la *sentence* qui
les perd pour l'éternité. En somme c'est le caractère énorme ou merveilleux du châtiment qui déclare sans ambiguïté la toute puissance
de Dieu. Il est miraculeusement reconnu comme Souverain par ses
ennemis, au moment où il les écrase. « Enseignements très beaux »
s'écrie A. d'Aubigné, car le salut est ainsi maintenu pour les fidèles.

---

102. *Deutéronome* XXVIII. 28.
103. « Il n'y a signe plus évident de réprobation que de n'avoir point de
remords ni de scrupule » Calvin, *Sermons sur le Deutéronome.* C.O. 28/405-406.
104. Ibid.
105. *Matth.* VII, 29, même apostrophe dans *Marc* V, 7 où il est question
d'un seul démoniaque. Voir aussi *Marc* I, 24 ; III, 12 ; *Luc* IV, 33-34 ; *Luc* VIII, 28.
106. Cf. *Ep. de Jacques* II, 19 : « Tu crois qu'il est un Dieu, tu fais bien :
les diables le croient aussi et ils en tremblent ».

Nos conceptions humanitaires n'ont rien à faire ici. A. d'Aubigné vit, avec nombre de ses contemporains, la guerre sainte des derniers jours.

D. - L'EXPRESSION PROPHETIQUE dans VENGEANCES

A. d'Aubigné apparaît donc comme un émule des prophètes anciens dans la mesure même où il renouvelle librement des thèmes de la prophétie biblique et du *Deutéronome,* où il garde vivante la foi dans l'Alliance. Mais peut-on trouver dans la composition de ce chant, dans l'alternance des passages narratifs et des apostrophes lyriques, une imitation des *formes* dans lesquelles la prédication des prophètes a été coulée ? On ne saurait traiter de ce problème important en quelques pages. Des théologiens modernes soulignent la variété des formes et des genres qu'ont utilisés les prophètes qui voulaient choquer leurs auditeurs endormis dans la fausse sécurité de la prospérité ou des rites religieux [107]. Mais on peut du moins tenter quelques rapprochements entre les mouvements oratoires d'A. d'Aubigné et certaines formes classiques de la prophétie, car le poète, convaincu d'être un messager du Seigneur, s'inspire de ces formes et des ruptures du ton qui les caractérisent. En gros, on trouve dans les prophétie des *récits* et des *poèmes* ; la parole directement venue de Dieu s'exprime toujours sous une forme poétique, caractérisée en hébreu par le parallélisme, un style très imagé et certains effets sonores ; les récits rapportent les actes des prophètes ou caractérisent la situation dans laquelle la Parole va éclater. Mais von Rad étudie une forme particulière, la *sentence du messager* [108] : le prophète a reçu une menace ou une promesse qu'il doit transmettre exactement et sans modification, mais elle consiste souvent en une vision assez générale ; c'est l'affaire du prophète que de la lancer vers tel ou tel groupe social qu'elle vise ; il fait alors précéder la menace, exprimée sur le mode poétique et annoncée par une formule qu'on traduit par « oracle de Iahvé » [109], d'un discours *d'invective* qui dénonce les coupables et les offre à la vindicte divine ; le discours étant toujours nettement distinct de la sentence [110]. Il semble bien que A. d'Au-

---

107. J'ai suivi, pour cet essai de comparaison, les études de G. von Rad. Tome II, op. cit. : *Théologie des traditions prophétiques d'Israël.*
108. Cf. Von Rad, Tome II, p. 66 et sq.
109. Se trouve 241 fois dans les textes de l'A.T. .Dans 221 cas elle désigne une parole prophétique de Dieu.
110. Le discours d'invective est aussi exprimé sous une forme poétique si bien que *invective* et menace sont fondues, mais une formule précise *lâkên ;* « c'est pourquoi » les sépare toujours ainsi que « parole du Seigneur » et le rythme poétique paraît aussi changer ; les membres des « vers » sont plus courts, les paronomases souvent plus nombreuses.

bigné a remarqué ces ruptures de style et de ton : il les imite parfois et dispose ainsi de registres différents. Voici par exemple la juxtaposition du récit biblique de la destruction de Sodome et Gomorrhe et de la prophétie qu'il en tire :

> « Dieu fit en son courroux pleuvoir des mesmes cieux
> Comme un déluge d'eaux, un déluge de feux : » [111]

C'est le style narratif, relevé par quelques expressions ou métaphores bibliques.

Mais à partir du vers 270 :

> « Venez, célestes feux, courez, feux éternels,
> Volez : ceux de Sodome oncques ne furent tels.
> Au jour du jugement ils lèveront la face
> Pour condamner le mal du siècle qui les passe...
> « Empuantissez l'air, ô vengeances célestes,
> De poisons, de venins et de volantes pestes ;
> Soleil, baille ton char aux jeunes Phaëtons,
> N'anime rien çà bas si ce n'est des Pithons ;
> « Vent, ne purge plus l'air ; brise, renverse, escrase
> Noye au lieu d'arrouser, sans eschaufer embrase ! »

Ce violent mouvement lyrique doit sa densité poétique à une parole venue d'ailleurs ; le poète transpose, semble-t-il, le dynamisme et le poids des oracles prophétiques dans cette malédiction inspirée, il est saisi par le souffle du Très-Haut.

Il semble que, dans le passage qui dépeint la mort de l'Aubespin et s'achève par la « prophétie » lancée contre Philippe II :

> « Petits soldats de Dieu, vous renaistrez encore
> Pour destruire bien-tost quelque prince mi-more... » [112]

nous ayons la succession d'un récit à valeur symbolique et d'une *invective* assez semblable à celle qu'Esaïe lance contre le roi d'Assyrie [113].

Dans les vers 719 à 740, nous trouvons une vision de l'Eglise empruntée à *l'Apocalypse* suivie d'un texte que certains trouvent mysté-

---

111. *Vengeances*, vers 251-252. Ces vers viennent directement de Chassanion · Dieu a fait pleuvoir sur eux, non pas de l'eau mais du feu... (p. 384).
112. *Vengeances*, vers 861-862 : Nous considérons le passage qui va du vers 843 à 866.
113. Cf. *Esaïe* X. 5-19.

rieux, sur le « blasphème » de Séphora, les deux textes rappelant la fondation et l'accomplissement de l'Alliance [114] ; ils sont suivis d'un mouvement lyrique :

> « Venez donc pauvreté, faim, fuittes et blessures...
> Vienne l'heureuse mort...
> Fuyez, triomphes vains, la richesse et la gloire,
> ...
> O pieges dangereux et signes évidens
> Des tenebres, du ver, et grincement de dents ! »

C'est une *exhortation* lyrique liée aux deux textes bibliques qui attestent une promesse ; chez les prophètes, lorsque la sentence divine est une promesse, on la trouve généralement précédée d'un discours d'exhortation qui rend attentifs ceux auxquels elle s'adresse ; ici l'ordre est inversé mais l'opposition du style narratif et du mouvement lyrique se retrouve. On sent chez le poète la volonté d'exprimer un transport de l'âme même si, dans *Vengeances*, à cause de son intention didactique, ce mouvement retombe assez vite.

Les *visions*, à travers lesquelles le prophète reçoit le message qu'il doit transmettre, marquent le style des prophéties d'un caractère particulier : von Rad citant une vision sinistre d'Esaïe [115] souligne le caractère tourmenté, les mouvements heurtés du texte : le prophète ressent

---

114. Calvin citant St. Paul déclare que la circoncision est le *sceau* de *l'Alliance* (I.C. IV-XIV.5), il y reconnaît la *figure du baptême*. Il est donc clair que cet épisode où une vie (celle de Moïse) est sauvée par une autre, offerte symboliquement, exhorte les fidèles — qui ont été ensevelis avec Christ dans sa mort — à reconnaître l'événement de leur Baptême, et à accepter avec joie le *baptême du sang*, c'est-à-dire la persécution, et le martyre « arrhes de la vie éternelle ».

115. *Esaïe* XXI, 1 à 10 : « Comme des tourbillons glissant sur le Négeb viennent du désert, de la contrée redoutable
Une vision sinistre m'est révélée :
Le pillard se livre au pillage, le dévastateur dévaste, Monte Elam, assiège, Mède ! Je mets un terme aux gémissements.
C'est pourquoi mes reins sont parcourus de frissons, Je suis la proie des douleurs
comme la douleur de celle qui enfante.
Je suis trop bouleversé pour entendre, trop effrayé pour voir,
On dresse la table... on mange on boit.
Debout capitaines ! graissez le bouclier !
Car ainsi m'a parlé le Seigneur : « Va, place le guetteur, qu'il annonce ce qu'il voit... »
Et voici que vient la cavalerie, des cavaliers deux par deux.
Ils m'ont parlé, ils ont dit : « Elle est tombée, elle est tombée Babylone ! et toutes les images de ses dieux sont brisées par terre.
Toi qu'on foule sur l'aire, toi qu'on écrase, ce que j'ai appris de Iahvé Sabaot, du Dieu d'Israël, je te l'annonce ». Von Rad. T. II, p. 54, 55.

physiquement la charge des armées, le caractère tragique de la bataille ; des images éclatantes mais rapides se succèdent, la vision est globale, elle intéresse tous les sens mais elle ne va pas sans confusion, sans épouvante, seule la parole qui l'accompagne paraît claire.

Dans *Vengeances*, A. d'Aubigné atteint rarement cette puissance poétique. Mais le peut-il ? Ce n'est pas une révélation neuve et bouleversante qui lui est communiquée, il n'est point Ezéchiel, ni Michée, ni Amos, sinon selon l'ordre de l'imaginaire ; il le sait bien, il se réfère à une tradition écrite, au Livre, à la Parole :

> « ... les visions qui seront ici peintes
> Seront exemples vrais de nos histoires sainctes. » [116]

De plus, ces textes bibliques qu'il reçoit ont déjà été largement commentés, utilisés, brandis dans les controverses, repris dans les chansons, les poèmes. Son mérite n'est pas mince lorsqu'il les rend présents et leur insuffle une vie neuve, un mouvement impétueux. Parfois, nous l'avons vu, il est supérieur à la Bible, quand il revit la curée de la meute déchirant Jézabel ou que le sort de Caïn devient la vision prophétique du châtiment des chrétiens meurtriers de leurs frères ou encore lorsqu'il rend très proche, pour les puissants de son siècle, la folie de Nebucadnetsar. Son génie, le sentiment aigu de sa vocation lui permettent de faire revivre, de ranimer avec puissance un message scellé, il retrouve la vie fervente de la Parole qui dormait au fond du puits comme ce naphte contenant le feu sacré de l'autel et qui redevint feu lorsque Néhémie, au retour de l'exil, en fit asperger le sacrifice. Cependant, le mouvement heurté, les images qui éclatent violemment, frappent le prophète de douleur ou d'épouvante, ce *style de la vision* se retrouve dans le prologue dont nous avons montré la cohérence théologique sous le désordre tourmenté, la « vision dont sont sortis les *Tragiques* » dans les *Fers,* selon l'expression de Ch. Bost [117], en offre un bon exemple ; mais l'éblouissement, le rythme pressé, la succession de détails fulgurants et chargés de sens, l'émotion liée à la vision appartiennent, beaucoup plutôt, à la seconde partie de *Jugement*.

Vengeances s'achève, ou plutôt se lie à ce deuxième volet des jugements de Dieu par une vision qui reproduit littéralement plusieurs vers du *Psaume* XVIII, d'après la traduction de Clément Marot. Voici un extrait de ce *Psaume* avec, à droite, l'indication des vers qui sont calqués sur ce texte :

---

116. Vers 89-90.
117. Cf. *Fers,* v. 1195-1430.

1 Ainsi pressé, soudain, j'invoque et prie
2 Le Tout-Puissant, haut à mon Dieu je crie :
...
3 En ses nareaux luy monta la fumée,
4 Feu aspre issoit de sa bouche allumée :
5 Si enflambé en son courage estoit,
6 Qu'ardens charbons de toutes parts iettoit.
7 Baissa le ciel, de descendre print cure,
8 Ayant sous pieds une brouée obscure :
9 Monté estoit sur Cherubins mouvans/1127 *Vengeances*
10 Voloit guindé sur les ailes des vents/1128 »   »
11 Et se cachoit dedans les noires nues,
12 Pour tabernacle autour de lui tendues.
13 Enfin rendit par sa grande clarté
14 Ce gros amas de nues escarté.
15 Gresle iettant et charbons vifs en terre,
16 Au ciel menoit l'Eternel grand tonnerre :
17 L'altitonant sa grosse voix hors mit/1123 *Vengeances*
18 Et gresle et feu sur la terre transmit/1124. »   »

Le thème du secours se trouve à la 6ᵉ strophe :

« Me recourut des puissants et haussaires,
Et plus que moy renforcez adversaires :
A mes dangers il préveut et prevint :
Quand il fut temps, secours de Dieu me vint. »

A la 14ᵉ celui de la *vengeance* :

« Exalté soit le Dieu de ma victoire,
Qui m'a donné pouvoir de me venger. »

Quatre vers, sur les dix qui constituent la conclusion de *Vengeances*, reproduisent la traduction de Marot, un cinquième, le vers 1125 [118] imite, mais en le recréant, le vers 16, c'est assez pour qu'on reconnaisse, à la fin du chant, ce *psaume* de David comme s'il était directement transcrit de la Bible. C'est un *psaume royal* : il était chanté aux fêtes dont le centre est la personne du roi, le thème de *l'alliance* y occupe la première place ; Dieu en majesté vient recevoir son Oint, qui représente son peuple. Deux raisons, semble-t-il, ont inspiré à d'Aubigné le choix de ce *psaume* et sa transcription quasi-littérale qui en fait un texte sacré. La première, c'est qu'il constitue comme un sceau qui

_____

118. « Fait la charge sonner par l'airain du tonnerre ».

authentifie toutes les prophéties précédentes ; ce texte pur, sans paraphrase, c'est une voix divine directement reçue, c'est la vision de David,
Prophète et Roi, élu du Seigneur ; il y a là l'équivalent de cette parole
reçue directement de Dieu et que les Prophètes transmettaient sans y
rien changer : « oracle du Seigneur ». En second lieu, l'extraordinaire
beauté de la vision a frappé le prophète moderne, il ne s'agit pas d'une
beauté picturale mais d'une plénitude d'éclat et de force : le Tout-
Puissant, celui de qui partent toute énergie et toute lumière, vient combattre, il descend du Ciel, il s'abaisse pour pénétrer dans l'histoire
d'Israël [119]. Sa gloire, qu'aucun œil humain ne peut contempler, resplendit, le monde est ébranlé, mais tous ces mouvements terrifiants
sont liés au salut, à la délivrance du Juste. Il y a là une jouissance de
la foi, une certitude comblée, une plénitude sensible au cœur, vivifiante
pour tout l'être, bien étrangère aux canons de la beauté que nous
connaissons, mais qui constitue la merveilleuse réponse à la prière initiale :

> « Ouvre tes grands thresors, ouvre ton sanctuaire
> Ame de tout, Soleil qui aux astres éclaire... »

Avant d'aborder l'étude des thèmes bibliques et de l'expression
prophétique dans *JUGEMENT,* rappelons brièvement ce qui ressort
de cette étude :

1° la conception de la Prophétie dans *Vengeances* offre beaucoup
de points communs avec celle de Luther : elle se fonde sur une méditation de la Bible que le Saint-Esprit vivifie, illumine, pour la rendre
actuelle et puissante dans une situation donnée.

2° La matière de *Vengeances* n'est pas originale, tous les thèmes
bibliques qui s'y trouvent ont été maintes fois repris et développés au
XVIe siècle. Mais A. d'Aubigné redonne à ces thèmes leur sève et leur
puissance originelle parce qu'il les replace dans une *histoire guerrière*
et non pas seulement dans l'actualité : il montre sans cesse Dieu susci-
tant des vengeurs, veillant sur la marche de Son peuple, triomphant de
Ses ennemis. Or, ces épisodes bibliques sont revécus à nouveau dans
l'histoire actuelle : la vigilance de Dieu, Ses merveilles se manifestent
hic et nunc.

3° A l'aide de séries de châtiments dont les premiers termes appartiennent à l'histoire sacrée, lieu des évidences incontestables, le *prophète huguenot* déchiffre le présent et annonce les défaites terribles

---

119. Cf. Von Rad (p. 316, T. I) qui indique avec quel ravissement extasié
Israël, depuis les temps les plus reculés, et les prophètes ont contemplé ces
théophanies.

des ennemis de Dieu : c'est au monde entier — c'est-à-dire à tout l'Occident — que ces enseignements s'adressent, car l'épopée d'Israël s'est continuée par la marche en avant de l'Eglise primitive que relaie à son tour le mouvement conquérant de la Réforme. Or, c'est ce peuple élu qui oriente toute l'histoire humaine et cosmique.

4° A. d'Aubigné s'inspire de certaines formes de la prédication prophétique, en particulier il imite l'alternance des récits et des formes poétiques qu'il transpose en mouvements lyriques. Il sait faire succéder à un lyrisme oratoire, qui semble reproduire le mouvement des invectives ou des exhortations prophétiques, une parole « divine », plus dense et plus pure, qui est l'équivalent des « oracles de Iahvé » et que A. d'Aubigné constitue à l'aide de versets littéralement transcrits, souvent empruntés aux *Psaumes*.

II. - JUGEMENT

Nous avons vu qu'A. d'Aubigné avait fortement articulé le livre VI, *Vengeances,* et le livre VII, *Jugement,* en utilisant le thème biblique de la descente de Dieu venant combattre pour son Oint et juger la Terre. Mais, en fait, la composition des deux chants n'est nullement concomittante, tous les spécialistes sont d'accord là-dessus [120]. *Jugement,* ce dernier chant, véritablement inspiré, est une parole de Dieu prononcée dans une situation désespérée : il ne s'agit plus de combattre les ennemis du Peuple-Eglise ou même de subir une cruelle persécution ; le parti, c'est-à-dire, aux yeux d'A. d'Aubigné, le peuple de Dieu, se désagrège de l'intérieur. De grands personnages se convertissent [121], des ministres sont gagnés par des exhortations au patriotisme ou à la paix appuyées par des pensions secrètes, de grands bourgeois deviendront les meilleurs commis du règne d'Henri IV et de ses successeurs. S. Rocheblave caractérise ces abandons par une très bonne formule : « le particularisme huguenot fondait à la douce tiédeur de la sécurité et de l'intérêt. » [122] A. d'Aubigné monte aux murailles de cette citadelle profondément sapée, il s'arme d'une prophétie d'autant plus puissante qu'elle reste très proche, dans ce dernier chant, de la pure parole divine :

120. A.M. Schmidt (article cité) date la composition de *Vengeances* de 1580, et celle de *Jugement* de 1600 ou même d'un peu après. *Vengeances* contient trop d'emprunts au livre de Chassanion pour avoir été composé avant la première édition de cet ouvrage, 1581. Mais *Jugement* ne saurait être compris en dehors de la crise du parti protestant qui se manifeste dès qu'on sent que la conversion d'Henri de Navarre est inévitable, soit 1589-1590.
121. Passim le fils cadet de Coligny, Nicolas Harlay de Sancy, converti en 1597, qui fournit au poète le héros d'une satire violente.
122. Voir S. Rocheblave : *d'Aubigné sous Henri IV et Louis XIII*, in *Bibliothèque Universelle et Revue Suisse. Lausanne* (1910).

> « Il n'y a rien du mien ni de l'homme en ce lieu
> Voici les propres mots des organes de Dieu. » [123]

Cela est vrai, au moins quand il s'adresse aux traîtres du parti, « apostats dégénérés », « esclaves tondus », dont les pères sont morts pour la Cause en fermes pionniers de la foi réformée. Mais cette situation politique et religieuse appelle certains thèmes bibliques précis, ultime avertissement pour ceux qui chancellent, annonce du jugement imminent pour ceux qui ont abandonné l'Alliance, l'Eglise sainte. Toute une série de thèmes bibliques ouvrent le chant et chacun illustre le *thème fondamental de l'élection* car c'est bien là-dessus que tout se joue, et l'on pourrait caractériser le message prophétique qui va retentir par cette objurgation que Dieu adresse, par la voix de Moïse, à son peuple : « J'ai mis devant toi la vie et la mort, la bénédiction et la malédiction. Choisis la vie, ainsi tu vivras. » [124] C'est l'appel décisif, qui doit réveiller les élus et les révéler à eux-mêmes, avant que le monde ne soit ébranlé en ses fondements. Plusieurs traités d'exhortations proclamaient l'urgence de cette décision [125]. C'est bien ainsi que A. d'Aubigné conçoit son rôle :

> « A celui qui t'avoüe, ou bien qui te renonce,
> Porte l'heur ou malheur, l'arrest que je prononce. » [126]

Aux *élus*, le messager de Dieu annonce et porte la vie, et cette promesse s'exprime par l'épisode célèbre du choix de *Gédéon* et de *ses trois cents compagnons*.

Contre les *réprouvés* il lance les malédictions du *Deutéronome*, précisées à l'aide de menaces prophétiques.

La malédiction atteint ensuite les *villes* : le châtiment de *Sodome*, l'anéantissement de *Babylone*, les souffrances de *Jérusalem* assiégée, les malédictions du *Deutéronome* contre ceux qui rejettent l'alliance constituent les temps forts de cette prophétie.

---

123. *Jugement*, vers 221-222.
124. *Deut. XXX*, 15.
125. Par exemple « *La 7e Trompette ou Phiole*, signifiant le temps du dernier aage, commence en l'an de Christ 1541. En laquelle Dieu de sa misericorde envoye ses serviteurs et Ministres pour annoncer purement sa parole, et par manière de dire pour sonner la Trompette à l'entour des murailles de Jericho et cette Babylone spirituelle c.a.d. ; alentour de l'Eglise Romaine », à la fin du traité de Napeir ; par G.T.E. (Georges Thomson Escossais) cf : *Quatre harmonies sur la Révélation de St. Jean*, 1603.
126. *Jugement*, vers 9 et 10.

Après cette première esquisse du jugement à venir, d'Aubigné aborde le thème très ample de la *Résurrection* ; il établit sa nécessité en réfutant les modernes Sadducéens.

Abandonnant, au moins en apparence, la Bible, il s'attache aux témoignages que les Philosophes et les révélations ésotériques offrent sur l'immortalité de l'âme.

Il apporte comme preuve un « miracle » contemporain qu'il déforme et recrée d'après la *vision des ossements desséchés* du prophète *Ezéchiel* ; mais cette démonstration n'a d'autre objet que de contraindre tous les esprits à contempler la *vision* de la Résurrection et du Jugement, tableaux particulièrement fidèles à la parabole de l'*évangile de Matthieu* et aux visions de l'*Apocalypse*.

Ce qui est très frappant dans l'organisation de ce livre, c'est qu'elle se présente comme un mouvement complexe du Ciel vers la Terre et de la Terre vers le Ciel. « Je viens à vous », déclare le prophète au vers 23 : « je retourne à la gauche » (vers. 81) préfigure évidemment le vers 884, la parole qui frappe ceux qui sont à la gauche du Roi. Lorsque toutes les catégories d'hommes ont été interpellées, que des bénédictions ou des malédictions (qui sont aussi des mouvements, des acte de Dieu atteignant leur but) ont été « déployées » et « lancées », tous les auditeurs, brusquement entourés par l'énorme foule des ressuscitants, dirigent leurs regards vers « celui qui vient ». Le « je viens à vous » du Prophète est amplifié par l'impérieux « Venez répondre ici... » de l'Ange annonciateur du Jugement. On pourrait alors concevoir une grande scène statique du Jugement, si le mouvement ne devenait, pour chaque homme et chaque créature, bouleversement essentiel, mutation profonde, enfantement prodigieux de créatures vraiment nouvelles. Il y a là une parenté certaine avec la prédication prophétique qui présente la parole comme un mouvement vers le peuple d'Israël, et son action comme initiatrice d'un retour vers Dieu ; l'*Apocalypse* rend plus saisissant encore ce double mouvement : elle offre la vision du combat eschatologique, attaque qui fond du ciel contre les infidèles, puis, après que les éléments comme les hommes ont été renouvelés, dans un univers totalement neuf, éclate la réponse de la Terre qui désormais vit de l'Alliance, ce mouvement vers l'Epoux, le « *Viens* » expression du désir totalement régénéré.

Agrippa d'Aubigné a su faire sienne cette conception fondamentale du salut.

1° PAROLE PROPHETIQUE ET ELECTION

« A celui qui t'avouë, ou bien qui te renonce,
Porte l'heur ou malheur, l'arrest que je prononce. »

Ces vers énoncent clairement le rapport entre la proclamation prophétique et l'élection. Au moment où Dieu environné de nuées descend pour juger toutes les générations, la Parole a déjà distingué les élus des réprouvés ; le Prophète est le messager qui marche devant la face du Seigneur, le héraut de sa justice. Lorsqu'ils entendent la Parole, les *Elus* frémissent, se repentent, sont saisis d'une crainte filiale et retournent à Dieu, les *Réprouvés* se bouchent les oreilles, ils s'endurcissent, la Parole, entendue mais refusée, devient le sceau de leur condamnation [127]. Dans le climat d'abandon, de compromissions qui caractérise les années où se prépare puis s'accomplit l'abjuration d'Henri IV et la désagrégation du Parti, cette réflexion théologique sur le salut prend un nouveau relief et elle s'applique particulièrement aux apostats. A ceux-ci convient le terrible avertissement de l'*épître aux Hébreux* : « s'ils retombent, il est impossible qu'il y ait pour eux une nouvelle repentance. » [128]

Pour illustrer cette *élection* que l'Esprit seul opère mais qui se manifeste par la foi en la Parole, A. d'Aubigné oppose les *Pharaons ferrés* et *l'apôtre Paul,* l'un et l'autre persécuteurs acharnés du peuple de Dieu, l'un et l'autre atteints par un message direct qui les met en demeure de changer totalement de politique et de vie. Mais l'un obéit, illuminé et devient l'apôtre des Gentils, l'autre s'était endurci malgré les signes répétés de la malédiction. Pharaon constitue, pour saint Paul, l'exemple-type du réprouvé [129]. Saint-Paul est célébré par Calvin comme « le héraut » de l'élection de Dieu [130]. Un autre trait donne tout son sens à cette opposition : *l'ancienne alliance* est inaugurée par la délivrance du

---

127. Voir Calvin. I.C. « Iesus Christ commande qu'on croye en luy ; toutes fois quand il dit que nul n'y peut venir, sinon qu'il luy soit donné du Père, (Jean 6/65), il ne dit rien qui ne soit vray. Parquoy que la predication ait son cours pour amener les hommes à la foy, pour les y faire profiter et les retenir en persévérance ; toutes fois que cela n'empesche pas que la predestination ne soit cogneue, afin que ceux qui obéissent à l'Evangille ne s'enorgueillissent pas comme du leur, mais qu'ils se glorifient en Dieu. Jésus-Christ ne dit pas sans cause : « Qui a oreilles pour ouïr, qu'il oye » (Matth. XIII, 9). Ainsi quand nous preschons et exhortons *ceux qui ont des oreilles* obeissent volontiers ; quant aux autres, le dire d'Isaïe s'accomplit en eux, qu'en oyant ils n'oyent point (Isaïe 6, 9). » III. XXIII § 13.
128. *Heb.* VI.6.
129. Cf. *Ep. aux Romains* XI. 17-18 : « Car l'Escriture dit à Pharao, Ie t'ay suscité à ceste propre fin pour demonstrer en toy ma puissance, et à fin que mon Nom soit annoncé en toute la terre. Il a donc merci de celuy qu'il veut, et endurcit celuy qu'il veut ».
130. I.C. III, XXIII. 13.

peuple-esclave, le rejet de Pharaon est le signe de l'élection du peuple d'Israël ; saint Paul rend témoignage à la *nouvelle alliance*, sa prédication fait surgir un nouveau peuple d'élus. Pour chacun de ces élus, la marque intérieure de son élection consiste dans le témoignage du Saint-Esprit qui remplace la peur du châtiment par l'assurance de l'adoption, de la réconciliation totale avec le Père [131].

Mais il importe à d'Aubigné d'insister sur le choix d'un reste fidèle, élection d'un groupe à l'intérieur du peuple : pour cela il produit l'exemple de *Gédéon* et du petit nombre de soldats que Dieu lui imposa, pour manifester que la victoire n'avait pas été acquise par la force humaine. On connaît le signe que Dieu donna à *Gédéon,* il ne retint que les hommes qui avaient bu l'eau à l'aide de leurs mains, sans plier les genoux ou se coucher sur les bords du ruisseau. Calvin y voyait la marque de guerriers énergiques qui allaient franchement au combat avec « une pleine fiance en Dieu. » [132] d'Aubigné charge ce signe d'un sens nouveau ; s'inspirant d'un verset d'*Esaïe* : « Et le Seigneur des armées suscitera contre luy un fléau comme la plaie de Madian au *rocher d'Oreb* », il se souvient que le lieu de la bataille a été nommé la vallée d'Oreb à cause du nom du chef madianite qui y fut exécuté [133]. Ainsi « ceux qui à l'eau d'Oreb feront leur ventre boire » désigne ceux qui pactisent avec l'ennemi et sont prêts à abandonner le bataillon sacré pour engraisser leur panse. De plus, c'est à dessein que *Gédéon* est appelé *le grand Jérubaal,* nom qui évoque la destruction de l'autel de Baal qui avait opposé *Gédéon* à tous ceux de la cité. *Gédéon,* le chef charismatique, est donc le fidèle champion du Dieu vivant. Comme nous avons vu que ce nom prestigieux avait été prêté à Henri de Navarre [134] nous sentons la pointe acérée sous la beauté des noms bibliques. Mais l'ensemble de l'épisode a, dans la Bible, et spécialement chez *Esaïe,* un sens pour l'avenir : il préfigure le jour du Seigneur [135], donc il réintroduit le thème central de *Jugement.*

Samson est un nouvel exemple de chef élu pour le maintien du peuple, mais il réalise sa vocation à travers l'esclavage physique, la trahison, la douleur. Peu après, la comparaison du reste fidèle avec la

---

131. Cf. vers 17 à 20, *Romains* VIII/15 et 16 et J. Tassin : « *Des marques des enfans de Dieu* ». Pons 1592.
132. C.O. XXVIII. 611.
133. Cf. *Esaïe* X. 26. *Commentaire de Calvin,* p. 76, v° et *Juges* VII.
134. Voir Chap. III, 1ʳᵉ partie, p. 127 et Préface des *Tragiques,* vers 308. 312.
135. Cf. *Esaïe* IX. 4 *Ps.* LXXXII/9 et 10, et *Commentaire de Calvin* : « Il compare la délivrance future du peuple à ceste autre la, et desmontre que la puissance et vertu manifeste de Dieu sera cogneue de tous aussi bien en ceste dernière delivrance qu'en la victoire de Gédéon ». *Commentaire sur Esaïe,* p. 64.

vigne dont le Seigneur émonde les sarments pour qu'elle soit plus féconde dans l'épreuve [136] apparaît comme une consolation adressée à l'Eglise qui voit se couper d'elle de grands personnages, héritiers de ceux qui l'avaient maintenue. L'énumération des élus se clôt par l'expression caractéristique du choix de Dieu : « la génération / qui au sein de Jacob met son affection ». [137] La promesse qui leur est adressée ne vaut pas seulement pour leur vie terrestre, ils vont faire partie des armées du Christ qui mettra en déroute les Rois infidèles lors du combat eschatologique. En effet, même si les vers 77 à 80 reproduisent la traduction que Th. de Bèze a fait du *Psaume* LXVIII, à partir du vers 70 des expressions sions caractéristiques nous renvoient au chapitre XIX de l'*Apocalypse,* où un mystérieux cavalier dont le nom est *la Parole de Dieu* frappe les nations infidèles *d'un glaive à deux tranchants, foule le pressoir du courroux et de l'ire de Dieu, renverse et massacre les Rois de la Terre, les capitaines, les forts,* si bien que les oiseaux du ciel sont invités à se soûler de leur chair [138]. Nous voyons ainsi que le thème de *l'élection,* de l'annonce de la grâce par un peuple élu, donne la clé de toute l'histoire humaine.

2° LA RESURRECTION COMME DOCTRINE

Cette pierre angulaire de la foi chrétienne constitue la pièce maîtresse de *Jugement.* La démonstration de la nécessité de la Résurrection se développe en 335 vers, elle s'adresse à tous, croyants, sceptiques, païens, « athéistes », comme si le messager de Dieu voulait réunir toutes les nations, leur démontrer, selon leurs principes propres, cette doctrine essentielle avant de tourner leurs regards vers le rayonnement invincible de la Parousie. Le poète, par cette longue prédication, figure ce dernier temps de la patience de Dieu où la vérité sera offerte à tout homme afin qu'il se décide pour ou contre Dieu [139]. Ainsi cette longue démonstration, dont la matière est empruntée à des philosophies profanes très diverses, se situe dans une perspective eschatologique souvent présentée par les apôtres. Il est évident qu'A. d'Aubigné a suivi la trace d'un précurseur lorsqu'il prétend démontrer la vérité et la nécessité de la résurrection des corps d'après la doctrine ambiguë des « philosophes vains » pour convaincre les « enfants de vanité », c'est-à-dire les sages de ce monde ; ce guide n'est autre que Philippe Du Plessis Mornay qui, dans son livre

---

136. Cf. v. 59-60 et la parabole de *Jean* XV, 1 et suivants.
137. Le *nom de Jacob* est tout particulièrement lié à l'élection car l'héritier de la promesse selon la chair était Esaü. cf. *Romains* IX, 11 à 13. *Jugement,* v. 63-64.
138. Cf. *Apocal.* XIX. 15 à 21.
139. Cf. *Epître à Timothée* IV 1 à 4 ; II *Pierre* III. 9.

« *De la vérité de la religion chrestienne* »[140], déclare que les principaux points du *Symbole des Apôtres* peuvent, par « arguments et tesmoignages », être présentés comme non seulement recevables mais nécessaires à tous les disciples des philosophes anciens ou à tous ceux qui se fondent sur la raison. Du Plessis Mornay fournit à A. d'Aubigné toutes les références qui soutiennent son exposé, de Zoroastre à Hermès Trismégiste, en passant par Aristote, et surtout il pratique avant lui cette hardiesse dans les rapprochements qui lui fait découvrir des presciences, des similitudes là où nous ne verrions qu'oppositions de doctrines.

Nous n'avons pas à parcourir cette ample revue d'arguments et d'exemples. Nous relèverons simplement ce qui renvoie au témoignage des prophètes ou des apôtres ainsi que les notions que la théologie de la Réforme a particulièrement soulignées et qui apparaissent à travers les théories de l'ancienne philosophie, du moins selon Mornay et A. d'Aubigné.

Avant de rassembler les témoignages des sages antiques sur la Résurrection des corps, le poète la présente, en bon orateur, comme *nécessaire* et il prend argument de la vie spirituelle elle-même : l'âme touchée de la grâce est sans cesse en proie aux tentations charnelles, ce combat douloureux entre la chair et l'esprit, dont le corps porte la responsabilité, exige un châtiment du corps et des sens, or, pour subir ce châtiment, le corps doit être individuellement rappelé à la vie[141]. Il semblerait ici

---

140. Ph. de Mornay. *De la vérité de la religion chrestienne*. Contre les Athées, Epicuriens, Païens, Juifs, Mahumedistes, et autres infidèles. Paris 1582.
141. *Jugement*, v. 329-340.
Dans ce passage A. d'Aubigné s'inspire du combat entre l'esprit et la chair que décrit l'apôtre Paul (*Ep. Romains* VII, 22-24) :
« Car je pren plaisir a la loy de Dieu selon l'homme du dedans. Mais je voy une autre loy en mes membres, bataillant contre la loy de mon entendement, et me rendant captif à la loy de péché, qui est en mes membres.
Las moy homme miserable qui me delivrera de ce corps de mort ? »
Le commentaire de Calvin précise bien qu'il ne s'agit pas d'opposer un principe spirituel l'*âme*, l'*esprit* à la vie physique, on retomberait trop facilement dans les hérésies manichéennes. Paul, selon Calvin, entend par *chair* tout « ce qui retire l'homme de l'obéissance de justice », « la partie de l'âme qui est encore entachée de vice et corruption ». La *chair* et les *membres* sont équivalents. Ils s'opposent à l'*esprit* ou à « l'homme intérieur » qui est « la partie de son âme que Dieu a repurgée de malice, tellement reformée et créée à nouveau qu'en icelle l'image de Dieu reluit ». La *chair* « qui tint Paul captif est une contrainte au regard du désir spirituel qui resiste totalement au mal ». Quant à la *raison* (v. 339) c'est « l'entendement » du texte paulinien, c'est-à-dire « l'affection du cœur bien dressée et réglée ». On voit que le poète a gardé tous les mots importants du commentaire théologique, ainsi que l'image du combat mais il a laissé de côté tout le sens théologique car il voulait seulement prouver la nécessité de la *résurrection de la chair*, il est revenu à l'opposition traditionnelle corps/âme, esprit/sens.

qu'A. d'Aubigné ait oublié la doctrine fondamentale de la grâce qui régénère tout l'homme, mais en fait, ce qu'il a en vue c'est non une purification du corps — ce qui remettrait en honneur le purgatoire — mais un *jugement des iniques*, qui doivent payer pour leurs fautes et pour cela ressusciter individuellement, avec leur corps et toute leur vie passée. Le rappel des *Sadducéens* va dans le même sens : ils niaient la résurrection et « ils n'ont pas eu honte, dit Calvin, de maintenir publiquement que les âmes estoyent mortelles » [142], mais dans les sermons ou les commentaires de Calvin où ils apparaissent ils sont toujours condamnés parce qu'ils ont soutenu que Dieu récompensait les bons et punissait les méchants dans les limites de la vie présente ; ce que veut maintenir d'Aubigné, au contraire, et tout un peuple vit de cette espérance, c'est qu'il faut attendre un autre jugement car « dans ce monde les choses sont si brouillées, écrit Calvin, que nous reconnaissons que le jugement de Dieu est suspendu et différé jusqu'à un autre temps. » [143] Ainsi le consensus général sur la *résurrection de la chair* qu'A. d'Aubigné prétend établir, en citant les philosophes platoniciens ou un hymne de caractère stoïque du IIe siècle, n'est pas un développement adventice : ce résumé des philosophies antiques répond à l'attente du Jugement décisif, de cette récapitulation de l'histoire qui restaurera l'ordre voulu de Dieu.

Il serait facile de montrer que les arguments accumulés par le poète n'ont que peu de rapport avec la doctrine chrétienne de la Résurrection. Entre la Bible, qui présente l'histoire d'un peuple, puis celle du Christ, de ses disciples, dirigeant nos regards vers la fin de ce monde visible, et les conceptions cycliques de la philosophie grecque qui n'admettent ni commencement ni fin, mais démontrent qu'il y a retour à un état antérieur de l'Univers lorsque le Ciel suprême aura accompli sa grande rotation, on ne voit guère de points communs. Mais avant la démonstration que nous lisons dans *Jugement*, Ph. Du Plessis Mornay déclarait répondre aux objections des païens contre la résurrection en citant Zoroastre, les Stoïques, Platon, Hermes Trismegiste, et les Astrologues selon Albumazar [144]. Nous avons appris à discerner ce qui, dans le christianisme, vient de Platon et ce qui appartient à la mentalité hébraïque mais les Réformés du XVIe siècle et les théologiens eux-mêmes, tout adonnés à la méditation des Ecritures qu'ils fussent, gardaient l'empreinte de la philosophie de

---

142. I.C. III. XX. 5.
143. « Sed ubi res ita in mundo confusae sunt agnoscimus suspendi et differi judicium Dei in aliud tempus ». C.O. 39/216 *Praelectiones in Jeremiam*.
144. Cf. *De la Vérité de la Religion chrestienne*, p. 1089 : « Plato dit clairement que les ames retourneront au corps : et les Astrologues selon Albumazar, que quand tous les astres retourneront à leur position, toutes choses seront réunies à leur estre, arbres, animaux, hommes, etc... ».

leur temps ; Aristote, Platon et leurs épigones avaient formé leur pensée, le vocabulaire philosophique et moral était encore tout imprégné de notions scolastiques. Calvin pense que la foi en la résurrection de la chair dépasse le sens humain [145] mais il conçoit l'âme selon la philosophie platonicienne [146] : un principe spirituel venu d'en haut et qui aspire à remonter vers sa patrie céleste. Il n'est donc pas étonnant que de bons théologiens laïques aient cru trouver, chez les penseurs anciens, la préfiguration de doctrines tirées, certes, de la Bible, mais marquées, depuis l'origine du christianisme, par la civilisation gréco-romaine qui les avait véhiculées.

Pour donner un exemple entre beaucoup d'autres, les vers qui indiquent l'intime liaison du corps et de l'âme ressuscités :

« Cet ame unit à soy, d'entiere liaison,
Ce corps essentié du pur de la nature
Qui doit durer autant que la nature dure. » [147]

expriment la conception de Saint Paul :

« Ainsi aussi sera la résurrection des morts, le corps est semé en corruption, il ressuscitera en incorruption... il est semé corps sensuel, il ressuscitera corps spirituel » [148], mais dans des catégories de pensée platoniciennes et fort étrangères à la mentalité hébraïque donc à la pensée de l'apôtre. La plupart des affirmations d'A. d'Aubigné sur ce mystère trouveraient un écho dans la dogmatique réformée [149], mais il est plus difficile de soutenir que ces pensées philosophiques sont en accord avec l'enseignement du *Nouveau Testament*. Il est vrai qu'il s'agit de convaincre non les croyants mais les infidèles en utilisant leur propres maîtres à penser.

---

145. I.C. III. XXV. 3 : « Pourtant combien que plusieurs philosophes ayent maintenu l'immortalité des âmes, la résurrection de la chair a esté approuvée de bien peu. Et combien qu'en cela ils ne soient point à excuser, toutes fois nous sommes advertis que c'est une chose trop haute pour attirer à soy les sens humains ».
146. Cf. *Institution chrétienne*, livre I. X § 2. Calvin s'attache à démontrer que l'âme est une *essence* séparée du corps puisqu'elle est capable de parcourir (perlustrans) le ciel et la terre en ses discours et de pénétrer les secrets de nature.
147. *Jugement*, vers 398-400.
148. I. *Cor.* XV, 42, 44.
149. Cf. vers 370 à 379 et l'opinion de Calvin : I.C. II. IV. 2 « Je ne parle point ici du mouvement universel de Dieu, duquel comme toutes créatures sont soutenues aussi elles prennent leur vertu pour faire ce qu'elles font ». Ceci s'inspire évidemment du « moteur du Ciel suprême qui l'anime d'un mouvement perpétuel et uniforme » que décrit Aristote.

LE PIMANDRE ET LA BIBLE

D'Aubigné met à contribution largement le *Pimandre* pour montrer l'accord des philosophes païens et de la doctrine chrétienne, avant même de le citer littéralement à partir du vers 480. Mais il ne l'a pas lu sans l'aide du très important commentaire qu'en avait donné François de Foix, le célèbre mathématicien, évêque d'Ayres [150]. Or ce commentaire est une explication continue des sentences de ces divers traités, attribués à un Hermes mythique, à la fois maître en alchimie, initié aux secrets métaphysiques de l'Egypte et aux spéculations de la pensée juive. Mais des textes bibliques, et en particulier les épîtres pauliniennes sont fréquemment cités comme preuves de la vérité de ces formules. Le *Corpus Hermeticum* étant présenté comme une explicitation des témoignages de saint Jean et de saint Paul ou des prophètes. Par exemple, l'organisation de l'Univers en sept sphères entraînées par le mouvement des planètes est assimilée à la Création évoquée dans la *Genèse* : « Et parlant des sept planettes comme principaux en ceste charge, il y comprend toute la compagnie céleste qui participe de leur charge, nature et condition. » [151] Le verset relatif à la création des herbes et des plantes : « Que la terre produise herbe verdoyante produisant semence et arbre fruictier, faisant fruict selon son espèce, lequel ait sa semence en soy-mesme sur la terre... » [152] sert à légitimer, pour un chrétien, la théorie du renouvellement de tous les êtres vivants, hormis l'homme, selon le cours des astres auxquels la composition de leurs corps sont soumis : germination, floraison, fructification et dessèchement de la plante qui doit revivre sous une autre forme, grâce à la graine que la matrice de la terre reçoit et que le soleil éveille à la vie ; ce cycle végétal représente bien la nécessaire dissolution des formes, cependant que les éléments qui les constituaient restent immortels :

> « Les élemens, muans en leurs regles et sortes,
> Rappellent sans cesse les creatures mortes
> En nouveaux changemens... » [153]

---

150. *Le Pimandre de Mercure Trismegiste. De la philosophie chrestienne, cognoissance du verbe divin et de l'excellence des œuvres de Dieu* traduit de l'exemplaire grec avec collation de très amples commentaires par François Monsieur de Foix, de la famille de Candale, Captal de Buch, evesque d'Ayres, etc... A Bourdeaux 1579 ; il était dédié à Marguerite de France, reine de Navarre par une épître dédicatoire datée de 1578. Il s'agit du *Poimandres*.
151. Op. cit., p. 134.
152. Gen. I. 11.
153. *Jugement*, v. 383-385. cf. *Le Pimandre*, op. cit., p. 139.

Mais « *ce n'est ainsi de l'homme* » souligne le commentateur, « *non à cause de son corps lequel est véritablement subject à la mesme loy que celle de l'animal brut* » mais parce qu'il a « *puissance de disposition sur l'employ des vertus et essences divines qui accompaigne l'image de Dieu sainct Esprit qui luy est donnée des sa création* ». Une affirmation de saint Paul (I *Cor.* 7) « *l'homme... est l'image et la gloire de Dieu* » [154] donne à cette assertion un fondement biblique, mais le développement que F. de Foix en tire, et que A. d'Aubigné reprend, va bien au-delà de tout ce que dit la Bible. L'évêque d'Ayres, qui rejoint ici les penseurs de son siècle, considère que l'homme a une âme végétative, soumise, comme celle des autres créatures, aux lois des *dieux célestes* mais qu'il est aussi *homme intelligible* capable de contempler le Ciel, de « *spéculer les puissances de Dieu* », de connaître « *les actions efficaces de nature et vertus données à toute créature par son Créateur* ». Cette *puissance intellective* ne saurait mourir, elle n'appartient pas à la domination des dieux secondaires, elle est « *exemptée de la subjection de la loy de Dieu, dicte nature* » c'est-à-dire de la loy de la mort. C'est bien ce qu'expriment les vers suivants qu'A. d'Aubigné cite dans la *Méditation sur le Psaume* XVI :

« L'homme, de qui l'esprit a penser est porté
Dessus les Cieux des Cieux, vers ta Divinité,
A servir, adorer, resonner et cognoistre,
Juger pour le plus haut ce qui est au bas estre [155]
Est exempt de la Loi qui sous la mort le rend,
Et de ce privilege a le Ciel pour garant. » [156]

Cette explication métaphysique, insérée dans *Jugement* avec de faibles variantes [157], indique bien que l'âme est immortelle parce qu'elle

---

154. Note de la Bible de 1578 précise : « il n'a pas dit à l'image, mais l'image », laquelle est égale au Père. Ph. du Plessis Mornay citait Phocylides « car l'esprit est de dieu l'instrument et l'image ». op. cit., p. 446.

155. Voir *Jugement*, vers 433-436 (note de l'édition Garnier-Plattard. T. IV., p. 143). Ce dernier vers, qui paraît inintelligible aux commentateurs de l'édition Garnier-Plattard. cf note critique, s'éclaire par le commentaire que nous venons de citer : l'esprit, l'âme intellective, juge *d'après le plus haut de l'être*, c'est-à-dire les essences divines ce qui est au *bas estre*, c'est-à-dire les actions efficaces de nature et vertus données à toute créature par son Créateur (*Commentaire du Pimandre*), p. 139.

156. Vers cités dans la *Méditation sur le Psaume XVI.* ed. Weber (Pléiade), p. 568.

157. Cf. *Jugement*, vers 433-438. Il s'agit d'une addition ; les vers 427-438 ne figurent pas l'éd. princeps.

a la puissance de s'élever jusqu'aux cieux [158] pour les penser et qu'ainsi elle n'est point assujettie aux orbes des *dieux célestes,* à la nécessité du renouvellement cyclique. Elle ne peut être assujettie en effet à ce qu'elle comprend. F. de Candale se réfère à saint Paul pour discerner cette vertu intellective de l'âme et il cite l'*Epître* aux Romains : « Car les choses invisibles d'iceluy se voyent de la créature du monde par les choses faictes ; sa vertu aussi éternelle et sa divinité, tellement qu'ils [les Juifs ou les Grecs qui ne croient point] sont sans excuse. » [159] Il est bien évident que l'évêque d'Ayres a fortement christianisé ces écrits qui, selon le P. Festugière [160], sont d'inspiration stoïcienne et dénient implicitement toute survie de la conscience individuelle puisque le composé humain se dissout en ses éléments. Mais A. d'Aubigné veut convaincre à la fois les adeptes du rationalisme d'Aristote et ceux que fascinent ces hauts secrets venus du fond des âges et qui peuvent donner puissance sur la Nature ou sur les forces du monde surnaturel. Il n'est pas lui-même exempt de cette passion pour les révélations ésotériques, même s'il veut juger de tout esprit d'après les Ecritures.

Prenons un exemple pour découvrir l'union intime de la pensée grecque et de la mentalité biblique chez notre poète :

L'exemplaire et le germe. Ces deux images, issues l'une et l'autre d'une très longue tradition, peuvent nous montrer comment les révélations du *Pimandre* et celles de la Bible s'unissent dans la théologie d'A. d'Aubigné. Le commentaire du *Pimandre* et le texte lui-même lui fournissent la notion platonicienne de *l'exemplaire* ou archétype [161]. Le poète

---

158. Cf. *Pimandre* (commentaire, p. 350 sur chap. X, section VI). C'est que Dieu parlant à Mercure lui dict, Considere ton ame, à laquelle tu commandes aller dela l'ocean, aller en tous lieux et regions, voire au ciel : et incontinant elle y est, non comme y allant, car elle metroit temps a y aller, mais elle s'y trouve comme y estant, sans demander aucun temps pour aller d'une ville ou region en autre. Qu'est-ce que l'ame estre par tout, ou elle se demande, sinon divinité ? A qui appartient-il autre à faire ce tour ? Si elle n'estoit divine esssence secourue et proveuë des actions du Sainct Esprit estant moins, elle ne pourroit faire telle action ». cf. Calvin. I.C. Livre I. XV § 2, mêmes considérations, dans les mêmes termes pour aboutir à la notion : *âme : essence séparée du corps.*
159. *Epître aux Romains* I, v. 20.
160. Voir Jean Festugière. *La révélation d'Hermès Trismégiste.* 2 vol. Paris, 1944-1949.
161. Cf. *Pimandre ch. I section VIII :* « Durant que j'étais en mon étonnement, il me dict derechef : tu as veu en ta pensée l'exemplaire de la figure plus ancien que le principe infini (trad. F. de Candale) ». Le commentaire, p. 13 et 14, développe ce que fut cette figure idéale qui ne peut être comprise entièrement d'homme mortel et d'après laquelle Dieu a bâti le monde : de même (comment. du chap. 11 section 16) : « *Parquoi il a une idée, laquelle luy est propre. C'est que la première et principale cognoissance que nous devons avoir de Dieu, est d'adviser par tant d'effectz, que nous voyons de luy, qu'il est la vraye Idée, c'est-à-dire l'originale représentation de toutes choses : de tant que toutes sont yssues de*

utilise cette notion pour communiquer une image de la *résurrection* qui constitue une sorte de *mythe* : il nous montre l'alchimiste à l'œuvre [162] : un aphorisme d'Hermès pourrait résumer cette opération : « Si tu ne décorpores pas les corps et si tu ne corporifies pas les incorporels, le résultat attendu sera néant. » [613] Un autre fragment attribué à Hermès [164] peut nous apprendre que nous avons affaire à un langage codé : « l'esprit (il faut entendre toute vapeur sublimée) doit être séparé de la *fleur*, c'est-à-dire les efflorescences ou excrétions impures sous l'action du soleil et il doit macérer jusqu'au printemps et alors, désormais en tout temps favorable, il doit être exposé au feu, afin que l'or soit bon pour l'usage... » Dans un autre : « Hermes dit : Quand tu auras pris après le grand traitement, c'est-à-dire après le *lessivage* du minerai... »[165]. Ces rapprochements nous semblent assez convaincants et d'autre part on sait le lien étroit qui unit l'alchimie et la mystique. Mais si l'origine des matériaux de ce petit mythe peut être discutée, son sens est clair : c'est parce qu'il existe une Idée, un exemplaire incorporel de la plante ou d'un corps quelconque, qu'il peut revivre, plus vif, plus neuf lorsque ses éléments, après une dissolution, auront été reconstitués. Le grand Alchimiste [166] dont la pensée contient tous les exemplaires a donc le pouvoir souverain de *corporifier les incorporels*, c'est-à-dire de recomposer les éléments du corps ou de l'âme végétative que la mort a séparés.

Mais aussitôt après, A. d'Aubigné choisit une autre image, celle du *germe*, qui, elle, appartient à la Bible où elle joue un rôle important [167]. Ce mot contient l'idée d'un développement en puissance. *Exemplaire*

---

luy, et non seulement representation, mais c'est l'origine de tous effectz et causes par lesquelles ils sont produictz : de tant que toute production consiste en premier dessein ou imagination, qui est l'invention appartenante à la cognoissance, et celle là est la plus digne partie de l'œuvre, qui est *nommée idee en Dieu* ».

162. Notons que dans le *Corpus Hermeticum* on trouve plusieurs fragments de traités d'alchimie. Voir J. Festugière, op. cit, T.I. p. 240 et sq.

163. Texte cité par le P. Festugiere. T. I, p. 242.

164. Ibid., p. 243.

165. Ibid. p. 247.

166. Voici un curieux rapprochement qui caractérise la mentalité de l'époque « Et quand à leurs corps (ceux des enfants de Dieu) il se dissout et fond tellement au sepulcre, qu'à l'exemple de l'or fondu il s'affine et prepare à l'immortalité glorieuse... », Th. de Bèze. *Sermons sur l'histoire de la Résurrection*, p. 9.

167. C'est en effet le mot qui porte la promesse messianique, on le traduit aussi par *rejeton* mais dans la Bible de 1578 la moitié de ces textes messianiques utilisent l'image du *germe : Esaïe* IV. 2 : « En ce jour là sera le germe du Seigneur en magnificence et en gloire ». *Jérémie* XXIII/5 : « Je susciteray à David un juste germe ». XXXIII/15 : « Je feray germer David le germe de Justice ». Trois autres comportent une traduction différente, mais Calvin cite *Zacharie* VI. 12 : « Voici un homme dont le nom est germe » (*commentaire sur Esaïe*, p. 29). Le mot hébraïque *ṣémaḥ*, germe se trouve aussi in *Zach*. III. 8 : » Je vais ressusciter mon serviteur le *germe* ».

était abstrait quasi géométrique, le *germe* représente, au cœur du fruit ou de la graine déjà décomposés, le surgeon qui donnera naissance à une plante neuve. C'est aussi la vie que Dieu restitue à son peuple, la fécondité de la grâce. Assurément A. d'Aubigné garde présent à l'esprit ce verset d'*Esaïe* (LXVI. 14) « *vos os germeront comme l'herbe* » ainsi commenté dans la Bible de 1578 : « Les corps des saints ressusciteront sans aucun vice, sans aucune deformité et sans aucune corruption charge ou deffiance (S. Augustin en l'enchiridion c. 91) » ; mais surtout il retrouve ainsi la célèbre parole de Jésus « si le grain de froment cheant en terre ne meurt, il demeure seul ; mais s'il meurt il apporte beaucoup de fruict » et l'évocation allégorique de saint Paul : « O fol, ce que tu sèmes n'est point vivifié, s'il ne meurt : et quant à ce que tu sèmes, tu ne sèmes point le corps qui naistra, mais le grain nud, selon qu'il eschet, de blé. ou de quelque autre grain. Mais Dieu luy donne le corps, ainsi qu'il veut, et à une chacune des semences son propre corps... Ainsi sera la résurrection des morts. Le corps est semé en corruption, il ressuscitera en incorruption... »[169]. Cependant d'Aubigné ne remplace pas ici la conception platonicienne du *Pimandre* par une autre (par exemple celle du souffle vivifiant que la vision d'Ezéchiel aurait pu lui fournir) il veut rester fidèle à la métaphysique des « païens », mais on doit aussi remarquer que les meilleurs théologiens réformés imaginent la Résurrection d'après ces mêmes catégories : la méditation de la Parole n'a pas encore modifié leur conception du monde et de la vie à venir. Th. de Bèze dans ses « *Sermons sur l'histoire de la Résurrection* »[170] souligne que la Résurrection est un *relèvement* des corps[171] ; dans la mort, d'après lui, le corps ne s'anéantit pas mais « se dissoult » et « s'affine comme l'or au creuset » quant à l'âme « immortelle de sa nature d'autant qu'il plaist à Dieu, qui est seul vrayement immortel de par soy-mesme, l'entretenir en l'Estre qu'il luy a baillé, elle retourne en son corps pour derechef le vivifier »[172]. Nous sommes très près des formules d'A. d'Aubigné et des sentences du *Pimandre* ; la seule différence, mais elle est capitale, c'est que, dans la dissolution des composés qui constituent le corps, ceux-là ne possèdent qu'une immortalité relative à leurs éléments, que d'autres formes, d'autres personnes, d'autres êtres doivent renaître à partir d'eux, mais l'évêque chrétien qui commentait le *Pimandre* n'a pas toujours vu que cette permanence des éléments simples n'avait rien

---

168. *Jean* XII. 24.
169. I *Cor.* XV. 36 à 42.
170. Th. de Bèze : *Sermons sur l'histoire de la Résurrection*, Genève, 1593.
171. Cf. *Jugement*, les vers :
534 : « La dissolution qu'ont soufferte les morts
535 : Les prive de leurs sens, mais ne destruit les corps ».
172. Bèze : op. cit, p. 6.

de commun avec la résurrection des personnes, des individus que Dieu appelle chacun par son nom [173]. Le pourquoi et le comment de la Résurrection restent le mystère de la foi, la plupart des esprits de ce siècle, si avides de pénétrer tous les mystères, n'ont pas résisté à la *libido sciendi,* à la tentation d'annexer cette révélation obscure, dont ils vivaient, au domaine de leur réflexion philosophique. A. d'Aubigné ne confond pas le *Pimandre* et les Ecritures mais nous ne saurions dire avec A.M. Schmidt[174] que l'exposé des formules du *Pimandre* n'est pour lui qu'un travail scolaire, qui ne lui convient pas ; il sait sans doute que la révélation est d'un autre ordre, mais ces constructions brillantes de l'esprit, synthèses de courants philosophiques divers, lui paraissent parfois préparer un silence et un recueillement où la voix du Seigneur peut retentir ; de plus il serait vain de nier la fascination qu'exercent ces illuminations brusques sur un esprit poétique.

LES MERVEILLES VISIBLES ET LA VISION D'EZECHIEL.

Tous les « payens » ne peuvent être convaincus par le témoignage des philosophes ou les révélations des mages inspirés, les merveilles que des marchands ou des voyageurs dignes de foi ont signalées peuvent être des signes de la réalité invisible. A. d'Aubigné orne sa démonstration d'une vision de la *résurrection de la chair* qu'il emprunte à Simon Goulart [175] ; ce qui est intéressant ce n'est pas qu'il l'ait légèrement remodelée pour faire apparaître à travers elle la vision d'*Ezéchiel*[176] : A. d'Aubigné supprime dans le récit de S. Goulart le détail des « corps enveloppés de leurs draps » car *Ezéchiel* contemplait d'abord « un champ plein d'os moult secs », il ajoute par contre :

> « On void les os couverts de nerfs, les nerfs de peau,
> La teste de cheveux... »

---

173. Il serait injuste de dire qu'il ne le voit pas mais il découvre en l'homme à la fois une essence immortelle, l'âme, et un microscome qui participe à l'éternité du monde, voir p. 281 du commentaire de ce raisonnement. « Et l'homme est du monde et au monde, et par conséquent il est de Dieu et en Dieu : qui est cause que tant le monde que l'homme en tant qu'ils sont de Dieu et en Dieu sont immortelz : c'est-à-dire hors de subiection d'estre anéantis ou privez d'essence, mais non immortelz c'est à dire indissolubles... ».

174. Voir *Information Littéraire,* 1958, p. 49 « Remarques sur les deux derniers livres des *Tragiques* ».

175. S. Goulart. *Histoires admirables et mémorables de nostre temps.* 1600. Paris. p. 6 et 7. L'expression *résurrection de la chair* est employée par ceux qui accourent à ce spectacle selon S.G.

176. Cf. *Ezéchiel* XXXVII/1 à 10. Note de la Bible de 1578 « la future résurrection des morts est montrée par figure au prophète ».

pour reproduire le verset 6 d'*Ezéchiel* : « et mettray des nerfs sur vous, et feray croistre la chair sur vous et estendray sur vous une peau » ; il utilise la date donnée pour ajouter un trait au tableau « Quand la terre paraist verte, ressuscitante », ce n'est pas une notation pittoresque mais le rappel du verset d'*Esaïe* : « Vos os germeront comme l'herbe » [177], les « arènes bouillantes » reprennent le verset 7 « et voici une commotion », quelques détails font allusion à la résurrection du Christ : les trois jours que dure le miracle renvoient aux trois jours (par le jeu d'une inversion) de la passion et de la mort du Christ, la notation de la « main » qui vérifie la vision rappelle l'incrédulité de Saint-Thomas [178]. C'et bien la vision d'*Ezéchiel* et la Résurrection du Christ, dont elle est la figure, qui ont commandé le choix de cet exemple et sa recréation poétique.

Ainsi les écrits des sages inspirés explicitent la Résurrection, offrant des analogies qui permettent de la concevoir et des faits reconnus en portent témoignage ; mais ce n'est pas une conviction philosophique qu'A. d'Aubigné veut communiquer à ses contemporains c'est une foi qui engage toute une vie. Pour cela l'Ecriture est l'indispensable fondement.

3° LA RESURRECTION CONTEMPLEE ET VECUE.

A. d'Aubigné, après avoir tenté de convaincre les « philosophes vains », déclare nettement qu'ils ne sauraient trouver chez les sages anciens que des amorces de la vérité et il veut les entraîner vers ces sommets « que le soleil redore », les prophètes bibliques :

« Suyvez, aimez Sara, si vous avez dessein
D'estre fils d'Abraham, retirés en son sein » [179].

Ces deux vers qui embrassent toute l'histoire du salut [180] indiquent un retour à la pure révélation divine dont d'Aubigné ne s'écartera pas jusqu'à ce que sa voix se taise, au cours de l'extase qui clôt le poème.

---

177. *Esaïe* LXVI. 14 : « Esveillez-vous et levez-vous... car votre rosée est comme la rosée d'un champ verd... ».
178. Cf. vers 547 : « Croyez comme Thomas, au moins après la veue » et les vers 607-608.
Dans le récit de S. Goulart on trouve seulement une tentative pour saisir « une teste chevelue d'enfant », d'Aubigné rend l'épisode parfaitement incroyable car il ne s'agit plus d'un mirage, quelqu'un a « empoigné » la tête de l'enfant.
179. Livre VII. v. 645-646.
180. Sara conçut dans la vieillesse le « fils de la promesse » c'est l'origine de tout le peuple d'Israël, mais d'après l'interprétation de St Paul (*Galates* IV. 25. 26) Sara est le symbole de la nouvelle alliance, « la Jérusalem d'en haut » donc le terme de l'histoire. Le « sein d'Abraham » (*Luc* XVI. 22) représente le lieu de toute félicité opposé à l'enfer.

Mais ils suggèrent aussi comment il faut recevoir la suite des visions qui vont s'enchaîner. Il ne s'agit pas d'un spectacle théâtral, qu'on pourrait admirer sans y prendre part, mais de la *réalité dernière* où s'accomplit l'histoire de chacun, où l'être, en même temps que le destin de tout vivant, se trouvent révélés et fixés à jamais ; *révélation, apocalypse, dévoilement*, ces synonymes rendent compte de la gravité de cette dernière prophétie et le *présent* des verbes n'est pas dû seulement au procédé constant de l'hypotypose, il indique l'imminence du dessein de Dieu, la présence d'une réalité plus vraie que le cours visible des événements.

On comprend qu'une fidélité rigoureuse aux textes bibliques, ou aux commentaires théologiques qui les explicitent, permette seule d'exprimer cette certitude de la foi. Le schéma de cet ample mystère paraît simple. Nous le trouvons dans l'exposé du *Symbole des Apôtres* qu'on lit au livre II de *l'Institution chrétienne* de Calvin [181] : « De là viendra juger les vifz et les mortz » est ainsi commenté :

« Car il descendra, écrit Calvin, en *forme visible*, comme on l'a vu monter (Actes I/11, Matth. XXIV/30) et apparoistra à tous avec la majesté inénarrable de son règne, avec la *lumière d'immortalité*, avec la *puissance infinie de sa divinité* en la *compagnie de ses Anges*. De là donc il nous est commandé d'attendre nostre redempteur au iour qu'il séparera les agneaux des boucs, *les esleuz des reprouvez* (Matth. XXV/31, 33) ; et n'y aura nul, ne *vivant ne mort* qui *puisse eschapper son jugement*. Car le *son de la trompette* sera ouy de tous les bouts du monde, par laquelle tous hommes seront appelez et citez à son *throsne iudicial*, tant ceux qui seront pour lors en vie, que ceux qui seront trespassez auparavant... » Calvin examine alors si « vivants et morts » doit être compris au sens littéral et il conclut : « Il est certain que tous ne reposeront pas longuement, ce que l'Escriture appelle dormir, mais tous seront muez et changez (I. Cor. XV/51). Qu'est-ce à dire cela ? C'est que leur vie mortelle sera *abolie en une minute de temps et transformée en une nouvelle nature*. Nul ne peut nier qu'un tel abolissement de la chair ne soit mort... Car les morts qui sont en Christ ressuscitent les premiers ; puis après, ceux qui sont survivans viendront au devant du Seigneur, en l'air, comme dict sainct Paul (I Thess. IV. 16)... [182] »

Il semble bien que nous trouvions ici rassemblés les principaux thèmes de la vision qui se déploie dans *Jugement*. Dressons-en la liste :

---

181. I.C. II. XVI. 17.
182. Calvin suit de très près ici les révélations de l'apôtre Paul, I *Thess.* IV. 16, 18.

1° Dieu vient régner (v. 663) :

« Il descendra en forme visible comme on l'a vu monter. »
Il s'agit bien du Fils de l'Homme, c'est lui qui apparaît au vers
697, conformément à l'*Evangile de Matthieu* [183].

2° Il est accompagné de la *lumière d'immortalité*
« Eblouis de rayons »
« l'air n'est plus que rayons tant il est semé d'Anges,
Tout l'air n'est qu'un soleil ; le soleil radieux
N'est qu'une noire nuict au regard de ses yeux,
Car il brusle le feu, au soleil il esclaire,
Le centre n'a plus d'ombre et ne fuit sa lumière » [184].

3° *La puissance infinie de sa divinité* se manifeste par la crainte
panique des éléments, et par les légions d'Anges qui font rayonner le ciel ; les vers 714, 716 et le vers 720 rendent visible cette
puissance ineffable et cette gloire dont chaque rayon est un messager [185].

4° *Tous les hommes seront appellez et citez à son throsne judicial*
selon le verset 32 de *Matth.* XXV : Et seront assemblés devant luy
toutes nations et les separera les uns d'avec les autres comme le
berger sépare les brebis d'avec les boucs ».

5° *Le son de la trompette sera ouï de tous les bouts du monde*
c'est, pour A. d'Aubigné, le signal des grands jours de Dieu, au
vers 730.

6° *Les vivants seront muez et changez,* leur vie mortelle sera abolie
en une minute de temps ; cette affirmation de l'apôtre [186], reprise par Calvin, produit deux très beaux vers :
« Les vivants sont saisis d'un feu de mouvement,
« Ils sentent mort et vie en un prompt changement. » [187]

7° *N'y aura nul, ne vivant ne mort qui puisse eschapper son jugement.*

à partir du vers 757 et surtout à l'aide du psaume 139, A. d'Aubigné paraphrase avec une éloquence passionnée ce dernier point.

---

183. *Matth.* XXV. 31 : « Or quand le Fils de l'homme viendra avec sa
gloire et tous ses saincts Anges avec luy, adonc il se siera sur le throne de sa
gloire ». Voir aussi *Matth.* XXIV. 27.
184. *Jugement,* vers 720-725.
185. Cf. Calvin, *comentaire de Daniel* VII. 10 : « En telle magnificence
nous est descrit le trône de Dieu par tous les prophètes et nommément en Daniel,
quand il dit que Dieu estant monté en son siège royal, il avoit des milliers
d'anges en nombre infini à l'entour ».
186. Cf. I *Cor.* XV. 51 : « En un moment, en un clin d'œil, à la dernière
trompette (car elle sonnera) les morts ressusciteront incorruptibles et nous
serons transmuez ».
187. Vers 701-702.

Le poète reprend chacune de ces affirmations théologiques, la rend non seulement visible mais sensible, de plus il l'amplifie à l'aide d'un autre texte biblique qui communique au thème initial une charge émotionnelle nouvelle.

Ainsi, la lumière d'immortalité, la majesté inénarrable et la puissance infinie de Dieu qui vient juger sont rendues présentes par des traits empruntés aux *Psaumes* qui évoquent la descente du Dieu Justicier ou les délivrances d'Israël [188]. Ces notations concrètes, d'une poésie hardie et primitive, communiquent une force particulière au surnaturel.

Lorsque Calvin fournit une image à d'Aubigné, il s'en saisit et la porte à un paroxysme qui transfigure le réel :

« Nous ne pouvons pas porter la gloire de Dieu, écrivait le Réformateur, car qu'est-ce des anges ? Ce ne sont que comme petits raions du soleil : voila donc Dieu qui iette ses rais en ses anges » [189].

Voici l'image transformée :

« L'air n'est plus que rayons tant il est semé d'Anges
Tout l'air n'est qu'un soleil... »

Le commentaire biblique sert de tremplin à l'imagination qui s'élance au-delà du concevable : Calvin suggérait ainsi la majesté de Dieu dans son commentaire sur le *Deutéronome* : « si tost que sa majesté apparaît il faut que le soleil perde sa clarté, que la lune soit obscurcie » [190]. Voici comment A. d'Aubigné recrée cet énoncé :

« Car il brusle le feu, au soleil il esclaire
Le centre n'a plus d'ombre et ne fuit sa lumière. » [191]

---

188. L'émoi des éléments leur fuite est évoquée au *Ps.* CXIV :
« Les montagnes bondirent comme des béliers
Et les collines comme des agneaux
Qu'avais-tu ô mer pour t'enfuir
Et toi, Jourdain pour retourner en arrière ? »
voir au *Ps.* XCVII « L'Eternel règne...
le feu marche devant lui
A cette vue la terre tremble
Les montagnes fondent comme de la cire ».
La voix terrible de l'Eternel est évoquée au *Ps.* XXIX :
« La voix du Seigneur est forte
La voix du Seigneur rompt les cèdres
La voix du Seigneur fait faonner les biches ».
189. Calvin : *Commentaire sur le chap. IX de Daniel.*
190. Calvin : *Sermon sur le Deutéronome XXIX*, p. 195. d'Aubigné fait de l'énoncé une image violemment antithétique puis force encore l'antithèse :
... « Le soleil radieux n'est qu'une noire nuict au regard de ses yeux ». vers 721-722.
191. Vers 721-725.

Nous pouvons formuler l'hypothèse suivante : d'Aubigné a relevé les traits principaux d'une paraphrase calvinienne du *Symbole* qui était à ses yeux le roc solide de sa foi, il amplifie ces traits et il leur communique une charge de sensations très vives à l'aide d'autres textes bibliques qui reprennent le même thème ou l'exposent dans un registre plus concret ou plus violent.

Autour de cette vision centrale, d'une grande sobriété théologique, d'autres thèmes, empruntés au *quatrième livre d'Esdras*, aux visions apocalyptiques de *Daniel*, à l'*Apocalypse* se développent mais convergent vers ce noyau essentiel.

1° *Le rôle des Eléments, leur restauration.*

On lit dans *Esdras* : « Alors la terre rendra les choses qui dorment en elle et la poudre les choses qui sont cachées en elle, et ne dient mot, et les cachettes rendront les ames qui leur auront esté baillées en garde. Et le Souverain apparoistra sur le siège du jugement... » *Esaïe*, chap. XXVI, et l'*Apocalypse* reprennent le même thème [192].

Calvin, commentant le passage d'*Esaïe* que nous citons en note, voit dans l'obéissance de ces créatures : la terre, l'eau, le feu qui, sur l'ordre de Dieu, rendront « ce qui semblera avoir été consumé par eux » [193], la condition matérielle de la résurrection et la preuve de la toute puissance de Dieu contre les hommes qui ont noyé, brûlé, enseveli les martyrs ; mais A. d'Aubigné va beaucoup plus loin : il prête une vie quasi humaine aux éléments : la terre devient matrice, l'eau fait renaître une vivante chevelure,

« Montagnes, vous sentez douleurs d'enfantement » s'écrie le témoin émerveillé. Ces créations puissantes trouvent leur point de départ dans l'Ecriture sainte, en particulier chez l'apôtre Paul qui, pour exprimer les violentes douleurs des éléments de la création, asservis et défigurés par le péché d'Adam, les montre *en travail* comme une femme qui enfante, aspirant à être renouvelés [194].

---

192. *Esdras* IV. 32. 33 ; même thème dans *Esaïe* XXVI. 21 : « Car voici le Seigneur sortira de son lieu pour visiter l'iniquité des habitants de la terre sur iceux, lors la terre revelera son sang et ne couvrira plus ses occis ». Ces thèmes sont repris au chap. XX de l'*Apocalypse*, verset 13 : « Et la mer rendit les morts qui estoyent en elle, et la mort et l'enfer rendirent les morts qui estoyent en eux ; et fust fait jugement de chacun selon ses œuvres ».
193. Calvin. I.C. III. XXV. 8.
194. Cf. *Romains* VIII. 19 : « Car le grand et ardent désir des créatures est en ce qu'elles attendent que les enfans de Dieu soient révélés » - 21 : « Car nous savons que toutes créatures soupirent et sont en travail ensemble jusques à maintenant ».

Le poète réformé retrouve ici la hardiesse de la poésie hébraïque qui animait les créatures élémentaires, les associant à la geste divine ou à l'enthousiame fougueux des hommes :

« l'Eternel brise les cèdres du Liban
Il les fait bondir comme des veaux », lit-on au *psaume* XXIX [195].

On ne saurait, de toute évidence, parler d'animisme, car toute la révélation biblique s'oppose à la conception d'une Nature régie par des esprits ou des dieux secondaires, mais, dans toute la Bible, les créatures qui entourent l'homme et que Dieu connaît très personnellement lui rendent hommage, le servent en jouant le rôle qu'Il leur a assigné, elles chantent sans cesse sa louange [196]. La distinction entre esprit et matière, héritée de la pensée grecque, reste très ferme chez Calvin qui qualifie les éléments *d'insensibles*, car il redoute par dessus tout l'idolâtrie et la superstition, mais cette opposition, matière-esprit, était étrangère à la pensée juive : pour les Hébreux, toute créature vivante avait une « âme » qui consistait dans sa force, sa volonté d'être, son influence ; les étoiles, le soleil, le Ciel sont traités comme des êtres vivants, ce qui ne veut pas dire des forces divines. En accord avec cette conception du monde, A. d'Aubigné (mais il n'est nullement original en cela) [197] fait des éléments les témoins et les instruments révoltés des massacres : au jour du jugement, ils se dressent pour accuser les bourreaux, et leur réquisitoire a d'autant plus de force qu'ils ont gardé eux-mêmes la loi de leur nature : leur fidélité au Créateur fait éclater la monstrueuse cruauté de ceux qui ont violé :

« Nature blanche, vive et belle de soy-mesme. » [198]

---

195. *Ps.* XXIX, v. 5 et 6, cf. p. 382, n. 50.
196. Voir *Ps.* XIX : « Les cieux racontent la gloire de Dieu... ».
197. Voir dans la thèse de M.J. Pineaux (ouvrage cité p. 91), ces vers de Montméja :
« Aussi ne doutez pas, Nérons, Julianistes,
Nepveus de Caligule et Domitianistes,
Que le feu, l'Air, la Terre, et l'humide séjour,
Ensemble en jugement ne s'eslevent un jour
Pour demander à Dieu qu'il venge les oultrages
Estant par vous contraints servir à tels usages... ».
J. Pineaux assure que le thème de la contrainte imposée aux éléments et de leur révolte apocalyptique appartient à la conscience politique et polémique de l'époque. H. Weber souligne également la fréquence de cette personnification des forces de la Nature. cf. *La création poétique en France*, op. cit., p. 634.
198. *Jugement*, v. 783.

2° *Destruction et renouvellement de l'Univers*, le problème du mouvement dans *l'Apocalypse et dans Jugement*.

Le génie poétique d'A. d'Aubigné lui fait utiliser ces mêmes éléments pour rendre sensible et visible le bouleversement, inconcevable pour l'imagination humaine, du monde créé. Les vivants sont, en un instant, totalement changés :

> « Le ciel ravit leurs yeux : des yeux premiers l'usage
> N'eust peu du nouveau ciel porter le beau visage.
> L'autre ciel, l'autre terre ont cependant fuï,
> Tout ce qui fut mortel se perd esvanouï.
> Les fleuves sont sechés, la grand mer se desrobe,
> Il faloit que la terre allast changer de robe.
> Montagnes, vous sentez douleurs d'enfantemens ;
> Vous fuyez comme agneaux, ô simples elemens !
> Cachez-vous, changez-vous ; rien mortel ne supporte
> Le front de l'Eternel ni sa voix rude et forte. » [199]

On pourrait s'étonner de la brièveté de ce tableau si on le compare aux chapitres de *l'Apocalypse* où la destruction de l'Univers est dépeinte à mesure que l'Agneau ouvre les sceaux, ce qui déchaîne guerres, famines, catastrophes cosmiques. Cette progression implacable : les sept sceaux, puis les sept trompettes qui appellent les fléaux les plus terribles, crée une angoisse poignante. A. d'Aubigné ne supprime pas ces mystères terribles du « jour du Seigneur » mais il les distribue en deux séries de visions d'un accent bien différent. L'une accompagne l'éveil à la Vie des Ressuscités-élus, c'est celle que nous venons de citer, la source principale en est le *psaume* CXIV et le verset 1 du chap. XXI de *l'Apocalypse*[200] : l'un célèbre la sortie d'Egypte et l'entrée en Canaan, c'est un cantique d'exaltante joie, le second texte inaugure la contemplation de la Jérusalem céleste lorsque la mort même a été « jetée dans l'étang de feu ». Nous voici dans le registre de la joie : le bouleversement du monde va de pair avec la défaite totale de la mort, même si cet ébranlement paraît redoutable, il est enfantement à l'éternité, à la pleine réconciliation, à la pure harmonie.

Mais la terreur, l'angoisse torturent ceux qui ressuscitent pour être rejetés dans l'abîme infernal. Par une prescience de leur destin, A. d'Au-

---

199. *Jugement*, vers 707-716.
200. « Puis je vi un nouveau ciel et une nouvelle terre, car le premier ciel et la première terre s'en estoit allée, et la mer n'estoit plus ».

bigné leur fait contempler le *même spectacle* mais à l'envers, si l'on peut dire : la face ténébreuse, le visage morbide du monde en agonie, leur royaume, leur apparaît seule pour les transir d'effroi :

> « Mesmes dès le sortir des tombeaux obscurcis
> Virent bien d'autres yeux le ciel suant de peine,
> Lorsqu'il se preparoit à leur peine prochaine ; » [201]

Nous trouvons ici, dans ces deux visions antithétiques, une idée poétique admirable ; la doctrine de la prédestination l'a peut-être fait naître, peut-être aussi A. d'Aubigné s'est-il souvenu de ce verset de l'*évangile de Matthieu* : « Et, si ces jours n'étaient abrégés, personne ne serait sauvé ; mais à cause des élus, ces jours seront abrégés » [202]. Quoiqu'il en soit, il abrège pour les élus ces jours de colère, l'agonie du monde ancien est abolie en même temps que leurs regards mortels, leurs regards neufs contemplent un ciel nouveau, le passage angoissant de la mort à la vie est déjà franchi ; mais sur les condamnés s'appesantit l'épouvante des éléments qui retournent au chaos primitif : dans la lueur blême d'un monde mourant, les visages marqués pour la mort se révèlent. La plupart des textes bibliques qui évoquent *le jour du Seigneur* comme un jour de ténèbres sont utilisés dans ce passage [203] et en particulier la vision du chapitre VI de l'*Apocalypse* :

> « Et je regardai quand l'Ange eut ouvert le sixième sceau, et voici il fut fait un grand tremblement de terre : et le soleil devint noir comme un sac fait de poil, et la lune devint toute comme sang. Et les estoiles du ciel tombèrent sur la terre, comme quand le figuier jette çà et là ses figons, estans secoué par un grand vent. Et le ciel se retira comme un livre lequel on roule, et toute montagne et toutes isles furent remuées de leurs lieux. Et les Rois de la terre, et les princes, et les riches, et les capitaines, et les puissans, et tout serf et tout franc se cachèrent ès cavernes et entre les roches des montagnes et disoyent aux montagnes et aux roches : Tombez sur nous, et nous cachez de devant la face de

---

201. *Jugement*, vers 898-900.
202. *Matth.* XXIV. 22.
203. Vers 898-956. Cf. *Joël* III. 14. 15 : « Peuples, peuples, à la vallée de décision : (ou de jugement déterminé) car la journée de l'Eternel est pres en la vallée de décision. *Le soleil et la lune ont esté obscurcis et les estoiles ont retiré leur lueur.*
Amos V. 20 : « Le jour de l'Eternel ne sont-ce pas des ténèbres et non pas une lumière ». Jésus reprend le même thème pour annoncer les jours d'affliction qui précèderont le jugement : « le soleil deviendra obscur et la lune ne donnera point sa lumière et les estoiles cherront du ciel, et les vertus des cieux seront esbranlées ». Voir également *Luc* XXIII. 30 : « Lors se prendront à dire aux montagnes : Tombez sur nous : et aux costaux, couvrez-nous ».

celui qui est assis sur le thrône, et de devant l'ire de l'Agneau, car la grande' journée de son ire est venuë, et qui est-ce qui pourra subsister ? » [204]

Comment A. d'Aubigné a-t-il composé une sinistre évocation de la destruction de l'Univers à partir de ce texte qui sert de canevas à tout le passage ?

Il a enrichi le thème du *tremblement de terre* par l'évocation, classique chez les *Prophètes* et dans les *Psaumes,* de *l'orage cosmique* figure de la colère de Dieu :

« Il vient le jour de Yahvé, il est proche ! Jour d'obscurité et de sombres nuages, jour de nuées et de ténèbres (*Joël* 2 : 1-2) »

« Nostre Dieu viendra, et ne se tiendra plus coi : il y aura un feu dévorant devant lui et à l'entour de lui il y aura une forte tempête... » [205]

Mais A. d'Aubigné dépasse aussitôt cette figure pour entraîner l'imagination vers l'absolu de l'orage. La tempête qui va consommer la mort du monde visible est proprement inconcevable, la figure biblique est dépassée ou plutôt distendue pour que l'imagination conçoive l'inimaginable.

C'est alors qu'il fait voir la *mort du ciel* comme l'agonie d'un héros gigantesque dans lequel l'homme, ce microcrosme, peut se reconnaître.

Cette invention poétique, nourrie des conceptions physiques du XVIᵉ siècle, est-elle étrangère à la Bible ? On pourrait l'affirmer si l'on considère la précision et le pathétique de cette agonie toute humaine, mais dans l'*Ancien Testament* les éléments ne se réduisent pas à une matière organisée ; témoins des menaces de Dieu dans le *Deutéronome* [206], ils sont aussi les témoins du réquisitoire que Dieu prononce au début de la prophétie d'*Esaïe* contre le peuple qui l'a abandonné : « Cieux écoutez ! terre prête l'oreille ! »

Le même thème était repris au *Psaume* L :

« Il appelera   les cieux d'en haut et la terre pour juger son peuple... »

---

204. *Apocalypse :* VI. 12 à 17.
205. *Ps.* L, v. 3. C'est ainsi que le Psalmiste évoque Dieu venant juger son peuple. cf. *Ps.* XVIII 9 et 10.
206. *Deut.* IV. 26 : « J'en prends aujourd'hui à témoin contre vous le ciel et la terre ».

d'ailleurs le soleil, dans la poésie des *Psaumes,* a parfois été présenté comme un époux qui sort de sa chambre, un héros qui s'élance avec joie dans la carrière [207]. La Bible fournissait donc à A. d'Aubigné une suggestion pour cette métaphore mystique. Mais le développement théâtral de ce mythe doit beaucoup plus à la cosmologie qu'on découvre dans les traités d'Hermès Trismégiste qu'à la Bible. L'objet du poète-prophète semble fort clair : cette mort du ciel est présentée comme le vif miroir de la seconde mort des condamnés : chacun des *microcosmes* peut contempler dans cette agonie du *macrocosme* la souffrance angoissée qu'il va subir : point de décor ici, mais un peuple de créatures ; *l'être du monde* gémit et expire le premier, « toute étoile *se meurt* » : le verbe, assez courant lorsqu'il s'agit d'une chandelle ou de la flamme d'une lampe à huile, achève cette personnification des éléments dont dépendent l'ordre du monde, et l'ordre des destins humains. La panique des éléments [207] est si forte qu'ils ne gardent plus leur ordre, tel que la Création l'avait créé et retournent au chaos initial [208] : ce *funèbre mesler* [209] est exactement l'inverse de la Création, l'harmonie du Cosmos s'abolit, ruinée en ses fondements. Au cœur de ce bouleversement cosmique, voici le *procès des humains, les grands jours de Dieu* auxquels l'attente de tous les martyrs, de tous les combattants, sans cesse rappelée au cours du poème, aboutit. Il s'agit d'une récapitulation de l'histoire universelle :

« Un grand Ange s'écrie à toutes nations :
Venez respondre ici de toutes actions,
L'Eternel veut juger... » [210]

Ici, très particulièrement, A. d'Aubigné demande au Saint-Esprit qui l'inspire une *sobriété* exemplaire [211]. La pure parole de Dieu doit

---

207. *Ps.* XIX/6. Cf. trad. du *Ps.* XIX (« coeli enarrant gloria Dei... ») par Cl. Marot :
« Dont [de son palais] il sort ainsi beau
Comme un espoux nouveau
De son paré pourpris
Semble un grand prince à voir,
S'esgayant pour avoir
D'une course le pris... »
207. Cf. *Ps.* CXIV. v. 3 à 7.
208. Voir la *Genèse.* I. 2 : « la terre estoit une chose confuse et sans forme ». La création est présentée comme une succession de séparations opérées par Dieu pour permettre la vie.
209. *Jugement,* v. 930.
210. Ibid. v. 725 et sq.
211. *Jugement,* vers 803-809 :
« Condui, très sainct Esprit, en cet endroit ma bouche...
Je n'annoncerai donc que ce que tu annonces ».

attester la grâce au cœur des élus ressuscités tandis qu'elle frappe sans merci — le temps de la patience de Dieu a pris fin — ceux qui ont persécuté le Christ dans la personne de ses membres.

Deux textes permettent au témoin de l'Evangile d'opposer la plénitude de joie des élus aux tourments des tyrans, des « condamneurs ». Le célèbre texte de saint Paul : « C'est ce mesme Esprit qui rend témoignage avec nostre esprit que nous sommes enfants de Dieu » s'inscrit dans le vers 735 pour suggérer la totale et douce réconciliation de ceux qui sont « vestus de blanc et lavés de pardon » [212], tandis qu'un verset de *Jean* : « Ils verront celui qu'ils ont percé » [213] reproduit aux vers 745 et 746 ;

> « ... et remarquent assez
> Le chef, les membres saincts qu'ils avoyent transpercés : »

dépasse le plus violent des réquisitoires, c'est la vision directe de la vérité à travers les scènes de la Passion ; cette révélation rejette immédiatement les coupables dans le camp des persécuteurs du Christ, enfants des ténèbres. Quatre noms évocateurs de l'histoire du peuple iraélite ouvrent au regard une perspective lointaine, le jugement concerne tous les peuples mais plus précisément le peuple élu, les tribus de Juda, et ses ennemis traditionnels : Agar, la descendance d'Abraham qui est restée en dehors de la promesse, Edom, Moab, les tribus nomades du Sud et de l'Est dont *Esaïe* avait annoncé la ruine [214]. Ainsi l'alliance, l'élection d'Israël prennent tout leur sens et nous savons l'importance, la valeur symbolique de ces thèmes, pour les Huguenots du XVIe siècle et pour le « prophète » des *Tragiques*.

Pas plus que la Bible A. d'Aubigné ne décrit le *Juge* [215] c'est qu'il n'est pas objet de connaissance pour un spectateur. Il est au centre de toute la scène, caché dans l'éclat insoutenable de Sa gloire.

L'arrêt qu'il prononce pour confirmer la grâce ou la condamnation déjà sensibles au cœur des ressuscités reproduit presque trait pour trait

---

212. Vers 738 ; cf. *Apocal.* III. 5 : « Qui vaincra, icelui sera vestu de vestements blancs », et le *Psaume* LI. 9 : « Purge moy de péché avec hysoppe et je serai net : lave moy et je serai plus blanc que neige... ».
213. Jean XIX. 37.
214. Cf. *Esaïe* XV et XXXIV.
215. On lit seulement au chapitre VII, verset 9 de *Daniel* : « l'ancien des jours s'assit. Son vêtement était blanc comme de la neige, et les cheveux de sa tête étaient comme de la laine pure ».

les paroles du Roi telles que Jésus-Christ les rapporte dans la *parabole du Jugement dernier (Matthieu* xxv. 31 à 46) :

« Vous qui m'avez vestu au temps de la froidure,
Vous qui avez pour moy souffert peine et injure,
Qui à ma seche soif et à mon aspre faim
Donnastes de bon cœur vostre eau et vostre pain,
. . . .
Venez donc, bien heureux, triompher pour jamais
Au royaume éternel de victoire et de paix. » [216]

Une différence est à noter cpeendant : les trois « misères » que les « brebis » de la Parabole ont secourues : la solitude de l'étranger, la maladie, la captivité ne sont point évoquées, le vers 872 les remplace :

« Vous qui avez pour moi souffert peine et injure », [217]

Les risques et la fidélité des martyrs sont aussi importants que l'amour des déshérités. La sentence qui frappe les hommes impitoyables et les persécuteurs offre une parfaite symétrie avec l'arrêt qui bénissait les élus, c'est l'exacte symétrie que l'on trouve dans la parabole.

Ainsi la scène centrale de *Jugement* se signale par l'extrême sobriété de l'invention poétique : à l'heure décisive du procès, la pure parole du Christ suffit pour faire tomber les masques, pour éclairer cruement les actes du passé.

Après avoir considéré comme l'*Apocalypse* et la *parabole du Jugement dernier* sont utilisées pour produire des effets divers, il semble que l'on peut mieux comparer le mouvement qui anime les scènes et les visions de l'*Apocalypse* et les tableaux de ce dernier chant. Faut-il, comme Marcel Raymond le suggère, opposer les scènes de l'*Apocalypse*, « qui se détachent nettement sur un fond d'or byzantin » [218], aux tableaux éclatants et obscurs à la fois, elliptiques, mais aussi grouillants de figures tourmentées que nous offre *Jugement* ?

---

216. *Jugement*, v. 870 à 879.
217. Cf. *Matthieu* V, v. 11 : « Vous serez bienheureux quand on vous aura dit injure et persécuté et dit toute mauvaise parole contre vous, en mentant, à cause de moi ». Ce vers s'inspire des *Béatitudes*.
218. Marcel Raymond : *Baroque et Renaissance poétique*, p. 41. Le critique avait déjà utilisé cette belle formule dans sa préface au choix des œuvres d'A. d'Aubigné (Ides et Calendes, 1943), p. 26 : « Mais les peintures de l'Apocalypse sont singulièrement ordonnées et comme distribuées sur un fond d'or byzantin, au regard de cette mixture où tous les éléments se mêlent dans un effort terrible et sanglant pour exister une seconde encore ».

Cette définition des visions de l'*Apocalypse* nous paraît aussi contestable que séduisante ; car le dernier livre de la Bible n'offre pas un style unique dans ses représentations. Si certaines scènes apparaissent comme calmes, ordonnées, presque statiques, comme celle qui dépeint le trône sur lequel « quelqu'un » était assis environné d'un arc en ciel semblable à de l'émeraude, entouré des vingt-quatre vieillards couronnés d'or [219], ou bien la vision de la Jérusalem céleste, rayonnante de la gloire divine, la plupart des tableaux, formés d'éléments composites et incohérents se caractérisent par la violence du mouvement, l'ampleur de la bataille que livrent les forces destructrices aux éléments de l'univers, le mélange de visions ardentes, de bruits terrifiants : tonnerres, voix puissantes comme le rugissement du lion, et de la stupeur qui saisit le prophète devant l'éclatement des royaumes. la catastrophe qui précipite les empires dans l'étang de feu, choc décisif des armées célestes et de la coalition des oppresseurs. Hans Lijle souligne, dans son commentaire [220], le rythme dramatique « qui emporte les différentes scènes » la participation profonde du voyant à ces visions où « l'événement éclate, impétueux dans ce jeu formidable de sons et de couleurs ». « Sa description » ajoute-t-il, « ne connaît aucun *moderato*. L'impétuosité seule est de rigueur, car l'enveloppe du monde éclate et avec elle se brisent tous les modes de penser, toutes les manières de voir traditionnelles ».

Agrippa d'Aubigné a senti la valeur actuelle de ces visions, de ce mouvement impétueux ; le caractère fantastique, tourmenté, baroque de ces scènes répondait à son âpre désir de vengeance et de recréation du monde, passion longtemps contenue, déçue sans cesse. Les signes de *Vengeances*, échelonnés au cours des siècles ou des persécutions récentes, rendaient sensible la dure tension de la foi qui espère le plein déroulement du dessein de Dieu ; la violence des combats, des ruptures, des bouleversements eschatologiques répond à cette longue et ardente soif. La brutalité du juste jugement compense et comble la rude patience, la foi si âprement dépouillée qu'elle paraissait folie. On trouve donc, à notre avis, une analogie frappante entre le mouvement, les visions heurtés de l'*Apocalypse* et l'évocation du jugemeni, de la mutation du monde visible, dans le dernier livre des *Tragiques*.

---

219. *Apocal.* chap. IV, versets 2 et 3.
220. Hans Lijle (évêque luthérien de Hanovre): *L'Apocalypse*, traduit par J.-L. Pidoux, Paris, 1959, p. 37-38. Ce commentaire a été pensé et écrit pendant la deuxième guerre mondiale par un évêque anti-nazi. Les angoisses des persécutions, les horreurs vécues de la guerre disposent ces témoins à recevoir plus directement le message de l'*Apocalypse*.

3° « *L'accord parfait* » [221] *des Noces de l'Agneau.*

Ce dernier thème n'est pas un jeu gratuit de l'imagination, il exprime l'espérance ineffable du croyant, l'aboutissement de toute l'histoire du peuple élu : Si Dieu a choisi Israël, c'était pour qu'il fût le messager de l'Amour, qu'il répondît, avec un cœur de chair à l'amour infini et patient de son Créateur. L'*Apocalypse* s'achève sur la vision de Jérusalem « préparée comme une épouse qui s'est parée pour son époux » [222]. De cet accord fondamental rayonne une extraordinaire lumière, une joie sereine au centre d'un univers régénéré. Voilà l'Evangile pleinement accompli et, à cause de ce final, toute la Bible, depuis la lointaine libération d'Egypte, devient l'Evangile. Les Réformés avaient retrouvé et proclamé cette extraordinaire annonce de l'Amour libérateur ; l'épopée douloureuse que chante A. d'Aubigné eût perdu son sens si cette aspiration à l'union totale, profonde, de l'Eglise-épouse et de l'Epoux n'avait pas apparu comme la fin dernière de toute existence humaine. Au moins dans la conception idéalisée du poète, ce peuple de combattants n'avait d'autre mission que d'annoncer la Grâce, de s'attendre à Dieu, comme l'amoureuse du *Cantique* attend celui que son cœur aime. Il est difficile de suggérer une profonde union amoureuse qui ne soit pas vécue charnellement par un couple, A. d'Aubigné, comme la Bible [223], emprunte à l'amour humain tout un vocabulaire hardiment sexuel, mais un jeu de rappels bibliques rend présente l'histoire d'Israël : ainsi

> « ... nul pain ne fait envie
> Après le *Man, le fruict du doux arbre de vie* »,

l'allusion à la *manne* réintroduit le thème de la *marche au désert* [224] la bénédiction de Dieu dans le cours d'une histoire vécue ; « *l'arbre de vie* », interdit au couple pécheur dans la *Genèse*, réapparaît dans l'*Apocalypse* au centre d'une cité réconciliée [225]. Mais le rappel le plus important est celui de Jésus en croix, offert en sacrifice de « bonne odeur », selon l'apôtre Paul (*Ephes.* v. 2)

> « ... il respire l'encens

---

221. Heureuse formule employée par A.-M. Schmidt pour caractériser « la prodigieuse harmonie concertante dans laquelle les bienheureux unissent leurs voix à celles des Anges, des orbes célestes, des ·créatures réconciliées ». *Information littéraire, mars-avril* 1958, p. 52.

222. *Apocal.* XXI. 2.

223. Cf. *Osée* chap. II et III et tout le *Cantique des Cantiques*, considéré comme un symbole de l'amour mystique dans toute la tradition chrétienne.

224. Même effet au vers 1194 : « l'eau du rocher d'Oreb ».

225. *Apocal.* XXII. 2 : « Au milieu de la ville et sur les deux bords du fleuve, il y avait un *arbre de vie* ».

> Qu'offrit Jésus en croix, qui en donnant sa vie
> Fut le prestre, l'autel et le temple et l'hostie. » [226]

Ces thèmes, qui sont comme les harmoniques de l'accord parfait, permettent d'affirmer que ce final sublime de *Jugement* reste la vision de la foi, régie par la Parole et ne s'aventure pas sur les terres inconnues des révélations mystiques. Tout le texte qui évoque l'extase des apôtres glorifiés, auxquels A. d'Aubigné se mêle discrètement, chante Jésus-Christ, *pain de vie* [227], *sacrificateur* [228] et *victime expiatoire, Agneau immolé et ressuscité en gloire, nourriture et breuvage spirituels des Hébreux en marche vers Canaan* [229], *amant de la Sulamite, époux de l'Eglise, visage de Dieu révélé* [230] ; et le dernier vers du poème évoque ce *bon Berger* qui porte sur son sein les agneaux lassés.

La présence constante du Christ, tel que les Ecritures le révèlent, prouve bien qu'au moment où le Prophète-témoin se saisit de la victoire il ne veut savoir autre chose que Jésus-Christ crucifié et glorifié, il ne veut connaître d'autre illumination que celle du Saint-Esprit qui rend vivant et efficace le texte de la Bible, qui, selon les Réformés, renferme la totalité de la Révélation :

> « Au visage de Dieu seront nos saincts plaisirs,
> Dans le sein d'Abraham fleuriront nos désirs,
> Desirs, parfaits amours, hauts desirs sans absence,
> Car les fruicts et les fleurs n'y font qu'une naissance. » [231]

Aucun vers dans la poésie française ne suggère avec plus de force la perfection et la joie indicible de l'union mystique que ce vers 1207 de *Jugement* :

> « Desirs, parfaits amours, hauts desirs sans absence ».

d'autant que la plénitude et les délices de cette communion s'expriment grâce au thème de la fleur, de l'épanouissement, du fruit mais cette félicité mystique est fort loin de la contemplation parfaite du platonis-

---

226. Vers 1182-84.
227. Le vers 1176 offre aussi un sens symbolique, la manne, le fruit de l'arbre de vie, c'est le Christ. cf. *Jean* VI. 31-35.
228. Vers 1184, cf. *Epître aux Hébreux*, chap. 4 et 5.
229. Cf. vers 1194 et Iʳᵉ *épître aux Corinthiens* X/1 à 4.
230. Vers 1205 : « Au visage de Dieu seront nos saincts plaisirs »
Cf. *Jean* XIV/8 et 9 : « Philippe lui dit : « Seigneur montre-nous le Père et cela nous suffit. Jésus lui dit : Il y a si longtemps que je suis avec vous, et tu ne m'as pas connu, Philippe ! Celui qui m'a vu a vu le Père ».
231. *Jugement*, vers 1205-1209.

me : nulle rupture avec l'histoire, nulle abstraction métaphysique : *le sein d'Abraham,* rappelle l'élection, l'alliance qui est l'origine du peuple comme sa fin, les fruits et les fleurs introduisent la fécondité de la terre aussi bien que les symboles du *Cantique des Cantiques* [232], le *visage de Dieu* évoque une personne, voici la relation Dieu-Homme restaurée dans sa plénitude, puisque Adam avait été créé à l'image de Dieu pour être son vis-à-vis.

La vision du Paradis, de la félicité céleste appartient bien à la pensée biblique et non à une métaphysique dualiste.

CONCLUSION

Malgré les apparences, le chant VII des *Tragiques,* où l'attente ardente du Jugement dernier se trouve enfin comblée, n'est pas un poème mystique au sens précis du terme. Nous avons souligné le lien étroit entre les combats du parti, les palinodies de plusieurs et les avertissements solennels du « prophète ». Pour ranimer les fidélités défaillantes des Huguenots, pour adresser aux athées un appel, qui sera mort ou vie pour eux selon le Conseil de Dieu, A. d'Aubigné se fait le héraut d'une ultime prédication, où les thèmes essentiels des prédications prophétiques sont repris mais où l'on reconnaît aussi une conception aristotélicienne de l'univers et de l'âme du monde, déjà christianisée par un commentateur du *Pimandre.* Cet apparent éclectisme n'a qu'une seule raison : établir solidement et pour tous les esprits la doctrine nécessaire de la Résurrection des corps. Dans la deuxième partie du chant, d'après la parabole du Jugement dernier (*Matth.* xxv), et certaines visions du *prophète Daniel* ou de l'*Apocalypse,* la fin du monde et le Jugement dernier sont représentés. A chaque moment, comme l'a fait le voyant de l'*Apocalypse,* « expositeur des prophètes », scènes et détails sont étroitement liés à l'ensemble de la révélation biblique et à l'épopée d'Israël. A. d'Aubigné s'attache en particulier à évoquer la passion du Christ, brusquement révélée aux bourreaux comme leur péché personnel. Mais il opère un choix dans les nombreuses visions des martyrs de l'*Apocalypse* : celles qu'il reproduit ont trait au destin de l'homme, à celui du peuple élu. Le thème du Jugement avec sa suite : supplice des réprouvés, félicité des élus commande toute la série des visions, c'est la récapitulation de l'histoire d'Israël et de celle de l'Eglise. La sobriété de l'expression poétique caractérise ces scènes que le mouvement impétueux de l'*Apocalypse anime,* mais sans exagération ni invention fan-

---

232. Cf. *Chambre dorée,* vers 655-658 et II⁰ partie, chap. VIII, p. 307-308.

taisiste. C'est un souci doctrinal qui explique les antithèses violentes, les développements assymétriques ; comme dans l'*Apocalypse,* il s'agit moins de visions oniriques que de tableaux à valeur symbolique. Lorsque le poète veut suggérer l'extase des apôtres et des saints, à laquelle il participe lui-même, il n'invente point d'étonnantes figures ou des transports inimaginables, il goûte et respire Jésus-Christ, il essaie de peindre la joie ineffable d'une communion dans l'Amour parfait, mais la révélation biblique reste ici encore la nourriture de l'imagination et sa règle, et plus précisément, dans cette révélation, le témoignage des évangélistes ou de l'apôtre Paul. Le *Cantique des Cantiques,* cette bible des mystiques, ne fournit que de brèves allusions. A. d'Aubigné a sans cesse présent à l'esprit, dirait-on, ce témoignage de l'apôtre Jean : « Personne n'a jamais vu Dieu : Le Fils unique, qui est dans le sein du Pére est celui qui l'a fait connaître ». Le miracle de cette dernière partie de *Jugement,* c'est que le mouvement ardent des visions, le lyrisme qui fait pénétrer jusqu'à l'âme l'émotion religieuse, et l'extase même restent d'une rigoureuse fidélité à la Parole et qu'ils renvoient toujours à la présence immédiate et vitale du Christ.

L'INSPIRATION BIBLIQUE DANS LES POESIES RELIGIEUSES (1)

Dans l'ouvrage publié avant la mort d'A. d'Aubigné, les *Petites Œuvres meslees du Sr. d'Aubigné*, nous nous proposons d'examiner successivement les *Psaumes en vers mesurés* puis l'*Hyver* et les poèmes qui l'accompagnent, qui sont surtout des prières. Ces pièces, en effet, ne sont point contemporaines : d'Aubigné a composé les *Psaumes en vers mesurés* à partir de 1600 [2], les poésies, plus libres dans leur inspiration, paraissent, pour la plupart, pouvoir être datées du séjour à Genève. Mais surtout la part de la Bible n'est pas du même ordre lorsqu'il s'agit de traductions ou de paraphrases des Psaumes ou lorsque les textes et les thèmes bibliques se trouvent insérés dans un lyrisme religieux plus personnel.

Doit-on d'ailleurs parler d'une inspiration biblique des *Psaumes en vers mesurés* s'ils sont des traductions fidèles des *Psaumes* de David ou si, comme le veut Jean Rousselot, « l'originalité de ces œuvres lyriques est strictement prosodique » ? [3]. Si nous acceptions ce dernier jugement, nous reporterions cette étude au chapitre suivant où nous tentons d'apprécier, à propos de quelques exemples, l'influence de la versification hébraïque sur l'auteur des *Tragiques* et des *Poésies religieuses*. Mais, en fait, aucune traduction ou adaptation des *Psaumes* au XVIe siècle, et dans les œuvres du temps, n'existe sans un effort de

---

1. Nous désignons par cette formule les *Psaumes en vers mesurés* et les *Poésies religieuses* qui ont été publiées dans les *Petites Œuvres meslees* en 1630 à Genève chez P. Aubert ; un exemplaire intitulé : « *Second recueil des petites œuvres du Sr. d'Aubigné* » portant la date de 1629, avec la même marque et le nom du même imprimeur se trouve à la bibliothèque centrale de Zurich. Je n'ai relevé aucune différence entre les deux ouvrages.
2. Voir la note de H. Weber dans l'édition de la Pléiade p. 1418. H. Weber signale que la traduction du *Psaume 88* a été publiée en 1600 ou 1601 à la fin de la *Lettre à Madame sur la douceur des afflictions*.
3. Voir J. Rousselot : *Agrippa d'Aubigné*, éd. Seghers, Paris, 1966, p. 67.

recréation poétique, et, quand il s'agit d'un poète du XVIe siècle, on ne peut séparer la forme poétique de la pensée, même lorsqu'il coule dans une forme nouvelle un texte donné, vénérable, que ses contemporains savent par cœur.

Un passage de la lettre, adressée par l'auteur au lecteur, qui sert de préface à ces *Petites œuvres,* témoigne de la révérence et de l'admiration passionnée que l'Ecriture inspirait à l'auteur des *Méditations sur les* Psaumes ; or il est évident que cette exaltation de la puissance et de l'éclat des Ecritures peut éclairer notre examen des *Psaumes en vers mesurés.* S'opposant aux « esprits de vanité qui déclament ouvertement contre la parole de Dieu et la descrient pour estre d'un style grossier », A. d'Aubigné se propose de montrer qu'au contraire elle rehausse les styles les plus élaborés : « les passages de l'Escriture sont non seulement comme un esmail sur l'or, mais comme les pierreies exquises... » [ils] « recréent les esprits qui aiment Dieu par ravissantes lumières et parfaites beautez » [4]. S'il n'est pas douteux que la composition des *Psaumes en vers mesurés* ait été au départ une gageure tenue contre Rapin [5], il semble qu'A. d'Aubigné a pu chercher à réaliser autre chose qu'un exercice prosodique. Ne voudrait-il pas démontrer que, dans les strophes lyriques héritées de l'Antiquité et que tout humaniste admire, le texte biblique peut être coulé sans mutilation comme sans paraphrase et que cette forme pure lui donne une nouvelle rigueur, une puissance renouvelée ? Ne songe-t-il pas à transmettre aux humanistes de son temps ces prières de David avec la force que leur confère une langue nue, concise, dépouillée ?

Pour discerner l'originalité véritable de ces *Psaumes* nous avons comparé cinq d'entre eux [6], les *psaumes* III, LI, LXXIII, CX, CXXXIII au texte hébraïque, à la traduction de la Bible de Genève [7], à la version du *Psautier* qu'on doit, selon les cas, à Marot ou à Bèze [8].

Voici les principales remarques tirées de ces comparaisons :

---

4. *Petites œuvres meslées du Sr. d'Aubigné,* épître liminaire p. II et III.
5. Cf : *Lettres touchant quelques poincts de diverses sciences,* éd. Weber, p. 858. D'Aubigné objectait à Rapin que les vers mesurés n'étaient pas propres à la langue française qui « ne pouvoit souffrir aucun [accent] pour le moins de production... Il eschappa à Rapin que cette raison estoit bonne pour ceux qui n'en pouvoient faire... »
6. Pour le *Ps.* LXXIII nous avons choisi un extrait : les versets 13 à 25 du Psaume hébraïque.
7. Ed. de 1588 qui fournit à d'Aubigné le texte des *Psaumes* précédant chacune des *Méditations.*
8. Les *Ps.* III. LI et CX sont l'œuvre de Marot.

Ps. III. — A. d'Aubigné choisit le distique élégiaque, l'hexamètre uni au pentamètre, il place une rime intérieure à la césure de l'hexamètre, après le cinquième demi-pied, de même qu'à celle du pentamètre, après la syllabe longue du premier hémistiche. Il obtient ainsi des vers courts et impairs. La rime intérieure étant placée généralement à la septième syllabe.

Marot avait adopté l'hexasyllabe ; les deux poètes pensent ainsi, semble-t-il, exprimer dans un premier temps l'angoisse haletante du juste traqué et ensuite, à l'aide de vers-formules, la ferme assurance de celui qui se fonde en Dieu. Cependant la rime intérieure chez A. d'Aubigné ne marque pas un arrêt d'autant que le sens va toujours au-delà de la césure dans l'hexamètre. Il semble donc que la nouvelle métrique adoptée par d'Aubigné permette de garder un rythme martelé, conforme au dessin rythmique du psaume hébraïque, constitué de versets courts séparés en deux membres de trois ou quatre mots ; mais en même temps le poète veut élargir le rythme en donnant au phrasé l'ampleur du distique élégiaque. Une mélodie de caractère épique peut sans doute concilier ces deux exigences [9]. Mais, à la faveur de ce nouveau schéma métrique, A. d'Aubigné essaie, avec lourdeur il est vrai, de traduire plus fidèlement le texte hébraïque dont voici la traduction littérale des versets 2 et 3 :

« Dieu, qu'ils sont nombreux mes adversaires,
Nombreux se levant contre moi, nombreux disant de mon âme :
Pas de salut pour lui en Dieu... ».

Quel amas hérissé, quel peuple ramassé ces répétitions tentent de rendre le martèlement de « nombreux » dans le texte hébreu [10].

La traduction de Marot, si vive dans son mouvement, n'évite pas la longueur de la paraphrase :

« O Seigneur que de gens
A nuire diligens,
Qui me troublent et grèvent !
Mon Dieu que d'ennemis,
Qui aux champs se sont mis,
Et contre moi s'élèvent !

9. Cf. Musique de Claude Le Jeune (rééd. H. Expert, fas. III, pp. 15-25).
10. La traduction de Genève dit seulement : 2 « Eternel, ô combien sont multipliés ceux qui me pressent, tant de gens s'élèvent contre moi. 3 : Plusieurs disent de mon âme, il n'y a rien en Dieu qui tende à sa délivrance... ».

Certes plusieurs j'en voy,
Qui vont disant de moy,
Sa force est abolie,
Plus ne trouve en son Dieu
Secours en aucun lieu,
Mais c'est à eux folie ».

Agrippa d'Aubigné rend mieux la densité du psaume biblique et son caractère épique :

« Dieu quel amas hérissé de mutins, quel peuple ramassé !
O que de folles rumeurs, et que de vaines fureurs !
Ils ont dit : Cet homme est misérable, le pauvre ne sent prest
Rien de secours de ce lieu, rien de la force de Dieu.
Mais c'est mentir à eux... »

Le Poète des *Tragiques* paraphrase encore, mais il n'est pas assujetti, comme Marot, à développer en un quatrain ou en un sixain d'hexasyllabes chaque parallélisme biblique ce qui constamment redouble l'expression. Le premier verset du psaume est rendu par deux vers chez A. d'Aubigné, le second vers étant une libre paraphrase, il occupe six vers de six syllabes chez Marot. De plus la construction paratactique de l'hébreu paraît soigneusement conservée par A. d'Aubigné, au prix, sans doute, du naturel de l'expression.

Fidélité plus exigeante à la forme et au mouvement du texte hébraïque, volonté de briser le moule marotique pour obtenir une poésie plus dense et d'un mouvement plus ample : voilà les premières constatations que l'examen des autres psaumes devrait confirmer.

Le Psaume LI, psaume pénitentiel, nous paraît admirable dans la version de Marot en raison de son authenticité spirituelle et du mouvement lyrique qui l'anime ; les églises de la Réforme l'ont toujours conservée dans leurs recueils en modernisant la langue. A. d'Aubigné et Marot adoptent un mètre qui offre la même valeur ; décasyllabe pour Marot, c'est, à son époque, le vers épique, c'est encore celui de la Franciade, A. d'Aubigné choisit l'hexamètre héroïque, le vers de l'Enéide. Mais, dans sa transposition, notre poète tend vers la rigueur, une sobriété extrême et il n'hésite pas à sacrifier les parallélismes soulignés, parfois le chiasme, du texte original :

« Lave moi abondamment de ma faute
Et de mon péché purifie-moi ».

Ce verset 4 du *psaume* hébraïque est bien rendu par Marot :

« Lave moy, Sire, et relave bien fort
De ma commise iniquité mauvaise
Et du péché qui m'a rendu si ord,
Me nettoyer d'eau de grâce te plaise ».

Il perd son mouvement chez A. d'Aubigné :

« Purge mon iniquité, abolis le péché qui me confond... ».

Cet hexamètre classique recouvre exactement le verset biblique. A. d'Aubigné a-t-il voulu cette identité apparente du rythme ? C'est probable, mais le véritable rythme du verset biblique est ici sacrifié à une identité formelle et artificielle. Le même procédé trahit encore le rythme original du verset 6 :

« Contre toi, contre toi seul, j'ai péché
Et le mal à tes yeux, je l'ai fait ».

Aubigné dit très sobrement, mais prosaïquement :

« J'ai péché contre la loi en ta présence et à tes yeux. »

Michel Jeanneret, dans sa thèse sur *Poésie et tradition biblique au XVIe siècle*[11], formule un jugement qui nous paraît tout à fait juste ; il le fonde sur une comparaison entre les premiers versets du *Ps.* LXXIII (trad. de Genève, 1588) et les vers mesurés du même psaume :

« Par un souci d'économie peu commun, le poète rassemble en une proposition unique les deux membres parallèles de l'original ; il se livre volontiers à cette réduction du texte de base au risque d'en compromettre parfois l'intelligibilité, tant il est anxieux, semble-t-il, d'éviter les errements de l'habituelle paraphrase »[12].

Par contre, A. d'Aubigné ajoute au texte un vers qui marque une volonté de confession personnelle :

« Car je cognois le malheur qui paroist sans cesse devant moi,
Troublant à la minuict mes sens et mon âme de son front »[13]

---

11. Paris. Corti 1969.
12. Op. cit., pp. 259-260.
13. *Psaume* LI, vers 4 et 5.

Le second vers n'est pas dans le texte hébraïque : cette hantise du péché, présenté comme une figure mouvante, appartient bien au temps et à l'imagination du poète baroque. C'est là le signe manifeste qu'il veut faire sien le *psaume,* nouvelle preuve, s'il en était besoin, que ces traduction présentent un témoignage personnel de la foi.

Le *Psaume LXXIII* est caractérisé par l'ampleur du rythme. Deux longs vers de 15 ou 17 syllabes retombent sur un clausule de sept syllabes qui cerne la strophe. Ce schéma est tout à fait étranger aux vers du *psautier* dus à Th. de Bèze ; celui-ci avait utilisé des octosyllabes groupés en quatrains : chaque quatrain traduisant un verset du psaume hébraïque, deux quatrains formant une strophe ; c'était toujours le procédé de Marot qui entraîne paraphrase et redoublement de l'expression. Sans doute d'Aubigné a-t-il trouvé ce rythme trop léger quand il s'agit d'un problème décisif : le bonheur des méchants, l'angoisse du juste devant la réussite des violents qui font fi de Dieu. Il lui fallait un rythme majestueux pour exprimer la crise de conscience où sa foi avait failli sombrer [14].

La volonté de traduire rigoureusement le texte hébraïque s'affirme ici encore.

Dans le psaume chanté, Bèze faisait disparaître l'épouvante des méchants à l'heure où ils sont précipités dans l'abîme [15], A. d'Aubigné, lui, note cet effroi :

« Bien viste precipités ils s'en vont transis et perdus »,

Th. de Bèze restait assez abstrait :

« Entre les humains effacé
Sera le lustre de leur bien
Ainsi qu'un songe qui n'est rien
Dès que le dormir est passé ».

Mais Aubigné souligne la destruction des méchants eux-mêmes :

« Parmi l'air esvanouys, ainsi qu'un songe qui n'est rien
Lorsque l'on est resveillé » [16].

---

14. Cf. : *Méditation sur le Psaume LXXIII.* éd. Weber, p. 521 et sq.
15. « Comme ils sont en un instant en proie à l'horreur
    Ils finissent achevés par les épouvantes ». Trad. littérale du verset 19.
16. Le second membre du verset hébraïque (verset 20) paraît assez différent :
    « Comme un songe au réveil Seigneur
    A ton réveil tu méprises leur image ».

A. d'Aubigné n'hésite pas à préciser certains points du texte même si, ce faisant, il renonce à la concision. Le verset 15 du *psaume* hébraïque note :

« mais si je dis : « je vais m'exprimer comme eux ! »
Voilà que je trahis la génération de tes fils ».

Il s'agit pour le Juste de défier Dieu en affirmant qu'Il ne voit rien. A. d'Aubigné résiste simplement à la tentation d'accuser Dieu d'injustice :

« Mais proférant ce propos je me suis veu desloyal aux miens,
Miens que je voi mescogneus : car sans doute les innocens sont
Ton peuple, quoi que ce soit ».

Ce rappel de l'élection, à l'heure de l'épreuve, est l'écho de la *Méditation sur les Psaumes ;* ainsi nous voyons encore une fois qu'il s'agit d'une appropriation personnelle du *psaume,* que l'angoisse du « prophète » et de son parti, le combat de la foi, analogue à celui de Job, s'y expriment clairement.

J. Trénel a fait une comparaison précise du *Psaume CX* chez Marot et d'Aubigné [17] en se référant, pour certains passages, à la seconde version du *Psautier* de saint Jérôme refaite directement sur l'original. Il pense d'ailleurs que c'est la version originale d'Olivétan qui est la source commune des deux paraphrases. Or on ne peut écarter la possibilité pour A. d'Aubigné d'une référence directe au texte hébraïque. Il a par exemple traduit ainsi le verset 6 :

« Exerçant jugement sur tous il brisera des forts
L'empereur, et *pavera toute la terre de morts* ».

Cette dernière expression est énergique et forte, la traduction de Genève disait seulement : « il remplira tout de corps morts ».

Le texte littéralement traduit donne ce sens :
« il exécutera ses jugements sur les nations [c'est] plein de cadavres il a brisé la tête sur la vaste terre ».

Olivétan [18], Marot et d'Aubigné ont interprété « la tête », au sens de *chef,* ce qui est très possible mais offre un sens moins cohérent.

---

17. Voir *Mélanges de Philologie offerts à F. Brunot.* Paris, 1904, pp. 323-329.
18. Cette traduction dont Olivétan était à l'origine l'auteur a été sans cesse remaniée par les théologiens et professeurs de Genève ; il s'agit ici de l'édition de 1588.

Olivétan et Marot traduisent « *sur la grande terre* » par « *le chef qui domine sur un grand pays* ». La traduction d'A. d'Aubigné suppose un retour au texte hébraïque.

Trénel loue Marot « d'avoir su conserver à sa traduction une couleur vraiment biblique ». Cependant la version de d'Aubigné paraît plus rigoureuse :

Marot traduit ainsi le verset 7 :

« Puis en passant au milieu de la plaine,
Des grands ruisseaux de sang s'abreuvera :
Par ce moyen ayant victoire pleine,
La teste haut tout joyeux lèvera ».

Le texte dit en six mots :

« Au torrent sur le chemin il boira,
C'est pourquoi il lèvera la tête ».

A. d'Aubigné reste beaucoup plus proche de cet énoncé :

« Au torrent du chemin haletant et vainqueur y boira,
Dont son chef rayonnant tout glorieux lévera ».

Concision, fidélité au texte, énergie des formules, constructions parfois abruptes mais fidèles à la structure de la poésie hébraïque, voilà ce qui caractérise cette nouvelle version des Psaumes.

La version du *Psaume CXXXIII* paraît nettement supérieure au *psaume* traduit par Th. de Bèze, elle garde en effet toute la force poétique de la comparaison hébraïque :

« Ah ! Qu'il est bon, qu'il est délicieux
que des frères habitent ensemble
[c'est] comme l'huile parfumée sur la tête
descendant sur la barbe, la barbe d'Aaron... ».

La comparaison avec l'onction sacerdotale n'est pas arbitraire : entre *habiter : shébéth* et *shémén : l'huile,* deux noms ségolés [19], la paronomase est évidente : la comparaison s'unit étroitement au thème initial, or dès qu'on se représente cette huile qui descend de la tête

---

19. On appelle ainsi des noms trilittères qui, dans leur forme biblique, ont un seghôl sous la première consonne.

sur la barbe et sur le vêtement sacré on obtient un symbole très parlant de la bénédiction fécondante, si bien que la rosée de l'Hermon figure non pas une nouvelle image mais comme un élargissement de la première ; cependant le centre n'est jamais perdu de vue c'est le sacerdoce en Israël, et Sion, lieu de la présence divine. Aubigné a choisi un mètre vif mais plein, et il traduit le *psaume* dans une seule coulée verbale au lieu de le diviser en strophes et de briser le rythme en articulant lourdement la comparaison [20]. De plus il n'a garde d'oublier l'adverbe *là* [12] dont il souligne l'importance dans la *Méditation sur ce même psaume,* si bien que l'assemblée des frères qu'évoquaient les premiers vers est bien le peuple que la bénédiction et l'Alliance divines ont constitué. Il est hors de doute que A. d'Aubigné a soigneusement étudié le texte original du *psaume,* qu'il a voulu rendre l'union étroite du symbole et de la réalité, en soulignant l'enseignement théologique contenu dans cette assimilation.

Les remarques fournies par ces exemples nous amènent à proposer quelques points d'appui pour une conclusion :

C'est la musique, et elle doit s'adapter aux coupes des strophes imitées de l'antique, qui donne aux vers mesurés rythme et couleur. Les musiciens ont été conquis par ces nouvelles formes poétiques : « Dix ou douze des principaux musiciens de la France prononcèrent, déclare A. d'Aubigné [22], que les mouvements de tels vers estoyent bien plus puissants que des rimes simplement ».

A la faveur de ces rythmes nouveaux, A. d'Aubigné se libère du procédé constant chez les auteurs du *Psautier huguenot :* la paraphrase qui développe, par exemple, en quatre octosyllabes ou en six hexasyllabes un verset biblique [23]. Il cherche à rivaliser avec la concision, souvent

---

20. « Cela me fait de l'onguent souvenir / tant précieux dont perfumer je voy / Aaron... ». Cette traduction trop longuement paraphrasée et prosaïque met en valeur la vivacité sobre de la version d'A. d'Aubigné :
« C'est cette douceur
Qu'a représenté
Un riche parfum
Qui coulait en bas
De la tiare
D'Aaron... »

21. Cf. : *Méditation sur le Psaume CXXXIII,* éd. Weber, p. 505.
La traduction de Th. de Bèze ne rendait pas cet adverbe hébraïque ; par contre la traduction de Calvin le maintenait à sa place.
22. *Avertissement de « l'auteur au Lecteur »,* éd. Réaume, T. III., p. 273.
23. Cet exemple se réfère au Psaume XXXIII de Marot. Lorsque Bèze utilise le décasyllabe la paraphrase est moins prolixe mais elle subsiste tout de même. Cf. : *Psaume LXIX.*

elliptique, de l'original hébraïque. Parfois il renonce même au parallélisme du verset hébraïque pour couler toute la matière de celui-ci dans un seul vers. Mais nous avons la preuve qu'une lecture attentive du texte original, dont certaines *Méditations* portent la trace, a guidé cette traduction renouvelée. Le schéma métrique est adapté au sens du *Psaume*, à son utilisation dans la prière personnelle et collective, et, dans l'ensemble, A. d'Aubigné élargit le phrasé des vers quitte à marteler, à l'aide de membres impairs, des énoncés importants [24].

Comment interpréter ce nouveau style de traduction? Michel Jeanneret, dans un article nourri d'exemples précis [25], a opposé les deux styles d'A. d'Aubigné, celui des *psaumes littéraires,* dont plusieurs sont insérés dans les *Tragiques* [26] et celui des psaumes dépouillés et austères, qu'il nomme *a-littéraires ;* ces derniers, pense-t-il, sont écrits pour un usage collectif et liturgique tandis que les paraphrases plus libres « chargées d'ambitions poétiques et plus affranchies de l'original » sont destinées à un usage plus personnel. A. d'Aubigné se serait soumis à une tradition d'austérité, « caractéristique de la poésie religieuse de la Réforme ». Malgré l'autorité de cet auteur, qui a étudié les différents styles de traduction des *Psaumes* au cours du XVIᵉ siècle, nous ne pouvons accepter sans réserve ce jugement. Les *Psaumes* traduits par Marot et Bèze n'étaient pas, selon l'avis des Réformés du temps, particulièrement austères, on les chantait joyeusement, dans la vie quotidienne, sur des timbres de chansons à la mode. D'autre part les traductions en vers mesurés me semblent s'opposer au procédé de traduction pratiqué par Marot et Bèze. D'Aubigné aurait-il pensé à rénover le chant liturgique ? C'est peu probable, car justement les *Psaumes* qualifiés de *a-littéraires* ne sont guère que dix ; il indique simplement, semble-t-il, une voie nouvelle. Mais surtout, en présentant ses *Psaumes en vers mesurés* il ne distingue nullement le premier de la série, le *Psaume* LXXXVIII, « littéraire », « plus riche dans son matériel lexical », « chargé d'inventions et de recherches formelles » comme le définit Michel Jeanneret, des autres, le III, le LXXIII, le LI ou le CXXXIII. C'est de tous qu'A. D'Aubigné dit que la musique est l'âme, ces nouveaux rythmes ayant permis de découvrir un lyrisme nouveau, un mariage plus harmonieux de la parole et du chant.

Les *psaumes* paraphrasés dans les *Tragiques* doivent être examinés à part, ils constituent soit la prière finale qui clôt un chant, avec une

---

24. Cf. *supra* Etude du *Psaume* III.
25. Voir *Studi Francesi*, Tome 32, pp. 246 à 257.
26. M. Jeanneret range les *psaumes* LXXXVIII, CXVI et CXLIII, publiés dans les *Petites Œuvres meslées*, parmi les *psaumes littéraires*.

intention prophétique indiscutable[27], et la prophétie exige liberté, éclat des formules, effets sonores, soit un passage particulièrement inspiré, présenté comme un oracle de Dieu[28]. Qu'ils aient été paraphrasés avec tout l'éclat et la fécondité d'invention dont d'Aubigné était capable, c'est ce qu'on pouvait attendre ; cependant ils sont toujours présentés dans les *Tragiques* comme la voix même du prophète inspiré, voix de David le plus souvent, ils sont donc reçus comme la parole même de Dieu et leur norme reste la fidélité à l'Ecriture. Lorsque les images s'accumulent, elles sont généralement prises d'un autre passage scripturaire. Or il me semble que la composition des *Psaumes en vers mesurés* accentue, hors d'une œuvre qui imposait ses contraintes, cette volonté de fidélité rigoureuse au texte original. En effet, les *Psaumes en vers mesurés,* qui nous paraissent pauvres et gauches, constituent une tentative pour rendre le vrai caractère du texte hébraïque, mais on ne peut comprendre la force de ces *psaumes,* qualifiés de « frustes » par Michel Jeanneret que si on considère, suivant l'opinion des croyants réformés de cette époque, que la Parole divine possède un pouvoir, si elle est correctement transmise et si le Saint-Esprit la vivifie dans le cœur et sur les lèvres de celui qui la renvoie vers Dieu. La musique sans aucun doute, avait la puissance de faire sentir cette vibration mystique de la prière inspirée.

Au reste, A. d'Aubigné n'hésite pas à introduire tel ou tel vers qui indique une appropriation personnelle de la confession[29] ou précise l'annonce, à travers un verset du psalmiste, de la venue du Christ ; sa traduction n'est pas une copie servile. En envoyant à Madame de Rohan, en 1630, un exemplaire des *Petites Œuvres meslées* A. d'Aubigné écrivait : « Mon ouvrage servira d'une plus longue lettre et vous contera quelles pensées ont poussé depuis dix ans mes souvenirs vers l'Ouest et le Sud. La passion de mon escrit mérite plus que sa doctrine ; surtout je vous demande la lecture des Psaumes 73 et 84 comme inspirés par la compassion des immenses

---

27. Voir le *Ps.* LXXXIV, v. 4 ainsi que la paraphrase libre du *Ps.* LXXIV versets 10 à 11 et 18 dans le final de *Misères ;* dans la *Chambre dorée* le *Psaume* LVIII est paraphrasé en quatrains, suivant la technique de Marot. Le chant VI se termine également sur une vision inspirée par le *Psaume* XVIII, voir *supra,* chap. X, p. 402.
28. Voir *Jugement,* vers 223-224. La formule initiale de la malédiction est empruntée au *Ps.* XCIV, v. 5. C'est ensuite le *Deutéronome* qui est paraphrasé en prophétie lyrique.
29. Cf. : ci-dessus, p. 441. Le *Psaume* LXXIII finit sur la confession de saint Paul, *Romains* VIII, v. 35 à 39 : c'est là un apport original qu'on trouvait déjà à la fin de la *Méditation sur le Ps.* LXXIII. Le *Psaume* CX finit sur un vers messianique qui n'était pas dans Marot.

fardeaus de vous et des vostres... » [30]. Le *Psaume* LXXXIV [31], dont le
rythme n'a guère besoin de la théorie des vers mesurés pour se justifier,
à l'exception du premier vers, est rimé, bâti sur un schéma bien classique
de strophe : le quatrain hétérométrique, trois alexandrins et un octo-
syllabe. Michel Jeanneret le rangerait sans doute dans les *Psaumes
littéraires ;* le *Psaume* LXXIII, par contre, est construit sur une strophe
asclépiade et le rythme est créé par le retour d'une clausule de
sept syllabes succédant à deux longs vers de 15 et 17 syllabes, on est
bien près ici du verset claudélien, rythmé d'après le souffle du récitant,
c'est un *psaume a-littéraire,* d'après la classification envisagée ; or
l'auteur ne distingue nullement entre les deux ni pour l'inspiration, ni
pour l'usage qu'il veut en faire. Nous conclurons en disant simplement
que les *Psaumes en vers mesurés* ont été d'abord une expérience poé--
tique : parce que des musiciens, comme Claude Le Jeune, ont collaboré
à cette création, A. d'Aubigné et ses amis ont trouvé l'expérience pleinement réussie. Pour notre auteur, c'était l'occasion de présenter une version
neuve des *Psaumes,* de leur rendre sans doute une énergie que l'habitude
déjà longue des mélodies et des rythmes du *psautier* avait pu affaiblir.
A. d'Aubigné les destinait à sa piété propre et à la consolation de ses
amis, il voulait peut-être aussi montrer aux humanistes mondains que
la Parole sort plus belle, plus efficace encore d'une forme rythmique
calquée sur la poésie antique, parce qu'elle est le Verbe souverain
qu'aucune forme ne peut enfermer ni occulter.

Si nous voulions formuler un jugement littéraire, nous dirions que
le texte n'est qu'une partie de cette nouvelle poétique, il faut l'écouter
avec la mélodie et le rythme de la musique créée pour lui ; alors se trouve
réalisé, si nous en croyons d'Aubigné lui-même, entre les deux arts,
un très parfait accord [32].

Jacques Pineaux, après une étude minutieuse de la poésie religieuse
protestante, souligne qu'elle s'est développée en dehors de l'*Ancien
Testament.* « La présence de la Bible, écrit-il n'[y] est jamais obsédante,
ni dans les images, ni dans le mouvement même de la prière ou de la
méditation » [33]. Il n'en va pas de même pour les poésies religieuses

---

30. Ed. Réaume, T.I., p. 521. Cité par A. Garnier : *A. d'Aubigné et le
parti protestant,* p. 162.
31. Voir éd. Réaume, T. III, p. 204.
32. Voir le quatrain écrit de la main d'A. d'Aubigné sur un volume de
27 « *Psaumes en vers mesurés...* mis en musique par Claude Le Jeune ». Paris 1606.
Cité par A. Garnier : op. cit., T. III, p. 152.
33. Voir J. Pineaux, op. cit., p. 452. On sait que cette étude si riche, se
limite à l'année 1598, laissant de côté A. d'Aubigné et Jean de Sponde.

d'A. d'Aubigné et cela ne saurait nous surprendre : la méditation de la Parole, les miracles qu'elle lui révélait dans la vie quotidienne, les engagements qu'elle lui inspirait, tout cela était vie de sa vie, communion avec le Dieu vivant. Le poète des *Tragiques* a donc choisi les textes et les thèmes bibliques, le plus souvent empruntés à l'*Ancien Testament,* propres à nourrir sa vie personnelle, il a parfois gardé ceux qui avaient inspiré sa poésie militante en les adaptant à d'autres combats : conflit entre le sentiment du péché et l'espérance de la grâce, entre les passions humaines et la volonté de Dieu, entre l'attachement à la vie d'ici-bas et l'aspiration à la mort libératrice.

LES PSAUMES, SOURCE DES *POESIES RELIGIEUSES*

La source principale des poésies religieuses est le livre des *Psaumes,* d'ailleurs l'avis au lecteur des *Petites Œuvres* s'achève sur la paraphrase des derniers versets du *Psaume* XXXIV :

« C'est assés que par cette Epistre, je convie mon Lecteur à eslever (en simplicité de langage de Canaan) ses pensés à Dieu, au sein duquel y a propitiation, qui se tient volontiers pres des cœurs desolez, qui n'oublie jamais la clameur de ceux qui le supplient, qui ne souffre point justice estre foulée, et en qui seul aux temps calamiteux se trouve conseil et consolation » [34].

Remarquons que l'introduction de ce *Psaume,* qu'on lit dans le *Psautier,* soulignait une analogie de situation entre David et A. d'Aubigné [35], tous deux en fuite, poursuivis par la colère royale et réfugiés dans une ville sacerdotale Nob, pour David, Genève, pour d'Aubigné.

Le poète a si souvent médité et paraphrasé les Psaumes qu'il est comme imprégné des images, des thèmes et des mouvements qu'ils lui offrent. Certains passages des prières en vers reproduisent le texte en prose des *Méditations* qui constitue d'ailleurs une prose lyrique tout animée d'élans spirituels.

Voici par exemple un passage de la *Méditation sur le Psaume* LXXXVIII :

---

34. Voici le texte du *Psautier* (trad. de Th. de Bèze) :

« Les justes en leur maux	Pres des cœurs desolez
Crient au Seigneur qui les oit	Le Seigneur volontiers se tient
Et tost en santé les reçoit	A ceux volontiers il subvient
Gairis de leurs travaux.	Qui sont les plus foulez ».

35. « David eschappé d'Achis, suivant ce qui est écrit au 1 de Samuel, 21° chapitre composa ce Pseaume... pour montrer le soin que Dieu a des siens et se propose comme souverain exemple de la bonté d'iceluy ». *Psautier huguenot,* en tête du *Psaume* XXXIV (éd. de 1563).

« Je sçai que mes péchés ont fait un gros et louche nuage entre toi et moi : perce et dissipe, Seigneur, par les rayons de ton Soleil de grace cet amas vicieus... »[36].

Deux strophes de la *Prière du matin* reprennent ce thème en précisant sa valeur symbolique :

« Jésus est toujours clair, mais lors son beau visage
    Nous cache ses rayons si doux,
Quand nos pechez fumans entre le Ciel et nous
De vices redoublez enlevent un nuage
    Qui noircit le Ciel de courroux.
. . . . . .
Fuyez, pechez, fuyez : le Soleil clair et beau
Vostre amas vicieux et dissipe et sépare
    Pour nous oster nostre bandeau... »[37].

Mais ce qui nous paraît le plus original dans ces emprunts faits à la Bible, c'est la fusion, dans un même thème, de deux images, l'une empruntée au texte des *Psaumes,* l'autre prise à un prophète mais orientée vers le Christ. C'est ainsi qu'Agrippa d'Aubigné renouvelle l'image presque usée, tant elle a été redite, du *Psaume* LI :

« Je suis noir et sanglant par mes pechez, si ai-je
Les ailes de la foi, pour revoler aux Cieux
Et l'eau de Siloe me blanchit comme neige... »[38].

Le psaume déclarait simplement « lave-moi » ; on trouve « les eaux de Siloé qui coulent doucement » au chapitre VIII, verset 6 d'*Esaïe,* elles représentent le châtiment miséricordieux, la grâce offerte que le peuple a refusée, l'eau de cette piscine achève la guérison de l'aveugle-né au chapitre IX de *saint Jean.*

Même alliance d'images opposées dans la supplication que le pécheur élève vers Dieu :

---

36. *Méditation sur le Psaume LXXXVIII.* Ed. Réaume, T. II, p. 194.
37. « *Prière du matin* », éd. Weber, p. 374.
38. « *Prière et confession* », éd. Weber, p. 376.
    Cf. *Ps.* LI, verset 9 : « Purge moi du péché avec hyssope, et je serai net : lave-moy, et je serai plus blanc que neige ».
    Cf. : *Esaïe* I.18 : « Quand vos pechez seroyent comme cramoisi, si seront-ils blanchis comme neige... ».
    Cf. : *Esaïe* VII.6 : « Pour ce que ce peuple ci a rebuté les eaux de Siloë qui vont doucement... ».

« Ne desploye sur moi *ce grand vent consumant*
Tout ce qui lui résiste et ce qu'il veust atteindre :
Mais pour donner la vie au lumignon fumant
Souffle pour allumer, et non pas pour esteindre [39] ».

Le « *grand vent consumant* », symbole de la colère du Dieu vengeur, apparaît dans les *Psaumes* et dans *Job* [40] mais la prière d'A. d'Aubigné est soutenue par l'espérance de la grâce et ses regards se tournent vers le *serviteur souffrant* que dépeint le *second Esaïe* : « Il ne brisera point le roseau cassé, et n'esteindra point le lumignon fumant » [41]. Or pour tous les chrétiens ce serviteur divin est Jésus-Christ, berger des humbles, réconfort de ceux qui ont le cœur brisé. Le « *grand vent consumant* » est ainsi remplacé par l'évocation du *souffle de vie* pour le disciple qui se sait élu et pardonné.

Agrippa d'Aubigné met en lumière, à travers ces antithèses, l'évangile de la grâce qu'on peut trouver dans plusieurs passages des prophètes [42] ; il ne se fige pas dans l'attitude hiératique et la prédication farouche d'un prophète du désert. Même s'il garde une prédilection pour des images rares et « barbares » de l'*Ancien Testament,* il les unit aux exhortations et aux certitudes que le Christ et les apôtres offrent aux cœurs sincères.

Citons pour leur mystérieuse beauté ces deux métaphores originales empruntées à *l'Hiver :*

1) « Je fai aux saincts autels holocauste des restes
De glace aux feux impurs, et de naphte aux celestes :
Clair et sacré flambeau, non funèbre tizon » [43].

---

39. *Prière et confession,* vers 33-36.
40. *Job.* IV, 9 : « ils périssent par la respiration de Dieu et *sont consumés Par le souffle de ses narines* ». *Ps.* XVIII.16 : « les fondements de la terre habitable furent descouverts, comme tu les tançois, ô Eternel, par le souffle du vent de tes narines ». cf. aussi *Ps.* L., v. 3.
41. *Esaïe* XLII. 3.
42. Cf. également la première strophe de *Prière du Soir :*
« Dans l'espais des ombres funebres
Parmi l'obscure nuit, image de la mort,
Astre de nos esprits, sois l'estoile du Nort,
Flambeau de nos tenebres ».
et la prophétie d'*Esaïe* IX/1 : « le peuple qui habitait en ténèbres a veu grande lumière : et la lumière a reluy sur ceux qui habitaient en la terre de l'ombre de mort... ».
43. Ed. Weber, p. 373, 4° strophe.

Au deuxième livre des *Macchabées,* chapitre I, versets 20 à 24,
on raconte qu'au retour de l'exil Néhémie fit rechercher le feu de l'autel
que les sacrificateurs avaient caché dans une vallée au moment de la
déportation ; les descendants des prêtres ne trouvèrent qu'une eau
grasse, dont on arrosa le bois de l'autel, sous l'holocauste préparé ; dès
que le soleil resplendit, un grand feu s'alluma dont tous s'émerveillèrent.
Mais cette image si particulière rejoint, dans la quatrième strophe de
l'Hiver, une série d'images flamboyantes qui toutes caractérisent l'amour
d'A. d'Aubigné pour la sainte maison du Seigneur, son désir d'être le
« clair et sacré flambeau », le témoin fidèle en qui l'amour divin a tout
purifié pour qu'il rayonne de cette lumière que les ténèbres n'ont point
reçue [44].

Autre image caractéristique de l'*Ancien Testament* :

2) « Je me sauve chez toy, les mains et le cœur mis
Aux cornes de l'autel... » [45].

Un récit du *livre des Rois* explique le sens premier de cette image :
« Adonija, ayant peur de Salomon, se leva, s'en alla et empoigna les
cornes de l'autel » [46]. Les illustrations des Bibles du temps représentent
naïvement l'autel de l'holocauste aux quatre coins duquel s'élèvent des
cornes de bœufs auxquelles on pouvait lier la bête [47] ; mais A. d'Aubigné
superpose, semble-t-il, une autre image à celle-ci, sans cela comment
comprendre la suite de la strophe :

« Ne souffre pas le fer des meurtriers ennemis
Ensanglanter ton sein en brisant ton refuge » ?

Ce n'est plus, semble-t-il, une bête qui se trouve liée aux cornes de
l'autel, mais la Victime par excellence, le Christ, expiation éternelle et
décisive, refuge non seulement contre les meurtriers ennemis mais contre
la vindicte divine. Mais ici l'image ne peut pas devenir visible, trop de
notions théologiques et de symboles se trouvent mêlés ; cependant nous

---

44. Cf. : *Jean,* I, versets 4 à 11.
   Verset 7 « Cestui-ci vint pour porter tesmoignage de la Lumière,...
   Verset 8 « Lui n'estoit pas cette lumière-là, mais estoit envoyé pour tesmoigner
de la Lumière.
   Verset 9 « Ceste estoit la Lumière, véritable, qui illumine tout homme venant
au monde ».
   45. *Prière et confession,* vers 41-42. Cf. : *Méditation sur le Psaume* LI :
« Or, voici ton inspiration : j'empoigne premièrement les cornes de l'autel ayant
besoin d'un refuge ».
   46. I *Rois,* I, 50.
   47. Illustration d'*Exode* XXVII. v. 2 in Bible éditée en 1616. La Rochelle
(H. Haultin).

pouvons à nouveau souligner que, dans sa prière personnelle, l'imagination d'A. d'Aubigné va sans cesse des figures de l'*Ancien Testament* aux réalités spirituelles du *Nouveau* qui scellent sa totale réconciliation avec Dieu [48].

Les Thèmes Pauliniens

On trouve donc un évangile vécu dans les prières d'A. d'Aubigné, mais cette assurance du salut qui prête une sérénité rayonnante à ces liturgies personnelles s'exprime aussi par des énoncés, des affirmations empruntés aux *épîtres de Paul* qui ont constitué le fonds doctrinal de la Réforme.

Le vaisseau de ta gloire [49] exprime nettement la certitude de l'élection divine dans les termes mêmes qu'a choisis saint Paul pour légitimer la souveraine liberté de Dieu. A l'heure où il confesse son péché, où il le voit noir et sanglant, le poète confesse aussi, d'après saint Paul, la présence en lui-même de l'Esprit qui révèle le péché, inspire la haine de ce mal, mais verse au cœur la certitude de la réconciliation en Christ puisque c'est l'*Esprit de son Fils criant en vos cœurs Abba, Père* [50]. Il est presque inutile de souligner qu'avec la strophe précédente, qui évoquait le sacrifice expiatoire du Christ et l'aspersion de son sang, cette expression d'une expérience religieuse très profonde — et très fidèle à l'enseignement apostolique — marque le tournant de la prière et donne au pénitent une assurance si ferme du pardon acquis que le tourment fait place à la sérénité.

L'expérience de l'apôtre qui se trouvait *dans les liens pour Christ* lorsqu'il écrit aux Philippiens inspire la *prière de l'Autheur prisonnier de guerre et condamné à mort* [51]. Il semble d'ailleurs que le chef huguenot n'ait pas ici égalé son modèle. L'apôtre écrivait avec la fermeté du martyr :

« ... aussi maintenant Christ sera-t-il magnifié en mon corps, soit
« par vie soit par mort,
« Car Christ m'est gain à vivre et à mourir.

---

48. C'est la doctrine même de Calvin : « le vieil Testament, du temps que la vérité estoit encore absente, la représentoit par images, et a eu l'ombre au lieu du corps... ». I.C. II. XI.4.

49. *Prière et Confession*, vers 40. éd. Weber, p. 377. Cf. : *Epître aux Romains* IX, 23 : « Et pour donner à cognoistre la richesse de sa gloire ès vaisseaux de miséricorde lesquels il a préparé à sa gloire ».

50. *Galates* IV/6 voir aussi *Romains* VIII/15.

51. Ed. Weber, pp. 377-78.

« Or si de vivre en chair cela m'est profitable, et que c'est que je doi
« choisir, ie n'en sai rien.
« Car je suis enserré des deux costés, tendant bien mon desir à
« desloger et estre avec Christ, ce qui m'est beaucoup meilleur :
« Mais il est plus nécessaire pour vous que je demeure en chair
« Et je fai cela comme tout asseuré que je demeurerai et persevererai
« avec vous tous à vostre advancement... » [52].

A. d'Aubigné affadit ce texte en introduisant l'idée platonicienne
de l'âme prisonnière du corps, ce qui lui permet un jeu intellectuel sur
« cette prison prisonnière » ; il fait sienne la dualité âme, corps ; le corps
étant le geôlier et même l'ennemi de l'âme, or cette conception reste
étrangère à la pensée paulinienne ; enfin l'image venue du stoïcisme :
      « Si le temps de ma milice
      Si les ans de mon service
      Sont prolongez, c'est tant mieux... ».

contribue à parfaire le syncrétisme de la pensée ; mais cette méditation,
trop chargée de pointes, manque d'élan. Sans doute l'expression
dépasse-t-elle ici le sentiment véritable : l'ardeur de l'apôtre désireux
de déloger, de s'unir pleinement au Christ, ne se retrouvait pas aussi
forte chez le partisan, passionné par la guerre, la politique, la conquête
d'Oléron qu'il venait de vivre ; seule la dernière strophe, où se greffe
un nouveau thème paulinien [53], paraît ferme, elle marche d'un pas
assuré vers l'épreuve.

Extase offre par contre un sentiment religieux plein et pur ; le
poème paraît se référer, comme l'expérience mystique rapportée dans les
Fers [54], à l'extase de l'apôtre Paul [55]. Henri Weber a montré, en
reproduisant la première rédaction du manuscrit 159 [56], qu'il s'agissait primitivement d'un sonnet d'amour « dédié probablement à Diane
après sa mort ». Mais ce qui nous importe c'est que des corrections
aient transformé cette aspiration à une union mystique avec l'aimée
en un poème qui sert de conclusion à *l'Hiver* en exprimant l'élan

52. *Epître aux Philippiens* I. 20-25.
53. « Ie suis tout prêt de courir ». Cf. *Philippiens,* III. v. 12 et 14 « je
cours pour tâcher de le saisir » ... « oubliant ce qui est en arrière et me portant
vers ce qui est en avant, je cours vers le but ».
54. Cf. *Tragiques,* livre V, vers 1195 et suivants. Voir notre commentaire
IIᵉ partie, chap. IX, p. 364.
55. Voir II Corinthiens XII/2 à 5 « Ie cognoi un homme en Christ il y a
quatorze ans passés (si ce fut en corps, je ne sais, si ce fut hors de corps je ne
sai : Dieu le sait) qui a esté ravi en paradis et a ouï paroles ineffables... ».
56. Ed. Weber, notes. p. 1198.

d'une âme qui répond à l'amour du Christ sans réserve. Ce sonnet s'articule sur les trois vertus théologales, la foi, l'espérance et l'amour, mais c'est l'amour, l'ἀγάπη, que Paul a célébrée au chapitre XIII de l'*Epître aux Corinthiens,* qui est à la fois la source et la fin de la ferveur qui emplit le cœur du serviteur fidèle et lui permet de briser ses derniers liens avec la terre.

« Aubigné prit sa résolution de venir prendre le chevet de sa vieillesse et de sa mort à Genève » [57] ; les poésies religieuses qu'il a composées ou remaniées dans ce temps de retraite nous offrent en quelque sorte son testament spirituel : il avançait vers le Jugement et vers cette extase dans la pleine lumière d'une connaissance comblée que son imagination et ses élans mystiques lui avaient fait pressentir. C'est toujours la Parole, vivifiée par la prière et le sentiment de la présence divine, qui lui offre les images les plus frappantes et les modèles de sa méditation ; mais ces images familières, ces mouvements religieux se trouvent enrichis de multiples connotations qui révèlent la richesse d'une méditation quotidienne, permanente, de la Bible et singulièrement des *Psaumes :* si bien que la Bible constitue pour lui une Révélation globale du salut où chaque détail, chaque image devient signe d'une autre réalité, appelle une autre image ou un autre signe. Ces combinaisons, ces superpositions révèlent le grand secret de l'élection et de l'amour divin.

Albert-Marie Schmidt, étudiant la poésie de ceux qu'il nomme les *baroques protestants :* Simon Goulart, B. de Montméja, Salomon Certon, Odet de la Noue, Sponde, Abel d'Argent, souligne la situation *pathétique et antilogique* du croyant calviniste qui est si convaincu de la puissance et de la gloire de Dieu *qu'il réduit à rien ce qui ne participe pas directement à ce tout,* et qui, d'autre part, assuré de sa justification, se tourmente parce que sa sanctification reste lente et intermittente [58].

Jacques Pineaux reprend cette étude des contradictions inhérentes à la foi et à la piété réformées, il y voit également le secret d'un lyrisme religieux tourmenté :

« Le divorce », écrit-il, « n'est plus entre la chair et l'esprit, mais dans l'âme du poète entre ce qu'il sait et ce qu'il fait. Nous retombons encore un coup dans cette poésie antilogique, décidément naturelle à l'esprit réformé, et qui traduit son incapacité à échapper seul au péché, même lorsqu'il est éclairé par la grâce » [59].

---

57. Cf. *Mémoire de sa vie à ses enfants.* Ed. Weber, p. 451.
58. Voir : *Quelques aspects de la poésie baroque protestante* in Revue des Sciences Humaines, 1954, pp. 383-392.
59. J. Pineaux, op. cit. p. 448.

Si nous comparons les poésies religieuses d'A. d'Aubigné avec les poèmes de ses contemporains qui partageaient sa foi, leur originalité se précise. Chacun de ces poèmes porte témoignage d'un combat entre le péché et la grâce, la vie vécue et une vie plus haute, plus pure ; mais ce combat reste bien limité, dans la structure du poème ; la victoire n'est jamais douteuse. Les affirmations de la foi sont posées, dès le début, et même lorsque le regard lucide du pénitent découvre la noirceur de son péché, l'horreur de la faute qui risque de le séparer de Dieu :

> « Je suis comme aux Enfers par mes faicts vicieux ;
> Je suis noir et sanglant par mes pechez... » [60]

il lève les yeux vers le Ciel, il s'assure en la parole de grâce et la fidélité de Dieu lui paraît plus réelle, plus essentielle que ses « désirs corrupteurs ». Au besoin il s'écrie :

> « Je me sauve chez toy, les mains et le cœur mis
> Aux cornes de l'autel... » [61].

et nous avons souligné l'interprétation christologique de ce thème.

Le poète a dépassé, dans ces poésies de la fin de sa vie, le tourment de n'être pas le disciple parfait que son élection a consacré ; mais a-t-il jamais connu une inquiétude de cet ordre ? En fait il a si bien réalisé sa vocation dans les engagements héroïques et les fidélités qu'il a assumés qu'il poursuit, au soir de sa vie, un dialogue plein de révérence, mais tout pénétré de confiance et d'espoir avec le Dieu qui l'a choisi, et, par avance, justifié. On songe à la belle comparaison exprimée dans l'*Exode* : « L'Eternel parlait à Moïse face à face, comme un homme parle à son ami ». La foi vigoureuse, le sentiment de la présence de Dieu, la joie ôtent, me semble-t-il, tout caractère antilogique aux prières poétiques d'A. d'Aubigné ; c'est Dieu qu'il contemple dans le Serviteur souffrant ou dans le Christ crucifié, ses manquements personnels prennent moins d'importance que l'union avec l'Amour qui l'enveloppe et l'entraîne.

« Au visage de Dieu seront nos saincts plaisirs ».

Cette attente exprimée dans les *Tragiques* a été si bien vécue dans la foi qu'elle prête aux dernières poésies une joie sereine, une plénitude mystique.

---

60. *Prière et confession*, éd. Weber, pp. 376-377.
61. *Ibid.*, éd. Weber, p. 377.

CHAPITRE XII

LES HEBRAISMES DANS LES TRAGIQUES ET LES POESIES RELIGIEUSES
L'IMITATION FORMELLE DE LA POESIE HEBRAIQUE

I —. *Intérêt de cette étude.* Nous avons montré que des *thèmes bibliques* nourrissaient l'inspiration du combattant-prophète, que des textes bibliques d'une certaine étendue, facilement repérables dans la Bible, apparaissaient, nombreux, au moment où l'émotion du poète ainsi que sa volonté d'agir sur les événements sont les plus véhéments. Mais la présence de la Bible, de la langue et des tours hébraïques est beaucoup plus constante que ne le révèle cette première étude des sources.

« Il est nourri de la Bible et il lui doit non seulement ses idées religieuses, mais le vocabulaire, la syntaxe, les ornements des *Tragiques* », remarquait Raymond Lebègue [1] ; le catalogue dressé pour sa thèse complémentaire par J. Trénel [2], sans être, il s'en faut de beaucoup, exhaustif suffirait à illustrer cette remarque si juste [3] ; mais nous nous proposons d'indiquer qu'on peut faire une assez ample moisson d'hébraïsmes chez les théologiens et les pamphlétaires antérieurs à la date de composition des *Tragiques,* d'essayer de définir le caractère étrange et le prestige quasi sacré de ces expressions, enfin de préciser quel choc poétique elles produisent dans les récits ou les mouvements oratoires où elles sont employées isolément, c'est-à-dire indépendamment des emprunts textuels d'une certaine étendue.

---

1. Voir : *La Poésie française de 1560 à 1630.* T. II, p. 59.
2. J. Trenel. *L'élément biblique dans l'œuvre. poétique d'A. d'Aubigné.* Paris 1904.
3. J. Trenel a pourtant le tort, à notre avis, de citer constamment la *Vulgate* comme référence alors qu'A. d'Aubigné lisait et méditait la Bible dans la version française d'Olivétan, plusieurs fois revue par les théologiens de Genève, et de citer trop rarement les hébraïsmes qui se trouvent transposés dans le grec du Nouveau Testament.

Il nous semble aussi qu'A. d'Aubigné a tenté de transposer dans certains passages, en particulier à la fin de certains chants, les formes et les rythmes de la poésie hébraïque ; à la fin de ce chapitre, quelques exemples permettront de juger si la familiarité avec le rythme des *Psaumes* et de certaines *prophéties* a permis au témoin moderne de renouveler l'invective lyrique, la « prophétie », la prière.

PREMIERE PARTIE

a) Définition des *hébraïsmes* qui vont être étudiés.

b) Les exemples relevés chez les théologiens ou les pamphlétaires réformés.

c) Les divers *hébraïsmes* dans la poésie d'A. d'Aubigné.

a) Nous appelons *hébraïsmes* des expressions : alliances de mots, termes grammaticaux, constructions verbales, figures, littéralement transposés de la Bible ou refaits d'après des *hébraïsmes textuels* et qui paraissent étranges dans les textes du XVIe siècle. Nous laissons de côté les expressions et les images typiquement bibliques mais déjà acclimatées dans la langue française surtout grâce à la tradition liturgique [4].

b) Dans les écrits théologiques, depuis 1545 jusqu'à la fin du siècle, ainsi que dans les pamphlets politico-religieux, ces tours, dont le caractère biblique est évident et qui parfois sont directement tirés de l'*Ancien Testament* ou des *Epîtres,* servent la polémique : dardés comme une flèche céleste ils doivent terrasser l'adversaire, c'est la Parole directe, la voix du prophète ou de l'apôtre ; son étrangeté lui garde un caractère originel, brut, qui fait sa force. Citons un certain nombre de ces *expressions génitivales* avec leurs références pour montrer qu'A d'Aubigné trouvait un langage déjà presque constitué.

> *Efficace d'illusion. (Alcoran des Cordeliers)*, p. 21, n. 4 [5].
> *Efficace d'abusion.* (R. Gwalter, *1re homélie)*, p. 65.
> *Bouclier d'assurance (Seconde Apologie)* [7].

---

4. Voir l'importante thèse de J. Trenel : *L'ancien Testament dans la langue française du Moyen Age* (VIIIe au XVe siècle). Paris, 1904.

5. Cette expression transpose ἐνέργειαν πλάνης II *Thessal.* II 11 que la Bible de 1563 rend par *efficace d'abusion. L'Alcoran des Cordeliers* paraît à Genève en 1560.

6. Même expression (1561).

7. Pamphlet protestant anonyme 1559.

Leur *renommée de bonne odeur* entre les fidèles (*Seconde Apologie*), p. 60.

Mystère d'impiété (il s'agit de la messe) (ibid.).

Homme de péché [7 bis] (appliqué à l'Antéchrist et au Pape) (ibid.).

Docteurs de mensonge (ibid.), p. 76.

Patrons d'iniquité (ibid.), p. 76.

Feux de tribulation (ibid.).

Th. de Bèze nous offre entre autres :

mysterium iniquatis (*Lettres théol.*, p. 17) [8].

erroris efficacia [9].

ange de lumière, vaisseaux d'élection, vaisseaux d'ire sont des expressions courantes.

Les hébraïsmes aussi bien que les citations fréquentes de la Bible constituaient, au temps des guerres de religion, l'équivalent d'un mot de passe, des signes de reconnaissance, c'est pour cela que, selon le témoignage d'A. d'Aubigné lui-même, Catherine de Médicis formait les séductrices de son « escadron volant » à cette *langue de Canaan* pour impressionner les députés huguenots [10]. A la fin du siècle, un pamphlet catholique, la *CABALE des REFORMEZ* [11] parodie ce langage devenu une manie comme chez les Puritains. Calvin, d'après l'auteur, déclare : « je me tourneray à vous, sa gent esleüe, son héritage, sa sacrificature royale... ». Entre les hébraïsmes chargés d'anathèmes ou de consolations que nous avons cités et cette *langue de Canaan* qui n'est que redites et tic ridicule on trouve un certain espace de temps, la durée d'une génération peut-être, où on percevait la vertu de ces hébraïsmes ; ils représentaient alors l'écho direct des prophètes et des oracles du Seigneur.

Pour mieux discerner la puissance poétique de ces expressions, essayons de voir comment elles sont passées dans les langues occidentales, sans être véritablement assimilées par elles. Reuchlin, l'auteur d'une

---

7 bis. *homme de péché* désigne l'Antéchrist dans *Thessal.* II. 3.

8. Bèze (Th. de) *Epistolarum theologicarum... liber unus.* Genève 1573. B.P.U. : Bf 1193.

9. Bèze : *De veris et visibilibus Ecclesiae Catholicae notis.* Genève 1579.

10. « Tout ce stile, qu'ils appeloyent entre les dames le langage de Canaan, s'estudioit au soir au couchez de la roine, et non sans rire. la bouffonne Atrie présidente à cette leçon ». (Hist. Uni. t. V, p. 363).

11. *La Cabale des Reformez.* Tirée nouvellement du puits de Démocrite par I.D.C. à Montepellier, chez le Libertin imprimeur juré de la Saincte Reformation 1597.

TERTIVS

viri nomen et dixit

Genitiuo   וַתֹּאמֶר שֵׁם הָאִישׁ   viri.Ruth.ij.   הָאִישׁ

viro fiet sic

Datiuo   כֹּה יֵעָשֶׂה לָאִישׁ   viro.Ester.vi.   לָאִישׁ

dei virum

Accusatō   אֶת אִישׁ הָאֱלֹהִים   virū.iiij.Regū.vij.

iniquo a uiro

Ablatiuo   מֵאִישׁ חָמָס   a uiro.p̄s.xviij.   מֵאִישׁ

IN NVMERO PLVRALI

uiros   viris   uirorum   uiri   uiri

אִישִׁים הָאֲנָשִׁים הָאִישִׁים לָאִישִׁים אֶת אִישִׁים   vel

viris a

ALIVD

מֵאִישִׁים

verbo a   uerbum   uerbo   uerbi   uerbum

דָּבָר הַדָּבָר לִדְבַר אֶת הַדָּבָר מֵהַדָּבָר

a uerbis   uerba   uerbis   uerborum   uerba

דְּבָרִים הַדְּבָרִים לַדְּבָרִים אֶת דְּבָרִים מִדְּבָרִים

Vbi in quibuſdam duplicem articulum reperies.

Huius itacꝫ declinationis primę cõmunis eſt regula.ut cuiuſcũcꝫ ter-
minationis nomē maſculinũ numeri ſingularis tibi propoſitũ fuerit,
ſimpliciter ei cata paragogē addas iod et mem q̑d p hirek ſonabit im
q̑d ſi regat poſt ſe caſum,aut ei cohgreat ,pnomē ſubiũctiuũ.q̑d diciꝰ
affixum.deponit mem finale.exemplũ Deute.i. אֵלֶּה הַדְּבָרִים

Ideſt hęc ſunt uerba.iam hoc uocabulũ nihil regit. ſed pſalmo.xxxiij.

בִּדְבַר יְהֹוָה   ideſt uerbo dñi.hęc uox uerbũ,regit poſt ſe gtiũ

ſcilicet dñi ut infra de regimine ac cõſtructiõe dicemus.nũc q̑d ad hãc grammaire hébraïque précédée d'un dictionnaire [12], témoigne de ce passage d'une langue à l'autre.

Lorsqu'il veut initier son frère et les savants de son siècle à l'hébreu, il part de la langue connue, le latin, et applique à la langue hébraïque les schémas morphologiques et syntaxiques du latin, ainsi il construit une déclinaison [13]. Puis il examine le groupe *bediberê›adonây* dans lequel on trouve la forme fléchie, affaiblie phonétiquement, du mot *dâbâr,* la parole : *diberê›adonây,* paroles du Seigneur ; à cause du sens et des traductions antérieures il assimile cette expression à *verba domini* et déclare que le mot *parole,* donc le nom *fléchi,* régit le mot qui le suit. En fait, les deux groupes ne sont pas superposables puisque c'est *domini* qu'on fléchit et qu'on rend dépendant en latin tandis que dans l'expression hébraïque équivalente c'est *parole* qui est fléchi et phonétiquement affaibli par rapport à *Seigneur.* Les auteurs modernes de grammaires hébraïques désignent ce groupe du nom de *état construit :*

« La relation génitivale », écrit Joüon, « s'exprime par l'union phonétique étroite de deux noms dont le premier (*dâbâr,* dans notre exemple) est dit *construit* sur le second ». Mais, et c'est là une remarque très éclairante, Joüon note « qu'en grammaire arabe la relation génitivale s'appelle *annexion :* le premier nom est dit *annexé,* le second est *celui auquel il est fait annexion* » [14]. Il est clair que ce que les grammairiens continuent d'appeler *nomen regens,* comme le faisait Reuchlin, est en fait un nom annexé [15]. Les « génitifs hébraïques » ne sont ni du point de vue phonétique ni pour le sens semblables aux génitifs latins : dans *verba domini, domini* est fléchi et dépendant

dans *diberê›adonây* c'est *dâbâr* qui est fléchi
et annexé à *›adonây.*

Si on calque une formule sur l'autre, on contraint le sens qui n'est jamais indépendant de la structure linguistique. L'explication que donne Johs. Pedersen, professeur de philologie sémitique à l'université de Copenhague [16], permet de saisir la véritable valeur de l'état construit et de comprendre certains « génitifs hébraïques ». Il insiste sur l'unité quasi organique des deux termes qui se fondent en une seule conception :

12. Ioann Reuchlin. *De Rudimentis hebraicis.* 1506.
13. Il retrouve tous les cas, mais, en fait, il les recrée à l'aide de prépositions car il a pris comme paradigme le mot *'îsh : homme* qui n'offre, au singulier, aucune forme comportant une flexion.
14. Joüon. *Grammaire de l'hébreu biblique.* p. 385 et note 3.
15. Chacun peut comprendre qu'un nom annexé ne gouverne point.
16. Cf. *Israel, its life and culture* by Johs. Pedersen. 1re éd. 1926, Copenhague.

on énonce d'abord le mot qui exprime la notion principale, mais il est tellement lié au mot qui le suit immédiatement, et qui est spécialement accentué, que la forme de ce premier mot se modifie. Par exemple si l'on énonce : *maison-homme,* les deux mots en état construit forment une unité, mais la maison appartient à la *totalité* de l'homme. On a affaire à des images formant une unité auxquelles viennent s'adjoindre par un lien très étroit de nouveaux caractères qui se fondent dans la première image [17]. L'analyse du sens de quelques uns des hébraïsmes fera mieux comprendre ces remarques.

Ainsi *homme de péché* ne veut pas dire seulement *homme pécheur,* c'est l'homme entré dans la sphère, la totalité péché et absorbé par elle ; *mystère d'impiété* c'est l'impiété devenue sacrement et pas seulement un sacrement impie ; *efficace d'erreur* ne veut pas dire une *erreur qui réussit* mais l'erreur entrée dans la totalité de la réussite, l'erreur faite réussite. Ces interprétations rendent compte de l'énergie de ces alliances de mots. Même si A. d'Aubigné n'avait pas ainsi analysé cette construction, on peut penser qu'il y voyait le rapprochement brusque de deux notions, l'étroite fusion de deux représentations, capable de prêter une singulière densité à l'image qui en résultait.

Une série d'exemples empruntés aux *Tragiques* et aux *Poésies religieuses* permettra de vérifier si, dans son travail de création des hébraïsmes, A. d'Aubigné est resté rigoureusement fidèle à la Bible ou si, gardant le schéma biblique, il a inventé des « génitifs hébraïques », par exemple, neufs et inattendus. Nous citerons l'expression, puis sa référence, enfin le modèle biblique lorsque l'invention nous semble calquée sur un modèle précis.

1. - *Les « génitifs » de la qualité :*

Ce lieu est *lieu de précipice* [18] refait sur *mequôm haqqodésh : lieu de sainteté.* (*Lev.* x.17).

---

17. Ibid. p. 113 : « If I say « oxen brass » (2 Kings 16, 17). then I call forth an image combining oxen and brass : brass oxen. This combination may be so intimate that two nouns also formally coalesce into one conception, through that which is called the *status constructus.* It is formed by putting first the word in which the chief interest centers, but it is designated as a link of the immediately following, this being specially emphasized and so the form of the former word is modified « House-man » means that the two pictures form a unity: But the house belongs to the totality of the man. The nominal phrase is formed by modifying the image presented, thus enriching it by assimilating new nominal images ».

18. Préface des *Tragiques.* v. 113.

Au *lict de leur repos* [19] ; on lit au *Ps.* XLI/4 :
quand il sera dans un *lit de langueur :* '*érés dewây*
au grand *Temple d'erreur* [20] calqué sur
dans la maison de ma prière : bebèth tephillâthi
dans ma maison de prière : Esaïe LVI/7.

mon courage de feu [21]
par la bouche de feu [22]
les paroles de feu [23]
l'esprit s'explique en des langues de feu [24]
l'expression dans les Actes n'est pas un hébraïsme : γλῶσσαι ὡσεὶ πυρός,
mais la tradition chrétienne en a fait une expression semblable à un hébraïsme, du reste on trouve l'expression dans *Esaïe* v. 24 : *leshôn ᵓèsh.*
« Comme une langue de feu dévore le chaume ».

Sur ce modèle, enrichi par le miracle de la Pentecôte et ainsi devenu symbolique, les quatre hébraïsmes ont été refaits.

Feu de mouvement, Jugement (701) ;
feu de charité, Misères (654) ;
on trouve : *le feu de la loi : ᵓèsh dâth* [25].

« *robe de mensonge* » :
Feux 1214, cf. *Ecclésiastique* VI.32 :
Tu la vêtiras comme une *robe d'honneur,*
Esaïe LXI.10 : Il m'a vestu des *vestements du salut* et m'a habillé du *vêtement de justice.*

« *les armes de victoire* » :
Feux 94 - les *armes de Dieu* lit-on dans *Ephésiens* VI/13 :
τὴν πανοπλίαν τοῦ θεοῦ
mais *bouclier de ton aide.*
glaive de ta magnificence se trouvent au *chap.* XXXIII, v. 29 du *Deutéronome.*

« *fer de vérité* », Veng. 103.
calqué sur l'*épée de l'esprit* [26]
Eph. VI.17
τὴν μάχαιραν τοῦ πνεύματος ὅ ἐστι ῥῆμα θεοῦ

---

19. *Misères*, v. 244.
20. Préf. 320.
21. *Misères*. 5.
22. *Feux*, 94.
23. *Feux*, 5, 10.
24. *Feux*, 508, cf. Actes II. 2-4.
25. *Deutéronome* 33/2.
26. Cf. *Prov.* V.4 : « la langue de la femme étrangère est aiguë comme le *glaive à deux tranchants* ».

« *chaire d'erreur* », Feux 1213, est refait sur l'hébraïsme :
bemôshab léṣîm
au *siège* (ou à *la séance) des railleurs* [27]. *Psaume* I.1.
mais cet hébraïsme était fréquent dans la polémique religieuse.

« *Respect d'erreur* » [28] : Misères 7.
calqué sans doute sur *Divinatio erroris* (*vulgate Ecclésiastique* 34/5).

« *efficace d'erreur* ». Misères, 948. Fers, 250.

« *faux zèle d'erreur* ». Ch. Dorée, v. 620.
ce sont des hébraïsmes courants [29].

« *ange de lumière* ». Fers, 42, expression courante et même rebattue
traduit exactement ἄγγελον φωτός qui transposait en grec un
hébraïsme.

« *thrône de gloire* ». Ch. Dorée, 33 - hébraïsme textuel. I. *Sam.* II.8.
Esaïe XXII/23 *we kissé' kâbôd* « siège de gloire » (trad. 1563).

« *Tribunal de triomphe* » [30] refait sur le précédent.

« *tison de courroux* » [31], refait sur le suivant.

« *verge de courroux* » [32], hébraïsme textuel *shébéṭ 'appî*.
verge de ma colère - *Esaïe* X/5.

« *le glaive de son ire* » [33] refait sur le précédent « *la coupe du vin de
ma fureur*, transcription de l'hébraïsme : *kôs hayain haḥémahô* -
- *Esaïe* LI.17.
« *le calice du vin de ceste fureur* » (1563)

lui donna « *front de diable* » et osta « *celui d'ange* » [35] est à rapprocher
de « *ô voix de Dieu non d'homme* » [36] qui transcrit l'expression.
des *Actes* XII/21.23 :
θεοῦ φωνὴ καὶ οὐκ ἀνθρώπου
Il s'agit encore, semble-t-il, d'un hébraïsme transposé en grec.

---

27. Cf. également *siège d'iniquité, Amos.* VI.3 ; l'installation de la violence...
shébét hâmâs.
28. Comme nous l'avons suggéré : *respect qui entre dans la sphère de
l'erreur, qui fait errer.*
29. Cf. note 5, p. 458.
30. *Chambre dorée*, v. 827.
31. Préf. v. 289.
32. *Misères*, v. 802.
33. *Fers*, v. 308.
34. *Misères*, v. 1286.
35. *Fers*, v. 62.
36. *Vengeances*, v. 489.

« *cry d'amertume* » [37] est refait sur le « cri de la ruine » (trad. 1563).

    Esaïe xv.5 za'aquatha-shébèr

« *cris de blasphème* » [38] est calqué sur le même modèle ; l'expression opposée :

« *d'une voix de louange* » [39] : a un modèle bliblique précis :

    Ps. 66.8 qôl tehillâthô [40] (fais entendre) *la voix de sa louange.*

Sur ce modèle A. d'Aubigné refait : « *bouche de louange* » [41].

Citons encore « Qui de *grâce* et *de loy* tiens en mains *les balances* » [42] calqué sur *moz'nè ṣédéq* (*Lév.* xix/36 : *balances de justice* [43] et *Job* xxxi/6).

Sans doute tous ces hébraïsmes ne sont pas susceptibles d'être interprétés selon la théorie de Johs. Pedersen que nous avons résumée plus haut [44], mais elle permet de sentir la force de bon nombre d'entre eux, à la fois dans le texte biblique et dans la poésie d'A. d'Aubigné qui les transcrit rigoureusement. Ne pas reconnaître certains hébraïsmes dans le texte des *Tragiques* c'est souvent passer à côté du sens. Prenons pour exemple dans *les Fers* l'expression :

« Pour *traffic de péché* » [45] ; il s'agit de l'action de Satan :

« Il desploye en marchand à ses jeunes seigneurs,

Pour *traffic de péché,* de France les honneurs... ».

Si l'on interprète, comme l'indique la note de l'édition Garnier Plattard : « pour prix de leur péché », l'expression paraît anodine mais s'il s'agit du troc qui va les faire entrer *dans la sphère du péché,* les lier indissolublement au péché, alors il s'agit vraiment de la perdition des jeunes nobles qui par ambition vendent leur âme à Satan ; l'hébraïsme donne à l'expression la gravité d'un avertissement prophétique.

On sait que ces *expressions génitivales* qui indiquent la qualité au moyen d'un nom abstrait suppléent en hébreu au manque d'adjectifs.

---

37. *Misères,* v. 457
38. *Misères,* v. 1366.
39. *Ch. Dorée,* v. 156. Les *Fers,* v. 500.
40. Cf. *Esaïe* LI. 3, chant de louange et qôl zimrâh, voix de musique.
41. *Feux,* 1089.
42. *Poésies relig.,* Prière et confession, éd. Weber (Pléiade), p. 376.
43. Il est à remarquer que ni la Vulgate, ni la traduction de 1563 ne rendent textuellement l'hébraïsme, il faut donc penser que A. d'Aubigné a lu le texte en hébreu ou bien qu'il a entendu un commentaire s'inspirant directement du texte.
44. Voir p. 461 ci-dessus.
45. v. 242.

On trouve d'autres locutions utilisant l'*état construit* avec les mots : *homme, maître, fils* [46] pour exprimer le possesseur d'une qualité ou l'appartenance à un groupe.

ainsi l'on dira :

homme de paroles - *'îsh debârîm* pour : « *un homme éloquent* » ;
maître des songes - *ba'al hahalomôth* pour : *un songeur ;*
fils des prophètes pour désigner *les disciples des prophètes.*

A. d'Aubigné imite avec sobriété ces expressions et les hébraïsmes de ce type ont tous, semble-t-il, un modèle biblique. On peut citer :

fils de vanité, appliqué à Sathan [47] ; l'expression est refaite d'après *fils d'iniquité* - *benè-'awlâh. II Sam.* 3/34.

fils de vanité ou *enfants de vanité* apparaît plusieurs fois dans les *Tragiques* [48].

Fils de perdition [49] qui reproduit littéralement le nom de l'Antéchrist en II *Thess.* II.3.

homme de sang [50] reproduit l'expression hébraïque *'îsh haddâmîm, homme de sang* (répandu), c'est-à-dire homme sanguinaire qu'on trouve en II. *Sam.* 16/7.

mary de sang est l'expression biblique elle-même [51].

« *enfant* » fournit quelques expressions :
    enfants du siècle vain (Jugement 857)
    Les enfants de ce siècle (Vengeances 49)
    O enfants de ce siècle (Jugement 981).
Elles reproduisent la formule de *Luc :* « les enfants de ce siècle » [52].

Mais il faut examiner un hébraïsme plus difficile : « *Enfants de ma douleur* », dit la Terre aux paysans qu'elle accueille dans ses forêts [53].

---

46. En hébreu : *'îsh, ba'al, bén-.*
47. *Vengeances.* v. 104. Il est curieux que les éditeurs n'aient pas nettement compris ce vers. Le sens est clair : « fils de vanité » est apposé à Sathan qui est justement créature de vide, de néant.
48. Voir *Fers,* 1315 ; Vengeances, 1107 (A et T) ; *Jugement,* 361 et 857.
49. *Jugement,* v. 835.
50. Voir *Fers,* 919.
51. *Exode* IV.25 « tu m'es *mary de sang* », Traduction de 1563. « *Mari de sang toi pour moi* » dit le texte hébraïque (verset 25).
52. Cf. *Luc* XVI.8.
53. *Misères,* v. 293.

Certains commentateurs interprètent cette formule comme « vous que j'ai enfantés dans ma douleur » [54], mais si l'on considère qu'en hébreu *homme* et *enfant* ou *fils* sont interchangeables dans les expressions de ce genre [56], il semble qu'il vaille mieux se référer à la célèbre expression d'Esaïe *homme de douleur* pour *mes hommes de douleur* [57]. C'est en effet l'extrême malheur des serviteurs de Dieu, figures de Son peuple et figure du Christ qu'il s'agit de souligner et non les douleurs de l'enfantement qu'aurait éprouvées la Terre.

Nous avons déjà cité l' « expression génitivale » qui est l'exacte transcription du texte biblique. [58]

« *Tu m'es mari de sang* » [58]

« *Appren, homme de sang* » [59] s'adresse à l'un des assassins de la Saint-Barthélémy.

Or on lit dans la Bible : *homme de sangs* (II *Samuel* XVI/7) *homme de sang* se trouve traduit littéralement par A. d'Aubigné.

Si l'on examine cette première série d'exemples, une remarque s'impose : A. d'Aubigné reproduit un grand nombre d'hébraïsmes textuels, et ceux qu'il invente sont très peu différents des hébraïsmes tirés du texte hébraïque lui-même. Parfois ils sont l'exacte transcription d'expressions génitivales du *Nouveau Testament* qui représentent des hébraïsmes ou des aramaïsmes. Quelle peut être la raison d'une fidélité si rigoureuse ? Sans doute le désir de conserver des expressions tout à fait authentiques, une langue pure, porteuse d'une force, d'un pouvoir intrinsèques.

Citons encore quelques hébraïsmes que les commentateurs n'ont pas toujours relevés : on lit dans le prologue des *Fers* :

« Jette dans leurs troupeaux *l'excellence des princes* » [60]. C'est un « génitif » à sens superlatif qui reproduit des tours bibliques tout à fait analogues :

---

54. Ils suivent Trénel qui cite le nom que Rachel donna à son fils : « *Bén-ʾoni* » *fils de ma douleur* (*Gen.* XXXV.18), ʿîsh et bén sont en effet employés pour désigner l'appartenance à une classe d'êtres ; voir des exemples dans Joüon, op. cit., p. 389 et 390 : ex. un *bén-mâwéth, homme qui mérite la mort,* (mot à mot : fils de mort).

56. Cf. *Esaïe* LIII, v. 3. La traduction de 1563 porte « *homme langoureux* » mais cite « *homme de douleur* » en note comme étant le mot à mot hébraïque. En hébreu : ʾish makʾabôth.

57. Cf. p. 463 « *dans la maison de ma prière* » pour « *dans ma maison de prière* ».

58. *Vengeances,* 729.

59. *Fers,* vers 919.

60. *Fers,* 138.

« *le choix de nos tombeaux* », *Gen. 23/6. Mibḥar qebârènou ;* ou
encore « *l'élévation de ses cèdres* », c'est-à-dire « ses cèdres très élevés »
dans II *Rois, 19, 23 : qômath 'arâzâw* [61].

Pour exprimer le superlatif, la langue hébraïque utilise, entre autres
tournures, un groupe de deux substantifs, à l'état construit, dont le
second est un pluriel. Chacun connaît « *le Saint des Saints* » (la chose
ou le lieu le plus saint), le *Cantique des Cantiques,* c'est-à-dire le
Cantique par excellence. A. d'Aubigné fait un usage, assez modéré
d'ailleurs, de ce tour. Voici quelques exemples :
   « La voix du *Seigneur des Seigneurs* » [62]
   « Sauveur, assiste ton oinct, *Dieu des Dieux* » [63]
   « Les eaux faictes du *Dieu des Dieux* » [64]
   « *Fort des Forts,* juste Juge, » [65]
   « Tout puissant, tout voyant, qui du *haut des hauts Cieux* » [66]
   « Tu possèdes le Ciel, et les *Cieux des hauts Cieux* » [67].
Il faut d'ailleurs remarquer que certaines expressions de ce type,
parfois traduites mot à mot de la Bible, ne sont pas des « groupes
génitivaux » à valeur de superlatif. Lorsque A. d'Aubigné écrit : Ce
grand *Roy de tous rois,* ce *Prince de tous Princes* » [68], il ne fait que
reproduire l'expression d'une *épître de saint Paul :* « ὁ βασιλεὺς τῶν
βασιλευόντων καὶ κύριος τῶν κυριευόντων [69] ce n'est pas là un superlatif hébraïque. De même l'expression « *loi des autres lois* » [70] ne saurait
être considérée comme un groupe génitival à valeur superlative : il s'agit
bien d'une loi constitutionnelle qui régit les autres lois [71]. Cependant le
groupe « *Rois des rois* », qu'on trouve en *Daniel* II, 37 et chez *Ezéchiel*
(XXVI, 7) pour désigner le roi de Babylone, semble bien n'être qu'un
titre oriental donc un superlatif hébraïque, tandis que l'expression reprise
dans *l'épître à Timothée* aurait trouvé son sens plein « *le Roi de tous
ceux qui règnent* », et c'est bien ce sens plein que garde A. d'Aubigné.

---

61. Exemples cités par Joüon, *Grammaire de l'hébreu biblique,* p. 390.
62. *Tragiques.* Préface, vers 340 ; *Vengeances,* 315-316. cf. *Deut.* X.17.
63. *Poésies religieuses. Vers mesurés. Ps.* LIV, éd. Réaume, T. III, p. 281.
64. *Création.* Ed. Réaume, Tome III, p. 348.
65. *Poésies religieuses,* p. 377. éd. Weber.
66. *Tragiques.* Misères, v. 35.
67. Ibid., v. 1316.
68. *Fers,* v. 21.
69. I Tim. VI.15 ; traduction de 1563 : « Rois des rois et Seigneur des
Seigneurs ».
70. *Misères,* v. 736 :
   « Aux despens de la loy que prirent les Gaulois
   Des Saliens François pour *loy des autres lois* ».
71. Dans ces deux cas nous refusons l'interprétation de J. Trénel et des
commentateurs qui l'ont suivi.

Ces réserves faites, il reste que les « génitifs » à valeur superlative qu'utilise A. d'Aubigné reproduisent des modèles bibliques précis, quelques-uns, en très petit nombre, étant refaits sur ces modèles.

L'infinitif employé comme nom verbal

J. Trénel n'a pas considéré comme un hébraïsme l'emploi, assez fréquent de l'infinitif substantivé dans les *Tragiques*. Il paraît difficile, en effet, d'affirmer que c'est la syntaxe hébraïque qui explique l'utilisation des infinitifs soit absolus, soit complétés par un objet, dans la poésie religieuse d'A. d'Aubigné. Maurice Scève, à l'exemple de Dante et de Pétrarque, du Bellay, Ronsard et les poètes de la Pléiade avaient utilisé ce tour dont ils appréciaient le caractère concret et la concision [72]. Maurice Scève surtout sent la valeur d'action de l'infinitif ainsi que la vivacité de l'impression qu'il suggère, il aime le construire en le faisant précéder de la préposition *à* pour exprimer « la durée d'une action qui se développe peu à peu » [73]. Mais nous pouvons tout de même indiquer que la Bible, depuis la *Genèse* jusqu'aux *livres sapientiaux,* pratique cette construction avec d'autant plus d'aisance que c'est le *verbe* qui est l'élément fondamental du discours hébraïque et que l'infinitif, qu'ils soit absolu ou construit [74], est toujours traité comme un nom verbal. Quelques exemples suffiront à montrer la hardiesse de cette construction dans l'hébreu biblique :

« il n'est pas bon que l'homme soit seul », lit-on dans la Genèse, mais une traduction mot à mot donnerait : « le *être seul* de l'homme pas bon » [75].

Le même texte dit : « l'arbre *du connaître le bien et le mal* [76], on trouve encore dans la même page « au jour *de ton manger de lui* » [77]

On traduit ainsi le texte de *Jérémie* XVIII.20 : « Souviens-toi que je me tenais devant toi », mais le texte dit exactement : « Souviens-toi de mon tenir devant toi » [78]. On pourrait encore citer la construction de l'infinitif avec les prépositions et en particulier « le », ce tour est extrêmement

---

72. « Uses donques hardiment de l'infinitif pour le nom », recommande la *Deffence et Illustration,* « comme *l'aller,* le *chanter,* le *vivre,* le *mourir* ». Ces exemples ne sont guère hardis.

73. Voir H. Weber : *Le langage poétique du M. Scève dans la Délie.* Florence 1948.

74. Il s'agit en hébreu de deux formes employées dans des cas différents.

75. *Genèse* II.18.

76. *weʿèṣ hadaʿath*

77. *beyôm ʾakolkâ mimménnû Gn.* II.17 « au jour où tu en mangerais » disent les traductions.

78. *zekor ʿomdî lephânéka*

fréquent, il correspond exactement à la construction du beau vers de
Maurice Scève : « à l'embrunir des heures ténébreuses ». Nous lisons
dans la Genèse : « au séjour (c'est en fait *au séjourner)* d'Abraham
dans le pays de Canaan ».

Cette construction est constante en hébreu. Est-ce à dire que la
lecture de la Bible dans le texte ait incité A. d'Aubigné à utiliser plus
hardiment que les poètes de la Pléiade l'infinitif substantivé, s'agissait-il
au contraire d'une pratique un peu archaïsante du langage poétique dont
Scève ou tel poète italianisant aurait pu fournir le modèle ? On ne saurait
risquer une affirmation tranchée ; une influence du texte hébraïque
est tout au moins possible. Voici quelques exemples qui prouvent que
A. d'Aubigné a senti la force et le caractère concret de ce tour.

« *Tout parfaict en connoistre* » [79], où l'on retrouve peut-être
« *l'arbre du connaître* » que nous avons relevé dans la *Genèse*.
« *dès le naistre des choses* » [80].

L'infinitif présente ici l'action dans son développement, comme
une activité en mouvement.
« de qui le sein fécond se prodigue *à l'ouvrir* » [81].

Au vers 82 des *Fers :* « Dieu juge tout et *penser* et parole ».
d'Aubigné ne fait ici que suivre l'usage et les recommandations de la
Pléiade mais d'autres emplois de l'infinitif avec la préposition *à*
manifestent plus d'originalité :
            « ... car à son *devaller*
Son précipice esmeut les malices de l'air ».

« Les esprits des humains...
Eurent part *au changer* des corps supérieurs ».

« Et les premiers objets de ces yeux saincts et beaux
Furent *au rencontrer* de ces premiers tableaux ».

« Au *changer de gibier* se fondit leur courage ».

« La branche qui s'oppose au *passer* de leurs testes ».

« Le sein, enflé d'orgueil, souspire *au submerger* » [82].

---

79. *Misères*, 38.
80. *Ibid.*, 42.
81. *Misères*, 571.
82. *Fers*, 185, 190 ; 325, 326 ; 492 ; 737 ; *Vengeances* 235.

on trouve également

Mesmes *dès le sortir* des tombeaux obscurcis » [83].

Tantôt l'infinitif d'un verbe de mouvement accentue la valeur active du verbe, suggère le mouvement en train de s'accomplir, ce qui ne serait pas aussi net avec le nom abstrait, tantôt le poète trouve dans le nom verbal une plus grande énergie et renouvelle ainsi une expression banale. Les deux premiers exemples que nous donnons, situés dans une prière, prêtent au style une densité particulière et recréent une langue biblique.

L'on pourra faire des remarques analogues à propos d'une autre tournure, la combinaison du *verbe aller et d'un gérondif ou d'un adjectif verbal*. Cette périphrase à valeur durative est bien vivante dans la langue du XVIᵉ siècle : « Ils... vont rengeant et interprétant toutes les actions d'un personnage », dit Montaigne [84], mais elle est aussi fréquente dans les textes bibliques pour marquer une action continue ou progressive. On trouve au chapitre XII de la *Genèse* verset 9 : « Puis Abraham s'en alla cheminant et s'avançant vers le Midi » [85] « et la main des Israélites alla toujours s'appesantissant » [86]. Sur 10 exemples relevés dans *Misères* et les *Fers,* deux seulement me paraissent utilisés par le poète comme des hébraïsmes, c'est-à-dire pour élever le ton jusqu'à la solennité prophétique. On lit dans *Misères :*

« Les tygres *vont bruslans* les thresors de la terre » [87].

Tout le passage, depuis le vers 430 :
« J'appelle Dieu pour juge, et tout haut je deteste
Les violeurs de paix... »
garde un ton prophétique, il est riche d'images et de rappels bibliques.

Le second, plus nettement encore, paraît marqué d'une couleur prophétique :
« Et je retirerai mes benedictions
De ceux qui vont sucçans le sang des nations » [88].

---

83. *Jugement,* 898.
84. Cité par G. Gougenheim (*Grammaire de la langue farnçaise du XVIᵉ siècle,* p. 136).
85. Trad. de 1563. La Bible hébraïque rend la continuité du mouvement en combinant un verbe au parfait et deux infinitifs dont l'infinitif de *aller ;* avec les verbes statifs, au lieu de l'infinitif on a d'ordinaire l'adjectif verbal : II *Sam.* XV, 12 : et le peuple *allait en augmentant.*
86. *Juges,* IV, 24.
87. *Misères,* v. 438.
88. *Misères,* 307.308.

Mais tous les autres [89] paraissent plutôt des tours naturels à un style noble sans qu'un effet de dépaysement ou d'élévation particulière soit voulu par A. d'Aubigné.

Influence de la mentalité hébraïque sur   la création et le développement de l'image.

Nous ne saurions refaire ici une étude des images que le texte biblique a inspirées à l'auteur des *Tragiques*. On en trouvera les éléments dans les pages très remarquables que Henri Weber a consacrées à l'image et à la symbolique des sensations, au dernier chapitre de sa thèse [90]. Jacques Bailbé, pour sa part, a précisé certaines de ces remarques en étudiant le caractère particulier des images bibliques dans le paragraphe important où il examine le style biblique des *Tragiques* [91].

L'exposé que nous venons de faire des thèmes bibliques dans les *Tragiques* et les *Poésies religieuses* fournit également un grand nombre d'exemples. Mais il est sans doute utile de rappeler certains caractères de l'image dans la prose ou la poésie hébraïques qui tiennent à la mentalité du peuple hébreu, pour mieux saisir le lien entre image et réalité, vision prophétique et puissance de la parole qui l'énonce. Ces caractères fondamentaux ne sont pas étrangers à la création poétique d'A. d'Aubigné.

Pour les Israélites l'image aussi bien que le nom d'une personne ou les représentations du rêve sont des *signes :* non une figuration abstraite mais une réalité déjà donnée, quoiqu'invisible encore, et qui va se développer jusqu'à sa manifestation [92]. Ainsi, lorsque Pharaon voit en rêve sept vaches maigres dévorer sept vaches grasses, puis sept épis chétifs dévorer sept épis vigoureux, il y a une relation étroite entre ces images et les années de fertilité puis de famine que l'Egypte va vivre, mais cette relation n'est pas d'ordre intellectuel et rationnel, c'est la manifestation du fait que ces années, que le Pharaon verra paraître, existent déjà dans son âme, sans qu'il le sache. Ces signes doivent d'ailleurs être interprétés : lorsque Dieu fait voir à Jérémie une branche d'amandier, Il dit au prophète : « Tu as bien vu, car je veille sur ma parole pour la réaliser » [93] ; le sens et la force de l'image résident ici

89. Voir *Misères*, 343 « Ils vont souffrans la faim qu'ils portent doucement » ; *Misères* 593 : « Henri, qui tous les jours vas prodiguant ta vie... », de même vers 942. Dans les *Fers* 68, 293, 635 ; dans *Vengeances* 243, 1340.

90. *Op. cit.,* Tome II, p. 658 à 705.

91. *Op. cit.,* pp. 437 à 441.

92. Je dois ces notions au livre de Johs. Pedersen : *Israël it's life and culture,* déjà cité, je lui emprunte l'exemple suivant T.I., p. 136.

93. *Jérémie* I/11-12.

dans un jeu de mots. L'image révèle la réalité d'un homme ou d'une situation non parce qu'elle rassemble leurs caractères principaux, ce qui impliquerait une abstraction rationnelle, mais parce qu'elle manifeste le secret et le devenir de tel homme ou de telle situation. Tout semble indiquer qu'Agrippa d'Aubigné, nourri de la Bible, convaincu que l'Esprit de Dieu lui suggérait le sens véritable des images et des rencontres qui s'offraient à lui, a voulu exprimer ce pouvoir du signe que le regard prophétique détache d'une complexe réalité pour l'interpréter et ordonner autour de lui tous les événements. Quelques exemples permettront, sans doute, de vérifier ce traitement de l'image. Nous avons étudié les sources de la très belle image qui dépeint la floraison des martyrs [94] :

« Les cendres des bruslez sont précieuses graines
Qui, apres les hyvers noirs d'orage et de pleurs,
Ouvrent au doux printemps d'un million de fleurs
Le baume salutaire, et sont nouvelles plantes
Au milieu des parvis de Sion fleurissantes.
Tant de sang que les Rois espanchent à ruisseaux
S'exhale en douce pluye et en fontaines d'eaux,
Qui, coulantes aux pieds de ces plantes divines,
Donnent de prendre vie et de croistre aux racines ;
Des obscures prisons les plus amers souspirs
Servent à ces beautez de gracieux Zephirs » [95].

Les éléments de cette image contrastée sont bien différents : la formule de Tertullien « eorum sanguinem Semen esse ecclesiae » [96] en constitue le point de départ. Nous avons montré l'importance du *Sermon* de Bèze sur le *Cantique des Cantiques,* reprenant la paraphrase de Saint Bernard, des premiers versets du *Psaume* I, du *Psaume* XCII, v. 14 dans la formation de l'image. Henri Weber rappelle aussi la floraison miraculeuse d'un aubépin au lendemain de la Saint Barthélemy et les images de floraisons allégoriques que le poète avait développées dans son *Printemps.* Mais tous ces éléments ont été fondus dans une image où s'allient évocations concrètes et vision mystique. Tout d'abord A. d'Aubigné a choisi de *voir* très réellement la métaphore abstraite de Tertullien. A partir de cette vue concrète, l'image se développe selon l'interprétation théologique qui lui donne son sens : sa structure s'oppose à la réalité des événements vécus qu'il s'agit de dépasser pour reconnaître une autre réalité :

---

94. Deuxième partie, chap. VIII *La Chambre dorée,* p. 307-308.
95. *Chambre dorée,* 654-664.
96. Voir citation, deuxième partie, chap. VIII, p. 307.

« *cendres* », « *bruslez* », « *hyvers noirs* », « *orage, pleurs* » c'est la mort, la dispersion de l'être, la détresse.

« *Tant de sang que les Rois épanchent à ruisseaux* », voilà l'autre aspect de l'anéantissement, les martyrs sont abattus, *espanchent* et *ruisseaux* évoquent un plan horizontal ; plus de mouvement, plus de vie ;

mais avec « *précieuses graines* » « *ouvrent au doux printemps d'un million de fleurs* » « *le baume salutaire...* », voilà la vie, le mouvement vertical des tiges et des sèves, le parfum monte aussi ; à la dispersion des restes calcinés s'oppose le rassemblement des témoins et des élus au cœur de la ville sainte.

Le sang, signe de mort quand il coulait sur le sol, monte vers le ciel, pour en redescendre sous la forme d'eaux fécondes et, dans ce double mouvement vertical, s'exprime le sacrifice « *de bonne odeur* » que Dieu agrée ainsi que la descente de Sa grâce, de son esprit vivifiant, si bien que la croissance vigoureuse de ces plantes nouvelles, ressuscitées, est le signe de la victoire qui renverse la situation initiale. Une série de mouvements verticaux que Dieu provoque et qu'Il agrée et jusqu'aux soupirs des suppliciés qui montent en supplications vers le Ciel attestent le triomphe du Dieu vivant et de ses élus sur l'horizontalité, signe de la mort physique, illusoire victoire des tyrans.

L'image doit son sens et sa force au mouvement qui l'anime ; mais ce mouvement dévoile le vrai, il exprime la dynamique du futur. En cela l'image que nous venons d'analyser est très proche des images symboliques de la Bible, des songes et des visions prophétiques.

Prenons une métaphore plus simple :

« *Il estrangle en son lit la blanche patience* » [97]

Elle prend place dans la série des métamorphoses et des machinations de Satan. Il est évident qu'elle présente d'une façon particulièrement frappante l'exaspération des Réformés qui ont enduré longuement les spoliations et le martyre des leurs avant de constituer un parti armé. Mais elle évoque aussi les horreurs à venir, le massacre des victimes innocentes et désarmées,

« *ces licts, pieges fumans, non pas licts, mais tombeaux* » [98].

A travers la réalité présente, mêlés à elle, les odieux forfaits de la Saint Barthélémy apparaissent.

---

97. *Les Fers*, v. 248.
98. *Les Fers*, 863.

Voici encore un tableau symbolique où se lit l'avenir pour la consolation des fidèles :

« Telle resta l'Eglise aux sangliers eschappee
Que d'un champ tout foullé la face dissipee,
Dont les riches espics tous meurs et jaunissans
Languissent sous les pieds des chevaux fracassans,
Ou bien ceux que le vent et la foudre et la gresle
Ont haché à morceaux, paille et grain pesle-mesle :
Rien ne se peut sauver du milieu des seillons,
Mais bien quelques espics levés des tourbillons
Dans les buissons plus forts, sous qui la vive guerre
Que leur ont fait les vent les a fichés en terre.
Ceux-ci, dessous l'abri de ces haliers espais,
Prennent vie en la mort, en la guerre la paix,
Se gardent au printemps, puis leurs branches dressees,
Des tuteurs aubepins rudement caressees,
Font passer leurs espics par la fascheuse main
Des buissons ennemis, et parviennent en grain ;
La branche qui s'oppose au passer de leurs testes
Les fasche et les retient, mais les sauve des bestes.
C'est ainsi que seront gardés des inhumains,
Pour resemer l'Eglise, encore quelques grains
Armés d'afflictions, grains que les mains divines
Font naistre à la faveur des poignantes espines,
Moisson de grand espoir ; car c'est moisson de Dieu
Qui la fera renaistre en son temps, en son lieu » [99].

Le point de départ de l'image est biblique. On lit au *Psaume* LXXX, verset 14 : « Le sanglier de la forest l'a gastée et la beste des champs l'a broutée » [100]. D'Aubigné garde le parallélisme de l'image biblique mais il substitue aux « *bestes des champs* » les « *chevaux fracassans* », fléau plus conforme à la réalité du XVIᵉ siècle. Voici donc le champ, porteur de la nourriture essentielle, ravagé par les sangliers, les chevaux et l'orage. Mais sans abandonner la vue très concrète du champ et des haies qui le bordent, le poète développe l'image en un drame symbolique : la survie des épis et des grains dispersés devient le thème central, un motif épique. Le présent est gardé dans tout ce tableau : c'est le présent de l'image, mais plus encore de la vision car la nature s'anime : *vive guerre* menée par les vents, *tuteurs aubépins, fascheuse main,*

---

99. *Ibid.*, vers 721-745.
100. Il s'agit de la *vigne*, symbole du peuple élu que Dieu avait transportée hors d'Egypte et plantée en Canaan.

des buissons ennemis, testes des épis sauvés, tous ces détails humains préparent la vue des *mains divines*. Ce qui est surprenant c'est le réalisme de tous les éléments naturels intimement uni au drame du peuple abattu et dispersé ; l'allégorie est constante dans cet texte, mais elle y paraît toujours neuve, parce que ce foyer d'images est pris dans un mouvement, un mouvement de caractère épique. Or, à travers ce combat, à cause de formules de caractère biblique telles que : *Prennent vie en la mort, en la guerre la paix* un élément surnaturel est perçu ; avant que Dieu soit nommé, il est pressenti. Dans ce tableau, où s'inscrit prophétiquement l'avenir salutaire que Dieu met en mouvement, nous trouvons le même schéma que dans plusieurs oracles prophétiques où un drame de la nature est dépeint, figurant une autre réalité, humaine celle-là qui va, selon la volonté de Dieu, paraître au jour. Ainsi un drame, en apparence relatif à la fécondité, annonce une autre réalité, par exemple l'invasion d'un territoire, déjà commencée ou imminente [101].

---

101. Cf. *Esaïe* XVI. v. 7 à 13 :
Cependant Moab gémit au sujet de Moab,
    tout entier il gémit ;
au sujet des gâteaux de raisins de Quir-Haréséth,
    vous geignez, complètement abattus.
Car les vignobles de Hesbon sont flétris,
    la vigne de Sibmah,
dont les raisins vermeils terrassaient les maîtres des nations.
Elle atteignait jusqu'à Yâzer,
elle se perdait dans le désert,
ses sarments se déployaient,
ils dépassaient la Mer !
C'est pourquoi, avec les pleurs de Yâser,
Je pleurerai la vigne de Sibmah.
. . . . . .
car sur ta récolte et sur ta moisson
a fondu un hourra
tandis que la joie et l'allégresse
ont été supprimées du verger
et que dans les vignes
on ne chante plus, on n'acclame plus.
Le foulon ne foule plus le jus dans les pressoirs ;
j'ai fait cesser le hourra.
C'est pourquoi au sujet de Moab
mes entrailles frémissent comme une cithare
et mon sein, au sujet de Quir-Hérés.
Il adviendra que Moab se présentera
et s'épuisera sur le haut lieu ;
il entrera dans son sanctuaire pour prier
mais il sera sans pouvoir.
. . . . . . maintenant Iahvé a parlé en disant :
dans trois années comme les années d'un mercenaire,
la gloire de Moab sera méprisée,
malgré sa nombreuse multitude,
et ce qui en restera sera une petite minorité, pas importante. (Texte traduit par E. Dhorme, éd. de la Pléiade).

Voici encore une image particulièrement dense :

La louve boit le sang et fait son pain de morts (*Fers* 334).

Au moment où va s'ouvrir la série tragique des guerres, d'Aubigné veut présenter la fureur de ces luttes où la destruction et la cruauté s'engendrent sans fin, dévorant la chair même du pays. Il concentre dans une image saisissante des métaphores ou des évocations déjà développées dans *Misères* :

« Les mastins allouvis sont devenus sauvages,
Faicts loups de naturel et non pas de la peau :
Imitans les plus grands, les pasteurs du troupeau
Eux-mesme ont esgorgé ce qu'ils avoyent en garde.
    ... et leurs dents affamees
Se crèveront des os de nos belles armees ». (*Misères* 466 - 474)

et plus précisément encore du vers 601 au vers 604 :
« Ces tyrans sont des loups, car le loup, quand il entre
Dans le parc des brebis, ne succe de leur ventre
Que le sang par un trou et quitte tout le corps,
Laissant bien le troupeau, mais un troupeau de morts : »

Mais si on peut expliquer l'image par cette concentration de thèmes inspirés de la Bible, sa force vient de son caractère abrupt, d'un certain mystère. Les prophètes parfois présentent des images rapides et violentes à mi-chemin entre la comparaison et la vision ; ainsi Osée s'écrie :

« Le cor au palais de ta bouche »
« Comme l'aigle on [fond] sur la maison de Jahvé... » [102].

Ces images brusques frappent comme l'éclair, elles tiennent de la vision ; non seulement elles éblouissent le regard mais, sans livrer tout leur sens, elles transforment toute l'organisation du réel qu'elles déchirent comme la nuée. Assurément A. d'Aubigné doit ces images fulgurantes aux visions des prophètes.

IIe PARTIE. — *Place et valeur des hébraïsmes dans les Tragiques*

La série d'exemples que nous venons de relever montre la variété des hébraïsmes et leur fréquence. Mais ils ne constituent pas une habitude, un aspect constant du langage ; de très longs passages descriptifs

---

102. *Osée* VIII.1. Traduction moderne (La Pléiade) ; le traducteur ajoute « on fond » pour la clarté de la phrase, La traduction de 1563 reste plus étroitement calquée sur le texte : « comme l'aigle sur la maison du Seigneur ».

en sont dépourvus, des mouvements oratoires très violents n'en contiennent point. Ainsi les témoignages directs sur les horreurs de la guerre dans *Misères* [103], ou, dans le même chant, la violente diatribe lancée contre Catherine de Médicis et suivie de la scène de sorcellerie [104], largement inspirée par Lucain et Horace, n'offrent que deux ou trois noms bibliques ou hébraïsmes [105] ; tout l'épisode du jeune homme à la Cour suivi de la vision de Fortune et Vertu, dans *Princes* [106], ne compte guère que trois ou quatre hébraïsmes en 380 vers, encore certains paraissent-ils discutables. Par contre, ils abondent dans les prologues et au final lyrique de chaque chant, ils s'y mêlent aux emprunts bibliques d'une certaine étendue pour constituer une sorte de « tissu » nettement hébraïque, comme si tout le passage n'était qu'une seule coulée biblique.

La prière de consécration prophétique qui marque le début de *Misères* [107] en est un bon exemple. Nous avons indiqué déjà les sources de ce passage, les hébraïsmes qu'il contient servent à les relier. Si le *Psaume* XXXIII, traduit par Marot, *le psaume* CXXXIX ou l'appel adressé à Jérémie constituent les thèmes principaux de cette invocation, des expressions comme *du haut des hauts cieux, tout voyant, dès le naistre des choses, zèle très sainct* [108], *serf de ton ire* relient ces thèmes et les expriment avec une solennité particulière. Les hébraïsmes rendent sensibles la présence de Dieu à ce moment unique où le prophète reçoit sa vocation et l'assume.

Nous pourrions faire les mêmes constatations à partir de l'invocation lyrique ou de l'enchaînement de visions prophétiques qui achèvent chaque chant des *Tragiques*.

Prenons quelques strophes [109] de la prière finale de *Misères,* soient les vers 1273 à 1296. Nous avons vu que le thème fondamental de cette invocation se trouvait dans l'*Apocalypse* au chapitre v, verset 10 [110], mais il est amplifié à l'aide d'un très grand nombre de tours, d'alliances

---

103. Voir *Misères,* 372-435 ; 499-542.
104. *Ibid.* 827.950.
105. Voir vers 847-48 ; 880, 948.
106. *Princes.* 1107 à 1486 : 1260 « en large et beau chemin » (image très répandue tirée des *Evangiles*), 1279, 1347, 1442 : « Dès l'heure de leur naistre ».
107. Vers 35 à 55.
108. Emprunt au *Psaume* LXIX, verset 10.
109. Ie s'agit bien de strophes car on trouve une unité de sens dans ces distiques groupés par deux ; nous étudierons plus loin la similitude de ces groupes avec les versets des Psaumes bibliques.
110. « Et elles (les âmes sous l'autel) criyoient à haute voix, Iusques à quand, Seigneur sainct et véritable ne iuges tu poinct et ne venges tu nostre sang de ceux qui habitent en la terre ? ».

de mots, de formules empruntées aux *Psaumes*. Ce qui rend d'ailleurs la démonstration malaisée, c'est que les hébraïsmes et les emprunts textuels très courts se trouvent inextricablement mêlés dans ce véritable « tissu » de poésie biblique. Nous présentons en italique ces emprunts ainsi que les hébraïsmes ; en notes nous indiquons la référence précise :

> « Tu vois, juste *vengeur* [111], les fleaux de ton Eglise,
> Qui par eux *mise en cendre* [112] et en masure mise
> *A contre tout espoir son espérance* [113] en toy,
> Pour *son retranchement* le *rempart* [114] de la foy ».

La strophe suivante, plus théologique, n'offre ni ces emprunts ni hébraïsme caractérisé, cependant la double antithèse qu'elle développe : *enfans/ennemis ; juge/grâce* s'ordonne suivant le rythme binaire du *Psaume* et c'est ce rythme qui permet au poète de prêter à un énoncé théologique le style biblique qui ne rompt pas l'unité de la prière. Ce rythme, dans la troisième strophe où les deux hémistiches s'opposent, soulignant l'antithèse, paraît véritablement calqué sur certains *Psaumes*, ou sur la confession de *Job* :

> « Quand Dieu les faisait mourir/ils le recherchaient » [115]
> « Ils maudissaient/toi tu béniras [116] »
> « Quand il m'occiroit, si aurai-je esperance en Lui » [117]

c'est le rythme du vers d'A. d'Aubigné :

> « Si tu leur fait des biens, ils s'enflent en blasphèmes ;
> Si tu nous fais du mal, il nous vient de nous-mesmes.
> Ils maudissent ton nom quand tu leur es plus doux ;
> Quand tu nous meurtrirois, si te benirons-nous ».

---

111. Cf. *Ps.* XCIV/1 : « Eternel, Dieu des vengeances... », Trad. Th. de Bèze.
112. « Las elle est en cendre réduite ». *Ps.* LXXX. Trad. de Th. de Bèze. « Pour la povre Eglise de Dieu... » se trouve dans l'introduction de ce *Psaume*.
113. Cf. *Romains* IV.18 : « Lequel Abraham outre espérance creut sans espérance ». Aubigné calque ce verset sur le texte de la *Vulgate* : « qui contra spem in spem credidit ».
114. Marot (traduction du *Psaume* XVIII, v. 3), fournit à d'Aubigné les éléments de ce vers :
> « Dieu est mon roc, mon rempart haut et seur
> En luy seul gist ma fiance parfaicte
> C'est mon pouvoir, mes armes, ma retraite
> Quand je l'exalte et prie en ferme foy ».
115. *Ps.* LXXVIII/34.
116. *Ps.* CIX/28.
117. *Job.* XIII.15.

Emprunts textuels et hébraïsmes reprennent avec la strophe suivante :
« Cette bande meurtrière à boire nous convie
Le vin de ton courroux : boiront-ils point *la lie ?* [118]
Ces verges [119], qui sur nous s'esgayent comm'au jeu,
Sales de nostre sang, vont-elles pas *au feu ?* »
Le double sens de *verge* dans la Bible : tantôt *houlette,* qui, d'un bon coup salutaire remet la brebis dans le droit chemin, tantôt *verge de fer* qui brise les os de l'ennemi ou des bêtes de proie amène les vers qui suivent :

« Chastie en ta douceur, punis en ta furie
L'escapade aux aigneaux, des loups la boucherie [120]. »

Enfin, après un nouvel appel au Seigneur, inspiré pour l'idée — mais non littéralement —, du *Psaume* LXXIV [121] le poète énonce la confession de foi qui court à travers maints passages de l'Ecriture et c'est la transposition littérale du texte biblique :

« Toy, Seigneur, qui abbas, qui blesses, qui gueris,
Qui donnes vie et mort, qui tue et qui nourris ? [122] ».

Ainsi, à l'aide d'emprunts textuels courts, d'hébraïsmes, d'images bibliques très largement connues et commentées ; en gardant le rythme des *Psaumes* ou de prières bibliques fort anciennes, A. d'Aubigné recompose un *psaume* dont la force repose justement sur cette analogie formelle avec les prières de David, le roi-prophète. Dieu a béni David, il l'a délivré, il répondra à l'appel pressant de ce nouveau David. Les hébraïsmes servent à donner une couleur biblique à cet appel mais aussi à joindre des textes bibliques essentiels qui, par leur contenu, comme par leur forme, expriment l'ardente supplication de l'Eglise souffrante et de son prophète.

---

118. Cf. *Jérémie* XXV, v. 15 : « Pren le calice du vin de cette fureur... » mais en *Esaïe* LI, v. 17 : « le calice de son ire » est joint à la « lie du calice de forcenerie ».
119. Dans la malédiction lancée contre Assur (*Esaïe*, X, v. 5) : « O Assur verge de ma fureur... » le feu représente le châtiment imminent : « au-dessous de sa gloire il fera ardre comme une bruslure de feu » (X, v. 16).
120. Il paraît superflu de souligner encore une fois la valeur symbolique des *agneaux* et des *loups* dans la Bible.
121. Versets 10.11 et 18.
122. Vers 1295-96. Cf. I *Samuel* II/6 : « Le Seigneur est celui qui fait mourir et fait vivre, / qui fait descendre en la fosse et en fait remonter ». *Deut.* XXXII.39 : « Je fay mourir et fay vivre, je navre et je gari », enfin *Job* V.18 : « Car c'est lui qui fai la playe et qui la bande ; il navre et ses mains guérissent ».

Il est plus facile de discerner le rôle des hébraïsmes lorsqu'ils se trouvent isolés dans un récit, une prosopopée ou un mouvement oratoire.

Lorsque le Tout Puissant *passe son chef au travers des cieux* pour examiner les abominables cruautés du Parlement de Paris, les hébraïsmes servent à désigner, en face de cette Majesté terrifiante, le groupe de vrais chrétiens qui attend de cette visitation la délivrance :

> « Les Chrestiens seulement affligez sont ouïs,
> *D'une voix de loüange* et d'un pseaume esjouïs,
> Au tocquement des mains faire comme une entree
> *Au roy de leur secours* et victoire asseuree : » [123].

Les hébraïsmes soulignent qu'ils sont les véritables vis-à-vis de Dieu : la stupeur de toute la création, la terreur muette des persécuteurs fait qu'on n'entend plus que la louange du peuple élu, les deux hébraïsmes manifestent qu'ils sont la nouvelle Sion.

Au roy de leur secours est tout à fait analogue à l'expression : *au Dieu de leur support* [124], formule solennelle qui conclut l'énumération des délivrances miraculeuses aux jours les plus sombres de la Saint-Barthélémy.

Lorsque le Christ paraît en majesté pour le Jugement dernier, les hébraïsmes *le Fils de l'homme, et du grand Dieu le Fils* [125] n'ont pas seulement une valeur théologique ; ces noms prophétiques du Messie remplissent le vers et le font rayonner de puissance. Quant à la mystérieuse transformation des vivants qui, selon l'apôtre, doivent être changés en un moment, *un feu de mouvement* rend sensible son caractère surnaturel, inconcevable.

Parfois il suffit que le style oratoire se charge de deux ou trois hébraïsmes pour que la diatribe morale prenne tout à coup un sens prophétique et que, par exemple, la voix de Dieu se fasse entendre dans la prosopopée que prononce la Terre :

> « *Enfans de ma douleur,* du *haut ciel l'ire* esmüe
> Pour me vouloir tuer premierement vous tue ;
> . . . . . .
> Et je retirerai mes benedictions
> De ceux *qui vont sucçans le sang des nations...* » [126].

---

123. *Chambre dorée,* vers 155-158.
124. *Fers,* vers 1192.
125. *Jugement,* vers 697.
126. *Misères,* vers 293.294 ; 307.308 « le sang des nations » n'est pas exactement un hébraïsme mais c'est une réminiscence biblique.

On pourrait dire que les hébraïsmes constituent la vibration la plus puissante de la corde d'airain. Au plus fort de l'indignation, alors qu'on croirait qu'il n'y a rien au-delà d'un accent vengeur, que le paroxysme de la colère est atteint, apparaît un hébraïsme, comme si le monde clos de l'humain et du désespoir s'ouvrait pour que le scandale soit offert au regard de Dieu par la voix du prophète. Voici par exemple la fin du mouvement d'indignation qui condamne « *les tygres* » qui « *vont bruslans les thrésors de la terre* » :

> « Le malade se plaint ; cette voix nous adjourne
> *Au throsne du grand Dieu,* ce que l'affligé dit
> En l'*amer de son cœur,* quand son cœur nous maudit,
> Dieu l'entend, Dieu l'exauce, et *ce cri d'amertume*
> Dans l'air ni dans le feu volant ne se consume ;
> Dieu seelle de son seau ce piteux testament,
> Nostre mort en la mort qui va le consumant » [126 bis].

Marcel Raymond a bien mis en valeur ce va et vient entre un art concret « soucieux de rendre l'apparence matérielle de la réalité et une vision mystique qui fait partout sentir la puissance de Dieu, « l'imminence du dernier jour » [127] ; ce qui rend possible ces coups d'aile brusques de la réalité terrestre au vrai, d'ordre surnaturel, c'est justement cette langue sacrée qui fait éclater le langage humain et lui prête une force prophétique manifestant ainsi la présence de Dieu, Son action vigilante. L'Apocalypse apparaît ainsi, par éclairs, à travers l'histoire tragique ; elle pénètre la réalité confuse et contradictoire des événements et projette sur eux l'éclatante certitude des fins dernières.

III° PARTIE. — *Influence de la poésie hébraïque sur la construction des images et sur le rythme,* dans les « prophéties » les prières des *Tragiques,* et les *Poésies religieuses.*

On ne peut éviter d'aborder ce problème, puisque l'imitation des *prophéties* ou des *psaumes* bibliques et, à plus forte raison, l'inspiration prophétique doivent se manifester par une rupture avec

---

126 bis *Misères,* 454.460.
   Il est à remarquer que les hébraïsmes se mêlent ici à des images typiquement bibliques comme « Dieu seelle de son seau », cf. *Apocal.* VII 2 et 3 ; le symbole du sceau lié aux fléaux de l'Apocalypse est constant dans ce livre.
   Le dernier vers nous paraît constituer l'une de ces images où un événement est le signe d'un autre qu'il déclenche d'une manière irréversible. Nous y avons vu un aspect original de la mentalité hébraïque. Cf. ci-dessus, p. 472-73.
   127. M. Raymond : *A. dAubigné « Prose et Poésie »* Neuchâtel Ides et Calendes 1943. Introduction, p. 24.

les procédés et les rythmes habituels de la poésie didactique ou même du lyrisme personnel [128]. Mais la question est hérissée de difficultés : malgré l'ouvrage remarquable de L.Alonso Schökel, véritable somme sur la poésie hébraïque [129], la métrique et les combinaisons rythmiques des poèmes de la Bible ne sont pas parfaitement claires et le seraient-elles que nous nous trouverions devant un problème insoluble : comment A. d'Aubigné et ses contemporains lisaient-ils ces cantiques ou ces oracles prophétiques ? De plus, il serait naïf de croire — et tout ce travail s'élève là contre — que le chantre de l'épopée huguenote a reçu directement et tout seul l'inspiration du livre que le Saint-Esprit éclairait pour lui : il chantait les *psaumes*, et, dans ces chants d'assemblée, il sentait assurément que l'esprit recréait une communauté militante ; il lisait aussi et chantait les cantiques qu'un Accasse d'Albiac, un Ch. de Navières, un Boucher de Boiscommun, un Bèze avaient traduits en vers [130], c'était pour lui la substance des Ecritures qui se coulait dans des mélodies connues, des *psaumes,* le plus souvent ; ainsi le mètre hébraïque — sans doute trahi — paraissait une très proche réalité. Un autre écueil se présente à nous : lorsque le *psaume* ou *l'oracle prophétique* sont retranscrits fidèlement et comme enchassés dans la poésie d'A. d'Aubigné, si nous prenons ce passage comme objet d'étude c'est le texte biblique lui-même qui fera l'objet de l'examen et non la création poétique de l'auteur.

Sans prétendre arriver à des solutions définitives nous nous attacherons à deux aspects importants :

1) Comment le *parallélisme* qui caractérise, aux yeux de la majorité des critiques, la poésie hébraïque a-t-il modelé les passages les plus typiquement bibliques des *Tragiques* ou des *Poésies religieuses ?*

2) A. d'Aubigné *a-t-il eu l'intuition d'un mètre* ou d'un *rythme* particulier dans les *Psaumes* ou chez les *Prophètes ?* a-t-il, dans une certaine mesure, adopté ou du moins essayé ce rythme ?

1 - *Le parallélisme* a été découvert par Lowth en 1745 [131] ; « il continue de régner sans conteste sur ce domaine », dit L. Alonso-Schökel [132]. Nous rappelons simplement les formes de parallélisme qu'il

---

128. Cf. *Princes*, v. 21 « subject, stylle inconnu », et *Misères*, v. 19 et 20.
129 Luis Alonso-Schökel. *Estudios de poetica hebrea.* Barcelone 1963. Ce livre de tout premier plan a été pour nous un guide indispensable.
130. Voir J. Pineaux, *op. cit.,* pages 237-240.
131. Robert Lowth : *De sacra poesi Hebraeorum praelectiones academicae Oxonii habitae...* Oxford 1753. Nous avons utilisé la traduction donnée par F. Roger en 1813 : *Cours de poésie sacrée...* traduit pour la première fois du latin en Français. Paris 1813.
132. *Op. cit.,* p. 205.

distingue dans la poésie hébraïque pour que la pratique poétique d'A. d'Aubigné apparaisse plus clairement. Lowth indique :

le *parallélisme synonymique* dont voici un exemple :

« Lorsqu'Israël sortit de l'Egypte
Et la maison de Juda d'un peuple barbare,
« Dieu consacra le peuple Juif à son service
Et établit son empire dans Israël ;
« La mer le vit et s'enfuit
Le Jourdain retourna en arrière... » [133].

le *parallélisme antithétique :* le cantique d'Anne en offre un exemple :

« L'arc des forts est brisé,
Et les faibles ont été remplis de force ;
« Ceux qui étaient auparavant comblés de biens se
sont loués pour avoir du pain.
Et ceux qui étaient pressés de la faim ont été rassasiés,
Celle qui était stérile est devenue mère de sept enfants
Et celle qui avait beaucoup d'enfants n'en a plus.
C'est le Seigneur qui donne et qui ôte la vie
Qui conduit aux enfers et qui en retire... » [134].

R. Lowth et Alonso Schökel signalent aussi une *articulation ternaire* c'est-à-dire, après deux membres parallèles, un troisième qui exprime une synthèse, elle a pour rôle d'ouvrir ou de clore un thème ; les prophètes l'utilisent parfois pour rendre l'intensité du sentiment ou de l'action de Dieu, mais elle est beaucoup moins fréquente que le parallélisme binaire.

Signalons enfin les constructions *chiastiques* très fréquentes dans les *Psaumes* [135]. Nous savons bien que le chiasme est une figure très fréquente chez Scève mais il s'agit peut-être, chez les deux poètes, d'une imitation commune du texte sacré.

Luis Alonso-Schökel indique l'abondance des *parallélismes synonymiques* dans la littérature hébraïque ; au contraire, chez A. d'Aubigné, ils sont beaucoup moins fréquents que les antithèses parallèles et assez souvent combinés avec elles.

Citons quelques exemples de *parallélismes synonymiques :*

« Soyent tes yeux adoucis à guérir nos misères,
Ton oreille propice ouverte à nos prières,

---

133. Lowth, *op. cit.*, tome II, p. 21. *Psaume* CXIV, nous abrégeons les citations avec une vif regret car la beauté de ce poème est admirable.
134. *Ibid.*, p. 32. I *Samuel*, chap. II, v. 4 à 7.
135. Voir Lud (Nils W.) *Chiasmus in the Psalms.* American Journal of Semitic languages and litteratures XLIX (1933), p. 281-312.

Ton sein desboutonné à loger nos souspirs,
Et ta main libérale à nos justes desirs » [136].

Agrippa d'Aubigné a emprunté à la Bible le parallélisme yeux/
oreilles [137], mais en le complétant par deux notations anthropomorphiques
qui ont trait au corps et à l'action, il accentue l'effet *de totalité* qui est
souvent l'objet du parallélisme dans la poésie biblique [138].

Voici encore le jugement de Dieu et son caractère *radical,* autre
effet *de totalité,* tel qu'il est énoncé dans *Misères :*

« Tout pour eux soit amer, qu'ils sortent execrables
Du *lict sans reposer, allouvis* de *leurs tables !* » [139].

la construction en *chiasme* souligne la rigueur définitive de la sentence
en fermant l'énoncé. L'exemple suivant fait apparaître la loi du talion
et la similitude du châtiment et de la faute :

« Vous ne semez que vent/en stériles sillons,
Vous n'y moissonnerez/que volans tourbillons » [140].

Le martèlement des syllabes de valeur semblable, l'allitération, la
similitude *vents/volans tourbillons* soulignent ici, par leur valeurs sonores,
le parallélisme symétrique qui donne aux vers, comme dans l'exemple
précédent, un accent prophétique.

Le parallélisme de synonymie est bien représenté dans les *Poésies
religieuses.* Le voici utilisé avec le chiasme dans un beau vers en mineur :
« Le rossignol se tait/se taisent les Syrenes » [141].

Dans un autre poème, la symétrie du parallélisme souligne la double
postulation de l'amour, amour charnel et amour divin, à l'heure où
un vieillard fait, dans la sérénité, le bilan spirituel de sa vie ; or le
balancement symétrique traduit précisément la sérénité du regard
intérieur ; les antithèses soulignent la libération spirituelle :

---

136. *Misères,* 1353.1356.
137. Cf. II *Chroniques* VI.40 : « maintenant, ô mon Dieu, je te prie que
tes yeux soient ouverts, et que tes *oreilles soient attentives* à la requeste qu'on
te fera en ce lieu-ci » parallélisme extrêmement fréquent dans la Bible.
138. Cf. Alonso-Schökel : *Merismo y expresiòn polar,* p. 211. Cf. un autre
parallélisme marquant la totalité dans « *Prière et confession* » :
« mes yeux de mes desirs corrupteurs ont cerché
L'horreur, mes mains le sang, et mon cœur les vengeances ». ed. Weber,
p. 376.
139. *Misères,* vers 309-310.
140. *Jugement,* 293. On trouve un jeu très semblable des sonorités dans
l'hémistiche d'*Osée* (VIII.7)
kî rûah yizro‹û wesû phâthâh yik ṣorû
« Puisqu'ils sèment le vent, ils récolteront la tempête »
141. *Poésies religieuses,* ed. Weber (La Pléiade), p. 374.

« Je fais aux saincts autels holocauste des restes
De glace aux feux impurs/et de naphte aux célestes » [142].

voici encore un parallélisme de la synonymie dans *Prière et Confession* :
« Je suis comme aux Enfers par mes faicts vicieux
Je suis noir et sanglant pour mes pechez... » [143]

ici la reprise symétrique donne un caractère concret et personnel à la
confession, le pécheur s'approprie une formule trop générale, c'est un
effet de précision qui est apporté à la contemplation méditative.

Mais si l'on considère dans la poésie d'A. d'Aubigné le *parallélisme
antithétique* une masse d'exemples s'offre au regard. Des quatre exemples
que cite Henri Weber [144], deux sont des transpositions du *Cantique
d'Anne* ou du *Magnificat* qui en reprend les parallélismes, le troisième,
emprunté à du Bartas, représente une paraphrase du même cantique.
Mais en voici quelques autres :

« Vous faites esclatter aux temples vos musiques :
Vostre cheute fera hurler vos domestiques.
Au jour de vostre change on vous pare de blanc :
Au jour son son courroux Dieu vous couvre de sang » [145].

Il repose sur le *renversement de situation* qui prend le plus souvent
la forme, dans la prédication prophétique, du parallélisme rigoureux :
péché-châtiment [146].

Il faudrait étudier de près le jeu des sonorités et en particulier le
passage des syllabes claires ou éclatantes aux sonorités assourdies,
ténébreuses, des vers où s'exprime le châtiment.

« Chastie en ta douceur/punis en ta furie
l'escapade aux aigneaux/des loups la boucherie » [147].

---

142. *L'Hiver.* éd. Weber, Voir pour préciser l'allusion biblique le chap. XI
de cette seconde partie, p. 452.
. 143. *Prière et Confession,* éd. Weber, p. 376.
144. Cf. *La création poétique au XVIe siècle en France,* pp. 707-708.
145. *Jugement,* 179-182.
146. Cf. L. Alonso-Schökel, p. 267. Le modèle biblique de l'exemple cité se
trouve au chap. III d'*Esaïe,* v. 24 : châtiment des filles de Sion :
« Au lieu de parfum il y aura de la pourriture
    au lieu de ceinture une corde
    au lieu de cheveux frisés une tête rasée
    au lieu d'un riche manteau un sac ceint (autour des reins), une marque du
fer rouge au lieu de beauté ».
147. *Misères,* vers 1289, 1290.

Il ne s'agit pas ici d'une distinction basée sur des principes moraux mais du choc de deux blocs extrêmes : le peuple des élus, la race réprouvée des tyrans. L'antithèse des deux modes de châtiment s'explique par l'antithèse qui domine toute la prière finale de *Misères* :

antithèse
théologique
⎰ *Tes ennemis/et nous* sommes esgaux en vice
⎱ Si, juge, tu te sieds en ton lict de justice ;
⎱ Tu fais pourtant un choix *d'enfans/*ou *d'ennemis*
⎱   (chiasme)
⎱ Et ce choix est celui que *ta grace y a mis* » [148].

Dans les *Poésies religieuses,* la lutte entre deux réalités qui s'excluent s'exprime par le *parallélisme antithétique* entre le péché-ténèbres et l'Esprit-lumière de vie :

« Dans l'espais des ombres funèbres,
Parmi l'obscure nuit, image de la mort,
Astre de nos esprits, sois l'estoile du Nort,
Flambeau de nos tenebres » [149].

on voit se combiner ici les parallélismes de synonymie (qui permettent de superposer réalité et figure symbolique) avec le parallélisme antithétique.

Mais il paraît plus intéressant de citer des exemples où le *parallélisme synonymique* de la source hébraïque a été transformé en *parallélisme antithétique.* En voici deux : les vers 1309 à 1312 de *Misères* reproduisent le *Psaume* LXXXIV, verset 4, mais le *psaume* biblique, comme nous l'avons vu [150], repose uniquement sur des synonymies :

« Le passereau mesme a trouvé maison pour soy, et l'arondelle un nid pour soy a mettre ses petits, ô tes autels, Seigneur des armées, mon roi et mon Dieu,

verset 5 : « Bien heureux sont ceux qui habitent en ta maison... »

La parallélisme du *Psaume* assimile l'ardent amour du Pélerin pour le Temple et l'instinct de l'oiseau qui recherche son nid, mais A. d'Aubigné remplace ce parallélisme par un autre : la violente protestation pour Dieu que ses fidèles ne peuvent adorer dans des sanctuaires

---

148. *Misères,* v. 1277.1280.
149 *Prière du soir,* éd. Weber, p. 375.
150. Deuxième partie, chap. VII, pp. 267-268. n.

qu'Il agrée. Le parallélisme antithétique reflète fidèlement ici la révolte des Huguenots privés d'églises [151].

Dans la même prière de *Misères* on trouve un mouvement violent, appelant le châtiment des persécuteurs :

« Cette bande meurtriere à boire nous convie

Le vin de ton courroux :/boiront-ils point la lie ? »

Or, à l'origine, le texte biblique était constitué par un parallélisme de synonymie [152]. Il exprimait l'idée de la totalité du châtiment en prolongeant l'émotion par la répétition des termes. A. d'Aubigné transforme complètement le thème en indiquant deux coupables : l'*enfant* ou *Jérusalem* et l'*ennemi,* le mouvement violent de la révolte oppose au vers allongé par l'enjambement et qui dépeint une situation, un hémistiche de six syllabes d'autant plus vigoureux qu'il est bref, construit en asyndète et cerné par un chiasme, il utilise un parallélisme antithétique.

Il ne s'agit pas d'un procédé intermittent, d'un caractère superficiel. Les parallélismes sont étroitement liés à la pensée hébraïque qui juxtapose ou superpose des images ou des objets saisis dans leur totalité au lieu de les analyser et de les combiner grâce à des rapports abstraits, comme le fait l'esprit occidental. Si bien qu'en employant cette technique poétique le poète français se fait prophète, sa parole fait surgir un autre monde de sentiments, de pensées et de forces.

A propos d'un passage assez court nous aimerions montrer que le jeu des synonymies et des parallélismes antithétiques fait progresser la pensée par une juxtaposition de thèmes, sans mettre en jeu les articulations logiques mais en utilisant les correspondances ou les échos que chacune de ces totalités thématiques renferme.

---

151. Cette interprétation figure déjà dans le commentaire de Calvin sur ce *psaume* et se trouve reprise dans la traduction de Bèze :

« Mon Dieu mon Roy me soustenant

Ou est ce que sont maintenant

Les autels esquels tu habites ? »

152. Cf. *Esaïe* LI.17 : « Leve-toi Jérusalem qui a beu de la main du Seigneur le calice de son ire ; tu as beu et succé la lie du calice de forcenerie, et l'as beu jusques à la lie ».

Analyse des parallélismes synonymiques et antithétiques dans le 2ᵉ mouvement de la prière finale de Misères :
vers 1294-1329

Tout ce mouvement est une *provocation de Dieu à jugement.* Ce réquisitoire passionné développe et enrichit l'antithèse initiale : 1293 :

« Veux-tu longtemps laisser en ceste terre ronde
Regner ton ennemi ? n'es-tu Seigneur du monde »,

l'opposition *enfans/ennemis* reste sous-jacente à tout ce mouvement, ce qui nous autorise à figurer ainsi antithèse et synonymie :

Ennemis

1297 « *Les Princes* n'ont point d'yeux/pour voir
tes grand's merveilles ;
n'auront-ils point d'oreilles/quand
tu voudras tonner ? »

Le parallélisme synonymique qui traduit constamment dans la Bible *l'endurcissement* lié au jugement sans appel repose ici sur l'antithèse

merveilles .... persuasion par la grâce
tonner .... jugement qui s'exécute

DIEU et enfants de Dieu
1295 :

« Toy, Seigneur, qui abbas, qui blesse⎫ oppositions qui
qui guéris ⎬ indiquent la totalité
⎪ *Deutéronome*
qui donnes vie et mort ⎪ XXXII.39.
qui tue et qui nourris » ⎭

Cette affirmation de la toute puissance de Dieu représente la *confession de foi des enfants de Dieu qui* par là manifestent leur fidélité.

yeux
oreilles } totalité de l'être
mains } synonymie

1299 leurs mains < —— > nous persécuter
1300 tout pour Satan < —— > rien pour te porter

La synonymie de la totalité s'achève sur l'antithèse du vers 1300 qui reproduit le thème d'Esaïe 49/23 :

« Les rois seront tes nourriciers
et les princesses tes nourrices »

ce thème retourné, d'après *Calvin* a été un leit motiv de *Misères* et de *Princes*.

Symétrie car Babel
c'est *l'Antéchrist, la
bête cornue. (Apoca-
lypse* XIII *Daniel*
VII.8)

1302 (BABEL
Les rançonne et pille leurs
richesses, tels sont les *monts
cornus* (qui avaricieux mons-
trent l'or aux enfers) <——

1301 SION
ne reçoit d'eux que refus et rudesse < ——

et les neiges aux cieux (construction chiastique du quatrain) qui indique le renversement scandaleux : l'or devant revenir à Sion et l'offrande stérile à Babel

DIEU

v. 1307 :
« au désert pauvrement hébergé », rappel du thème de l'*Exode* (élection d'un peuple qui témoigne de *la gloire de Dieu*)

v. 1305
BABEL
Temples du payen... de l'idolâtre <

Parallélisme, v. 1308 « a basti tout le monde <——> et [n'y est pas logé ».

Parallélisme
v. 1306
Babel *Haussent au ciel l'orgueil du
marbre...*
Tour de Babel, *gloire de l'homme*

Antithèse

1309 → «*les moineaux* ont leur nid   parallélisme
leurs nids les hirondelles   synonymique
on dresse quelque fuye aux   et
1310 simples colombelles   chiasme
1311 tout est mis à l'abri par
les soins des mortels ».

Redoublement ternaire
effet de vigueur oratoire.
→ « *Et Dieu* seul immortel <—> n'a logis
ni autels »

Parallélisme qui marque le retour du thème mais avec
plus d'insistance sur la persécution religieuse qui prive
Dieu de sa gloire.

1313 Triomphe de la gloire de Dieu (antithèse avec
ce qui précède).

1316 « Tu as tout l'univers où ta gloire on con-   Paral-
Paral- temple   lélisme
lélisme pour marchepied la *Terre*   de la
de syno- et le *ciel* pour un   totalité
nymie temple » [1]   chiasme

v. 1315 : « Où te chassera *l'homme* < —————> ô *Dieu* victorieux ? antithèse : combat homme contre Dieu

Tu possèdes le ciel et les cieux des hauts cieux ».

Parallélisme qui marque la plénitude du triomphe, *antithèse* avec la strophe précédente.

Le triomphe de Dieu étant évident, ses élus peuvent le prier en soulignant qu'ils sont ses *témoins fidèles* : antithèse Dieu-peuple fidèle mais ce n'est pas une antithèse qui exclut.

Le verset du *Deutéronome* XXXII n'est pas dit < —————> *Nous faisons des rochers les lieux où on te presche*

« où sont ces rochers (les faux dieux) en qui ils mettaient leur confiance ? »
(antithèse avec Deutéronome XXXII.37 condamnant l'idolâtrie)

Eux [font] du temple une estable aux asnes arrogants < —————> un temple de l'estable parallélisme

parallélisme de (la fausse église *engraisse* les asnes >un autel de la cresche et renversement de
synonymie à base du clergé) la situation
d'antithèses de la saincte maison/la caverne (les humbles rendent
aux brigands gloire à Dieu)
cf. : *Matthieu* XXI.13

ces antithèses constituent à elles seules le réquisitoire voir tombeaux (strophe suivante)

Les ennemis *Dieu - Les enfants de Dieu*
« les premiers des chrestiens prioyent aux cimetières... »
c'est le parallélisme rochers/tombeaux qui

amène ce nouveau développement (voir ed. Weber, p. 471 : *Debvoir des Roys et des Subjects*).

l'assimilation *cavernes/tombeaux* vient de la Bible (voir note IIᵉ partie, chap. VII, p. 272 n. 143).

Les *premiers chrétiens/nous* antithèse qui marque une continuité.

paral-
lélisme
synony-
mique

Nous avons fait ouïr aux tombeaux nos [prières

Fait sonner aux tombeaux le nom de Dieu le [fort

Et annoncé la vie aux logis de la mort ».

Le troisième élément clôt la série binaire avec une ampleur particulière il souligne *la fidélité du témoignage* centré sur Résurrection du Christ.

1325   « Tu peux faire conter la louange à la pierre »

La pierre c'est l'inerte, le non-vivant, cf *Luc* XIX,40 : « Lui, respondant, leur dit : « je vous dis que si ceux-ci se taisent, les pierres mesme crieront ».

Ce rappel biblique permet le glissement, dans le paral-lélisme de rocher, caverne, tombeau, à « cadavre », « peuple mort ».

Mais

paral-
lélisme

« n'as tu pas toujours ton marchepied en
  terre ? ².

Ne veux tu plus avoir d'autres *temples sacrez*
Qu'un blanchissant amas d'os de morts massacrez ?

L'antithèse entre les vers 1325 et 1326 est capitale, Dieu a besoin des hommes c'est ce que l'élection d'Israël a fait éclater.

Le dernier vers qui évoque la vision d'Ezéchiel (chap. 37) exprime sous une forme saisissante la vision du peuple fidèle mort. D'où l'enchaînement avec le thème du *Psaume* LXXXVIII

« Les morts viendront-ils à sortir
A fin de prescher tes merveilles ? ».

Dieu est en quelque sorte sommé de délivrer son peuple de la mort puisque le témoignage d'un peuple fidèle est nécessaire à sa gloire.

---

1. Pour l'analogie marchepied-temple, voir IIᵉ partie, chap. VII, p. 268 n.; cf. *Esaïe* LXVI. 1 et 2 : ainsi parle Yahvé :
« le ciel est mon throne
et la terre mon marchepied.
Quelle maison pourriez-vous me bâtir
et quel lieu pourriez-vous me donner pour résidence ?
Tout cela c'est ma main qui l'a fait
et tout cela m'appartient ».
2. Nous avons montré IIᵉ partie, chap. VII, p. 268 n. que, dans une gravure de la Bible, le temple (de Jérusalem) était placé aux pieds de Dieu comme un marchepied (illustration de la vision d'Esaïe, vision de la gloire de Dieu).

Que pouvons-nous conclure de cette analyse qu'on devrait sans doute affiner davantage ?

1) - Agrippa d'Aubigné emploie largement le *parallélisme antithétique,* la raison déterminante, comme l'a très bien vu Henri Weber, c'est que le poète mène un combat, qu'il « veut imposer un idée et une foi » [153], mais il utilise également ces antithèses parallèles pour « obliger » Dieu à s'armer du jugement : tous les parallèles qui opposent *gloire de Dieu* et *mort de son peuple* expriment ce combat spirituel qui n'est pas sans analogie avec celui de Job, par là cette prière pathétique présente à Dieu l'angoisse et la foi de toute une communauté.

Lorsqu'il utilise le parallélisme binaire de synonymie, il le redouble assez souvent (vers 1309-1311, 1313-14 et 1316, 1321-1325) et obtient un rythme ternaire avec un effet très marqué de densité pour le troisième vers (densité de la pensée théologique ou de l'émotion). Ce groupe ternaire est assez rare dans la Bible.

Mais ces parallélismes, qui commandent le progrès et le développement de la pensée, sont l'expression même des idées ou du drame vécu par le prophète. Nous avons une progression en chaîne du poème au moyen d'associations de thèmes qui sont liés par des correspondances symboliques. Nous avons souligné la liaison *Babel/monts cornus* qui n'est pas simple comparaison, le parallélisme *Babel/temples haussent au ciel,* l'antithèse théologique *tour de Babel/Dieu hébergé au désert,* la progression *rochers, tombeaux* développée par l'antithèse *pierres mortes/pierres vivantes* [154] symbole de l'Eglise fidèle, *pierres vivantes* et *blanchissant amas d'os de morts.*

C'est la connaissance de la Bible, considérée comme un vaste univers de signes qui s'appellent et se correspondent, et dont plusieurs se trouvent déjà coordonnés par les thèmes théologiques familiers aux contemporains des luttes religieuses, qui permet un glissement, parfois souple et attendu, souvent brutalement interrompu par la surprise de l'antithèse. L'inspiration des prophètes et du psalmiste se développe selon une démarche analogue, par juxtaposition, avec de brusques éclairs qui bouleversent les schémas symboliques traditionnels.

---

153. Voir H. Weber « *La création poétique au XVIe siècle* ». Tome II, p. 731.

154. Cf. I *Pierre* II.5 : « Comme des pierres vivantes formez une maison spirituelle ». *pierres vivantes* n'est pas dit mais c'est l'antithèse de pierre (au vers 1325) et le synonyme de *marchepied* qui signifie l'église fidèle qui glorifie Dieu. Cf. *Esaïe* LXVI.1 et 2 cité en note p. 494.

« D'Aubigné », écrit H. Weber, « est rarement capable d'organiser la phrase en un véritable mouvement ascendant, appuyé sur des articulations diverses, et qui retombe ensuite en une chute savamment préparée ». Mais, en tout cas dans les passages où il s'exprime en prophète inspiré, *il ne le veut pas ;* il rejette cette éloquence poétique pour choisir un style nouveau, cette « poésie qui s'élance en vagues courtes et pressées, qui se gonfle peu à peu d'images nouvelles... » [155] le souffle prophétique lui permet ainsi de faire affleurer brusquement le surnaturel à travers la plus quotidienne, la plus charnelle réalité.

2) - *Problèmes de rythme et de métrique.* Il est peaucoup plus difficile d'apprécier l'influence qu'a pu avoir le rythme de la poésie hébraïque sur notre poète. Pouvait-il imaginer que les poètes bibliques utilisaient un mètre particulier ? Pouvait-il, dans ce cas, faire apparaître ce rythme dans l'alexandrin qui donne aux *Tragiques* leur unité ? Nous savons qu'Agrippa d'Aubigné lisait l'hébreu. Que voyait-il lorsqu'il ouvrait une bible hébraïque ? Tout d'abord la prose et les textes poétiques étaient-ils distingués par la disposition graphique ? [156] : le *cantique de Moïse* (*Deutéronome* XXXII) apparaît formé de stiches ou « côla » [157] courts de 6 ou 7 syllabes séparés par des blancs importants. Le cantique de Débora (*Juges,* chap. 5) combine des « côla » courts de neuf syllabes avec un « vers » long de 17 ou 19 syllabes environ [158] ; ceci pouvait suggérer à A. d'Aubigné l'idée de combinaisons strophiques un vers ample servant d'appui à deux vers courts. La disposition graphique des *oracles prophétiques* et des *psaumes* est encore différente : les versets sont séparés par des blancs et ces blancs sont plus importants à intervalle inégaux ce qui délimite des groupes de deux ou trois versets et suggère un rythme plus libre, s'élargissant ou se resserrant suivant une respiration ou une mélodie propres au poème. Mais il ne faut pas minimiser l'influence qu'a pu exercer la disposition métrique des *psaumes* traduits par Marot et Bèze, celle des *cantiques* traduits de la Bible par les poètes contemporains ainsi que les parties lyriques des tragédies d'un Des Masures, d'un Buchanam, d'un Bèze. Nous n'avons pas à refaire cette étude qu'on peut lire dans la thèse de Raymond

---

155. Définition empruntée à J. Pineaux qui définit ainsi la poésie huguenote de combat. *op. cit.,* p. 224.

156. Nous avons utilisé une bible hébraïque éditée à Anvers 1580. *Biblia hebraïca cum punctis.* B.N. A 2310 in-4°

157. J'utilise ce terme parce que les spécialistes actuels ne s'accordent pas sur le point de savoir si l'unité de base est un « vers » court, ou s'il s'agit de membres séparés par des coupes. Voir L. Alonso-Schökel, *op. cit. pp.* 119 et sq.

158. Le compte des syllabes sera toujours assez arbitraire car la prononciation de l'hébreu au temps de Débora n'est pas connue, on ignore comment on comptait les enclitiques et la prononciation du *shewa* noté comme quiescent par les Massorètes.

Lebègue [159] : on y trouvera en particulier une analyse précise des chœurs dans la trilogie de Des Masures, des remarques sur les chœurs de *Jephtes* de Buchanam traduit par Florent Chrestien ; qu'il nous suffise de remarquer que, dans ces *Cantiques,* dominent les vers courts, le décasyllabe étant moins employé que les octosyllabes ou le vers de six pieds. Dans l'*Abraham sacrifiant,* de Bèze, les trois *cantiques* sont écrits en hexasyllabes ou en heptasyllabes groupés en sixains.

La thèse de J. Pineaux démontre l'influence des rythmes et des mètres du *Psautier* sur la poésie protestante des chants de combat et des chants d'appel [160], composés par les Réformés au cours des guerres de religion : « dans ces chants polémiques, dans les cantiques traduits des livres Saints comme dans les Psaumes, qui leur servent souvent de timbre, les vers courts (octosyllabes, heptasyllabes, hexasyllabes) dominent » [161]. Ajoutons encore qu'A. d'Aubigné pouvait imaginer le rythme des cantiques ou des oracles bibliques d'après la lecture à haute voix, or les jeux sonores si fréquents dans la poésie biblique : paronomases, allitérations, anaphores, concernent des groupes précis et rapproché, citons : *Esaïe I.*21 : *Zônâ-né'émânâ ;* 5/7 *mishpâṭ-miś paḫ ;* 7/9 *tha'amînû-thé'âménù ;* 8.23 *Héqal-hikbîd ;* 12/2 *'ébṭaḫ-'éphḫâd* [162].

Toutes ces raisons et ces influences ont sans doute convaincu d'Aubigné que le lyrisme religieux devait avoir un rythme différent du récit ou de la poésie didactique. Il garde le tempo large et plein de l'alexandrin dans certaines poésies personnelles : *Extase* [163], qui est un sonnet, *Prière et Confession* [164] qui, avec une majesté lente et régulière, traduit la sérénité du patriarche en dialogue avec son Dieu, ainsi que l'*Hiver* [165] qui justement, s'oppose aux passions tumultueuses du *Printemps* ; mais d'autres pièces des poésies religieuses qui expriment soit un conflit de sentiments, soit l'angoisse combattue par la foi du prisonnier condamné à mort, ou encore des désirs charnels mal éteints, s'accomodent mieux de vers courts, que d'ailleurs l'enjambement allonge

159. Raymond Lebègue. *La Tragédie religieuse en France.* Paris, 1929, voir p. 249, 312, 359, 362.

160. J. Pineaux, *op. cit.,* voir p. 193 à 227.

161. *Ibidem.*

162. Cité par L. Alonso-Schökel, *op. cit.,* p. 266 ; j'y ajoute ce très beau parallélisme du *Cantique de Moïse :*
kiśe 'îrim 'alè-déshé' wekirebî-bîm 'alè-'éśèb.
« Comme des ondées sur l'herbe verte
    et comme des averses sur le gazon ; » (où l'on entend le doux bruit de la pluie). *Deut.* XXXII, 2.

163. Ed. Weber, p. 379.

164. *Ibid.,* p. 375.

165. *Ibid.* p. 373.

souvent, pour les opposer à des heptasyllabes ou à des vers de six pieds au rythme net.

Dans les *Psaumes en vers mesurés*, l'emploi du vers court est très important car, même dans des vers saphiques qui comptent onze syllabes, des rimes intérieures au cinquième pied ou la parfaite symétrie des groupes de cinq syllabes dans les deux premiers vers de la strophe mettent en valeur cet élément bref. Le *Psaume* CXVI [166], où trois vers de onze syllabes coupés 5/6 s'appuient sur un hexasyllabe qui exprime certitudes ou engagement du croyant, me paraît une originale réussite.

Le *Psaume* CXXXIII, construit sur un adonique de cinq syllabes, fait penser à certaines chansons de « *Romances sans paroles* » de Verlaine et, par sa souplesse, montre bien que, pour A. d'Aubigné, le rythme n'est pas tributaire de la rime mais plutôt d'une sorte de respiration accordée au sentiment.

Dans les *Tragiques*, le poète a voulu indiquer un changement de rythme entre les alexandrins à rimes plates, vers de l'épopée, du récit, de la poésie oratoire, et des quatrains d'alexandrins qui soulignent le caractère prophétique, inspiré, d'un discours [167] ou l'élan sublime de la prière que Dieu agrée ; c'est ainsi que le *Psaume* final de la *Chambre dorée* [168], la prière prophétique qui clôt le livre de *Misères* [169] ou la révélation « prophétique » du même chant sont écrits en quatrains d'alexandrins à rimes plates. Ce serait une bien faible distinction formelle si A. d'Aubigné n'avait cherché à disloquer le rythme régulier de l'alexandrin par le jeu des rejets, des contre-rejets et des coupes secondaires qui affaiblissent, parfois jusqu'à la faire disparaître, la coupe à l'hémistiche. Henri Weber a fait une excellente étude des rejets, des coupes secondaires et des effets de l'allitération dans les *Tragiques* [170], nous voudrions seulement donner quelques exemples de ces alexandrins rompus ou allongés qui nous paraissent tantôt reproduire le vers court des *psaumes* tantôt briser le mouvement pour suggérer le rythme net et coupant de l'oracle prophétique :

1309 « Les moineaux ont leurs *nids,*/leurs nids les hirondelles ;

---

166. Ed. Weber, p. 363.
167. *Misères*, vers 600-652.
168. *Chambre dorée*, v. 1009 à la fin.
169. *Misères*, v. 1273-1380.
170. Henri Weber. *La création poétique en France au XVIe siècle.* p. 720-727.

1310   On dresse quelque *fuye*/aux simples colombelles ;
         Tout est mis à *l'abri*/par le soin des mortels ;
         Et Dieu seul,/immor*tel*,/n'a logis ni au*tels* ».

Ici la rime intérieure suggère les vers légers et courts du *Psaume*
LXXXIV traduit par Bèze [171]. Ces quatre alexandrins forment un huitain
sur le modèle de la strophe du *psaume,* mais le vers 1310 plus lié que
le vers 1309, que le chiasme séparait nettement en deux hexasyllabes,
peut faire penser à la disposition graphique de certains cantiques bibliques.

Le final de *Vengeances* reproduit, en déplaçant certains vers, deux
strophes du *Psaume* XVIII traduit par Clément Marot, les décasyllabes
de Marot sont simplement allongés pour remplir la mesure de l'alexandrin.

Strophe de Marot	Vengeances 1123 et suivants
Gresle jettant et charbons vifs en terre	Ici le haut tonnant sa grosse voix hors met,
Au ciel menoit l'Eternel grand' tonnerre	Et gresle et souffre et feu sur la terre transmet,
L'altitonnant sa grosse voix hors mit	Fait la charge sonner par l'airain du tonnerre ;
Et gresle et feu sur la terre transmit.	Il a la mort, l'enfer soudoyez pour sa guerre.
Marot strophe 4	
Monté estoit sur chérubins mouvans,	1127 : Monté dessus le dos des chérubins mouvans,
Voloit, guindé sur les aisles du vent.	1128 : Il vole droit, guindé sur les ailes des vents.

La reproduction est si exacte qu'on peut l'interpréter comme un
hommage rendu à Marot et sans doute à David lui-même, type du
juste persécuté.

171. « Les passereaux trouvent logis
      et les arondelles leurs nids
      Helas, grand Dieu des exercites
      Mon Dieu mon Roy me soustenant
      Ou est-ce que sont maintenant
      Les autels esquels tu habites ;
      Bienheureux qui en ta maison
      Te louera en toute saison ».

On pourrait relever d'autres imitations très fidèles : le final de la *Chambre Dorée* reproduit, à quatre vers près, le *psaume* LVIII, et les quatrains respectent le parallélisme du verset biblique : deux alexandrins rimant ensemble développent chaque moitié du verset. C'est le procédé de Marot qui rend par un quatrain d'octosyllabes ou un sixain d'hexasyllabes le verset du *Psaume* XXXIII, par exemple.

Mais la certitude d'être le Prophète élu donne à d'Aubigné le désir d'innover plus hardiment. Voici par exemple une condamnation prophétique :

1377 Sel sans sav*eur,*/bois verd qui sans feu rend fu*mée,*
1378 Nuage sans liq*ueur,*/abondance aff*amée,*
1379 Comme l'ar/bre enterré au-dessus du nombril
1380 Offusqué par sa grài/sse est par elle stéril [172].

Nous avons coupé l'alexandrin pour faire apparaître, à l'aide des rimes intérieures, soulignées parfois par l'allitération, un nouveau rythme, plus martelé, plus heurté que celui de l'alexandrin régulier, et qu'un vers allongé par l'enjambement clôt fermement par une sentence.

Dans *Misères*, la Terre prend une voix prophétique pour bénir les paysans et maudire les bandes armées, le rythme change :

« ... Et je retirerai mes benedicti*ons*
De ceux qui v*ont*/ succçans le sang/des nati*ons* ».

Après l'alexandrin allongé où s'exprime la majesté de Dieu, voici les malédictions brèves, coupantes, sans appel :
Tout pour eux soit amer/Qu'ils sortent/exécrables
Du lit sans reposer/Allouvis/de leurs tables ! » [173].
la coupe qui détache *exécrables* ménage une attente où vient éclater l'extrême densité de l'oracle, souligné par le chiasme.

Parfois une coupe particulièrement forte brise le rythme pour faire éclater l'opposition de Dieu aux projets humains. Ainsi dans *Misères* :

« Cette bande meurtrière à boire nous convie
Le vin de ton courroux/ : boiront-ils point la lie ? » [174].

---

172. *Feux*, vers 1377-1380.
173. *Misères*, vers 307-310.
174. *Misères*, 1285-86. On peut rapprocher de ceci certains schémas antithétiques d'*Esaïe* où l'énoncé du châtiment reprend exactement les termes de la rebellion pour les anéantir :
Cf. *Esaïe* XIV/13 : « Tu disais en ton cœur : Je monterai au ciel
Esaïe XIV/15 : « En réalité c'est dans le Cheol que tu es précipité ».
voir également *Esaïe* XXVIII, 15 et 18.

Mouvement de révolte humaine mais aussi appel à la volonté de Dieu qui va renverser la situation en vengeant les siens. L'effet est redoublé par les deux vers suivants qui reproduisent le même schéma métrique et syntaxique.

On voit aussi une vague d'alexandrins évoquant le Jugement, composée de parallélismes synonymiques réguliers, buter sur un hexa-syllabe qui martèle l'application précise du Jugement :

« Lorsque le Fils de Dieu, vengeur de son mespris,
Viendra pour vendanger de ces Rois les esprits,
De sa verge de fer brisant, espouvantable,
Ces petits dieux enflez en la terre habitable,
Vous y serez compris » [175].

Ce mouvement n'est pas sans rappeler l'oracle contre Moab (*Esaïe* XVI/12) dans lequel deux accents s'opposent à un vers précédent de huit accents [176] : un châtiment sans appel se trouve ainsi souligné.

Le même mouvement termine le développement sur la chute de l'arbre par un parallélisme d'hexasyllabes qui se recouvrent pour ainsi dire :

« avoir eu part à l'ombre
avoir part au danger » [177].

Dans tous ces exemples, A. d'Aubigné nous paraît avoir été direc-tement influencé par les oracles prophétiques ; il nous semble qu'il a tenté, et parfois réussi, un véritable renouveau des rythmes de la poésie polémique, mais il s'agit là seulement d'un aspect de sa création et, dans son désir de frapper les esprits, il n'a pas toujours évité les prosaïsmes, les vers raboteux, les obscurités, un certain embarras tumultueux dans ses vers.

Jean Plattard, qui a bien vu que la Bible a fécondé l'imagination et modelé le style d'A. d'Aubigné, a écrit : « il a su faire accepter à notre langue tout ce qu'elle pouvait admettre de couleur biblique » [178].

---

175. Princes v. 1515-1517.
176. Voir l'analyse rythmique de L. Alonso-Schökel, *op. cit.*, p. 184 :
« Moab a beau se fatiguer sur les hauts lieux
    Il a beau entrer dans son sanctuaire pour prier *il n'obtiendra rien* ».
177. *Princes*, v. 1526.
178. Jean Plattard. *Une figure de premier plan dans nos lettres de la Renaissance - Agrippa d'Aubigné*. Paris. Boivin 1931.

Il me semble que ce jugement est trop faible ; en fait il a tenté
l'impossible : enrichir la langue au-delà de ce qu'elle pouvait absorber
d'images, de thèmes, de rappels bibliques, briser un moule de pensée
façonné par la culture gréco-latine pour introduire brutalement dans
la poésie française tout un univers différent mais où sa prière et sa
foi le faisaient vivre, disloquer parfois l'équilibre de l'alexandrin pour
qu'on sentît grandir le souffle de l'esprit au travers des hémistiches
brisés ou séparés. Il en est résulté une poésie étrange, abrupte, honnie
des gens de bon goût, obscure très souvent ; mais notre sensibilité
moderne sait qu'il n'est pas de forte inspiration sans mystère et qu'une
parole qui agit sur le monde est la poésie même. Or c'est *la Parole*
qu'Agrippa d'Aubigné, après beaucoup de vers éloquents, a voulu faire
entendre.

CONCLUSION

Au début de nos recherches, nous avions posé, comme hypothèse de travail, le fait qu'Agrippa d'Aubigné avait reçu la matière biblique qu'il met en œuvre par des voies diverses : pamphlets polémiques, appelant à résister jusqu'au sang, traités d'exhortation, commentaires théologiques, mémoires et « remonstrances » qui constituaient la presse du temps, traités politiques, chansons, poèmes satiriques, sermons, chant des *Psaumes,* et prières liturgiques, ce qui n'exclut pas, bien sûr, la méditation personnelle des Ecritures. Nos lectures et nos sondages dans ce vaste champ de pré-littérature, où les pamphlets et la littérature de propagande occupent une place de choix, nous ont apporté beaucoup d'images et de thèmes bibliques repris par l'auteur des *Tragiques*. En particulier nous avons vu apparaître, dans la poésie ou la prose militante, au cours des guerres de religion et dans les années cruciales qui ont suivi la Saint-Berthélémy, quelques thèmes bibliques qui ont légitimé la prise des armes puis appelé à la résistance acharnée après les massacres : l'un est la *délivrance d'Israël*, la *marche au Désert*, la *conquête de Canaan*, cette *épopée d'Israël* que les Huguenots croient revivre, c'est là un *thème conducteur* des *Tragiques ;* l'autre thème est celui du *combat eschatologique :* conflit mortel de l'Eglise, figurée par la *Femme enceinte enveloppée de Soleil, avec le grand Dragon roux, chute de Babylone, bataille menée par le Rois des Rois, armé du glaive de la Parole.* Les traités politiques de Bèze, de Ph. Duplessis-Mornay ou d'auteurs anonymes nous ont appris la valeur symbolique et exemplaire des *Juges d'Israël : Josué, Deborah, Samson, Gédéon,* ou des prophètes comme *Elie* sans parler d'une *Judith,* d'un *Jéhu,* exécuteurs des vengeances célestes. Nos avons montré combien la satire des Rois devait aux commentaires de *Calvin* sur le chapitre XLIX *d'Esaïe,* quelle était l'importance des sermons sur *Job,* du même théologien, à la fois dans la vie de telle victime de la Saint-Barthélémy et dans la figure du juste persécuté qu'A. d'Aubigné veut célébrer.

Deux remarques viennent à l'esprit lorsque ces sources diverses ont été comparées au texte des *Tragiques :* Agrippa d'Aubigné est profondément lié à une communauté militante et persécutée, il est convaincu qu'il a reçu de Dieu la mission de relever ce peuple, d'affirmer sa résistance et de le conduire à nouveau aux batailles libératrices. Il est la voix de Dieu, un prophète envoyé au nouvel Israël, au temps de la détresse.

Mais cette *vocation prophétique* le libère en même temps qu'elle le lie aux souffrances, aux espoirs et aux prières du parti-église : un prophète reçoit une parole ancienne, il médite, comme l'indiquait Luther, un message des prophètes d'autrefois, mais l'Esprit fait naître en lui une nouvelle connaissance et une nouvelle vision car Dieu l'a suscité pour proclamer Sa Parole dans la situation historique présente. S'il est fidèle — et A. d'Aubigné demande avec ferveur cette grâce de totale fidélité — il profère une parole brûlante comme le feu divin, capable de renverser une situation humaine en changeant les cœurs des protagonistes et de révéler l'avenir, selon la volonté souveraine qui l'a préparé. C'est ainsi qu'A. d'Aubigné reprend de nombreux thèmes bibliques à ses devanciers ou les emprunte aux écrits théologiques contemporains : il les replace dans la Bible et les vivifie à nouveau, soit que l'ensemble d'un chapitre lui offre les harmoniques de ce thème, soit qu'un verset, par analogie, lui rappelle quelque grand texte fondamental pour la prophétie vétéro-testamentaire : le *cantique de Moïse,* le *chapitre* XXVIII *du Deutéronome* ou le *cantique d'Anne :* il peut aussi, retrouvant le secret des révélations bibliques, considérer, dans la réalité qui l'entoure, un objet, un spectacle, un fait significatif, à travers lequel, comme un Jérémie ou un Amos, il reçoit un message clair pour le temps présent ; cependant, attentif aux mises en garde des théologiens de la Réforme, il pense que la Parole doit commenter clairement le signe reçu, si bien que les signes prophétiques qui l'inspirent ont toujours, comme répondant, un texte ou un commentaire bibliques. Cette écoute des Ecritures permet à d'Aubigné d'être le *serviteur de la Parole* au lieu de se servir d'elle pour donner un faux éclat, une puissance factice à ses passions.

Mais nous nous sommes attachés à démontrer *l'authenticité spiri-tuelle* de la charge prophétique qu'assume notre poète. Pour cela utilisant le prologue de *Vengeances* et la *Méditation du Psaume* LXXIII nous avons montré le « Prophète » mis en question par l'échec de l'épopée conquérante qui devait, à ses yeux, réaliser le dessein de Dieu pour son église fidèle, lui rendre Canaan, après le bain de sang, la Mer Rouge qu'elle venait de traverser. Assurément, A. d'Aubigné a appris une fidélité plus exigeante, une plus grande révérence pour les desseins mystérieux de Dieu « par les choses qu'il a souffertes »[1]. Il

---

1. Cf. *Epître aux Hébreux,* V/8.

y a chez lui une purification de la foi, qui, pensons-nous, apparaît dans la structure de l'œuvre et, en particulier, dans l'inspiration des deux derniers livres. Un texte, écrit au soir de sa vie, et que nous lisons dans ses papiers conservés à Genève témoigne de cette maturité spirituelle durement acquise : « Le premier membre que Satan corrompt et gagne pour soy sur le corps humain est l'œil ; voilà d'où nait (?) cette demande du visible : par les Juifs qui placent (ou sçavent) leur délivrance en choses visibles, par les Turcs qui la croient à nouveau aux victoires de Mahomet, par les payens a qui l'évangile est contemptible et folie, par les peuples idolatres generalement qui veulent voir, par tous les sauvages qui adorent le soleil, par ceux qui adorent le Diable en personne et disent : « voi ton dieu comme nous voyons le nostre » [2].

Ces textes démontrent, nous semble-t-il, que le « Prophète » de l'épopée huguenote est passé de l'attente d'un rétablissement visible, d'un triomphe politique et militaire, à la vision d'une victoire, d'une justification de la lutte que seuls le terme de l'histoire et le Jugement dernier devaient manifester. N'est-ce pas ce qui explique les deux aspects de l'épopée dans les *Tragiques* ? Dans les cinq premiers livres (à l'exception des *Feux* où les références au Nouveau Testament sont fréquentes), A. d'Aubigné utilise surtout des thèmes bibliques tirés de l'*Exode,* du *Deutéronome,* des *Psaumes* où abondent les allusions guerrières, il choisit chez les *Prophètes* des représentations, des images en rapport avec la guerre ; les deux partis se déchirent, les armées s'affrontent ; à partir de *Vengeances,* récits et accusations sont au contraire orientés vers l'*Apocalypse* ou vers la prophétie des derniers temps ; l'attente du Jugement dernier, de l'Apocalypse et du triomphe mystique de l'Agneau soutiennent la lutte des élus et les consolent ; la responsabilité et le destin individuels apparaissent en pleine lumière.

Peut-on dire que la certitude d'être un envoyé de Dieu, le canal de Sa parole ou la sentinelle qui veille sur un peuple, ont provoqué chez A. d'Aubigné une interprétation personnelle de la doctrine réformée, une conception particulière de l'action de Dieu dans l'histoire ? La plupart des auteurs s'accordent pour déclarer qu'il a été un fidèle disciple de Calvin et de Th. de Bèze, et lui-même évite parfois certaines hardiesses d'expression qui pourraient paraître aventurées aux doctes théologiens qu'il révère [3].

---

2. Archives Tronchin, vol. 148, f. 117, r°. Ce texte est inédit, nous hésitons sur la lecture de deux mots, c'est nous qui l'avons ponctué.

3. Cf. *Les Fers,* v. 18 à 20.

« Ainsi (sans définir de l'Eternel la place, / mais comme il est permis aux tesmoignages saincts / Comprendre le celeste aux termes des humains) ».

Nous fondant sur ces constatations nous avons abordé l'étude de la *mystique* dans la théologie calvinienne, du rapport entre le divin et la nature ou l'histoire humaine, pour mieux discerner l'influence de cette position théologique (qui exclut tout accès direct de l'homme à Dieu) sur la représentation de Dieu, du Ciel, du surnaturel dans les *Tragiques* ; cet examen a mis en lumière deux faits : l'action de Dieu sur le cours de l'histoire humaine se manifeste aux hommes et surtout aux croyants par des *signes* qui incitent le fidèle à tenir bon dans le rude combat de la foi ; en second lieu, la *Parole* a une importance capitale, c'est elle qui, actualisée dans le cours d'une vie d'homme, dans l'histoire d'une église, par l'action de l'Esprit, atteste, au cœur de chacun, la présence et la vigilance de Dieu. Dans la mesure même où, selon Calvin, il n'existe aucune voie privilégiée pour accéder à la contemplation mystique de la gloire de Dieu, les *signes* par lesquels Il manifeste Sa présence, Sa volonté, prennent une valeur particulière ; et, comme l'homme pécheur dont la vue est obscurcie doit se méfier des illusions de son imagination ou des prestiges des esprits imposteurs, il est bon que telle rencontre, tel geste, tel objet symbolique prenne un sens clairement explicité par la *Parole*.

Nous trouvons ici, semble-t-il, une des clés de l'imagination d'A. d'Aubigné : le messager de Dieu désigne tel personnage, tel détail dans une scène vécue et soudain ce détail, ce geste, ces couleurs transforment la scène tout entière, révèlent son caractère symbolique ou surnaturel ; mais ce qui permet ce passage brusque de la chronique humaine à la vision du dessein de Dieu c'est le rappel d'une parole biblique qui, à cause de l'analogie de la foi, marque le spectacle humain d'un sceau prophétique. Cette extrême attention portée aux signes transforme la vision du poète et sa création même : Claudel, qui est sans doute le plus grand de nos poètes bibliques, après A. d'Aubigné, présente à Dieu toute la richesse foisonnante du créé, il partage l'émerveillement d'Adam nommant les animaux et par là les recréant ; Agrippa d'Aubigné, témoin des temps difficiles, pélerin dépouillé comme pouvaient l'être les Hébreux rescapés d'Egypte marchant dans le désert, s'émerveille de la grâce offerte ou proclame l'imminence du jugement à la vue d'un objet, d'un animal, d'un geste et il retrouve ainsi la vision symbolique, étroite mais fulgurante, des prophètes d'Israël qui fixent leur regard sur un seul détail, souvent très humble, de la quotidienne réalité car, choisissant ce détail très simple, pour s'accommoder à la faiblesse du serviteur, Dieu parle. A travers un réseau de signes le Poète-prophète n'a pas pour vocation de magnifier la création mais d'annoncer au croyant fidèle comme au tyran persécuteur ce que le regard de Dieu vivifie, ce que la vengeance divine a déjà frappé de mort.

Il faut tout de même indiquer ici une différence nette entre la conception de la prophétie qu'exposent Luther ou Calvin et la hardiesse prophétique du poète huguenot : les Réformateurs considèrent que les temps prophétiques doivent être limités aux temps de l'espérance messianique et que Jean-Baptiste fut le dernier des prophètes ; désormais la *prophétie* consiste dans l'interprétation de la Parole, éclairant la situation présente et proposant au croyant des actes précis d'obéissance, c'est une *glose*. Il est aisé de voir qu'Agrippa d'Aubigné ne s'en tient pas à ce rôle modeste d'interprète des Ecritures ; par l'imagination, la prière, et peut-être (c'est le mystère de son dialogue avec Dieu), par une vocation particulière il s'insère, après vingt siècles, dans la lignée des Prophètes d'Israël, il proclame à nouveau leur message, mais parfois aussi il transmet, en adoptant leur style, un oracle nouveau ; il y a là un mimétisme qui n'est point jeu théâtral, imitation gratuite, mais qui est vraiment vécu comme une vocation. Les circonstances exceptionnelles, tragiques, légitiment sans doute, aux yeux du poète et de ses amis, cette vocation extraordinaire : ils croient vivre les derniers jours du monde ; la persécution qui a décimé le parti protestant, dispersé les communautés leur paraît le dernier assaut de la *bête* ou de *l'Antéchrist* et ils appliquent à leur génération la prophétie de Joël, relative au Jour de l'Eternel, que précisément le poète s'approprie au début de *Vengeances* [4].

Après avoir souligné ce caractère tout à fait original de l'inspiration biblique chez ce prophète moderne, il est temps d'examiner comment elle a permis la création d'une œuvre hors du commun et d'une poétique en contradiction absolue avec l'évolution artistique de cette époque.

Peut-on soutenir, comme un critique américain a tenté, voici quelques années, de le démontrer que les *Tragiques* constituent une *tragédie sacrée* dont le héros serait le peuple réformé qu'un excès d'orgueil et l'affaiblissement de sa foi auraient précipité vers la catastrophe ? [5]. C'est ne pas tenir compte, me semble-t-il, du mouvement de l'ensemble de l'œuvre : une tragédie a pour point de départ une situation angoissante qui signale un scandale caché ou un très grave problème ; par le jeu d'une série de luttes, d'affrontements ou de révélations, elle s'achemine vers une inéluctable catastrophe. Les *Tragiques* offrent au contraire le mouvement conquérant de l'épopée :

---

4. *Vengeances*, vers 15 et 16 :
« Comme tu as promis, donne en ces derniers ans
Songes à nos vieillards, visions aux enfans ». Cf. *Joël* II/28.29.
5. R.L. Regosin : *D'Aubigné's les Tragiques : divine tragedy*. B.H.R., 1966, t. XXVIII.

la catastrophe incompréhensible est posée au départ ; un nouveau champion, suscité par Dieu, rejoint le camp des persécutés, vient au secours de « la captive église », se propose de « crever l'enflé Pithon au creux de sa tanière » ou encore de ramener au jour la Vérité ; les témoignages les plus sombres de la souffrance humaine apparaissent comme certifiant la fidélité de Dieu puisque c'est la rupture de l'Alliance qui a provoqué ces crimes, cette nature-dénaturée, mais tout l'effort et la tension interne de chaque chant sont dirigés vers Dieu, en appellent à Sa Justice qui pourra rétablir un ordre harmonieux, soit en renouvelant le cœur de ses enfants, soit en triomphant des réprouvés. Quant aux martyrs de la Réforme, Dieu, dans les *Fers,* les appelle : « mes *saincts champions* » [6] ; dans la mise en scène mythique du Prologue, ils sont représentés par *Job. Job* est-il un héros tragique voué à la catastrophe ? En aucune façon ; Job, champion de Dieu, terrassé par un malheur incompréhensible, déchiré par la souffrance, tenté de maudire Dieu combat contre Dieu même au nom de la Justice, réaffirme sa foi dans la fidélité du Dieu qu'il a servi, et triomphe, car Dieu, à la fin de ce drame, l'approuve, le justifie au terme de l'épreuve. La Saint-Barthélémy ne joue jamais le rôle de la catastrophe qui terminerait une action tragique, elle représente au contraire le désastre initial, analogue au génocide subi en Egypte par le peuple-esclave ou à la catastrophe vécue par Job au commencement de son aventure : au cœur de ces désastres humains, Dieu nous ouvre un chemin, Il délivre, maintenant la vie au cœur du Désert, pays de la mort. En rappelant ce message fondamental nous voulons souligner l'importance, pour l'interprétation des *Tragiques,* d'une bonne connaissance des thèmes bibliques qui révèlent l'intention profonde de leur créateur.

L'examen de la place des thèmes bibliques dans certains livres, et en particulier dans les *Fers,* fournit quelques remarques utiles : ils sont placés à la charnière où s'articulent les groupes de récits ou de témoignages ; on peut parler de *thèmes cardinaux* qui permettent à un volet de tableaux de jouer sur la composition précédente. Généralement ils proposent, sous une forme ramassée et imagée, le sens de l'ensemble des tableaux suivants.

Peut-on aller plus loin et trouver dans certaines prédications prophétiques, dans la sucession et la superposition des visions de l'*Apocalypse* des modèles de composition dont A. d'Aubigné se serait inspiré ?

Chez la plupart des prophètes, de brèves images symboliques, des détails pris à la réalité mais traités comme des signes irréfutables,

---

6. *Fers,* v. 102.

des accusations contre les mœurs d'une génération et ses violations de la justice se succèdent, sans lien apparent, mais l'accumulation des faits et des signes crée une attente, engendre une angoisse, c'est alors qu'éclate la parole fulgurante : « oracle du Seigneur... » qui est la brûlure du feu divin.

Dans le désordre apparent de certains livres des *Tragiques* on peut retrouver une composition semblable : l'auteur accumule les scandales ; les plus frappants présentent une analogie aves les injustices, les turpitudes ou les idolâtries des chefs et du peuple d'Israël ; à travers ces spectacles ou ces brèves évocations, le thème du cri des justes qui pénètre jusqu'à Dieu apparaît, et lorsque le conflit entre la lumière et les ténèbres, la tyrannie et la douleur des pauvres a atteint un degré insoutenable, la présence de Dieu, l'approche du Justicier divin sont pressenties, suggérées, appelées, c'est-à-dire suscitées par la prière prophétique. Dans les deux derniers livres, en particulier, le poète réussit à faire sentir, en associant *signes, paroles prophétiques* et *miracles* analogues aux actions de Dieu dans la Bible, l'imminence d'une théophanie, l'angoisse et l'espérance des hommes affrontés à la terreur du Grand Jour de Dieu. Ce don de faire pressentir, par une onde d'émotion qui se propage, l'indicible, l'inconcevable, de suggérer l'approche du Dieu de l'orage ou de représenter l'Univers expirant comme un héros blessé n'a pas d'équivalent dans la poésie française. Cette création visionnaire n'eût sans doute pas vu le jour si la grandeur abrupte de la poésie hébraïque, ses symboles, tirés de la réalité la plus concrète, ses jeux sonores et ses fulgurations n'avaient été ressaisis par A. d'Aubigné comme son bien.

Nous avons tenté de montrer tout ce que le poète huguenot devait à la langue et aux modes de penser hébraïques, si étrangers à toute rhétorique « cicéronienne » car ils expriment les idées morales à travers les détails concrets de la vie, ils chargent d'une valeur symbolique le visage et le corps humain, toute l'activité des paysans, des artisans, ainsi que les aspects de la nature : le désert, l'eau vive, l'arbre, la nuée, les animaux sauvages ou familiers. La langue poétique d'Agrippa d'Aubigné, la construction de ses phrases, les images et les tours qu'il introduit dans les passages lyriques ou épiques de son œuvre sont beaucoup plus nourris de la langue, ou plutôt des divers langages de la Bible qu'on ne l'a dit.

Pour nous en tenir à une présentation assez schématique nous avons distingué deux aspects de cette imitation de la Bible :

Tantôt le poète introduit dans son propre discours une image ou un tour bibliques ou une allusion rapide à un épisode bien connu qui fait apparaître, dans la trame de l'histoire ou derrière le spectacle évoqué une scène de l'histoire d'Israël ou un oracle prophétique, et ainsi la réalité vécue prend un sens nouveau, elle entre dans la réalité du dessein de Dieu, elle reçoit un dynamisme particulier, la marche du monde et de l'histoire vers les fins dernières deviennent sensibles en elle.

Tantôt le texte biblique lui-même s'insère dans le poème ; cela n'arrive que lorsque l'indignation, la colère, la menace ont atteint un si haut degré d'intensité qu'on touche aux limites de la parole et de l'émotion humaines, la parole biblique qui éclate alors avec son rythme, sa forme rigoureusement respectés représente une autre langue, plus pure, véritablement créatrice de ce qu'elle énonce ; comme les prophètes et les voyants d'Israël, Agrippa d'Aubigné lance la Parole de Dieu, darde la Flèche infaillible et cette Parole dense va agir immédiatement, séparant le bon grain de l'ivraie, aveuglant les réprouvés, remettant les élus dans le droit chemin, changeant le cours de l'histoire et même les lois qui régissent les éléments de l'Univers.

Il est à peine besoin de souligner qu'Agrippa d'Aubigné découvre ainsi un grand secret, la pierre philosophale poétique qui redonne aux mots et aux symboles l'énergie créatrice de la Parole primordiale. Plus tard, d'autres génies, révoltés cette fois contre l'insignifiance du monde et l'écœurante fadeur de la vie, chercheront aussi à se faire *voyants,* à saisir les maîtres-mots qui pourraient faire exploser le monde, mais leur recherche sera marquée par la révolte et l'idolâtrie des constructeurs de Babel, ils se voudront Prométhées, voleurs de feu. Le poète-prophète envoyé aux pauvres brebis dispersées de l'Eglise garde son extrême révérence au Dieu caché, insaisissable, qui l'inspire ; il sait qu'il n'est jamais que l'humble Serviteur de la Parole et qu'aucun homme, si spirituel soit-il, n'est admis au Conseil de Dieu.

Une extrême hardiesse de l'imagination, le prestige de la poésie et des mythes bibliques, si étrangers à la logique occidentale, en même temps que la conviction, tirée de l'enseignement constant de la Réforme, que le croyant vit de la grâce et n'est initié aux secrets de Dieu que si l'Esprit le visite pour l'ordonner à une vocation précise, ont produit une poésie de la rupture, incisive, fulgurante qui fait éclater le réel pour révéler, sous le jeu factice des apparences et la tyrannie insupportable des puissants du jour, la puissante continuité de l'action divine, moteur de l'histoire. Mais il ne s'agit jamais d'une vision claire, ordonnée, magnifique du dessein de Dieu contemplé dans sa plénitude. D'après la conception calviniste qui maintient l'homme dans son ordre, et réserve la claire vision en Dieu aux élus ressuscités, le poète inspiré ne reçoit, même dans ses visions, que des signes, des illuminations, intenses mais fugitives. Il vit par la foi, tendu vers la réalisation des promesses que la méditation des Ecritures fait revivre en son cœur, de jour en jour.

Non seulement au moment de leur publication, en 1616, mais même à l'heure où ils étaient composés, en ces années de la fin du siècle, ténébreuses et incertaines pour le parti protestant, les *Tragiques* étaient tout à fait en marge de la poésie contemporaine. Celle-ci, par de vastes synthèses où la Bible s'unissait harmonieusement aux grandes pensées morales de l'antiquité gréco-latine, édifiait un nouvel humanisme, plus attaché à la sagesse, à la réconciliation des hommes par le discours qu'à la découverte périlleuse des secrets du monde ; ou bien elle devenait mondaine, s'enchantait d'expressions ingénieuses et se vouait au bien-dire, car, après la longue épreuve de plus de trente ans de guerre, le divertissement de bonne compagnie devenait un nouvel art de vivre. Que fût-il advenu si l'autorité royale restaurée avait favorisé la propagande réformée ? si la culture française s'était nourrie de la Bible ? Sans doute Agrippa d'Aubigné eût-il été reconnu dans les siècles suivants comme un grand ancêtre, mais je vois mal comment sa poésie aurait pu inspirer des disciples et se développer ; elle n'était point destinée aux temps de paix où l'homme reprend confiance et recherche un équilibre harmonieux par la grâce d'un art dont il est la mesure, elle unissait le cri de la révolte au message mystérieux venu d'un Amour vigilant comme une clarté d'aube à travers d'épaisses ténèbres. Comme le livre du prophète Esaïe, les *Tragiques* furent pour leur temps et pour les siècles suivants un message scellé. Mais comme le feu de l'autel, caché par les Lévites aux temps de l'extrême détresse, ils peuvent à nouveau, en un temps de luttes, dans une résistance soutenue par une exigeante foi, renaître come une flamme et donner l'exemple d'une poésie puissante, d'une parole créatrice.

BIBLIOGRAPHIE

Désirant alléger cette bibliographie, nous ne citerons pas toutes les éditions des œuvres d'A. d'Aubigné, on en trouvera la liste dans l'édition que H. Weber nous a procurée, A. d'Aubigné, *Œuvres*, Gallimard (éd. La Pléiade, 1969). La thèse dArmand Garnier, *A. d'Aubigné et le Parti Protestant*, fournit une très abondante moisson de documents historiques. L'ouvrage de Van Eys (W.J.), *Bibliographie des Bibles et des Nouveaux Testaments en langue française des XVe et XVIe siècles*, Genève, H. Kundig, etc... (1900-1901), 2 vol. nous a offert un bon répertoire des Bibles du temps. Nous nous contenterons d'indiquer les ouvrages que nous avons utilisés et cités.

PRINCIPALES ABREVIATIONS

B. Ars.	— Bibliothèque de l'Arsenal.
B.F.Th.M.	— Bibliothèque de la faculté de Théologie de Montpellier.
B.H.R.	— Bibliothèque d'Humanisme et Renaissance.
B.N.	— Bibliothèque Nationale.
B.P.F.	— Bibliothèque de l'Histoire du Protestantisme français.
B.P.U.	— Bibliothèque Publique et Universitaire de Genève.
B.S.H.P.F.	— Bulletin de la Société de l'Histoire du Protestantisme français.
C.A.I.E.F.	— Cahiers de l'Association internationale des études françaises
M.H.R.	— Musée d'Hisoire de la Réformation (bibliothèque calvinienne, Genève).
R.S.H.	— Revue des Sciences humaines (Fac. lettres de Lille).
S.F.	— Studi Francesi.
T.H.R.	— Travaux d'Humanisme et Renaissance.

I. — OUVRAGES DE REFERENCE

AYMON (Jean). — *Tous les Synodes nationaux des églises réformées de France.* La Haye, 1710, 3 parties en 2 vol. in-4°.

ANQUEZ (L.). — *Histoire des Assemblées politiques des Réformés de France* (1573-1622). Paris, A. Durand, 1859, 1 vol., in-8°.

BAUDRIER. — *Bibliographie lyonnaise.* Recherches sur les imprimeurs, libraires, relieurs et fondeurs de lettres de Lyon au XVIe siècle, Lyon, Brun 1895-1921, 12 vol. Tables par Georges Tricou, Genève, Droz, 1950.

BRUNET. — *Manuel du libraire et de l'amateur de livres.* Paris, 1850-1866, supplément (1878), 8 vol. in-8°.

CHAIX, DUFOUR, MOECKLI. — *Les livres imprimés à Genève de 1550 à 1600.* Abrév. Chaix-Dufour, Genève, 1959.

CIMBER (L.) et DANJOU. — *Archives curieuses de l'histoire de France, depuis Louis XI jusqu'à Louis XVIII.* Paris, 1834-1840.

CIORANESCO (A.). — *Bibliographie de la littérature française du seizième siècle.* Paris, Klincksieck. 1959.

CONCORDANCE et RECUEIL Universel de tous les mots principaux des livres de la Bible, 1566, de l'imprimerie de Th. Courteau, Genève, 1 vol., in-f°. B.P.F. 372.

DESGRAVES (Louis). — *L'imprimerie à La Rochelle :* Les Haultins, Genève, 1960.

DOUEN (O.). — *Clément Marot et le Psautier Huguenot,* Paris, Imp. Nat. 1878-79, 2 vol., in-4°.

DROZ (Eugénie). — *L'imprimerie à La Rochelle, 1 :* Barthélémy Berton ; Genève, 1960.
L'imprimerie à La Rochelle 2 : La veuve Berton et Jean Portau ; Genève, 1960.

GARDY (Frédéric). — *Bibliographie des œuvres théologiques, littéraires, historiques et juridiques de Th. de Bèze,* publiée avec la collaboration d'A. Dufour, Genève, Droz, 1960, in-4°, T.H.R. XLI.

HAAG (Eugène et Emile). — *La France protestante, ou vie des protestants français.* Paris, 1846-1859, 10 vol. in-8°.

HAUSER (Henri). — *Les sources de l'Histoire de France au XVIᵉ siècle* (1494-1610).
Tome II : *François Iᵉʳ et Henri II* (1516-1559).
Tome III : *Les Guerres de Religion* (1559-1584).
Tome IV : *Henri IV* (1589-1610).
Paris, Picard, 1909-1916, 4 vol. in-8°.

JOÜON (le P. Paul, S.J.). — *Grammaire de l'Hébreu Biblique.* Institut biblique pontifical. Rome, 1 vol. in-8°, édition corrigée (1965).

LEONARD (Emile G.). — *Histoire générale du Protestantisme,* T. 1. La Réformation ; t. II, l'Etablissement (1564-1700) ; t. III, Déclin et Renouveau. Paris, P.U.F., 1961-1964, 3 vol. in-4°.

MAROT (Cl.) et BEZE (Th. de). — *Les Pseaumes de David mis en rime françoise* par Cl. Marot et Th. de Bèze, par Jean Bonnefoy, 1563, reliés avec le St Evangile, B.F.Th.M.

PIDOUX (Pierre). — *Le Psautier huguenot du 16ᵉ siècle.* Bâle, 1962, 2 vol. in-4°.

SHORT-TITLE CATALOGUE of Books printed in France and of French books printed in others countries from 1400-1600 in the British Museum. University Press Oxford. published by the Trustees of the British Museum. Repr. 1966. In-8°.

VAN EYS (W.J.). — *Bibliographie des Bibles et Nouveaux Testaments en langue française des XVᵉ et XVIᵉ siècles.*
— 1ʳᵉ partie : Bibles.
2ᵉ partie : Nouveaux Testaments. Genève, H. Kundig. 2 vol. in-8°, 1900.

II. — *EDITIONS UTILISEES.*

1) BIBLES.

Biblia hebraïca cum punctis. Anvers, 1580, in-4° B.N. A 2310.

Biblia hebraïca, edidit R. Kittel, Stuttgart. 1966, in-8°.

Biblia cum concordantiis veteris et novi testamenti et sacrorum canonum... Lugduni, per Jacob Mareschal, 1526, in-8°.

La Bible qui est toute la Saincte Escriture contenant le Vieil et Nouveau Testament. Annotations sur toute la Bible. Fig. cartes, à Genève, par F. Perrin, 1563. in-f°.

La Bible qui est toute la saincte Escriture du Viel et du Nouveau Testament (Jérémie des Planches), Genève, 1588 ; in-f°. B.N. A. 325.

La Bible qui est toute la saincte Escriture, à La Rochelle, de l'imprimerie H. Haultin, 1616, in-8°. B.F.Th. M.

La Bible du Centenaire. La Sainte Bible, traduction nouvelle d'après les meilleurs textes. Paris, Soc. Biblique, 1928, in-f°. 4 vol.

La Bible. L'Ancien Testament. éd. publiée sous la direction d'E. Dhorme. Bibliothèque de la Pléiade. Paris, Gallimard, 1967 ; 2 vol. in-16.

2) ŒUVRES D'AGRIPPA D'AUBIGNE

Petites Œuvres Meslées du Sr. d'Aubigné. Genève, chez P. Aubert. 1630 pt. in-8°. VIII - 175 pp. B.P.U. Genève.

Œuvres complètes, publiées pour la première fois, d'après les mss. originaux, par MM. Eug. Réaume et F. de Caussade. Paris, A. Lemerre, 1873-1892, 6 vol., in-8° (éd. Réaume).

Histoire Universelle, par A. d'Aubigné, édition publiée pour la Société de l'Histoire de France, par le baron Alphonse de Ruble. Paris, Renouard, 1886-1909, 10 vol. in-8°.

Supplément à l'Histoire universelle, publié pour la première fois par J. Plattard, Paris, Champion, 1925, in-8°.

Pages inédites, transcrites des originaux par Pierre Paul Plan. Société d'histoire et d'archéologie, Genève, 1945, in-8°.

Œuvres lyriques, Le Printemps, Vers mesurés, Prières, Post-face par A.-M. Schmidt : A. d'Aubigné lyrique, Lyrique baroque. Paris, éd. Mazenod, 1963, in-8°.

Les Tragiques, Livre premier : *Misères.* Texte établi et publié avec une introduction, des variantes et des notes par H. Bourguin, L. Foulet, A. Garnier, Cl. E. Maitre et A. Vacher. Paris, A. Colin, 1896, in-12.

Les Tragiques, éd. critique avec introduction et commentaires par A. Garnier et J. Plattard. Paris. M. Didier, 1962, 4 vol. in-16, S.T.F.M.

Les Tragiques. Préface d'A.M. Schmidt, éd. Rencontre, Lausanne, 1966, in-16.

ŒUVRES - Texte établi par H. Weber et annoté par H. Weber. J. Bailbé et M. Soulié. Bibliothèque de la Pléiade. Gallimard. Paris, 1969, in-16.

III. — *MANUSCRITS, Pamphlets anonymes, recueils collectifs, compilations du XVIe siècle.*

Archives Tronchin - Pièces relatives à la vie des Eglises, recueil n° 353. Papiers ayant appartenu à A. d'Aubigné : nos 142 à 149, en particulier dans le recueil n° 143, la pièce n° 5 :
Memoires véritables que le Sr. de Vivant a recueillis des faits d'armes de Godefroy de Vivant son pere puis l'an 1569 jusques en l'an 1592.
Le manuscrit 158. copie préparant la seconde édition des *Tragiques.* nous a fourni une ou deux corrections que nous avons signalées.

L'Alcoran des Cordeliers (Conrad Badius), 1560. 2 t. in-8°. B.P.F. Res. 8839.

Briève Remonstrance sur la mort de l'Amiral et de ses adhérans à Lyon (Benoist Rigaud), 1572.

La Cabale des Reformez - par I.D.C. Montpellier 1597. 224 p., in-8°. B.P.F.

Le Chansonnier huguenot du XVIe siècle. éd. par H. Bordier, Paris. 1870, 2 vol, in-8°

Le Combat chrestien Alençon (S. Dubois) ; s.d. 40 ff., in-8°. B.N. Rés. D2 15951.

Déclaration des causes qui ont meu ceux de la Religion à reprendre les armes pour leur conservation l'an 1574. Montauban 1574. B.N. Lb 34/84.

Déclaration des justes causes qui ont contraint le Roi de Navarre de prendre les armes. imprimé s.l. 1577. B.N. Dép. des Mss. Nouvelles acquisitions françaises 7740 (Henri III).

Discours merveilleux de la vie, actions et déportements de Catherine de Medicis. (attribué à H. Estienne), 1575, in-8°, 149 p.

Discours sur la mort de Gaspart de Coligny, qui fut Admiral de France, par I.S.P. Paris, 1572. in-12. B.N. Pièce 8° Ye 3458.

Elegie ou complainte que la France fait aux François, montrant trois causes des guerres et misères de ce Royaume. s.l. 1569, B.N. Rés. Ye 3953.

Les Figures de l'Apocalipse de St Jan apostre. Paris 1552. Imprimerie d'Estienne Groulleau. B.P.F.

La France-Turquie. Orléans, 1576, in-8°. *L'Antipharmaque* du chevalier Poncet. *Les Lunettes de cristal de roche...* pour servir de contrepoison à l'Antipharmaque. B.N. L.b. 34/138.

Mémoires de Condé où l'on trouve des preuves de l'Histoire de M. de Thou, augmentés d'un grand nombre de pièces curieuses. Tomes I à V, Tome VI ou Supplément. Londres, C. du Bosc et G. Darrès 1743. 6 vol. in-4°.

Memoires de l'Estat de France sous Charles neufiesme.
    Tome I Meidelbourg 1577.
    Tome II s.l. 1577.
    Tome III s.l. 1577, B.N. Lb 33/5 [Goulart Simon].

Le Premier (Sixiesme) recueil contenant les choses plus mémorables advenues sous la Ligue. s.l. 1590-1599, 6 vol. in-8°. B.N. Rés. La 252 [Goulart Simon].

Memoires et Remonstrances sur le fait de la paix, faictes par les deputez de ce grand Roy Emmanuel. s.l. 1575 B. Ars/8° H 12780 XVII.

Opuscules - Pièces fugitives sur la religion et l'église romaine, XVIe et XVIIe siècles. Genève B.P.U. 880 Bc 10 vol. p.t. 8°.

Recueil de pièces politiques et religieuses du XVIe siècle. Lieux divers ; 1560-1563. 28 pièces ; 1 vol. in-8°. M.H.R. n° 9.

Recueil de poésies et de chansons du XVIe siècle ayant appartenu à François Rasse de Nœux. B.N. Mss. 22.560-22.565.

Résolution claire et facile sur la question tant de fois faite de la prise des armes par les Inférieurs. par O.D.L.N. Basle, 1575. B.P.F. A. 1118.

Le Resveille matin des François et de leurs voisins. Composé par E. Philadelphe, cosmopolite, en forme de dialogues (attribué à N. Barnaud) Edimbourg, 1574. 2 parties en 1 vol. in-8°. B.N. Lb 33/344.

Seconde Apologie ou Defense des vrais chrestiens, contre les calomnies impudentes des ennemis de l'Eglise Catholique (pamphlet huguenot) 1559. B.P.F. A. 659.

Tocsain contre les Massacreurs et auteurs des confusions en France. Reims, 1577, in-8°. B.N. Lb 33/326.

Traicté de la Justice de Dieu et horrible vengeance contre les meurtres commis par les Princes et Potentats de la Terre. s.l. 1562 B.N. Ld 176/17.

IV. — AUTEURS DU XVIe SIECLE

(pamphlets, œuvres dramatiques, commentaires bibliques, traités historiques et politiques, poèmes).

BADIUS (Conrad). — *Comédie du Pape malade...* traduite de l'arabic en bon Roman par Euphrasibule Phénice, in-8°. Rouen 1561 (Genève). éd. 1591, in-16, 36 f. ; B.N. Rés. f. 4121.

BEZE (Th. de). — *Brefve exposition de la table ou FIGURE contenant les principaux points de la Religion Chrestienne.* s.l. par Jean Rivery, 1560. in-8°, 141 p. et 1 pl. B.N. D2 5928.

— *Confession de la foy chrestienne* contenant la confirmation d'icelle et la réfutation des superstitions contraires. 4e éd. s.l. par J. Durand, 1561, in-8°. XIV. 380 pp. et la table. B.N. D2 5930.

— *Correspondance publiée par F. Aubert*, H. Meylan, T.H.R. XL Genève, Droz 1960-1974. 1539 à 1566 (en cours de publication), 6 vol., in-4°.

— *Du droit des magistrats sur leurs sujets*, 1574. Fac simile avec une introduction et des notes par M. Marabuto St Julien de l'Ars, France, 1966, in-16, XXVI-106 pp.

— *JOBUS... partim commentariis*, partim paraphrasi illustratus. Genevae. J. Le Preux, 1589, in-4°, 250 pp., B.N. A 3819.

— *Les Saincts Cantiques* recueillis tant du vieil que du Nouveau Testament, mis en rime françoise par Th. de Bèze. Genève, 1595, in-8°, 79 pp. B.N. A. 8121.

— *Sermons sur les trois premiers chapitres du Cantique des Cantiques*. XIV-671 pp. et la table. Genève, 1586, in-8°, B.N. D2 5943.

— *Sermons sur l'histoire de la Passion* et sépulture de nostre Seigneur J.C. descrite par les quatre évangélistes. Ed. seconde, Genève, 1598, in-8°, B.P.U. Bd. 2020, 987 p. + indice des thèmes.

— *Sermons sur l'histoire de Résurrection de N.S. J.-Christ*, Genève, 1593, in-8°, XLVI - 629 pp. et la table. B.N. D2 3617.

— *De veris et visibilitus Ecclesiae Catholicae notis tractatio*. Genève, 1579, in-8°, 90 pp. M.H.R. B 38 (79).

BRES (Gui de). — *La Racine source et fondement des Anabaptistes* ou rebaptisez de nostre temps. s.l. chez Abel Clemence, 1565 ; in-8°, XVI-903 pp. B.N. D2 4362.

BULLINGER (Heinrich). — *Cent Sermons sur l'Apocalypse de Jésus-Christ...* Genève, imp. de J. Crespin, 1558, 406 ff. la préface et la table. B.N. D2 3574.

— *De la seule foy en Christ justifiante et des œuvres vrayment bonnes*. Lyon, 1565, M.H.R.

— *Histoire des Persécutions de l'Eglise*. Contenant le dénombrement des persécutions que l'Eglise de Dieu a souffertes. Nouvellement traduite en Français, 1577 ; in-8° (l'édition latine traduite de l'allemend est parue en 1573). B.N. D2 3582.

— *La perfection des Chrestiens*. Genève (J. Berthet), 1557, in-16. M.H.R.

CALVIN (Jean). — *Corpus Reformatorum. Joannis Calvini Opera quae supersunt omnia*, éditeurs Baum - Cunitz-Reuss, 59 vol. in-4°, 1880-1900 en abrév. C.O.

— *Joannis Calvini opera selecta*, édidit Petrus Barth. Monachii in aedibus C. Kaiser 1926-1936, 4 vol., in-4° (O.S.).

— *Commentaire de M. Jean Calvin sur le livre de Josué*, avec une préface de Th. de Bèze, contenant en brief l'histoire de la vie et mort d'iceluy, 1564. F. Perrin impr. in-f°.

— *Commentaire sur les Cinq livres de Moyse*. Genève, 1564, 1 vol. in-f°. B.N. A. 940.

— *Le livre des Pseaulmes exposé par Jean Calvin*, avec une table fort ample des principaux points traittez ès commentaires. Genève, Conrad Badius, 1558, in-f°, 912 pp. et la table. B.N. A. 2142.

— *Commentaire sur le Prophète Isaïe*, Genève, 1552, in-4°. B.N. éd. 1572, in-f°, A. 1530.

— *Institution de la Religion Chrestienne*, édition critique et introduction, notes et variantes, publiée par Jean Daniel Benoît. J. Vrin, Paris, 5 vol. gr. 8°, 1957-1963. en abév. I.C.

— *Leçons ou commentaires sur les XX premiers chapitres d'Ezéchiel* recueillis par J. Budé et Ch. de Jonviller, Genève 1565, Perrin, fol. B.P.U. Bb 1254.

— *Leçons sur le livre des prophéties de Daniel...* Genève (F. Perrin), 1569, in-f°. Pièces liminaires 162 ff. et la table, B.N. A. 1532.

— *Leçons et expositions familières sur les douze petits prophètes* traduit du latin en françois. Genève, N.Barbier et Th. Courteau, 1560, in-4°, B.P.U. Bb 1276.

— *[Commentaire] sur l'épître aux Ebrieux* traduite du latin, à Genève, chez Jean Girard, 1549.

— *La forme des prieres ecclesiatiques avec la manière d'administrer les sacremens.* s.l n.d., in-8°, 103 pp. M.H.R.

— *La forme des prières et chantz ecclesiastiques* avec la manière d'administrer les Sacremens et consacrer le mariage. (Relié avec la Bible de 1616 éditée à La Rochelle).

— *Recueil des opuscules,* c'est-à-dire, petits traictez de M. Jean Calvin. Genève, par Baptiste Pinereul, 1566, in-f°, pièces liminaires ; 2006 pp. B.P.F., R. 363.

— *Trois traités : l'Epître à Sadolet,* le *Traité de la Sainte Cène,* le *Traité des Scandales,* éd. A.M. Schmidt, Paris, « Je Sers », Genève, Labor et Fides, 1934, in-16, B.N. D2 20485 (2).

CANDALE (François de Foix, évêque d'Ayre). — *Le Pimandre de Mercure Trismegiste. La Philosophie chrestienne,* cognoissance du verbe divin et de l'excellence des œuvres de Dieu, traduit de l'exemplaire Grec, Bourdeaux, 1579, in-f°, B.N. R. 1036.

CHANDIEU (Antoine de la Roche). — *Ode sur les misères des Eglises françoises* in Epitaphe de Wolfgang, comte Palatin du Rhin (Genève), 1569, in-16, 12 ff., B.N. Rés. p. M. 44.

CHASSANION de MONISTROL. — *Des grands et redoutables jugemens et punitions de Dieu* advenues au monde, principalement sur les grands, à cause de leurs meffaits, contrevenans aux Commandemens de la loy de Dieu. A. Morges par J. Le Preux, 1581. B.N. Rés. D2 15983, pièces liminaires ; 409 pp. in-8°.

CRESPIN (Jean). — *Histoire des vrays tesmoins de la vérité de l'Evangile* depuis Jean Hus jusques au temps présent. 1570, in-f°, 712 ff. Reproduction anastatique, effectuée par les éditions photographiques Mosa en 1964 pour le C.N.R.H.R. de Liège, table de 58 p.

DES MASURES (L.) Pseudonyme L. PALERCEE. — *Babylone ou la Ruine de la Grande cité* et du règne tyranique de la grande paillarde babylonienne. 1563, microfilm au British Museum, marque Heitz.

DES MASURES (Louis) *Tragédies sainctes.*
— *David combattant. David triomphant. David fugitif.* Paris, 1587, 1 vol. in-12, Rés. p. Yc. 1199.

GOULART (Simon). — *Histoires admirables et mémorables de nostre temps.* Paris 1600, 2 vol., in-12, B.N. 24073-24074.

HOTMAN (F.). — *Brutum fulmen papae Sixti V adversus Henricum,* regem Navarrae et Henricum Borbonium principem Condaeum. Lugduni Batavorum 1586, in-8°. B.N. D2 13283.

— *Franco Gallia,* Gen J. Stoereius, 1573, in-8°, 174 pp. Index B.N. 8° Le 4/8.

— *De furoribus gallicis*... Edimburgi, 1573, Ernesto Varamundo Frisio auctore, in-4°, 135 pp., B.N. 4° Lb 33/311.

— *Le Tigre* de 1560 reproduit pour la première fois en fac similè d'après l'unique exemplaire connu, par Ch. Read Paris, Académie des Bibliophiles, 1875, in-12, 152 pp., B.N. Rés. Lb 32/31.

HURAULT (Michel). — *Excellent et libre discours sur l'Estat présent de la France*. s.l., 1588, in-16, 315 pp., B.N. 89, Lb 34/468.

LANGUET (H.) - MORNAY (Philippe de). — *Vindiciae contra Tyrannos* Sive de Principis in populum populique in principem legitima potestate. (Composé peu avant 1577. Auteur probable Du Plessis-Mornay), Edimburgi 1579, in-8°, XII-235 pp. B.N. E. 2135.

— *Vindiciae*. Traduction française (par François Estienne) *De la puissance légitime du Prince sur le Peuple* et du peuple sur le Prince. s.l., 1581, in-8°, 264 pp., B.N. E. 3967.

LA NOUE (François de). — *Discours politiques et militaires* (F. Forest), Bâle, 1587, in-4°, pièces liminaires, 711 pp., B.N. E. 830.

LA NOUE (Odet de). — *Poésies chrestiennes* nouvellement mises en lumière par le sieur de la Violette. Genève, 1594, in-8°, B.N. Rés. Ye 2002.

LA TAILLE (Jean de). — *Saul le Furieux*. Paris. F. Morel, 1572. *La Famine ou les Gabeonites*. Tragédie prise de la Bible et suivant celle de Saül. Ensemble plusieurs autres œuvres poétiques. Paris, F. Morel, 1573. B.N., Res. Ye 1818-1822.

LEOPARD (Charles). — *Le Glaive du Geant Goliath*... recueil de certains passages du droit Canon par lequel il sera aisé... de cognoistre que le Pape a la gorge couppée de son propre glaive. s.l. Prose précédée d'une invective contre la papauté et son chef l'Antéchrist et suivie de deux dizains. B.P.F. André 668.

— *Le Magnificat du Pape et de saincte mère Eglise romaine*. Montelimart 1586 IV-87 pp., in-8°, autre édition à Francfort par P. Creusel, 1613, in-8°, X-101 pp.

LERY (Jean de). — *Histoire mémorable de la ville de Sancerre*... s.l. 1574 in-8°, pièces liminaires, 254 pp. fig. 8° B.N. Lb 33/349.

L'ESTOILE (Pierre de). — *Journal de l'Estoile pour le règne de Henri III*, 1574-1589. Texte intégral présenté et annoté par L.R. LEFEVRE. Paris, Gallimard. 1943, in-8°, 779 pp.

— *Journal de l'Estoile pour le règne de Henri IV*, 1589-16000. Texte intégral présenté et annoté par L.R. LEFEVRE. Paris. Gallimard. 1948, in-8°, 732 pp.

LOISEL (A.). — In *La Guyenne, de l'Œil des rois et de la Justice*. Remonstrance faite en la ville de Bordeaux à l'ouverture de la cour de Justice envoyée par le Roy en ses païs et duché de Guienne. A Paris chez Robert le Mangnier, 1584, 8° Lf 23/19.

LUTHER (Martin). — *Antithèse de la vraye et faulse Eglise* extraicte d'un livre envoyé au Duc de Brunsvic, 1545, pp. 94, Wider Hans Worst, 1541. B.P.U. Bc 2702.

— *De captivitate babylonica Ecclesiae praeludium*. M. Lutheri, in-4°, sign. A.K. Strasbourg 1520, B.N. Rés. D2 3999.

— *Commentaire sur les révélations des Prophètes Joel et Jonas :* par Martin Luther (Ancre). De l'imprimerie de Jean Crespin MDLVIII, in-8°, 131 pp., et table, B.P.F. A. 568.

— (Commentaires) *Jonas :* interprétation du livre du prophète Jonas. Faite par M. Luther et a présent traduite pour la consolation de ceux qui annoncent la parole de Dieu (Ancre) chez J. Crespin M.D. LVIII, B.P.F. A. 508.

MAROT (Clément). — éd. Lenselink S.J. *Les Psaumes de Clément Marot,* édition critique du plus ancien texte. Assen Basel, 1969, 8°.

MELANCHTON (Philippe). — *Commentaires du prophète Daniel.* Commentaire de Ph. Melanchton, sur le livre des révélations du Prophète Daniel. Item les explications de Martin Luther sur le mesme Prophète, adjoustées à la fin. Le tout nouvellement traduict pour la consolation des fidèles en ces derniers temps, Matth. XXIII (Ancre). De l'imprimerie de Jean Crespin, M.D. LV.

MONTES (Reynaldo Gonzalez de). — *Histoire de l'Inquisition d'Espagne* exposée par exemples, 1568 ; trad. Bienvenu, s.l. J. Crespin in-8°, B.P.U. Ba 4622 Res.

MORNAY (Ph. Du Plessis). — *Discours de la vie et de la mort.* Paris, 1584, in-8°.

— *Mémoires,* éd. complète 1824. (Treuttel et Würtz). 8°. Remontrance aux Estats de Blois pour la paix, sous la personne d'un Catholique Romain, l'an 1576.

— *De La Vérité de la Religion chrestienne,* contre les athées, épicuriens, payens, juifs, mahumédistes et autres infidèles. Anvers, 1581, in-4°, pièces lim. et 854 pp.

NAPEIR (Jean). — *Ouverture de tous les secrets de l'Apocalypse.* La Rochelle, 3e éd., 1607, in-8°.

OBENHEIM (Christoph). — *Virtutum et vitiorum exempla ex duorum testamentorum libris* collecta et ordine alphabetico digesta. (Genève), 1600, Stoer, 8°, B.P.U. Bc. 517.

ORLEANS (Louis d'). — *Advertissement des catholiques anglois aux François catholiques.* s.l. 1586, B.N. 8°, 134 pp., Lb 34/311.

PACARD (Georges). — *Description de l'Antechrist et de son royaume,* recueillie des prophéties qui sont en l'Escriture Saincte... Niort (René Troismailles), 1604, in-8°, 339 pp.

PHILONE. — *Josias.* Tragédie... traduite d'italien en français, Genève, F. Perrin, 1566, in-8°.

REUCHLIN (Joann). — *De Rudimentis hebraicis,* 1506.

SUREAU (Hugues dit du Rosier). — *Confession de foy* faicte par H.S. du Rosier avec abjuration et détestation de la profession huguenotique. Paris, datée du mardi 16 septembre 1572, 1573, in-8°, 37 ff.

— *Confession et Recognoissance* de Hugues Sureau dit du Rosier touchant sa cheute en la papauté et les horribles scandales par lui commis ; à Heidelberg, 1573.

TASSIN (Jean). — *Des marques des enfants de Dieu et des consolations dans leurs afflictions.* Paris. 1592. par Th. Portau, B.P.F. Rés. 1383.

TORTOREL et PERISSIN (Jacques et Jean). — *Premier volume contenant quarante tableaux ou histoires diverses.* Le tout recueilli selon le tesmoignage de ceux qui y ont été en personne. Lyon, 1569-1570. B.N. Rés. fol. La 21 7B, in-f°. oblong, 40 pl. gr. sur bois et sur cuivre. Reproduction fac-similé du recueil publié sous la direction de M. Alfred Franklin. Paris, Fischbacher, 1886, in-f°.

V. — TRAVAUX SUR LE XVIe SIECLE

ARIES (Ph.). — *La fin de la Ligue* (1589-1593). *Trois études sur le 16e siècle* par Ph. Aries, A. Chastel, R. Charmet. Paris, 1944, in-16. Ed. de la Nouvelle France.

BOVET (Félix). — *Histoire du Psautier des Eglises réformées;* Neuchâtel, Paris, 1872, 8°, XIII-343 pp., B.N. A. 13369.

CARTIER (A.). — *Les idées politiques de Th. de Bèze* d'après le traité « Du droit des magistrats sur leurs sujets ». Bulletin de la Société d'Histoire et d'Archéologie de Genève, 1900, tome II (1898-1904), pp. 187-206.

CAVE (T.C.). — *Devotional Poetry in France,* 1570-1613, Cambridge, 1969, in-8°.

CHARBONNIER (Abbé F.). — *La poésie française et les guerres de religion* (1560-1574). Etudes historiques et littéraires sur la poésie militante depuis la conjuration d'Amboise jusqu'à la mort de Charles IX. Paris, 1920, in-8° (XV-538 pp.).

DROZ (E.). — *Antoine Vincent.* La propagande protestante par le psautier, in *Aspects de la propagande religieuse,* pp. 276-293, T.H.R. Droz, Genève, 1957.

FEBVRE (Lucien). — *Au cœur religieux du XVIe siècle.* Bibliothèque de l'Ecole pratique des Hautes Etudes, S.E.V.P.E.N., Paris, 1957, in-8°, 361 pp.

FRAPPIER (Jean). — *L'inspiration biblique et théologique de Ronsard dans l'hymne de la justice,* in *Mélanges Chamard,* Paris, Nizet, 1951, pp. 97-108.

FROOM (Le Roy-Edwin). — *The prophetic faith of our Fathers;* the historical development of prophetic interpretation. Washington, 1946-1954, 4 vol., in-8°, B.P.F. 24.619.

GEISENDORF (Paul F.). — *Théodore de Bèze,* Genève, Labor et Fides, s.d., in-4°, X-457 pp. (1949). B.F.Th.M. 22273.
— *La vie religieuse dans les pays protestants* de langue française à la fin du 16e siècle, in *Colloque d'Histoire religieuse,* Lyon 1963, Grenoble, Allier, 1963, Gr. 8°.

HAUSER (Henri). — *François de La Noue* (1531-1591), thèse, Paris Hachette, 1892, in-8°, 337 pp.

JEANNERET (Michel). — *Poésie et Tradition biblique au XVIe siècle.* Recherches stylistique sur les paraphrases des psaumes de Marot à Malherbe. Thèse, Paris, J. Corti, 1969. in-8°.

KINGDON (R.M.). — *Genève et les Réformés français:* le cas d'H. Sureau, dit du Rosier (1565-1577), Bull. de la Soc. d'Histoire et d'Archéologie de Genève. XII, 1961-62.

KOLFHAUS (Wilhelm). — *Christusgemeinschaft bei Johannes Calvin*, in Beiträge zur Geschischte und Lehre der Reformierten Kirche, Allemagne, 1939.

LEBEGUE (Raymond). — *Le poésie française de 1560 à 1630.* Paris S.E.D.E.S, 1951, 2 vol., in-16.
— *Le Tragédie religieuse en France, les débuts* (1514-1573). Paris, Champion, 1929, in-8°, XX-557 pp. (Bibliothèque littéraire de la Renaissance XVII).

LEBLANC (Paulette). — *Les paraphrases françaises des Psaumes à la fin de la période baroque* (1610-1660). Publications Fac. Lettres Clermont, 2e série fasc. 9 Paris, 1960, B.N., 8° 2. 35670 (9).
— *Le poésie religieuse de Clément Marot,* Paris, Nizet, 1955, in-8°, B.N. 8° Ye 16393.

LECLER (Joseph, le Père). — *Histoire de la Tolérance au siècle de la Réforme.* Paris ; Aubier, 1955 ; 2 vol., in-8°.

LE HIR (Yves). — *Les drames bibliques de 1541 à 1600.* Etudes de langue de style et de versification. P.U.G. 8°, 1974, Grenoble, 153 pp.

LENIENT (Charles). — *La Satire en France, ou la Littérature militante au XVIe siècle,* par C. Lenient, Paris-Hachette, 1866, in-8°, VI-641 pp.

LONG (J.-D.). — *La Réforme et les guerres de Religion en Dauphiné* de 1560 à l'Edit de Nantes. 1598. Paris, 1856, in-8°.

MARABUTO (M.). — *Les théories politiques des monarchomaques français.* (dactyl.). Thèse Droit, Paris, 1967.

MAXWELL (W.D.). — *The liturgical portions of the Genevan service book used by J. Knox* while a minister of the English congregation of Marian exiles at Geneva. Edinburgh, 1931.

MEALY (Paul F.M.). — *Origines des idées politiques libérales en France.* Les Publicistes de la Réforme sous François II et Charles IX. Thèse théologie, Paris, 1903, in 8°, 270 pp. 8° B.N. La 18/55.

MERCIER (Charles). — *L'esprit de Calvin et la Démocratie,* extrait de la revue d'Histoire ecclésiastique de Louvain, t. XXX, n° 1, 1934.
— *Théories politiques des Calvinistes en France,* B.S.H.P.F. 1934.

MESNARD (Pierre). — *L'essor de la philosophie, politique au XVIe siècle.* Thèse, Paris, Boivin, 1936, Gr. 8°.

MOORE (Will. Grayburn). — *La Réforme allemande et la littérature française. Recherches sur la notoriété de Luther en France.* Strasbourg, 1930, 8°. Publication de la Faculté des Lettres de l'Université de Strasbourg, fasc. 52.

MOURS (Samuel). — *Le Protestantisme en Vivarais et en Velay, des origines à nos jours.* Valence, 1949, in-8°.
— *Le Protestantisme en France au XVIe siècle.* Paris, 1959, in-12.

MOUSNIER (R.). — *L'assassinat d'Henri IV.* Trente journées qui ont fait la France, n° 13 N.H.R., Paris, Gallimard, 1964.

NAEF (H.). — *La Conjuration d'Amboise et Genève.* Paris, 1922, 8°.B.P.F. 8°, 23854.

PABLO (Colonel Jean de PABLO). — *La 3e guerre de religion*, B.S.H.P.F., 1955, pp. 57-91.

— *La question du drapeau huguenot*, Paris, 1957, in-8°. B.S.H.P.F. avril-juin 1957.

— *Contribution à l'étude de l'histoire des institutions militaires huguenotes.* Sonderdrück aus « Archiv für Reformation Geschichte » Heft 48/2 B.N. 8° La 18/71 (2).

PATRY. — *Philippe du Plessis Mornay*, un huguenot homme d'Etat. Paris, Fischbacher ; 1933, in-8°.

PINEAUX (Jacques). — *La poésie protestante de langue française* (1559-1598), thèse, 1971. Paris Klincksieck, in-8°, 523 pp.

RAYMOND (Marcel). — *Baroque et Renaissance poétique*, Paris, Corti, in-12.

— *L'influence de Ronsard sur la poésie française*, 1550-1585. Paris 1927, Nouvelle Ed. Genève-Droz, 1965, T.H.R. 73, Gr. 8°.

RICHTER (Mario). — *Aspetti et orientamenti della poetica protestante nel secolo XVI.* in Studi Francesi XI, Maggio-Agosto, 1967.

ROMIER (Lucien). — *Catholiques et Huguenots à la cour de Charles IX.* 1560-1562. Paris. Perrin, 1924, in-8°, 355 pp.

— *Les Origines politiques des guerres de Religion*, d'après des documents originaux inédits. Paris, Perrin, 1913-1914, 2 vol. in-8°.

— *Le Royaume de Catherine de Médicis.* La France à la veille des guerres de Religion, Paris, Perrin, 1922, 2 vol. in-8°.

— *La Saint-Barthélémy, les événements de Rome et la préméditation du massacre.* R.S.S. 1913, pp. 529-560.

SCHMIDT (Albert-Marie). — *Calvinisme et poésie au XVIe siècle*, B.S.H.P.F. 1935, p. 211 et sq.

— *Les poètes calvinistes...* témoins d'une vie théologique. Revue Réformée, décembre 1950.

— *Quelques aspects de la poésie baroque protestante*, in R.S.H. 1954, pp. 383-392

— *Jean Calvin et la tradition calvinienne.* Paris, éd. du Seuil, 1957.

TRENEL (J.). — *Le Psaume CX chez Marot et d'Aubigné ;* in *Mélanges de Philologie offerts à F. Brunot*, in-8°, Paris, 1904, pp. 323-329.

VAUTIER (Clemy). — *Les théories relatives à la souveraineté et à la résistance chez l'auteur des Vindiciae*, 178 pp. Thèse de droit, Lausanne, 1947.

WEBER (Henri). — *Poésie polémique et satirique de la Réforme sous les règnes de Henri II, François II et Charles IX.* Cahiers de l'Association internationale des Etudes françaises. Paris, 1958. pp. 89-118.

WEILL (G.). — *Les Théories sur le pouvoir royal en France pendant les guerres de religion.* Paris. Hachette, 1892, in-8°.

WENCELIUS (Léon). — *Calvin et Rembrandt*, étude comparative de la philosophie de l'art de Rembrandt et de l'Esthétique de Calvin. Paris, Les Belles Lettres, 1937, Gr. 8°, 240 pp.

— *L'Esthétique de Calvin.* Les Belles Lettres, Paris, 1937. Gr. 8°, 429 pp.

WENDEL (François). — *Calvin, sources et évolution de sa pensée religieuse.* Paris, P.U.F., 1950, 1 vol. in-8°, VII-293 pp.

VI. — TRAVAUX SUR A. D'AUBIGNE ET SON ŒUVRE

BAICHE (André). — *La Naissance du Baroque français*. Poésie et Image (1570-1605). Thèse Association des Publications de l'Université de Toulouse ; 1976, 479 pp.

BAILBE (Jacques). — *A. d'Aubigné, poète des Tragiques*. Thèse 1968, 1 vol. in-8°, 468 pp. Publications de la Faculté des Lettres et Sciences Humaines de Caen.

BENSIMON (M.). — *Essai sur A. d'Aubigné, Aspirations et conflits dans les Tragiques*, in Studi Francesi, n° 7, 1963, pp. 418-437.

BOST (Charles). — *La vision d'où sont sortis les Tragiques*. B.S.H.P.F., LIX, sept. 1910, p. 454 et sq.

CÉARD (Jean). — *Sur un passage des Tragiques d'A. d'Aubigné*. B.H.R. XXXIII : 375-76.

GARNIER (Armand). — *Agrippa d'Aubigné et le parti protestant*. Paris, Fischbacher, 1928, 3 vol. in-4° (thèse).

GROSCLAUDE (Pierre). — *Le Génie d'Agrippa d'Aubigné*. B.S.H.P.F. avril-juin 1952.

JEANNERET (Michel). — *Les styles d'Agrippa d'Aubigné*, 1967, S.F. tome XXXII, pp. 246 à 257.

KINSER (Samuel). — *Agrippa d'Aubigné and the Apostasy of Henri IV*, Studies in the Renaissance, vol. IX, 1964.

MUCHEMBLED (R.). — *Images obsédantes et idées forces dans « le Printemps »* d'Agrippa d'Aubigné. Essai d'interprétation d'une psychologie du XVIe siècle. Revue du Nord, avril-juin 1968.

PLATTARD (Jean). — *La poésie et l'éloquence d'A. d'Aubigné*, la composition du quatrième livre des Tragiques, les Feux, in *Mélanges offerts à Léon Kastner*, Cambridge, 1932, pp. 385-395.
— *Sur une source des Tragiques :* le *Pimandre*, Mélanges Laumonier, 1935, pp. 355-359.

RAYMOND (Marcel). — *A. d'Aubigné*, in Cahier de FOI et VIE, 1930.
— Agrippa d'Aubigné in *Génies de la France*, 1942, in-16, pp. 68-87.

REGOSIN (R.L.). — *« D'Aubigné's les Tragiques :* divine tragedy »* in B.H.R. XXVIII, 1966, p. 52 et sq.
— *« D'Aubigné's Les Tragiques :* a protestant Apocalypse »*, in P.M.L.A., vol. LXXXI, 1966, pp. 363-368.

ROCHEBLAVE. — *Agrippa d'Aubigné, un héros de l'épopée huguenote*, Cahier de *FOI et VIE*. 1930.

ROUSSELOT (Jean). — *Agrippa d'Aubigné*. Paris, éd. P. Seghers : in-16, 1966.

SAUERWEIN (Henry A. Jr.). — *Agrippa d'Aubigné's Les Tragiques*, a study in Structure and Poetic Method, in-8°, 241 pp., Baltimore, 1953.

SCHMIDT (Albert-Marie). — *Remarques sur les deux derniers livres des Tragiques*. L'Information littéraire, mars-avril 1958, n° 2, pp. 49-52.

TRENEL (J.). — *L'élément biblique dans l'œuvre poétique d'Agrippa d'Aubigné* (thèse). Paris, Léopold Cerf, 1904, in-8°.

— *L'Ancien Testament et la langue française du Moyen-Age* (VIIIe-XVe siècles). Etude sur le rôle de l'élément biblique dans l'histoire de la langue des origines à la fin du XVe siècle. Thèse, Paris, Léopold Cerf, 1904, in-8°.

WEBER (Henri). — *La création poétique en France au XVIe siècle.* Thèse, 1956, 2 vol. Paris, Nizet, in-8° ; tome II.

— « *L'invention poétique chez A. d'Aubigné* » in *Six conférences,* Collège de France, chaire d'Histoire des Créations littéraires, pp. 7 à 20.

YOURCENAR (M.). — *Les Tragiques d'Agrippa d'Aubigné,* in *Sous bénéfice d'inventaire,* Paris, Gallimard, 1963, in-16.

ZE^I DIN (J.). — « *Les Tragiques and the Baroque* », L'Esprit créateur, vol. I. 1961, pp. 67-74.

I II. — *REFERENCES CRITIQUES*
   (Théologie, histoire, philosophie, études bibliques).

ALONSO-SCHÖKEL (Luis) S.J. — *Estudios de poetica hebrea,* 8°, Barcelone, 1963.

BARUZI (Jean). — *Création religieuse et pensée contemplative.* Paris, Aubier, 1951, in-8°, 242 pp.

BORDET (Louis). — *Religion et Mysticisme.* Paris. P.U.F. 1959, in-16, 136 pp. B.N. 16° R 4754 (37).

BRÜTSCH (Charles). — *La clarté de l'Apocalypse,* 1re éd. Labor, Genève, 1941. 5e éd. Labor et Fides, Genève, 1966.

DEBIDOUR (Victor Henry). — *Saveur des Lettres, Problèmes littéraires.* Paris, Plon, 1946.

DHORME. — *La poésie biblique.* Paris, Grasset, 1931.

FESTUGIERE (Jean). — *La révélation d'Hermès Trismegiste,* 2 vol. in-8°, Paris, 1944-1949.

FRANKEN (H.J.). — *The mystical communion with J H W H in the book of Psalms.* 1954, Leiden-(Brill), in-8° (VIII-97 pp.) B.N. 8° Leiden th. 107.

HEGEL — *Esthétique. La Poésie.* 2 vol. éd. Aubier-Montaigne, Paris, 1965.

JACOB (Edmond). — *Les thèmes essentiels d'une théologie de l'Ancien Testament* (thèse, Strasbourg), Neuchâtel-Paris, Delachaux et Niestlé, 1955, in-8°, 288 pp. B.F.Th.M. 23.334.

JACOB (E.), KELLER (C.A.), AMSLER (S.). — *Osée, Joël, Abdias, Jonas, Amos,* Neuchâtel, 1965, in-8° (Commentaire de l'Ancien Testament), B.P.U. Zt 2026 a XI a.

LEBEGUE (Raymond). — *Problèmes de sources et d'influences : Atala et les Tragiques,* in Journal des Savants, 1958, janvier-mars.

LILJE (Hans). — *L'Apocalypse.* Traduit par J.L. Pidoux, Paris, Payot, 1959.

LOWTH (Robert). — *De sacra poesi Hebraeorum* praelectiones academicae habitae. Oxford 1753. Traduction par F. Roger : *Cours de poésie sacrée.* 2 vol. in-8°, Paris, 1813.

NEHER (André). — *Amos. Contribution à l'étude du prophétisme*. Paris, Vrin, 1950, Gr. 8°, XIV-299 pp.
— *L'Essence du Prophétisme*. P.U.F. 1955, in-16, Paris.

PEDERSEN (Johs). — *Israël, it's life and culture*. 1920, Copenhague. Traduit en collaboration avec l'auteur par G. Cumberlege et Paul Branner, Oxford University Press. Reprint 1946, 2 vol., in-8°, tome I, IX-578 pp. tome II, 788 pp.

RAD (Gerhard von). — *Der Heilige Krieg im alten Israel*, Zürich, Zwingli-Verlag 1952, 8°, 84 pp. B.N. in-8°, A 534.
— *Theologie des Alten Testaments*. München, C. Kaiser, 1958-1962, 2 vol. in-8°. Traduction en français :
— *Théologie des traditions historiques d'Israël*, trad. en Français par E. du Peyer, 1963, 448 pp.
— *Théologie des traditions prophétiques d'Israël*, trad. par A. Goy, 1967, 409 pp. Labor et Fides.

SAYCE (R.A.). — *The French Biblical Epic* in the 17th century. Oxford, Clarendon Press, 1955, in-8°.

STAPFER (Paul). — *Victor Hugo et la grande poésie satirique en France*. Paris, Ollendorff, 1901, in-8°, 351 pp.

VUILLEUMIER (René). — *Michée* in Commentaire de l'A.T. publié sous la direction de R. Martin Achard (S. Amsler, A. Caquot, etc...), 8° Neuchâtel, 1965, B.P.U. Zt 2026 a IIb.

INDEX DES PASSAGES BIBLIQUES CITES

Les numéros de page en italique indiquent les passages reproduits ou imités par A. d'Aubigné.

Quelques thèmes, particulièrement utilisés, sont indiqués après la référence biblique.

INDEX DES TITRES

DES ECRITS ANONYMES ET DES NOMS DES AUTEURS CITES

Pour éviter d'alourdir cet index, nous ne mentionnons que les écrits anonymes du xvɪᵉ siècle et les auteurs nés avant 1750.

TABLE DES MATIERES

DEUXIEME PARTIE

LES THEMES BIBLIQUES DANS LES TRAGIQUES ET LES POESIES RELIGIEUSES

Documents

Hors-texte, p. 17 - Figure de la Prédestination (Th. de Bèze, 1560).

p. 460 une page du *De Rudimentis hebraicis* de Reuchlin.

BIBLIOTHÈQUE FRANÇAISE ET ROMANE

publiée par le

Centre de Philologie et de Littératures romanes
de l'Université des Sciences Humaines de Strasbourg

Directeur : Georges STRAKA
Série C : ÉTUDES LITTÉRAIRES

———————————— 63 ————————————

Déjà parus :

1. — *Saint-John Perse et quelques devanciers* (*Etudes sur le poème en prose*), par Monique PARENT, 1960, 260 p., 4 pl.

2. — *L' « Ode à Charles Fourier »*, d'André *BRETON*, éditée avec introduction et notes par Jean GAULMIER, 1961, 100 p., 6 pl.

3. — *Lamennais, ses amis et le mouvement des idées à l'époque romantique* (1824-1834), par Jean DERRE, 1962, 768 p. (épuisé).

4. — *Langue et techniques poétiques à l'époque romane* (*XIᵉ-XIIIᵉ siècles*), par Paul ZUMTHOR, 1963, 226 p. (épuisé).

5. — *L'humanisme de Mairaux*, par Joseph HOFFMANN, 1963, 408 p.

6. — *Recherches claudéliennes*, par M.-F. GUYARD, 1963, 116 p.

7. — *Lumières et Romantismes, énergie et nostalgie de Rousseau à Mickiewicz*, par Jean FABRE, 1963 (en réimpression).

8. — *Amour courtois et « Fin'Amors » dans la littérature du XIIᵉ siècle*, par Moshé LAZAR, 1964, 300 p. (épuisé).

9. — *Nouvelles recherches sur la littérature arthurienne*, par Jean MARX, 1965, 324 p. (épuisé).

10. — *La religion de Péguy*, par Pie DUPLOYE, 1965, 742 p. (épuisé).

11. — *Victor Hugo à l'œuvre : le poète en exil et en voyage*, par Jean-Bertrand BARRÈRE, 1965 (nouveau tirage 1970), 328 p., 13 pl.

12. — *Agricol Perdiguier et George Sand* (*correspondance inédite*), publiée par Jean BRIQUET, 1966, 152 p., 6 pl.

13. — *Autour de Rimbaud,* par C.-A. HACKETT, 1967, 104 p., 3 pl.

14. — *Le thème de l'arbre chez P. Valéry*, par P. LAURETTE, 1967, 200 p.

15. — *L'idée de la gloire dans la tradition occidentale* (*Antiquité, Moyen Age occidental, Castille*), par M.-R. LIDA DE MALKIEL, traduit de l'espagnol (Mexico, 1952), par S. ROUBAUD, 1968, 320 p.

16. — *Paul Morand et le cosmopolitisme littéraire*, par Stéphane SARKANY, 1968, 291 p., 3 pl.

ENGLISH HISTORICAL DOCUMENTS

General Editor

DAVID C. DOUGLAS

M.A., D.Litt., F.B.A.

*Emeritus Professor of History
in the University of Bristol*

ENGLISH HISTORICAL DOCUMENTS

General Editor: DAVID C. DOUGLAS, M.A., D.LITT., F.B.A.

VOLUMES

I	c.500–1043	DOROTHY WHITELOCK, C.B.E., M.A., LITT.D., F.B.A.
II	1042–1189	DAVID C. DOUGLAS, M.A., D.LITT., F.B.A., and G. W. GREENAWAY, M.A.
III	1189–1327	HARRY ROTHWELL, B.A., PH.D.
IV	1327–1485	ALEC R. MYERS, M.A., PH.D., F.R.HIST.S., F.S.A.
V	1485–1558	C. H. WILLIAMS, M.A.
*VI	1558–1603	DOUGLAS PRICE, M.A., B.LITT., F.S.A.
*VII	1603–1660	IVAN ROOTS, M.A., F.R.HIST.S.
VIII	1660–1714	ANDREW BROWNING, M.A., D.LITT., F.B.A.
IX	AMERICAN COLONIAL DOCUMENTS TO 1776
		MERRILL JENSEN, M.A., PH.D.
X	1714–1783	D. B. HORN, M.A., D.LITT., and MARY RANSOME, M.A.
XI	1783–1832	A. ASPINALL, M.A., D.LITT., and E. ANTHONY SMITH, M.A.
XII	Pt 1 1833–1874
		G. M. YOUNG, M.A., D.LITT., and W. D. HANDCOCK, M.A., B.LITT.
	Pt 2 1874–1914
		W. D. HANDCOCK, M.A., B.LITT.

* in preparation

H45 212 405 4

1 1 ...

Please renew/return this item by the last date shown.

So that your telephone call is charged at local rate, please call the numbers as set out below:

	From Area codes 01923 or 0208:	From the rest of Herts:
Renewals:	01923 471373	01438 737373
Enquiries:	01923 471333	01438 737333
Minicom:	01923 471599	01438 737599

L32b

4/12

L 33

GENERAL PREFACE

*E*NGLISH HISTORICAL DOCUMENTS is a work designed to meet a present need. Its purpose is to make generally accessible a wide selection of the fundamental sources of English history.

During the past half-century there has been an immense accumulation of historical material, but only a fraction of this has been made readily available to the majority of those who teach or who study history. The transcendent importance of the original authorities is recognised, but direct approach to them remains difficult, and even some of the basic texts (which are frequently quoted) are hard to consult. A gulf has thus opened between the work of the specialist scholar and those students, both at schools and universities, who best can profit by his labours. Historical studies tend too often today to consist of a commentary on documents which are not included in the available books; and, in the absence of any representative and accessible collection of the sources, the formation of opinion proceeds without that direct study of the evidence which alone can give validity to historical judgment. Correspondingly, the reading public outside schools and universities has no adequate means of checking, by reference to the evidence itself, tendentious or partial interpretations of the past.

The editors of these volumes consider that this situation now calls for a remedy. They have striven to supply one by providing what they hope can be regarded as an authoritative work in primary reference.

An enterprise of this nature could only be effective if planned on a large scale. In scope and content, therefore, these volumes differ materially from the conventional "source-books" which usually contain only a restricted number of selected extracts. Here, within much wider limits, each editor has sought to produce a comprehensive *corpus* of evidence relating generally to the period with which he deals. His aim, in each case, has been to present the material with scholarly accuracy, and without bias. Editorial comment has thus been directed in the main towards making the evidence intelligible, and not to drawing conclusions from it. Full account has been taken of modern textual criticism to compile a reliable collection of authentic testimony, but the reader has in general been left to pass his own judgment upon this, and to appraise for himself the value of current historical verdicts. For this reason, everything in this work has been presented in such a manner as to be comprehensible by readers of English, and critical bibliographies have been added to assist further investigation.

The present volume, like its predecessor, is concerned mainly with the Victorian age, and the legacy which that age left to posterity. Its primary purpose has been to illustrate, chiefly from the public records, the main movements in English history between 1874 and 1914: namely the transformation of the political, social and economic structure of England during these years as a result of the growth of industrialism and democracy. The scope of the book, the unity of the period with which it deals, and the wide ramifications of the central theme which it seeks to display, are explained by the editor in his general introduction. He has drawn his material from a variety of sources, some of which are little known, and it is hoped that his work provides essential contemporary evidence of an historical process whose consequences are still to be felt not only in England but in many other countries in the world.

All concerned in this series are fully aware of the magnitude of the undertaking to which they have addressed themselves. They are conscious of the hazards of selecting from the inexhaustible store of historical material. They realize also the difficulties involved in editing so large a mass of very varied texts in accordance with the exigent demands of modern scholarship. They believe, however, that the essential prerequisite for the healthy development of English historical studies is wider acquaintance with the original authorities for English history. And they are content that their work should be judged by the degree to which they have succeeded in promoting this object.

DAVID DOUGLAS

VOLUME XII (2)

ENGLISH HISTORICAL DOCUMENTS
1874–1914

ENGLISH
HISTORICAL DOCUMENTS

1874–1914

Edited by

W. D. HANDCOCK

M.A., B.LITT.

*formerly Senior Lecturer in History
in the University of Exeter*

1977
EYRE & SPOTTISWOODE
LONDON

ISBN 0 413 23370 7

First published 1977

© 1977 Eyre & Spottiswoode (Publishers) Ltd
Printed in Great Britain
for Eyre & Spottiswoode (Publishers) Ltd
11 New Fetter Lane, London EC4P 4EE
by Richard Clay (The Chaucer Press) Ltd
Bungay, Suffolk

ACKNOWLEDGEMENTS

IN what is chronologically the last volume of the series, I would like to express my gratitude to its founders, Douglas Jerrold, whose initiative and courage saw the projects launched; and David Douglas, the general editor since the beginning, for his unstinted help and encouragement. G. M. Young, the joint editor of the preceding volume, lent his inspiration to the whole of that part and was responsible for introducing me to All Souls College in the University of Oxford; I am much indebted to the generosity of the Fellows of that college for making me a member of its common room, and for continuing to do so for long periods; also to the Librarian and staff of the Codrington Library at All Souls; to the Board of the Faculty of History; and to the Librarian and staff of the Bodleian Library in Oxford. To the Senate and Council of the University of Exeter and to the Librarian and staff of the Roborough Library, for the facilities of the university and library during the compilation of this volume, I offer my grateful thanks; and I am especially indebted to Dr Bruce Coleman, and to Mr B. W. Clapp, Miss M. E. J. Chadwick and Dr J. H. Porter, for their patient researches and selection of material for the bibliographies, which are presented substantially as received from them and without whose able assistance this volume would have suffered further delays; to Miss Kathleen M. Dexter, also of Exeter, for clearing copyrights and for reading the whole volume in proofs; and to my old friend Dr G. J. Paley, formerly of the Devon County Library for the facilities of the library and for constant help over many years.

Formal acknowledgements are due to the Controller of H.M. Stationery Office for permission to make free use of official papers and Crown copyright records in the Public Record Office; to the British Library Board for the facilities of the Reading Room and North Library; and to His Grace the Archbishop of Canterbury and the Trustees of Lambeth Palace Library for access to library records. I am again indebted to Professor Albert H. Imlah of Massachusetts for kind permission to make use of his constructions on U.K. exports of capital, since published as *The Economic Elements in the Pax Britannica* (Cambridge, Mass., 1958); and to The Economist Newspaper Ltd and the Editor of *The Economist*, and Times Newspapers Ltd and the Editor of *The Times* for permission to reprint extracts from those newspapers, respectively. For permission to quote from printed books in copyright I am grateful to John Murray (Publishers) Ltd for extracts from *The Letters of Queen Victoria*, ed. G. E. Buckle, 2nd series, *1862–85*, 3 vols (1926–8), and 3rd series, *1886–1901*, 3 vols (1930–2); and to the same publishers for extracts from *Lux Mundi*, ed. Charles Gore (1889); and for extracts from H. E. Gorst, *The Fourth Party* (1900); to Mr Nigel Nicolson for extracts from Harold Nicolson, *King George V: his life and reign* (Constable, 1952); to Hutchinson Publishing Group Ltd for extracts from J. A. Spender and C. Asquith, *Life of Henry Herbert Asquith, Lord Oxford and Asquith* (1932); to Methuen & Co. Ltd for extracts from G. R. Porter, *Progress of the Nation*, ed. F. W. Hirst (1912); to Blond & Briggs Ltd and Mr A. M. Gollin for extracts from *Balfour's Burden* (Anthony Blond, 1965); to Mr Philip Mair and Lord Beveridge's executors for extracts from W. H. Beveridge, *Unemployment: a problem of industry* (Longmans, Green, 1906), new edn (1930); to Blackie Publishers for extracts from H. E. Gorst, *The Earl of Beaconsfield* (1900); to Granada Publishing Ltd for extracts from David Thornley, *Isaac Butt and Home Rule* (MacGibbon & Kee, 1964); to Cassell & Collier Macmillan Publishers Ltd for extracts from A. Chamberlain, *Politics from the Inside* (1936); and to Macmillan London and Basingstoke for extracts from Viscount Morley, *Recollections* (1917). Finally, to my publishers and to all those associated with the printing and production of this volume, I have also to add very many thanks.

W. D. HANDCOCK

CONTENTS

Part II. PARLIAMENT

Part III. NATIONAL RESOURCES: ECONOMIC STRUCTURE AND DEVELOPMENT

Part IV. RELIGION AND THE CHURCHES

Part V. IRELAND AND IRISH AFFAIRS, 1833–1914

Part XI. FACTORIES, HEALTH AND HOUSING

Part XII. TRADE UNIONS AND SOCIALISM

APPENDICES

INDEX TO TEXTS   719

EDITOR'S NOTE

The original text of all documents printed in this volume is in English, except No. 1 [French]. The place of publication of any book, unless otherwise stated, is London. The year begins on 1 January and no adjustment of dates has been necessary.

ABBREVIATIONS

B.I.H.R.	Bulletin of the Institute of Historical Research
Brit. J. of Ed. Studies	British Journal of Educational Studies
Ec. H.R.	Economic History Review
E.H.D.	English Historical Documents
Eng. H.R.	English Historical Review
Hist. Journal	Historical Journal
Int. Rev. of Soc. Hist.	International Review of Social History
Irish Hist. Studies	Irish Historical Studies
J. Brit. Studies	Journal of British Studies
J. Contemp. Hist.	Journal of Contemporary History
J. Eccles. Hist.	Journal of Ecclesiastical History
J.E.H	Journal of Economic History
J.I.C.H.	Journal of Imperial and Commonwealth History
J. Mod. Hist.	Journal of Modern History
T.R.H.S.	Transactions of the Royal Historical Society
Vict. Studies	Victorian Studies

INTRODUCTION

The beginning year of this volume, 1874, marks the clearest break in nine-teenth century history since the Reform Act of 1832. Politically it is the year of Disraeli's accession to power with a majority, the first purely Conservative majority since Peel. The new Prime Minister favoured a more active and assertive foreign policy which, although concerned with old European issues rather than new imperial ones, has been taken as the first phase of the imperialism which was to become the dominant interest of the age. The new government's domestic policy concerned itself from the beginning with social issues, matters of working class interest, more than with stock issues of politics. The middle of the decade saw the onset of serious economic depression which put an end to the expectations of automatically increasing prosperity that had marked the mid-Victorian era. The collapse of agricultural prices led to difficulties for Gladstone's Irish land legislation and to the Parnellite phase of the Irish question, which lasted until Parnell's death in 1891. These preoc-cupations, though mingled with and modified by older ones, sufficiently marked a new period in our history.

The structure on which the volume has been planned follows to some ex-tent the arrangement of volume XII (1), but without chartism,[1] and intro-ducing and expanding the subjects of the Irish question, imperialism and trade unions. The monarchy (Pt I) is seen as the historic and still the vital centre of government; and parliament (Pt II), the historic witness of consent, seeks this in a wider circle with franchise change organised more closely through the instrument of party, till it becomes itself an animating portion of the government. Part III deals with economic development, no longer as revolutionary a change as in the last volume although population and produc-tion continue to expand, and innovation if not as striking as in the past at least continues at a respectable level. But now the great industrial states are revolv-ing into the United States of America, and Germany; though the lead in finance and commerce remains with Britain and she is at the centre of the tightly organised world economy of 1914. Religion (Pt IV) is on the defensive but concedes as little as possible of its status or, on vital issues, its principles and remains socially a stabilising factor in the country. Ireland and Irish affairs (Pt V), as earlier promised, carries the story back to early agricultural condi-tions and to the great famine, as well as on through Parnellite struggles and after, to the winning of a Home Rule that when it came proved to be no longer what was wanted. The subjects of foreign and imperial policy (Pt VI), some-what intermittently treated in the preceding volume to make space for more

---

[1] *English Historical Documents*, XII (1), *1833–74*, ed. G. M. Young and W. D. Handcock (1956), Pt V

I

essential domestic issues, have more connected treatment in the continuation, which records the increasing absorption of the nation and of a post-Bismarck-ian Europe in issues of power and of empire, and leads directly on to the naval rivalry with Germany that brought on the war of 1914. Part VII deals with the last stages of the great Victorian effort in the fields of the law, the penal system and the courts, which may be said to have helped by 1914 to produce one of the most law-abiding generations of our history; and Part VIII with central and local government and the institution and work of the Committee of Imperial Defence, an important piece of machinery in the long preparation against the 1914 war; with the remodelling and democratising of the institutions of local government; and with reforms in the civil service. Education (Pt IX) remained for many years handicapped by sectarian disputes but displayed astonishing vitality nevertheless, and the turn of the century saw Balfour's Education Act seeking, not altogether without success, to break from the vicious circle; and saw too the beginning of the foundation of civic universities. Part X on the Poor Law finds the principles of 1834, the ark of orthodoxy on the subject, entrenched and enforced at the first but gradually by force of circumstance undermined, then in the great enquiry of 1905–9 subjected to direct attack; and finally sees the flank of the attack turned and the principle of insurance, "the magic of averages", enthroned in its stead. In Part XI important developments are illustrated in the fields of factories, health and housing; and the last part, on trade unions and socialism (Pt XII), begins with the formulation of an adequate legal status for the unions and passes on to their increasing infiltration with socialism in the 1880s and 1890s; it sees a period of uncertainty over the legal powers and liabilities of unions at the time of the Taff Vale judgment, which is met by conceding the trade union case; and a period of violent, indeed subversive activity from 1909 to 1914, the rumbles of which are still audible as the threat of industrial strife merges in the greater strife of war in 1914.

The monarchy,[1] the main emblem of continuity in change in English history, and especially in Victorian history, was subject to little serious challenge in the period: its advantages in strength and flexibility over anything that might be put in its place were too apparent. The main advocates of republicanism, Auberon Herbert, an aristocratic eccentric, Sir Charles Dilke and Joseph Chamberlain, men of serious mental powers on political questions but of little range of sympathy or influence beyond, and the trade union leader, Odger, gave up the game very shortly. Serious danger, as always, came from within. The queen's prejudices against Gladstone, stimulated by Disraeli's flatteries, might easily have led to serious dispute if the sufferer had chosen to make them an issue, but Gladstone's loyalty to the monarchy was proof against any temptation. The misbehaviour of the heir to the throne threatened a loss of prestige, but his serious illness (1871–2) brought about a revulsion of popular feeling in his favour. The queen's personal popularity grew steadily through her two jubilees to the end of her reign. Perhaps her most serious mistake, apart from

[1] Part I

prejudice against Gladstone, was the jealousy which prevented her from allowing her heir any share in the official work of the monarchy. But the prince of Wales played his part as leader of society, a role in which she attempted no rivalry, and played it with brilliance and on the whole sufficient discretion, while the political leaders, especially Gladstone, saw to it by confidential communications that he was not left in too great an ignorance of political issues. The queen's death produced an impressive demonstration of the complete confidence and immense affection with which she was regarded.

Edward VII, when he came to the throne in 1901, showed a natural talent for the public role of kingship, and, less hard working than his mother had been, perhaps also less prejudiced, gave his ministers less trouble. The monarchy became a showier thing under him, but lost little of its outward authority. His successor, George V (1910), showed less enjoyment of the public role, with perhaps greater conscientiousness and a wider range of sympathies. His early years as king were a grave test, but he made no serious mistakes and his honesty of purpose won recognition, so that by the opening of the war in 1914 circumstances were ripe for a developing function as national leader which was to reach its apogee beyond the close of this volume, at his silver jubilee (1936).

If the extent of the first reform Act[1] had seemed to carry the implication that what was worth doing was worth doing well, the way the second[2] was passed, the extent of the final enfranchisement, the piecemeal and almost haphazard process by which it was accomplished, and its confinement to town labourers made it almost inevitable that a further expansion would be called for; the impression left might well have been that what was done anyway did not matter very much, and the electoral defeat of its proposers as soon as the Act could be put to work seemed not undeserved. But the adulation of the electoral process that followed in the early days of the Liberal caucus and the thinly disguised power politics of the Conservative Association carried the mania for elections still further. To have shared the electoral chrism was assumed not only to have given the elector something to say, but to have made it worth saying. Nonsense of this sort did not survive its decade but it sufficed not only to enfranchise the county householder in Great Britain, formally the least educated section of the population though trained by its agricultural pursuits to some realism of perception, but the Irish labourer as well,[3] although it was evident his vote would be cast without consideration and virtually without option as his priests and political directors, the sworn enemies of the English, bade him to do. Thus the peaceful solution of the Irish problem, in spite of much reform and the virtual buying out of Irish landowners for the benefit of Irish farmers, by imperial taxation in the first instance, and in spite of the bitter feuding of the Irish political barons over Parnell's divorce, was subjected to their veto once their feuds were compromised; and these were succeeded in due course by others whose vitality seems even yet not to be exhausted. Before the Representation of the People Act, 1884,[4] the parties, or

[1] *E.H.D.*, XII (1), Pt II   [2] Part II   [3] Part V   [4] Part II

their leaders, for rank and file support was not enthusiastic, passed the Corrupt and Illegal Practices Prevention Act of 1883, which largely put an end to practices which, in spite of legislative prohibition, had survived till then. Effective limits were imposed on expenditure, accountability was enforced, and the creation *ad hoc* of small electoral posts was prohibited. Electoral organisation, apart from a strictly limited number of professionals, passed into the hands of amateurs, that is, party zealots. By the redistribution measure which accompanied the extended franchise constituency sizes were roughly equalised, and the single member seat became the rule. Further, by the Local Government Acts of 1888 and 1894 and the London Government Act of 1899,[1] the system of local government was recast on a wide electoral basis, too wide by the limited use made of the vote, of county, county borough, metropolitan borough, urban and rural district council, and parish. This took the place in the countryside of the old system of government by the justices of the peace, which had been economical, much more responsive to real public need than has often been recognised, and disinterested. The new one was uniform, efficient, expensive, and a good deal in the hands of its officials; fortunately these were generally good, and much of the old tradition of disinterested service, and many of the personnel, survived to help inaugurate the new system, and the influence of new blood and new ideas did no harm.

From an economic point of view the century in its last quarter moves into a zone of colder weather.[2] The period used to be called that of the great depression, and if more recent enquiry has suggested breaks and temperaments in the unbroken gloom of the current picture it has not left it substantially more cheerful. For agriculture, cultivation hardly paid its way, though stock and catch crops might, and the loss of a sound agriculture weakened all interests. The American wheat invasion affected all western Europe, but France and Germany, for example, responded with protective tariffs. Disraeli refused in his political old age to renew the tariff battle he had lost in his prime. Elsewhere the conversion to belief in protection did not stop with agriculture. The economic techniques which in the earlier period had been regarded as specifically British became now common to the western world, and the free trade enthusiasm of the 1860s gave way to a general practice of protection behind which new industries were fostered and which handicapped British exports. But in the great fundamental industries of iron and steel American and German resources were so great that technically as well as in size they forged ahead of Britain; and that with all her basic industries except textiles thus subject to harsh competition Britain did as well as she did bespoke considerable resilience.

As regards religion,[3] the contemporary moods of scientific optimism and corresponding religious scepticism were not propitious to more than holding operations of defence, but the mending of fences and deepening of foundations proceeded satisfactorily, and the more overt operations of controversy were

[1] Part VIII   [2] Part III   [3] Part IV

generally confined to ritual and ceremony, which the earlier leaders of Anglo-catholicism would not have regarded as of primary importance.

In the second half of the century foreign and imperial policy had made a great deal of progress; [1] Italy and Germany had been unified, Russia had freed her serfs and had accomplished as many of her organic reforms as she was able or wished to do, and the United States of America had freed her slaves and vindicated her unity. While her chief colleagues and competitors in the international field were freeing themselves for a more outward facing role, Britain's own part in these events had been a relatively modest and undistinguished one, partly, no doubt, because of Bismarck's masterful successes, but the question was already being asked whether the continuance of inertia was really in her own best interests and in those of the rest of the world. In Disraeli's view it was not; he had no hesitation therefore in entering upon an old policy on Britain's part as a supporter of Turkey and the opponent of any extension of Russian influence in the Near East. He won the queen's support the more easily, perhaps, that Gladstone threw himself into the anti-Turkish agitation about Bulgarian atrocities. In its crucial stages at the congress of Berlin the English delegates, Disraeli, now earl of Beaconsfield, and Salisbury, his Foreign Minister, by mingled daring and carefulness carried their points in a fashion that vindicated Britain's influence. Gladstone in the meanwhile made Beaconsfieldism, policies of prestige without real substance, an issue in his Midlothian speeches and laid down the specifications of a foreign policy of principle. Electorally, this proved effective enough, but in his ensuing government his attention to them in Egypt and the Sudan, in Afghanistan and at Penjdeh proved capricious and practically every major issue in his foreign policy was mishandled or misjudged.

The treatment of Irish affairs [2] as a whole in this volume has necessitated extending its chronological limits, as the pre-famine conditions of Irish agriculture and the traumatic experiences of the famine itself which had so profound an influence on the country and on Anglo-Irish relations have to be dealt with consecutively if the story is to be understood. The documents afford plenty of evidence of the seriousness of government concern with the vulnerable state of Irish agriculture and the immense efforts to cope with the problems of the famine when it broke out. But these were given little credit by active opinion in Ireland, still less among the communities of Irish refugees in America as they settled down there. It was Irish American opinion that led opposition to England, as it was American funds that provided its financial sinews. Hence, by the time Gladstone took on his "mission to pacify Ireland" it was already virtually too late. His disestablishment and disendowment of the church in Ireland evoked no lasting gratitude; his Irish Land Act of 1870 and Land Law (Ireland) Act of 1881 were alike overtaken by the price fall resulting from the American wheat invasion. [3] Whether his Home Rule Bill, had it passed, would have accomplished the miracle cannot of course be said; Gladstone sacrificed to

[1] Part VI　　　[2] Part V　　　[3] Part III

it his party and the still prodigious energies of the remainder of his working life, but when at the second effort it might possibly have passed, Parnell preferred to it his pride.

A new political interest in social questions during the period may be dated from the time of Disraeli's government, in particular from the measures it took in public health and housing,[1] and as regards trade union law.[2] In the first, its measure provided the legislative basis for the period; in housing it gave it a good start in a matter of great difficulty; and in the third its measure met working class needs until the Taff Vale judgment of 1901. The Royal Commission on Housing of 1884 marks the shift in public interest to the housing problem, though there is no further major legislation till 1909, and then it is not effectively administered, leaving the problem till after the war, by which time it was worse. Booth's great enquiry into the amount of poverty in London[3] set out to prove that Socialist assertions on the subject were exaggerated, and ended up by proving that they were underestimated. This brought the whole question of economic principle and method under discussion. Booth was himself an individualist in economic principle, though increasingly a reformer in social administration. The great battle was between the Charity Organisation Society and "the principle of 1834", and various schools of socialism and was fought out in the proceedings of the Poor Law Commission and its two reports, the Majority and the Minority Reports. Radical reformism steered a way between these two extremes in the National Insurance Act of 1911; before that, the Radicals had accepted Booth's suggestion of making a free grant to pensionable old people. Another fruit of the same spirit of optimistic enterprise were the legal reforms[4] belonging to the same early years of reinvigorated liberalism, notably to the probation system and children's courts.

The last decade of the nineteenth century saw the nation even more deeply involved in the power struggles of imperialism.[5] Jameson's raid was no more than a piece of reckless and rather vulgar filibustering, but for the popular support it won in London, and for the warning that the Kaiser's telegram to Kruger gave for the first time to the nation as a whole that Germany was ready to fish in any waters that offered a prospect of profit. The decision to eliminate the Mahdist rule in the Sudan, never a comfortable or creditable neighbour with no title but force, rolled to its triumphant and bloody ending at Omdurman. Then followed the Fashoda incident, a tense trial of nerves with France from which England emerged triumphant. This seemed to offer a satisfactory release of spleen between the two countries and led through complicated negotiations to the Anglo-French entente, and ultimately to the setting to fresh partners of England, to whom Germany had been the favoured one and France and Russia hostile. The determination of the Transvaal Boers to preserve a racial monopoly of power, and of their leader, Kruger, to use taxes to

[1] Part XI   [2] Part XII   [3] Part X   [4] Part VII
[5] Part VI

arm against further attack upon them, led to a serious attempt to resolve the problem of the Uitlanders by negotiation, but the attempt was confided to the wrong man, Milner, even if Kruger had been ready to play, and the result was the Boer war. There would almost certainly have been an attempt in Europe to intervene but for British sea power. German popular hostility to this country confirmed the sense, to which German naval preparations gave substance, that Germany was the enemy of the future.

In education,[1] the vigour of the constructive effort was perhaps even more remarkable than the continuance of sectarian animosity. Balfour's determined effort to break free from the circle of this last won some success mainly because of the refusal of the Lords in their last few years of power to pass the amending legislation which the Liberals desired. The rise of new universities was further evidence of the vitality of constructive effort. These last years of the period saw the economic system under considerable strain from trade union attacks;[2] this in a sense was anomalous since at its beginning the Tories were the patrons of trade union reform for the benefit of trade unionists. The enthusiasm for this evaporated under Salisbury and Balfour and it was left to the Liberal leader, Sir Henry Campbell-Bannerman, to meet the Labour and trade unionist demand for protection against the Taff Vale judgment, which he did in disregard of the protest of his lawyers. But it was not legal privilege that brought about the new wave of union activity: a significant change in the terms of trade in the new century had brought a decline in working class standards of living, which had risen steadily through the last years of the old century, and this for a variety of reasons coincided with a fresh burst of union activism on the part of the less well-off manual workers, the class most vulnerable to a rise in the cost of living. Socialist leaders managed to get control of these movements of discontent, although the bulk of the workers were not in any real sense socialist, and the bitter strikes of the years 1909 to 1912 led to the triple alliance of the three great unions of the miners, the railway men and the transport workers (1913–15) and the preparation for industrial civil war, just as the nation was engaging in its greatest foreign war since Napoleon.

SELECT GENERAL BIBLIOGRAPHY

The 3rd, 4th and 5th series of *Hansard* cover the period from 1874 to 1914: the 3rd till February 1892, the 4th from that year till 1909. In 1909 the publication of debates was taken over by the government and was called the *Official Report*, but in 1910 the old name was resumed as *Hansard's Parliamentary Debates*, 5th series. From 1909 the Lords debates were reported separately and were known as the *House of Lords Debates, Official Report* or as the *Lords Hansard*. *Parliamentary Papers* (i.e. reports of committees, returns asked for by either House, and also many papers submitted to parliament for its guidance by government) are included in the series of volumes printed at the end of each session, the parliamentary papers proper in a numbered series for each session, and the others – the Command papers – in numbered series, that from

---

[1] Part IX   [2] Part XII

1870 to 1899 with the prefix C and from 1900 to 1919 with the prefix Cd. References to these papers will be to the sessional volumes, in the following form: Report of the Royal Commission on the Aged Poor, *Parliamentary Papers 1895*, XIV, 23–34, i.e. the fourteenth volume of the bound series of *Parliamentary Papers* for 1895, paragraphs 23 to 34. Cross references from Command papers to the volume of the annual series in which they are bound can be traced in the index volumes for a period of years which were included from time to time in the series, while the contents page of the volume required usually makes it easy to find the particular paper. Cross references from the numbers of the Command papers to the annual series are also given at pp. 64–5 of J. E. Pemberton, *British Official Publications* (1971). Each annual series of the bound volumes has an index volume to the contents of the year's series. The Irish University Press has recently reprinted the three volumes of the *Parliamentary Papers General Index* covering the periods 1870 to 1878–9 (originally *Parliamentary Papers 1880*, LXXXIII, Part I); 1880 to 1889 (originally ibid. *1889*, LXXXIX); and 1890 to 1899 (originally ibid. *1904*, CXII), as volumes *Index 6*, *Index 7* and *Index 8* (Shannon, 1968) of their *Series of British Parliamentary Papers*. For 1900 onwards there is the *General Index to the Bills, Reports and Papers ... 1900 to 1948–9* (H.M.S.O., 1960). H. Vernon Jones, *Catalogue of Parliamentary Papers 1801–1900* (1901), lists the more important papers with short descriptive summaries, but refers to papers by their numbers and not by their place in the annual series. P. and G. Ford, *Select List of British Parliamentary Papers 1833–99* (Oxford, 1953), and *A Breviate of Parliamentary Papers 1900–16* (Oxford, 1957), are conveniently arranged lists.

The *Annual Register* gives a summary of the principal events in the domestic and foreign political fields, with other items of special interest. Files of newspapers are important, especially *The Times* whose value is enhanced by *Palmer's Index to the Times*, published each year through the period. There is now an excellent guide to the more distinguished periodicals of the period to 1900 in *The Wellesley Index to Victorian Periodicals 1824–1900*, ed. W. E. Houghton, 2 vols (1966–72). The various editions of the *Encyclopaedia Britannica*, especially that of 1911, are of documentary as well as general value. The *Dictionary of National Biography* is indispensable for reference, and corrections of fact revealed by research are published from time to time in the *Bulletin of the Institute of Historical Research*. *Who's Who* runs through the period, and *Who was Who ... containing the biographies of those who died 1897–1916* (1920) was the first volume in a useful series.

The standard treatment of the period remains R. C. K. Ensor, *England 1870–1914* (Oxford, 1936). Of great value for its second half is Elie Halevy's *History of the English People in the Nineteenth Century: epilogue*, 2 vols (1934), which by the 1961 edition had become vol. V, *Imperialism and the Rise of Labour (1895–1905)*, and vol. VI, *The Rule of Democracy 1905–14*. J. A. Spender, *Great Britain: empire and commonwealth 1886–1935* (1936), remains a classic interpretation from a Liberal standpoint. A modern reassessment of the period which takes much knowledge for granted is R. T. Shannon, *The Crisis of Imperialism 1865–1915* (1974); and R. Rhodes James, *The British Revolution: British politics 1880–1939*, I, *From Gladstone to Asquith 1880–1914* (1976), concentrates on high politics. D. E. D. Beales, *From Castlereagh to Gladstone 1815–85* (1969), and H. Pelling, *Modern Britain 1885–1955* (1960), cover the period between them, though rather thinly. G. M. Young's classic *Victorian England: portrait of an age* (1936, 1963), and his *Victorian Essays*, ed. W. D. Handcock (1962), should be supplemented by G. S. R. Kitson Clark, *The Making of Victorian England* (1962). R. Robson (ed.), *Ideas and Institutions of Victorian Britain: essays in honour of George Kitson Clark* (1967); and H. Pelling, *Popular Politics and Society in Late Victorian Britain* (1968), are important collections of essays. Intellectual developments are surveyed by D. C. Somervell, *English Thought in the Nineteenth Century* (1929); and R. D. Altick, *Victorian People and Ideas* (1973). For the late-Victorian period, *see also* H. M. Lynd, *England in the Eighteen-Eighties: toward a social basis for freedom* (1945, 1968); H. Ausubel, *In Hard Times: reformers among the late Victorians* (New York, 1960); and E. Royston Pike, *Human Documents of the Age of the Forsytes* (1969); and for the Edwardian period, S. Nowell-Smith (ed.), *Edwardian England 1901–14* (1964), a collection of essays; Donald Read's Historical Association pamphlet, *Edwardian England* (1972); the same author's *Documents from Edwardian*

England 1901–15 (1973); S. Hynes, *The Edwardian Turn of Mind* (1968); and Paul Thompson, *The Edwardians: the remaking of British society* (1975), which uses interviews with survivors of the period. A. B. Keith, *The Constitution of England from Victoria to George VI*, 2 vols (1940), is a useful though dated constitutional survey; and W. C. Costin and J. S. Watson, *The Law and Working of the Constitution: documents 1660–1914*, II, *1784–1914* (1952); and H. J. Hanham (ed.), *The Nineteenth-Century Constitution 1815–1914: documents and commentary* (Cambridge, 1969), are useful collections. K. O. Morgan, *Wales in British Politics 1868–1922* (1963), is indispensable; and F. S. L. Lyons, *Ireland since the Famine* (1971, 1973), is the weightiest of the outline histories of Ireland. *The Cambridge History of the British Empire*, ed. E. A. Benians and others, III, *The Empire Commonwealth 1870–1919* (Cambridge, 1959), is important for a period in which imperial and colonial questions bulked large in British politics. The economy and related social developments are covered by J. H. Clapham's magisterial *An Economic History of Modern Britain*, II and III (Cambridge, 1932–8); E. J. Hobsbawm, *Industry and Empire: an economic history of England since 1750* (1968); W. Ashworth, *An Economic History of England 1870–1939* (1960); P. Deane and W. A. Cole, *British Economic Growth 1688–1959: trends and structure*, 2nd edn (Cambridge, 1967); W. H. B. Court, *British Economic History 1870–1914: commentary and documents* (Cambridge, 1965); S. G. Checkland, *The Rise of Industrial Society in England 1815–85* (1964); H. J. Perkin, *The Origins of Modern English Society 1780–1880* (1969); and D. C. Marsh, *The Changing Social Structure of England and Wales 1871–1951* (1958). The period is better served than earlier ones by compendia of general and statistical information, notably C. Cook and B. Keith, *British Historical Facts 1830–1900* (1975); D. E. Butler and J. Freeman, *British Political Facts 1900–60* (1963, and subsequent editions); B. R. Mitchell and P. Deane, *Abstract of British Historical Statistics* (Cambridge, 1962); and A. H. Halsey (ed.), *Trends in British Society since 1900* (1972).

Biographies and other works with a biographical perspective are listed in the various subject bibliographies, and those which follow are of mainly political relevance. James Bryce, *Studies in Contemporary Biography* (1903); W. S. Churchill, *Great Contemporaries* (1937); Margaret Cole, *Makers of the Labour Movement* (1948); H. Van Thal (ed.), *The Prime Ministers*, II (1975); J. B. Atlay, *The Victorian Chancellors*, 2 vols (1906–8); and R. F. V. Heuston, *Lives of the Lord Chancellors 1885–1940* (Oxford, 1940), are collections of biographical essays. Of the prime ministers of the period, Disraeli is excellently served by both W. F. Monypenny and G. E. Buckle, *The Life of Benjamin Disraeli, Earl of Beaconsfield*, 6 vols (1910–20), and R. Blake, *Disraeli* (1966); Gladstone much less so by John Morley, *The Life of William Ewart Gladstone*, 3 vols (1903, and subsequent editions); P. M. Magnus, *Gladstone: a biography* (1954); and J. L. Hammond and M. R. D. Foot, *Gladstone and Liberalism* (1952); though the latest biography, E. J. Feuchtwanger, *Gladstone* (1975), provides a more modern interpretation; and R. T. Shannon, *Gladstone and the Bulgarian Agitation 1876* (1963); and M. Barker, *Gladstone and Radicalism* (Hassocks, 1975), are important studies. Lady Gwendolen Cecil's *Life of Robert Marquis of Salisbury*, 4 vols (1921–32), remains an excellent life, and little has been added by A. L. Kennedy, *Salisbury 1830–1903: portrait of a statesman* (1953), and R. Taylor, *Lord Salisbury* (1975); though Paul Smith, *Lord Salisbury on Politics: a selection from his articles in the Quarterly Review 1860–83* (Cambridge, 1972), is worth attention. R. Rhodes James, *Rosebery: a biography of Archibald Philip 5th Earl of Rosebery* (1963), repairs some of the deficiencies of the Marquess of Crewe, *Lord Rosebery*, 2 vols (1931). For Balfour, a difficult subject, *see* Blanche E. C. Dugdale, *Arthur James Balfour*, 2 vols (1936–9); K. Young, *Arthur James Balfour* (1963); S. H. Zebel, *Balfour: a political biography* (Cambridge, 1973); and Balfour's own *Chapters of Autobiography*, ed. Mrs Edgar Dugdale (1930), which should be supplemented by A. M. Gollin, *Balfour's Burden* (1965); and D. Judd, *Balfour and the Empire* (1968). J. A. Spender, *The Life of the Rt Hon. Sir Henry Campbell-Bannerman*, 2 vols (1923), and John Wilson, *C.B.: a life of Sir Henry Campbell-Bannerman* (1973), are both admiring. As well as Asquith's own *Fifty years of Parliament*, 2 vols (1926), and *Memories and Reflections*, 2 vols (1928), there is the official life, J. A. Spender and C. Asquith, *Life of Herbert Henry, Lord Oxford and Asquith*, 2 vols (1932); and R. Jenkins, *Asquith* (1964), which is more readable. For five major politicians who still await modern lives we must rely on T. Wemyss Reid, *Life of the Rt Hon. William Edward Forster*, 2 vols (1888); A. G. Gardiner, *The Life of Sir William Harcourt*, 2 vols (1923); Lord Edmond Fitzmaurice, *The Life of Granville Leveson Gower 2nd Earl of Granville*, 2 vols (1905); B. Holland, *The Life of Spencer Compton 8th Duke of Devonshire*, 2 vols (1911), who was better known as Lord Hartington; and A. Lang, *Life, Letters and Diaries of Sir Stafford Northcote 1st Earl of Iddesleigh* (1891); though Agatha Ramm's editions of *The Political Correspondence of Mr Gladstone and Lord Granville*, for 1868–76, 2 vols (1952), and 1876–86, 2 vols (1962), rank among the most important printed sources. G. M. Trevelyan, *The Life of John Bright* (1913), should be supplemented by H. Ausubel, *John Bright Victorian Reformer* (1966); E. Hodder, *The Life and Work of the 7th Earl of Shaftesbury*, 3 vols (1886), by G. F. A. Best, *Shaftesbury* (1964), and G. Battiscombe, *Shaftesbury* (1974); H. B. Bonner and J. M. Robertson, *Charles Bradlaugh: a record of his life and work* (1894), by D. Tribe, *President Charles Bradlaugh M.P.* (1971), and W. L. Arnstein, *The Bradlaugh Case* (Oxford, 1965); A. R. D. Elliot, *The Life of George Joachim Goschen* (1911), by T. J. Spinner, *George Joachim Goschen: the transformation of a Victorian Liberal* (Cambridge, 1973); and John Morley's own *Recollections*, 2 vols (1917), by D. A. Hamer, *John Morley: Liberal intellectual in politics* (Oxford, 1968). For the elder Churchill, *see* W. L. S. Churchill, *Lord Randolph Churchill*, 2 vols (1906), new edn (1952); Lord Rosebery's brief and perceptive *Lord Randolph Churchill* (1906); and R. Rhodes James, *Lord Randolph Churchill* (1959). Lord Ronaldshay (L. J. L. Dundas), *The Life of Lord Curzon*, 3 vols (1928), should be supplemented by K. Rose, *Superior Person: a portrait of Curzon and his circle in late Victorian England* (1969), for the years until Curzon's departure for India as Viceroy. J. L. Garvin and J. Amery, *Life of Joseph Chamberlain*, 6 vols (1932–69), provides detail but little satisfactory interpretation. *See also* P. Fraser, *Joseph Chamberlain: radicalism and empire 1868–1914* (1966); H. Browne's brief *Joseph Chamberlain, Radical and Imperialist* (1974); and R. V. Kubicek, *The Administration of Imperialism* (New York, 1961), an excellent study of Chamberlain at the Colonial Office. For others in the family, *see* D. H. Elletson, *The Chamberlains* (1966); Austen Chamberlain, *Politics from the Inside: an epistolary chronicle 1906–14* (1936); his *Down the Years* (1934); and C. Petrie, *The Life and Letters of Sir Austen Chamberlain*, 2 vols (1939–40). For Lloyd George there are a good contemporary life by H. du Parcq, *Life of David Lloyd George*, 4 vols (1912–13); the disappointing M. Thompson, *David Lloyd George: the official biography* (1948); Frank Owen, *Tempestuous Journey* (1954); J. Grigg, *The Young Lloyd George* (1973); and C. Wrigley, *David Lloyd George and the British Labour Movement: peace and war* (Hassocks, 1976). Among the studies, memoirs and diaries of other Liberals are L. Stephen, *Life of Henry Fawcett* (1886); J. Winter, *Robert Lowe* (Toronto, 1976); A. B. Cooke and J. R. Vincent (eds), *Lord Carlingford's Journal: reflections of a Cabinet Minister 1885* (Oxford, 1971); Sophia M. Palmer, *Memorials*, 4 vols (1896–8) of Roundell Palmer, 1st Earl of Selborne; W. H. G. Armytage, *A. J. Mundella 1825–96* (1951); E. S. E. Childers, *The Life and Correspondence of the Rt Hon. Hugh C. E. Childers 1827–96*, 2 vols (1901); S. Gwynn and G. M. Tuckwell, *Life of the Right Hon. Sir Charles W. Dilke*, 2 vols (1917); and R. Jenkins, *Sir Charles Dilke: a Victorian tragedy* (1958); J. L. and B. Hammond, *James Stansfeld: a Victorian champion of sex equality* (1932); A. G. Gardiner, *Sir John Benn and the Progressive Movement* (1925); Viscount Grey of Falloden, *Twenty-Five Years 1892–1916*, 2 vols (1925); G. M. Trevelyan, *Grey of Falloden* (1937); and K. Robbins, *Sir Edward Grey* (1971); G. W. Keeton, *A Liberal Attorney General: being the life of Lord Robson of Jesmond (1852–1918)* (1949); F. Maurice, *Haldane 1858–1928: the life of Viscount Haldane of Cloan*, 2 vols (1829); D. Sommer, *Haldane of Cloan* (1960); and S. E. Koss, *Lord Haldane: scapegoat for liberalism* (New York, 1969); S. McKenna, *Reginald McKenna 1863–1943: a memoir* (1943); J. Pope-Hennessy, *Lord Crewe 1858–1945* (1955); Marquess of Reading, *Rufus Isaacs 1st Marquess of Reading by his son*, I, *1860–1914* (1942); and H. Montgomery Hyde, *Lord Reading: the life of Rufus Isaacs 1st Marquess of Reading* (1967); C. Mallett, *Herbert Gladstone: a memoir* (1932); L. Masterman, *Charles Masterman: a biography* (1939); H. Pelling, *Churchill* (1974); and Randolph S. Churchill and M. Gilbert, *Winston S. Churchill*, of which the first three volumes (1966–71) run to 1916. *Winston S. Churchill: his complete speeches 1897–1963* has been edited by R. Rhodes James, 8 vols (New York, 1974). For Conservative and

Unionist politicians not already mentioned there are A. E. Gathorne-Hardy, *Gathorne Hardy 1st Earl of Cranbrook: a memoir with extracts from his diary and correspondence*, 2 vols (1910); Lady Victoria Hicks-Beach, *Life of Sir Michael Hicks-Beach (Earl St Aldwyn)*, 2 vols (1932); Viscount Chilston, *W. H. Smith* (1965); the same author's *Chief Whip: the political life and times of Aretas Akers-Douglas 1st Viscount Chilston* (1961); T. W. Legh (Lord Newton), *Lord Lansdowne: a biography* (1929); Walter Long, *Memories* (1923); and Charles Petrie, *Walter Long and his Times* (1936); J. W. Mackail and G. Wyndham, *Life and Letters of George Wyndham*, 2 vols (n.d.); R. Blake, *The Unknown Prime Minister: the life and times of Andrew Bonar Law 1858–1923* (1955); Earl of Birkenhead, *F. E.: the life of F. E. Smith 1st Earl of Birkenhead by his son* (1959); and L. S. Amery, *My Political Life*, I, *England Before the Storm 1896–1914* (1953). For the leading figures in Irish Nationalist politics, *see* R. B. O'Brien, *The Life of Charles Stewart Parnell*, 2 vols (1898); C. C. O'Brien, *Parnell and his Party 1880–90* (Oxford, 1957); M. C. Hurst, *Parnell and Irish Nationalism* (1968); F. S. L. Lyons, *John Dillon* (1968); and D. Gwynn, *The Life of John Redmond* (1932). A new study of Parnell by F. S. L. Lyons is announced for publication in 1977. For the leading Ulster Unionists there are E. Marjoribanks and I. Colvin, *The Life of Lord Carson*, 3 vols (1932–6); H. Montgomery Hyde, *Carson* (1953); and St. J. G. Ervine, *Craigavon, Ulsterman* (1949). M. V. Brett and Viscount Esher, *Journals and Letters of Reginald Viscount Esher*, 4 vols (1934–8); and P. Fraser, *Lord Esher: a political biography* (1973), deal with a figure largely outside party politics; and for the great men of empire there are J. E. Wrench, *Alfred Lord Milner* (1958); A. M. Gollin, *Proconsul in Politics* (1964), also on Milner; J. G. Lockhart and C. M. Woodhouse, *Rhodes* (1963); J. E. Flint, *Cecil Rhodes* (1976); L. J. L. Dundas (Marquis of Zetland), *Lord Cromer* (1932); and P. Magnus, *Kitchener: portrait of an imperialist* (1958).

Leading figures in Labour and Socialist politics are covered by F. M. Leventhal, *Respectable Radical: George Howell and Victorian working class politics* (1971); P. Horn, *Joseph Arch (1826–1919): the farm workers' leader* (Kineton, 1971); Tom Mann, *Tom Mann's Memoirs* (1923, 1967); I. McClean, *Keir Hardie* (1975); K. O. Morgan, *Keir Hardie* (1975); W. Kent, *John Burns: Labour's lost leader* (1950); G. N. Barnes, *From Workshop to War Cabinet* (1924); M. A. Hamilton, *Arthur Henderson: a biography* (1938); R. Groves, *The Strange Case of Victor Grayson* (1975); Lord Elton, *The Life of James Ramsay MacDonald* (1939); D. Marquand, *Ramsay MacDonald* (1977); G. Haw, *From Workshop to Westminster: the life story of Will Crooks M.P.* (1911); J. R. Clynes, *Memoirs 1869–1924*, 2 vols (1937); and C. Cross, *Philip Snowden* (1966). For the Webbs there are Beatrice Webb, *Our Partnership*, ed. B. Drake and M. I. Cole (1948); M. I. Cole (ed.), *Beatrice Webb's Diaries 1912–24* (1952); M. A. Hamilton, *Sidney and Beatrice Webb: a study in contemporary biography* (1933); Margaret Cole, *Beatrice Webb* (1945); and K. Muggeridge and R. Adam, *Beatrice Webb: a life 1858–1943* (1967). Four figures of perhaps more intellectual than directly political significance are covered by H. G. Wells, *Experiment in Autobiography*, 2 vols (1934); N. and J. Mackenzie, *H. G. Wells: a biography* (1973); E. P. Thompson, *William Morris: romantic to revolutionary* (1955); P. Henderson, *William Morris: his life, work and friends* (1967); H. N. Brailsford, *The Life-Work of J. A. Hobson* (1948); and J. A. Hobson and M. Ginsberg, *L. T. Hobhouse: his life and work* (1931). T. S. and M. B. Simey, *Charles Booth, Social Scientist* (1960); and Asa Briggs, *Social Thought and Social Action: a study of the work of Seebohm Rowntree 1871–1954* (1961), are good studies of two great social investigators, both from Nonconformist business backgrounds; and A. G. Gardiner, *Life of George Cadbury* (1923); and S. E. Koss, *Sir John Brunner: Radical plutocrat* (Cambridge, 1970), look at businessmen committed to various social and political causes.

The press merits notice for its political significance as well as for its own sake. F. Williams, *Dangerous Estate* (1957), is an outline treatment in popular style; but the outstanding newspaper history remains *The History of "The Times"*, of which vols II–IV (1939–52) cover the period. *The Economist Centenary Book 1843–1943* (Oxford, 1943); and H. R. G. Wates, *The Birmingham Post 1857–1957: a centenary retrospect* (Birmingham, 1957), are among the better studies of individual journals; and R. Pound and G. Harmsworth, *Northcliffe* (1959); and A. J. P. Taylor, *Beaverbrook* (1972), consider two owners. Among the best studies of newspaper and periodical editors are A. L. Dasent, *John Thadeus Delane, Editor of "The Times": his life and correspondence*,

2 vols (1908); R. L. Shults, *Crusader in Babylon: W. T. Stead and the Pall Mall Gazette* (Lincoln, Nebraska, 1972); A. Strachey, *St Loe Strachey: his life and his paper* (1930), on the editor of the *Spectator*; Wilson Harris, *J. A. Spender* (1946), on the *Westminster Gazette*'s editor; T. W. Darlow, *William Robertson Nicoll: life and letters* (1925), for the *British Weekly*; J. E. Wrench, *Geoffrey Dawson and our Times* (1955); H. A. Taylor, *Robert Donald* (1934), on the editor of the *Daily Chronicle*; A. F. Havighurst, *Radical Journalist: H. W. Massingham (1860–1924)* (1974); J. L. Le B. Hammond, *C. P. Scott of the "Manchester Guardian"* (1934); and T. Wilson (ed.), *The Political Diaries of C. P. Scott 1911–28* (1970).

Select Bibliographies to the subjects are appended to the Introductions to the several Parts of this volume. Further guidance can be obtained from G. R. Elton, *Modern Historians on British History 1485–1945: a critical bibliography 1945–69* (1970); and from two volumes in the *Conference on British Studies Bibliographical Handbooks* series: *Victorian England 1837–1901*, compiled by J. L. Altholz (Cambridge, 1970), and *Modern England 1901–70*, compiled by A. F. Havighurst (1976). *The Royal Historical Society Annual Bibliography of British and Irish History*, of which the first volume, edited by G. R. Elton, was published in 1976, will appear annually covering the previous year's publications. Each year the periodical *Victorian Studies* contains a bibliography listing the previous year's publications on its period, and the Historical Association publishes a selective and critical *Annual Bulletin of Historical Literature*.

Part I

THE MONARCHY

INTRODUCTION

The development of the monarchy in this period is conditioned, in the first place, by the emergence of the queen from the deeper shadows of her bereavement. In the decade following the Prince Consort's death [1] she had been assiduous, indeed, in that part of the work of the monarchy which took place behind the scenes, but she had avoided public appearances, and her seclusion could not have continued indefinitely without eroding the popular basis of monarchy. Personal influences were primarily responsible in enabling her to distance the nervous prostration which threatened her in the previous decade and to re-establish her naturally vigorous constitution in a more normal tone. These influences were the devotion given to her by her Prime Minister, Disraeli, on the one hand, and on the other, in the estimation of her recent and scrupulously careful biographer, Lady Longford, [2] the care taken of her by her Highland servant, John Brown. The cult of her husband's memory, excessive and even morbid by modern standards, continued unchanged, and nothing in her relationship with privileged minister and privileged body-servant, extraordinary as each was, in any way trenched on this. A queen, and particularly a queen so long settled in her position as Queen Victoria was at the time, is necessarily not an ordinary woman; nevertheless her burdens and privileges are carried by a woman, and it was a woman for whom the core of her relationship with her husband was the constant affectionate care that he took of her, whose wound the devotion of these two bound up. Nor is there reason to suppose that within its extraordinary framework the devotion of these two was other than sincere. Perhaps, also, the fact that two such utterly diverse personalities should touch similar chords in the queen's nature may be said to bespeak in her a personality still possessing unusual breadth and directness of response in spite of all the moulding influences that had been brought to bear on it.

That a queen was not an ordinary woman was an article of Queen Victoria's faith. It shows itself in the sternness of her dedication to her duty until the very last weeks of her life; in her insistence that ministers, courtiers, and people alike must accept without question the conditions of her personal life, Balmoral, Osborne, her spring holidays abroad, that enabled her in her own view to function as a queen; and in her steady refusal, in spite of constitutional forces working in that direction, to let herself become a "mandarin figure", without personal responsibility in the deeper issues of the life of the people she ruled. Most of her people were perhaps happy to accept a queenship thus conceived; but it was their deepening conviction that behind the queenship thus bravely worn there lay a person, fundamentally simple, straightforward and very human, but a considerable person, that gave her last years their unparalleled lustre.

[1] 14 December 1861   [2] Elizabeth Longford, *Victoria R.I.* (1964)

Meanwhile the increasing authority of party in the government of the country was tending to restrict the influence of the monarchy on policy. Party leaders were too closely concerned in calculating public opinion and in the party game to be able to afford many concessions even to the authority and experience of the queen. This was so even in the ministry of Disraeli, who sought to present himself to the queen primarily as her servant, anxious to carry out her wishes. The Prime Minister's influence, though always tactfully and even obsequiously exercised, initiated and dominated policies which the queen came to accept as her own.[1] Thus her originally moderate and balanced attitude to the problem of Turco–Bulgarian relations and of the policy of Russia was overborne by the determination of the Prime Minister to make these issues of England's power; and the queen who had been schooled in the pacific moderation of Aberdeen and Peel and had detested Palmerstonianism, became at times even more jingo than her minister. This change in her attitude to foreign and imperial affairs is a permanent one; she feels herself, in the later years of her reign, in a special sense the guardian of the country's prestige and power,[2] particularly vis-à-vis Gladstone. Rosebery she regarded as her nominee, and in Salisbury's moderation and strength she soon gained complete confidence. Thus, although the issues of the election that brought Gladstone to power in 1880 had been largely foreign affairs, she extorted from him at the outset of his ministry an admission that the "facts" of the imperial and foreign situation as left by Beaconsfield must be accepted.[3] Throughout his ministry she exercised a surveillance that took often the tone of nagging over a foreign policy not, in fact, very profoundly conceived or happily executed, and her notorious telegram *"en clair"* over the death of Gordon[4] was a public rebuke to her ministers. But it would be a mistake to take the queen's change of attitude over this class of issues as solely the result of Disraeli's influence. It reflected as well the sharper tensions of the power situation in Europe and the increase of competition in the colonial field, and it corresponded to an intensified interest in these issues on the part of her people. Lord Salisbury, speaking of her in the House of Lords after her death, said that he had found out that what the queen thought on a subject was pretty likely to be what her subjects thought, particularly the middle classes of them.

A not inconsiderable part of England's prestige and influence in the world was bound up, as a matter of fact, with the prestige of the monarchy and the personal influence of the queen, particularly as the marriage alliances of her family made her the "grandmother of Europe". The combination of an unfailing interest in family events – evidenced in her immense correspondence – with an infallible tact and dignity, made her influence among the royal families of Europe a formidable one, while her regular visits to the south of France preserved in the republic, through a difficult period of Anglo–French relations,

[1] No. 3
[2] This was no doubt accentuated by her assumption of the title of empress of India, *see* No. 2.
[3] No. 4   [4] No. 7

a current of regard for the queen which was not interrupted until the Boer war. The two jubilees, the first [1] a European event and the second an imperial one, though initially and primarily tributes from her peoples, gave a world-wide *réclame* to the monarchy. Her ministers were ready to make use of her position. As early as 1875 her influence was exerted in a personal letter to the German emperor, William I, to ease the tension arising from the war scare of that year.[2] Hopes of a lasting tie of sympathy between England and Germany through the happy marriage of her daughter Victoria and the liberal-minded Prussian Crown Prince Frederick William were frustrated by the death of the latter within a month or two of his acceding to the throne. Perhaps the hopes had been too openly shown; at any rate the antagonism of Bismarck had been roused, and to some extent that of the successor to the throne, the emperor William II, whose unstable and arrogant personality was divided between dominant nationalist impulses and pride in his English connections coupled with real admiration and affection for the queen his grandmother. In the difficult situations that the clash of national policies and of personalities constantly created, the grandmotherly influence and authority were not infrequently called into exercise, notably over the Kruger telegram.[3] At the queen's death the kaiser's affection for her asserted an unchallenged sway, and his devotion to her in her last hours was warmly recognised by her family and her subjects.

Under the spell of Disraeli's foreign policy, the queen had regarded Gladstone's attacks on him – attacks which were initiated independently of official Liberal policy – as extravagant manifestations of jealousy of her government and of an unbridled lust for power. This mistrust of him, as Gladstone slowly came to recognise, was never overcome. But it is also true that Midlothian,[4] rather than his great ministry of 1868–74, marks the beginning of the Radical phase of Gladstone's career. The logic of party development was chiefly responsible for this. As Gladstone once complained to the queen, the failure of conservatism to remain Conservative necessarily threw the centre of gravity of liberalism further to the left. Later he attempted to commend Home Rule to her on the ground that it would strengthen conservatism both in Ireland and in England; in Ireland by allowing free play to the natural conservatism of an agricultural population; in England by depriving radicalism of the support of the Irish members. What he did not say to her, but what she well understood, was that his overmastering sense of his vocation for political leadership was now overcoming his natural conservatism in the necessity of making his party from materials and issues to hand. The queen, though she professed she had always been a Liberal, hated radicalism and what, when it issued from the mouth of a Radical Joseph Chamberlain, she called socialism. She protested that she would not be a queen of a democratic monarchy; rather she would abdicate. She sought as long as she could to avoid Gladstone's return to power; she opposed Radical appointments to the ministry, and she insisted that Sir Charles Dilke should recant his republican past before she would accept him. In addition to its foreign policy she criticised the Irish and the domestic policy of the 1880–5 ministry. In the crisis of the Lords' opposition to the reform bills of 1884[1] she called on the Prime Minister to restrain Chamberlain's attacks on the Lords in the country. But also, for the last time, she served a Liberal ministry by promoting, through patient negotiations with party leaders, a compromise on the subject; here it was rather Salisbury, who scented a party victory in the issue, who came under the harrow.[2]

Over Home Rule the queen became completely partisan. She made no bones to Gladstone of her hatred of it; she intrigued with Goschen[3] and the marquess of Hartington to bring about a Liberal split; and both in 1886 and in 1893, while Gladstone was in office, she discussed secretly with Salisbury the advisability of her taking the initiative in dissolving parliament. Salisbury counselled against this, but on tactical grounds rather than on those of constitutional principle.[4] It is not probable that the queen's secret activities had much influence on the course of affairs; the politicians could not afford to be guided by much else than their own political diagnoses and loyalties. But her insistence both to Conservatives and to Liberal Unionists, during Salisbury's second ministry, on the supreme importance of unity in resistance to Home Rule may have helped to preserve and consolidate their alliance in parliament and in the constituencies.

Another incipient cleavage within liberalism was that between Gladstonians and those who came to favour a more active foreign policy. The queen helped to accentuate this when she used her influence to persuade Rosebery to become Gladstone's foreign secretary and again, on Gladstone's resignation, in calling on Rosebery to form the new government. To Gladstone himself her attitude was harsh but honest; she gave him no word of thanks for his services to the country when he retired, because, in her view, these had been outweighed by disservices; nor did she ask his advice as to a successor. On the other hand she thanked him for his loyalty to the Crown and his assistance in family matters, such as royal grants, and she showed a constant solicitude in his personal and family affairs. Gladstone's loyalty to the Crown in face of its constant opposition to his policies – not all of which he knew about, but which he must have suspected – showed his high-mindedness at its best.

The queen's death[5] was marked by mourning more widespread, and probably more personally felt, than ever before in the history of the monarchy; unmistakable testimony to the vast popular significance with which her reign had endowed it. Her eldest son and successor, Edward VII, brought to his inheritance qualities not unequal to it. His mother's jealousy of her power had

[1] Franchise and Redistribution Bills, *see* No. 6 (a–d)
[2] ibid. esp. No. 6 (d)
[3] G. J. Goschen, chancellor of the Exchequer in 1887
[4] No. 9
[5] 22 January 1901

denied him, during her lifetime, responsible participation in the work of the monarchy, but thanks to the connivance of her ministers, especially Gladstone, he had known most of what was going on. The queen's seclusion had left him the leadership of society, which he had exercised with zeal and aplomb and in a more relaxed temper than she approved, so that the stricter canons of Victorian respectability and religious observance had already, before the queen's death, lost much of their force in the upper, or at any rate in the more conspicuous sections of society. Edwardian society was brilliant, extravagant, and raffish. But if the new monarchy stood less for unbending virtue, it was more conscious of its popular functions; the new king was a master of public relations who enjoyed the ceremonial side of kingship and brought to it unfailing dignity and *bonhomie*. Enthusiasm for the monarchy became a more than formal sentiment in circles little interested in its more serious functions when, for example, the king's horse Minoru won the Derby in 1909. Edward VII was also a cosmopolitan, long at home in the European capitals, especially Paris, and in the spas and watering places to which the society of the time resorted to recover from its gastronomic and other exertions. His constant travel involved meetings with foreign rulers and their ministers, and these gave rise to the belief, widely accepted on the continent, that the king conducted the foreign policy of the country. In Germany he was widely credited with a deliberate and long-planned policy of "encircling" that country. Edward VII was deeply interested in foreign policy, anxious to extend the friendly relations of his country, conscious of a potential menace from Germany, whose ruler, his nephew William II, at bottom he disliked and distrusted. But the foreign policy of the country was determined in Whitehall, and the king's role in it – important as it was at times, as when in 1903 on a state visit to Paris his tact and address won over a hostile Parisian public opinion – was that of a roving and very effective ambassador extraordinary, rather than that of its master. His views and insights were those of the consummate man of the world that Disraeli once called him and he had neither the desire nor the industry and obstinacy to be an originator of policy.

In domestic politics his interests were less keen. He sought no part in the party convulsions that preceded Balfour's fall;[1] he accepted the Liberal victory of 1906 with equanimity, and probably the change from Balfour to Campbell-Bannerman[2] with relief. He took an active interest in the schemes of army reform that occupied both ministries, and gave Haldane[3] active support, particularly in summoning a meeting of lords lieutenant to commend county territorial associations to them. The bitter constitutional and party disputes that came to fill up the latter years of his reign and the early years of the reign of George V must be more fully dealt with elsewhere. Here it is the extraordinarily difficult position that they created for the monarchy that is our concern.

[1] A. J. Balfour, Prime Minister 1902–5
[2] Sir Henry Campbell-Bannerman, Prime Minister 1905–8
[3] R. B. Haldane, war secretary in Campbell-Bannerman ministry

Prerogative, which in the normal running of our political system functions in the background of the party struggle, came to occupy a central position in it. It was inevitable that an hereditary monarchy should view with some distaste measures to cripple or destroy the hereditary element in parliament. The prospect of a large scale creation of peers clearly jeopardised the position of the Crown as the fountain of honour. George V viewed it as threatening personal humiliation to him from which he said he would never have recovered. Nor was the moral authority that invoked the step, and that lay behind the Home Rule Bill, at all comparable to that behind the Reform Bill of 1832. The elections of 1910 saw the disappearance of the independent Liberal majority and the dependence of the government on an Irish party as little interested in any but Irish issues as in the days of Parnell.[1] Yet the issue of the Lords' obstruction of Liberal legislation could no longer be avoided; that of Home Rule became inextricably tied up with it; and no means except that of constitutional process, however harshly employed, offered itself for their solution. The Crown's policy could only be to promote compromise as far as possible, and, for the rest, to preserve its own impartiality and the fairness of the constitutional process. Thus Edward VII sought, without success, to influence the Conservative leaders in the early stages of the budget controversy.[2] He made it clear that he would require an endorsement of the policy of the Parliament Bill by an election held specifically on the subject before he would consider the use of the prerogative on the bill's behalf.[3] It was on George V, however, that the burden of decision really fell. With a chivalrous consideration for his inexperience – and visitings of a sense of the grave consequences implicit in further strife – the party leaders held a series of secret conferences in the first months of his reign to see if compromise could be come to. The conferences failed. Asquith, still faced with unyielding opposition from the Conservatives and the Lords, asked for a second dissolution within the year, and also for a secret pledge from the king that in the event of a Liberal majority in the new parliament, he would, if the necessity arose, create sufficient new peers to carry the bill through the House of Lords.[4] It is doubtful – though Knollys[5] advised to the contrary – whether King Edward or Queen Victoria would have given such a pledge, with its underlying implication that when the time came the Crown might not know its duty. Asquith, however, in order to keep a mistrustful majority together, had already spoken of the need for "guarantees",[6] and he could not rely on his parties' cohesion, or on keeping control of policy, unless he could give private assurances of their existence. The king was also told by Knollys that Balfour could not and would not come to his assistance, even on the issue of a contingent pledge. Balfour later denied that Knollys had grounds for this advice. The election left the party situation practically unchanged; the bill went on its way through the Commons and then to the Lords, where it was drastically amended

[1] C. S. Parnell, Irish Nationalist leader, *see* Part V
[2] No. 12
[3] No. 13
[4] No. 17 (b)
[5] Sir Francis Knollys, 1st Baron, the king's private secretary
[6] Nos 14, 15, 16

in spite of the Prime Minister's revealing the king's readiness to create peers if necessary to pass it.[1] The king refused to implement his pledge till the Lords had had an opportunity of reconsidering the bill after the Commons had rejected their amendments; on their part the Lords would not accept the reality of the threat under which they lay until, just prior to the critical vote, a further explicit message from the Crown was read to them.[2] Under this pressure the bill was passed by seventeen votes.

The prospect of a Home Rule Bill behind the Parliament Bill provided much of the bitterness of the struggle; when it began to be realised, tension rose rather than declined. The violence of the language used, the threat of civil war in Ulster and of the subversion of army discipline affected the king deeply. He was further subjected to harsh pressure by the Unionist leaders to revive the use of the veto, obsolete since 1707, for the Home Rule Bill.[3] The king put the Unionist arguments to the Prime Minister,[4] who replied to them with massive force;[5] meanwhile the king was using all his influence to bring about compromise on the Ulster situation. Late in July 1914 he summoned the Buckingham Palace Conference.[6] But though differences in practical terms were reduced almost to vanishing point, antagonism remained as high, and the country was threatened with civil war over the allocation of a "few humble clusters of parishes" in Tyrone and Fermanagh. Meanwhile European storm clouds beat up menacingly and early the next month civil war was postponed to Armageddon.

George V had not been expected to succeed to the throne. Until 1892, the year his elder brother Eddy (Albert Victor) died and he himself was twenty-six, he had been brought up as a naval officer, and the twin beacons of duty and discipline which guide a sailor's life dominated his till its end. He had none of his father's gift for great ceremonial occasions or his wide knowledge of affairs. His tastes and outlook were straightforward and domestic. Thus under him the monarchy no longer loomed so large in the eyes of Europe nor played so dominant a part in society as it had in his father's time. No ruler had ever faced so difficult and intricate a set of constitutional problems as beset his early years. A king of greater experience and authority might, perhaps, have sorted them out more decisively; on the other hand the effort to do so might have resulted in disaster. At any rate George's patient anxiety to do his duty brought him through with the respect and sympathy of politicians, and perhaps even more of his people at large. The special vocations he sought for himself were two; in the empire,[7] which, as Prince of Wales, he had visited more widely than any of his predecessors, and where, in India, he crowned himself emperor in the Delhi Durbar of 1911; and amongst his people, particularly the humbler classes, as he showed in the number of local functions he attended and conducted with

---

[1] No. 18   [2] No. 19
[3] No. 20 (a, b)   [4] No. 20 (c)
[5] No. 20 (d)   [6] No. 20 (f, g)
[7] cf. No. 11 in which the importance of the role of monarchy in the empire receives classical expression from Balfour.

obvious sympathy and interest. In spite of the rising political tension, to which serious industrial conflict was added, it may still be said that through some of the stormiest years of our history the Crown continued to function, in wider circles and at different levels, as well as in the traditional ways, as a symbol of national unity and thus as a restraining influence on faction.

SELECT BIBLIOGRAPHY

The Letters of Queen Victoria, ed. G. E. Buckle, 2nd series, *1862–85*, 3 vols (1926–8), and 3rd series, *1886–1901*, 3 vols (1930–2), remain a primary source. In addition, *Dearest Child: letters between Queen Victoria and the Princess Royal, 1858–61*, ed. R. Fulford (1964); *Dearest Mama: letters between Queen Victoria and the Crown Princess of Prussia, 1861–4*, ed. R. Fulford (1968); *Letters of the Empress Frederick*, ed. F. Ponsonby (1928); E. C. Corti, *The English Empress: a study in the relations between Queen Victoria and her eldest daughter, Empress Frederick of Germany* (1957); and *Further Letters of Queen Victoria*, ed. H. Bolitho (1938), all deepen the picture of family relations in the royal circle. Arthur Ponsonby, *Henry Ponsonby, Queen Victoria's Private Secretary: his life from his letters* (1942), is important for the political as well as the personal aspects of court life; and *The Times* (22–6–1887) reports on the Golden Jubilee. Of the many lives of the queen, Elizabeth Longford, *Victoria R.I.* (1964), and Cecil Woodham-Smith, *Queen Victoria: her life and times*, of which only the first volume (1972) covering the period to 1861 has been published so far, hold the field.

Sidney Lee, *King Edward VII*, 2 vols (1925–7), remains a useful work on Victoria's successor and the second volume deals with his reign, but it should be supplemented by Philip Magnus, *King Edward VII* (1964), and Christopher Hibbert, *Edward VII* (1976), which give franker views of Edward as both heir and king. Georgina Battiscombe, *Queen Alexandra* (1969), is an admirable account of the popular princess and queen. Harold Nicolson, *King George V: his life and reign* (1952), and John Gore, *King George V: a personal memoir* (1951), are excellent. For George's consort, *see* J. Pope-Hennessy, *Queen Mary, 1867–1953* (1959). Roger Fulford, *Hanover to Windsor* (1960), is a brief and mainly biographical treatment of the monarchy, and Frederick Ponsonby (Lord Sysonby), *Recollections of Three Reigns*, ed. C. Welch (1951), remains a useful source for this period.

The political aspects of the monarchy are perhaps less well treated. Frank Hardie's works, *The Political Influence of Queen Victoria, 1861–1901* (1935), and *The Political Influence of the British Monarchy, 1868–1952* (1970), need cautious handling even though the latter revises some of the former's conclusions. P. Guedalla (ed.), *The Queen and Mr Gladstone, 1845–98*, 2 vols (1933), is an important collection of mainly political material. J. W. Wheeler-Bennett's essay on "The sovereign's private secretary" in *A Wreath to Clio* (1967) considers an important development for which the life of Henry Ponsonby listed above is essential. Two works by A. B. Keith, *The King and the Imperial Crown: the powers and duties of His Majesty* (1936), and *The Constitution of England from Victoria to George VI*, 2 vols (1940), though written from the standpoint of a constitutional lawyer of the inter-war period, consider some of the developments before 1914. Much on the monarchs' political activity and significance can be gained from the lives of the more notable politicians, particularly the prime ministers, e.g. A. Gollin, *Balfour's Burden* (1965); Viscount Morley, *Recollections*, 2 vols (1917); and Austen Chamberlain, *Politics from the Inside* (1936); and from various studies of the period's politics. Worth special note are J. A. Spender and C. Asquith, *Life of Henry Herbert Asquith, Lord Oxford and Asquith*, 2 vols (1932), which provides the fullest account of the constitutional crises of 1909–14, and J. P. Mackintosh, *The British Cabinet* (1962), the standard work on its subject. For official records, *Hansard*, 5th series, XIV, cols 54–6, publishes the debate on the election and guarantees (1910), and (ibid. LXV, col. 454) on George V's position relating to the Buckingham Palace Conference of 22 July 1914.

The important articles include C. C. Weston, "The royal mediation of 1884", *Eng. H.R.*, lxxxii (1967), which considers Victoria's role in encouraging compromise between the parties and the Houses over the Third Reform Bill; L. A. Knight, "The Royal Titles Act and India", *Hist. Journal*, xi (1969), and F. A. Eustis and Z. H. Zaid, "King, viceroy and cabinet: the modification of the partition of Bengal, 1911", *History*, xlix (1964), which deal with aspects of the Indian imperial title and position; N. J. Gossman, "Republicanism in nineteenth century England", *Int. Rev. of Soc. Hist.*, vii (1962), though the subject awaits a full study; and B. Harrison, "For church, queen and family: the Girls' Friendly Society, 1874–1920", *Past & Present*, 61 (1973), which discusses one example of the social and moralistic uses, overwhelmingly conservative and Conservative, to which the monarchy's name and image were put in the period.

1. The 1875 war scare

In 1875 a number of signs suggested that Germany, anxious at the rapid French recovery from the 1870 war, intended to force a preventive war on her. Russia and Britain remonstrated at this, and the queen, in addition to making her attitude clear in her correspondence with the Prussian Crown Princess, her daughter, wrote personally to the Tsar and after the crisis was over to the German emperor, William I.

(a) *Letter from Queen Victoria to the emperor of Russia, 10 May 1875*

(*Letters of Queen Victoria*, 2nd ser., II, 396 [French])

Windsor Castle, 10 May 1875. My dearest Brother, I take the chance of your arrival at Berlin to give you news of Marie [1] and of our dear grandchild, and at the same time to get news of your health. I saw Marie on Friday at her London house, where she seems very happy and I thought looked very well. The child is strong and gay and always good tempered. . . .

I cannot end this letter without expressing to you the firm hope that you will use your great influence to try to maintain peace and to dissipate the alarm that the language used in Berlin has excited in all Europe.

Everything proves that the French are not contemplating, and cannot contemplate a new war, and it would be culpable for Germany to start it without provocation. You, dear Brother, are so disposed to peace, and dear Emperor William will be so drawn to it himself that I hope that all our protestations will be in time to forestall such a calamity.

This time reminds me of your visit last year and of all the pleasure I had in seeing you. I am always, dear Brother, your very affectionate sister, V.R.

(b) *Letter from the queen to the German emperor (n.d.)*

(ibid. 408)

Draft in Lord Derby's handwriting.

I have read with pleasure your cordial and friendly letter of the 3rd,[2] and sincerely rejoice that my anxious desire for the preservation of peace has not been misinterpreted or misunderstood by you. That Europe should be afflicted with a needless war would under any circumstances be bad enough, but you will easily understand that to me it would be doubly painful if so great a calamity had been wantonly brought about by any act or word of the German Government. I rejoice to read the expressions in which you condemn the notion of attacking the French, or any other people, merely on the suspicion of their meditating hostilities in their turn should an opportunity occur. Such a line of policy might be momentarily successful, but it would provoke the

---

[1] Marie, the only daughter of the Tsar, had married Queen Victoria's second son, Alfred, duke of Edinburgh, the previous year, and had given birth to a son.
[2] A letter dated 3 June in which the emperor had tried to treat the whole alarm as a result of newspaper fabrications.

general and just indignation of Europe, and, as you say, leave the state which adopted it without allies or sympathisers.

The alarm is over, dissipated by the thoroughly satisfactory assurances which your Ministers have been authorised to give; and it would serve no good purpose now to explain why or how it came about that the view taken here of the political situation was more serious than you think the circumstances justified. I must, however, just observe that it was not an "occasional and lightly made remark", even coming from so eminent a person as Count Moltke, that caused the apprehension felt by my Ministers, and in which I personally shared. Expressions similar to that ascribed to Count Moltke have been used on many occasions, and in many places, by persons authorised by their position to speak as representatives of your Government. If, as from your letter I do not for a moment doubt, you are not fully aware of the extent to which such language has been held, you may naturally consider our apprehensions exaggerated, but it would not be difficult for me to show that this was not the case, if any good purpose could be served by going back on a question which is now happily disposed of.

2. Proclamation of the queen as empress of India: telegram from Viceroy Lord Lytton to the queen, 1 January 1877

(Letters of Queen Victoria, 2nd ser., II, 514–15)

Imperial Assemblage, 1 January 1877. The viceroy presents his humble duty to the queen. Her majesty's title as Empress of India was proclaimed at noon this day upon the Plain of Delhi, with the most impressive pomp and splendour in an assemblage attended by fifty ruling chiefs with their followers; a vast concourse of native princes and nobles from all parts of India; the Khan and Sirdars of Khelat; the ambassadors of Nepaul, Yarkand, Siam and Muscat; the envoys of Chitral and Yassim; the governor-general of Goa and consular body; all the governors, lieutenant-governors, and chief authorities, military, civil, and judicial, of British India, besides an immense gathering of her majesty's unofficial subjects of all classes, European and native. The flower of her majesty's Indian army was drawn up on the Plain, and made a splendid appearance.

At the conclusion of the viceroy's address the Maharajah Scindia rose and spontaneously expressed the gratitude and pleasure of the princes of India. His majesty was followed by Sir Salar Jung, who, on behalf of the Nizam, spoke in English to the same effect, also by the Begum of Bhopal and others. Owing to the great width of the space intervening between the viceroy and the assembled princes, the viceroy was unable to catch the precise words of these addresses, which he hopes to report to her majesty this evening or tomorrow before leaving the ground.[1] The viceroy received a written message from the mahar-

---

[1] In this subsequent message the viceroy reports Scindia's words as follows: "Shah-in-Shah Padshah, be happy! The princes of India bless you, and pray that your sovereignty and powers may remain steadfast for ever."

ajah of Cashmere, expressing his great satisfaction at the tenor of the viceroy's addresses, and adding, "This day will never be forgotten by me or my children, we shall ever regard it as an auspicious one, and the shadow of her majesty's gracious empire will be our chief protection." The youngest son of his highness was one of the viceroy's pages. On this occasion all the ruling chiefs have intimated their intention of sending, for presentation to the queen, separate addresses of congratulations and loyal devotion. Many of the native noblemen have also announced their intention of honouring the day by large subscriptions to British charities or the construction of important public works.

There can be no question of the complete success of this great imperial ceremony. The weather has been most favourable. The viceroy lays his humble congratulations at the feet of her majesty, and earnestly prays that the queen's loyal subjects, allies and feudatories of this country, may be to the empress of India a New Year's gift of inestimable value in return for the honour which she has conferred today upon this great dependency of the Crown. The viceroy trusts that it may please Providence to prolong for many years her majesty's beneficent and prosperous reign.

3. The queen and the election of 1880

(a) *Letter to Sir Henry Ponsonby, 2 and 3 April 1880*

(*Letters of Queen Victoria*, 2nd ser., III, 73)

Villa Hohenlohe, Baden Baden, 2 April 1880. The Queen is greatly distressed at the news of the Election. If the Opposition had only behaved as they ought – without advancing opinions which fill her with terror for the good of the country and the peace of the world – she would be comparatively easy. . . .

The Queen fears all her messages and warnings have been of no avail. If the Opposition force themselves on her, it will be quite impossible for the Queen *not* to express in VERY STRONG terms her views and feelings, and she must *abide* by the views she expressed on certain points and people. . . .

3 April. This is a terrible telegram [1] – and *how* can he yet be *sure* of *this*?

The Queen cannot deny she (Liberal as she has ever been, but never Radical or democratic) thinks it a great calamity for the country and the peace of Europe!

Sir Henry may help to *mediate*, but the Queen feels, and has for long felt, so *strongly and bitterly* on the unpatriotic conduct of the Opposition, and their want of feeling towards her, that she feels it will be very long before SHE can trust those who have brought matters to this *pass*, and she wishes they *should* know and feel this.

It will make her quite ill.

[1] Beaconsfield had telegraphed on 2 April, "The result of yesterday's polling leaves no doubt of the defeat of your majesty's present ministry."

(b) *Telegram to the earl of Beaconsfield, 7 April 1880*

(ibid. 75)

Baden Baden, 7 April 1880. Very grateful for your kindness. What your loss to me as a minister would be it is impossible to estimate. But I trust you will always remain my friend to whom I can turn and on whom I can rely. Hope you will come to Windsor in the forenoon on Sunday and stop all day and dine and sleep.

(c) *Letter to Sir Henry Ponsonby, 8 April 1880*

(ibid. 75–6)

Villa Hohenlohe, Baden Baden, 8 April 1880. Though nothing, can of course be done till the Queen sees Lord Beaconsfield, and he (unfortunately) resigns, she knows, and Sir Henry will recollect seeing it in the Prince's life that Baron Stockmar, or rather Mr G. E. Anson, undertook in '41 to smoothen the way for Sir R. Peel's coming into office some time before the Government resigned.

What the Queen is especially anxious to have impressed on Lords Hartington and Granville is, firstly, that Mr Gladstone *she* could have nothing to do with, for she considers his whole conduct since '76 to have been one series of violent, passionate invective against and abuse of Lord Beaconsfield, and that *he caused* the Russian war, and made the task of the Government of this country most difficult in times of the greatest difficulty and anxiety, and did all to try and prevent England from holding the position which, thanks to Lord Beaconsfield's firmness has been restored to her.

Secondly, that the Queen *does* feel the Opposition to have been unusually and *very* factious, and to have caused *her* great annoyance and anxiety, and *deep* regret. She wishes, however, to support the new Government and show them confidence, as she has hitherto done all her Governments, but that *this must entirely depend* on their conduct. There must be no democratic leaning, no attempt to change the Foreign policy (and the Continent are terribly alarmed), no change in India, no hasty retreat from Afghanistan, and no cutting down of estimates.

In short, no *lowering* of the *high position* the country holds, and *ought always* to hold.

Lastly, the Queen will expect *that* consideration for her *feelings* and *her health* which she has received from the present Government, and which her age, and the great exertions and trials she has gone through of late years, and which tell a good deal upon her, entitle her to receive.

Mr Lowe she could *not* accept as a Minister, Sir C. Dilke she would only and unwillingly consent to having a *subordinate office* if absolutely necessary.

The Secretary of State for War must be chosen *most carefully*. No mere theorist, but someone who will act cordially and well with the Commander-in-Chief. V.R. & I.

4. The formation of Gladstone's second government, 23 April 1880: the queen's record of her interviews, 22 and 23 April

(Extract from the queen's journal, *Letters of Queen Victoria*, 2nd ser., III, 80–5)

Windsor Castle, 22 April 1880. A week today since we left Baden, and how much has happened. Saw Lord Beaconsfield and thought him very low. Wrote last night to Lord Hartington, asking him to come today at 3, as I wished to charge him with forming a Government. I saw him at that hour, and he spoke quite frankly. I was equally frank with him. But the result was unsatisfactory. When I stated that I looked on him to form a Government, he said that though they had not consulted Mr Gladstone, both he (Lord H.) and Lord Granville feared that they would have no chance of success if Mr Gladstone was not in the Government, and that they feared he would not take a subordinate position. If he were to remain a sort of irresponsible adviser outside the Government, that would be unconstitutional and untenable, and that if he were *quite* independent, he might make it impossible for any Liberal Government to go on. They therefore thought it would be best and wisest if I at once sent for Mr Gladstone.

I said there was one great difficulty, which was that I could not give Mr Gladstone my confidence. His violence and bitterness had been such, the way in which he had, in times of great anxiety, rendered my task and that of the Government so difficult, and the alarm abroad at his name being so great, it would be impossible for me to have the full confidence in him I should wish, were he to form a Government. Lord Hartington tried to defend Mr Gladstone, saying there was not so much difference between them as I thought. Did I think Mr Gladstone had passed the ordinary bounds of Opposition? Most decidedly, I said, and instanced the violence of his language on his progress in Scotland. Lord Hartington admitted that both he and Lord Granville much regretted many of the expressions Mr Gladstone had used, and on my observing that the one against Austria [1] was very offensive, Lord Hartington said that had certainly been most unfortunate. I alluded to Mr Gladstone's apparent leaning towards Russia, which Lord Hartington denied, saying, he merely objected to the Government not taking the line he thought they ought against Russian influence. That Mr Gladstone, whatever he might have done against the Government, had always had, and professed, the greatest loyalty towards me. I replied that I did not doubt this, but could not quite separate his violence against my Government, when I was, with them, doing all I could to prevent war, and to raise the position of my country, from causing me deep sorrow and anxiety, by the Opposition adding so greatly to the difficulties of the Government, instead of helping them and me. Lord Hartington replied, he would not appear to defend Mr Gladstone, who could best explain his conduct himself. The result of Lord Hartington's audience was, that he was

---

[1] In one of his Midlothian speeches, Gladstone had cried "Hands off!" to Austria, and had said that nowhere on earth had she done good.

to consult with Lord Granville, and then with Mr Gladstone, as to whether he would serve with them.

Lord Hartington asked whether he might repeat to Mr Gladstone any part of my conversation with him, and I replied that he might, for I would say the same to Mr Gladstone himself, if I saw him. Lord Hartington had remarked that he considered Mr Gladstone had committed a grave error in resigning his Leadership, as he did in '74; if he did that he ought never to have returned to public life again. Lord Hartington is to write to me, and return tomorrow, but he fears it will be of little use, as he does not think they could stand at all without Mr Gladstone. He spoke of one or two measures (which I will not now mention) regarding the army, but they are in no way pledged to maintain the new plan, should it not answer, Lord Cardwell being the only person identified with those measures, and no longer fit for office. Lord Hartington does not think Mr Gladstone wishes for office, but expects he would take it if thought necessary.

Memoranda by Queen Victoria
Windsor Castle, 23 April 1880. The Queen has just seen Lord Hartington – and Lord Granville, who came down on the chance of seeing the Queen, who had said yesterday that she would see him if Lord Hartington wished it. Leopold had previously seen Lord Hartington, and had brought to the Queen the intelligence of the impossibility of forming a Government without Mr Gladstone, and that *he* would not serve under anyone.

Lord Hartington said that, after leaving me, he at once went to Lord Granville and told him all that had passed with me, and after consultation they decided to see Mr Gladstone and tell him that by my desire Lord Hartington had been charged to form a Government, and to ask him if he would form any part of it. Upon reflection Lord H. had thought it best *not* to tell him *what* I had said, for no one knew what the effect might be on him, and that he considered the responsibility would be too great for him to say *that* – the effect of which would probably be that Mr Gladstone would decline altogether.

Mr Gladstone, without saying he would accept or not if I sent for him, had declined to form any part of such a Government under Lord Hartington, and therefore feeling that no Liberal Government had any chance of stability if he remained out, for that, whatever opinion I might have formed of his conduct, undoubtedly a great portion of the public seemed not to view it in that light, he felt that there would be no other alternative but to ask me to send for Mr Gladstone and to ask him to form a Government. Lord Hartington regretted very much not to be able to carry out my wishes and hoped that I did not think that he and Lord Granville were cowardly in not trying to undertake the Government. I entirely absolved him of this, but said, I doubted whether Mr Gladstone forming a Government would add to its stability, to which Lord Hartington gave no answer and merely smiled. What would he do in the House of Commons if Mr Gladstone accepted? He answered that he would have no difficulty in yielding the lead up to Mr Gladstone, to which I observed that it was very unfair on him, and he replied that it was certainly not generous. It would be sure to come to him by and by, I said, upon which Lord Hartington observed, in confidence, that his brother Frederick, who was a relation,[1] had told him that he did not think Mr Gladstone would be able to go on in the House of Commons, for that his health often broke down. Lord Hartington strongly advised me not to begin by saying that I had no confidence whatever in him, as one did not know how such a man as he would take it, and he certainly had a great amount of popularity at the present moment amongst the people.

I then saw Lord Granville, who seemed very nervous and to whom I repeated the same as I had said to Lord Hartington. He seemed much distressed at the painful position in which I was placed, but feared also that this was the only course to pursue. He then mentioned that people like Sir George Grey, Lord Halifax, and even Lord Grey,[2] all of whom were not at all favourable to Mr Gladstone, thought that this would be the only course. I observed, as I had done to Lord Hartington, that I did not think that such a course would lead to the stability of any Government, and that it would strike terror abroad. This Lord Granville did not deny, and said things would be very different to what people expected. He evidently much regretted the conduct and the extraordinary violence of Mr Gladstone, and would be delighted if he could be made a Peer, but that Mr Gladstone would consider it "as an insult".

I asked both him and Lord Hartington to convey to Mr Gladstone my wish to see him, as they had urged me to do so, and told them that I should rely greatly on their controlling him and assisting me. Lord Granville said that while it would be better that I should not express absolute want of confidence, for the reasons before mentioned, I might say to him that I had much regretted many of the expressions he had used, and that I wished facts to remain unaltered. Both he and Lord Hartington said that he had the greatest respect for me, not only as his Sovereign, but for me personally. Lord Granville kissed my hand twice, and said he feared he had lost some of my confidence, but hoped to be able to regain it. I replied he certainly had done so, but that I should be very glad if he could regain it. Both seemed sincerely anxious to help me, and evidently have no great affection for Mr Gladstone. Lord Granville also said that he did not think he would be able to go on long. Mr Gladstone is to come at half-past 6. V.R. & I.

[Same day, later.] I saw Mr Gladstone at quarter to 7, and told him I understood that he had received my message through Lord Hartington and Lord Granville, to which he replied in the affirmative.

I then said that, according to constitutional usage, I had applied to Lord Hartington as the Leader (which he said was quite correct), but as Lord H. and

[1] Because Lord Frederick Cavendish had married Mrs Gladstone's niece.
[2] They were all eminent Whigs, and the first two had sat in Cabinet with Gladstone.

Lord Granville said they could not act without him, I wished now to know if he could form a Government? He replied that, considering the part he had taken, he felt he must not shrink from the responsibility, and that he felt he would be prepared to form a Government.

I then said that it was very important that facts should remain unaltered, and he said he felt the same, and instanced the conquest of Scinde in '43, which was acknowledged, though Sir R. Peel had particularly objected to it. I asked how he would form his Government? He said he proposed Lord Granville for the Foreign Office. *War* I observed was very important, would not Lord Hartington do for that? He thought India was *the* next most important post, and thought of him for that. For War he promised a man who understood the army. I told him also how Lord Cardwell's plan had broken down, which he seemed *not* to be *aware of*!! but repeated also that they were not pledged to it. The obstructionists he hoped would split. The Chancellor probably Lord Selbourne, but the *best for the political exigencies* would have to be chosen. I asked him if I was to understand that he would *form* a Government, not that he *would try* to form one. He said yes, the former, and asked to kiss hands.

I then said I wished to be frank and say something; which was that I hoped he would be conciliatory, as it had been a cause of pain to me to see such asperity and such strong expressions used, and I thought "peace was blessed". He replied that he considered all violence and bitterness "to belong to the *past*"; that he did not deny that in his capacity "of a private individual, without responsibility he had, in dogmatising his views according to the lights given him, used very strong language". I said this was hardly right as he now came back Leader, and he replied that he could *not* deny this and that he must be open to the shots that would be fired on him for that.

He would not trouble me tomorrow, but would write. V.R. & I.

5. The queen's confession of her shortcomings, 1 January 1881

(Extract from the queen's journal, *Letters of Queen Victoria*, 2nd ser., III, 177)

Osborne, 1 January 1881 – another year past, and we begin one with heavy clouds. A poor Government, Ireland in a state of total lawlessness, and war at the Cape, of a very serious nature! I feel very anxious, and have no one to lean on. Thank God! my dear ones are all well, but many are gone who were least expected to leave us. . . . God spare all I most love, for many a year, and help me on! I feel how sadly deficient I am, and how over-sensitive and irritable, and how uncontrollable my temper is, when annoyed and hurt. But I am so overdone, so vexed, and in such distress about my country, that that must be my excuse. I will daily pray for God's help to improve.

6. The queen and the dispute between the Lords and Commons over the Franchise and Redistribution Bills, 1884

(a) *Letter from the queen to Gladstone, 28 June 1884*

(*Letters of Queen Victoria*, 2nd ser., III, 509–10)

Windsor Castle, 28 June 1884. The Queen has to acknowledge Mr Gladstone's last letters. *No one* can more deeply regret any great divergence of opinion between the two Houses of Parliament, and especially anything approaching to a collision than she does. But on the other hand she does think that the House of Lords *cannot* be expected merely to acquiesce in and pass a Bill of vital importance to the balance and well-being of the British Constitution, which has been carried through the House of Commons. The House of Lords must give its opinion, and could not be respected if it *did not* do so.

It is for this reason that the Queen cannot but regret the strong language used by the Prime Minister on Thursday night,[1] and trusts that he will adopt a more conciliatory tone, which would be far more likely to conduce to an impartial and peaceful solution of the many difficulties which are so threatening at present.

(b) *Letter from Gladstone to the queen, 30 June 1884*

(ibid. 510–11)

10 Downing Street, 30 June 1884. Mr Gladstone begs to acknowledge, with his humble duty, your Majesty's letter of Saturday, in which your Majesty has, with a condescending frankness, expressed regret at strong language presumed to have been used by him in a speech on the third reading of the Franchise Bill in the House of Commons.

If Mr Gladstone has, contrary to his intention, used any language of an unbecoming character in relation to the House of Lords, it is a serious error, and must cause him deep concern; but he observes that your Majesty has not pointed out any language of this character as employed by him.

He felt it to be impossible, after all that had occurred, to maintain to the close an absolute silence in regard to the manner, little less than insulting, in which the House of Commons had been treated. Long before the Bill was approaching the House of Lords, Lord Salisbury had, at one or more public meetings, threatened its rejection. His nephew and private secretary had made bold to indicate, in the House of Commons, the same result; and the same thing had been done by Mr Lowther, from the front bench of the Opposition, in language alike violent and boastful.

---

[1] On the third reading of the Franchise Bill, which was carried on 26 June. On that occasion Gladstone, as he wrote to the queen, felt compelled to refer to the threats which had been uttered by important personages "that the bill was doomed on its arrival in the House of Lords". He believed that a collision between the two Houses on this subject would be "fraught with danger to our institutions, and sure not to end in the defeat of the House of Commons".

It was not, however, for the sake of the House of Commons, mainly, that Mr Gladstone spoke, but for the sake of the House of Lords, and with a view to the peaceful maintenance of our Parliamentary constitution.

Twice, in his recollection, the House of Lords has gone into a distinct conflict with the House of Commons: and both times it has suffered severely. When in 1831 it had (not in Mr Gladstone's judgment without much excuse) rejected a Reform Bill, it had to undergo the humiliation of passing a like measure after a few months under threat of a creation of Peers which would have wholly overborne its independence. When in 1860 it rejected (again not without some excuse) the Paper Duties Bill, it virtually lost all power of dealing with taxing Bills, and since that epoch financial debates in that House have all but ceased.

When conduct much more rash is openly and repeatedly threatened, without the smallest check or protest from any Tory quarter, Mr Gladstone cannot by persistent silence appear to think lightly of these or other such crises, and is compelled by his duty to the Crown to make some effort to avert them, always, however, subject to the condition that it is done in proper and respectful language.

(c) *Extracts from the queen's journal, July 1884*
(ibid. 511–12)

Windsor Castle, 3 July 1884. After luncheon, saw Lord Rowton, who said the meeting of Conservative Peers had been most satisfactory. Lord Salisbury, much more moderate and prudent, as regards the Franchise Bill. The idea was to speak in favour of the lowering of the Franchise, but to insist on its being coupled with Redistribution, and therefore to reject it in its present form. It was believed this would result in an Autumn Session, when the Lords would do the same and bring on a Dissolution. I urged most strongly that Lord Salisbury, etc., should make it clear that they were not against a lowering of the Franchise. Lord Rowton entirely agreed and said he would speak in this sense to Lord Salisbury. Lord Cairns and the Duke of Richmond were acting cordially with him.

9 July. The Government has been beaten by 59 in the House of Lords yesterday, about the second reading of the Franchise Bill. Received a letter from Lord Granville, reporting that he had made "a very confidential communication to Lord Cairns and the Duke of Richmond, to the effect that the Government were ready to pass identical Resolutions saying that they had passed the Bill, in the full hopes of introducing one of Redistribution next Session". After consideration, Lord Cairns had said he and Lord Salisbury could not accept this, and could only propose that the date of the operation of the Franchise Bill should be delayed till after the Redistribution had passed. This the Cabinet would not accept, a similar proposal having been defeated in

the House of Commons. Heard soon after from Mr Gladstone, who said it would not do to dissolve after an adverse vote of the House of Lords, and that they would advise me to bring the Session to *as rapid* a close as possible, and have an autumn one. He then hinted at the agitation this might produce, but which the Government would try to prevent. After dinner Lord Granville spoke to me for some time, much distressed and very anxious, fearing nothing could be done, but greatly regretting Mr Gladstone's threatening language about the House of Lords, which had no doubt done great harm; that he himself wished for a dissolution now, as likely to prevent the 3 months' agitation for an imaginary evil! Felt tired and worried. Sent for Sir H. Ponsonby to speak about Mr Gladstone's proposal.

(d) *Extracts from the queen's journal, November 1884*

(ibid. 582–4)

Windsor Castle, 24 November 1884. Saw the Duke of Richmond, who, with the Duchess, has come here for one night. He is delighted at the difficulties having been surmounted, but said that he had found them very great when he came to Town on the 17th. Lord Cairns had written very strongly to Lord Salisbury, who had called a meeting of a few Peers, which the Duke thought very injudicious, and he felt it his duty to say he considered the state of affairs very serious, and could not be a party to throwing out the Franchise Bill. An arrangement ought now to be come to about the Redistribution Bill. Lord Salisbury was very much annoyed and called a meeting of the whole party, at which it was soon seen that the feeling was in favour of an arrangement. The Duke of Richmond, as well as Lord Cairns, stated again what they had said the day before, to which Lord Salisbury replied he was much grieved to hear it, but gave way, and the Duke hears now, that he after all considers it was much the best course to pursue. The Duke expressed his warm thanks to me for having by my influence brought this to pass.

25 November. . . . Saw Mr Gladstone, who is much pleased at the success of the agreement, and at the meetings. He said nothing could have been more pleasant or more able than Lord Salisbury and Sir S. Northcote. He could not tell what had brought about the change, and I said it was entirely due to the strong language used by the Duke of Richmond and Lord Cairns, which Mr Gladstone considers very wise. He spoke of the different plans, and of the Reform of the Franchise Bill. The Opposition were very strong on the minority being sufficiently represented. He considers their plan to be a much greater change than what he had proposed, but thinks the arrangement of Seats according to Seats [1] is on the whole the best. . . .

---

[1] The editor of the journal here interpolates "? population".

27 November. Mr Gladstone telegraphed that all points of importance were settled. Saw Lord Salisbury, who seemed less elated, and when I said I hoped all was now well and satisfactorily settled, he replied that there was a serious hitch. It was about the University votes, which the Government seemed inclined to abandon, and which were vital to the Conservatives. He had written in strong terms to Mr Gladstone, urging him to maintain this, and he hoped it might all come right. Lord Salisbury seemed rather depressed and evidently not exactly pleased at the peaceable arrangement. I said it was a great thing, and he answered, "I think we could have made a good fight," to which I replied, "But at what a price!" He seemed then to agree; spoke in very warm terms of Mr Gladstone, Lord Granville, and Sir C. Dilke, saying they had been very conciliatory and pleasant to deal with. I said Mr Gladstone considered Lord Salisbury's plan as far more Radical than his Bill would have been. Telegraphed to Mr Gladstone saying I had heard from Lord Salisbury that a serious difficulty had arisen about the University vote, and I earnestly hoped this would not militate against a final settlement. In the meantime, and before seeing Lord Salisbury, I received a most satisfactory letter from Mr Gladstone saying that "the delicate and novel communications have been brought to a happy conclusion", thanks me "for the wise, gracious and steady exercise of influence", and that his "cordial acknowledgements are due to Lord Salisbury and Sir S. Northcote".

28 November. Heard from Mr Gladstone that all the difficulties have been adjusted, and that he thought they ought not to have taken place. Saw good Sir S. Northcote, who also said all was right.[1] He was glad it was so, though he was not sure it was good for the party, but still that it would come right, as it did after the last Reform Bill, and trusted it would be right for a long time. He quite agreed with me that an Election now would be a bad thing and very dangerous.

7. **The queen and the fall of Khartoum: telegram** en clair**, 5 February 1885**

(Letters of Queen Victoria, 2nd ser., III, 507)

[Queen's journal] 5 February 1885. Dreadful news after Breakfast. Khartoum fallen. . . . Telegraphed en clair to Mr Gladstone, Lord Granville, and Lord Hartington, expressing how dreadfully shocked I was at the news, all the more so when one felt it might have been prevented. . . .

[Telegram from the queen to the marquis of Hartington.]
5 February 1885. THESE NEWS FROM KHARTOUM ARE FRIGHTFUL AND TO THINK THAT ALL THIS MIGHT HAVE BEEN PREVENTED AND MANY PRECIOUS LIVES SAVED BY

[1] Salisbury, on the 30th, expressed to the queen, through Sir Henry Ponsonby, "my humble and earnest gratitude for her powerful intervention".

EARLIER ACTION IS TOO FRIGHTFUL [1] EXPRESS TO LORD WOLSELEY MY GREAT SOR-
ROW AND ANXIETY AT THESE NEWS AND MY SYMPATHY WITH LORD WOLSELEY IN
HIS GREAT ANXIETY PRAY BUT HAVE LITTLE HOPE BRAVE GORDON MAY YET BE
ALIVE.

8. The Golden Jubilee, 19 June 1887

(Extracts from *The Times* leader, 22 June 1887)

Amidst a tumult of rejoicing unequalled in the memory of this or many past
generations, the queen's jubilee culminated yesterday in a passion of
festivity and thanksgiving. Such a scene has seldom been witnessed in Europe,
and no English eyes are for ages likely to look upon its like again. We have
endeavoured to describe its outward manifestations. Only they who lived in and
through it can realise its wondrous thrill and glow. Not London alone, but all
England transformed itself for the time being into a huge court at which nation
and empire rendered fealty to its sovereign. Englishmen have not the art possessed by other nationalities of arranging a pageant with themselves as the
players in it. Yesterday no flaw or defect would have been visible to the most
critical scrutiny, foreign or native. A flood of enthusiastic emotion swept away
the least suspicion of awkwardnesses and shortcomings. Every heart was so
absolutely in tune with the perfect June weather that it was even difficult to be
properly and consciously grateful for the happy accident. It seemed the day's
natural right. On other occasions of the performance of a solemn religious
ceremony the curiosity exhibited outside has appeared casual and sometimes
impertinent. A peculiar feature of yesterday was the entire unity of the whole
demonstration. From the moment her majesty left the palace to that in which
she re-entered it she was traversing a series of colossal aisles lined with hundreds of thousands of thanksgiving lieges. The great abbey was merely the
sanctuary of a still more majestic cathedral and an abounding congregation.
That must have been the dominant sensation of the thousands who had made
their way thither through the eager and radiant town. The exquisite charm of
the solemn rite in which they joined was that it was offered for a multitude
infinitely larger outside, which everywhere was swelling the chorus of praise
and gratitude. No fitter shrine could have been found for the mighty heart
beating throughout the land. . . .

Pictures have been painted with touching effect, whatever the artistic performance, of the girl's awakening to hear she was to become a queen. Her corona-
tion was a gorgeous ceremonial. The people rejoiced with her at her bridal and
mourned with her at her bereavement. Her life and reign have been more than
commonly fruitful in opportunities for the outpouring of the poetry of a
nation's loyal pride in and affection for their sovereign. In this entire compass

---

[1] This sentence seems to have been telegraphed *en clair* also to Gladstone and Granville.

no scene was ever depicted on canvas, narrated by historian, or conjured up by a poet's fancy, more pathetic, or more august than the spectacle of Victoria, queen and empress, kneeling yesterday at the foot of the throne to thank Heaven for her reign, with all its joys and all its griefs, of fifty marvellous years. The great ones of her realm were there, and many besides. The eye wandered over groups of statesmen, writers, orators, famous soldiers and sailors, ermine-clad judges, divines in rarely-worn vestments, Asiatic princes gleaming with jewels, forms and faces as fair as they were royal and noble, a bench crowded with kings and the heirs of kings. The centre to which the gaze constantly returned as the reason and interpretation of the whole was the figure seated, solitary, in all that sunshine of splendour, on her chair of state. On her account alone the rest were there, whatever their degree; the thought of her filled the mind. She could scarcely have been more apart had the lovely edifice been empty of all but herself and the priests ministering at the altar. When the congregated thousands called attention to them, they were felt to be present as witnesses and representatives, rather than by any right of their own. They were met together to attest the judgment of Great Britain and the world that Queen Victoria had redeemed the pledge she accepted on that throne, beside that altar, half a century ago. . . .

9. Salisbury on the exercise of the queen's prerogative of dissolution, 8 August 1893

(*Letters of Queen Victoria*, 3rd ser., II, 297)

Salisbury had already, on 15 May 1886, at the queen's command sent her a memorandum on the question whether the opposition to Home Rule would benefit from her exercise of the prerogative of dissolution, and had argued not. The present memorandum was also the result of enquiries from her.

[Memorandum by the marquis of Salisbury] 8 August 1893. A committee of leading Unionists has met weekly, during this Session, to watch the progress of the Home Rule Bill. Among other subjects of discussion has been the question whether, after the rejection of the Bill in the Lords, the Queen should be approached, either by way of petition, signed on a large scale, or by Address from the House of Lords praying her to exercise her prerogative of Dissolution. I have advised against any such step for the following reasons.

A Dissolution by the Queen, against the advice of her Ministers, would, of course, involve their resignation. Their party could hardly help going to the country as the opponents of royal authority; or at least as the severe critics of the mode in which it had been exerted. No one can foresee what the upshot of such a state of things would be! It might be good, or it might be bad! But there must be *some* hazard that, in the end, such a step would injure the authority of the Queen. It ought not, therefore, to be taken unless there is an urgent reason for taking it. No such reason exists at present. It *may* ultimately be necessary in order to escape from a deadlock. But we have not arrived at that point; and, if the step were taken now, it would not seem to have any justification in the eyes of the vast number of people who are taking no decided part in the present controversy. No such step is required now, because things, on the whole, are going well.

The hopeless practical difficulties of the scheme are making themselves felt. The Irish are in sore perplexity over the financial part, which means bankruptcy to the future Irish State; but which could not be amended in their favour without imposing an intolerable burden on the British taxpayer. The Moderate Liberal, on the other hand, like Mr William Grenfell, finds it very difficult to endure the proposal that eighty Irish members shall vote on Parliamentary questions when their constituents have ceased to have any interest in those questions. These feelings of discontent are increasing, not diminishing. Those who have the reputation of judging accurately of the state of feeling tell us it is leaning strongly against the Ministers. If there were a Dissolution now, it would arrest a change of opinion which is still incomplete. Next summer there is every ground for hoping it will be much more complete. The errors, which, justly or unjustly, are reproached against the last Government, will be forgotten; the vices of the present system of managing the House of Commons and the revolutionary proposal now before it, will be more fully felt and realised. A Dissolution, next summer, therefore will be more expedient. If, after the Bill has been rejected by the Lords a second time, a Dissolution is still refused, the motives for approaching the Queen by petition to exercise her prerogative will become very cogent.

But it may be said, English legislation of a dangerous character may be passed in the meantime! I see no prospect of such a danger. The Disestablishment Bills for Wales or Scotland would be rejected by the House of Lords; but there is no ground for thinking that they are popular. I believe, rather, that they would lose votes for the Government. The Local Option Bill is certainly unpopular. The Parish Councils Bill, with certain modifications of detail would be accepted by the House of Lords. It would do no harm; but the agricultural labourer would quickly discover that it brought him no solid advantage, and its passage would make no change in the vote of the labourer. The Registration Bill is said to be giving the Government great trouble. They cannot make the regulations which would profit them in the towns, without, at the same time, doing good to their opponents in the counties. I have some doubt, therefore, that they will press the Bill seriously. If they do, I expect that the House of Lords would accept it in principle, but would insist on a sufficient term of residence, as the condition of a vote, to exclude mere vagrants.

On these grounds I do not anticipate serious injury from the threatened English legislation. I do not think, therefore, that a Dissolution this autumn is a matter of urgent necessity; and though I have urged my colleagues to claim it, as a constitutional right, as soon as the Bill has been rejected in the House of Lords, I have advised them, at all events for the present, to abstain from seeking that result by any unusual process.

10. Kruger telegram: the queen's letter to Kaiser William II, 5 January 1896

(*Letters of Queen Victoria*, 3rd ser., III, 8)

Osborne, 5 January 1896. My dear William ... As your Grandmother to whom you have always shown so much affection and of whose example you have always spoken with so much respect, I feel I cannot refrain from expressing my deep regret at the telegram you sent President Kruger. It is considered very unfriendly towards this country, which I am sure it is not intended to be, and has, I grieve to say, made a very painful impression here. The action of Dr Jameson was of course very wrong and totally unwarranted; but considering the very peculiar position in which the Transvaal stands towards Great Britain I think it would have been far better to have said nothing. Our great wish has always been to keep on the best of terms with Germany, trying to act together, but I fear your agents in the Colonies do the very reverse, which deeply grieves us. Let me hope that you will try and check this. ...

I hope you will take my remarks in good part, as they are entirely dictated by my desire for your good. Victoria R.I.

11. Monarchy and empire: letter from Balfour to Edward VII, 6 February 1901

(A. Gollin, *Balfour's Burden* (1965), 269–70)

10 Downing Street, Whitehall, S.W., 6 February 1901. Mr Balfour, with his humble duty to your Majesty begs respectfully in obedience to your Majesty's commands, to submit some observations on the proposed visit of the Duke of Cornwall to the Australian Commonwealth.

Mr Balfour fully recognises the force of all the objections which may justly be urged against the visit – at the present moment. The recent death of the Queen; the general mourning which it has occasioned; the natural reluctance which your Majesty and your Majesty's subjects may well feel at seeing your Majesty's only son leave the country at such a time and on so distant an expedition, are considerations which cannot be, and ought not to be, ignored. If in Mr Balfour's judgment, they have not conclusive weight, it is because he cannot help feeling that there are on the other side reasons to be urged which touch the deepest interests of the Monarchy. The King is no longer King of Great Britain and Ireland, and of a few dependencies. ... He is now the great Constitutional bond uniting together in a single Empire communities of freemen separated by half the circumference of the Globe. All the patriotic sentiment which makes such an Empire possible centres in him; and everything which emphasises his personality to our kinsmen across the sea must be a gain to the Monarchy and the Empire.

Now the present opportunity for furthering the policy thus suggested is unique. It can in the nature of things never be repeated. A great

Commonwealth is to be brought into existence, after infinite trouble and with the fairest prospects of success. Its citizens know little and care less for British Ministries and British party politics. But they know and care for the Empire of which they are Members and for the Sovereign who rules it. Surely it is in the highest interests of the State that he should visibly, and so to speak corporeally, associate his family with the final act which brings the new community into being so that in the eyes of all who see it, the chief actor in the ceremony, its central figure, should be the King's heir and that in the history of this great event the Monarchy of Britain and the Commonwealth of Australia should be inseparably united. . . .

12. The Lords and the budget: attempted royal mediation. Asquith's note of conversation with the king, 6 October 1909

(Spender and Asquith, *Life of Lord Oxford and Asquith*, I, 257)

Balmoral Castle, 6 October 1909. I saw the King immediately on my arrival. He entered almost at once on the subject of the Budget and the Lords.

He asked me whether I thought he was well within constitutional lines in taking upon himself to give advice to, and if necessary put pressure upon, the Tory leaders at this juncture.

I replied that I thought what he was doing and proposing to do, perfectly correct, from a constitutional point of view; that the nearest analogy was the situation and action of William IV, at the time of the Reform Bill; in both cases the country was threatened with a revolution at the hands of the House of Lords.

He said that, in that case, he should not hesitate to see both Balfour and Lansdowne on his return to London. . . .

13. Edward VII and the suggested creation of peers, 15 December 1909

(Spender and Asquith, *Life of Lord Oxford and Asquith*, I, 261)

Memorandum by Vaughan Nash, Asquith's private secretary.

10 Downing Street, Whitehall, S.W., 15 December 1909. Lord Knollys asked me to see him this afternoon and he began by saying that the King had come to the conclusion that he would not be justified in creating new peers (say 300) until after a second general election, and that he, Lord K., thought you should know of this now, though, for the present, he would suggest that what he was telling me should be for your ear only. The King regards the policy of the Government as tantamount to the destruction of the House of Lords and he thinks that before a large creation of Peers is embarked upon or threatened the country should be acquainted with the particular project for accomplishing such destruction as well as with the general line of action as to which the country will be consulted at the forthcoming Elections. . . .

Before coming away I thought I had better ask Lord Knollys whether the King realised that at the next General Election the whole question of the Lords would be fully before the country, and that the electors would know that they were being invited to pronounce, not indeed on the details, but on the broad principles which were involved in the Government's policy. I also asked what he thought would be the position as regards the creation of peers if it turned out that the House of Lords refused to accept legislation forbidding them to touch finance. From the vague answers he gave I came away with the impression that the King's mind is not firmly settled and that it might be useful if you saw him some time before the Elections, possibly on the 8th,[1] the day of the Dissolution Council.

14. Asquith in debate on the address on the election of January 1910 and "guarantees", 22 February 1910

(*Hansard*, 5th ser., XIV, cols 54–6)

. . . With all deference to the rt hon. gentleman (Mr Balfour), who seems to think that the late general election meant nothing at all, so far as I can make out from the passages of his speech, he treated it as evidence of the hopeless bankruptcy of our representative system. With all deference to the rt hon. gentleman we take a different view. There is no doubt – there is perfect agreement on this point – that the general election was caused by the action of the House of Lords in rejecting the budget, an unprecedented proceeding, in our view. The view we submitted to the country was that it was a breach, a glaring breach, of the most deeply rooted and firmly established of the unwritten conventions of our constitution. But we did not regard the rejection of the budget by the House of Lords as an isolated act; it was the climax of a series of acts in which the House had claimed and had freely exercised coordinate, or I might more truly describe it as an overriding authority of the acts and decisions of the popularly elected chamber. That we said, and said in the plainest terms. Speaking on behalf of the Liberal party, we said that we could not go on under such a system as that. It involves a waste of time, a sacrifice of energy, and a perpetual and recurrent loss of credit.

Our appeal to the country was primarily an appeal to give us authority to put an end to this state of things. What did we ask for? We asked first of all that the complete and undivided supremacy of this House over finance should be restored. We claimed next that the absolute veto at present possessed by the House of Lords over legislation should disappear. We maintained that the other House should be confined to functions which are appropriate to a second chamber, and it was our view, clearly presented to the people, that that change must be brought about by an Act of parliament. I said myself, and I have nothing to retract or qualify, that in our view it was a condition of tenure of power by a Liberal government that the new parliament should, to the ex-

[1] i.e. 8 January 1910

clusion and postponement of all other legislative business, set to work to provide safeguards for the rights of the House of Commons over legislation – that is, statutory safeguards, safeguards embodied in an Act of parliament assented to by the king, Lords and Commons. I see that in some quarters, not at all unfriendly quarters, I am supposed to have intended to convey what I certainly never said, that a Liberal ministry ought not to meet a new House of Commons unless it had secured in advance some kind of guarantee for the contingent exercise of the royal prerogative. I have been engaged now for a good many years in political life, and I do not think that even among gentlemen who sit opposite there is one who will deny that I am a man of my word. If I had given such a pledge as that I should not be standing at this box at this moment. I tell the House quite frankly that I have received no such guarantee and that I have asked for no such guarantee. In my judgment it is the duty of statesmen and of responsible politicians in this country as long as possible and as far as possible to keep the name of the sovereign and the prerogatives of the Crown outside the domain of party politics. If the occasion should arise, I should not hesitate to tender such advice to the Crown as in the circumstances the exigencies of the situation appear to warrant in the public interest. But to ask in advance for a blank authority for an indefinite exercise of the royal prerogative in regard to a measure which has never been submitted to or approved by the House of Commons is a request which in my judgment no constitutional statesman can properly make, and it is a concession which the sovereign cannot be expected to grant. I say this in order that there may be absolutely no misunderstanding on this point. . . .

15. George V's account in his diary of interview with Asquith, 11 November 1910

(Harold Nicolson, King George V (1952), 133)

At 6.30 the Prime Minister arrived. Had two long talks with him. He reported that the Conference [1] had failed and he proposed to dissolve and have a general election and get it over before Xmas. He asked me for *no guarantees*. I suggested that the Veto resolutions should first be sent up to the H. of L. and if they rejected them, then he could dissolve. This he agreed to do.

16. Asquith's account of interview with the king, 11 November 1910

(Harold Nicolson, King George V (1952), 134)

Mr Asquith had the honour of being received by the King at Sandringham on November 11. The object of the interview was, not to tender any definite advice, but to survey the new situation created by the failure of the Conference, as it presents itself at the moment to His Majesty's Ministers. . . .

---

[1] The Constitutional Conference between leaders of the two parties, which sat between 17 June and 11 November.

Mr Asquith pointed out that this would be the second time in twelve months that the question of the relations between the two Houses had been submitted to the electorate. It was necessary, therefore, that in the event of the Government obtaining an adequate majority in the new House of Commons, the matter should be put in train for final settlement.

This could only be brought about (if the Lords were not ready to give way) by the willingness of the Crown to exercise its Prerogative to give effect to the will of the nation. The House of Lords cannot be dissolved, and the only legal way in which it can be brought into harmony with the other House is either by curtailing, or by adding to its members. In theory, the Crown might conceivably adopt the former course, by withholding writs of summons. But this has not been done for many centuries: it would be a most invidious practice: and it is at least doubtful whether it can be said to be constitutional. On the other hand the prerogative of creation is undoubted: it has never been recognised as having any constitutional limits: it was used for this purpose in the eighteenth century, and agreed to be used on a large scale by King William IV in 1832.

There could in Mr Asquith's opinion be no doubt that the knowledge that the Crown was ready to use the Prerogative would be sufficient to bring about an agreement, without any necessity for its actual exercise.

17. "Guarantees"

(a) *Cabinet minute to the king, 15 November 1910*

(Harold Nicolson, *King George V* (1952), 136)

The Cabinet has very carefully considered the situation created by the failure of the Conference, in view of the declaration of policy made on their behalf by the Prime Minister in the House of Commons on 14 April 1910.

The advice which they feel it their duty to tender to His Majesty is as follows:

An immediate dissolution of Parliament, as soon as the necessary parts of the Budget, the provision of Old Age Pensions to paupers, and one or two other matters have been disposed of.

The House of Lords to have the opportunity, if they desired it, at the same time (but not so as to postpone the date of the dissolution), to discuss the Government Resolutions.

His Majesty's Ministers cannot, however, take the responsibility of advising a dissolution, unless they may understand that, in the event of the policy of the Government being approved by an adequate majority in the new House of Commons, His Majesty will be ready to exercise his constitutional powers (which may involve the Prerogative of creating Peers), if needed, to secure that effect should be given to the decision of the country.

His Majesty's Ministers are fully alive to the importance of keeping the name of the King out of the sphere of party and electoral controversy. They take upon themselves, as is their duty, the entire and exclusive responsibility for the policy which they will place before the electorate.

His Majesty will doubtless agree that it would be undesirable, in the interests of the State, that any communication of the intentions of the Crown should be made public, unless and until the actual occasion should arise.

(b) *George V's note in his diary of interview with Asquith and Lord Crewe, 16 November 1910*

(ibid. 138)

After a long talk, I agreed most reluctantly to give the Cabinet a secret understanding that in the event of the Government being returned with a majority at the General Election, I should use my Prerogative to make Peers if asked for. I disliked having to do this very much, but agreed that this was the only alternative to the Cabinet resigning, which at this moment would be disastrous.

Francis [1] strongly urged me to take this course and I think his advice is generally very sound. I only trust and pray he is right this time.

18. Asquith's letter to Balfour and Lansdowne, 20 July 1911

(Spender and Asquith, *Life of Lord Oxford and Asquith*, I, 312–13)

10 Downing Street, 20 July 1911. Dear Mr Balfour/Lord Lansdowne, I think it courteous and right, before any public decisions are announced, to let you know how we regard the political situation.

When the Parliament Bill in the form which it has now assumed returns to the House of Commons, we shall be compelled to ask that House to disagree with the Lords' amendments.

In the circumstances, should the necessity arise, the Government will advise the King to exercise his Prerogative to secure the passing into law of the Bill in substantially the same form in which it left the House of Commons; and His Majesty has been pleased to signify that he will consider it his duty to accept, and act on, that advice. Yours sincerely, H. H. Asquith.

19. Morley's announcement in the House of Lords, 11 August 1911

(Viscount Morley, *Recollections*, II, 352–3)

In the debate in the House of Lords on the vote of censure moved by the Conservative leaders against the government on 8 August 1911 Lord Crewe, for the government, had spoken of the "natural" and, if he might be permitted the phrase, "the legitimate reluctance" with which the king regarded the prospect of a creation of peers. This appears to have encouraged last minute hopes among the Tory peers that the step might not be taken. To meet this situation Lord Morley, acting as Liberal leader in Crewe's illness, drew up in concert with the king's secretary a further statement which he read to the Lords.

[1] Lord Knollys

. . . I drew from my pocket and read out the short paper with the words accurately defining the terms of the Royal assent . . .

"His Majesty would assent to a creation of Peers sufficient in number to guard against any possible combination of the different parties in Opposition, by which the Parliament Bill might be exposed a second time to defeat."

Every vote given against my motion will be a vote for a large and prompt creation of peers.

20. George V, Home Rule, the Unionists and Ulster, 1912–14

The Home Rule crisis of 1912–14 created a very difficult situation for George V. Unionist leaders took the view that the Parliament Act had created what was ultimately single-chamber government and that the responsibility for preventing abuse of its power by a majority in the House of Commons – which had been claimed as the function of the Lords – now fell upon the Crown. In appropriate circumstances it was now entitled to refuse its assent to a bill, or to dismiss its ministers, as a means of ensuring that the country was consulted. The general argument was reinforced by a special one that until the preamble to the Parliament Act[1] had been put into effect, the "constitution was in suspension". The threat of civil war in Ireland and the doubt whether the country, if specifically consulted, would endorse the government's Irish policy, were held to constitute justification for action by the Crown. George V had a high sense of his responsibilities both under the constitution, and as its titular head. On the whole he liked and trusted Asquith more than Bonar Law, but his political sympathies tended towards conservatism. Though he ultimately rejected the more extreme suggestions of the Unionist leaders, he exercised considerable and constant pressure on the government to exempt at any rate the Protestant parts of Ulster from the operation of the Home Rule Act.

(a) *Conservative leaders and the king, 3 May 1912*

(Austen Chamberlain, *Politics from the Inside* (1936), 484–7)

4 May 1912. At the King's dinner last night . . .

11.30 p.m. As I told you, we were called away in the midst of our conversation to go to the King. To me he said, "I hope there is not going to be any violence in the House of Commons this session."

"Well, Sir," I said, "I don't think Your Majesty can suggest that the Opposition has forgotten its duty to the country or the Throne in the midst of our sharp Party fights."

"Certainly not," he interjected.

"But you must remember, Sir," I continued, "that we not only strongly object to what the Government are doing but that we think that they have pursued their objects by trickery and fraud."

I retired and he passed on. A few minutes later, as I was talking to St John, Law joined us.

"I think I have given the King the worst five minutes he has had for a long time," he observed; and this is his account of their conversation as noted by me as soon as I got home.

The King began, "I have just been saying to Sir E. Carson that I hope there will be no violent scenes this session."

"May I talk quite freely to Your Majesty?" asked Law.

[1] No. 40

"Please do. I wish you to."

"Then, I think, Sir, that the situation is a grave one not only for the House but also for the Throne. Our desire has been to keep the Crown out of our struggles, but the Government have brought it in. Your only chance is that they should resign within two years. If they don't, you must either accept the Home Rule Bill or dismiss your Ministers and choose others who will support you in vetoing it – and in either case half your subjects will think you have acted against them."

The King turned red and Law asked, "Have you never considered that, Sir?"

"No," said the King, "it is the first time it has been suggested to me."

Law added, "They may say that your assent is a purely formal act and the prerogative of veto is dead. That was true so long as there was a buffer between you and the House of Commons, but they have destroyed the buffer and it is true no longer."

(b) *Memorandum from Bonar Law to the king, September 1912*

(Harold Nicolson, *King George V* (1952), 201)

If the Home Rule Bill passes through all its stages under the Parliament Act and requires only the Royal Assent, the position will be a very serious and almost impossible one for the Crown. . . . In such circumstances, Unionists would certainly believe that the King not only had the constitutional right, but that it was his duty, before acting on the advice of his Ministers, to ascertain whether it would not be possible to appoint other Ministers who would advise him differently and allow the question to be decided by the Country at a General Election. . . . In any case, whatever course was taken by His Majesty, half of his people would think that he had failed in his duty and in view of the very bitter feeling which would by that time have been aroused, the Crown would, Mr Bonar Law fears, be openly attacked by the people of Ulster and their sympathisers if he gave his assent to the Bill, and by a large section of the Radical Party if he took any other course.

Such a position is one in which the King ought not to be placed and Mr Bonar Law is of opinion that if H.M. put the case clearly to the Prime Minister, he would feel that it was his duty to extract the King from so terrible a dilemma.

Mr Bonar Law also ventured to suggest to His Majesty that, when any crisis arises, it might be well to consult informally Mr Balfour, Lord Lansdowne or himself and he assured His Majesty that any advice given under such circumstances would not be influenced by Party considerations.

(c) *Memorandum from the king to the Prime Minister, 11 August 1913*

(ibid. 223–4)

11 August 1913. Although I have not spoken to you before on the subject, I

have been for some time very anxious about the Irish Home Rule Bill, and especially with regard to Ulster.

The speeches not only of people like Sir Edward Carson, but of the Unionist Leaders, and of ex-Cabinet Ministers; the stated intention of setting up a provisional Government in Ulster directly the Home Rule Bill is passed; the reports of Military preparations, Army drilling etc.; of assistance from England, Scotland and the Colonies; of the intended resignation of their Commissions of Army Officers; all point towards rebellion, if not Civil War; and, if so, to certain bloodshed.

Meanwhile there are rumours of probable agitation in the country; of monster petitions; Addresses from the House of Lords; from Privy Councillors; urging me to use my influence to avert the catastrophe which threatens Ireland.

Such vigorous action taken, or likely to be taken, will place me in a very embarassing position in the centre of the conflicting parties backed by their respective Press.

Whatever I do I shall offend half the population.

One alternative would certainly result in alienating the Ulster Protestants from me, and whatever happens the result must be detrimental to me personally, and to the Crown in general.

No Sovereign has ever been in such a position, and this pressure is sure to increase during the next few months.

In this period I have the right to expect the greatest confidence and support from my Ministers, and, above all, from my Prime Minister.

I cannot help feeling that the Government is drifting and taking me with it.

Before the gravity of the situation increases I should like to know how you view the present state of affairs, and what you imagine will be the outcome of it.

On 24 July I saw Mr Birrell, who admitted the seriousness of the outlook.

He seemed to think that perhaps an arrangement could be made for Ulster to "contract out" of the Home Rule scheme, say for 10 years, with the right to come under the Irish Parliament, if so desired, after a referendum by her people, at the end of that period. But it was for the Opposition to come forward with some practical proposal to that effect.

Is there any chance of a settlement by consent as suggested by Lord Loreburn, Lord Macdonnell, Lord Dunraven, Mr W. O'Brien, Mr Birrell, Lord Lansdowne, Mr Bonar Law and others?

Would it be possible to have a Conference in which all parties should take part, to consider the whole policy of Devolution, of which you, in introducing the Home Rule Bill in April 1912, said "Irish Home Rule is only the first step"?

(d) *Memorandum from Asquith to the king, September 1913*
  (Spender and Asquith, *Life of Lord Oxford and Asquith*, II, 29–31)

I propose to deal in this memorandum with the position of a Constitutional
Sovereign in relation to the controversies which are likely to arise with regard
to the Government of Ireland Bill. In a subsequent paper I will deal (1) with
the actual and prospective situation in Ireland in the event of (a) the passing,
(b) the rejection of that Bill; and (2) with the possibility and expediency of
some middle course.

In the old days, before our present Constitution was completely evolved, the
Crown was a real and effective, and often a dominating factor in legislation. . . .
The Revolution put the title to the Throne and its prerogative on a
Parliamentary basis, and since a comparatively early date in the reign of Queen
Anne, the Sovereign has never attempted to withhold his assent from a Bill
which had received Parliamentary sanction.

We have had, since that date, Sovereigns of marked individuality, of great
authority, and of strong ideas (often from time to time, opposed to the policy of
the Ministry of the day) but none of them – not even George III, Queen
Victoria or King Edward VII – had ever dreamt of reviving the ancient veto of
the Crown. We have now a well-established tradition of 200 years, that, in the
last resort, the occupant of the Throne accepts and acts upon the advice of his
Ministers. The Sovereign may have lost something of his personal power and
authority, but the Crown has been removed thereby from the storms and
vicissitudes of party politics, and the monarchy rests upon a solid foundation
which is buttressed both by long tradition and by the general conviction that its
personal status is an invaluable safeguard for the continuity of our national life.

It follows that the rights and duties of a constitutional monarch in this
country in regard to legislation are confined within determined and strictly
circumscribed limits. He is entitled and bound to give his Ministers all relevant
information which comes to him; to point out objections which seem to him
valid against the course which they advise; to suggest (if he thinks fit) an
alternative policy. Such intimations are always received by Ministers with the
utmost respect, and considered with more care and deference than if they
proceeded from any other source. But in the end, the Sovereign always acts
upon the advice which Ministers, after full deliberation and (if need be) reconsideration, feel it their duty to offer. They give that advice well knowing that
they can, and probably will, be called to account for it by Parliament.

The Sovereign undoubtedly has the power of changing his advisers, but it is
relevant to point out that there has been, during the last 130 years, one occasion
only on which the King has dismissed the Ministry which still possessed the
confidence of the House of Commons. This was in 1834, when William IV (one
of the least wise of British monarchs) called upon Lord Melbourne to resign.
He took advantage (as we now know) of a hint improvidently given by Lord
Melbourne himself, but the proceedings were neither well-advised nor

fortunate. The dissolution which followed left Sir R. Peel in a minority, and Lord Melbourne and his friends in a few months returned to power, which they held for the next six years.[1] The authority of the Crown was disparaged, and Queen Victoria, during her long reign, was careful never to repeat the mistake of her predecessor.

The Parliament Act was not intended in any way to affect, and it is submitted has not affected, the Constitutional position of the Sovereign. It deals only with differences between the two Houses. When the two Houses are in agreement (as is always the case when there is a Conservative majority in the House of Commons), the Act is a dead letter. When they differ, it provides that, after a considerable interval, the thrice-repeated decision of the Commons shall prevail, without the necessity for a dissolution of Parliament. The possibility of abuse is guarded against by the curtailment of the maximum life of any House of Commons to five years.

Nothing can be more important, in the best interests of the Crown and of the country, than that a practice, so long established and so well justified by experience, should remain unimpaired. It frees the occupant of the Throne from all personal responsibility for the Acts of the Executive and the legislature. It gives force and meaning to the old maxim that "the King can do no wrong". So long as it prevails, however objectionable particular Acts may be to a large section of his subjects, they cannot hold him in any way accountable, and their loyalty is (or ought to be) wholly unaffected. If, on the other hand, the King were to intervene on one side, or in one case – which he could only do by dismissing Ministers in *de facto* possession of a Parliamentary majority – he would be expected to do the same on another occasion, and perhaps for the other side. Every Act of Parliament of the first order of importance, and only passed after acute controversy, would be regarded as bearing the personal *imprimatur* of the Sovereign. He would, whether he wished it or not, be dragged into the arena of party politics; and at a dissolution following such a dismissal of Ministers as has just been referred to, it is no exaggeration to say that the Crown would become the football of contending factions.

This is a Constitutional catastrophe which it is the duty of every wise statesman to do the utmost in his power to avert. H.H.A. September 1913.

(e) *Letter from the king to Asquith, 22 September 1913*
(Harold Nicolson, *King George V* (1952), 225–9)

Balmoral Castle, 22 September 1913. My dear Prime Minister, I am very grateful for your very clear and well-reasoned Memorandum which you have been good enough to draw up for me on the Government of Ireland Bill.

Acting upon your own suggestion that I should freely and unreservedly offer my criticisms, I do so upon quotations taken from it.

Referring to the Constitutional position of the Sovereign, you say "in the

[1] *see E.H.D.*, XII (1), Nos 1–4

end the Sovereign always acts upon the advice which Ministers feel it their duty to offer . . . and his subjects cannot hold him in any way accountable".

Fully accepting this proposition, I nevertheless cannot shut my eyes to the fact that in this particular instance the people will, rightly or wrongly, associate me with whatever policy is adopted by my advisers, dispensing praise or blame according as that policy is in agreement or antagonistic to their own opinions.

While you admit the Sovereign's undoubted power to change his advisers, I infer that you regard the exercise of that power as inexpedient and indeed dangerous.

Should the Sovereign *never* exercise that right, not even, to quote Sir Erskine May, "in the interests of the State and on grounds which could be justified to Parliament"? Bagehot wrote, "The Sovereign too possesses a power according to theory for extreme use on a critical occasion, but which in law he can use on any occasion. He can *dissolve* . . .".

The *Parliament Act* "was not intended in any way to affect, and it is submitted has not affected the Constitutional position of the Sovereign".

But the Preamble of the Bill stated an intention to create a new Second Chamber; that this could not be done immediately; meanwhile provision by the Bill would be made for restricting the powers of the House of Lords.

Does not such an organic change in the Constitutional position of one of the Estates of the Realm also affect the relations of all three to one another; and the failure to replace it on an effective footing deprive the Sovereign of the assistance of the Second Chamber? . . .

Would it not be right in order to ensure a lasting settlement, to make certain that it is the wish of my people that the Union of Ireland shall be repealed by a measure which was not put before them at the last Election?

Is there any other Country in the world which could carry out such a fundamental change in its Constitution upon the authority of a single chamber?

Is there any precedent in our own Country for such a change to be made without submitting it to the Electorate? . . .

I rejoice to know that you are ready and anxious to enter into a Conference if a definite basis can be found on which to confer.

For my part I will gladly do everything in my power to induce the Opposition to meet you in a reasonable and conciliatory spirit.

For it behooves us all to withhold no efforts to avert those threatening events which would inevitably outrage humanity and lower the British name in the mind of the whole civilised world.

I have endeavoured to comment frankly upon your Memorandum, and I trust that in your next letter you will give your view on the various points referred to before I have the pleasure of seeing you here on 6 October.

The Memorandum has been seen by no one except my Private Secretary, nor have I mentioned the fact that I have received it to anyone. Believe me, my dear Prime Minister, very sincerely yours, George R.I.

(f) *Buckingham Palace conference: George V's opening speech, 21 July 1914*
(ibid. 242–3)

At this conference the government was represented by the Prime Minister and Lloyd George, the opposition by Bonar Law and Lord Lansdowne, Ulster by Sir Edward Carson and Captain J. Craig, and the Irish Nationalists by Redmond and Dillon. The chair was taken by James Lowther, Speaker of the House of Commons. The conference broke down on the question of the division of counties Fermanagh and Tyrone.

It gives me infinite satisfaction to receive you here today, and I thank you for the manner in which you have responded to my summons. It is also a matter of congratulation that the Speaker has consented to preside over your deliberations.

My intervention at this moment may be regarded as a new departure. But the exceptional circumstances under which you are brought together justify my action.

For months we have watched with deep misgivings the course of events in Ireland. The trend has been surely and steadily towards an appeal to force, and today the cry of Civil War is on the lips of the most responsible and sober-minded of my people.

We have in the past endeavoured to act as a civilising example to the world, and to me it is unthinkable, as it must be to you, that we should be brought to the brink of fratricidal war upon issues apparently so capable of adjustment as those you are now asked to consider, if handled in a spirit of generous compromise.

My apprehension in contemplating such a dire calamity is intensified by my feelings of attachment to Ireland and of sympathy for her people who have always welcomed me with warm-hearted affection.

Gentlemen, you represent in one form or another the vast majority of my subjects at home. You also have a deep interest in my Dominions over seas, who are scarcely less concerned in a prompt and friendly settlement of this question.

I regard you then in this matter as trustees for the honour and peace of all.

Your responsibilities are indeed great. The time is short. You will, I know, employ it to the fullest advantage and be patient, earnest, and conciliatory in view of the magnitude of the issues at stake. I pray that God in his infinite wisdom may guide your deliberations so that they may result in the joy of peace and settlement.

(g) *Prime Minister's statement on the king's position in relation to Buckingham Palace conference, 22 July 1914*
(*Hansard*, 5th ser., LXV, col. 454)

Mr Ponsonby. I desire to ask the Prime Minister a question of which I have given him private notice, namely, whether the king's speech published last night in the "Court Circular" was drawn up by or published on the advice of his majesty's ministers, in accordance with precedent and custom?

The Prime Minister. The speech delivered by his majesty was sent to me in the ordinary way by his majesty the day before. I take the whole responsibility for it. The king left it to the discretion of the convention to determine whether or not the speech should be published, and the convention unanimously decided in favour of publication.

Lord Robert Cecil. May I ask the Prime Minister whether what has been stated in the other House is correct, namely, that the summoning of the conference was an act undertaken by his majesty on the advice of the Prime Minister?

The Prime Minister. His majesty the king throughout this matter has followed the strictest constitutional precedent. He has not taken any step from the beginning up to now except in consultation with, and on the advice of his ministers.

Part II

PARLIAMENT

INTRODUCTION

"The party tie is the strongest sentiment in the country – stronger than patriotism or even self interest." So wrote Joseph Chamberlain to Lord Randolph Churchill in 1886.[1] From the man who broke each of the great parties in turn the assertion has, perhaps, some air of paradox. But, with whatever mitigation and exception, it expresses pretty fairly the political outlook of the period.

What lay behind this development was undoubtedly the beginning, under the 1867 and 1884 Franchise Acts,[2] of a mass electorate. The degree of political education that the new voters had had, while still unenfranchised, from following and to some extent participating in election activity, must not be underestimated. It sufficed at any rate to preserve the existing parties as the main cadres of political activity until well on in the twentieth century. But the new voter's allegiance needed to be consolidated. He had to be interested, and political leaders, if they were to succeed in the business, had to add a popular character to authority in parliament and associate themselves with popular "programmes" and "principles". Party dichotomies had to be emphasised. Then, the voter had to be organised. From the point of view of those interested in political power – the basis of which lay in the constituencies – the independent voter was the voter not to be depended on, and dependable votes were what was wanted. Party organisation assumed the role of making sure of the vote for which, under earlier circumstances, "natural" local influences, aided sometimes by beer and sometimes by money, had sufficed.

John Gorst was entrusted by Disraeli with the task of improving Conservative organisation,[3] and set to work, chiefly in the towns, forming local associations looking chiefly to working men for support and to the central office for policy, propaganda material, and financial support. The National Union of Conservative and Constitutional Associations, formed in 1867, was not very vigorous at the start and envisaged itself, in the words of Henry Raikes, one of its founders, as serving as "handmaid to the party". Disraeli attributed much of the Conservative success in the 1874 election to Gorst's work, and Gorst the failure of 1880 to Disraeli's subsequent neglect of it. The best known Liberal example of the new type of organisation was the Birmingham "caucus".[4] This grew out of the provision of the 1867 Reform Act,[5] which, with the idea of giving some representation to minorities, gave Birmingham and some other large cities three seats and only two votes to each elector. In Birmingham the problem was how to avoid the "overkill". Liberals were numerous enough to elect all three members, if they were prepared to vote as directed. A somewhat

[1] W. S. Churchill, *Lord Randolph Churchill*, 2 vols (1906), II, 252–3 [2] Representation of the People Acts [3] No. 21 [4] No. 22 [5] 30 & 31 Vict. c. 102 (Representation of the People)

similar problem was posed by the School Board elections under the 1870 Education Act, with the numerous members to be elected, an equivalent number of votes for each elector, and the possibility of casting them all in favour of one or of a selected few candidates. Close and thorough organisation was therefore necessary, and this came to dominate the whole life of the town, and, as it was copied in the surrounding areas, the political life of the Midlands generally. The National Liberal Federation, set up in 1877, by 1879 comprised a hundred local organisations. It was of Birmingham inspiration, but included other types of caucus, though its secretary was Francis Schnadhorst, the organising genius of the Birmingham association. In the 1880 election Chamberlain was able to claim [1] that practically everywhere where this form of organisation had been adopted the Liberals had been successful. In the 1880 parliament, Gorst, now a member, was associated with Lord Randolph Churchill, the newly risen star of Tory democracy and the Fourth party, which, in the exploitation of the Bradlaugh case and other issues, virtually wrested the initiative in opposition from the hands of the moderate Sir Stafford Northcote, and irretrievably damaged his reputation. They then sought to capture the machinery of the National Federation, and largely succeeded, claiming for it – and themselves – in the name of democratising the party, a larger share in the control of its policy and finances.[2] But Lord Randolph came to terms with Salisbury and Northcote, and secured for himself admission into the inner circle of Conservative leadership. Thereafter not very much was heard of the democratisation of the party. Under an exceptionally able agent, Captain Middleton (1885–1902), Conservative organisation developed efficiently, but in view of the long spells of the party in power had little opportunity, if it had sought it, to challenge the authority of the leaders. The 1883 Corrupt and Illegal Practices Prevention Act [3] by its strict limitation of expenditure and of paid employment in elections increased the dependence of the parties on voluntary help. But Chamberlain's claim for the caucus [4] that it "reflected Liberal opinion as it exists", that it "did not make opinion, only expressed it" and resulted in "the direct participation of all its (the party's) members in the direction of policy" was largely nonsense. A corrective is supplied in the disillusioned view of a Liberal in 1887.[5] Positions in the local machine tended to fall to party zealots, more interested, as a rule, in power than in democratic principle, and from party leaders' points of view, pretty biddable. Constituency opinion had to be handled with a certain care and perhaps a wider circle consulted than in the past, but it was still directed largely by the leaders, and talk of the democratisation of party machinery usually meant little more than that the existing leadership was under challenge. Chamberlain had no illusions as to the importance of the organisation to his own power. When he wished to challenge Gladstone over Home Rule his first step was to get a vote of confi-

---

[1] No. 24   [2] No. 29   [3] No. 28
[4] J. Chamberlain, "A new political organisation", *Fortnightly Review*, 28 (n.s. xxii) (July–December 1877); and "The caucus", ibid. xxiv (June–December 1878)
[5] No. 32

dence in himself and of dissent from clause 24 of the bill (Irish representation at Westminster) from the Birmingham Thousand. This led to total dissent from the bill. When the Birmingham association was overruled in the National Liberal Federation, Chamberlain brought it out of it. Somewhat similar tactics were followed when he was fighting with the duke of Devonshire for control of the Liberal Unionist organisation over tariff reform.

The 1880 election had revealed the persistence of bribery and corruption in a number of constituencies, of which Macclesfield [1] was one of the worst. Party leaders united to check this, and the result was the Corrupt and Illegal Practices Prevention Act of 1883 [2] which consolidated and extended older legislation on the subject into a new, and, as it proved, effective code. Strict limits and accountability were imposed on election expenditure and the number of paid employees candidates might have was narrowly regulated. As has already been remarked, local political machines had had to rely largely on the voluntary aid of local party zealots to see that voters were brought to the poll in sufficient numbers and in an appropriate disposition. In effect the techniques of gulling and jollying the less interested and less scrupulous voters replaced the traditional bribing and treating them. Money was still of great value in "nursing" a constituency in the intervals between elections but its use directly to buy votes in the election itself became infrequent.

The principle of the 1884 Franchise Act [3] – the extension of household suffrage to the counties – was accepted by the Conservatives but Gladstone's proposal not to bring forward his redistribution proposals until the franchise had been settled was not. This led the Lords to refuse to pass the Franchise Bill until – after the intervention of the queen – redistribution proposals had been settled between the party leaders in conference.[4] The peers' action led to a furious Radical campaign against them, which did not move them as they were confident Gladstone would not dare to dissolve. They were right, but nevertheless the incident left a legacy of Radical resentment of the Lords behind it. In the party leaders' conferences, however, the more radical suggestions came from the Conservatives. In the upshot the number of voters in constituencies was roughly equalised; those with less than 15,000 voters were abolished; most multi-membered seats were divided up; and county representation was increased as compared with borough, though many of the county seats were, in fact, predominantly urban in character. The single, as opposed to the multi-member constituency, was supposed to protect minority opinion; in fact it multiplied the number of similar choices the electorate had to make, which is not quite the same thing. The brace or team put up in multi-membered constituencies had aimed at a range of opinion. The 1884 Act added another two million to the electorate, mostly in the countryside. Residence and registration difficulties kept a large number of potential electors among the less stable

[1] No. 23   [2] No. 28
[3] Representation of the People Act; No. 30   [4] No. 6 (a–d)

elements of the population off the roll; but throughout the period the Act was accepted as a satisfactory solution of the franchise question.

The 1880 parliament brought the first systematic limitation of debate. The proximate cause of this was the rise of Parnell's Home Rule party, acting under the strictest discipline, with no sense of responsibility to the House, or to any opinion other than Irish, and using debate as a means of frustrating decision rather than assisting it. The culmination of these tactics in the forty-two and a half hour session of 31 January to 2 February brought at length the Speaker's summary intervention [1] and Gladstone's motion of urgency,[2] which empowered the Speaker to make rules controlling debate at his discretion, so long as the motion was maintained. This it was for three weeks, and the immediate matter – the Conspiracy and Protection of Property (Ireland) Bill, and an arms bill – thus disposed of. But Gladstone recognised that wider issues than the powers of an obstructive group to disrupt the work of parliament were raised, and in the following year moved his "new procedure"[3] to provide a regular recourse for limiting debate. The increase of parliamentary work, the declining regard within the House for the "sense of the House", to which was added the desire of members to show enlarged constituencies evidence of activity leading to more speeches, were held to make it desirable to empower the Speaker, if he felt the "evident sense of the House" behind him, to put the motion under discussion to immediate vote. In fact little use was made of Gladstone's "guillotine", but in 1887 and 1888 a further series of procedural resolutions were carried by the leader of the House, W. H. Smith,[4] and free recourse had to them, principally, however, in carrying Irish legislation. In 1902 under Balfour an even more stringent set of rules was adopted, and the practices of drawing up a timetable for the discussion of a measure and of empowering the Speaker to select what seemed to him novel and important amendments as distinct from repetitive and time-wasting ones, were incorporated in them. Despite the frequent negotiations behind the scenes, minorities nearly always protested that they were unfairly used when the guillotine was brought into play. The House, however, accepted its necessity, with a general feeling for freedom of debate and the majority's fear of setting precedents which, with the revolution of time and circumstances, might be applied to itself, serving to moderate its application. The role cast for the Speaker of acting as judge of the genuineness of the necessity and as guardian of the rights of minorities was discharged without imperilling his prestige or the respect for his impartiality. In about 50% of the applications for the use of the guillotine the Speaker's consent for the motion to be put was withheld.

In the 1885 election, Chamberlain's "unauthorised programme" – of which his "ransom" speech[5] was part – was a bid for old Radicals and new electors, which met with considerable success and gave him a great position in the party. But his hopes of accelerated reform were frustrated by the even more successful

[1] No. 25   [2] No. 26   [3] No. 27
[4] No. 33   [5] No. 31

exploitation of the new electorate by Parnell in Ireland, where his party eliminated the moderates, and, except in the north, secured practically all the seats. The probability of this happening had been foreseen in the discussions on the Reform Bill, but it had been accepted even by the majority of Conservatives that it was not practicable to confine the enlarged franchise to Great Britain. It was this situation – in which, too, the support of Parnell was necessary to him if he was to form a government – which led Gladstone to the acceptance of Home Rule, a decision which transformed the terms of the political struggle.[1] Most Liberals – including most of their leaders except Gladstone – had spoken against Home Rule during the election campaign. But most of them, reluctantly accepting the party call, or the force of the facts as Gladstone saw them, rallied to him. Tories, who during the brief period of the "caretaker government" had toyed with the prospects of a compromise with Parnell and had benefited by the Irish vote in their constituencies, rebounded to a position of hostility to him and acceptance of the coercion they had so recently repudiated. A section of the Whigs, under Hartington, and the Chamberlain Radicals, with the formidable support of John Bright, broke from Gladstone in sufficient numbers to secure the defeat of his Home Rule Bill on the second reading. In the ensuing election the Home Rule forces were defeated. Liberalism lost permanently a good deal, but by no means all, of its support in the House of Lords and among the wealthier classes. In opposition, liberalism identified itself with an Irish agitation which, in power, it had done its best to destroy. Party power politics took a heavy toll of constituency and even of political honour, and the ensuing bitterness was exacerbated by personal factors. Gladstone's profession of high principles alongside the most astute political tactics; Salisbury's dry, deflating, and somewhat cynical outlook; Chamberlain's cold savagery in debate; Randolph Churchill's corrosive impertinence, and Parnell's open contempt for anything but Irish issues, were none of them emollient.

The Salisbury parliament began in the aftermath of this turmoil, and before it was dissolved in 1892 reached relative political calm. Randolph Churchill's brilliant leadership of it soon ended with a politically irrational resignation, which, coupled with an illness which sapped his powers, cut short a career which, had it continued, must have remained as unpredictable as hitherto. W. H. Smith succeeded him, and by force of character and conciliatoriness got parliament's work done. Parnell's career went through its last dramatic episodes of his vindication from the charges that *The Times* brought against him, his citation in Mrs O'Shea's divorce case,[2] the break-up of his party and his last months of savage fighting not against Englishmen but against Irishmen. Balfour, as Irish Secretary, unexpectedly held his own against an agitation as lawless as ever and now backed not only by the united peasantry of Ireland but by the other great political party in England. But the Irish monopoly of political attention could not last long. European and African affairs began to take

[1] No. 89   [2] Nos 91, 92

some of the limelight and social problems began to push to the front. Liberalism remained predominantly the party of Home Rule, though in October 1891 an effort to widen its appeal was made. But the Liberals' Newcastle programme of 1891, with its dribs and drabs of old-fashioned radicalism, set no heather alight. Parliament reached its term and was dissolved; the Liberals and Home Rulers were returned with a majority of forty. This served to pass a second Home Rule Bill in the Commons, but it was rejected in the Lords, and it was clear that no sufficient head of steam could be generated on Home Rule in Great Britain to force the Lords to modify their attitude.

Home Rule was now the albatross slung round the Liberal party's neck. Gladstone's retirement; the development of an imperialist wing in the party under Rosebery,[1] whom the queen chose as Gladstone's successor (1894); Rosebery's difficulties with Harcourt, his unappeased and quarrelsome rival, and with his own temperament, apt to expect success as of right, left liberalism divided and with no clear appeal to the country, a situation in which it remained till Chamberlain provided it with the tariff issue of 1903. An election in 1895 brought Salisbury back into power; Chamberlain joined his Cabinet as Colonial Secretary. Foreign affairs, the Sudan, South Africa dominated the political scene until the end of the Boer war. The disasters associated with the early months of the war, and the obstinacy of Boer resistance in its last stages, took toll of Conservative prestige, but the Khaki election of 1901 returned them with an unimpaired majority. Meanwhile Balfour had succeeded to the leadership of the House and, on Salisbury's retirement, to the premiership. Balfour, by intellectual subtlety and the amiability of his character, Chamberlain by force and clarity, dominated the House; though in the country, in the absence of any dominating issue to offset the disillusionments of long power, opinion flowed away from the government.

This was the position when Chamberlain – whether from imperial patriotism, from economic conviction, from his politician's instinct to be on the move, or from some subconscious sense that conservatism, in spite of the regard and position it had given him, was denying his creator's and leader's instincts – launched his tariff reform campaign. From the party point of view the initiative without previous consultation with his colleagues was highly improper. But Balfour's primary care was to preserve the unity of the party and to seek any *modus vivendi* with Chamberlain rather than none; Chamberlain, on his side, had a genuine respect for Balfour, a genuine hope that he could win him and the party over, and a sense that without their complaisance his initiative would fail or win success only in a much longer run. He was sixty-six – ten years younger than Gladstone had been when he launched the Home Rule Bill. Liberals at once got the smell of blood in their nostrils and drew together to attack him and to detach the Free Trade Conservatives whom Balfour sought desperately to retain. Chamberlain, meanwhile, secured his local political organisation, went on to capture the Liberal Unionist Association,

[1] Part VI

extruding the Free Trade duke of Devonshire, set up a propaganda association and launched on a series of major speeches in the country. Tariff reform attracted many of the business classes but was not as potent a draw for working men as Chamberlain had hoped. When Balfour at length resigned the Liberals composed their differences, formed a strong Cabinet and shortly afterwards appealed to the country. The Liberal triumph was overwhelming. Chamberlain felt that the trade union and labour influence had been against him. But, in the Tory remnant that was returned, two-thirds were tariff reformers, and there began a battle of wills and manoeuvre between Balfour and Chamberlain as to the part tariff reform and tariff reformers through the party organisation were to play in the party. The "Valentine Letters"[1] represent several concessions from the position Chamberlain had at first sought to impose on his leader. In July 1907 Chamberlain was struck down by paralysis and disabled from further direct part in politics.

Meanwhile a cloud at first little larger than a man's hand had shown that the prophecy made by Lord Salisbury – as Lord Cranborne – in 1867[2] that enfranchised labour would set up political shop on its own account was now in the way of fulfilment. The Independent Labour Party was founded[3] in 1893; in 1899 the Trade Union Congress instructed its parliamentary committee to summon a conference of labour and socialist organisations to devise means of improving labour representation;[4] in 1901 the Labour Representation Committee was set up; in 1903 the Trade Union Congress agreed to a union levy in support of it, and in that year and 1905, while agreeing that there should be no opposition between Liberal and Labour candidates duly endorsed by trade unions, the political independence of Labour Representation Committee members was asserted.[5] Between 1903 and 1906 negotiations behind the scenes between Herbert Gladstone, the Liberal Whip, and Ramsay MacDonald, the Labour Representation secretary, arranged a free run for L.R.C. candidates in some thirty seats in return for general Labour benevolence to liberalism elsewhere. In 1906 Labour and Liberal-Labour members together amounted to some forty, and exercised an even disproportionate influence as a pressure group, although the numbers did not grow in 1910, between then and 1914.

The 1906 election has been described as a victory against change rather than for it, and the new government's main earlier measures were on traditional party lines; measures of social reform developed later and gradually. Licensing and education bills were turned down in the Lords, and Campbell-Bannerman was driven to his 1907 resolution[6] calling for Lords reform. But there was not sufficient feeling about these measures to make further fight about them possible. After the passing of the Old Age Pension Act[7] and the decision to undertake health and unemployment insurance – and with the rising cost of naval defence against ruthless German competition – Lloyd George produced

---

[1] No. 34
[2] E.H.D., XII (1), Pt II, Introduction, p. 119   [3] No. 172
[4] No. 177   [5] No. 179   [6] No. 35   [7] No. 153

in 1909 what he described as a war budget – a budget for the war against poverty. It provided for an increase of income tax and death duty, a new super tax, heavier duties on drink and on tobacco, and above all for land valuation and a tax on "betterment".[1] This not only alarmed property owners and the wealthy, but also tariff reformers by threatening to turn their flank, since one of their claims had been that tariff reform would avoid increases of taxation at home by "taxing the foreigner". Landowners felt themselves threatened by a new bureaucratic machine to be set up to squeeze them. On the grounds that the budget was much more than a finance measure, the Lords, after prolonged debate,[2] refused to pass it. The challenge was one that the government could not afford to neglect, and after two elections on which the Crown had insisted[3] the budget itself was passed by the Lords, and finally, under threat of the creation of enough peers to provide a majority – five hundred was contemplated – the Parliament Act of 1911.[4] The solution of the constitutional issue had not, itself, been immoderate. But in the elections of 1910 the Liberal party had lost its independent majority and was reduced to equality with the Conservatives. It thus depended on the Irish and Labour vote for its majority. For the past twenty years the Home Rule issue had been in the background of British politics. The opportunity of removing the obstacle of the Lords' opposition to it found Irish opinion still effectively united and making it their price for supporting the Liberals – even over the budget, to the licensing provisions of which they had been opposed. Partisan feeling, both in the House and out of it, rose to unheard of heights, and, effectively, the deliberative functions of the House were suspended. Conservatives chose to regard the alliance of Liberals and Irish as improper and corrupt, which would seem to deny the rights of Irishmen as citizens of the United Kingdom. Liberals were prepared to over-rule local majorities in Ulster, though their case for Home Rule was based on the local majority in its favour in Ireland as against the still probably effective United Kingdom majority against it. Conservative leaders supported Ulster preparations for armed resistance, and civil war was perhaps averted only by the outbreak of European war.

SELECT BIBLIOGRAPHY

In 1910 the Royal Commission on Electoral Systems (*Parliamentary Papers 1910*, XXVI) passed verdict on the system of voting established in 1884–5. Although its terms of reference were narrow, it is nevertheless interesting, both for its implicit condemnation of the single-member constituency, and for the witnesses who gave evidence to the commission amongst whom were several prominent politicians. Other important *Parliamentary Papers* include the Select Committee on Parliamentary and Municipal Elections (ibid. *1876*, XII) which examined the working and the machinery of the Ballot Act; the Select Committee on Parliamentary and Municipal Elections (Hours of Polling) (ibid. *1877*, XV) which pointed out the practical difficulties experienced by the working class voters in recording their votes; and the redistribution proposals of 1885 (ibid. *1884–5*, XIX) and 1906 (ibid. *1906*, XCVI). Eight Royal Commissions

---

[1] No. 36 [2] No. 37 [3] Nos 13, 15 [4] Nos 18, 19, 38, 39, 40

were set up to investigate corruption after the 1880 general election; of these the cases of Macclesfield (ibid. *1881*, XLIII), Chester (ibid. *1881*, XL), and Sandwich (ibid. *1881*, XLV) are especially interesting. The case of Worcester (ibid. *1906*, XCV) is a reminder that in at least some constituencies electoral corruption lingered into the twentieth century.

Three good introductory works are R. R. James, *Introduction to the House of Commons*, rev. (1961); Sir Courtenay Ilbert, *Parliament* (1911); and Kenneth Mackenzie, *Parliament* (1959). The standard work is Sir W. I. Jennings, *Parliament*, new imp. (1969). For the views of a contemporary, *see* the diaries of H. W. Lucy: *The Disraeli Parliament 1874–80* (1885); *The Gladstone Parliament 1880–5* (1886); *The Salisbury Parliament 1886–92* (1892); *The Home Rule Parliament 1892–5* (1896); *The Unionist Parliament 1895–1900* (Bristol, 1901); and *The Balfourian Parliament 1900–5* (1906).

The best authority on the House of Lords is still L. O. Pike, *Constitutional History of the House of Lords* (1894). Emily Allyn, *Lords versus Commons: a century of conflict and compromise 1830–1930* (New York, 1931), takes a long-term view of relations between the two Houses. There are several works detailing the controversies in the early twentieth century. The Rosebery Committee of the House of Lords (*Parliamentary Papers 1908*, X) put forward proposals for reforming the Upper House; W. S. McKechnie, *The Reform of the House of Lords* (Glasgow, 1909), offers a contemporary's criticism of the committee's suggestions. The standard treatment, Roy Jenkins, *Mr Balfour's Poodle* (1954), must be supplemented by C. C. Weston, "The Liberal leadership and the Lords veto 1907–11", *Hist. Journal*, xi (1968).

For an understanding of the procedure of the House of Commons, Parliamentary Debates in *Hansard* are essential, especially 3rd, 4th and 5th series (1882, 1887, 1902) on the reform of parliamentary procedure. The speeches of the leaders of the House at the time, Gladstone, Smith and Balfour, are largely expository in nature. The Report of the Select Committee on House of Commons Procedure (*Parliamentary Papers 1914*, VII) is also important. E. Taylor, *House of Commons at Work*, new imp. (1971), is a brief introduction to the subject; while Lord Campion, *Introduction to the Procedure of the House of Commons*, 3rd edn (1958), is both detailed and authoritative. There is also J. Redlich, *The Procedure of the House of Commons*, 3 vols (1968), some of whose conclusions are disputed by P. Fraser, "The growth of ministerial control in the nineteenth century House of Commons", *Eng. H.R.*, lxxv (1960).

For an examination of the representative system Charles Seymour, *Electoral Reform in England and Wales: the development and operation of the parliamentary franchise 1832–85*, repr. (Newton Abbot, 1970), is still indispensable. The electoral system in the period before the Third Reform Act is examined in H. J. Hanham, *Elections and Party Management: politics in the time of Disraeli and Gladstone* (1959). The years after 1885 are less well covered: H. L. Morris, *Parliamentary Franchise Reform in England from 1885 to 1918* (New York, 1921), is very thin; Neal Blewett, "The franchise in the United Kingdom 1885–1918", *Past & Present*, 32 (1965), reveals the restrictive nature of the franchise even after 1885; and Henry Pelling, *Social Geography of British Elections 1885–1910* (1967), gives details of conditions in individual constituencies. J. P. D. Dunbabin, "Parliamentary elections in Great Britain 1858–1900: a psephological note", *Eng. H.R.*, lxxxi (1966), which applies the techniques of modern psephology to nineteenth century election and by-election results; P. F. Clarke, "Electoral sociology of modern Britain", *History*, lvii (1972); and P. Joyce, "The factory politics of Lancashire in the later nineteenth century", *Hist. Journal*, xviii (1975), are important articles. The Third Reform Act is examined in A. Jones, *The politics of reform 1884* (Cambridge, 1972); and M. E. J. Chadwick, "The role of redistribution in the making of the Third Reform Act", *Hist. Journal*, xix (1976). Electoral expenses, both corrupt and uncorrupt, are examined in two works: W. B. Gwyn, *Democracy and the Cost of Politics in Britain* (1962); and C. O'Leary, *The Elimination of Corrupt Practices in British Elections 1868–1911* (Oxford, 1962). Studies of individual general elections include T. O. Lloyd, *The General Election of 1880* (Oxford, 1968); A. K. Russell, *Liberal Landslide: the general election of 1906* (Newton Abbot, 1973); and N. Blewett, *The Peers, the Parties and the People: the general elections of 1910* (1972). J. A. Thomas, *The House of Commons 1832–1901* (Cardiff, 1939), and *The House of Commons 1906–11* (Cardiff, 1958); and W. L. Guttsman, *The British Political Elite*

(1963), examine the social and economic origin of MPs, while Dod's *Parliamentary Companion*, published annually, gives biographical details about individuals. *See also Public General Statutes* 46 & 47 Vict. c. 51; 48 & 49 Vict. c. 3; 1 & 2 Geo. 5 c. 13. Also useful are *The Times*; *Macmillan's Magazine*; and the *Westminster Magazine*.

Sir W. I. Jennings, *Cabinet Government*, 3rd edn (1959); *Party Politics*, 3 vols (Cambridge, 1960–2); and *The Party System*, 3 vols (1960–6); and J. P. Mackintosh, *The British Cabinet*, 2nd edn (1968), detail the workings of the British political system. For Liberal party organisation, *see* M. Ostrogorski, *Democracy and the Organisation of Political Parties*, 2 vols (1902), still interesting though blinkered in approach; and two of his critics: F. H. Herrick, "The origins of the National Liberal Federation", *J. Mod. Hist.*, xvii (1945); and B. McGill, "Francis Schnadhorst and Liberal party organisation", ibid. xxxiv (1962). Conservative party organisation is examined in H. E. Gorst, *Earl of Beaconsfield* (1900); and the same author, *The Fourth Party* (1900); also by E. J. Feuchtwanger, *Disraeli, Democracy and the Tory Party: Conservative leadership and organisation after the second Reform Bill* (Oxford, 1968); Viscount Chilston, *Chief Whip: the political life and times of Aretas Akers-Douglas, 1st Viscount Chilston* (1961); R. B. Jones, "Balfour's reform of party organisation", *B.I.H.R.*, xxxviii (1965); and J. H. Robb, *The Primrose League 1883–1906* (New York, 1942). R. Blake, *The Conservative Party from Peel to Churchill* (1970); and D. Southgate (ed.), *The Conservative Leadership 1832–1932* (1974), are brief introductions to the party. P. Smith, *Disraelian Conservatism and Social Reform* (1967), examines the attitude of the Conservative party towards social questions between 1866 and 1880; J. Cornford, "The transformation of conservatism in the late nineteenth century", *Vict. Studies*, vii (1963), sees a shift towards a class basis for party alignment; while N. Blewett, "Free-fooders, Balfourites, whole hoggers: factionalism within the Unionist party 1906–10", *Hist. Journal*, xl (1968), examines the disunity in Unionist ranks over the issue of fair trade; for which *see also* A. M. Gollin, *Balfour's Burden* (1965); and R. A. Rempel, *Unionists Divided* (Newton Abbot, 1972). The sometimes uneasy alliance between the Liberal-Unionist leaders is discussed in P. Fraser, "The Liberal-Unionist alliance: Chamberlain, Hartington and the Conservatives 1886–1904", *Eng. H.R.*, lxxvii (1962); and the biographies of the two leaders, J. L. Garvin, *The Life of Joseph Chamberlain*, 3 vols (1931–3), completed by Julian Amery, 3 vols (1951, 1969); and B. Holland, *The Life of Spencer Compton 8th Duke of Devonshire*, 2 vols (1911), are also important. *See also Mr Chamberlain's Speeches* ed. C. W. Boyd, 2 vols (1914). D. A. Hamer, *Liberal Politics in the Age of Gladstone and Rosebery* (Oxford, 1972); and M. Barker, *Gladstone and Radicalism* (Hassocks, 1975), discuss the search by Liberals for a policy at the end of the nineteenth century; while J. Howarth, "The Liberal revival in Northamptonshire 1880–95: a case study in late nineteenth century elections", *Hist. Journal*, xii (1969); and P. Thompson, *Socialists, Liberals and Labour: the struggle for London 1885–1914* (1967), examine Liberal electoral difficulties at a local level. G. Dangerfield, *The Strange Death of Liberal England* (1966), discusses Liberal decline; a contrary view of the Liberal party is taken by P. F. Clarke, *Lancashire and the New Liberalism* (1971). P. Stansky, *Ambitions and Strategies: the struggle for the leadership of the Liberal party in the 1890s* (Oxford, 1964); and H. C. G. Matthew, *The Liberal Imperialists: the ideas and politics of a post-Gladstonian elite* (Oxford, 1973), examine the parliamentary party in the aftermath of Gladstone. For the rise of Labour representation R. Harrison, *Before the Socialists: studies in labour and politics 1861–81* (1965); and H. Pelling, *The Origins of the Labour Party 1880–1900* (1954), are essential; R. McKibbin, *The Evolution of the Labour Party 1910–24* (Oxford, 1974), sees a close link between the extension of the franchise and Labour party success; and R. Gregory, *The Miners and British Politics, 1906–14* (Oxford, 1968), traces the transfer of allegiance of an important group of workers from the Liberal to the Labour party. For the women's suffrage movement, *see* C. Rover, *Women's Suffrage and Party Politics in Britain 1866–1914* (1967). Books on specific political issues not already listed include R. T. Shannon, *Gladstone and the Bulgarian Agitation 1876* (1963); W. L. Arnstein, *The Bradlaugh Case* (Oxford, 1965); and A. B. Cooke and J. Vincent, *The Governing Passion: Cabinet government and party politics in Britain 1885–6* (Brighton, 1974), an account of the Irish Home Rule crisis. The most important biographies of politicians are listed in the Select General Bibliography.

21. Reorganisation of the Conservative party machine, 1870–4

(H. E. Gorst, *Earl of Beaconsfield* (1900), 122–31)

While Gladstone was deluging the country with reforms, a movement was taking place outside the House of Commons of far more importance to the Conservative party than the manoeuvres of parliamentary opposition. The elections of 1868 had brought home to the statesmanship of Disraeli the necessity of creating some kind of organisation to meet the new conditions created by the Reform Act which he had passed for the purpose of dishing the Whigs. There existed at that time, it must be remembered, nothing which could be called, by the widest stretch of courtesy, a party organisation. The Conservative party was managed by a firm of solicitors, whose business it was to supply candidates to the various constituencies, and to spend a large sum of money subscribed by the party in subsidising the poorer candidates and running the elections.

There was no permanent local organisation of any sort or kind. The political organisations which are now flourishing throughout the country were then unheard of, except in the enlightened manufacturing centres of Lancashire, where intelligent operatives had organised themselves into working-men's political associations, much resembling those which are now in existence all over England. When an election took place, a paid secretary had to be specially engaged in each ward or division, and paid canvassers to be found to assist in the work of canvassing for votes. But the moment the election was over, this crude machinery melted away. No interest whatever was manifested locally in politics during the time that elapsed between elections. There were no stirring speeches delivered by members of parliament at enthusiastic meetings of their supporters; and if a local hall or building had been hired for that purpose, few people would have troubled themselves to go and listen to an oration about imperial interests or domestic legislation.

The method of selecting candidates was as bad and inefficient as could possibly be conceived. A man who wished to enter parliament in the Conservative interest placed himself in communication with the firm of solicitors who managed the party. The first question would be, "What are you prepared to spend?" and the next interrogation was generally, "Can you make a good speech?" At a general election the party solicitors sent candidates down to the constituencies that required them, after submitting their names to the Chief Whip and receiving his approbation; and on arrival the candidates were placed under the care of a local solicitor who represented the London firm of party managers.

The principle upon which a general election was fought was simple in the extreme. With few exceptions the counties voted solidly for the Tory party, and occasioned no trouble. The boroughs, on the other hand, were nearly all Radical; and in the election of 1868 the whole of London returned only one Conservative. The municipal corporations were almost invariably Radical, and the political influence exercised by them was of course enormous. The expedient adopted by the Conservative party was simply this: the counties were left to take care of themselves, and the boroughs were fought by bribery. Enormous sums were spent in corrupting the electorate, and a candidate who was not prepared to "make a good splash" had no chance whatever.

While, as before stated, several influential members of the Tory party thought that the Conservative cause was absolutely ruined, Disraeli's brains perceived that the remedy for the present state of affairs lay in the invention of an entirely new system of conducting elections. Disraeli believed that personal zeal and ambition would prove more successful than paid services; accordingly, after the Liberal triumph of 1868 he began to look about for a young and ambitious member of the party, who would be willing to give his services to the Conservative cause, and who would devote his best years to working out a complete scheme of party organisation. His choice fell upon Mr Gorst, who had entered the House of Commons in 1866 as member for Cambridge, but had lost his seat in the election of 1868. What was most wanted, said Disraeli to his new party manager, was that every constituency should have a candidate ready beforehand. That ought to be the first consideration in organising a permanent system of electoral machinery.

Offices and an adequate staff were provided in Parliament Street; and at these headquarters the party manager and his able assistants duly installed themselves as "The Central Conservative Office". The first step to be taken was the organisation of local committees in the towns and county divisions. In order to carry out this object it was necessary to pay a personal visit to every constituency throughout the country. Arrangements were made to meet the most influential local Conservatives at each place, and to persuade them to form a committee for the purpose of propagating Conservative principles and arranging about a local candidate. These committees, when once they had been established, rapidly grew into Conservative associations. Intelligent working-men were easily persuaded to join them, and they are now known everywhere by the common appellation "Conservative Working-men's Associations". In the counties these associations always remained aristocratic in character, and chiefly consisted of country gentlemen and the superior class of farmers; but in the manufacturing districts of counties like Yorkshire and Lancashire, and in large towns such as Birmingham and Sheffield, they spread at the most astonishing speed among the masses of the electorate.

An attempt was made to affiliate these local associations to a central organisation by the establishment of the "National Union", an idea which emanated principally from Mr Cecil Raikes. But the local Conservative committees were jealous of outside control, and would not surrender their independence; the National Union has consequently become more than anything else a centre for distributing pamphlets, cartoons and other electioneering literature.

In large towns and in the county divisions the Conservative associations established branch committees in the different wards, which were, of course, in touch with, and subordinate to the central representative body. Every association had at its head a chairman or secretary with whom the Central Conservative Office could communicate; and a list of all the Conservative associations and their chairmen was filed at headquarters.

A register of approved candidates was of course kept at the Central Office; but the principle on which they were supplied to the constituencies differed fundamentally from that which had been in vogue during the days when the party management was in the hands of a firm of solicitors. Formerly, the plan had been to supply candidates to constituencies. The object now was to make the constituencies choose their own candidates. The method employed was as follows. In registering candidates care was taken to note down their peculiar qualifications. One man might be the chairman of a great shipping company, and consequently a man of high commercial standing; another, perhaps, was an able lawyer who had made a special study of economic and labour questions. A constituency, in applying for a candidate, was asked to state the kind of man wanted. The party manager declined to make the selection himself, but requested some of the leading men in the constituency to come up and make their own choice. Meanwhile a list of likely men was compiled from the register; and, if desirable, personal interviews were arranged. By this means each place was provided with a candidate suited to its particular needs.

Although a perfectly free hand was given to the new party manager in carrying out his plan of organisation, it must not be supposed that any important steps were taken without the knowledge and advice of the Conservative leader. Disraeli took the greatest possible interest in the details of the scheme, and his sagacity and experience were of the highest value at every stage of the undertaking. There were members of the party, of course, who threw ridicule on the whole project. But Disraeli never allowed himself to change his convictions or to be discouraged by people who differed from him; and although he was sceptical about winning the election of 1874 – partly because parliament was taken by surprise and partly on account of political questions – he never doubted that the new organisation would prove a great weapon during future campaigns.

One item in particular in the programme of reorganisation convinced the sceptical members of the party that the whole scheme was predoomed to failure. It was determined, namely, that the Conservative Central Office should steer perfectly clear of the old system of bribery. The party fund placed at its disposal by the Whips was to be used solely for the legitimate expenses of running an election. Disraeli and his advisers were more clear-headed than the recalcitrant critics alluded to above, and they perceived compensating advantages which would far outbalance the antiquated plan of corruption pure and simple. The direct consequence of the system of bribery was that respectable people held aloof from elections, and would not take any active part in them; and owing to this circumstance candidates were deprived of the substantial support of the most influential persons in the constituencies. The new plan, as foreseen, succeeded admirably. When private gentlemen, respectable merchants, and other leading men discovered that assisting their party at an election did not necessarily involve getting themselves mixed up with bribery, they readily came forward with all the power at their command to help the local candidate. It would be absurd to assert that bribery was put an end to altogether; but the fact was accomplished that the Conservative leaders officially dissociated themselves from corrupt practices, and by taking this step an enormous amount of dormant influence, which had hitherto been lost to the party, was brought into play in times of political neccessity.

The satisfactory results achieved by this new system of organisation were manifested at the bye-elections which occured from time to time. Disraeli took a great interest in the working of the new machinery. When a bye-election was won he was satisfied that everything had been in order, and the successful result furnished him with sufficient proof that such was the case. But he gave instructions that whenever a bye-election was lost, he was to be fully informed of the cause of defeat; and this was invariably done. By this means he was enabled to point out what he thought to be defective in the system, and to discuss any improvement that suggested itself to his astuteness and experience.

When parliament was suddenly and unexpectedly dissolved in 1874 there was no confusion or embarassment among the ranks of the Conservative party throughout the country. Telegrams were sent immediately to all the constituencies, telling them to get ready for the election, and asking them who was going to contest the seat in the Conservative interest. In the majority of cases, where there was any chance of winning the election, candidates had already been selected by the local committee. But to those places which remained unprovided the advice was sent: "Get some one of influence in your own neighbourhood. If not, as a last resort, come to us and we will help you." The plan of campaign was to throw the whole energies and resources of the central organisation into those contests which received inefficient local help, but which gave a reasonable expectation of a successful issue. And in this way the election of 1874, which might otherwise have proved disastrous to the Conservative party, was turned into a brilliant victory.

22. Rev. W. Crosskey on the "600" of Birmingham

(*Macmillan's Magazine*, xxxv (November 1876 to April 1877), 1301–5)

After the passing of the Reform Bill (1867) the leaders of the Liberal party in Birmingham recognised the new conditions under which alone success would be possible. They saw the absolute necessity of taking their party *as a whole* into their direct and intimate confidence. It was evident to them that the day had gone by for attempting to control a large constituency by cliques composed of a few wealthy men. A whole suburb could be outvoted by a couple of streets. Previous efforts had been directed towards the formation on a wide basis of a superior kind of election committee upon which representatives of various sections of the community should act, and which should secure its own harmony by carefully avoiding troublesome questions and confining its work to the support of certain chosen candidates for seats in parliament.

It was soon perceived that the development of the life of a great town needs some agency far more powerful and more worthy than a mere election committee, waking up at certain intervals, and managed by the repetition of party cries. Electioneering in many constituencies, apart from bribery and corruption, had consisted chiefly in the loud utterance of watchwords to a crowd secretly regarded as "vulgar", and in the ingenious invention of inducements sufficiently strong to drive the despised mob to the polling booth.

Time, trouble and thought were not simply spent, but lavished in Birmingham – by not a few men beyond the limits of health and strength – to persuade the people at large that political interests are the interests of civilisation in its broadest sense. The improvement of the dwellings of the poor; the promotion of temperance; the multiplication of libraries and art galleries; the management of grammar schools, as well as public elementary schools, were all discussed as questions of Liberal politics, that is, as questions which challenged the organised action of the community through its various representative assemblies. The problem presented was how to obtain an intelligent adhesion to a policy of public improvement as well as a vote for a parliamentary candidate. It was decided that the Liberal party, as a party of avowed Liberals, should, if possible, secure a working majority in every representative body connected with the borough. The proposal was not adopted without considerable opposition. It was asserted that "politics" had nothing to do with municipal affairs. It was replied that "politics" must be held to include the principles by which free men can be fittingly governed, and that, consequently, every organisation existing for the purposes of government must of necessity be directly influenced by political differences. A municipality contains, like the House of Commons, the party of progress and the party which would keep things as they are; the party which would remove abuses firmly, and the party which has more Conservative patience with them; the party which would mark its rule by improvements, and the party which instinctively resists change. In the council of a town, which is almost a state in size and importance, men (it was urged) are wanted who will stand on the same side of Liberal progress in municipal matters that Liberal members of the House of Commons take on national affairs, and who will make the town as great in its educational and scientific institutions as it is in commercial activity, and address themselves earnestly to the removal of the preventible causes of ignorance, disease, and crime.

Educational institutions, it was also insisted, must be under "Liberal" direction – by a "Liberal" direction being understood resistance to denominational agency and the widest possible extension of the school board system under which the ratepayers control the education of their own children.

It was further contended that the interests of all representative institutions are so intermingled, and the lines of their practical work so often cross and recross each other, that a "Liberal" representation in the House of Commons could not be placed beyond doubt, without the election of a "Liberal" school board and a "Liberal" town council.

By this extension of the idea of liberalism the association connected itself with the development of the general life of the town.

Its constitution presents several striking peculiarities.

The town of Birmingham is divided into sixteen wards. Every year the Liberal Association summons a public meeting in each ward of all the "Liberals" residing in it. No restrictions whatever are imposed by any central authority. It is left to each man to decide for himself in what sense he is a "Liberal"; and those who answer to the summons as "Liberals" of the ward have the meeting in their own hands. All who signify their adherence to the objects and organisation of the association (whether they contribute or not a minimum subscription of one shilling to its funds), or are elected to serve on any of its committees, are members. No pecuniary qualification whatever exists as a condition of membership.

The following is a copy of a notice issued in one ward, which may be taken as a sample of the whole.

BIRMINGHAM LIBERAL ASSOCIATION LADYWOOD WARD

The annual public meeting of Liberals for the election of representatives on the committee of the Liberal Association (the "400")* will be held in the British Workman, Sherbourne Street, on Wednesday, November 29th. Chair to be taken at eight o'clock.

The General Committee of the Liberal Association is composed of thirty-five representatives elected from each of the sixteen wards of the borough; five of the thirty-five from each ward constitute the executive committee. The meetings at which the thirty-five are elected are public meetings; any Liberal resident in the ward has a right to attend, is eligible for election, or can propose whom he thinks fit. The officers of the Association are anxious that the "400" should fully and fairly represent all classes of Liberals; they therefore earnestly request your attendance at the meeting to be held in Ladywood ward on Wednesday night.

Frederick Mills, Ward Secretary

4 King Edward's Place

* The "400" has been increased during the last few months, and is the old name, when the numbers were less than at present.

The strength of the meeting is in its freedom. It is found safer and better to trust that "Liberals" alone will answer an appeal for their attendance than to devise any system of checks and tests.

The business of the meeting is to make the following elections.

1. A Ward Committee with Chairman and Secretary
2. Five members (two of whom must be the Chairman and Secretary of the ward) of the Executive Committee of the association, who become members of the "General Committee"
3. Thirty other members of the "General Committee" of the association

In the actual conduct of a ward meeting, experience has shown that the following order of business is the most satisfactory as a means of obtaining the largest list of suitable nominations and the exercise of the greatest care in the selection of capable men: (1) The election of a large Ward Committee. (2) The appointment of Chairman and Secretary of the Ward Committee. (3) The election of three in addition to the Ward Chairman and Secretary, to represent the ward on the Executive as well as on the General Committee of the association. (4) The election of thirty other members of the General Committee to complete the thirty-five chosen by each ward. By this plan all the names of likely men are in the first instance brought before the meeting, and the work of selection is carried on from the many to the few. The reverse process then advantageously takes place, many of those capable of filling the most important posts necessarily fail to obtain posts on the limited Executive; but their names having been brought forward prominently before the meeting, their chances of election on the General Committee are very great. This method or procedure combines the freedom of popular election (which it is never attempted to control), with the moral certainty of obtaining fair and full consideration of the claims of the best men to whatever social circle they may belong.

Nominations are freely made throughout the meeting, any "Liberal" resident of the ward being eligible, and, if nominated, formally put to the vote. Occasionally the question is asked whether a person nominated is prepared to be loyal to the association, it being understood that adherence to "the objects and organisation of the association" implies a willingness to accept the decisions of the majority; but as a rule there is little personal debate, although there is very considerable competition for seats upon the committee. The meeting being confined to residents in the ward, those present know each other fairly well, and are found honourably and honestly to support candidates likely to render active and faithful service.

The Ward Committee is not restricted in its numbers, but is made as large as practical work renders possible in order that it may embrace for service in the Ward itself all the most active friends of the Liberal cause. The Ward Committee being chosen, the meeting proceeds to elect the "Executive" and the other members of the "General Committee".

Advantage is frequently taken of the meeting for some members of the town council or school board to attend and explain matters of public policy.

The General and Executive Committees are not, however, altogether completed by the ward elections. The residences of men of character and influence are not of course equally divided among the wards; and the problem is how to combine direct ward representation with the selection of men whose aid is needed, but who may be more numerous in one district than another. This is solved by giving the elected members of the "Executive" power to add thirty other members to their number. By this plan the representative principle is respected, and the requisite additions to the roll are made.

The General Committee at its first meeting each year elects a President, Vice-President, Treasurer and Hon. Secretary; and these also become *ex officio* members of the "Executive".

In order to secure the prompt carrying out of the decisions of the association, and due attention to the thousand and one points of detail which unceasingly need care, the "Executive" selects a small "Management Sub-Committee", consisting of the officers and seven other members.

The whole organisation then consists of the following bodies:

Sixteen ward committees, numbering altogether some 2,000 members, freely selected by open voting at public ward meetings of Liberals.

A General Committee of 594 elected in the same way; but with thirty names of that number added on the nomination of the "Executive".

An Executive Committee of 114, also directly representative of the wards, five being chosen by each ward, together with thirty members selected by itself, and four officers of the General Committee.

A Management Sub-Committee of eleven, seven being chosen by the Executive from their own number, and the other four being officers of the General Committee.

The settlement of the policy of the association rests with the General Committee only; and this is one of the elements of its healthful strength. A member of the General Committee is neither a puppet nor a tool (as members of General Committees so often are); but is a representative of an important constituency, possessed of actual power to guide the policy of his party. His opinion and vote are matters of consequence; and, as in other organisations, it is found that a responsible position is better filled, and sought for by better men, than a merely honorary office.

The choice of parliamentary candidates for the borough belongs absolutely to the General Committee. When there is a vacancy, any member of the committee may nominate a candidate, and if necessary a ballot, the issue of which is decisive, is taken.

The Liberal candidates for the school board are chosen by the same body in a similar way. It is an established rule that if any candidate consents to be put in nomination for selection as a candidate of the association, should his name be rejected, he is bound in honour not to present himself in the constituency as an independent rival.

The selection of candidates for municipal elections rests with the Ward

Committees. The committee of each ward decides upon its own candidates, and the Executive Committee is bound to use all its influence to secure their election. The candidates selected by the Ward Committees become *ipso facto* candidates of the Liberal Association for seats in the town council.

The central authority loyally supports the local decisions of the wards, and any attempt to override them would be contrary to the fundamental principles on which the association rests. The Ward Committees have also power of communicating with the General Committee. On the vote of two Ward Committees upon any special subject, a meeting of the General Committee must be called to consider it.

The organisation I have described has succeeded in harmonising many elements which in other towns frequently come into angry collision. It unites complete confidence in its largest representative body with powers of prompt executive action. It connects local ward interests with the general, social, and political life of the community. The "Committee of 600" is a responsible, deliberative body, with authority to make final decisions, and yet each separate district of the town feels that it enjoys its own share of influence. Its "Management Sub-Committee", its Cabinet Council has a sufficient power of initiating business, while every opportunity is afforded to the Executive, or the General Committee, or a Ward Committee to bring forward any subject it may desire and enforce within its own range any decision which may be reached. The area of voting is extended over the largest possible circle – including every "Liberal" who may be willing to take part in its affairs – and yet, by means of the authority given to the elected Executive to select ("co-opt", as a local barbarism runs) a certain number of colleagues, the association obtains the services of men who may chance to have no personal connection with a ward constituency. The width of the base on which the organisation rests has deprived sectional interests of their importance and influence. A "Labour Representation League" struggled hard to defeat the association both in school board and in municipal contests, but it was successfully urged against its sectional claims that the Committee of the 600 actually contains a majority of *bona fide* working men – that any working man willing to hold any office in the town may be nominated by that body and receive its support if the majority of his fellow-workmen are sufficiently convinced of his fitness – that it is the duty of those who wish for the selection of any candidate to work through the association, to which they can belong if they choose, and that the fairest, wisest and noblest policy for working men, as for all other classes, is to select for any office the men most capable of performing its duties, whatever their occupation may be.

The faithfulness of the members of the association to each other has been strikingly shown. No electioneering problem could be more complex than the problem how to secure the return of eight candidates in a School Board of fifteen, the cumulative system giving each elector fifteen votes to distribute at his pleasure. It was solved by allotting three candidates to each ward – names of the three being varied according to careful calculations made respecting the voting Liberal strength in each ward – and requesting the Liberal electors in its boundaries to give five votes to each of the three. So carefully and loyally did the Liberal electors follow the directions given that the eight Liberal candidates were returned at the head of the poll with a gross majority of 119,694 votes, while the difference between the highest and lowest Liberal candidate only amounted to 5,570; and even this relatively small number was chiefly due to the difficulty of distributing votes equally among so many candidates in wards of various sizes, rather than to any want of fidelity. This faithful loyalty has been secured by the importance of the issues covered by the action of the association, the openness and frankness of its proceedings, the absence of sectional distinctions in its operations, the confidence it reposes in its members, and the fidelity with which its officers execute the decisions of the majority. . . .

23. Report on corruption in Macclesfield election, 1880

(Parliamentary Papers 1881, XLIII, 14–17)

. . . Your Commissioners were much struck by one feature of the corruption which prevailed at the last election, viz, the open, fearless, and confiding manner in which it was practised by both sides. No recourse was had to any of the ordinary contrivances by which, elsewhere, such practices are attempted to be hidden: the "man in the moon" and his methods of procedure were alike unknown at Macclesfield. Not the slightest anxiety appears to have been evinced or precaution taken by either party to conceal its doings from the other, and the number (already referred to) of subordinate agents employed for the purpose of bribing was of surprising and quite exceptional magnitude. And anybody was deemed adequate to the work; neither position, age, character, or discretion being held a requisite. The fortunes of the candidates were without hesitation or misgiving, and without any guarantee of political fidelity, placed in the hands of hundreds of the poorest and most ignorant classes, in the hands of girls and even of children; whilst the devolution of authority was clearly traceable from the highest official to the lowest subordinate, so that no difficulty could be experienced in fixing the candidates with liability for the acts of any one of his many hundred agents.

Almost every person employed seems to have had an implied, if not an express authority to bribe and treat (we have felt it our duty to schedule nearly 800 such); where he was not intrusted with the means of doing so himself, he had instructions to take the voter to some other person who was.

As might be expected from the number and character of the instruments used, the *modus operandi* was of a very varied kind. The voter was paid sometimes in money, sometimes by ticket exchangeable afterwards for money; sometimes before, frequently not till after he had voted; sometimes in his own house, sometimes at a committee room, sometimes in the street or close to the polling booth. The bribe was in many cases given, not to the voter himself, but to his wife, son, or daughter for him; occasionally it was sent to him by anybody who happened to be near, or left at a public house or other convenient place till he should call for it. Some distributors of money had a fixed tariff beyond which they rarely went; some drove a hard bargain, and bought votes as cheaply as they could; whilst others spent the candidates' money more lavishly, and gave amounts in excess of the actual requirements, and, in several cases, after the election, when nothing appears to have been expected. Corrupt payments varied in amounts, from 6d up to about 30s. A good many voters were bribed several times over on the same side, and we have scheduled 227 who were bribed by both sides.

The purchase of votes was in general effected from the individual voters. There were, however, some exceptions, the most notable being that of the men, about 50 in number, who were employed at the Copper Works. Two of them (neither being able to read or write) undertook the task of bargaining on behalf of the entire body. They first put themselves in communication with the Conservative agents, and having, by a promise of the solid vote, obtained an undertaking that they should have 10s per man, and 50s each for themselves, they went to the other side, and informing them of this undertaking obtained from them a promise that whatever the Conservatives gave the Liberals would give the same, whether for refreshments or in bribery; it being understood that the men were to be left to vote as they pleased. This arrangement was carefully concealed from the Conservatives, and, in the result £36 was paid by the one side and £38 by the other; the men received their £1 apiece and liberal refreshments, and the balance was kept and divided by the two negotiators without the knowledge of their fellows.

In conclusion, your Commissioners have to state their opinion, that while corrupt practices extensively prevailed at every election into which they felt it their duty to inquire, and though, indeed, it seems doubtful whether a contested election has ever been fought in Macclesfield on really pure principles, the corruption at the late election was far more widespread, and far more open than had been the case at any previous parliamentary election, at all events of recent years, though the bribes were, in most cases, trifling in amount. They also wish to record their opinion that of those who were proved before them to have received bribes, though there were, no doubt, many who declined to vote without being paid, many who sold their votes to the highest bidder, and whose political conviction was, at the utmost, only strong enough to induce them to take a smaller bribe on their own side than the opponents were prepared to offer, and many who deliberately accepted money from both sides, and felt themselves "bound in honour to split their votes"; yet a large number of them were persons who would not have accepted money from the opposite side, but who thought that if money was going amongst their friends they were as much entitled to have some as anyone else, and therefore accepted their day's wages, or a few shillings wherewith to treat themselves before or after polling. They took it as a sort of compliment, and without any feeling of degradation or idea that it would constitute bribery. . . .

Your Commissioners, though they have abstained from scheduling as bribers Aldermen Wright, Bullock, and Clarke (all of them Justices of the Peace), cannot pass over without notice conduct on the part of these gentlemen, which must be regarded as a leading cause of the corruption on the Liberal side. Though fully convinced at the meeting held in November 1879, that not more than £500 could be legally expended by either of the candidates at the last election, the two former agreed in urging the necessity and advisability of spending double that amount, overbearing by argument the scruples which Mr Chadwick professed to entertain, and his undoubted reluctance to pay more, if possible, than the above-mentioned sum. Alderman Wright, "who," said Mr Chadwick, "was the person who convinced me", told us that they "were driven to consider the desirability of fighting anything but a pure election", all feeling "that the election could not be won with a purely legal expenditure"; and, referring to the discussion on the subject at the dinner given by himself, stated his opinion that, as to the intended illegal expenditure, there were "no secrets round the table whatever". Alderman Bullock, who in 1874 had obtained for Alderman Smale, with a knowledge that he was spending the money illegally, an advance of £400 for the purposes of that election, was of opinion that "it would be necessary to fight on the same lines as before", that there must be payment of canvassers, and treating, and he "gave Mr Chadwick distinctly to understand that"; and himself lent £400 for the purpose. Alderman Clarke, another prominent member of the Liberal Executive, who had contributed in 1874 £100 of the £400 advanced by Alderman Bullock, "having a strong suspicion that it was wanted for illegal purposes", but "asking no questions", and who knew that Alderman Smale had then the control of the "illegal expenditure", was aware that "that portion of the election" would be left in the same hands as the last election, and apparently content that it should.

Mention ought perhaps also to be made of the part taken by Alderman White, though this was of a less active character. Of opinion, equally with the others present at the November meeting, that the legal expenditure on behalf of each candidate could not exceed £500, he was convinced afterwards that they "could scarcely win the election with £500", and, though not present at the meeting in March 1880, when it was resolved that the candidates should contribute £1,000 each, he became aware of the resolve and acquiesced in, or at least did not protest against it. . . .

We have also to state that while we have not found that either William Meriton Eaton, Esquire, or James Charles Whitehorne, Esquire, the defeated candidates, were guilty of any corrupt practice at the election of 1880, we have felt ourselves compelled to place in the Schedule the names of William Coare Brocklehurst, Esquire, and David Chadwick, Esquire, the late members for the borough, and Mr William Mair and Mr John Frederick May, the election agents and agents for election expenses appointed by the Liberal and

Conservative candidates respectively, as having been guilty of bribery at that election.

We have further to state that in our opinion Mr William Mair and Mr John Frederick May wilfully furnished and delivered to the returning officer untrue statements, made out and signed by them respectively, purporting to be detailed statements of all the election expenses incurred by or on behalf of the candidates by whom they were appointed.

Of the persons (2,872 in number) whose names are included in the Schedule, the following are on the Commission of the Peace for the Borough of Macclesfield: George Godwin, John Stringer, Anthony Hordern, and Thomas Crew.

The following are Aldermen of the Borough: William Coare Brocklehurst, William Smale, and Ferdinado Jackson, jun.

The following were at the time of the parliamentary election councillors for the borough.

I	Ward.	James Hooley, Edwin Pyatt, and John Smale
II	„	Anthony Hordern, John Fowler and Richard Stubbs
III	„	Thomas Pickford, Thomas Crew, John T. Hammond and Joseph Smale
IV	„	Charles W. Rowbotham, Thomas Walker, John Staniforth James Newness Shaw, Charles Mellor and Henry Hill
V	„	John Mason, John Newton, Joseph Pickford and Elijah Bloor
VI	„	William Cornes Pownall, Peter Harrison, John Brooke Cotterill, Joseph Bowden, John Frederick May and George Walker.

The following were elected councillors for the borough in November 1880.

I	Ward.	Joseph Isaac Brunt
II	„	John Stringer
III	„	Enoch Rushton
IV	„	John Bower
VI	„	William Oliver

. . .

[signed] Charles G. Merewether, J. Shortt, A. C. Meysey Thompson.
Dated this twenty-second day of March 1881.

24. Chamberlain on the caucus in the election of 1880

(*The Times*, 11 April 1880)

To the Editor of *The Times*. Sir, a few days after the dissolution of parliament it was said by a writer in the press that the elections would "test the efficiency of the new democratic machinery of which Birmingham is the capital". It may interest your readers to learn the result of the experiment. Popular representative organisations on the Birmingham model, sometimes called "The Caucus" by those who do not know what a caucus really is, and have not taken the trouble to acquaint themselves with the details of the Birmingham system, exist in sixty-seven of the parliamentary boroughs in which contests have just taken place. In sixty of these Liberal seats were gained or retained. In seven only the Liberals were defeated, but in three at least of these cases a petition will be presented against the return on the ground of bribery. This remarkable success is a proof that the new organisation has succeeded in uniting all sections of the party, and it is a conclusive answer to the fears which some timid Liberals entertained that the system would be manipulated in the interest of particular crotchets. It has, on the contrary, deepened and extended the interest felt in the contest; it has fastened a sense of personal responsibility on the electors; and it has secured the active support, for the most part voluntary and unpaid, of thousands and tens of thousands of voters, who have been willing to work hard for the candidates in whose selection they have for the first time had an influential voice. Among other results must be noticed the fact that the gentlemen who have commended themselves to these popular and somewhat democratic committees have been, on the whole, more decided in their liberalism than was usually the case with the nominees of the small cliques of local politicians whom the new organisation has superseded. A long purse has not been an all-sufficient passport, and the candidates who are "so thundering eminent for being never heard on" have been passed over again and again in favour of others who have won their spurs in political conflict, and have given proof of steadfastness to their principles and of ability in maintaining them. The restricted franchise in the counties and the large area of these constituencies have hitherto prevented any considerable extension of the plan outside the boroughs. One of these difficulties will now shortly be removed; the other may be overcome; and I expect that at no distant date the electors will universally demand a preliminary voice in the selection of candidates.

Meanwhile, in ten county constituencies in which the caucus has, in spite of all obstacles, been already established, and where contests have taken place, the Liberals have won seats in all; and it may be affirmed that in most of these cases there would have been no contest but for the energy and determination of the new element imported into the councils of the party. Altogether, for good or for evil, the organisation has now taken firm root in this country, and politicians will do well to give it in future a less prejudiced attention.

I am, sir, yours obediently, J. Chamberlain.

Birmingham, 10 April.

25. Speaker Brand's closures sitting of Monday, 31 January to Wednesday, 2 February 1881

(Hansard, 3rd series CCLVII, cols 2032 ff.)

9 a.m. At this time Mr Speaker returned to the House and resumed the chair, and the right honourable member for Cavan at once resumed his seat.

Mr Speaker thereupon addressed the House as follows:

The motion for leave to bring in the Protection of Person and Property (Ireland) Bill has now been under discussion for about five days. The present sitting, having commenced on Monday last, at four o'clock, has continued until the Wednesday morning, a period of forty-one hours, the House having frequently been occupied with discussions upon repeated dilatory motions for adjournment. However prolonged and tedious these discussions, the motions have been supported by small minorities, in opposition to the general sense of the House.

A crisis has thus arisen which demands a prompt interposition of the chair and of the House. The usual rules have proved powerless to ensure orderly and effective debate. An important measure, recommended in her majesty's speech nearly a month ago, and declared to be urgent, in the interests of the State, by a decisive majority, is being arrested by the actions of an inconsiderable minority, the members of which have resorted to those methods of "Obstruction" which have been recognised by the House as a parliamentary offence.

The dignity, the credit and the authority of the House are seriously threatened, and it is necessary that they should be vindicated. Under the operation of the accustomed rules and methods of procedure, the legislative powers of the House are paralysed. A new and exceptional course is imperatively demanded, and I am satisfied that I shall best carry out the will of the House, and may rely on its support, if I decline to call upon any more members to speak, and at once proceed to put the question from the chair. I feel assured the House will be prepared to use all its powers to give effect to these proceedings.

Future measures for ensuring orderly debate I must leave to the judgment of the House. But I may add that it will be necessary either for the House itself to assume more effectual control over its debates, or to entrust greater authority to the chair.

Question put, "That the words proposed to be left out stand part of the question."

The House divided, Ayes 164, Noes 19, majority 145.

(Division list)

The Speaker then put the main question, which was agreed to without a division.

(These proceedings caused great excitement among the members present; and those who had voted in the minority withdrew from the House, crying "Privilege, privilege!")

Ordered that leave be given to bring in a bill for the better Protection of Person and Property in Ireland, and that Mr William Edward Forster, Mr Gladstone, and the Secretary, Sir William Harcourt, do prepare it and bring it in.

Bill presented and read for the first time (Bill 79).

Mr Speaker having asked at what time the second reading would be taken?

Mr Gladstone said, This day, at twelve o'clock. Before moving the adjournment of the House, I wish to move a notice which has reference, I need not say, to the appeal made by yourself from the chair with reference to the better conduct of the business of the House on future occasions. I propose to move:
1. That if, upon notice being given, a motion be made that the state of public business is urgent, and if upon the call of the Speaker forty members shall support it by rising in their places, the Speaker shall forthwith put the question, no debate, amendment or adjournment being allowed; and if, on the voices being given, he shall without doubt perceive that the Noes have it, his decision shall not be challenged, but if otherwise, a division may forthwith be taken, and if the question be resolved in the affirmative by a majority of not less than three to one, the powers of the House for the regulation of its business upon the several stages of bills and all other matters, shall be and remain with the Speaker, until the Speaker shall declare that the stage of public business is no longer urgent.

That is the first resolution, and I propose to follow it by a second, namely,
2. That the state of public business is urgent.

Motion made, and question proposed, "That the House do now adjourn" (Mr Gladstone). . . .

Question put and agreed to.

Then, after an unbroken sitting of forty-one and a half hours,

House adjourned at half after nine o'clock in the morning.

26. Parliamentary procedure: Gladstone's motion of urgency, 3 February 1881
    (*Hansard*, 3rd series, CCLVIII, cols 88–98, 155–6)

Mr Gladstone: . . . I have already said, sir, that I dismiss from the purview of my duty on this occasion any review of the scenes that have lately taken place; but, in saying that, do not let it be supposed I, for one moment, imply that, in my opinion, they have no bearing upon the proposals to which I invite the attention of the House. On the contrary, I trust that their silent eloquence will have a large influence on the judgment of the House, and the course that it may be inclined to take with regard to the proposals of the government. . . . Liberty of speech, sir, is not to be depreciated in anything we say or do; but it has to be addressed to a certain end – namely the performance of public duty; and if the liberty be so used as to render the performance of that duty impossible, it must be brought within such limits – I do not say as to licence, for that we have never touched – as those who have been within this chamber tonight may very well know – as not to debar us absolutely from fulfilling the first duties of our parliamentary existence. And it is the first conditions of parliamentary existence for which we are now struggling. It is not in any spirit of optimism; it is not that we may clear the road of our arrears; it is not that we may come to an ideal state, that we now propose the alteration of your rules. It is that we may not utterly fail in that which is the first and most elementary portion of our task; it is that we may attain to the first condition of dignity – nay, more, of decency; and that we may not be compelled to render such an account of our proceedings to the country and to our constituencies as would cover every one of us, individually as well as collectively, with condemnation and dishonour. What are the facts, briefly and drily stated, of the situation before us? Sometimes it appears to be supposed, or rather taken for granted, in questions put in this House, that those who are invested from time to time with the powers of government in this country have some faculty confided to them by the exercise of which they can manufacture time as a manufacturer manufactures yards of cotton. . . . But has the House ever considered what are the days and hours at our command? First, let it be said that is not a charge of indolence that could ever be brought against the British House of Commons. It is confessed and admitted on all hands – I do not speak of this parliament but of all – that there is no legislative assembly in the world that works itself so pitilessly, so remorselessly as the British House of Commons. If that be so, it follows that the measure of what is done by the House of Commons is somewhere about the utmost measure of human strength and capacity. But let us go into the regions of possibility; let us, with an enormous licence, imagine for a moment that it was possible for us to devote every day in the year to the work to which we now devote six or seven months, and that out of every twenty-four hours you could give twelve to the discharge of your parliamentary duties, and if you did so the calculation is a very simple one. Deduct one-seventh for every seventh day – you have very good reason for deducting that seventh day, for unless you did it most of you would be dead before the end of the first year – there are about 3,750 hours which might, it is conceivable, be used for the purposes of parliament at all times. And if 650 members of this House were each of them to plead the very moderate power of addressing the House for six hours in the course of every session – that is no very lengthened period of time – six times 650 gives 3,900 hours, or 250 more than, upon a supposition almost impossible, it could be made to yield. . . . Our position is wholly unexampled; and I do not think I exaggerate when I say that the question of the adoption of new rules to increase the power of the House, and to increase it effectually over those members who may be unwilling to recognise that power, is now for us a question of honour or dishonour, and in that sense – the only true sense – a question of life or death for the parliament. How long have we been here? We have entered on the fifth week of the session.

We have had four such weeks as never opened, I believe, a parliamentary session in this country, for the extent and continuity of their labours. One-sixth of the whole session gone – irrevocably gone! And what progress have we made? Our progress has been this – that her majesty having called us together, and, in the language of constitutional government, having told us that a subject, in her judgment, of the utmost moment, connected with the fulfilment of the very first duties of civilised society – namely, the maintenance of peace and order in Ireland – demanded our prompt and effectual attention, the measure of the prompt and effectual attention that we have been able to give to the subject is that now in the fifth week of the session – one-sixth of the time that will probably be at our disposal having gone – we have made just one step in the direction in which we intend to go, having passed one single initiatory stage of a bill; and yet this has not been for want of attention or effort on the part of any party in this House. ... Eighteen nights, including one sitting of twenty-two hours, and another of over forty (An hon. member: 41) – have been devoted entirely to a single subject, with the exception of the first night – that of the debate on the Address – which must, in any case, have been occupied by members in the exercise of their just right of criticising the Royal Speech and the conduct of the government during the recess, and another to the discussion of the affairs of the Transvaal. With these exceptions, every night has been occupied with the direct aim of reaching the result that has now been brought about, and almost invariably on the same class of topics. ... Well, and by whom, let me ask, has this been done to which I have called the attention of the House? It has been done in spite of the efforts of the majority of this House. I suppose I may say, roughly, that about 500 members of the House, of all parties, have recorded their votes freely and repeatedly against obstructive proceedings – the proceedings which have brought us to the present pass. I will not even call them obstructive proceedings; I will call them – I do not want to give unnecessary offence – claims of speech unlimited in the multitude of the times of its repetition, which, under the name of liberty of speech and privilege, have been an effective instrument, and have placed us in our present predicament. And what have been the forces arrayed in making the demands that were thus made? What is the authority with which they have been pressed upon us? Have these demands been backed by the voice of the nation? There have been times when very small minorities in this House have represented the national feeling – times happily passed away never to return. Securities have been taken in the laws and institutions of the country which render such a contingency absolutely impossible. But I doubt whether any of those who have not reflected on the subject are aware how slight is the authority in comparison with that wielded by minorities of old which can be pleaded in defence, or in palliation of any of these proceedings. Who, sir, have shared in them? Not the representatives of Scotland. Unanimously every man who represents a Scotch constituency, knowing the sentiments of his countrymen, as well as giving effect to his own convictions, has been opposed to these proceedings. Not the representatives of Wales. Wales, like Scotland, has been unanimous in opposing them. Not the representatives of England. Of the counties of England, not a single representative has been found on one single occasion joining in those operations. Of the great towns of England, one single representative there has been that has approved the policy of resistance – I allude to the hon. member for Newcastle (Mr Cowen) – but he has, I believe, held himself aloof from what are called in common parlance obstructive divisions and debates. No one, I may add, has spoken with greater terseness and point and vigour – and I am bound to say it is no more than a debt of justice – against this policy for nullifying the existence and duties of parliament through the pretended medium of privilege of speech than the hon. gentleman the junior member for the town of Northampton (Mr Bradlaugh). In fact, I believe there is but the casual exception of one single English representative who has had any share in the proceedings which are the sole cause of the position in which we are now placed. But there is a practice encouraged very much in one quarter of the House, and allowed to pass current far too freely – the practice of speaking of "the Irish members". If it were true that it was the Irish members who had obstructed, we must all feel that it constituted at least a case of difficulty. The case of difficulty entirely disappears when, examining the matter, we find that by the unerring testimony of figures, this has not been done by the Irish members – unless, indeed, by the Irish members you only mean a minority of the Irish members – a body that I believe cannot, by any fair licence of calculation, be extended beyond 46. These have been the agents – believing themselves to be actuated by the highest motives – I do not question that for a moment – these have been the agents in bringing about this interference with the honour, duties, and efficiency of parliament. I suppose it will not be disputed that 46 is less than a moiety of the 103 Irish members actually sitting in this House. . . . My belief is this – and I hope I shall not state it too strongly, though I own I should use strong words in referring to the condition of the House – that we have been passing through the stages of pain, embarassment, and even of discredit, and that the stages which remain, unless you arrest this fatal descent, are the stages of just ridicule, of disgrace, and of contempt. That being so, let us now come to the question of the terms of my motion. . . . There are, I believe, but two modes of procedure, which have been recently referred to by yourself from the chair. The one is arming this House with strong and efficient powers of intervention with the course of its own proceedings from time to time; the other is making the experiment of placing power over our procedure in the hands of the Speaker. . . . I do not hesitate to say it was the first intention of the government to move in one of those directions which you, sir, have described – the direction of arming the majority with greater and more efficient powers, to be used from time to time; and we only desisted from it when we found that it was not likely to be acceptable to a large section of the members of this House, whom we were desirous, if we could, to keep in hearty union with ourselves on a subject which touches the common interest of us all. We are not

ashamed to own that we altered our method of procedure; and that we reverted
to that method of procedure for which, I believe, a great deal is also to be said
on the merits – namely the method of arming the chair with a large discretion.
Unless we arm the chair with a large discretion, there is no use in arming it at
all. I decline, for one, to be a party to ineffective proceedings. . . . Believing, sir,
that you have the entire confidence of the House, we ask the House to lay down
this rule – that when the process is gone through – which process shall be
carefully guarded to prevent the oppression of one party by another – then a
state of things shall for a time come into existence under which the House shall
be content to repose in your hands its power over its own procedure, believing
that thus, and as I believe personally thus only, is it possible to meet the arts,
both of direct and the subtler art of indirect obstruction. The motion that I
have made explains itself to those who will have the patience to peruse it. The
enacting part of it comes to this – that the power of the House for the regulation of its business on the

"Several stages of bills, and upon motions, and all other matters shall be and
remain with the Speaker, until the Speaker shall declare that the state of
public business is no longer urgent."

But I am not now speaking of these last words. I am only speaking of the
essential part of the provisions – the constitution – the state of things in which,
for a time, on grounds to be severely tested by the vote of a very large majority
of the House, the House shall be content to make over its powers and to be
guided by Mr Speaker. I feel that the Speaker would have it in his discretion to
lay before us the rules which he had laid down for himself in the exercise of
those powers. I feel that in laying down those rules there will be an elasticity in
this form of procedure which the other form of procedure for strengthening the
hands of the majority would probably not be found to possess. . . . Sir Stafford
Northcote proposed to insert the words, "For the purpose of proceeding with
such bill, motion or question." He said these words would give a general
direction as to the object with which powers should be used. . . .
Mr Gladstone said he would agree to the amendment. . . .
Main question, as amended put.
Resolved, That, if upon notice given a motion be made by a minister of the
Crown that the state of public business is urgent, upon which motion such
minister shall declare in his place that any bill, motion or other question then
before the House is urgent, and that it is important to the public interest that
the same should be proceeded with without delay, the Speaker shall forthwith
put the question, no debate, amendment, or adjournment being allowed; and if,
on the voices being given he shall without doubt perceive that the Noes have it,
his decision shall not be challenged, but, if otherwise, a division may be forthwith taken, and if the question be resolved in the affirmative by a majority of
not less than three to one, in a House of not less than 300 members, the powers

of the House for the regulation of its business upon the several stages of bills, and upon motions and all other matters shall be and remain with the Speaker, for the purpose of proceeding with such bill, motion, or other question, until the Speaker shall declare that the state of public business is no longer urgent, or until the House shall so determine, upon a motion which, after notice given, may be made by any member, put without amendment, adjournment, or debate, and decided by a majority.

Mr Gladstone: Sir, I rise to move the second resolution, "That the state of public business is urgent"; and, in conformity with the terms of the first resolution, I, being a minister of the Crown declare, in my place, that the Bill for the Protection of Life and Property (Ireland), now before the House, is urgent; and that it is of importance to the public interest that the same should be proceeded with without delay.

Question put, and *agreed to*.

Resolved, That the state of public business is urgent.

27. Gladstone's speech introducing "new procedure", 20 February 1882

(*Hansard*, 3rd series CCLXVI, cols 1127–51)

... Now, sir, it will be necessary to enter into some review of the history of the question, which is truly remarkable. The two great features of it which I shall endeavour to impress upon the House, so far as my feeble powers will enable me to do so, are these. In the first place, the constantly increasing labours of the House; in the second, its constantly decreasing power – the power, I mean, to despatch the duties committed to our hands. Now, I take the first, the increasing labours of the House, and I ask this House briefly to look back upon the past, which, except to an hon. friend whom I see opposite, and to myself, has become matter of history to be learned from the analysis, but which to him, as to myself, is matter of personal recollection. Before the Reform Act, the position of a member of this House was one of perfect ease and convenience, I may say, with regard to the physical and mental possibility of meeting the grave calls upon him. It was a laborious function even then which the member of parliament undertook on obtaining a seat in this House. But so far as human strength is concerned, and the time placed at the disposal of an active and intelligent man, the duties of the House lay completely within its powers. I can well remember in my boyhood, when sitting in the gallery of the House which was burnt down, that the same thing used to take place as now takes place in the other House of parliament – namely, that between six and seven o'clock, the House, as a matter of course, had disposed of its business, and was permitted to adjourn. There were, of course, exceptions – important exceptions – but that was more the rule than the exception in the then condition of the House of Commons. The fundamental change which has occurred is owing to the passing of the first great Reform Bill. From that moment forward the position of the House was fundamentally altered. ... In the epoch of my youth the vast congeries of what may for the moment be rudely but adequately described as social questions were never regarded as altogether within the view of parliament, and were never – perhaps the word "never" implies some exaggeration, but I am describing what was the general rule – brought under its notice. On the contrary, now they are growing and multiplying upon us from year to year, and they form a very large and definite portion of the demand upon our time. There is no likelihood that this difficulty will diminish. It is not as if there were a number of subjects which required to be dealt with, and after that the chapter was closed. It may be said with regard to one subject – that of preliminary education, for instance – that we have in a great degree, as we hope, done with the subject of preliminary education in England and Scotland, so far, at least, as regards the solution of the greatest and more important of the problems presented in that great question. But it is the continual fresh emergency of the calls upon us which has proved oppressive from year to year, and I believe will prove still more oppressive and more intolerable. Well, sir, let us see how we stand in consequence. I am not going to quote myself as a witness; but, still, as a witness who, I think, spoke without prejudice, certainly who spoke entirely without reference to party, it was my duty to point out in August 1878, in a popular periodical, that twenty-two great subjects of legislation might be regarded beyond all question as pressing. Again, in August 1879 I reconsidered the list, and instead of twenty-two subjects I found thirty-one. It is not necessary to go over the list, but very few indeed of those subjects have been disposed of. . . . If hon. gentlemen will turn to the report lately placed in their hands, they will find a very convenient statement: showing the number of hours during which the House sat from year to year, the time that it sat after midnight, and the average length of each sitting. They will observe, and it is not unworthy of their remark, that for the first quinquennial period after the Reform Act the number of hours stood at 1,144. That was found intolerable by the age, and from that they went back to 1,056, 957, 943, and so on. Therefore, the House positively retired from the labour put before it. Such has not been our case. On the contrary, we stand thus. I do not hesitate to inflict the figures upon the House, because I put them in rough but still sufficiently accurate form, which I think will convey to the House my meaning. The annual hours have been raised in 1881 – this I take as my standard, and it is in the main the basis of the proposal we are now making – from a rough average of 1,000 to a sum total of 1,400. The hours after midnight – and permit me to say that the hours after midnight are the most grievous – have been raised from 100 to the sum in 1881 of 238. The length of the session which surpasses by far, I believe, every other legislative assembly in the world on its old standard – namely, the standard of six months – instead of lasting six months, has gone to nearly eight months. . . . One word with regard to the question of urgency with which we had to deal last year. It may be observed that we leave that subject entirely alone. It belongs to a different order of consideration. It was intended only to meet an extreme case. When that extreme case occurs again the plan of urgency may be adopted. . . . Well, sir, now let us see what is our next step after making provision to meet the first mischief with which, as I have said, we have to contend. I have said it has been a glaring mischief; and I will state what steps have been taken in the past by the House to meet it, although ineffectually. In the first place, I may say that there have been more committees of this House upon this subject than upon any other matter. There have been fourteen committees since the Reform Act, or one committee in every three sessions and a-half. There have been seven more committees upon private procedure, which is practically part of the subject, making twenty-one committees in all, or an average of a new committee in every two and a-half years. . . . I stated that there were two great evils that formed the salient features of the picture before us; the one was the increase of labour, and the other was the diminution of power to perform it. By the diminution of power to perform it, I mean the diminution of the power of this assembly itself over its own members individually. This, sir, is partly a matter of fixed rule. It is not altogether a matter of fixed rule, because the rules have been on the whole strengthened; but I have in view on this point what is matter of opinion. I cannot but record, although I do it with regret, as an unquestionable fact, that the degree of deference which thirty, forty, fifty years ago was paid by all the members of this House to the general wishes of the House in relation to the prolongation of debate is not now uniformly so paid. I am not now, sir, using this merely as an argument – I am stating it as a fact. It rests in my own clear recollection. It is now a very common thing to see debates which have already been lengthened prolonged by speeches which the House does not wish to hear; and that, too, when in the general judgment of the House the whole case has been opened and is mature for decision, and when further debate not only does not assist but weakens the power of decision which the House has already attained. Not only threats of moving the adjournment, but many other obvious modes, well known to those who hear me, of resistance to the unquestioned will of the House – not to the will of one party in the House, or of a mere majority, but to what may be called in the phrase of one of the resolutions "the evident sense of the House" have now become matters of common occurrence. That is a very important fact; for I do not hesitate to say that in all my early years the House was virtually possessed of a closing power, because it was possessed of a means of sufficiently making known its inclinations; and to those inclinations, unless my memory monstrously deceives me, uniform deference was paid by members. Well, that is a great change; and that great change forms an important part of the basis on which our case rests. . . . And here I come to consider what is commonly called obstruction. It is not a very easy matter to define obstruction; and I will not attempt to define it for anyone but myself. I will only give my description of it. To me it appears to be the disposition either of the minority of the House, or of individuals, to resist the prevailing will of the House otherwise than by argument. I use these words carefully, because I have contended myself, and I am still ready to contend, that what may appear to the majority of the House to be the persistent and even reiterated pressure of argument, is not always obstructive. There are cases in which novel subjects raise great questions of principle in connection with the basis of society, which have to be brought into view, perhaps from a distance, and to which the House is little accustomed; those are cases in which, in my opinion, the House ought always to be tolerant, up to a certain point, even to a development and an iteration of argument that may appear to be wearisome. But these are special cases which do not affect the general rule; and it will be for the House to say whether or not we propose to make due provision for them. Generally, then, I think obstruction, as it has been spoken so much of in late years, may be considered the disposition of the minority or of individuals to resist the will of the House otherwise than by argument. I will just point to three stages in that unfortunate and ill-omened progression to which I have had occasion to advert. Undoubtedly it was the opinion either of the House, or of the majority of the House, that in the parliament of 1868 obstruction was sufficiently manifest. . . . I come next to the parliament of 1874. It was in that parliament, I think it unquestionable, that there was a power developed, and that obstruction began to manifest, ambiguously, perhaps, but yet to many intelligibly, certain features which had not before presented themselves. The two great subjects on which obstruction was experienced in that parliament were the subjects of the South Africa Bill and army flogging. . . . Now we come to the parliament of 1880, and if the parliament of 1874 exhibited a development in comparison with the parliament of 1868, there is no doubt whatever that the parliament of 1880 exhibited a most grave development in comparison with the parliament of 1874. ["No, no!"] I perceive that one or two hon. gentlemen hold the negative of that proposition. It is due to them, if not to the rest of the House, that I should briefly state what I mean. I mean that it became evident – I do not question the patriotism or the uprightness of the views they entertained – that a limited portion of the members of this House were disposed not only to show that the House was incapable of discharging all its legislative functions, but to make it incapable of doing so. . . . Look back over the course of eight months of the last session. I do not suppose that the right hon. gentleman opposite thinks the government was very happy in the arrangement of its business. I have been here nearly fifty years, and I never recollect an Opposition who thought that the government of the day was happy in the arrangement of its business. But let the most unfavourable commentary be made upon our capacity, and there will remain a gravity in the mass of fact which no one can disguise, and no one, I think, can undervalue. The government asked for measures of immediate and urgent necessity. They obtained the rules of urgency, which enabled them to press forward those measures in a manner which would otherwise have been impossible. How did they obtain those rules? Why, sir, they obtained those rules owing to a most extraordinary error in tact on the part of a certain number of members of this House which I ever saw committed, under which they contrived most kindly to place themselves in such a position that we were able to deal with them in a single division. Otherwise we might have been occupied with divisions throughout the night, and at the close of them would have been totally out of condition for dealing with the question of urgency. We got that by good fortune, and after getting it, twenty-nine days was the time the House occupied in dealing with those subjects of urgency and necessity to life and property in Ireland. I admit there ought to be full discussion of all these questions. The invasion of personal liberty is a grave and important subject, and whenever it is proposed there should be great liberty of speech; but I do not think the House will be disposed to admit that more than twenty days were required in the case. After that came the Land Act, which occupied fifty-eight nights of the time of the House. Undoubtedly, it was a great and complex measure, and ought to have occupied a long time; but I am sure I am moderate when I say that had there been no indirect purpose connected with the prolongation of this debate, less than half those fifty-eight nights would have worked out the whole scheme, and would have enabled us to send that measure to the House of Lords under circumstances more favourable to discussion, and permitted us to do some part of the legislative duty crying out for attention. As we know, there was a total sacrifice of the whole interest, first of all of the whole functions, of private and independent members in consequence of these proceedings last year. They were almost shut out from the exercise of their own legitimate functions of pressing subjects on the attention of the House. Besides that, there was an almost entire suspension of legislative work for England and Scotland, while even in Ireland there were subjects of the greatest importance, particularly the question of local govenment, with which we were most anxious to deal, but with which the state of things I have described rendered it absolutely impossible for us to deal. In such circumstances it is that we ask you to place in the hands of the House itself the power, when there is sufficient cause, of shortening its debates – the power, without making any accusation or reproach against anyone, of deciding when a debate has sufficiently continued and ought to be closed. . . . We propose that this decision shall be taken on what we think the only sound principle, and under what we think the best and most adequate safeguards. There is but one sound principle in this House, and that is that the majority of the House should prevail. . . . When I speak of a bare majority as the only sound principle upon which we can go in this matter, let me be understood. I do not mean a majority without safeguards. That is another matter to which I will come directly. I mean a bare majority as opposed to an artificial majority constructed in ingenious ways – whether it be 2 to 1, or 3 to 2, or 3 to 1, or anything else of the kind. These are measures which do very well for an occasion like that of last year, the features of which are altogether peculiar. But God forbid that we should see so vast an innovation introduced into the practice of this House, applicable to our ordinary procedure, as would be a rule of the House under which the voice of the majority was not to prevail over that of the minority. I have said that we do not object to safeguards, and the safeguards we propose are, I think, full and large. The first of them is the intervention of the Speaker. Now, what does that mean? I have seen an objection taken which is sufficiently indiscreet even from an outside person, but which from an inside person would be in the highest degree absurd – namely, that the Speaker, being by the resolution of the House bound to act according to the evident sense of the House, will often or always – I do not know which – or from time to time, seeing 199 one way and 200 the other way, or 200 one way and 201 the other way, take that for a condition of things in which he sees the evident sense of the House. Well, I believe that a greater reproach – I will not say to you, Mr Speaker, but to any man of the most narrow and contracted understanding – could not be conceived. In point of fact, it shows a total ignorance of the modes of proceeding by which opinions are perceived and appreciated, and by which the state of the House is generally known. No such case, I will venture to say, will arise. I will venture to say it is morally impossible that such a case should arise. Well, there is no doubt that the proposal of the intervention of the Speaker is open to one objection, and that is that it makes a serious addition to the Speaker's duties, the weight of which is increasing from year to year – duties which thus far have been admirably performed, but which might be raised to a point at which they would go beyond human strength. It is with grief and reluctance that we should ask you, sir, to undertake any new duty whatever; but we know that, so long as those duties can be performed, your readiness to undertake them will never for a moment be questioned, and that the only subject, therefore, we have to consider is whether that is the best arrangement for the House. Now, what has the Speaker to do? The Speaker is not made an absolute judge. The majority even is not made absolute. . . . No, sir, we require, the intervention of the Speaker requires, in the first place, that he shall be satisfied that he perceives the evident sense of the House. It is not for me to give an authoritative construction to these words [Mr Warton: Hear, hear!] but I may venture to give my own opinion of what they do not mean, in which I hope I shall be supported by the high authority of the hon. and learned gentleman opposite. These words certainly do not mean a state of things in which a majority, as commonly understood in this House, is loudly clamouring one way, and a minority, as commonly understood, is loudly clamouring another. The Speaker must not only be satisfied of the sense of the House. It is not said that when the Speaker perceives the state of the House he shall do so and so – but that he may do so and so, and his own judgment, together with his perception of the sense of the House, is the double condition under which, and under which alone, a majority of the House can exercise its authority to close a debate. I confidently say that those who think it is within the power of the Speaker, even if it were within his will, to invade the privileges of the House of Commons under such a resolution as this little observe what is the function of the Speaker in the House of Commons – by what tenure he holds his influence and authority, how impossible it is for him to stretch his authority beyond certain bounds, and how, if, unhappily, he were to stretch it beyond certain bounds, he would at once find the withdrawal from himself of the confidence of the House, or the diminution of the confidence of the House in his judgment. These interventions under the rule, as we propose it, must, I do not hesitate to say, be rare interventions, and interventions made for just and proper cause. . . . But that is not the only limitation we have put. We have put another limitation – the limitation that a large number of members should be present for the exercise of the new powers. That, let me say, is a very important condition. In the case of most popular assemblies, I believe, there can be no quorum until a majority of its members are present. At any rate, a large number of members is required to make a quorum. Now, we have only a small number of persons to make a quorum. I believe no assembly in the world of anything like our numbers has so small a quorum. What we do is this. We enormously raise the quorum of the House in order to the discharge of these peculiar duties – 200 as a general rule, and certainly 200 in regard to all the ordinary operations of authority in this House. That will imply, generally speaking, an attendance of from 300 to 400, or a majority of the members of the House, for I need not point out that the 200 we require are not 200 present and voting on this question, but 200 who will vote in the affirmative. That is what I may call our general rule, a rule involving a very large, I might almost say an enormous, increase in the quorum of the House, the effect of which will be to insure that these functions, which we admit to be grave, and for us novel functions, shall not be lightly or inconsiderately exercised. But even that is not all. There is also the case – perhaps not a very uncommon one – when at certain hours of the night, or on certain days of the session, peculiar groups and combinations are formed, not of interest to the great body of the House, but connected with some local matter of peculiar importance, and that minorities would be exceedingly small – minorities less than an ordinary quorum of the House. The House will perhaps observe the connection between these two things – that we are not willing to give a minority, when it is less than the ordinary quorum of the House, the same power of requiring the attendance of so large a quorum as 200 that is possessed when the minority is of itself an ordinary quorum of the House. Therefore, in these circumstances we are quite willing that it should be stipulated that a majority of 100 should be present, and that will make it plain in such circumstances that the vote expressed will be the vote of an enormous majority of those who are in actual attendance. This is the plan which we have to submit to the House. . . . I trust that the House will always continue to appreciate – I would almost say worship – liberty of speech, and that it will continue to tolerate, for the sake of liberty of speech, the licence of speech which mocks and counterfeits that liberty of speech. But, however large its fund of patience, and however wise that patience may be, I hope it will not carry that tolerance to such a point that it shall of itself become the grossest of all the vices of a legislative body, and that it shall reach a point where it will inflict upon the House of Commons an incapacity for the discharge of its duties. I may say it will be my fault, in setting forth this case, and not the fault of those who hear me, if I do not leave upon the mind of the House a firm determination to grasp the case resolutely, to continue to hold it firmly, and to carry it through until we have made adequate provision against the difficulties which beset it, against the oblique evils by which it is assailed and impeded in its work, and have placed it in a condition to enable it adequately to discharge the great and noble duty which this nation has intrusted it to perform. The right hon. gentleman concluded by moving the first resolution.

Motion made, and question proposed,

"That when it shall appear to Mr Speaker, or to the chairman of a committee of the whole House, during any debate, to be the evident sense of the House, or of the committee, that the question be now put, he may so inform the House, or the committee; and, if a motion be made, 'That the question be now put,' Mr Speaker, or the chairman, shall forthwith put such question; and, if the same be decided in the affirmative, the question under discussion shall be put forthwith; provided that the question shall not be decided in the affirmative, if a division be taken, unless it shall appear to have been supported by more than two hundred members, or unless it shall appear to have been opposed by less than forty members and supported by more than one hundred members." (Mr Gladstone)

28. Corrupt and Illegal Practices Prevention Act, 1883

(*Public General Statutes*, 46 & 47 Vict. c. 51)

. . .

Corrupt practices

1. Whereas under section four of the Corrupt Practices Prevention Act, 1854, persons other than candidates at parliamentary elections are not liable to any punishment for treating, and it is expedient to make such persons liable; be it therefore enacted in substitution for the said section four as follows.

(1) Any person who corruptly by himself or by any other persons, either before, during, or after an election, directly or indirectly gives or provides, or pays wholly or in part the expense of giving or providing, any meat drink entertainment or provision to or for any person, for the purpose of corruptly influencing that person or any other person to give or refrain from giving his vote at the election, or on account of such person or any other person having voted or refrained from voting, or being about to vote or refrain from voting at such election, shall be guilty of treating.

(2) And every elector who corruptly accepts or takes any such meat drink entertainment or provision shall also be guilty of treating.

2. Every person who shall directly or indirectly, by himself or by any other person on his behalf, make use of or threaten to make use of any force, violence, or restraint, or inflict or threaten to inflict, by himself or by any other person, any temporal or spiritual injury, damage, harm, or loss upon or against any person in order to induce or compel such person to vote or refrain from voting,

or on account of such person having voted or refrained from voting at any election, or who shall by abduction, duress, or any fraudulent device or contrivance impede or prevent the free exercise of the franchise of any elector, or shall thereby compel, induce, or prevail upon any elector either to give or to refrain from giving his vote at any election, shall be guilty of undue influence.

3. The expression "corrupt practice" as used in this Act means any of the following offences; namely, treating and undue influence, as defined by this Act, and bribery, and personation, as defined by the enactments set forth in Part III of the Third Schedule to this Act, and aiding, abetting, counselling, and procuring the commission of the offence of personation, and every offence which is a corrupt practice within the meaning of this Act shall be a corrupt practice within the meaning of the Parliamentary Elections Act, 1868. . . .

Illegal practices

7 (1) No payment or contract for payment shall, for the purpose of promoting or procuring the election of a candidate at any election, be made

(a) on account of the conveyance of electors to or from the poll, whether for the hiring of horses or carriages, or for railway fares, or otherwise; or

(b) to an elector on account of the use of any house, land, building, or premises for the exhibition of any address, bill, or notice, or on account of the exhibition of any address, bill, or notice; or

(c) on account of any committee room in excess of the number allowed by the First Schedule to this Act.

(2) Subject to such exception as may be allowed in pursuance of this Act, if any payment or contract for payment is knowingly made in contravention of this section either before, during, or after an election, the person making such payment or contract shall be guilty of an illegal practice, and any person receiving such payment or being a party to any such contract, knowing the same to be in contravention of this Act, shall also be guilty of an illegal practice.

(3) Provided that where it is the ordinary business of an elector as an advertising agent to exhibit for payment bills and advertisements, a payment to or contract with such elector, if made in the ordinary course of business, shall not be deemed to be an illegal practice within the meaning of this section. . . .

[13–15. Illegal payment, employment, and hiring.]

16 (1) No payment or contract for payment shall, for the purpose of promoting or procuring the election of a candidate at any election, be made on account of bands of music, torches, flags, banners, cockades, ribbons, or other marks of distinction. . . .

17 (1) No person shall, for the purpose of promoting or procuring the election of a candidate at any election, be engaged or employed for payment or promise of payment for any purpose or in any capacity whatever, except for any purposes or capacities mentioned in the first or second parts of the First Schedule

to this Act, or except so far as payment is authorised by the first or second parts of the First Schedule to this Act. . . .

Election expenses

24 (1) On or before the day of nomination at an election, a person shall be named by or on behalf of each candidate as his agent for such election (in this Act referred to as the election agent).

(2) A candidate may name himself as election agent, and thereupon shall, so far as circumstances admit, be subject to the provisions of this Act both as a candidate and as an election agent, and any reference in this Act to an election agent shall be construed to refer to the candidate acting in his capacity of election agent.

(3) On or before the day of nomination the name and address of the election agent of each candidate shall be declared in writing by the candidate or some other person on his behalf to the returning officer, and the returning officer shall forthwith give public notice of the name and address of every election agent so declared. . . .

25 (1) In the case of the elections specified in that behalf in the First Schedule to this Act an election agent of a candidate may appoint the number of deputies therein mentioned (which deputies are in this Act referred to as sub-agents), to act within different polling districts.

(2) As regards matters in a polling district the election agent may act by the sub-agent for that district, and anything done for the purposes of this Act by or to the sub-agent in his district shall be deemed to be done by or to the election agent, and any act or default of a sub-agent which, if he were the election agent, would be an illegal practice or other offence against this Act, shall be an illegal practice and offence against this Act committed by the sub-agent, and the sub-agent shall be liable to punishment accordingly; and the candidate shall suffer the like incapacity as if the said act or default had been the act or default of the election agent.

(3) One clear day before the polling the election agent shall declare in writing the name and address of every sub-agent to the returning officer, and the returning officer shall forthwith give public notice of the name and address of every sub-agent so declared. . . .

28 (1) Except as permitted by or in pursuance of this Act, no payment and no advance or deposit shall be made by a candidate at an election or by any agent on behalf of the candidate or by any other person at any time, whether before, during, or after such election, in respect of any expenses incurred on account of or in respect of the conduct or management of such election, otherwise than by or through the election agent of the candidate, whether acting in person or by a sub-agent; and all money provided by any person other than the candidate for any expenses incurred on account of or in respect of the conduct or management of the election, whether as gift, loan, advance, or deposit, shall be paid to the candidate or his election agent and not otherwise. . . .

29 (1) Every payment made by an election agent, whether by himself or a sub-agent, in respect of any expenses incurred on account of or in respect of the conduct or management of an election, shall, except where less than forty shillings, be vouched for by a bill stating the particulars and by a receipt.

(2) Every claim against a candidate at an election or his election agent in respect of any expenses incurred on account of or in respect of the conduct or management of such election which is not sent in to the election agent within the time limited by this Act shall be barred and shall not be paid; and, subject to such exception as may be allowed in pursuance of this Act, an election agent who pays a claim in contravention of this enactment shall be guilty of an illegal practice.

(3) Except as by this Act permitted, the time limited by this Act for sending in claims shall be fourteen days after the day on which the candidates returned are declared elected.

(4) All expenses incurred by or on behalf of a candidate at an election, which are incurred on account of or in respect of the conduct or management of such election, shall be paid within the time limited by this Act and not otherwise; and, subject to such exception as may be allowed in pursuance of this Act, an election agent who makes a payment in contravention of this provision shall be guilty of an illegal practice.

(5) Except as by this Act permitted, the time limited by this Act for the payment of such expenses as aforesaid shall be twenty-eight days after the day on which the candidates returned are declared elected. . . .

31 (1) The candidate at an election may pay any personal expenses incurred by him on account of or in connection with or incidental to such election to an amount not exceeding one hundred pounds, but any further personal expenses so incurred by him shall be paid by his election agent.

(2) The candidate shall send to the election agent within the time limited by this Act for sending in claims a written statement of the amount of personal expenses paid as aforesaid by such candidate.

(3) Any person may, if so authorised in writing by the election agent of the candidate, pay any necessary expenses for stationery, postage, telegrams, and other petty expenses, to a total amount not exceeding that named in the authority, but any excess above the total amount so named shall be paid by the election agent.

(4) A statement of the particulars of payments made by any person so authorised shall be sent to the election agent within the time limited by this Act for the sending in of claims, and shall be vouched for by a bill containing the receipt of that person. . . .

33 (1) Within thirty-five days after the day on which the candidates returned at an election are declared elected, the election agent of every candidate at that election shall transmit to the returning officer a true return (in this Act referred to as a return respecting election expenses), in the form set forth in the Second Schedule to this Act or to the like effect, containing, as respects that candidate,

(a) a statement of all payments made by the election agent, together with all the bills and receipts (which bills and receipts are in this Act included in the expression "return respecting election expenses");

(b) a statement of the amount of personal expenses, if any, paid by the candidate;

(c) a statement of the sums paid to the returning officer for his charges, or, if the amount is in dispute, of the sum claimed and the amount disputed;

(d) a statement of all other disputed claims of which the election agent is aware;

(e) a statement of all the unpaid claims, if any, of which the election agent is aware, in respect of which application has been or is about to be made to the High Court;

(f) a statement of all money, securities, and equivalent of money received by the election agent from the candidate or any other person for the purpose of expenses incurred or to be incurred on account of or in respect of the conduct or management of the election, with a statement of the name of every person from whom the same may have been received.

(2) The return so transmitted to the returning officer shall be accompanied by a declaration made by the election agent before a justice of the peace, in the form in the Second Schedule to this Act (which declaration is in this Act referred to as a declaration respecting election expenses). . . .

(4) At the same time that the agent transmits the said return, or within seven days afterwards, the candidate shall transmit or cause to be transmitted to the returning officer a declaration made by him before a justice of the peace, in the form in the first part of the Second Schedule to this Act (which declaration is in this Act referred to as a declaration respecting election expenses).

(5) If in the case of an election for any county or borough, the said return and declarations are not transmitted before the expiration of the time limited for the purpose, the candidate shall not, after the expiration of such time, sit or vote in the House of Commons as member for that county or borough until either such return and declarations have been transmitted, or until the date of the allowance of such an authorised excuse for the failure to transmit the same, as in this Act mentioned, and if he sits or votes in contravention of this enactment he shall forfeit one hundred pounds for every day on which he so sits or votes to any person who sues for the same. . . .

35 (1) The returning officer at an election within ten days after he receives from the election agent of a candidate a return respecting election expenses shall publish a summary of the return in not less than two newspapers circulating in the county or borough for which the election was held, accompanied by a notice of the time and place at which the return and declarations (including the accompanying documents) can be inspected, and may charge the candidate in respect of such publication, and the amount of such charge shall be the sum allowed by the Parliamentary Elections (Returning Officers) Act, 1875. . . .

First schedule, Part I

Persons legally employed for payment

(1) One election agent and no more.

(2) In counties one deputy election agent (in this Act referred to as a sub-agent) to act within each polling district and no more.

(3) One polling agent in each polling station and no more.

(4) In a borough one clerk and one messenger, or if the number of electors in the borough exceeds five hundred, a number of clerks and messengers not exceeding in number one clerk and one messenger for every complete five hundred electors in the borough, and if there is a number of electors over and above any complete five hundred or complete five hundreds of electors, then one clerk and one messenger may be employed for such number, although not amounting to a complete five hundred.

(5) In a county for the central committee room one clerk and one messenger, or if the number of electors in the county exceeds five thousand, then a number of clerks and messengers not exceeding in number one clerk and one messenger for every complete five thousand electors in the county; and if there is a number of electors over and above any complete five thousand or complete five thousands of electors, then one clerk and one messenger may be employed for such number, although not amounting to a complete five thousand.

(6) In a county a number of clerks and messengers not exceeding in number one clerk and one messenger for each polling district in the county, or where the number of electors in a polling district exceeds five hundred one clerk and one messenger for every complete five hundred electors in the polling district, and if there is a number of electors over and above any complete five hundred or complete five hundreds of electors, then one clerk and one messenger may be employed for such number, although not amounting to a complete five hundred: Provided always, that the number of clerks and messengers so allowed in any county may be employed in any polling district where their services may be required.

(7) Any such paid election agent, sub-agent, polling agent, clerk, and messenger may or may not be an elector but may not vote.

(8) In the case of the boroughs of East Retford, Shoreham, Cricklade, Much Wenlock, and Aylesbury, the provisions of this part of this schedule shall apply as if such borough were a county.

Part II

Legal expenses in addition to expenses under Part I

(1) Sums paid to the returning officer for his charges not exceeding the amount authorised by the Act 38 & 39 Vict. c. 84.[1]

(2) The personal expenses of the candidate.

(3) The expenses of printing, the expenses of advertising, and the expenses of publishing, issuing, and distributing addresses and notices.

[1] Parliamentary Elections (Returning Officers) Act, 1875

(4) The expenses of stationery, messages, postage, and telegrams.

(5) The expenses of holding public meetings.

(6) In a borough the expenses of one committee room and if the number of electors in the borough exceeds five hundred then of a number of committee rooms not exceeding the number of one committee room for every complete five hundred electors in the borough, and if there is a number of electors over and above any complete five hundred or complete five hundreds of electors, then of one committee room for such number, although not amounting to a complete five hundred.

(7) In a county the expenses of a central committee room, and in addition of a number of committee rooms not exceeding in number one committee room for each polling district in the county, and where the number of electors in a polling district exceeds five hundred one additional committee room may be hired for every complete five hundred electors in such polling district over and above the first five hundred.

Part III

Maximum for miscellaneous matters

Expenses in respect of miscellaneous matters other than those mentioned in Part I and Part II of this schedule not exceeding in the whole the maximum amount of two hundred pounds, so nevertheless that such expenses are not incurred in respect of any matter or in any manner constituting an offence under this or any other Act, or in respect of any matter or thing, payment for which is expressly prohibited by this or any other Act.

Part IV

Maximum scale

(1) In a borough the expenses mentioned above in Parts I, II, and III of this schedule, other than personal expenses and sums paid to the returning officer for his charges, shall not exceed in the whole the maximum amount in the scale following.

If the number of electors on the register	the maximum amount shall be
does not exceed 2,000	350*l*
exceeds 2,000	380*l*, and an additional 30*l* for every complete 1,000 electors above 2,000
Provided that in Ireland if the number of electors on the register	the maximum amount shall be
does not exceed 500	200*l*
exceeds 500, but does not exceed 1,000	250*l*
exceeds 1,000, but does not exceed 1,500	275*l*

(2) In a county the expenses mentioned above in Parts I, II, and III of this schedule, other than personal expenses and sums paid to the returning officer

for his charges, shall not exceed in the whole the maximum in the scale following.

If the number of electors on the register	the maximum amount shall be
does not exceed 2,000	650*l* in England and Scotland, and 500*l* in Ireland
exceeds 2,000	710*l* in England and Scotland, and 540*l* in Ireland; and an additional 60*l* in England and Scotland, and 40*l* in Ireland, for every complete 1,000 electors above 2,000

29. Letter from Lord Randolph Churchill to Salisbury, 3 April 1884

(H. E. Gorst, *The Fourth Party* (1900), 275–83)

The National Union, St Stephen's Chambers, Westminster, S.W., 3 April 1884. My lord, I have laid your letter of the 1st inst., in which you indicate your reconsidered views and those of Sir Stafford Northcote concerning the position and functions of the National Union of Conservative Associations, before the Organisation Committee. It is quite clear to us that in the letters we have from time to time addressed to you, and in the conversations which we have had the honour of holding with you on this subject, we have hopelessly failed to convey to your mind anything like an appreciation either of the significance of the movement which the National Union commenced at Birmingham in October last, or of the unfortunate effect which a neglect or a repression of that movement by the leaders of the party would have upon the Conservative cause. The resolution of the conference at Birmingham in October – a conference attended by upwards of 450 delegates from all parts of the country – directed the council of the National Union to take steps to secure for that body its legitimate share in the management of the party organisation. This was an expression of dissatisfaction with the condition of the organisation of the party, and of a determination on the part of the National Union that it should no longer continue to be a sham, useless, and hardly even an ornamental portion of that organisation.

The resolution signified that the old methods of party organisation – namely, the control of parliamentary elections by the leader, the whip, the paid agent, drawing their resources from secret funds – which were suitable to the manipulation of the 10*l* householder, were utterly obsolete, and would not secure the confidence of the masses of the people who were enfranchised by Mr Disraeli's Reform Bill, and that the time had arrived when the centre of organising energy should be an elected, representative, and responsible body. The delegates at the conference were evidently of opinion that, if the principles of the Conservative party were to obtain popular support, the organisation of the party would have to become an imitation, thoroughly real and *bona fide* in its nature, of that popular form of representative organisation which had contributed so greatly to the triumph of the Liberal party in 1880, and which was best known to the public by the name of the Birmingham Caucus. The caucus may be, perhaps, a name of evil sound and omen in the ears of the aristocratic or privileged classes, but it is undeniably the only form of political organisation which can collect, guide, and control for common objects large masses of electors; and there is nothing in this particular form of political combination which is in the least repugnant to the working classes in this country. The newly elected council of the National Union proceeded to communicate these views to your lordship and Sir Stafford Northcote, and invited the assistance of your experience and authority to enable them to satisfy the direction which had been imposed upon them by the delegates.

It appeared at first, from a letter which we had the honour of receiving from you on February 29, that your lordship and Sir Stafford Northcote entered fully and sympathetically into the wishes of the council, in which letter it was distinctly stated that it was the duty of the council

1. To superintend and stimulate the exertions of the local associations.
2. To furnish them with advice, and in some measure with funds.
3. To provide lecturers on political topics for public meetings.
4. To aid them in the improvement and development of the local press.
5. To help them in perfecting the machinery for registration and volunteer agency at election time.
6. To press upon the local associations the paramount duty of a timely selection of candidates for the House of Commons.

Nothing could have been clearer, more definite, or satisfactory than this scheme of labour; and, accompanied as it was by observations of a flattering character concerning the constitution of the National Union, the council was greatly gratified and encouraged by its reception.

The council, however, committed the serious error of imagining that your lordship and Sir Stafford Northcote were in earnest in wishing them to become a real source of usefulness to the party, and proceeded to adopt a report, presented to them by us, in which practical effect was given to the advice with which the council have been favoured, and they were under the impression that they would be placed in a position to carry out their labours successfully by being furnished with pecuniary resources from the considerable funds which your lordship and Sir Stafford Northcote collect and administer for the general purposes of the party.

The council have been rudely undeceived. The day after the adoption of the report, before even I had had time to communicate that report officially to your lordship, I received a letter from Mr Bartley, the paid agent of the leaders, written under their direction, containing a formal notice to the National Union to quit the premises occupied by them in conjunction with the other organising officials, accompanied by a statement that the leaders declined for the future all and any responsibility for the proceedings of the National Union.

Further, in your letter of the 1st instant you express your disapproval of the action of the council, and decline to consider the report, on the ground that the contemplated action of the council will trench upon the functions of an amorphous and unknown body, styled the Central Committee, in whose hands all matters hitherto disposed of by the leaders and whips of the party must remain, including the expenditure of the party funds.

In the same letter you state that you will indicate with more precision the objects at which the council of the National Union should aim, the result being that the precise language of your former letter of February 29 is totally abandoned, and refuge taken in vague, foggy and utterly intangible suggestions.

Finally, in order that the council of the National Union may be completely and for ever reduced to its ancient condition of dependence upon and servility to certain irresponsible persons who find favour in your eyes, you demand that the whips of the party – meaning, we suppose, Lord Skelmersdale, Lord Hawarden and Lord Hopetoun in the Lords, Mr Rowland Winn and Mr Thornhill in the Commons – should sit *ex officio* on the council, with a right of being present at the meetings of all committees.

With respect to the last demand, we think it right to state, for the information of your lordship, that under the rules and constitution of the National Union the council have no power whatever to comply with this injunction. The council are elected at the annual conference, and have no power to add to their number. All that they can do is that, in the event of a vacancy occurring among the members, they have the power by co-option to fill up the vacancy.

I will admit that in conversation with your lordship and Sir Stafford Northcote, with a view to establishing a satisfactory connection between the council and the leaders of the party without sacrificing the independence of the former, I unofficially suggested an arrangement – subsequently approved by this committee – under which Mr R. N. Fowler, one of the treasurers of the National Union, might have been willing to resign that post, and Mr Winn might have been elected by the council to fill it – an arrangement widely different from the extravagent and despotic demand laid down in your letter of the 1st instant.

You further inform us that in the event of the council – a body representing, as it does, upwards of 500 affiliated Conservative associations, and composed of men eminent in position and political experience, enjoying the confidence of the party in populous localities, and sacrificing continually much time, convenience, and money to the work of the National Union – acquiescing in the view of its functions laid down in your letter of April 1 it may be graciously permitted to remain the humble inmate of the premises which it at present occupies.

We shall lay your letter and copy of this reply before the council at its meeting tomorrow, and shall move the council that they adhere substantially to the report already adopted, in obedience to the direction of the conference at Birmingham; that they take steps to provide themselves with their own officers and clerks; and that they continue to prosecute with vigour and independence the task which they have commenced – namely, the *bona fide* popular organisation of the Conservative party.

It may be that the powerful and secret influences which have hitherto been unsuccessfully at work on the council, with the knowledge and consent of your lordship and Sir Stafford Northcote, may at last be effectual in reducing the National Union to its former make-believe and impotent condition. In that case we shall know what steps to take to clear ourselves of all responsibility for the failure of an attempt to avert the misfortunes and reverses which will, we are certain, under the present effete system of wire-pulling and secret organisation, overtake and attend the Conservative party at a general election.

I have the honour to be, yours obediently, Randolph S. Churchill.

30. Representation of the People Act, 1884

(*Public General Statutes*, 48 & 49 Vict. c. 3)

. . .

Extension of the household and lodger franchise
2. A uniform household franchise and a uniform lodger franchise at elections shall be established in all counties and boroughs throughout the United Kingdom, and every man possessed of a household qualification or a lodger qualification shall, if the qualifying premises be situated in a county in England or Scotland, be entitled to be registered as a voter, and when registered to vote at an election for such county, and if the qualifying premises be situated in a county or borough in Ireland, be entitled to be registered as a voter, and when registered to vote at an election for such county or borough.
3. Where a man himself inhabits any dwelling-house by virtue of any office, service, or employment, and the dwelling-house is not inhabited by any person under whom such man serves in such office, service, or employment, he shall be deemed for the purposes of this Act and of the Representation of the People Acts to be an inhabitant occupier of such dwelling-house as a tenant.

Prohibition of multiplication of votes
4. Subject to the saving in this Act for existing voters, the following provisions shall have effect with reference to elections.

(1) A man shall not be entitled to be registered as a voter in respect of the ownership of any rentcharge except the owner of the whole of the tithe rentcharge of a rectory, vicarage, chapelry, or benefice to which an apportionment of tithe rentcharge shall have been made in respect of any portion of tithes.

(2) Where two or more men are owners either as joint tenants or as tenants in common of an estate in any land or tenement, one of such men, but not more than one, shall, if his interest is sufficient to confer on him a qualification as a

voter in respect of the ownership of such estate, be entitled (in the like cases and subject to the like conditions as if he were the sole owner) to be registered as a voter, and when registered to vote at an election.

Provided that where such owners have derived their interest by descent, succession, marriage, marriage settlement, or will, or where they occupy the land or tenement, and are *bona fide* engaged as partners carrying on trade or business thereon, each of such owners whose interest is sufficient to confer on him a qualification as a voter shall be entitled (in the like cases and subject to the like conditions as if he were sole owner) to be registered as a voter in respect of such ownership, and when registered to vote at an election, and the value of the interest of each such owner where not otherwise legally defined shall be ascertained by the division of the total value of the land or tenement equally among the whole of such owners.

Assimilation of occupation qualification
5. Every man occupying any land or tenement in a county or borough in the United Kingdom of a clear yearly value of not less than ten pounds shall be entitled to be registered as a voter and when registered to vote at an election for such county or borough in respect of such occupation subject to the like conditions respectively as a man is, at the passing of this Act, entitled to be registered as a voter and to vote at an election for such county in respect of the county occupation franchise, and at an election for such borough in respect of the borough occupation franchise.

Supplementary provisions
6. A man shall not by virtue of this Act be entitled to be registered as a voter or to vote at any election for a county in respect of the occupation of any dwelling-house, lodgings, land, or tenement, situate in a borough. . . .

31. Chamberlain's "ransom" speech, 5 January 1885

(*Mr Chamberlain's Speeches*, ed. C. W. Boyd, 2 vols (1914), I, 130 ff.)

I have been your member now for nearly nine years, and during the greater part of that time I have had the honour of a seat in the government. I have had to make great claims on your patience and indulgence, and you have never failed to respond with a generosity which is one of the most striking characteristics of great popular constituencies. In the course of that time you will easily understand I have sometimes found it difficult, as one of the Radical members in a Liberal government, to reconcile the loyalty which I owe to my colleagues and to the party at large with the strenuous and constant promotion of the principles which I am supposed especially to represent. . . . We stand tonight at the commencement of a new era. We are about to take a new departure, and I rejoice to think we shall take it together. The Franchise Bill has been passed, and the pistol of which Lord Salisbury spoke so emphatically has been loaded, and it is in our hands. Nearly two million of men will enter for the first time into the full enjoyment of their political rights. These men are for the most part your fellow-workers in factory and in field, and for the first time the toilers and spinners will have a majority of votes, and the control, if they desire it, of the government of the country. Today parliament is elected by three millions of electors, of whom, perhaps, one third are of the working classes. Next year a new House will come to Westminster elected by five millions of men, of whom three fifths belong to the labouring population. It is a revolution which has been peacefully and silently accomplished. The centre of power has been shifted and the old order is giving place to the new. . . . If these are the results which we have the right to anticipate, I do not think we need waste time in discussing to whom the merits of authorship belong. . . . You are in the position of men who have suddenly come into a fortune of which, a short time ago, you had only a distant expectation. Almost immediately you will be placed in the full enjoyment of those political rights of which up to this time you have had only a trifling foretaste.

These changed conditions will require novel combinations to meet them. The Liberal party next January will have outgrown its old clothes, and it must be prepared with new garments. The organisation of the party and the programme of the party must be alike enlarged to meet the necessities of the situation which will have been created. I see that in some quarters the Tories are consoling themselves for the changes which they fear, in the hope that, at all events, they will put an end to the power and the influence of the dreaded caucus. They were never more mistaken in their lives. The caucus is like the fabled hydra; you may strike off its head and half a dozen new ones spring from the dismembered trunk. There will be more need than ever for organisation if you are to gain the full advantage from the new conditions. Vested interests, special crotchets, and personal claims have a natural tendency to combine. They are on their defence; they are bound together by common ties and common fears: and if the common good, if the interest of the great majority is without discipline and without recognised leaders, it will be like a mob that disperses before the steady tread of a few policemen, or before the charge of a handful of cavalry. . . .

But when your organisation is perfected, when in due proportion to their numbers every class and every district sends up its members to the great council of the nation which for the first time will be truly representative, what will this assembly do with the powers entrusted to it? . . . In the first place, I think that, on the whole, the extension of popular authority will make for peace. The late Mr Carlyle, in one of his books, says that the common people, everywhere, desire war, because in wartime there is a demand for common people to be shot. I do not believe the truth of this cynical observation. I do not think that democracy will have any love for a policy of intervention and aggression, nor any ambition for conquest and universal dominion. These thoughts lead straight to conscription and you will not be eager or even willing to pay the blood tax which is levied on your brethren in continental countries. I anticipate, then, that you will give no assistance to a party who are clamouring for what they call a strong foreign policy, and at this moment, in the interest chiefly of the bondholders and foreign speculators, are calling upon us to take possession of Egypt without regard to the wishes of the population or the just susceptibilities of other nations. We are in Egypt at this time in pursuance of an unselfish object. Our task has proved of greater magnitude than we had anticipated. It is, indeed, one of almost unexampled difficulty. We have met with hostility and opposition in quarters where we had reason to hope for assistance and cooperation. But we will not be driven from our intentions. We will not yield one jot to the perfidious suggestions of dubious friend abroad or the interested clamours of financial greed at home, and we will not destroy the independence which we are solemnly pledged to Europe and to parliament to respect. I hope and believe that in this course we shall have your approval, and that you will know how to distinguish between a policy of justice and a policy of weakness. It is not the bravest man who blusters most, and the universal bully, at a time of pinch, is very likely to be found a universal coward. If, however, the occasion should come to assert the authority of England, a democratic government, resting on the confidence and support of the whole nation, and not on the favour of any limited class, would be very strong. It would know how to make itself respected, and how to maintain the obligations and honour of the country. . . .

Now, gentlemen, I turn to the last point upon which I propose to address you. What is to be the nature of the domestic legislation of the future? I cannot help thinking it will be more directed to what are called social subjects than has hitherto been the case. How to promote the greater happiness of the masses of the people, how to increase the enjoyment of life, that is the problem of the future; and just as there are politicians who would occupy all the world and leave nothing to the ambition of anyone else, so we have their counterpart at home in men, who having already annexed everything that is worth having, expect everybody else to be content with the crumbs that fall from their table. If you go back to the early history of our social system, you will find that when our social arrangements first began to shape themselves, every man was born into the world with natural rights, with a right to share in the great inheritance of the community, and a right to a part in the land of his birth. But all these rights have passed away. The common rights of ownership have disappeared. Some of them have been sold; some of them have been given away by people who had no right to dispose of them; some of them have been lost through apathy and ignorance; some have been destroyed by fraud; and some have been acquired by violence. Private ownership has taken the place of these communal rights, and this system has become so interwoven with our habits and usages, it has been so sanctioned by law and protected by custom that it might be very difficult and perhaps impossible to reverse it. But then, I ask, what ransom will property pay for the security which it enjoys? What substitutes will it find for the natural rights which have ceased to be recognised? Society is banded together in order to protect itself against the instincts of those of its numbers who would make very short work of private ownership if they were left alone. That is all very well, but I maintain that society owes to these men something more than mere toleration in return for the restrictions which it places upon their liberty of action.

There is a doctrine in many men's mouths and in few men's practice that property has obligations as well as rights. I think in the future we shall hear a great deal more about the obligations of property, and we shall not hear quite so much about its rights. What are the rights of property? Is it a right of property which entitles a foreign speculator to come to this country and lay waste two hundred miles of territory in Scotland for the gratification of his love of sport, and to chase from the lands which their fathers tilled long before this intruder was ever heard of, the wretched peasants who have committed the crime of keeping a pet lamb within the sacred precincts of a deer forest? Are the game laws a right of property? Is it just and expedient that the amusements of the rich, carried even to barbarous excess, should be protected by an anomalous and Draconian code of law, and that the community should be called upon to maintain in gaol men who are made criminal by this legislation, although they have committed no legal offence? Is it a right of property that sailors should be sent to sea to pursue their dangerous occupation without any sufficient regard to their security? Is it tolerable that in pursuit of a necessary livelihood for themselves and their families they should embark in ships when safe return depends wholly upon the continuance of favourable weather, and upon the absence of any of the ordinary accidents of the sea? Is it right that they should do this while the owners of these ships and the employers of these men sleep comfortably in their beds, with a certainty that whatever happens they will be no losers – that they will probably be gainers – by the disasters which cause so much misery to the seamen and their families? Lastly, is it an essential condition of private ownership in land that the agricultural labourers in this country, alone of civilised countries, should be entirely divorced from the soil they till, that they should be driven into towns to compete with you for work, and to lower the rate of wages, and that alike in town and country, the labouring population should be huddled into dwellings unfit for man or beast, where the conditions of common decency are impossible, and where they lead directly to disease, intemperance and crime?

These are questions which I hope you will ask at the next election, and to which you will demand an answer. Do not suffer yourselves to be turned aside; do not be diverted. The owners of property – those who are interested in the existing state of things, the men who have privileges to maintain – would be glad to entrap you from the right path by raising the cry of fair trade, under which they cover their demand for protection, and in connection with which they would tax the food of the people in order to raise the rents of the landlord.

Protection very likely might, it probably would have this result – it would increase the incomes of the owners of great estates, and it would swell the profits of the capitalists who were fortunate enough to engage in the best protected industries. But it would lessen the total production of the country; it would diminish the rate of wages and it would raise the prices of every necessary of life. Believe me, it is not in this direction that you would have to look for remedy for the depression which would undoubtedly prevail. Property cannot hope to pay its debts to labour by taxing the means of subsistence. You must look for the cure in legislation laying the heaviest burden on the shoulders best able to bear them – legislation which will, in some degree, at any rate, replace the labourer on the soil and find employment for him without forcing him into competition with the artisans of the towns – legislation which will give a free education to every child in the land, and which will thus entitle every one, even the poorest, to make the best use of the faculties with which he may be gifted. I congratulate you on the fair prospect which is opening up for the class to which you belong. In the era which is now commencing we shall see many experiments intended to lessen the evils which poverty brings in its train, to increase the rewards of labour, to bring hope to the miserable, to give courage to the weak, and in this way to advance the end and aim of all our Liberal policy – the greatest happiness of the greatest number.

32. The realities of constituency organisation in 1887

(*Westminster Magazine* (1887))

. . . Those who have been behind the scenes of these party organisations are not likely to have been so much surprised at their inability to gauge correctly the local feeling. We have already indicated some of the reasons for this. The associations have not been representative owing to the principal ward meeting having proved unworkable in practice. Many associations have become more or less close bodies, representative of a few, and out of touch with the bulk of the Liberal party. It has been so common as to be almost a rule, in ordinary times, for small ward meetings to elect more members to the association than there have been persons present at the meetings. Selected lists of names have been put to the meeting, and carried as a matter of the commonest routine. Then, again, there has been a tendency to let the work drift. There exist only vague and superficial relations between the associations and the electors; the central body takes little or no trouble to ascertain the opinions of the masses; the whole policy is of a general and indefinite character; and the association in effect represents, in the true sense of the term, too frequently no one at all but the members themselves. When the time of an election comes, there is a most praiseworthy activity, and the party managers endeavour with most laudable zeal to accomplish in a few days what ought to have been, and might have been, the gradual work of as many years. It is common enough in such constituencies –

and they may be counted by the hundred – to hear complaints of the apathy of the Liberal party; and it is not too much to assert that this apathy is mainly the reflection, outside the association, of the indifference, routine, and inactivity which prevail within it.

The cardinal faults of the present system of local organisation are

the non-representative character of the associations;

the faulty system of election;

the dangerous practice of issuing mere machine-made opinion;

the indifference of the bulk of the association to the political condition of the rank and file of the party;

the lack of any methodised system of political education; and

the want of any organised method of apportioning work and responsibility among individuals.

The results may be summed up in a single sentence.

The general unreliability of the organisations, as partially proved in November 1885, and fatally demonstrated last summer.

33. New procedure in 1887: speech of W. H. Smith, 21 February 1887

(*Hansard*, 3rd series CCCXI, cols 186–90)

[First night] The First Lord of the Treasury (Mr W. H. Smith) (Strand, Westminster): I trust that a question of a character which makes it disagreeable for this House to entertain it may now be considered to have terminated, and that we may be permitted to proceed to the business set down for consideration. Perhaps I may, at the outset, refer to some remarks which fell from the right hon. gentleman the member for Derby (Sir William Harcourt) last week, with reference to the character of the debate this evening. The right hon. gentleman said that he hoped that opportunity would be given for a general discussion of the subject to which our attention is now turned; and I concur in the view of the right hon. gentleman, that as much latitude as possible should be given to hon. members for the discussion of the general principles which underlie the rules which will be submitted to the House. I shall, in the observations which I have to make, endeavour as far as possible to avoid that kind of obstruction which results from the delivery of a very long speech. The question of procedure is one with which the whole House is so thoroughly intimate that a long argument or complicated statement of facts is not required in order to prove that its consideration is a matter of urgent necessity. In endeavouring to obtain the concurrence of the House to these rules I shall seek to avoid making a single observation which could excite the opposition of hon. members on the opposite side of the House; and I shall try to recommend the changes which we favour, on the ground that they are necessary for the maintenance of the efficiency of parliament; for the vindication of the authority of the House over its own proceedings; and for the purpose of enabling the House to discharge the duties which are entrusted to it by the country. I do not think there is a single member in the House who will deny that, after struggling for many years against the difficulties with which the House has had to contend, it is absolutely necessary to place some restriction on that perfect liberty of debate which we have formerly enjoyed. Some change in the conduct of the business of this House must be made. The right hon. gentleman opposite (the member for Derby) has already intimated that in his opinion our proposals are not sufficiently drastic; but it is with extreme unwillingness that we bring them forward, and thus place restrictions on that liberty which members of this House have hitherto enjoyed. The first rule is one founded upon the rule with regard to closure which is at present in existence, and which has been put in force under your authority. There is, however, a marked change. Instead of placing the sole responsibility upon the Speaker of intimating to the House that, in his opinion, it is the evident sense of the House that the discussion shall terminate; our new rule enables any member to move that the question be now put – that is, to enforce the closure, provided that he first obtains the Speaker's permission to make that motion. That is a change of very considerable importance. The Speaker will, according to this rule, exercise a control over the application of the closure, which will afford security for ample discussion, and for the rights of minorities. The Speaker occupies a judicial position in this House, which may be of the highest benefit to the House itself and to the country by securing the rights of minorities and, at the same time, the dignity of the House of Commons; securing the rights of minorities without, however, allowing them to become a tyrannical obstruction to the business of the House. By this rule full security will be obtained that the debate shall not be closed until, in the judgment of the Speaker, the discussion has been sufficient. Private members are particularly interested in this matter – it is especially their interest that the business of the country should be expeditiously transacted; for, at present the government have constantly to ask for special facilities which deprive private members of their opportunities of bringing forward those subjects in which they are peculiarly interested. The proposals we make under the head of "devolution" do not go so far as the right hon. gentleman opposite would, I believe, desire. We do not propose to divide the House into four or five grand committees for the consideration of all bills. There is no security that if a committee of one-fourth or one-fifth of the House had considered an important measure minutely in committee, the other three-fourths or four-fifths would not deal with it again at great length when the measure returned to the House. Our proposal is to restore the standing committees which were in operation some time ago, to create another grand committee, and to refer to these committees certain classes of bills. The proposals of the government are before the House as a whole; and I must point out that, unless the first rule is adopted, it will be impossible to secure that change in regard to the sittings of the House which I believe hon. members generally desire. It is obviously out of the question that there should be an adjournment at any fixed time, unless there exists the power of closing a debate before the adjournment. In the absence of the closure the adjournment of the House at any fixed hour could be largely utilised for the purpose of obstruction. The second rule deals with motions of adjournment, and, I think, will be recognised as a distinct improvement. To the Speaker, as the officer responsible for the order of the House, and, as such, the custodian of its glorious traditions, the power is given of deciding what is "a matter of urgent public importance". This we think is a far better plan than that of requiring a certain number of members to rise in their places in support of the motion. I shall not enter into details upon the other rules; but when they are reached, I shall be prepared to urge what arguments I have in support of them. I commend these rules to the House with some reluctance, since they are restrictive in their character; but the time has come when such rules are necessary, and I would appeal to hon. members to bear in mind that they are not merely representatives of a certain constituency, but members of the first legislative assembly in the world; whose duty it is to see that its traditions remain unimpaired, and that it continues to be able to discharge its duty to the nation. Many hon. gentlemen are frequently called upon to make the sacrifice of refraining even from good words, when facts and arguments have been stated over and over again without gaining any additional force. It is therefore the case that do what we may, and whatever rules we lay down for the discussion of the business of the House, we must still appeal to hon. members themselves – to appeal to them to consider who they are, what they are, what they came here to do, and what responsibility is upon them. The duty is imposed upon me of endeavouring, however feebly it may be, to urge this appeal upon hon. members of this House, because without the assistance of hon. members themselves it is impossible for the House to do its duty. Make any regulations you please; but it is impossible for the House to discharge its duty by the country without this assistance. I know it may be said that the work of the House has increased. That is perfectly true; the work has increased, but our speeches have become longer and more frequent; hon. members seem to consider it necessary to the constituencies that they represent that they should speak frequently and at greater length; and if they will consider the arithmetical proportion between the number of members of the House and the time at its disposal, I think they will recognise the truth in a great measure of the saying that if speech is silvern silence is golden. I apologise if I have not made a full or complete statement of the grounds upon which I submit this motion to the House. If I have failed in any way, it has been from the desire to make my statement as concise as it can be made. The motion itself is one which is intended to apply not to our procedure this year, but for many years to come, and it is nearly identical with the one which was passed in 1882. The only change, sir, made by this motion in the existing order is that any member of the House may have the right to make the motion with your consent. I will only further say that I trust we may now, without further unnecessary delay, proceed to the regulation of our business, and arrive at last to the actual conduct of the business of the House. The right hon.

gentleman concluded by moving the first rule which applies to the closure debate.

Motion made, and question proposed,
I. Closure of debate

"That, at any time after a question has been proposed, a motion may be made, if the consent of the chair has been previously obtained 'That the question be now put'. Such motion shall be put forthwith, and decided without amendment or debate.

"When the motion 'That the question be now put' has been carried, and the question consequent thereon has been decided, any further motion may be made (the consent of the chair having been previously obtained) which may be requisite to bring to a discussion any question already proposed from the chair; and also if a clause be then under consideration, a motion may be made (with the consent of the chair as aforesaid) That the question, that the clause stand part, or be added to the bill, be now put. Such motion shall be put forthwith, and decided without amendment or debate.

"Provided always, that questions for the closure of debate shall not be decided in the affirmative, if a division be taken, unless it shall appear by the numbers declared from the chair, that such motion was supported by more than two hundred members, or was opposed by less than forty members, and supported by more than one hundred members." (Mr W. H. Smith)

34. The "Valentine letters" between Balfour and Chamberlain, 14 February 1906

(J. Amery, *Life of Joseph Chamberlain*, VI, *Joseph Chamberlain and the Tariff Reform Campaign* (1969), 849, 850)

These letters represent the compromise reached between Balfour and Chamberlain after prolonged fencing and negotiation on the subject of Conservative and Unionist party leadership and programme after the 1906 election. It was understood that Balfour, although at the moment without a seat in parliament, would continue as leader, and when a seat was found for him in the city of London this duly happened. Amery's comment is that Balfour, who had negotiated with great skill and tenacity, could congratulate himself that he had won a battle, though not the campaign. Chamberlain's physical collapse later in the year took him, personally, out of the conflict.

(a) *Balfour to Chamberlain, 14 February 1906*

The controversy aroused by the Fiscal Question has produced, not un-naturally, the impression which I have consistently combated, that the practical differences between Fiscal reformers are much deeper than is, in fact, the case. The exchange of views which has recently taken place between us leads me to hope that this misconception may be removed, and with it much friction which has proved injurious to the party.

My own opinion, which I believe is shared by the great majority of the Unionist party, may be briefly summarised as follows,

I hold that Fiscal reform is, and must remain the first constructive work of the Unionist party;

that the objects of such reform are to secure more equal terms of competition for British trade and closer commercial union with the Colonies;

that while it is unnecessary at present to prescribe the exact methods by which these objects are to be attained, and inexpedient to permit differences of opinion as to these methods to divide the party, I hold that though other means may be possible, the establishment of a moderate general tariff on manufactured goods, not imposed for the purpose of raising prices or giving artificial protection against legitimate competition, and the imposition of a small duty on foreign corn, are not in principle objectionable, and should be adopted if shown to be necessary for the attainment of the ends in view or for the purposes of revenue.

(b) *Chamberlain to Balfour, 14 February 1906*

I cordially welcome your letter of today in which you have summarised the conclusions that we have reached during our recent discussions.

I entirely agree with your description of the objects which we both have in view and gladly accept the policy which you indicate as the wise and desirable one for the Unionist party to adopt.

In endeavouring to give effect to this policy, and in defending all Unionist principles any services that I can render will be entirely at your disposal.

35. Campbell-Bannerman's resolution on House of Lords, 24 June 1907

(*Hansard*, 4th series, CLXXVI, col. 909)

That in order to give effect to the will of the people as expressed by their elected representatives, it is necessary that the power of the other House to alter or reject bills passed by this House should be so restricted by law as to secure that within the limits of a single parliament the final decision of the Commons shall prevail.

36. Budget statement: (land) taxation proposals, 29 April 1909

(*Hansard*, 5th series, IV, col. 501)

In the earlier part of his budget statement the chancellor attributed the deficit he had to meet to heavy but necessary expenditure on the navy and to the cost of old age pensions, which would have been considerably heavier had the government accepted amendments to the scheme proposed by the Opposition. He also discussed the government's proposals on social reform.

Principles of taxation

Now what are the principles upon which I intend to proceed in getting those taxes? The first principle on which I base my financial proposals is this – that the taxation which I suggest should be imposed, while yielding in the present year not more than sufficient to meet this year's requirements, should be of such a character that it will produce enough revenue in the second year to cover the whole of our estimated liabilities for that year. And, moreover, that it will be of such an expansive character as to grow with the growing demand of the social programme which I have sketched without involving the necessity for imposing fresh taxation in addition to what I am asking parliament to sanction at the present time. The second principle on which I base my proposals is that the taxes should be of such a character as not to inflict any injury on that trade or commerce which constitutes the sources of our wealth.

My third principle is this, that all classes of the community in this financial emergency ought to be called upon to contribute. I have never been able to accept the theory which I have seen advanced that you ought to draw a hard-and-fast line at definite incomes and say that no person under a certain figure should be expected to contribute a penny towards the burden of the good government of the country. In my judgment all should be called upon to bear their share. No voluntary association, religious or philanthropic or provident, has ever been run on the principle of exempting any section of its membership from subscription. They all contribute, even to the widow's mite. It is considered not merely the duty, but the privilege and pride of all to share in the common burden, and the sacrifice is as widely distributed as is the responsibility and the profit. At the same time, when you come to consider whether the bulk of the taxation is to be raised by direct or indirect means, I must point out at this stage – I shall have a little more to say on this subject later on – that the industrial classes, in my judgment, upon a close examination of their contributions to local and imperial finance, are paying more in proportion to their incomes than those who are better off. Their proportion to local finances especially is heavier, because, although nominally the rates are not paid by them, as everyone knows, they are really. For that reason the burden at the present moment of new taxation bears much more heavily in proportion to their income on that class than it does upon the wealthier and better-to-do classes. . . .

Direct taxation

Now I come to my direct taxation. It must be obvious that in meeting a large deficit of this kind I should be exceedingly unwise if I were to trust to speculative or fancy taxes. I therefore propose, first of all, to raise more money out of the income tax and estate duties. Income tax in this country only begins when the margin of necessity has been crossed and the domain of comfort and even of gentility has been reached. A man who enjoys an income of over £3 a week need not stint himself or his family of reasonable food or of clothes and shelter. There may be an exception in the case of a man with a family, whose gentility is part of his stock in trade or the uniform of his craft. Then, I agree, often things go hard.

Then when you come to estate duties what a man bequeaths, after all, represents what is left after he has provided for all his own wants in life. Beyond a certain figure it also represents all that is essential to keep his family in the necessaries of life. The figure which the experience of seventy years has sanctified as being that which divides sufficiency from gentility is £150 to £160 a year. A capital sum that would, if invested in safe securities, provide anything over that sum, ought to be placed in a different category from any sum which is below that figure.

There is one observation which is common to income tax and the death duties, more especially with the higher scales. What is it that has enabled the fortunate possessors of these incomes and these fortunes to amass the wealth they enjoy or bequeath? The security ensured for property by the agency of the State, the guaranteed immunity from the risks and destruction of war, ensured by our natural advantages and our defensive forces. This is an essential element even now in the credit of the country; and, in the past, it means that we were accumulating great wealth in this land, when the industrial enterprises of less fortunately situated countries were not merely at a standstill, but their resources were being ravaged and destroyed by the havoc of war. What, more, is accountable for this growth of wealth? The spread of intelligence amongst the masses of the people, the improvements in sanitation and in the general condition of the people. These have all contributed towards the efficiency of the people, even as wealth-producing machines. Take, for instance, such legislation as the Education Acts and the Public Health Acts; they have cost much money, but they have made infinitely more. That is true of all legislation which improves the conditions of life of the people. An educated, well-fed, well-clothed, well-housed people invariably leads to the growth of a numerous well-to-do class. If property were to grudge a substantial contribution towards proposals which ensure the security which is one of the essential conditions of its existence, or towards keeping from poverty and privation the old people whose lives of industry and toil have either created that wealth or made it productive, then property would be not only shabby, but short-sighted.

Income tax
Now what do I propose? When it is remembered that the total yield of income tax on its present basis amounts to little more than five years' normal growth of the aggregate income upon which income tax is payable (which increased from £607,500,000 in 1901–2 to £640,000,000 in 1906–7), it will be seen that our present reserve of taxable capacity is as great at the present moment with the existing rate of the tax as it would have been five years ago if there had been no tax at all. If the tax were doubled in the present year income tax payers would, in the aggregate, after payment of the double rate, be in the enjoyment of almost exactly the same net income as five years ago. A careful consideration of these figures ought to convince the most sceptical that the maximum rate of the tax may be retained at 1s, or even increased, without seriously encroaching upon our available reserves for national emergencies. The time, however, has gone by when a simple addition of pence to the poundage of the tax, attractive as the simplicity of that expedient is, can be regarded as a satisfactory solution of a financial difficulty.

As the Prime Minister so well pointed out two years ago, inequalities which might be tolerated in a tax designed for the purpose of meeting a temporary emergency are intolerable in a permanent part of our fiscal machinery. The income tax, imposed originally as a temporary expedient, is now in reality the centre and sheet anchor of our financial system. The principles of graduation and differentiation, the apportionment of the burden as between different classes of taxpayers, according, on the one hand, to the extent, and on the other hand, to the nature of their resources, are in the lower stages of the income tax scale already recognised by abatements and allowances. It remains to complete the system by extending the application of these principles, and in regard to differentiation by taking account to some extent, at any rate, not only of the source from which income is derived, but also of the liabilities which the taxpayer has contracted in the discharge of his duties as a citizen, and of the other burdens of taxation borne by him by virtue of those responsibilities.

Notwithstanding the relief given by the Finance Act of 1907, the burden of the income tax upon earnings is still disproportionately heavy. While, therefore, I propose to raise the general rate at which the tax is calculated, I propose that the rates upon earned income in the case of persons whose total income does not exceed £3,000 should remain as at present, namely, 9d in the pound up to £2,000, and 1s in the pound between £2,000 and £3,000. In respect of all other incomes now liable to the 1s rate I propose to raise the rate from 1s to 1s 2d.

Abatement on children

In the case of incomes not exceeding £500, the pressure of the tax, notwithstanding the abatements at present allowed, is sorely felt by taxpayers who have growing families to support, and although a comparatively trifling additional burthen will be imposed upon them by the increased rate, since the aggregate income of this class is to the extent of at least four-fifths exclusively earned income, I think that even upon the present basis they have a strong claim to further relief. Even from the purely fiscal point of view there is this essential difference between the position of a man with a family and that of the taxpayer who has no such responsibilities. The family man is, generally speaking, a much heavier contributor to that portion of the revenue which is derived from indirect taxation and inhabited house duty, so that in comparison with the bachelor he is taxed not so much in proportion to his income as in proportion to his outgoings.

There is no class of the community which has a much harder struggle or a more anxious time than that composed of the men whose earnings just bring them within the clutches of the income tax collector. On a small income they have not merely to maintain themselves, but to exhaust a large proportion of their limited resources in that most worrying and wasteful of all endeavours known as "keeping up appearances". They are often much worse off and much more to be pitied than the artisan who earns half their wages. If they have only themselves to think about they do well, but when they have a family dependent upon them the obligation to keep up the appearance of respectability of all their dependants is very trying. I am strongly of opinion that they deserve special consideration in the rearrangement of our finances. Continental countries recognise their claim, and I propose that for all incomes under £500, in addition to the existing abatements, there shall be allowed from the income in respect of which the tax is paid a special abatement of £10 for every child under the age of 16 years. . . .

Income (super) tax

The imposition of a super-tax, however, upon large incomes on the lines suggested by the Select Committee of 1906 is a more practicable proposition, and it is upon this basis that I intend to proceed. Such a super-tax might take the form of an additional poundage charged at a uniform rate upon the whole income of persons whose total income exceeds the maximum above which the tax is to be applied, or the poundage might be varied according to the amount of the income to be taxed. A third, and I think, preferable, alternative is to adopt a uniform poundage, but to charge the tax not upon the total income, but upon the amount only by which the income exceeded a certain fixed amount which would naturally, but need not necessarily, be the amount of the minimum income which attracts the tax. We might begin, say, at £3,000, and levy the new tax upon all income in excess of £3,000, or at £5,000, and levy the tax upon income in excess of £5,000. In the former case some 25,000 assessments would be required, in the latter only 10,000 – from the point of view of administration a very strong argument in favour of the adoption of the higher figure at any rate in the first instance. On the other hand, a general abatement of £5,000 per taxpayer would be extremely costly, and though it would have the effect of largely reducing the actual as compared with the nominal rate of the tax except in the case of very large incomes indeed, the nominal rate necessary to produce an adequate revenue – though in reality no measure of the general burthen – would tend to appear somewhat alarming. While therefore I propose to limit the tax to incomes exceeding £5,000, I propose to levy it upon the amount by which such incomes exceed £3,000, and at the rate of 6d in the £ upon the amount of such excess. An income of £5,001 will thus pay in super-tax 6d in the £ on £2,001, the equivalent of an addition to the existing income tax of rather less than $2\frac{1}{2}d$ in the £, and an income of £6,000 the equivalent of an additional 3d. The equivalent of an extra 4d (or a total income tax of 1s 6d in the £) will only be reached when the total income amounts to £9,000 and 5d not until £18,000. Assessments to the new tax will be based upon the returns of total income from all sources, which will be required from persons assessable. The machinery will be, in the main, independent of the machinery of the existing income tax, but the assessments will be made by the special commissioners appointed under the Income Tax Acts, and assessable income will be determined according to the rules laid down in the income tax schedules. Total income for the purposes of the tax will be ascertained in the manner prescribed by statute for determining total income for the purposes of the present income tax exemptions and abatements, that is to say, deductions will be allowed for interest upon loans and mortgages and any other payments made under legal obligation, while in the case of real property assessed to property tax under schedule A, a special five per cent allowance will be made for cost of management, as well as the allowances of one-sixth and one-eighth for repairs at present made in collection of the property tax under that schedule. Sir Henry Primrose, in his evidence before the Select Committee in 1906 estimated the number of persons in receipt of incomes over £5,000 a year to be 10,000, and their aggregate income to be £121,000,000. From this it will be seen that the amount of income liable to a super-tax would be £90,000,000. The yield of the super-tax in a full year is estimated at £2,300,000 but as new machinery has to be set up and as returns have to be obtained from taxpayers, examined, and assessments made upon them, I should be sanguine if I anticipated that more than a small proportion of the first year's income will reach the Exchequer before 31 March next. In these circumstances I have not felt justified in including more than £500,000 in my estimate for the current year. . . .

Death duties
The proposals I have to make with regard to the death duties are of a very simple character. The great reconstruction of these duties in 1894, which will always be associated with the name of Sir William Harcourt, has given us a scheme of taxation which is at once logical and self-consistent as a system, and a revenue-producing machine of very high efficiency. Apart, therefore, from one or two minor changes in the law, which experience has shown to be desirable, I intend to confine my attention to adjusting the rates with a view to increasing the yield without altering the basis on which the duties are levied.

The estate duties upon small estates of which the net principal value does not exceed £5,000 will remain at one, two or three per cent, according to value, as at present; but between £5,000 and £1,000,000 I propose to shorten the steps and steepen the graduation. I do not propose to increase the maximum of 15 per cent, but I propose it should be reached at £1,000,000 instead of £3,000,000. An estate of £10,000 belongs to a different category, and represents a greater taxable capacity, than an estate of £1,001, yet both alike pay three per cent; and the same is true of an estate of £25,000 as compared with one of £10,001, both of which now pay four per cent. Under the new scale, estates from £5,000 to £10,000 will pay four per cent, and those from £10,000 to £20,000 five per cent. The next step will be £20,000 to £40,000, and the rate six per cent; the next £40,000 to £70,000, with seven per cent, while estates of £70,000 to £100,000 will pay eight per cent; from £100,000 to £150,000, the rate will be nine per cent; from £150,000 to £200,000 it will become 10; the rate from £200,000 to £400,000 will be 11 per cent; from £400,000 to £600,000, 12; from £600,000 to £800,000, 13; from £800,000 to £1,000,000,

14; and above £1,000,000, 15 per cent upon the whole of the estate. The new rates, if chargeable, as I propose they should be, in respect of all estates passing upon deaths occurring on or after tomorrow, are estimated to yield an additional revenue of £2,550,000 in 1909–10, increasing to £4,200,000 in the following year, and ultimately to £4,400,000. . . .

Publicans' licences

My new scale of duties for the full publican's licence begins, as I have already indicated, like the existing scale, at 50 per cent of annual value; but, instead of following the existing scale – by gradually diminishing the percentage as the value increases until upon houses having an annual value of £700 the charge amounts to no more than 8½ per cent, above which figure, thanks to the cessation of the scale at that point, the decrease in the rate of the charge in proportion to annual value proceeds with still greater velocity, until, in the case of the highest values, it becomes almost insignificant – we propose to charge a uniform 50 per cent of annual value throughout, subject to a minimum. The minimum rate in rural districts and in urban areas having a population of less than 2,000 will be £5, which, although only 10s in excess of the present minimum charge, is, I think, a sufficient duty to exact from the small country inn, which satisfies the legitimate social needs of a scattered population, and whose volume of trade is in many cases not more than sufficient to provide the inn-keeper with a decent subsistence. The same considerations do not, however, apply to the poorer class of premises in the larger urban areas. A very large part of the mischief resulting from the liquor traffic is associated with the small, and often disreputable, house of this kind, which, in fact, ought never to have been licensed. Such houses are, indeed, in many cases, mere survivals from the period before 1872, since which date new licences have not, in fact, been granted, at any rate in England and Wales, to any premises in towns containing a population of not less than 100,000 inhabitants, of a lower annual value than £50; and in other towns, containing a population of not less than 10,000, of a lower annual value than £30. Such houses, where they do exist, have often a turnover quite out of proportion to the character of the premises, and make large profits. We think, therefore, that no hardship will be created by the charge of a minimum duty of £10 in urban areas of between 2,000 and 5,000 inhabitants; £15 between 5,000 and 10,000; £20 between 10,000 and 50,000; £30 between 50,000 and 100,000; and £35 in London and other towns having a population in excess of 100,000. . . .

Taxation of land

Now I come to the question of land. The first conviction that is borne upon the Chancellor of the Exchequer who examines land as a subject for taxation is this: that in order to do justice he must draw a broad distinction between land whose value is purely agricultural in its character and composition, and land which has a special value attached to it owing either to the fact of its covering marketable mineral deposits or because of its proximity to any concentration of people. Agricultural land has not, during the past 20 or 30 years, appreciated in value in this country. In some parts it has probably gone down. I know parts of the country where the value has gone up. But there has been an enormous increase in the value of urban land and of mineral property. And a still more important and relevant consideration in examining the respective merits of these two or three classes of claimants to taxation is this. The growth in the value, more especially of urban sites, is due to no expenditure of capital or thought on the part of the ground owner, but entirely owing to the energy and the enterprise of the community. [Cries of "Oh."] Where it is not due to that cause, and where it is due to any expenditure by the urban owner himself, full credit ought to be given to him in taxation, and full credit will be given to him in taxation. I am dealing with cases which are due to the growth of the community, and not to anything done by the urban proprietor. It is undoubtedly one of the worst evils of our present system of land tenure that instead of reaping the benefit of the common endeavour of its citizens a community has always to pay a heavy penalty to its ground landlords for putting up the value of their land. There are other differences between these classes of property which are worth mentioning in this connection, because they have a real bearing upon the problem. There is a remarkable contrast between the attitude adopted by a landowner towards his urban and mineral properties, and that which he generally assumes towards the tenants of his agricultural property. I will mention one or two of them. Any man who is acquainted with the balance-sheets of a great estate must know that the gross receipts do not represent anything like the real net income enjoyed by the landowner. On the contrary, a considerable proportion of those receipts are put back into the land in the shape of fructifying improvements and in maintaining and keeping in good repair structures erected by them which are essential to the proper conduct of the agricultural business upon which rents depend. Urban landlords recognise no obligation of that kind, nor do mineral royalty owners. They spend nothing in building, in improving, in repairing or in upkeep of structures essential to the proper conduct of the business of the occupiers. The urban landowner, as a rule, recognises no such obligations. I again exclude the urban landowner who really does spend money on his property; that ought to be put to his credit. The rent in the case with which I am dealing is a net rent free from liabilities, or legal obligations. Still worse, the urban landowner is freed in practice from the ordinary social obligations which are acknowledged by every agricultural landowner towards those whose labour makes their wealth.

It is true in the rural districts that there are good landlords and there are bad landlords. But in this respect there are so many good landlords in the country to set up the standard that even the worst are compelled to follow at a greater or a less distance. But the worst rural landlord in this respect is better than the best urban landlord in so far as the recognition of what is due to the community who produce the rent is concerned. [Cries of "Oh!"] I will point out what I mean. First of all the rural landowner has the obligation to provide buildings and keep them in repair. The urban landowner, as a rule, has neither of these two obligations. There is that essential difference between the two. The urban landlord and the mineral royalty owner are invariably rack-renters. They extort the highest and the heaviest ground rent or royalty they can obtain on the sternest commercial principles. They are never restrained by that sense of personal relationship with their tenants which exercises such a beneficent and moderating influence upon the very same landlord in his dealings with his agricultural tenants. And the distinction is not confined merely to the rent. Take the conditions of the tenancy. I am not here to defend many of the terms which are included in many an agricultural agreement for tenancy. I think many of them are oppressive, irritating, and stupid. But compared with the conditions imposed upon either a colliery owner or upon a town lessee they are the very climax of generosity. Take this case – and it is not by any means irrelevant to the proposals which I shall have to submit to the committee later on. What agricultural landlord in this country would ever think of letting his farm for a term of years on condition, first of all, that the tenant should pay the most extortionate rent that he could possibly secure in the market, three, or four, or even five times the real value of the soil; that the tenant should then be compelled to build a house of a certain size and at a certain cost, and in a certain way, and that at the end of the term he, or rather his representatives, should hand that house over in good tenantable repair free from encumbrances to the representatives of the ground owner who has not spent a penny upon constructing it, and who has received during the whole term of lease the highest rent which he could possibly screw in respect of the site? Why, there is not a landlord in Great Britain who would ever dream of imposing such outrageous conditions upon his tenant. And yet these are the conditions which are imposed every day in respect of urban sites; imposed upon tradesmen who have no choice in the matter; imposed upon professional men and business men who have got to live somewhere within reasonable distance of their offices; imposed even on workmen building a house for themselves, paying for it by monthly instalments out of their wages for 30 years purely in order to be within reasonable distance of the factory or mine or workshop at which they are earning a living. . . .

Unearned increment
My present proposals are proposals both for taxation and for valuation. Although very moderate in character, they will produce an appreciable revenue in the present year and more in future years. The proposals are three in number.

First, it is proposed to levy a tax on the increment of value accruing to land from the enterprise of the community or the landowner's neighbours. We do not propose to make this tax retrospective. It is to apply to future appreciation in value only, and will not touch any increment already accrued. We begin therefore with a valuation of all land at the price which it may be expected to realise at the present time, and we propose to charge the duty only upon the additional value, which the land may hereafter acquire. The valuations upon the difference between which the tax will be chargeable will be valuations of the land itself – apart from buildings and other improvements – and of this difference, the strictly unearned increment, we propose to take one-fifth, or 20 per cent for the State.

We start with the valuation of the present moment. No increment that has accrued before the date of the valuation will count. We value the land at its present value, and then count the increment from that point. You get the increment on two bases. You get at it when the land is sold. Then it will be discovered what the actual increment is. We propose to charge 20 per cent on the increment which the landlord receives, ascertained by comparing what he receives with the valuation to be made immediately after this bill. It would be also made on the passing of the property upon death, so that there will be an increment of estate duty; and if there is any increment which is not due to expenditure by the landowner himself on improvements, but is due merely to the appreciation of land in the neighbourhood owing to the growth of population or some other cause, then the same charge would be made on that increment. Corporations (which do not die) will pay upon property owned by them at stated intervals of years, being allowed the option of spreading the payment of the duty upon the increment accruing in one period over the following period by annual instalments.

An hon. member: What number of years?

Mr Lloyd-George: I will give the particulars later on. Upon the creation of a lease or upon the transfer of an interest in land only such proportion of the increment duty will be payable as the value of the lease or of the transferred interest bears to the value of the fee simple of the land, and increment duty once paid will frank the increment or the portion of the increment in respect of which it has been paid from any further charge of the duty. As regards the duty payable on the occasion of the grant of a lease, provision will be made for payment by instalments, inasmuch as in such circumstances no capital sum is available for payment of the duty. As the standard of comparison is the value of the land at the present date, and the tax will be levied only upon the increment subsequently accruing, the yield in the first year will necessarily be small, and I do not think it safe to estimate for more than £50,000 in 1909–10. The amount will increase steadily in future years, and ultimately become a fruitful source of revenue.

Duty on undeveloped land

The second proposal relating to land is the imposition of a tax on the capital value of all land which is not used to the best advantage. The owner of valuable land which is required or likely in the near future to be required for building purposes, who contents himself with an income therefrom wholly incommensurate with the capital value of the land in the hope of recouping himself ultimately in the shape of an increased price, is in a similar position to the investor in securities who reinvests the greater part of his dividends; but while the latter is required to pay income tax both upon the portion of the dividends enjoyed and also upon the portion reinvested, the former escapes taxation upon his accumulating capital altogether, and this, although the latter by his self-denial is increasing the wealth of the community, while the former, by withholding from the market land which is required for housing or industry, is creating a speculative inflation of values which is socially mischievous.

We propose to redress this anomaly by charging an annual duty of $\frac{1}{2}d$ in the £ on the capital value of undeveloped land. The same principle applies to ungotten minerals, which we propose similarly to tax at $\frac{1}{2}d$ in the £, calculated upon the price which the mining rights might be expected to realise if sold in open market at the date of valuation. The tax on undeveloped land will be charged upon unbuilt-on land only, and all land of which the capital value does not exceed £50 an acre will be exempted, as also any land exceeding that value with respect to which it can be shown to the satisfaction of the Commissioners of Inland Revenue that no part of the value is due to the capability of the land for use for building purposes. Under these provisions all land having a purely agricultural value will be exempt.

Further exemptions will be made in favour of gardens and pleasure grounds not exceeding an acre in extent, and parks, gardens, and open spaces which are open to the public as of right, or to which reasonable access is granted to the public, where that access is recognised by the Commissioners of Inland Revenue as contributing to the amenity of the locality. Where undeveloped land forms part of a settled estate, provision will be made to enable a limited owner who has not the full enjoyment of the land to charge the duty upon the corpus of the property. The valuation upon which the tax will be charged will be the value of land as a cleared site, deductions being allowed for any expenditure necessary to clear it, and likewise for any value attributable to works of a permanent character executed by, or on behalf of, any person interested in the land within a specified period of the date of valuation, for the purpose of fitting the land for building purposes. Until a valuation has been obtained it is impossible to estimate the yield of the tax with any precision, and the yield in the first year is made still more doubtful by the fact that, pending the completion of the valuation, the tax must be collected provisionally upon the basis of declarations by owners – arrears (if any) to be collected later when the valuation has been completed. But as these declarations will also form the basis for the charge of increment value duty until the valuation is completed, with respect to which an under-declaration may have serious consequences, it may be expected that they will be sufficiently reliable to allow at any rate, a large proportion of the whole amount due to be obtained within the year. I therefore feel justified in estimating that the duty of $\frac{1}{2}d$ in the pound on undeveloped land and ungotten minerals will produce not less than £350,000 in the current financial year.

Reversion duty

My third proposal under the head of land is a 10 per cent reversion duty upon any benefit accruing to a lessor from the determination of a lease, the value of the benefit to be taken to be the amount (if any) by which the total value of the land at the time the lease falls in exceeds the value of the consideration for the grant of the lease, due regard being had, however, for the case of the reversioner whose interest is less than a freehold. The reversion at the end of a long building lease having no appreciable market value at the time the lease is granted is, when the lease falls in, of the nature of a windfall, and can be made to bear a reasonable tax without hardship. Some consideration must, however, be shown to the purchaser of an approaching reversion where the purchase has taken place before the imposition of such a duty was contemplated. I therefore propose to have special provision to deal with that case. Special provision will also be made to meet the case of an increment value, in respect of which increment duty is payable under my first proposal, being included in a reversion. Another case in which special consideration should, I think, be shown is that of a lease determined by agreement between lessor and lessee before its expiration for the purpose of renewal. Towards the termination of a lease the lessee may be willing and even anxious to make improvements in the premises, provided that he can obtain a decent security of tenure at a reasonable rent. His business may be crippled for want of proper accommodation, but he is at the mercy of the ground landlord, who, in many cases, wrings out of him the uttermost farthing before agreeing to a renewal, which is to the interest of both parties. If the parties fail to come to terms the opportunity for an improvement, possibly of great public utility, is at any rate postponed, and perhaps irretrievably lost. The importance of facilitating such renewals to the interests of lessees, of the building trade, of the public generally, and even of the ground landlord himself, can scarcely be exaggerated. Accordingly in cases where a reversion is anticipated in circumstances of this character, and comes under taxation at an earlier date than would have happened in ordinary course, by reason of an agreement entered into with the lessee to enable him to improve the premises, I propose to make a special abatement of duty proportionate to the unexpired period of the original lease which is surrendered, and I have great hopes that this allowance, coupled with the fact that the value of the reversion for the purpose of the duty, will be calculated upon the difference between the consideration for the old and the consideration for the new lease, will induce owners to grant renewals more readily and upon more favourable terms than at present, and so tend to remove one of the most mischievous effects of the leasehold system.

There are no official statistics of the value of leasehold property, or of the dates upon which existing leases determine, and I am therefore not in a position to give more than a conjectural estimate of the annual yield of this duty. There is, besides, reason to believe that the number of leases falling in from year to year is by no means a constant quantity, and this makes the task of estimating for a particular year still more difficult. On the whole, I do not think that I can in the present year rely on a larger revenue than £100,000 from this source, and I propose, therefore, to estimate the yield of the three land taxes for the current year at £500,000, an amount which, however, must not, as I have already explained, be regarded as any indication of the revenue they will ultimately produce. . . .

Increase of spirit duty

There are three other possible sources – beer, spirits, and tobacco. An increase in the beer duty, sufficiently great to justify an addition to the retail price, would produce a very large sum – larger, indeed, than I require for my present purposes – and would have, besides, in all probability, the effect of diverting the consumption of alcohol from beer to spirits – a change which would certainly not conduce to the social health of the country. The incidence of a small duty, on the other hand, would, to a large extent, at any rate in the first instance, be upon the liquor trade rather than upon the consumer; and I should not feel justified in imposing such a burden in a year when so considerable an additional contribution is being called for from that trade under the head of licence duties.

The case of spirits is, however, somewhat different. . . . I propose to raise the present duties (Customers and Excise) on spirits by 3s 9d per gallon, an amount which will, on the one hand justify an increase in retail prices, and on the other hand, assuming such an increase to be at the rate of a half-penny per glass, will leave a margin to the publican to recoup himself for loss of profits arising from decreasing consumption, and have something over towards mitigating the pressure of the new licence duty. . . .

Increase of tobacco duty

I have still nearly two millions more to find, and for this I must turn to tobacco – from a fiscal point of view, a much healthier source of revenue. The present rate of duty on unmanufactured tobacco containing 10 per cent or more of moisture is 3s a pound, and the increase I propose is 8d a pound, with equivalent additions to the rates for cigars, cigarettes, and manufactured tobacco. . . .

I have to thank the House for the very great indulgence which they have extended to me and for the patience with which they have listened to me. My task has been an extraordinarily difficult one. It has been as disagreeable a task as could well have been allotted to any minister of the Crown. But there is one element of supreme satisfaction in it. That is to be found in contemplating the objects for which these new imposts have been created. The money thus raised is to be expended first of all in ensuring the inviolability of our shores. It has also been raised in order not merely to relieve but to prevent unmerited distress within those shores. It is essential that we should make every necessary provision for the defence of our country. But surely it is equally imperative that we should make it a country even better worth defending for all and by all. And it is that this expenditure is for both those purposes that alone could justify the government. I am told that no Chancellor of the Exchequer has ever been called on to impose such heavy taxes in a time of peace. This, Mr Emmott, is a war budget. It is for raising money to wage implacable warfare against poverty and squalidness. I cannot help hoping and believing that before this generation has passed away we shall have advanced a great step towards that good time when poverty and wretchedness and human degradation which always follow in its camp will be as remote to the people of this country as the wolves which once infested its forests.

The right hon. gentleman resumed his seat at three minutes before eight of the clock. . . .

37. Debate in the House of Lords on Finance Bill

(a) *Lansdowne's motion, 22 November 1909*

(The Times, 23 November 1909)

The earl of Crew, who was received with cheers from his supporters, formally moved that this bill be read a second time.

The marquis of Lansdowne then rose to move the following motion standing in his name. "That this House is not justified in giving its consent to this bill until it has been submitted to the judgment of the country." He was received with loud Opposition cheers. He said, My lords, this debate, which bids fair to be a memorable one, has already produced one incident which I think will attract a good deal of public attention; the noble earl has not thought fit to offer one word of explanation or recommendation of this bill. (Cheers and counter cheers.) It is sometimes said that there are occasions when silence is more eloquent than speech. I think this is one of them. . . . The explanation of the noble earl's silence is, I think, not far to seek. It is, in effect, an announcement to the House that your lordships have really no concern with this important matter. (Ministerial cheers.) I note that cheer from the opposite benches. The noble earl, by raising his finger to his hat, has intimated that to us with an emphasis which probably it would have taken three columns of inflated oratory on the part of some of his colleagues to make good. (Laughter.) I am afraid that, much as I should like, for reasons which, I think, will be obvious to the House [the noble marquis was obviously suffering from a severe cold], to imitate the noble earl's example, I can scarcely expect to escape quite so easily.

But the case which I have to make is, after all, a very simple one. What we have to say about this bill is this. It is a grave and I think I should be justified in saying an unprecedented measure. (Cheers.) It has never been before the people of this country. It needs the concurrence of the House of Lords. The House of Lords should not, in our opinion, undertake the responsibility of giving that concurrence until it has become aware that the people of this country desire that this bill should become law. (Cheers.) What is the position of noble lords opposite? We understand it to be something of this kind. They expect us to pass this bill *nomine contradicente*, perhaps after a protest, much as we sometimes pass departmental bills on the recommendation of a lord-in-waiting towards the end of August. That is not how we understand the position, and in our opinion there is absolutely no authority in support of the contention of his majesty's government. I should like to know to what authority the noble earl will be able to point. Is there any organic law which covers the case? Is there any compact between the two Houses to which any one can refer? Are there any *obiter dicta* of eminent men which support the theory? I am aware of no such authorities to show that this House is precluded either from discussing or from rejecting the bill upon the table. I may be told that such a course is unusual. So it is. But is this a usual budget? (Cheers.) We have here a constitutional safeguard, and we are not, in our opinion, justified in lightly dispensing with it. If this bill pass into law it must be enacted "by the King's most Excellent Majesty, by and with the advice and consent of the Lords Spiritual and Temporal". (Cheers.) Is that some mere musty anachronism? I think not.

I am not going this evening to attempt any elaboration of the historical arguments, illustrating the long controversy between the two Houses of parliament as to their respective privileges. Those controversies are necessarily somewhat inconclusive, because, obviously, each House has a right to have its own opinions, and the opinion of one House cannot of itself prevail over the opinion of the other. But I do desire to put this to your lordships, that if you take the House of Commons' claim at its highest you will not find that that claim bars the right of the Lords to reject a bill of this kind. (Cheers.) You are probably familiar with the long struggle that went on during the seventeenth and eighteenth centuries between the two Houses. I shall only quote one from the many interesting documents recorded during those years. I find a Commons argument in 1689, which was based upon the assumption that taxes are the sole grant of the Commons. That argument proceeded thus, "And the Lords are not to alter such gift, grant, limitation, appointment, or modification by the Commons in any part or circumstance, or otherwise interpose in such bill than to pass or reject the same for the whole, without any alteration or amendment though in ease of the subjects. As the kings and queens, by the constitution and laws of parliament, are to take all or leave all in such gifts, grants, and presents from the Commons, and cannot take part and leave part, so are the Lords to pass all or reject all without diminution or alteration." There you have clearly and distinctly placed on record the right of this House to reject a bill of this kind.

I venture to suggest that if that right was necessary to us in the seventeenth century, it has become indispensable to us today. (Cheers.) I say that for two reasons. Two practices have lately grown up which seem to me to establish my point. I refer, in the first place, to the tendency to interpret the privilege of the House of Commons with a degree of strictness which, I believe, never obtained to the same extent in former times. We have had examples of that interpretation during the last few days, and I will not further dwell upon that point. But another practice has grown up – quite a recent practice – I mean the practice of grouping together under one bill a large number of measures dealing with different taxes. (Cheers.) That is a recent practice, and it never assumed its present proportions until the year 1894. In the year 1894 the annual taxing bill ceased to be a mere Customs and Inland Revenue Bill, and became a kind of omnibus finance measure. And this change was made with the obvious intention of embarrassing your lordships in the exercise of your undoubted rights. You will observe that the mere fact that this practice was resorted to in itself implies the admission that your lordships have a right of rejection, because the idea of this practice of "tacking" bills was that you could make it more difficult for the Lords to reject a bill which they desired to reject by tacking it on to another bill which they did not desire to reject. What is the combined effect of those two innovations? The effect of them is this – we find ourselves confronted with a kind of hotch-potch of financial legislation, and we are told that while, on the one hand, we are precluded from dealing with each tax upon its merits, on the other we are precluded also from altering a single word or a single line in any one of these measures. Is it not obvious that we are thus driven back upon the only remedy which is open to us – I mean the remedy of rejection – if in such cases we deem it desirable that that should take place? (Cheers.)

In order to show your lordships that I am not preferring any very unreasonable or unprecedented claim, I venture to quote to your lordships very short extracts from words used in this House by two noble lords, each of whom filled with great dignity the position now filled by the noble earl opposite. In 1894 Lord Spencer, in moving the Finance Bill of that year, used these words. He said, "We all know that we in this House cannot amend a Money Bill, but we have a perfect right to discuss it, and a full right to throw it out if we so will." (Cheers.) And Lord Ripon, a few years later, said this, "After all, your lordships cannot alter the bill, and as you are not going to object to it, which you could constitutionally do, I do not think it makes very much difference upon which stage of the bill the discussion is taken." Well, this bill seems to me, if I may say so, to go out of its way to oust the Lords from their legitimate opportunities of dealing with the subject-matter of the bill.

I may remind your lordships that in 1907 a Land Valuation Bill dealing with Scotland came before this House, and that bill your lordships declined to pass. The following year that bill came before you again. On that occasion you amended it, your amendments were not accepted, and the bill was dropped. Now your lordships will observe that on both of those occasions this question of land valuation was presented to you as a matter with which you were perfectly competent and entitled to deal (hear, hear), and it does seem to me to be a thing unheard of, after that has taken place, that you should now be told that because another measure of the same sort is grafted on this Finance Bill you are to be deprived of the opportunity which, by common admission, was yours in 1907 and 1908. (Hear, hear.) In 1908 your lordships rejected a Licensing Bill proposed by his majesty's government. In the case of the licensing question you have in the Finance Bill now on the table an even greater invasion of your lordships' rights and privileges. (Hear, hear.) You have included in this bill another Licensing Bill every bit as crushing in its severity – more crushing in its severity – than the bill of 1908 with which you had the right to deal, and you are told you are precluded from dealing with it because it is bound up in the cover of a Finance Bill. I ask your lordships, what self-respecting second chamber would tolerate such treatment? (Cheers.)

Oliver Cromwell invented a little House of Lords of his own for the express purpose – as he put it – of protecting the people of England against "an omnipotent House of Commons – the horridest arbitrariness that ever existed in the world". (Laughter, and "hear, hear".) In all seriousness, my lords, we have a right to ask where this kind of thing is going to stop. (Hear, hear.) If you can graft Licensing Bills and Land Valuation Bills and measures of that kind on the Finance Bill, what is to prevent your grafting on it, let us say, a Home Rule Bill – setting up an authority in Ireland to collect and dispense all the taxes there? (Hear, hear.) There is literally no limit to the abuses which might creep in if such a practice were allowed to go on without restriction. Upon this ground alone I venture to think your lordships' House might consider very seriously whether you are justified in passing this bill into law. (Hear, hear.) But there are other matters included in its scope, and upon these I desire to say a few words. I trust, however, I have said enough to show your lordships that the question before you is not whether you *can* reject this bill but whether you *ought* to reject this bill. (Hear, hear.)

You have to consider its results as they would affect all classes of the community, the principles that underlie it, and you have to consider whether the people of this country have been consulted on the bill. If you find that the results would be disastrous and that the principles underlying it which we detect not only from the official utterances of members of the government, but also from the more indiscreet explanations of so-called supporters of the government, and if you come to the conclusion that those principles are pernicious and that the whole matter is one that has never been duly referred to the people of this country, then I venture to say that your lordships have a clear duty before you – not to decree the final extinction of the bill - because that is not what we propose, but to insist that before it becomes law an authoritative expression of the opinion of the electors of the United Kingdom in regard to the measure shall reach you. (Cheers.) Let us look for a moment at the group of bills included in this measure. Is this an ordinary budget? His majesty's ministers have never ceased explaining that it is anything but an ordinary budget.

Take the language of the Prime Minister a few weeks ago in the city. He spoke of the budget as having "far-reaching political and social results" – political and social, mind you, not financial. (Hear, hear.) The President of the Board of Trade describes it as containing "a new idea, pregnant, formidable, full of life" – "a tremendous question never put to the country". (Cheers.) The Lord Advocate (laughter) said of it it was "designed to inaugurate a new era". The Chancellor of the Exchequer the other day, comparing it with other financial measures, said, "Here I confess there is a larger number of new and novel methods of raising taxation than have been incorporated in any single bill within forty-eight or fifty years." (Hear, hear.) After such an exegesis as that it is idle to talk of the bill as being an ordinary Budget Bill. (Hear, hear.). . . .

(b) *Morley's speech, 29 November 1909*
(ibid. 30 November 1909)

. . . Viscount Morley of Blackburn (who was received with ministerial cheers) said, My lords, this is the first time I have had the honour to address your lordships' House on any but subjects connected with my own Indian Department, and I therefore feel that I need the same measure of indulgence that your lordships were good enough to extend to me during the debates on the Indian Councils Bill. I count myself a very unfortunate politician, for during most of the twenty or twenty-five years I was in the House of Commons I was confronted by a Conservative majority. Here I find myself confronted by a Conservative Opposition still more inexorable and relentless, I fear, than that which used to confront us in the House of Commons. What, after all, is the drift and significance of the amendment which you are going to vote upon tomorrow night? I think the amendment, though contained in a couple of lines, and though containing very few words, involves no fewer than five points, each of which I think to be more removed from precedent, departing further from constitutional usage and from practical convenience, than the other. The first is, it arrogates to this House the control of the taxing power. Next, it assumes the power of forcing a penal dissolution by refusing supplies. (Cheers.) Thirdly, there must be a new parliament whenever the sitting parliament has the misfortune to displease your lordships' House. Fourthly, if these propositions of the amendment are true, you are proposing to change representative supremacy into what I will venture to call – I mean no offence by the word, but it is the true word – you are changing representative supremacy into oligarchic and non-representative supremacy. Fifthly, this amendment involves your throwing out of gear the whole finance machinery of the year, and that is not all. The policy of the amendment would throw all the financial machinery of the time out of gear. It would do much more than that. What would it do? Our present system is that in parliament the government of the day proceed to consider the estimates and votes of the year. Those proposals, estimates, and votes are submitted to the House of Commons, and the House of Commons decides upon them and accepts them. Then the resolutions are passed and taxes are collected under the authority of these resolutions by custom if not by law; taxes are collected, and all goes on in regular, well-understood, and well-established order until the Appropriation Bill is passed and the resolutions become law. Let us see what will happen under the policy of this amendment. It will be ridiculous for a government or for the House of Commons to set to work in April when, for anything they know, by July they may be given to understand from important authorities in this House, that this House is not at all likely to agree to those proposals. I hope I have made this position clear. (Cheers.) If the government with the confidence of the other House frames its proposals, the House accepts them, and the various officers concerned are working upon them; then if your lordships do not pass the Finance Bill their work will be fruitless. If that is going to be our system, so be it. I can imagine – and I am not sure that there are not cases – two chambers having voices in finance. It might be so in this country if you make a tremendous revolution. That is not our system. Why cannot you have that system here under the present state of things? My lords, I will venture to tell you why, and I will tell you, not in language of my own, which you might resent, but in the language of one of the most eminent and respected leaders who ever sat in this House – the late Lord Salisbury.[1] This is the reason why you cannot have a working system founded on an agreement between the leaders in the House of Commons and the leaders in this House. This is what Lord Salisbury said in 1894. Speaking in your lordships' House he said, "We belong too much to one class. The consequence is that in respect of a large number of questions we are all too much of one mind. That is a fact which appears to me to be injurious to the character of this House as a public assembly." (Ministerial cheers.) Those are words that I believe most of your lordships fully admit in your hearts, and these are the reasons why you cannot, so long as you have two parties in this country, have a financial arrangement made by agreement between the two Houses. . . .

. . . Now what is the ground for taking this moment for digging up pretensions of the sort I have indicated in these five propositions? What is the ground for digging these pretensions out of their ancient sepulchres? If you adhered to unbroken precedent and the normal course of established and traditional practice, you would have accepted the provisions of the budget as they have always been accepted; you would not have intercepted supplies granted to the Crown by the House of Commons, and you would have left the House of Commons to run its course. The noble marquis said thoughtful people were leaning undeniably towards tariff reform. So be it. Should we not have expected a statesman with the destinies, not only of a party, but of much more than a party, in his hands, to be glad of more time to allow this process in the minds of thoughtful people to run its course, so that what is now only a leaning might ripen into a solid conviction, so that the currents in favour of tariff reform, which it now appears are running rapidly and satisfactorily to the noble marquis, should be

[1] 3rd marquess

allowed time to broaden into a great main stream? I should have thought from my observation of parliamentary tactics over a good long time that that would have been the reasonable and judicious course from the tariff reform point of view. Time also might have given us an opportunity for enabling us to under-stand a little more of what tariff reform is (cheers) to which we are now leaning. But apart from that, would it not have been, in the ordinary views of political strategy and political tactics, wiser to have let the alleged transitory mischiefs of the budget run their course, and then have taken your appeal to the wearied and exasperated electorate? That would have been, I confess, my own view. . . .

(c) *Archbishop of York's speech, 30 November 1909*
(ibid. 1 December 1909)

The archbishop of York [1] said, My lords, I feel that I owe some apology to the House for venturing to address your lordships for the first time on a subject so grave and an occasion so momentous. My diffidence is increased by the fact that I have felt compelled with great reluctance to take a position somewhat different from that which was so weightily indicated to your lordships by the most rev. Prelate [2] the other day. I thought at the beginning of this debate, and I still think, that that position was one very proper and very dignified for the bishops in this House to adopt, but since the debate began I have been com-pelled to think that, having been entrusted with a vote in this House on an occasion so important, I could not – at least speaking for myself – conscien-tiously refuse to give it, and that if I were to give it I should be compelled to give it against the amendment of the most noble marquis. (Ministerial cheers.) My lords, I cannot describe myself in the words of the most rev. Prelate as one of those who are honourably associated with party ties. I stand apart from both parties. I do not claim that as any credit, but simply as involved by the position which I hold. I can honestly say that no man could have approached this matter with a more open mind, and it is merely the course of your lordships' debate which has convinced me that I have no other course but to join with those of your lordships' House who deplore the amendment of the noble marquis. (Ministerial cheers.) We have heard many able arguments to prove that this is a bad budget. It is impossible to deny the weight of those arguments, urged as they have been by men of such wide experience in public affairs, in the man-agement of land, and in the conduct of business. But I have not heard arguments sufficiently persuasive to prove that the budget is bad enough to justify the unprecedented course which the noble marquis has commended to this House. (Ministerial cheers.) We cannot escape from the fact that this is an unprecedented course. Never before has this House rejected a Finance Bill sent up by an overwhelming majority from the other House. Even in 1860 the Paper Duties Bill was only carried elsewhere by the small majority of nine. After all, it was only a single bill involving not more than £3,000,000, and, therefore, it is

[1] Dr Lang   [2] Dr Davidson, archbishop of Canterbury

not comparable with the course which the House is asked to take on this occasion. I shall, no doubt, be reminded that the amendment of the noble marquis does not ask the House to reject the budget, but only to refer it to the country. But, my lords, amendments, like human beings, must be judged not by their intentions but by their performances – not by what they say but by what they do – and to refuse the supplies for the year is to reject the budget. (Ministerial cheers.) There are signs – not so much in what is being said in this House as in what is being said by those who support the noble marquis in the country and in the press – that the weight of this contention – that the course recommended is unparalleled – does not heavily press upon their minds. There are indications of an attitude which says, "If this had never been done before it is high time it should be done now." I have been forcibly reminded of the familiar anecdote of the American traveller who, when he was shown a sacred lamp which had been burning for a thousand years, blew it out and quietly said, "Well I guess it's out now." (Laughter.) Precedent is the very basis of our parliamentary system. It is the only bulwark which we possess against the encroachment of those sudden impulses, however strong and natural, which, if they were unchecked, would make the working of an unwritten constitution impossible. But there is more here than precedent. There is surely a principle behind the precedent essential to the working of the constitution. After the impressive speech of Lord James of Hereford yesterday it is needless to labour the greatness of the constitutional principle involved. Let me only use the words – for none other summarise the position better – of the Lord Chatham. "In legislation the three estates of the realm are alike concerned, but the concurrence of the peers and the Crown to taxes is only necessary to clothe it with the form of the law. The gift and grant is of the Commons alone. This distinction between legislation and taxation is essentially necessary." (Ministerial cheers.)

There are some who think comparatively little interest is or will be taken in this constitutional question. (Opposition cheers.) Lord Newton in his entertaining speech said it was a subject of interest only to professors and dons and persons who write letters to the *Spectator*. I do not know much about the thoughts of these superior persons, but I do know something about the thoughts of the ordinary man, and I am much mistaken if it will not be proved that the constitutional question is one which not only interests but will profoundly stir the people of this country. (Ministerial cheers.) There are many who have already said they would prefer the passing of a bad budget which they dislike to any tampering with what they fear to be a fundamental principle of the constitution. If, then, my lords, the constitutional question is paramount, it is not enough, I will venture to urge, that a budget should be grossly bad. Many budgets have been described as bad – I believe it was so in the case of the budgets of 1853 and 1894. What would be the effect of establishing a precedent that if a budget was sincerely, honestly, and with good reason disliked by this House it might therefore be rejected? It would mean either that this

House was competent, apart from the prerogative of the Crown, to dissolve parliament or that it would compel the Commons to make this grant not its own but one which would prove to be acceptable to this House. Such a contention would manifestly alter the whole balance of power upon which our parliamentary system is based. Would it be too much to say that rejection is legitimate if only two things can be overwhelmingly demonstrated about this bill, first that it is unconstitutional in method, and second that it is revolutionary in its proposals? As for the first, that of course involves the question so-called of tacking. My lords, that is a most serious question. (Opposition cheers.) Tacking is objected to because it also means an intrusion of legislation into the province of taxation. I do not think the principle could be better expressed than it was by your lordships' House in 1702 – "That the annexing of any clause or clauses to a bill of supply the matter of which is foreign to and different from such bill of aid or supply is unparliamentary and tends to the destruction of the constitution." I suppose we should add that equally illicit would be the reintroduction of any legislative measure in another form already rejected by this House. It is asserted, I imagine, my lords, that the provisions of land valuation in this bill involve tacking. But I ask myself are they foreign to the bill? I am reminded that Mr Mill, in a passage to which possibly I may refer again, in justifying the taxation of increment value, said, "The very first step to be taken would be the valuation of all the land in the country. I find it difficult to believe that procedure for assessing a tax is foreign to that tax itself." (Ministerial cheers.) Again it has been argued with great ability that the duties on the liquor licences involve tacking, and that they bring in by a back door something which your lordships have already dismissed. (Opposition cheers.) But is there any similarity between these duties and the bill which was rejected? It is one thing to say, as the bill did, that licences should be automatically reduced and that after the expiration of the time limit the State should resume the full control. It is not the same thing but a quite different thing to say that additional duties should be placed on the licences. My lords, these duties may be wise or unwise, that is a question which I am not competent to discuss; but can it be beyond the province of a Finance Bill to add to existing licence duties? The noble marquis (Lord Salisbury),[1] in a very forcible speech declared that if there was not a similarity in character between the two proceedings there was similarity in motive. That may be so, but I submit that in its context that is irrelevant. The question is not the motive with which something is done, but whether what is done is or is not constitutionally bad.

Then again, we have been assured that the bill is revolutionary in its proposals. I presume that the criticism refers, not to the income-tax or the death duties, but to the new land taxes. It is argued that there is gross unfairness in the incidence of the taxes, on the ground that land has been singled out for specially oppressive burdens. I think it was the noble marquis, in the very impressive speech with which he moved his amendment, who asked

[1] 4th marquess

why the industry which deals with the products and the sale of the products of the land, already (as we all know) so seriously harassed, should be singled out for exceptional treatment. But, as I read this bill, I find that the only direct way in which agricultural land is dealt with is by way of relief or exemption; and by Clause 69 it is exempted from some existing burdens, by Clause 7 it is exempted from the increment value duty, by Clause 14 from the reversion duty, and by Clause 17 from the undeveloped land duty. The new taxes, as I understand it, are not upon agricultural land, but on land which has acquired a special value from the fact that it is limited in amount, that it is needed by human beings to live upon, and that it acquires its value, not from the capital or labour of the owner, but from the labour and the expenditure of the community. (Ministerial cheers.) The noble marquis (Lord Salisbury) urged that it was a vice of the bill that capital was taxed out of all proportion to income. I imagine it is common ground that we should all wish to reach and make use of, to a larger extent than has hitherto been done, those large incomes to which no sort of responsibility is attached. But, as I read the bill, the super-tax in the income-tax is a serious and earnest attempt to do this very thing. It may not be enough, it may not be the best plan, but at least the bill, in burdening a special kind of land also lays burdens upon a special kind of income. And the noble lords cannot say at one moment the budget is bad because income is taxed too heavily, and at another moment say the budget is bad because it is not taxed heavily enough. If we turn to the taxes themselves, it would be presumptuous upon my part to enter into them in any detail, but as a mere humble student of economics, I find it difficult to believe that a tax which, as long ago as 1848, received the special sanction of John Stuart Mill can be described as exceptionally revolutionary in its character. We have had recently reports from experts which have shown that the taxation of these increment values has come within the sphere of practical politics. The noble lord (Lord Balfour) was amply justified in pointing out that he is responsible only for the suggestion that the amount of the increment value which is due to public expenditure, and that only, should be taxed. And other noble lords are entitled to say that the suggestion has hitherto been that the contribution should go to the rates, and not the taxes. But at least it has been widely acknowledged that the time has come when additional burdens should be laid upon this special source of wealth, and I feel that words have somehow got out of relation with facts if the application of that principle in the bill is described as involving a revolution in finance. (Ministerial cheers.) May I summarise the points which I have ventured to make? These proposals may be sound or unsound, they may be wise or unwise, but can they be described as unconstitutional in method, as revolutionary in character? And if they cannot be so described, do they merit the unparalleled treatment which the noble marquis proposes to give them? (Ministerial cheers.) . . .

In this country it is a very far cry from the taxation of land values to that abstract and logical system of socialism which was denounced by the noble earl,

Lord Rosebery, with such impressive eloquence as "the end of property, the
end of the family, the end of religion, the end of all things". May I say, without
presumption, that perhaps I know as many as any member of this House of
those who would be described perhaps as Socialists, and though I disagree
fundamentally with many of their positions, I know many of them to be as
devoted to the property they have, to their families, and to their religion as any
of your lordships. (Laughter.) But is it not possible to attach too much importance to phrases and resolutions? (Ministerial cheers.) It is difficult for us here
who have no difficulty about language to realise the glamour of language to
another section of the community. They are men deficient in knowledge of
history and of economics, deficient in training in public life, they find it difficult to embody their ideals in words or in concrete shape, and so the large
promises and stimulating phrases of logical socialism appeal to them, they
applaud them, and they repeat them without very deeply understanding them.
But when they touch some matter upon which our working men have special
knowledge and experience, such, for example, if I mistake not, as the property
of our large building societies and friendly societies, they can be trusted to take
an independent line.

Two things have to be remembered. One is that the English character, in
whatever class we find it, is not prone to follow logic. The Marxian Socialist is
logical; the full-blown protectionist is logical; we may thank Providence the
English people is not logical. (Laughter.) The other thing to be remembered is
that human affairs in general rarely follow the lines of logical anticipation. New
circumstances occur which change the situation, proposals which might be
injurious to industry or social life in one generation are quite natural and
harmless in another. There is another illustration which will appeal to some
noble lords opposite. The logic of the old Manchester school has proved to be
very bad logic, and it is quite as bad in the direction of social legislation as
many of your lordships would think it has been in the matter of free trade. The
fact is that, not so much by argument as by one of those general influences
which we call the spirit of the time, we have been led to take a higher conception of the functions of the State, and we believe – we all believe, both sides of
this House believe – that there is a great place for the collective action of the
community in extending the opportunities, especially of its weakest and most
ignorant citizens, of living a decent life. It was a wise man who wrote, "Energy
and self-dependence are liable to be impaired by the absence of help as much as
by its excess. It is even more fatal to exertion to have no hope of succeeding by
it than to be assured of succeeding without it." I do not believe that there can
be any doubt of the need of collective resources to give many individuals in this
country the standing ground for a chance. Will this mean that when granted
this they will demand more? I believe it will have the reverse effect. It is in an
atmosphere of hopelessness and resentment against the social conditions existing that the extreme and bitter socialism we all deplore is engendered and
flourishes. Give a man a better chance, give him a feeling that the social system

is not against him but with him, for him, and on his side, and then his own individual instincts of energy and enterprise will be a more effective check against the development of socialism than all the arguments that could be urged against it by more fortunate persons. (Cheers.) As for the great bulk of skilled workmen, it is to their moral rather than to their political feelings that socialism makes its appeal. There is among them a spirit of real comradeship in their desire to increase the opportunities and improve the conditions of their fellows. (Hear, hear.) It is surely the truest wisdom to approach this social instinct on its moral side, to try and stimulate this sympathy, to train, to guide, to instruct it on the side where it is weak in knowledge of history and economics. The truest wisdom is not to alienate, to embitter, to make it wilfully resentful and aggressive by using words about socialism of mere indiscriminate dislike or passion. The moral, I think, is, we are entitled to consider proposals on their own merits and not to be too eager to import into the consideration of them fears of the consequences to which, were it not for good sense and circumstances, they might conceivably lead. (Hear, hear.)

Returning to my main theme, I ask, is this bill, however open to objection, properly described as unconstitutional or revolutionary? Are we not in danger of attaching undue importance to words used elsewhere or tendencies suspected? If that is so, is the course proposed by the noble marquis justified by facts? I have had but a few closing words about the issues involved. It is foolish to use the language of threats in this House. Such language rightly arouses the spirits of men to whom threats are addressed. It is the voice not of threats, but of reason, which asks men seriously to weigh the consequences of their action. The noble and learned lord on the woolsack described the spirit of the Balaclava charge – "Theirs not to reason why, theirs but to do and die" – but it is ours to reason why; it is for that object this debate has been carried on for six days, and if we reason I cannot but think we shall tremble for the consequences that may result from our action. The noble marquis of Salisbury with his wonted courage asks us to consider whether, if the right to reject a Finance Bill is not asserted now, it can ever be claimed again. The right remains; it is inherent in the law and the constitution. But there is another right that is jeopardised by the amendment of the noble marquis – a right more unquestioned, more important – the right of this House to control, not taxation but legislation. There is a handwriting on the wall (hear, hear), that the time is coming, if it has not come, when the whole position of a second chamber in the constitution of this country will be submitted to the judgment of the people. No issue can be of greater importance to the country than the result of that submission. There never was a time with greater need of a strong second chamber. (Hear, hear.) Would not the weight with which this House would approach that discussion be infinitely greater if proof had been given – a proof the more impressive because it was against the interests and inclination of this House – that in defending its privileges in legislation, it was scrupulously careful not to trench in the matter of taxation upon the privileges of the people?

(Hear, hear.) There is a courage which is eager to accept attack, and there is another, a harder, a higher courage which holds the hand until the attack can be met on the surest and strongest ground. I cannot but feel that it is not much use being a gloomy prophet that the effect of the amendment if carried will not only be gravely to endanger the claim of this House to control legislation, but also that it will be to disturb, it may be for a long time, that balance of the estates of the realm on which the orderly government of this country depends. (Hear, hear.) It would mean, would it not, dislocation of trade and commerce, which certainly would not allay, but might increase, those tendencies to which noble lords have so impressively referred. It would mean the postponement for a long time of those social reforms noble lords on both sides of the House ardently desire. (Hear, hear.) These risks, my lords, are hovering over this House. Is it wise by the summons of the noble marquis's amendment to challenge them now? I am aware I have taxed the indulgence of your lordships. It is a thankless task to occupy a middle path. I have not ventured to praise this budget; it would be futile; we have "come to bury Caesar, not to praise him". Tonight the decks will be cleared and the battle will begin. It may be that there are still noble lords opposite to whose unspoken but very real thoughts I venture to appeal. This is an issue in which there is no place for doubt; but if there be a doubt, the benefit of it should be given, not to the claims of party, however strong, but to the permanent interests of this House and the spirit of the constitution entrusted to its care. (Cheers.)

38. Asquith's speech introducing resolutions prior to the Parliament Bill, 29 March 1910

(Hansard, 5th series, XV, cols 1162 ff.)

The Prime Minister (Mr Asquith) moved, "That this House will immediately resolve itself into a committee to consider the relations between the two Houses of parliament and the question of the duration of parliament".

It is less than three years since the late House of Commons carried, by a large majority, a resolution declaring it to be necessary that the power of the House of Lords to alter or reject bills passed by this House should be restricted by law. Since that date three events have occurred which may be regarded as landmarks in the development of the controversy which was then formally begun. The House of Lords, for the first time in our parliamentary history, has taken upon itself to reject the whole financial provision of the year. A general election has been held, in which the relations between the two Houses, having regard both to finance and general legislation, were, as I think everybody will admit, at any rate a leading issue. And we have seen, since we reassembled here at Westminster, action spontaneously taken by the other House, of which I will only say for the moment – I shall have to revert to it later on – that it constituted an admission that the wholehearted complacency with which that body surveys itself is not shared by the nation at large, and that by some process, as yet undefined, there must be at least a superficial transformation. Thus we have had within the last six months first, and by the way of climax to a long series of acts by which the decisions of this House have been flouted and set at naught, an encroachment by the House of Lords upon a domain which has come to be regarded by universal consent as entirely outside their constitutional province. Next we have had an election in which, if our interpretation of it is correct, a large majority of the representatives of the people have come here with the direct and express authority of their constituents to bring this state of things, both as regards finance and legislation, to the earliest possible close; and, lastly, we have an acknowledgement of the Lords themselves that with all the virtues and all the wisdom which they are conscious of possessing, they are like a certain class of heroines in fiction, "not fully understood". At any rate, they are an item on the debit side of the electioneering account of the party opposite. These things mark a substantial and significant advance since the time of Sir Henry Campbell-Bannerman's resolution; and, in the opinion of the government, they not only warrant, but give imperious urgency to the motion which I am about to make – that this House should immediately resolve itself into a committee to consider the relations between the two Houses of parliament and the question of the duration of parliament.

The scope of subject-matter which we propose should be referred to the committee is confined, as the House will observe, to these two topics. That assumes that in our view it is expedient we should have in this country – should continue to have in this country – two legislative chambers. Speaking for myself, I am ready to admit that is an opinion which I have not always held, or at any rate not always held with any great strength of conviction. . . . After longer experience, perhaps closer study of the facts, possibly that insidious and potent influence, the growing conservatism of age, have brought me to the conviction that whatever may be the case elsewhere, in this country there is both room and need for a second chamber. (Opposition cheers.) . . .

I deny entirely, and my opinion cannot be too strongly stated or too emphatically repeated, that we live in this country, except in name, under a bicameral system. We do not. When the party opposite is in a majority here only one chamber counts, and that chamber is the House of Commons. We are then, and I am speaking of a very recent·experience – an experience which many of us went through between 1895 and 1905, a period of ten years – not a small period in the constitutional life of a nation – we are then, we were then, without any of the checks and safeguards in the way of delay, in the way of revision, still less of threatened reference to the people, which are commonly represented as among the primary and essential functions of the second chamber. When that state of things exists we are exposed, the country is exposed in the full blast, without screen or shield, to all the dangers and drawbacks of single chamber government. On the other hand, when we, for the time being, sit upon this side of the House, have a majority here, again there is only one chamber that counts, and that not the House of Commons, but the House of Lords. The experience of the last parliament, which sat from 1906 to 1910, supplies frequent and almost continuous illustrations of that truth. We are told, I know, that even in that parliament Liberal measures became law; they were allowed to pass. Yes, but why? They were allowed to pass into law on a purely tactical ground, boldly and plainly announced by Lord Lansdowne in the month of December 1906, in regard to the Trades Disputes Bill – a measure which was offensive in the highest degree to the House of Lords, and which in the very same speech was denounced by Lord Lansdowne himself as fraught with danger to the community and inaugurating a reign of licence. And how did Lord Landsdowne then speak – I am going to quote his exact words – what did Lord Lansdowne say was the function of the House of Lords in the presence of a bill which a large majority of them regarded as in the very highest degree pernicious in the best interests of the State? "They were passing through a period when it was necessary for the House of Lords to move with great caution. Conflicts and troubles might be inevitable but let their lordships, so far as they were able, be sure if they were to join issue, that it was upon ground which was as favourable as possible to themselves." Yes, favourable ground, favourable to what? Favourable to whom? Favourable to some great cause? Favourable to some vital principle? Nothing of the kind. Favourable to the maintenance of their own powers and privileges. The whole case against the claim of the House of Lords to be in any thing but in name a second chamber could not be better stated. . . .

What then do I desire? . . . We desire to see maintained in all its integrity, in the best interests both of the nation and of the empire, the predominance of this House in legislation – a predominance which is the slowly-attained result of centuries of struggle and advance, and which we believe to be the sheet anchor of our representative system. But there are functions which can be usefully and honourably discharged, consistent with the predominance of this House, by a second chamber, questions of consultation, of revision, and subject, as I have more than once said before, to proper safeguards, of delay. The body which is to discharge these functions consistently with the maintenance of the predominance of this House must be a body which is relatively small in number. It must be a body, if it is to have any credentials whatever for the performance of its task, which rests upon a democratic, and not a hereditary basis. It must be a body which, by virtue both of its origin and of its composition, of its atmosphere, of its constitutional attitude, is not as the House of Lords is, governed by partisanship, tempered by panic, but a body which is responsive to, representative of, and dependent upon the opinion and will of the nation. . . .

I pass from that to the immediate business of the hour. In the meantime, and as a necessary preliminary to the working out of our declared policy, we have, as a first and urgent step, to deal with things as they are, and, in particular, to deal with the House of Lords as it is, and to prevent a repetition of the unconstitutional raid of last year into the domain of finance. We have to secure, as against the House of Lords, that the wish of the people, as expressed by the mature and the reiterated decisions of their elected representatives, shall in all legislation be predominant. We have, as I think, at the same time, to provide by adequate safeguards that the elected House shall not outstay its authority and purport to act as the exponent of a public opinion which it no longer represents. These are all matters which were clearly brought before the constituencies at the last election, and on which we believe this House is prepared to pass an immediate verdict. The resolutions for the consideration of which I am asking the House to go into committee, are of necessity couched in general terms. They are not to be treated as clauses in a bill. They are, on the contrary, the broad basis on which a bill is to be built up. Let me briefly pass them in review.

The object of the first resolution is to obtain statutory definition and protection for a well-established constitutional practice. I do not want to weary the House with matters of detail, or, more than is necessary, with matters of history, and I will not go back to the report of this House in 1628 or to the resolutions of 1671, 1678, and 1860. Those great parliamentary Acts and declarations constitute the ground work of our financial autonomy. I will cite two or three dicta drawn from the lips of the greatest parliamentary authorities both of the past and of the present. I will begin with the Great Commoner, a title willingly accorded to him by his fellow countrymen, the first William Pitt. In language which is now very familiar, but which will bear repetition, used in this House in 1766, he declared that "Taxation is no part of the governing or legislative power. Taxes are a voluntary gift, the grant of the Commons alone. In legislation the three estates of the realm are alike concerned, but the concurrence of the Crown and the peers to a tax is only necessary to clothe it with the form of law". It is the fashion on the benches opposite now, I will not say to decry, but at any rate to deride, what are called "musty constitutional antiquarianisms". Let us come down to the present day. I will content myself with citing the language of three persons, two of whom are still living, who have been my predecessors in the office which I have now the honour to hold. I will begin with Lord Rosebery. This is as late as 1894, in the House of Lords: "I do not think it is necessary (speaking of the Finance Bill) that your lordships should make themselves masters of it, because I deprecate altogether the idea that the House of Lords has anything to do with money bills." I come to his successor, Lord Salisbury, speaking in the same House and at the same time, he says, "It is perfectly obvious that this House has not for many years interfered by amendment with the finance of the year. The reason why this House cannot do so is that it has not the power of changing the executive government, and to amend or reject the Finance Bill and leave the same executive government in its place is to create a deadlock from which there is no escape." More wisely prophetic words have rarely been spoken. Again, only a year later, Lord

Salisbury used this language in the same place: "This House, by custom, takes no share whatever in the votes by which governments are displaced or inaugurated. It takes no share whatever in that which is the most important part – the annual constitutional business of every legislative body – the provision of funds by which the public services are to be carried on, and the determination of the manner in which those services are to be carried out. In regard to those matters, it takes no part whatever." I finish my citations by quoting the authority of the right hon. gentleman who sits opposite (Mr Balfour). But there is a consentient and concurrent stream of authority in regard to this matter, or there was until last year. The right hon. gentleman, in language which has often been cited, and which is still fresh and still true, less than three years ago in speaking on Sir Henry Campbell-Bannerman's resolution in this House said, "We all know the power of the House of Lords thus limited, and rightly limited, in the sphere of legislation is still further limited by the fact that it cannot touch money bills which, if it could deal with, no doubt, it could bring the whole executive machinery of the country to a standstill."

Finally, a year later, and precisely in the same sense speaking in the country in October 1908, the right hon. gentleman declared, "It is the House of Commons and not the House of Lords which settles uncontrolled our financial system." In the face of those authorities and that practice I should hope that we may have a practically unanimous assent to the first of the three resolutions. The action taken by the House of Lords in the autumn of last year shows unhappily that we can no longer rely on unwritten conventions, however well established or upon the dicta of the weightiest and most illustrious parliamentary authorities. Statutory protection has become necessary if this House is to continue to enjoy and to exercise the privileges it has claimed and exercised undisputed for more than two centuries.

In regard to the precise form of our proposal I would only say this. We recognise, as everybody must, that if you are going to put into statutory shape the declaration and assertion of the financial autonomy of this House, you must make some adequate provision against the possibility of what is called tacking – tacking to Finance Bills proposals which are not germane or relevant to their subject matter. I am not aware of any instance in the past where any such practice has been resorted to, but as we are scrupulously anxious in defining the rights of the House of Commons to circumscribe them within the area in which they have hitherto been exercised, and as there might come a time when an imprudent and unscrupulous minister might, by the aid of, perhaps, a precarious and subservient majority, seek to annex irrelevant and extraneous matter to a Finance Bill – I only regard that as in the dim and distant future and as a purely speculative possibility – but as that time might come, we think it is right to guard against such a contingency in advance and to trust the Speaker, who at present exercises a precisely analogous function in regard to all matters of privilege in bills which come back to us from the House of Lords; we entrust to him the power and duty of determining whether or not a bill is a money bill. . . .

I pass now to the second and third resolutions which, in a sense, should be taken together; that is to say, the second resolution without the third is not a resolution which the government would submit to the House. I will deal more particularly with the second. I admit at once that, unlike the first of our proposals, it is not a mere reaffirmation with new safeguards of an old constitutional understanding. On the contrary, it proposes to provide a new remedy for an evil which, so long as the House of Lords remains as it is, only comes into being when there is a House of Commons. I mean a deadlock between the two branches of the legislature. If the House will bear with me, before explaining and discussing our proposals, I should like to answer two preliminary questions.

The first question is, what are your existing constitutional resources for dealing with such a situation? The second is what, if any, are the practical alternative proposals to the scheme of the government? A deadlock between the two Houses can of course always be got rid of for the time being by the exercise on the part of the Crown of the prerogative of dissolution. If that were the only way of escape we should have to admit that in existing constitutional circumstances the House of Lords, itself indissoluble, can, whenever it pleases, call for a general election. But our constitution, though by no means perfect, is not so lopsided as that. The remedy by way of dissolution obviously does not apply to the House of Lords, but the constitution has provided a means by which the House of Lords, stubbornly bent on refusing to give effect to the will of the people as declared by their representatives, can be brought to reason. That is the exercise by the Crown of another of its prerogatives, the creation of new peers. It is a prerogative I agree which has been rarely either exercised or threatened.

Lord Hugh Cecil. Would the right hon. gentleman say when it has been exercised?

The Prime Minister. Perhaps the noble lord would restrain his impatience for a moment. It is a prerogative which has been rarely exercised or threatened. Does he dispute that proposition?

Lord Hugh Cecil. It has never been exercised.

The Prime Minister. It is a prerogative which, I repeat for the third time, has rarely been exercised or even threatened, but it exists. That it is not dormant or obsolete is, I venture to say, the opinion of almost every one of our great constitutional authorities. I will cite one or two of them. They are people who are not partisans, and whose authority will command universal respect. I take first of all Sir Erskine May. In his *Constitutional History* he says, "It must not be forgotten that although parliament is said to be dissolved, a dissolution in fact extends in fact no further than to the Commons. The peers are not affected by it. . . . So far, therefore, as the House of Lords is concerned, a creation of peers by the Crown on extraordinary occasions is the only equivalent which the constitution has provided for the change and renovation of the House of Commons by a dissolution. In no other way can the opinions of the House of Lords be brought into harmony with those of the people."

I go on to cite another great living authority whose opinions will be received with the utmost respect by the party opposite, and who has provided them with a great deal of dialectical pabulum, I mean Professor Dicey, in his *Introduction to the Study of the Law of the Constitution*. After speaking of the "understanding and habit" in accordance with which the House of Lords are expected in every serious political controversy to give way at some point or other to the will of the House of Commons – I wish it were more "habit" – he goes on to speak of that "further custom which, though of comparatively recent growth, forms an essential article of constitutional ethics". Will the noble lord observe that – "modern constitutional ethics" – by which "in case the peers finally refuse to acquiesce in the decision of the Lower House, the Crown is expected" – expected – "to nullify the resistance of the House of Lords by the creation of new peers". That is the opinion of Professor Dicey on this matter of modern constitutional ethics. Finally, I may cite a great authority who, though he is not a lawyer, is, as everybody admits, one of the most brilliant, far-seeing and illuminating writers on British politics known in our time – the late Mr Bagehot. In his *English Constitution* he said, "The very nature, too, as has been seen, of the Lords in the English constitution shows that it cannot stop revolution. The constitution contains an exceptional provision to prevent it stopping it. The executive, the appointee of the popular chamber and the nation, can make new peers, and so create a majority in the peers, it can say to the Lords, 'Use the powers of your House as we like, or you shall not use them at all.' "

In face of those authorities it is very difficult to maintain that this is not an integral and essential part of our constitutional practice. Indeed, if it were not so, there would be absolutely no escape except by means of either force or revolution out of a constitutional impasse.

Reference is sometimes made – and I shall have to speak a little later on of that – to the old royal prerogative of veto over legislation. That prerogative, of course, could not be continued side by side with the development of real representative government. They are contradictory one to the other. On the other hand, such an artificial bicameral system as ours makes the exercise of the prerogative of creation absolutely essential to the preservation of popular rights. Let me point out in this connection, and it cannot at this moment be too clearly borne in mind, that the resolution passed the other day by the House of Lords to the effect that the possession of a peerage should not in itself give the right of sitting and voting in the House, deals a direct and fatal blow at this royal prerogative. If that resolution were to be passed into law, if it were to acquire the power that can only be given to it by a statute, what would be the constitutional situation? The House of Lords would become, for the first time in our history, an autonomous and uncontrollable body beyond the reach of the Crown and its ministers, and securely entrenched in a position of absolute and unassailable constitutional independence. That is as far as the House of Lords have yet gone. But both these prerogatives – the prerogative of dissolution which applies to this House and the prerogative of creation which applies to the other House – are, as everyone will admit, and no one more fully than I, grave and exceptional remedies, not to be resorted to except under the stress of urgent and extreme necessity. . . . So I come now to my second question. Apart from these prerogative powers, real, living, to be held in reserve, only to be exercised in case of need, but in case of need to be exercised without fear – apart from these prerogative powers standing in that position, what practical suggestions have been put forward other than the proposals which we are about to make, which are suitable to deal and appropriate to deal with what one may call the habitual and constantly occurring deadlock between the two Houses?

As far as I know there are only two. The first is what goes by the rather barbarous name of the referendum. I admit that, speaking on Sir Henry Campbell-Bannerman's resolution three years ago, I coquetted with the referendum, and I say quite distinctly that I reserve the question of the appropriateness and the practicability of what is called the referendum as possibly the least objectionable means of untying the knot in some extreme and exceptional constitutional entanglement. But I am now speaking of the referendum as a mode of escape from what I call the ordinary or everyday deadlocks of our present parliamentary system, and as an expedient for dealing with that situation I confess I think it altogether inadequate. . . . The referendum as a normal part of our constitutional machinery, in my opinion and that of my colleagues, and probably of the great majority of both sides of the House, would tend largely to undermine the independence and responsibility of this chamber. . . . Let me now come to the other, and the only other solution, which, so far as I know, has been suggested, and that is a joint session between the two branches of the legislature. . . . This scheme of a joint session has, I think, a great many recommendations, and I desire to say most distinctly here and now that if you have two legislative chambers composed upon a democratic basis, and related to one another somewhat after the fashion I indicated earlier in my speech, with a proper numerical relation one to the other, I think there is a great deal to be said for settling differences that might arise between them by means of a joint session. I do not in the least prejudge it, and when it arises I think the hands of parliament ought to be perfectly free with regard to it.

But is it applicable, can it be made applicable to our existing constitution? It is apparent that it could not. In the first place, the House of Lords consists at present, I believe, of over 600 members, and we are 670 members; so that in a joint session of the two Houses, quite apart from the unwieldiness of the body and the mechanical difficulties that might arise, you would have the non-representative House in the proportion of something like 50 per cent of the whole body. That in itself is a fatal objection to a joint session. Apart from that, taking the House of Lords as it is, you have got a body which is a partisan body in the proportion of something like ten to one. . . . I pass from those two alternative methods of dealing with the difficulty to the one which the government are going to propose, namely, the limitation of the veto. The proposal to convert the absolute veto at present possessed by the House of Lords into a suspensory veto, is not our proposal. It goes much further back. It is the proposal of the late Mr John Bright. It was made by him in a more drastic form than we are now presenting it to parliament, in a celebrated speech which he delivered on 4 August 1884 at Bingley Hall, in Birmingham. . . . I thought it interesting to recall the earlier stages of this proposal. It was adopted and revived by the late government under the leadership of my lamented predecessor in a much less drastic form, and we now, in the proposals we submit to the committee, have still further modified and, I think, improved them. What are the changes we have made in the proposals put forward by the last parliament? They are, in substance, two. The first is that we have enacted that there should be an interval of two years between the first introduction of a bill and its final passing into law. The next is – and I think this is a very solid and substantial improvement – that we have provided that the three sessions referred to shall not necessarily be sessions in the same parliament, and we couple with that the proposal that the duration of the House of Commons shall not be longer than five years.

I should like now to deal with a suggestion which goes to the very essence of the matter. I will not deal with the details of the proposals – which are committee matters – but with the suggestion which I believe is seriously entertained, and which is certainly urgently put forward, that the adoption of the suspensory in lieu of the absolute veto would bring us to the condition of a single chamber government. I want to deal with this as a matter of principle.

We have in this country slowly but decisively adopted democracy as our form of government. What is the essence of democratic government? Surely it is, and here, I think, I shall carry with me universal assent, that the will of the people, by which we mean the will of the majority of the people for the time being, shall, both in legislation and policy, prevail. Further, we have come to the conclusion that, in common with all other democratic countries, the proper and only practical way of ascertaining that will and that opinion is by the process, the rude process, the imperfect process, in many ways the very unsatisfactory process, of periodical popular election. I say rude and unsatisfactory for this reason: on the one hand you have growing constantly in number and complexity a mass of political questions which present themselves at popular elections simultaneously for solution; and, on the other hand, unsatisfactory also because of the perfection to which the science and art of electioneering has now been developed. For both those reasons it becomes more and more difficult to disentangle issues and assign, I will not say the relative predominance, but even the relative importance and influence to this or that issue in deciding the general verdict. The verdict of the country is pretty clearly, as a rule, though not always, in favour of one party as against another. The verdict of the country is pretty clearly, as a rule, in favour of one set of measures and one line of policy and against the other. But when it comes to a particular case, the case of a particular measure or particular question, it falls open to a variety of constructions. These are the inevitable defects of the system of popular election, which we share and suffer from, in common with all other democratic countries. But it is the only practical way of ascertaining the national will.

What follows? If my premises are correct, there is at least a strong, nay, almost irresistible presumption, that a measure passed by a majority of the House of Commons still fresh, or relatively fresh, from the polls, is a measure which is approved in its main principles by the majority of the people, and which, therefore, in accordance with the principle of democratic government, ought to be allowed to pass into law. There are exceptions, I admit. It may be, as I have said, that representatives of the people in a particular case have mistaken the terms of their authority. It may, again, be that the majority by which a particular measure is passed through this House is so small, or so obviously casual and heterogeneous, that its verdict ought not to be treated as expressing the considered judgment of the nation. I admit these are both conceivable cases, and they show the possible uses of the second chamber, even such a chamber as the House of Lords, and they suggest the wisdom of procuring delay, if that second chamber so desires, such as is procured by these veto resolutions. What is the object of delay? In the first place it affords an opportunity of consultation if it is a matter merely for revision. That is its real purpose. Still more it gives time and opportunity to the articulate expression of public opinion. Does any hon. or right hon. gentleman suppose that a measure hurried through this House under closure or guillotine by what is called a scratch majority, could survive such an ordeal as that provided under this resolution – the ordeal of having to be passed in three sessions here, and having for two years to be submitted to the scrutiny and agitation of public opinion outside? Under this scheme in the first two years a fresh House of Commons will be constantly subject, and therefore legislation of the country would be subject to the operation of public opinion, and during the last two years the time of the House will not be, as it would have been under the Campbell-Bannerman resolution, to a large extent sterilised. It may go on, and if they have passed their measure once, they may pass it again; a general election will intervene, and the people will have an opportunity of pronouncing an opinion before the final resistance of the House of Lords is overborne.

Taking the House of Lords as it is, taking the two Houses as they are, that limitation of veto, coupled with the shortening of the duration of the House of Commons, is the best and most practical means by which, under existing conditions, we can secure that the popular will shall not be either frustrated or perverted but shall, with due opportunities for consideration and revision, be promptly and effectually carried into law. Let me add what is often ignored, that nothing is more absurd than the notion that an Act of parliament once put upon the statute book remains sacrosanct, and can never be touched. It is a ridiculous perversion of history. A large part of the time of the parliaments since 1832 has been consumed in reversing the work of their predecessors. If a new parliament, a new House of Commons thinks the work of the old House of Commons wrong, why cannot it undo it? . . .

I am sorry to have detained the House so long in dealing with the details of these resolutions. We put them forward to deal with the emergency which confronts us not as purporting to be a full or adequate solution of the whole problem, or, as exhausting the policy of the government. We put them forward as the first and indispensable step to the emancipation of the House of Commons, and to rescue from something like paralysis the principles of popular government. Further, we put them forward as a demand sanctioned as we believe by a large majority of the representatives of the people chosen at the recent general election, themselves representing a large majority of the electorate. Fundamental changes in this country, as nothing illustrates more clearly than this controversy, are slow to bring into effect. There was a story current of the last parliament, which in this connection bears repetition. It was told of a new member of the then House of Commons that in 1906 he witnessed for the first time the ceremony of opening parliament. He saw gathered in the other chamber at one end the king sitting on his throne, at the other end Mr Speaker standing at the bar. In between there was that scene of subdued but stately splendour, bringing and making alive to the eye and the imagination the unbroken course of centuries during which we alone here, of all the peoples of the world have been able to reconcile and harmonise the traditions of the past, the needs of the present, the hopes and aspirations of the future. He was a man of very advanced views, and as he gazed upon that unique and impressive spectacle, felt constrained to mutter to a neighbour, a man of like opinions with himself, "This will take a lot of abolishing." So it will. It was a very shrewd observation. But I am not sure that he had mastered the real lesson of the occasion. So far as outward vision goes, one would seem, no doubt, in the presence of such a ceremony as that, to be transplanted to the days of the Plantagenets. The framework is the same; the setting is almost the same. The very figures of the picture – king, peers, judges, commons – are the same, at any rate, in name. But that external and superficial identity masks a series of the greatest transformations that have been recorded in the constitutional experience of mankind. The sovereign sits there on the throne of Queen Elizabeth, who, as history tells us, on one occasion, at the end of a single session, opposed the royal veto to no less than forty-eight out of ninety-one bills which had received the assent of both Houses of parliament. That royal veto, then and for long afterwards, an active and potent enemy of popular rights, is literally as dead as Queen Anne. . . . But there is one factor in the constitution which, while everything else has changed, remains, sterilised in its development, possessing and exercising power without authority, still a standing menace and obstacle to progressive legislation and popular government.

The absolute veto of the Lords must follow the veto of the Crown before the road can be clear for the advent of full-grown and unfettered democracy.

39. Parliament Bill: Balfour's speech, 2 March 1911

(*Hansard*, 5th series, XXII, cols 566 ff.)

Order read, for resuming adjourned debate on amendment to question (27th February), "That the bill be now read a second time":

Which amendment was, to leave out from the word "That", to the end of the question, and add instead thereof the words "this House would welcome the introduction of a bill to reform the composition of the House of Lords, whilst maintaining its independence as a second chamber, but declines to proceed with a measure which places all effective legislative authority in the hands of a single chamber and offers no safeguard against the passage into law of grave changes without the consent and contrary to the will of the people." (Mr Austen Chamberlain.)

Question again proposed, "That the words proposed to be left out stand part of the question." Debate resumed.

Mr Balfour: The amendment, sir, which you have just put from the chair may remind the House of a point on which we are all agreed, namely, that some constitutional reform is desirable at the present time in the opinion of both parties. I remember what probably no one else does, that, speaking on the first reading of this bill last week, following the Prime Minister, I welcomed the fact that upon this subject there was common agreement, although there was probably the widest divergence of reasons which had led to that harmony of opinion. I think it may be worth while for the House just to consider what the various reasons are which have induced the different sections of the House to arrive at the conclusion that in this year, 1911, it is desirable to proceed with some measure of constitutional reform, dealing with the Upper House, and dealing with the relations of this House to the Upper House. We are divided into several schools of thought, widely divergent. The Irish party hold as a party that the reason for supporting this bill is that it is a necessary preliminary, and, as they believe, an adequate preliminary to obtaining a measure of Home Rule. I daresay individual members of that party may have divergent views upon the abstract question of whether there should be a second chamber, and if there is to be a second chamber, how that second chamber should be constituted. But all those individual or personal views are merged in the common policy openly and honestly avowed, that the Irish party are supporting the government – under some difficulty in regard to other questions – in order that they may get out of the way what they regard as an obstacle to the realisation of their Nationalist ambitions. I will have to say a word about that later, but at this moment I pass from that school of thought to another, which received support last night in the speech of the hon. member for Blackburn (Mr Snowden), which has received immense favour in different sections of the constituencies, and which has bulked largely in all the controversies which have raged round the central problem during the last three years – I mean the school of thought which desires to abolish the existing second chamber because it objects to what is called the hereditary principle.

I confess personally to having the very smallest amount of intellectual sympathy with those diatribes against the hereditary principle, at all events against those who think and those who uphold that that is inherently contrary to universal reason, while representative government, as it is practised, and as it must be practised, is in complete harmony and accord with the dictates of universal reason. It is a very foolish doctrine. I hold as strongly as the member for Blackburn himself, I hold as strongly as any man in this House does, that what is called the democratic form of government is absolutely the only form of government under which a community like ours, having reached this present stage of political and social development, can possibly live peaceably or carry out effectively its national and imperial work. In that sense, which is the only true practical sense, I am as strong a democrat as is to be found in this House, but when I am asked to follow the member for Blackburn into those abstract regions of speculative thought, it appears to me that he and those who think with him are absolutely misleading the House upon a point which has more than an interest, extending far beyond mere abstract and academic discussions.

Has the thought occurred to the hon. gentleman that the system which he regards as the only one consistent with reason is practised by a small section of the human race, that the whole of history shows us, not that it seems reasonable to the ordinary man to acquiesce in a system of representative government, but that what may seem reasonable to the ordinary man, looking at it historically, looking at it if you like as the world is constituted now – if your gaze embraces the whole world – is the hereditary principle. If you tell him that what reason really requires of him is to regard himself as being represented in an assembly for which he has perhaps given a vote for a candidate who has been rejected, and in which the majority holds views that he does not share, he would say, "They do not represent me; they are no better than I am; I differ from them, why should I obey them? Give me the old plan – my nation, or my tribe, or my clan, or my sept. Give me the practice I understand, and do not try to explain to me that I am being represented when in fact the people who represent me are doing everything to which I most object."

The truth is that it is folly to appeal against the House of Lords on the ground that it is based upon the hereditary principle. There are other reasons which I should give why I think it ought to be changed, but that is not the reason. If the House will forgive me for being a little too abstract, and leaving for a moment this practical interchange of friendly blows with the Opposition, I say it is folly for us as practical men simply to lay down the proposition that we have nothing to do with the hereditary principle. What we ought to see as practical men is what we can get out of it. There it is, part of our inherited traditions. There it is in conformity with the general feeling of mankind over the greater parts of the earth. Let it be our servant, let it be no longer our master. (Hon. members: "Hear, hear.") Which part of that proposition do hon. members cheer? Who wants it, who in this country for generations has ever wanted it, to be our master? Certainly nobody who sits on these benches. That, as a doctrine, so far as I am aware, has been abandoned, or has fallen silently aside, and is held by no man now living, nor has it been held by any man who has lived for generations.

There is the other view of the problem. Do you not think that we ought, if we can, to make it our servant? Can we not use it for some purpose? Let the House notice how absolutely invaluable in the development of the constitution has been the hereditary principle in the case of the monarchy. You could not at this moment, and I defy any man to imagine a constitution in which our diverse empire could exist for a year apart from the hereditary principle. Do you think it is to your transient majority or to a transient minority; do you think it is to this House, or to the two Houses, that the dominions beyond the seas, or our fellow-subjects in India look. No, sir, the common bond of empire is based upon the hereditary principle, and in the great evolution which has taken place in these centuries we have known how to turn to account the powers of the sovereign in a manner never dreamt of by our forefathers, but which I venture to think are more beneficent, more useful, more invaluable, more absolutely necessary to the continuance of our empire than was the power of the Crown at the time when the power of the Crown was most undisputed. I care nothing whatever for the hereditary principle, for the hereditary privileges, as they are called, of any member of the Upper House, except in so far as the continued use of that principle or that practice may serve to give us the kind of second chamber which, if we can only look at this great problem apart from the turmoil of party disputes, I believe we should all wish to have, a second chamber, in other words, which has not in it the seeds, the inevitable seeds, which will ultimately develop and grow so that the second chamber shall be a real rival to the first. . . .

I turn to another school of thought, of which I think the government are the great representatives. They want a change, and they tell us the reason they want a change is that, in their own words, they "do not get fair play for their legislation from the present constitution between the two Houses". I have never suggested, either in public or in private, that I do not think it is a misfortune that through political causes, which everybody knows, gentlemen who, either in their own persons or in that of their immediate ancestors, were recommended to the honour of peerages by Radical administrations no longer support the Radical party. The practice has been undisputed, and I think has reached proportions which are a just ground of comment and criticism. But at the same time I do think this way of looking at politics as if it was some game in which the rules were rather unfairly loaded in favour of one side is not the attitude of mind in which statesmen should approach the reform of their hereditary institutions. Some hon. gentlemen seem to think that we are, as it were, opposed bands of football players, and that we insist on playing always with the wind behind us. (Hon. members: "Hear, hear.") ... They say here that when the Radical party come into power they find themselves constantly thwarted by the House of Lords, and they are usually good enough to add that the House of Lords always acts by my own particular suggestion. ... The hon. member for Blackburn told us "we want the will of the people"; by which he means the will of the majority in this House for the time being. "We want that carried through into law with all possible speed, irrespective of any checks at all." That is very wild politics, but at all events it is a perfectly comprehensive coherent body of doctrine. That is not the body of doctrine held by hon. gentlemen sitting opposite. They think, as we think, that checks are necessary. Then, if they think that we are not sufficiently checked, let them apply their great constructive intellects to find some way of dealing with that situation. Do not let them remove from their own hearts checks which they admit to be an integral part of any properly constituted constitution. Hon. gentlemen in one sense do themselves injustice. They assume in all their speeches that their legislative ambitions are as modest as those which characterise the Unionist party. Therefore, they do not seem to think that any more constitutional checks are required in their case than in ours. I do not agree with that. I think the party which boasts itself to be the party of rapid and effectual change is the very party which ought not to be stopped in its onward career if the country approves it, but to have a constitutional check which will make it clear, whether or not the country does approve of it. Frankly, I think it is more necessary in their case than in ours, and I should have thought that they would have agreed with that. ...

That brings me really to the third school of those who desire a reform in the constitution, of which school I am one. Why do we want a change in the constitution? I want it, speaking for myself, and perhaps for others on this side of the House, because I think that recent events have shown that the House of Lords is not strong enough as at present constituted to carry out its functions. I deduce that conclusion from almost every speech which I heard delivered on the other side attacking the action of the House of Lords in recent years. What is the gravamen of the charge brought against them? First, that they threw out the budget; secondly, that they modified the Education Bill; and, thirdly, that they dealt with the Licensing Bill. Nobody will deny that those are the three main points; I do not say they are all. There was another grievance against the House of Lords which I will not comment upon; it was mentioned by the hon. member for Blackburn last night. He said that the House of Lords passed the Trades Disputes Bill, but they did not like it. That may be a criticism on their taste, but I do not think it is an adverse comment upon their action. Their taste in that respect was a taste shared largely in very important quarters above the gangway.

But, after all, the gravamen of the charge against the House of Lords is the three matters I have mentioned. The budget was a reference of financial proposals of great novelty and great magnitude to the judgment of the constituencies. It was avowedly done in that way and for that purpose. Some hon. gentlemen opposite have spoken as if it was the ambition of any party or of any individuals in the House of Lords to arrogate to themselves the granting of supply or the managing of the financial affairs of the country. That never was the wish of the second chamber. They thought, and in my opinion they thought rightly, that proposals so novel as those of the budget were proposals on which the country ought to be consulted. They may have been right, they may have been wrong; as the Prime Minister says, they may have committed political suicide by their action; but it was, in my judgment, a perfectly legitimate action, considering the novelty of the budget, and as such I think it will be judged by history. There was the Licensing Bill; there was the Education Bill. Will it really be pretended that the action of the House of Lords about either the Licensing Bill or the Education Bill went beyond what a proper second chamber ought to be able to do? (Several hon. members: "Certainly.") I do not argue at the present time the merits of either of those measures. Let it be remembered that the government themselves have not contended or thought that the Licensing Bill had behind it the opinion of a majority of the electors of the country. As to the Education Bill, all that the House of Lords did was to make an effort that the parents of this country should have for their children the kind of religious teaching that they desired. That, and that alone. It is absurd to tell us that in making that effort, not in throwing out or destroying the bill, but in fighting for that principle, they went beyond what a second chamber might most properly and most legitimately do. If you want a proof of that, I ask you to look at the result of the subsequent elections. You boast, and you are perfectly justified in boasting, of your majority of 124 or 125, whatever it is, in favour of the Parliament Bill. That is perfectly proper; make what you can of it. But nobody pretends that in the House that I am now addressing there is a majority either for your education proposals or for your Licensing Bill. In this House, where you boast of your omnipotence, you could neither propose nor carry by itself, irrespective of general policy, either of those measures. . . .

This being the view which I, at all events, take about the action of the second chamber, I observe that a great body of opinion in this country, represented, I freely admit, by a majority in this House, is of opinion that the House of Lords went beyond their proper function, and that an adequate reason for altering them has arisen. I say, if a second chamber cannot do so much, if that modest plea for delay on their part is to be met as it has been met, you must strengthen your second chamber. I suspect there are more than we think on both sides of the House, and in all parties in the country, who would like to see the House of Lords go on exactly as it is now in external appearance, but shorn of all substantial power to check or to delay, or to carry out the proper functions of a second chamber. I do not agree with that view. Personally, I attach no value, except an aesthetic value, to ancient institutions which have lost all living force and reality. If the House of Lords is to be merely an ornamental part of the constitution, reminding us of our long history, connected with many ancient and picturesque ceremonies; if it is to be classed with the beautiful armour in the Tower, as something ancient and valuable, but wholly useless for any modern purpose, well, then, I say, I care as little for the House of Lords as any hon. gentleman opposite. I want a second chamber. We are in happy agreement about that. I suppose when the government say they want a second chamber they mean a real second chamber – one which will carry out the functions of a second chamber. That is exactly my view. If it be true – and I think the events of the last few years have indicated that it is true – that under our existing system the House of Lords is not strong enough to carry out their functions, well, then, see to it that you have a second chamber which is strong enough. It may be asked why checks are necessary. . . . What is the nature of the system under which we live? We live under a representative party system. The representative party system in this country always tends to work out into something like rough equality between the two opposing camps. Ardent rhetoricians in the height of victory tell us that this party or that party have suffered a crushing defeat, have been hurled from power, have been driven into exile by their indignant countrymen, and all the rest of it. When the election is over and all this hurling and crushing is finished, you will find that the people who are in the minority are a fraction less than half the voters, and the people who are in power are a fraction more than half the voters, – and not a very big fraction. Therefore we are apt to work in this House under a great delusion in this matter. However big the majority may be – take, for example, that which destroyed the Unionist government in 1906, and to which the right hon. gentleman opposite referred – even at that time you will find that those who suffered that defeat have behind them a vast body of their countrymen, and those not the least intelligent. . . . The transfer of these relatively few votes from side to side under the impulse, it may be of some absurdly mistaken passions, some violent prejudice; it may be "Chinese labour", or some other historic cry; the transfer, I say, of these votes from side to side carries with it the principle of the absolute transfer straight off of all administrative power. It is quite right that it should do so. I am entirely in favour of it. The party system, when these administrative powers have been transferred from side to side, gives some stability to those who are entrusted with the difficult task of government. There again I think the party system is an immense advantage. However much I might desiderate greater individual independence when we are discussing the provisions of bills, I do think that the party system is absolutely necessary if you are to have stability of administration. I would rather have a bad government in office with some kind of security of tenure, if only a brief one, than have the buying from day to day of this little section or that little section by some administrative concession. But when we turn from administration to legislation the case becomes somewhat different. More particularly does it become different when the legislation which you are dealing with is legislation touching the fundamental inheritance of the constitution of the country. I think it is utterly absurd to say that the transfer of these few votes at a general election under the violent impulse of some hope, fear, or passion of the moment, is to give a universal power of attorney to any government to do exactly what it likes with the British constitution. . . . An hon. member interrupted me just now and said, "What about the referendum?" He thinks, as the Prime Minister thinks – so I gather from the speech he made the other day – that the use of the referendum to protect fundamental questions turns us into a debating assembly. It does nothing of the sort. It is the one thing which prevents us being a debating assembly. It takes away from us the unlimited power which we ought never to possess, and it leaves us the powers which we ought to possess – the power of determining absolutely what shall be the administration. It leaves us the power absolutely of voting supplies, and of carrying on the general administrative work of the country, subject to review, revision and check by the other House, and it prevents the two Houses together – or it may do so – from making some inroad upon the constitutional heritage of the people which no temporary assembly has the least right to do. Those are the reasons why I want a second chamber. Those are the reasons why I want a reform of the second chamber. I have given reasons for both. If the government do not agree with all my arguments, and I am afraid they do not, at all events they will agree with the conclusion I have come to. Why, therefore, cannot we just trust them to approach the legislative work before us in the spirit of those who, having had entrusted to them the custody of the constitution, are to amend it, and approach it with a strong feeling of responsibility, of care, of caution, and of that impartiality which the self-imposed task they have taken in hand ought to inspire? We know why we cannot trust them. We cannot trust them because they are not approaching this question as they would approach it were they an independent party. They are approaching it because they are coerced by their alliance with the Irish party. . . . We object not to the fact that the government act with the Irish party because they agree with the Irish Nationalists, and that the Irish act with the government because they agree with the government, but that both have deflected their course from what it otherwise would have been in order to obtain the support of the other. When two heavenly bodies approach each other, and come into the same system their course is modified and perturbed by the attraction each of the other, and so the natural orbit of the Irish party has been perturbed, and so has the natural orbit of the Radical party been perturbed. The only point in which my metaphor breaks down is that contrary to the ordinary laws of gravitation, it is the smaller body which has perturbed the bigger body. Nevertheless, there has been perturbation on both sides, and it is really a curious thing to reflect that if there had been no alliance there would have been no budget, and if there had been no alliance there would have been no prospect of Home Rule. The Irish party would certainly have defeated the Chancellor of the Exchequer, and had there been no alliance I do not think we should have seen this bill in its present shape, and I am quite sure we should never see what we understand is to follow this bill – the Home Rule scheme now agitating and tormenting the constructive souls of the Cabinet committee, which is trying to devise it. . . . The point is the government say there ought to be a second chamber for purposes of check and revision, but they refuse to create it – they leave an interval before creating it in which there is to be no second chamber, and when asked whether that is a peculiarly safe interval in which, as a matter of fact, nothing of a constitutional character is going to be attempted, they point to obscure passages in some of their speeches, and say, "On the contrary, we always meant to carry out the greatest possible revolution which this country has ever seen." That is the result of the Irish alliance. That is the perturbation which has occurred in the orbit of the party opposite. They could not trust to themselves, but have to depend for their parliamentary existence upon gentlemen from Ireland. I say the results will probably be disastrous to the country, and are certainly discreditable to the government. They are doing what they have no right to do. They are using the powers given them by the transfer of these relatively few votes from one side to the other at a given election – they are using them to make fundamental changes in the constitution of which they are the guardians, and they openly say they are going to force them through one branch of the legislature by coercion, as they have imposed them on the country by fraud – (interruptions.)

Hon. members. "Order," and "Withdraw."

Mr Balfour. I am not going to withdraw. (Interruption.)

Sir Henry Dalziel. I rise to a point of order. I wish to know, sir, whether it is your ruling that the word "fraud" as applied to individuals and political parties is in order?

Mr Speaker. When applied to individuals certainly it is out of order, but when applied to a party I do not think the expression is out of order.

40. Parliament Act, 1911

(*Public General Statutes*, 1 & 2 Geo. 5 c. 13)

An Act to make provision with respect to the powers of the House of Lords in relation to those of the House of Commons, and to limit the duration of parliament.

(18th August 1911) Whereas it is expedient that provision should be made for regulating the relations between the two Houses of parliament:

And whereas it is intended to substitute for the House of Lords as it at present exists a second chamber constituted on a popular instead of hereditary basis, but such substitution cannot be immediately brought into operation:

And whereas provision will require hereafter to be made by parliament in a measure effecting such substitution for limiting and defining the powers of the new second chamber, but it is expedient to make such provision as in this Act appears for restricting the existing powers of the House of Lords:

Be it therefore enacted by the king's most excellent majesty by and with the advice and consent of the Lords spiritual and temporal and Commons in this present parliament assembled, and by the authority of the same, as follows:

1 (1) If a Money Bill, having been passed by the House of Commons, and sent up to the House of Lords at least one month before the end of the session, is not passed by the House of Lords without amendment within one month after it is so sent up to that House, the bill shall, unless the House of Commons direct to the contrary, be presented to his majesty and become an Act of parliament on the Royal Assent being signified, notwithstanding that the House of Lords have not consented to the bill.

(2) A Money Bill means a Public Bill which in the opinion of the Speaker of the House of Commons contains only provisions dealing with all or any of the following subjects, namely, the imposition, repeal, remission, alteration, or regulation of taxation; the imposition for the payment of debt or other financial purposes of charges on the Consolidated Fund, or on money provided by parliament, or the variation or repeal of any such charges; supply; the appropriation, receipt, custody, issue or audit of accounts of public money; the raising or guarantee of any loan or the repayment thereof; or subordinate matters incidental to those subjects or any of them. In this subsection the expressions "taxation", "public money", and "loan" respectively do not include any taxation, money, or loan raised by local authorities or bodies for local purposes.

(3) There shall be endorsed on every Money Bill when it is sent up to the House of Lords and when it is presented to his majesty for assent the certificate of the Speaker of the House of Commons signed by him that it is a Money Bill. Before giving his certificate, the Speaker shall consult, if practicable, two members to be appointed from the Chairmen's Panel at the beginning of each session by the Committee of Selection.

2 (1) If any Public Bill (other than a Money Bill or a bill containing any provision to extend the maximum duration of parliament beyond five years) is passed by the House of Commons in three successive sessions (whether of the same parliament or not), and, having been sent up to the House of Lords at least one month before the end of the session, is rejected by the House of Lords in each of those sessions, that bill shall, on its rejection for the third time by the House of Lords, unless the House of Commons direct to the contrary, be presented to his majesty and become an Act of parliament on the Royal Assent being signified thereto, notwithstanding that the House of Lords have not consented to the bill: provided that this provision shall not take effect unless two years have elapsed between the date of the second reading in the first of those sessions of the bill in the House of Commons and the date on which it passes the House of Commons in the third of those sessions.

(2) When a bill is presented to his majesty for assent in pursuance of the

provisions of this section, there shall be endorsed on the bill the certificate of the Speaker of the House of Commons signed by him that the provisions of this section have been duly complied with.

(3) A bill shall be deemed to be rejected by the House of Lords if it is not passed by the House of Lords either without amendment or with such amendments only as may be agreed to by both Houses.

(4) A bill shall be deemed to be the same bill as a former bill sent up to the House of Lords in the preceding session if, when it is sent up to the House of Lords, it is identical with the former bill or contains only such alterations as are certified by the Speaker of the House of Commons to be necessary owing to the time which has elapsed since the date of the former bill, or to represent any amendments which have been made by the House of Lords in the former bill in the preceding session, and any amendments which are certified by the Speaker to have been made by the House of Lords in the third session and agreed to by the House of Commons shall be inserted in the bill as presented for Royal Assent in pursuance of this section:

Provided that the House of Commons may, if they think fit, on the passage of such a bill through the House in the second or third session, suggest any further amendments without inserting the amendments in the bill, and any such suggested amendments shall be considered by the House of Lords, and, if agreed to by that House, shall be treated as amendments made by the House of Lords, and agreed to by the House of Commons; but the exercise of this power by the House of Commons shall not affect the operation of this section in the event of the bill being rejected by the House of Lords.

3. Any certificate of the Speaker of the House of Commons given under this Act shall be conclusive for all purposes, and shall not be questioned in any court of law.

4 (1) In every bill presented to his majesty under the preceding provisions of this Act, the words of enactment shall be as follows, that is to say, "Be it enacted by the king's most excellent majesty, by and with the advice and consent of the Commons in this present parliament assembled, in accordance with the provisions of the Parliament Act, 1911, and by authority of the same, as follows."

(2) An alteration of a bill necessary to give effect to this section shall not be deemed to be an amendment of the bill.

5. In this Act the expression "Public Bill" does not include any bill for confirming a Provisional Order.

6. Nothing in this Act shall diminish or qualify the existing rights and privileges of the House of Commons.

7. Five years shall be substituted for seven years as the time fixed for the maximum duration of parliament under the Septennial Act, 1715.

8. This Act may be cited as the Parliament Act, 1911.

Part III

NATIONAL RESOURCES: ECONOMIC STRUCTURE AND DEVELOPMENT

INTRODUCTION

The period we have to consider began in 1874 with a financial crisis leading to a depression which may be regarded, as far as this country is concerned, as finishing in 1879,[1] or as lasting, with temperaments and interruptions, until 1896. In origins it was widespread, beginning with a crash in Vienna in May 1875, which brought to a drastic end the boom which had arisen in Germany rather than in Austria from the payment by France of the Prussian war indemnity. In America bank collapses resulting from railway speculation in an uncertain currency situation led to widespread bankruptcies; in Britain the failure of the City of Glasgow Bank in October, and Stock Exchange crises in November brought distress and unsettlement. But in England these effects were intensified by a series of disastrous harvests and the result was to touch off a collapse of prices and a period of slack trade which, in one aspect, was no more than the not altogether unanticipated reaction from the booming trade and easy circumstances of the immediately preceding years, though the depth and intensity of the depression was to outrun expectation, and to constitute the first serious check to the economic expansion which had ridden over so many slighter setbacks as to be taken as part of the normal order of things. On the other side of the immediate depression – when that could be accepted as overpassed, and, as has been suggested, there were doubts and returns of depression before that took place – there lay a new world of competition in food production and, increasingly, in the industrial field.

The years of bad harvests denuded farmers' reserves, and in the culminating year of 1879 even the compensation of better results in some products was denied them.[2] In these years, contrary to past experience, prices had failed to rise in response to poor harvests. The reason was foreign, and especially American export, drawing on the untapped fertility reserves of the prairies, where it was said that the soil was mined rather than cultivated; and made available by a vastly extended railway system where competition, intensified by the financial crisis, drove rates lower, sometimes, than bare cost.[3] That this situation was not a temporary one, but represented a standing threat to English agriculture, was recognised by longer heads[4] and expressed with force and concision by the Mark Lane Almanac issued in 1881 by the *Economist*[5] in its "Commercial history and review of 1880". Rents – which had been rising since 1867 – came under heavy pressure, and wages, which had also risen, lost what they had gained, though the resistance of a somewhat alerted labourer prevented them from going lower – with the result that with the drastic price fall the real wages rose, and for those who kept their jobs those were years of relative prosperity.[6] The Shaw-Lefevre Report of 1897[7] showed the extent of

---

[1] Nos 53, 54   [2] No. 55   [3] No. 58   [4] No. 58   [5] No. 57   [6] Nos 58, 65   [7] No. 65

the blow to agriculture which had by then, by and large, made its reckoning with the new situation: reduced rents, which deposed the landed interest from its formerly accepted supremacy in the country; concentration on pasture and stock farming and on what had been regarded as bye-crops; much more economical farming; and a reduced work force, whose surplus had gone to the towns or overseas, largely to America.

It was also inevitable that foreign competition should make itself felt in the industrial field, particularly with the unification of Italy, and more especially of Germany; and the United States, making her difficult and tangled way out of post-Civil War problems, proceeded with her industrial equipment and began to make use of her vast resources and opportunities. By 1880 she had reached a provisional, but in main lines permanent settlement of her currency problems and had joined the gold consortia of Europe. What the *Economist* annual review in 1879 called the steel revolution of 1878 [1] highlights the threat in contexts particularly significant for this country. For a decade the Bessemer process for making steel had been before the world, and was practised on an increasing scale in this country. The American adoption of it, behind an arranged tariff barrier, as a result of experience first gained at the Paris Exhibition of 1867, and its rapid spread in that country are illustrated in No. 52. Its newly gained rail access to the immense iron ore deposits to the north of Lake Superior enabled the American industry to produce on a scale and with improved techniques that made it possible for her to invade markets hitherto dominated by the British industry, including its domestic one. By 1891 American production had passed the British level, and by the beginning of the twentieth century it was reckoned to dominate the world's markets. The demonstration of the Gilchrist-Thomas process [2] for the smelting of phosphorus-containing ores was important not only as increasing the range of available British ores but still more as enabling the use of the large phosphoric Lorraine iron ore deposits in conjunction with Ruhr coal for the benefit of the German steel industry, which surpassed the British in output by 1893. British steel production continued to grow, but not at the pace which its new competitors with protection and every possible device for market penetration and control could command.

Naturally a good deal of competition developed in the engineering field. America already had a well-justified reputation for ingenuity and persistence in the field of invention; Germany developed in the same way. Markets which had been a British monopoly, and even her own home market, were invaded. In others however – for example, the making of machinery for cotton manufacture, where Platt's the Lancashire engineers were as big as the whole American industry – the British hold was unshaken. In shipbuilding, whether for foreign or British ownership, the British share was in the neighbourhood of 60% in the last years of the period, and rarely much below.

A field in which German predominance might have been expected, but in which Britain defended herself tenaciously, though with some help from

[1] No. 52   [2] No. 56

German emigrants and from German training, was that of the chemical industry. The manufacture of soda and bleach for use in the textile industries was its great stronghold. Here a fight developed between the established Leblanc process and the Solvay process, of which Ludwig Mond, a distinguished German emigrant, and his partner Brunner were the champions. In its earlier stages the Leblanc process had devastated the surrounding countryside by emitting hydrochloric acid fumes into the atmosphere. A series of Alkali Acts, the first in 1863,[1] sought to limit this destruction, and an inspector under the Act was appointed to enforce the legislation. It was one of its paradoxes that the saving of hydrochloric acid enforced by the Act helped at a later stage to save the process,[2] and it continued in effective use till the early twentieth century, when electrolytic methods finally cut its use. But the tenacity so displayed enabled English chemical manufacturers to retain a market in a range of products; though the English inventions which made possible the making of aniline dyes from coal tar were left to Germans to exploit, and superior German techniques enabled that country to command the market in a wide range of advanced products.

The development of electricity, in which the country played a pioneer part, was associated at first with lighting, in which the established dominance and efficiency of gas, and the association strengthened by legislation with municipal control hindered expansion on the scale of America or even of European countries. But its use as power, and particularly in connection with tramways,[3] led to considerable expansion, and though British electrical engineering was not on the scale of German,[4] the use of the Parsons turbine which had transformed marine engineering, though originally intended for driving dynamos, enabled British engineers to play an independent part. In the manufacture of electric cable British firms played a dominant part, and developed a considerable export.

After the depression of the seventies, with the eighties the courage to expand and invest began to return to British industry, to such effect, indeed, as to lead to a shortlived boom between 1887 and 1888. Prices, however, continued their downward movement, and the economic and financial conditions in many parts of the world remained disturbed. The British contribution to this was the failure of Barings, the well-known bankers,[5] which, but for the skilful handling of the Bank of England[6] might have brought widespread ruin and disaster. After the turn of the century the spread of new types of power – gas engines, motor and electric[7] – the vigour of the motor industry,[8] and the size of the aircraft factory at Filton just outside Bristol,[9] provide evidence of the energy and initiative of British industry.

But to contemporaries the convincing thing was the expansion of trade, especially in the years just before the war. The *Economist* annual review of the

[1] 26 & 27 Vict. c. 124, r. 44 & 45 Vict. c. 37, r. 6 Edw. VII c. 14   [2] Nos 59, 60
[3] No. 66   [4] No. 68   [5] No. 61   [6] No. 62
[7] Nos 67, 68, 70; *see also* No. 64   [8] No. 69; *see also* No. 63   [9] No. 70

trade and finance of the preceding year printed in these years a table of the percentage growth of import and export trade, both in volume and value at 1900 prices, with 1900 as the base year.[1] Prices had begun to rise in 1900, after their long fall. The 1910 number of the annual (February 1911), commenting on the export figures, remarked that an increase of 50% in the volume of our exports in a single decade was "a sign of vigour and industrial initiative", and noted that the old stand-bys, textiles and engineering, but not coal, owing to the industry's internal problems, shared in the good results of the year. The growth of coal exports was one of the great features of the period.[2] What the table[1] does not show is the growth of invisible exports in the period – the earnings of shipping and financial services, and the heavy export of capital in these years, though these are shown in No. 51.[3] The export of capital had been growing, though not without interruption, since the 1880s, and by 1914 the total had reached the formidable figure of £3,975,000. This was made possible by the general adoption of the gold standard by the turn of the century, and the growth of limited company banking, with the absorption of many private banks in this country, giving it a highly centralised and very efficient banking system, and making it possible for London to play the central role in the financing of world trade. British capital was largely directed to creating what is now called the infrastructure of developing areas, and in this way played an important part in the increase of trade.[4]

SELECT BIBLIOGRAPHY

The study of national resources begins with the *Census 1871* and decennially thereafter, and statistical material is reproduced in William Page, *Commerce and Industry*, 2 vols (1919), II. The industrial data in the *Census* is rearranged on a comparable basis for different years by B. R. Mitchell and P. Deane, *Abstract of British Historical Statistics* (1962), an invaluable compendium of statistical information. The *Statistical Abstract for the United Kingdom* published annually provides much economic data. The tariff controversy of the early twentieth century led the Board of Trade to produce a wealth of historical information in the celebrated "fiscal blue books", *British and Foreign Trade and Industrial Conditions* (*Parliamentary Papers 1903*, LXVII; *1905*, LXXXIV; *1909*, CII). G. R. Porter, *Progress of the Nation*, ed. F. W. Hirst (1912), is a convenient if not always accurate compilation of facts and figures. Among the most useful journals are *The Economist*, the *Economic Journal* (from 1891), the *Economic Review*, published for the Christian Social Union for the years 1891 to 1914, the *Journal of the Statistical Society of London* (*Journal of the Royal Statistical Society* from 1887) and *The Statist* (from 1878). The annual meetings of the British Association for the Advancement of Science led to the production of descriptive handbooks of the host city in most years after 1900, and sporadically back to 1879. R. Giffen, *Essays in Finance*, 2 vols (1880, 1887), and *Economic Inquiries and Studies*, 2 vols (1904) contain much valuable commentary. A. Marshall, *Official Papers*, ed. J. M. Keynes (1926), shows a distinguished mind grappling with a range of economic and social problems.

Of general economic histories of the period, J. H. Clapham, *An Economic History of Modern*

[1] No. 50; *see also* No. 71   [2] No. 47   [3] *see also* Nos 48, 49
[4] *see also* population statistics, Nos 41, 42; emigration, No. 43; occupations, No. 44; crops and livestock, No. 45; railway returns, No. 46

Britain, II and III (1932, 1938), is the fullest and perhaps still the best. More recent works include W. Ashworth, *An Economic History of England 1870–1939* (1960); W. H. B. Court, *British Economic History 1870–1914* (1965); and the *Cambridge Economic History of Europe*, VI, ed. H. J. Habakkuk and M. M. Postan, 2 vols (1965). E. M. Carus Wilson (ed.), *Essays in Economic History*, I and III (1954, 1962), reproduces some important articles. The performance of the economy is assessed in many studies: P. Deane and W. A. Cole, *British Economic Growth 1688–1959* (1962); J. Saville (ed.), "Studies in the British economy 1870–1914", *Yorkshire Bulletin of Economic and Social Research*, xvii (1965); D. H. Aldcroft and P. Fearon (eds), *Economic Growth in Twentieth Century Britain* (1969); and D. H. Aldcroft and H. W. Richardson, *The British Economy 1870–1939* (1969), contain much of the best work. S. B. Saul, *The Myth of the Great Depression* (1969), is an admirable guide to this protracted controversy. Two recent contributions are D. M. McCloskey, "Did Victorian Britain fail?", *Ec.H.R.*, xxiii (1970); and D. C. Coleman, "Gentlemen and players", *Ec.H.R.*, xxvi (1973). D. M. McCloskey (ed.), *Essays on a Mature Economy: Britain after 1840* (1971), is a technical but rewarding discussion.

On the recruitment of population whether by immigration or by births there is much information in the *Census* and in the Registrar-General's *Annual Reports*. There were three special enquiries: the Royal Commission on Alien Immigration (*Parliamentary Papers 1903*, IX); the enquiry into fertility undertaken as part of the 1911 *Census*; and the Royal Commission on Population, 1949 (*Parliamentary Papers 1948–9*, XIX). A private enquiry modelled on royal commission procedure is J. Marchant (ed.), *The Declining Birthrate* (1916). There is a majestic survey by D. V. Glass and E. Grebenik in *Cambridge Economic History of Europe*, VI. J. A. Banks, *Prosperity and Parenthood* (1954); and J. A. and O. Banks, *Feminism and Family Planning in Victorian England* (1964), are interesting but inconclusive enquiries into reasons for the fall in family size.

On capital and income R. Giffen, *The Growth of Capital* (1889), is a pioneering work. The distribution of landownership is displayed in bewildering detail in *Return of Owners of Land* (*Parliamentary Papers 1874*, LXXII, 2 vols); and reduced to order in J. Bateman, *The Great Landowners of Great Britain and Ireland*, 2nd edn (1883), repr. (Leicester, 1971). G. W. Daniels and H. Campion, *The Distribution of National Capital* (Manchester, 1936); and H. Campion, *Public and Private Property in Great Britain* (1939), produce careful estimates for the year 1911. G. R. Hawke and M. C. Reed, "Railway capital in the United Kingdom in the nineteenth century" *Ec.H.R.*, xxii (1969), may be mentioned. J. C. Stamp, *British Incomes and Property* (1916), is still indispensable. Early national income enquiries are discussed in P. Deane, "Contemporary estimates of national income in the second half of the nineteenth century", *Ec.H.R.*, ix (1957). The latest work is C. H. Feinstein, *National Income, Expenditure and Output of the United Kingdom 1885–1965* (1972).

There are copious official sources for the history of industry and industries. The factory inspectors and alkali inspectors furnished annual reports of as much value to the economic as to the social historian. Particular enquiries include the Royal Commission on Coal Supply (*Parliamentary Papers 1871*, XVIII, 3 vols); the Royal Commission on the Depression of Trade and Industry (ibid. *1886*, XXI–XXIII); and the Royal Commission on the Coal Resources of the United Kingdom (ibid. *1903*, XVI; *1904*, XXII; *1905*, XVI). The first census of production was taken in 1907 and results were published over the years 1909–13 in the *Parliamentary Papers*; the final report is *1913*, CIX. A bibliographical guide to materials both primary and secondary is H. L. Beales, "The 'basic' industries of England 1850–1914", *Ec.H.R.*, v (1934–5). Among contemporary works are T. Ellison, *The Cotton Trade of Great Britain* (1886); T. Baines, *The Industrial North* (Leeds, 1928, but written for *The Times* thirty years earlier); S. J. Chapman, *The Lancashire Cotton Industry* (1904); J. S. Jeans, *The Iron Trade of Great Britain* (1906); H. W. Macrosty, *The Trust Movement in British Industry* (1907); J. H. Clapham, *The Woollen and Worsted Industries* (1907); and H. S. Jevons, *The British Coal Trade* (1915), repr. (1969). The Tariff Commission (a private body) set on foot elaborate investigations into several industries – iron and steel, textiles, agriculture, engineering, pottery, glass, and sugar and confectionery. It published evidence against as well as for a tariff in its *Reports* (1904–9, 7 vols in 13). Secondary works on industrial history are numerous and the following is only a selection: G. C. Allen, *Industrial Development of Birmingham and the Black Country 1860–1927* (1929); D. L. Burn, *Economic History of Steel-making 1867–1939* (1940); C. Wilson, *History of Unilever*, I and II (1954); together with A. E. Musson, *Enterprise in Soap and Chemicals* (Manchester, 1965) and P. Mathias, *Retailing Revolution* (1967), both dealing with Unilever subsidiaries; W. E. Minchinton, *The British Tinplate Industry: a history* (1957); S. Pollard, "British and world shipbuilding 1890–1914 . . .", *J.E.H.*, xvii (1957); H. J. Habakkuk, *American and British Technology in the Nineteenth Century* (1962); S. B. Saul, "The market and the development of the mechanical engineering industries in Britain 1860–1914", *Ec.H.R.*, xx (1967); R. A. Church, "The effect of the American export invasion on the British boot and shoe industry 1885–1914", *J.E.H.*, xxviii (1968); D. C. Coleman, *Courtaulds: an economic and social history*, 2 vols (1969); W. J. Reader, *Imperial Chemical Industries: a history*, I (1970); and D. M. McCloskey, *Economic Maturity and Entrepreneurial Decline: British iron and steel 1870–1913* (Cambridge, Mass., 1973).

The agricultural historian is well served by the *Agricultural Returns*, an annual official series of statistics. The depression in agriculture led to the appointment of two royal commissions: the [Richmond] commission on the depressed condition of the agricultural interest (*Parliamentary Papers 1881*, XV; and *1882*, XIV, together with several further volumes of evidence); and the [Eversley] commission on agricultural depression (*Parliamentary Papers 1894*, VI; *1896*, XVI; and *1897*, XVI, together with other volumes of evidence). There was a select committee on forestry (ibid. *1884*, VIII; *1886*, IX; *1887*, IX) and a departmental one on smallholdings (ibid. *1906*, LV). The *Journal of the Royal Agricultural Society* is a valuable source. Contemporary agricultural writers include J. Caird, *The Landed Interest and the Supply of Food* (1878); H. Rider Haggard, *Rural England*, 2 vols (1902); and A. D. Hall, *A Pilgrimage of British Farming 1910–12* (1914). The standard history is C. S. Orwin and E. Whetham, *History of British Agriculture 1846–1914* (1964). Important articles are reproduced in W. E. Minchinton (ed.), *Essays in Agrarian History*, II (Newton Abbot, 1968); and in P. J. Perry (ed.), *British Agriculture 1875–1914* (1973).

For transport there are two annual official series: the *Railway Returns* and the *Annual Statements of the Navigation and Shipping of the United Kingdom*. There was a Select Committee on Railways (Rates and Fares) (*Parliamentary Papers 1882*, XIII); a Royal Commission on the Port of London (ibid. *1902*, XLIII); and a House of Lords Select Committee on Horses (ibid. *1873*, XIV). The capacity of the country's ports is assessed in L. F. V. Harcourt, *Harbours and Docks* (1885). The creation of a new port is described in B. T. Leech, *History of the Manchester Ship Canal*, 2 vols (1907). A. W. Kirkaldy, *British Shipping* (1912) is an exhaustive study. W. T. Jackman, *The Development of Transportation in Modern England*, 2 vols (1916), has not been superseded. E. Cleveland-Stevens, *English Railways, their Development and their Relation to the State* (1915); and C. E. R. Sherrington, *Economics of Rail Transport*, 2 vols (1928), both contain much historical information. T. C. Barker and M. Robbins, *The History of London Transport*, 2 vols (1963, 1974), is an important modern study. A distant corner of Britain's informal empire is illuminated in R. G. Albion, "British shipping and Latin America 1806–1914", *J.E.H.*, xi (1951).

Foreign trade is so closely bound up with other branches of the economy that many references to it are to be found in books mentioned elsewhere in this bibliography. The raw material for the study of foreign trade is provided by the *Annual Statement of the Trade of the United Kingdom with Foreign Countries and British Possessions*. For the curious there are the still more detailed monthly *Trade and Navigation Accounts*. A brief contemporary narrative is provided by A. L. Bowley, *A Short Account of England's Foreign Trade in the Nineteenth Century* (1905 edn). Two useful works produced under the shadow of foreign competition are W. J. Ashley, *The Tariff Problem*, 2nd edn (1904); and S. J. Chapman, *Work and Wages*, I, *Foreign Competition* (1904). W. Schlote, *British Overseas Trade from 1700 to the 1930s* (Oxford, 1952), is a statistical exercise that needs careful handling. A valuable recent work is S. B. Saul, *Studies in British Overseas Trade 1870–1914* (Liverpool, 1960).

Closely connected with foreign trade is the export of capital. The seamy side of capital exports is exposed in the Select Committee on Foreign Loans (*Parliamentary Papers 1875*, XI). A wider enquiry was the Royal Commission on the Stock Exchange (ibid. *1878*, XIX). A much quoted article is G. Paish, "Great Britain's investments in other lands", *Journal of the Royal Statistical Society*, lxxii (1909). C. K. Hobson, *The Export of Capital* (1914), repr. (1963) is still useful. Capital export has attracted much attention in recent years both from economists and historians. A. K. Cairncross, *Home and Foreign Investment 1870–1913* (1953); B. Thomas, *Migration and Economic Growth* (1954); A. H. Imlah, *The Economic Elements in the Pax Britannica* (Cambridge, Mass., 1958); and H. W. Richardson, "British emigration and overseas investment 1870–1914", *Ec.H.R.*, xxv (1972) may be mentioned. A. R. Hall (ed.), *The Export of Capital from Britain 1870–1914* (1968), brings together some important articles; and P. L. Cottrell, *British Overseas Investment in the Nineteenth Century* (1975), reviews the present state of knowledge.

Other aspects of finance have attracted a due meed of attention. Concern with the fall in the value of silver led to the appointment of a Royal Commission on Gold and Silver (*Parliamentary Papers 1887*, XXVII; and *1888*, XLV). There is a useful review of price history in W. T. Layton, *Introduction to the Study of Prices* (1912). A. E. Feavearyear, *The Pound Sterling*, rev. (1963), is valuable. Contemporary studies of public finance include a Select Committee on Income Tax (*Parliamentary Papers 1906*, IX); S. C. Buxton, *Finance and Politics 1783–1885*, 2 vols (1888); and B. Mallett, *British Budgets 1887–8 to 1912–13* (1913). Recent works include U. K. Hicks, *British Public Finances 1880–1952* (1954); and A. T. Peacock and J. Wiseman, *Growth of Public Expenditure in the United Kingdom* (1961). There is no general history of banking. J. Sykes, *The Amalgamation Movement in English Banking* (1926), traces a process that has gone little further since he wrote. W. T. C. King, *History of the London Discount Market* (1936), remains useful. J. H. Clapham, *The Bank of England: a history*, II (1944), will in future be superseded for this period by R. S. Sayers, *The Bank of England 1891–1944*, 3 vols (1976). The same author has written *Lloyds Bank in the History of English Banking* (1957). For insurance, C. Walford, *The Insurance Cyclopaedia*, 6 vols (1871–80), should be consulted. In the field of insurance substantial histories have been written by C. Wright and C. E. Fayle, *A History of Lloyds* (1928); by P. M. G. Dickson, *The Sun Insurance Office 1710–1960* (1960); and by B. E. Supple, *The Royal Exchange Assurance: a history . . . 1720–1970* (1970).

A. TABLES

41. Total population at censuses of 1871, 1881, 1891, 1901 and 1911

(William Page, *Commerce and Industry*, 2 vols (1919), II, Table 1)

Year	England and Wales	Scotland	Ireland	Total for United Kingdom			Approximate total for the empire, exclusive of the United Kingdom
				Males	Females	Total	
1871	22,712,266	3,360,018	5,412,377	15,301,830	16,182,831	31,484,661	202,764,952
1881	25,974,439	3,735,573	5,174,836	16,972,654	17,912,194	34,884,848	212,851,400
1891	29,002,525	4,025,647	4,704,750	18,314,571	19,418,351	37,732,922	307,676,000
1901	32,527,843	4,472,103	4,458,775	20,102,408	21,356,313	41,458,721	344,248,000
1911	36,070,492	4,760,904	4,390,219	21,946,495	23,275,120	45,221,615	372,127,000

42. Birth rate, death rate and rate of increase of population, 1876 to 1910

(G. R. Porter, *Progress of the Nation*, ed. F. W. Hirst, Table VI; and (1906–10) *Statistical Abstract for the United Kingdom*)

Period	per 1,000 of population		
	Average annual birth-rate	Average annual death-rate	Average annual natural increase
1876–80	35·3	20·8	14·5
1881–5	33·5	19·4	14·1
1886–90	31·4	18·9	12·5
1891–5	30·5	18·7	11·8
1896–1900	29·3	17·7	11·6
1901–5	28·1	16·0	12·1
1906–10	26·1	15·1	11·2

43. Emigration from the United Kingdom, 1875 to 1914

(William Page, *Commerce and Industry*, 2 vols (1919), II, Table 5)

Year	Australia and New Zealand	Cape of Good Hope and Natal	British North America	United States of America	Destination not stated	Total emigrants
1875	34,750	—	12,306	81,193	12,426	140,675
1876	32,196	—	9,335	54,554	13,384	109,469
1877	30,138	—	7,720	45,481	11,856	95,195
1878	36,479	—	10,652	54,694	11,077	112,902
1879	40,959	—	17,952	91,806	13,557	164,274
1880	24,184	—	20,902	166,570	15,886	227,542
1881	22,682	—	23,912	176,104	20,304	243,002
1882	37,289	—	40,441	181,903	19,733	279,366
1883	71,264	—	44,185	191,573	13,096	320,118
1884	44,255	—	31,134	155,280	11,510	242,179
1885	39,395	—	19,838	137,687	10,724	207,644
1886	43,076	—	24,745	152,710	12,369	232,900
1887	34,183	—	32,025	201,526	13,753	281,487
1888	31,127	—	34,853	195,986	17,962	279,928
1889	28,294	—	28,269	168,771	28,461	253,795
1890	21,179	—	22,520	152,413	22,004	218,116
1891	19,547	—	21,578	156,395	20,987	218,507
1892	15,950	—	23,254	150,039	20,799	210,042
1893	11,203	—	24,732	148,949	23,930	208,814
1894	10,917	—	17,459	104,001	23,653	156,030
1895	10,567	20,234	16,622	126,502	11,256	185,181
1896	10,354	24,594	15,267	98,921	12,789	161,925
1897	12,061	21,109	15,571	85,324	12,395	146,460
1898	10,693	19,756	17,640	80,494	12,061	140,644
1899	11,467	14,432	16,410	92,482	11,571	146,362
1900	14,922	20,815	18,443	102,797	11,848	168,825
1901	15,350	23,143	15,757	104,195	13,270	171,715
1902	14,345	43,206	26,293	108,498	13,320	205,662
1903	12,375	50,206	59,652	123,663	14,054	259,950
1904	13,910	26,818	69,681	146,445	14,581	271,435
1905	15,139	26,307	82,437	122,370	15,824	262,077
1906	19,331	22,804	114,859	144,817	23,326	325,137
1907	24,767	20,925	151,216	170,264	28,508	395,680
1908	33,569	19,568	81,321	96,869	31,872	263,199
1909	37,620	22,017	85,887	109,700	33,537	288,761
1910	45,701	27,297	156,990	132,192	35,668	397,848
1911	80,770	30,767	184,860	121,814	36,316	454,527
1912	96,800	28,216	186,147	117,310	39,193	467,666
1913	77,934	25,855	196,278	129,169	40,404	469,640
1914	48,013	21,124	94,482	92,808	36,777	293,204

44. Occupations by census groups, 1881, 1891, 1901 and 1911

(*Census 1911*, App. C, *Parliamentary Papers 1917–18*, XXXV, 8491, 816–29)

Occupations	Year	Persons			
		Occupations of persons aged 10 years and upwards			
		United Kingdom	England and Wales	Scotland	Ireland
Total occupied and unoccupied	1911	35,750,366	28,519,313	3,714,401	3,516,652
	1901	32,335,350	25,323,844	3,446,323	3,565,183
	1891	28,825,124	22,053,857	3,045,662	3,725,605
	1881	26,058,353	19,306,179	2,774,958	3,977,216
Retired or unoccupied	1911	15,591,010	12,232,394	1,647,434	1,711,182
	1901	14,074,204	10,995,117	1,463,511	1,615,576
	1891	12,280,225	9,301,862	1,297,925	1,680,438
	1881	11,160,469	8,144,463	1,198,060	1,817,946
Engaged in occupations	1911	20,159,356	16,286,919	2,066,967	1,805,470
	1901	18,261,146	14,328,727	1,982,812	1,949,607
	1891	16,544,899	12,751,995	1,747,737	2,045,167
	1881	14,897,884	11,161,716	1,576,898	2,159,270
I					
General or local government of the country	1911	356,432	289,261	31,935	35,236
	1901	253,865	198,187	21,397	34,281
	1891	192,396	144,300	18,485	29,611
	1881	145,560	103,978	13,216	28,366
1. national government	1911	201,662	162,014	20,637	19,011
	1901	146,491	116,413	13,606	16,472
	1891	101,259	79,449	11,351	10,459
	1881	65,892	50,485	7,263	8,144
2. local government police	1911	70,614	53,160	5,811	11,643
	1901	62,437	44,904	5,240	12,293
	1891	58,715	39,921	4,813	13,981
	1881	53,166	32,508	3,879	16,779
Poor law, municipal, parish and other local or county officers	1911	84,156	74,087	5,487	4,582
	1901	44,937	36,870	2,551	5,516
	1891	32,422	24,930	2,321	5,171
	1881	26,502	20,985	2,074	3,443
II					
Defence of the country	1911	251,189	205,817	15,473	29,899
	1901	203,993	168,238	8,057	27,698
	1891	165,354	126,473	7,588	31,293
	1881	146,177	107,048	6,906	32,223

Occupations of persons aged 10 years and upwards

Occupations	Year	Persons			
		United Kingdom	England and Wales	Scotland	Ireland
1. army (at home)	1911	155,841	120,437	6,944	28,460
	1901	144,544	112,822	6,401	25,321
	1891	127,717	91,478	6,873	29,366
	1881	113,305	78,596	5,620	29,089
2. navy and marines (ashore and in port)	1911	95,348	85,380	8,529	1,439
	1901	59,449	55,416	1,656	2,377
	1891	37,637	34,995	715	1,927
	1881	32,872	28,452	1,286	3,134
III Professional occupations and their subordinate services	1911	864,130	717,141	81,675	65,314
	1901	733,582	606,260	71,607	55,715
	1891	617,472	507,870	56,031	53,571
	1881	515,469	418,440	46,636	50,393
Clergymen, priests, ministers	1911	52,135	40,447	5,107	6,581
	1901	51,665	39,895	5,333	6,437
	1891	48,029	36,800	4,957	6,272
	1881	44,111	33,486	4,370	6,255
Barristers, solicitors	1911	27,845	21,380	4,219	2,246
	1901	27,184	20,998	3,970	2,216
	1891	25,169	19,978	3,111	2,080
	1881	21,951	17,386	2,442	2,123
Law clerks	1911	44,191	36,265	5,537	2,389
	1901	42,339	34,433	5,660	2,246
	1891	34,483	27,540	4,694	2,249
	1881	31,068	24,602	3,922	2,544
Physicians, surgeons, registered practitioners	1911	30,535	25,048	3,228	2,259
	1901	27,884	22,698	2,965	2,221
	1891	23,925	19,037	2,595	2,293
	1881	19,464	15,116	1,878	2,470
Midwives, sick nurses, invalid attendants, subordinate medical service	1911	112,214	92,257	11,738	8,219
	1901	85,023	73,079	8,557	3,387
	1891	65,448	58,032	4,022	3,394
	1881	53,585	45,849	5,101	2,635
Schoolmasters, teachers, professors, lecturers	1911	300,712	251,968	26,788	21,956
	1901	275,591	230,345	24,768	20,478
	1891	236,194	195,021	20,109	21,064
	1881	207,553	168,920	17,415	21,218
Art, music, drama; exhibitions, games, etc.	1911	176,857	157,221	14,345	5,291
	1901	132,544	115,769	12,134	4,641
	1891	102,181	88,210	9,652	4,319
	1881	70,924	61,164	6,189	3,571

Occupations of persons aged 10 years and upwards

Occupations	Year	Persons			
		United Kingdom	England and Wales	Scotland	Ireland
Others	1911	119,641	92,555	10,713	16,373
	1901	91,352	69,043	8,220	14,089
	1891	82,043	63,252	6,891	11,900
	1881	66,813	51,917	5,319	9,577
IV					
Domestic offices or services (excluding domestic outdoor service)	1911	2,227,661	1,895,347	177,024	155,290
	1901	2,199,517	1,814,949	182,330	202,238
	1891	2,238,746	1,809,645	193,772	235,329
	1881	2,022,102	1,593,685	154,812	273,605
Domestic indoor service	1911	1,687,717	1,413,619	138,773	135,325
	1901	1,717,217	1,394,929	146,788	175,500
	1891	1,824,295	1,444,694	168,506	211,095
	1881	1,673,147	1,286,668	136,098	250,381
Hospital and institution (not Poor Law) and benevolent society service	1911	68,782	59,033	6,662	3,087
	1901	45,081	36,994	4,210	3,877
	1891	27,658	22,453	2,603	2,602
	1881	20,036	15,796	1,846	2,394
Charwomen	1911	140,945	126,061	10,472	4,412
	1901	126,696	111,841	8,035	6,820
	1891	116,133	104,808	5,805	5,520
	1881	99,528	92,474	2,549	4,505
Laundry workers: washers, ironers, manglers, etc.	1911	203,069	179,516	13,734	9,819
	1901	236,328	205,015	18,141	13,172
	1891	218,121	192,158	13,579	12,384
	1881	205,353	180,078	12,324	12,951
Others	1911	127,148	117,118	7,383	2,647
	1901	74,195	66,170	5,156	2,869
	1891	52,539	45,532	3,279	3,728
	1881	24,038	18,669	1,995	3,374
V					
Commercial occupations	1911	944,093	790,163	105,734	48,196
	1901	712,465	590,629	82,513	39,323
	1891	504,143	416,365	58,589	29,189
	1881	386,101	316,865	45,854	23,382
1. Merchants, agents, and accountants Merchants, salesmen, buyers (commodity undefined)	1911	11,295	6,940	763	3,592
	1901	12,080	7,613	1,032	3,435
	1891	17,936	13,266	2,385	2,285
	1881	21,831	14,954	3,278	3,599
Agents, commercial travellers, accountants, auctioneers, etc.	1911	193,598	161,811	20,565	11,222
	1901	157,820	131,627	16,954	9,239
	1891	121,148	102,542	11,512	7,094
	1881	104,081	88,727	10,100	5,254

Occupations of persons aged 10 years and upwards

Occupations	Year	Persons			
		United Kingdom	England and Wales	Scotland	Ireland
2. *Commercial or business clerks*	1911	574,511	477,535	69,404	27,572
	1901	439,972	363,673	53,910	22,389
	1891	300,615	247,229	36,868	16,518
	1881	219,816	181,457	26,659	11,700
3. *Dealers in money*	1911	53,133	43,949	6,102	3,082
	1901	39,078	31,328	5,053	2,697
	1891	28,716	21,891	4,439	2,386
	1881	23,027	16,659	3,999	2,369
4. *Insurance*	1911	111,556	99,928	8,900	2,728
	1901	63,515	56,388	5,564	1,563
	1891	35,728	31,437	3,385	906
	1881	17,346	15,068	1,818	460
VI					
Conveyance of men, goods, and messages	1911	1,698,347	1,447,267	176,874	74,206
	1901	1,497,629	1,266,758	159,616	71,255
	1891	1,194,691	1,001,852	125,086	67,753
	1881	951,279	793,249	97,176	60,854
1. *On railways*	1911	377,976	323,307	41,626	13,043
	1901	322,273	276,930	33,616	11,727
	1891	222,668	186,774	26,284	9,610
	1881	166,236	139,408	18,556	8,272
2. *On roads* *Coachmen, grooms (including domestic); cabmen; omnibus service*	1911	176,875	154,115	11,644	11,116
	1901	229,390	200,802	15,521	13,067
	1891	206,499	176,393	13,149	16,957
	1881	168,534	144,522	11,433	12,579
Carmen, carriers, carters, etc. (not farm); van guards; others connected with carrying or cartage	1911	364,228	308,793	40,459	14,976
	1901	325,753	272,960	39,259	13,534
	1891	204,169	170,256	26,527	7,386
	1881	157,239	125,342	21,737	10,160
Motor car drivers (including domestic); motor cab, motor van, etc. drivers	1911	48,298	43,094	3,855	1,349
	1901	703	623	80	—
	1891	—	—	—	—
	1881	—	—	—	—
Tramway service	1911	50,392	42,095	6,548	1,749
	1901	22,908	18,244	3,089	1,575
	1891	9,124	6,906	1,479	739
	1881	3,602	2,650	616	336
Others	1911	20,788	17,098	1,879	1,811
	1901	17,938	14,377	1,699	1,862
	1891	16,289	13,050	1,039	2,200
	1881	13,769	10,981	1,239	1,549

Occupations of persons aged 10 years and upwards

Occupations	Year	Persons			
		United Kingdom	England and Wales	Scotland	Ireland
3. On seas, rivers, and canals	1911	164,605	133,233	21,794	9,578
	1901	163,237	132,271	20,551	10,415
	1891	176,851	144,557	19,641	12,653
	1881	173,003	141,341	17,175	14,487
4. In docks, harbours, etc.	1911	142,976	123,045	14,977	4,954
	1901	115,645	100,149	10,659	4,837
	1891	76,106	63,886	7,898	4,322
	1881	50,729	42,643	5,261	2,825
5. In storage, porterage, and messages Messengers, porters, watchmen (not railway or government)	1911	269,881	231,748	25,964	12,171
	1901	221,211	185,487	23,993	11,731
	1891	211,406	179,089	20,492	11,825
	1881	155,811	131,171	16,666	7,974
Others	1911	82,328	70,741	8,128	3,459
	1901	78,571	64,915	11,149	2,507
	1891	71,579	60,941	8,577	2,061
	1881	62,356	55,191	4,493	2,672
VII					
Agriculture	1911	2,262,172	1,297,223	198,736	766,213
	1901	2,262,454	1,197,922	205,007	859,525
	1891	2,420,926	1,285,146	213,060	922,720
	1881	2,574,031	1,352,544	240,131	981,356
1. On farms, woods, and gardens Farmers, graziers	1911	662,633	228,788	50,678	383,167
	1901	677,081	224,299	53,395	399,387
	1891	694,945	223,610	54,332	417,003
	1881	721,054	223,943	55,183	441,928
Farmers', graziers' sons, or other male relatives assisting in the work of the farm	1911	283,562	97,689	16,627	169,246
	1901	320,976	89,165	17,550	214,261
	1891	297,099	67,287	17,081	212,731
	1881	280,964	75,197	16,191	189,576
Farm bailiffs, foremen	1911	30,964	22,166	7,279	1,519
	1901	29,209	22,662	4,655	1,892
	1891	23,577	18,205	3,248	2,124
	1881	23,001	19,377	3,518	106
Shepherds	1911	33,707	20,844	9,052	3,811
	1901	40,651	25,366	9,656	5,629
	1891	38,175	21,573	10,113	6,489
	1881	40,005	22,844	10,281	6,880

Occupations of persons aged 10 years and upwards

Occupations	Year	Persons			
		United Kingdom	England and Wales	Scotland	Ireland
Agricultural labourers, farm servants	1911	918,120	635,493	86,538	196,089
	1901	915,534	595,702	93,590	226,242
	1891	1,140,143	759,134	107,412	273,597
	1881	1,313,167	847,954	135,966	329,247
Domestic gardeners; gardeners (*not domestic*); nurserymen, seedsmen, florists	1911	295,405	263,147	21,683	10,575
	1901	245,483	216,165	19,806	9,512
	1891	204,477	179,336	16,385	8,756
	1881	172,550	148,285	15,336	8,929
Others	1911	37,781	29,096	6,879	1,806
	1901	33,520	24,563	6,355	2,602
	1891	22,510	16,001	4,489	2,020
	1881	23,290	14,944	3,656	4,690

VIII

Occupations	Year	United Kingdom	England and Wales	Scotland	Ireland
Fishing	1911	62,176	25,239	28,365	8,572
	1901	61,925	23,891	27,600	10,434
	1891	65,642	25,225	29,139	11,278
	1881	71,956	29,696	31,334	10,926

IX

Occupations	Year	United Kingdom	England and Wales	Scotland	Ireland
In and about, and working and dealing in the products of, mines and quarries	1911	1,214,165	1,044,594	164,351	5,220
	1901	943,880	805,185	132,183	6,512
	1891	760,730	653,410	101,505	5,815
	1881	618,629	528,474	82,134	8,021
Coal and shale mine workers (*excluding owners, agents, managers, and mine service*)	1911	1,021,315	877,147	143,500	668
	1901	752,626	643,654	108,109	863
	1891	599,572	517,110	81,708	754
	1881	437,872	381,763	55,265	844
Ironstone miners	1911	24,491	22,306	1,996	189
	1901	19,569	17,013	2,424	132
	1891	21,407	18,231	2,862	314
	1881	37,095	26,110	10,481	504
Stone, slate quarriers, cutters, dressers	1911	73,935	60,180	10,516	3,239
	1901	90,802	71,832	14,690	4,280
	1891	64,149	50,576	10,126	3,447
	1881	67,316	51,789	10,718	4,809
Others	1911	94,424	84,961	8,339	1,124
	1901	80,883	72,686	6,960	1,237
	1891	75,602	67,493	6,809	1,300
	1881	76,346	68,812	5,670	1,864

Occupations of persons aged 10 years and upwards

Occupations	Year	Persons			
		United Kingdom	England and Wales	Scotland	Ireland
X					
Metals, machines, implements, and conveyances	1911	1,765,742	1,469,637	249,801	46,304
	1901	1,475,410	1,228,504	205,727	41,179
	1891	1,145,386	953,523	154,190	37,673
	1881	978,102	812,915	130,262	34,925
1–3 and 5–8. Metals, machines, implements	1911	1,346,630	1,133,938	181,030	31,662
	1901	1,175,715	988,919	157,716	29,080
	1891	930,970	779,972	122,338	28,660
	1881	812,692	679,407	105,347	27,938
9. Ships and boats	1911	163,831	104,750	51,135	7,946
	1901	127,527	86,637	34,656	6,234
	1891	97,267	69,741	23,242	4,284
	1881	75,358	54,080	18,492	2,786
10. Vehicles Cycle and motor manufacture	1911	93,473	88,542	3,748	1,183
	1901	33,356	31,466	1,151	739
	1891	11,728	11,524	142	62
	1881	1,086	1,072	13	1
Coach, carriage, wagon makers; wheelwrights, etc.	1911	103,853	93,618	6,830	3,405
	1901	96,288	87,012	6,128	3,148
	1891	77,267	69,935	4,497	2,835
	1881	68,587	62,236	3,633	2,718
11. Dealers	1911	57,955	48,789	7,058	2,108
	1901	42,524	34,470	6,076	1,978
	1891	28,154	22,351	3,971	1,832
	1881	20,379	16,120	2,777	1,482
XI					
Precious metals, jewels, watches, instruments, and games (including electrical apparatus and electricity supply)	1911	253,992	232,485	17,275	4,232
	1901	168,344	152,353	12,843	3,148
	1891	104,463	95,207	7,027	2,229
	1881	84,745	77,320	5,537	1,888
Workers and dealers in watches, clocks, precious metals and jewellery	1911	67,001	60,578	4,523	1,900
	1901	66,369	59,566	4,937	1,866
	1891	58,699	52,692	4,320	1,687
	1881	58,643	52,983	4,042	1,618
Electrical apparatus makers, etc.; electricity supply	1911	118,749	108,891	8,003	1,855
	1901	58,030	52,433	4,698	899
	1891	13,504	12,604	758	142
	1881	2,600	2,522	78	—

Occupations of persons aged 10 years and upwards

Occupations	Year	Persons			
		United Kingdom	England and Wales	Scotland	Ireland
Others	1911	68,242	63,016	4,749	477
	1901	43,945	40,354	3,208	383
	1891	32,260	29,911	1,949	400
	1881	23,502	21,815	1,417	270
XII					
Building and works of construction	1911	1,212,917	1,038,515	114,855	59,547
	1901	1,335,820	1,128,680	146,163	60,977
	1891	955,573	800,089	101,913	53,571
	1881	926,135	764,911	107,359	53,865
1. *House building, etc.*					
Carpenters, joiners (including labourers)	1911	269,017	214,422	29,771	24,824
	1901	338,243	270,713	41,364	26,166
	1891	276,079	221,009	31,402	23,668
	1881	295,958	235,233	35,352	25,373
Bricklayers, bricklayers' labourers			172,565		3,314
			213,778		4,133
			130,446		3,380
	1911	274,479	125,140	24,412	2,998
	1901	359,986		39,449	
	1891	251,251	68,178	25,650	6,010
	1881	266,293	96,073	32,552	6,553
			84,717		7,058
Masons, masons' labourers			97,540		8,063
Plasterers, plasterers' labourers, paperhangers, painters, decorators, glaziers	1911	252,394	220,651	20,950	10,793
	1901	237,333	205,080	22,306	9,947
	1891	176,426	153,237	15,218	7,971
	1881	155,887	133,243	14,824	7,820
Others	1911	241,190	212,208	21,101	7,881
	1901	197,620	168,923	21,190	7,507
	1891	132,657	111,875	15,063	5,719
	1881	115,248	95,843	13,687	5,718
2. *Other works of construction and roads*					
Platelayers, gangers, packers; railway and railway contractors' labourers; navvies	1911	115,369	100,444	10,664	4,261
	1901	137,193	118,067	15,010	4,116
	1891	86,416	72,606	9,893	3,917
	1881	68,372	58,847	7,088	2,437
Others	1911	60,468	50,047	7,957	2,464
	1901	65,445	56,046	6,844	2,555
	1891	32,744	26,199	4,687	1,858
	1881	24,377	19,065	3,856	1,456

Occupations of persons aged 10 years and upwards

Occupations	Year	Persons			
		United Kingdom	England and Wales	Scotland	Ireland
XIII					
Wood, furniture, fittings and decorations	1911	333,314	283,986	38,582	10,746
	1901	307,632	257,592	39,000	11,040
	1891	242,887	201,847	29,048	11,992
	1881	218,645	180,042	26,060	12,543
1. Furniture, fittings, and decorations	1911	196,852	173,257	18,054	5,541
	1901	183,238	158,620	19,590	5,028
	1891	144,289	125,092	14,520	4,677
	1881	121,875	104,704	12,600	4,571
2. Wood and bark	1911	136,462	110,729	20,528	5,205
	1901	124,394	98,972	19,410	6,012
	1891	98,598	76,755	14,528	7,315
	1881	96,770	75,338	13,460	7,972
XIV					
Brick, cement, pottery, and glass	1911	188,150	173,838	13,018	1,294
	1901	189,856	175,513	12,962	1,381
	1891	152,123	139,127	11,367	1,629
	1881	138,775	128,162	9,130	1,483
Brick, plain tile, terra-cotta makers	1911	56,946	51,955	4,645	346
	1901	69,256	63,927	4,906	423
	1891	48,230	43,688	3,966	576
	1881	53,751	50,075	3,241	435
Earthenware, china, porcelain manufacture	1911	73,672	69,863	3,595	214
	1901	66,362	62,475	3,729	158
	1891	60,943	56,600	4,128	215
	1881	49,946	46,596	3,171	179
Glass manufacture	1911	34,639	30,987	3,116	536
	1901	32,929	30,081	2,438	410
	1891	28,568	26,160	2,048	360
	1881	23,647	21,630	1,665	352
Others	1911	22,893	21,033	1,662	198
	1901	21,309	19,030	1,889	390
	1891	14,382	12,679	1,225	478
	1881	11,431	9,861	1,053	517
XV					
Chemicals, oil, grease, soap, resin, etc.	1911	204,452	177,777	23,279	3,396
	1901	149,675	128,640	18,139	2,896
	1891	107,119	91,284	13,296	2,539
	1881	82,060	70,055	9,848	2,157

Occupations of persons aged 10 years and upwards

Occupations	Year	Persons			
		United Kingdom	England and Wales	Scotland	Ireland
XVI					
Skins, leather, hair, and feathers	1911	125,145	113,680	7,580	3,885
	1901	117,866	105,341	8,258	4,267
	1891	105,068	92,197	7,844	5,027
	1881	94,088	81,667	7,118	5,303
XVII					
Paper, prints, books, and stationery	1911	409,052	348,027	49,280	11,745
	1901	334,261	278,957	43,741	11,563
	1891	266,870	219,839	36,222	10,809
	1881	195,983	158,194	28,824	8,965
Paper manufacture; paper stainers	1911	39,365	28,568	10,230	567
	1901	36,864	26,529	9,830	505
	1891	32,347	22,580	9,278	489
	1881	29,522	20,896	8,106	520
Stationers; paper box, paper bag makers; stationery manufacture; bookbinders	1911	133,679	113,511	15,827	4,341
	1901	113,568	95,333	13,793	4,442
	1891	87,116	72,313	10,575	4,228
	1881	60,237	49,232	8,139	2,866
Printers, lithographers	1911	175,923	152,666	17,774	5,483
	1901	138,670	117,906	15,420	5,344
	1891	114,065	96,177	12,933	4,955
	1881	81,997	68,011	9,591	4,395
Others	1911	60,085	53,282	5,449	1,354
	1901	45,159	39,189	4,698	1,272
	1891	33,342	28,769	3,436	1,137
	1881	24,227	20,055	2,988	1,184
XVIII					
Textile fabrics	1911	1,614,026	1,313,788	194,947	105,291
	1901	1,462,001	1,155,397	196,396	110,208
	1891	1,519,861	1,178,557	210,844	130,460
	1881	1,430,785	1,094,636	206,005	130,144
Cotton manufacture	1911	621,714	605,177	14,895	1,642
	1901	545,959	529,131	14,805	2,023
	1891	564,779	546,015	16,433	2,331
	1881	523,487	487,777	31,785	3,925
Flax, linen manufacture	1911	95,521	4,017	21,863	69,641
	1901	100,162	4,493	23,570	72,099
	1891	122,992	8,166	26,223	88,603
	1881	119,951	12,065	28,733	79,153

Occupations of persons aged 10 years and upwards

Occupations	Year	Persons			
		United Kingdom	England and Wales	Scotland	Ireland
Wool and worsted manufacture	1911	252,568	222,679	25,286	4,603
	1901	239,843	209,740	24,906	5,197
	1891	281,614	242,334	32,878	6,402
	1881	259,822	222,371	29,907	7,544
Silk manufacture	1911	31,105	29,643	1,150	312
	1901	37,459	34,847	2,424	188
	1891	53,101	48,797	4,005	299
	1881	64,125	60,595	2,995	535
Hosiery manufacture	1911	68,342	56,360	11,355	627
	1901	60,950	48,374	11,957	619
	1891	53,023	49,087	3,360	576
	1881	43,684	40,372	2,965	347
Lace manufacture	1911	49,156	41,003	5,131	3,022
	1901	41,453	36,439	2,896	2,118
	1891	36,941	34,746	1,621	574
	1881	45,785	44,144	969	672
Hemp, jute, cocoa fibre, rope, mat, canvas, sail cloth manufacture	1911	77,809	26,714	48,968	2,127
	1901	73,398	24,336	46,550	2,512
	1891	59,959	21,923	36,210	1,826
	1881	46,490	22,471	22,056	1,963
Drapers, linen drapers, mercers	1911	186,176	150,968	21,621	13,587
	1901	168,940	135,657	19,809	13,474
	1891	134,446	107,018	15,594	11,834
	1881	104,053	82,362	11,395	10,296
Other textile manufactures and dealers (including bleaching, printing, dyeing)	1911	231,635	177,227	44,678	9,730
	1901	193,837	132,380	49,479	11,978
	1891	213,006	120,471	74,520	18,015
	1881	223,388	122,479	75,200	25,709
XIX Workers and dealers in dress (including "machinists, machine workers, undefined" for females only)	1911	1,409,872	1,195,371	116,150	98,351
	1901	1,395,795	1,126,423	127,784	141,588
	1891	1,354,836	1,076,501	123,354	154,981
	1881	1,228,397	952,822	111,899	163,676
XX Food, tobacco, drink, and lodging	1911	1,615,782	1,388,248	158,746	68,788
	1901	1,301,076	1,073,809	152,119	75,148
	1891	1,113,441	917,642	121,096	74,703
	1881	877,827	711,415	94,952	71,460

Occupations of persons aged 10 years and upwards

Occupations	Year	Persons			
		United Kingdom	England and Wales	Scotland	Ireland
Working and dealing in food	1911	1,055,743	887,399	122,252	46,092
	1901	865,777	701,606	113,438	50,733
	1891	729,329	586,777	89,742	52,810
	1881	572,596	449,102	69,934	53,560
Tobacco	1911	54,546	48,496	3,919	2,131
	1901	51,367	44,366	5,234	1,767
	1891	33,339	28,970	3,054	1,315
	1881	23,042	19,734	2,059	1,249
Makers of spirituous drinks; inn, hotel keepers; publicans, etc.; wine and spirit merchants, agents	1911	211,977	183,820	14,714	13,443
	1901	176,144	146,973	14,226	14,945
	1891	165,564	138,902	12,206	14,456
	1881	154,076	128,676	13,174	12,226
Beer bottlers; cellarmen; barmen; waiters (not domestic); others in inn, hotel, eating house service	1911	170,696	152,066	13,338	5,292
	1901	129,538	111,681	12,505	5,352
	1891	114,466	100,280	10,827	3,359
	1881	74,307	68,354	3,790	2,163
Coffee, eating, lodging, boarding house keepers	1911	122,820	116,467	4,523	1,830
	1901	78,250	69,183	6,716	2,351
	1891	70,743	62,713	5,267	2,763
	1881	53,806	45,549	5,995	2,262
XXI					
Gas, water, and sanitary service (not including electricity supply)	1911	99,508	87,485	10,306	1,717
	1901	78,686	68,510	8,461	1,715
	1891	47,285	40,978	4,765	1,542
	1881	29,679	25,291	3,286	1,102
XXII					
Other, general, and undefined workers and dealers	1911	1,047,039	752,030	92,981	202,028
	1901	1,075,414	776,989	120,909	177,516
	1891	1,269,887	974,918	123,516	171,453
	1881	1,181,359	860,307	118,419	202,633
General shopkeepers, dealers; pawnbrokers	1911	142,430	105,205	11,780	25,445
	1901	105,818	64,106	10,260	31,452
	1891	107,835	65,077	13,784	28,974
	1881	104,165	63,819	11,201	29,145
Costermongers, hawkers, street sellers	1911	94,833	85,788	7,244	1,801
	1901	69,909	61,339	6,200	2,370
	1891	67,717	58,939	6,446	2,332
	1881	55,706	47,111	6,202	2,393

Occupations of persons aged 10 years and upwards

Occupations	Year	Persons			
		United Kingdom	England and Wales	Scotland	Ireland
General labourers	1911	478,507	295,343	34,394	148,770
	1901	583,365	410,078	55,424	117,863
	1891	781,126	596,075	66,071	118,980
	1881	771,501	559,769	67,909	143,823
Engine drivers, stokers, firemen (*not railway, marine, or agricultural*)	1911	126,049	110,761	11,978	3,130
	1901	126,672	106,320	17,238	3,114
	1891	97,109	82,056	12,397	2,656
	1881	78,085	66,137	10,214	1,734
Others	1911	205,220	154,933	27,585	22,702
	1901	189,650	135,146	31,787	22,717
	1891	216,100	172,771	24,818	18,511
	1881	171,902	123,471	22,893	25,538
XXIII					
Without specified occupations or unoccupied	1911	15,591,010	12,232,394	1,647,434	1,711,182
	1901	14,074,204	10,995,117	1,463,511	1,615,576
	1891	12,280,225	9,301,862	1,297,925	1,680,438
	1881	11,160,469	8,144,463	1,198,060	1,817,946

45. Acreages of crops and numbers of livestock for census years 1871 to 1911

(Statistical Abstract for the United Kingdom)

Description of crops and livestock	Great Britain				
	1871	1881	1891	1901	1911
	Acres	Acres	Acres	Acres	Acres
Cultivated area	30,838,567	32,214,172	32,918,514	32,417,445	32,094,658
Corn crops					
wheat	3,571,894	2,805,809	2,307,277	1,700,965	1,906,038
barley or bere	2,385,783	2,442,334	2,112,798	1,972,448	1,597,930
oats	2,715,707	2,901,275	2,899,129	2,996,902	3,010,671
rye	71,495	41,567	46,640	56,650	46,374
beans	540,835	440,201	354,702	251,613	311,833
peas	389,547	216,790	204,277	155,130	167,903
total	9,675,261	8,847,976	7,924,823	7,133,708	7,040,749
Green crops					
potatoes	627,691	579,334	532,794	577,260	571,801
turnips and swedes	2,163,744	2,035,642	1,918,535	1,664,525	1,563,390
mangold	360,517	348,872	354,704	398,805	452,320
carrots	20,154	...	...	...	...
cabbage, kohl-rabi and rape	178,919	143,128	156,891	180,325	157,082
vetches, lucerne, and any other crop	387,155	403,592	228,258	157,546	110,543
(except clover or grass)			106,387	150,769	184,880
total	3,738,180	3,510,568	3,297,569	3,129,230	3,040,016
Other crops, grass etc.					
flax	17,366	6,534	1,801	640	449
hops	60,030	64,943	56,145	51,127	33,056
bare fallow or uncropped ⎱ small fruit				74,999	84,308
arable land ⎰	542,840	795,809	429,040	344,105	329,402
clover, sanfoin, and grasses under for hay	2,164,632	4,342,285	2,130,124	2,356,415	2,074,765
rotation not for hay	2,204,816		2,586,458	2,499,972	2,045,043
total	4,369,448	4,342,285	4,716,582	4,856,387	4,119,808
permanent pasture (exclusive of for hay	3,489,622	14,646,057	4,503,108	4,350,459	5,002,878
heath or mountain land) not for hay	8,945,820		11,930,742	12,476,790	12,443,992
total	12,435,442	14,646,057	16,433,850	16,827,249	17,446,870
Orchards: arable or grass land used also for fruit trees	206,583	184,865	209,996	234,660	250,687
Market gardens	[1]	46,604	81,368	...	...
Nursery gardens: for growing trees, shrubs, etc.	[1]	12,260	12,883	...	...
Woods, coppices, and plantations	2,175,471	2,458,300 [2]	2,694,575	[1]	[1]

[1] not ascertained   [2] as returned in 1881

Description of crops and livestock	Great Britain				
	1871	*1881*	*1891*	*1901*	*1911*
	No.	No.	No.	No.	No.
Livestock					
horses: used solely for agriculture, mares kept solely for breeding, and unbroken horses	1,254,450	1,424,938	1,488,403	1,511,431	1,480,575
cattle	5,337,759	5,911,642	6,852,821	6,763,894	7,114,264
sheep	27,119,569	24,581,053	28,732,558	26,377,200	26,494,992
pigs, exclusive of those kept in towns and by cottagers	2,499,602	2,048,090	2,888,773	2,179,925	2,822,154

46. Railway returns, 1874 to 1914

(*Statistical Abstracts for the United Kingdom*, Tables 76, 77)

		United Kingdom			
		Paid-up capital at end of year			Number of passengers conveyed (exclusive of season ticket holders)
Year	Length of line open at end of year	ordinary	guaranteed, preferential & loans & debenture stock	total	
	miles	£	£	£	
1874	16,449	248,528,241	361,367,690	609,895,931	477,840,411
1875	16,658	254,600,732	375,622,762	630,233,494	506,975,234
1876	16,872	262,008,883	396,205,893	658,214,776	534,494,069
1877	17,077	265,041,233	409,017,815	674,059,048	549,541,325
1878	17,333	265,675,340	432,869,814	698,545,154	565,024,455
1879	17,696	266,914,656	450,088,813	717,003,469	562,732,890
1880	17,933	270,496,503	457,820,345	728,316,848	603,885,025
1881	18,175	275,935,904	469,592,258	745,528,162	626,030,000
1882	18,457	283,574,028	484,325,542	767,899,570	654,838,295
1883	18,681	293,437,106	491,484,206	784,921,312	683,718,137
1884	18,864	298,983,446	502,480,921	801,464,367	694,991,860
1885	19,169	302,254,759	513,603,296	815,858,055	697,213,031
1886	19,332	305,202,082	523,142,172	828,344,254	725,584,390
1887	19,578	314,795,317	531,176,337	845,971,654	733,678,531
1888	19,812	322,338,446	542,357,517	864,695,963	742,499,164
1889	19,943	326,229,558	550,365,608	876,595,166	775,183,073
1890	20,073	332,070,153	565,401,873	897,472,026	817,744,046
1891	20,191	340,361,063	579,064,058	919,425,121	845,463,668
1892	20,325	347,700,876	596,656,444	944,357,320	864,435,388
1893	20,646	354,277 [1]		971,323 [1]	873,177 [1]
1894	20,908	360,087		985,387	911,413
1895	21,174	364,037		1,001,110	929,771
1896	21,277	380,074		1,029,475	980,339
1897	21,433	425,502		1,089,765	1,030,420
1898	21,659	433,429		1,134,468	1,062,911
1899	21,700	440,264		1,152,318	1,106,692
1900	21,863	449,001		1,176,002	1,142,277
1901	22,078	454,379		1,195,564	1,172,396
1902	22,152	461,927		1,216,861	1,188,219
1903	22,435	470,007		1,235,529	1,195,265
1904	22,634	477,790		1,258,294	1,198,774
1905	22,847	480,996		1,272,601	1,199,022
1906	23,063	486,720		1,286,883	1,240,347
1907	23,108	489,189		1,294,066	1,259,481
1908	23,205	491,633		1,310,533	1,278,115
1909	23,280	493,121		1,314,406	1,265,081
1910	23,387	492,080		1,318,515	1,306,728
1911	23,417	493,484 000		1,324,018	1,326,317
1912	23,441	493,176		1,334,964	1,294,337
1913	23,691	493,064		1,334,011	1,454,761
1914		493,791		1,341,222	

[1] The omission of hundreds, tens, and units from years 1893 following is reproduced from source.

Weight of goods & minerals conveyed	Total of receipts	Working expenditure	Net receipts	Proportion of working expenditure to gross
tons	£	£	£	per cent
188,538,852	59,255,715	32,612,712	26,643,003	55
200,069,651	61,237,000	33,220,728	28,016,272	54
205,965,064	62,215,775	33,535,509	28,680,266	54
211,980,495	62,973,328	33,857,978	29,115,350	54
206,735,856	62,862,674	33,189,368	29,673,306	53
212,188,155	61,776,703	32,045,273	29,731,430	52
235,305,629	65,491,625	33,601,124	31,890,501	51
247,045,000	67,155,000	34,900,000	32,255,000	52
256,215,833	69,377,124	36,170,436	33,206,688	52
266,382,968	71,062,270	37,368,562	33,693,708	53
259,327,886	70,522,643	37,217,197	33,305,446	53
257,288,454	69,555,774	36,787,957	32,767,817	53
254,626,643	69,591,953	36,518,247	33,073,706	52
268,926,884	70,943,376	37,063,266	33,880,110	52
281,748,439	72,894,665	37,762,107	35,132,558	52
297,506,497	77,025,017	40,094,116	36,930,901	52
303,119,427	79,948,702	43,188,556	36,760,146	54
310,324,607	81,860,607	45,144,778	36,731,624 [1]	55
309,626,378	82,092,040	45,717,965	36,374,075	56
76,844,086	80,631,892	45,695,119	34,936,773	57
79,874,566	84,310,831	47,208,313	37,102,518	56
81,396,047	85,922,702	47,876,637	38,046,065	56
85,296,200	90,119,122	50,192,424	39,926,698	56
88,375,236	93,737,054	53,083,804	40,653,250	57
91,066,038	96,252,501	55,960,543	40,291,958	58
95,851,393	101,667,065	60,090,687	41,576,378	59
98,854,552	104,801,858	64,743,520	40,058,338	62
99,595,434	106,558,815	67,489,739	39,069,076	63
102,061,164	109,469,720	67,841,218	41,628,502	62
103,079,191	110,888,714	68,561,855	42,326,859	62
103,787,669	111,833,272	69,172,531	42,660,741	62
105,131,709	113,531,019	70,064,663	43,466,356	62
108,276,993	117,227,931	72,781,854	44,446,077	62
112,178,174	121,548,923	76,609,194	44,939,729	63
110,552,833	119,894,327	76,407,801	43,486,526	64
110,682,266	120,174,052	75,037,588	45,136,464	62
114,237,132	123,925,565	76,569,676	47,355,889	62
117,240,062	127,199,570	78,617,824	48,581,746	62
118,307,216	128,553,417	81,224,343	47,329,074	63
123,617,535	139,451,429	87,320,550	52,130,879	63
	139,098,365	88,173,232	50,925,133	63

[1] including £157,951 special receipts

47. Coal and pig iron production, 1875 to 1914

(Statistical Abstract for the United Kingdom)

Year	Coal	Pig iron
	tons	tons
1875	131,867,105	6,365,462
1876	133,344,826	6,555,997
1877	134,610,763	6,608,664
1878	132,607,866	6,381,051
1879	134,008,228	5,995,337
1880	146,818,622	7,749,233
1881	154,184,300	8,144,449
1882	156,499,977	8,586,680
1883	163,737,327	8,529,300
1884	160,757,779	7,811,727
1885	159,351,418	7,415,469
1886	157,518,482	7,009,754
1887	162,119,812	7,559,518
1888	169,935,219	7,998,969
1889	176,916,724	8,322,824
1890	181,614,288	7,904,214
1891	185,479,126	7,406,064
1892	181,786,871	6,709,255

Year	Coal	Pig iron from British ores	from foreign ores
	tons	tons	tons
1893	164,325,795	3,978,694	2,998,296
1894	188,277,525	4,347,472	3,079,870
1895	189,661,362	4,394,987	3,308,472
1896	195,361,260	4,759,446	3,900,235
1897	202,129,931	4,736,667	4,059,798
1898	202,054,516	4,850,508	3,759,211
1899	220,094,781	4,913,846	4,507,589
1900	225,181,300	4,666,942	4,292,749
1901	219,046,945	4,091,908	3,836,739
1902	227,095,042	4,399,814	4,279,721
1903	230,334,469	4,500,972	4,434,091
1904	232,428,272	4,524,412	4,169,238
	Thousand tons		
1905	236,129	4,760	4,848
1906	251,068	5,040	5,144
1907	267,831	5,127	4,987
1908	261,529	4,847	4,209
1909	263,774	4,765	4,767
1910	264,433	4,976	5,036
1911	271,892	5,021	4,506
1912	260,416	4,452	4,300
1913	287,430	5,139	5,121
1914	265,664	4,786	4,138

48. Shipping registered as belonging to the United Kingdom, 1875 to 1914

(*Statistical Abstract for the United Kingdom*)

Year	Sailing vessels		Steam vessels		Total	
	vessels	tons	vessels	tons	vessels	tons
1875	21,291	4,206,897	4,170	1,945,570	25,461	6,152,467
1876	21,144	4,257,986	4,335	2,005,347	25,479	6,263,333
1877	21,169	4,260,699	4,564	2,139,170	25,733	6,399,869
1878	21,058	4,238,692	4,826	2,316,472	25,884	6,555,164
1879	20,538	4,068,742	5,027	2,511,233	25,565	6,579,975
1880	19,938	3,851,045	5,247	2,723,468	25,185	6,574,513
1881	19,325	3,688,008	5,505	3,003,988	24,830	6,691,996
1882	18,892	3,621,650	5,814	3,335,215	24,706	6,956,865
1883	18,415	3,513,948	6,260	3,728,268	24,675	7,242,216
1884	18,053	3,464,978	6,601	3,944,273	24,654	7,409,251
1885	17,018	3,456,562	6,644	3,973,483	23,662	7,430,015
1886	16,179	3,397,197	6,653	3,965,302	22,832	7,362,499
1887	15,473	3,249,907	6,663	4,085,275	22,136	7,335,182
1888	15,025	3,114,509	6,871	4,349,658	21,896	7,464,167
1889	14,640	3,041,278	7,139	4,717,730	21,779	7,759,008
1890	14,181	2,936,021	7,410	5,042,517	21,591	7,978,538
1891	13,823	2,972,093	7,720	5,307,204	21,543	8,279,297

	Tonnage					
	No.	net tons	No.	net tons	No.	net tons
1892	13,578	3,080,272	7,950	5,564,482	21,528	8,644,754
1893	13,239	3,038,260	8,088	5,740,243	21,327	8,778,503
1894	12,943	2,987,161	8,263	5,969,020	21,206	8,956,181
1895	12,617	2,866,895	8,386	6,121,555	21,003	8,988,450
1896	12,274	2,735,976	8,522	6,284,306	20,796	9,020,282
1897	11,911	2,589,570	8,590	6,363,601	20,501	8,953,171
1898	11,566	2,387,943	8,838	6,613,917	20,404	9,001,860
1899	11,167	2,246,850	9,029	6,917,492	20,196	9,164,342
1900	10,773	2,096,498	9,209	7,207,610	19,982	9,304,108
1901	10,572	1,990,627	9,484	7,617,793	20,056	9,608,420
1902	10,455	1,950,675	9,803	8,104,095	20,258	10,054,770
1903	10,330	1,868,936	10,122	8,399,668	20,452	10,268,604
1904	10,210	1,802,667	10,370	8,751,853	20,580	10,554,520
1905	10,059	1,670,766	10,522	9,064,816	20,581	10,735,582
1906	9,859	1,555,319	10,907	9,612,013	20,764	11,167,332
1907	9,648	1,461,376	11,394	10,023,723	21,042	11,485,099
1908	9,542	1,402,781	11,626	10,138,613	21,168	11,541,394
1909	9,392	1,301,060	11,797	10,284,818	21,189	11,585,878
1910	9,090	1,112,944	12,000	10,442,719	21,090	11,555,663
1911	8,830	980,997	12,242	10,717,511	21,072	11,698,508
1912	8,510	902,718	12,382	10,992,073	20,892	11,894,791
1913	8,336	846,504	12,602	11,273,387	20,938	12,119,891
1914	8,203	793,567	12,862	11,621,635	21,065	12,415,202

49. Principal exports by value 1875 to 1914

(Statistical Abstract for the United Kingdom)

Principal articles	1875	1876	1877	1878	1879	1880
Coal etc.	10,085,453	9,380,958	8,351,799	7,768,088	7,708,591	8,865,194
Iron and steel and manufactures	25,747,271	20,737,410	20,113,915	18,393,240	19,417,363	28,390,316
Machinery, including sewing machines etc. (included with iron and steel manufactures)	4,264,331	3,483,286	3,337,754	3,297,937	3,028,271	3,520,878
Cutlery and hardware	9,058,647	7,210,426	6,722,868	7,497,959	7,279,205	9,263,516
Cotton yarn	13,172,860	12,781,733	12,192,954	13,017,356	12,106,961	11,901,623
Cotton manufactures						
piece goods	53,626,944	50,378,173	52,442,449	60,763,958	58,613,847	68,034,140
total goods	58,598,811	54,859,535	57,035,019	52,918,199	51,867,092	63,662,433
Wool yarn and manufactures	21,659,325	18,603,478	17,343,203	16,727,265	15,861,166	17,265,177
Total export of United Kingdom produce	223,465,963	200,639,204	198,893,065	192,848,914	191,531,758	223,060,446

Principal articles	1881	1882	1883	1884	1885	1886
Coal etc.	9,351,643	10,346,028	11,663,686	11,920,030	11,490,394	10,459,736
Iron and steel and manufactures	27,590,908	31,598,306	28,590,216	24,496,065	21,710,738	21,817,720
Machinery, including sewing machines etc. (included with iron and steel manufactures)	3,880,832	4,107,125	3,756,449	3,142,711	2,851,920	2,845,561
Cutlery and hardware	9,960,210	11,932,247	13,433,081	13,073,464	11,086,869	10,136,839
Cotton yarn	13,165,053	12,864,711	13,509,732	13,813,078	11,865,294	11,487,389
Cotton manufactures						
piece goods	71,569,265	67,340,840	55,534,166	51,665,623	48,276,855	50,171,672
total goods	65,924,478	62,931,494	62,936,025	58,935,154	55,111,593	57,357,235
Wool yarn and manufactures	18,128,756	18,768,634	18,315,575	20,136,561	18,847,053	19,738,345
Total export of United Kingdom produce	234,022,678	241,467,162	239,792,473	233,035,242	213,044,500	212,432,754

Principal articles	1887	1888	1889	1890	1891	1892
Coal etc.	10,887,561	12,258,739	15,893,815	20,434,946	20,464,992	18,143,031
Iron and steel and manufactures	24,992,314	26,416,666	29,142,129	31,565,337	26,877,000	21,765,768
Machinery, including sewing machines etc. (included with iron and steel manufactures)	2,921,159	3,168,403	2,989,188	2,764,446	2,527,575	2,194,726
Cutlery and hardware	11,125,858	12,939,267	14,671,610	15,713,250	15,069,663	13,069,451
Cotton yarn	11,379,325	11,657,489	11,711,749	12,341,307	11,177,348	9,693,351
Cotton manufactures						
piece goods	51,742,362	52,582,558	51,388,273	54,159,758	52,431,977	48,765,543
total goods	59,580,441	60,329,051	58,793,448	62,089,442	60,230,256	56,265,468
Wool yarn and manufactures	20,594,962	19,992,672	21,324,892	20,418,482	18,466,640	17,906,608
Total export of United Kingdom produce	221,414,186	233,842,607	248,935,195	263,530,585	247,235,150	227,216,399

Principal articles	1893	1894	1895	1896	1897	1898
Coal etc.	15,650,538	18,610,493	17,007,534	16,990,039	18,322,813	19,659,948
Iron and steel and manufactures	20,592,577	18,688,763	19,680,923	23,801,700	24,641,516	22,630,272
Machinery, including sewing machines etc. (included with iron and steel manufactures)	2,046,606	1,834,481	1,856,532	2,122,404	2,104,009	1,986,692
Cutlery and hardware	13,200,045	13,435,025	14,236,735	16,058,830	15,181,157	17,306,492
Cotton yarn	9,055,502	9,285,645	9,291,195	10,044,676	9,929,768	8,923,272
Cotton manufactures						
piece goods	47,281,642	50,219,323	46,759,358	51,195,676	45,808,154	47,910,088
total goods	54,699,367	57,278,884	54,455,268	59,309,842	54,043,633	55,977,505
Wool yarn and manufactures	16,404,035	14,010,741	19,737,944	18,269,122	15,975,566	13,699,435
Total export of United Kingdom produce	218,259,718	216,005,637	226,128,246	240,145,551	234,219,708	233,359,240

Principal articles	1899	1900	1901	1902	1903	1904
Coal etc.	24,637,192	38,619,856	30,334,748	27,581,136	27,262,786	26,862,386
Iron and steel and manufactures	28,101,049	31,623,353	25,008,757	28,877,337	30,399,261	28,066,671
Machinery, including sewing machines etc. (included with iron and steel manufactures)	2,139,392	4,163,238	4,175,441	4,384,672	4,638,211	4,891,191
Cutlery and hardware	18,372,184	19,619,784	17,812,344	18,754,815	20,058,206	21,065,191
Cotton yarn	8,058,866	7,741,129	7,977,032	7,404,083	7,407,946	8,955,098
Cotton manufactures						
piece goods	50,861,583	52,384,839	56,501,684	55,215,344	55,267,487	64,078,276
total goods	59,489,042	69,750,279	73,685,614	72,458,100	73,611,731	83,873,746
Wool yarn and manufactures	14,789,170	23,796,009	21,151,551	22,658,228	24,627,339	26,724,021
Total export of United Kingdom produce	264,492,211	291,191,996	280,022,376	283,423,966	290,800,108	300,711,040

Principal articles	1905	1906	1907	1908	1909	1910
Coal etc.	26,061,120	31,504,291	42,118,994	1,615,923	37,129,978	37,813,360
Iron and steel and manufactures	31,826,438	39,840,595	46,563,386	37,406,028	38,192,142	42,976,671
Machinery, including sewing machines etc. (included with iron and steel manufactures)	5,115,316	5,881,907	6,434,002	5,492,463	5,412,652	6,423,695
Cutlery and hardware	23,260,326	26,771,889	31,743,253	30,999,516	28,057,643	29,271,380
Cotton yarn	10,318,554	11,835,603	15,416,971	12,844,700	11,822,145	13,337,780
Cotton manufactures						
piece goods	70,821,119	75,372,268	81,049,207	70,231,486	68,279,389	78,685,548
total goods	92,010,985	99,578,915	110,437,092	95,055,513	93,444,799	105,871,208
Wool yarn and manufactures	28,801,115	31,386,355	33,706,933	28,122,981	30,671,804	37,516,397
Total export of United Kingdom produce	329,816,614	375,575,338	426,035,083	377,103,824	378,180,347	430,384,772

Principal articles	1911	1912	1913	1914
Coal etc.	38,447,354	42,584,454	53,659,660	42,202,128
Iron and steel manufactures	43,730,292	48,597,677	54,291,768	41,667,830
Machinery, including sewing machines etc. (included with iron and steel manufactures)	7,395,084	8,108,878	7,972,380	6,512,218
Cutlery and hardware	30,960,978	33,158,015	37,012,635	31,363,093
Cotton yarn	15,663,435	16,222,150	15,006,291	11,973,236
Cotton manufactures				
piece goods	90,512,899	91,624,257	97,775,855	79,175,171
total goods	120,063,355	122,219,939	127,161,838	103,266,538
Wool yarn and manufactures	37,239,197	37,773,504	37,676,687	31,499,885
Total export of United Kingdom produce	454,119,298	487,223,439	525,245,289	430,721,357

50. Foreign trade: *Economist* volume and value index, 1900 to 1913

("Commercial history and review of 1913", *The Economist*, 21 February 1914)

The table takes 1900 as the base year and gives percentage calculations of the volume and value at 1900 prices of imports and exports for the years to 1913.

Year	Volume of trade		Recorded value	
	imports	exports	imports	exports
1900	100	100	100	100
1901	102	101	99	96
1902	105	109	101	97
1903	108	110	103	100
1904	109	112	105	103
1905	112	124	108	113
1906	116	134	116	129
1907	119	142	123	146
1908	114	132	113	129
1909	118	138	119	130
1910	121	152	129	148
1911	124	156	130	156
1912	133·5	164	140	171
1913	137·5	170	146	180

51. Balance of payments and export of capital by quinquennial averages, 1875 to 1914

(Albert H. Imlah, *The Economic Elements in the Pax Britannica*, Table N)

All values in millions of pounds

Year	Visible trade			Business services			Other current items		Sum of trade and services	Interest and dividends	Balance on current account	Accumulating credit abroad
	merchandise	bullion and specie	ship sales	foreign trade and services	insurance etc.	shipping credits	emigrant funds	tourists etc.				
1871–5	−62.50	−4.30	+2.76	+32.90	+16.44	+50.84	−1.94	−9.58	+24.58	+49.98	+74.56	1065.1
1876–80	−124.56	−0.94	+1.76	+31.32	+15.68	+54.16	−0.88	−8.06	−31.48	+56.34	+24.86	1189.4
1881–5	−104.28	+0.72	+4.08	+31.28	+15.64	+60.32	−1.86	−9.30	−3.20	+64.76	+61.56	1497.2
1886–90	−91.10	−2.04	+4.06	+30.96	+15.48	+57.12	−1.60	−9.46	+3.42	+84.16	+87.58	1935.1
1891–5	−130.30	−7.04	+3.58	+29.68	+14.84	+57.28	−0.92	−9.06	−41.94	+93.98	+52.04	2195.3
1896–1900	−160.60	−3.26	+4.92	+31.52	+15.76	+62.44	−0.56	−10.10	−59.88	+100.20	+40.32	2396.9
1901–5	−174.58	−3.34	+1.02	+36.36	+18.20	+71.24	−1.18	−11.86	−63.90	+112.94	+49.04	2642.1
1906–10	−142.10	−2.70	+1.04	+44.72	+22.36	+88.78	−1.80	−15.88	−5.58	+151.42	+145.84	3371.3
1911–13	−134.30	−7.50	+2.10	+53.10	+26.57	+100.33	−2.57	−19.57	−18.17	+187.93	+206.10	3989.6

B. DOCUMENTS

52. "The steel revolution", 1878

("Commercial history and review of 1878", *The Economist*, 9 March 1879)

Manufactured iron. In our last circular we noticed the revolution produced in the rail trade by the adoption of steel instead of iron. This change has made further progress during 1878, to such an extent that many are exclaiming, "The age of iron is passing away, and the age of steel has arrived." Whatever the future of steel *versus* iron may be, there is no doubt that during 1878 the close proximity in price between steel and iron rails has effectually secured a preference for the former. Steel rails were sold as low as £5 to £5 5s at works, and the iron could not be obtained at a greater reduction than 10s per ton. Considerable attention is now being directed to steel plates for ship building, and although no great quantity has yet been rolled, it may with certainty be affirmed that, if prices can be reduced to anything near the present difference existing in the case of rails, a revolution in ship building may be looked for, only second to that which has already taken place in rails. According to Mr J. S. Jeans, secretary to the British Iron Trade Association, there were thirty-nine Bessemer and Siemens–Martin works, capable of producing 1,510,800 tons, and the estimated production in 1877 was 890,900 tons. In connection with this branch of the trade it should be borne in mind how largely dependent we are on foreign countries for supplying cheap hematite ores; the quantity imported in 1877 being 1,140,434 tons, and in 1878 1,173,860 tons. This fact may have an important bearing on the future of the Bessemer steel trade, and affect prices to some extent. . . .

Iron trade in the United States. . . . With regard to the steel works of the United States, their situation is the best in this industry. They find an increasing demand for their goods, and they are fairly prosperous. Very few of them are not making metal enough to keep their people employed, and the prices they command are remunerative. Their capacity is very much in excess of demand, but this is the only discouraging fact of the present situation to them. The steel works of the United States are eminently the product of the protective policy, and of the exhibition of 1867 in Paris. Mr Abram S. Hewitt, who was one of the commissioners of the United States at Paris in 1867, says that the value of that exhibition to the American manufacturers has been incalculable. Having been accorded a tariff sufficiently high to be protective by the government, they were in a position to embark on the manufacture of finished iron and steel upon an extended scale. But they lacked a knowledge of how to do it. They sent to Paris a commission composed of experts – Mr Hewitt being one of them – which made an accurate study, not only of what was to be seen at the exhibition, but the great manufacturing establishments of England, France and Germany which were represented there. They were fascinated by the to them gigantic masses in which iron and steel were being handled by European makers, by the curious and difficult forms in which the two metals were being rolled, and by the new ideas prevalent in the production of the crude metals. Some of them, notably Mr Hewitt, returned and put into practice what they had learned from their own observations, and their printed reports inspired the whole trade with fresh activity. The Bessemer and Siemens-Martin steel industries in this country take their rise from the investigations of the American experts at that period. How rapidly Bessemer steel making grew up may be seen from the following statement of the tons of ingots produced yearly.

1867, net tons 2,550; 1877, net tons 560,587

53. Six years of depression, 1873 to 1879

("Commercial history and review of 1879", *The Economist*, 13 March 1880)

It is very probable that the six years of depression will, in future, be reckoned from September 1873 to September 1879. It is certain that in this country there were few signs of renewed trade during the first nine months of 1879. On the contrary, the year has been one of the most sunless and cheerless of the century. The harvest has been amongst the worst on record, and until the great influx of orders, first for iron and steel, and then for goods of all kinds began to pour in from America about August and September, hardly anyone looked for better things than that the winter of 1879–80 should be full of difficulties. As the trade circulars *passim* and other evidence abundantly show, these unfavourable prospects were suddenly brightened by a great volume and a great activity of trade, which fairly set in with October, and has gone on so far with undiminished strength, a cogent evidence of which is the great rise in wholesale prices. For example, during 1879 the wholesale prices in London of the following leading commodities have undergone (chiefly during the closing four or five months of the twelve) these percentage elevations, viz, Manilla hemp, 62 per cent; Scotch pig iron, 50; British bars, 35 per cent; tin, 38; raw cotton, 37; cotton yarn, 26; tea, 36; lead, 31; jute, 27; tallow, 25; sugar, 21; silk, 19; flax, 18; wheat, 18; copper, 13; coffee, 13; wool, 9 per cent. . . .

54. Depression of the seventies in the iron districts, 1879

("Commercial history and review of 1879", *The Economist*, 13 March 1880)

Up to the commencement of the last quarter of the present year the thick darkness was appalling, for out of the once busy 2,158 puddling furnaces of the North of England and Cleveland, only 838 were at work. The average selling price over this period for iron rails was £4 17s 2d, for plates of £5 10s 10d, for bar iron of £5 8s 11d, and for angle iron of £5 1s 3d. The Cleveland ironstone miners have had their 9½d tonnage rate raised, in November, to 10½d. The Cleveland blast furnace men have recently added on 10 per cent to their rates, and adopted a sliding scale of wages which it is expected will work satisfactorily. The ironworkers have also received an advance this month of 12½ per cent, to continue in force until April 1880, when a sliding scale will also be adopted. The number of pig iron or smelting furnaces in blast has now increased to ninety-six.

In manufactured iron and steel the increase of tonnage is very distinctly owing to the large make and delivery of steel rails from Eston, the exports of wrought iron and steel from the part of Middlesbrough alone having exceeded 200,000 tons, of which at least 80,000 tons may be set down to steel rails. . . .

It may be interesting to know that the production of steel is being developed in America at a much more rapid rate than in England. A celebrated statistician in America estimates the production in the following order, viz, Great Britain, 39¾ per cent, and the United States 26½ per cent; Germany 13¾ per cent, and France 10¼, out of a total of 2,777,524 tons made. In the United States the production of Bessemer ingots was eighteen times as great as it was in 1870, having risen from 40,000 tons in that year to 730,000 tons in 1878; whilst in Great Britain the production had not become four times as great as it was nine years ago, the total output in 1870 having been 215,000 tons, and in 1878, by twenty-three firms, from sixty-five convertors employed out of 107 erected, 807,000 tons.

55. The harvest of 1879

("Commercial history and review of 1879", *The Economist*, 13 March 1880)

The *Mark Lane Express* reports, 5 January 1880. We publish today our annual crop returns for 1879, as contributed by 453 correspondents, representing every county in England and ten counties in Wales. They fully confirm the worst accounts that have appeared from time to time as to the serious failure of the crops, being the most discouraging that we have ever published. It is astonishing that out of all the districts from which the returns have been collected, not one should have produced a wheat or a pea crop over average, and that only two reports should represent the barley crop, and six the bean crop as over average. Nothing but a very exceptional combination of unfavourable conditions of plant growth could have caused a failure in all the cereal and pulse crops, oats being the only one not thoroughly bad. An examination of our ten years tables will show that we have had worse oat crops, and about as bad a bean crop in 1877, but that for wheat, barley, and peas there has been no year in the ten – and we might go further back with a like result – nearly so unfruitful. Even with respect to oats and beans, we may safely say that, if weight and quality, as well as measure be taken into account, no year of the ten has given such bad results. . . .

We are not in a position to guarantee the correctness of a remark made by one of our correspondents to the effect that the general crop of 1879 was so bad "that such a harvest was never known since the birth of man"; but we can safely say that it is the worst that has been gathered since the *Mark Lane Express* commenced to publish annual returns. . . .

56. The Gilchrist-Thomas steel making process, 1879

("Commercial history and review of 1879", *The Economist*, 13 March 1880)

The Cleveland iron trade. . . . On 4 April, Messrs Bolckow, Vaughan and Co.'s manager, Mr Richards, with his young chemical friends, Messrs Thomas and Gilchrist, astonished the North of England and Cleveland iron-masters by exhibiting before a large assembly at Middlesborough Works, their patent process of dephosphorising Middlesborough pig iron by using a basic lining of magnesium limestone, with basic additions of the same material. They superintended the lining and charging of the converters themselves, and produced those successful results with which the trade has now become familiar both at home and abroad. A world of excitement and curiosity seemed aroused. Hundreds of visitors connected with iron and steel making, from all countries in Europe, America, and even from Australia, China and Japan have since visited Eston and Middlesborough and expressed themselves delighted and surprised, not only with the results achieved, but with the magnificent Bessemer steel plant, about which they have heard so much. Hundreds of tons of rails have already been made by the new process. . . .

57. American wheat invasion, 1881

("Commercial history and review of 1880", *The Economist*, 12 March 1881)

The Mark Lane and Baltic Almanac for 1881 . . . gives the following lucid review of the calendar year 1880. In the cereal year ending August 1879, wheat production in America first astonished Europe; in 1880 increased exports were partly attributed to extraordinary efforts made to substitute the great European crop deficiencies of England, France and other continental countries from the bad harvest of 1879; but the present season – commencing from 1 September 1880 – shows the clear truth that now the wheat acreage of the United States will yearly produce, with only middling yield, a bulk of grain that must entirely change the general situation of the wheat trade – and of land value – in the United Kingdom and in France. This great fact, however, will not be universally realised until Europe reaps a good cereal harvest; but meanwhile 1880 has read merchants a lesson that demands careful consideration in the present and in the future. . . .

58. Richmond Commission on Agriculture

(Parliamentary Papers 1881, XIV, 62,645–50; 62,657–8)

Evidence of Mr James Caird, C.B.

To what causes do you attribute the depression in agriculture of the past few years? – Firstly, I should say, to a succession of bad seasons, unprecedented in its closeness and long continuance; secondly, to the lower range of prices, partly due to foreign imports and partly to the inferiority of quality of the home production; and thirdly, no doubt, to the rise of rent since 1867.

I conclude that any inferiority of the quality of the production is to be attributable to the bad seasons? – No doubt it is.

Can you give me any tables to show the results of farming during the bad seasons? – I can. I have taken a series of bad seasons preceding 1861, and occurring at greater intervals than those with which we are immediately dealing, viz, 1853, 1855, 1859, 1860 and 1861. I have reckoned that the average produce per acre of wheat in those five seasons was twenty-four bushels. . . . The average prices of the succeeding year (because it is the average price of the succeeding year that we take to show what has been the result on the previous harvest) of 1853 was 72s 5d; of 1855, 69s 2d; of 1859, 53s 3d; of 1860, 55s 4d; of 1861, 55s 5d. These five being averaged give 61s 1d, as the average price of a quarter of wheat during these five bad seasons. The value per acre in 1853 was £9 2s 0d; in 1855, £11 4s 10d; in 1859, £8 10s 5d; in 1860, £8 6s 0d; and in 1861, £8 17s 4d; making an average of £9 4s 1d. I compare these with the series of bad seasons that we have lately experienced, viz, 1873, 1875, 1876, 1877, and 1879, which was the worst of them all. In 1873 the produce per acre was 2½ quarters, in 1875 it was 2½ quarters; in 1876 it was 2½ quarters; in 1877 it was 2½ quarters; and in 1879 it was 2 quarters; or an average of nineteen bushels per acre on the whole. I need not repeat all the prices, but there was an average in this second series of 49s 10d per quarter on the whole, and an average price per acre of £6 2s 0d. So that comparing the two series, the first gives as the produce per acre twenty-four bushels and the second nineteen bushels; the first a price per quarter of 61s 1d and the second a price per quarter of 49s 10d; the first a value per acre of £9 4s 1d and the second a value per acre of £6 2s 0d. The deficiency per acre in the second series was five bushels; the deficiency in price was 11s 3d per quarter; and the deficiency in value per acre was £3 2s 1d; and I may add that the deficiency, according to these tables, appears to be nearly equal in produce and in price, the five bushels per acre and the 11s 3d per quarter are pretty much upon an equality, viz, one fifth in each. The amount per acre of £3 2s 1d, the total deficiency, may be taken to be equal to 2½ years rent of the land at 25s per acre. These figures are as correct as I am able to bring them out. Perhaps, before we go further, your grace will permit me to mention the apparent rise in rent since 1867.

Do you apply this to England, or to England and Wales, or to Great Britain? – To Great Britain. . . . The rental I shall give separately for the three countries. The land rent is returned under Schedule A for England, and I think if your grace will examine the returns under Schedule A of the income tax return, it will be found that a considerable rise in rent began in 1867. There was a moderate rise in England up to 1867, but from 1867 forward there was a considerable rise. The rent of land in England as shown under Schedule A in 1867 was £46,492,000; in 1877, which is the highest point that it appears to have reached, it was £51,811,000; showing an increase in ten years of £5,319,000 or 11½ per cent.

(Colonel Kingscote) That would include, would it not, any extra land coming into cultivation? – No doubt. The rise began earlier in Scotland, but I am taking the same point. In 1867 the rent of land in Scotland was £6,964,000 and in 1877 it was £7,689,000, the increase in ten years being £697,000 or 7½ per cent. . . .

(The president) To what do you attribute the rise of rent in England in 1867? – I think to the general impetus of prosperity that seemed to affect everything; the rise that took place, as the Prime Minister said, "by leaps and bounds" affected rents as it affected everything else. . . .

(The president) What, in your opinion, have been the causes of the lower range of prices? – No doubt the principal cause has been the great increase of foreign imports, and along with that the inferiority, in many cases, of our own corn. . . .

Has the cost of transport been high or low? – The cost of transport has been always falling. . . .

59. Alkali works: inspectors' report, 1887

(Report of Inspectors under Alkali Works Regulation Act 1881 (*Parliamentary Papers 1888*, XXVI, 8–11))

Mention was made in the last annual report of the struggle that for several years has been carried on between the Leblanc process for the manufacture of soda and the ammonia-soda process of more recent introduction. The competition still continues, and the uncertain result is watched with keenest interest both by chemists and those who are commercially concerned. The amount of capital invested in the older process, that of Leblanc, is believed to be £3,000,000. This would be, in great measure, sacrificed, if the newer process were completely successful. In connection with the ammonia-soda process, however, chlorine has not yet been made, but carbonate of soda only, so that in proportion as the price of the latter has fallen, owing to the introduction of the new supply, by so much have the Leblanc masters advanced the price of their chlorine products in order to recoup themselves.

It is interesting to note this here, and to observe that the commercial existence of the soda makers using the older process now depends on their making use of the hydrochloric acid which it was the primary object of the Alkali Act to compel them to save. In the earliest days of this manufacture the whole of the hydrochloric acid of the salt decomposed was allowed to pass up the chimney as a useless by-product; now, to produce this acid is the main object of the process, while the soda is the by-product. The Leblanc soda maker now loses money on all the soda he sells, but makes his profit on the chlorine products. His aim is, therefore, to increase these to the utmost.

This state of unstable equilibrium in the trade is not likely to last long. It may be disturbed by the ammonia-soda manufacturer finding a method for utilising his chlorine, at present thrown away in the form of chloride of calcium. If thus he can produce bleaching powder and chlorate of potash as cheaply as is now done under the Leblanc process, the long reign of this latter must come to an end, and the numerous works engaged in it be closed. If, on the other hand, the Leblanc makers can produce more available chlorine than at present from the salt employed, or utilise any of the materials now wasted, in so far their position will be strengthened in the present competition.

To chemists the struggle is a most interesting one, as the Leblanc soda process has stood its ground so long, being successful over all others that have hitherto been brought into competition with it.

The year 1887, in which the struggle seemed most severe, was the centenary year of its origin. The process was proposed by Leblanc in the year 1787, and was shortly afterwards successfully established. The works were, however, destroyed during the civil commotions of the French Revolution. Afterwards the process was re-established and successfully carried on in France, but too late to reimburse Leblanc the losses he had sustained. He died in a workhouse, leaving behind him a process which has afforded wealth and employment to many thousands during the past century. Whether its career is now ended, or whether its supremacy shall be maintained and confirmed, depends largely on the working out of the problems which have been referred to; the methods proposed for saving sulphur and other materials now wasted, and for increasing the production of chlorine. . . .

The following table will assist in showing the comparative position of the two processes. . . .

		Salt decomposed in the Leblanc and ammonia–soda processes (including Scotland)		
		1885	1886	1887
Leblanc process	*tons*	598,096	584,223	577,381
ammonia soda		115,032	137,220	158,636
	Total	713,128	721,543	736,017

. . . As bearing on the future position of the trade, notice should be given of a most interesting process newly elaborated by Messrs Chance Bros, alkali manufacturers of Oldbury, for saving the whole of the sulphur, till now thrown away in the "alkali waste", so well known for its noxious qualities. On this ground the improvement promises to be one of great public utility by utilising a substance which was expensive to dispose of, which causes a nuisance where it was deposited, and was liable to give rise to a suphurous and stinking drainage continually. The quantity of this material now annually produced is 1,500,000 tons,[1] and as the alkali trade is confined to a few districts, the waste is there deposited in enormous quantities. At Widnes in Lancashire alone these deposits cover 450 acres, and contain about 8,000,000 tons of the material. . . .

Another new process now actively prosecuted at Widnes promises, with other changes in the soda manufacture, the accomplishment of the same end, the recovery of the whole of the sulphur in the alkali waste. The arrangement is proposed by Messrs Parnell and Simpson, and is a combination of the ammonia–soda process with that of Leblanc. . . . The public may therefore, I think, be congratulated that . . . there is a good prospect that the production of alkali waste will soon cease. The work of the inspectors will not, however, be diminished on that ground. In both of these processes the sulphur is eliminated in the form of sulphuretted hydrogen, and enormous quantities of this noxious gas must be dealt with. There will be need for the greatest care, and for constant watchfulness that no traces of it are allowed to escape into the air. As a guarantee for this I may mention that of the 1,066 chemical works now under inspection in the United Kingdom, in 402 of them sulphuretted hydrogen is dealt with in large quantities, and is kept completely under control.

60. Alkali works: newer types of work and workers, 1889

(Report of Inspectors under Alkali Works Regulation Act 1881 (*Parliamentary Papers 1890*, XX, 15–16))

It is satisfactory to be able again to point to many improvements that have been made in the works at the instance of the inspectors, so as to bring about a more complete compliance with the requirements of the Alkali Act.

It is often difficult to convince a manufacturer that the old ways may with advantage be forsaken and new appliances brought into use, in order more completely to meet the demands of modern times as to freedom from the escape of noxious gases. When, however, the change has been accomplished and the new apparatus is at work, the inspector is usually well rewarded by the thanks both of the workpeople on the premises and of the owner himself.

It is extremely interesting to note the influence which is produced on the workpeople by improvements made in the works generally, and by the introduction of more refined methods of manufacture. In cases, for example, where the black ash revolver has taken the place of hand furnaces, you find a

---

[1] The Report for the following year (*Parliamentary Papers 1889*, XVIII, 12) says 750,000 tons.

man of skill directing with attentive touch the movement of machinery by the simple handling of valve and lever, in place of the man chosen only on account of his muscular power, as being able to work with heavy tools the charge in a scorching furnace, by dint of toil and strain. Or where gas-firing has superseded the coal-fed furnace, one may see in place of the toil-worn stoker, whose whole duty it was to shovel on coals to a fire in face of the blinding heat, and to remove clinkers and ashes, now a skilled operative taking charge, not of one or two, but of many fires. He watches the gas flame, and knows by its colour whether there is excess of air or of gas, and he regulates the valves accordingly. And, further to confirm the impression received through his eyes, he handles burette and beaker, and with practised skill makes rapid analysis of the gases of combustion, and records the same for the inspection of the manager. Thus, a higher type of man is made where brain power takes the place of mere muscle.

This development of skill, rather than of muscular power on the part of the ordinary workman, is shown in marked degree in carrying out that latest addition to the Leblanc alkali process, the Chance-Claus method of sulphur recovery from the tank waste. In one of the works where this is carried on there are four sets of seven carbonators, 28 in all, connected by a series of pipes provided with cocks for directing the passage of the gases which take part in the operations in or out of the several vessels. Arranged in a single building, and connected with these carbonating vessels, there may be counted no less than 204 cocks. The correct position of each one of these is essential to the continuance of the operations; any misplacement would cause complete confusion. Yet so great has been the advance of education generally, and such is the developing power of these advanced methods of manufacture, that it has been found possible in the various works to select from among the ranks of the ordinary workmen those who can be trusted to control this complicated apparatus. Moreover, the duties of the man in charge are not limited to turning the right cocks at the right time, but he ascertains at intervals the quality of the gases which pass through the vessels under his care, by withdrawing a sample, and with graduated tube and absorbing solution ascertaining, by process of gas analysis, the amount of active gas in the mixture with which he is dealing. Thus, the man is raised from the mere toiler, valuable mainly in proportion to his strength of muscle, to a skilled artisan, where his powers of thought and judgment are brought into play as well as those of hand and arm.

61. Liquidation of the Barings, November 1890

(*The Economist*, 22 November 1890)

It is impossible to withhold sympathy from the victims of misfortune, even when they have brought upon themselves the ills that befall them. Nevertheless, we feel unable to join unreservedly in the chorus of condolence that has been raised this week over the collapse of Messrs Baring Brothers. It is, indeed, a pity that such a great house should have been brought low, but it would have been still more to be regretted if the punishment for the errors which have been committed should have fallen, not upon those responsible for them, but upon innocent parties. Had Messrs Baring Brothers been able to shift the burden of their South American obligations upon the investing public they would now have been standing erect; and without indulging in any recriminations, it must be admitted that they did not neglect to use all the means in their power to rid themselves in this way of their liabilities. The subject is not a pleasant one to pursue in present circumstances, and we would rather not speak of the market devices that were employed to attract investors. Our opinion as to these was expressed freely and strongly enough at the time, and no good purpose is to be served by going back upon them. We cannot however profess to feel sorry that the efforts to induce the investing public to come to the relief of the Barings have proved ineffectual, even though the effect has been to drive that firm into compulsory liquidation. We do not seek to blame Messrs Baring because they were not satisfied with the safe and magnificent profits which their splendid merchant banking business yielded. It is now seen that they acted very unwisely, but temptation to add riches to riches is very hard to resist. . . .

Those who remember the panic that followed the failure of Overend, Gurney and Co. in 1866 cannot but have been struck by the minor intensity of the crisis through which we have been passing since Saturday, notwithstanding the fact that it is a much bigger house that has come to grief. This week has been one of intense anxiety and acute apprehension, but the alarm has really never deepened into panic, the proof being that there has been no internal drain upon the Bank of England, which is the unfailing concomitant of a true panic. For this difference in the character of the two crises one reason is that the difficulties of the Barings are altogether different in kind from those to which the Overends were forced to succumb. The business of the Overends was rotten to the core, and the firm had been hopelessly insolvent for years before they closed their doors. The mercantile business of the Barings, on the other hand, is thoroughly sound, and there is no question whatever as to the ultimate solvency of the firm. Their assets are estimated to exceed their liabilities by several millions, and the embarrassments have arisen simply from the fact that they had not taken proper care to keep those assets in a sufficiently liquid form. They have locked up so much money in South American securities, and come under such serious obligations in respect to these, that they have not funds enough to meet current liabilities, and have consequently been forced to seek outside assistance.

Further, instead of hiding their difficulties until a crash could not be averted, as did Overend, Gurney and Co., the Barings made a timely disclosure of the state of their affairs, and placing their position before the Bank of England enabled the directors of that institution to take measures to ward off the most serious consequences of their downfall. Those behind the scenes, although their tongues were tied, knew quite well what dictated the purchase of gold from the Russian government and the loan from the Bank of France. It is sufficient now to say that by these measures the Bank of England was put in such a position as to calm the fear from which all panics originate, the fear, namely, that the cash reserve of the country is insufficient to maintain the fabric of credit that has been reared upon it. The knowledge that gold would be available if required went a long way to inspire confidence, which was further increased by the action of the banks and finance houses in jointly guaranteeing the due payment of the liabilities which the Messrs Baring had incurred up to the date of their virtual liquidation. That guarantee is, it appears to us, too wide in its terms, but that it was the main instrument in averting a panic there can be no question. . . .

62. Stock Exchange thanks to Bank of England for action over Barings, 30 December 1890

(The Economist, 3 January 1891)

It is with very great pleasure that we comply with the request of the Stock Exchange committee to publish the subjoined report. The members of the Stock Exchange have special reason to be grateful to the Bank of England, and more particularly to the governor, Mr William Lidderdale, for averting a panic, the destructive effects of which would have been felt most of all in the market for securities. It is fitting, therefore, that they should be amongst the first publicly to acknowledge the great service the Bank has rendered. But the whole business community recognises the fact that it is in a very large measure due to the exceptional skill, courage and tact which Mr Lidderdale displayed at a time of disastrous and grave peril that they owe their escape from a far-reaching breakdown of credit.

On Tuesday, 30 December Mr H. Rokeby Price, the chairman, Mr S. Underhill, the deputy chairman, Messrs J. J. Daniell, C.B., T. Fenn, J. K. Hichens, J. N. Scott, S. R. Scott, members of the Committee for General Purposes, and Mr Francis Lieven, the secretary, attended as a deputation from the Stock Exchange, and presented the following address to the governor and directors of the Bank of England.

Committee Room, Stock Exchange, London, E.C., 30 December 1890.
Sir, On behalf of the members of the Stock Exchange, the committee, as their representatives, desire to express their high appreciation of the admirable and effective manner in which the recent monetary crisis was met by yourself as governor of the Bank of England, ably supported as you were by your co-directors.

Being from their position necessarily well acquainted with the unexampled character of this crisis, the committee are fully able to estimate the magnitude of the disaster which at one time threatened to disorganise, if not to overwhelm the vast financial and commercial interests of this and of other countries, and they are convinced it was almost entirely owing to the masterly ability with which the measures of yourself and the court of directors were carried out in the negotiations in this country and abroad, and more especially to the firm and decisive manner in which your great influence as governor was so wisely and courageously exercised, that a panic of unparalleled dimensions was averted.

Holding these views, sir, the committee beg unanimously to offer you and your co-directors the very best thanks of the community they represent.

H. Rokeby Price, chairman, S. Underhill, deputy chairman, Frances Lieven, secretary.

To William Lidderdale, Esq., Governor, Bank of England.

63. Speculation in the cycle industry, 1896

("Commercial history and review of 1896", *The Economist*, 20 February 1897)

The most striking feature in the year's company promotions was in the number and variety of cycle undertakings, ranging from the Dunlop reconstruction, with the writing up of the capital from £3,000,000 to £5,000,000, to companies started for manufacturing all sorts of cycle accessories. Promoters naturally took advantage of the craze when it was in full swing, and when new inventions failed them, they hit upon the idea of buying up existing companies and refloating them with larger capitals. The Dunlop "deal" was followed by the purchase and resale of the Bovril Company under the same auspices, the loading in the latter case amounting to £500,000, and later an attempt was made to foist a million £1 British motor car shares on the public at £3 a share, but no account is taken of this piece of business in our calculations, as the effort to place the shares was made in very questionable ways, and it did not meet with even a moderate amount of success. . . .

64. New manufactures: aluminium and calcium carbide, 1896

(*Annual Report of Factory Inspectors 1896* (*Parliamentary Papers 1897*, XXI, 37))

In Mr Wilson's district "two industries have been commenced during the past year at the Falls of Foyers, owing to the great head and abundant supply of water obtainable there. In one case British aluminium is produced. The oxide, alumina, is mined and purified at Larne, and the metal is extracted at the Foyers factory by electrolytic decomposition in the incandescent furnace. In the other case, carbide of calcium – the source of the new illuminant, acetylene gas – is manufactured by the aid of the high temperature produced in the electric arc. These successful commercial adaptations, on a large scale, of natural water-power sources in producing electricity are significant, I believe, of coming economic developments. Previously the abundant water supply on the continent and its skilful application had placed the production of the above commodities in this country, by steam motors, out of the question".

Mr Ashworth refers to the establishment of carbide of calcium manufacture at Cradley Heath. . . .

65. Agriculture: Royal Commission of 1893-7, final report

(Shaw-Lefevre Report, *Parliamentary Papers 1897*, XV)

27. With a few exceptions the seasons since 1882 have been on the whole satisfactory from the agricultural point of view; and the evidence before us has shown that the existing depression, as we have already stated in our Second Report, is to be attributed mainly to the fall in prices of farm produce.

28. In a later chapter we propose to deal in some detail with the remarkable change that has taken place in the course of prices of agricultural products. For the present it may be sufficient to state that while there has been a general downward tendency in these prices, the fall has been most marked in the case of grain, particularly wheat; and wool also has fallen heavily. Under these circumstances, we are not surprised to find that the facts at our disposal indicate that the depression is much more acute in the arable counties (particularly in those districts where the climate is not favourable for laying down permanent or temporary pastures) than elsewhere. Heavy lands where the cost of labour is considerable, and very light soils on which the margin between the necessary outlay and the gross value of the crop is small, are those which have been everywhere most seriously affected. It is, however, necessary to observe that while it is undoubtedly the case, broadly speaking, that the pastoral areas of Great Britain have suffered less than those devoted to corn-growing, a discrimination of this character would be subject to some qualifications arising from conditions of a physical or economic character, which may influence the circumstances of agriculturalists in particular localities. With these reservations, we find that the effects of agricultural depression have made themselves most apparent in the arable counties; and that in counties where the surroundings are such as to favour dairying, market-gardening, poultry farming and other special industries, the conditions are somewhat more favourable. While it is true, however, that the effects of the depression are less manifest in some districts than in others, we are unable to point to any part of the country in which they can be said to be entirely absent. . . .

30. The arable section of England . . . includes . . . the counties of Bedford, Berks., Buckingham, Cambridge, Essex, Hants., Hertford, Huntingdon, Kent, Leicester, Lincoln, London, Middlesex, Norfolk, Northampton, Notts., Oxford, Rutland, Suffolk, Surrey, Sussex, Warwick, and York (East Riding). . . .

31. The grass section . . . includes . . . the counties of Chester, Cornwall, Cumberland, Derby, Devon, Dorset, Durham, Gloucester, Hereford, Lancashire,

Monmouth, Northumberland, Salop, Somerset, Stafford, Westmoreland, Wilts., Worcester, York (North Riding), and York (West Riding). . . .

ARABLE SECTION OF ENGLAND. . . .

35. Among the counties included in this section, Essex appears, from the evidence we have received, to have suffered more severely than any other. Mr Hunter Pringle, who reported upon the Ongar, Chelmsford, Maldon, and Braintree districts of the county, states, "The depression of agriculture in Essex appears to have commenced about 1875, when the price of wheat fell from, say, 55s to 45s per quarter. . . . Between 1875 and 1879 many farmers failed or gave up, but new tenants were easily found at slightly reduced rents. . . . The consequences of 1879 were to severely cripple the old tenants, to ruin many of the new ones, and to inflict heavy losses upon landlords farming their own property. Between 1880 and 1884 the number of farms given up either in despair or for reasons over which the occupiers had no control was stated to have been enormous. . . . On poor estates no attempt was made to bring the land round; it was left alone, and gradually 'tumbled down' to such coarse and inferior herbage as nature produced. A regular panic set in; some tenants who had hitherto weathered the storm refused to renew their leases upon any terms, while others continued from year to year at large reductions. From figures given to me in Essex it will be seen . . . that rents were reduced between 1880 and 1886 from 25 to as much as 80 per cent. . . . Only those who kept a considerable head of stock, or took to cow-keeping, appear to have withstood the consequences of bad seasons or low prices, and still continue in occupation.

As regards the owners of land in the county, Mr Pringle says, "rentals have been greatly reduced, arrears blotted out, remissions given, large sums expended on buildings, and in spite of it all, tenants are still unable to pay in full". He furnishes particulars of the rent on eight estates, showing reductions ranging from 29 to 71 per cent, the average for the whole being 52.6 per cent in 13 years. . . .

A witness who occupies a farm within seven miles of Chelmsford said that Mr Pringle's report as to the condition of the land in the south-east district of Essex was not exaggerated, but that it should not be taken as typical of the whole of the county. He added that he has met the difficulty of prices by close application and economy, by little variations in the system of cultivation, and by the sale of hay and straw in the London market. Rents in his district had been reduced from 25s to 15s per acre, and in exceptional circumstances from 25s to 10s.

Mr Darby, a land agent at Chelmsford, stated that for land in good condition there was still a demand, and that such land let in his district from 15s to £1 per acre, but that for stiff land in bad condition rent had fallen to 5s.

Mr Rutter, auctioneer and land agent, said that small farms with a fair proportion of grass could be sold and let even in the worst parts of Essex; but he added the sale had fallen off very much in the past two years. In most cases, however, the purchases do not appear to have been made with the object of carrying on farming as a business. . . .

Mr Pringle furnishes an interesting account of the position of a number of Scotch farmers who have settled in Essex. Describing the system of farming adopted by these settlers, he says, "the main points of difference between the English and Scotch systems of farming as practised in Essex are these: the Englishman cultivates his land and tries to pay his way by corn growing alone, and by combining corn growing with stock feeding and cow keeping; his expenses in labour, manure, seeds, and general farm management are heavy. The Scotchman carries out the temporary pasture system, keeping as small an acreage in cultivation as possible, and cutting expenses down to the lowest working figure. The Essex farmer is not afraid of a labour bill exceeding £2 per acre. The Scotchman cannot endure the thought of any such expenditure in order to produce corn at low prices. The Englishman must and will farm his arable land well, he cannot bear to see it lying in grass which does not carry a heavy head of stock. The cautious Scot farms not for show but for profit, and as long as grass continues to pay something over and above rent, he does not disturb it."

As regards the results of this method of farming Mr Pringle states that, taking everything into account, and remembering how farmers have suffered in all parts of the United Kingdom since 1879, he is of opinion that the majority of Scotch settlers in Essex have held, and are holding their own. Similar views were expressed by Mr Strutt; but another witness from Chelmsford could hardly say that the Scotch farmers were doing well.

36. In the neighbouring county of Suffolk the depression seems to have been felt almost as severely as in Essex. Mr Wilson Fox says, "It is universally stated that the condition of the land has gone back since 1879, except in a few districts. On the clay and very light soils the land is frequently very foul, being choked with charlock, weeds and thistles." He adds, "Agriculturists in Suffolk are in very great straits, capital has been slowly drained from the county, and the stage is now reached when it is impossible for landowners and farmers to go on drawing from private resources in the hopes of better times coming." . . .

The reductions of rent, in Suffolk, have averaged about 50 per cent. There are said to be several large landowners who are getting absolutely nothing from their property after paying outgoings and family charges. Some owners have incurred heavy losses by having to wipe off arrears of rent, by having to spend considerable sums of money where farms have been left in bad condition before re-letting, and by having to drain land and add to buildings to attract tenants. . . .

37. The county of Norfolk has also been the subject of special inquiry by one of our Assistant Commissioners, Mr Rew, who reports that the depression commenced in that county some time prior to the Richmond Commission. Since 1881 matters have been steadily getting worse, and during the last seven years

the situation has been gravely aggravated, the seasons of 1893 and 1894 having brought about a climax.

As regards the effects of the depression on farmers, Mr Rew says, "Twenty or thirty years ago, no class connected with the land 'held their heads higher', to use a colloquialism, than the farmers of Norfolk. As men of considerable capital, conducting a profitable business on a large scale, and with a well-deserved reputation for enterprise and ability, they had a fair right to do so. Many of them owned the whole or a part of the land they farmed, and they lived in a style to which they might not unreasonably claim that their income and property entitled them. But all this has now very largely changed. The typical Norfolk farmer of today is a harassed and hard-working man, with little time to devote to anything but the struggle to make both ends meet. The survivors of the easy-going class of farmers are few and far between, and those who now occupy the farms are men who are holding on by sheer determination and hard work. Many of those with whom I came in contact were obviously keen and energetic men of business with a thorough, and, as the phrase goes, 'up to date' knowledge of all the intricate details of their vocation. This might not, perhaps, apply universally to all the smaller farmers; but, as a general rule, no one who met, as I had the pleasure of meeting, a large number of Norfolk farmers, staying with some of them in their homes, and spending a considerable time with many others, could fail to be impressed with the conviction that at the present time all that energy and intelligence can accomplish is being done to combat their difficulties. The majority of farmers whom I met spoke in a very despondent and frequently almost a despairing way of their financial position. 'Losing money,' 'living on capital,' were frequent expressions, and I was told of many instances of farmers who had been ruined, some of them under very distressing circumstances. . . . The fact is that things had been getting steadily worse up to 1893; but with the autumn of 1894 came what may almost be termed a crash, and nine Norfolk farmers out of ten were in a state of absolute alarm." . . .

Cambridgeshire. . . . "The evidence as to whether large or small farms have suffered more from depression in this county is, it appears, sometimes conflicting, but the weight of evidence certainly shows that large or medium-sized ones on fairly good soil, where the tenants have had sufficient capital, have felt it least. There are, however, districts in Cambridgeshire, in the Fens, which are well suited for small farms, the land being good, easy to work, and capable of growing market-garden produce and fruit. Particularly where such districts are accessible to markets, there are men to be found who are credited with being in a satisfactory position. But these cases are not common, and, generally speaking, the small farmers have often been squeezed out of existence, or are leading, together with their families, a life of unremitting toil, accompanied by great anxiety of mind, to obtain a bare livelihood." . . .

In Lincolnshire the depression is attributed in the first instance to the bad seasons of 1875–9, and then to the fall in prices which set in about 1882, at a time when there had been great losses through decreased yields, and sheep-rot, and when the land was deteriorated. . . . The effect of the depression on land-owners in Lincolnshire is thus described by the Assistant Commissioner: "Their rentals have been greatly reduced, the freehold value of their properties has been largely decreased, both for the purposes of sale and of borrowing money, the condition of their land has in many cases deteriorated, and they have at the same time been called upon to spend increasingly large sums of money on building and repairs, while in most cases they are now paying tithe and land tax formerly paid by the tenants. Some who have taken land in hand, especially heavy clay, or that which has been farmed out, have incurred great losses besides the loss of rent." He adds that in some cases there are owners who are drawing nothing from their properties, and that the mortgagees are taking what interest they can get, not daring to foreclose. Leading auctioneers, agents, and valuers stated freely that land was a drug in the market. . . .

. . . In the remaining counties included in this section, the effects of the depres-sion have manifested themselves on the whole in a similar way. Even on the good lands there have been failures and loss of capital, and on very light soils, and on the heavier clays, with a greater proportion of arable than pasture, the depression has been more serious. In the counties of Beds., Hunts., and Northants, Mr Pringle says, "Reviewing the transactions of my eleven weeks stay in this district, I can assure the Commissioners that the anticipations which overwhelm the mind in Essex were seldom far distant when going about the corn-growing parts of Beds., Hunts. and Northants." . . .

41. In some parts of Hampshire, the depression has been almost as severe as in Essex. . . .

42. In Berkshire and Hertfordshire the depression appears to be particularly manifest in the remoter districts and where the land is poor and heavy, but in the latter county its effects have been generally less acute, owing to the facilities for the sale, and delivery by road, of hay, straw and other produce in London. . . .

43. The position in Oxfordshire is very similar to that existing in Berkshire. . . . In the neighbouring county of Buckinghamshire the conditions in the vale of Aylesbury are more encouraging, especially in the pastoral districts. . . .

44. In Warwickshire farms situated in districts with heavy soils, which form a considerable part of the county, have experienced the effects of the depression to a serious extent, and a large area of land is reported to have tumbled down to grass; mixed farms with a greater proportion of pasture, and arable lands embracing good turnip land have done better. Dairying in the neighbourhood of towns is also reported to have been more succesful than other branches of farming. . . .

45. In the case of Leicestershire the evidence as to the effects of the depression is somewhat conflicting. . . . The farms are mostly mixed and under 200 acres in extent; sheep-breeding, dairying, and grazing are the principal branches of farming, and there is a good local demand for farm produce.

46. In Nottinghamshire and York, East Riding, farmers in many districts have suffered severely, but on the grass lands in the valleys, and in localities suitable for dairying, occupiers of land are in a more satisfactory position. . . .

47. As regards Kent . . . the position of affairs is thus described by Dr Fream: "Since 1879 there has been a steady drain on farmers' resources. . . . It is necessary, however, to draw a distinction between the hop-growers and those farmers dependent chiefly upon sheep and corn who surround, but are not within, the hop-growing area. . . . On the corn-growing farms as distinguished from the hop farms the depression is severely felt. Corn, I was told, pays no rent, whilst hops and fruit have enabled many a man to weather the storm, who would otherwise have gone under."

48. In Sussex, taking the county as a whole, there are fewer signs of depression than in many of the counties already discussed although arable and sheep farms, as elsewhere, have not escaped the effect of the fall in prices and of the drought of 1893. . . . In this county many farmers have the advantage of being in close proximity to seaside resorts, where there is a large demand for vegetables and fruit. . . .

GRAZING SECTION OF ENGLAND

51. . . . Wiltshire has experienced the effects of agricultural depression to a serious extent. . . .

52. The evidence relating to Gloucestershire shows that in the Cotswold district there is much depression. In the hill country between Cirencester and Northleach there is a large amount of land untenanted, and either farmed by landlords or allowed to go out of cultivation altogether. This is essentially a sheep district, though corn is also grown to a large extent. . . . In the dairying and grazing districts of the Vale of Gloucester there is, however, no land unlet and no difficulty in finding tenants. . . .

53. In describing the position of agriculture in Dorset, Mr Rew says that while the variety of conditions in the county makes generalisation difficult, it may be fairly said that tenant farmers have had their incomes considerably reduced and their capital seriously depleted, and that while landlords have, as a rule, met the times by substantial reductions of rent, these must inevitably go further. . . .

54. The condition of agriculture in Somerset, Devonshire, and Cornwall is, on the whole, more favourable than in the three counties dealt with above, though the arable districts here, as elsewhere, have been seriously affected . . . Farmers in these three counties suffered severely from the drought of 1893.

55. The evidence relating to the counties of Salop, Herefordshire, Monmouthshire and Worcestershire indicates that the effects of depression here have not been so manifest as in other parts of the country, except in arable districts with strong soils. Dairying and grazing are the chief branches of farming in these counties. In Herefordshire and Worcestershire fruit and hops are largely grown, and in some parts of the latter county, market gardening is carried on with success. There are few farms unlet; on good grass lands, hop

land, and dairy farms, rents have in many instances been maintained, and reductions have apparently seldom exceeded 15 per cent. On heavy soils and arable farms in Salop, Herefordshire and Worcestershire the reductions of rent have ranged from 20 to 30 per cent; in the Bridgenorth district up to 40 per cent. . . .

57. In Cheshire and Derbyshire, which are mainly devoted to dairying, the depression has not been so seriously felt as elsewhere, although farmers in these counties have experienced difficulties during the last two or three years, owing partly to the drought in 1893 and partly to the fall in prices. . . .

58. Coming to Staffordshire, in districts where dairying and grazing are largely practised, we find that the conditions are very similar to those existing in Cheshire. . . .

59. In Cumberland there is "comparatively little outward and visible sign of agricultural depression"; no farms are unlet, and there is plenty of competition for them at existing rents. In Westmoreland the circumstances are practically identical with those in Cumberland. Rentals have been reduced between 20 and 25 per cent in both counties. . . .

60. Lancashire is another county in which the signs of depression are not so patent as in other parts of the country. Agriculturists in this county benefit from the neighbourhood of large towns and mining centres. There is no difficulty in letting farms, and with reductions varying from 5 to 10 per cent rents are fairly well paid. . . .

61. In the four north-eastern counties of Northumberland, Durham, York North Riding, and York West Riding, the position of agriculture resembles very much that existing in Cumberland and Westmoreland. Arable farmers have lost considerably from the fall in the price of grain, and sheep breeders have suffered from the fall in wool and the low price of sheep in 1892 and 1893. Graziers and horse breeders have done better, and among dairy farmers, depression, if it exists at all, is of a mild type. Rents have been reduced, since 1879, by 20 and 30 per cent on arable farms, but on grass farms the reductions have been less. . . .

64. From the evidence before us relating to Wales, it would appear that owners and occupiers have not hitherto experienced the effects of the depression in that country so severely as in many parts of England. This has been largely due, in the first instance, to the natural characteristics of the Principality, which are such as to favour stock raising, sheep breeding, and dairying, and (in some districts in the south) market gardening; and secondly, to the proximity of large towns, watering places, mining and colliery centres, with a large demand for farm produce. Owing to these natural and economic advantages, Welsh agriculture has not been exposed to those depressing influences which have so seriously affected the arable districts of England. Nevertheless heavy losses have been sustained in Wales from the fall in the price of lean stock, wool, and cheese, though in the past two years there has been some improvement in this direction.

SCOTLAND: ARABLE DIVISION

The eastern or arable division embraces the group of counties in the east and north-east, extending from Roxburgh in the south to the Moray Firth. The condition of agriculture in all these counties, with the exception of Kincardine, Clackmannan, and Kinross, has been reported upon by Mr Hope. In his reports upon Banff, Nairn, and Elgin and the seven counties south of the Firth of Forth, he says, "Throughout the whole of the districts visited by me, I have been informed that during the past ten years there has been agricultural depression and that it has been very severe in all the districts, with the exception, possibly, of a certain area in Mid and West Lothian, where most of the produce is sold off the farm." . . . He learned that in recent years the capital of farmers had been so seriously diminished that many of them are now unable to buy in lean stock for the consumption of turnips and straw on their farms. Rents have decreased very seriously, and landlords have been sharers in the general depression. . . . In spite of the hard times there was an increased demand for farms in 1893 and 1894, particularly in the Lothians, owing partly, it is stated, to a belief that things had then reached their worst.

66. In the report on the counties of Perth, Fife, Forfar, and Aberdeen, Mr Hope also states that depression of a very acute kind has prevailed during the past ten years. Rents "have fallen from 10 to 50 per cent, and the average fall may be stated as 30 per cent." In these counties, as in those already referred to, there has also been an increased demand for farms in recent years, "prospective tenants speculating on the return of good times". . . .

GRAZING DIVISION

68. Some of the principal counties included in the Western Division of Scotland, viz, Ayr, Wigtownshire, Kirkcudbright and Dumfries, have formed the subject of inquiry by Mr Spier, one of the Assistant Commissioners. Dairying in some shape or form is more or less practised in all these counties, while in parts of Ayr vegetables are largely grown, and in Wigtownshire and Kirkcudbright cattle-breeding and feeding and hill sheep-farming are carried on. Clydesdale horses are also bred in all these counties. Mr Spier in his report says, "while depression certainly exists and land has fallen more or less in value, there has been nothing like a total collapse of farming; there are no farms in the landlords' hands, much less lands lying idle, nor is there the least difficulty in letting a farm of almost any kind . . . while in some of the districts rented the fall in rents has been comparatively speaking very little, in others, more especially in the sheep farming districts, it has been very heavy". . . .

69. The only other counties in this Division of Scotland from which we have evidence are Renfrewshire, Argyllshire and Caithness. Agricultural depression is said to be measured in Renfrewshire by a fall of about 10 or 15 per cent in rents, depression reached the county later than elsewhere, and tenant farmers are doing fairly well. A tenant farmer in Argyllshire has "not made a shilling" for forty years, but he has not lost capital. Sheep farmers in the same county

are stated to have experienced serious losses during the last ten years from the fall in the price of wool, and much of their capital is said to have been lost. Rents of sheep farms have apparently fallen from 25 to 40 per cent, and in exceptional cases up to 60 per cent.

70. In Caithness, which has a large area of arable land, depression has been apparently as severe as in the south-eastern counties of Scotland. Rents, we are told, have been reduced from "30 to 50 per cent on the large holdings, from 20 to 30 per cent on medium sized farms, and from 10 to 60 per cent on the small holdings". There are a great many burdened estates in Caithness. Breeders in the county were seriously affected by the drought of 1893.

66. Tramways in Bristol, 1899: changes in city and industrial life

(*Annual Report of Factory Inspectors 1899* (*Parliamentary Papers 1900*, XI, 145–6))

Owing to the enterprise of the Bristol Tramway Company in extending their electric system of lines into the suburbs, a revolution is being rapidly effected in the domestic life of workpeople. Several firms, such as manufacturers of tobacco, clothing, corsets, rope, etc., have already built fine, modern factories on the outskirts of the town; and round these factories have sprung up rows of neat cottages, in some cases, built and owned by the factory proprietors, who rent them to their workpeople. Here the people live in pure air, instead of being cooped up in the narrow streets of the city; and yet, thanks to the tramways, they have the advantages of city life so far as regards shops, etc. Workers employed in the city have also the corresponding advantage of being able to sleep, and spend their spare time in the purer air of the suburbs.

Altogether, few modern inventions have, it seems to me, conferred greater benefits on the workpeople than have electric tramways. In Bristol, for one penny, both working men and women are carried distances of four miles and over, the Company, at certain hours, running for their convenience five or six times the number of carriages they are required to do under their Act of parliament.

If, throughout the country, and especially in and around large cities, electrical tramways receive the encouragement they deserve, they may become an important factor in the solution of the overcrowding problem. . . .

67. Industrial developments in southern England, 1905

(*Annual Report of Factory Inspectors 1905* (*Parliamentary Papers 1906*, XV, 4–5))

The most noted industrial development during 1905 was undoubtedly the continued increase in the use of electrically driven machinery and power-gas producing plants, to which not a few Inspectors bear testimony. Mr Harston (Kent), in this connection says,

Electrical power has taken the place of gas and steam in a good many factories, but perhaps the most striking feature of the year's changes is the great increase in the number of factories in which plant has been or is being erected for the manufacture of producer gas for motive power purposes. In several places the plant is on quite a large scale.

Mr Edwards (Southampton) writes,

The two principal industrial developments are the laying down of a large number of gas producing plants in factories . . . and the introduction of electric motor driven machinery into boot repairing workshops, thereby converting them into factories. . . .

Mr Ireland (Norwich) on the same subject says,

I find in this district the same development I noted in the Midlands – the fitting of engines with water-gas generating plant operated by the engine itself. . . .

Mr Bremner-Davis (North London),

Electric motors continue to displace gas engines, especially for small powers in the more crowded neighbourhoods. . . .

Mr Thomas (North London),

Many small occupiers have gone in for power, thus converting their workshops into factories. . . .

Mr Shuter (Plymouth),

Not only are motors being fitted in workshops . . . but they are supplanting in many cases gas and steam engines. . . .

Mr Beverley (West London) mentions the erection in the West London district of three important generating stations, including one which will be the largest in the kingdom. One of them has two gas-engines of 1,000 horse power, and each flywheel weighs 30 tons.

Mr Stevenson-Taylor (Kent) reports that

The Lords of the Admiralty have had a large electrical generating station erected in Chatham Dockyard, and the electrification of a considerable portion of the machinery is contemplated.

In Devon and Cornwall as elsewhere there has been a considerable increase in the number of gas-suction plants. Oil engines as a source of power are also very much favoured in the rural parts of these counties. These are often found installed as auxiliaries where water power is used. One of the largest and most economical oil engines in the country is to be found I believe in Devonshire. This engine is said to cost less than one-tenth of a penny per horse-power hour.

The amount of electrical power used for power purposes steadily increases, and electric motors in connection with pulverisers are now used in the ancient Cornish industry of tin-streaming.

The motor-car industry, both constructing and repairing, has continued to develop, and is alluded to by some Inspectors.

Mr Matford (West London),

> The development of the motor-car industry has called into being an ever-increasing number of "garages" in the West of London, the majority of which are fitted with a repairing plant driven by power. . . .

Mr Thomas (North London),

> A few of the country factories now rely almost entirely on motor wagons for the carriage of their manufactures to their warehouses in London, etc., and this has proved so successful that it will give in the future much wider freedom of choice in fixing the site for a new factory.

68. Engineering progress in 1906

("Commercial history and review of 1906", *The Economist*, 16 February 1907)

Engineering trades. . . . There are still continual invention and progress in the utilisation of heat force. The competition of internal-combustion engines with steam engines is becoming keener wherever gaseous fuel is available. The economy afforded by producer gas, and still more by the use of waste gas from blast furnaces, is being widely developed, and in some engineering works the only boilers now needed are for supplying steam hammers. And now when a complete self-contained motor is required of from 5 to 200 h.p., suction gas, where coke or anthracite fuel are to hand, affords a substitute for the portable steam engine and for the oil engine. Machine tool makers and the numerous subsidiary trades that supply plant for elevating and conveying loads share in the general activity. In all these there is a tendency towards heavier and stronger machines at higher prices. Hydraulic power, though still necessary for the concentration of force as in forging presses and packing presses, is becoming superseded by electricity when a wide distribution is needed as in large works and railway goods stations.

It is questionable, however, if any of the large electrical factories have made real profit during the last two years. Even the best of the British factories are hardly equal in their size and equipment to the leading works in Germany, whose competition is felt – not so much for installations here as for export orders. Steam turbines continue to supersede reciprocating steam engines where generators of more than 1,000 h.p. are required, as the turbines can be installed at greatly less cost and occupy less space. For this reason the large plants of the municipalities and power companies are being generally equipped with turbines. There are now in Britain about ten firms, including marine engineers, who are making these under licence from Parsons, and in most cases with ingenious and useful modifications of detail. . . .

69. The motor vehicle industry in Britain, 1907

("Commercial history and review of 1907", *The Economist*, 22 February 1908)

Engineering. The excellence of the English made car as compared with those made in France is now fully assured. A range of from £300 to £500 seems to be that within which trustworthy cars can be purchased . . . The commercial vehicle trials held by the Royal Automobile Club in connection with the Society of Motor Manufacturers and Traders took place in September and October last [1] and were in the form of a tour of about 2,000 miles, in the course of which the vehicles competing were on exhibition for one day at Bristol, Birmingham, Liverpool, Manchester, Leeds and other important centres. Fifty-six vehicles in all started, the majority being fitted with petrol engines, though steam was well represented, and some ran throughout on paraffin. The distance travelled daily varied from about 30 to 100 miles, according to the load, the trial including all classes of vehicles, from the smallest delivery cars to the largest lorries. Fifty vehicles completed the trial, a proportion exceeding all expectations . . . the result was a most convincing proof of the suitability of these vehicles over ordinary roads, and under circumstances such as would be met with in ordinary use. . . . Altogether the result has been to awaken great interest in this branch of the industry. . . .

70. Industrial development in South Wales and Bristol, 1911

(*Annual Report of Factory Inspectors 1911, South-Western Division* (*Parliamentary Papers 1912–13*, XXV, 23–4))

Labour unrest and agitation and so-called "sympathetic strikes" notwithstanding, the volume of trade in the division has gone on increasing. In particular, some of the metal trades indigenous to some quarters, and referred to in last year's report as enjoying good times, have experienced another year's prosperity and growth. Extension of old works, better equipment and speeding up of plant, and the erection of new concerns in the steel, sheet and tinplate trades have very prominently marked the year's activities in South Wales and Monmouthshire. The growth of output and enhanced exports have resulted in records being established, and certainly up to the present there are no signs of over-production. To the contrary, so large a money expenditure upon these additions and extensions by capitalists long in the trade is a good omen one would think – unless something untoward and unexpected happens – for the further expansion of these industries, and, in this connection, the recent amal-

[1] i.e. 1907

gamation of three large Trade Unions covering the steel industry will help. In the Swansea district Mr Hilditch records the addition of over forty tinplate and sheet mills during the year, and refers to a large plant in course of erection at a copper works for the extraction of precious metals by electrolysis. Mr Edwards (Cardiff) records the completion of very extensive additions at a leading sheet rolling plant at Newport for the galvanising trade, and thinks it now probably takes first place as regards size and output "in the world". Not the least interesting feature of the coke and chemical industries is the increasing installation of batteries of bye-product ovens.... The patent fuel (coal briquettes) trade of South Wales also shows considerable expansion, the new Graigola Works at the King's Dock, Swansea, the largest of its kind in the kingdom being now in full operation.... A scheme is also on foot for the revival of the sugar industry in Bristol by the erection of a large refinery at Avonmouth Docks. Mr Shinner also refers to the fact that for the first time in the history of the port the customs-dues of Bristol had exceeded £5,000,000. He also records such an increase in the recently established aeroplane factory at Filton that it now has the reputation of being the "largest purely aeroplane works in the world". Dock extensions are still in progress at Southampton and Newport. The erection of electric power stations is general, and the introduction of electrically-driven plant in metal-rolling and other heavy industries is reported from various districts.

71. Foreign trade in 1910

("Commercial history and review of 1910", *The Economist*, 18 February 1911)

The important and healthy revival of British commerce and manufactures, which was under weigh in 1909, made great strides in 1910, and finally created a record in foreign trade, beating even the great boom of 1907. The result is the more remarkable in that while progress was practically continuous, a large number of our competitors have been suffering more or less from trade stagnation.... The causes making for good trade in England have been partly our system of free imports, under which the cost of production is lower than in any other country, partly the splendid harvests of the world, more especially of India and Russia, which have stimulated our shipping trade and have enabled us to exchange our manufactures for food supplies on very favourable terms. Prices have risen, but not to such an extent as in the United States, where reviving prosperity was checked by the excessive upward movement....

Foreign Trade. Last year we recorded a large increase in imports and a slight but unmistakable revival in our exports, the turn of the tide having occurred about the middle of the year 1909. Throughout 1910 the revival has gathered strength month by month, particularly on the export side, an increase of no less than 52½ m. sterling being finally recorded for the year, or about 14 per cent.

The re-export figures for the first time exceeded 100, a result chiefly due to the fact that the rubber which passes through London on its way to the continent, and raw cotton, which comes to England to await orders for delivery elsewhere, both stood at fancy prices for a great part of the year. . . . We do not propose to consider here the details of this trade of £1,200,000,000. . . . The analysis . . . shows that of the total increase of £53,000,000 in imports, £41,000,000 is due to increased purchases of raw materials, while, on the other hand, manufactured articles take up £46,000,000 out of a total increase of £52,000,000 in our export trade. The rise in value is chiefly marked in cotton goods, which come to more than a quarter of the increase in manufactures. Wool and iron and steel manufactures follow with increases respectively of £6,853,000 and £4,811,000.

The coal trade is the only big industry which has not benefited from an expanding export demand.

Part IV

RELIGION AND THE CHURCHES

INTRODUCTION

There was little change in the relative positions of the denominations that divided the allegiançe of Christian Great Britain in the forty years before the outbreak of the German war in 1914. The Church of England continued to hold the firm, if uneffusive loyalty of the majority of Englishmen, and still looked to the evangelical leaders of the first half of the nineteenth century and to the pioneers of the Oxford Movement for spiritual inspiration. Dissenters remained Wesleyan, Congregational and Baptist, in proportions not much changed with the progress of the years. Roman Catholics in England grew in number with the growth of the Irish population, chiefly in the large towns, and for them religious affiliation and worship where practicable were almost as much national as religious exercises. Conversions from Anglicanism continued, in some cases spectacular, but not on the scale hoped for in the forties and fifties, and Protestant anti-papalism continued a very lively nerve in the country, if spasmodic in its manifestation. Wales confirmed its allegiance to dissent, with nationalist overtones, and churchmanship was mainly confined to the upper and established classes. In Scotland presbyterianism, both of the established church and of the disruption, remained very active and continued to divide the country, though bitternesses lost something of their edge and the tendency was towards reunion. Episcopacy remained in its accustomed minority. In Ireland the established church was disestablished and disendowed,[1] but was active as the church of an alien garrison, neither learning from the catholic majority, nor teaching them anything, though itself only a part of Irish protestantism.

The convention of going to church on Sunday remained formally intact, as far as the church-going upper to lower middle classes were concerned. No attempt to repeat the Church census of 1851 on any similar scale proved practicable and a number of partial surveys gave only partial illumination, and then mainly in the cities. Their suggestion was that the church-going habit was weakening. Population shifts might have helped to account for this – people did not necessarily carry into new areas church-going habits which might have depended on local associations. Weekending, which developed at the end of the century, and the new craze for cycling, may also have had a share in disrupting the pattern.

The reference has been to the church-going classes. Efforts to bring the working classes within this scope were, by and large, a failure. Working men did not feel at home, even in nonconformist places of worship, still less in Anglican. Partly the convention of wearing good clothes, which the poor did not always have, was responsible, partly, perhaps, the humility of the attitudes prescribed for worship; in some a feeling of alienation from the respectable

[1] No. 81

classes for whom it was felt that the churches existed led to the sense that attendance at church except on special occasions was not a working class thing to do.[1] The opening of pews, the institution of special services, the building of mission halls in poor or slum areas, the practice of elaborate ritual which was supposed especially to appeal to the working classes, even the open-air preaching by revivalists and Salvation Army, made local and temporary breaches in the pattern, without fundamentally altering it. In the countryside the attitude might be different; the sense that church on Sunday was an activity in which the whole community shared lasted much longer. But the weakening of leadership from above, the coming of enfranchisement and of local self-government, tended to encourage, if not to suggest a change of attitude; and church attendance, and church leadership in the affairs of the community, became less automatic and less automatically accepted.

If there was little response to the propaganda of the churches among the working classes, there was equally little disposition among them to quarrel with religion. True there was a tradition of atheism among working class intellectuals, going back to Tom Paine, which never died out, though its influence did not spread very much, except perhaps in the decade of Charles Bradlaugh.[2] The triumphs of science and the dominance of scientific modes of thought gave rise to movements of atheism among followers of Auguste Comte and of John Stuart Mill and in the universities, but they did not strike very deep root and by the end of the period, even the end of the century, had ceased to preoccupy people very much. Similarly Darwinism which despite the reticence of its founder had been assumed to strike a serious blow at Christian views of the origin of species and of man, was found not inconciliable with Christian views of the ordering and development of the world under the aegis of God.[3] But considerable modification of older views of the inerrancy and inspiration of the Bible were necessary to accommodate such views. The notion that inerrancy extended to cosmological and scientific views contained or held to be implicit in the Bible had to be abandoned, and the idea that the Old Testament incorporated large elements of myth and legend, not to be understood literally, came to be accepted. Study of the texts revealed a different chronology and altered many accepted ideas of authorship. Similar results followed from the study of the New Testament, though here the reaction of later scholarship was towards a more contemporary dating of the documents than "the higher criticism" had initially argued. The existing documentary material was more thoroughly studied, and new material discovered and brought under contribution. The result was to leave the gospel narrative as well authenticated as circumstances permitted or could reasonably demand. Jesus's references to the Old Testament, which were acceptable according to the knowledge of his time but required correction by modern critical standards, were said in 1890 by Charles

[1] cf. No. 75
[2] Member for Northampton (1880–91) who was in conflict over taking the oath.
[3] No. 74

Gore, the Principal of Pusey House, in *Lux Mundi*[1] to need to be regarded as reflecting Jesus's human mind, in virtue of a "self-emptying" by him of the divine knowledge accessible to him. This essay roused much controversy at the time, but was later held to mark the acceptance by High Church of modern critical research.

The accuracy of the Authorised Version as a translation of the original texts was also put in question, and in 1870 the Convocation of Canterbury issued a report by the committee it had set up to revise it.[2] The best scholars who could be got, irrespective of denomination, were chosen to sit under the chairmanship of Bishop Ellicott of Gloucester and Bristol, and a high degree of effective cooperation was achieved. The great trio of Cambridge scholars, Lightfoot, Hort and Westcott, already involved in the preparation of a new edition of the Greek Testament, played a leading part. In 1881 the revised New Testament was published, and the revised Old Testament was finished in 1884; they were published together in 1885, and in 1889 the use of the Revised Version in churches was authorised. The new translation was stylistically inferior to the old, and the shock to hallowed associations prevented it gaining popularity, but at least the great task of achieving a scholarly and defensible translation was accomplished, and criticism so far estopped. Sales of the Bible – with the aid of technical improvements in printing – increased and cheapened considerably, and the Authorised Version, though not the Revised Version, was established as a best-seller during the period.

Victorian conscientiousness demanded increasingly some show of serious attention to his duties from the parson. Economically times were not easy; the fall in agricultural prices meant in most cases a fall in income for him and the obligation of keeping up the standards of living and giving of a gentleman on a stipend seriously diminished often demanded private means or serious self-denial. But in different ways and at different levels the call for a more serious attention to duty was met. It might in country districts be a fairly empty routine of visiting, reading of services and administration of charities. It might be attention to the fabric itself, repair and rebuilding, and greater care for tidiness or seemliness in the church and its services. It could be really effective care for the souls and bodies of parishioners. Anyway, slovenliness and disregard of duties, not uncommon in the earlier part of the century, was increasingly frowned upon, and so became less common. In town parishes the increase of population and the inroads of dissent often made the parson's problems almost insuperable; nevertheless in many parishes increases in the staff of curates, the building of chapels-of-ease and of mission halls represented genuine attempts to meet them. Cathedrals were in similar economic difficulties, with added problems of organisation but, one by one from the middle of the century onwards, these were faced and dealt with, and by its end practically every one was playing an effective part in its diocese. An outstanding example was St Paul's under Dean Church (1871–90), where the support of an able and

[1] No. 73   [2] No. 72

harmonious chapter made the final transformation of the cathedral possible and the genius of Liddon,[1] the best Anglican preacher of the day, turned the popular service under the dome into the most conspicuous feature of Anglican church life in London. The place that cathedrals now occupied in the imagination of Anglicans is illustrated by the insistence of the newly formed diocese of Truro on building a cathedral for itself in 1877. Dissent demanded its cathedrals too, places where huge congregations could be gathered together to worship. The City Temple, Holborn Viaduct, in 1874, and the Metropolitan Tabernacle, Newington Butts, 1861, were instances in London; the great provincial centres of population had the like.

The Public Worship Regulation Act, 1874 began as an attempt, supported by Convocation and a virtually unanimous bench of bishops, to provide a quicker and less controversial method than the somewhat cumbrous course offered by the Clergy Discipline Act of 1840 for the solution of disputes as to the conduct of public worship. But the bill was delayed and caught up in the election and change of government of 1874; it became the subject of evangelical attack and lost much of its High Church support, and thus became virtually the "Act against ritualism" of Disraeli's unhappy description. Even so, Archbishop Tait thought it in the interests of the church to get an Act quickly, even if not the one he had planned, to avoid the danger – which was real – of a worse one, and to put an end to mounting and dangerous party dissension in the church. But he risked his Act to secure the retention in it of the bishops' right to refuse consent to the initiation of prosecution. Elaborate ritual was not particularly characteristic of the first generation of leaders of the Oxford Movement. But prayer book rubrics permitted more than evangelical or normal Protestant practice had recognised, and it was natural enough that the later stages of a movement that had sought to reemphasise the catholic character of the church should look for every possible overt demonstration of this. Moveover it was felt at the time that an elaborate and colourful service had a better chance of appealing to the working man than Protestant reticence, though it may be questioned whether, in the slum parishes where it was sought to demonstrate this, the devotion of the priests to their people and to their duty was not the prime factor in their success, rather than any elaboration of services. Finally, catholic and Roman practices were regarded as those of a church free, in these regards at any rate, from Erastian control, while the instruments of control in the Anglican church – and particularly the Judicial Committee of the Privy Council – were regarded as barely disguising the iron hand of the state. Hence ritualism, and the prosecution of it by the Church Association in 1865 continued. The scale was not very large, but the spectacle of conscientious, if often obstinate and impracticable men suffering, even in prison, for their convictions was a distressing one. Hence bishops preferred to use their vetos rather than make martyrs. In 1879–80 the veto itself was attacked, and the Queen's Bench

[1] H. P. Liddon (1829–90), distinguished follower of Keble and Pusey, of Christ Church, Oxford, sometime Ireland Professor of Exegesis, Canon of St Paul's, 1870–90; author of *Life of Pusey*, published posthumously.

decided that the bishops could be made to permit a prosecution, but the Court of Appeal and the House of Lords overruled them, and in 1879–81 a further case against the bishop of London upheld the right of veto. In 1890 the Church Association cited the saintly and well-loved Bishop King of Lincoln before the courts for offences of ritualism. Archbishop Benson took the case into his own court, and his decision in favour of King was substantially upheld by the Privy Council. In this case the prosecution tended to discredit the promoters, but disturbances at ritualist services, by way of protest, still continued. There were special circumstances at the turn of the century which quickened the anti-Roman nerve in the country, but it became clear as tempers cleared that there was little risk in anglicanism of any large-scale conversions to Rome, while on the other hand the claim to catholicism in services and in temper was gradually vindicated.

The corporate strength and consciousness of the church were intensified by the development of organs of discussion and the inclusion in them of laymen. The first Church Congress was in 1862; the first Diocesan Conference in 1866, and by 1882 the practice of holding them was general. A House of Laymen was added to the Canterbury Convocation in 1886, and in York in 1892. On the whole, relations between the bishops and their clergy became closer and more general during the period and the bishops, despite the apparently haphazard mode of their selection by the Crown on the advice of the Prime Minister, displayed a high and varied range of talent and devotion.

The period was one of great difficulty for the Christian churches, but one which they survived, which many of their critics had hardly expected, and came through, indeed, not without signs, though uncertain ones, of an increased vitality. The adverse influences centred round the immense achievements of science, the conquest is made of the world, and the belief that under its influence and that of rational reform, all things in the world might be made new. As the struggle went on the conviction began to seep through that though the physical world, of which man was part, might be subject to scientific laws, man's nature was not exhausted in his participation in the physical world, and that he had values and aspirations independent of it, which had their own source and laws. It was in this sphere that the churches had their scope. The years of struggle and criticism had struck away much irrelevance and confusion of thought and belief, and left the churches much more narrowly to a world of spiritual values and belief. Many preeminences and acceptances unhesitantly accorded to them in the earlier years disappeared, and the processes of reform left their position much changed. But no vital sacrifices had been demanded or made and the churches were left with their sense for continuity and identity unbroken, and flexibility and comprehensiveness not seriously impaired.[1] Continuous and rigorous critical study of the documentary records of Christianity had left their status as vital documents of the spiritual history of man unchanged, and had, indeed, made possible a sharper and keener apprehension of them. It cannot fairly be said that either faith or works were

[1] cf. No. 76

lacking in the service of the churches during the period, and in view of the troubles that opened for the world in 1914 a period of humiliation and self-recollection for the churches had been a not inappropriate prelude.

The Christian problem that appeared no nearer solution at the end than at the beginning of the period was the contrast between the inequalities of the world and the family affection and equality that were to be the marks of the Kingdom of God. True, these inequalities were no greater at the end of the period than they had been at the beginning. But the vast increase of wealth, the democratisation of politics, and the improvements in administrative techniques encouraged a feeling that inequalities could be substantially improved, if not abolished. Socialism, even Christian socialism, was an eccentricity in the first half of the century; a portent in the second. Many Christians thought it proper to become Socialists, and many Socialists proclaimed themselves the only true Christians. The Kingdom may have involved communism, as in the apostolic age, but it was a voluntary communism; and it was clear that the Kingdom was preached not as a political or social doctrine, but as a spiritual message. A spirit of fraternal equality and care for the brethren were duties imposed on the believer, in the measure of his abilities and opportunities, as they hoped, when the Kingdom came with power and glory, themselves to be sharers in it, but there was no duty on them to seek its realisation in this world by the methods of the world. There might be cases where legal methods seemed to offer the only cure for widely admitted evils, and the support for them was so strong that the legal sanctions might be regarded rather as reminders to do what the person meant in any case to do than as genuine constraint. But unqualified socialism undertook to make people free, equal and happy by legislation. The fear that society might remain acquisitive in spirit while socialist in form, the sense of the long administrative corridors down which benefits for individuals might have to be pursued once they were recognised as rights, the fear of a top-heavy society and of economic stultification, kept the movement at bay before 1914. But the sense of the possibility of revolution and of the lack of obvious justification for the inequalities of society cast a question mark over the future.

SELECT BIBLIOGRAPHY

Among the most important public papers are the reports of the Royal Commission on Ritual (First Report, *Parliamentary Papers 1867*, XX; Second Report, ibid. *1867–8*, XXXVIII; Third and Fourth Reports, ibid. *1870*, XIX), and that of the House of Lords Select Committee on Church Patronage of 1874 (ibid. *1874*, VII) which was penetrating in exposing abuses but temperate in suggesting reform. The Royal Commission on the Law and Practice concerning Benefices (ibid. *1878–9*, XX) provides in its report the material for the understanding of a complicated subject. The Royal Commission on Ecclesiastical Courts of 1883, with a strong representation of ecclesiastics, lawyers and historians, has much of value both in its report and in the printed evidence (ibid. *1883*, XXIV). The two volumes of the report and evidence produced by the Royal Commission on Ecclesiastical Discipline of 1906 (ibid. *1906*, XXXIII–XXXIV) provides an authoritative consideration of the issues at stake.

The most important periodical records of Church events, views and feelings are the *Chronicles of the Convocation of Canterbury* (1859 onwards), the *Reports of Proceedings at the Church Congresses* (1862 onwards) and the *Church Quarterly Review* (1875 onwards). *Essays and Reviews* (1860) marks the beginning within the Anglican establishment of the challenge to received doctrine, *Lux Mundi: a series of studies in the religion of the Incarnation*, edited by Charles Gore (1889), an important stage in its progress, and *Foundations* (1912) the point reached by the end of the period. Each volume is by a group of eminent Anglican divines.

The standard secondary work is now Owen Chadwick, *The Victorian Church*, 2 vols (1966, 1970), of which the second volume deals with the period from 1860 onwards. Though the main thread is the history of the established church, the work deals with the general issues of religious life and thought, with Roman catholicism and, less fully, with the nonconformist churches. The outstanding treatment of its subject, which is not confined to the established church, is Horton Davies, *Worship and Theology in England*, of which vols IV, *From Newman to Martineau 1850–1900* (1962), and V, *The Ecumenical Century 1900–65* (1965), deal with the period. On the establishment alone, Desmond Bowen, *The Idea of the Victorian Church: a study of the Church of England 1833–9* (Montreal, 1968), is a major treatment. S. C. Carpenter, *Church and People 1789–1889* (1938), retains some value, and David L. Edwards, *Leaders of the Church of England 1828–1944* (1971), is a collection of biographical studies. P. M. H. Bell, *Disestablishment in Ireland and Wales* (1969), deals mainly with the institutional aspects of its subject. On the evolution of the church's central organisation, *see* G. F. A. Best, *Temporal Pillars: Queen Anne's Bounty, the Ecclesiastical Commissioners and the Church of England* (Cambridge, 1964), and K. A. Thompson, *Bureaucracy and Church Reform: the organisational response of the Church of England to social change 1800–1965* (Oxford, 1970). *The Five Lambeth Conferences*, compiled by R. T. Davidson (1920), remains a useful account of the conferences which marked the growth of Anglicanism as a world church. The educational aspects of Church/State relations are covered by M. Cruickshank, *Church and Sate in English Education, 1870 to the present day* (1967), and D. R. Pugh, "The church and education: Anglican attitudes, 1902", *J. Eccles. Hist.*, xxiii (1972). Roger Lloyd, *The Church of England 1900–65* (1966), is a useful account of the twentieth-century church. Interesting documentary collections can be found in R. P. Flindall (ed.), *The Church of England 1815–1948: a documentary history* (1972), and D. Nicholls, *Church and State in Britain since 1820* (1967).

Currents and controversies in religious thought and doctrine, mainly Anglican, are further covered by B. M. G. Reardon, *From Coleridge to Gore: a century of religious thought in Britain* (1971), and A. M. Ramsey, *From Gore to Temple: the development of Anglican theology between "Lux Mundi" and the Second World War* (1960). R. C. D. Jasper, *Prayer Book Revision in England 1800–1900* (1954), is the standard treatment of a subject that aroused much controversy. The impact of Darwin is best covered by J. H. S. Kent, *From Darwin to Blatchford: the role of Darwinism in Christian apologetics 1875–1910* (1966), and by R. M. Young's chapter on "The impact of Darwinism on conventional thought", in A. Symondson (ed.), *The Victorian Crisis of Faith* (1970), a collection of essays which ranges more widely than the title suggests. A. O. J. Cockshut, *Anglican Attitudes* (1959), is a readable discussion of the main controversies. The nature and development of Anglican social thought is covered by G. Kitson Clark, *Churchmen and the Condition of England 1832–85* (1973); M. B. Reckitt, *Maurice to Temple: a century of the social movement in the church of England* (1947); and E. R. Norman, *Church and Society in England 1770–1970: an historical study* (Oxford, 1976). Among the important works on the various church parties are P. d'A. Jones, *The Christian Socialist Revival 1877–1914* (Princeton, 1968); Dieter Voll, *Catholic Evangelicalism*, trans. V. Ruffer (1963); K. Heasman, *Evangelicals in Action* (1962), and G. F. A. Best's chapter on "Evangelicalism and the Victorians", in Symondson (ed.) (op. cit.). M. A. Crowther, *Church Embattled: religious controversy in mid-Victorian England* (Newton Abbot, 1970), describes the battles between the parties, though mainly before this period.

Few topics are better covered than the church of England, and particularly its eminent clerics, by biographies and works with a biographical perspective. For the period's primates there are

R. T. Davidson and W. Benham, *Life of A. C. Tait, Archbishop of Canterbury*, 2 vols (1891), and P. T. Marsh, *The Victorian Church in Decline: Archbishop Tait and the Church of England 1868–82* (1969); A. C. Benson, *Edward White Benson, sometime Archbishop of Canterbury*, 2 vols (1899); E. G. Sandford (ed.), *Memoirs of Archbishop Temple by Seven Friends*, 2 vols (1906); and G. K. A. Bell, *Randall Davidson, Archbishop of Canterbury*, 2 vols (1935). For other episcopal notabilities, see E. H. Thomson, *William Thomson, Archbishop of York: life and letters* (1919), and H. Kirk-Smith, *William Thomson, Archbishop of York* (1958); F. D. How, *Archbishop Maclagan* (1911); A. Westcott, *Life and Letters of Brooke Foss Westcott*, 2 vols (1903); S. C. Carpenter, *Winnington-Ingram* (1949), on the bishop of London from 1901; Louise Creighton, *Life and Letters of Mandell Creighton*, 2 vols (1904); M. L. Loane, *John Charles Ryle 1816–1900* (1953), on the important evangelical bishop of Liverpool; G. W. E. Russell, *Edward King, Sixtieth Bishop of Lincoln: a memoir* (1912), on the High Church saint of the late-nineteenth century; G. L. Prestige, *The Life of Charles Gore* (1935), and J. Carpenter, *Gore: a study in liberal catholic thought* (1960), on the period's most important theological revisionist. Lives of other notable churchmen include Mary Church, *Life and Letters of Dean Church* (1894), and B. A. Smith, *Dean Church, the Anglican response to Newman* (1958), R. A. Prothero and G. G. Bradley, *Life and Letters of Dean Stanley*, 2 vols (1894); Henrietta O. W. Barnett, *Canon Barnett, his Life, Work, and Friends*, 2 vols (1918); and E. Abbott and L. Campbell, *The Life and Letters of Benjamin Jowett*, 2 vols (1897).

There is much to be found on church matters in the lives of sovereigns and politicians, particularly successive prime ministers,[1] but *see also* W. E. Gladstone, *Correspondence on Church and Religion*, ed. D. C. Lathbury, 2 vols (1910); P. T. Marsh, "The primate and the prime minister: Archbishop Tait, Gladstone, and the national church", *Vict. Studies*, ix (1965); and D. W. R. Bahlman, "The Queen, Mr Gladstone, and church patronage", ibid. iii (1960).

Nonconformity is less well covered, particularly by secondary works, but for Methodism in all its varieties, *see* J. H. S. Kent, *The Age of Disunity* (1966), and Robert Currie, *Methodism Divided* (1968). H. S. Skeats and C. S. Miall, *History of the Free Churches of England 1688–1891* (1894), is still useful. For congregationalism, *see* John W. Grant, *Free Churchmanship in England 1870–1940* (1955), and R. Tudur Jones, *Congregationalism in England 1662–1962* (1962). The official history of the most important new movement of the period is R. Sandall and A. R. Wiggins, *The Salvation Army*, 4 vols (1947–64). The nonconformist leaders of the period are covered by Harold Begbie, *Life of William Booth, the Founder of the Salvation Army*, 2 vols (1920), and St John G. Ervine, *God's Soldier: General William Booth*, 2 vols (1934); A. W. W. Dale, *The Life of R. W. Dale of Birmingham* (1898), perhaps the most important of mid-Victorian ministerial leaders; James Marchant, *Dr John Clifford* (1924), on Dale's Baptist equivalent in the later period; and J. H. S. Kent, "Hugh Price Hughes and the nonconformist conscience", in G. V. Bennett and J. D. Walsh (eds), *Essays in Modern Church History in Memory of Norman Sykes* (1966), which explores some of the wider implications of nonconformist leadership. On the politics of nonconformity, *see also* K. O. Morgan, *Wales in British Politics 1868–1922* (Cardiff, 1963); W. R. Lambert, "The Welsh Sunday Closing Act 1881", *Welsh History Review*, vi (1972); N. J. Richards, "The Education Bill of 1906 and the decline of political nonconformity", *J. Eccles. Hist.*, xxiii (1972); and Stephen Koss, *Nonconformity in Modern British Politics* (1975), which deals mainly with the twentieth century. David M. Thompson, *Nonconformity in the Nineteenth Century* (1972), and J. Briggs and I. Sellers, *Victorian Nonconformity* (1973), are useful collections of contemporary documents.

There is no adequate general survey of Roman catholicism in the period, but *see* G. A. Beck (ed.), *The English Catholics 1850–1950* (1950), and J. Hickey, *Urban Catholics: urban catholicism in England and Wales from 1829 to the present day* (1967). E. S. Purcell, *Life of Cardinal Manning*, 2 vols (1896), is usually seen as unfair and misleading, but useful correctives are Shane Leslie, *Henry Edward Manning: his life and labours* (1921), and V. A. McClelland, *Cardinal Manning: his public life and influence 1865–92* (1962). For Manning's successor as archbishop of Westminster, see J. G. Snead-Cox, *The Life of Cardinal Vaughan*, 2 vols (1910), and A. McCormack, *Cardinal*

[1] e.g. *see* Select Bibliography to Pt I

Vaughan (1966). John Henry Newman is covered by Meriol Trevor, *Newman: light in winter* (1962), and by the definitive and multi-volume edition of *The Letters and Diaries of J. H. Newman*, ed. C. S. Dessain and others (1961 onwards). For the most distinguished mind among the catholic laity, *see* G. Himmelfarb, *Lord Acton: a study in conscience and politics* (1952), and H. MacDougall, *Acton on Papal Power* (1973). The reactions which Roman catholicism and its Irish immigrant component provoked are considered by E. R. Norman, *Anti-Catholicism in Victorian England* (1968), which includes a selection of documents, and G. F. A. Best, "Popular protestantism in Victorian Britain", in R. Robson (ed.), *Ideas and Institutions of Victorian Britain* (1967).

Developments in orthodox Christianity need to be set against those in free-thinking rationalism. J. M. Robertson, *A History of Free Thought in the Nineteenth Century*, 2 vols (1929), remains useful, though it should be supplemented by D. Tribe, *100 Years of Free Thought* (1967), and the same author's *President Charles Bradlaugh M.P.* (1971); Edward Royle's brief treatment, *Radical Politics 1790–1900: religion and unbelief* (1971); and Susan Budd, "The loss of faith: reasons for unbelief among members of the secular movement in England 1850–1950", *Past & Present*, 36 (1967). W. L. Arnstein, *The Bradlaugh Case* (Oxford, 1965), is the standard study of the most celebrated clash between rationalism and conventional religion.

The social bases and development of denominational religion are surveyed by A. D. Gilbert, *Religion and Society in Industrial England: church, chapel and social change 1740–1914* (1976); and J. D. Gay, *The Geography of Religion in England* (1971), examines the geographical incidence of denominational strength but does not deal with Wales. Contemporary surveys which allow some limited comparisons with the official Census of religious Worship in 1851 are summarised by Andrew Mearns, *The Statistics of Attendance at Public Worship: as published in England, Wales and Scotland* (1882), and R. Mudie-Smith (ed.), *The Religious Life of London* (1904), which was based on a *Daily News* census of worship in the capital in 1902–3. Also of great value for London is Charles Booth, *Life and Labour of the People in London*, 17 vols (1902–3), 3rd series, *Religious Influences*, 7 vols. Other works with a mainly or wholly urban perspective are K. S. Inglis, *Churches and the Working Classes in Victorian England* (1967), which probably exaggerates the failures of Christianity among the working population; H. McLeod, *Class and Religion in the Late Victorian City* (1974), which deals mainly with London; R. B. Walker, "Religious changes in nineteenth century Liverpool", *J. Eccles. Hist.*, xix (1968); S. Meacham, "The church in the Victorian city", *Vict. Studies*, xi (1968), and J. H. S. Kent, "The role of religion in the cultural structure of the later Victorian city", *T.R.H.S.*, 5th series, xxiii (1973). Rural England of this period is less well treated, but *see* A. Everitt, *The Pattern of Rural Dissent: the nineteenth century* (Leicester, 1972).

72. Report of the committee for the revision of the Authorised Version of the Bible, 1870

(from the *Chronicle of the Convocation of Canterbury 1870* (Lambeth Palace Library)

The decision to undertake a revision of the Authorised Version of the Old and New Testaments was strongly urged on Convocation by Samuel Wilberforce, bishop of Winchester, and made its way in spite of a good deal of opposition and reluctance to tamper with a text that had been hallowed by centuries of acceptance by nonconformists as well as by Anglicans, and also in the United States of America. The report of the committee chaired by the bishop of Winchester on 24 March 1870 was finally adopted after debate by Convocation on 5 May, and a revision committee appointed with powers to add to its membership those "eminent for scholarship to whatever nation or religious body they may belong": indeed a number of distinguished nonconformists were invited to take part in the work, and one Unitarian, though the invitation to the latter was the result of a mistaken vote. The chairman of the New Testament committee was Bishop Ellicott of Gloucester and Bristol, who attended 405 of the 407 meetings of his committee. The York Convocation did not join in the work. The Revised Version of the New Testament was accepted by Convocation on 11 May 1881, that of the Old Testament in 1883, and the whole approved by the bishops in Convocation for use in churches in 1899. *See* Owen Chadwick, *The Victorian Church*, 2 vols, II (1970), 45 ff.

R evision of Authorised Version: to be communicated to the two houses at the session in May.

Report of the committee of both houses of the Convocation of the Province of Canterbury, in pursuance of the resolution passed in the upper house on Thursday, 10 February 1870. "That a joint Committee of both Houses be appointed, with power to confer with any Committee that may be appointed by the Convocation of the Northern Province, to report upon the desirableness of a Revision of the Authorised Version of the Old and New Testaments, whether by marginal notes or otherwise, in all those passages where plain and clear errors, whether in the Hebrew or Greek texts, originally adopted by the translators, or in the translation made from the same, shall on due investigation be found to exist."

Thursday, 24 March 1870, at the office of Queen Anne's Bounty Board.

We have met this day, and agreed to the following resolutions, which we beg respectfully to lay before Convocation.

I. That it is desirable that a Revision of the Authorised Version of the Holy Scriptures be undertaken.

II. That the revision be so conducted as to comprise both marginal renderings, and such emendations as it may be found necessary to insert in the text of the Authorised Version.

III. That in the above resolutions we do not contemplate any new translation of the Bible, or any alteration of the language, except where in the judgment of the most competent scholars such change is necessary.

IV. That in such necessary changes, the style of the language employed in the existing Version be closely followed.

V. That it is desirable that Convocation should nominate a body of its own members, to undertake the work of revision, who shall be at liberty to invite the cooperation of any eminent for scholarship, to whatever nation or religious body they may belong.

S. Winton, chairman.

Members of the committee

Bishop of Winchester	Archdeacon of Exeter
Bishop of St David's	(Mr Freeman)
Bishop of Llandaff	Archdeacon of Rochester and St Albans
Bishop of Gloucester and Bristol	(Dr Grant)
Bishop of Ely	Chancellor Massingberd
Bishop of Lincoln	Canon Blakesley
Bishop of Salisbury	Canon How
Bishop of Bath and Wells	Canon Selwyn (secretary)
Mr Prolocutor (Dr Bickersteth)	Canon Swainson
Dean of Canterbury (Dr Alford)	Canon Woodgate
Dean of Westminster (Dr Stanley)	Dr Jebb
Dean of Lincoln (Dr Jeremie)	Dr Kay
Archdeacon of Bedford (Mr Rose)	Mr De Winton

73. Essay by Charles Gore on the Holy Spirit and inspiration, from *Lux Mundi*, 1889

(from *Lux Mundi: a series of studies in the religion of the Incarnation*, ed. Charles Gore (1889), 10th edn (1890), ch. VIII, "The Holy Spirit and inspiration", pp.350–62)

This is the part of the essay dealing especially with the inspiration of the Bible. Though much criticised at the time, it had great influence later.

. . . Thus to believe, for instance, in the inspiration of the Old Testament forces us to recognise a real element of the divine education in the imprecatory psalms. They are not the utterances of selfish spite:[1] they are the claim which righteous Israel makes upon God that he should vindicate himself, and let their eyes see how "righteousness turns again unto judgment". The claim is made in a form which belongs to an early stage of spiritual education; to a time when this life was regarded as the scene in which God must finally vindicate himself, and when the large powers and possibilities of the divine compassion were very imperfectly recognised. But behind these limitations, which characterise the greater part of the Old Testament, the claim of these psalms still remains a necessary part of the claim of the Christian soul. We must not only recognise the reality of divine judgments in time and eternity, bodily and spiritual; we must not only acquiesce in them because they are God's; we must go on to claim of God the manifestation of his just judgment, so that holiness and joy, sin and failure, shall be seen to coincide.

[1] cf. Robertson Smith, *The Old Testament in the Jewish Church*, Lect. vii, p. 207: "Another point in which criticism removes a serious difficulty is the interpretation of the imprecatory psalms."

To recognise then the inspiration of the Bible is to put ourselves to school in every part of it, and everywhere to bear in mind the admonition of the *De Imitatione* "that every scripture must be read in the same spirit in which it was written". So far it will not be a point in dispute among Christians what inspiration means, or what its purpose is. "The Councils of Trent and the Vatican," writes Cardinal Newman, "tell us distinctly the object and the promise of scriptural inspiration. They specify 'faith and moral conduct' as the drift of that teaching which has the guarantee of inspiration." [1] Nor can it be denied that the more holy scripture is read from this point of view, the more confidently it is treated as the inspired guide of faith and conduct, no less in the types of character which it sets before us than in its direct instruction, the more the experience and appreciation of its inspiration grows upon us, so that to deny or to doubt it comes to mean to deny or to doubt a matter plain to the senses. Indeed what has been said under this head will probably appear to those practised in the spiritual use of holy scripture as an understatement, perhaps not easy to justify, of the sense in which the scripture is the Word of God, and the spiritual food of the soul. [2]

5. But here certain important questions arise. (*a*) The revelation of God was made in an historical process. Its record is in large part the record of a national life: it is historical. Now the inspiration of the recorder lies, as we have seen, primarily in this, that he sees the hand of God in the history and interprets his purpose. Further, we must add, his sense of the working of God in history, increases his realisation of the importance of historical fact. Thus there is a profound air of historical truthfulness pervading the Old Testament record from Abraham downward. The weaknesses, the sins, of Israel's heroes are not spared. Their sin and its punishment is always before us. There is no flattering of national pride, no giving the reins to boastfulness. In all this the Old Testament appears to be in marked contrast, as to contemporary Assyrian monuments, so also to a good deal of much later ecclesiastical history. But does the inspiration of the recorder guarantee the exact historical truth of what he records? And in matter of fact can the record, with due regard to legitimate historical criticism, be pronounced true? Now, to the latter of these two questions (and they are quite distinct questions), we may reply that there is nothing to prevent our believing, as our faith certainly strongly disposes us to believe, that the record from Abraham downward is in substance in the strict sense historical. Of course the battle of historical truth cannot be fought on the field of the Old Testament, as it can on that of the New, because it is so vast and indecisive, and because (however certainly ancient is such a narrative as that contained in Genesis xiv) very little of the early record can be securely traced to a period near the events. Thus the church cannot insist upon the historical

---

[1] see *Nineteenth Century* (February 1884), 189

[2] "When from time to time," says St Bernard to his monks, "anything that was hidden or obscure in the scriptures has come out into the light to any one of you, at once the voice of exultation and thankfulness for the nourishment of spiritual food that has been received, must rise as from a banquet to delight the ears of God."

character of the earliest records of the ancient church in detail, as she can on the historical character of the gospels or the Acts of the Apostles. On the other hand, as it seems the more probable opinion that the Hebrews must have been acquainted with the art of writing in some form long before the Exodus, there is no reason to doubt the existence of some written records among them from very early days.[1] Internal evidence again certainly commends to our acceptance the history of the patriarchs, of the Egyptian bondage, of the great redemption, of the wanderings, as well as of the later period as to which there would be less dispute. In a word we are, we believe, not wrong in anticipating that the Church will continue to believe and to teach that the Old Testament from Abraham downwards is really historical, and that there will be nothing to make such belief and teaching unreasonable or wilful. But within the limits of what is substantially historical, there is still room for an admixture of what, though marked by spiritual purpose, is yet not strictly historical – for instance, for a feature which characterises all early history, the attribution to first founders of what is really the remoter result of their institutions. Now historical criticism[2] assures us that this process has been largely at work in the Pentateuch. By an analysis, for instance, the force of which is very great, it distinguishes distinct stages in the growth of the law of worship: at least an early stage such as is represented in "the Book of the Covenant",[3] a second stage in the Book of Deuteronomy, a last stage in "the Priestly Code". What we may suppose to have happened is that Moses himself established a certain germ of ceremonial enactment in connection with the ark and its sacred tent, and with the "ten words"; and that this developed always as "the law of Moses", the whole result being constantly attributed, probably unconsciously and certainly not from any intention to deceive, to the original founder. This view would certainly imply that the recorders of Israel's history were subject to the ordinary laws in the estimate of evidence, that their inspiration did not consist in a miraculous communication to them of facts as they originally happened: but if we believe that the law, as it grew, really did represent the divine intention for the Jews, gradually worked out upon the basis of a Mosaic institution, there is nothing materially untruthful, though there is something uncritical, in attributing the whole legislation to Moses acting under the divine command. It would be only of a piece with the attribution of the collection of Psalms to David and of Proverbs to Solomon. Nor does the supposition that the law was of gradual growth interfere in any way with the symbolical and typical value of its various ordinances.

Once again, the same school of criticism would assure us that the Books of

---

[1] *see* the Annual Address (1889) delivered at the Victoria Institute by Prof. Sayce, on the cuneiform tablets of Tel el-amarna (pp. 4, 14 ff). "We learn that in the fifteenth century before our era – a century before the Exodus – active literary intercourse was going on throughout the civilised world of Western Asia, between Babylonia and Egypt and the smaller states of Palestine. . . . This intercourse was carried on by means of the Babylonian language and the complicated Babylonian script. How educated the old world was, we are but just beginning to learn. But we have already learnt enough to discover how important a bearing it has on the criticism of the Old Testament."

[2] e.g. Driver. *Critical Notes on Sunday School Lessons* (New York, Scribners)

[3] Ex. xx. xxii–xxiii. xxxiii

Chronicles represent a later and less historical version of Israel's history than that given in Samuel and Kings:[1] they represent, according to this view, the version of that history which had become current in the priestly schools. What we are asked to admit is not conscious perversion, but unconscious idealising of history, the reading back into past records of a ritual development which was really later. Now inspiration excludes conscious deception or pious fraud, but it appears to be quite consistent with this sort of idealising; always supposing that the result read back into the earlier history does represent the real purpose of God and only anticipates its realisation.

Here then is one great question. Inspiration certainly means the illumination of the judgment of the recorder. "By the contact of the Holy Spirit," says Origen, "they became clearer in their mental perceptions, and their souls were filled with a brighter light."[2] But have we any reason to believe that it means, over and above this, the miraculous communication of facts not otherwise to be known, a miraculous communication such as would make the recorder independent of the ordinary processes of historical tradition? Certainly neither St Luke's preface to his gospel, nor the evidence of any inspired record, justifies us in this assumption. Nor would it appear that spiritual illumination, even in the highest degree, has any tendency to lift men out of the natural conditions of knowledge which belong to their time. Certainly in the similar case of exegesis, it would appear that St Paul is left to the method of his time, though he uses it with inspired insight into the function and meaning of law and of prophecy as a whole. Thus, without pronouncing an opinion, where we have no right to do so, on the critical questions at present under discussion, we may maintain with considerable assurance that there is nothing in the doctrine of inspiration to prevent our recognising a considerable idealising element in the Old Testament history. The reason is of course obvious enough why what can be admitted in the Old Testament, could not without results disastrous to the Christian creed, be admitted in the New. It is because the Old Testament is the record of how God produced a need, or anticipation, or ideal, while the New Testament records how in fact he satisfied it. The absolute coincidence of idea and fact is vital in the realisation, not in the preparation for it. It is equally obvious, too, that where fact is of supreme importance, as in the New Testament, the evidence has none of the ambiguity of remoteness which belongs to much of the record of the preparation.

(b) But once again; we find all sorts of literature in the inspired volume: men can be inspired to think and to write for God under all the forms of natural genius. Now one form of genius is the dramatic: its essence is to make characters, real or imaginary, the vehicles for an ideal presentation. It presents embodied ideas. Now the Song of Solomon is of the nature of a drama. The Book of Job, although it works on an historical basis, is, it can hardly be denied,

---

[1] The Books of Kings seem to be compiled from the point of view of the Deuteronomist.
[2] Origen, c. Cels. vii. 4

mainly dramatic. The Book of Wisdom, which with us is among the books of the Bible, though in the second rank outside the canon, and which is inside the canon of the Roman church, professes to be written by Solomon,[1] but is certainly written not by him, but in his person by another author. We may then conceive the same to be true of Ecclesiastes, and of Deuteronomy; i.e. we may suppose Deuteronomy to be a republication of the law "in the spirit and power" of Moses put dramatically into his mouth. Criticism goes further, and asks us to regard Jonah and Daniel, among the prophetic books, as dramatic compositions worked up on a basis of history. The discussion of these books has often been approached from a point of view from which the miraculous is necessarily unhistorical. With such a point of view we are not concerned. The possibility and reality of miracles has to be vindicated first of all in the field of the New Testament; and one who admits them there, cannot reasonably exclude their possibility in the earlier history. The question must be treated simply on literary and evidential grounds.[2] But we would contend that if criticism should show these books to be probably dramatic, that would be no hindrance to their performing "an important canonical function", or to their being inspired. Dramatic composition has played an immense part in training the human mind. It is as far removed as possible from a violation of truth, though in an uncritical age its results may very soon pass for history. It admits of being inspired as much as poetry, or history, and indeed there are few who could feel a difficulty in recognising as inspired the teaching of the books of Jonah and Daniel.[3] It is maintained then that the church leaves open to literary criticism the question whether several of the writings of the Old Testament are or are not dramatic. Certainly the fact that they have not commonly been taken to be so in the past will be no evidence to the contrary, unless it can be denied that a literary criticism is being developed, which is as really new an intellectual product as the scientific development, and as such, certain to reverse a good many of the literary judgments of previous ages. We are being asked to make considerable changes in our literary conception of the scriptures, but not greater changes than were involved in the acceptance of the heliocentric astronomy.

(c) Once again: an enlarged study of comparative history has led to our perceiving that the various sorts of mental or literary activity develop in their different lines out of an earlier condition in which they lie fused and undifferentiated. This we can vaguely call the mythical stage of mental evolution. A

[1] e.g. chs. vii. ix. The Roman church admits that it is, to use Newman's phrase, "a prosopopeia"; "our Bibles say, 'it is written in the person of Solomon' and 'it is uncertain who was the writer,'" l.c. p. 197. It is important to bear in mind that the western church in general has, since St Augustine's day, admitted into the canon a book the literary method of which is thus confessedly dramatic. Newman makes this the ground for saying that the same may be true of Ecclesiastes.

[2] On the evidence of O.T. miracles I may refer to Samuel Cox's essay, *Miracles: an argument and a challenge* (1884).

[3] Of course the distinction must be maintained in the case of the book of Daniel between a "pious fraud" which cannot be inspired, and an idealising personification which, as a normal type of literature, can. Further study will probably solve the special difficulty which on the critical hypothesis attaches to the book of Daniel from this point of view: see Stanton, *Jewish and Christian Messiah*, p. 109, note 1.

myth is not a falsehood; it is a product of mental activity, as instructive and rich as any later product, but its characteristic is that it is not yet distinguished into history, and poetry, and philosophy. It is all of these in the germ, as dream and imagination, and thought and experience, are fused in the mental furniture of a child's mind. "These myths or current stories," says Grote writing of Greek history, "the spontaneous and earliest growth of the Greek mind, constituted at the same time the entire intellectual stock of the age to which they belonged. They are the common root of all those different ramifications into which the mental activity of the Greeks subsequently diverged; containing as it were the preface and germ of the positive history and philosophy, the dogmatic theology and the professed romance, which we shall hereafter trace, each in its separate development." Now has the Jewish history such earlier stage: does it pass back out of history into myth? In particular, are not its earlier narratives, before the call of Abraham, of the nature of myth, in which we cannot distinguish the historical germ, though we do not at all deny that it exists? The inspiration of these narratives is as conspicuous as that of any part of scripture, but is there anything to prevent our regarding these great inspirations about the origin of all things—the nature of sin, the judgment of God on sin, and the alienation among men which follows their alienation from God—as conveyed to us in that form of myth or allegorical picture, which is the earliest mode in which the mind of man apprehended truth?

6. In spite of the arbitrariness and the irreligion which have often been associated with the modern development of historical criticism in its application to the Old Testament, the present writer believes that it represents none the less a real advance in literary analysis, and is reaching results as sure, where it is fairly used, as scientific inquiry, though the results in the one case as in the other are often hard to disentangle from their less permanent accompaniments. Believing this, and feeling in consequence that the warning which the name of Galileo must ever bring before the memory of churchmen, is not unneeded now, he believes also that the church is in no way restrained from admitting the modifications just hinted at, in what has latterly been the current idea of inspiration.

The church is not restrained, in the first place, by having committed herself to any dogmatic definitions of the meaning of inspiration.[1] It is remarkable indeed that Origen's almost reckless mysticism, and his accompanying repudiation of the historical character of large parts of the narrative of the Old Testament, and of some parts of the New,[2] though it did not gain acceptance, and indeed had no right to it (for it had no sound basis), on the other hand

---

[1] This is certainly true of the church as a whole. For the most that can be said in the same sense of the Roman church, see Newman in the article cited.

[2] De Principiis, iv. 15, 16, 17. His point is that incidents which could not have occurred in fact, or at least did not occur, are inserted in the narrative of the Old and New Testaments, that their very historical impossibility or improbability may drive us to the consideration of their spiritual significance. "The attentive reader may notice . . . innumerable other passages, like these, so that he will be convinced that in the histories that are literally recorded, circumstances are inserted that did not occur." cf. Bigg, Christian Platonists, pp. 137–8.

never roused the church to contrary definitions. Nor is it only Origen who disputed the historical character of parts of the narrative of holy scripture. Clement before him in Alexandria, and the medieval Anselm in the West, treat the seven days' creation as allegory and not history. Athanasius speaks of paradise as a "figure". A medieval Greek writer, who had more of Irenaeus than remains to us, declared that "he did not know how those who kept to the letter and took the account of the temptation historically rather than allegorically, could meet the arguments of Irenaeus against them". Further than this, it cannot be denied that the mystical method, as a whole, tended to the depreciation of the historical sense, in comparison with the spiritual teaching which it conveyed.[1] In a different line, Chrysostom, of the literal school of interpreters, explains quite in the tone of a modern apologist, how the discrepancies in detail between the different gospels, assure us of the independence of the witnesses, and do not touch the facts of importance, in which all agree.

The church is not tied then by any existing definitions. We cannot make any exact claim upon any one's belief in regard to inspiration, simply because we have no authoritative definition to bring to bear upon him. Those of us who believe most in the inspiration of the church will see a divine providence in this absence of dogma, because we shall perceive that only now is the state of knowledge such as admits of the question being legitimately raised.

Nor does it seem that the use which our Lord made of the Old Testament is an argument against the proposed concessions. Our Lord, in his use of the Old Testament, does indeed endorse with the utmost emphasis the Jewish view of their own history. He does thus imply, on the one hand, the real inspiration of their canon in its completeness, and, on the other hand, that he himself was the goal of that inspired leading and the standard of that inspiration. "Your father Abraham rejoiced to see my day": "I am not come to destroy, but to fulfil." This, and it is the important matter for all that concerns our spiritual education, is not in dispute. What is questioned is that our Lord's words foreclose certain critical positions as to the character of Old Testament literature. For example, does his use of Jonah's resurrection, as a type of his own, depend in any real degree upon whether it is historical fact or allegory?[2] It is of the essence of a type to suggest an idea, as of the antitype to realise it. The narrative of Jonah suggested certainly the idea of resurrection after three days, of triumph over death, and by suggesting this gave our Lord what his discourse required. Once more, our Lord uses the time before the flood[3] to illustrate the carelessness of men before his own coming. He is using the flood here as a typical judgment, as elsewhere he uses other contemporary visitations for a like purpose. In referring to the flood he certainly suggests that he is treating it as typical, for he introduces circumstances—"eating and drinking, marrying and giving in marriage"—which have no counterpart in the original narrative. Nothing in his use of it depends on its being more than a typical instance. Once

---

[1] cf. Jerome, *ad Nepotian. ep.* lii. 2   [2] Matt. xii. 40   [3] Matt. xxiv. 37–39

more, he argues with the Pharisees on the assumption of the Davidic authorship of Psalm cx.[1] But it must be noticed that he is asking a question rather
than making a statement—a question, moreover, which does not admit of being
turned into a statement without suggesting the conclusion, of which rationalis-
tic critics have not hesitated to avail themselves, that David's Lord could not be
David's son. There are, we notice, other occasions when our Lord asked questions which cannot be made the basis of positive propositions.[2] It was in fact
part of his method to lead men to examine their own principles without at the
time suggesting any positive conclusion at all.

It may also fairly be represented, on a review of our Lord's teaching as a
whole, that if he had intended to convey instruction to us on critical and
literary questions, he would have made his purpose plainer. It is contrary to his
whole method to reveal his godhead by any anticipations of natural knowledge.
The Incarnation was a self-emptying of God to reveal himself under conditions
of human nature and from the human point of view. We are able to draw a
distinction between what he revealed and what he used. He revealed God, his
mind, his character, his claim, within certain limits his threefold being: he
revealed man, his sinfulness, his need, his capacity: he revealed his purpose of
redemption, and founded his church as a home in which man was to be through
all the ages reconciled to God in knowledge and love. All this he revealed, but
through, and under conditions of, a true human nature. Thus he used human
nature, its relation to God, its conditions of experience, its growth in knowledge, its limitation of knowledge.[3] He feels as we men ought to feel: he sees as
we ought to see. We can thus distinguish more or less between the divine truth
which he reveals, and the human nature which he uses. Now when he speaks of
the "sun rising" he is using ordinary human knowledge. He willed so to
restrain the beams of deity as to observe the limits of the science of his age, and
he puts himself in the same relation to its historical knowledge. Thus he does
not reveal his eternity by statements as to what had happened in the past, or
was to happen in the future outside the ken of existing history.[4] He made his
godhead gradually manifest by his attitude towards men and things about him,
by his moral and spiritual claims, by his expressed relation to his father, not by
any miraculous exemptions of himself from the conditions of natural knowledge

[1] Matt. xxii. 41–46
[2] *see* especially Mark x. 17–18 (and parallel passages), where our Lord's question, if converted into a positive proposition, suggests a repudiation of personal goodness. cf. also the question in John x. 34–36 where, though the argument is *a fortiori*, still the true character of our Lord's sonship is hardly suggested.
[3] This limitation of knowledge must not be confused with fallibility or liability to human delusion, because it was doubtless guarded by the divine purpose which led Jesus Christ to take it upon himself.
[4] Of course he gave prophetic indications of the coming judgment, but on the analogy of inspired prophecy. He did not reveal "times and seasons", and declared that it was not within the scope of his mission to do so. *See* esp. Mark xiii. 32. He exhibits supernatural insight into men's characters and lives. But he never exhibits the omniscience of bare godhead in the realm of natural knowledge; such as would be required to anticipate the results of modern science or criticism. This "self-emptying" of God in the Incarnation is, we must always remember, no failure of power, but a continuous act of self-sacrifice: cf. 2 Cor. viii. 9 and Phil. ii. 7. Indeed God "declares his almighty power most chiefly" in his condescension, whereby he "beggared himself" of divine prerogatives, to put himself in our place.

in its own proper province. Thus the utterances of Christ about the Old Testament do not seem to be nearly definite or clear enough to allow of our supposing that in this case he is departing from the general method of the Incarnation, by bringing to bear the unveiled omniscience of the godhead, to anticipate or foreclose a development of natural knowledge.

But if we thus plead that theology may leave the field open for free discussion of these questions which biblical criticism has recently been raising, we shall probably be bidden to "remember Tübingen", and not be over-trustful of a criticism which at least exhibits in some of its most prominent representatives a great deal of arbitrariness, of love of "new views" for their own sake, and a great lack of that reverence and spiritual insight which is at least as much needed for understanding the books of the Bible, as accurate knowledge and fair investigation. To this the present writer would be disposed to reply that, if the Christian church has been enabled to defeat the critical attack, so far as it threatened destruction to the historical basis of the New Testament, it has not been by foreclosing the question with an appeal to dogma, but by facing in fair and frank discussion the problems raised. A similar treatment of Old Testament problems will enable us to distinguish between what is reasonable and reverent, and what is high-handed and irreligious in contemporary criticism whether German, French, or English. Even in regard to what makes *prima facie* a reasonable claim, we do not prejudice the decision by declaring the field open: in all probability there will always remain more than one school of legitimate opinion on the subject: indeed the purpose of the latter part of this essay has not been to inquire how much we can without irrationality believe inspiration to involve; but rather, how much may legitimately and without real loss be conceded. For, without doubt, if consistently with entire loyalty to our Lord and his church, we can regard as open the questions specified above, we are removing great obstacles from the path to belief of many who certainly wish to believe, and do not exhibit any undue scepticism. Nor does there appear to be any real danger that the criticism of the Old Testament will ultimately diminish our reverence for it. In the case of the New Testament certainly we are justified in feeling that modern investigation has resulted in immensely augmenting our understanding of the different books, and has distinctly fortified and enriched our sense of their inspiration. Why then should we hesitate to believe that the similar investigation of the Old Testament will in its result similarly enrich our sense that "God in divers portions and divers manners spake of old times unto the fathers", and that the inspiration of holy scriptures will always be recognised as the most conspicuous of the modes in which the Holy Spirit has mercifully wrought for the illumination and encouragement of our race?

"For whatsoever things were written aforetime were written for our learning, that we through patience and comfort of the scriptures might have hope."

74. Archbishop Temple on evolution at Church Congress of 1896

(E. G. Sandford (ed.), *Memoirs of Archbishop Temple by Seven Friends*, 2 vols (1906), I, 67–9)

Evolution can be treated on the one side, as it were, as if it were a kind of independent process going on of itself; and it is, no doubt, a very natural thing that we should look upon all nature as working along its own lines by a sort of independent force, given to it, we may say, by its Creator, but independent of that Creator. But, on the other hand, it is possible to look at evolution as being simply a method in which it pleases God to work, and I think that both ordinary Christians and scientific men would gain a great deal very frequently if they were willing to take that view of this important fact. I speak of evolution as a fact, because whether it is universal as men of science now generally regard it to be, or whether it is still, after all, but a partial process in the working out of nature, I think that it has established its claim to be as wide as the great bulk of all phenomena which are presented to us in this present world; and it is, therefore, natural that we should think of it as if it were practically, for all ordinary purposes, universal; nor do I object to scientific men always so treating it, any more than I object to scientific men treating the law of gravitation as practically universal. . . . The Christian will naturally always look upon evolution as one of the ways in which God is doing the work which is visible before our eyes. "My Father worketh hitherto, and I work," said our Lord; and so the Christian, if he studies this doctrine, will simply say, "You have set before me what was not so well known a hundred years ago; you have set before me a proof that God works in a particular manner which people formerly did not generally understand." When you look at the whole of evolution in that way, I think that you will find that the acceptance of it, so far from being a trouble to Christians, will, on the contrary, be in many cases a very great help to Christian thought and Christian life.

75. Charles Booth on the attitude of the people in London to religion, 1902–3

(Charles Booth, *Life and Labour of the People in London*, 17 vols (1902–3), 3rd series, *Religious Influences*, 7 vols, VII, 422–9)

It may be said of the inhabitants of London, as of the people of England, that they are distinctly Christian in the sense that they would all (except the Jews) repudiate the imputation of belonging to any other of the great religions of the world. Which of them would not laugh in the face of an inquirer who gravely demanded of him whether he were Mahommedan, Buddhist, Brahmanist, Zoroastrian or Christian? To such a question there can be no doubt as to the reply. Furthermore, it may be said that though the mass of the people may not understand the exact force and bearing of the various doctrines of which the

Christian system is built up, they are acquainted with them in a general way. The doctrines of the Incarnation, the Atonement, the Resurrection, are fairly well known to them, and though many would say that they did not well understand them, there would be no general disposition to question their truth. It would be mainly among the very intelligent educated members of the more highly paid working class that formal disagreement would find expression.

But something more is demanded than a mere acquiescence in what is often felt to amount to little more than "not being prepared not to believe", and such sentences as "It is heathen London still"; "It is heathen London with which we have to deal"; "The rich have purses but no souls"; "You may write indifference across it all" are familiar in the mouths of the ministers of religion.

There is, however, another point of view. According to many, including not a few of the clergy themselves, everything that is beneficial may be brought under the aegis of religion. "Only that which is harmful is irreligious," says one, while some go so far as to "recognise no distinction between the sacred and the secular", in which case all moral life could be accepted as religious, and of moral conscientious life in London there is much.

If, however, religion is not simply a moral mode of life, neither is it merely a devotional expression; religion is also an impulse and a persistent attitude, an intimate possession of the soul, perhaps not understood even by the individual, and very difficult of interpretation by others. But if we consider the recognition of the divine and spiritual in life to be the distinctive characteristic of religion, judgment is still obscured. In this sense men are often more religious than is known. The most religious may be those whose professions are fewest; who give no sign to the world of their inner spiritual life. The form of reserve that hates to display feeling is a national quality.

Although it is thus difficult to form any definite judgment as to the religious character of London, the fact must be admitted that the great masses of the people remain apart from all forms of religious communion, apparently untouched by the gospel that, with various differences of interpretation and application, is preached from every pulpit. . . .

Among the working classes there is less hostility to, and perhaps even less criticism of the churches than in the past. The secularist propaganda, though not suspended, is not a very powerful influence. Pronounced atheism is rare. There is evidence that a wave of such feeling did pass over London nearly a generation ago, but the last twenty years have witnessed a notable change in this respect. The success at the polls, whether for boards of Guardians, Borough Councils, or the School Board, of men and women who in the name of religion are giving their lives to the service of the people, is one of the noteworthy facts in democratic rule. The sub-warden of a Congregational mission sits as mayor of Southwark today.

While there has been this change of attitude towards the churches, they also have been changing alike in the breadth of their sympathies and the scope of their work. Direct response was doubtless looked for and might have been expected, but there is little sign of it in the sense of an increased acceptance of the particular teaching of the churches, and at this disappointment is felt. The humanitarianism of the clergy and others is approved of, but their doctrinal teaching carries no weight. The fact that working men are more friendly, more tolerant of clerical pretensions and in a sense more sympathetic, makes them no more religious in anything approaching to the accepted meaning of the word. And to this we must add that a liberalised form of Christianity, as preached by some, makes no better headway; the fact, indeed, remains that in those chapels and missions in which the greatest proportion of really attached working men are found, the teaching is strictly and even narrowly orthodox.

What then is happening? If the working classes are not becoming more religious, what direction does development take? It is claimed that changes making for improvement are in progress among them, that habits are becoming softened, that the influence of education is making itself felt, that intelligence is spreading, that the range of interests is widening: are, then, their interests becoming more political, or more social, more intellectual or more material? No conclusive answer can be given. We only know that such interests as trade unions and friendly societies, cooperative effort, temperance propaganda and politics (including socialism) with newspapers and even books, are filling, in the mental life of the average working man, a larger space than in the past, and with some may be taking a place which might have been otherwise occupied by religious interests; but this usurpation and engrossment of the mind may probably be asserted much more confidently of pleasure, amusement, hospitality and sport. In these matters a measure of the demand is found in the facility of the supply, and for all the last-named the facilities readily keep pace.

For most wage earners the claims of the working day are not so exacting as in the past. The great mass of men have more leisure, but the time freed goes in some of these other directions; religion hardly gains. One who had fought hard for Saturday half-holiday, hoping the Sunday would then be given to God, sadly admits his mistake. The maw of pleasure is not easy to fill. The appetite grows. Sunday is increasingly regarded as a day of mere recreation. Nationally we have yet to learn how to use the day. The old "dullness" which one witness regarded as "our salvation, physically as well as spiritually" has been rejected; but the full force and the best form of alternative interests and attractions are not yet realised.

Apart from the Sunday question, the other interests mentioned are, however, not in themselves absolutely incompatible with the maintenance of active religious connexions. In practice the associations of the public house, the music hall or the race course conflict with those of church and chapel, but there is nothing inherently or theoretically inconsistent between the two sets of interests. There is nothing that is found so in Roman Catholic countries, nor among ourselves by many middle-class families, who are able to enjoy the theatre on Saturday, and yet join in active Christian communion on the following day. The conflict arises from the character which these amusements have acquired, and in the spirit in which they are sought, both of which religion, if accepted, might successfully modify. We therefore turn rather to the special obstacles which in the case of the working classes prevent church going. These have been largely studied in the preceding volumes, and may be taken as constituting the attitude of these classes to religion.

The churches have come to be regarded as the resorts of the well-to-do, and of those who are willing to accept the charity and patronage of people better off than themselves. It is felt that the tone of the services, particularly in the Church of England, is opposed to the idea of advancement; inculcating rather contentment with, and the necessity for the doing of duty in that station of life to which it has pleased God to call a man. The spirit of self-sacrifice, inculcated in theory, is not observed among, or believed to be practised by the members of these churches in any particular degree, and the inconsistency is very critically and severely judged. Phrasing it somewhat differently, the working man would doubtless heartily endorse the opinion of one of the clergy themselves, that "what we want for the recovery of the lapsed masses is not more but better Christians".

There is also an incompatibility of moral temper. The average working man of today thinks more of his rights or of his wrongs than of his duties and his failures to perform them. Humility and the consciousness of sin, and the attitude of worship are perhaps not natural to him. He is not helped by calling himself a miserable sinner and would probably feel the abasement somewhat exaggerated and, in the same way, perhaps, triumphant praise strikes in him no sympathetic note.

"The dawn of hope for the working man, who has begun to realise that he has ample opportunities to improve his position" was regarded by one of our witnesses, himself a clergyman of the Church of England, as "the main factor in the improved moral tone of the present day", due otherwise to a combination of causes – religious, educational and administrative. But how does the ordinary religious service fit in with this ideal? Neither the Prayer Book nor the New Testament itself gives any prominence to the idea of progress, either for the community or for the individual, except in so far as it is involved in the idea of moral and spiritual regeneration. It may, indeed, be urged that with these all true progress will be ensured, and without them none, but it is difficult for those below to regard the matter in this light.

As to religious truth, among many teachers, the inquirer is in the end thrown back upon himself to form conclusions as best he may, and, in most instances, finding no satisfactory solution, he puts the issue by. Amongst all the reasons for abstaining from public worship, genuine, conscientious, reasoned unbelief takes a very small place.

The clergy and ministers have no authority that is recognised, but their professional character remains, and owing to it they perhaps lose influence. It is accounted their business to preach, they being paid to do it; and their manner, though accepted as a pose necessary to the part they play, is somewhat resented. No prestige covers them – "they are no better than other men". In the case of the Roman Catholic priesthood alone do we find the desired combination of professionalism and authority, safeguarded because accepted, and resting not on the individual but on the church he serves; and where most nearly approached, it is by the saintly lives of some of the High Church clergy. To live a life of voluntary poverty seems to be the only road to the confidence of the people in this matter.

To the reasons adduced to account for the abstention of the working classes may be added the habit of detachment itself, bringing a feeling of discomfort in unaccustomed surroundings if this habit be at any time broken through; and answering to this we have the recognition that it is to warmth of welcome that success is mostly to be attributed when success is secured at all.

Finally, it may be said that London surroundings bring little or no pressure to bear in the direction of conventional church-going. Even men who have been churchwardens in the country feel, we are told, no obligation to attend church here, and the ordinary resident knows that in this respect his conduct, so far as non-attendance goes, is for the most part free from observation, and, if observed, free from comment. Among the working classes the pressure exerted is apt to be on the opposite side, such as in the "ragging" of the workshop, or the sneers of neighbours who connect religious observance with cupboard love. But in a general way London life secures for all men the maximum freedom of conduct.Even criminals find it their best hiding place. To ask no questons is commonly regarded as the highest form of neighbourliness.

76. Royal Commission on Ecclesiastical Discipline, 1906

(*Parliamentary Papers 1906*, XXXIII, 399–402)

Chapter XI, Conclusion. Our consideration of the evidence laid before us has led us to two main conclusions. First, the law of public worship in the Church of England is too narrow for the present generation. It needlessly condemns much upon which a great section of church people, including many of her most devoted members, set value; and modern thought and feeling are characterised by a care for ceremonial, a sense of dignity in worship, and an appreciation of the continuity of the church, which were not similarly felt at the time when the law took its present shape. In an age which has witnessed an extraordinary revival of spiritual life and activity, the church has had to work under regulations fitted for a different condition of things, without that power of self-adjustment which is inherent in the conception of a living church and is, as a matter of fact, possessed by the established church of Scotland. The result has inevitably been that ancient rubrics have been strained in the desire to find in them meanings which it has been judicially held they cannot bear; while, on the other hand, the construction placed on them in accordance with legal rules has sometimes appeared forced and unnatural. With an adequate power of self-adjustment, we might reasonably expect that revision of the strict letter of the law would be undertaken with such due regard for the living mind of the church as would secure the obedience of many, now dissatisfied, who desire to be loyal, and would justify the church as a whole, in insisting on the obedience of all.

Secondly, the machinery for discipline has broken down. The means of enforcing the law in the Ecclesiastical Courts, even in matters which touch the church's faith and teaching, are defective and in some respects unsuitable. They have been tried and have often failed; and probably on that account they have been too much neglected. Although attempts to deal administratively with ritual irregularity have been made, they have been unsuccessful, in some cases on account of the lack of firmness of those who made them, but also largely because, in regard to the rites and ceremonies of public worship, the law gives no right or power to discriminate between small and great matters.

It is important that the law should be reformed, that it should admit of reasonable elasticity, and that the means of enforcing it should be improved; but, above all, it is necessary that it should be obeyed. That a section of clergymen should, with however good intentions, conspicuously disobey the law, and continue to do so with impunity, is not only an offence against public order, but also a scandal to religion and a cause of weakness to the Church of England. It is not our duty to assign responsibility for the past; we have indicated our opinion that it lies in large measure with the law itself. But with regard to the future we desire to state with distinctness our conviction that, if it should be thought well to adopt the recommendations we make in this report, one essential condition of their successful operation will be that obedience to the law so altered shall be required, and, if necessary, enforced, by those who bear rule in the Church of England.

The terms of our reference, directing our enquiry to the alleged prevalence of breaches or neglect of the law, have necessarily led us to lay stress, almost exclusively, upon defects and dangers in the work of the Church of England. A report thus limited in its scope may have, upon the minds of some who read it, an effect widely different from that which would be produced by a study of the work of the church as a whole. The complaints made by us relate to a small proportion of the 14,242 churches in England and Wales, and vary greatly in their character and gravity. To preclude an impression which would, we believe, be unjust to the general body of the clergy, we desire to place on record our conviction that the evidence gives no justification for any doubt that in the large majority of parishes the work of the church is being quietly and diligently performed by clergy who are entirely loyal to the principles of the English Reformation as expressed in the Book of Common Prayer.

Part V

IRELAND AND IRISH AFFAIRS
1833–1914

INTRODUCTION

The fifty years around the gaining of legislative independence by the Irish parliament in 1782 were years of prosperity for Irish agriculture. Buildings still surviving in town and countryside provide ocular evidence of this. But the prosperity had nothing to do with legislative independence; it came from the expansion of the English market, and Irish dependence on this was to be emphasised in the coming years. The needs of the American and French wars and the rapid increase of the English urban population stimulated an increasing provision trace with Ireland. This, in turn, stimulated Irish cultivation. The potato came to be used first of all as a clearing crop, but gradually became the staple food of the peasant. Labouring was the only occupation open to the peasant, but employment was not steady enough to afford him an assured subsistence. The temptation to get hold of a bit of ground and grow his own potatoes was therefore irresistible; and almost equally so that to run up a cabin and marry. Peasant women worked with their men; children were not difficult to feed in their early years and soon began to contribute to their own keep, and when they grew up became some form of an insurance to their parents against illness or destitution. So the multiplication of holdings and of population got under way. By the forties the population had risen to eight million.

The English market continued to expand till a few years after 1815. Then, with wider sources of supply open, prices broke, particularly in arable products. Stock raising, calling for more capital and larger holdings, now found the better market and the produce of the tiny arable patch, which with his pig had hitherto supplied the modest cash needs of the peasant, no longer found the same easy acceptance, nor were small parcels of land so easy to get hold of. But the habits and impulses which had led to population increase were not so easy to check, though emigration began to take off a large part of the population and there is evidence that before the forties the practices of late marriage and of celibacy were establishing themselves.

The climate and the physical conformation and characteristics of Ireland do not lend themselves, except here and there, to intensive cultivation. This, together with the excessive population, accounts for the low standards of cultivation and living remarked on by the Royal Commission of 1836 on the Poorer Classes in Ireland,[1] one of the many investigations into peasant conditions undertaken in the decade. The best known and most thorough of these, however, the Devon Report of 1845, was in the following decade. Extracts from it and from the many volumes of evidence on which it was based are at No. 78. The difference in economic function between English and Irish landowners is illustrated;[2] the practice of "con-acre",[3] by which the labourer got the use of

[1] No. 77   [2] No. 78 (a)   [3] No. 78 (b)

land for little more than a labour rent; and the way in which middlemen profited from the competition for land: this was so intense that the landlord who attempted to control the multiplication of tenancies in the interests of a proper economic use of the land incurred popular dislike, and in the case of any harshness on his part risked the fate illustrated in No. 78 (e). The good landlord, from this point of view, was the one who let things take their own course and was content with what he could get in the way of rent in a generally deteriorating economic situation. Exceptionally – though honourably, the exceptions were not altogether infrequent – large and public-spirited landlords sought to combine responsibility for their land with their own and their tenants' economic advantage by a wholesale reorganisation of their estates.[1] But the inescapable impression from the mass of the evidence before the commission was of a situation that had got beyond control. The commission itself was able to recommend little more than the protection of tenant right – of the likely results of which a hopelessly optimistic view is quoted at No. 78 (g) – and the bringing into cultivation of the four million acres of cultivable waste with which the Griffith survey[2] credited Ireland. Even in post-famine conditions – in which the mass of the smaller cultivators had disappeared through starvation, fever, or emigration – tenant right, as provided by Gladstone,[3] gave only temporary protection to tenants against economic chance. Both before and after the famine considerable areas of waste were at one time or another brought under cultivation. But the main effect of this was to stimulate petty cultivation in the area and for the time, which in turn led to population growth, the main factor undermining the small man's position. Reclamation on the scale and for the purposes envisaged by the Devon Report would have multiplied this effect, as well as calling for public intervention on a scale and in ways not likely to be easily acceptable. The value of reclamation within the existing economic system was limited, for in the century since the Griffith valuation as much marginal land has slipped out of cultivation as has been added, and the cultivated acreage remains roughly the same.

Throughout the thirties and early forties Daniel O'Connell remained the unquestioned Irish leader. No issues that arose involved quite the combination of factors that had enabled him to win his spectacular victory over Catholic emancipation. Tithes nearly did – the Irish peasant was wholly unwilling to contribute to an alien church on top of the dues his own required from him. But, the issue of lawlessness apart, the English parties were prepared to compromise on this. On disestablishment and on repeal of the Union, even the Whigs were not. While the Whigs were in power, O'Connell was prepared to work with them, and some valuable if limited reforms were obtained – a beginning of national education, municipal reform and a poor law. When Sir Robert Peel took office in 1841 O'Connell challenged him over repeal. Honours remained fairly even between them when the famine took over. Not that the famine displaced O'Connell's preoccupation with repeal, or that of the younger generation of agitators who challenged him in the forties. Neither the older nor

[1] No. 78 (c, d)   [2] No. 78 (h)   [3] Nos 85, 86

the younger school made any notable contribution to the resolution or even to the discussion of the problems that it raised, unless Fintan Lalor's insistence that land must be looked on as a national resource rather than as the object of property rights is to be regarded as the germ of future reforming ideas. Thomas Davis, the leader and most attractive figure of the "Young Ireland" group, and John Blake Dillon and Gavan Duffy founded in 1842 the *Nation*, which preached a nationalism, high-minded, unsectarian and completely free from the constitutionalism which always set limits to O'Connell's agitation. When both he and Davis had died[1] a brief, ill-managed and easily put down splutter of revolution in 1848 did little more than attest Young Ireland's sincerity; Fintan Lalor's attempt the following year hardly commanded attention. But those who died, those who were punished, and those who got away added their names to the roll of Irish martyrology, and assured themselves influence for the future.

In July 1846 Lord John Russell succeeded Peel as Prime Minister. He had neither Peel's personal grip on policy nor his administrative capacity. It was unusual in Irish experience for a second potato failure to follow a first. Russell and his Chancellor of the Exchequer, Charles Wood,[2] assuming that a return to normal was round the corner, allowed the control of Irish policy to slip into the hands of the Treasury Under-Secretary, Charles Trevelyan, able, devoted, but an obstinate and doctrinaire Free Trader. Despite warnings from his men on the spot[3] that a further, and in view of the exhausted state of the country, more disastrous potato failure impended, Trevelyan persisted in winding down Peel's arrangements. In particular he neglected favourable opportunities to renew government food stocks, proposing to limit their sales to a minimum, and to leave to the food trade – which had never before fed Ireland, a subsistence economy – the task of supplying Ireland's needs. When the warnings of disaster could no longer be ignored, he drew up a new and more centralised scheme for public works, minus the government subsidy which Peel's plan had allowed, with new local committees. All this involved delay. The potato failure this year proved to be complete; relief schemes on an enormous scale were necessary; administrative and technical staffs were overwhelmed; even supplies of small money ran short and had to be specially provided; food prices rocketed, and farm labour, with everyone flocking to the works, was virtually at a standstill.

The famine was the turning point in Irish history in the nineteenth century. Neither political, economic, nor demographic problems bore the same aspect after it. Its first onslaught had to be dealt with by Peel. His immediate reaction[4] was that, in the face of famine, it was not possible to retain the corn laws. Their repeal did nothing for Ireland, which was a food exporting country, while it strengthened the hold of economic ideas which were little in point in Ireland's crisis. Peel, however, was less their slave than most people. He realised that cheap food was the first priority for Ireland, and money in people's pockets to buy it with the second. He therefore instructed Barings, the

---

[1] O'Connell died 15 May 1847; Davis in 1848   [2] cr. Viscount Halifax of Monk Bretton, 1866
[3] No. 79 (c)   [4] *E.H.D.*, XII (1), Part V

bankers, to buy £100,000 worth of maize, and made preparations to have it distributed and sold as a check to food speculation, or given away in cases of extreme destitution. He also arranged for public works to be undertaken locally, with the aid of government grants and loans, to provide work for the destitute. To supervise these arrangements, and also the raising and use of charitable relief, to which government also contributed, a series of local committees were set up under the control of a strong Relief Commission. A perhaps somewhat complacent report on the year's operations was returned by Sir Randolph Routh,[1] the chief commissioner; and a tribute to their efficacy, by no means the only one from Irish sources, by Theobald Mathew.[2] The schemes did not prevent the utmost misery, particularly in the remoter parts of the country.[3] Productive works, that is, works which would improve the land, were allowed only under the most stringent restrictions since the land belonged to individuals who would profit, and when the schemes broke down and had to be suspended in the spring and summer of 1847 Ireland was left littered with unfinished and even dangerous stretches of road, for which local rates were expected finally to pay. In February 1847 the government had to have recourse to the system of soup kitchens,[4] which private organisations, notably the Friends, had already been using, in order to limit the amount of actual starvation. Fortunately, in the spring food began to come into the country and prices fell sharply. Starvation began to be checked.[5]

But the tale of Irish misfortune was by no means complete. Fever had been expected to follow the first potato failure and administrative measures had been taken to cope with it. But it did not arrive till the second and more serious shortage had been under way some months and the Board of Health had been dissolved. By then the crowding together of people on the relief works and the mass movement towards emigration ports had made the prospect of controlling it pretty forlorn. Nevertheless the board was reintegrated, fever hospitals were improvised under the poor law and medical and other staff recruited, with some success in relieving destitute and dying sufferers, even if often only in providing some care and decency for their last hours. The onslaught of cholera in 1848 added a further complication and it was not until August 1850 that the Fever Act[6] could be allowed to lapse. Meanwhile the desperate conditions of 1847 had overcome the reluctance with which the Irish peasant always faced emigration. Ports and emigration offices were crowded with people anxious at all costs to flee the stricken land. Sanitary control of emigrant ships broke down altogether; fever added to the horrors of crowding and shortages of water and food, and mortality took a fearful toll of the wretched passengers. Nor were preparations for the reception of crowds of pauper and diseased immigrants in Canada and the U.S.A. – the points of disembarkation – at all adequate to the unexpected and unwelcome emergency.

By statutes of June and July 1847[7] parliament transferred responsibility for

[1] No. 79 (b)   [2] No. 79 (a)   [3] No. 79 (d, f)   [4] No. 79 (e)
[5] No. 79 (g)   [6] 10 & 11 Vict. c. 22   [7] No. 80 (a, b)

the relief of distress in Ireland to the poor law, which was, for the first time, given powers of granting out-relief to the aged and incapable, and also, under strict control, to the able-bodied, and was placed under a statutory obligation to give relief to all destitute who applied for it. A distinct Irish Poor Law Commission was set up, with drastic powers. Workhouses, like all else in Ireland, were in disarray; there followed a determined effort to set them in order, and to raise rates. Landowners, already heavily burdened with rates for relief and in many cases now getting virtually no income from rents, were provoked to desperate attempts to organise the emigration of their cotters, both to reduce their rate liability, which fell on them exclusively for tenancies under £4, and to clear their land for more economic uses. This was known as the "landlords" emigration. In 1848, after good harvests from small sowings in 1847, the potato crop failed again. Charity had by now virtually run out; the resultant distress had to be dealt with by the poor law and by further emigration, which this year included once substantial farmers whose courage had deserted them when this further disappointment followed revived hope.

The 1851 census showed a decline of nearly one and a half million, or 20% in the population of Ireland as against the figure for 1841, which, allowing for the loss of the natural increase, means that approximately two million people were lost through starvation, disease and emigration. This last continued at a high rate through the rest of the century.[1] Emigrant communities in America, poor and concentrated in city slums, nourished bitter memories, for which they held and were taught to hold England responsible. Their hatred, and later their money, gave an international scope and a new unrelenting bitterness to Irish agitation against England. The extreme nationalist charge against her was of deliberate genocide, based largely on the government's refusal to stop the export of food from Ireland, which went on during the worst months of starvation. That the sight of boats sailing away laden with food enraged a starving people can be understood, but much more food was imported than exported, and the administrative task, even apart from political difficulties of dividing up and distributing such miscellaneous supplies as were exported would have been insuperable. Enormous efforts, as has already been shown, were in fact made to cope with distress. The treasury found over £9,500,000 for relief, of which some £3,600,000 was treated as a loan until 1853 when, in consideration of the extension of income and whisky tax to Ireland, the debt was cancelled. Large sums were raised privately in Ireland; English charity amounted to over £500,000; America sent $1,000,000; contributions flowed in from all over the world. Members of relief committees gave invaluable and often unpopular and even dangerous services free; administrators and doctors worked without stopping under the same disadvantages. But the magnitude of the catastrophe blotted out in Ireland any feeling but that England was politically responsible for her, and that two million Irishmen had been lost.

The main preoccupation after the famine was to get agriculture going again

[1] No. 41 (table)

on a basis of reasonable stability and profitability. For this a considerable measure of reorganisation was necessary. The Encumbered Estates Acts of 1848 [1] and 1849 [2] provided legal means by which the jumble of claims with which much land was charged could be ordered and satisfied so far as the property allowed, and the land itself transferred with an unimpeded title. It has . been reckoned that in the generation following the passing of the Acts five million acres were transferred through this machinery. It was the intention of the Acts that purchasers should look on their land as an investment and its hope that they would be encouraged to put more capital into it. The attraction of Irish farming for capital perhaps tended to be exaggerated, but at any rate clearances went on, and the progress towards stock farming was renewed. Among tenants a greater diversification of crops tended to be practised, though the potato still played a large part in the poor man's diet. Efforts were made to improve the tenant's position; an Independent Irish party, based on the tenant right movement and the demand for Catholic equality created some stir at Westminster in the early 1850s, but then disintegrated. But the more substantial new political impulse came from the American immigrant colonies clustered in the cities, who had now found a social identity in clubs and groupings which revolutionaries came to dominate. Organisation for insurrection began on both sides of the water; the end of the American Civil War in 1876 provided trained personnel in Irish ex-soldiers; and attacks were made in Canada, a revolution attempted in Ireland itself, and outrages carried out in England. None was of much military importance, but they concentrated attention in England on the Irish problem, and convinced Gladstone that this was "ripe" for political treatment and that it would be his "mission to pacify Ireland".[3]

Gladstone's programme provided in the first place for the disestablishment and disendowment of the Anglican church in Ireland. In a bill of great political and technical skill [4] Gladstone solved this problem, in the sense, at any rate, that neither English claims nor Irish grievances on the subject made headlines afterwards. His second measure, the Irish Landlord and Tenant Act of 1870,[5] legalised the Ulster custom by which both tenancy and claims in case of disturbance for improvements made by the tenant were protected. It also provided for comparable protection outside Ulster. Difficult as the problem was, this Act also, for the time and in the conditions then prevailing, gave considerable satisfaction. Meanwhile a new "Home government" movement, a federalist alliance of Irish members of parliament, had grown up under the leadership of Isaac Butt,[6] a barrister who had made his popular reputation in the defence of Fenians. Three factors revolutionised this manageable situation. A drastic fall in agricultural prices, the result, primarily, of the "American invasion" of the food markets of Europe, combined with bad harvests, made it impossible for many tenants to pay their rents and they were threatened with

[1] 11 & 12 Vict. c. 48   [2] 12 & 13 Vict. c. 77
[3] The statement was made to Evelyn Ashley on 1 December 1868 (Morley, *Life of Gladstone*, I (1903), 886).
[4] resulting in the Irish Church Act, 1869, No. 81
[5] No. 82   [6] No. 83

eviction. The Home Rule party [1] found a new leader of genius in the Protestant landlord, C. S. Parnell, who was ready to use every possible device to frustrate the work of parliament in order to force attention to Irish grievances and demands. A Land League to help and protect tenants was formed, first of all in Mayo under the leadership of the ex-Fenian convict Michael Davitt, and when it took on national scope it chose Parnell as its chairman. The American leaders of Fenianism prepared to recognise the revolutionary possibilities of land agitation. Parnell shortly left for America to raise funds and support for the league. This combination of a widely agitated popular grievance with parliamentary leadership and agitation reproduced the conditions of O'Connell's time, with the advantages of the international scope, the financial support and the continuity that the vicarious character of Irish American grievances afforded.

Gladstone faced in 1880 a situation of the greatest difficulty. On the one hand it was clear that the economic gale had blown the bottom out of the 1870 Act as a means of securing a stable situation. The Bessborough Report of 1881 [2] had accepted this, and favoured the new demands of the tenants for "fair rent, free sale and fixity of tenure", while the Richmond Report on Irish land – the Irish part of a general report on the agricultural problems of the British Isles, [3] which appeared a month or so later, recommended virtually the same course. Gladstone set to work on his Land Bill of 1881 [4] which initiated the system of judicial rents. But there was also the problem of the maintenance of law and order in Ireland; Land League law, it was said, had superseded the law of the land. Gladstone was driven to a Coercion Bill. Parnell, meanwhile, trying both to support the Land League and to maintain the parliamentary leadership of the Irish movement, called for the addition of the new – and legal – weapon of boycotting [5] to the accustomed armoury of land agitation – murder, cattle maiming and driving – and fought coercion bitterly in the House. He also called on his followers not to accept the Land Act until it had been "tested" in the courts. Gladstone treated this as obstruction of the will of parliament, and had him and several of his associates imprisoned, until the situation began to improve with the evident efficacy of the Act. It was an understanding of his release that the government should tackle the problem of tenants in arrears of rent from the bad years, who were unprotected under the new Act and still liable to eviction. But immediate prospects of reconciliation were dashed by the murder in Phoenix Park of a new Chief Secretary and the Under Secretary. Coercion had to be continued, and the next three years were occupied by the attempts of the government, on the one hand to enforce the law and on the other to placate Irish demands by something short of Home Rule. To this English fears for the unity of the State, intensified by the nature of the Irish agitation, was insuperably opposed. It is impossible to say whether these

[1] *see* party pledge, No. 87
[2] *Parliamentary Papers 1881*, XVIII; No. 85
[3] No. 58
[4] resulting in the Land Law (Ireland) Act, 1881; No. 86
[5] No. 84 (a, b)

negotiations – in which Joseph Chamberlain took a prominent part [1] – had any real prospect of success. Meanwhile the Land League had been proclaimed as an illegal association and Parnell had set up the National League – over which he had a much tighter control – in its place. His dominance over his party, and through his party over Irish opinion became more complete and assured. The passing of the Franchise Act of 1884 [2] and the general election of 1885, in which the Nationalists carried every seat in Ireland except one in Dublin and the relatively few in the Protestant dominated parts of Ulster, necessarily provoked a crisis.

There had been some modifications of Tory attitudes – or at least of those of some of the party – in the last years of Gladstone's ministry. Despite its obvious bearing on Irish difficulties, the extension of the new rural franchise to Ireland was accepted. The incidents of coercion came under increasing criticism. The "caretaker" government that called for the election of 1885 did not renew coercion, and Carnarvon, one of its members, had an interview with Parnell, known to his chief but not to the rest of the government, or the public, at which the possibilities of devolution were discussed. Gladstone had conveyed privately to Salisbury a general promise of support if he attempted the solution of the Irish problem on acceptable lines, to which, however, the cautious Salisbury made no response. The government had, meanwhile, passed the Ashbourne Act [3] for providing government credit on generous terms to Irish tenants for the outright purchase over a series of years of their holdings. The principle of State aided purchase had been applied to church lands becoming disposable under the disendowment and disestablishment Act of 1869; [4] in what was known as the "Bright" clause of the 1870 Act; [5] and in the 1881 Act; [6] but its acceptance and liberalisation in the Ashbourne Act represented a Tory conversion which was to transform the land situation in the course of years, to the view that the creation of a peasant propriety was the only solution that promised stability. This was an immense gain for the cause of the tenant and may be regarded as the first great victory won by Parnell. The election results persuaded Gladstone that Home Rule must be granted. By an immense exercise of personal authority he won over the bulk of his party to his view – but not Hartington and the Whigs on the right and not Chamberlain and John Bright and the Midland Radicals on the left. The Tories had meanwhile decided that they could not offer Parnell any terms that he was likely to accept, and without his support, in the conditions the election had produced, their government was doomed. Gladstone had therefore an opportunity to lay a Home Rule Bill before the House. His eloquent plea for a new departure in Anglo–Irish relations, [7] and Parnell's doubtless sincere acceptance of the terms for Ireland [8] made no impression on the Tory opposition and did not convince Gladstone's own dissidents, and the bill was lost on the second reading. There

---

[1] No. 89 (b)   [2] 48 & 49 Vict. c. 3
[3] Purchase of Land (Ireland) Act, 1885; No. 88   [4] Irish Church Act, 1869; No. 81
[5] Landlord and Tenant   [6] Land Law; cf. No. 90
[7] No. 89 (a)   [8] No. 89 (c)

can be no doubt that the bill – with its double representation of Ireland both at Dublin and at Westminster and the difficulties of separating financial and political responsibility at Westminster – would have been a very difficult one to work. In the dissolution that followed, Irish representation remained virtually unchanged, but Tories and Liberal Unionists won a solid majority in the House as a whole. But it was a second great success for Parnell that he had won over one of the great English parties to Home Rule and to Irish propaganda – even if, in so doing, he had broken it and ensured twenty years of Tory ascendancy.

A further fall in agricultural prices caused a recrudescence of agricultural distress and agitation. Tenants found themselves unable to pay even judicial rents and a demand for their reduction was backed by the Plan of Campaign (1887), under which tenants made a concerted offer to their landlords of rents they judged reasonable, and if this was refused paid the amount into a fund for the continuance of the struggle and the support of those driven from their holdings in the course of it. Salisbury's government armed itself with a new Coercion Act, at once permanent and flexible, in the sense that it could be applied or relaxed by proclamation. But the new campaign against Irish lawlessness suffered from the opposition not only of the Irish, but of the Liberals as well. In 1887 Salisbury's nephew, A. J. Balfour, became Chief Secretary and showed himself bloody, bold and resolute in the application of coercion. His reputation was enhanced, but the tide of opinion was towards the Liberals. Articles in *The Times* in 1887 had accused Parnell not only of complicity in the general criminal activities of the Irish agitation, but specifically of complicity in the Phoenix Park murders. Parnell took no action against the allegations except to assert that the letter on which the last charge was based was a forgery. A judicial enquiry set up by the government supported him in this, exposed the forger, who committed suicide, and returned a report which, while not acquitting the Irish leaders altogether of connivance at a good deal of crime, contradicted the most serious of the allegations, which was treated by public opinion as a general verdict of not guilty.[1] Parnell became the hero of the Liberal party and his prestige in England was enormously enhanced. On the heels of this, however, followed a series of events which were to destroy and kill him. In November 1890 he was cited as co-respondent in the divorce case of O'Shea v. O'Shea. Parnell had been Mrs O'Shea's lover since 1880, but O'Shea had not lived with her for a number of years; he had lived on money provided by Mrs O'Shea's aged aunt Mrs Wood; he had done very well politically out of his relationship with Parnell and had almost certainly connived at the even closer one with his wife. Mrs Wood's death, and her leaving all her money to Mrs O'Shea, were the proximate clauses of the crisis. The case was undefended, but almost every possible mistake was made by the guilty parties. O'Shea was put in a position in which he could, without rebuttal, call evidence which put Parnell in a caddish and even in a ridiculous light. The conventions

[1] No. 91

of public life at the time would not accept a proclaimed adulterer. His Irish followers refused, nevertheless, to admit a slight on the "Chief", and the Irish party, a week after the divorce trial, unanimously reelected him leader, though with some expectation that he would retire after his reelection, at any rate for the time. Meanwhile Liberal opinion had been demanding action, and Gladstone, very reluctantly, had to convey this to Parnell.[1] Parnell's tortured pride refused to allow him to offer any concession, even when his colleagues began to bring pressure on him and the Irish bishops to move in his condemnation. The upshot was a bitter split between Parnellites and the official party, which dissipated nationalist strength and credit in furious internecine struggles. In the 1892 elections Liberals and Home Rulers won, indeed, a majority sufficient, under Gladstone's courageous leadership, to carry the Home Rule Bill through the Commons, but the Lords immediately threw it out, nor was there any prospect that a dissolution would bring effective pressure to bear on them.

The 1895 election brought Salisbury back to unchallenged power. Earlier Tory measures had extended the land purchase policy, and provided more frequent assessments of judicial rents, with a consequent alleviation of the land situation. Reform measures culminated in a generous measure of local government in 1898. Movements of cultural and literary revival diversified the fields of Irish interest. Sir Horace Plunkett began in 1889 a movement of agricultural self-help through cooperative creameries. The Nationalist party reunited in 1903 under the high-minded and moderate John Redmond. Something of a mood of detente, after the century of bitter strife, began to invade its last decade. A fruit of this was a land conference of landowners and political leaders, which put forward, as an Irish initiative, a large and more or less agreed scheme of land purchase. Unexpectedly this was endorsed by the Chief Secretary, and the 1903 Land Act,[2] which provided for the buying up of practically all the remaining tenant estates and the purchase by the tenants of their holdings, resulted. Between the Ashbourne Act and this, the Tories may claim completely to have revolutionised the Irish land system. But both among Conservatives, somewhat shocked at the virtual disappearance of landlord ascendancy, and among Nationalists, fearful that the springs of national demand should be weakened, the scope and temper of the conciliation movement was proving alarming. An ill-prepared suggestion of devolution, made by the Under-Secretary, Sir A. McDonnell, provoked both Unionist and Nationalist alarm and led to the disavowal of McDonnell, the fall of Wyndham, and the end of the honeymoon of conciliation.

The overwhelming Liberal victory of 1906 naturally brought Home Rule back into the forefront of Irish minds. But many Liberals were no longer prepared to concede Home Rule priority among Liberal objectives; the new Prime Minister, loyal though he was to what he regarded as the ultimate Liberal obligation, recognised that it must be met piecemeal and gradually.

[1] No. 92   [2] No. 93

Useful reform measures for Ireland resulted, but it was not until the election of 1910, and the resultant near equality of the major parties, that the Irish were again in a position to make their terms. Their support of the re-presented budget and of the Parliament Act, 1911 was all with a view to the ultimate passing of Home Rule. Everything seemed to be in their favour, but the desperate Unionist opposition,[1] the skill with which they played the "Orange card", and the Ulster resistance, together with the Nationalist and Liberal refusal to recognise that the principle at stake was the same as they invoked in support of Home Rule,[2] brought the country to the verge of civil war, with Irish volunteer armies arrayed against each other. The outbreak of European war merged the threat and catastrophe in a larger one; Home Rule was passed, but its operation suspended for the war, and an amending bill to deal with Ulster was promised.

SELECT BIBLIOGRAPHY

The contributions made by Royal Commissions and Select Committees to the investigation of Irish problems were varied and valuable. The Reports of 1831–2 on Tithes (*Parliamentary Papers 1831–2*, XXI): those of 1835–7 on the Condition of the Poorer Classes in Ireland with supplementary reports in 1837 by G. Nichols (ibid. *1835*, XXXII; *1836*, XXX–XXXIV; *1837*, LI; *1837–8*, XXXVIII); the Reports of 1837–8 on Railways (ibid. *1837*, XXXIII and XXXV); and the great Report of 1845 by the Devon Commission on the Occupation of Land in Ireland which runs to four volumes (ibid. *1845*, XIX–XXII) are examples. Published public correspondence on the famine throws a great deal of light on the subject. The Famine Reports begin in 1846 and include Poor Law Reports and Reports of the Board of Works, one of the main instruments of relief, as well as those of the Relief Commissioners. Volumes which may specially be mentioned include the Reports of the Scarcity Commissioners (*Parliamentary Papers 1846*, XXXVII) and the Reports of the Relief Commissioners (ibid. *1847*, XVII). The Reports of the Select Committees on Emigration 1847–51 (ibid. *1847*, VI; *1847–8*, XVII; *1849*, XI and *1851*, XIX); on the Poor Laws of Ireland 1849 (ibid. *1849*, XV and XVI); and on Emigrant Ships (ibid. *1854*, XIII) are also of value. The Encumbered Estates Inquiry Commission (ibid. *1850*, XXV) deals with the subject of post-famine land legislation. For the Parliamentary Debates, *see* Hansard, 3rd series. *Public General Statutes* for the part are 10 & 11 Vict. cc. 31, 90; 32 & 33 Vict. c. 42; 33 & 34 Vic. c. 46; 44 & 45 Vict. c, 49; 48 & 49 Vict. c. 73; and 3 Edw. 7 c. 37.

After the Gladstonian initiatives on Irish affairs the most important public papers are the Bessborough Report, the Report of H.M. Commission of Inquiry into the working of the Landlord and Tenant (Ireland) Act 1870 (*Parliamentary Papers 1881*, XVIII) and the Cowper Report (ibid. *1887*, XVIII) which investigated the 1880 Irish land legislation. The Special Commission appointed in 1888 (ibid. *1890*, XXVII) examined the allegations in *The Times* (March to June 1887) on "Parnellism and crime".

Of the many general histories of Ireland the following are of especial value. J. C. Beckett, *The Making of Modern Ireland 1603–1923* (1969), is a concise survey of a long period. F. S. L. Lyons, *Ireland since the Famine* (1971), examines the years from 1850 onwards in great depth. Briefer works are J. J. Lee, *The Modernisation of Irish Society* (Dublin, 1973); P. O'Farrell, *England and Ireland since 1800* (1975), which present an interpretation rather than a full history; and E. R. Norman, *A History of Modern Ireland* (1971), which, though weak on economic affairs, is useful on political aspects of Irish history. N. S. Mansergh, *The Irish Question 1840–1921* (1965)

[1] Part II   [2] No. 94

examines contemporary attitudes towards the Irish question. A highly partisan nationalist account is presented by P. S. O'Hegarty, *A History of Ireland under the Union 1801–1922* (1952); while C. C. O'Brien (ed.), *The Shaping of Modern Ireland* (1960), examines in a series of essays those men prominent in Irish politics 1891–1916 and who therefore helped shape the twentieth-century nation.

The best introduction to the study of Irish economic history is L. M. Cullen, *An Economic History of Ireland since 1660* (1972). T. W. Freeman, *Pre-Famine Ireland* (Manchester, 1957), examines the historical geography of Ireland before the famine and makes an important contribution to Irish economic history in the mid-nineteenth century. K. H. Connell, *The Population of Ireland 1750–1845* (Oxford, 1950), describes and interprets the rapid growth in population from the 1770s onwards. R. D. Crotty, *Irish Agricultural Production* (Cork, 1966), discusses the agricultural history of Ireland from the start of the nineteenth century to the present day. J. J. Lee, "Irish agriculture", *Agricultural History Review*, xvii (1969), takes issue with many of his findings, especially over the question of Irish population. R. N. Salaman, *History and Social Influence of the Potato* (repr. Cambridge, 1970), is a monumental work of scholarship; though L. M. Cullen "Irish history without the potato", *Past & Present*, 40 (1968), disputes the overwhelming importance of the potato in Irish history. Two important works exist on the famine: R. Dudley-Edwards and T. D. Williams, *The Great Famine* (Dublin, 1956), is dispassionate and authoritative; while C. Woodham-Smith, *The Great Hunger* (1962), supplies a chronological narrative. For the land question, *see* J. E. Pomfret, *The Struggle for Land in Ireland 1800–1923* (Princeton, 1930); B. L. Solow, *The Land Question and the Irish Economy 1870–1903* (Cambridge, Mass., 1971), which brings the land legislation of Gladstone under the scrutiny of an economist; and John Morley, *Life of Gladstone*, 2 vols (1903). K. H. Connell, *Irish Peasant Society* (Oxford, 1968), is important in its discussion of marriage practice in the century after the famine. Other, more specialised works include J. C. Beckett and R. E. Glassock (eds), *Belfast: the origin and growth of an industrial city* (1967); J. O'Donovan, *Economic History of Livestock in Ireland* (Cork, 1966); and J. S. Donnelly, *The Land and People of Nineteenth Century Cork* (1975), which examines the Irish rural economy on a local scale. Other works include E. R. R. Green, *The Lagan Valley 1800–50* (1949), which investigates the growth of the linen industry; and P. Lynch and J. Vaizey, *Guinness's Brewery in the Irish Economy 1759–1876* (Cambridge, 1960).

The Report from the Select Committee on the registration of parliamentary voters in Ireland (*Parliamentary Papers 1874*, XI) examines the realities of the Irish electoral system. M. Hurst, "Ireland and the Ballot Act of 1872", *Hist. Journal*, viii (1965), discusses the effect of the Act in Irish electoral behaviour; and J. H. Whyte in "Landlord influence at elections in Ireland", *Eng. H.R.*, lxxx (1965), and "The influence of the catholic clergy on elections in nineteenth century Ireland", ibid. lxxv (1960), reveals the extent of influence and interest in Irish elections. B. M. Walker, "The Irish electorate 1868–1915", *Irish Hist. Studies*, xviii (1973), discusses the extent of the franchise in Ireland. The history of the growth of independent Irish representation in parliament is recorded in a number of works. A. Macintyre, *The Liberator* (1965), studies the Irish party under O'Connell in the 1830s and 1840s. K. Nowlan, *The Politics of Repeal* (1965), examines Irish and British politics in the crucial decade of the 1840s; J. H. Whyte, *The Independent Irish Party 1850–9* (Oxford, 1958), investigates the ineffectiveness of the party in these years; and David Thornley, *Isaac Butt and Home Rule* (1964), traces the career of Butt in the decade after 1868. C. C. O'Brien, *Parnell and his Party 1880–90* (Oxford, 1957), is the authoritative work on this period; and M. Hurst, *Parnell and Irish Nationalism* (1968), briefly considers the nature of Irish national feeling towards the end of the nineteenth century. F. S. L. Lyons, *The Fall of Parnell 1890–1* (1960), and *The Irish Parliamentary Party 1890–1910* (1951), traces the history of the constitutional movement in Ireland from the time of the fall of Parnell. There are a number of biographies of Irish political leaders. Among the most important are R. B. O'Brien, *The Life of C. S. Parnell 1846–91*, 2 vols (1898); F. S. L. Lyons, *John Dillon* (1968); D. Gwynn, *The Life of John Redmond* (1932); and Leon Ó Broin, *The Chief Secretary: Augustine Birrell in Ireland* (1969). F. S. L. Lyons, *Parnell*, is the latest to appear (1977). The workings of the government departments in Ireland are described in R. B. McDowell, *The Irish Administration 1801–1914* (1964).

Non-constitutional Irish politics are discussed in T. W. Moody (ed.), *The Fenian Movement* (Cork, 1968); D. Ryan, *The Fenian Chief: a biography of James Stephens* (Dublin, 1967); Leon Ó Broin, *Revolutionary Underground: the story of the Irish republican brotherhood* (1976); and T. N. Brown, *Irish-American Nationalism 1870–90* (Philadelphia, 1966). The Irish labour movement is examined by A. Mitchell, *Labour in Irish Politics 1890–1930* (Dublin, 1974); and by two biographies, E. Larkin, *James Larkin: Irish Labour leader 1876–1947* (1965); and C. D. Greaves, *The Life and Times of James Connolly* (1961). The problems facing the Roman Catholic church are examined in E. R. Norman, *The Catholic Church and Ireland in an Age of Rebellion* (1965); E. Larkin, "Church and State in Ireland in the nineteenth century", *Church History*, xxxi (1962); and D. W. Miller, *Church, State and Nation in Ireland 1898–1921* (Dublin, 1973). P. Mac-Suibhne (ed.), *Paul Cullen and his Contemporaries*, 4 vols (Naas, 1961–74), examines the life and ideas of the cardinal. The disestablishment of the church of Ireland is covered by P. M. H. Bell, *Disestablishment in Ireland and Wales* (1969); and its effects are examined in R. B. McDowell, *The Church of Ireland 1869–1969* (1975). J. M. Barkley, *A Short History of the Presbyterian Church in Ireland* (Belfast, 1960), is also useful. Education is discussed in J. J. McElligot, *Education in Ireland* (Dublin, 1966). For the catholic university question, *see* F. McGrath, *Newman's University: idea and reality* (Dublin, 1951).

P. Buckland, *Irish Unionism*, 2 vols (Dublin, 1972–3), is a valuable reminder that nationalist Ireland was not the whole of Ireland. T. W. Moody and J. C. Beckett (eds), *Ulster since 1800* (1955–7), examines the political, economic and social history of the province. P. J. Gibson, *The Origins of Ulster Unionism* (1975), is an important study of rural and urban Ulster in the nineteenth century. J. W. Boyle, "The Belfast Protestant Association and the Independent Orange Order 1901–10", *Irish Hist. Studies*, xiii (1962), traces the emergence and decline of a Northern labour movement; *The Times* (20 September 1912) covers the Ulster Covenant; A. T. Q. Stewart, *The Ulster Crisis* (1967), deals with the troubles in Ulster 1911–16, especially in history of the U.V.F.; and J. Fergusson, *The Curragh Incident* (1964), describes the British army crisis of 1914.

Vital to an understanding of nineteenth-century Irish history is an examination of the British connection. A. V. Dicey, *England's Case against Home Rule* (1886), states the contemporary English Unionist position. P. O'Farrell, *Ireland's English Question: Anglo-Irish relations 1534–1970* (1972), puts forward the thesis that Irish and British politicians saw the nature of the Irish problem in fundamentally different ways; and E. Strauss, *Irish Nationalism and British Democracy 1801–1921* (1951), brings a stimulating Marxist interpretation to the question. The politics of the enactment of Irish legislation are revealed in E. R. Norman, "The Maynooth question of 1845", *Irish Hist. Studies*, xv (1967); and in E. D. Steele, *Irish Land and British Politics: tenant right and nationality 1865–70* (Cambridge, 1974), Liberal relations with Ireland are displayed. R. D. C. Black, *Economic Thought and the Irish Question* (1960), discusses the influence of Irish economic conditions on political thought and action outside Ireland. T. W. Heyck, *The Dimensions of British Radicalism: the case of Ireland 1874–95* (1974), illustrates the modifications which British Radicals underwent when confronted with the Irish question; and C. H. D. Howard, "Joseph Chamberlain, Parnell and the Irish Central Board scheme 1884–5", *Irish Hist. Studies*, viii (1953), recounts the failure of one attempt at a settlement. For the attitude of Gladstone towards the Irish question, use J. L. Hammond, *Gladstone and the Irish Nation*, new imp. (1964); and E. D. Steele, "Gladstone and Ireland", *Irish Hist. Studies*, xvii (1970). L. P. Curtis, *Coercion and Conciliation in Ireland 1880–92* (Princeton, 1963), examines the policies and attitudes of English Conservatives; R. C. K. Ensor, "Some political and economic interactions in later Victorian England", *T.R.H.S.*, 4th series, xxxi (1949), puts forward Irish outrages as a prime factor in the strengthening of the Conservative vote in England; and J. R. Fanning, "The Unionist party and Ireland 1906–10", *Irish Hist. Studies*, xv (1966), discusses Unionist attitudes to Ireland in the early twentieth century.

77. Royal Commission on poorer classes in Ireland, 1836

(Third Report of the Royal Commission on the Condition of the Poorer Classes in Ireland, *Parliamentary Papers 1836*, XXX)

[Section 1] The evidence annexed to our former reports proves to painful certainty that there is in all parts of Ireland much and deep-seated distress.

There is not in Ireland the division of labour that exists in Great Britain; the body of the labouring class look to agricultural employment, and to it only, for support; the supply of agricultural labour is thus so considerable, as greatly to exceed the demand for it; hence come, small earnings, and wide-spread misery. . . .

It appears that in Great Britain the agricultural families constitute little more than a fourth while in Ireland they constitute about two-thirds of the whole population; that there were in Great Britain in 1831, 1,055,982 agricultural labourers, in Ireland 1,131,715, although the cultivated land of Great Britain amounts to about 34,250,000 acres and that of Ireland only to about 14,600,000.

We thus find that there are in Ireland about five agricultural labourers for every two that there are for the same quantity of land in Great Britain.

It further appears that the agricultural produce of Great Britain is more than four times that of Ireland; that agricultural wages vary from 6*d* to 1*s* a day; that the average of the country in general is about 8½*d*; and that the earnings of the labourers come, on an average of the whole class, to from 2*s* to 2*s* 6*d* a week, or thereabouts, for the year round.

Thus circumstanced, it is impossible for the able-bodied, in general, to provide against sickness or the temporary absence of employment, or against old age or the destitution of their widows and children in the contingent event of their own premature decease.

A great proportion of them are insufficiently provided at any time with the commonest necessaries of life. Their habitations are wretched hovels, several of a family sleep together upon straw or upon the bare ground, sometimes with a blanket, sometimes even without so much to cover them; their food commonly consists of dry potatoes, and with these they are sometimes so scantily supplied as to be obliged to stint themselves to one spare meal in the day. There are even instances of persons being driven by hunger to seek sustenance in wild herbs. They sometimes get a herring, or a little milk, but they never get meat except at Christmas, Easter, and shrovetide.

Some go in search of employment to Great Britain during the harvest, others wander through Ireland with the same view.

The wives and children of many are occasionally obliged to beg; they do so reluctantly, and with shame, and in general go to a distance from home that they may not be known.

Mendicancy too is the sole resource of the aged and impotent of the poorer classes in general, when children or relatives are unable to support them. To it therefore crowds are driven for the means of existence, and the knowledge that such is the fact leads to an indiscriminate giving of alms, which encourages idleness, imposture, and general crime.

With these facts before us, we cannot hesitate to state that we consider remedial measures requisite to ameliorate the condition of the Irish poor.

What these measures should be is a question complicated, and involving considerations of the deepest importance to the whole body of the people both in Ireland and Great Britain. Society is so constructed, its various parts are so connected, the interests of all who compose it are so interwoven, the rich are so dependent on the labour of the poor, and the poor upon the wealth of the rich, that any attempt to legislate partially, or with a view to the good of a portion only, without a due regard to the whole of the community, must prove in the end fallacious, fatal to its object, and injurious in general to a ruinous degree.

We have shown that the earnings of the agricultural labourer are, on the average, from 2s to 2s 6d a week, or thereabouts. Wretched as these are, they yet seem to afford to the Irish labourer as great a share of the produce he raises as falls in Great Britain to the labourer there. For as the Irish labourers exceed the British in number, and the produce of Great Britain exceeds that of Ireland by three-fourths, if a proportional share of the produce of each country were given to the labourers of each there would be more than four times as much for the British labourer as for the Irish; and we understand that the earnings of an agricultural labourer in Great Britain average from 8s to 10s a week, while in Ireland they average from 2s to 2s 6d or thereabouts, if spread over the year.

This shows how necessary it is to observe the utmost caution in applying any remedy to the evils we have to deal with. If, finding the earnings of the labourer so small as they are, we attempted to provide him with more than he has at present out of the land, without at the same time increasing the productive powers of it, we should give to him a greater portion of the produce he helps to raise than, by comparison with Great Britain, ought to come to his share; we might thus throw land out of cultivation, and involve not only landlords and farmers, but the labourers and the whole community, in general destruction. . . .

78. Royal Commission on the Occupation of Land in Ireland (Devon Report), 1845

(a) *Improvements*

(*Parliamentary Papers 1845*, XIX, 16–17)

Before we proceed further in dealing with this part of the subject, it may be necessary, in the first instance, to give some explanation of the particular expression "improvements", the want of which explanation would probably lead to much misconception on the part of persons unacquainted with rural affairs in Ireland.

It is well known that in England and Scotland, before a landlord offers a farm for letting, he finds it necessary to provide a suitable farmhouse, with necessary farm buildings for the proper management of the farm. He puts the gates and fences into good order and he also takes upon himself a great part of the burden of keeping the buildings in repair during the term; and the rent is fixed with reference to this state of things. Such, at least, is generally the case, although special contracts may be occasionally made, varying the arrangement between landlord and tenant.

In Ireland the case is wholly different. The smallness of the farms, as they are usually let, together with other circumstances to which it is not necessary to advert, render the introduction of the English system extremely difficult, and in many cases impracticable.

It is admitted on all hands, that according to the general practice in Ireland, the landlord builds neither dwelling house nor farm offices, nor puts fences, gates, etc. into good order, before he lets his land to a tenant.

The cases in which a landlord does any of these things are the exception.

The system, however, of giving aid in these matters is becoming more prevalent.

In most cases, whatever is done in the way of building and fencing is done by the tenant, and in the ordinary language of the country, dwelling houses, farm buildings, and even the making of fences are described by the general word "improvements", which is thus employed to denote the necessary adjuncts to a farm, without which, in England or Scotland, no tenant would be found to rent it.

Under the same common term of improvements, are also included various agricultural operations, such as draining, deep trenching, and even manuring, which ought to stand upon a very different footing from buildings.

It will be seen by reference to the evidence, that many witnesses, of various classes, have spoken of the discouragement to improvement that arises from the want of some certain tenure in the land.

Some of these refer to the necessity of enforcing the grant of leases, as a remedy for this evil, with respect to which we before expressed our opinion: while others, again, seem to think that the same end will be effectually obtained by some legislative provision, securing to the tenant, under certain circumstances, a fair remuneration for any expenditure made by him of labour or capital, in permanent improvements on the farm.

We think that no person acquainted with Ireland, or who takes the trouble of referring to the evidence collected by us, can doubt the importance of encouraging agricultural improvements throughout the country, including in that term improvement of the dwellings and farm buildings, as well as the better cultivation of the soil.

Undoubtedly, when a landed proprietor is possessed of an unencumbered estate, or has the command of money, he may give assistance and encouragement to his tenants in the most advantageous manner; and the duty belongs to his position in this respect, which we find to be most faithfully performed in many cases.

In some instances the tenant may have capital which he will readily expend upon the land, if he can be only assured that he shall enjoy an adequate return for his expenditure, in the length and certainty of his tenure, or can have secured to him a fair compensation for his outlay and labour in quitting the farm.

On the other hand it not infrequently occurs that the only capital which the occupier of the soil possesses is to be found in the labour of himself and his family; if you show to him in what manner the application of that labour may be rendered most conducive to his own comfort and permanent benefit, and assist him with money or materials which his labour cannot supply, you will generally find the Irish peasant ready to cooperate with you in effecting improvements beneficial alike to himself and to the country.

It is because we believe in the concurrent testimony of many witnesses, that the attainment of these desirable objects is impeded by the feelings of distress and insecurity that too often prevail amongst the tenant class in Ireland, that we venture to recommend some legislative interference upon this point.

(b) *Con-acre*

(ibid. 34–5)

We must not omit to notice the system which prevails in the greater or less degree in every part of Ireland, of letting the land for one or more crops, commonly known as the con-acre system. The land so let is in some few districts called quarter land or rood land.

Much has been said in condemnation of this system; but still, we have been convinced that some practice of this nature is essential to the comfort, almost to the existence of the Irish peasant. Under the ordinary circumstances, the wages of his labour alone will not enable him to purchase food and other necessaries, and to pay even the most moderate rent. It becomes therefore necessary that he should resort to some other means of procuring subsistence, and these can only be found in the occupation of a piece of ground which shall furnish a crop of potatoes for food. This he generally takes from some farmer in the neighbourhood, upon conditions which vary very much according to the particular terms of the agreement, respecting the plowing, the manure, the seed, etc.

Although the taker of con-acre ground may, in ordinary years, receive a good return for the rent he assumes, yet, as the amount of such rent, although not unreasonable in respect of the farmer's expenditure upon the land, is always large with reference to the ordinary means of a labourer, a bad season and a failure in the crops leave the latter in a distressed condition, subject to a demand which he is wholly unable to meet. . . .

In adverting to the condition of the different classes of occupiers in Ireland, we noticed, with deep regret, the state of the cottiers and labourers in most parts of the country from the want of certain employment.

It would be impossible to describe adequately the privations which they and their families habitually and patiently endure.

It will be seen in the evidence that in many districts their only food is the potato, their only beverage water, that their cabins are seldom a protection against the weather, that a bed or a blanket is a rare luxury, and that nearly in all their pig and their manure heap constitute their only property.

When we consider this state of things, and the large proportion of population which comes under the designation of agricultural labourers, we have to repeat that the patient endurance which they exhibit is deserving of high commendation, and entitles them to the best attention of government and parliament.

Their condition has engaged our most anxious consideration. Up to this period any improvement that may have taken place is attributable almost entirely to the habits of temperance in which they have so generally persevered, and not, we grieve to say, to any increased demand for their labour. We deeply deplore the difficulty which exists in suggesting any direct means for ameliorating their conditions. We trust that such means may be found in the general improvement of the country, and in the increased demand for labour which, we hope, will follow from the suggestions which we have already ventured to offer.

(c) *Evidence of Caesar G. Otway on resettlement of a Tipperary estate*

(ibid. 77–8)

8. Will you state to the commissioners any particular instance you think worthy of notice, showing the nature of the subdivision of the land which takes place occasionally? – I shall mention my own case, which is as strong as any I remember. The property I have now was originally set to a middleman for a terminable lease, the last life in the lease was Lord Norbury, the then Chief Justice. The person to whom it was leased had divided it into an immense number of small holdings, in order to create 40s freeholds.

9. What was the extent of it in acres? – About 1,100 statute acres. Those holdings he had used as a means of gaining influence in the county, and affecting the elections much beyond what the property naturally would have done. After the abolition of the 40s freeholders, the competition for land was considerably increased by the demands of the large population that had been called into existence by means of the sub-division for electioneering purposes. Land being the only means within reach of the people for obtaining support, its value to them was raised to a price far beyond the value of the fair profits which it was capable of producing, but which was agreed to be paid by the people in order that they might obtain a means of subsistence; the consequence was that the people would agree to give almost any rent for land, because it was necessary for their existence. Thus, the middleman's first act was to create a large number of tenants, and then, when the necessity for using them as freeholders was gone, he took advantage of the highest rent he could obtain (from the necessities of the people) having no interest in the land beyond his lease;

consequently when I came into possession of the estate there was, properly speaking, no such element as rent in existence; the land, from mismanagement, and the mode in which it was subdivided, not being in a state to produce *more* than was necessary to afford the scantiest means of *subsistence* to the tenants.

10. What course were you able to pursue in respect of it? – The first thing was to try to raise a community of good feeling between me and the tenants, to try and get them not to suspect me, but to look on my interests and their interests as one.

11. Can you state the number of people you found upon the land? – I believe between seventy and eighty families – seventy-three families; and a part of this was a mountain district; you could not call it cultivable; there were from 100 to 130 acres not cultivated. When I came into possession of the estate I told the people "I shall never bring any person in upon you, but I expect in return you will never bring any one in upon me"; and besides that, to show them I was anxious for their welfare, I told them I would have the land revalued, and that their farms should be apportioned, and that each man should have his land together, and be put to live on his own farm. At first I found great opposition; they did not keep their contract with me in keeping people off; some of them also were anxious to divide it among their own children, and they even brought strangers upon the land. It was near a slate quarry, and the people were anxious to get near the quarry, in order to obtain work; bog being also scarce in the neighbourhood, people came in upon the property on account of its turbary; in fact the tenants did not keep their agreement, and I was not satisfied with them. I then had the land revalued, and gave notice that those who had come in since my occupancy of the estate commenced, contrary to my orders and agreement, should not remain.

12. What course did you take in order to revalue the land? – I had it valued by one of the most independent valuators I could get, and I said that anyone who was dissatisfied might appoint one valuator, and that I would appoint another, and in case of the valuators disagreeing, let them appoint an umpire. The estate was valued by Mr Brassington, and very few of the people were dissatisfied with his valuation. The rent-roll was considerably reduced to what it was during the occupancy of the middleman. Whenever there was an objection against the valuation, the party objecting appointed one person, and I appointed another, and it was ended amicably. I had the estate divided into farms, and each tenant got his land in one piece, and as far as could be, arranged equal in quality and quantity to the bits of land he had previously held up and down in different places. I was about to put out thirteen, by civil bill ejectment, but I only put out seven or eight who would not pay their rent. To those tenants who were on the estate previous to my obtaining possesion of it, I said, "As long as you pay your rent I shall not disturb you, but I cannot permit you to remain without paying rent." I brought no ejectment against any individual where there were not at least two years rent due beyond the ordinary custom of the country, which is always to have a year's, or half a year's rent in

arrear. Those who owed me three years rent, and would not pay me, I put out; those who were put out were not only forgiven all the arrears of rent, but allowed the value of their crop, and of the timber and stones which composed their houses and offices, together with any potatoes they had.

13. Was that the rent which was due to you? – Yes.

14. Three years had elapsed since you came into possession? – Yes; before I could get the property settled; some paid me, and I let them remain, and those who would not I put out. With regard to those who had been brought in on the estate, contrary to my orders, since I came into possession, I made those who brought them in pay them so much to enable them to go elsewhere; those tenants who were willing, but had the means of paying me my rent, I forgave it to them, and moved them up upon a part of the property called the new gardens. I gave them timber for their houses, and allowance for so much lime per acre, and I let them hold the land at a nominal rent of 1s per acre for the first three or five years. I gave them their holdings together, and I would not in any case allow the rundale system, which was a constant source of dispute, and a constant obstacle in the way of anything like improvement.

15. Did you find that they settled down quietly upon their respective farms? – I found in the first instance the greatest possible opposition, but since that I have received the greatest thanks from them; they tell me, "Even the little children will have to bless you." One of the many evils attendant on the rundale system is the great hardship to which it subjects the children of the tenantry; as soon as a child is able almost to walk it is sent out (in all weathers) to prevent trespass, or to herd cattle on its parents' patch or patches of ground, which patch is separated from a neighbour's, not by a ditch or fence, but by what is called a bone, i.e. a narrow turned up sod or ridge of earth; I have often been surprised and pained to see the numbers of almost naked little children that were kept out in rain and cold, watching each divide of land on estates where the rundale system is in operation; this will explain the aptness and meaning of the tenants' remarks, "that even the little children would bless me" for having properly divided the estate, thus saving them from hardship, and affording time for their being sent to school.

16. And they now seem satisfied? – Yes.

(d) *Evidence of Joseph Kincaid on resettlement on the Longford estate*
(ibid. 61)

2. – In the county of Longford I have a large agency; a good deal has been done with the assistance of the proprietor, the earl of Longford, upon that property. 3. Just explain to us the mode by which the landlord upon that property has found it best to give encouragement to his tenants? – I may state that in the year 1832 a middleman's lease of a large tract of land expired upon that estate, on which we found a hundred tenants resident; that lease contained a large portion of land in the county, and also a portion so near the town of

Longford that it had become a part of the precincts of the town. With respect to the rural districts, the land was treated pretty much in the same manner as I have already mentioned with respect to Lord Palmerston's estate. There were few, if any, tenants turned off the estate; the land was divided, and the holdings squared and consolidated among the occupying tenants. Both fuel and limestone were abundant upon that portion of the property, and his lordship built a lime-kiln and has from time to time given out lime to the tenants upon that portion of the property. Recently we have adopted the plan upon that estate which was adopted on his lordship's Westmeath and other estates, with a view to drainage, which we have found extremely useful. Lord Longford has no agriculturist upon the Longford estate, but there is an agricultural society under his patronage in that county, and an agent is employed under that society, whose time, or a portion of it, Lord Longford is entitled to, paying the society for it. Under the superintendence of the society's agriculturist we have been able to get a number of drains made upon the furrow draining system, our principle of allowance being that we pay for the opening of the drain only. If a drain is opened and approved of by the agriculturist, we pay the tenant, or make him an allowance in his rent of the sum which the agriculturist estimates he ought to be paid, which I may state varies from one penny three-farthings per Irish perch, to threepence.

4. Do you consider that the entire expense of the opening? – Yes; we either employ persons to do it, as we have done in Longford, independent of the tenant, or we pay the tenant. If he chooses to be so employed, there is a regular contract made for opening the drains. We have also procured a supply of suitable tools; in some cases we hire them out, in some cases sell them at half price, and in some cases give them. The tenant is required to fill those drains with broken stones, under the superintendence of the agriculturist, and to cover them according to what is known as the Deanston system. That has been acted upon in the last year or two to a considerable extent upon the Longford estate, and also upon the earl of Longford's Westmeath estate; and the tenants have willingly entered into it, and done their work to our satisfaction. Upon that portion of the lease I spoke of, which was in the precincts of the town, there were a number of very small cabins, and although we brought an ejectment, to give us the power of removing such tenants as we thought necessary, I did not find it necessary to turn off more than half a dozen out of upwards of a hundred occupants, immediately after the expiration of the lease; but it appeared to us to be a part of the town where improvements might be made with a view to adding to it; the land was therefore laid out for building, and every one of the cabins upon that portion of the property has been removed, and good two-story and three-story slated houses have been built in lieu of them, and it is now one of the most improved parts of the town of Longford.

5. What became of the tenants so removed? – They were removed gradually, and they got into other parts of the town, the alleys and lanes about the town.

6. They were not agricultural tenants? – No.

7. Was any compensation given to them? – They were allowed from £1 to £5 each, upon being removed; at the same time some of them built houses themselves, or became occupants of the new houses.

8. Other than the half dozen? – Yes. . . .

(e) *Evidence of Nicholas Maher on middlemen*

(ibid. 105)

156. To what particular class do you apply the term "middleman"; do you apply it to a person who takes a considerable tract of land, and occupies and farms a portion of it, and who lets off the remainder, or to a man who is never absent from the land? – To both. To the tenant who takes fifty or sixty acres of land, and sets twenty of it; but the persecution of this class of middleman to his tenant is the most barbarous and cruel I have ever heard of or could imagine.

157. Will you state the various ways in which they carry that persecution into effect? – A man holds of me at £1 the Irish acre; he sets the worst part of the land at £2 or £3 an acre. I call on him for a year's rent, due 1 May last; he has the rent of his tenant, due 1 November last, in his pocket, and about the 10th he will drive his pig to the pound, and take the bed from under him to enforce it. Instances of this kind come under my eye every day in the year.

158. Is it from want of employment that the poor people are driven to make these bargains with these middlemen? – If a fellow gets a few pounds by his industry, in taking this con-acre, he gets married, and gets a few pounds more, he then goes to one of these persons, and will give him a sum of money, and gets a few acres of land; and he is then a farmer. He goes on very well for a short time, till he goes through the process of farming I have mentioned; he then becomes poor, and then this fellow hunts him.

159. I presume the sub-tenant is seldom an improving tenant? – No, not generally.

160. Is it common for the middleman to raise the rent of the sub-tenants? – He will.

161. If he wishes to get rid of a sub-tenant, what means does he take usually? – He will turn him out by an ejectment.

162. Do they frequently turn them out without any compensation? – There is no feeling of that kind at all amongst them.

163. Are the middlemen you have described generally occupiers of land? – Yes; I may talk of men who do not occupy, they are a better class; there are two or three or four classes of middlemen.

164. Describe each class? – The lowest class of middlemen in the county are the most barbarous class of landlords who can be described.

165. You refer to those who are farmers themselves? – Yes.

166. And let a portion of the farm? – Yes.

167. What term do they generally give? – They probably give ten or twelve, or five or six years.

168. Is it your opinion that they generally exact exorbitant rents? – Yes, I have no doubt of it; they exact double the rent they pay, and more.

169. What is the next class? – They are a very little better description of men; they are more correctly described in calling them land-jobbers; they take land and let it again, keeping no portion of it in their own hands.

170. What are the terms on which they hold the land? – They may get leases for thirty-one years, or three lives, or for sixty-one years.

171. Is it usual for landlords to whom the land belongs to give leases to those people? – No, not latterly, and in the last ten or twelve years they are not so much disposed to deal with those men, they are more disposed to deal with the men who occupy the land.

172. Can you state whether the rent usually tendered by these land-jobbers is such as to induce a needy landlord to give them a preference? – Yes; a needy landlord who wants to let his land, gets a higher rent from those men, and probably a sum of money, by way of fine, or as a loan, and then they let it out in smaller quantities. . . .

174. Do the middlemen, to whom you allude, make use of any other mode except distress to recover their rents? – They drive them, and sell everything. They will put them out by ejectment or by process, and send them to gaol; that is a very common thing. They get a decree against their body, and send them to gaol, and worry them out by that means. . . .

(f) *Evidence of Edmund Foley on murder at Decies Within, co. Waterford*

(ibid. XXI, 192–3)

1. Where do you reside? – Tourtane, near Lismore.

2. Did you hold any office connected with the county at the time of the ejectment of certain tenants by the late Mr Welsh? – Yes, I was sub-sheriff. I have been sub-sheriff the last eight years.

3. Will you state what took place in regard to those tenants when they were dispossessed? – I took possession of several farms in the barony of Decies Within.

4. When did that take place? – In 1839 or 1840.

5. Do you recollect how many persons there were from whom you had to take possession? – I could not say now. I think the number of tenants ejected was above twenty families. I think it was in 1839, 1840 and 1841 I took possession of several farms and am sure there were upward of twenty families; in the entire I think twenty-five.

6. Then do I understand that at different periods you were called upon to take possession of different portions of the estate? – Yes.

7. Can you state whether the tenants ejected held immediately under him? – Some of them held immediately, and more of them were labourers belonging to the farmers in possession.

8. What time of the year was it that they were put out? – At different periods.

9. Do you know whether it was for non-payment of rent? – No, I do not know whether they were ejected for non-payment of rent. I think they were all ejected on title.

10. Were any of them put back after possession had been taken, as far as you know? – I think he settled with some two of three.

11. What do you mean by settling with them? – Some of them agreed to take the farms and offered rent for them.

12. Did Mr Welsh, or his agent, or bailiff accompany you when possession was taken? – Mr Welsh himself accompanied me.

13. Was there any application made to him by the tenants at the time they were put out of possession to be restored, or to be given the houses? – Yes; I have heard the tenants request him to allow them to continue in possession, and they would give him the same rent, or some of them – not all of them.

14. What appeared to be the condition of the people who were dispossessed? – Some of them very wretched.

15. Were any of them apparently comfortable? – Yes, there were some, but very few indeed.

16. Did it appear that those people had made any arrangement preparatory to being turned out for going any where else? – Not to my knowledge.

17. Were any of them dispossessed under circumstances that appeared severe or harsh? – Yes, there was. I remember a man, the son of a tenant, or one of the tenants of a farm I took possession of; he lay very ill at the time I went to take possession.

18. Was that person turned out? – No, not on that day.

19. How happened it that the person was not turned out? – I refused to dispossess him, his brother promising me as soon as he was dead, or had got better, they would remove him, and having some time to finish the execution of the *habere*, I gave him till the last moment. The man recovered, and they removed him.

20. Were you required to dispossess the man along with the rest? – I was.

21. Was Mr Welsh with you when you refused to dispossess him? – Yes.

22. Did he interfere in the matter in any way? – Mr. Welsh called on me to give him a clear possession in the usual way.

23. Was he aware of the circumstances of that case? – He was; he was present when the mother, I think, came up and begged of me for God's sake not to turn him out, as he was in what was called the crisis of the fever – the last stage of the fever, and it would be very dangerous to turn him out.

24. Did Mr Welsh assent to your suspending the execution of the *habere*? – Mr Welsh said he would not interfere with me in the execution of my duty, but he required me to give him possession, and I gave him possession of all the other little dwellings, except the one in which this man lay ill at the time.

25. Was there much complaint amongst the people at the time they were dispossessed? – Yes, very much, so that every time I went there they were complaining. Several of the tenants came and showed me their receipts for their rent, and said it was a hardship that they should be dispossessed when they did not owe rent. . . .

35. How long after this transaction you have described was it that Mr Welsh was murdered? – He was murdered I think in November 1841, and I executed the *haberes* for him in the year he was murdered. . . .

(g) *Evidence of Thomas Prendergast, tanner and farmer of Clonmel*

(ibid. 213, 216)

24. In such a case would outrages be likely to be perpetrated against the in-coming tenant? – There is a great objection to in-coming tenants, because they think it gives a facility to the landlord to turn the tenant out at his pleasure. There is one remark which will embrace the whole. The landlords in this county are the cause of all this (there are exceptions of course); they want to swell their rent-roll. I know a gentleman who swelled it to an enormous amount; but he never got half of it, and then he had the tenants at his mercy. . . .

65. Do you know the usual rate of interest charged by banks upon small notes? – Not of my own knowledge. I have been told it is enormous. I believe the Bank of Ireland is now discounting at four per cent. You would have Ireland a pleasure garden if the tenant were allowed for improvements. There is not a cottager would not have his cottage neat, and some trees round it instead of going to the shebeen house. He would expend everything he has upon his farm, because he would say, "When the term is out I shall have something for it." It would be putting out the money absolutely at interest. There is not a more industrious peasantry than the peasantry of Ireland. They are in a great measure temperate, and have turned themselves to industry, but they have not capital to work the lands.

(h) *Evidence of Griffith estimate of available cultivable waste*
(ibid. XXII, 289, App. No. 95 [2])

From this table it appears that the first quality of improvable waste land in Ireland would be very nearly sufficient to afford 8 acre settlements to all those whom it might be desirable to remove from over populous districts, with a view to consolidate minute holdings of old productive land up to 8 acres. And that the first and second qualities of improvable waste land, taken together, would supply holdings averaging about 20 acres to those whom it might be desirable thus to remove. The table offers a basis for calculation to those who may think fit to assume any other size than 8 acres as a desirable minimum; and the scale here used for the whole of Ireland may be readily applied to any given Poor Law Union. (Source note.)

Classification of small holdings assumed insufficient to enable them to support families occupying them	No. of holdings in each class	Mean acre of separate holdings in each class in acres	Aggregate area of holdings in each class in acres	No. of holdings each class would furnish supposing a consolidation bringing size up to 8 acres and assuming sized holding adequate to support a family	No. of families of each class to be otherwise provided for supposing consolidation effected	No. of acres of improvable waste land required to be provided and reclaimed to supply occupiers of each class removed as contemplated supposing each new holding to contain			
						8 acres	10 acres	15 acres	20 acres
Under 1 acre for tillage	39,290 ⎱		24,556	3,069	36,221	289,768	362,210	543,315	724,420
Proportionate No. tillage farms under 1 acre not separately returned	25,549 ⎰	$\frac{5}{8}$	15,968	1,996	23,553	188,424	235,530	353,295	471,060
over 1 to 2 acres	50,355	$1\frac{1}{2}$	75,532	9,441	40,914	327,312	409,140	613,710	818,280
,, 2 ,, 3 ,,	35,951	$2\frac{1}{2}$	89,877	11,235	24,716	197,728	247,160	370,740	494,320
,, 3 ,, 4 ,,	45,363	$3\frac{1}{2}$	158,770	19,844	25,519	204,152	255,190	382,785	510,380
,, 4 ,, 5	50,281	$4\frac{1}{2}$	226,264	28,283	21,998	175,984	219,980	329,970	439,960
,, 5 ,, 6 ,,	36,630	$5\frac{1}{2}$	201,465	25,183	11,447	91,576	114,470	171,705	228,940
,, 6 ,, 7 ,,	42,665	$6\frac{1}{2}$	277,322	34,665	8,000	64,000	80,000	120,000	160,000
Total	326,084		1,069,754	133,720	192,368	1,538,944	1,923,630	2,885,520	3,847,360

Abstract of waste land in Ireland, as returned by R. Griffith, Esq., C.E., General Valuation Commissioner

Improvable for cultivation	1,425,000
Improvable for pasture	2,330,000
Total improvable	3,755,000
Unimprovable	2,535,000
Gross total	6,290,000

79. The famine

(a) *Letter from Theobold Mathew to Trevelyan, 18 June 1846*

(Famine Reports, *Parliamentary Papers 1846*, XXXVII, 167)

The Rev. T. Mathew was the great temperance advocate in Ireland at the time; Trevelyan the secretary to the Treasury.

Cork, 18 June 1846. It will gratify you to be assured that the wise and generous measure adopted by government has been attended with complete success. A frightful famine has been warded off, and the inhuman speculations of corn, flour, potato etc. dealers have been confounded. Our people are becoming fond of maize flour, and I am confident it will ever continue to be used in Ireland as a necessary of life. The mode of preparation best suited to the condition of our people, and what is generally adopted, is what in Italy is generally called *polenta*. . . .

(b) *Routh's report to Trevelyan on measures taken, 31 July 1846*

(ibid. XXXVI, 217-23)

Sir Randolph Routh, Commissary-General, reporting to Trevelyan, Treasury, on the famine and relief measures in 1845-6.

Dublin Castle, 31 July 1846. As the scene of our operations during the last active service in Ireland is now drawing to a close, I think it will be desirable as a reference, and perhaps as a guide, to lay before you, for the information of the right honourable my lords commissioners of Her Majesty's Treasury a trace of the course we have pursued.

I received their lordships' instructions in November last to proceed to Dublin, where I was appointed a member of a relief commission to inquire into the scarcity arising from the loss of the potato crop, of which the right honourable E. Lucas was chairman.

At an early period in the autumn of 1845 the general blight in the potato crop throughout the south and west districts, and detached parts of the north and east, excited so much alarm that though it did not exaggerate the fact, the apprehension was so great that it antedated the period when the supply would fail. The crop was unusually large, and early in December a very severe frost set in, and appeared partially to arrest the progress of the disease under certain circumstances, and in certain situations. There was also a marked capriciousness in the disease itself, leaving particular fields untouched and healthy, whilst others in their immediate vicinity were almost a mass of corruption.

None of the remedies suggested for the preservation of the crop were successful, but that which most assisted this object was the plan adopted by the peasantry themselves, of leaving the potatoes in the ground until they were required for use.

I have not been able to obtain any satisfactory explanation of this calamity, which has spread simultaneously over the greater part of Europe and America, and in every diversity of climate, and it is as difficult to decide whether the fungus is the cause or effect of the disease. Those who advocate the latter, and that a sound plant is only to be raised by renovation from the seed, have not succeeded in their experiment, the result being nearly an equal division between sound and diseased plants. The plants raised from the seed did not produce one sort only, but exhibited promiscuously every variety of the potato.

As soon as the rains set in towards the end of January and until March, the partial suspension of the disease gave way, and reappeared with greater virulence, not only amongst the potatoes already tainted, but manifesting itself amongst the sound pits in districts which hitherto had resisted it.

These variations in climate and the effects they produce, first in diminishing the anxiety and apprehension during the fall, and subsequently in confirming all those fears, will account for the diversity of opinions which prevailed in relation to the extent of the scarcity.

I enclose a note of a few letters received by the commission in confirmation of this scarcity, the originals of which and many thousands others from all classes of society are on record in the office.

One great and salutary effect was obtained in the postponement of the great pressure for which we were preparing.

It will be unnecessary for me to detail the arrangements entered into by Her Majesty's government for the introduction of a new food from the United States, which by its cheapness and nutritious qualities was calculated to replace advantageously the loss of the potato crop.

The quantity of Indian corn and Indian corn meal imported from America into Cork through the house of Messrs Baring Brothers and Co. somewhat exceeded eight thousand tons.

No individual could have undertaken it, for the duty was a prohibition, and being a new article of food, untried, and of doubtful success, it was altogether out of the sphere of mercantile speculation on the large scale on which only it could have the desired result.

In consequence of the unusually boisterous weather, these shipments did not begin to arrive until the early part of February.

They were unloaded and stored at Cork, where a new difficulty arose in regard to the grinding, and to the best manner of preserving the meal, which is particularly delicate, after it was ground. Having been sixteen years in Her Majesty's service in America, I was fully aware of the process, and caused the grain to be kiln dried before grinding, which has completely succeeded; and notwithstanding the apprehension entertained of its deterioration in quality, and the extreme heat of June, we have experienced no loss nor received any complaint. . . .

It has become so popular, that the oatmeal which we have in store is seldom asked for, though offered at a low price.

The Indian meal is so nutritious, that one meal in the morning supports the labourer throughout the day; and it has been remarked by the peasantry that where it has been used, fever has been less prevalent, or has entirely disappeared.

The great object which now presented itself was to postpone the assistance of government to the latest possible period, and to enforce the necessity of self-exertion as a claim to that assistance, for once commenced this aid could not be suspended or withheld without danger to the public peace. The uncertainty of the demand to be made upon us, of which it was impossible to frame any calculation, and the limited quantity in store in comparison with the exigencies of the whole country, made it an important issue to postpone the commencement of the issue, until it was indispensable, so that the resources within the reach of the community might be first applied to their wants, before the depots in reserve were opened for their supply. The expectation and certainty of it, when the great pressure arrived, satisfied the people in the midst of many sacrifices, and induced in the meanwhile a proportionate activity and outlay amongst the landed proprietors.

It was at this time the printed instructions to district and town committees, prescribing their formation and duties, and giving a general outline of the views of government, were submitted to the proper authorities by the relief commission, of which I had then become chairman, and after approval they were promulgated throughout the country.

As some slight alterations were subsequently introduced, chiefly in explanation of the task of male or female work to be exacted, and to regulate more uniformly the issue of tickets for employment, I annex some of the later copies.

One of the main objects in these instructions was to establish that the aid of the government should be only auxiliary to the efforts of the people, and the large amount subscribed, and much of that in small sums from 6d to 10s, afford a gratifying proof of the good feelings of the proprietors.

I have observed before that the potato crop, though very much diseased was very abundant, exceeding by one third the usual average crop, and it was to this circumstance that we owed the possibility of keeping the government stores in reserve to so late a period; though it is also certain that the people submitted to great sacrifices.

The date fixed for opening the public depots for sale was 15 May, but the farm labour having been delayed by the heavy rains, the great pressure was not experienced until towards the end of that month and beginning of June.

The issues from the depot of Limerick amounted then to 500 tons per week, and of Cork to 300 tons per week, and from the other depots in like proportion.

Towards the end of June it was found necessary to purchase an additional 3,000 tons of Indian corn, chiefly of Mediterranean produce, which is not usually so good, or so sweet as that of the United States.

From the latter country the corn shipped is usually of the growth of the previous year, and more dry and less exposed to be heated, whilst the European corn is more fresh, and more easily damaged.

Great care was taken to reject all that was injured; and by the increased activity used by the department at Cork, Limerick, and Sligo, the whole of the new purchase has been brought into use.

In coming now to speak more immediately of the exertions of the commissariat, in a service so new and so complicated, I must explain the machinery and its organisation through which our arrangements have been conducted.

Our main depot was at Cork, under the charge of Commissary-General Hewetson. Here the unground Indian corn, and the meal received from America were unloaded and stored, and under this officer's charge the whole of the corn was ground.

This was a most important duty, and was admirably performed. . . .

The large naval magazines at Haulbowline, Cove of Cork, were occupied by the department, and the admiral was always ready to afford his efficient and invaluable assistance, particularly in the appropriation of government steamers for the conveyance of these supplies to the out-depots.

The following localities were selected as depots:

On the west coast, and on the Shannon, Limerick and Kilrush (with several sub-depots on the mouth of the Shannon), Galway, Westport, Sligo, Banagher.

On the Grand Canal – Athy, Tullamore.

On the Royal Canal – Longford.

On the south-east side – Waterford, with Clonmel-on-Suir.

On the east side – Dublin, Dundalk.

Of these the most important were Limerick and Dublin.

Limerick embraced the supply of the county of Kerry, county of Limerick, a large part of the county of Tipperary, and county of Clare, all very distressed, and incorporating with it the depot of Banagher and the adjoining country, and all the requisitions bordering the Shannon as high as Athlone. . . .

These were the main commissariat depots; and from the extent of the issues you will judge of the labour required of the department; for independently of the supplies issued to the committees, in quantities from five to twenty tons, there were usually issues to the poor from one to seven pounds, and the multitude and eagerness of the parties crowding round the doors to obtain these small purchases are difficult to describe. The hours allotted to such issues depended on the other duties of the depot, but, in some instances, they have continued from six in the morning until nine at night. . . .

I now describe the manner of the sub-distribution of these depots into smaller channels.

I am much indebted to the cooperation of the inspector-general of the coast guard; but amongst the officers serving under him I must particularly mention Captain Mann, R.N., who entered at once into all the arrangements of Commissary-General Coffin, and superintended most efficiently the supply of the small harbours and localities in the mouth of the Shannon, and on the coasts of county Clare and county Kerry, where the distress was very prevalent.

I lay before you a list of the stations of the coast guard. Their cutters are small, and their capacity and means of transport limited, and their stations not intended to store a large supply. They are thus hardly fitted for any great or lengthened emergency without other assistance; but on all occasions on which they have acted with us, their zeal and activity have been useful and conspicuous. When the rough and boisterous weather on this coast is considered, together with the minuteness of their issues, and the crowds of poor and destitute persons waiting to receive them, it is difficult to do justice to their exertions. Nearly the whole of their payments were made in small coins which were remitted to the depots from whence the supply was received.

The whole of these duties have been performed by the coast guard, without any remuneration whatsoever.

But still more serviceable, though not developed to the full extent of which it is susceptible, was the assistance rendered by the constabulary, under the orders of Colonel McGregor, the inspector-general of that force, consisting of about 11,000 men. . . .

These arrangements afforded me the facility of establishing branches from my depots, throughout the interior of the country, at all those points where a cheap food was necessary to the relief of the people.

The constables are generally a superior class, and many of them men of intelligence, and some of education. I found them to be honest and zealous and laborious. They received 2s 6d per day, in addition to their constabulary pay.

These constabulary branches might have been carried to any extent, the admirable order conspicuous throughout this corps, their local information, their influence in the country, the assistance close at hand to be derived from their own detachments, rendered their services particularly applicable to our duties.

A simple form of account was prepared, which was readily understood, and, as far as I can perceive, correctly carried out.

I annex list of these stations.

Their actual duty was limited to sales, but I had contemplated the probability of a want of funds, and the necessity of making payment for labour in food on the certificate of a superintendant of works.

The subscriptions collected by the district committees, and the donations of Her Majesty's government in aid of those subscriptions (somewhat exceeding two-thirds of the amount) made it unnecessary to recur to this measure.

I lay before you a list of these subscriptions, such as they were received from the parties.

I also lay before you a list of the grants made under the authority of the lord lieutenant, in aid of these subscriptions up to 31 July.

It is proposed to fix 10 August for the last day on which the recommendation for these grants on the present emergency should cease and determine.

The district committees have been very variously conducted; but they have had great difficulties to contend with – a large population clamourous for food and employment, and no precise information of the extent of works that might be approved, or the day on which they could be commenced.

I do not know which is the most difficult undertaking, to feed or to employ such vast numbers, with this difference only, that the former will brook no delay, nor admit of interruption.

The committees were all new to the plan and order they were intended to establish; and if failures occurred, we must not forget the sum of one hundred thousand pounds raised by private subscriptions, or the energy of those land-lords who maintained their tenantry out of their own individual resources. It must be remembered that the emergency was sudden, and the system of relief and its organisation new, and that every person who was called on to act in it had his experience to acquire. . . .

But the principal feature in these operations to which I would call your at-tention are the small comparative expense at which this large quantity of food has been made to supply a whole population, the little disturbance, almost unper-ceived, that it has occasioned to the ordinary course of trade, and the quiet man-ner throughout all its channels in which the relief has been distributed. . . .

A practical relief of this description, distributed to a nation in small issues, to reach the poorest families, is an event of rare occurrence, even in history. It is a formidable undertaking even to anticipate, and yet, with whatever imperfection, successfully to have accomplished it, may be received as a work of much labour and thought, and not unworthy of their lordships' commendation; and it is a just tribute to pay to the characteristic endurance of the Irish peasantry that no outrage or violence has disturbed the public peace, and in its place a deep feeling of grati-tude has risen in return for the paternal care of Her Majesty's government.

(c) *Letter from Colonel Jones to Trevelyan on prospects for the winter, 1 September 1846*

(ibid. *1847*, L, 74)

Prospects for the winter of 1846–7: a letter from Lt. Col. Jones, Chief Commissioner, Board of Public Works, to Trevelyan.

Board of Works, Dublin, 1 September 1846. . . . The prospects for the ensuing season are melancholy to reflect upon; the potato crop may now be fairly considered as past; either from disease, or from the circumstance of the produce being small, it has been consumed; many families are now living upon food scarcely fit for hogs. I am apprehensive government will find it necessary to send meal into some of the remote districts in the west, where there is a large population who live upon potatoes in good years; there is scarcely a town, and if there is, there is scarcely any trade with the ports beyond the very few articles or commodities that a very poor population require, therefore it is not to be expected that private dealers will be able or willing to introduce meal in such quantities as will be required. I am very much afraid the government will not find free trade, with all the employment we can give, a succedaneum for the loss of the potato. It has frequently forced itself upon my attention whether, under existing circumstances, government enumerators or inspectors should not be employed to ascertain and determine the numbers of the families who will require relief. The every day cry is for government to do something for the starving population. It is really distressing to read the applications for assis-tance from Skibbereen and that district, where there is abundance of fish close to the shore, lying upon the beach, and no salt to cure them. There is another point which requires early attention. What is to be done when bad weather sets in and the people cannot be employed on works; are they to be paid or fed?

(d) *Report from Parker to Jones on conditions in Scull and Skibbereen, 31 December 1846*

(ibid. LI, 454–5)

31 December 1846. I have just returned from a tour of inspection to the west; I remained in Scull parish a few days; I also went to Crookhaven, etc., and I feel sure, although somewhat irregular, you will excuse my relating as briefly as possible what I have observed.

The parish of Scull is very extensive, lying between Roaring Water Bay and Dunmaus, and contains about 18,000 inhabitants; and of these, at least 16,000 are in a state of utter destitution, and most of the remainder will be similarly situated as soon as the little stores they have are consumed.

Taking the usual average of five to a family (and here it is somewhat greater), a proportion of one out of every destitute family on the relief lists would make the number of persons to be employed amount to about 3,200. At present 1,150 have been employed on the public works, so that about 2,000 remain unemployed, but I trust work will be found soon; but employment will be of little use without food, and how people are to live it is impossible to say; it is on this subject more particularly, but which does not strictly belong to my duties, that I am writing you.

A great number of people must inevitably be swept off by starvation, and by diseases arising from starvation, such as bowel complaints, scurvy, dropsy, and fever. Food is daily becoming scarcer, and much dearer, and where are future supplies to come from? Hitherto Skibbereen, with its immediate neighbourhood, has been the peculiar object of solicitude, but Scull, as well as Kilmore, the neighbourhood of Dunmaus Bay, Carigboy, and the promontory of Sheepshead, are equally badly off; they are further removed from assistance, less noticed, have not participated in the benefit of money subscriptions, and there are no gentlemen to relieve them. Dr Traill, rector of Scull, and chairman of the relief committee, is exerting himself to the utmost to relieve the distress; he employs about fifty men on his own premises in every way he can; has soup-kitchens constantly at work, sells meal at reduced price in his own house, but all will not do. Individual charity will not go far; his doors and windows are beset by miserable wretches, and Mrs Traill and family are worn out and exhausted by their incessant exertions. The people now drop off fast, and deaths increase daily.

I have been to Goleen, Crookhaven, Rock Island, etc., all in the parish of Kilmore, containing about 7,280 inhabitants; the distress is equally as great, the deaths as frequent. Mr Mottee (a friend of Mr Owen of the board) is exerting himself to the utmost in affording relief; he is chairman of the relief committee.

From what I have witnessed (and Captain Reed, who is on a tour revising relief committee lists, agrees with me), it appears to be absolutely necessary that a large provision depot should be established at Scull or Crookhaven: at the latter place is a good harbour, with four or five fathoms of water; there is also a strong coast guard, with a lieutenant of the navy, so that the stores would be protected, and it would be easy to transport by boat the supplies for Scull as required, and a large vessel can anchor off Scull, also in six to seven fathoms of water. It would be well if an active commissariat officer were appointed to watch over the necessities of the people in these remote parts. Rice is light, and its use should be encouraged; it has been found very useful in affording relief to those afflicted with diseases arising from starvation, so that, in addition to meal, a supply of rice would be advantageous.

There is no corn for seed; hitherto potatoes have alone been cultivated, and now no corn can be procured for seed but if seed is not sown, the state of things next winter will be worse than this.

In the promontory of Kilmore and parish of Scull, no very extensive system of drainage, with some exceptions, can be advantageously carried out; a more wretched, rocky, wild country I never saw, yet there is a large population. I have visited the poor in these parishes, and the scenes I have witnessed are dreadful; death seems stamped on the face of thousands; in many places I could with difficulty move, I was so beset with hundreds imploring assistance.

I am quite positive that unless something be speedily done by throwing in supplies at a moderate price, by affording gratuitous relief, or by affording immediate means of emigration for the most destitute the bulk of the population must be swept off.

The desolation is indeed complete; the people seem harmless and inoffensive; political agitation has hardly reached them, and the inhabitants of these remote south-western parts are fit objects for the especial protection of government.

(e) *Famine relief measures: circular from Trevelyan to heads of Irish departments, 10 February 1847*

(ibid. LII, 105–9)

Treasury, 10 February 1847. . . . The plan at present in operation for the relief of distress in Ireland consists of two separate parts.

The first of these is a system of public works carried on under the Act 9 & 10 Vict. c. 107; but although this Act has, to a certain extent, answered its object, and a large part of the population of Ireland has been preserved from famine by means of the employment afforded under its provisions, the operation of the Act has been attended with serious evils, and it has become indispensably necessary to have recourse to some other remedy.

The causes of this result may be briefly stated as follows:

The government never relied on the Act 9 & 10 Vict. c. 107, as the only safeguard against the impending scarcity. It was never contemplated that so large a proportion of the labouring population would have been sent upon the roads and other public works as has proved to be the case, but it was supposed that the pressure of a great public calamity would have led to increased exertions on the part of the upper and middle classes of society, and that employment for the great majority of destitute labourers being provided in this way, a moderate number only would have been left to be maintained on the relief works.

It was also supposed that the applications for admission to the relief works would be closely scrutinised by the relief committees, and that it would not have been necessary to provide for any but really destitute persons under the Act.

The result, however, has been, that even the usual number of labourers have not been retained in private employment, the relief committees have in too many instances neglected the revision of the lists of applicants, and not only has the entire burthen of the prevailing destitution been thrown upon the relief works, but the resources which those works might have afforded have frequently been misapplied, to the benefit of those who did not stand in need of assistance.

Another cause of the partial failure of the Act is the unexpected magnitude of the public calamity. Although upwards of two millions of persons, either directly or indirectly obtain assistance from the relief works, there are other multitudes who stand equally in need of relief. The relief works do not always furnish a subsistence even for those who are employed on them. The wages allowed have been higher than have been usually given for agricultural labour in Ireland, but at the present prices of food, they are insufficient for the support of a family; and instances of starvation daily occur, notwithstanding the assistance afforded by the works.

The dependence of the people on the relief works has also led to this formidable result. A large portion of the soil of Ireland is cultivated by cottier and con-acre tenants, whose subsistence has hitherto been mainly derived from the potatoes grown by themselves. This numerous class has become destitute by the failure of the potato, and they and their families are now supported to a great extent by the relief works. If these people are retained on the works their lands will remain uncultivated. If they were discharged from the works, without some other provision being made for them, they would starve.

The other part of the plan at present in operation consists of a system of direct relief by means of the sale and gratuitous distribution of food. Relief committees have been formed in most parts of Ireland, acting according to the rules prescribed by the lord lieutenant. These committees raise sums by the private subscription of parties locally interested, to which proportional additions are made on the part of the government; and they likewise administer such funds as may be placed at their disposal from the produce of charitable collections in other quarters. The sums so obtained by them are laid out in the purchase of meal and other kinds of food, which are again retailed at cost price to those who have the means of purchasing, and are given gratuitously to those who have not. More lately the plan of establishing soup-kitchens has been adopted by the relief committees, and is now being rapidly extended throughout Ireland, it being found by experience that food given in this shape goes further, and is more nourishing and reviving than any other.

This part of the present plan, which consists in giving relief in a direct form, by means of the distribution of food, has been carried out with much zeal and activity in many parts of the country, and having been found very successful in mitigating the effects of the prevailing calamity, it has been made the foundation of the measures now about to be adopted. . . .

To secure this general cooperation in the measures hereafter to be adopted will therefore be an object which you will continually have in view, and you will avail yourselves of every suitable opportunity of impressing upon the public mind that the present system of relief will inevitably fail if the whole weight and pressure of the existing calamity is suffered to centre upon it; and that severe and protracted suffering can be avoided, and society can be replaced in a self-supporting, and therefore in a safe and permanent condition, only by the personal exertions on the spot, of the upper and middle classes, to check abuse and increase the productive powers of the country, and by the exercise of patient and persevering industry, and submission to the laws on the part of the great body of the people.

One point of pressing importance is, that every practicable exertion should be made, while there is yet time, to prepare the land for the next crop; and the attainment of this object must mainly depend upon the influence to be exercised over the cultivators of the ground by the resident gentry, the landlords, agents, and other persons interested in the land. Under the system of relief which it will be your duty to administer, the holders of small portions of land will be provided on sale, or if necessary, by gratuitous distribution, with the food required for their subsistence and that of their families, so that they will not, by the necessity of constantly working on public works, be prevented from carrying on the cultivation of their land; but the main duty of stimulating and encouraging the actual cultivators of the soil, from the large farmer to the holder of the smallest portion of land, to exert their utmost energies to obtain the largest possible amount of produce at the next harvest, and of assisting them with advice in regard to the altered modes of cultivation which the failure of the potato crop renders necessary, and with the capital and material of various kinds required for the successful prosecution of their labours, must be performed by the proprietors of the soil, who, possessing the principal beneficiary interest in it, will derive the principal benefit from whatever is laid out upon it.

Another point on which you will make it your object to secure the cooperation of the upper and middle classes of society is the proper formation, and subsequent revision from time to time, of the lists of persons entitled to relief.

If, in the exercise of this important and responsible function, the members of the relief committee yield to intimidation or fail in the firm and impartial discharge of their duty the whole country will become pauperised, and there will be a general pressure upon the Relief Act, to the neglect of other independent means of subsistence. All who are concerned in carrying the provisions of the proposed measure into effect, should recollect that the system of public works having been found insufficient adequately to meet the evil, and the labour test having been rendered inoperative owing to the superior attraction of money wages, a system of relief has of necessity been established which has no precise limit except the extent of the admitted destitution. The only real check therefore to the unlimited extension and consequent certain failure of the present plan is to be found in the honesty and fidelity of purpose with which it will be administered by the members of the relief committees, who, from their local knowledge and connections, have the means of properly discharging the trust reposed in them. . . .

Of all the important duties which you will have to perform, the most critical and important is that which relates to providing the funds by means of which the system of relief is to be supported.

To this part of the subject, therefore, your attention should be carefully directed; and you will keep this board regularly informed of the difficulties which arise, of the manner in which you propose to meet them, and of any serious grounds of apprehension you may entertain for the future.

It is intended that these funds should be provided, partly from the poor's rate to be levied in the unions or electoral divisions, partly from subscriptions, and partly from donations from the government. It may not in all cases be necessary to have recourse to a rate if private subscriptions and the government donations alone, without any assistance from a rate, according to the plan at present in operation afford sufficient means of supplying relief. It is hoped that in many electoral divisions this may, with proper exertion and liberality, be perfectly practicable. Rating will be necessary in cases where (owing to absence or neglect) the efforts are not adequate to what the occasion requires; but voluntary efforts to raise funds are far the best, and should receive every possible encouragement. . . .

The Board of Works will be instructed to bring the relief works under the Act 9 & 10 Vict. c. 107 to a conclusion as soon as the state of the works and other circumstances of each locality may admit. You will be in constant communication with the board through its chairman, Colonel Jones, who is a member of your commission, and you will inform them, from time to time, in what electoral divisions your measures are sufficiently advanced to allow of the relief works being safely discontinued.

You will transmit to this board, at the earliest practicable date after the termination of each month, a full report of your proceedings in the execution of the Act during the previous month, and these reports will be regularly laid before parliament.

(f) *Report from Caffin on conditions in Scull and Skibbereen, 15 February 1847*
(ibid. 162–3)

15 February 1847. Having in the course of my late duty (of discharging a cargo of meal etc.) at Skull been brought into direct contact with the distress that prevails there and in its neighbourhood, I venture to lay before you (feeling assured it would interest you in their behalf) that which I had ocular demonstration of.

In the village of Skull, three-fourths of the inhabitants you meet carry the tale of woe in their features and persons, as they are reduced to mere skeletons, all their physical powers being wasted away; they have all become beggars.

In landing the meal etc., they used all the cunning they possessed to avoid detection in cutting open the mouths of the bags and purloining the contents; and it required great watchfulness to prevent it.

Having a great desire to see with my own eyes some of the misery which was said to exist, Dr Traill, the rector of Skull, offered to drive me to a portion of his parish. I found there was no need to take me beyond the village to show me the horrors of famine in its worst features. I had read in the papers accounts of this state of things, but I thought they must be highly coloured to attract sympathy; but there I saw the reality of the whole – no exaggeration, for it does not admit of it – famine exists to a fearful degree, with all its horrors! Fever has sprung up, consequent upon the wretchedness; and swellings of limbs and body, and diarrhoea, from the want of nourishment, are everywhere to be found. Dr Traill's parish is twenty-one miles in extent, containing about eighteen thousand souls, with not more than half a dozen gentlemen in the whole of it. He drove me about five or six miles; but we commenced our visits before leaving the village, and in no house that I entered was there not to be found the dead or dying; in particularising two or three, they may be taken as the picture of the whole – there was no picking or choosing, but we took them just as they came.

The first which I shall mention was a cabin, rather above the ordinary ones in appearance and comfort; in it were three young women and one young man, and three children, all crouched over a fire and the pictures of misery. Dr Traill asked after the father, upon which one of the girls opened a door leading into another cabin, and there were the father and mother in bed, the father the most wretched picture of starvation possible to conceive, a skeleton with life, his powers of speech gone! the mother but a little better, her cries for mercy and food were heartrending; it was sheer destitution that had brought them to this. They had been well to do in the world, with a cow and a few sheep; but their crops failed, and their cattle were stolen, although, anticipating this they had taken their cow and sheep into the cabin with them every night, but they were stolen in the daytime. The son had worked on the roads, and earned his 8*d* per day, but this could not keep the family, and he from work and insufficiency of food is laid up, and will soon be as bad as his father. They had nothing to eat in the house, and I could see no hope for any one of them.

In another cabin we went into were a mother and daughter; the daughter emaciated, and lying against the wall; the mother naked upon some straw on the ground, with a rug over her, a most distressing object of misery; she writhed about and bared her limbs in order to show us her state of exhaustion. She had wasted away until nothing but the skin covered the bones; she cannot have survived till this time.

Another that I entered had, indeed, the appearance of wretchedness without, but inside was misery. Dr Traill, on putting his head inside the hole which answered for a door, said, "Well, Phyllis, how is your mother today?" he having been with her the day before. She replied, "Oh, sir, is it you? Mother is dead!" And there, fearful reality, was the daughter, a skeleton herself, crouched and crying over the lifeless body of her mother, which was on the floor, cramped up as she had died, with her rag and her cloak about her, by the side of a few embers of peat.

In the next cabin were three young children belonging to the daughter, whose husband had run away from her, all pictures of death. The poor creature said she did not know what to do with the corpse, she had no means of getting it removed, and she was too exhausted to remove it herself. This cabin was about three miles from the rectory. . . .

I could, in this manner, take you through thirty or more cottages that we visited; but they, without exception, were all alike – the dead and the dying in each; and I could tell you more of the truth of the heartrending scene, were I to mention the lamentations and bitter cries of each of these poor creatures on the threshhold of death. Never in my life have I seen such wholesale misery, nor could I have thought it so complete. I am convinced in that district it is not in human power to stay the evil; it may be to alleviate it: but this must be by a good organised system, and the supply chiefly gratuitous. I am of opinion a number of naval surgeons should be employed, having under their orders a number of men – who might be selected from the lists of pensioners (if they could be highly recommended) – to have charge of certain districts, not only dispensing medicine where it may be required, but also food, on an order of the relief committee to any person in their district. The pensioner or two who might be under each surgeon would not only assist in visiting, but in conveying the food, and medicines etc. to the poor; and by being strangers to the localities, having no friends, would do this duty without partiality. The surgeons should act with the relief committees, but independent of them. A board of health is also now wanted, as it cannot be expected but a pestilence will rage when the mass of these bodies decompose. They have ceased to put them into coffins, or to have the funeral service performed, and they merely lay them a few inches under the soil. . . .

(g) *Crisis past in Scull and Skibbereen*

(ibid. XVII, 5)

. . . In many respects, though subject to many of the evils and abuses to which we have before referred, we can report that the principal objects of the Act [1] have been attained.

The absolute starvation that was widely spread over the land has been generally arrested, as has also the progress of the particular diseases engendered by the great destitution previously experienced.

As an instance we may give the Union of Skibbereen, with its dependent electoral division of Schull, the sufferings of which district were so notorious.

Although much wretchedness is still to be found in them, there is now a provision made for every part of the union, the population is gradually amending from their former emaciated state, and the people are beginning to turn their attention to future occupations and improvements, that may tend to their permanent employment and subsistence.

80. Acts for reform of poor law, June and July, 1847

(a) *Act to make further provision for the relief of the poor in Ireland (June 1847)*
        (*Public General Statutes*, 10 & 11 Vict. c. 31 (Irish (Poor Relief (I))))

. . . Be it enacted. . . .

1. That the guardians of the poor in every union in Ireland shall make provision for the due relief of all such destitute poor persons as are permanently disabled from labour . . . and it shall be lawful for such guardians to relieve such persons . . . either in the workhouse or out of the workhouse as to them shall appear fitting and expedient in every individual case.

2. . . . if by reason of the want of room in the workhouse or that the workhouse . . . by reason of fever or infectious disease is . . . unfit for the reception of poor persons adequate relief cannot be afforded therein to [destitute persons not being as in section 1] it shall be lawful for the said commissioners to authorise guardians to administer relief out of the workhouse. . . . [Relief given out of the workhouse to able-bodied persons to be given in food only]. . . .

(b) *Act to provide for the execution of the laws for the relief of the poor in Ireland (July 1847)*
        (ibid. c. 90 (Irish (Poor Relief (I) (No. 2))))

Whereas . . . it is expedient that the control of the laws for the relief of the poor in Ireland should be wholly separated from the control . . . in England. . . . That it shall be lawful for Her Majesty to appoint a Chief Commissioner [to act with Chief Secretary and Under Secretary]. . . .

[1] Temporary Relief Act, 10 Vict. c. 7

81. Irish Church Act, 1869

(Public General Statutes, 32 & 33 Vict. c. 42)

Whereas it is expedient that the union created by Act of parliament between the churches of England and Ireland, as by law established, should be dissolved, and that the church of Ireland, as so separated, should cease to be established by law, and that after satisfying, so far as possible, upon principles of equality as between the several religious denominations of Ireland, all just and equitable claims, the property of the said church of Ireland, or the proceeds thereof, should be applied in such manner as parliament shall hereafter direct:

And whereas her majesty has been graciously pleased to signify that she has placed at the disposal of parliament her interest in the several archbishoprics, bishoprics, benefices, cathedral preferments, and other eccesiastical dignities and offices in Ireland:

Be it therefore enacted by the queen's most excellent majesty, by and with the advice and consent of the Lords spiritual and temporal, and Commons, in this present parliament assembled, and by authority of the same, as follows:

1. This Act may be cited for all purposes as "the Irish Church Act, 1869".
2. On and after the first day of January one thousand eight hundred and seventy-one the said union created by Act of parliament between the churches of England and Ireland shall be dissolved, and the said church of Ireland, hereinafter referred to as "the said church", shall cease to be established by law.

Constitution and powers of commissioners
3. The following persons, that is to say, Viscount Monck, right honourable James Anthony Lawson, one of the justices of the court of Common Pleas in Ireland, and George Alexander Hamilton, esquire, shall be constituted commissioners under this Act: they shall hold office during her majesty's pleasure, and if any vacancy occurs in the office of any commissioner by death, resignation, or incapacity, or otherwise, her majesty may, by warrant under the royal sign manual, appoint some other fit person, being a member of either of the said churches, or of the said united church, to fill the vacancy. The commissioners appointed under this Act shall be a body corporate with a common seal, and a capacity to acquire and hold land for the purposes of this Act, and shall be styled "The Commissioners of Church Temporalities in Ireland".

Judicial notice shall be taken by all courts of justice of the corporate seal of the commissioners, and any order or other instrument purporting to be sealed therewith shall be received as evidence without further proof. . . .
7. Subject to such appeal as is hereinafter mentioned, the commissioners shall have full power to decide all questions whatsoever, whether of law or of fact, which it may be necessary to decide for the purposes of this Act, and they shall not be subject to be restrained in the due execution of their powers under this Act by the order of any court, nor shall any proceedings before them be removed by *certiorari* into any court.

The commissioners with respect to the following matters, that is to say,

1. Enforcing the attendance of witnesses, after a tender of their expenses, the examination of witnesses orally or by affidavit, and the production of deeds, books, papers and documents;

2. Issuing any commission for the examination of witnesses;

3. Punishing persons refusing to give evidence or to produce documents, or guilty of contempt in the presence of the commissioners or any of them sitting in open court;

4. Making or enforcing any order whatever made by them for the purpose of carrying into effect the objects of this Act,

shall have all such powers, rights, and privileges as are vested in the High Court of Chancery in Ireland for such or the like purposes, and all proceedings before the commissioners shall in law be deemed to be judicial proceedings before a court of record.

The commisioners may review or rescind or vary any order or decision previously made by them or any of them; but save as aforesaid, and as hereinafter provided, every order or decision of the said commission shall be final. . . .

Transfer of property and dissolution of ecclesiastical corporations

10. Save as hereinafter mentioned, no person shall, after the passing of this Act, be appointed by her majesty or any other person or corporation by virtue of any right of patronage or power of appointment now existing to any archbishopric, bishopric, benefice, or cathedral preferment in or connected with the said church.

11. From and after the passing of this Act all property, real or personal, at the date of such passing vested in or belonging to the Ecclesiastical Commissioners for Ireland, is transferred to and vested in the commissioners appointed under this Act, subject to all tenancies, charges, incumbrances, rights (including tenants rights of renewal), or liabilities affecting the same, and the corporation of the Ecclesiastical Commissioners for Ireland is hereby dissolved.

12. On the first of January one thousand eight hundred and seventy-one, save as hereinafter provided, all property, real or personal, belonging to or in anywise appertaining to or appropriated to the use of any archbishopric, bishopric, benefice, or cathedral preferment in or connected with the said church, or belonging or in anywise appertaining to or appropriated to the use of any person as holding any such archbishopric, bishopric, benefice, or cathedral preferment, or belonging or in anywise appertaining to or appropriated to the use of any cathedral corporation in Ireland, as defined by this Act, shall vest in the commissioners, subject as hereinafter mentioned . . . [reservation of charges and of life interests of present incumbents].

13. On the first day of January, one thousand eight hundred and seventy-one every ecclesiastical corporation in Ireland, whether sole or aggregate, and every cathedral corporation in Ireland, as defined by this Act, shall be dissolved, and on and after that day no archbishop or bishop of the said church shall be summoned to or be qualified to sit in the House of Lords as such; provided that

every present archbishop, bishop, dean, and archdeacon of the said church shall during his life enjoy the same title and precedence as if this Act had not passed. 14. The commissioners shall, as soon as may be after the passing of this Act, ascertain and declare by order the amount of yearly income of which the holder of any archbishopric, bishopric, benefice, or cathedral preferment in or connected with the said church will be deprived by virtue of this Act, after deducting all rates and taxes, salaries of curates found by the commissioners on inquiry as authorised by the fifteenth section of this Act to be permanent curates, payments to diocesan schoolmasters, and other outgoings to which such holder is liable by law, but not deducting income or property tax, and the commissioners shall have regard to the prospective increase (if any) of such income by the falling in or cessation of charges thereon; and the commissioners shall, as from the first day of January one thousand eight hundred and seventy-one, pay each year to every such holder so long as he lives and continues to discharge such duties in respect of his said archbishopric, bishopric, benefice, or preferment as he was accustomed to discharge, or would, if this Act had not passed, been liable to discharge, or any other spiritual duties in Ireland which may be substituted for them, with his own consent, and with the consent of the representative body of the said church hereinafter mentioned, or, if not discharging such duties, shall be disabled from doing so by age, sickness, or permanent infirmity, or by any cause other than his own wilful default, an annuity equal to the amount of yearly income so ascertained as aforesaid. . . .

Powers of the church after passing of Act

19. From and after the passing of this Act there shall be repealed and determined any Act of parliament, law, or custom whereby the archbishops, bishops, clergy, or laity of the said church are prohibited from holding assemblies, synods, or conventions, or electing representatives thereto, for the purpose of making rules for the well-being and ordering of the said church; and nothing in any Act, law, or custom shall prevent the bishops, the clergy and laity of the said church, by such representatives, lay and clerical, and to be elected as they, the said bishops, clergy and laity shall appoint, from meeting in general synod or convention, and in such synod or convention framing constitutions and regulations for the general management and good government of the said church and property and affairs thereof, and the future representation of the members thereof in diocesan synods, general convention, or otherwise.

20. The present ecclesiastical law of Ireland, and the present articles, doctrines, rites, rules, discipline, and ordinances of the said church, with and subject to such (if any) modification or alteration as after the first day of January one thousand eight hundred and seventy-one may be duly made therein according to the constitution of the said church for the time being, shall be deemed to be binding on the members for the time being thereof in the same manner as if such members had mutually contracted and agreed to abide by and observe the same, and shall be capable of being enforced in the temporal courts in relation to any property which under and by virtue of this Act is reserved to or given to

or taken and enjoyed by the said church or any members thereof, in the same manner and to the same extent as if such property had been expressly given, granted, or conveyed upon trust to be held, occupied, and enjoyed by persons who should observe and keep and be in all respects bound by the said ecclesiastical law, and the said articles, doctrines, rites, rules, discipline, and ordinances of the said church, subject as aforesaid; but nothing herein contained shall be construed to confer on any archbishop, bishop, or other ecclesiastical person any coercive jurisdiction whatsoever: Provided always, that no alteration in the articles, doctrines, rites, or, save in so far as may be rendered necessary by the passing of this Act, in the formularies of the said church, shall be binding on any ecclesiastical person now licensed as a curate or holding any archbishopric, bishopric, benefice, or cathedral preferment in Ireland, being an annuitant or person entitled to compensation under this Act, who shall within one month after the making of such alteration signify in writing to the church body hereafter mentioned his dissent therefrom, so as to deprive such person of any annuity or other compensation to which under this Act he may be entitled.

21. On and after the first day of January one thousand eight hundred and seventy-one all jurisdiction, whether contentious or otherwise, of all ecclesiastical, peculiar, exempt, and other courts and persons in Ireland at the time of the passing of this Act having any jurisdiction whatsoever exercisable in any cause, suit, or matter, matrimonial, spiritual, or ecclesiastical, or in any way connected with or arising out of the ecclesiastical law of Ireland, shall cease; and on and after the said first day of January one thousand eight hundred and seventy-one the Act of the session of the twenty-seventh and twenty-eighth years of the reign of her present majesty, chapter fifty-four,[1] shall be repealed, and on and after the last-mentioned day, the ecclesiastical law of Ireland, except in so far as it relates to matrimonial causes and matters, shall cease to exist as law.

22. If at any time it be shown to the satisfaction of her majesty that the bishops, clergy, and laity of the said church in Ireland, or the persons who for the time being may succeed to the exercise and discharge of the episcopal functions of such bishop and the clergy and laity in communion with such persons, have appointed any persons or body to represent the said church and to hold property for any of the uses or purposes thereof, it shall be lawful for her majesty by charter to incorporate such body, with power, notwithstanding the statutes of mortmain, to hold lands to such extent as is in this Act provided but not further or otherwise. . . .

Surplus

68. And whereas it is expedient that the proceeds of the said property should be appropriated mainly to the relief of unavoidable calamity and suffering, yet not so as to cancel or impair the obligations now attached to property under the Acts for the relief of the poor: Be it further enacted that the said proceeds shall be so applied accordingly in the manner parliament shall hereafter direct. . . .

[1] Ecclesiastical Courts and Registries Act (Ireland), 1864

82. Irish Landlord and Tenant Act, 1870

(Public General Statutes, 33 & 34 Vict. c. 46)

Part I. Law of compensation to tenants. . . .

(1) The usages prevalent in the province of Ulster, which are known as and in this Act intended to be included under the denomination of the Ulster tenant right custom, are hereby declared to be legal and shall, in the case of any holding in the province of Ulster proved to be subject thereto, be enforced in manner provided by this Act. . . .

(2) If, in the case of any holding not situated within the province of Ulster, it shall appear that an usage prevails which in all essential particulars corresponds with the Ulster tenant right custom, it shall, in like manner and subject to the like conditions be deemed legal, and shall be enforced in manner provided by this Act. . . .

(3) Where the tenant of any holding held by him under a tenancy created after the passing of this Act is not entitled to compensation under sections 1 and 2 of this Act, or either of such sections or if entitled does not seek compensation under such sections or either of them and is disturbed in his holding by the act of the landlord, he shall be entitled to such compensation for the loss which the court shall find to be sustained by him by reason of quitting his holding, to be paid by the landlord, as the court may think just. . . .

(4) Any tenant of a holding who is not entitled to compensation under sections one and two of this Act, or either of such sections, or if entitled does not make any claim under the two sections or either of them, may, on quitting his holding, and subject to the provisions of section three of this Act, claim compensation to be paid by the landlord under this section in respect of all improvements made on his holding by him or his predecessors in title.

Provided that. . . .

Part II. Sale of land to tenants. . . .

Part III. Advances and powers of the board

(42) [Advances to landlords for compensation for improvement.]

(43) [Advances to landlords for improvement of waste lands.]

(44) The board[1] if they are satisfied with the security, may advance to any tenant for the purpose of purchasing his holding in pursuance of this Act any sum not exceeding two thirds of the price of such holding, and upon an order made by the Civil Bill Court to that effect, and upon such advances being made by the board, such holding shall be deemed to be charged with an annuity of five pounds for every one hundred pounds of such advance and so in proportion for any less sum, such annuity to be limited in favour of the board, and to be declared to be repayable in the term of thirty-five years. . . .

(45) Where an absolute order for the sale of any estate has been made by the

---

[1] sc. Commissioners of Public Works in Ireland, s.42

Landed Estates Court, and the tenant of any holding forming part of such estate is desirous to purchase such holding [similar facilities]. . . .

83. Home Rule resolutions, November 1873 and March 1874

(a) *Resolution of Home Rule Conference at Rotunda Cafe, Dublin, 21 November 1873*

(citing D. Thornley, *Isaac Butt and Home Rule* (1964), 164–5)

That this conference cannot separate without calling on the Irish constituencies at the next general election to return men earnestly and truly devoted to the great cause which this conference has been called to promote, and who, in any emergency that may arise, will be ready to take counsel with a great national conference to be called in such manner as to represent the opinions and feelings of the Irish nation, and that with a view to rendering members of parliament and their constituencies more in accord on all questions affecting the welfare of their country, it is recommended by this conference that at the close of each session of parliament the representatives should render to their constituents an account of their stewardship. [Proposed Doran, seconded O'Connor Don.]

Amendment proposed Cahill and seconded J. Biggar, and lost:

That to render the Irish vote effective, we recommend that the Irish members shall form themselves into a permanent committee for the discussion of every ministerial and other proposal which affects the interest of Ireland, that no individual shall introduce any bill, or give notice of any motion of importance, unless his proceedings be sanctioned and supported by such committee; and finally that the Irish members shall always vote in a body, or abstain from voting on all party questions, as the majority may decide.

(b) *Resolutions approved by Home Rule members at conference at City Hall, Dublin, 3 March 1874*

(ibid. 213)

That in the opinion of this conference the time has arrived when Irish members who have been elected to represent the national demand for Home Rule ought to form a separate and distinct party in the house of commons, united in the principle of obtaining self-government for Ireland, as defined in the resolutions of the conference held in Dublin last November.

That, while our future action must depend on the course of events, and the occasions that may arise, it is essential to our due discharge of our duties to our constituents and the country that we should, collectively and individually, hold ourselves aloof from, and independent of all party combinations, whether of the ministerialists or of the opposition;

That, deeply impressed with the importance of unity of action upon all matters that can affect the parliamentary position of the Home Rule party, or the interests of the Home Rule cause, we engage to each other and to the country that we will use our best endeavours to obtain that unity by taking counsel together, by making all reasonable concessions to the opinions of each other, by avoiding as far as possible isolated action, and by sustaining and supporting each other in the course which may be deemed best calculated to promote the grand object of national self-government which the Irish nation has committed to our charge;

That nine gentlemen, three of whom shall be a quorum, be appointed and requested to act as a parliamentary committee to the Irish Home Rule party during the ensuing session. . . .

84. Boycotting, 1880 and 1888

(a) *Speech by C. S. Parnell at Ennis, 19 September 1880*

(Report of Special Commission (C. 5891), *Parliamentary Papers 1890*, XXVII)

. . . Now, what are you to do to a tenant who bids for a farm from which his neighbour has been evicted? (Various shouts, among which "Kill him", and "Shoot him".) Now, I think I heard somebody say, "Shoot him" ("Shoot him") but I wish to point out to you a much better way, a more Christian and a more charitable way, which will give the lost sinner an opportunity of repenting. ("Hear, hear.") When a man takes a farm from which another has been evicted you must show him on the roadside when you meet him, you must show him in the streets of the town, you must show him at the shop counter, you must show him in the fair and in the market place, and even in the house of worship, by leaving him severely alone, by putting him into a moral Coventry, by isolating him from the rest of his kind as if he was a leper of old – you must show him your detestation of the crime he has committed, and you may depend on it, if the population of a county in Ireland carry out this doctrine that there will be no man so full of avarice, so lost of shame, as to dare the public opinion of all right-thinking men within the county, and to transgress your unwritten code of laws. . . .

(b) *Special Commission's account of position with regard to Captain Boycott, 1888*
(loc. cit.)

This gentleman was agent to Lord Erne, and lived for several years near Lough Mask. He was on perfectly good terms with the tenants until after the commencement of the land agitation in the summer of 1879, when a threatening notice demanding a reduction in rent was posted on his gate. In November 1879 the tenants came to him and said that 5s in the £ reduction was "the law of the land now", and that they dare not pay more. On 22 September 1880, a few days after Mr Parnell's Ennis speech, Captain Boycott's walls were thrown down, his cattle were driven off and scattered over the roads. He had no one to work for him, but had to do the work of the stables and farm himself. He could not get his horses shod, the smith telling him that he was very sorry but that he dare not do it. He had to procure provisions through a friend from Cong not being able to get them himself from Ballinrobe where he usually obtained them. When he met people on the road they hooted and booed him, and spat across his feet as he went. In consequence of this treatment he had to leave, and went with his wife and family to the Harman Hotel at Dublin. They were not allowed to remain there, the landlord having received a threatening message that if he kept them it would be at his peril. Captain Boycott therefore left the country; and remained away for nearly twelve months. During his absence a steward whom he had left in charge employed a man named Michael Farragher, whereupon a shot was fired through Farragher's door. Captain Boycott returned in September 1881, when he was again hooted and mobbed, and his effigy hanged and burned in the market place, and he was obliged to have police protection. No cause for this treatment of Captain Boycott has been suggested other than his collecting rents.

85. The legislative protection of tenant right, 1880

(Bessborough Report, *Parliamentary Papers 1881*, XVIII, 14–19, 21)

H.M. Commission of Inquiry was set up in 1880 under the earl of Bessborough to enquire into the working of the Landlord and Tenant (Ireland) Act, 1870.

Many of those who have devoted thought to the settlement of the difficulty have come to the conclusion that the true remedy for all the evils of insecure tenure, and of discrepancy between law and tradition lay in the gradual introduction and universal adoption of a system of leases. The report of the Devon Commission . . . points in this direction. The tenants, however, in general refuse leases. The offer of security in their holdings for a term of years presents no attraction to them. They see in it, not a lengthening of the legal yearly tenancy, but a shortening of the continuous traditional tenancy. A lease generally involves an immediate increase of rent: at all events rents are found almost invariably to be raised on its termination. It has seemed better to abide by the tradition, and trust to the easiness of the landlord and the chapter of accidents. The number of leases in Ireland does not seem to be materially increasing; and this method of settling the land question has apparently become hopeless.

It is probable that the warning given by Lord Devon had a considerable effect in causing efforts to be made, far more systematically than before, to repress the tendency of the claims of tenants to become established in the form of local customs. Another cause which has operated in the same directions has been the extensive transfer, under the action of the Encumbered Estates Court and of the tribunals which have taken its place, ever since the famine of 1846, of ancient properties, previously managed in a more or less patriarchal fashion, to new owners. Most of the purchasers were ignorant of the traditions of the soil; many of them were destitute of sympathy for the historic condition of things. Some purchased land merely as an investment for capital, and with the purpose – a legitimate one so far as their knowledge extended – of making all the money they could out of the tenants, by treating them on a purely commercial footing. A semi-authoritative encouragement was given to this view by the note which it was customary to insert in advertisements of sales under the court, "The rental is capable of considerable increase on the falling in of leases." This hint has often been acted on, and rents greatly above the old level – in some cases probably above the full commercial value – have been demanded and enforced, with the natural result, in a few years time, of utterly impoverishing the tenants.

The last step in the development of what may be called the English Land Law in Ireland was the passing of the Act of 1860, whereby it was enacted that "the relation of landlord and tenant shall be deemed to be founded upon the express or implied contract of the parties, and not upon tenure or service". This enactment has produced little or no effect. It may be said to have given utterance to the wishes of the legislature that the traditional rights of tenants should cease to exist, rather than to have seriously affected the conditions of their existence. . . .

The Act of 1870 constituted a reversal of this policy, and the establishment of a new order of ideas. For the first time it was decided in some measure to recognise the existing state of things. The attempt was abandoned to establish by law the commercial system of dealing with tenancies of agricultural land. In Ulster, where the traditional rights of tenants had attained the consistency of a custom generally recognised, that custom was now legalised, and became a part of the law; and in the case of any holding not situated in Ulster where a usage prevailed in all essential particulars corresponding with the Ulster tenant-right custom, it also was legalised. Where the Ulster custom did not exist, a legislative sanction was given to the pre-existing sentiment that a tenant ought not to be deprived of an interest, which, nevertheless, the statute did not in terms declare him to possess. But in all cases the only weapons given by the statute for vindicating the rights of the tenants were in the nature of compensation for the wrongful deprivation of his interest in the holding. Thus the tenant unprotected by the Ulster custom became entitled, on quitting his holding, to compensation, subject to many restrictions, for his improvements; to compensation, within limits, for money paid when he entered on his holding; and, more important still, to compensation subject to a scale for the mere fact of disturbance, apart from any consideration of improvements made or of money paid on entering. The remedies given to a tenant under the Ulster custom were similar in kind. The tenant who was served with a notice to quit to determine his tenancy was to make a claim on his landlord for the value of his tenant-right. Logically speaking, such a claim ought to have justified a decree to enforce the custom, by way of specific direction to the landlord who was found to be violating it to abstain from doing so, and to charge no more than a fair rent, if he were found to have unduly raised it. But the absence of such a provision in the custom itself, and consequently in the law legalising it, and the general tenor of the subsequent sections, have caused the word "claim" to have a signification, in all cases, of a claim for money representing the value of the tenant-right; in other words, for compensation for the loss of it.

The full bearing of these observations will not be appreciated, unless it be remembered that, in nearly all cases of dispute between landlord and tenant, what the aggrieved tenant wants is, not to be compensated for the loss of his farm, but to be continued in its occupancy at a fair rent. This, as the law now stands, he cannot have; and in order to raise a question before the court, he is forced to begin by a surrender of the only thing for which he really cares. The plaintiff in a land claim, if he fails to prove his case, is turned out without the compensation that he claimed; but if he proves it he is turned out all the same. Even the chance that he might, by consent of the landlord, be allowed to continue in possession at the higher rent the demand of which in many cases has been the sole cause of the suit, and his refusal to pay which has led to the service of the notice to quit upon him, is lessened by the bitterness naturally engendered in a contest at law between him and his landlord. The Act was intended to confer security upon tenants, and has to some extent succeeded in so doing; but it has in this respect introduced a new element of insecurity. It has converted ordinary disputes over the amount of the rent, and over a tenant's dealings with his holding, into one-sided wagers of battle, where the prize at stake is in all cases first adjudged to the landlord, and the tenant, if successful, is obliged to put up with a substitute. In a word, once the tenant comes into court, all the law can give him is compensation in money. The very fact of his making a claim at all presupposes that he is to leave the land. It is obvious that a statute of this description, the utmost scope of which is to give compensation for the loss of a valuable interest, but no right to be protected in its enjoyment, or to have it restored when it has been taken away, fails to afford protection on the usual lines to the tenant's interest in his holding, if that interest be considered as a genuine proprietary right; and at the same time it is hard to see on what grounds such legislation is to be justified, if the existence of any proprietary right in the tenant is denied. However useful as a temporary measure, at a transitional period, it appears to us that the Land Act contained in itself the seeds of failure, as a permanent settlement. As such, now that it has been fairly tried it is impossible to resist the conclusion that it has failed to give satisfaction to either party.

III. Conclusions from the evidence

It appears from the evidence that the Land Act of 1870, notwithstanding its defects, has conferred advantages upon the tenant-farmers of Ireland, especially in Ulster. It has, however, failed to afford them adequate security, particularly in protecting them against occasional and unreasonable increases of rent. The weight of evidence proves indeed that the larger estates are, in general, considerately managed; but that on some estates, and particularly on some recently acquired, rents have been raised, both before and since the Land Act, to an excessive degree, not only as compared with the value of the land, but even so as to absorb the profit of the tenant's own improvements. This process has gone far to destroy the tenant's legitimate interest in his holding. In Ulster, in some cases it has almost "eaten up" the tenant's right. Elsewhere, where there is no tenant right, the feeling of insecurity produced by the raising of rent has had a similar effect. The extent and mischief of this feeling of insecurity are not to be measured by the number of cases of rent-raising which have been brought to court, nor even by the number of cases where the rent has actually been unduly increased, or of estates on which the owner has been thought to have unduly raised the rent of one or more of his tenants. The feeling is contagious, and has spread far and wide. Even a single case, very likely misapprehended, in which a landlord, of previously good reputation in this respect, is thought to have acted unfairly by a tenant, may largely affect the condition and the good feeling of an entire neighbourhood. Since the Land Act, cases of this kind have been more fiercely canvassed and more widely known. Some landlords, who previously were content to take low rents, appear to have begun a system of rent-raising when the Land Act was passed, either because they judged that their former forbearance was not suitable to the new relations which legislation had established between themselves and their tenants, or because the profits of agriculture were then high, or because the high price fetched by tenant right, under the stimulus of the satisfaction engendered by the passing of the Act, made them think that they had hitherto been mistaken in letting their land so cheaply. . . .

21. Under these circumstances the Act of 1870 has been vainly appealed to for an adequate remedy. It gives no regular jurisdiction over questions of rent. When rent is raised, although the rise may eat into the value of tenant-right, although it may deprive the tenant of the benefit of his own improvements, although it may make it difficult for him to get a living on the farm, he must, as a rule, submit. The evidence shows that, under a system of gradual small increases of rent, tenants have submitted long past the point at which they consider themselves to be unfairly rented.

86. Land Law (Ireland) Act, 1881

(*Public General Statutes*, 44 & 45 Vict. c. 49 (Irish (Land Law (I))))

Ordinary conditions of tenancies

1. The tenant for the time being of every holding, not hereinafter specially exempted from the provisions of this Act, may sell his tenancy for the best price that may be got for the same, subject to the following regulations and

subject also to the provisions in this Act contained with respect to the sale of a tenancy subject to statutory conditions. . . .

2. The tenant from year to year of a tenancy to which this Act applies shall not, without the consent of the landowner in writing, subdivide his holding or sublet the same or any part thereof. . . .

4. Where the landlord demands an increase of rent from the tenant of a present tenancy (except where he is authorised by the court to increase the same as hereafter in this Act mentioned) or demands an increase of rent from the tenant of a future tenancy beyond the amount fixed at the beginning of such tenancy, then

(1) Where the tenant accepts such increase, until the expiration of a term of fifteen years from the time when such increase was made (in this Act referred to as the statutory period) such tenancy shall . . . be deemed to be a tenancy subject to statutory conditions. . . .

(3) Where the tenant does not accept such increase and is compelled to quit the tenancy in pursuance of a notice to quit, but does not sell his tenancy, he shall be entitled to claim compensation as in the case of disturbance by the landlord.

(4) The tenant of a present tenancy may in place of accepting or declining such increase apply to the court in the manner hereafter in this Act mentioned to have his rent fixed.

5. A tenant shall not, during the continuance of a statutory term in his tenancy be compelled to pay a higher rent than the rent payable at the commencement of such term and shall not be compelled to quit the holding of which he is tenant except in consequence of the breach of one or more of the conditions following (in this Act referred to as statutory conditions) that is to say

(1) The tenant shall pay the rent at the appointed time. . . .

Part II. Intervention of the court

8 (1) The tenant of any present tenancy to which this Act applies, or such tenant and the landlord jointly, or the landlord, after having demanded from such tenant an increase of rent which the tenant has declined to accept, or after the parties have otherwise failed to come to an agreement from time to time during the continuance of such tenancy, may apply to the court to fix the fair rent, and thereupon the court, after hearing the parties, and having regard to the interest of the landlord and tenant respectively, and considering all the circumstances of the case, holding and district, may determine what is such fair rent.

(2) The rent fixed by the court (in this Act referred to as the judicial rent) shall be deemed to be the rent payable by the tenant as from the period commencing at the rent day next succeeding the decision of the court.

(3) When the judicial rent of any present tenancy has been fixed by the court, then, until the expiration of a term of fiteen years from the rent day next succeeding the day on which the determination of the court has been given . . .

such present tenancy shall be deemed to be a tenancy subject to statutory conditions. . . .

(7) A further statutory term shall not commence until the expiration of a preceding statutory term, and an alteration of judicial rents shall not take place at less intervals than fifteen years. . . .

Part V. Acquisition of land by tenants, reclamation of land, and emigration

24 (1) The land commission, out of moneys in their hands, may, if satisfied with the security, advance sums to tenants for the purpose of enabling them to purchase their holdings, as follows, that is to say

(a) Where a sale of a holding is about to be made by a landlord to a tenant in consideration of the payment of a principal sum, the land commission may advance to the tenant for the purposes of such purchase, any sum not exceeding three-quarters of the principal sum.

(b) Where a sale of a holding is about to be made by a landlord to a tenant in consideration of the tenant paying a fine and engaging to pay to the landlord a fee farm rent, the land commission may advance to the tenant for the purposes of such purchase any sum not exceeding one-half of the fine payable to the landlord. . . .

Part VI. Court and land commission

37 (1) The expression "the court" as used in this Act shall mean the civil bill court of the county where the matter requiring the cognisance of the court arises. . . .

(2) The court shall have jurisdiction in respect of all disputes between landlords and tenants arising under this Act. . . .

Appointment and proceedings of land commission

41. A land commission shall be constituted under this Act, consisting of a judicial commissioner and two other commissioners. . . .

47. Any person aggrieved by the decision of the civil bill court with respect to the determination of any matter under this Act or under the Landlord and Tenant (Ireland) Act, 1870 may appeal to the land commission and such commission may confirm, modify, or reverse the decision of the civil bill court. . . .

48 (1) For the purposes of this Act the land commission shall have full power and jurisdiction to hear and determine all matters whether of law or fact, and shall not be subject to be restrained in the execution of their powers under this Act by the order of any court, nor shall any proceedings before them be removed by *certiorari* into any court. . . .

87. Home Rule party pledge, 1884

(citing C. C. O'Brien, *Parnell and his Party 1880–90* (Oxford, 1957), 143)

I . . . . . pledge myself that in the event of my election to parliament, I will sit, act and vote with the Irish parliamentary party and if at a meeting of the party convened upon due notice specially to consider the question, it be decided by a resolution supported by a majority of the entire parliamentary party that I have not fulfilled the above pledge, I hereby undertake forthwith to resign my seat.

88. Purchase of Land (Ireland) Act, 1885

(*Public General Statutes*, 48 & 49 Vict. c. 73)

. . .

Advances by the Land Commission

2. For enabling tenants to purchase their holdings, either from the Land Commission or from the landlords of such holdings, the Land Commission may make advances under this Act from any funds at their disposal.

With respect to advances under this Act, the provisions of Part V of the Land Law (Ireland) Act, 1881 shall be amended as follows, that is to say

(a) The Land Commission may, if the repayment of the advances is secured by a deposit under this Act (hereinafter referred to as a guarantee deposit), and if the Land Commission are satisfied with the security in other respects, make an advance to a tenant who is purchasing his holding of the whole principal sum or price payable by the tenant instead of the three-fourths thereof mentioned in Part V of the Land Law (Ireland) Act, 1881.

(b) In making advances under this Act the Land Commission shall prefer applications for the purchase of holdings upon which the tenants reside, or which are reasonable adjuncts to holdings upon which such tenants reside.

(c) It shall not be lawful for the Land Commission to make advances under this Act exceeding in all the sum of five million pounds.

3. Any person willing to secure the repayment of an advance made by the Land Commission to a tenant who is purchasing his holding either from the Land Commission or from the landlord of such holding may deposit with the Land Commission such sums as a guarantee deposit, not being less than one-fifth of the advance, as may be agreed between him and the Land Commission.

If the person willing to secure the repayment of such advances is a landlord entitled to be repaid by the Land Commission or out of moneys provided by the Land Commission any sum for the purchase money of any land sold by him, he may provide such guarantee deposit by permitting the Land Commission to retain the same out of such money so payable for purchase money.

The Land Commission shall pay interest on the guarantee deposit at the rate of three per cent per annum.

Subject to the other provisions of the Act, the Land Commission shall retain the guarantee deposit until they ascertain and by order declare that the person liable for the repayment of the advances has repaid on account of principal money a sum equal to the guarantee deposit, and they shall then pay over the guarantee deposit to the person entitled thereto. . . .

4. With respect to the advances to be made under this Act, or to be made under the Landlord and Tenant (Ireland) Act, 1870 or the Land Law (Ireland) Act, 1881 . . . the provisions of Part V of the Land Law (Ireland) Act, 1881 shall be amended as follows.

(a) Every such advance shall be repaid by an annuity in favour of the Land Commission for forty-nine years, of four pounds for every hundred pounds of such advance and so in proportion for any less sum, instead of the annuity mentioned in the said Act.

(b) Every such annuity or any portion of it at any time outstanding may be redeemed in whole or in part by the person liable to pay such annuity by the payment to the Land Commission of a sum equivalent to the then value of such annuity or of such portion of it as is sought to be redeemed, such value to be calculated according to the table in the Schedule of the Act. . . .

Sale of land

5. The Irish Land Commission, if they have reasonably satisfied themselves that a resale can be effected without loss, may purchase any estate for the purpose of reselling to the tenants of the lands comprised in such estate their respective holdings and may purchase any holding for the purpose of reselling it to the tenant thereof. . . . Provided that such purchase of an estate shall only be made if the Land Commission are reasonably satisfied that holdings to the extent of four-fifths in number and value of the estate will be purchased by the tenants thereof. . . .

89. Home Rule Bill of 1886

(a) *Gladstone's speech introducing Home Rule Bill, House of Commons, 8 April 1886*

(*Hansard*, 3rd series, CCCIV, cols 1037 ff.)

. . . Mr Speaker, on one point I rejoice to think that we have a material, I would say a vital agreement. It is felt on both sides of the House, unless I am much mistaken, that we have arrived at a stage in our political transactions with Ireland, where two roads part one from the other, not soon probably to meet again. The late government – I am not now referring to this as a matter of praise or blame, but simply as a matter of fact – the late government felt that they had reached the moment for decisive resolution when they made the announcement, on the last day of their ministerial existence, that their duty compelled them to submit to parliament proposals for further repressive criminal legislation. We concur entirely in that conclusion, and we think that the time has come when it is the duty of parliament, when the honour of parliament and its duty alike require, that it should endeavour to come to some decisive resolution in this matter; and our intention is, sir, to propose to the House of Commons that which, as we think, if happily accepted, will liberate parliament from the restraints under which of late years it has ineffectually struggled to perform the business of the country; will restore legislation to its natural, ancient, unimpeded course; and will, above all, obtain an answer – a clear, we hope, and definite answer – to the question whether it is or is not possible to establish good and harmonious relations between Great Britain and Ireland on the footing of those free institutions to which Englishmen, Scotchmen, and Irishmen are alike unalterably attached.

Now, when I say that we are imperatively called upon to deal with the great question of social order in Ireland, do not let me for a moment either be led myself, or lead others into the dangerous fault of exaggeration. The crime of Ireland, the agrarian crime of Ireland, I rejoice to say, is not what it was in other days – days now comparatively distant, days within my own earliest recollection as a member of parliament. In 1833 the government of Lord Grey proposed to parliament a strong Coercion Act. At that time the information at their command did not distinguish between agrarian and ordinary crime as the distinction is now made. As to the present time, it is easy to tell the House that the serious agrarian crimes of Ireland, which in 1881 were 1,011, in 1885 were 245. But I go back to the period of 1832. The contrast is, perhaps, still more striking. In 1832 the homicides in Ireland were 248, in 1885 they were 65. The cases of attempts to kill, happily unfulfilled, in the first of those years were 269, in 1885 were 37. The serious offences of all other kinds in Ireland in 1832 were 6,014, in 1885 they were 1,057. The whole criminal offences in Ireland in the former year were 14,000, and in the latter year 2,683. . . . I must ask the House to enter with me into a brief review of the general features of what has become our course with regard to what is termed coercion, or repressive criminal legislation. And, sir, the first point to which I would call your attention is this, that whereas exceptional legislation – legislation which introduces exceptional provisions into the law – ought itself to be in its own nature essentially and absolutely exceptional, it has become for us not exceptional, but habitual. We are like a man who, knowing that medicine may be the means of his restoration to health, endeavours to live upon medicine. Nations, no more than individuals, can find a subsistence in what was meant to be a cure. But has it been a cure? Have we attained the object which we desired, and honestly desired, to attain? No, sir, agrarian crime has become, sometimes upon a larger, and sometimes upon a smaller scale, as habitual in Ireland as the legislation which has been intended to repress it, and that agrarian crime, although at the present time it is almost at the low water mark, yet has a fatal capacity of expansion under stimulating circumstances, and rises from time to time, as it rose in 1885, to dimensions, and to an exasperation which becomes threatening to general social order, and to the peace of private and domestic life.

I ought, perhaps, to supply an element which I forgot at the moment, in comparing 1832 and 1885 – that is to remind the House that the decrease of crime is not so great as it looks, because the population of Ireland at that time was nearly eight million, whereas it may be taken at present as five million. But the exact proportion, I believe, is fairly represented by the figure I will now give. The population of Ireland now, compared with that time, is under two-thirds; the crime of Ireland now, as compared with that period, is under one-fifth.

But the agrarian crime in Ireland is not so much a cause as it is a symptom. It is a symptom of a yet deeper mischief of which it is only the external manifestation. That manifestation is mainly threefold. In the first place, with certain exceptions for the case of winter juries, it is impossible to depend in Ireland upon the finding of a jury in a case of agrarian crime according to the facts as they are viewed by the government, by the judges, and by the public, I think, at large. That is a most serious mischief, passing down deep into the very groundwork of civil society. It is also, sir, undoubtedly a mischief that, in cases where the extreme remedy of eviction is resorted to by the landlord – possibly, in some instances, unnecessarily resorted to, but in other instances, resorted to after long patience has been exhausted – these cases of eviction, good, bad, and indifferent as to their justification, stand pretty much in one and the same discredit with the rural population of Ireland, and become, as we know, the occasion of transactions that we all deeply lament. Finally, sir, it is not to be denied that there is great interference in Ireland with individual liberty in the shape of intimidation. Now, sir, I am not about to assume the tone of the Pharisee on this occasion. There is a great deal of intimidation in England too, when people find occasion for it; and if we, the English and the Scotch, were under the conviction that we had such grave cause to warrant irregular action, as is the conviction entertained by a very large part of the population in Ireland, I am not at all sure that we should not, like that part of the population in Ireland, resort to the rude and unjustifiable remedy of intimidation. . . . The consequence of that is to weaken generally the respect for law, and the respect for contract, and that among a people who, I believe, are as capable of attaining to the very highest moral and social standard as any people on the face of the earth. So much for coercion – if I use the phrase it is for brevity for repressive legislation generally – but there is one circumstance to which I cannot help calling the special attention of the House.

Nothing has been more painful to me than to observe that, in this matter, we are not improving, but, on the contrary, we are losing ground. Since the last half-century dawned, we have been steadily engaged in extending, as well as in consolidating, free institutions. I divide the period since the Act of Union with Ireland into two – the first from 1800 to 1832, the epoch of what is still justly called the great Reform Act; and secondly, from 1833 to 1885. I do not know whether it has been as widely observed as I think it deserves to be that, in the first of these periods – thirty-two years – there were no less than eleven years –

it may seem not much to say, but wait for what is coming – there were no less than eleven of those thirty-two years in which our statute book was free throughout the whole year from repressive legislation of an exceptional kind against Ireland. But in the fifty-three years since we advanced far in the career of Liberal principles and actions – in those fifty-three years, from 1833 to 1885 – there were but two years which were entirely free from the action of this special legislation for Ireland. Is not that of itself almost enough to prove that we have arrived at the point where it is necessary that we should take a careful and searching survey of our position? . . .

Well, sir, what are the results that have been produced? This result above all – and now I come to what I consider to be the basis of the whole mischief – that rightly or wrongly, yet in point of fact, law is discredited in Ireland, and discredited in Ireland upon this ground especially – that it comes to the people of that country with a foreign aspect and in a foreign garb. These coercion bills of ours, of course – for it has become a matter of course – I am speaking of the facts and not of the merits – these coercion bills are stiffly resisted by the members who represent Ireland in parliament. The English mind, by cases of this kind and by the tone of the press towards them, is estranged from the Irish people, and the Irish mind is estranged from the people of England and Scotland. I will not speak of other circumstances attending the present state of Ireland, but I do think that I am not assuming too much when I say that I have shown enough in this comparatively brief review – and I wish it could have been briefer still – to prove that, if coercion is to be the basis for legislation, we must no longer be seeking, as we are always laudably seeking, to whittle it down almost to nothing at the very first moment we begin, but we must, like men, adopt it, hold by it, sternly enforce it, till its end has been completely attained – with what results to peace, good will, and freedom I do not now stop to inquire. Our ineffectual and spurious coercion is morally worn out. I give credit to the late government for their conception of the fact. They must have realised it when they came to the conclusion, in 1885, that they would not propose the renewal or continuance of repressive legislation. They were in a position in which it would have been comparatively easy for them to have proposed it, as a Conservative government following in the footsteps of a Liberal administration. But they determined not to propose it. I wish I could be assured that they and the party by whom they are supported were fully aware of the immense historic weight of that determination. I have sometimes heard language used which appears to betoken an idea on the part of those who use it that this is a very simple matter – that in one state of facts they judged one way in July, and that in another state of facts they judged another way in January; and that, con- sequently, the whole ought to be effaced from the minds and memories of man. Depend upon it the effect of that decision of July never can be effaced – it will weigh, it will tell upon the fortunes and circumstances both of England and of Ireland. The return to the ordinary law, I am afraid, cannot be said to have succeeded.

Almost immediately after the lapse of the Crimes Act, "boycotting" increased fourfold. Since that time it has been about stationary; but in October it had increased fourfold compared with what it was in the month of May. Well, now, if it be true that resolute coercion ought to take the place of irresolute coercion – if it be true that our system, such as I have exhibited it, has been – we may hide it from ourselves, we cannot hide it from the world – a failure in regard to repressive legislation, will that other coercion which it is possible to conceive be more successful? I can indeed conceive, and in history we may point to circumstances in which coercion of that kind, stern, resolute, consistent, might be and has been successful. But it requires in my judgment two essential conditions, and these are – the autocracy of government and the secrecy of public transactions. With these conditions, that kind of coercion to which I am referring might possibly succeed. But will it succeed in the light of day, and can it be administered by the people of England and Scotland against the people of Ireland by the two nations which, perhaps, above all the others upon earth – I need hardly except America – best understand and are most fondly attached to the essential principles of liberty?

Now, I enter upon another proposition to which I can hardly expect broad exception can be taken. I will not assume, I will not beg the question whether the people of England and Scotland will ever administer that sort of effectual coercion which I have placed in contrast with our timid and hesitating repressive measures; but this I will say, that the people of England and Scotland will never resort to that alternative until they have tried every other. Have they tried every other? Well, some we have tried, to which I will refer. I have been concerned with some of them myself. But we have not yet tried every alternative, because there is one – not unknown to human experience – on the contrary widely known to various countries in the world, where this dark and difficult problem has been solved by the comparatively natural and simple, though not always easy, expedient of stripping law of its foreign garb and investing it with a domestic character. I am not saying that this will succeed; I by no means beg the question at this moment; but this I will say, that Ireland, as far as I know, and speaking of the great majority of the people of Ireland, believes it will succeed, and that experience elsewhere supports that conclusion. The case of Ireland, though she is represented here not less fully than England or Scotland, is not the same as that of England or Scotland. England, by her own strength, and by her vast majority in this House, makes her own laws just as independently as if she were not combined with the other two countries. Scotland – a small country, smaller than Ireland, but a country endowed with a spirit so masculine that never in the long course of history, excepting for two brief periods, each of a few years, was the superior strength of England such as to enable her to put down the national freedom beyond the border – Scotland, wisely recognised by England, has been allowed and encouraged in this House to make her own laws as freely and as effectually as if she had a representation six times as strong. The consequence is that the mainspring of law in England is felt by the people to be English; the mainspring of law in Scotland is felt by the people to be Scotch; but the mainspring of law in Ireland is not felt by the people to be Irish, and I am bound to say – truth extorts from me the avowal – that it cannot be felt to be Irish in the same sense as it is English and Scotch. . . .

. . . We are sensible that we have taken an important decision – our choice has been made. It has not been made without thought; it has been made in the full knowledge that trial and difficulty may confront us on our path. We have no right to say that Ireland, through her constitutionally-chosen representatives, will accept the plan I offer. Whether it will be so I do not know – I have no title to assume it, but if Ireland does not cheerfully accept it, it is impossible for us to attempt to force on her what is intended to be a boon; nor can we possibly press England and Scotland to accord to Ireland what she does not heartily welcome and embrace. There are difficulties; but I rely upon the patriotism and sagacity of this House; I rely on the effects of full and free discussion; and I rely more than all upon the just and generous sentiments of the two British nations. Looking forward, I ask the House to assist us in the work which we have undertaken, and to believe that no trivial motive can have driven us to it – to assist us in this work which, we believe, will restore parliament to its dignity and legislation to its free and unimpeded course. I ask you to stay that waste of public treasure which is involved in the present system of government and legislation in Ireland, and which is not a waste only, but which demoralises while it exhausts. I ask you to show to Europe and to America that we, too, can face political problems which America twenty years ago faced, and which many countries in Europe have been called upon to face, and have not feared to deal with. I ask that in our own case we should practise, with firm and fearless hand, what we have so often preached – the doctrine which we have so often inculcated upon others – namely, that the concession of local self-government is not the way to sap or impair, but the way to strengthen and consolidate unity. I ask that we should learn to rely less upon merely written stipulations, and more upon those better stipulations which are written on the heart and mind of man. I ask that we should apply to Ireland that happy experience which we have gained in England and in Scotland, where the course of generations has now taught us, not as a dream of a theory, but as practice and as life, that the best and surest foundation we can find to build upon is the foundation afforded by the affections, the convictions, and the will of the nation; and it is thus, by the decree of the Almighty, that we may be enabled to secure at once the social peace, the fame, the power, and the permanence of the empire.

Motion made, and question proposed,

"That leave be given to bring in a bill to amend the provision for the future government of Ireland." (Mr Gladstone)

(b) *Chamberlain's speech on second reading, 1 June 1886*
(ibid. CCCVI, cols 631 ff.)

... I have always held the same language on this Irish question that I hold today; and it does seem to me a strange thing that some of my hon. friends should be so anxious to convict me of inconsistency, and of having changed an opinion which I expressed twelve years ago, when there is hardly one of them today who holds the opinion which he entertained less than twelve weeks ago. Well, sir, why do we lay so much stress on this point of the representation of Ireland? It is not a merely technical point – it is not even the delight we take in the society of the hon. gentlemen opposite. We have always laid stress on this, because we have said that the effect of the bill was that it not only created a parliament in Dublin, but would also destroy the imperial parliament at Westminster. We have said and maintain that the retention of the imperial parliament in its present form and authority is necessary for the unity of the empire, and that without the representation of Ireland you cannot have a parliament at Westminster which will exercise anything like an effective or authoritative supremacy. We are anxious for the supremacy of the imperial parliament. I put this to hon. gentlemen opposite. I do not think they agree with me; but let them bear in mind that this is the issue raised by this bill. If they do not want the imperial parliament to be supreme they are right in voting for it. If they do want it to be supreme they will fail in their purpose. I want to read a passage from the speech of my right hon. friend the Prime Minister. I am not going to impute to him the slightest inconsistency, I believe he has never wavered the least himself in reference to the language I am going to quote; and I believe he would speak now in exactly the same words. I only quote them because they express in better language than I could command the idea I wish to convey. This is an extract from a speech of my right hon. friend delivered at Dalkeith in December 1879. The right hon. gentleman says, "One limit, and one limit only, I know to the extension of local government. It is this. Nothing can be done, in my opinion, by any wise statesman or right-minded Briton to weaken or compromise the authority of the imperial parliament, because the imperial parliament must be supreme within these three kingdoms, and nothing that creates a doubt upon that supremacy can be tolerated by any intelligent and patriotic man." That exactly expresses the opinion which I hold and which I want to impress on the House. But is there any man here who can maintain that this bill does not weaken the supremacy of the imperial parliament – that does not throw doubt upon it? (Cries of "No, no!") I hear some hon. gentlemen opposite say "No!" Well, I challenge them to get up in this House, or in Ireland and say they are in favour of the continued existence of the real supremacy of the imperial parliament as it exists at present. (Cries of "No, no!") Ah! now the House sees what hon. members want. They are not in favour of the supremacy as it exists at present. But what my right hon. friend said was that he would not weaken that supremacy – that he would not throw doubt upon it. (Mr Gladstone: Hear, hear!) But they want to weaken it and to throw a doubt upon it, and they only support this bill because they believe it does these things. I read very carefully the very able speech of the hon. gentleman the under-secretary for foreign affairs (Mr Bryce). I imagine that he put the constitutional question as well as it was possible to put it; and even to the uninstructed mind of the layman his doctrine seemed to be perfectly clear and conclusive. If the Prime Minister had said that he did not wish to abolish the supremacy of the imperial parliament, the answer of my hon. friend would be complete, for the supremacy is not abolished. It still remains – what shall I say? – as a constitutional figment. But we want it to be a real and effective supremacy. We do not want the supremacy of the British parliament to descend to the level of the suzerainty of the Porte over Cyprus. The under-secretary told us that the supremacy of parliament existed over colonial legislatures. Yes, sir, but dare we exercise it? Dare we exercise it, say, upon the criminal, agrarian, religious, or educational matters of any self-governing colony? We know that, if we did so, that colony would at once throw off its allegiance. Are we, then, going to reduce Ireland to the position of a self-governing colony, subject to a constitutional supremacy which becomes a sham, and which we dare not exercise? That is the question which lies at the root of our desire that Irish members should be retained at Westminster. Under these circumstances, I am not surprised that hon. members opposite should object to it. Well, now, sir, do the amendments which my right hon. friend has indicated meet this view? My right hon. friend has not put before us his plan; but he has indicated sufficiently for our purpose the nature of that plan. He said at the Foreign Office that he had already promised the House that on questions of taxation Irish members would be invited to take their part in our deliberations. The word was "invited". Afterwards he said that, with regard to imperial affairs, and the subjects which are known as reserved subjects, he would apply the same principle as in the case of taxation. Very well, now I shall be corrected if I have misstated the intention of the right hon. gentleman; but what I understand is that the idea of the Prime Minister was that, in some way or other, more or less formal, Irish members are to be invited to debates in which they take an interest, and to be allowed to come here and share our discussions. If that is the proposal, all I can say is, that it seems to me an unsatisfactory one. It would make of the imperial parliament a periodic and spasmodic body. It would have no continuous existence, and I cannot see how the Irish people can be asked to take their share in imperial obligations if the attendance of their representatives was governed by any plan of this kind. Let us judge it by our own experience. First, let me take one or two examples. Many members will recollect all the circumstances attending the debate on the vote of credit in connection with the Russian difficulty in the east. I take it that, if such a proposal in similar circumstances should again be made, the Irish members would be invited here to help us pay the bill. But that is not enough. They would have the right, if they are to pay any share of the expenses, to have their part in the discussion of every question which might by any possibility arise with reference to this matter, which might help to develop the policy which might in turn make the expenditure necessary. Take the question of Egypt, which occupied a great deal too much of our time during the last parliament. The Irish members frequently took part in our debates. The question of Egypt was always with us; and how could Irish members take their fair share in discussing such a policy unless they were continuously and permanently present? Under these circumstances, how could we preserve the supremacy to which I attach so much importance? The imperial parliament would be a fluctuating body with a large section of its members imperfectly informed on the subjects which they were called upon to decide; and at the same time they would have no adequate authority to deal with the general business of the United Kingdom. The fact is that there are two conditions necessary for maintaining, without weakening or throwing doubt upon it, the supremacy of the imperial parliament. The first is that Irish members shall have their full, complete, and continuous representation in this House. The second is that the local legislative body or bodies to be created shall admittedly be from the first subordinate bodies. If they are coordinate and equal, you cannot have supremacy. Equality denies supremacy by the etymological meaning of the word. . . .

There is one admission I will make. Two things have become clear during the controversy that has taken place in the country; one is that the British democracy has a passionate devotion to the Prime Minister – a devotion earned and deserved by fifty years of public service, and that sentiment is as honourable to him as it is to those who feel and express it. But there is another thing which has also come out – that is the sentiment – the universality and completeness of which, I daresay, has taken many of us by surprise – in favour of some form of Home Rule to Ireland, which will give to the Irish people some greater control over their own affairs. On these two things I believe the British democracy is practically unanimous; but they are not unanimous as to the methods by which it has been sought to establish this principle. Anyone who will look to the resolutions of Liberal associations – anyone who will read the speeches of prominent Radicals and Liberals – will see that there is the greatest difference of opinion as to the particular provisions of this bill, and hardly anyone approves of it unreservedly. Most of them take the same objections which I have been urging. It is upon the method and plan of this bill that we are going to the country, and not upon its principle. I have said before, and I say it again – "Give me the principle without the bill and I will vote for it." But I will not vote for the method by which it is sought to establish the principle. But we are going to the country, and I hope we shall go in a more amiable temper than has recently been displayed in some quarters. I have been myself assailed with extraordinary bitterness because I have exercised an independent judgment in a matter which I believe to be vital to the interests of the country. I have been told that I am animated by personal spite and private spleen. Yes; I do not complain of hon. members from Ireland taking that view and expressing it – it is their habit of controversy. No one has ever been opposed to them in politics but he has been covered with virulent abuse and misrepresentation, and none more conspicuously than Earl Spencer and the Prime Minister, whom they are loading with fulsome adulation. But I address myself to my hon. friends around me, from whom I have the misfortune to differ. I ask them whether it is really necessary to impute the basest motives at a time when there are on the surface reasons – perfectly honourable reasons – which may sufficiently account for their conduct? Do you say – do you dare to say – that my right hon. friend and colleague in the representation of Birmingham (Mr Bright) is animated by personal spleen and spite? He takes the same course as I do; he is going into the lobby against this bill, and against the friend, the associate, and the leader whom he has followed with loyal devotion for many years of his life. My right hon. friend and colleague has done as great services, he has lived almost as long in public life, as the Prime Minister himself, and no one has doubted his honour. But you say that I am in a different position. And why do you say that? What I am saying now I expressed in public – it is in print – before the general election, before I was a member of the government, before I had the slightest conception that any idea of this kind was fermenting then – if it was fermenting – in the mind of the Prime Minister. I spoke at Warrington in September 1885 and I referred to the demands of the hon. member for the city of Cork (Mr Parnell), and I said then that if there was any party or any man that was prepared to yield to those demands in order to purchase his support, I would have no part in the competition. And then many of my hon. friends, whom I see around me, thanked me in public for what they thought of that plain, frank, and courageous declaration; and now, forsooth, for having made the same declaration three months later, when the occasion has arisen, they accuse me of personal and unworthy motives. Sir, the charge is unjust and the charge is ridiculous. For there is not a man here who does not know that every personal and political interest would lead me to cast in my lot with the Prime Minister. Why, sir, not a day passes in which I do not receive dozens and scores of letters urging me for my own sake to vote for the bill, and to "dish the Whigs". Well, sir, the temptation is no doubt a great one; but after all I am not base enough to serve my personal ambition by betraying my country; and I am convinced that when the heat of this discussion is passed and over Liberals will not judge harshly those who have pursued what they honestly believed to be the path of duty, even though it may lead to the disruption of party ties, and to the loss of the influence and power which it is the legitimate ambition of every man to seek among his political friends and associates.

(c) *Parnell's speech on second reading, 7 June 1886*

(ibid. cols 1171 ff.)

. . . Now, sir, the right hon. member for East Edinburgh (Mr Goschen) spoke about the sovereignty of parliament. I entirely agree upon this point. I entirely accept the definitions given by the under-secretary of State for foreign affairs (Mr Bryce) the other day. We have always known since the introduction of this bill the difference between a coordinate and a subordinate parliament, and we have recognised that the legislature which the Prime Minister proposes to constitute is a subordinate parliament – that it is not the same as Grattan's parliament, which was coequal with the imperial parliament, arising out of the same constitution given to the Irish people by the Crown, just in the same way, though not by the same means, as parliamentary institutions were given to Great Britain by the sovereign. We understand this perfectly well. Undoubtedly I should have preferred – as I stated in speeches which have been quoted against me as showing that I could not accept this proposed settlement as final – I should have preferred the restitution of Grattan's parliament; it would have been more in accordance with the sentiments of the Irish people, whose sentiments in such matters it is most important to regard. But with reference to the argument that has been used against us, that I am precluded from accepting this solution as a final solution because I have claimed the restitution of Grattan's parliament, I would beg to say that I consider there are practical advantages connected with the proposed statutory body, limited and subordinate to this imperial parliament as it undoubtedly will be, which will render it much more useful and advantageous to the Irish people than was Grattan's parliament, and that the statutory body which the right hon. gentleman proposes to constitute is much more likely to be a final settlement than Grattan's parliament. . . . We feel, therefore, that under this bill this imperial parliament will have the ultimate supremacy and the ultimate sovereignty. I have already said that under this bill the House of Lords of Grattan's parliament will not be revived; but there is another great difference between Grattan's parliament and the legislature to be established under this bill, namely that in Grattan's parliament the executive was divorced from the legislative body, whereas the two bodies will be united under this bill. I think it was Fox who said that there could be no perfect system of government in which the executive and the legislative bodies were not joined together. In that observation I quite agree, and I think that the most useful part of the bill is that in which the Prime Minister throws the responsibility upon the new legislature of maintaining that order in Ireland without which no state and no society can exist. I understand the supremacy of the imperial parliament to be this – that they can interfere in the event of the powers which are conferred by this bill being abused in certain circumstances. But the Nationalists in accepting this bill go, as I think, under an honourable understanding not to abuse those powers; and we pledge ourselves in that respect for the Irish people, as far as we can pledge ourselves, not to abuse those powers, and to devote our energies and our influence which we may have with the Irish people to prevent those powers from being abused. But, if those powers should be abused, the imperial parliament will have at its command the force which it reserves to itself, and it will be ready to intervene, but only in the case of grave necessity arising. I believe that this is by far the best mode in which we can hope to settle this question. You will have the real power of force in your hands, and you ought to have it; and if abuses are committed and injustice be perpetrated you will always be able to use that force to put a stop to them. You will have the power and the supremacy of parliament untouched and unimpaired, just as though this bill had never been brought forward. We fully recognise this to be the effect of the bill. I now repeat what I have already said on the first reading of the measure, immediately after I heard the statement of the Prime Minister that we look on the provisions of the bill as a final settlement of this question, and that I believe that the Irish people have accepted it as such a settlement. (Cheers and ironical cheers.) Of course you may not believe me, but I can say no more. I think my words upon that occasion have been singularly justified by the result. We have had this measure accepted in the sense I have indicated by all the leaders of every section of national opinion both in Ireland and outside Ireland. It has been accepted in the United States of America, and by the Irish population in that country with whose vengeance some hon. members are so fond of threatening us. Not a single dissentient voice has been raised against this bill by any Irishman – not by any Irishman holding national opinion – and I need hardly remind the House that there are sections among Irish Nationalists just as much as there are even among the great Conservative party. I say that as far as it is possible for a nation to accept a measure cheerfully, freely, gladly, and without reservation as a final settlement, I say that the Irish people have shown that they have accepted this measure in that sense. Even the terrible *Irish World*, which has not been upon my side for the last five or six years, says, "The Irish race at home and abroad have signified a willingness to accept the terms of peace offered by Mr Gladstone." And it goes on to say that, "If a Coercion Bill were now passed by parliament, it will be equivalent to a declaration of war on the part of England."

I need scarcely say that we have not agreed with Mr Patrick Ford during the last five or six years. We strongly condemn his proposals, and he returns the compliment by not agreeing with us, so that honours are pretty easy; but I take his testimony upon this point – that as far as the Irish people at home and in America can accept this bill they have done so without any reservation whatever in a final sense. . . .

. . . The right hon. gentleman (Mr Goschen), as I and others, and as I believe the country, understood him, argued on this occasion, that Ulster was wealthier than either of the three other provinces, and that consequently the burden of taxation would chiefly fall upon her, and that without Ulster, there-fore, it would be impossible to carry on the government of Ireland. The right hon. gentleman did not press the financial question very far today; but it would not be improper, perhaps, if we were to direct a little more of our attention to it. For instance, the great wealth of Ulster has been taken up as the war cry of the loyal and patriotic Union. The right hon. gentleman was not very fair in choosing the income tax, schedule D, referring to trade and professions, as his standard and measure of the relative wealth of the four provinces. The fair measure of their relative wealth is their assessment to the income tax under all the different schedules, and also the value of the rateable property in Ireland; and these tests show conclusively that, so far from Ulster being the wealthiest of the four provinces – and the right hon. gentleman does not deny it now – Ulster comes third in point of relative wealth per head of the population. She comes after Leinster and Munster, and she is only superior to impoverished Connaught. The income tax for Leinster shows £10 6s 9d per head; Munster £6 0s 7d per head; Ulster £5 14s 9d per head; Connaught £3 13s 7d per head. These figures will give the relative wealth of the four provinces as ascertained by these, the only fair tests, as 9.92 for Leinster, 5.78 for Munster, 5.49 for Ulster – or little more than half the relative wealth of Leinster – and 3.52 for Connaught. And if you take any other fair tests the same results will be arrived at, and you will find that Ulster, instead of being the first on the list as regards wealth per head, comes a long way third. But the right hon. gentleman also argued that there was great disparity between the north-eastern or Protestant counties of Ulster and the Catholic counties in point of relative wealth. He chose not the fairest test, but the test that showed the best results for his argument, and he represented the disparity as a great deal larger than that which actually exists. But undoubtedly, to a considerable extent, there is this disparity between the relative wealth of the north-eastern counties of Ulster and the other counties of the province. But that same disproportion exists all through Ireland. The eastern counties are universally the richer counties all over Ireland. If you draw a meridian line down through the centre of the country you will find to the east of that line relative prosperity and to the west of it considerable poverty. The reason of this is obvious. In the first place, the country becomes rocky and barren as you go west; and, in the second place, its chief trade is with England; and consequently the great distributing centres, the shipping ports and other places where men of business and wealth congregate and find their living, exist on the eastern sea-board. And it is only natural, not only as regards Ulster, but Munster and Leinster, that the eastern portions of the province are richer than the rest. I come next to the question of the protection of the minority. I have incidentally dwelt on this point in respect to the matter of education; but I should like, with the permission of the House, to say a few words more about it, because it is one on which great attention has been bestowed. One would think from what we hear that the Protestants of Ireland were going to be handed over to the tender mercies of a set of thugs and bandits (Hear! hear!). The hon. and gallant member for North Armagh (Major Saunderson) cheers that. I only wish I was as safe in the north of

Ireland when I go there as the hon. and gallant member would be in the south. What do hon. members mean by the protection of the loyal minority? The right hon. member for East Edinburgh (Mr Goschen) does not seem to have made up his mind, even at this late stage of the discussion, as to what loyal Ulster he means. When asked the question, he said he meant the same loyal Ulster as was referred to by the Prime Minister in his speech; but he would not commit himself by telling us what signification he attached to the Prime Minister's expression. Well, I have examined the Prime Minister's reference since then, and I find that he referred to the whole province of Ulster. He did not select a little bit of the province, because the Opposition had not discovered this point at that time; and consequently I suppose I may assume that the right hon. member for East Edinburgh also referred to the whole province of Ulster when he asked for special protection for it. He has not, however, told us how he would specially protect it. But we may go to other sources to supply that deficiency. It is one of the features of this debate that in order to make up the patchwork of a plan you have to go round to the Opposition speakers, and select a bit from one and a bit from another and a bit from a third to frame something like a programme in opposition to the proposal of the Prime Minister, and even then the results are very unsatisfactory. But the right hon. member for West Birmingham (Mr Chamberlain) has claimed for Ulster – and I suppose that the right hon. member for East Edinburgh, when the proper time comes, will support him in that claim – a separate legislature for the province of Ulster. Well, sir, you would not protect the loyal minority of Ireland even supposing you gave a separate legislature to the province of Ulster, because there are outside the province of Ulster over 400,000 Protestants who would still be without any protection so far as you propose to give them protection. You would make the position of those 400,000 Protestants, by taking away Ulster from them, infinitely less secure. But you would not even protect the Protestants in Ulster, because the Protestants, according to the last census, were in the proportion of 52 to 48 Catholics; and we have every reason to believe that now the Protestants and Catholics in Ulster are about equal in number. At all events, however that may be, the Nationalists have succeeded in returning the majority of Ulster members, and consequently we have the Nationalists in a majority in Ulster. The main reason of the balance of forces I believe to be that a large proportion of the Protestant Nationalists voted in the closely divided constituencies of Ulster in favour of my hon. colleagues. So that you would have the Nationalist will to deal with in Ulster even if Ulster had a separate legislature; and the very first thing that the Ulster legislature would do would be to unite itself with the Dublin legislature. . . . No, sir, we cannot give up a single Irishman. We want the energy, the patriotism, the talents and the work of every Irishman to insure that this great experiment shall be a successful one. The best system of government for a country I believe to be one which requires that that government should be the resultant of all the forces within that country. We cannot give away to a second legislature the talents and influence of any portion or section of the Irish people. The class of Protestants will form a most valuable element of the Irish legislature of the future, constituting as they will a strong minority, and exercising through the first order a moderating influence in making the laws. We have heard of the danger that will result from an untried and unpractised legislature being established in Ireland. Now I regard variety as vitally necessary for the success of this trial. We want, sir, all creeds and all classes in Ireland. We cannot consent to look upon a single Irishman as not belonging to us. And, however much we recognise the great abilities and the industry of the Irish Protestants – and we recognise them fully and freely – we cannot admit that there is a single one of them too good to take part in the Dublin parliament. We do not blame the small proportion of the Protestants of Ireland who feel any real fear. I admit, sir, that there is a small proportion of them who do feel this fear. We do not blame them; we have been doing our best to allay that fear, and we shall continue to do so. And finally, when this bill becomes an Act, we shall not cease from the work of conciliating the fears of this small section of Irishmen. No, sir. Theirs is not the shame and disgrace of this fear. That shame and disgrace belong to the right hon. gentlemen and noble lords of English political parties, who, for selfish interests, have sought to rekindle the embers – the almost expiring embers – of religious bigotry. Ireland has never injured the right hon. gentleman the member for West Birmingham. I do not know why he should have added the strength of his powerful arm – why he should, like another Brennus – let us hope not with the same result – why he should have thrown his sword into the scale against Ireland. I am not aware that we have either personally or politically attempted to injure the right hon. gentleman, yet he and his kind seek to dash this cup from the lips of the Irish people – the first cup of cold water that has been offered to our nation since the recall of Lord Fitzwilliam. . . . Now, sir, what does it all come to? It comes to two alternatives when everything has been said and everything has been done. One alternative is the coercion which Lord Salisbury put before the country, and the other is the alternative offered by the Prime Minister, carrying with it the lasting settlement of a treaty of peace. If you reject this bill, Lord Salisbury was quite right in what he said as to coercion. ("No, no!") With great respect to the cries of "No!" by hon. members above the gangway, I beg to say that you will have to resort to coercion. That is not a threat on my part – I would do much to prevent the necessity for resorting to coercion; but I say it will be inevitable, and the best-intentioned Radical who sits on those benches, and who thinks that he "never, never will be a party to coercion", will be found very soon walking into the division lobby in favour of the strongest and most drastic coercion bill, or, at the very outside, pitifully abstaining. We have gone through it all before. During the last five years, I know, sir, there have been very severe and drastic coercion bills; but it will require an even severer and more drastic measure of coercion now. You will require all that you have had during the last five years, and more besides. What, sir, has that coercion been?

You have had, sir, during those five years – and I do not say this to inflame passion or to awaken bitter memories – you have had during those five years the suspension of the Habeas Corpus Act; you have had a thousand of your Irish fellow-subjects held in prison without specific charge, many of them for long periods of time, some of them for twenty months, without trial and without any intention of placing them upon trial – I think of all those thousand persons arrested under the Coercion Act of the late Mr Forster scarcely a dozen were put on their trial; you have had the Arms Acts; you have had the suspension of trial by jury – all during the last five years. You have authorised your police to enter the domicile of a citizen, of your fellow-subject in Ireland, at any hour of the day or night, and to search every part of this domicile, even the beds of the women, without warrant. You have fined the innocent for offences commited by the guilty; you have taken power to expel aliens from the country; you have revived the curfew law and the blood-money of your Norman conquerors; you have gagged the press and seized and suppressed newspapers; you have manufactured new crimes and offences, and applied fresh penalties unknown to your laws for these crimes and offences. All this you have done for five years, and all this and much more you will have to do again. The provision in the bill for terminating the representation of Irish members has been very vehemently objected to, and the right hon. the member for the Border Burghs (Mr Trevelyan) has said that there is no half-way house between separation and the maintenance of law and order in Ireland by imperial authority. I say, with just as much sincerity of belief, and just as much experience as the right hon. gentleman, that, in my judgment, there is no half-way house between the concession of legislative autonomy to Ireland and the disfranchisement of the country and her government as a Crown colony. But, sir, I refuse to believe that these evil days must come. I am convinced that there are a sufficient number of wise and just members in this House to cause it to disregard appeals made to passion and to pocket, and to choose the better way of the Prime Minister – the way of founding peace and goodwill among nations; and when the numbers in the division lobby come to be told, it will also be told, for the admiration of all future generations, that England and her parliament, in this nineteenth century, was wise enough, brave enough, and generous enough to close the strife of centuries, and to give peace, prosperity, and happiness to suffering Ireland.

90. Cowper Report on operation of the Land Acts, February 1887

(*Parliamentary Papers 1887*, XXVI)

7. Tenants who applied to have their rent fixed before the 15th day of November 1881 were entitled to have their notices of application recorded, which procedure made their new rent run from the last gale day of the year 1881, no matter when their case was subsequently heard. This provision brought a very large influx of cases into the land commission court at the commencement,

and, as a consequence, in a large proportion of the cases in which rents have been fixed, more than five years of the statutory term have now elapsed. 8. The entire number of fair rents fixed by all the methods provided by the Act between 21 August 1881 and 22 August 1866 was 176,800. The leaseholders are as yet excepted, but if we deduct them from the 350,000 holders who were *prima-facie* entitled to come into court, after making a large allowance for other excepted holdings, we arrive at the conclusion that about 150,000 tenants who were entitled to avail themselves of the provisions of the Land Act of 1881 have not yet done so.

9. The following table shows the percentage reduction of rent made.

Year ending	Sub-commissioners	Civil Bill Courts
	percentage of reduction	
22 *August* 1882	20.5	22.0
22 *August* 1883	19.5	22.0
22 *August* 1884	18.7	20.1
22 *August* 1885	18.1	19.6
22 *August* 1886	24.1	22.5

The reductions made from January 1886 to the present time, if taken by each month, present a larger percentage.

10. In the five years the sub-commissioners reduced a rental of £1,601,580 to £1,287,272, the percentage of reduction being 19.6; in the same periods the county courts reduced former rents amounting to £112,709 to £82,212, the percentage of reduction being 20.8. During the five years, by agreements entered into and lodged with the land commission, rents amounting in the aggregate to £1,383,682 were reduced to £1,153,846, the percentage of reduction being 16.6. And by agreement lodged with the county courts, rents amounting to £109,157 were reduced to £90,700, the percentage of reduction being 16.9. In all, by the operation of the Act, including arbitrations, a rental of £3,227,021 has been reduced to £2,638,549, a percentage reduction of 18.2.

Operation of the Purchase of Land (Ireland) Act, 1885

11. Three opportunities have been given by the legislature to assist the Irish farmers to become owners of their farms. Very little advantage was taken of the first, under the Act of 1870, by which two thirds of the price was lent by the State, repayable by instalment and interest at five per cent yearly, for thirty-five years. In this case the tenant had to find one third of the price. By the Act of 1881, in addition to other great advantages, the State was, on the same terms, to advance three fourths of the price, the tenant finding one fourth. A third or a fourth of the price was to be paid down, which was a guarantee that the purchasing tenant was either a man of some means, or of good credit. This

safeguard was entirely withdrawn by the act of 1885, so far as the purchaser is concerned, but instead of this the action was reversed, and the seller must make the deposit when the tenant has no capital to offer. Only 702 tenants purchased under the Act of 1870, the amount of the purchase money being £700,146. Under the Act of 1881, 731 tenants obtained loans to the amount of £240,554, each loan representing as a rule three fourths of the purchase money. Under the Act of 1885, up to 31 January last, the land commission have had 5,106 applications for loans, the amount of the purchase money applied for being £2,446,946. . . .

Combinations

12. It appears from the evidence that the operation of the Land Law (Ireland) Act, 1881 has been affected in many districts by combinations to resist the payment of rent and the right of free sale. In Ulster such combinations do not, as a rule, exist.

13. In the other provinces combinations made themselves felt before the passing of the Land Act, 1881 and have, in various forms, continued to the present time. Outrage was at first made use of to intimidate parties who were willing to pay rents, but latterly the methods of passing resolutions at National League meetings, causing their proceedings to be reported in local newspapers, naming obnoxious men and then boycotting those named, have been adopted. Tenants who have paid even the judicial rent have been summoned to appear before self-constituted tribunals, and if they failed to do so, or appearing failed to satisfy those tribunals, have been fined or boycotted. The people are more afraid of boycotting, which depends for its success on the probability of outrage, than they are of the judgment of the courts of justice. The unwritten law in some districts is supreme. We deem it right to call attention to the terrible ordeal that a boycotted person has to undergo, which was by several witnesses graphically described during the progress of our enquiry. The existence of a boycotted person becomes a burden to him, as none in town or village are allowed, under a similar penalty to themselves, to supply him or his family with the necessaries of life. He is not allowed to dispose of the produce of his farm. Instances have been brought before us in which his attendance at divine service was prohibited, in which his cattle have been, some killed, some barbarously mutilated; in which all his servants and labourers were ordered and obliged to leave him; in which the most ordinary necessaries of life, and even medical comforts had to be procured from long distances; in which no one would attend the funeral of, or dig a grave for a member of a boycotted person's family; and in which his children have been forced to discontinue attendance at the National School of the district. . . . A document entitled "The Plan of Campaign", which sets forth an elaborate system for resisting the enforcement of legal obligations, is being extensively circulated amongst the tenantry, and has been acted on. . . .

14. These combinations frequently interfere with the sales of holdings, par-

ticularly if the object of the sale is to get over a difficulty with the landlord, and thus in many instances "free sale" has been prohibited. Where they hold sway, this important provision of the Land Act of 1881 is inoperative.

15. It has been said that these combinations only exist for the purpose of obtaining equitable reductions of rent. In some cases that may be true, and the refusal by some landlords of any abatement may explain much that has occurred. But the evidence shows that the tenant farmers who join many of these combinations constitute themselves the sole judges of what is an equitable rent. . . . The existence in many parts of Ireland of such combinations is a matter of public notoriety, and they are openly advocated by the leaders of the present agitation.

On the other hand their formation has doubtless been facilitated by the circumstances which we now proceed to consider.

Fall in prices
16. The fall in the price of produce of all kinds, and in all parts of the country, has much impaired the ability of the farmers to pay the full rent. And this, following on a previous general restriction of credit by the banks and other lenders of money, as well as by the shopkeepers, has very greatly increased their financial difficulties. Much evidence in proof of this has been laid before the commission.

17. The sub-commissioners, recognising the depression, began towards the end of 1885 to reduce the rents then being judicially fixed, by from 10 to 14 per cent below the scale of reduction in the four previous years. And they have since continued to act on this principle.

18. The sudden fall in price during the last two years was intensified in its effect by a gradual deterioration which had been going on in the quality and produce of the soil, both tillage and grass, during a series of years of low temperatures and much rain, especially in 1879, the worst year of the century. During this period much of the tenant's capital in Ireland, as in other parts of the United Kingdom, had disappeared. The cost of cultivation, compared with that of an earlier period, had also greatly increased. The land has in consequence been much drawn upon, and reduced in condition by the exigencies of the tenants, and has thereby brought poorer crops, with consequent scarcity of money to meet engagements, both to landlords and to other creditors. The withdrawal of credit to the farmers by the banks and other lenders of money which began after 1879 (although to some extent to be attributed to the difficulty of collecting debts owing to the organisation of the National League) is strong evidence of the diminishing means of the Irish farmers by persons most closely acquainted with their circumstances. All classes are thus suffering from the defective produce of the soil over a period of years, a state of things much aggravated by the sudden fall of prices in the last two.

19. In order to test the value of the statements made to us, the Registrar-General was requested by this commission to prepare a return of the value of

live stock and crops, showing the numbers, at various ages, of cattle and sheep and the estimated produce of the crops, with the average prices each year, and of each kind, from 1881 to 1886. This carefully prepared statement showed an average fall in the last two years, as compared with the average of the four preceding years in the value of the agricultural capital of the occupiers of land in Ireland amounting to 18½ per cent, a loss which goes far to explain the present depressed condition of Irish agricultural property.

Purchase by occupiers

20. In Ulster there is a general desire among the tenants to avail themselves of the Act of 1885, and the number of applications (2,274) up to 31 January last in that province is nearly equal to that of the whole of the three other provinces (2,832). But from the fact that rents are very secure and regularly paid in Ulster, the landlords are not pressingly desirous to sell, some not at all, and most of the others not unless they can obtain a price, the return of which, when reinvested, will reasonably compare with the present net rental. This price is deemed too high by the tenants, who complain that an unfair advantage is thus taken of their quiet and orderly behaviour, as compared with that of other parts of the country. But considerable progress is nevertheless being made, though chiefly in the case of those great absentee proprietors, the London companies, who since the time of James I, have held large estates in Ulster, and some of whom have speedily come to terms with their tenants, seeming glad to have found so ready a method of turning their estates into cash.

21. In other parts of Ireland there is a readiness to sell by most landlords, and generally on what, in England, would be considered moderate terms. But the disposition of the tenants to buy is to a great extent owing to the desire for the immediate reduction that it would bring in their present rent by the substitution of lower annual payments as instalments of the purchase money. This, upon 18.3, the average number of years purchase at which sales have been made up to 21 August last, under the Act of 1885, is equal to an immediate reduction of nearly one-fourth of the tenant's former rent, after payment by him of the landlord's half of the poor rate. But it has been realised at a price which, to the owner of a settled estate, when reinvested in Consols, after allowing for expense of management and rates, reduces his net income by nearly one-third. Among the general body of tenants, especially those of the smaller class, there is great apathy in regard to the advantages of becoming owners. To the small tenant, the saving of a few shillings in an annual payment of one or two pounds instalments is hardly noticeable; and he, as well as the larger tenants, knows that under the Act each tenant occupier is the only possible purchaser of his farm, and that therefore he need be in no haste to decide. So much has already been gained for the tenants that most of them are easily led to believe that by waiting they may get more. They are said to be advised by the Nationalist party to take this course. They are also conscious in very many cases of the readiness of their landlords to give them time, and treat

them considerately, in adverse seasons, while they do not look for like treatment from the State in the seasons when the half-yearly instalments might be
difficult to pay. We believe, however, that when the country becomes more
settled a transfer of property from owners to occupiers will be rapidly effected
on terms very favourable to the tenants.

22. This transfer we consider to be in every respect desirable with the better
class of tenants, and we are strongly in favour of a continuation of the experi-
mental policy embodied in the Land Purchase Act of 1885, as a means of
largely increasing the number of occupying landowners in Ireland. In countries
like England, where the landlord is really the owner, and where, as long as he
does not confiscate the money laid out by the tenant, he can exercise all the
rights of a proprietor, his feeling of ownership makes him take pride in his
estate, and he spends largely upon it to the profit of the tenant without certain
expectation of an adequate return. This does not represent the position of the
Irish landlord: he has ceased to be owner, and is placed more in the position of
an encumbrancer on his property, in the improvement of which he no longer
has any interest, while his influence for good has been much diminished. If, on
the other hand, the land were really the property of the occupier, subject to a
fixed instalment to be paid like a tax for a certain period to the State, and which
must be met like any other tax, there is every reason to hope that during this
period and still more when the payments came to an end, he would set to work
with a will to improve and cultivate what is really his own property, and would
become a law-abiding and law-enforcing member of society. Such is the opinion of the vast majority of the witnesses we have examined on the subject, and
such has been the result in several instances which were detailed to us where
purchases have been effected. The Irish people are naturally honest, hard-
working, and deeply attached to their native land, and all these causes will tend
to make them, when invested with ownership, good citizens and loyal subjects.
In the approximate establishment of local boards, elected by the people, it is
preeminently desirable that those who are to regulate and fix the expenditure
should be representative of those who have to pay the public rates, otherwise
the consequences to the country might be disastrous. If the system now
prevailing in Ireland were found in practice to work well, no theoretical imperfection would much signify, but the direct contrary is the case. The landlords
consider themselves in an untenable position. The tenants, as a rule, have not
much regard for the landlords as such. In the north they are generally indifferent to them, and in the south they are often bitterly hostile. The tenants are
already a prey to moneylenders, and are exposed to many of the evils which
attend peasant proprietorship without the sense of independence and responsibility which it produces. While we are aware that no immediate change on a
large scale is possible, we hope that ownership of land by occupiers in Ireland
may gradually increase. It would be impossible, even if it were desirable, to
restore the position of the landlord to what it is in England. Any move that is to
be made must be in the opposite direction. We therefore strongly recommend

that, without resorting to compulsion, the government should continue their efforts to encourage the establishment in Ireland of the occupiers as the owners of the soil. . . .

Judicial rents

34. The fall in agricultural prices in 1885 and 1886 has forced upon the sub-commissioners and court valuers the necessity of a further reduction in fixing rents, than was made on those dealt with in the four preceding years. We have received much evidence on this point, and various suggestions such as the regulation of rents regulated by the annual average prices of the principal articles sold in each province; or by shortening the term of readjustment of rents.

35. It is clear that, if agricultural rent is fixed in money, the fluctuation of prices must cause it to be occasionally unequal. Variation of seasons has also to be taken into account. But for that there is no other remedy than the considera-tion that should be given, in fixing the rent, to the greater or less liability of variation in each locality. It is otherwise with prices, and as it is quite impos-sible to foretell how far they may be affected by foreign importations of food, and other causes, this uncertainty should be differently dealt with.

36. Alhough it is most undesirable to disturb an arrangement which was understood to be a permanent settlement, we cannot put aside the pressing necessities of the Irish tillage farmers, many of whom have lost much of their means and are besides much indebted to banks, local merchants, and other creditors. The Purchase Act, as we have said, must necessarily be slow in its operation. Tenant right, on which the Bessborough commission relied as a remedy is, under existing circumstances, frequently of little value. To force such tenants to sell their working stock in order to pay full rent would be fatal to their future prosperity. The just remedy is to abide by the principle of termly revision already established, but to shorten the period to a term during which no serious error is likely to result.

37. We therefore recommend that the term of revision should be shortened from fifteen to five years. . . .

39. The revision at the end of fifteen years, under the Act of 1881, implied more than the question of price, for it might include revaluation of the farm, with all its accompaniment of uncertainty of result and certainty of large costs. The prospect of such revaluation might induce tenants to exhaust the land, in order to injure its appearance as the time for revision approached. This would cause both a private and a public loss. And as the principle of the Land Acts is to reserve to the tenant the whole advantage of his own improvements, and as the Act of 1881 takes away all inducement to the landlord to spend money on works of improvement, we think it would tend greatly to encourage continuous good farming if the only question at a revision of judicial rent in the future should be that of higher or lower prices. This would complete the three points considered necessary by the Irish farmers: fair rents, fixity of tenure, and free

sale. And we recommend this change in the law, believing that what tends to continuous good farming by the tenant will render the rent of the landlord more secure. . . .

91. Report of the Parnell Commission: conclusions, 13 February 1890

(*Parliamentary Papers 1890*, XXVII, 119–21)

The commission was set up by Act of parliament to inquire into a series of allegations made against Parnell and a number of other Irish members of parliament in articles published in *The Times* (March to June 1887), under the general title of "Parnellism and crime".

We have now pursued our inquiry over a sufficiently extended period to enable us to report upon the several charges and allegations which have been made against the respondents, and we have indicated in the course of this statement our findings upon these charges and allegations, but it will be convenient to repeat seriatim the conclusions we have arrived at upon the issues which have been raised for our consideration.

I. We find that the respondent members of parliament collectively were not members of a conspiracy having for its object to establish the absolute independence of Ireland, but we find that some of them, together with Mr Davitt, established and joined in the Land League organisation with the intention by its means to bring about the absolute independence of Ireland as a separate nation. The names of those respondents are set out at page 32 of this report.

II. We find that the respondents did enter into a conspiracy by a system of coercion and intimidation to promote an agrarian agitation against the payment of agricultural rents, for the purpose of impoverishing and expelling from the country the Irish landlords who were styled the "English garrison".

III. We find that the charge that "when on certain occasions they thought it politic to denounce and did denounce certain crimes in public they afterwards led their supporters to believe such denunciations were not sincere" is not established. We entirely acquit Mr Parnell and the other respondents of the charge of insincerity in their denunciation of the Phoenix Park murders, and find that the "facsimile" letter on which this charge against Mr Parnell is chiefly based is a forgery.

IV. We find that the respondents did disseminate the *Irish World* and other newspapers tending to incite to sedition and the commission of other crime.

V. We find that the respondents did not directly incite persons to the commission of crime other than intimidation, but that they did incite to intimidation, and that the consequence of that incitement was that crime and outrage were committed by the persons incited. We find that it has not been proved that the respondents made payments for the purpose of inciting persons to commit crime.

VI. We find as to the allegation that the respondents did nothing to prevent crime and expressed no *bona fide* disapproval, that some of the respondents, and in particular Mr Davitt, did express *bona fide* disapproval of crime and outrage, but that the respondents did not denounce the system of intimidation which led to crime and outrage, but persisted in it with knowledge of its effect.

VII. We find that the respondents did defend persons charged with agrarian crime and supported their families, but that it has not been proved that they subscribed to testimonials for, or were intimately associated with notorious criminals, or that they made payments to procure the escape of criminals from justice.

VIII. We find, as to the allegation that the respondents made payments to compensate persons who had been injured in the commission of crime, that they did make such payments.

IX. As to the allegation that the respondents invited the assistance and cooperation and accepted subscriptions of money from known advocates of crime and the use of dynamite, we find that the respondents did invite the assistance and cooperation of and accepted subscriptions of money from Patrick Ford, a known advocate of crime and the use of dynamite, but that it has not been proved that the respondents or any of them knew that the Clan-na-Gael controlled the league or was collecting money for the parliamentary fund. It has been proved that the respondents invited and obtained the assistance and cooperation of the Physical Force party in America, including the Clan-na-Gael, and in order to obtain that assistance, abstained from repudiating or condemning the action of that party.

There remain three specific charges against Mr Parnell, namely:

(a) "That at the time of the Kilmaimham negotiations Mr Parnell knew that Sheridan and Boyton had been organising outrage, and therefore wished to use them to put down outrage."

We find that this charge has not been proved.

(b) "That Mr Parnell was intimate with the leading Invincibles, that he probably learned from them what they were about when he was released on parole in April 1882, and that he recognised the Phoenix Park murders as their handiwork."

We find that there is no foundation for this charge. We have already stated that the Invincibles were not a branch of the Land League.

(c) "That Mr Parnell, on 23 January 1883 by an opportune remittance enabled F. Byrne to escape from justice to France."

We find that Mr Parnell did not make any remittance to enable F. Byrne to escape from justice.

The two special charges against Mr Davitt, viz,

(a) "That he was a member of the Fenian organisation, and convicted as such, and that he assisted in the formation of the Land League with money which had been contributed for the purpose of outrage and crime";

(b) "That he was in close and intimate association with the party of violence in America, and was mainly instrumental in bringing about the alliance between that party and the Parnellite and Home Rule party in America";

are based on passages in *The Times* leading articles of 7 and 14 March 1887.

"The new movement was appropriately started by Fenians out of Fenian funds; its 'father' is Michael Davitt, a convicted Fenian." "That Mr Parnell's 'constitutional organisation' was planned by Fenian brains, founded on a Fenian loan, and reared by Fenian hands."

We have shown in the course of the report that Mr Davitt was a member of the Fenian organisation, and convicted as such, and that he received money from a fund which had been contributed for the purpose of outrage and crime, viz, the Skirmishing Fund. It was not, however, for the formation of the Land League itself, but for the agitation which led up to it. We have also shown that Mr Davitt returned the money out of his own resources.

With regard to the further allegation that he was in close and intimate association with the party of violence in America, and mainly instrumental in bringing about the alliance between that party and the Parnellite and Home Rule party in America, we find that he was in such close and intimate association for the purpose of bringing about, and that he was mainly instrumental in bringing about the alliance referred to.

All of which we humbly report to your majesty,

[signed] James Hannen, John C. Day, Archibald L. Smith, Henry Hardinge Cunyinghame, secretary.

Royal Courts of Justice, 13 February 1890.

92. The O'Shea divorce and the leadership of the Irish party: Gladstone's letter to John Morley, 24 November 1890

(John Morley, *Life of Gladstone*, 2 vols (1903), II, 676–7)

This is the letter given to Morley by Gladstone for communication to Parnell when it became obvious that Liberal and Nonconformist feeling had been antagonised by Parnell's part in these proceedings. The letter was not delivered – probably because of deliberate evasion of Morley by Parnell – before the Irish party had met and had re-elected Parnell leader. Upon this news the Liberal leadership sent the letter for publication.

1 Carlton Gardens, 24 November 1890. My dear Morley, Having arrived at a certain conclusion with regard to the continuance, at the present moment, of Mr Parnell's leadership of the Irish party, I have seen Mr McCarthy on my arrival in town, and have enquired from him whether I was likely to receive from Mr Parnell himself any communication on the subject. Mr McCarthy replied that he was unable to give me any information on the subject. I mentioned to him that in 1882, after the terrible murder in the Phoenix Park, Mr Parnell, although totally removed from any idea of responsibility, had spontaneously written to me, and offered to take the Chiltern Hundreds, an offer much to his honour but one which I thought it my duty to decline.

While clinging to the hope of a communication from Mr Parnell, to whomsoever addressed, I thought it necessary, viewing the arrangements for the commencement of the session tomorrow, to acquaint Mr McCarthy with the conclusion to which, using all the means of observation and reflection in my power, I had myself arrived. It was that notwithstanding the splendid services rendered by Mr Parnell to his country, his continuance at the present moment in the leadership would be productive of consequences disastrous in the highest degree to the cause of Ireland. I think I may be warranted in asking you so far to expand the conclusion I have given above, as to add that the continuance I speak of would not only place many hearty and effective friends of the Irish cause in a position of great embarrassment, but would render my retention of the leadership of the Liberal party, based as it has been mainly upon the prosecution of the Irish cause, almost a nullity. This explanation of my views I begged Mr McCarthy to regard as confidential, and not intended for his colleagues generally, if he found that Mr Parnell contemplated spontaneous action; but I also begged that he would make known to the Irish party, at their meeting tomorrow afternoon, that such was my conclusion, if he should find that Mr Parnell had not in contemplation any step of the nature indicated. I now write to you, in case Mr McCarthy should be unable to communicate with Mr Parnell, as I understand you may possibly have an opening tomorrow through another channel. Should you have such an opening, I beg you to make known to Mr Parnell the conclusion itself, which I have stated in the earlier part of this letter; I have thought it best to put it in terms simple and direct, much as I should have desired, had it been within my power, to alleviate the painful nature of the situation. As respects the manner of conveying what my public duty has made it an obligation to say, I rely entirely on your good feeling, tact, and judgment. Believe me, sincerely yours, W. E. Gladstone

93. Irish Land Act, 1903

(*Public General Statutes*, 3 Edw. 7 c. 37)

Part 1. Land Purchase. Purchase and resale of estates

1 (i–vi). [Advances for purchase of holdings where whole estate is sold – annuities to be not less than 10% or more than 30% below judicial rent where rent fixed 1896 or since; where earlier not less than 20% or more than 40%.]
2. [Advances for purchase of other portions of estate.]
3. [Advances to owners of estates who have made agreements under Land Acts to sell direct (i.e. not through Land Commission) to tenants.]
4. [Advances to trustees.]
5. [Advances in exceptional cases, where Land Commission accept security and price.]
6. Purchase of estate by Land Commission on application.

(i) Where the owner of an estate makes application in the prescribed form to the Land Commission requesting them to enquire into the circumstances of the estate with a view to the sale thereof under this part of this Act, the Land Commission may, after due enquiry, propose to purchase the estate, and in estimating the price shall have regard to the foregoing provisions of this Act in respect of advances, and to the price which the tenants and other persons are willing to give for the holdings and other parcels of land comprised in the estate.

(ii) If, within the prescribed time the owner of the estate agrees to sell the estate at the estimated price, and tenants of holdings on the estate to the extent of not less than three fourths in number and rateable value, undertake to purchase from the Land Commission their holdings or other designated parcels of land in lieu thereof, for the respective amounts on the basis of which the price of the tenanted portion of the estate was estimated by the commission, the commission may agree to purchase the estate for the estimated price.

(iii) The lord lieutenant may, under special circumstances, and with the approval of the Treasury, dispense with the condition in the last preceding subsection as to the undertakings to purchase holdings when the Land Commission certify to them that they are of opinion that the resale of the estate can be effected without prospect of loss.

(iv) In the case of a congested estate as defined by this section, if the Land Commission, with the consent of the owner, certify to the owner that the purchase and resale of the estate are desirable in view of the wants and circumstances of the tenants thereon, then the Land Commission may purchase the estate for a price to be agreed upon, and in that case the condition in this section as to resale without prospect of loss may be relaxed to such extent as the lord lieutenant may determine.

(v) The expression "congested estate" means an estate not less than half of the area of which consists of holdings not exceeding five pounds in rateable value, or of mountain or bog land, or not less than a quarter of the area of which is held in rundale or intermixed plots. . . .

9. (1) There shall not be at any time vested in the Land Commission lands exceeding in the aggregate, according to the estimate of the commission, as approved by the Treasury, the capital value of five million pounds, in respect of which undertakings to purchase have not been received by the commission.

(2) The Land Commission shall not in any one year enter into agreements involving the expenditure on the purchase of congested estates of sums which will in the aggregate exceed by more than ten per cent the aggregate sums for which the commission estimates that those estates can be resold by them: provided that, for the purposes of this enactment, any money which the Land Commission have expended, or propose to expend on the improvement of those estates shall be deemed to be repayable in full out of the purchase money on resales, and shall not be included in the estimate in calculating the ten per cent. . . .

10. No estate shall be purchased by the Land Commission which is not in the main agricultural or pastoral.

94. The Ulster covenant, 19 September 1912

(*The Times*, 20 September 1912)

This pledge was presented at a huge meeting in Belfast on 19 September 1912 and signed first by Sir Edward Carson and then by nearly a quarter of a million of his followers, while a similar one was signed by nearly as many women.

Being convinced in our consciences that Home Rule would be disastrous to the material well being of Ulster as well as the whole of Ireland, subversive of our civil and religious freedom, destructive of our citizenship, and perilous to the unity of the empire, we, whose names are underwritten, men of Ulster, loyal subjects of his gracious majesty King George V, humbly relying on God whom our fathers in days of stress and trial confidently trusted, do hereby pledge ourselves in solemn covenant throughout this our time of threatened calamity to stand by one another in defending for ourselves and for our children our cherished position of equal citizenship in the United Kingdom and in using all means which may be found necessary to defeat the present conspiracy to set up a Home Rule parliament in Ireland. And in the event of such a parliament being forced on us we further solemnly mutually pledge ourselves to refuse to recognise its authority. In sure confidence that God will defend the right we hereto subscribe our names. And further we individually declare that we have not already signed this covenant. God save the king.

Part VI

IMPERIALISM AND FOREIGN AFFAIRS

INTRODUCTION

The keener and more continuous interest in foreign affairs and greater consciousness of the possession and of the problems of empire that mark the latter half of the nineteenth century are, in part, a reflection of attitudes developed in Europe and, in part, the effect of processes beginning at home. Abroad, the achievement of German and of Italian unity turned European interest away from its own heartlands to more distant fields. Possession of empire seemed part, at any rate, of the reason for the great contemporary success of Britain, and continental nations set themselves to take a page out of her book in this respect. Their competition sharpened British interest, the more so that none of them made even a pretence of the open door for other nations' commerce in the areas that they took over. More democratic politics – whether resulting from constitutional change or only from the demand for it – called for demonstrative leadership and policies capable of direct popular appeal, and the colonial race offered obvious advantages in this regard. The rise of popular journalism acted in the same direction. And so far as Britain was concerned the sense which gradually penetrated the nation from the eighties on, that the old days of easy supremacy had gone and that struggle and care were necessary to preserve the nation's position, added a further element of tension.

In going to the verge of war to insist on an English voice in the settlement of the Russo–Turkish war of 1877–8, Disraeli was following the traditional line of opposition to Russia and support to Turkey in the Near East. But atrocities attributed to Turkish irregular troops in Bulgaria gave rise to a humanitarian and to some extent pro-Russian and certainly anti-Turkish agitation in the country, to which Gladstone gave his powerful support.[1] Thus the two leaders who most powerfully focussed public opinion in the country were brought into direct antagonism. Disraeli insisted on treating the primary issue as one of power[2] and, by a mixture of his own firmness and his Foreign Secretary's[3] suppleness, aided by a revulsion among the powers from the prospect of war, succeeded in imposing drastic modifications on the proposed Russian settlement in the Balkans. Turkish prestige was restored by an English alliance with her, a promise of support for Turkish reforms, and the placing of Cyprus under British protection as a place of arms from which she could exercise her reestablished influence in Near-Eastern affairs. This result was regarded as a personal and party triumph for the Prime Minister.[4] But this effect was offset by the military disaster of Isandhlwana in Zululand in January 1879, and the massacre of the British Resident and his staff and escort in Kabul in Afghanistan in September 1879. Both were redeemed within very few months by brilliant victories, but both gave a not unjustified impression of inadequate

[1] No. 95   [2] No. 96   [3] Salisbury   [4] No.97

forethought and control in the upper ranges of government. Gladstone, in the opening of his famous Midlothian campaign,[1] chose to treat the whole course of Beaconsfield's[2] handling of foreign affairs as an irresponsible quest for power and prestige, negligent of the rights of other peoples and going beyond the true interests of our own. The economic slump just beginning underlined his criticism of financial irresponsibility. A further speech at West Calder[3] reduced to a series of brief paragraphs the principle of right which, in Gladstone's view, should underlay and control all foreign and imperial policy. It was, to quite an extent, on this programme of morality and restraint that the ensuing Gladstone parliament was elected.

Its history provided an ironical comment on the recalcitrance of events to theoretical programming. In South Africa, the removal of the Zulu menace removed also the prime reason why the Transvaal Republic had accepted the British annexation which the Tory government's agent had, somewhat rashly, offered to it. Gladstone had criticised the annexation, but, on coming into office, had accepted it as a *fait accompli*, and then, when insurgent Boers defeated a small British force under General Colley at Majuba (27 February 1881), yielding to the pressure of Radicals in his Cabinet, revoked it rather than take the military steps which would have been necessary to uphold it or to reestablish British prestige. The Boer interpretation was that what had been denied to right had been yielded to force, and the impression on them remained indelible.[4] Equally fateful was his handling of Egyptian problems. The opening of the Suez Canal in 1869 and the purchase by Disraeli in 1875 of a 40% holding in its shares had given Europe, and particularly Britain, a considerable interest in Egyptian political stability. The wild expenditure of the Khedive Ismail, both on public and on private projects, ruined Egyptian finance and finally occasioned the transfer of its administration to an Anglo-French commission acting for the creditors. The reforms and economies on which the commission insisted caused in turn popular discontent, of which the native army leader Arabi pasha took advantage to make himself master of Alexandria and virtually of the country. France flinched at the fence when it became necessary to take coercive measures, and these – the naval bombardment of Alexandria, the destruction of Arabi's army at the battle of Tel-el-Kebir and the subsequent military occupation of Alexandria – were taken by England alone. Their speed and success did much for English military prestige but little for that of the Gladstone government in the circles from which its support chiefly came.[5] Further, Gladstone allowed himself to accept the administration of Egyptian finances, but, as a disclaimer of selfish English motives, in the interests of all the debtors and under a degree of their control, and in the hope of a speedy withdrawal, on a provisional basis. Thus he made himself responsible for the largest addition to British liabilities of the period, while the limited and provisional powers associated with it increased its anyway very consider-

---

[1] No. 98
[3] No. 99   [4] No. 100
[2] Disraeli was created earl of Beaconsfield on 12 August 1876.
[5] Nos 101 and 102

able difficulties and afforded opportunity for political blackmail to the other creditor powers. To these difficulties were added those of the Sudan, as a result of Egyptian maladministration now under the domination of the fanatical Mahdi. The Gladstone government was not prepared to dispute the Sudan with him, and in the hope that a charismatic personality might make possible economies of support sent General Gordon to Khartoum with instructions, not very definitely phrased, to withdraw the garrisons remaining in the country. In direct touch with events, however, the "charismatic personality" developed his own sense of duty and responsibility, which necessitated in the end the sending out of a rescue force for him, which arrived too late. Gordon was a popular hero and his sacrifice to governmental hesitation and economy aroused feelings of which the queen's telegram *en clair* to the Prime Minister [1] afforded apt expression. It also gave occasion for caustic and well-founded Opposition attack.[2] If the run of events had been against the Prime Minister, they now took a turn which enabled him to extract himself from his Sudanese difficulties, though with a display of something not unlike Beaconsfieldism in another and distant theatre. He chose to take a most serious view in March 1885 of a Russian occupation of Penjdeh, a small town on the Afghan border, and persuaded the House of Commons in the April to give him an eleven-million pound vote of credit. He also arranged for the force in the Sudan – destined, in popular feeling, to avenge Gordon – to be transferred, should the occasion arise, to whatever theatre an Anglo-Russian war might open up.[3] War was averted, and so also, so far as Gladstone was concerned, was any attempt to avenge Gordon or solve the problem of the Sudan.

Gladstone had his excuse, perhaps, for the unexpectedness of his performance in the foreign and imperial fields in his absorption in Irish affairs. But it had become clear that the prescriptions for dealing with them tendered with so much enthusiasm during the Midlothian campaign had not met with any conspicuous practical success. The course of Irish affairs, which themselves seemed to raise an imperial issue, brought Salisbury to power and part of his success was due to the reputation he had acquired as Disraeli's Foreign Secretary, and in opposition since, for the combination of firmness and sagacity in this sphere. In his ministries of 1885 and 1886–92 he negotiated agreements regulating the British share in the "scramble for Africa" which had now been going on for a decade, and insured against European dangers, principally from Russia and France, by ranging England, without permanent commitment, with the German-Austrian group. Large as were the issues at stake – both in Africa and in the Balkans – and not inconsiderable as were at times the risks of European war, neither in his own party nor in the country was there serious question of his policy.

In Gladstone's 1892–4 ministry his Foreign Secretary – and his successor for the remainder of the Liberal term of office – was Lord Rosebery. He had none of the old-style Radical and even Gladstonian repugnance to active foreign and imperial policies, and in any case favoured continuity rather than party fluctuations in the field of foreign affairs. In Uganda the British East Africa Company had laid the foundations of British influence. Salisbury, in his African agreement of 1890, had secured its scope, but the company found the burden too heavy for it, and a campaign was initiated, largely by Captain Lugard, the company's late administrator in the area, to induce the government to undertake responsibility. To this, in spite of Radical opposition [1] and the reluctance of senior colleagues, Rosebery lent his powerful support, and what may perhaps be treated as a Liberal case for imperialism was made out by his Under-Secretary, Sir Edward Grey, in announcing a protectorate in the Commons. [2] With this may be compared the speech [3] of Joseph Chamberlain, the man who, as Colonial Secretary, was to dominate the imperial policies of the next government.

The most insistent problem with which this government had to deal was that of the Transvaal, aggravated by the discovery of gold since the post-Majuba concession of autonomy, and the growth of an immigrant white population, chiefly engaged in mining. At this date it was approximately the size of the Boer population, but denied any political rights by the latter and badly governed, though heavily taxed. Rosebery's government of 1894–5 had had to consider what it would do in the not unlikely event of a rebellion of the Uitlanders against Boer government. Chamberlain knew privately of plans for raising rebellion; whether he also knew, as he denied, of Rhodes's and Jameson's plans for an armed incursion into the country is not quite clear. Invasion and rebellion were both complete failures; [4] British authority was gravely compromised; and racial antagonism – that is between Boers and English – in the whole of South Africa, not merely in the Transvaal, was exacerbated. This did not prevent Jameson from becoming a popular hero in London. German action in the colonial field under Bismarck had been peremptory, but intermittent and calculated. Under William II it became ruthless exploitation of every opportunity to promote German claims and influence. Minor interventions in Transvaal politics had already ruffled British feelings; the sending of a telegram to President Kruger congratulating him on repulsing an attack on his sovereignty bred enduring resentment.

This was only a sample of the acerbity which the new, sharply competitive imperialism, lent resonance by a new popular press catering to a newly educated populace, had injected into foreign relations. England's difficulties had come mainly from France, which had never forgiven her its own inaction in the crucial days of the Egyptian problem, and from Russia, since 1891 effectively France's ally. The Near Eastern question, reanimated by Bulgarian independence in 1885–7, had hardly quietened when the Armenian massacres of 1894–6 and a Cretan insurrection in 1897 gave further opportunities for conflicting interests and ambitions in Indo-China, and Russian, Japanese, German and French efforts to stake out claims against China, did the same. In

[1] No. 105   [2] No. 106   [3] No. 107   [4] No. 108

most of these fields long-established British trade interests made a change in their political status or affiliation a matter of inevitable interest to us, and in most of the questions arising from them the German attitude to us was unpredictable. With so much exposed in a political climate so uncertain, anxiety naturally turned to the navy. Technical factors hardly operative before intensified it. Wooden ships did not become obsolete for a very long time. Britain's immense accumulation of them had put her virtually beyond naval challenge so long as wooden vessels held the seas. But with the coming of iron and steel, engine power, gun power, defensive armouring, size, all became subject to rapid and interdependent development, and the result was that ships twenty or even ten years old could not stand up to more modern ones. Naval competition became a race virtually without handicaps. This was generally recognised when the Dreadnoughts came in at the turn of the century, but it had been the case, in fact, for a generation. The accepted measure of safety for us for a number of years had been the "Two Power Standard", i.e. equality with the next two strongest naval powers taken together. In the last decade of the century a continental bloc against us necessitating a Three Power Standard appeared well within the bounds of possibility. Hence a series of "naval scares" and the adoption of large building programmes, e.g. under the Naval Defence Act of 1889 and the "Spencer Programme" of 1893 which brought about the resignation of Gladstone. The Kaiser's telegram after the Jameson Raid was followed by the formation of a "flying squadron" of fast and powerful naval vessels ready to go anywhere and do anything. The Diamond Jubilee of 1897 was marked by the Spithead review of thirty miles of ships, "the greatest display of naval strength in history".[1] The large estimates and supplementary estimates of 1898 provoked by information of large Russian naval plans reflect a high water mark of the rivalry with France and Russia and something, perhaps, of an *arrière pensée* directed towards the formidable power which Tirpitz's Naval Bill of 1898 envisaged for Germany.

The year saw also crisis on the Nile and in our relations with France. Salisbury accepted the view that security in Egypt involved the reconquest of the Nile. Kitchener's methodical advance began in 1896, and in 1898 at Omdurman[2] his machine guns mowed down the fanatical hordes of the Mahdists, and the Egyptian flag flew again in Khartoum. France meanwhile had launched an expedition from the west, under the gallant Major Marchand, to stake a claim to what she chose to regard as the no-man's-land fifty miles to the south of Khartoum. Kitchener moved south and raised the Egyptian flag alongside the French,[3] and after weeks of extreme tension the French government accepted the fact of *force majeure* and ordered Marchand to withdraw. But the real *force majeure* was the navy, quietly at its stations but ready for war as the French were not, even had the French been prepared when it came to the actual push to fight any major opponent except Germany.

The following year brought South African affairs to a climax. Sir Frederick

[1] Nos 109, 110   [2] No. 111   [3] No. 112

Milner had been sent out as High Commissioner in the hope that he would restore British authority and induce the Transvaal to make adequate concessions to the Uitlanders. But his great abilities were of the administrative rather than the political order. His "helot" despatch,[1] summing up the Uitlander grievances, was a move to rally British opinion rather than to influence the Boers. Anyway, Kruger had determined by this time to fight rather than yield, knowing that the Boers, who had steadily been arming, could fight for a long time before resources sufficient to overcome them could be assembled. He hoped that before that could happen European intervention or pressure of opinion would save them. In late autumn 1899 war broke out. The first months were unrelieved disaster for British arms; in fact with a little more strategic daring the Boers might have swept opposition into the ocean. Neither the fighting qualities of the Boers nor the supply problems of combating them had been adequately evaluated. But though Europe was hostile mass opinion in England and also in the great self-governing colonies was determined to fight through to a successful issue. While the navy held the seas Europe was powerless, and troops and supplies in quantity ultimately sufficient to overwhelm the Boers poured into South Africa. The military decision was made clear when Kruger was forced to flee in September 1900, but guerilla war postponed peace until May 1902. The harshness inevitable in this kind of warfare shocked some even moderate Liberal opinion in the country, and Campbell-Bannerman's characterisation of it as "methods of barbarism" won lasting gratitude from some Boer farmers whose wives and children had suffered – not altogether without fault of their own – from the enforced and unaccustomed seclusion of concentration camps. The war, which began in full confidence in the right of the empire to impose its conception of justice upon the Boers, ended with them annexed, indeed, but liberally compensated for their losses, promised self-government as soon as might be, and given a potential veto – which they exercised in due course – over the political claims of the blacks.[2] Their protection from Boer harshness had, for over fifty years, been the main ground of British refusal to reacquire Boer independence; thus the Boers emerged from military impact with political victory; a victory that was confirmed when self-government was accorded to the conquered colonies and ultimately to the Union of South Africa by the Liberal government in 1908 and 1909.

The new century saw the end of the domination of Lord Salisbury over foreign politics, and a reversion, perhaps with less caution than he would have observed, to the method he had adopted at the beginning of his premiership, of reducing liabilities by sharing them with other powers. The Anglo-Japanese alliance of 1902 insured both powers against sudden pressure from a coalition, and the Anglo-French agreement of 1904[3] buried a number of old controversies between the two countries and secretly traded French acceptance of our position in Egypt against our support for her Moroccan ambitions. This was accepted with approval in the country, though Rosebery warned against too

<hr>

[1] No. 113   [2] No. 114   [3] No. 115

binding a commitment, and German attempts to assert her interests in Morocco in 1905 and 1911 in fact riveted the ties and brought us near in those years to paying the ultimate forfeit envisaged. The position with regard to the European groupings was now changed. Despite some ostentatious and not wholly convincing overtures of friendship from the Kaiser, not participated in by his people and coming after it had become clear that our sea power made it impracticable for any power to seek to intervene in South Africa, mistrust of Germany came to dominate the Foreign Office and the people. It served to make acceptable an Anglo-Russian agreement on Persia in 1907, at the Persian expense, which removed obstacles to cooperation with France's ally in the world power struggle. Sir Edward Grey, the Liberal Foreign Minister, and a figure widely trusted in the House of Commons and country, insisted that none of our commitments was absolute, and worked hard to build bridges between the European groupings. But what made rapprochement with Germany difficult, if not impossible, was her insistence on commitment to herself as the price of any agreement and above all her unwavering determination to build a fleet to challenge our own.[1] The experience of the long past and of every living person's lifetime had burnt in the lesson that the safety of the country and of the existing structure of the empire was bound up with the maintenance of a clear and, indeed, acknowledged naval supremacy.[2] It was in the sense that these were at stake that the nation accepted the challenge of war that the slow and apparently inexorable march of events brought to her in August 1914.

SELECT BIBLIOGRAPHY

The primary printed sources for overseas policy include *British and Foreign State Papers*, which were published annually from 1815, and the *Diplomatic and Consular Reports*, which were published in an annual series from 1886 to 1916 and in a miscellaneous series (22 vols) from 1886 to 1910. A useful introduction and guide to the "diplomatic blue books" is H. W. V. Temperley and L. M. Penson, *A Century of Diplomatic Blue Books 1814–1914* (Cambridge, 1938, 1966); but *see also* the critical discussion by S. Lambert, "A century of diplomatic blue books", *Hist. Journal*, x (1967). A recent discussion of their use for the study of one policy area is I. Nish and D. Steeds, *China and Japan: the Far Eastern Blue Books* (Dublin, 1976). The collections of documents include H. W. V. Temperley and L. M. Penson, *Foundations of British Foreign Policy from Pitt (1792) to Salisbury (1902)* (1938, 1966); G. P. Gooch and H. W. V. Temperley (eds), *British Documents on the Origins of the War 1898–1914*, 11 vols (1926–38), which remains the standard collection on its subject; and J. H. Wiener (ed.), *Great Britain: foreign policy and the span of empire, a documentary history 1689–1971*, 4 vols (New York, 1972). There is *Hansard* (3rd, 4th, 5th series) for parliamentary debates on overseas episodes and policy; and *The Times* was the most important component of the press coverage.

Other sources include Agatha Ramm's editions of *The Political Correspondence of Mr Gladstone and Lord Granville 1868–76*, 2 vols (1952), and the same, under a slightly different title, for 1876–86, 2 vols (1962); for the Eastern question, Gladstone's famous pamphlet, *The Bulgarian Horrors and the Question of the East* (1876); and his *Political Speeches in Scotland*, 2 vols (1880);

---

[1] No. 116   [2] Nos 117, 118, 119

Mr Chamberlain's Speeches, ed. C. W. Boyd, 2 vols (1914); and Sir Edward Grey (Viscount Grey of Falloden), *Speeches on Foreign Affairs 1904–14*, ed. P. Knaplund (1931).

Outlines and general analyses of overseas policy which also consider its international setting are provided by *The New Cambridge Modern History*, XI, *Material Progress and World Wide Problems 1870–98*, ed. F. H. Hinsley (Cambridge, 1962); and XII, 2nd edn, *The Shifting Balances of World Forces 1898–1945*, ed. C. L. Mowat (Cambridge, 1968); and by W. L. Langer, *European Alliances and Alignments 1871–90*, 2nd edn (New York, 1950), and *The Diplomacy of Imperialism 1890–1902*, 2nd edn (New York, 1951). A. W. Ward and G. P. Gooch (eds), *Cambridge History of British Foreign Policy 1783–1919*, III, *1866–1919* (Cambridge, 1923); and R. W. Seton Watson, *Britain in Europe 1789–1914* (Cambridge, 1937, 1955), now look dated, but more modern treatments include P. Hayes, *The Nineteenth Century 1814–80* (1975); K. Bourne, *The Foreign Policy of Victorian England 1830–1902* (1970), which includes a section of documents; C. J. Lowe, *The Reluctant Imperialists*, I, *British Foreign Policy 1878–1902*; and II, *The Documents*; and C. J. Lowe and M. L. Dockrill, *The Mirage of Power: British foreign policy*, 3 vols (1972), of which the first volume covers 1902–14 and the last contains documents. *The Cambridge History of the British Empire*, III (Cambridge, 1959), includes chapters by F. H. Hinsley on British diplomacy in relation to colonial questions. Christopher Howard, *Great Britain and the Casus Belli 1822–1902* (1974), considers one knotty point; and Valerie Cromwell writes on "The private member of the House of Commons and foreign policy in the nineteenth century", in *Liber Memorialis Sir Maurice Powicke* (Dublin, 1963).

The first major diplomatic episode of the period is covered by R. W. Seton Watson, *Disraeli, Gladstone and the Eastern Question: a study in diplomacy and party politics* (1935, 1962); W. N. Medlicott, *The Congress of Berlin and After: a diplomatic history of the Near Eastern settlement 1878–80* (1938, 1963); and Robert Blake, *Disraeli* (1966). In addition to Gladstone's pamphlet and speeches listed above, there is R. T. Shannon's admirable *Gladstone and the Bulgarian Agitation 1876* (1963). For a different reaction to the crisis, *see* H. Cunningham, "Jingoism in 1877–8", *Vict. Studies*, xiv (1971). Gladstone's periods in office are covered by P. Knaplund, *Gladstone's Foreign Policy* (1935); W. N. Medlicott, *Bismarck, Gladstone and the Concert of Europe* (1956); and, on his Foreign Secretaries, Lord Edmond Fitzmaurice, *The Life of Granville George Leveson Gower, 2nd Earl of Granville*, 2 vols (1905); and R. Rhodes James, *Rosebery* (1963). Lady Gwendolen Cecil, *Life of Robert Marquis of Salisbury*, 4 vols (1921–32), remains useful but should be supplemented by J. A. S. Grenville, *Lord Salisbury and Foreign Policy: the close of the nineteenth century* (1964), Christopher Howard, *Splendid Isolation* (1967); and L. M. Penson, "The new course in British foreign policy 1892–1902", *T.R.H.S.*, 4th series, xxv (1943). T. W. Legh (Lord Newton), *Lord Lansdowne: a biography* (1929), is the only study of its subject. For the years down to the Great War, G. P. Gooch, *Before the War: studies in diplomacy*, 2 vols (1936–8), remains useful but should be supplemented by G. W. Monger, *The End of Isolation: British foreign policy 1900–7* (1963); Z. S. Steiner, *The Foreign Office and Foreign Policy 1898–1914* (1969); and, for one aspect, L. M. Penson, "Obligations by treaty: their place in British foreign policy 1898–1914", in A. O. Sarkissian (ed.), *Studies in Diplomatic History and Historiography in honour of G. P. Gooch* (1961). To the collection of his speeches listed above, add Viscount Grey's self-justificatory *Twenty-Five Years 1892–1916*, 2 vols (1925); Keith Robbins, *Sir Edward Grey* (1971); and H. Butterfield, "Sir Edward Grey in 1914", *Historical Studies*, v (1965). Foreign policy on the one hand and military and naval policy and planning on the other were becoming more closely interrelated by the period's second half. The most useful works in this area are A. J. Marder, *British Naval Policy 1880–1905: the anatomy of British sea power* (1940); and *From the Dreadnought to Scapa Flow: the Royal Navy in the Fisher era 1904–19*, I, *The Road to War 1904–14* (1961); D. M. Schurman, *The Education of a Navy: the development of British naval strategic thought 1867–1914* (1960); B. Poe, "British army reforms 1902–14", *Military Affairs*, xxxi (1967); F. A. Johnson, *Defence by Committee: the British Committee of Imperial Defence 1885–1959* (1960); J. P. Mackintosh, "The role of the Committee of Imperial Defence before 1914", *Eng.H.R.*, lxxxiii (1962); and N. d'Ombrain, *War Machinery and High Policy: defence administration in peacetime Britain 1902–14* (1973).

There are also important studies of British relations with particular countries. The development of closer relations with France is considered by P. J. V. Rolo, *Entente Cordiale* (1969); Christopher Andrew, *Theophile Delcassé and the Making of the Entente Cordiale* (1968), which looks at matters from the French side; and S. R. Williamson, *The Politics of Grand Strategy: Britain and France prepare for war 1904–14* (1970); see also *Contemporary Review* of May 1904. Relations with Germany are covered by certain of the general works listed above, but *see also* O. J. Hale, *Publicity and Diplomacy with special reference to England and Germany 1890–1914* (1940); and on the important naval question, E. L. Woodward, *Great Britain and the German Navy* (Oxford, 1935, 1964); and P. Padfield, *The Great Naval Race: the Anglo-German naval rivalry 1900–14* (1974). For the dual monarchy, there are A. F. Pribram, *Austria-Hungary and Great Britain 1908–14*, trans. I. F. D. Morrow (1951); and F. R. Bridge, *Great Britain and Austria-Hungary 1906–14* (1972); and for Russia, R. P. Churchill, *The Anglo-Russian Convention of 1907* (Cedar Rapids, 1939); and B. J. Williams, "The strategic background to the Anglo-Russian entente of August 1907", *Hist. Journal*, ix (1966); though the sections of this bibliography on Near and Far Eastern affairs also contain relevant items. A full study of relations with Italy in the period is needed, but C. J. Lowe, *Salisbury and the Mediterranean 1886–96* (1965); and P. G. Halpern, *The Mediterranean Naval Situation 1908–14* (Cambridge, Mass., 1971), bring out the Mediterranean factor in British policy.

Relations with countries outside Europe were already assuming more importance. Japan, perhaps the newcomer most important in British calculations, receives thorough consideration from I. H. Nish's two works, *The Anglo-Japanese Alliance: the diplomacy of two island empires 1894–1907* (1966); and *Alliance in Decline: a study in Anglo-Japanese relations 1908–23* (1972); from P. Lowe, *Great Britain and Japan 1911–15: a study of British Far Eastern policy* (1969); and from Z. S. Steiner, "Great Britain and the creation of the Anglo-Japanese alliance", *J. Mod. Hist.*, xxxi (1959). For China, see L. K. Young, *British Policy in China 1895–1902* (1970); and V. Purcell, *The Boxer Uprising* (Cambridge, 1963). Relations with the United States, which saw no major questions in the period, are covered by H. C. Allen, *The Anglo-American Relationship since 1783* (1959); and notably by Bradford Perkins, *The Great Rapprochement; England and the United States 1895–1914* (1969). The British impact on South America, mainly a matter of economic influence and penetration, is the concern of H. S. Ferns, *Britain and Argentina in the Nineteenth Century* (Oxford, 1960); R. Graham, *Britain and the Onset of Modernisation in Brazil 1850–1914* (Cambridge, 1968); and D. C. M. Platt, *Finance, Trade and Politics in British Foreign Policy 1815–1914* (Oxford, 1968), a study with wider implications. The Middle East, an area of growing importance to Britain, also provided a point of confrontation with Russia. Two contemporary works of interest are Sir Henry Rawlinson, *England and Russia in the East* (1875), repr. (1970); and G. N. Curzon, *Persia and the Persian Question*, 2 vols (1892). The modern studies are F. Kazemzadeh, *Russia and Britain in Persia 1864–1914: a study in imperialism* (1968); R. L. Greaves, *Persia and the Defence of India 1884–92* (1959); J. B. Kelly, *Britain and the Persian Gulf 1795–1880* (Oxford, 1968); A. P. Thornton, "British policy in Persia 1858–90", *Eng.H.R.*, lxix–lxx (1954–5); and B. C. Busch, *Britain and the Persian Gulf 1894–1914* (1967). See the section on India (below) for the confrontation with Russia on the North-West frontier.

The subjects conventionally labelled "foreign policy" and "empire" were closely related in this period, but the overseas territories, dependent or self-governing, had come, both individually and in the mass, to present questions to British governments some way outside the traditional concerns of European diplomacy. "Empire" and "imperialism" had become topics in their own right. The best general survey is *The Cambridge History of the British Empire*, ed. E. A. Benians and others, III, *The Empire Commonwealth 1870–1919* (Cambridge, 1959). More recent outlines are R. Hyam, *Britain's Imperial Century 1815–1914* (1976); and B. Porter, *The Lion's Share: a short history of British imperialism 1850–1970* (1975). A. B. Keith (ed.), *British Colonial Policy; selected speeches and documents 1763–1917* (1948); and I. M. Cumpston (ed.), *The Growth of the British Commonwealth 1880–1932* (1973), are useful documentary collections. R. Koebner and H. D. Schmidt, *Imperialism: the story and significance of a political word 1840–1960* (Cambridge, 1964); and B. J. Cohen, *The Question of Imperialism: the political economy of dominance and dependance* (1974), discuss concepts of empire; and V. G. Kiernan, *The Lords of Human Kind: European attitudes to the outside world in the imperial age* (1968); and two works by D. K. Fieldhouse, *The Colonial Empires: a comparative survey from the eighteenth century* (1966); and *Economics and Empire 1830–1914* (1973), put British attitudes in a European perspective. British ideas on the empire are treated in G. Bennett (ed.), *Concept of Empire from Burke to Attlee 1774–1947*, 2nd edn (1962); and A. P. Thornton, *Doctrines of Imperialism* (New York, 1965); and *The Imperial Idea and its Enemies* (1959); while T. R. Reese, *The History of the Royal Commonwealth Society 1868–1968* (1968), looks at an imperialist pressure-group. R. Faber, *The Vision and the Need: late Victorian imperialist aims* (1966), discusses some of the more notable proponents of empire; and B. Semmel, *Imperialism and Social Reform* (1960), the impact of imperialism on thought on social welfare questions. J. R. Seeley's classic, *The Expansion of England* (1883), has been frequently reprinted; *see also* P. Burroughs, "John Robert Seeley and British imperial history", *J.I.C.H.*, i (1973). Another enthusiast for empire, Alfred Milner (Viscount Milner), wrote *The Nation and the Empire* (1913). There are relevant studies listed in the section on South Africa (below), but the best general treatments are V. Halperin, *Lord Milner and the Empire* (1952); J. E. Wrench, *Alfred Lord Milner* (1958); A. M. Gollin, *Proconsul in Politics* (1964); and John Marlowe, *Milner: apostle of empire* (1976), which should be supplemented by W. Nimocks, *Milner's Young Men: the "kindergarten" in Edwardian imperial affairs* (1970); and E. Stokes, "Milnerism", *Hist. Journal*, v (1962). To Chamberlain's speeches listed above add the official biography, J. L. Garvin and Julian Amery, *Life of Joseph Chamberlain*, 6 vols (1932–69), a monumental compilation if little more. Neither P. Fraser, *Joseph Chamberlain: radicalism and empire 1868–1914* (1966), nor H. Browne's brief *Joseph Chamberlain: Radical and Imperialist* (1974), quite meets the need for a full, analytical study of Chamberlain, but his involvement with empire is studied by W. L. Strauss, *Joseph Chamberlain and the Theory of Imperialism* (New York, 1961); and, best of all, R. V. Kubicek, *The Administration of Imperialism: Joseph Chamberlain at the Colonial Office* (1969). P. Magnus, *Kitchener: portrait of an imperialist* (1958), is both readable and valuable.

Insights into a period which remains the subject of historiographical controversy can be found in C. J. Bartlett (ed.), *Britain Pre-eminent: studies of British world influence in the nineteenth century* (1969), a valuable collection of essays; and D. A. Low's thoughtful *Lion Rampant: essays in the study of British imperialism* (1973). M. E. Chamberlain's Historical Association pamphlet, *The New Imperialism* (1970), is a helpful introduction to one controversy, while D. C. M. Platt's articles, "British policy during the 'New Imperialism'", *Past & Present*, 39 (1968), and "The national economy and British imperial expansion before 1914", *J.I.C.H.*, ii (1973), re-emphasise the economic factors in overseas policy which others have tended to play down recently. The start of a great transformation in the ideals and realities of empire is well covered by M. Beloff, *Imperial Sunset*, I, *Britain's Liberal Empire 1897–1921* (1969). Important collections of essays on imperial and colonial subjects are J. E. Flint and G. Williams (eds), *Perspectives of Empire: essays presented to Gerald S. Graham* (1973); and R. Hyam and G. Martin, *Reappraisals in British Imperial History* (1975). In a very different vein James Morris, *Pax Britannica: the climax of empire* (1968), is an impressionistic and outstandingly readable study of the empire in the year of the Diamond Jubilee.

It is worth emphasising that there existed a strong vein of moralistic criticism, even rejection, of the more assertive forms of overseas policy. A. J. P. Taylor, *The Trouble Makers: dissent over foreign policy 1792–1939* (1957); and A. J. A. Morris, *Radicalism against War 1906–14* (1968), deal mainly with its European political dimension, but for imperial and colonial questions, *see* J. Sturgis, *John Bright and the Empire* (1969); R. J. Hind, *Henry Labouchere and the Empire* (1969); and B. J. Porter, *Critics of Empire: British radical attitudes to colonialism in Africa 1895–1914* (1968); as well as Thornton's *The Imperial Idea and its Enemies*. Contemporary expressions of such views, almost wholly in the Liberal party or further left, included F. W. Hirst and others, *Liberalism and the Empire* (1900); J. A. Hobson's classic, *Imperialism: a study* (1902); J. R. Macdonald, *Labour and the Empire* (1907); and E. D. Morel, *Great Britain and the Congo: the pillage of the Congo Basin* (1909), repr. (New York, 1969).

Various phases of imperial development are covered by C. C. Eldridge, *England's Mission: the imperial idea in the age of Gladstone and Disraeli 1868–80* (1973); R. A. Atkins, "The Conservatives and Egypt 1875–80", *J.I.C.H.*, ii (1974); H. C. G. Matthew, *The Liberal Imperialists: the ideas and politics of a post-Gladstonian elite* (1973), which deals with an important leadership group in one of the main parties; D. Judd, *Balfour and the British Empire: a study in imperial evolution 1874–1932* (1968); R. Hyam, *Elgin and Churchill at the Colonial Office 1905–8* (1968), and the same author's "The Colonial Office mind 1900–14", in P. Wigley and N. Hillmer (eds), *Experience of the Commonwealth: essays presented to Nicholas Mansergh* (1976). For various attempts to give cohesion and unity, or perhaps merely comprehensible order, to a ramshackle empire, *see* J. E. Tyler, *The Struggle for Imperial Unity 1865–95* (1938); J. E. Kendle, *The Colonial and Imperial Conferences 1887–1911* (1967), and his article on a Milnerite enthusiasm, "The Round Table movement and 'Home Rule all round' ", *Hist. Journal*, xi (1968); and two articles by L. Trainor, "The British government and imperial economic unity 1890–95", *Hist. Journal*, xiii (1970), and "The Liberals and the formation of imperial defence policy 1892–5", *B.I.H.R.*, xlii (1969). R. Price, *An Imperial War and the British Working-Classes: working class attitudes and reactions to the Boer war 1899–1902* (1972); and H. Pelling, *Popular Politics and Society in Late Victorian Britain* (1968), ch. 5, are slightly tendentious discussions of popular attitudes to the South African war. For the Imperial Preference issue add to the biographies of Chamberlain already listed, S. H. Zebel, "Joseph Chamberlain and the genesis of tariff reform", *J. Brit. Studies*, vii (1967); A. M. Gollin, *Balfour's Burden* (1965); and R. A. Rempel, *Unionists Divided* (Newton Abbot, 1972).

There are many worthwhile studies of British policy in particular parts of the world. For Britain's part in African developments, including the "Scramble", *see* R. Robinson and J. Gallagher, *Africa and the Victorians: the official mind of imperialism* (1961); L. H. Gann and P. Duignan (eds), *Colonialism in Africa 1870–1960*, 5 vols (Cambridge, 1969–73), of which the last volume is a bibliographical guide; and two collections of conference papers edited by P. Gifford and W. R. Louis, *Britain and Germany in Africa*; and *France and Britain in Africa* (New Haven, Conn., 1967, 1971). For Southern Africa there are *The Cambridge History of the British Empire*, VIII, *South Africa, Rhodesia and the High Commission Territories*, ed. E. A. Walker, 2nd edn (Cambridge, 1963); and E. A. Walker, *A History of Southern Africa* (1957 edn), which is dated but still useful. For South Africa itself, *see* A. P. Newton (ed.), *Select Documents Relating to the Unification of South Africa*, 2 vols (1924); *The Oxford History of South Africa*, II, *1870–1966*, ed. M. Wilson and L. M. Thompson (Oxford, 1971); and C. W. de Kiewiet, *The Imperial Factor in South Africa* (Cambridge, 1937). Particular phases and episodes are considered by D. M. Schreuder, *Gladstone and Kruger: Liberal governments and colonial home rule 1880–5* (1969); C. F. Goodfellow, *Great Britain and South African Confederation 1870–81* (Cape Town, 1966); J. van der Poel, *The Jameson Raid* (1951); and E. Pakenham, *Jameson's Raid* (1960); J. Butler, *The Liberal Party and the Jameson Raid* (Oxford, 1968); A. Porter, "Lord Salisbury, Mr Chamberlain and South Africa 1895–9", *J.I.C.H.*, i (1972), which argues that the two men were in more substantial agreement than has usually been supposed; G. H. L. Le May, *British Supremacy in South Africa 1899–1907* (Oxford, 1965); J. S. Marais, *The Fall of Kruger's Republic* (Oxford, 1961); G. B. Pyrah, *Imperial Policy and South Africa 1902–10* (Oxford, 1955); and L. M. Thompson, *The Unification of South Africa 1902–10* (1960). In addition to works on Milner listed above, *The Milner Papers*, ed. C. Headlam, 2 vols (1931–3), are narrative which includes extracts from Milner's letters in 1897–1905. Another figure who bulks large in both South African and imperial history is well served by J. G. Lockhart and C. M. Woodhouse, *Rhodes* (1963); John Marlowe, *Cecil Rhodes: the anatomy of empire* (1972); and J. Flint, *Cecil Rhodes* (1976). Two valuable works on other parts of Southern Africa are A. J. Hanna, *The Beginnings of Nyasaland and North-Eastern Rhodesia 1859–95* (Oxford, 1956); and L. H. Gann, *A History of Northern Rhodesia* (1964).

British involvement in Egypt is well covered by the article already listed by R. A. Atkins, *John Marlowe: Anglo-Egyptian relations 1800–1956* (1965); R. L. Tignor, *Modernisation and British Colonial Rule in Egypt 1882–1914* (Princeton, 1966); and three works on Sir Evelyn Baring, Lord

Cromer: L. J. L. Dundas, Marquis of Zetland, *Lord Cromer* (1932); A. L. Al-Saiyid, *Egypt and Cromer* (1968); and John Marlowe, *Cromer in Egypt* (1970). Contemporary writings of importance on the British side include Alfred Milner, *England in Egypt* (1892); Sir Auckland Colvin, *The Making of Modern Egypt* (1906); and Cromer's own *Modern Egypt*, 2 vols (1908). For the Sudan, see M. Shibeika, *British Policy in the Sudan 1881–1902* (1952); and Iain R. Smith, *The Emin Pasha Relief Expedition 1886–90* (Oxford, 1972), which has wider relevance than its title suggests. The Gordon episode is covered by B. M. Allen, *Gordon and the Sudan* (1931); and John Marlowe, *Mission to Khartum* (1969); while P. M. Holt, *Mahdist State in the Sudan 1881–98* (Oxford, 1958, 1970), is concerned mainly with Britain's opponent in the confrontation.

British involvement further south and in the interior is considered by G. N. Sanderson, *England, Europe and the Upper Nile 1882–99* (Edinburgh, 1965); R. O. Collins, *King Leopold, England and the Upper Nile 1899–1909* (1968); and H. A. C. Cairns, *Prelude to Empire: British reactions to Central African society 1840–90* (1965). For East Africa there are K. Ingham, *A History of East Africa* (1962); R. Oliver, G. Mathew and others, *Oxford History of East Africa*, of which vols I and II (Oxford, 1963, 1965) cover this period; R. Coupland, *The Exploitation of East Africa 1856–90* (1939, 1968); R. Oliver, *The Missionary Factor in East Africa* (1952, 1965); G. H. Mungeam, *British Rule in Kenya 1895–1912* (Oxford, 1966); and L. W. Hollingsworth, *Zanzibar under the Foreign Office 1890–1913* (1953). For the West coast there is a valuable documentary collection, C. W. Newbury, *British Policy towards West Africa: select documents 1875–1914* (Oxford, 1971). J. D. Hargreaves, *Prelude to the Partition of West Africa* (1963), and *West Africa Partitioned*, I, *1885–9* (1974), are general treatments of the area. A narrower focus is provided by K. O. Dike, *Trade and Politics in the Niger Delta 1830–85* (1956); and by two excellent biographies, J. E. Flint, *Sir George Goldie and the Making of Nigeria* (1960); and Margery Perham, *Lord Lugard*, 2 vols (1956–60). Britain's problems further south are considered by R. T. Anstey, *Britain and the Congo in the Nineteenth Century* (Oxford, 1962); and S. J. S. Cookey, *Great Britain and the Congo Question 1885–1913* (1968).

India, almost a topic in itself, was in certain respects distinct from both European and other colonial questions of the period, yet it exercised a strong influence on other areas of British policy. *The Cambridge History of the British Empire*, V, *The Indian Empire 1858–1918*, ed. H. H. Dodwell (Cambridge, 1932), shows its age and can be supplemented by P. Spear, *The Oxford History of Modern India 1740–1947* (Oxford, 1965), and *A History of India*, II (1966); F. G. Hutchins, *The Illusion of Permanence* (Princeton, 1967); and P. Woodruff, *The Men Who Ruled India*, II, *The Guardians* (1954). A number of modern studies provide excellent coverage of the development and phases of British policy, including S. Gopal, *British Policy in India 1858–1905* (Cambridge, 1965); R. J. Moore, *Liberalism and Indian Politics 1877–1922* (1966); S. R. Mehrota, *India and the Commonwealth 1885–1929* (1965); D. Dilks, *Curzon in India*, 2 vols (1969–70); M. A. Das, *India under Morley and Minto* (1964); S. A. Wolpert, *Morley and India 1906–10* (Cambridge, 1967); S. R. Wasti, *Lord Minto and the Indian Nationalist Movement 1905–10* (Oxford, 1964); and S. E. Koss, *John Morley at the India Office 1905–10* (New Haven, Conn., 1969). Also worth mention are L. A. Knight, "The Royal Titles Act and India", *Hist. Journal*, xi (1969); and F. A. Eustis and Z. H. Zaid, "King, viceroy and Cabinet: the modification of the partition of Bengal, 1911", *History*, xlix (1964), which consider aspects of the imperial title. Lovat Fraser, *India under Curzon and After* (1911), is a period piece which remains useful.

For Afghanistan and the North-West frontier there are W. Habberton, *Anglo-Russian Relations concerning Afghanistan 1837–1907* (Urbana, 1965); L. W. Adamson, *Afghanistan 1900–23: a diplomatic history* (Berkeley and Los Angeles, 1967); D. P. Singhal, *India and Afghanistan 1876–1907* (1963); G. J. Alder, *British India's Northern Frontier 1865–95* (1963); C. C. Davies, *The Problem of the North-West Frontier 1890–1908* (Cambridge, 1932); and Michael Edwardes, *Playing the Great Game: a Victorian cold war* (1975).

95. Gladstone and the Bulgarian horrors

(W. E. Gladstone, *The Bulgarian Horrors and the Question of the East* (1876), 61–2)

Bulgarian resistance to the Turks (April to September 1876) was put down with the greatest severity. Details of this were published in May in the *Daily News*, and led to an anti-Turkish agitation, particularly in London and the industrial north. Despite his pamphlet, Gladstone did not fully identify himself with it till the following May, with his May resolutions in the House of Commons. The agitation brought him again into the forefront of politics.

I entreat my countrymen, upon whom far more than perhaps any other people in Europe it depends, to require, and to insist, that our government, which has been working in one direction, shall work in the other, and shall apply all its vigour to concur with the other States of Europe in obtaining the extinction of the Turkish executive power in Bulgaria. Let the Turks now carry away their abuses in the only possible manner, namely by carrying off themselves. Their Zaphticks and their Mudirs, their Bimbashis and their Yuzbackis, their Kaimchons and their Pashas, one and all, bag and baggage, shall, I hope, clear out from the provinces they have desolated and profaned. This thorough riddance, this most blessed deliverance, is the only reparation we can make to those heaps on heaps of dead; to the violated purity alike of matron, of maiden, and of child; to the civilisation which has been affronted and shamed; to the laws of God or, if you like, of Allah, to the moral sense of mankind at large.

96. Beaconsfield's speech in the House of Lords on the Near Eastern question, 8 February 1877

(*Hansard*, 3rd series, CCXXXII, cols 51–2)

... I should like to collect from the noble duke [of Argyll] on the subject of this great Eastern question, the shadow of which is brooding over Europe, what he believes to be the elements of that question. The noble duke has treated it entirely as if it referred to the condition of the Christian subjects of the Porte. I believe there is a general anxiety among all parties in this country, and, indeed, on the part of most European governments, to secure the amelioration of the Christian subjects of the Porte. The noble duke says that that is a matter which we entirely discard; but surely this is not a just description of the policy of the government. We commenced by giving our adhesion to the Andrassy note, which certainly involved a great interference with the condition of the Christian subjects of the Porte. In my opinion, if it had been introduced more favourably to the notice and consideration of Europe, and if it had been worked out in detail, it contained practical propositions, which, in quiet times, were susceptible of effecting for that population most of the results that were desired. Am I to understand from the noble duke that in his mind the only element of this great Eastern question is the condition of the Christian subjects of the Porte? I am sure that he, a statesman who has had to do with public affairs, could hardly attempt to enforce a proposition so fundamentally weak. Surely, when the noble duke calls upon us to join with the other powers of Europe to form a compact body in order that we may effect the object he desires, he cannot have forgotten that the assembled powers of Europe, when they have to consider this great Eastern question, have to consider something else besides the mere amelioration of the condition of the Christian subjects of the Porte. Surely some of the elements of the distribution of power in the world are involved in it. It is a question in which is involved the existence of empires; and really it does appear to me we shall never come to its solution – which probably may happen in the lives of some whom I am now addressing, though not in my own – if we are to discard from it every political consideration, and to believe that the only element with which we have to deal is the amelioration of the condition of the Christian subjects of the Porte. To my mind it is quite clear that if the powers of Europe work in that direction only, and work, as they probably would if they worked in that direction only, without the energy necessary, their interference would only aggravate the condition of the Christian subjects of the Porte and bring about those very calamities of which we have had such recent and such bitter experience. If this matter is really to be treated it must be treated by statesmen; we must accurately know who are to be responsible hereafter for the condition of this population; we must know what changes in the distribution of territory in the most important part of the globe are to be made as the consequence of this attempted solution; and it is only by considerations of that kind – it is only by bringing our minds, free from all passion, to a calm and sagacious consideration of this subject, and viewing it as statesmen, that we can secure the great interests of this country, which are too often forgotten in declamatory views of circumstances with which we have to deal practically – it is in this way only we can secure an amelioration in the condition of the population of the Ottoman empire. I trouble your lordships tonight with much reluctance; I would rather have listened to the debate than have taken part in it. However, I could not but enter my protest against the view and speech of the noble duke upon this question; and I reserve to myself to meet him on the occasion of which he has given notice, when I shall be happy not only to hear his views, but humbly and with due modesty to offer my own.

97. Beaconsfield's speech in the House of Lords defending the Constantinople convention, 18 July 1878

(*Hansard*, 3rd series, CCXLI, cols 1770–4)

More generally known as the Cyprus convention, drawn up before the Congress of Berlin and communicated in the course of it.

. . . There has been no want, on our part, of invitations to neutral powers to join with us in preventing or in arresting war. Besides the great Treaty of Paris there was the Tripartite Treaty, which, if acted upon, would have prevented war. But that treaty could not be acted upon, from the unwillingness of the parties to it to act; and therefore we must clearly perceive that if anything could be effectually arranged, as far as our oriental empire is concerned, the arrangement must be made by ourselves. Now, this was the origin of that convention at Constantinople which is on your lordships' table, and in that convention our object was not merely a military or chiefly a military object. Our object was to place this country certainly in a position in which its advice and in which its conduct might at least have the advantage of being connected with a military power and with that force which it is necessary to possess often in great transactions, though you may not fortunately feel that it is necessary to have recourse to that force. Our object in entering into that arrangement with Turkey was, as I said before, to produce tranquillity and order. When tranquillity and order were produced, we believed that the time would come when the energy and enterprise of Europe might be invited to what really is another continent, as far as the experience of man is concerned, and that its development will add greatly not merely to the wealth and prosperity of the inhabitants, but to the wealth and prosperity of Europe. My lords, I am surprised to hear – for though I have not heard it myself from any authority, it is so generally in men's mouths that I am bound to notice it – that the step we have taken should be represented as one that is calculated to excite the suspicion or enmity of any of our allies, or of any State. My lords, I am convinced that when a little time has elapsed, and when people are better acquainted with this subject than they are at present, no one will accuse England of having acted in this matter but with frankness and consideration for other powers. . . .

Now, my lords, I have ventured to review the chief points connected with the subject on which I wished to address you – namely, what was the policy pursued by us, both at the congress of Berlin and in the convention of Constantinople? I am told, indeed, that we have incurred an awful responsibility by the convention into which we have entered. My lords, a prudent minister certainly would not recklessly enter into any responsibility; but a minister who is afraid to enter into responsibility is, in my mind, not a prudent minister. We do not, my lords, wish to enter into any unnecessary responsibility; but there is one responsibility from which we certainly shrink; we shrink from the responsibility of handing to our successors a diminished or a weakened empire. Our opinion is that the course we have taken will arrest the great evils which are destroying Asia Minor and the equally rich countries beyond. We see in the present state of affairs the Porte losing its influence over its subjects; we see a certainty, in our opinion, of increasing anarchy, of the dissolution of all those ties which, though feeble, yet still exist, and which have kept society together in those countries. We see the inevitable result of such a state of things, and we cannot blame Russia availing herself of it. But, yielding to Russia what she has obtained, we say to her, "Thus far, and no farther." Asia is large enough for both of us. There is no reason for these constant wars, or fears of wars, between Russia and England. Before the circumstances which led to the recent disastrous war, when none of those events which we have seen agitating the world had occurred, and when we were speaking in "another place" of the conduct of Russia in Central Asia, I vindicated that conduct, which I thought was unjustly attacked, and I said then, what I repeat now – there is room enough for Russia and England in Asia. But the room that we require we must secure. We have, therefore, entered into an alliance – a defensive alliance – with Turkey, to guard her against any further attack from Russia. We believe that the result of this convention will be order and tranquillity. And then it will be for Europe – for we ask no exclusive privileges or commercial advantages – it will then be for Europe to assist England in availing ourselves of the wealth which has been so long neglected and undeveloped in regions once so fertile and so favoured. We are told, as I have said before, that we are undertaking great responsibilities. From those responsibilities we do not shrink. We think that, with prudence and discretion, we shall bring about a state of affairs as advantageous for Europe as for ourselves; and in that conviction we cannot bring ourselves to believe that the act which we have recommended is one that leads to trouble and to warfare. No, my lords, I am sure there will be no jealousy between England and France upon this subject. In taking Cyprus the movement is not Mediterranean; it is Indian. We have taken a step there which we think necessary for the maintenance of our empire and for its preservation in peace. If that be our first consideration, our next is the development of the country. And upon that subject I am told that it was expected tonight that I should in detail lay before the House the minute system by which all those results, which years may bring about, are instantly to be acquired. I, my lords, am prepared to do nothing of the kind. We must act with considerable caution. We are acting with a power, let me remind the House, which is an independent power – the sultan – and we can decide nothing but with his consent and sanction. We have been in communication with that prince – who, I may be allowed to remind the House, has other things to think about, even than Asia Minor; for no man was ever tried, from his accession to the throne till this moment, so severely as the sultan has been; but he has invariably during his reign expressed his desire to act with England and to act with Europe, and especially in the better administration and management of his affairs. The time will come – and I hope it is not distant – when my noble friend the Secretary of State for Foreign Affairs may be able to communicate to the House details of these matters, which will be most interesting. But we must protest against being forced into statements on matters of importance which are necessarily still immature. And we must remember that, formally speaking, even the Treaty of Berlin has not been ratified, and there are many things which cannot even be commenced until the ratification of that treaty has occurred.

My lords, I have now laid before you the general outline of the policy that we have pursued, both in the congress of Berlin and at Constantinople. They are intimately connected with each other, and they must be considered together. I only hope that the House will not misunderstand – and I think the country will not misunderstand – our motives in occupying Cyprus, and in encouraging those intimate relations between ourselves and the government and the population of Turkey. They are not movements of war; they are operations of peace and of civilization. We have no reason to fear war. Her majesty has fleets and armies which are second to none. England must have seen with pride the Mediterranean covered with her ships; she must have seen with pride the discipline and devotion which have been shown to her and her government by all her troops, drawn from every part of her empire. I leave it to the illustrious duke,[1] in whose presence I speak, to bear witness to the spirit of imperial patriotism which has been exhibited by the troops from India which he recently reviewed at Malta. But it is not on our fleets and armies, however necessary they may be for the maintenance of our imperial strength, that I alone or mainly depend in that enterprise on which this country is about to enter. It is on what I most highly value – the consciousness that in the Eastern nations there is confidence in this country, and that, while they know we can enforce our policy, at the same time they know that our empire is an empire of liberty, of truth, and of justice.

98. Gladstone's first Midlothian speech, Edinburgh, 25 November 1879

(W. E. Gladstone, *Political Speeches in Scotland*, 2 vols (1880), I, 35–58)

Gladstone's decision to contest Midlothian, at the time represented by the Conservative Lord Dalkeith, son and heir of the duke of Buccleugh, was largely due to his desire to represent an industrial constituency. He stayed with Lord Rosebery at Dalmeny during the contest, which Rosebery very largely stage-managed. Huge audiences came to listen to Gladstone, but his majority in the election was only 211.

. . . They began with sending their fleet to the Dardanelles without the consent of the sultan, and in violation of the treaty of Paris, which gave them no right to send it. After that they went on by bringing their Indian troops into Europe against the law of the country. After that they proceeded to make their Anglo-Turkish convention, without the knowledge of Europe, when for six months they had been contending, I may say, at the point of the sword, that it was Europe, and Europe alone, that had a right to manage the concerns of the Turkish empire. It is difficult, gentlemen, human memory will hardly avail, to bring up all these cases. I have got now as far as the Anglo-Turkish convention. What is the next? The next is Afghanistan. A war was made in Afghanistan to the surprise and astonishment – I might almost say to the horror – of this country, upon which I shall have occasion, either today or on another day, to enlarge more than I can do at the present moment. I am now only illustrating to you the manner in which a series of surprises, a series of theatrical ex-pedients, calculated to excite, calculated to alarm, calculated to stir pride and passion, and calculated to divide the world, have been the daily employment and subsistence, the established dietary of the present government. Afghanis-tan, gentlemen, was not the last. Having had a diversion of that kind in Asia, the next turn was to be in Africa. But there a different course was adopted. The practice which in other circles is well known by the name of "hedging" was

[1] H.R.H. the duke of Cambridge (Prince Adolphus), the queen's uncle, reviewed the troops on 18 June 1878.

brought into play, and Sir Bartle Frere was exhorted and instructed as to affairs in Africa with infinite skill, and in terms most accurately constructed in such a way that if they turned out well, the honour and the glory would redound to this patriotic government; but if they turned out ill, the responsibility and the burden would fall on the shoulders of Sir Bartle Frere.

Well, these came one after another, gentlemen, and now we have not done. We end where we began, and again it is a question of sending the fleet to the Dardanelles. Whether it is on its way there we do not know at this moment. We know that the officers – at least that is the last account I have seen – that the officers are only allowed to be within call at two hours' notice. When the catalogue of expedients is exhausted, it is just like a manager with his stock of theatrical pieces – after he has presented them all he must begin again – and so we are again excited, and I must say alarmed, and I believe that Europe is greatly disquieted and disturbed, by now knowing what is to be the next quasi-military operation of the government.

These are not subjects, gentlemen, upon which I will dilate at the present moment, but this I will say, that in my opinion, and in the opinion which I have derived from the great statesmen of the period of my youth, without any distinction of party, but, if there was any distinction of party, which I learned more from Conservative statesmen than from Liberal statesmen, the great duty of a government, especially in foreign affairs, is to soothe and tranquillise the minds of the people, not to set up false phantoms of glory which are to delude them into calamity, not to flatter their infirmities by leading them to believe that they are better than the rest of the world, and so to encourage the baleful spirit of domination; but to proceed upon a principle that recognises the sister-hood and equality of nations, the absolute equality of public right among them; above all, to endeavour to produce and to maintain a temper so calm and so deliberate in the public opinion of the country, that none shall be able to disturb it. The maxim of a government ought, gentlemen, to be that which was known in ancient history as the appeal from Philip drunk to Philip sober. But the conduct of the present government, and their resort one after another to these needless, alarming, and too frequently most discreditable measures, has been exactly the reverse. Their business has been to appeal to pride and to passion, to stir up those very feelings which every wise man ought to endeavour to allay, and, in fact, constantly to appeal from Philip sober to Philip drunk. . . .

There is no precedent in human history for a formation like the British Empire. A small island at one extremity of the globe peoples the whole earth with its colonies. Not satisfied with that, it goes among the ancient races of Asia and subjects two hundred and forty millions of men to its rule. Along with all this it disseminates over the world a commerce such as no imagination ever conceived in former times, and such as no poet ever painted. And all this it has to do with the strength that lies within the narrow limits of these shores. Not a strength that I disparage; on the contrary, I wish to dissipate, if I can, the idle dreams of those who are always telling you that the strength of England depends, sometimes they say upon its prestige, sometimes they say upon its extending its empire, or upon what it possesses beyond these shores. Rely upon it the strength of Great Britain and Ireland is within the United Kingdom. Whatever is to be done in defending and governing these vast colonies with their teeming millions; in protecting that unmeasured commerce; in relation to the enormous responsibilities of India – whatever is to be done, must be done by the force derived from you and from your children, derived from you and from your fellow-electors, throughout the land, and from you and from the citizens and people of this country. And who are they? They are, perhaps, some three-and-thirty millions of persons – a population less than the population of France; less than the population of Austria; less than the population of Germany; and much less than the population of Russia. But the populations of Austria, of Russia, of Germany, and of France find it quite hard enough to settle their own matters within their own limits. We have undertaken to settle the affairs of about a fourth of the entire human race scattered over all the world. Is not that enough for the ambition of Lord Beaconsfield? It satisfied the duke of Wellington and Mr Canning, Lord Grey and Sir Robert Peel; it satisfied Lord Palmerston and Lord Russell, ay, and the late Lord Derby. And why cannot it satisfy – I do not want to draw any invidious distinction between Lord Beaconsfield and his colleagues; it seems to me that they are all now very much of one mind, that they all move with harmony amongst themselves; but I say, why is it not to satisfy the ambition of the members of the present government? I affirm that, on the contrary, strive and labour as you will in office – I speak after the experience of a lifetime, of which a fair portion has been spent in office – I say that strive and labour as you will in parliament and in office, human strength and human thought are not equal to the ordinary discharge in this great, wonderful, and world-wide empire. And therefore, gentlemen, I say it is indeed deplorable that in addition to these calls, of which we have evidence in a thousand forms, and of our insufficiency to meet which we have evidence in a thousand forms – when, in addition to these calls, all manner of gratuitous, dangerous, ambiguous, impracticable, and impossible engagements are contracted for us in all parts of the world. . . .

But what has been the course of things for the last three years? I will run them over almost in as many words. We have got an annexation of territory – I put it down merely that I might not be incomplete – an annexation of territory in the Fiji Islands, of which I won't speak, because I don't consider the government is censurable for that act, whether it were a wise act or not. Nobody could say that that was their spontaneous act. But now let us look at what have been their spontaneous acts. They have annexed in Africa the Transvaal territory, inhabited by a free European, Christian, republican community, which they have thought proper to bring within the limits of a monarchy, although out of 8,000 persons in that republic qualified to vote upon the subject, we are told, and I have never seen the statement officially contradicted, that 6,500 protested against it. These are the circumstances under which we undertake to transform republicans into subjects of a monarchy. We have made war upon the Zulus. We have thereby become responsible for their territory; and not only this, but we are now, as it appears from the latest advices, about to make war upon a chief lying to the northward of the Zulus; and Sir Bartle Frere, who was the great authority for the proceedings of the government in Afghanistan, has announced in South Africa that it will be necessary for us to extend our dominions until we reach the Portuguese frontier to the north. So much for Africa.

I come to Europe. In Europe we have annexed the island of Cyprus, of which I will say more at another time. We have assumed jointly with France the virtual government of Egypt; and possibly, as we are to extend, says Sir Bartle Frere, our southern dominions in Africa till we meet the southern frontier of the Portuguese – possibly one of these days we may extend our northern dominions in Africa till we meet the northern frontier of the Portuguese. We then, gentlemen, have undertaken to make ourselves responsible for the good government of Turkey in Asia – not of Asia Minor, as you are sometimes told, exclusively, but of the whole of that great space upon the map, including the principal part of Arabia, which is known geographically as Turkey in Asia. Besides governing it well, we have undertaken to defend the Armenian frontier of Turkey against Russia, a country which we cannot possibly get at except either by travelling over several hundreds of miles by land, including mountain-chains never adapted to be traversed by armies, or else some thousands of miles of sea, ending at the extremity of the Black Sea, and then having to effect a landing. That is another of our engagements.

Well, and as if all that were not enough, we have, by the most wanton invasion of Afghanistan, broken that country into pieces, made it a miserable ruin, destroyed whatever there was in it of peace and order, caused it to be added to the anarchies of the Eastern world, and we have become responsible for the management of the millions of warlike but very partially civilised people whom it contains, under circumstances where the application of military power, and we have nothing but military power to go by, is attended at every foot with enormous difficulties. . . .

It is no longer the government with which you have to deal. You have to deal with the majority of the House of Commons. The majority of the House of Commons has completely acquitted the government. Upon every occasion when the government has appealed to it, the majority of the House of Commons has been ready to answer to the call. Hardly a man has ever hesitated to grant the confidence that was desired, however outrageous in our view the nature of the demand might be. Completely and bodily, the majority of the House of Commons has taken on itself the responsibility of the government – and not only the collective majority of the House of Commons, gentlemen. If you had got to deal with them by a vote of censure on that majority in the lump, that would be a very ineffective method of dealing. They must be dealt with individually. That majority is made up of units. It is the unit with which you have got to deal. And let me tell you that the occasion is a solemn one; for as I am the first to aver that now fully and bodily the majority of the House of Commons has, in the face of the country, by a multitude of repeated and deliberate acts, made itself wholly and absolutely responsible in the whole of these transactions that I have been commenting upon, and in many more; and as the House of Commons has done that, so upon the coming general election will it have to be determined whether that responsibility, so shifted from an administration to a parliament, shall again be shifted from a parliament to a nation. As yet the nation has had no opportunity. Nay, as I point out early in these remarks, the government do not seem disposed to give them the opportunity. To the last moment, so far as we are informed by the best authorities, they intend to withhold it. The nation, therefore, is not yet responsible. If faith has been broken, if blood has been needlessly shed, if the name of England has been discredited and lowered from that lofty standard which it ought to exhibit to the whole world, if the country has been needlessly distressed, if finance has been thrown into confusion, if the foundations of the Indian Empire have been impaired, all these things as yet are the work of an administration and a parliament; but the day is coming, and is near at hand, when that event will take place which will lead the historian to declare whether or not they are the work, not of an administration and not of a parliament, but the work of a great and a free people. If this great and free and powerful people is disposed to associate itself with such transactions, if it is disposed to assume upon itself what some of us would call the guilt, and many of us must declare to be the heavy burden, of all those events that have been passing before our eyes, it rests with them to do it. But, gentlemen, let every one of us resolve in his inner conscience, before God and before man – let him resolve that he at least will have no share in such a proceeding; that he will do his best to exempt himself; that he will exempt himself from every participation in what he believes to be mischievous and ruinous misdeeds; that, so far as his exertions can avail, no trifling, no secondary consideration shall stand in the way of them, or abate them; that he will do what in him lies to dissuade his countrymen from arriving at a resolution so full of mischief, of peril, and of shame. . . .

99. Gladstone's third Midlothian speech, West Calder, 27 November 1879

(W. E. Gladstone, *Political Speeches in Scotland*, 2 vols (1880), I, 115–17)

. . . Gentlemen, with that apology I ask you again to go with me beyond the seas. And as I wish to do full justice, I will tell you what I think to be the right principles of foreign policy; and then, as far as your patience and my strength will permit, I will, at any rate for a short time, illustrate those right principles by some of the departures from them that have taken place of late years. I first give you, gentlemen, what I think the right principles of foreign policy. The first thing is to foster the strength of the empire by just legislation and economy

at home, thereby producing two of the great elements of national power –
namely, wealth, which is a physical element, and union and contentment,
which are moral elements – and to reserve the strength of the empire, to reserve
the expenditure of that strength, for great and worthy occasions abroad. Here is
my first principle of foreign policy: good government at home. My second
principle of foreign policy is this – that its aim ought to be to preserve to the
nations of the world – and especially, were it but for shame, when we recollect
the sacred name we bear as Christians, especially to the Christian nations of the
world – the blessings of peace. That is my second principle.

My third principle is this. Even, gentlemen, when you do a good thing, you
may do it in so bad a way that you may entirely spoil the beneficial effect; and if
we were to make ourselves the apostles of peace in the sense of conveying to the
minds of other nations that we thought ourselves more entitled to an opinion
on that subject than they are, or to deny their rights – well, very likely we
should destroy the whole value of our doctrines. In my opinion the third sound
principle is this – to strive to cultivate and maintain, ay, to the very uttermost,
what is called the concert of Europe; to keep the powers of Europe in union
together. And why? Because by keeping all in union together you neutralise
and fetter and bind up the selfish aims of each. I am not here to flatter either
England or any of them. They have selfish aims, as, unfortunately, we in late
years have too sadly shown that we too have had selfish aims; but then common
action is fatal to selfish aims. Common action means common objects; and the
only objects for which you can unite together the powers of Europe are objects
connected with the common good of them all. That, gentlemen, is my third
principle of foreign policy.

My fourth principle is – that you should avoid needless and entangling
engagements. You may boast about them; you may brag about them. You may
say you are procuring consideration for the country. You may say that an
Englishman can now hold up his head among the nations. You may say that he
is now not in the hands of a Liberal ministry, who thought of nothing but
pounds, shillings and pence. But what does all this come to, gentlemen? It
comes to this, that you are increasing your engagements without increasing
your strength; and if you increase engagements without increasing strength,
you diminish strength, you abolish strength; you really reduce the empire and
do not increase it. You render it less capable of performing its duties; you
render it an inheritance less precious to hand on to future generations.

My fifth principle is this, gentlemen, to acknowledge the equal rights of all
nations. You may sympathise with one nation more than another. Nay, you
must sympathise in certain circumstances with one nation more than another.
You sympathise most with those nations, as a rule, with which you have the
closest connection in language, in blood, and in religion, or whose circumstances at the time seem to give the strongest claim to sympathy. But in point
of right all are equal, and you have no right to set up a system under which one
of them is to be placed under moral suspicion or espionage, or to be made the

constant subject of invective. If you do that, but especially if you claim for yourself a superiority, a pharisaical superiority over the whole of them, then I say you may talk about your patriotism if you please, but you are a misjudging friend of your country, and in undermining the basis of the esteem and respect of other people for your country you are in reality inflicting the severest injury upon it. I have now given you, gentlemen, five principles of foreign policy. Let me give you a sixth, and then I have done.

And that sixth is, that in my opinion foreign policy, subject to all the limitations that I have described, the foreign policy of England should always be inspired by the love of freedom. There should be a sympathy with freedom, a desire to give it scope, founded not upon visionary ideas, but upon the long experience of many generations within the shores of this happy isle, that in freedom you lay the firmest foundations both of loyalty and order; the firmest foundations for the development of individual character, and the best provision for the happiness of the nation at large. In the foreign policy of this country the name of Canning ever will be honoured. The name of Russell ever will be honoured. The name of Palmerston ever will be honoured by those who recollect the erection of the kingdom of Belgium, and the union of the disjoined provinces of Italy. It is that sympathy, not a sympathy with disorder, but, on the contrary, founded upon the deepest and most profound love of order – it is that sympathy which, in my opinion, ought to be the very atmosphere in which a Foreign Secretary of England ought to live and to move. . . .

100. Holland's speech on the Gladstone government's policy on the Transvaal, 25 July 1881

(*Hansard*, 3rd series, CCLXIII, cols 1807–15)

Sir Henry Holland was Assistant Under-Secretary for the Colonies (1870–4); Secretary of State for the Colonies (1888–92); baron and G.C.M.C. (1888); and Viscount Knutsford (1895).

Sir Henry Holland said that he did not like to give a silent vote on this occasion, as he had paid the closest attention to the difficult question now before the House, and as he had had much to do with the affairs of South Africa when he was at the Colonial Office. It appeared to him that there were three important stages in our dealings with the Transvaal. The first stage was the annexation of that territory by the late government; the second was the continuance of the policy of the late government by her majesty's present government upon their accession to office; and the third stage was the restoration of the Transvaal to the Boers. Now, as regarded the first stage, he held that Lord Carnarvon could not have acted otherwise than he had upon the information he received. It had been said, both in that House and out of it, that the annexation of the Transvaal was only a part of the imperial policy of the late government. Nothing could be more contrary to the facts of the case, and he (Sir Henry Holland) would cite in support of this denial the very frank and fair speech of Lord Kimberley in a recent debate in the House of Lords. That noble lord said that he admitted that "the late government, in annexing the Transvaal, were not for one moment actuated simply by a desire to extend the queen's dominions. The motives for that step were not motives of which the country need be ashamed". He (Sir Henry Holland) begged the House to remember that these words were spoken by a Secretary of State for the Colonies, than whom no one was more competent to form an opinion upon the point; and he trusted, therefore, that they would hear no more of this charge against the late government. He might add that no one was more reluctant to increase our responsibilities in South Africa than Lord Carnarvon. Having been twice Colonial Minister, he knew well the gravity of those responsibilities, and his reluctance to act was shown both in his despatches to the Cape, in his speeches in the House of Lords, and, he (Sir Henry Holland) might add, in his private conversations. Nor must it be forgotten that the necessity of annexation under the circumstances was fully recognised by eminent Liberal statesmen, who had paid special attention to colonial matters. He (Sir Henry Holland) desired to say here a few words in defence of one who had been made the scapegoat in this business. They were all too anxious when in difficulties to look about for a scapegoat upon whose shoulders they could lay the blame, and in the present case Sir Theophilus Shepstone had been made the scapegoat. Now, it was not clear that the feeling of the inhabitants generally, when he reported, was against annexation. The country was in a state of distraction and complete ruin. There was a great alarm of the natives; there was a very feeble government, to which the principal Boers were, as President Burgers sadly admitted, very disloyal. The Boers might not, perhaps, have desired or contemplated a permanent annexation and loss of independence, but they certainly desired in many quarters to have British protection. At all events, Sir Theophilus Shepstone might well have been deceived; and small blame, if any, could be attached to him for error of judgment, seeing that he was able to effect this change without any riot or disturbance, although he had only a force of twenty-five policemen with him; and that he had received addresses and prayers for help from the respectable and peaceful inhabitants of the principal places in the Transvaal. It certainly was most unfair to judge of the feeling then by the feeling now shown. Could they be surprised if, after peace and prosperity had been restored under British government, and all fear of invasion removed, many Boers who might have throughout regretted their loss of independence, were readily excited and roused by the violent language of a few leaders? These leaders desired the power and office which they might have had, or hoped to have, but for the annexation, and they had strained every nerve to excite the people. But he (Sir Henry Holland) ventured to doubt whether they would have succeeded had they not been able to point to the language of the Prime Minister, of the Under Secretary of State for the Home Department, and other leading Radicals, and to hold out hopes that a change in the government at home would lead at once to a change of policy in the Transvaal. . . . He now came to the second stage of this subject – namely, the policy pursued by her majesty's present government when they came into power. He believed that their decision to retain the Transvaal was approved by the great majority of members and by the country at large. He would go further, and say that he believed there was a feeling of relief when the country learnt the decision arrived at. But he must call the attention of the House to the grounds upon which the government based their decision, as this formed a most important element in the consideration of the questions before the House. Lord Kimberley, on 24 May 1880, said that assurances having been given to the native population that they would be under the British Crown, and the communication having been made to the Dutch settlers that there was no intention to abandon the annexation, it would not be desirable now to recede. He added that "nothing could be more unfortunate than uncertainty in such a matter". . . . And lastly, on 21 January 1881 the reasons were fully set forth again by the Prime Minister. He said, "I must look at the obligations entailed by the annexation; and if, in my opinion, and in the opinion of many on this side of the House, wrong was done by the annexation itself, that would not warrant us in doing fresh, distinct, and separate wrong, by a disregard of the obligations which that annexation entailed. . . . First, there was the obligation entailed towards the English and other settlers in the Transvaal, perhaps including a minority, though a very small minority, of the Dutch Boers themselves; secondly, there was the obligation towards the native races, an obligation which I may call an obligation of humanity, and justice; and, thirdly, there was the political obligation we entailed upon ourselves in respect of the responsibility which was already incumbent on us, and which we, by the annexation, largely extended for the future peace and tranquillity of South Africa." [1] These were very strong reasons, amply justifying the policy of her majesty's government in retaining the Transvaal; and these reasons had been intensified a hundredfold by the war. Our obligations then became still more sacred and binding, especially towards those who had lent or offered us loyal assistance. He would now pass to the third stage of these proceedings – namely, the surrender of the Transvaal to the Boers. Looking to the reasons given for maintaining that territory, the government ought to be able to advance very strong and powerful reasons for the change of policy. If the change had been made at first, when the government came into power, if the Transvaal had then been abandoned, either on the ground of the probable expense and danger, which would be incurred in retaining it, or because of the strong feeling in the territory against British authority, they on that side of the House might have regretted and protested against the decision; but the reasons for it would have been clear and simple, and bloodshed would have been avoided. But the change of policy was not made. On the contrary, the continuance of the annexation was justified, although it was known that there was a party in the Transvaal opposed to it; and it was also urged that danger might be anticipated from a change of policy.

[1] *Hansard*, 3rd ser., CCLXII, col. 1142

What, then, were the reasons, what the motives, which subsequently induced the government to alter their decision? There was no proof of any increase of hostile feeling on the part of the Boers, except, perhaps, just after the time when the decision of the government was first made known in the Transvaal. Indeed, there was reason to believe that the feeling was quieter. The outbreak in December was a sudden act; a spark lighting up a smouldering disaffection which would have been stamped out, even if it had not died out of itself, if a firm front had been shown. At first, after the revolt broke out, there was no apparent substantial change in the policy of the government. "Her majesty's authority was to be vindicated"; and "there was a duty anterior to all duties – that of vindicating the authority of the Crown". These were the phrases used by ministers; but he (Sir Henry Holland) suspected that a change was all this time working in the minds of those ministers. It was no secret that the original policy of annexation was distasteful to many members of the government, and not improbable that one or two would have been willing at once to reverse that policy. It was well known that there was discontent at the decision taken by the government on the part of many, if not all, of the Radical members, and on the part of many who had so largely assisted in bringing the Prime Minister into power. There was, therefore, constant pressure put upon the government to restore the Transvaal, and this pressure was increased and intensified by the revolt. Then came further checks of our soldiers, and still more pressure, and with all this the dislike that more blood should be shed in a cause which was considered of doubtful justice must have weighed with the ministers. He (Sir Henry Holland) blamed the government for yielding to this pressure; but he most strongly blamed them for the uncertainty and hesitation in their policy. . . . This policy had been called "generous" and "just"; but by whom? He (Sir Henry Holland) could understand why it should be called generous by Radical members and their constituents. Their lives were not endangered, their property was not rendered insecure, their commercial relations were not affected by a change of policy, of which they approved as coinciding with their views. He could understand why it should be called generous by the Boer leaders, and it had been so characterised by them in a despatch or memorial. They had gained power, office, and the emoluments of power and office, which they would have failed to gain under British rule, and they had been successful in their rebellion. He could understand why President Brand – who, he must remark in passing, had taken a most kind and judicious part in these proceedings, should call this policy generous, because he naturally would prefer to see a Dutch republic, rather than a strong British government, on the borders of the State over which he so ably presided. But what was this policy called by those to whose opinions we were chiefly bound to look; by those to whom we had contracted solemn obligations; by those to whom, to use the Prime Minister's words, which he (Sir Henry Holland) had already cited, we have done a "fresh, distinct, and separate wrong by a disregard of the obligations which the annexation entailed". They said they had been "wilfully and deliberately abandoned, cruelly deceived and betrayed"; and, allowing for some not unnatural exaggeration, he could not but think that these words very fairly described the position of these people. He did not regret the loss of the Transvaal. The responsibilities of this country were sufficiently grave without any further extension; but he did regret that the government had yielded to pressure, and given a premium to successful rebellion. . . .

101. Egypt: Gladstone's defence of government policy, House of Commons, 24 July 1882

(*Hansard*, 3rd series, CCLXXII, cols 1576–90)

. . . And now it is necessary to consider what is the state of things in Egypt which this provision is designed to meet. It is a state of things which we must describe, except in the city of Alexandria, as one of lawless military violence. And I am sorry to say that state of military violence is apparently aggravated by cruel and wanton crime. It is not for me to assume the ultimate state of the facts as they may appear when we have before us more full and detailed information; but we have before us certain facts which are as significant as they are happily rare in previous history and experience. That the fortifications of a town should be bombarded is of itself a very grave fact, sure to be attended with serious damage; but that that town itself should, not by the bombardment but by the action, entirely apart from the bombardment, of those who are in positive possession of the reins of government, and in the exercise of the powers of government – that a conflagration should be brought into that town upon the retirement of an army which must have known itself perfectly able to hold the town – nay, must have known that for a time, at least, it could hold that town without risk of attack, and that, with that conflagration, there would be let loose on the town those who were to sack and pillage it – these, I say, are dreadful facts which, if they be made good, and we have no reason at present to doubt they are such as I have described – deserve the appellation of cruel and wanton crime. And now, sir, we have advanced one step further. The committee is probably aware that the great town of Alexandria is dependent for its supply of water upon the great work called the Mahmoudieh Canal. The water of that canal is a matter of almost entire insignificance as far as her majesty's forces are concerned. They are possessed of scientific means and machinery by which their wants can, as we are informed, be adequately and amply supplied. The measures, therefore, that have been taken – some say for contaminating it with salt water, but of that there is some uncertainty – but for cutting off the supply of water, are measures directed not against the comfort only, but also against the very lives of the mass of the population of Alexandria, whose offence can amount to nothing but this – that they are not offering an armed resistance to the forces of the English, and the authority of their lawful ruler the Khedive. Until within the last few weeks, we looked on those who have established the reign of military violence in Egypt as misguided and ambitious men who had broken the law necessary to bind political society together. More grave charges now come up, and it will be for those who have hereafter to consider what course shall be taken to determine, upon careful investigation, whether we can or cannot pronounce to be mitigated the appearances, now too conclusive of barbarous and brutal conduct, directed to objects at variance with the first pulses of humanity. This being the case as far as Alexandria is concerned, over the rest of Egypt the same military party is acting in violent opposition to the authority of the lawful ruler. I am not aware that any charge has ever been made against him. We have never learnt that he has in any way abused his trust so as to deserve to forfeit his position. We have not the smallest reason to believe that the popular feeling of Egypt is adverse to the continuance of his rule. What we know, so far as our knowledge goes, is that this same rule of violence is put in force, as far as the power of the military chiefs can do it, in every part of the country. The governors in three out of five provinces have been dismissed because they were not willing to become the tools of the military party. It is, in fact, a case in which we see established the essence of civil strife in its most intense and highest form – the lawful ruler shut up in Alexandria, where he receives, we believe, the willing obedience of the people; but the bulk of the country for the present in the possession of the Egyptian army – that army, whether a willing or unwilling instrument, directed by its ambitious commander for the purpose of achieving the ultimate fruits of rebellion, and apparently for the purpose of setting up some military dictator. It is not within a circle of associations like these that liberty can grow. There have been periods in this history at which it has been charitably believed, even in this country, that the military party was the popular party, and was struggling for the liberties of Egypt. There is not the smallest rag or shred of evidence to support that contention. In truth, military violence and the regime established by military violence, are absolutely incompatible with the growth and the existence of freedom. The reign of Cromwell was a great reign; but it did nothing for English freedom, because it was the rule of military force, and it has not left on the statute book the record of such triumphs as were achieved by peaceful action under the, in many respects, base and infamous reign which followed it – the reign of Charles II. . . . It will be premature now to enter into details as to a general reestablishment of the *status quo*. It is impossible, for example, to form at this time any judgment with reference to maintaining or changing what is called the control in Egypt; but what I do wish to convey is this – that whether we go to Egypt alone or in partnership we shall not go for selfish objects. Even if it happen that our action be isolated, except for the happy conjunction with France I have already noticed with respect to the Suez Canal – and I venture to think that conjunction may be considered assured – if our action should be isolated, not isolated will be our purpose. Our purpose will be to put down tyranny and to favour law and freedom; and we shall cherish something of the hope that it may yet be given to Egypt, with all her resources, and with the many excellent qualities of her peaceful and peace-loving and laborious people, to achieve in the future, less, perhaps, of glory, but yet possibly more happiness than she did once achieve, when, in a far-off and almost forgotten time, she was the wonder of the ancient world.

Motion made, and question proposed, "That a sum, not exceeding £2,300,000, be granted to her majesty beyond the ordinary grants of parliament towards defraying the expenses which may be incurred during the year ending on 31 March 1883 in strengthening her majesty's forces in the Mediterranean." (Mr Gladstone)

102. Cranbrook's speech on Egypt, House of Lords, 24 July 1882

(*Hansard*, 3rd series, CCLXXII, cols 1514–18)

Viscount Cranbrook, formerly G. Gathorne-Hardy, had been Disraeli's Secretary for War, and Secretary for India in Disraeli's 1874–80 government.

... Now, the noble earl (the earl of Northbrook) thinks we have only to deal with the military adventurer. I hope it will be so. But this adventurer has represented the people and the *de facto* government of Egypt for some time past, and when it is said you must separate the people from Arabi, you cannot separate them in that way, or dispose of the matter so easily. Today it is perfectly clear that the government come before us asking for a considerable body of troops; we must, therefore, suppose that a very serious question is before us, and that great British interests are at stake. "British interests" – ah! I cannot help stopping for a moment when I think of what has been said about that phrase – I remember once when I mentioned "British interests" I was told that I was preaching a gospel of selfishness. But what is it but British interests for which the government are now plunging us into war? There was a time when that expression could not be used without severe criticism, as it now is, in public papers and documents which receive my noble friend's assent. . . . I defy any man to go through these papers without seeing that the consuls of England and France, and officials of other powers, were continually using influence with the Khedive to induce him to do this thing and that thing. But this preceded, as well as accompanied, the control of finance. When you read that long list of European *employés* in Egypt, and when you see that country handed over, as is alleged, to a swarm – I must not say of locusts, but of officials who are supposed to be sucking out the life-blood of the people – this, I think, at least shows that the military adventurer who has got hold of the army has material to work upon with the people and with the government of Egypt; he has got hold of points which he can press on the people, and he can say to them, "Look at that great array of Europeans feeding upon you and living upon your industry." He can, in the same way, turn to the native officials of the Egyptian government and say, "Look how you are excluded by this enormous number of highly-paid Europeans"; and he can further say, "I am the representative of your party, the representative of Islamism." . . . I sympathise with my noble friend behind me in feeling that, when naval and military operations are begun, the hearts of Englishmen should beat in unison, and that their action should not belie their feelings; and, so far as I am concerned, the last thing I would do would be to impede in any way the action of the government in bringing this business to a termination. But I should, on the other hand, belie my feelings if I did not say to the government that their conduct in opposition, and since they came into office, has been such as to lead people to suppose that they were not ready to vindicate the honour of England; that they were using mere words which they did not mean to carry out when they talked of united action and of warding off danger from the Khedive; that they have condemned others for preparing to use force when they meant to use it, but they themselves, after all, are now obliged to use force, having tried not to use it; and I would commend to the attention of the noble earl opposite (the earl of Derby), who has just entered the House, and who left his party because of their "glory and gunpowder" policy, the serious pass to which things have been brought under the policy of disgrace and gunpowder on the part of the present government, to which he gives his support.

103. Salisbury's vote of censure on the government on the fall of Khartoum, 26 February 1885

(Hansard, 3rd series, CCXCIV, cols 1311 ff.)

The marquess of Salisbury, in rising to move, "That this House, having taken into consideration the statements that have been made on behalf of her majesty's government, is of opinion that (1) The deplorable failure of the Soudan expedition to attain its object has been due to the undecided counsels of the government and to the culpable delay attending the commencement of its operations; (2) That the policy of abandoning the whole of the Soudan after the conclusion of military operations will be dangerous to Egypt and inconsistent with the interests of the empire," said, My lords, the motion which I have the honour to lay before your lordships tonight has a double aspect; it passes judgment upon the past, and it expresses an opinion with respect to the policy of the future. Some persons receive with considerable impatience the idea that at the present crisis of our country's destiny we should examine into the past, and spend our time in judging of that which cannot be recalled; but I think that such objections are unreasonable. In one of the gravest crises through which our country has ever passed we depend upon the wisdom and decision of those who guide our councils; and we can only judge whether that dependence is rightly placed by examining their conduct in the past, to see whether what they have done justifies us in continuing our confidence in the difficulties which are yet to come. Now, whatever else may be said of the conduct of her majesty's government, I think those who examine it carefully will find that it follows a certain rule and system, and is in that sense, if in no other, consistent. Their conduct at the beginning of this Egyptian affair has been analogous to their conduct at the end. Throughout there has been unwillingness to come until the last moment to any requisite decision – there has been an absolute terror of fixing upon any settled course; and the result has been that when the time came when external pressure forced upon them a decision as to some definite course the moment for satisfactory action had already passed, and the measures taken were adopted in haste, with little preparedness, and were ill-fitted for the emergency with which they had to cope. The conduct of her majesty's government has been an alternation of periods of slumber and periods of rush; and the rush, however vehement, has always been too unprepared and too unintelligent to repair the damage which the period of slumber has effected. I do not wish to hark back into this Egyptian question; but it is necessary to point out the uniformity of character in the conduct of the government. The first commencement of our troubles was the height to which Arabi's rebellion was allowed to go. The government knew very well the danger of Arabi while he was yet a small man, and had little influence. They were perfectly aware of the mischiefs he was brewing; and they not only declined to act themselves, but, if they are not greatly belied, they prevented the local authorities from acting – they prevented Arabi being removed, as he should have been removed, from the confines of Egypt. If that had been done, all the evil that followed would have been averted; but while his enterprise was going on they reposed in absolute security, and they took no effective measures till the pressure of public opinion forced upon them the movement which culminated in the bombardment of Alexandria. That was a very fair illustration of the vice which has characterised their policy, that when they did move the movement was made suddenly, with no preparation, and with no foresight of what was to follow. The fleet was moved in, and, as a matter of course, Arabi resisted, and the fleet, as was inevitable, suddenly replied; and then it was found that there were no forces to land and back up the action that was taken. The result of that improvidence was not only that the Khedive's throne was shaken, and the fidelity of his army was utterly destroyed, but the town and fortifications of Alexandria, through the vengeance of Arabi, were grievously injured, and that tremendous debt for the injury done to Alexandria was incurred, which still remained a weight upon the Egyptian finances, and a hindrance to all negotiations for the settlement of foreign claims. That was the first act, the first specimen of that period of slumber followed by a sudden and unprepared rush. Then came the question of the Soudan, which was no new question. Before the battle of Tel-el-Kebir the Mahdi was already in arms. It was a matter as to which anybody who undertook to deal with the destinies of Egypt should have arrived at a decision as to the plan on which the government of Egypt should act. But no decision was arrived at – the thing was allowed to drift; and her majesty's government, plunged in absolute torpor, seemed to have but one care – that they should escape from nominal responsibility, ignoring the real responsibilities which would inevitably be attached to their actions. The despatches, one after another, during that period only repeat the old burden, "Her majesty's government has no responsibility as to what takes place in the Soudan." The result was that the unhappy Hicks [1] was sent into the Soudan, wretchedly equipped, with an army altogether beneath the number that he ought to have had, composed of men, moreover, who had been turned out of the Egyptian army as worthless. The inevitable result followed – a result which her majesty's government had no cause to be surprised at, for they were warned of it by their own confidential agents. Yet they absolutely declined to interfere, and hoped, by disclaiming responsibility, to escape from the inevitable consequences of their own neglect. The anticipated disaster came. Hicks and his army were totally destroyed, and not a man escaped to tell the tale; and then it was that her majesty's government awoke from the period of slumber, and the period of rush began. They adopted two measures, both of them as inadequate and inapplicable to the circumstances as it was possible to conceive, and both of them big with future trouble. In the first place they announced suddenly to the world and to Egypt that Egypt must abandon the Soudan. It was impossible to conceive a more stupendous political blunder than that. It was a proclamation to all our enemies that they could enjoy impunity; and it was a proclamation to all our friends that they would be handed over without mercy to those who desired to overwhelm them. But the announcement was made, and from that moment the fate of the garrisons whom they had left scattered over the Soudan was sealed. The fate of the garrison of Khartoum was brought home to them forcibly, and they might have taken seasonable measures for its relief – they might have sent troops upon which they could rely to defend its garrison, and adopted some definite and effective plan of relief. Instead of that, they took advantage of the chivalrous devotion of one of the noblest spirits which this age has seen; and, making use of his self-devotion, they sent him forward on an impossible and hopeless task to accomplish by mere words and promises what they had not the courage to do by force of arms. From that commencement – the abandonment of the Soudan and the mission of General Gordon – all our subsequent troubles have arisen. But that was not all. Among the garrisons of the Soudan were those of Sinkat and Tokar, [2] which, so long back as November 1883, were severely pressed by the Mahdi's lieutenants, and their danger was announced to her majesty's government as extreme. For three months they took no notice of that danger; they allowed the matter to be left to General Baker and a body of Egyptians, whose worthlessness was announced in every page of the correspondence laid before them. Of course, General Baker, with such a force, was inevitably defeated; but it was not until parliament met – I think it was not until a vote of censure was announced – that her majesty's government determined to make an effort to do that which they ought to have done, and which, if they had not been asleep, they would have done three months before, to make an effort to relieve the garrisons of Sinkat and Tokar. When the resolution was come to, when at last the necessity dawned upon their

[1] Hicks Pasha, in the employ of the Egyptian government, was killed and his army annihilated by the Mahdists at the battle of El Obeid, 5 November 1883.
[2] On the Red Sea. Baker was defeated in February 1884 trying to relieve Tokar.

minds, they plunged into the matter with their usual improvidence and want of plan. They sent men to Suakin, apparently with no idea of what they were to do when they got there. Before they started Sinkat had fallen, and before they could undertake any active operations the garrison of Tokar, giving up in despair, had surrendered. Then the planlessness, the aimlessness of the government was revealed; they landed their forces, and, lest they should expose themselves to derision for taking them away without doing anything, they slaughter 6,000 Arabs, and go away absolutely without any result for the blood of their friends or the blood of their enemies that they had shed. They go away guilty of all this bloodshed, leaving behind them absolutely no result, except the enmities and the blood feuds they had created, because they had plunged into the enterprise without any definite view, and without any fixed plan to guide themselves. These three cases – the case of the bombardment of Alexandria, the case of the abandonment of the Soudan, and the case of the mission of General Graham's force – they are all on the same plan, and all show you that remarkable characteristic of torpor during the time when action was needed, and hasty, impulsive, ill-considered action, when the moment for action had passed by. Their further conduct was modelled on their conduct in the past. So far was it modelled, that we were able to put it to the test which establishes a scientific law. The proof of a scientific law is that you can prophesy from previous occurences what will happen in the future. That is exactly what took place in the present instance. We had had these three instances of the mode of working of her majesty's government before us, and we knew the laws that guided their action. As astronomers observing the motions of a comet can discover by observation the future path by which that comet is to travel, so we could prophesy what would happen in the case of General Gordon. My right hon. friend (Sir Stafford Northcote) prophesied it in the House of Commons, and was met by a burst of fury from the Prime Minister such as that assembly has seldom seen. He was told that Egypt was of much less importance than, I think, Sutherland or Caithness, and that everything that was wrong was the result of deficits imputed to him in the finances some ten years ago; and he was generally denounced because he would interfere with the beneficent legislation of the government on the subject of capable citizens and so forth by introducing the subject of Egypt as many as seventeen times. Well, that did not prevent my right hon. friend's prophecies from being correct, and I venture to repeat them in this House. I do not like to quote my own words – it is egotistical – but as a proof of what I may call the accuracy of the scientific law by which the motion of the government is determined, I should like to quote what I said on 4 April, when discussing the prospect of the relief of General Gordon. The government were proclaiming that he was perfectly safe, and that an expedition to relieve him was an utterly unnecessary operation, while it was very unreasonable for us to raise the question before parliament. What I said was this, "Are these circumstances encouraging to us when we are asked to trust that, on the inspiration of the moment, when the danger comes her majesty's government will find some means of relieving General Gordon? I fear that the history of the past will be repeated in the future; that, just again, when it is too late, the critical resolution will be taken; some terrible news will come that the position of Gordon is absolutely a forlorn and helpless one; and then, under the pressure of public wrath and parliamentary censure, some desperate resolution of sending an expedition will be formed too late to achieve the object which it is desired to gain." [1] I quote these words to show that by that time we had ascertained the laws of motion and the orbits of those eccentric comets who sit on the Treasury bench. Now the terrible responsibility and blame rests upon the government, because they were warned in March and April of the danger to General Gordon; because they received every intimation which men could reasonably look for that his danger would be extreme; and because they delayed from March and April right down to 15 August before they took a single measure to relieve him. What were they doing all that time? It is very difficult to conceive. Some people have said – I think it is an unreasonable supposition – that the cause of the tardiness of her majesty's government was the accession to the Cabinet of the noble earl the Secretary of State for the Colonies (the earl of Derby). I have quoted some of the earlier misdeeds of her majesty's government, partly for the purpose of defending the noble earl from the charge – they were almost as bad before he joined them. What happened during those eventful months? I suppose some day the memoirs will tell our grandchildren; but we shall never know. Some people think there were divisions in the Cabinet, and that, after division on division, a decision was put off lest the Cabinet should be broken up. I am rather inclined to think that it was due to the peculiar position of the Prime Minister. He came in as the apostle of the Mid Lothian campaign, loaded with all the doctrines and all the follies of that pilgrimage. We have seen on each occasion, after one of these mishaps, when he has been forced by events and by the common sense of the nation to take some more active steps – we have seen his extreme supporters falling foul of him, and reproaching him with having deserted their opinions and disappointed the ardent hopes which they had formed of him as the apostle of absolute negation in foreign affairs. I think he always felt the danger of that reproach. He always felt the debt that he had incurred to those supporters. He always felt a dread lest they should break away; and he put off again and again to the last practical moment any action which might bring him into open conflict with the doctrines by which his present eminence was gained. At all events, this is clear – that throughout those six months the government knew perfectly well the danger in which General Gordon was placed. It has been said that General Gordon did not ask for troops. I am surprised at that defence. One of the characteristics of General Gordon was the extreme abnegation of his nature. It was not to be expected that he should send home a telegram to say, "I am in great danger, therefore send me troops," he would probably have cut off his right hand before he would have written a telegram of that sort. But he sent home tele-

[1] *Hansard*, 3rd series, CCLXXXVI, col. 1616

grams through Mr Power, telegrams saying that the people of Khartoum were in great danger; that the Mahdi would succeed unless military succour was sent forward; urging at one time the sending forward of Sir Evelyn Wood and his Egyptians, and at another the landing of Indians at Suakin and the establishment of the Berber route, and distinctly telling the government – and this is the main point – that unless they would consent to his views the supremacy of the Mahdi was assured. This is what he said no later than 29 February, almost when first he saw the nature of the problem with which he had been sent to deal, "Should you wish to 'intervene', send 200 British troops to Wady Halfa . . . and then open up Suakin-Berber route with Indian Moslem troops. . . . If you decide against this, you may probably have to decide between Zebehr and the Mahdi." [1] It was impossible that he could have spoken more clearly. But Mr Power, who was with him, who was one of the three Englishmen in the town, who was the consular agent, whom he trusted so much that he sent him down with Stewart upon that last ill-fated journey, and whose decoration and reward he recommended to the British government – he could speak plainly; he was not the general in command, and there was no appeal to his chivalry in the matter. Power said on 23 March, "We are daily expecting British troops – we cannot bring ourselves to believe that we are to be abandoned by the government. Our existence depends upon England." Well, now, my lords, is it conceivable that after two months, in May, the Prime Minister should have said that they were waiting to have reasonable proof that Gordon was in danger? By that time Khartoum was surrounded; the governor of Berber had announced that his case was hopeless, which was too surely proved by the massacre which took place in June; and yet in May Mr Gladstone was still waiting for "reasonable proof" that the men who were surrounded, who had announced that they had only five months' food, were in danger. Apparently he did not get that reasonable proof till the month of August. I may note, in passing, that I think the interpretation which the government has placed upon the language of their trusted officers has more than once been exceedingly ungenerous. They told us that they did not think it necessary to send an expedition to relieve Sinkat and Tokar because they could quote some language of hope from the despatches of General Baker; and in the same way they could quote the same language of hope from the despatches of General Gordon. But a general sent forward on a dangerous mission does not like to go whining for assistance unless he is absolutely pressed by the extremest peril. All those great qualities which go to make men heroes and soldiers are incompatible with such a course, lead them to underrate danger, and to shrink as from a great disgrace from any unneccessary appeal for exertion for their protection. It was the business of the government not to interpret Gordon's telegrams as if they had been statutory declarations; but to judge for themselves of the circumstances of the case, and to see that those who were surrounded, who were only three Englishmen among such

[1] *Parliamentary Papers 1884*, LXXXVIII, C. 3969, Egypt No. 12, p. 131, "Further correspondence respecting affairs of Egypt"

a vast body of Mahommedans, and who were already cut off from all communications with the civilized world by the occupation of every important town upon the river, were really in danger, and that, if they meant to answer their responsibilities, they were bound to relieve them. I cannot tell what blindness fell over the eyes of some members of her majesty's government. On reading over these debates I find that the marquess of Hartington on 13 May actually gave utterance to these expressions, "I say that it would be indelible disgrace" – indelible disgrace – "if we should neglect any means at the disposal of this country to save General Gordon." [1] And after that announcement by the minister chiefly responsible, the Secretary of State for War, three months elapsed before any step was taken for doing that which he admitted that the government were bound to do under the penalty of indelible disgrace. . . . It appears to me that, on this matter of our Egyptian policy, though I do not say that you can lay down the precise steps by which the end is to be obtained, still it is a time when we ought to conceive to ourselves what the end of our policy is to be – that we should clearly define it, and follow it out with consistency and persistency. Now, let us examine broadly what are the interests of England in this matter. With Mediterranean politics, as such, we have no great reason to concern ourselves. France may be mistress in Algeria and Tunis; Morocco may go its own way; and it is said that Italy has views on Tripoli; but Egypt stands in a peculiar position. It is the road to India. The condition of Egypt can never be indifferent to us; and, more than that, after all the sacrifices that we have made, after all the efforts that this country has put forth, after the position that we have taken up in the eyes of the world, we have a right, and it is our duty to insist upon it, that our influence shall be predominant in Egypt. I do not care by what technical arrangements this result is obtained. Technical arrangements must necessarily conform, among other things, to the international law and the treaty conditions of the world; but the substance of the thing must be this – with all due regard – I do not wish for a moment to disturb the rights of the suzerain – but with due regard to those rights, the interests of England in Egypt must be supreme. Now, the influence of England in Egypt is threatened from two sides. It is threatened on the north diplomatically by the position which the powers are taking up with respect to Egypt. I do not think it was necessary that the powers should have taken up that position. I believe that, with decent steering, it might have been avoided; but it has not been avoided, and we undoubtedly have to face, at all events, the inchoate claims which will demand the utmost jealousy and vigilance of parliament. I do not know what are precisely the arrangements which the government are said to have arrived at with respect to the guarantee. I greatly fear that it may include the idea of a multiple control, and to the idea of a multiple control I believe that this country will be persistently and resolutely hostile. But, diplomatically, we have to guard Egypt from the superior influences of any power but our own from the north. From the south at the present moment we have a danger of another kind. We

[1] *Hansard*, 3rd series, CCLXXXVIII, col. 224

have the forces of fanatical barbarism let loose upon the south of Egypt. Owing to the blunders that have been committed, those dangers have reached a terrible height. They undoubtedly will require a very strenuous effort on the part of this country to conquer. But unless we intend to give over Egypt to barbarism and anarchy, unless we intend to sacrifice all the advantages for civilization that we have won there, and all the value of the services which that country may render to British interests as its path to the East, we must contrive to check this inroad of barbarian fanaticism which is impersonated in the actions and character of the Mahdi. Now, General Gordon never said a truer thing than when he said that we could not do so by simply drawing a military line, and that we might as well draw a military line to keep back fever. If the insurgent Mahommedans reach the north of Egypt, it will not be so much by their military force as by the moral power of their example that they will threaten the existing state of things in Egypt and the interests of all the European powers, and, most of all, of our own. We have, therefore, to check – it is absolutely necessary that we should check – this advance of the Mahdi's power. Her majesty's government, in those glimpses of policy which they occasionally afford us, have alluded – I cannot say they have done more – to the possibility of setting up a good government in the Soudan. I quite agree that a good government is essential to us in the Soudan. That is the only dyke that we can really erect to keep out this innundation of barbarian and fanatical force. . . . All those things involve great sacrifices. They involve the expenditure not only of much money, but more of that English blood of which the noblest has already been poured forth. They involve the creation of blood feuds that you will have great difficulty in dealing with, and we are not so strong as we were. At first all nations sympathised with us; now they look upon us coldly, and even with hostility. Those who were our friends became indifferent; those who were indifferent have become our adversaries; and if our misfortunes and disasters go on much longer, we shall have Europe interfering, and saying that they cannot trust us – we are too weak – that our prestige is too broken to justify us in undertaking the task. My lords, those are great dangers we have to face. They can only be faced by a consistent policy, which can only be conducted by a ministry that is capable of unity of counsel and decision of purpose. I have shown you that from this ministry you can expect no such results. They will only produce after their kind; they will only do what they have already done. You cannot look for unity of counsel from an administration which is hopelessly divided; you cannot expect a resolute policy from those whose purpose is hopelessly halting. It is for this reason, my lords, that I ask you to record your opinion that in a ministry, in whom the first quality of all – the quality of decision of purpose – is wanting; from such a ministry you can hope no good in this crisis of your country's fate. If you continue to trust them; if you continue for any party reason – if parliament continues – to abandon to their care the affairs which they have hitherto so hopelessly mismanaged, you must expect to go on from bad to worse; you must expect to lose the little prestige which you retain; you must expect to find in other portions of the world the results of the lower consideration which you occupy in the eyes of mankind. You must expect to be drawn on, year by year, step by step, under the cover of plausible excuses, under the cover of high philanthropic sentiments – you must expect to be drawn on to irreparable disasters and disgrace, which it will be impossible to efface. . . .

104. Gladstone's demand for £11,000,000 vote of credit for Penjdeh crisis, 27 April 1885

(*Hansard*, 3rd series, CCXCVII, cols 847 ff.)

After the second Afghan war and the break-up of the Afghan kingdom, the Indian government entered into friendly relations with one of the claimants, Abdurrahman, who gradually made himself master of the whole kingdom. Russian power had meanwhile been absorbing the Khanates of the steppes and its seizure of Merv in 1883 brought it within 150 miles of Afghanistan. An Anglo-Russian commission was set up to delimit the frontier, and the Russian seizure of Penjdeh was an attempt to make sure of it. After the crisis caused by this the commission resumed its work which it completed in 1887, leaving Penjdeh outside the Afghan boundary.

(In the committee)

(1) £11,000,000, naval and military operations, 1885–6 (vote of credit).

Mr Gladstone: . . . We propose a vote of credit amounting to £11,000,000; £6,500,000 being likely to be spent in what we term "special preparations", and being secured from being spent for any other purposes; £4,500,000 being likely to be spent in and in connection with the Soudan, but being in a degree that I cannot at present define capable of being spent for another purpose – that is to say, the same purpose as our special preparations. And I ask leave of the committee to repeat my words, that, adhering to the policy we have announced to the House of holding the Soudan forces available for service elsewhere, I believe that we have had absolutely no option except either to ask the House to vote money which may be wanted in the Soudan, with the power to use it for the purpose of the special preparations, or else to vote twice over a very large and uncertain sum of money, to which course, I believe, strong and just and even insurmountable objection might be taken. Moreover I will point out that, until it is shown that there is some other course open to us, the objection with regard to the special nature of this vote entirely falls to the ground and is worthless.

Sir, the peculiarity in the case to which I refer is, of course, this: I know of no instance, either in or beyond my own recollection, since the financial system of this House was well developed – and, indeed, it hardly had come to be thoroughly developed when I first became a member of this House – in which it has been the duty of the government to propose to the House at one and the same time two very large sums of money for military purposes, one of which, the second, may run into the first, although the first is not to run into the second. We ask upon this ground: it is essentially bound up with the policy of holding the large force now in the Soudan available for transfer and for service elsewhere. . . .

Well, now, sir, what is the present case? I am not at all surprised that gentlemen in this House should say that the government are censurable in their determination to ask no money in the present vote for the prosecution of offensive operations in Egypt. I think that is a question of a dignity and order perfectly warranting the conduct of anyone who may think fit to call the attention of the House to it at a proper time; and if any vote of censure is to be moved on the government for such a purpose from the proper source, and with proper authority, it will have from us every proper attention and accommodation. We shall give every opportunity for its being discussed, whatever its issue is to be. But what we wish to do now is simply to make understood the purposes of this vote, and to give the opportunity which it has been the custom of the House to use, though I do not wish to tie it down to that custom, for discussing the military provisions which it is the object of the vote to make. The first thing we ask is a vote of £4,500,000 for the Soudan, as being likely to be spent in the Soudan, but with the plain declaration, which is the basis on our part of the whole of these proceedings, that, as far as we are concerned, and quite apart from any wider opinions that any of us may entertain against the proceedings in the Soudan, we are all determined, so far as we are concerned, that the Soudan shall not by anything hereafter to be done offer an impediment to the full discharge of the duties of the empire, with the whole purpose and the whole power of the empire, in whatever quarter of the world they may happen to lie. For this reason, avowedly and undisguisedly, we ask you to give us this money, because the troops are now in the Soudan. We cannot say how much of it may be spent there, because it is possible that none of it may be spent there, except in connection with certain specified objects there or for bringing the men home. We ask you distinctly to give it to us with an unfettered discretion to apply it elsewhere for higher purposes and for higher duties, if necessary. . . .

When on 4 February we heard of the betrayal of Khartoum, the Cabinet was of course summoned, and it was gathered together next day. The desire of the Cabinet at that time was to endeavour to prevent the spreading of the disturbance, to do everything that could be done on behalf of General Gordon, if he were alive – and at that time we had no means of judging whether he was alive or not, or even whether he was continuing resistance or not – and if possible, of course, to go forward at once to the accomplishment of the purpose of Lord Wolseley's expedition. That was our starting point. As I stated on 19 February, Lord Wolseley pointed out to us that we must move forward from that starting point. There were, he told us, two plans of military operations, one based on the idea of taking Khartoum, and the other based upon the abandonment of that object. We thought, sir, that we were not justified, under the circumstances of the hour, in the abandonment of that idea; and we therefore adopted the plan pointed out by Lord Wolseley, which was meant to reserve to us a full discretion upon the facts as they then stood before us to go forward to Khartoum at a later period, presuming it to be impracticable to effect its capture immediately, and presuming, of course, that parliament should be found disposed to sanction such a plan, and that we ourselves, on further consideration, should find reason still to adhere to it. On that ground we founded the statement that I made on 19 February, and retained to ourselves in full the power of marching to Khartoum.

I referred at that time to various circumstances, and I think that, upon an impartial view, or upon any intelligent view, it must be admitted that many of those circumstances have since that period undergone serious change. In the first place, the heroic General Gordon, we know, has sealed his purpose with his blood. Of that we had no knowledge whatever at the time when we came to the decisions of, I think, 6 February. We saw at that time, as the world saw, an indefinite but possibly a very great danger in the effect that might be produced both upon Egypt and with regard to the defence of Egypt, and likewise in other quarters of the East, by a simple policy of retirement in the face of a triumphant pretender to the dignity of a prophet. The Mahdi was then triumphant, and his position was a very grave factor in the case before us. That position has greatly altered. In the flush of his triumph he attempted to move down the river; but not many days were required to show to him the vanity of that operation. He retired to Khartoum. He has retired from Khartoum. He is attacked in his own seat. Left to themselves and not immediately menaced by us, a rival or rivals have started up, and the Mahdi is not the formidable character that he was in the first week of February. As to the defence of Egypt, we in no way relax the obligations under which we hold ourselves to stand. . . .

Let us consider what is the present position, and what is the mode and conduct on the part of the government adapted to that position. It is not a case of war. There is no war before us, actually, or I may even say, perhaps, proximately – although I am slow to deal with epithets that are, of course, liable to some latitude of interpretation. I am not called upon to define, and I should find much difficulty in defining, inasmuch as it does not depend upon any choice of mine or my colleagues, the degree of danger that may be before us. We labour, we have laboured, for an honourable settlement by pacific means. One thing I will venture to say with regard to that sad contingency of an outbreak of war, or a rupture of relations between two great powers like Russia and England – one thing I will say with great strength of conviction, and great earnestness in my endeavour to impress upon the committee. It is this: we will strive to conduct ourselves to the end of this diplomatic controversy in such a way as that, if, unhappily, it is to end in violence or rupture, we may at least be able to challenge the verdict of civilized mankind, upon a review of the correspondence, upon a review of the demands made and refusals given, to say whether we have, or whether we have not, done all that men could do by every just and honourable effort to prevent the plunging of two such countries, with all the millions that own their sway, into bloodshed and strife, of which it might be difficult to foresee the close.

In my opinion, the question before the committee at this moment – not the final question – but the question at this moment is a simple, I might say even a narrow question, though in itself a great and important question. What we present to you is a case for preparation. Is there, or is there not, a case for preparation? . . . We cannot give all the information we possess. If we did give it, it would not place you in a position for conclusive judgment. Were we to give part, we should infallibly mislead you; and, therefore, we stand simply upon what is patent and notorious, and say that, on those patent and notorious facts, with which the whole world is acquainted as well as we are, there is a case, and abundant case, for preparation.

Now, sir, in order to show that I do not speak wholly without book, shall I, in a very few moments before I sit down, sketch rudely and slightly an outline of these patent and notorious facts? The starting-point of our movement in this case is our obligation of honour to the ameer of Afghanistan. He stands between us and any other consideration of policy or of danger. Our obligations to him are not absolute. We are not obliged – God forbid that we should ever be obliged – to defend him, or to defend anybody else, were he misled into a course of tyranny, against the just resentment of his subjects. We are not bound, contrary to our just duty, to sustain him, even in a course of folly. We are bound by no such obligation; but we have a contingent obligation to give him our aid and support; and I think everyone who hears me will say that that obligation should be fulfilled in no stinted manner, if it really be a living obligation, contingent only upon this one condition, that his conduct is such as we can honestly approve. That is the present condition of affairs in connection with the ameer of Afghanistan.

I have stated distinctly to the House that there have been full communications between him and the viceroy, and that the language which he holds, and the principles which he announces, are those which absolutely entitle him to call upon us, in concert and in council with him, acting for him and as far as we can acting with him, to protect him in the possession of his just rights. Well, sir, in this view a plan was framed for the delimitation of the frontier between himself and what was until yesterday Turcoman territory, but has now become by a rapid process Russian territory. . . . A plan was framed for the delimitation of the frontier. That plan has, unhappily, been intercepted in the sense that it has not yet taken effect in action. The question of the delays in the progress of that plan is a question that may have to be carefully examined hereafter. I am not about to examine these delays now. I am not about to make them in any way a matter of charge, but I must point out the injurious effect that they have had in practice; for they led to advances – to military advances upon debated ground, that were obviously, and on the face of them, and in a high degree dangerous – dangerous to peace, dangerous to goodwill, dangerous to the future settlement of the question.

Aware of those dangers, we set ourselves to work to bring about an agreement with the government of Russia, by which we hoped they might in a great degree have been neutralised. That agreement was concluded on 16 March, although it has passed by the date of 17 March, inasmuch as, I think, that was the day on which it was telegraphed by Sir Ronald Thomson to Sir Peter Lumsden. The committee will perhaps recollect the substance of that agreement, and my announcement of it in this House. It made a deep impression on my mind. The agreement consisted of a covenant and of a reservation. The covenant was that the Russian troops should not advance nor attack provided the Afghan troops did not advance nor attack. That was the covenant. There followed the reservation, and the reservation was, "unless in the case of some extraordinary accident, such as a disturbance in Penjdeh". . . .

What has happened? A bloody engagement on 30 March followed the covenant of the 16th. I shall overstate nothing. At least I shall not purposely overstate anything. I hope I shall not inadvertently overstate anything. All I shall say is this – that that woeful engagement on 30 March distinctly showed that one party, or both, had, either through ill-will or through unfortunate mishap, failed to fulfil the conditions of the engagement. We considered it to be, and we still consider it to be the duty of both countries, and above all I will say required for the honour of both countries, to examine how and by whose fault this calamity came about. I will have no foregone conclusion. I will not anticipate that we are in the right. Although I feel perfect confidence in the honour and intelligence of our officers, I will not now assume that they may not have been misled. I will prepare myself for the issue; and I will abide by it, as far as I can, in a spirit of impartiality. But what I say is this – that those who have caused such an engagement to fail ought to become known to their own government and to the other contracting government. I will not say that we are even now in possession of all the facts of the case. But we are in possession of many; and we are in possession of facts which create in our minds impressions unfavourable to the conduct of some of those who form the other party in these negotiations. However, I will not wilfully deviate from the strictest principles of justice in anticipating anything as to the ultimate issue of that fair inquiry which we are desirous of prosecuting, and are endeavouring to prosecute. The cause of that deplorable collision may be uncertain. What is certain is that the attack was a Russian attack. Whose was the provocation is a matter of the utmost consequence. We only know that the attack was a Russian attack. We know that the Afghans suffered in life, in spirit, and in repute. We know that a blow was struck at the credit and the authority of a sovereign – our ally – our protected ally – who had committed no offence. All I now say is, we cannot in that state of things close this book and say, "We will look into it no more." We must do our best to have right done in the matter.

Under these circumstances, I again say, there is a case for preparation; and I hope that the House will feel with me, after what I have said about the necessity we are under of holding Soudanese funds available for service elsewhere. I trust that they will not press upon us a demand for time, which can have no other effect than that of propagating, here and elsewhere, a belief that there is some indecision in the mind of parliament; whereas I believe that with one heart and one soul, and one purpose only, while reserving absolute liberty to judge the conduct of the government, and to visit them with its consequences, they will go forward to meet the demands of justice and the calls of honour, and will, subject only to justice and to honour, labour for the purposes of peace.

Question put, and agreed to.

105. Uganda: Labouchere's criticism, 3 February 1893

(*Hansard*, 4th series, VIII, cols 455 ff.)

H. Labouchere's criticism of the decision of the government to send a commissioner (Sir Gerald Portal) to investigate the situation.

The hon. gentleman the member for Devonport (Mr Morton) yesterday, at the commencement of his very able maiden speech, said that in his opinion anyone who called attention to matters of foreign policy at the present moment was impeding the march of domestic reform at home. I should have put it rather that if we engage in interventions and protectorates abroad at the present time we impede the march of domestic policy at home. Whenever the heart of the nation is set upon Radical reform it becomes the duty of every Radical to see, as far as he possibly can, that we do not drift into responsibilities abroad which may come in advance of those reforms at home. Now, sir, I have always been one of those who thought the House of Commons ought to have the same absolute control over questions of foreign policy as our domestic matters. I do not think that any treaties ought to be ratified, that any wars ought to be undertaken, that any protectorates ought to be assumed, and still less that any charters giving sovereign rights to private companies ought to be given without the full absolute preliminary assent of the House of Commons. Mr Speaker, I rejoiced when the election took place and resulted in a Liberal victory; I rejoiced not only because I anticipated that all those great reforms we desired would be carried, but also that an end would be put to the immoral continuity of jingoism abroad. Sir, I am beginning to fear that I was a little anticipatory in my rejoicings. Be that as it may, whether the Liberal party is in power or out of power, I trust there will remain members of this House who will never bow the knee to King Jingo, and will always protest against any of those acts abroad which always cost vast amounts of money, and which in the end demand a vast expenditure of British blood. Before entering on the subject on which I have given notice of amendment, as I see the Prime Minister in his place I would like to ask him one or two questions on other matters of foreign affairs. . . . I ask these questions in no spirit of hostility to the Prime Minister. In foreign politics I am Gladstonian, and I hope and trust the right hon. gentleman will not himself turn his back upon that most excellent and respectable party. Now I come to the subject of my amendment, and I may also say that my amendment is a thoroughly Gladstonian amendment. It refers to Uganda. I must go somewhat in detail into these matters. . . . Now this was the position of affairs when the Liberal government came into power. We were not bound by any treaty by the action of Lord Salisbury or by the company to interfere in any way. The company announced that it was going to leave Uganda at the end of last year. The better course would have been to let well alone, and allowed the company to retire. But in September a deputation from the Church Missionary Society waited upon Lord Rosebery, asking him to take over the country. His reply was somewhat ambiguous. Shortly afterwards a Cabinet council was held. I do not know what occurred there, but I suppose the reply of Lord Rosebery was discussed. Then a circular was issued to the East Africa Company by Lord Rosebery, which I presume contained the intentions of the government. Three months more were given them for evacuation. The company was told to evacuate the country on 31 March. Lord Rosebery said that his predecessor had accepted the principle of evacuation, and that continued occupation would be arduous and dangerous, if not impossible, in the present state of our relations. After this letter another deputation – it was from the Anti-Slavery Association – went to the government and protested against the decision that had been arrived at. Lord Rosebery made a reply in which he appeared to separate himself from the decision of his colleagues, for in one sentence he spoke of "I" and in another of "we", and the noble lord seemed to suggest that some agitation should take place in order that the decision should be altered. I defy anyone to read that reply without coming to the conclusion that Lord Rosebery was urging agitation in favour of retention. . . . Then Captain Lugard went about the country and the big drum was beaten. . . . Well, in December last this agitation bore fruit: the ministry did, apparently, reconsider its decision, and it was announced that a mission of inquiry should be sent out. The gentleman selected was Sir Gerald Portal, a very able administrator, I believe, but a man of not absolutely independent judgment in this matter. . . . But now the position is that Sir Gerald Portal will only arrive in Uganda on 26 March and on 31 March the company will evacuate. The right hon. gentleman the member for West Birmingham asked last night what was going to take place between the period when the company was to evacuate the country and the time when Sir Gerald Portal's report would be received. As the right hon. gentleman said, in all probability that report will not be received until August or September next. It would then be unnecessary for the government to write back to Sir Gerald Portal, for if he did take over the country, even provisionally, when the company left, then our responsibility would be actual, and it seems to me that if we once took over the country, though only temporarily, it would be exceedingly difficult to withdraw afterwards. As to the grounds on which it has been said by Captain Lugard and others at public meetings that we ought to take over the country, we are told, in the first place, that Uganda would be a great market for their goods, that it would raise large exports and would receive large imports from England. . . . But the absurdity of the statement that Uganda would be a market for their goods is shown by the

fact that the cost of carriage to send up goods from the coast is £300 a ton. . . .
We will be told that a railway is to be constructed to the country, but I cannot
believe for a moment that it will be done. . . . With regard to the statement by
Captain Lugard that settlers might establish themselves in Uganda, the nature
of the climate made this very improbable. . . . Then it is said by Captain
Lugard that Uganda should be taken over on account of the slave trade. . . . I
think it was very unwise of the Church Missionary Society to explain the
political duties of the government in their manifesto, to tell us it was a disgrace
to England to withdraw, and to say that those who wish to withdraw have
"petty and parochial minds". Mr Speaker, I glory in having the "petty and
parochial mind" which induces me to protest against such vast expenditure. I
do not consider it our duty to annex a kingdom with 2,000,000 inhabitants in
order to aid missionary labour. . . . Behind the company are the jingoes. . . .
The jingoes want to go up from South Africa first to the Zambesi and then
beyond it. In the north they want us to remain in possession of Egypt. . . .
Then they want communication between Egypt and the Cape Colony, and in
their idea Uganda is the key of the position. . . . Lord Salisbury, as I understand it, is in favour of the retention of Uganda, at present. . . . Lord Rosebery
is, I take it, somewhat in favour of retention. The Tory press – I do not know
whether rightly or wrongly – has put forward Lord Rosebery as a sort of
guardian of the honour of England. . . . I have never concealed my view; I have
always objected to all those protectorates and all those annexations, and I mean
to do so so long as I am in this House. I know it is said that I am a false and
base Englishman because I do not agree in those grand imperial schemes of
expansion. I am perfectly satisfied as an Englishman to look after the interests
and well-being of the British Empire. I consider that is a large enough
business. If people like to civilise Africa and to subscribe money for christianis-
ing any other parts of the world, let them subscribe to it; I may do it myself;
but when it comes to the money of the taxpayer, I consider that we ought to
take the beam out of our own eyes – God knows that we have many beams –
before we wander about the world taking the mote out of the eyes of Chinese
and Africans. We have want and misery here; we have great labour questions,
and if we have money to spend – it is money taken from the mass of the people
– let it be spent on the well-being of the mass of the people. . . . I beg leave to
move the amendment that stands in my name.
Amendment proposed, at the end of the question to add the words, "And
humbly ventures to express the hope that the commissioner who has been sent
by your majesty to Uganda will effect the evacuation of that country by the
British East Africa Company, without any increase in your majesty's imperial
responsibilities." (Mr Labouchere).

106. Uganda: Grey's defence of the declaration of protectorate, 1 June 1894

(*Hansard*, 4th series, XXV, cols 181 ff.)

Supply committee. Motion made and question proposed, "That a sum not exceeding £50,000 be granted to her majesty to defray the charge which will come in the course of payment during the year ending on 31 March 1895 as a grant in aid of expenses connected with Uganda and the neighbouring districts." The Under Secretary of State for Foreign Affairs (Sir E. Grey, Northumberland, Berwick).[1] I think, perhaps, it will be most convenient to hon. members who wish to take part in this debate that I should begin by stating what is the scope and what the limits of the proposals which I am in a position to announce on behalf of the government to the committee. In explaining these proposals I would observe, first of all, that the government regard them as having sprung, not from the exposition of any definite views by them, either with regard to a forward or retiring policy in Africa, but solely from the view which they took of the situation which they found had been created in Uganda and in that part of Africa by the circumstances that had occurred before they came into office. . . . There are certain questions no doubt germane to this debate, but which are not essential to the conduct of the debate, and these I do not propose to touch upon at the present moment. . . . I therefore begin by taking Uganda itself, which has been the very centre of the whole question with which we have to deal. It has been announced to the House already that the government have decided to establish a protectorate over Uganda, and the first question which was put after the announcement was made was what the limits of that protectorate were to be. The protectorate is to be limited to the boundaries of Uganda proper. . . . One of the objections originally raised to our remaining in Uganda was that there could be no means of communication between Uganda itself and the large British sphere further south. By the recent agreement that point has been set at rest and a strip of territory some sixteen miles in breadth has been reserved which will afford a complete means of communication between Uganda and the territories under British protection or influence further south.[2] . . . Now I pass on to deal with the important question of the country which intervenes between Uganda and the sea-coast on the east. . . . That country is now in a condition of chaos and, so far as we know, has always been so. We propose therefore . . . that there should be a sub-commissioner appointed whose first and main duty will be to have charge of the communications between Lake Victoria and the coast. . . . Then I come travelling still towards the coast to the ten mile strip of territory which is at present held by the East Africa Company under a concession from the sultan of Zanzibar. . . . The most important question to be settled, as regards the position of the company, is its position with regard to this ten mile strip of coast

[1] Berwick division of Northumberland
[2] Anglo-Congolese treaty of 1894. Against French and German opposition this had to be abandoned within the next few months.

line and that is the material point which the government desires to see settled first. With the settlement of that first will come the settlement of what has become a much less substantial question – namely, the question of the company's charter. There remains the further point as regards this territory on the mainland of East Africa. That further point is one which will occupy much attention in this House, and with regard to which certain initial steps have been taken by the previous government – namely, the making of the railway. . . . The position of the government with regard to the railway at the present moment is this – that we do not know enough yet about the circumstances and probable progress of the country to justify us in placing before the House any proposal to spend money upon this particular railway.

. . . But, having described the scope of the government proposals I must say something in defence of those proposals. I think there are three parties in this House holding different views with regard to the question. There is first of all the party which has taken *literatum et verbatim* the most sanguine prophecies which have been made by people who have been in this part of the world as to the future of the country. There is, secondly, the party which has gone to the other extreme, and has demanded that the government ought to withdraw from this country immediately. But there is another party who, perhaps, would have preferred that our government should not have become involved in another enterprise of this kind in this part of Africa, but who, seeing that it has become so involved by circumstances which it found in operation when it came into office, are ready to admit that the government could have taken no other course than that which I have explained to the House. I would ask the House to consider for a moment the pace at which we have been going in this part of Africa. The Zanzibar protectorate itself is of very recent origin, and when that protectorate was established by the late government, it was full of the most complicated questions. . . . At the present moment we are justified in saying that the situation in Zanzibar has improved greatly. . . . Then, with regard to the question of the territory on the mainland, I would ask the committee to consider what the course of circumstances has been. Lord Salisbury's government reserved that territory as a sphere of influence, but I think the very keystone of Lord Salisbury's policy at that time was the fact that there was a company which was prepared to occupy and develop the country. No doubt Lord Salisbury took some steps which gave the company reason to suppose that if they were enterprising and energetic he would be prepared to assist them in making a railway from Lake Victoria to the coast. The making of that railway, so far as we can judge Lord Salisbury's policy as it was put before us, was part of a scheme of which the company was the very keystone and centre. But when the present government came into office, that was no longer the state of things. They came into office confronted not with an energetic and enterprising company, but with a company about to withdraw from this territory. That produced a very different situation indeed. I would ask hon. members to consider that this fact must necessarily have a great and retarding effect upon the realisation of hopes they may have formed as regards this part of the country. There has been, if I may judge from correspondence and articles I have seen in the papers, an expectation which seems to have grown up in the last year or so, that when the company, which had limited resources and only private enterprise at its disposal, retired from this country it ought immediately to have been succeeded by a government with unlimited resources and public enterprise, and that therefore the country ought to have progressed at a far greater pace than it could be expected to do under a private company. To take that view is to take a view entirely foreign to the whole traditions under which the empire has been built up. . . . I say that what the government have done and propose to do is to provide the means by which at the minimum of expense to this country, the whole of this territory can be given a chance, and British capital and enterprise may enter it and develop it if it will. . . . Now I come to what has been the motive of the government's policy in this matter, and I will address myself to those who consider that the government ought purely and simply to have evacuated Uganda, and taken no steps with regard to it. . . . The ground most frequently put forward is that the country is commercially worthless. I do not say some weight is not to be attached to the opinion of the hon. members who hold the view that the country is bound to be for ever commercially worthless, but before the government act upon that opinion, I should like to ask them, are they quite sure? We have other opinions. We have to consider not only the opinions of people in this House, but of people who have been on the spot. . . . I recommend everyone to consult the report of Sir Gerald Portal and other statements which have been carefully drawn up by persons on the spot before they come to a definite conclusion as to the commercial value of the country. Surely some opinion of value might have been expected from commercial people at home. . . . There are chambers of commerce in this country, and they have one and all, I think, been very constant and urgent in pressing the government to spend money in retaining Uganda. . . . They must not rest content with urging the government to spend public money in retaining the country. They must show some enterprise in order to help the government to have the best possible chance of getting back some part of the public money which they have pressed it to spend. . . . I therefore do not base our retention of the country upon any strong or decided view of the government as to its commercial value. . . . But I do base the retention of Uganda by the government upon something which, I think, is even more serious. I base it upon what would have happened after evacuation. You must take into account the situation the present government found. You must have regard to the complaint you would have had to meet and the answer you would have had to give with regard to the consequences which would undoubtedly have followed the withdrawal from Uganda. You would have had to meet the complaints of the missionaries. . . . There is another consequence which would have followed upon evacuation. You would undoubtedly have had a great revival of the slave trade. (Oh, oh!) Read Sir Gerald Portal's report, and also the reports of the

East Africa Company which have been recently received. . . . And that is not the only revival to fear. . . . The slave traders would have been driven out of the Congo State and the German sphere of influence, and would have taken refuge in Uganda and the neighbouring states had we evacuated the territory with or without the consent of the people. Then you would have had that growing danger in Africa – that great hostility of the Arabs to the spread of European influence. You would have had the Arabs retiring from the German sphere of influence and from the Congo and taking refuge in this part of the country. As to the disasters which evacuation would have provided for this part of Africa, Sir Gerald Portal says, "That evacuation would be quickly followed by a recommencement of civil war is, I think, almost certain" . . . I am certain that if we had withdrawn and these consequences had followed, no argument which could have been used from this bench, and I doubt if any argument which could have been provided in our defence below the gangway would have served to shield the government. More than that, if you had not taken some steps as to Uganda, which is the key of this part of Africa, you must have renounced the whole sphere of influence. . . . Consider what the result would have been. Lord Salisbury had made an arrangement with Germany, under which he made certain concessions, reserving this territory in return as a British sphere of influence. If this government had given up that sphere of influence, we should have been in the ridiculous position before the world of having asked Germany to give us a sphere of influence, and then, when the chartered company withdrew, of having thrown the whole sphere of influence to the winds without giving anybody an opportunity of inquiring whether the territory was worth anything, or whether it could or could not have been developed. I now pass to the last point – namely the money which will have to be spent. . . . You might have saved this year something under £100,000, and in succeeding years £50,000 a year. . . . On the other hand what would you have lost? You would have lost the chance of new markets, though I have not insisted strongly upon that. . . . In expending this money, then, are the interests of the country sacrificed? . . . I hear that is endorsed. I take a wider view. The interests of the working classes of this country depend greatly upon wide and far-reaching measures, both with regard to taxation and social reform, which must be bold in design and must be pressed with strength and zeal. If we had abandoned Uganda we should have had, month by month, the news of most sinister consequences reaching this country. The government would have been assailed on all sides as responsible, and even if we had preserved our own self-respect, we should, in face of the attacks made upon us, have lost both heart and capacity for other work. If you wish for bold and far-reaching measures at home, you could not have got them passed or even proposed by any government which, warned as we were warned before Sir Gerald Portal's mission started, warned as we have been warned since that mission was accomplished, and still are warned in his report before the House, had taken such a limited, narrow, and ungenerous view of the situation in Uganda as to deliberately abandon it to the revenge, disaster and ruin which must inevitably have followed upon the withdrawal of the company.

107. Chamberlain's speech at the Royal Colonial Institute, 31 March 1897

(Speech by Joseph Chamberlain as Secretary of State for the Colonies, at the annual dinner of the Royal Colonial Institute (Hotel Metropole), 31 March 1897, *Mr Chamberlain's Speeches*, ed. C. W. Boyd, 2 vols (1914); II, 1–6)

... I have now the honour to propose to you the toast of "Prosperity to the Royal Colonial Institute". The institute was founded in 1868, almost exactly a generation ago, and I confess that I admire the faith of its promoters, who, in a time not altogether favourable to their opinions, sowed the seed of Imperial patriotism, although they must have known that few of them could live to gather the fruit and to reap the harvest. But their faith has been justified by the result of their labours, and their foresight must be recognised in the light of our present experience.

It seems to me that there are three distinct stages in our Imperial history. We began to be, and we ultimately became a great Imperial power in the eighteenth century, but during the greater part of that time, the colonies were regarded, not only by us, but by every European power that possessed them, as possessions valuable in proportion to the pecuniary advantage which they brought to the mother country, which, under that order of ideas, was not truly a mother at all, but appeared rather in the light of a grasping and absentee landlord desiring to take from his tenants the utmost rents he could exact. The colonies were valued and maintained because it was thought they would be a source of profit – of direct profit – to the mother country.

That was the first stage, and when we were rudely awakened by the War of Independence in America from this dream that colonies could be held for our profit alone, the second chapter was entered upon, and public opinion seems then to have drifted to the opposite extreme; and because the colonies were no longer a source of revenue, it seems to have been believed and argued by many people that their separation from us was only a matter of time, and that that separation should be desired and encouraged lest haply they might prove an encumbrance and a source of weakness.

It was while these views were still entertained, while the little Englanders were in their full career, that this institute was founded to protest against doctrines so injurious to our interests and so derogatory to our honour; and I rejoice that what was then, as it were, "a voice crying in the wilderness" is now the expressed and determined will of the overwhelming majority of the British people. Partly by the efforts of this institute and similar organisations, partly by the writings of such men as Froude and Seeley, but mainly by the instinctive good sense and patriotism of the people at large, we have now reached the third stage in our history, and the true conception of our Empire.

What is that conception? As regards the self-governing colonies we no longer talk of them as dependencies. The sense of possession has given place to the sense of kinship. We think and speak of them as part of ourselves, as part of the British Empire, united to us, although they may be dispersed throughout the world, by ties of kindred, of religion, of history, and of language, and joined to us by the seas that formerly seemed to divide us.

But the British Empire is not confined to the self-governing colonies and the United Kingdom. It includes a much greater area, a much more numerous population in tropical climes, where no considerable European settlement is possible, and where the native population must always outnumber the white inhabitants; and in these cases also the same change has come over the Imperial idea. Here also the sense of possession has given place to a different sentiment – the sense of obligation. We feel now that our rule over these territories can only be justified if we can show that it adds to the happiness and prosperity of the people, and I maintain that our rule does, and has, brought security and peace and comparative prosperity to countries that never knew these blessings before.

In carrying out this work of civilisation we are fulfilling what I believe to be our national mission, and we are finding scope for the exercise of those faculties and qualities which have made of us a great governing race. I do not say that our success has been perfect in every case, I do not say that all our methods have been beyond reproach; but I do say that in almost every instance in which the rule of the Queen has been established and the great *Pax Britannica* has been enforced, there has come with it greater security to life and property, and a material improvement in the condition of the bulk of the population. No doubt, in the first instance, when those conquests have been made, there has been bloodshed, there has been loss of life among the native populations, loss of still more precious lives among those who have been sent out to bring these countries into some kind of disciplined order, but it must be remembered that that is the condition of the mission we have to fulfil. There are, of course, among us – there always are among us, I think – a very small minority of men who are ready to be the advocates of the most detestable tyrants, provided their skin is black – men who sympathise with the sorrows of Prempeh and Lobenguela, and who denounce as murderers those of their countrymen who have gone forth at the command of the Queen, and who have redeemed districts as large as Europe from the barbarism and the superstition in which they had been steeped for centuries. I remember a picture by Mr Selous of a philanthropist – an imaginary philanthropist, I will hope – sitting cosily by his fireside and denouncing the methods by which British civilisation was promoted. This philanthropist complained of the use of Maxim guns and other instruments of warfare, and asked why we could not proceed by more conciliatory methods, and why the impis of Lobenguela could not be brought before a magistrate, and fined five shillings and bound over to keep the peace.

No doubt there is humourous exaggeration in this picture, but there is gross exaggeration in the frame of mind against which it is directed. You cannot have omelettes without breaking eggs; you cannot destroy the practices of barbarism, of slavery, of superstition, which for centuries have desolated the interior of Africa, without the use of force; but if you will fairly contrast the gain to humanity with the price which we are bound to pay for it, I think you may well rejoice in the result of such expeditions as those which have recently been conducted with such signal success in Nyassaland, Ashanti, Benin, and Nupé – expeditions which may have, and indeed have, cost valuable lives, but as to which we may rest assured that for one life lost a hundred will be gained, and the cause of civilisation and the prosperity of the people will in the long run be eminently advanced. But no doubt such a state of things, such a mission as I have described, involves heavy responsibility. In the wide dominions of the Queen the doors of the temple of Janus are never closed, and it is a gigantic task that we have undertaken when we have determined to wield the sceptre of empire. Great is the task, great is the responsibility, but great is the honour; and I am convinced that the conscience and spirit of the country will rise to the height of its obligations, and that we shall have the strength to fulfil the mission which our history and our national character have imposed upon us.

In regard to the self-governing colonies our task is much lighter. We have undertaken, it is true, to protect them with all the strength at our command against foreign aggression, although I hope that the need for our intervention may never arise. But there remains what then will be our chief duty – that is, to give effect to the sentiment of kinship to which I have referred and which I believe is deep in the heart of every Briton. We want to promote a closer and firmer union between all members of the great British race, and in this respect we have in recent years made great progress – so great that I think sometimes some of our friends are apt to be a little hasty, and to expect even a miracle to be accomplished. I would like to ask them to remember that time and patience are essential elements in the development of all great ideas. Let us, gentlemen, keep our ideal always before us. For my own part, I believe in the practical possibility of a federation of the British race, but I know it will come, if it does come, not by pressure, not by anything in the nature of dictation from this country, but it will come as the realisation of a universal desire, as the expression of the dearest wish of our colonial fellow-subjects themselves.

That such a result would be desirable, would be in the interest of all our colonies as well as of ourselves, I do not believe any sensible man will doubt. It seems to me that the tendency of the time is to throw all power into the hands of the greater empires, and the minor kingdoms – those which are non-progressive – seem to be destined to fall into a secondary and subordinate place. But, if Greater Britain remains united, no empire in the world can ever surpass it in area, in population, in wealth, or in the diversity of its resources. . . .

108. The Jameson raid

(The Times, 9 January 1896)

The Transvaal. A telegram from Sir Hercules Robinson, dated 7 January, was received yesterday at the Colonial Office, stating that Johannesburg had surrendered unconditionally, and that the arms were given up. President Kruger had intimated his intention of handing over Dr Jameson and the other prisoners to the High Commissioner on the borders of Natal. The British government might therefore feel satisfied that the crisis is over, and that all danger of further hostilities is at an end. – A Pretoria telegram of Monday describes the arrival of the High Commissioner there, and says a most bitter anti-British feeling prevails among the burghers, who are only held in check by the powerful personal influence of the president. They angrily resent the necessity for leaving their farms and occupations, and demand a speedy and final settlement and the full possession of their country under one undisputed rule. The whole of the Transvaal and Orange Free State Boers are under arms, the latter being massed on the frontier, awaiting the course of events. – Despatches from Cape Town indicate that in Cape Colony and Rhodesia there is a strong feeling of indignation against the National Union agitators at Johannesburg for having deserted and betrayed Dr Jameson. Meetings have been held and resolutions carried expressing regret at the position in which Dr Jameson and his comrades are placed and recognising the courage and endurance they displayed. – Our correspondent at Johannesburg, telegraphing under date 2 January *via* Bloemfontein, sends some interesting further details respecting the final fight at Valkfontein and Dr Jameson's surrender, of which he was an eye-witness. The Boers, he says, spoke in feeling terms of the splendid bravery shown by their assailants. – According to a Krugersdorp despatch, Dr Jameson's surrender was unconditional. He narrowly escaped being shot in the market square of Krugersdorp by the incensed Boers, but was saved by the commandant, who threatened to shoot the first man who raised his rifle. – In Cape Town the general feeling on Monday was one of anxiety regarding the ultimate issue of the crisis. On Tuesday it was reported there that the Transvaal government demanded the banishment of Mr Rhodes and Dr Jameson from Africa, and an enormous fine from the Chartered Company as an indemnity for the violation by its forces of the territory of the republic. . . .

109. Goschen's speech presenting navy estimates, 10 March 1898

(Hansard, 4th series, LIV, cols 1252 ff.)

The great naval mobilisation of the previous year referred to is that held at Spithead in connection with the Diamond Jubilee. For the engineering strike, *see* No. 176.

The First Lord of the Admiralty (Mr G. J. Goschen, St George's, Hanover Square). I rise to ask this House to grant a colossal sum for the Navy Estimates. That sum is £23,780,000. But that does not represent the total projected expenditure on naval services. To that must be added £1,775,000 which will be spent under the Naval Works Act. Thus the total sum which we have to administer will amount to £25,555,000. The House will, I hope, appreciate the sense of responsibility under which I propose these estimates at this time. I have no doubt of the readiness of the House to grant these sums. In fact, if I have any doubt, it is whether in some quarters they will think I have not asked enough. But however that may be, this is the sum which the representatives of the taxpayers of this country are asked to grant, and the taxpayers of the country are entitled to know that they have full value for their money. I trust the board of Admiralty may be able to give such an account, in the debates that are going to take place, of the present position of the navy as may satisfy the public that we are doing our very best. On this occasion I propose rather, if I may say so, to speak to the House in general and the public in general than to those experts and specialists who take a particular interest in the items of our programme. They will have an opportunity of administering, in due time, their able and searching interrogations, and I shall be prepared to go into any detail they may wish. Tonight I would rather give a broader and more general view of the situation as revealed by these estimates. I wish, if possible, to avoid what is called official optimism. We are sometimes decoyed into optimism by the extravagance of the pessimists. But I am anxious to place the truth before the House. I think the truth, though still revealing a situation in which nothing is perfect, shows, at all events, that great progress has been made. I wish to remind the House once more that we are in a transitional state, and many of the deficiencies – the admitted deficiencies – of the navy are due to this transitional condition. This transitional condition is accompanied by a series of improvements which we are anxious to introduce even while we are expanding, and if we have to increase the number of our ships, the number of men, the size of our dockyards, and the manufacture of our guns, and if we are at the same time to improve the guns, to improve the ships, and to carry out reforms in almost every branch, the task, as the House will acknowledge, becomes still more complicated. . . . Let us take a glance at how matters stood only ten years ago. Then we had 139 fighting ships in commission, with 24,800 men. Today we have 285 fighting ships in commission, with 50,300 men. That is to say we have in commission ships holding twice the number of crews which we had only ten years ago. Where are they? Those who are with me know precisely where those ships are, but it will be interesting to the general public to hear how our ships are distributed. In the first place, there is the Channel squadron, more powerful than any Channel squadron we ever before had in commission; and that Channel squadron is not confined to the area which its name would seem to imply. The Channel squadron was a few days ago off the western shores of the Mediterranean, and we have in the Mediterranean itself a number of ships. The Channel squadron has an offensive, as well as a defensive intention in time of war; and the closer defence of our shores and the seas around these islands in time of war will be intrusted to reserve ships which are now kept in commission; therefore it must not be supposed that the Channel squadron is simply a squadron which operates in the Channel. Then we have the Mediterranean squadron, of which I need say no more; a squadron on the North American station, on the South American station, on the western shores of the American continent, and in all these regions we alone, with the exception of France, which keeps a small squadron for the protection of the Newfoundland fisheries – we alone have squadrons where other nations have isolated ships. I do not include, of course, those nations which have their homes on the American continent. Then we have the Australian squadron, the East India squadron, the Cape squadron, the China squadron, and, let me remind the House, all these squadrons remained at their stations when that great naval mobilisation took place last year; the ships which took part in that mobilisation were those which remained over after the squadrons were left at their various stations. . . .

In regard to shipbuilding, my statement shows in some detail the way in which labour strikes have disappointed our hopes. It is a deplorable circumstance. The House will be able to understand the intense anxiety with which we watched the strike week after week. There is one postponement, however, which is chronicled which was not due to the labour war, but to another circumstance. This is a somewhat more technical point than those which I have dealt with. You will observe that before the commencement of the battleships of the Formidable class, and the commencement of the four ships of the Crescent [1] class – armoured cruisers – which the House allowed me to order in July last, there has been a considerable delay. Yes, there has been delay, and we deplore it, and I am not at all sure that the right hon. gentleman cannot but admit that there were some grounds for it. The principal cause of the delay in preparing the designs of the Formidable class and the cruisers of the Cressy [1] class was due to the experiments necessary to develop the designs of the new 12 in., 6 in., and 9.2 in. guns. These guns being of greater weight, longer, and giving a much greater velocity than the previous patterns of guns, required stronger mountings, and involved increase of weight in many directions, so that the design of the ships could not be completed until the designs of the guns and their mountings had been completed. You may lay it down generally that armament dominates design, it affects the stability of the ship, it affects the dimensions, the displacement, the space of ammunition – it affects the ship in every direction. These new guns were much more powerful than the guns which we had before in our ships, and the Ordnance Committee had to make out the details, the guns had to be tried, and various processes had to be undertaken. We were in this dilemma: should we wait a few weeks, or a month or two if necessary, until we had secured the best guns, or should we immediately put in hand the ships with a certainty that when they were completed it might be said that we had floated our newest and best ships with guns which were already superseded? I felt it was a very difficult question to decide, but it

[1] as printed

was the full and unanimous opinion of my colleagues and advisers that it would be unwise to proceed at once with the construction of these ships until we had got the design for the guns completed. To have commenced the ships earlier would have involved accepting the old pattern of gun, and therefore it was well worth while to sacrifice the few weeks which were necessary to obtain the new design. For my part I am perfectly convinced that we followed the right course. However, that deals only with a portion of our programme, that portion which involved the commencement of these new ships; but the real delay – the terrible delay – has been the delay in the ships under construction, and the ships which were in the dockyards for various reasons, but mainly the ships under contract. . . . We have been thrown back – and I ask the House to realise this – a whole seven months in our construction of men-of-war. I am glad to say now that the men are working with a will. I understand, from all quarters, they have gone back to their work, and that work has been resumed with a good spirit on both sides, and it is hoped that now, with renewed energies, they will be able to push on with the orders they have in hand, and to retrieve, to a certain extent, the arrears. . . .

. . . That brings me now to the point of the new ships we propose to lay down in the present year. Let me remind the House how we shall stand on 1 April, not only as regards finances, but as regards ships under construction. We shall have nine first class battleships, twelve first class cruisers, six second class cruisers, ten third class cruisers, two sloops, four gunboats and forty-one torpedo-boat destroyers. That will be the programme inherited by 1898–9 from 1897–8. This is the gigantic work on which the contractors and dockyards will be engaged. I cannot set down the value of these ships at a lower figure than £23,000,000 sterling. I am told that our programme for this year is a modest one, but that programme has to be grafted on to this other programme, which has to be carried out with all the energy which the contractors can put into the work and all the energy which the dockyards can put into it. I must say here, in regard to the dockyards, that while there has been local trouble here and there, generally, during this trying time, the temper of the men in the dockyards has been admirable and the work they have performed has been excellent. There has been splendid emulation between the different dockyards as to the speed and excellence with which they have produced their work. Well, then, those ships of which I have spoken hitherto are already under contract, or building in the dockyards. As regards our new programme, it is three battleships, four armoured cruisers, and four sloops. I offer the House no justification whatever for asking to be allowed to commence these ships. If I am challenged in regard to them, I expect it will be from a small section on the other side of the House, while there will be many speakers prepared to state why it will be necessary that we should build those ships. I ought to add that this is not the whole programme really for 1898–9, because the House will remember that there were four armoured cruisers authorised in July last in anticipation of the programme of 1898–9, so that we really have eight armoured cruisers and four sloops which belong to the new programme.... Yes, Mr Speaker, expansion and improvement are going on, and though it is difficult for them to keep step through the labyrinth of difficulties, they are pressing forward. The Admiralty can do much, but it cannot do all. The State can do much, but it cannot do all, even if a generous House of Commons and a generous public consent to continue to place such colossal sums at our disposal. We require the steady cooperation of other interests. We require the steady cooperation also of those who represent the maritime interests of this country. We require, too, the steady cooperation of the manufacturing centres. If in those centres which have been the pride and strength of the country; those engineering and manufacturing centres which have been so famous for their work – if there the furnaces are extinguished; if there the men are standing out or are locked out – I do not care how it may be, for we have no politics at the Admiralty, and we know nothing of trades unionism, and we only want to see the work of the country properly done; if the sons of our seamen take less and less to the sea; if from some false idea of economy, or the imposition of impossible conditions from the other side, British sailors were being ousted by foreigners from British ships then I say God help this country. It is not only with respect to our men-of-war, and not only with respect to the crews of our ships when war is likely to break out that "England expects every man to do his duty". There are other classes to which we may appeal, and there are other services which the nation has got a right to command; and if once more peace and harmony should reign in those great centres of industry, and if the maritime instincts of this nation which calls itself mistress of the seas should reassert themselves and show again an increasing number of British seamen in the British mercantile marine, then, with the splendid spirit of the personnel of the navy, and with the generosity of the taxpayers of the country, the nation may look forward with ever-increasing confidence to this prospect, that if there be peace, which God grant, it may be peace shrined in honour; and if there be war, which God forbid, it may be war crowned with victory.

110. Goschen's speech presenting supplementary navy estimates, 22 July 1898

(*Hansard*, 4th series, LXII, cols 854 ff.)

The First Lord of the Admiralty. Before I submit to the House the supplemental programme which, I believe, is expected, I think honourable members would wish me to say a word or two with reference to the original programme, and supply them with some information which I promised them when the navy estimates were first introduced. We have been making good progress under the ordinary programme of the year, but I am bound to say that the effects of the labour difficulties still hamper to a certain extent the rapidity of progress which we should desire. All engineering works are now so glutted with orders that they are scarcely able to supply the material. In a certain direction it has been difficult to "fetch up" so much as we had hoped. Still, I may say good progress has been made. For instance, three of our cruisers have now been delivered. The *Diadem* was delivered on the 19th inst. The *Europa* and *Niobe* have been delivered later than was expected, but not in one case later than the contract date. In this case the ship was only six weeks behind the time expected. I recommend that to honourable members who have what I may call a passion for penalties. In these cases no penalties will be incurred. Then the *Hannibal* and the *Illustrious*, the last ships of the Majestic class have been completely finished. They have gone through all their trials, and are now in commission. This completes what I may call one important stage in construction. It completes a group of nine ships of the Majestic class, which, I think I may say, have commanded universal admiration among all classes of naval critics, and are considered to be almost unrivalled. This group of nine follows upon another fine class of ships, the Royal Sovereign class, which is composed of eight ships, and I may add to these the *Renown*, which is of a slightly different character, but a new and fine ship. That is a total of eighteen first class battleships of the most modern type. Besides this there are the *Barfleur*, the *Centurion*, the *Nile*, the *Trafalgar*, and the *Sanspareil* – five ships – and six ships of the Admiral class, giving a total of twenty-nine ships of the first class. Then there are building six of the Canopus class, three of the Formidable class, which are improved Majestics, and in my original programme this year three more Formidables were to be laid down. That makes twelve first class ironclads building, which, added to the twenty-nine completed of which I have spoken, gives us a total of forty-one first class battleships built and provided for. That is the position of the original programme, independently of the recent action which has been taken by a certain great power. The Admiral class are not equal to the others, but if we have in that list of forty-one which I have mentioned six which are not equal to the others, there is a larger number of older ships and inferior ships in the lists of any other two powers containing first class ironclads. Our numbers are equal to those of any two powers in first class battleships, taking ships built and building; and I am prepared to maintain that the forty-one ships which I have mentioned cannot be matched in power, speed, and efficiency generally by the corresponding fleets of any two powers. That, I think, can be established, and will be generally admitted. Now I have said there are three Formidables to be laid down this year. Let me record to the committee the original programme of this year. There were to be three battleships, four cruisers, four armoured cruisers and four sloops. The three battleships are to be Formidables . . . .

. . . . We considered that this programme was sufficient with the knowledge that we had at the time that the estimates of the year were submitted. It was based on what I may call the two-power policy – the principle that we must be superior in power and equal in numbers to the fleets of any other two countries. I will not pause to define the system at the present moment. It has been adopted by successive governments. It has been attacked as being insufficient. I will only make this remark at the present time, that those who attack its insufficiency omit, in my judgment, the immense advantage possessed by a single power wielding a single fleet with one system of organisation, with the same signals, and with the confidence inspired by constantly working together – in fact, altogether homogeneous. One power having an equal number of ships as two allied powers has got that margin of advantage to which I have alluded. I think that history has shown over and over again that the fleets of two allies have never been considered equal to the one homogeneous fleet of a single power, provided that the single fleet was relatively as large as the allied fleets. I stand by the principle – which we have followed and intend to follow – that we must be equal in numbers to the fleets of any two powers. That is the principle, as I say, we have acted upon from the first, and now, in consequence of the action of another power, the same principle compels us to take further action by a supplemental programme. The board of Admiralty is acting on its own convictions. I can honestly say that we have not added a single ship or a single man to the navy in consequence of any outside pressure, from whatever quarter it has come. We have followed our own system from the first, and I strongly hope that that may continue to be the policy of successive boards of Admiralty, and that they will be sustained by the authority of the House of Commons. I do not, however, wish to cast a single reproach on those earnest men who have been pressing the shipbuilding and the manning question upon us. They have been actuated by conscientious motives. All I say is – and I say it honestly and truthfully – that we have followed, and are following, what we believe to be the principles laid down from the first. In stating the supplemental estimate, I regret that it should be my misfortune to have to introduce the name of any foreign power, but it is impossible to conceal the fact that it is the action of Russia and the programme on which she has entered which is the reason for our strengthening our fleet and taking parallel action with her. Let us distinctly understand that what we propose is not aggressive in the slightest degree. Let Europe note that we intend to increase our naval power because we believe that it is absolutely essential to maintain the principle that we have laid down; and I will say more – I do not assume, I will not assume, and I am not entitled to assume, that the action of Russia is simply directed as a menace to this country, or is directed against us. Russia has possessions bordering on other powers who are increasing their navies very rapidly, and Russia has a perfect right to look to her own interests, and to build such a fleet as she thinks her position in the world requires. But, deeply as I regret that we should be forced into that position, we must take parallel action ourselves with what other powers do – parallel action with the action taken by other powers. The resources of this country, both in shipbuilding and engineering – with our power of manufacturing for ourselves what we require – the rapidity with which we can build ships if we lay them down, as others lay them down, will enable us to keep pace with, if not to outstrip our neighbours. What, then, is the position? We know of six

Russian battleships to be laid down this year, including one already commenced. We have verified where those six ships are being built. Of these, I took two into account in my original estimate, so that the balance against us is four. Accordingly, I must ask the House to sanction four more battleships beyond my original estimate. From the latest information the new Russian programme provides for four cruisers to be commenced this year, and we propose to commence an equal number of cruisers; that is to say four cruisers in addition to those provided for already.

Lord C. Beresford. Armoured?

The First Lord of the Admiralty. That has not yet been decided. My supplemental programme also includes twelve torpedo-boat destroyers. This, then, is the proposal which I have to make — four battleships, four cruisers, and twelve torpedo-boat destroyers. . . .

111. Battle of Omdurman, 2 September 1898

(*The Times*, 5 September 1898)

The long struggle between the forces of civilization and the barbarous despotism set up by Mohammed Ahmed, the Mahdi, has come to its destined end. The battle fought on Friday before the walls of the Khalifa's capital has resulted in the annihilation of his army. Thousands of his followers have perished on the field. Abdullahi himself, with the remnant of his adherents, is in flight. Omdurman, the sacred city of the Dervishes, is in the hands of his conquerors, his captives have been set free, and the gunboats and cavalry are in hot pursuit of the fallen tyrant. No victory could have been more complete than the victory by which Sir Herbert Kitchener and his brave army have avenged the death of Gordon and the innumerable crimes of the thirteen and a half years of savage misrule which followed upon that lamentable event. The blow dealt to the enemy has been crushing, and it has been delivered at a cost which is trifling in relation to the magnitude of the results. The Sirdar in the hasty official despatch reporting the engagement estimates the British casualties at about 100, while those of the Egyptians are put at nearly twice that number. . . . But although England must grieve for those who have perished in accomplishing the overthrow of perhaps the most horrible system of government in the world, she may console herself by the reflection that seldom, if ever, has so much been achieved, even by British skill and British discipline, at so slight a price. The strange theocracy established by the Mahdi on the ruins of such civilization as the former Khedives of Egypt had introduced into the Sudan has fallen never to rise again, and with it has perished a standing menace to Egypt and a standing obstacle to the extension of British influence towards the head waters of the Nile.

The message of the German emperor, who has telegraphed congratulations with his usual friendly promptitude to the British Agency at Cairo, undoubtedly expresses the thought which will be the first to rise in the breasts of most Englishmen, when it affirms that this "splendid victory" "at last avenges poor Gordon's death". The great majority of the nation has thirsted for retribution on Gordon's murderers and will feel an honourable satisfaction that at length it has been paid. The sentiment may perhaps shock a handful of superior persons, but if it is somewhat primitive it is based upon a wholesome instinct. It is well to bring home to the savage peoples with whom we are in contact in so many parts of the earth that the blood of Englishmen is not to be shed with impunity, and to show them that, however slow may be the penalty for spilling it, that penalty is heavy and sure. But we have much more to congratulate ourselves upon than the tardy exaction of a merited punishment. Neither Englishmen nor the many foreign critics of Englishmen can mistake the significance of the feat of arms just achieved by a British general in the heart of Central Africa. The actual combat of Friday was in itself a performance of no mean brilliancy. The detailed account of the battle and of the movements leading up to it which we give elsewhere shows the conspicuous ability with which the troops were handled both before and during the action, and the splendid courage, discipline, and endurance Englishmen, Sudanese, and Egyptians alike displayed. The Dervishes fought with a magnificent bravery which cannot but excite the warmest admiration. It is necessary, indeed, to bear in mind the nameless abominations of the Mahdist rule, as recorded by credible witnesses like Slatin Pasha and Father Ohrwalder, to check the sympathy which naturally rises at the spectacle of these wild sons of the desert heroically contending against impossible odds. They made desperate efforts to close with the forces of the Sirdar, and they failed to do so simply because they were mowed down by the terrible fire of the modern weapons of precision skilfully directed against them. The first rush of the Dervishes was a fine piece of savage daring; the second rush, after they had re-formed, revealed a calm heroism rarely seen in uncivilized men. But it will be generally recognised that the ability with which the British and Egyptian troops were handled in the field is the least proof of the high military qualities shown by Sir Herbert Kitchener and his subordinates. Once the two armies stood face to face there could be no reasonable doubt of the issue, to those who knew how they were severally composed, armed, and led. The difficulty was to bring them face to face without impairing the efficiency of the invaders. It is in overcoming that difficulty that the Sirdar has exhibited in a very high degree the gifts of a great general. From first to last he has carried out all that he has engaged to do with a completeness and a punctuality which have been, in the circumstances, little short of marvellous. He has thoroughly thought out each step before it was taken and he has fully and completely made his preparations for each of the successive blows he has delivered. There has been no hurry and there have been no mistakes. The movements have all been performed with mathematical exactness until they have led up at the appointed time to the appointed end. . . .

112. The Fashoda crisis, September 1898

(*The Times*, 26 September 1898)

It is characteristic of the man and the race that the first news of the Sirdar's occupation of Fashoda should reach the British public incidentally in Sir Herbert Kitchener's polite reply to the congratulations of the Lord Mayor of London on the victory of Omdurman.[1] When the Lord Mayor's message arrived at that place the Sirdar was temporarily absent upon duty. He has now returned, and he hastens to thank the citizens of London – his fellow citizens, as they have been since Thursday – and to excuse his delay in acknowledging their good wishes. He has been engaged, he explains in "establishing garrisons at Fashoda and on the Sobat river", and, having accomplished this business, he has now returned. He and his companions hope that the work which they have done in "the opening up of those extensive countries will benefit the city of London and British trade and commerce in general". In this plain and prosaic communication the Sirdar tells us almost all we know about events on the Upper Nile since he departed for the south, a week after he had "smashed the Khalifa". All England and all Europe are anxious to learn what may have occurred in the interval. The one man who is best qualified to give them authentic information on the whole subject just lifts a corner of the curtain and lets it be understood that very interesting events may have been happening behind it. He announces the net results. He has established garrisons at Fashoda and on the Sobat river, but he carefully refrains from giving the slightest hint as to the way in which this was effected. He does not say whether he found anybody in occupation at any points on his journey. He does not drop the faintest indication as to what may have been the nationality of any persons whom he may have met. They may have been all Shilluks and Dinkas and Nuers. They may have been Dervishes, or they may have been Senegalese and other French auxiliaries under French officers. Perhaps he met a scientific expedition. Possibly he came across persons who represented themselves as members of a political mission busy planting foreign flags 3,000 miles from their base in the dominions of the Khedive. We do not know. He does not say. We cannot even conjecture how these hypothetical adventurers may have met his announcement – supported by a couple of thousand veteran troops, with guns and Maxims, and a flotilla of gunboats – that he had come to resume effective possession in the name of his highness the Khedive, the lawful sovereign of the land. They may have accepted his hospitality and have accompanied him to Omdurman. They may have recognised the cogency of his arguments and have withdrawn in the direction whence they came. They may have refused to take either of these reasonable courses, and have elected to remain where they were, isolated by the superior forces of the Khedive. On all these points the Sirdar's message is absolutely silent.

[1] The battle of Omdurman was fought on 2 September (see No. 111); Kitchener reached Fashoda on 19 September.

From Cairo we can hardly expect much additional information in the circumstances. Doubtless the British authorities there know what the Sirdar knows, but their mouths must be closed by the same considerations as his. Still, one or two facts of considerable moment are reported by our correspondent in that city. He is able, for example, to assure us that the Sirdar established his posts at Fashoda and on the Sobat "peacefully". That is, of course, eminently satisfactory, whatever the precise import of the fact may prove to be. It may mean that there was nobody there to oppose or even to challenge the movements of the Khedivial troops, or that resistance of a purely passive and technical kind was offered to their proceedings. At all events, it must tend to soothe the somewhat superfluous apprehensions of the *Débats* lest an unnecessary "act of violence" should have been committed against the French party whose presence at Fashoda it assumes. We are confident that the relations between Sir Herbert Kitchener and Major Marchand, should they have met, will have been as courteous, within the limits of military duty, as our contemporary could desire, and we entertain this confidence, not merely because the Sirdar "joined the French army in 1870", but because he is a British officer and a gentleman. Our Cairo correspondent adds a second piece of negative intelligence to our stock, hardly less welcome than the first. It is certain, he informs us, that no Abyssinian troops were found on the Upper Nile. This news may help to dispel any interested speculations which may have been furtively cherished as to the early development of a troublesome complication on the right bank of the river. It is probable that Menelek is endowed with more sagacity and penetration than he has been credited with in some quarters. He is doubtless impressed, as the rulers of warlike and primitive peoples are always impressed, by the fact that while others have been talking we have been doing, and that our action has resulted in the utter annihilation of the powerful foe who slew his predecessor King John and routed the Abyssinian rear-guard in the fierce engagement before Gallabat in March 1889. The restoration to their homes of over 200 Abyssinian captives released from Omdurman, who are now travelling by way of Massowah at the cost of the Egyptian government, will at once deepen that impression and remind him and his countrymen that Egypt and her ally are anxious to maintain the friendliest relations with the Christian empire upon her eastern borders. The recapture of Gedaref and the defeat and destruction of the only Dervish force known to have existed after the battle of Omdurman further strengthen the Egyptian position in the direction of Abyssinia. The engagement took place on Thursday and ended, after three hours hard fighting, in the victory of Colonel Parsons and his gallant Arabs and Egyptians. The enemy, who are supposed to have numbered 3,000 men under Ahmed Fedil, a cousin of the Khalifa's, are believed to have lost 500 men killed, while the Egyptian casualties were relatively small. Step by step the flag of the Khedive is being hoisted over his old possessions in the Eastern as well as in the Central Sudan. Gedaref rounds off Colonel Parsons's victories of El Fasher and Osobri last December. . . . The silence of Sir Herbert Kitchener will generally be deemed almost as significant on the main point as speech. Had he found no Europeans at Fashoda, it will be surmised, with plausibility, he would hardly have refrained from announcing the fact. If, on the other hand, he did find a French party in possession to whom he had to make it clear that they could have no rights there save those of explorers, it cannot be desirable that the first knowledge of the fact should come to our neighbours in France through the newspapers. If there is, or lately was, a force in that portion of the Khedive's dominions under a foreign flag, their presence there is, or would have been, a grave matter in view of the known attitude of this country as officially declared by Sir Edward Grey more than three years ago. From that attitude no British government could flinch with impunity even if they desired to do so. They must officially repeat their views to the French government and notify the latter of the "unfriendly acts" which may have been committed by officers wearing the French uniform. It will then be for the French government to decide upon the course they propose to take. Obviously such subjects are best reserved in their inchoate stage for diplomatic as distinguished from newspaper discussion.

113. Milner's "helot" dispatch on the situation in South Africa, 4 May 1899

(*Parliamentary Papers 1899*, LXIV (C. 9345 No. 78), 200 ff.)

Edgar was a respectable workman who was shot in his house by a policeman who forced an entry. He was said to have been concerned in a violent dispute with a neighbour and to have struck or threatened the policeman with an iron bar. Jones, the policeman, was acquitted upon a charge of murder and the judge is said to have remarked that he hoped the police would always know how to do their duty in difficult circumstances.

High Commissioner Sir Alfred Milner to Mr Chamberlain. Telegram, 4 May. Having regard to critical character of South African situation and likelihood of early reply by her majesty's government to petition, I am telegraphing remarks which, under ordinary circumstances, I should have made by despatch. Events of importance have followed so fast on each other since my return to South Africa, and my time has been so occupied in dealing with each incident severally, that I have had no opportunity for reviewing the whole position.

The present crisis undoubtedly arises out of the Edgar incident. But the incident merely precipitated a struggle which was certain to come. It is possible to make too much of the killing of Edgar. It was a shocking and, in my judgment, a criminal blunder, such as would have excited a popular outcry anywhere. It was made much worse by the light way in which it was first dealt with by the public prosecutor and by the attitude of the judge at the trial. By itself, however, it would not have justified, nor, in fact, provoked the present storm. But it happened to touch a particularly sore place. There is no grievance which rankles more in the breasts of the mass of the Uitlander population than the conduct of the police, who, while they have proved singularly incompetent to deal with gross scandals like the illicit liquor trade, are harsh and arbitrary in their treatment of individuals whom they happen to dislike, as must have become evident to you from the recurrent ill-treatment of coloured people. There are absolutely no grounds for supposing that the excitement which the death of Edgar caused was factitious. It has been laid to the door of the South African League, but the league were forced into action by Edgar's fellow-workers. And the consideration of grievances once started by the police grievance, it was inevitable that the smouldering but profound discontent of the population who constantly find their affairs mismanaged, their protests disregarded, and their attitude misunderstood by a government on which they have absolutely no means of exercising any influence should once more break into flame.

We have, therefore, simply to deal with a popular movement of a similar kind to that of 1894 and 1895, before it was perverted and ruined by a conspiracy [1] of which the great body of the Uitlanders were totally innocent. None of the grievances then complained of, and which then excited universal sympathy, have been remedied and others have been added. The case is much stronger. It is impossible to overlook the tremendous change for the worse which has been effected by the lowering of the status of the High Court of Judicature and by the establishment of the principle embodied in the new draft Grondwet that any resolution of the Volksraad is equivalent to a law. The instability of the laws has always been one of the most serious grievances. The new constitution provides for their permanent instability, the judges being bound by their oath to accept every Volksraad resolution as equally binding with a law passed in the regular form and with the provisions of the constitution itself. The law prescribing this oath is one of which the present chief justice has said that no self-respecting man could sit on the bench while it was on the statute book. Formerly the foreign population, however bitterly they might resent the action of the legislature and of the administration, had yet confidence in the High Court of Judicature. It cannot be expected that they should feel the same confidence today. Seeing no hope in any other quarter, a number of Uitlanders who happen to be British subjects have addressed a petition to her majesty the queen. I have already expressed my opinion of its substantial genuineness and of the absolute *bona fides* of its promoters. But the petition is only one proof among many of the profound discontent of the unenfranchised population, who are a great majority of the white population of the State.

The public meeting of 14 January was indeed broken up by workmen, many of them poor burghers in the employ of the government and instigated by government officials, and it is impossible at present to hold another meeting of a great size. Open-air meetings are prohibited by law, and by one means or another all large public buildings have been rendered unavailable. But smaller meetings are being held almost nightly along the Rand and are unanimous in their demand for enfranchisement. The movement is steadily growing in force and extent.

[1] in connection with the Jameson raid

With regard to the attempts to represent that movement as artificial, the work of scheming capitalists and of professional agitators, I regard it as a wilful perversion of the truth. The defenceless people who are clamouring for a redress of grievances are doing so at great personal risk. It is notorious that many capitalists regard a political agitation with disfavour because of its effects on markets. It is equally notorious that the lowest class of Uitlanders, and especially the illicit liquor-dealers, have no sympathy whatever with the cause of reform. Moreover, there are in all classes a considerable number who only want to make money and clear out, and who, while possibly sympathising with reform, feel no great interest in a matter which may only concern them temporarily. But a very large and constantly increasing proportion of the Uitlanders are not birds of passage; they contemplate a long residence in the country, or to make it their permanent home. These people are the mainstay of the reform movement as they are of the prosperity of the country. They would make excellent citizens if they had the chance.

A busy industrial community is not naturally prone to political unrest. But they bear the chief burden of taxation; they constantly feel in their business and daily lives the effects of chaotic local legislation and of incompetent and unsympathetic administration; they have many grievances, but they believe all this could be gradually removed if they had only a fair share of political power. This is the meaning of their vehement demand for enfranchisement. Moreover, they are mostly British subjects, accustomed to a free system and equal rights; they feel deeply the personal indignity involved in position of permanent subjection to the ruling caste which owes its wealth and power to their exertion. The political turmoil in the Transvaal Republic will never end till the permanent Uitlander population is admitted to a share in the government, and while that turmoil lasts there will be no tranquillity or adequate progress in her majesty's South African dominions.

The relations between the British colonies and the two republics are intimate to a degree which one must live in South Africa in order fully to realise. Socially, economically, ethnologically, they are all one country, the two principal white races are everywhere inextricably mixed up; it is absurd for either to dream of subjugating the other. The only condition on which they can live in harmony and the country progress is equality all round. South Africa can prosper under two, three, or six governments but not under two absolutely conflicting social and political systems, perfect equality for Dutch and British in the British colonies side by side with permanent subjection of British to Dutch in one of the republics. It is idle to talk of peace and unity under such a state of affairs.

It is this which makes the internal condition of the Transvaal a matter of vital interest to her majesty's government. No merely local question affects so deeply the welfare and peace of her own South African possessions. And the right of Great Britain to intervene to secure fair treatment of the Uitlanders is fully equal to her supreme interest in securing it. The majority of them are her subjects, whom she is bound to protect. But the enormous number of British subjects, the endless series of their grievances, which are not less serious because they are not individually sensational, makes protection by the ordinary diplomatic means impossible. We are, as you know, for ever remonstrating about this, that and the other injury to British subjects. Only in rare cases and only when we are very emphatic do we obtain any redress. The sore between us and the Transvaal republic is thus inevitably kept up while the result in the way of protection to our subjects is lamentably small. For these reasons it has been, as you know, my constant endeavour to reduce the number of our complaints. I may sometimes have abstained when I ought to have protested from my great dislike of ineffectual nagging. But I feel that the attempt to remedy the hundred and one wrongs springing from a hopeless system by taking up isolated cases is perfectly vain. It may easily lead to war, but will never lead to real improvement.

The true remedy is to strike at the root of all these injuries – the political impotence of the injured. What diplomatic protests will never accomplish, a fair measure of Uitlander representation would gradually but surely bring about. It seems a paradox but it is true that the only effective way of protecting our subjects is to help them to cease to be our subjects. The admission of Uitlanders to a fair share of political power would no doubt give stability to the republic. But it would at the same time remove most of the causes of difference with it, and modify and in the long run entirely remove that intense suspicion and bitter hostility to Great Britain which at present dominates its internal and external policy.

The case for intervention is overwhelming. The only attempted answer is that things will right themselves if left alone. But in fact the policy of leaving things alone has been tried for years and it has led to their going from bad to worse. It is not true that this is owing to the raid. They were going from bad to worse before the raid. We were on the verge of war before the raid, and the Transvaal was on the verge of revolution. The effect of the raid had been to give the policy of leaving things alone a new lease of life, and with the old consequences.

The spectacle of thousands of British subjects kept permanently in the position of helots, constantly chafing under undoubted grievances, and calling vainly to her majesty's government for redress, does steadily undermine the influence and reputation of Great Britain and the respect for the British government within the queen's dominions. A certain section of the press, not in the Transvaal only, preaches openly and constantly the doctrine of a republic embracing all South Africa and supports it by menacing references to the armaments of the Transvaal, its alliance with the Orange Free State, and the active sympathy it would receive in case of war from a section of her majesty's subjects. I regret to say that this doctrine, supported as it is by a ceaseless stream of malignant lies about the intentions of the British government, is producing a great effect upon a large number of our Dutch fellow colonists.

Language is frequently used which seems to imply that the Dutch have some superior right even in this colony to their fellow citizens of British birth. Thousands of men peaceably disposed, and if left alone, perfectly satisfied with their position as British subjects, are being drawn into disaffection, and there is a corresponding exasperation on the side of the British.

I can see nothing which will put a stop to this mischievous propaganda but some striking proof of the intention of her majesty's government not to be ousted from its position in South Africa. And the best proof alike of its power and its justice would be to obtain for the Uitlanders in the Transvaal a fair share in the government of the country which owes everything to their exertions. It could be made perfectly clear that our action was not directed against the existence of the republic. We should only be demanding the reestablishment of rights which now exist in the Orange Free State, and which existed in the Transvaal itself at the time of and long after the withdrawal of British sovereignty. It would be no selfish demand, as other Uitlanders besides those of British birth would benefit by it. It is asking nothing from others which we do not give ourselves. And it would certainly go to the root of the political unrest in South Africa and, though temporarily it might aggravate, it would ultimately extinguish the race feud which is the great bane of the country.

114. Peace of Vereeniging, 31 May 1902

(*The Times*, 3 June 1902)

His excellency Lord Kitchener and his excellency Lord Milner on behalf of the British government, and Messrs M. T Steyn, J. Brebner, General C. R. de Wet, General C. Oliver, and Judge H. B. M. Herzog acting as the government of the Orange Free State, and Messrs S. W. Burger, F. W. Reitz, Generals Louis Botha, J. H. Delarey, Lucas, Meyer, Krogh, acting as the government of the South African Republic, on behalf of their respective burghers, desirous to terminate the present hostilities, agree on the following articles.

1. The burgher forces in the field will at once lay down their arms, handing over all guns, rifles and munitions of war in their possession or under their control, and desist from any further resistance to the authority of his majesty King Edward VII, whom they recognise as their lawful sovereign. The manner and details of their surrender will be arranged between Lord Kitchener and Commandant General Botha, Assistant Commandant General Delarey and Chief Commandant De Wet.

2. All burghers in the field outside the limits of the Transvaal or Orange River Colony and all prisoners of war at present outside South Africa who are burghers, will, on duly declaring their acceptance of the position of subjects of his majesty King Edward VII, be gradually brought back to their

homes as soon as transport can be provided and their means of subsistence ensured.

3. The burghers so surrendering or so returning will not be deprived of their personal liberty or their property.

4. No proceedings, civil or criminal, will be taken against any of the burghers surrendering or so returning for any acts in connexion with the prosecution of the war. The benefits of this clause will not extend to certain acts, contrary to usages of war which have been notified by commander-in-chief to Boer generals, and which shall be tried by court-martial immediately after the close of hostilities.

5. The Dutch language will be taught in public schools in the Transvaal and Orange River Colony when the parents of the children desire it and will be allowed in courts of law when necessary for the better and more effective administration of justice.

6. The possession of rifles will be allowed in the Transvaal and Orange River Colony to persons requiring them for their protection on taking out a licence according to law.

7. Military administration in the Transvaal and Orange River Colony will at the earliest possible date be succeeded by civil government, and as soon as circumstances permit representative institutions leading up to self government will be introduced.

8. The question of granting franchise to the natives will not be decided till after the introduction of self government.

9. No special tax will be imposed on landed property in the Transvaal and Orange River Colony to defray the expenses of the war.

10. As soon as conditions permit, a commission on which the local inhabitants will be represented, will be appointed in each district of the Transvaal and Orange River Colony, under the presidency of a magistrate or other official, for the purpose of assisting the restoration of people to their homes and supplying those who, owing to war losses, are unable to provide themselves with food, shelter and the necessary amounts of seed, stock, implements, etc. indispensable to the resumption of their normal occupations.

His majesty's government will place at the disposal of these commissions a sum of £3,000,000 for the above purposes and will allow all notes issued under Law 1 of 1900 of the South African Republic and all receipts given by officers in the field of the late republics, or under their orders, to be presented to a judicial commission which will be appointed by the government, and if such notes and receipts are found by this commission to have duly issued in return for valuable considerations they will be received by the first named commission as evidence of war-losses suffered by the persons to whom they were originally given.

In addition to the above named free grant of £3,000,000 his majesty's government will be prepared to make advances on loan for the same purposes free of interest for two years and afterwards repayable over a period of years with 3% interest. No foreigner or rebel will be entitled to the benefit of the claim.

[After the signature of the peace terms, Milner read out, and gave to each of the delegates a copy of the steps proposed to be taken to deal with Cape and Natal subjects who had been in rebellion. They would be dealt with – if they returned to their homes – by the colonial governments. The Cape proposed that rebels, after surrender, should sign a document admitting themselves guilty of high treason, and then if they were clean of other offences should be punished by being generally disfranchised for life. This applied to Cape citizens who were not at the time of their treason office holders. Office holders would be tried for high treason and sentenced as the court might find fit – but were not to be sentenced to death. Natal proposed simply to apply the laws of the colony.]

115. The Anglo-French entente, 7 April 1904: Dillon's comment

(*Contemporary Review*, No. 85 (May 1904), 609–11)

Dr E. J. Dillon had a high reputation as a commentator in newspapers and magazines on foreign affairs.

While Russia and Japan are engaged in a deadly struggle in Asia, the diplomatists of the old continent are sedulously endeavouring to dispel the storm clouds which for years have threatened the peace of Europe. And during the past month their efforts have been crowned with a fair measure of success. Thus France has signed a convention with Great Britain, Turkey has come to an understanding with Bulgaria, Greece with Turkey, Italy with Austria, and if the daily press has not once more mistaken the will of our government for the deed, Great Britain has made a temporary and one-sided agreement with Russia on the question of Tibet. A partial explanation of these phenomena would seem to lie in the fact that all those more or less democratic governments which are largely influenced by the wishes and opinions of the masses are growing more and more convinced that war is a ruinous method of settling *bona-fide* disputes, and ought to be left to the few surviving States which are still guided by the wisdom or folly of a single individual. Material and moral progress is the aim of democratic peoples, while power and glory are the aim of absolute dynasties. . . .

Certainly, all friends of peace and civilisation will hail with joy the Anglo-French convention, which has drawn the sponge over some of the most irritating subjects of dispute between the two nations of Europe whose desire for peaceful progress is strongest and most sincere. If every diplomatic act or international agreement which by removing the causes of misunderstandings lessens the chances of war is a gain to the world, the Anglo-French convention may be characterised as the most auspicious event of the twentieth century. The circumstances, too, under which the arrangement has been brought about render it the more remarkable and the more desirable. As Russia drifted into war while protesting her "resolve to maintain peace", so France and England have settled their outstanding accounts just when it was asserted on many sides that they would probably soon meet each other as foes, the one allied with Russia, and the other supporting Japan. For some time after the outbreak of the campaign it was affirmed by the press of central Europe "on the best authority" that the British government had withdrawn from the negotiations with the republic on the ground that no lasting agreement could be attained until the issue of the Far Eastern war had removed all dangers of complications. At the moment this surmise seemed probable enough, although the alleged fact was an invention. For the sudden outbreak of hostilities produced a panic throughout Europe, during which anything seemed possible. All States, great and small, prepared for the worst, without tangible grounds for apprehending it. Thus Scandinavia and Spain felt called upon to expend part of their slender resources in preparations for defence. Mines were hurriedly laid in the harbours of Slitz and Faro, and foreign ships coming into these harbours were compelled to take up special pilots in order to escape the hidden dangers. The Baltic being regarded as the arena for the coming struggle, it became impossible for owners of summer houses on the Russian shores of that sea, opposite Cronstadt, to let them for the coming season. . . . Now, if the Far Eastern campaign reacted thus sensibly upon such little States as Denmark, Sweden, Spain and Holland, it was not unnatural that momentary apprehensions should have been entertained by the peoples of France and England, seeing that their respective allies were actually at war. And these passing misgivings were artfully intensified by a vigorous press campaign carried on by outsiders for the obvious purpose of sowing discord and pitting them against each other. But the negotiations were perseveringly carried on under difficulties, and to such good purpose that a complete agreement has been concluded which may mark an era in European history and will constitute at least one solid claim of our present Foreign Minister to the gratitude of the British nation.

It would be difficult to overrate the wholesome effects, immediate and remote, of this convention, not only upon the relations of the two peoples directly interested, but also upon the world generally. The chief dangers of the recrudescence of hostility between France and England lay not so much in their present policy as in their conflicting views of "accomplished facts", and in their fears of analogous territorial changes in the future. And of these latent causes of future trouble, the most formidable were Egypt and Morocco. France, who benefits financially and economically by the predominance of England in Egypt, has never formally recognised our international status there. This refusal, which meant little for the time being, would have enabled the republic to unroll the whole question, and even to manufacture a *casus belli*, whenever the conditions might seem auspicious to a Cabinet in search of adventure. On the other hand, the republic was known to have designs on Morocco, to which our government might, if it suited them, take exception. The relations between France and the last surviving Buddhist kingdom – Siam – likewise bristled with thorny points calculated at any moment to wound national susceptibilities, and even to cause serious conflict. The Newfoundland difficulty was another stumbling block to friendly relations, although its survival through so many generations is interesting and edifying, as a proof of the loyal way in which old-world treaties are still respected by West European nations, who continue to fulfil distasteful obligations, even though their conditions have wholly changed since they were first taken over. . . .

116. McKenna introduces navy estimates, 16 March 1909

(*Hansard*, 5th series, II, cols 931–8; 943–4. The great anxiety was the number of ships of the Dreadnought class likely to be available to the British and German navies at given junctures. It was conceded that the building of the Dreadnought made its predecessors virtually obsolete. A great expansion of German building capacity, especially for guns and armament raised fears that she might, by accelerating building on her already sanctioned long-range programme, equal or pass us in this vital class of ships in the years 1911 and 1912. For the whole complex incident, *see* A. J. Marder, *From the Dreadnought to Scapa Flow* (1961), I, esp. ch. VII.)

Germany had laid down four Dreadnoughts in 1907 and a fifth in 1908, and under a supplementary naval law of 1908 proposed to lay down a further four in 1908, and again four in 1909. This would have given her thirteen Dreadnoughts by 1912. Britain had ten completed or under construction and a further two authorised in the 1908 estimates. The Admiralty demanded six in 1909, but Radicals in parliament and in the Cabinet insisted that in view, particularly, of the long British lead in pre-Dreadnought vessels, four would be enough. Then, from evidence of various kinds, it appeared that Germany might be accelerating her construction, and it was clear that she had the manufacturing capacity to do so if she wished. German denials that this was happening were not fully believed, and the prospect was contemplated that she might equal or even surpass us in number of Dreadnoughts by 1912. To meet this possibility the government, after a great deal of discussion in the Cabinet and the country, decided to lay down four ships definitely, but also to take powers to lay down a further four should it appear desirable to do so, and to provide the longest dated items of equipment in advance. The Opposition was dissatisfied with this proposal and moved a vote of censure on the government, without success. But a few months later, on the news of Austrian building, the government confirmed the building of the "contingent" ships. In fact there had been no acceleration of the German programme – and in 1910 that year's programme was delayed eight months to make possible adaptation to meet the new British 13.5 in. gun. As a result, Germany had only nine ships fully ready in 1912, as against the British fifteen. But in January 1915 the British margin of superiority was only five ships.

. . . During the last few weeks a number of friends of the government have reminded me, anticipating I suppose the increase of the vote next year, that the policy of the present government has been declared to be one of peace, retrenchment, and reform. I agree most cordially with that policy, and I can well understand that any addition to the naval expenditure may be viewed with the gravest alarm by many persons whose political convictions I share, and whose good opinion I greatly value. As I have said, the estimates for 1909–10 show an increase of £2,823,000 over those of the current financial year. They further give notice to parliament that the government recognise the existence of certain circumstances which may later in the year call upon them to sanction the ordering of the component parts of four more battleships beyond the four for which alone money provision is made in the estimates. Such proposals cannot fail to be regarded as of exceptional gravity from the financial point of view; a novel but actual and potential programme of shipbuilding which not only throws an additional charge on the estimates for the coming financial year, but necessarily entails further increase in the year 1910–11. No one can suppose that the present government have made themselves responsible for the estimates on such a scale with a light heart. If I may speak of myself for a moment, it would be to say that there is no man in this House who is more earnestly desirous of retrenchment in expenditure on armaments than I am, or more reluctant to have forced upon him by the circumstances of the time so burdensome a programme. My first experience of official life was at the Treasury. In that admirable department I learned the practice and the theory of economy. If I find myself in a situation which is above my pretensions, I recognise, I believe, that I owe it to the fact that I am known to adhere to the principles which I learned in my first office. But there are occasions when even the most determined economist is willing to make a sacrifice.

The safety of the empire stands above all other considerations. No matter what the cost, the safety of the country must be assured. As the House will have already seen in the statement which has been furnished with the estimates, the particular item of increase in 1909–10 is the vote for new construction. Financial provision is made for laying down two large battleships in July and two more in November. This, of itself, without regard to the further contingent order of which I have spoken, is already a great advance upon the programme which was accepted last year by the House of Commons. What has happened in the interval to lead to such an increase of the scheme of shipbuilding that was accepted a year ago by parliament as adequate, proposed with general acceptance by this government? I will answer this question in a moment, but before I do so, let me make one general observation on which I do not think there can be any disagreement. It will be regarded as axiomatic that our island position, the extent and dispersion of our empire, and the magnitude of our trade oblige us, so long as we are equal to the task, to maintain a navy adequate in strength to ensure our shores from invasion, our empire from hostile attempts, and our trade from destruction in war. It follows from this that we cannot determine in advance any definite limits to our navy. These limits for us must be fixed by the progress of foreign powers. We cannot take stock of our own navy and measure our requirements except in relation to the strength of foreign navies. I am, therefore, obliged to refer to foreign countries in making estimates of our naval requirements. Several of the powers are rapidly developing their naval strength at this moment, but none at the pace comparable with that of Germany.

In what I have to say now I select that power as the standard by which to measure our own requirements. The House will understand that I do so only for what may be called arithmetical purposes, without presuming upon the expression of any feeling or opinion of my own unless it be one of respectful admiration for administrative and professional efficiency. In the first place, I take for the purpose of my comparison the newest types of battleships and cruisers only. I will deal afterwards with the earlier types of ships, and I will endeavour to lay before the House the view of the board of Admiralty with regard to the value of these ships in the computation of relative warlike strength in 1912 and later years, for that is the period which we have to bear in mind when considering our present programme. When the estimates were presented to parliament a year ago we had seven battleships of the Dreadnought class and three cruisers of the Invincible class, either afloat or in course of construction. The whole of these were due for completion by the end of 1910. Germany at that time was building four Dreadnoughts and one Invincible, of which two Dreadnoughts were expected to be completed by the end of this year, and the remaining three ships in the autumn of 1910. Thus we had at that time a superiority in this class of ships of ten to five in course of construction, with the additional advantage that the whole of ours were expected to be completed some months in advance of the last three of the German ships. The new German Fleet Bill had by that time become law, and according to our interpretation of its provisions three Dreadnoughts and one Invincible would be laid down in the course of the year 1908–9. The financial provisions of the law were such as to lead us to the opinion that no work would be commenced on these four ships of the 1908–9 programme until August last year, and that they would not be completed until February 1911. This time last year, therefore, we had to contemplate five German ships under construction, three of which would be completed in the autumn of 1910, and four more ships to be commenced in August 1908, and commissioned in February 1911.

In view of this state of facts the government and the House of Commons last year approved the programme of two large ships to be laid down at such time as would give to this country a total of twelve of these new ships as against a possible completed total of nine. The period which was then in contemplation, of course, was the spring of 1911. In the face of last year's programme no one could with any fairness charge this government with having started on a race of competitive armaments. By example as well as by precept we sought to check the rapid rate of construction. We failed. Whatever we may have to do now it cannot be said that the present government are setting the pace in construction.

Such, then, was our actual state of naval construction last year, and such was our anticipation, founded upon such forecasts as we were in a position to make, of the probable construction of foreign countries. The difficulty in which the government finds itself placed at this moment is that we do not know, as we thought we did, the rate at which German construction is taking place. We know that the Germans have a law which, when all the ships under it are completed, will give them a navy more powerful than any at present in existence. We do not know the rate at which the provisions of this law are to be carried into execution. We anticipated that work on the 1908–9 programme would begin on four ships in August 1908. The preparation and collection of materials began some months earlier. We now expect these ships to be completed, not in February 1911 but in the autumn of 1910. I am informed, moreover, that the collection of materials, and the manufacture of armament, guns, and mountings, have already begun for four more ships, which, according to the navy law, belong to the programme of 1909–10, and we have to take stock of a new situation, in which we reckon that not nine, but thirteen ships may be completed in 1911, and in 1912 such further ships, if any, as may be begun in the course of the next financial year or laid down in April 1910.

I think we may stop here to pay a tribute to the extraordinary growth in the power of constructing ships of the largest size in Germany. Two years ago, I believe, there were in that country, with the possible exception of one or two slips in private yards, no slips capable of carrying a Dreadnought. Today they have no fewer than fourteen of such slips, and three more are under construction. What is true of the ships is true also of the guns, armour and mountings. Two years ago anyone familiar with the capacity of Krupp's and other great German firms would have ridiculed the possibility of their undertaking to supply the component parts of eight battleships in one year. Today this productive power is a realised fact. It will tax the resources of our own great firms if we are to retain supremacy in rapidity and volume of construction.

Having said so much of foreign naval development I turn to our own programme of construction. We shall have in March 1911 eight completed Dreadnoughts and four Invincibles. We propose to lay down two more Dreadnoughts in July of this year, and the terms of the contracts will provide that these shall be completed in July 1911. We reckon the period of construction of these large ships as two years, but it is impossible to rely upon ships of this type being delivered to time unless considerable notice, prior to the laying of the keel, is given to the contractors who supply some of the equipment of the ships and unless orders are given for materials. The possible output of guns, gun mountings and armour is less than the possible output of shipbuilding and machinery. The reason is obvious. One set of materials are materials of war only and the others are used alike in peace and war. To ensure completion by July 1911 orders for the special parts will be given at once if the House approves of these estimates. Two more ships will be laid down in November of this year, to be completed in 1911, and our total strength of Dreadnoughts and Invincibles will then stand in that year at twelve of the former and four of the latter. The date however, which we have to bear in mind as that up to which the present programme must provide, is April 1912. We shall in the course of 1911 have sixteen of these modern ships as against the thirteen for which Germany is already making provision. The German law provides for four more ships to be laid down in 1910–11. If the construction of these ships were to be accelerated I understand the four ships of the 1909–10 programme would be completed by April 1912, and at that date Germany would have seventeen Dreadnoughts and Invincibles. But even if no acceleration takes place before April 1910 this number would be completed in the autumn of 1912. This is a contingency which the government have to take into account. We cannot afford to run risks. If we are to be sure of retaining superiority in this, by far the most powerful type of battleships, the board of Admiralty must be in a position, if the necessity arises, to give orders for guns, gun mountings and armour and for materials at such a time and to such an amount as will enable them to obtain delivery of four more large armoured ships by March 1912. We shall be prepared to meet the contingency of Germany having seventeen of these ships in the spring of 1912 by our having twenty, and we can only meet that contingency if the government are empowered by parliament to give the necessary orders in the course of the present financial year.

I can well imagine that this method of calculating in Dreadnoughts and Invincibles alone may seem unsatisfactory and even unfair to many persons. What has become of the Lord Nelsons, the King Edwards, the Duncans, the Formidables, and the earlier battleships on which our naval superiority has been so confidently rested, and is no account to be taken of our powerful fleet of armoured cruisers to the number, all told, of no less than thirty-five? Yes, the board of Admiralty have not forgotten those ships. The Dreadnought has not rendered them obsolete, and many of them would give a good account of themselves in the line of battle for many years to come. But though they have not been rendered obsolete their life has been shortened. To determine the value of a battleship in relation to the value of ships of the newer and better type is a problem of the same kind as that which confronts the manufacturer whose plant is getting out of date and who has to determine the precise moment when it would pay him best to scrap his old machinery and to lay down new.

Every new improvement and new invention in machinery and every improvement in the method of construction shortens the life of a manufacturer's plant. If he is to compete successfully with his rivals he must keep his machinery up to date. Battleships must be regarded as machines of which the output is fighting capacity. All improvements in the designs of ships which increase their fighting capacity necessarily shorten the life of the earlier battleships, just as in the case of any other machinery. The greater the value of the improvements the sooner the earlier machines become obsolete. Although the upkeep of a Dreadnought costs little, if anything, more than the upkeep of the earlier types of battleships, its fighting capacity is greatly superior; and it follows that the advent of this new and improved machine has materially curtailed the profitable life of our previously existing fleet. There is, however, a further consideration to be borne in mind. As the years go by the scrapping of older ships is inevitable for another reason. I have seen many forecasts recently of what our battle fleet strength would be in 1912. The framers of these forecasts assume that we may have sixteen Dreadnoughts and Invincibles in commission in that year, or twelve more than we have at the present moment. To these sixteen they have added the whole of our existing fleet of battleships, and they have produced a startling total whether you reckon numbers or tonnage. Those who quite naturally and properly regard this vista of calculated increase with alarm may be reassured by the reminder that if twelve more Dreadnoughts and Invincibles are to be in commission by 1912, then twelve of the larger ships which we have at present must have passed out of commission. The only condition on which they could all be retained in the fleet at the same time is by greatly increasing our personnel and our dockyards at an expense which would be truly staggering, and the result of which in fighting capacity would not be worth the cost. We have, then, in making our comparisons for 1912, to reckon only such ships as will then be on the active list.

The House will not expect me to go through our ships in detail, nor could I attempt to do so. Suffice it to say that on the present scale of our navy our numerical strength in battleships capable of being placed in the fighting line, not including Invincibles, is roughly about fifty, consisting of fully-commissioned and nucleus crew ships, ships in the special reserve list with no more than seventy men on board, and ships in dockyard hands. With this limit to our total numbers it is obviously essential that we should not fall behind in the most powerful type of battleship. There will come a day when by an almost automatic process all ships of an earlier type than the Dreadnoughts will be relegated to the scrap heap. The maintenance of our superiority then will depend upon our superiority in Dreadnoughts alone. I have given reasons for believing that the German power of constructing this particular type of ship is at this time almost if not fully equal to our own, owing to their rapid development during the last eighteen months; and we cannot be sure of retaining our superiority of the sea if we ever allow ourselves to fall behind in this newest and best class of ship. . . .

Before I sit down there is one other matter to which I must refer for a moment. I do so reluctantly, because once again it is a comparison with the German navy, but the necessity of dealing frankly with the House in case of estimates of this character leaves me no alternative. Looking at the huge total, I can well understand any critic saying to me that whatever reasons I may give for this or that branch of expenditure, how comes it that the estimates amount to such a large sum as £35,000,000, which is so greatly in excess of the German estimates for the same period? My answer is, briefly, that in looking merely at totals we are not comparing like with like. Our naval votes have certain charges, such as interest on loans and sinking fund on loans, pension reserves, half-pay and retired pay, which in Germany are charged to civil votes. Again our scale of pay is suited to voluntary service, whilst in Germany, where service is compulsory, navy pay is at a far lower rate. Upon these items alone – that is to say on pay and items charged to civil votes – the excess which our estimates have to bear is no less than £9,000,000.

Again, our personnel is necessarily more numerous than that of any other power, apart from the need of our superiority in home waters, by reason of the demands made upon us by foreign service, to which I have already alluded. Our victualling vote is consequently much higher, being close on £1,750,000 in excess of Germany. To these charges have to be added the necessary cost of stores of all kinds, other than victualling stores for our large subsidiary fleet on foreign service. From what I have said it will be recognised that there is a full and adequate explanation of the heavy total of our expenditure upon the navy.

I venture to say, indeed, that having regard to the great range of the responsibilities of the British navy, and to the fact of its being a voluntary service, that no foreign administration can show a better result in proportion to the money spent. I thank the House for having listened to me with so great attention.

117. Grey on relations with Germany, 29 March 1909

(Sir Edward Grey's reply to vote of censure on naval policy, *Hansard*, 5th series, III, cols 52 ff.)

... First of all the House and the country are perfectly right in the view that the situation is grave. A new situation in this country is created by the German programme. Whether the programme is carried out quickly or slowly the fact of its existence makes a new situation. When that programme is completed, Germany, a great country close to our own shore, will have a fleet of thirty-three Dreadnoughts. That fleet would be the most powerful which the world has yet seen. It is true that there is not one of them in commission yet; but it is equally true that the whole programme comprises what I have said, and when completed the new fleet will be the most powerful fleet that the world has yet seen. That imposes upon us the necessity, of which we are now at the beginning – except so far as we have Dreadnoughts already – of rebuilding the whole of our fleet. That is what the situation is. What we do not know is the time in which we shall have to do it. . . .

The first thing we have to make sure of is our capacity to build. We have got to keep the situation in hand with regard to our capacity to build. If the situation is not in hand now we shall have to get it in hand, and as long as we are attending to that point of capacity to build I maintain that there is no loss of time in the action which the government are taking. What have we to do with regard to that? Take stock of the plant in the country; of the power which there is in this country to construct ships of this type in order that when we do give orders for ships they will be completed in the shortest possible time; and by that I mean not orders for one ship at a time but for a batch of ships. . . .

With regard to capacity for building hulls and propelling machinery, our capacity is considerably in excess of the German capacity; and in the manufacture of guns of the largest size we believe that our capacity for output is also superior. The doubtful point of the situation is our comparative capacity for the construction of gun mountings. The board of Admiralty have already made arrangements with our manufacturers providing for such an increase in their plant as will in the course of a few months from the present time give us an advantage in this point of construction also. . . . We consider it desirable to have a wide margin of constructive power sufficient to enable us greatly to accelerate our shipbuilding. . . .

I now come to three other points. One of them I must go over very lightly. I am afraid it will not be strictly within the limits of order in this debate. If so I must ask the indulgence of the House, and I will turn nothing on it which need lead to debate in this House. As so much has been said in these debates about Germany and so much turns on German construction, I should like to review quite shortly our diplomatic relations with Germany pure and simple. We took things up when we came into office as we found them. The Algeciras conference was still in progress in the earlier portion of the present administration. During that time between us and Germany there was, owing to diplomatic engagements of which all the world knows, a period of diplomatic tension, but with the close of the conference, that came to an end, and diplomatic relations proceeded perfectly smoothly. The mere fact that they did proceed smoothly meant that as time passed on they improved; and the next point was the visit of the German emperor to London – a visit which was in all respects satisfactory. From that stage we went to a further one – the visit of the king to Berlin the other day, which was equally satisfactory. As far, therefore, as diplomatic relations with Germany are concerned, since the present government came into office there has been peaceful progression and improved relations between ourselves and Germany up to the king's visit to Berlin. As long as the Morocco barrier which existed at Algeciras was liable to be erected again, of course, we had a certain feeling of discouragement that the improvement of the moment might be again set back. That disappears with the agreement between Germany and France.

And now as regards our future diplomatic relations with Germany, I see a wide space in which both of us may walk in peace and amity. Two things, in my opinion two extreme things, would produce conflict. One is an attempt by us to isolate Germany. No nation of her standing and her position would stand a policy of isolation assumed by neighbouring powers. I should like to observe that in recent debates nothing has been more unfounded and nothing more malign in its influence than the statement that any difference of opinion that we have had with regard to the question of Austria has been due to the fact that Germany was Austria's friend. On the contrary we have carefully avoided in all our relations anything which was likely to make difficulty or mischief, directly or indirectly, between these two powers. Another thing which would certainly produce a conflict would be the isolation of England, the isolation of England attempted by any great continental power so as to dominate and dictate the policy of the continent. That always has been so in history. The same reasons which have caused it in history would cause it again. But between these two extremes of isolation and domination there is a wide space in which the two nations can walk together in a perfectly friendly way; and just as there is no reason to apprehend on our part that we shall pursue a policy of the isolation of Germany, so also I see just as little reason to apprehend that Germany will pursue a deliberate policy of isolation of this country. If that is clearly understood by the public opinion of both countries, surely each must recognise that the possibilities of peace and goodwill are enormous. But now I pass to my second point, which is the relations between us with regard to naval expenditure.

Those have frequently been a subject of discussion, always informally, but without reserve. They have never interrupted the course of diplomacy. The German view of their programme is that it is made for their own needs, and has no reference to ours, and that if we build fifty or a hundred Dreadnoughts they will not build more, but if we cease building altogether they will not build one less. We have no difficulty in hearing that view without reproach, and just as little difficulty in saying quite frankly that our own view of our naval needs is that our expenditure is, and must be, dependent upon the German, although the German is not dependent upon ours. It is essential to us that we should not fall into a position of inferiority; it is essential that we should keep a position of superiority as regards our navy. No German, as far as I know, has any more difficulty in listening to that view expressed by us than we have in listening to theirs. They would admit from our point of view – which is a perfectly natural point of view for us to take – all that can be said, perfectly easily, between people in the highest position of responsibility, without interrupting the harmony of an after-dinner conversation. But public opinion in Germany and in the world at large increasingly measures the probable relations of England and Germany by their respective naval expenditure. An increase of naval expenditure on both sides is undoubtedly viewed by public opinion with apprehension. On the other hand, a decrease of naval expenditure will immediately produce a feeling of increased security and peace. If I was asked to name the one thing that would mostly reassure the world – or reassure Europe – with regard to the prospects of peace, I think it would be that the naval expenditure in Germany would be diminished, and that ours was following suit and being diminished also. Were there a cessation of competition in naval expenditure public opinion everywhere would take it as a guarantee of the good intentions of the two nations, and the effect would be incalculable.

Let me follow this further. Is it possible, is there any conceivable method by which this might be brought about? Of course, various arrangements are conceivable. An agreement – a general agreement – to limit or reduce naval expenditure, a comparison of naval estimates year by year in advance, to see whether the modification of the one might not lead to the modification of the other; or even if those responsible, the two admiralties, might exchange information as to the figures of their naval expenditure and the progress of their building. All that is unprecedented, possibly, but so is the expenditure. Suppose each government were to say that in order to stop these scares and suspicions on each side which arise from this constant increase in naval expenditure – in order to stop the suspicion that all increase of naval expenditure or increased speed of construction engenders, that one country was trying to steal a march upon the other – supposing the two admiralties agreed to exchange information, and put each other in the position to say that they knew – that is the only way it can be done. It cannot be done by the German Admiralty saying something to the German Foreign Office, which is repeated to the German ambassador, then repeated to me, and by me repeated to the

Admiralty. That would never dispose of suspicions and doubts as to the actual speed. I will show presently that the statements of hon. members opposite are greatly exaggerated as to what is actually going on. But I foresee, even if we dispose of those statements at the moment, yet from time to time in the future you will have these excursions and alarums recurring, and I know of no way in which to completely dispose of them unless the two admiralties would agree to exchange information through their naval attachés, or in whatever way the two admiralties might be satisfied with. Remember, in Germany there is apprehension with regard to our intentions. I am constantly told – not from official sources – but from people who have been in Germany and who bring back news to me of apprehension in Germany with regard to ourselves; that one of the reasons why German public opinion is apprehensive is the fear that we may be preparing an attack upon them – a most wild apprehension. But see how an increase of naval expenditure, how debates of this kind, must lead public opinion, must foster these ideas in the mind of the public. I do not say this as a reproach against this debate; but in reference to any debate on the naval estimates. It means that whenever we debate our estimates – whenever the government comes forward and justifies an increase of expenditure by anything which Germany has done, you will have that attitude of suspicion with regard to the intentions of each country fostered in the public opinion. All that is being argued is perfectly well known to Germany. Some hon. members have a difficulty in understanding why, if that be so, there should be any difficulty in coming to an arrangement. It is, in my opinion, no ground for complaint or reproach against the German government, that they do not enter into any arrangement. We should be glad if they did, but we have never for a moment suggested that it should be a ground of complaint against them that they did not. On what basis would any arrangement have to be proposed? Not the basis of equality. It would have to be the basis of a superiority of the British navy. No German, as far as I know, disputes that that is a natural point of view for us. But it is another thing to ask the German government to expose itself before its own public opinion to a charge of having cooperated to make the attainment of our views easier. That is the difficulty which it is only fair to state. As against that there is no comparison of the importance of the German navy to them, and the importance of our navy to us. Our navy to us is what their army is to them. To have a strong navy would increase their prestige, their diplomatic influence, their power of protecting their commerce; but as regards us – it is not a matter of life and death to them, as it is to us. No superiority of the British navy over the German navy could ever put us in the position to affect the independence or integrity of Germany, because our army is not maintained on a scale which, unaided, could do anything on German territory. But if the German navy were superior to ours, they maintaining the army which they do, for us it would not be a question of defeat. Our independence, our very existence would be at stake. And therefore, it is fair to expect, when we discuss openly and fully, as we do, our naval questions in this House, dealing fully and frankly with the German position and the way we are affected by it, that they should bear in mind that for us the navy is what the army is to them, and that it is absolutely necessary that the facts of the case – the full bearings of them – the position in which we may be placed, should be put fully and frankly before our own people. . . .

I come now to the point which the hon. member opposite described as a delicate one; the actual statement of intentions which Germany has made. I am glad that he said he was sure that those declarations of intention were made in all good faith. I accept them in all good faith. . . . The declaration of intention which we have from the German government is this. We have been informed verbally, but quite definitely, that Germany will not accelerate her naval pro- gramme of construction, and will not have thirteen ships of the Dreadnought type, including cruisers, till the end of 1912. This has been told us, not in the form of an undertaking, but as a declaration of intention from the most author- itative source. . . . That is a declaration of intention, and not an undertaking. It does not bind the German government. It leaves them free to change their intention. But it does dispose of the idea that they were preparing to have thirteen ships ready in 1910. . . . Now I must observe that there are certain points not covered by these declarations. In the first place Germany allows, I am told, six months for trials, so that if her intention is to have ships ready by a certain date, you are entitled to assume that those ships would be ready for trial some six months earlier, and in case of great emergency they would be avail- able. In the next place, that tells us nothing about the type of ship. . . . If the rate of construction is to be three years, the amount of money allowed to be spent on these ships is so large that it allows for a considerable superiority of type in those vessels over those already launched. . . . We ourselves may need ships of a different type from any that we already have to meet them. . . . That is a reason for keeping an open mind in regard to the time of ordering the four hypothetical Dreadnoughts in our programme. . . . Another point which the German declaration does not cover is the extent to which turrets may be prepared in advance, without orders being given for definite ships. It means this, that your intention to accelerate is one thing, while your power to acceler- ate is another. The German intention not to accelerate their programme we perfectly accept, but in all good faith, without any breach of undertaking, even if it were an undertaking, they could accumulate the power of increasing gun mountings, of increasing plant necessary for Dreadnoughts, and they could accumulate the power to accelerate, supposing the European situation changed, and with it their intention. . . .

Now take our position. We have five Dreadnoughts in commission. We have seven building and four certainly to be laid down this year – that is sixteen. I would ask the House to bear in mind what is being done in the capacity of plant. If in the latter part of this year we were to give orders for four extra ships – the hypothetical ships as I call them – in our programme, and if we found ourselves pressed and made use of our capacity in the following year, we should have ten more ships by April 1913, making twenty-six in all. . . . Now, sir, as to the future. It is admitted that the Admiralty hitherto have had their information in time, and have attributed the utmost importance to that information and given it the utmost scope. Supposing you cannot in future get certain information; supposing you feel in a state of uncertainty, what will you do as regards future construction? We shall do again what we have done before; we shall give the benefit of the doubt on the side of national safety . . . whenever there is any doubt we shall give the benefit of the doubt on the side of national safety. . . .

I will, in conclusion, submit to the House the general views on which I approach this great problem. There are those who like and those who dislike naval and military expenditure; there are those who like the martial spirit and those who dislike it. Well, sir, the martial spirit I should be the last to deny has its place, and its proper place, in the life of a nation. That the nation should take pride in its power to resist force by force is a natural and wholesome thing. . . . That I sympathise with entirely, but I would ask the people to consider to what consequences the growth of armaments has led? The great countries of Europe are raising enormous revenues, and something like half of them is being spent on naval and military preparations . . . on what is, after all, preparations to kill each other. Surely the extent to which this expenditure has grown really becomes a satire, and a reflection on civilisation. Not in our generation, perhaps, but if it goes on at the rate at which it has recently increased, sooner or later, I believe, it will submerge that civilisation. . . .

Is it to be wondered that the hopes and aspirations of the best men in the leading countries are devoted to trying to find some means of checking it? Surely that is a statement of the case in which, however attached a man may be to what I may call the martial spirit, he may at least see that the whole of Europe is in the presence of a great danger. But, sir, no country alone can save that. If we alone, among the great powers, gave up the competition and sank into a position of inferiority, what good should we do? None whatever – no good to ourselves, because we cannot realise great ideals of social reform at home when we are holding our existence at the mercy, at the caprice, if you like, of another nation. That is not feasible. If we fall into a position of inferiority, our self-respect is gone, and it removes that enterprise which is essential both to the material success of industry and to the carrying out of great ideals, and you fall into a state of apathy. We should cease to count for anything among the nations of Europe, and we should be fortunate if our liberty was left, and we did not become the conscript appendage of some stronger power. That is a brutal way of stating the case, but it is the truth. It is disagreeable that it should be so, but in matters like this I know of no safe way except to look at what is disagreeable frankly in the face, and to state it, if necessary, in its crudest form. . . .

118. Navy estimates, 1909–10: government intention to proceed with four further Dreadnoughts, 26 July 1909

(*Hansard*, 5th series, VIII, cols 855 ff.)

The First Lord of the Admiralty (Mr R McKenna). The form in which the navy votes were introduced in the early part of the year – a form which I think, under the circumstances, was convenient – has required that I should make some brief statement to the committee before the general discussion on the vote opens. Provision was made in the ordinary way in the estimates for four large armoured ships. These four ships were definitely announced in the programme, and money was taken in the vote for the early stages of their building. In addition, however, to these four ships, a contingent programme was referred to in the estimates of a further four large armoured ships; the government, in the estimates, specifically asked for powers, or rather they gave notice that they would ask for powers to expedite the construction of these second four large armoured ships, although no monetary provision for them was actually made. It has been from time to time promised that a definite announcement should be given of the official decision of the government as regards these second four ships when Vote 8 came to be discussed. This novel form has, amongst other advantages, given occasion for the exercise of a considerable amount of wit and ingenuity. We have had ... various epithets ascribed to these four ships, such as "phantom ships", "hypothetical ships", and "mythical ships", which were meant, I think, to cast ridicule upon the method which had been adopted by the government. Now, how does this form of procedure actually stand? No matter what had been in the estimates when laid on the table in March 1909 no action would have been taken up to the present moment in respect of these second four ships. ... There is a further circumstance in the present year which strengthens the case for this mode of procedure. I have not looked into the facts but I should say, for the first time within the memory of any hon. member of this House, the government are not only laying down battleships in the course of the financial year, but it is their hope and expectation that two of those battleships will be launched as well as laid down in the course of the year; that is to say, they have made their programme as immediate and real as possible. Ships have not been put in the programme on which money is only to be expended in the last month of the financial year. One ship has already been laid down this month, and another is to be laid down in the course of the next ten days, and in respect of those ships ample financial provision has had to be made in the course of the present year. The one vital thing in presenting the programme to the committee is that the presentment should not be delayed beyond the moment at which the final definite order ought to be given. I am able to assure the committee this moment has not yet passed – whatever view the committee may take as to the final decision which the government has come to in regard to their programme I can assure the committee that the delay has not been in the least injurious. After very anxious and careful examination of the conditions of shipbuilding in foreign countries, the government have come to the conclusion that it is desirable to take all the necessary steps to ensure that the second four ships referred to in this year's programme should be completed by March 1912. They propose to take all the necessary steps in the way of the preparation of plans, getting out specifications, and invitations to tender, and finally giving orders which will procure the delivery of these ships at the time I have named. As was stated in the month of March, there will be no need to lay down the keels of these ships in the course of the present financial year. It will be quite time enough if the keels are ready in the month of April next. It is also not certain – although liability in respect of these ships will be incurred – that any payment will have to be made in the course of the present financial year, but if any such liability becomes due for discharge before 31 March a supplementary estimate will be in due course introduced next February or March, in order to authorise the payment of the necessary money.

The examination of the state of foreign shipbuilding programmes to which I have referred I think is bound to lead the minds of hon. members of this committee to the conclusion that the government had no other course open to them. The committee had stated to them last March very amply what was the condition of foreign shipbuilding up to that date. Since then the development of shipbuilding in foreign countries has proceeded apace. Two countries – Italy and Austria – have now declared a definite programme of four large armoured ships of the latest type. In Italy one of these ships has already been laid down, the second is to be laid down immediately, and the remaining two are to be laid down in the course of the present year. With regard to the Austrian programme, sceptics may say that they will not believe in it until, as in the case of Italy, they see the keels laid down. But the fact remains that every earnest has been given of the determination of the Austrian government in this matter. Two large slips have been prepared for the construction of battleships of the larger size, and a floating dock, capable of lifting 23,000 tons, is actually under construction by the Austrian government at this moment. These facts all point beyond doubt to the conclusion that the Austrian programme of four battleships of large size is, like the Italian programme, an actual reality.

Then, as regards later information on the subject of the type of ship, I have to inform the committee that with regard to type a change has been introduced by the Admiralty since last March. I think, although I have not turned up the reference, I then stated that it was proposed that the two July ships and the two November ships should be battleships. The Admiralty has now come to the conclusion that one of the November ships should not be a battleship, but should be an improved cruiser. We have information of cruisers which are more powerful and faster than the Invincibles and the Indomitables, and I think the committee will agree that, as the safety of our commerce depends on our being able, if necessary, to outrun and capture any hostile cruiser, it is incumbent upon us to build cruisers of even greater speed than the leviathans we have at the present moment. I do not propose to say anything with regard to our intentions as to the hypothetical ships which have now become real, because, as no order will have to be given for a considerable time in respect of the hulls of these ships, it is undesirable to bind ourselves at the present moment.

Mr John Dillon. May I interpose a question? Have the Germans anticipated, or have they adhered to, their understanding given to the Foreign Office in regard to shipbuilding?

Mr McKenna. I do not think it desirable to go into these matters, but the hon. member has addressed a question to me and I will answer it very briefly. Three years ago a most earnest expression of desire was made on behalf of the British government of the day to curtail and restrict the rapid growth of armaments both in this and in foreign countries. It is evident that no individual country can stand by itself in that, except in the minds of some persons who have more sanguine views of the possibilities of international relations than, I regret to say, I am able to hold myself. . . .

I am speaking of the year 1906–7. The British government not only expressed its desire, but by something much stronger than words showed its determination to give the lead in restricting armaments, and for three successive years the British government did its utmost to convince the world of the futility of its race in armaments and of the desirability of curtailing construction. During these three years the British government laid down eight large armoured ships; three in the first, three in the second and two in the third. During the same period the German government has laid down eleven large ironclads, one in the first year, five in the second and five in the third. In the third year of that time four belonged only to the programme of the year, the fifth was laid down last year under the programme of the current year. That was an acceleration, and here I reply to the hon. gentleman who put a question to me – that was an acceleration which is admitted, and of which the only possible explanation that can be given is that it was desirable, in the opinion of the German government, to have the ship completed as early as possible. We have laid down, as I say, in the last three years eight large armoured ships as against the German eleven.

It is possible to continue on the same lines, to go on year after year in pursuance of the highest aim, and to await the development that might occur, at the end of ten or twelve years, but it is perfectly obvious that if starting from a given date we continue to lay down, let us say, no more large armoured ships than a foreign power, then in ten or fifteen years from that given date our superiority at sea will have disappeared. I do not say that in the year 1909, as a result of our having laid down eight ships as against the German eleven, there is the faintest ground for alarm. Our superiority is such that we can afford to wait, and we can afford to show the earnestness of our desire to decrease armaments without running any ultimate risk, but I submit to the general judgment of the committee that after three years experience it would not be safe to continue, and that the time has now come, failing arrangement – an arrangement which this government are always willing to make – that failing arrangement we are bound to take the necessary steps to secure our predominance at sea, not only now, but in the future. It is on that ground, and that ground alone, that I shall venture at the conclusion of this day's discussion, to ask the committee to sanction the vote which has already been introduced to them. . . .

119. Navy estimates, 1910–11: First Lord's tribute to Fisher, 19 March 1910

(*Hansard*, 5th series, XV, cols 55–6)

Fisher is best known as the introducer of the all-big-gun Dreadnought in 1906, which was both faster and several times more powerful in firing power than any previous ship. But he was also responsible for an immense scrapping of older ships, which released resources for the manning and maintenance of more modern ones, a reorganisation of the fleets and stations of the navy aimed at making its total strength available wherever it was needed, and for great improvements in the training and status of the more technical branches, and of the pay and conditions of the lower deck.

[First Lord of the Admiralty (Mr R McKenna)] There remains only one subject to which to refer before I close, and that is the serious loss which the board of Admiralty have suffered by the retirement of Lord Fisher. I will remind the House that Lord Fisher has served his country as First Sea Lord under four successive governments, and his service has received the approval of the House of Commons again and again. The administration of the present leader of the Opposition, the administration of Sir Henry Campbell-Bannerman, and the administration of my right hon. friend the Prime Minister have had occasion many times to be grateful for the splendid services which Lord Fisher has rendered them. I very much doubt whether, without the extraordinary ability and energy which he displayed, it would have been possible in so short a time as has happened for the British navy to be reorganised on quite a new footing, ships to have been brought home, that we should have seen our power in home waters developed in the manner in which the modern distribution of international strength has required it, or that we should have been able at anything like the same price or cost to have carried out the enormous development of power which the fleet has made during his administration. Reforms with which his name is connected will live for many years, and I think that, as the governments who have been brought into direct contact with him have known how to appreciate and value his services, so the public at large, when they better understand will also recognise the immense debt of gratitude which the country owes to Lord Fisher. The loss the Admiralty have suffered would have been beyond measure but for the fact that we have been able to secure as his successor Sir Arthur Wilson. At a time when most men would have been unwilling again to take on the labour of office, Sir Arthur Wilson has come forward, and we have every hope that, with his assistance and by his advice, we shall be able to maintain the splendour of the British navy untarnished and its glory and its strength unimpaired.

Part VII

LAW, PENAL SYSTEM AND COURTS

INTRODUCTION

The Supreme Court of Judicature Act of 1873 and the Appellate Jurisdiction Act of 1876,[1] restoring the appellate jurisdiction of the Lords, completed, on lines that have not seriously been altered since, the re-organisation of the courts of law which was one of most important of Victorian reforms. The same Acts, by setting up a unified system of courts capable of applying both equitable and common law remedies, marked the coming into stable equilibrium of the process of legal unification which had been going on alongside the reform of the courts. Statutory adjustment, which was and remained, of course, the sovereign remedy for reform, was now supplemented by a common development in the daily life of the courts.

The main problem left outstanding was that of prisons, prison life and discipline. This had become more difficult in the middle years of the century with the gradual abolition of transportation, and the necessity of organising prisons for long-sentence men. A Directorate of Convict Prisons had been set up at the Home Office in 1850, and the Penal Servitude Acts of 1853, 1857 and 1864[2] had provided its directives. But most prisons, though subject now to Home Office inspection and approval for grant, were still under county or borough control and maintained from the rates. Local control was exercised through a committee of visiting magistrates, and varied a good deal in efficiency and quality. A Prison Act of 1865 gave the Home Office considerably increased powers of control, but too much interference with local administration could have adverse political reactions, nor was it always administratively desirable. A number of the local authorities took their responsibilities very seriously. The "separate" system was still penal orthodoxy. Its object was to restrict the influence in prison of the worst characters and to preserve anonymity as much as possible, so that after they had left prison, prison acquaintances dogged the lives of ex-convicts as little as possible. The "separate" system involved working in cells for the most part, and contact chiefly with prison officials including chaplains, and carefully selected visitors whose influence could be deemed to be salutary. The provision of adequate cellular accommodation for this purpose made considerable progress during the period, often at great local expense. Some prisons, particularly in the north, met this to some extent by organising prisoners' work on profitable lines, though this also met with criticism on the ground of exposing private industries to unfair compeition. But effective prison industries provided relief from the treadmill, the crank, or the shot, the staples of "hard labour" in most prisons. Local control, though it made more room for initiative, inevitably meant inequalities which could seem like iniquities in the

[1] 36 & 37 Vict. c. 66; 39 & 40 Vict. c. 59; *E.H.D.*, XII (1), Nos 167, 168
[2] 16 & 17 Vict. c. 99; 20 & 21 Vict. c. 3; 27 & 28 Vict. c. 47

conditions of imprisonment, especially perhaps in the interpretation of "hard labour". Meanwhile a double criticism of the rating system on which local prisons depended financially had grown up: that it placed an undue burden on the land, and that in the counties it was undemocratic.[1]

To meet these criticisms and lighten the burden on the rates, Disraeli's government proposed to take over the whole cost, but at the same time the whole control of prisons. After some protest in parliament about the growth of bureaucracy and the elimination of local control the Prison Act of 1877 to this effect was carried.[2] A Prison Commission was set up – effectively the same personnel as the Directorate of Convict Prisons – and visiting magistrates deprived of their power of control were reduced to inspectorial functions and the adjudication of major breaches of prison discipline; and a major work of reorganisation, the closing of smaller prisons and the introduction of uniform administration and discipline, was undertaken. The man with whom this work was particularly associated was Sir Edward du Cane, director of Convict Prisons from 1869 to 1877 and chairman of the Prison Commission from 1877 to 1895. That it was carried out with great efficiency is undeniable. Home Office statistics pointed to a decline in the number and in the unit cost of prisoners – evidence both of its penal and of its administrative success.

Other points of view than the administrative one began to assert, or rather to reassert themselves in the early nineties. Industrial and reformatory schools for juvenile offenders and potential offenders had been run by independent philanthropists, though under Home Office control, ever since the fifties. Their aim was to substitute the reforming for the penal arm as soon as possible. What was known as the Irish System of Sir Walter Crofton, director of Irish Prisons from 1844 to 1862, which allowed associated labour with a good deal of freedom for selected personnel, attracted a lot of attention in the sixties, and seemed to promise success from more flexible and individual methods. Something of a belief in the value of individual case study seeped over from the Charity Organisation Society[3] and the work of Octavia Hill.[4] In the nineties, the Rev. W. D. Morrison, a chaplain at Wandsworth Prison, wrote articles criticising the optimism of du Cane and his supporters and the statistics with which they supported their case. The Daily Chronicle carried a series of able articles expressing a great deal of scepticism as to prison methods and achievements. The upshot was the appointment by the Liberal government of the Gladstone Committee of 1894, a Home Office departmental committee, to enquire into a range of questions regarding prison methods and administration. The report carefully vindicated the labours of Sir Edward du Cane and his helpers.[5] But the committee took evidence from a wide range of people, and considered such topics as greater flexibility in the treatment of prisoners, the need for trained officers and an emphasis on reformatory influences, more productive labour in lieu as far as possible of purely hard labour, the need for

[1] Part VIII   [2] No. 120   [3] No. 146   [4] No. 160 (e)
[5] No. 121

after-care and the valuable role still open to visiting justices, by sympathetic hearing, in tempering prisoners' grievances. In spite of its careful phrasing the report was seen as a criticism of the du Cane regime; du Cane himself resigned, and his successor, Ruggles Brise, brought a new emphasis on the educative and reforming possibilities of prison into the official outlook. This was symbolised by his foundation of the original Borstal at the Kentish prison of that name in 1908.

The reforms of the Liberal governments of 1905 to 1914 may be regarded as a development of the ideas and tendencies illustrated in the Gladstone report. The Probation of Offenders Act of 1907 [1] gave an official status and organisation to methods of substituting periods of unofficial surveillance for prison sentences that had been tried in Warwickshire and Birmingham nearly a century before, and in London police courts with the aid of the Police Court Mission since 1876. A similar system in Massachusetts had also been the subject of much interest and inquiry in the country. Probation spread rapidly after the Act and the English system became somewhat of a model elsewhere. The Prevention of Crime Act [2] authorised an extended use of the new Borstal type of reformatory school, and the Children Act, 1908 [3] was a comprehensive recasting and reenactment, with many improvements, of various measures for the protection of the young against cruelty and exploitation, of which the provisions at No. 124 for special juvenile courts is only a part. This large Act passed with virtually no opposition. The discussion merely made clear the dominant concern of the House with the protective and reformatory aspects of the law.

SELECT BIBLIOGRAPHY

Among the important official sources are the Report and evidence of the Royal Commission on the Working of the Penal Servitude Acts (*Parliamentary Papers 1878–9*, XXXVII–VIII), the Report of the Committee on the Punishment of Juveniles (ibid. *1881*, LIII), the Royal Commission on Reformatories and Industrial Schools (ibid. *1884*, XLV) and the Departmental Committee on the same subject (ibid. *1896*, XLV and *1897*, XLII), the Gladstone Committee on Prisons (ibid. *1895*, LVI) and the Royal Commission on Prisons in Ireland (ibid. *1883*, XXXII; *1884–5*, XXXVIII; *1884*, XLII).

The standard work, Sir William Holdsworth's *A History of English Law*, now completed by A. L. Goodhart and H. G. Hanbury, 18 vols (1923–72), deals with the nineteenth century from vol. XIII onwards but unfortunately no further than the judicature reforms of 1873–6. Equally unfortunately, Leon Radzinowicz, *A History of English Criminal Law and its Administration from 1750*, 4 vols (1948–68), goes no further than the early-Victorian period and provides only useful background for our period. A. V. Dicey's *Lectures on the Relation between Law and Public Opinion in England during the Nineteenth Century* (1905) is a classic work by a contemporary. B. Abel-Smith and R. Stevens, *Lawyers and the Courts: a sociological study of the English legal system 1750–1965* (1967), is trenchant, tendentious and indispensable. R. M. Jackson, *The Machinery of Justice in England* (Cambridge, 1940 and subsequent editions), contains some historical background. M. Birks, *Gentlemen of the Law* (1960), is a history of the solicitor's profession, and W. J. Reader, *Professional Men* (1966), considers lawyers among other professional groups in the

[1] No. 122   [2] No. 123   [3] No. 124

nineteenth century. Two levels of the system of courts are considered by T. Snagge, *The Evolution of the County Court* (1904); and L. J. Blom-Cooper and G. Drewry, *Final Appeal: a study of the House of Lords in its judicial capacity* (Oxford, 1972), a treatment more modern than historical. R. B. MacDowell, "The Irish courts of law", *Irish Hist. Studies*, x (1957), is a useful article. Special areas of the law are covered by C. A. Cooke, *Corporation, Trust and Company: an essay in legal history* (Manchester, 1950), R. R. Formoy, *The Historical Foundations of Modern Company Law* (1923), A. W. B. Simpson, *An Introduction to the History of the Land Law* (1961); R. H. Graveson and F. R. Crane, *A Century of Family Law 1857–1957* (1957); R. Y. Hedges and A. Winterbottom, *The Legal History of Trade Unionism* (1930); F. L. Wiswall, *The Development of Admiralty Jurisdiction and Practice since 1800* (Cambridge, 1970); N. St John Stevas, *Obscenity and the Law* (1956); and N. Walker, *Criminal Insanity in England*, 2 vols (Edinburgh, 1968–73), with S. McCabe as co-author of vol. II. Two works of more general interest are *A Century of Law Reform: twelve lectures on the changes in the law of England during the nineteenth century* (1901); and C. H. S. Fifoot's lectures, *Judge and Jurist in the Reign of Victoria* (1959).

For the penal system, R. S. E. Hinde, *The British Penal System 1773–1950* (1951), is a useful survey, as is D. L. Howard, *The English Prisons: their past and their future* (1960). M. Grünhut, *Prison Reform* (Oxford, 1948), is mainly comparative and analytical in approach, but G. Rose, *The Struggle for Penal Reform: the Howard League and its predecessors* (1961), is a good study of reform movements. Prison administrators have contributed significantly to the literature on the penal system, notably E. F. du Cane, *The Punishment and Prevention of Crime* (1881); E. J. Ruggles-Brise, *The English Prison System* (1921); and L. W. Fox, *The English Prison and Borstal Systems* (1952). Two contemporary articles of importance are Rev. W. D. Morrison, "Are our prisons a failure?", *Fortnightly Review*, 61/55 (April, 1894); and E. F. du Cane, "The Prison Committee report", *Nineteenth Century*, 38 (August, 1895). On the development and definition of concepts of juvenile delinquency, *see* M. May, "Innocence and experience: the evolution of the concept of juvenile delinquency in the mid-nineteenth century", *Vict. Studies*, xvii (1973); and J. R. Gills, "The evolution of juvenile delinquency in England 1890–1914", *Past & Present*, 67 (1975).

For the police there are a number of general studies: T. A. Critchley, *A History of Police in England and Wales 900–1966* (1967); C. Reith, *A New Study of Police History* (1956); J. M. Hart, *The British Police* (1951); D. Williams, *Keeping the Peace: the police and public order* (1967); J. P. Martin and G. Wilson, *The Police: a study in manpower, the evolution of the service in England and Wales 1829–1965* (1969); and D. G. Browne, *The Rise of Scotland Yard: a history of the Metropolitan Police* (1956).

A certain amount can be gained from the biographies of eminent lawyers, most of them politically involved. Two useful collections of biographical studies are J. B. Atlay, *The Victorian Chancellors*, 2 vols (1906–8); and R. F. V. Heuston, *Lives of the Lord Chancellors 1885–1940* (Oxford, 1964). *See also* E. H. Coleridge, *Life and Correspondence of John Duke Coleridge, Lord Chief Justice of England*, 2 vols (1904); Sophia M. Palmer, *Memorials*, 4 vols (1896–8) of Roundell Palmer, 1st earl of Selborne; A. Wilson Fox, *The Earl of Halsbury, Lord High Chancellor (1823–1921)* (1929); R. B. O'Brien, *The Life of Lord Russell of Killowen* (1901); Leslie Stephen, *Life of Sir James Fitzjames Stephen* (1895); L. Radzinowicz, *Sir James Fitzjames Stephen, 1829–94, and his contribution to the development of criminal law* (1957); G. W. Keeton, *A Liberal Attorney General: being the life of Lord Robson of Jesmond 1852–1918* (1949); the Marquess of Reading, *Rufus Isaacs First Marquess of Reading: by his son*, I, *1860–1914* (1942); and H. Montgomery Hyde, *Lord Reading* (1967).

120. Prison Act, 1877

(Public General Statutes, 40 & 41 Vict. c. 21)

3. This Act shall not extend to Scotland or Ireland but shall apply to all prisons belonging to any prison authority as defined by the Prison Act, 1865.

Part 1. Transfer and administration of prisons

4. On and after the commencement of this Act all expenses incurred in respect of the maintenance of prisons to which this Act applies, and of the prisoners therein, shall be defrayed out of monies provided by parliament.

5. Subject as in this Act mentioned,

i. The prisons to which this Act applies, and the furniture and effects belonging thereto; also

ii. The appointment of all officers, and the control and safe custody of the prisoners in the prisons to which this Act applies; also all power and jurisdiction at common law or by Act of parliament or by charter vested in or exercisable by the prison authorities or by the justices in sessions assembled in relation to prisons or prisoners within their jurisdiction,

shall, on and after the commencement of this Act, be transferred to, vested in and exercised by one of Her Majesty's Principal Secretaries of State, in this Act referred to as the Secretary of State.

Administration of prisons

Prison commissioners

6. For the purpose of aiding the Secretary of State in carrying into effect the provisions of this Act relating to prisons, Her Majesty may, on the recommendation of the Secretary of State, at any time, and from time to time after the passing of this Act by warrant under her sign manual appoint any number of persons to be commissioners during Her Majesty's pleasure, so that the whole number of commissioners appointed do not at any one time exceed five, and may on the recommendation of the Secretary of State, on the occasion of any vacancy in the office of any commissioner, by death, resignation, or otherwise, by the like warrant appoint some other fit person to fill such vacancy. The commissioners so appointed shall be a body corporate with a common seal, with power to hold land without licence in mortmain so far as may be necessary for the purposes of this Act, and shall be styled "The Prison Commissioners".

The Secretary of State may from time to time appoint one of the commissioners to be chairman.

Any act or thing required or authorised to be done by the Prison Commissioners may be done by any one or more of them as the Secretary of State may by general or special rule direct.

7. The Prison Commissioners shall be assisted in the performance of their

duties by such number of inspectors, storekeepers, accountants, and other officers and servants as may, with the sanction of the Treasury as to number, be
determined by the Secretary of State. The inspectors shall be appointed by the
Secretary of State, the other officers and servants of the Prison Commissioners
by the Prison Commissioners themselves, subject to the approval of the
Secretary of State.

8. [Salaries]

9. The general superintendance of prisons under this Act shall be vested in the
Prison Commissioners, subject to the control of the Secretary of State. . . .
Subordinate officers to be appointed by them; shall visit and determine
needs of maintenance and alteration of prisons to carry out rules of Act of 1865;
to have all the powers of visiting justices except as provided by this Act.

10. The Prison Commissioners shall, at such time or times as the Secretary of
State may direct, make a report or reports to the Secretary of State of the
condition of the prisons and prisoners within their jurisdiction, and an annual
report to be made by them with respect to every prison within their jurisdiction
shall be laid before the Houses of parliament.

11. Whereas it is expedient that the expense of maintaining in prison prisoners
who have been convicted of crime should in part be defrayed by their labour
during the period of their imprisonment, and that, with a view to defraying
such expenses, and also of teaching prisoners modes of gaining honest
livelihoods, means should be taken for promoting in prison the exercise of and
instruction in useful trades and manufactures, so far as may be consistent with
due regard, on the one hand, to the maintenance of the penal character of
prison discipline, and on the other to the avoidance of undue pressure on or
competition with any particular trade of industry: Be it enacted that the annual
report of the Prison Commission required by this Act to be laid before both the
Houses of parliament shall state the various manufacturing processes carried on
within each of the prisons within their jurisdiction and such statement shall
give such particulars as to the kind and quantities of, and as to the commercial
value of the labour on the manufactures and the number of prisoners employed, and otherwise, as may in the opinion of the Secretary of State be best
calculated to afford information to parliament.

12. The Prison Commissioners shall make a yearly return to parliament of all
punishments of any kind whatsoever which may have been inflicted within each
prison, and the offences for which such punishments were inflicted.

Visiting committee of justices

13. On and after the commencement of this Act there shall be repealed the
fifty-third and fifty-fourth sections of the Prison Act, 1865, relating to the
appointment and duties of visiting justices.

A visiting committee shall be annually appointed for every prison under this
Act, consisting of such number of persons being justices of the peace to be
appointed at such time and by such court of quarter sessions or such bench or

benches of magistrates as the Secretary of State, having regard to the locality of the prison, to the justices heretofore having jurisdiction over such prison and the class of prisoners to be confined in such prison, may from time to time by any general or special rule prescribe. In the following manner, namely,

The justices of any county, riding, or liberty of a county having a separate court of quarter sessions shall appoint members of a visiting committee when assembled at such general or quarter sessions as may be prescribed by the Secretary of State.

The justices of a borough shall hold special sessions, at such time as may be prescribed by the Secretary of State, for the purpose of appointing any members of a visiting committee they may be required to appoint.

[Special arrangements for Worcester.]

Nothing in this Act, or in any rules to be made under this Act shall restrict any member of the visiting committee of any prison from visiting the prison at any time, and any such member shall at all times have free access to every part of the prison and to every prisoner therein.

14. The Secretary of State shall, on or before the commencement of this Act, make and publish, and may hereafter from time to time repeal, alter or add to rules with respect to the duties of a visiting committee, and such committee shall conform to any rules so made and for the time being in force, but subject as aforesaid, the members of such committee shall from time to time, and at frequent intervals visit the prison for which they are appointed and hear any complaints which may be made to them by the prisoners, and, if asked, privately. They shall report on any abuses within the prison, and also, on any repairs that may be urgently required in the prison, and shall further take cognizance of any matters of pressing necessity and within the powers of their commission as justices and do such acts and perform such duties in the prison as they may be required to do or perform by the Secretary of State.

The visiting committee shall be deemed to be visiting justices for all the purposes of the regulations relating to the punishment of prisoners numbered 58 and 59 in the first schedule attached to the Prison Act of 1865 or either of such regulations, and any member of a visiting committee may exercise any power to do any act or receive any report which any one justice may exercise, or do or receive under the said regulations numbered 58 and 59, or either of them.

Provided that an offender shall not be punished under the said sections 58 and 59, or either of them, by personal correction, except in pursuance of an order of two justices of the peace after an enquiry upon oath and determination of the matter reported to them as is mentioned in the said regulation numbered 58.

The visiting committee shall report to the Secretary of State any matters with respect to which they think it is expedient, and shall report to the Secretary of State, as soon as may be and in such manner as he may direct, any matter concerning which they may be required by him to report.

15. [Right of justice with local responsibility for prisons or prisoners to visit same.] . . .

121. Gladstone Report on prisons

(*Parliamentary Papers 1895*, LVI, col. 7702)

17. If the conditions and treatment of prisoners at the present time are compared with what they were sixty, forty, or even twenty years ago, the responsible authorities could justly claim credit for great and progressive improvement.
The bad prisons have disappeared. In the full consciousness of these improvements it was not unreasonable that there should have been a somewhat
rigid adherence to the lines of the Prison Acts, and great faith induced in the
principles which they laid down. Moreover the various inquiries which have
taken place have all resulted in the general affirmation which were prescribed
by the Acts. This was conspicuously so in the case of the lengthy inquiry into
the Irish prisons in 1885, when one of the chief efforts of the commissioners
appears to have been to raise the administration of the Irish prisons to the
English level.

We do not consider, therefore, that there is reason for general condemnation
of a system which resulted originally from careful inquiry and much deliberation: and which was specially and successfully designed to put an end to many
glaring and patent evils. Similarly, we do not consider that it is right to lay the
burden of all the shortcomings of the prison system on the central prison
authorities who have carried into effect, under successive Secretaries of State
the Acts approved by parliament; who have loyally and substantially carried out
the various recommendations made from time to time by commissions and
committees; and who, as administrators, have achieved in point of organisation,
discipline, order and economy, a striking administrative success. Nevertheless,
we feel that the time has come when the main principles and methods adopted
by the Prison Acts should be seriously tested by the light of acquired experience and recent scientific research.

18. In proportion to the spread of education, the increase of wealth, and the
extension of social advantages, the retention of a compact mass of habitual
criminals is a growing stain on our civilisation. In any thorough inquiry into
prison treatment, the closest regard must be paid to its physical and moral
effect on prisoners generally. But the number of habitual criminals in and out
of prison must form one of the standards by which the system must be tested
and judged. Recidivism is the most important of all prison questions, and it is
the most complicated and difficult.

19. Sir E. du Cane has very truly said that nothing is more common than to
find that persons whose attention has been attracted only to some disadvantage
in the "system finally decided on, discuss it without being aware that any
alternative would introduce still greater evils". It is easy to find fault, to form
ideal views, and to enunciate lofty speculations as if they were principles arrived
at by experience. It is extremely difficult to organise and carry out a perfect
system with a reasonable regard to economy, which should provide equal
advantages and similar methods of treatment, not in one great centre, which

would be comparatively easy, but in greater or less degree in all the considerable centres of a great population distributed throughout the country, and
which should apply uniformly to all the ever varying classes of offenders
undergoing sentence from a day's imprisonment to penal servitude for life. . . .
25. The next consideration is the general direction of any changes which the
course of our examination into the facts make us think necessary or advisable.
Sir Godfrey Lushington thus impressively summed up the influences under the
present system unfavourable to reformation: "I regard as unfavourable to reformation the status of a prisoner throughout his whole career; the crushing of
self-respect, the starving of all moral instinct he may possess, the absence of all
opportunity to do or receive a kindness, the continual association with none but
criminals, and that only as a separate item amongst other items also separate;
the forced labour, and the denial of all liberty. I believe the true mode of
reforming a man or restoring him to society is exactly in the opposite direction
of all these; but of course this is a mere idea. In fact the unfavourable features I
have mentioned are inseparable from prison life." As a broad description of
prison life we think this description is accurate; we do not agree that all of these
unfavourable features are irremovable. Already in many respects and in
individual cases they have been modified, and we believe that this modification
can be carried much further in the direction of the treatment adopted and
practised by the best of the existing reformatories. We think that the system
should be made more elastic, more capable of being adopted to the special cases
of individual prisoners; that prison discipline and treatment should be more
effectually designed to maintain, stimulate or awaken the higher susceptibilities
of prisoners, to develop their moral instincts, to train them in orderly and
industrial habits, and, whenever possible to turn them out of prison better men
and women, both physically and morally, than when they came in. Crime, its
cause and treatment, has been the subject of much profound and scientific
inquiry. Many of the problems it presents are practically at the present time
insoluble. It may be true that some criminals are irreclaimable, just as some
diseases are incurable, and in such cases it is not unreasonable to acquiesce that
criminality is a disease, and the result of physical imperfection. But criminal
anthropology as a science is in an embryonic stage, and while scientific and
more particularly medical observation and experience are of the most essential
value in guiding opinion on the whole subject, it would be a loss of time to
search for a perfect system in learned but conflicting theories, when as much
can be done by the recognition of the plain fact that the great majority of
prisoners are ordinary men and women amenable, more or less, to all those
influences which affect persons outside. . . .
27. Upon what does the reformatory influence which we desire to bring to bear
more fully on the prison population depend? We answer, (i) the administrative
authority; (ii) individual effort; (iii) a proper classification of prisoners.
(i) The population of every prison is a community in itself, changing with
greater or less rapidity, but composed of individuals of varying character,

aptitude, and history. For purposes of prison discipline it is comparatively easy to mass them together, to call each of them by a number, and by a cast-iron system to make them all go through the same tasks, observe the same hours, and lead the same lives. But under this orderly equality there exist the most striking inequalities. The hardened criminal bears the discipline without much trouble. Others are brutalised by it. Others suffer acutely and perhaps are permanently weakened by it in mind and body. What is a temporary inconvenience to the grown criminal, may be to lads and younger men a bitter disgrace from which they never recover to their dying day. It is impossible to administer to each man a relatively exact amount of punishment. But yet it is these very inequalities which often must produce that bitterness and recklessness which lead on to habitual crime. These inequalities must exist under the best available system. But the responsible authorities of the prison should have sufficient time at their command to observe prisoners individually, and sufficient discretionary power to give or obtain for an individual prisoner that guidance, advice or help which at such a crisis in his life may make a priceless change in his intentions or disposition. And it should be the duty of the central executive to cooperate with the local officials in carrying out satisfactorily this most important part of their functions.

(ii) Without an excessive and impossible increase in the number of higher prison officials adequate individual attention to prisoners could not be given. But the warders could be trained to do some of this work, and under proper rules and regulations outside helpers could be brought in to supplement the work of the prison staff. Ordinary amateurs, as a rule, would be worse than useless. There are, however, many men and women in every centre of population who by training and temperament are amply competent to render valuable assistance.

(iii) The probabilities of success would be largely increased by a careful classification of prisoners. At present a large prison contains almost every type of offender. They are mixed up in hopeless confusion. . . . Under these circumstances [the] best efforts can only reach a portion of the prisoners. A sound and wise system of classification would make it more possible to deal with prisoners collectively by reason of their circumstances being to some extent of a like nature. Efforts could then be concentrated on the individuals who were contumacious, and with better chances of ultimate success.

122. Probation of Offenders Act, 1907

(Public General Statutes, 7 Edw. 7 c. 17)

. . . Be it enacted . . .

1 (1) Where any person is charged before a court of summary jurisdiction with an offence punishable by such court and the court thinks that the offence is proved, but is of opinion that, having regard to the character, antecedents, age or mental condition of the person charged, or to the trivial nature of the offence, or to the extenuating circumstances under which the offence was

committed, it is inexpedient to inflict any punishment or any other than a nominal punishment, or that it is expedient to release the offender on probation, the court may, without proceeding to conviction, make an order either,

(i) dismissing the information or charge; or

(ii) discharging the offender conditionally on his entering into a recognizance, with or without sureties, to be of good behaviour, and to appear for conviction and sentence when called upon at any time during such period, not exceeding three years, as may be specified in the order.

(2) Where any person has been convicted on indictment of any offence punishable with imprisonment, and the court is of opinion that, having regard to the character, antecedents, age, health or mental condition of the person charged, or the trivial nature of the offence, or to the extenuating circumstances under which the offence was committed, it is inexpedient to inflict any punishment, or any other than a nominal punishment, or that it is expedient to release the offender on probation, the court may, in lieu of passing a sentence of imprisonment, make an order discharging the offender conditionally, on his entering into a recognizance, with or without sureties, to be of good behaviour and to appear for sentence when called upon at any time during such period not exceeding three years, as may be specified in the order.

(3) The court may, in addition to such order, order the offender to pay such damages for injury, or compensation for loss (not exceeding, in the case of a court of summary jurisdiction, ten pounds, or if a higher limit is fixed by any enactment relating to the offence, that higher limit) and to pay such costs of the proceedings as the court think reasonable, and if the offender is under the age of sixteen, and if it appears to the court that the parent or guardian of the offender has conduced to the commission of the offence, the court may, under and in accordance with the Youthful Offenders Act, 1901 order payment of such damages and costs by such parent or guardian.

(4) Where an order under this section is made by a court of summary jurisdiction, the order shall, for the purpose of revesting or restoring stolen property, and of enabling the court to make orders as to the restitution or delivery of property to the owner, and as to payment of money upon or in connection with such restitution or delivery, have the like effect as a conviction.

2 (1) A recognizance ordered to be entered into under this Act shall, if the court so order, contain a condition that the offender be under the supervision of such person as may be named in the order during the period specified in the order and such other conditions for securing such supervision as may be specified in the order, and an order requiring the inserting of such conditions as aforesaid in the recognizance is in this Act referred to as a probation order.

(2) A recognizance under this Act may contain such additional conditions as the court may, having regard to the particular circumstances of the case, order to be inserted therein with respect to all or any of the following matters,

(a) for prohibiting the offender from associating with thieves and other undesirable persons, or from frequenting undesirable places;

(b) as to abstention from intoxicating liquor, when the offence was drunkenness, or an offence committed under the influence of drink;

(c) generally for seeing that the offender shall lead an honest and industrious life.

The court by which a probation order is made shall furnish to the offender a notice in writing stating in simple terms the conditions he is required to observe.

3 (1) There may be appointed as probation officer or officers for a petty sessional division such person or persons of either sex as the authority having power to appoint a clerk to the justices of that division may determine, and a probation officer when acting under a probation order shall be subject to the control of petty sessional courts for the division for which he is so appointed.

(2) There shall be appointed, where circumstances permit, special probation officers, to be called children's probation officers, who shall, in the absence of any reason to the contrary, be named in a probation order in the case of an offender under the age of sixteen.

(3) The person named in any probation order shall,

(a) where the court making the order is a court of summary jurisdiction be selected from amongst the probation officers for the petty sessional division in or for which the court acts, or

(b) where the court making the order is a court of assize or a court of quarter sessions, be selected from amongst the probation officers for the petty sessional division from which the person charged was committed for trial.

Provided that the person so named may, if the court considers it expedient on account of the place of residence of the offender, or for any other special reason, be a probation officer for some other petty sessional division, and may, if the court considers that the special circumstances of the case render it desirable, be a person who has not been appointed to be a probation officer for any petty sessional division.

(4) A probation officer appointed for any petty sessional division may be paid such salary as the authority having control of the fund out of which the salary of the clerk to the justices of that petty sessional division is paid may determine . . . and such expenses. . . .

4. It shall be the duty of a probation officer, subject to the directions of the court,

(a) to visit or receive reports from the person under supervision at such reasonable intervals as may be specified in the probation order, or, subject thereto, as the probation officer may think fit;

(b) to see that he observes the conditions of his recognizance;

(c) to report to the court as to his behaviour;

(d) to advise, assist and befriend him, and when necessary to endeavour to find him employment. . . .

6 (1) If the court before which an offender is bound by his recognizance under this Act to appear for conviction or sentence, or any court of summary jurisdic-

tion, is satisfied by information on oath that an offender has failed to observe any of the conditions of his recognizance, it may issue a warrant for his apprehension, or may . . . issue a summons to the offender and his sureties (if any) requiring him to attend at such court and at such time as may be specified in the summons.

(2) to (4) [Powers of imprisonment etc., till offender is brought to original court.]

(5) [Court may then sentence him for his original offence without any further proof of his guilt.] . . .

[Schedule repeals Summary Jurisdiction Act of 1879, section 16, Probation of First Offenders Act, 1887, whole Act, Youthful Offenders Act, 1901, section 12.]

123. Prevention of Crime Act, 1908

(Public General Statutes, 8 Edw. 7 c. 59)

Part I. Reformation of young offenders
1 (i) When a person is convicted on indictment for an offence for which he is liable to be sentenced to penal servitude or imprisonment, and it appears to the court,

(a) that the person is not less than sixteen or more than twenty-one years of age; and

(b) that by reason of his criminal habits or tendencies or association with persons of bad character, it is expedient that he should be subjected to detention for such term and under such instruction and discipline as appears most conducive to his reformation and the repression of crime; it shall be lawful for the court, in lieu of passing a sentence of penal servitude or imprisonment, to pass a sentence of detention under penal discipline in a Borstal institution for a term of not less than one year nor more than three years Provided that before passing such a sentence, the court shall consider any report or representation which may be made to it by or on behalf of the Prison Commission as to the suitability of the case for treatment in a Borstal institution, and shall be satisfied that the character, state of health and mental condition of the offender, and the circumstances of the case are such that the offender is likely to profit by such instruction and discipline as aforesaid.

2 and 3 [Power of transfer to prison, and from reformatory schools and prisons to Borstal institutions.]

4 (i) For the purposes of this part of this Act the Secretary of State may establish Borstal institutions, that is to say places in which young offenders whilst detained may be given such industrial training and other instruction, and may be subjected to such disciplinary and moral influence as may conduce to their reformation and the prevention of crime. . . .

5 (i) [Power to release on licence.]

6 (i) Every person sentenced to detention in a Borstal institution shall, on the

expiration of the term of his detention, remain for a further period of six months, under the supervision of the Prison Commissioners. . . .

Part II. Detention of habitual criminals

10 (i) Where a person is convicted on indictment of a crime committed after the passing of this Act, and subsequently the offender admits that he is, or is found by the jury to be a habitual criminal, and the court passes a sentence of penal servitude, the court, if of opinion that by reason of his criminal habits and mode of life, it is expedient for the protection of the public that the offender should be kept in detention for a lengthened period of years, may pass a further sentence ordering that . . . he be detained for such period, not exceeding ten nor less than five years . . . preventive detention. . . .

124. Children Act, 1908

(*Public General Statutes*, 8 Edw. 7 c. 67)

Part V. Juvenile offenders. . . .

102 (1) A child shall not be sentenced to imprisonment or penal servitude for any offence or committed to prison in default of payment of a fine, damages, or costs.

(2) A young person shall not be sentenced to imprisonment for an offence or committed to prison in default of the payment of a fine, damages, or costs, unless the court certifies that the young person is of so unruly a character that he cannot be detained in a place of detention provided under this part of this Act, or that he is of so depraved a character that he is not a fit person to be so detained.

103. Sentence of death shall not be pronounced or recorded against a child or young person, but in lieu thereof the court shall sentence a child or young person to be detained during his majesty's pleasure, and if so sentenced he shall, notwithstanding anything in the other provisions of this Act, be liable to be detained in such place and under such conditions as the Secretary of State may direct, and whilst so detained shall be deemed to be in legal custody.

104. Where a child or young person is convicted on indictment of an attempt at murder, or of manslaughter, or of wounding with intent to do grievous bodily harm, and the court is of opinion that no punishment which under the provisions of this Act it is authorised to inflict is sufficient, the court may sentence the offender to be detained for such a period as may be specified in the sentence; and where such a sentence is passed the child or young person shall, during that period, notwithstanding anything in the provisions of this Act, be liable to be detained in such place, and on such conditions as the Secretary of State may direct, and whilst so detained shall be deemed to be in legal custody.

105 (1) A person in detention pursuant to the direction of the Secretary of State under the last two foregoing sections of this Act may at any time be discharged by the Secretary of State on licence.

(2) A licence may be in such form and may contain such directions as the Secretary of State may direct.

(3) A licence may at any time be revoked or varied by the Secretary of State, and where a licence has been revoked the person to whom the licence related shall return to such place as the Secretary of State may direct, and if he fails to do so may be apprehended without warrant and taken to that place.

106. When a child or young person is convicted of an offence punishable, in the case of an adult, with penal servitude or imprisonment, or would, if he were an adult, be liable to be imprisoned in default of payment of any fine, damages, or costs, and the court considers that none of the other methods in which the case may legally be dealt with is suitable, the court may, in lieu of sentencing him to imprisonment or committing him to prison, order that he be committed to custody in a place of detention provided under this part of this Act and named in the order for such term as may be specified in the order not exceeding the term for which he might, but for this part of this Act, be sentenced to imprisonment or committed to prison, not in any case exceeding one month.

107. Where a child or young person charged with an offence is tried by any court and the court is satisfied of his guilt, the court shall take into consideration the manner in which, under the provisions of this or of any other Act enabling the court to deal with the case, the case should be dealt with, namely, whether

(a) by dismissing the charge; or

(b) by discharging the offender on his entering into a recognizance; or

(c) by so discharging the offender and placing him under the supervision of a probation officer; or

(d) by committing the offender to the care of a relative or other fit person; or

(e) by sending the offender to an industrial school; or

(f) by sending the offender to a reformatory school; or

(g) by ordering the offender to be whipped; or

(h) by ordering the offender to pay a fine, damages, or costs; or

(i) by ordering the parent or guardian of the offender to pay a fine, damages, or costs; or

(j) by ordering the parent or guardian of the offender to give security for his good behaviour; or

(k) by committing the offender to custody in a place of detention provided under this part of this Act; or

(l) where the offender is a young person, by sentencing him to imprisonment; or

(m) by dealing with the case in any other manner in which it may legally be dealt with,

Provided that nothing in this section shall be construed as authorising the court to deal with any case in any manner in which it could not deal with the case apart from this section.

108 (1) It shall be the duty of every police authority to provide such places of

detention for every petty sessional division within their district as may be required for the purposes of this Act, either by arranging with the occupiers of any premises within or without their district for the use of those premises for the purpose, or by establishing or joining with another police authority in establishing such places; but nothing shall prevent the same place of detention being provided by two or more petty sessional divisions.

(2) If more than one place of detention is provided for any petty sessional division, the police authority may determine that any such place shall be used for some only of the purposes for which such places of detention are required to be provided and another place for the other purposes.

(3) Before arranging for the use of any premises as aforesaid the police authority shall satisfy themselves of the fitness of the occupier thereof to have the custody and care of children and young persons committed to, or detained in custody under this part of the Act and of the suitability of the accommodation provided by him. . . .

111 (1) A court of summary jurisdiction when hearing charges against children or young persons, or when hearing applications for orders or licences relating to a child or young person at which the attendance of the child or young person is required, shall, unless the child or young person is charged jointly with any other person not being a child or a young person, sit either in a different building or room from that in which the ordinary sittings of the court are held, or on different days or at different times from which the ordinary sittings of the court are held and a court of summary jurisdiction so sitting is in the Act referred to as a Juvenile court. . . .

(4) In the Juvenile court no member other than the members and officers of the court and parties to the case, their solicitors and counsel and persons directly concerned in the case, shall, except by leave of the court, be allowed to attend.

Provided that *bona-fide* representatives of a newspaper or news agency shall not be excluded. . . .

Part VIII

CENTRAL AND LOCAL GOVERNMENT

INTRODUCTION

The main structure of central government altered relatively little in the last quarter of the nineteenth century, though the burdens imposed on it grew steadily with the increasing belief in legislation as an instrument of social change. This was as true of older departments like the Home Office, with responsibilities ranging from factory legislation to police, and the Board of Trade, which added the issue of labour statistics to its duties in 1889 and thereby acquired some sort of a responsibility for labour relations, as of the newer ones. The Local Government Board, set up in 1871 with a primary responsibility for poor law [1] and public health,[2] found a great deal to do not only with the legislative reconstruction of local government, dealt with in this part, but also with its control. In 1883 an agricultural department of the Privy Council was set up to deal with odd pieces of administration under different Acts, and in 1889 this became a Board of Agriculture, to which was added in 1903 responsibility for fisheries. Similarly the Committee of Council for Education became in 1899 a Board of Education with its own ministerial head. These new boards, like the old Board of Trade, were really dummy boards which did not meet and disguised new ministries under the authority of their presidents.

In a period of continuing strain in foreign relations the organisation of the fighting services naturally came in for attention. That of the Admiralty gave initially little cause for concern. The 1869 reorganisation of the Board of Admiralty had left an effective machine, with the First Lord of the Admiralty, the political head, in control, and under him a First Naval Lord, later First Sea Lord, the professional head of the service with general responsibility for the fighting efficiency and control of the navy; a Second Naval Lord with responsibility for personnel, a Third with that for material; a Civil Lord responsible for buildings etc., a Parliamentary Secretary, a junior minister responsible for finance; and the Permanent Secretary, the civil service head of the department. Of almost equal status among the sailors was the director of Naval Intelligence. This organisation coped effectively with the various crises of confidence and the large naval construction of the end of the century.

The position of the army was more complicated. The Cardwell reforms (1868–74) had instituted a short service army, dependent on reserves for effective operation, somewhat on the model of the continental armies, especially the German, and the abolition of promotion by purchase had ostensibly destroyed its class and amateur bases. But an obstacle to its effective organisation was the uncertainty as between the responsibility of the Commander-in-Chief and the Secretary of State. Cardwell had firmly asserted the primacy of the Secretary of State, but Queen Victoria always insisted on a special tie between herself and

[1] Part X   [2] Part XI

the army command. On the retirement of Hardinge as Commander-in-Chief in 1856, the queen's uncle the duke of Cambridge was appointed G.O.C. troops in Britain, and effectively as Commander-in-Chief till he was finally appointed to the post in 1887. So long as its royal associations and traditional prestige clung to it, the post, despite efforts to decentralise and spread responsibility, tended to become the sole channel through which military opinion reached the Secretary of State, and thus, except where political interests were clearly at stake, considerably to reduce his effective supremacy. A similar situation, without the tensions associated with the queen's jealousy for the prerogatives of the Commander-in-Chief, could easily arise between the First Lord and the First Naval Lord in the Admiralty. In 1889 the Hartington Commission was set up to consider the organisation of the defence services. In 1891 it recommended the establishment of a very high level joint naval and military council to coordinate planning; the abolition of the post of Commander-in-Chief in the army; the appointment of a General Officer Commanding for troops in Britain, of a Chief of Staff and of a permanent War Office council on which these two would figure. These recommendations were imperfectly carried out in 1895. The office of Commander-in-Chief was continued, though with limited tenure; the duke of Cambridge resigned and Lord Wolseley succeeded him. A Defence Committee of Council was set up, without, however, staff or a continuous assignment of duties; also a War Office council, with both Commander-in-Chief and the Secretary of State members, but their joint presence, and the practice of heads of War Office departments of appealing directly to the Secretary of State, prevented the development of the effective committee work which was wanted. A Chief of Staff was not appointed. Wolseley was past his best when appointed and not an effective Commander-in-Chief. The South African war revealed an administrative chaos reaching right to the top which was largely responsible for the disastrous early defeats, and was overcome only by the most heroic improvisation. The Elgin Commission of inquiry into the war made it clear that drastic changes were needed in army organisation, and a small committee of Lord Esher, Sir George Sydenham Clark and Admiral Fisher, with Colonel Ellison as secretary, was set up to make recommendations. Esher had won the confidence and affection of Edward VII; Clark had been secretary to the Defence Committee, and Fisher already had a reputation for drastic reform at the Admiralty. The committee reported briefly, forcefully and quickly. Its first proposal was for a permanent organisation of the Defence Committee. This was taken in hand by Balfour, the Prime Minister,[1] and resulted in a most important addition to constitutional machinery. The committee then called again for the ending of the post of Commander-in-Chief, an effective army council and the creation of a General Staff. The resignation of Lord Roberts, the successor to Lord Wolseley, and the setting up of the Army Council and of the General Staff were achieved in 1904-5. Meanwhile a necessary clarification of the roles of army and navy in

[1] No. 125 (a, b)

defence was accomplished. The Stanhope memorandum of 1891, defining the primary role of the army as home defence and its secondary one as contributing to foreign war, with the defence of the north-east frontier in India primarily in mind, had become accepted as authoritative. Balfour made it clear in the House of Commons that so long as the navy held the seas, the prospect of invasion on any but a minimal scale could be disregarded,[1] and that the army must be prepared as an expeditionary force. In 1905 Balfour resigned; Campbell-Bannerman took his place and appointed Haldane to the War Office. Before the new government was properly in the saddle the Morocco crisis had led to the Anglo-French military conversations, which defined Haldane's objectives for him, a four to seven division expeditionary force, with the considerable reserves of the territorial army. Haldane spoke of the army of his dreams as an "Hegelian" army, by which he meant one whose structure and details were strictly subordinated to its purpose. A similar revolution in the early years of the century – though not similarly described by its author – had been carried out in the navy by Admiral Fisher.[2] But in the last years of his pre-war service – he was recalled during the war for a further period of not very happy or very successful service, Fisher, intensely autocratic and secretive, resisted the setting up of a naval staff and sought to impose a strategy of his own involving the use of troops in landings on the German coast – breaking windows with more than guineas, in the circumstances of modern transport. The Committee of Defence, which in 1909 became the Committee of Imperial Defence, survived the loss of its first organiser, Balfour, and with the aid of Campbell-Bannerman, Haldane and Asquith, busied itself not only in reasserting and developing the main strategy of the expeditionary force but also, through its committees, in preparing the country, more thoroughly than had ever before been done, for war.

It was inevitable after the Reform Acts of 1832 and 1867, and especially that of 1884, that the reconstruction of local government should follow, and it was somewhat of a triumph for the reformers of the thirties that the model should be that of 1835. In the sixties and seventies Radicals resented the administration of the justices in the counties, and particularly their power of imposing rates, which to the Radicals was a form of taxation without consent. Justices and country landowners on their part resented the increase of rates, which were roughly doubled during the period, as levied entirely on real property to the exclusion of personality. An influential pressure group grew up in the House of Commons to urge relief for land, and a larger contribution from the State to what it was urged were national rather than local burdens. The Liberal argument was that the increase was greater in urban than in rural reas, and was in any case largely for local improvement. G. J. Goschen[3] on the Liberal behalf urged (1870)[4] that the burden of rates should be divided between owners and occupiers, and produced a scheme for the reconstruction of parishes and their

---

[1] No. 125 (c) [2] No. 119 n.

[3] a Free Trader and a statesman of strong personality; chancellor of the Exchequer in 1886 under Salisbury; First Lord of the Admiralty, 1895; Viscount, 1900 (d. 1907)

[4] *E.H.D.*, XII (1), No. 204

representation on county financial boards. Sir Stafford Northcote, as Disraeli's Chancellor of the Exchequer, made large contributions to rates, and in 1877 [1] took over from the counties both the control and the financial responsibility for prisons. Tories began to accept the necessity for the reconstruction of county government; Liberals, after 1880, had similar ideas but postponed them first to the reform of the parliamentary franchise and then to the pressure of Irish affairs. After the Home Rule Bill Randolph Churchill and Joseph Chamberlain brought pressure to bear on Salisbury, but when the Conservative Bill was produced Goschen as a Liberal Unionist had replaced Churchill at the Exchequer, and the leadership of the House was in the hands of W. H. Smith.[2] The Tory bill of 1888 envisaged the reconstruction of county finance and of licensing as well of county administration. A considerable assignment of national revenues regarded as bearing a local character, from licences and from the probate duties, was made. But ultimately it was not on a scale, nor made in a mode which promised counties real financial independence, nor did later subventions, which bore indeed the character of contributions to local needs, help to promote the idea. As a scheme for disentangling local and central finance the bill was therefore a failure. The attempts to reconstruct the system of liquor licensing and to set up district councils were also sacrificed by the resolute Smith in the interest of getting acceptance of his main proposals. The bill's achievement was nevertheless considerable. It set up elective county councils, on the model of municipalities, with county aldermen elected for a period of six years by the county councillors, and endowed them with the administrative, but not with the judicial functions which hitherto had been discharged by quarter sessions. The police, by exception, were put under a joint standing committee composed equally of representatives of quarter session and of the county council. A feature of the Act was the setting up of a number of county boroughs, in power and organisation replicas of the counties proper. Only ten had been originally proposed in the bill, but local zeal enlarged the number to sixty-one. The status was made accessible and became the ambition of growing boroughs. Their number and ambition to extend their boundaries weakened the counties proper, but provided centres of enterprising administration. In many counties – except in Wales and East Anglia – especially after the election of aldermen justices continued to take the lead in council and committee. But a considerable new personnel was added, sufficient to stimulate very often a new sense of the obligation and the opportunities of the new administration without too much loss of the orderliness and responsibility of procedure that, by general consent of the debate, had marked the old. London, within the area of the old Metropolitan Board of Works, which disappeared, but exclusive of the city, also became a county, thus opening a new epoch of metropolitan administration, which will require further notice.

[1] No. 120

[2] the newspaper and book agent in a colossal way of business and a prominent Conservative; member for Westminster, and then for the Strand; became First Lord of the Admiralty; twice War Secretary; Secretary for Ireland; First Lord of the Treasury (d. 1891)

The sequel to the county councils Act [1] was the parish and district councils Act of 1894,[2] in the next Liberal administration. That there was a "myth" of the parish – a belief that with appropriate opportunity a reinvigoration of local administration from its grass roots might come about – had been apparent in the debates on the county councils Act, and even earlier. A good deal of boundary alteration and some amalgamation was necessary to get a reasonably tidy and viable pattern of parishes. On these a pattern of elected councils and of parish meetings was imposed. But though there was appreciation of an accessible and controllable administration in the first instance, and of a channel through which representation might be made, the financial limits and the small scale of administration did not encourage continuing interest, except for busy-bodies, and the hope of an active democracy at this level soon faded. The district councils had a more serious scope. The franchise was democratic and there were no aldermen. In rural districts one set of elections served both for councillors and for guardians, in urban districts the elections were distinct; but in both the local justices no longer served *ex officio* as guardians. The effect of this revolution on the administration of the poor law is commented on in Part X below. Urban district councils – less often rural ones – controlled many wealthy and populous areas, in cases more so than neighbouring corporate towns, and the advantages of corporate status were not always clear enough to induce application from areas controlled by vigorous urban district councils. The powers assigned to district councils were considerable in the spheres that most closely touched the life of the district.

The elections to the London County Council in 1899 were a considerable event and attracted a great deal of attention. A majority made up of Liberals, Socialists and Fabians came to power – mostly people who were determined to make London government count in the world. Lord Rosebery was chosen the first chairman and vigorous policies were adopted in a number of fields, which had the effect of restoring to London that initiative in municipal policies which had long lapsed to provincial towns. In 1899 the Conservatives decided to modernise the confused structure of subordinate authorities which the council had inherited from the Metropolis Management Act of 1855, and these, under the London Government Act,[3] were replaced by a number of London municipal boroughs, again on the model of the 1835 Act, though not with all the powers the original Act had conferred. The boundaries of the boroughs, like those of the county, were drawn on historic lines, and while the county had included not a little that was not fully London and left out quite a little that was, the boroughs were unequal in size and population and wealth, so much so in the last respect that a measure towards equalising resources had to be adopted in 1904. But county and boroughs lived and served purposes that at least suggested that they might be made to serve others.

Criticism on the score of inequalities of size, population and wealth in the

---

[1] Local Government Act, 1888; No. 126
[2] Local Government Act, 1894; No. 127   [3] No. 128

units adopted could be made against all three of the major Acts which set up the new structure of local government at the end of the nineteenth century. The main point is, however, that the structure was created. This would hardly have been possible had not, in each case, a largely historical framework been adopted. Argument for this or that improvement of projected schemes might well have been endless. The decisive argument in practice was that in the past this or that plan had been accepted, as nearly as made little difference, had been found to work, and in the absence of strong contrary presumption might be expected to work in the future.

It was an inevitable consequence of the demands made upon state action as the century proceeded that the size of the Civil Service should steadily increase. It has been calculated that the number exclusive of workmen was just over 21,000 in 1832,[1] by the mid-century just under 40,000, forty years later nearly twice as many, and by 1914 over 280,000. Expansion on such a scale would have been inconceivable had not the mid-century movement of reform[2] bred confidence both in the management and in the devotion to duty of the civil servants. The basis of the faith was belief in educational tests. After nearly twenty years of discussion and experiment, the Order in Council of 4 June 1870 made the normal mode of entry to the service competitive examination. There were numerous alterations of ranks and of the appropriate examination, but the broad distinction was between the first and the second divisions, the first, university trained men appointed to posts which might lead to the top of the service, the second to the wide range of primarily clerical posts deemed suitable for those with no more than a secondary education. Training in the specific jobs was within the service itself. Thus a great measure of flexibility and interchangeability was achieved. In 1914 the McDonnell Commission began a thorough examination of the whole range of the service. There were numerous suggestions for reform in its six reports, but with the broad structure, and particularly with the selection and training of the leadership,[3] the commission expressed content.

SELECT BIBLIOGRAPHY

Most studies of government are more concerned with constitutional theory and relationships than with administrative practice and the development of policy. That is as true of modern studies of the Cabinet and its role, like Ivor Jennings, *Cabinet Government* (Cambridge, 1936), 3rd edn (1959), and J. P. Mackintosh, *The British Cabinet* (1962), as of a contemporary work like Sidney Low, *The Governance of England* (1904); though A. V. Dicey, *Introduction to the Study of the Law of the Constitution* (1885 and subsequent editions), broaches larger questions. H. D. Traill, *Central Government* (1881), revised by H. Craik (1908), describes the various departments; and A. L. Lowell, *The Government of England*, 2 vols (New York, 1908 and subsequent editions), remains a work of acumen in its analysis of government and its components. K. B. Smellie, *A*

[1] supplied from F. A. Hogg, *English Government and Politics* (New York, 1929)
[2] *E.H.D.*, XII (1), Part VII　　　　　[3] No. 129

Hundred Years of English Government (1937), new edn (1950), is a valuable survey. G. Sutherland (ed.), *Studies in the Growth of Nineteenth Century Government* (1972), contains important essays mainly on themes of administrative development.

Apart from the works on the civil service (listed below), M. Abramowitz and V. F. Eliasberg, *The Growth of Public Employment in Great Britain* (Princeton, 1957), is useful, while the financing of government is covered by A. T. Peacock and J. Wiseman, *The Growth of Public Expenditure in the United Kingdom* (Princeton, 1961); U. K. Hicks, *British Public Finances: their structure and development 1880–1952* (1954); and B. Chubb, *The Control of Public Expenditure: financial committees of the House of Commons* (Oxford, 1952), which provides useful historical background. For a guide to the parliamentary papers on the subject, *see* F. W. Fetter and D. Gregory, *Monetary and Financial Policy* (Dublin, 1973).

A clutch of inquiries into the civil service revealed the interest taken in the subject. Their reports, which in general expressed satisfaction with existing proposals of organisation, marked no major change in the direction of evolution but provided a good picture of contemporary organisation and practice. As well as the Annual Reports of the Civil Service Commissioners which run through the period there are the reports of the Playfair Commission on Civil Service recruitment, transfer and grading (*Parliamentary Papers 1875*, XXIII); the Royal Commission (Ridley) on Civil Establishments set up in 1886 (ibid. *1887*, XIX; *1888*, XXVII; *1889*, XXI and *1890*, XXVII); and the Royal Commission (McDonnell) on the Civil Service (ibid. *1912–13*, XV; *1913*, XVIII; *1914*, XVI and *1914–16*, XI–XII). The standard treatments, E. W. Cohen, *The Growth of the British Civil Service 1780–1939* (1941, 1965), and L. W. Griffith, *The British Civil Service 1854–1954* (1954), should be supplemented by H. Parris, *Constitutional Bureaucracy: the development of British central administration since the eighteenth century* (1969); G. K. Fry, *Statesmen in Disguise: the changing role of the administrative class of the British home civil service 1853–1966* (1969); and R. K. Kelsall, *Higher Civil Servants in Britain from 1870 to the Present Day* (1955).

There are important studies of particular departments and areas of government activity. H. G. Roseveare, *The Treasury: the evolution of a British institution* (1969), relates developments in a key department; and M. Wright, *Treasury Control of the Civil Service 1854–74* (Oxford, 1969), and "Treasury Control 1854–1914" in Sutherland (ed.), op. cit., tries to assess Treasury influence on other parts of central government. R. M. MacLeod's pamphlet, *Treasury Control and Social Administration: a study of establishment growth at the Local Government Board 1871–1905* (1968), considers that checks on staffing and status handicapped the operation of a new and potentially important department. The Annual Reports of the Local Government Board itself run from 1871–2 onwards, and though mainly concerned at first with poor law administration they analysed new legislation as it was passed. A. Newsholme, *The Ministry of Health* (1925), deals also with its predecessors. W. M. Frazer, *A History of English Public Health 1834–1939* (1950), is the standard survey, to which should be added R. Lambert, *Sir John Simon 1816–1904: and English social administration* (1963); Simon's own *English Sanitary Institutions* (1890, 1897); and L. Brand, *Doctors and the State: the British Medical profession and government action in public health 1870–1912* (Baltimore, 1965). R. M. MacLeod considers the issue of further extensions of state action on health matters in "The frustration of state medicine 1880–99", *Medical History*, x (1966), and "Law, medicine and public opinion: the resistance to compulsory health legislation 1870–1907", *Public Law*, xii (1967). The same author's "The Alkali Acts administration 1863–84: the emergence of the civil scientist", *Vict. Studies*, ix (1965), illustrates the growing use of administrative and scientific expertise. H. Llewellyn Smith, *The Board of Trade* (1928), provides some historical background; and R. Davidson, "Llewellyn Smith, the Labour Department and government growth 1886–1909" in Sutherland (ed.), op. cit., examines the major part the Board of Trade came to play in labour questions. H. J. Hanham, "The creation of the Scottish Office 1881–7", *Juridical Review*, new series, x (1965), looks at the genesis of one new department. Works on education and the poor law are listed elsewhere [1] but G. Sutherland,

Select Bibliographies to Parts IX and X respectively

Policy Making in Elementary Education 1870–95 (1973), which discusses the relative influence of politicians and civil servants on policy, is worth mention here.

One area of government better covered than most others is defence administration and planning. The Hartington Commission reported on the administration of naval and military departments (*Parliamentary Papers 1890*, XIX). The Royal Commission (Elgin) on the South African War (ibid. *1904*, XL–XLII) discussed the lessons of that conflict, and the report of the Esher Committee (ibid. *1904*, VIII) set the ball of reform rolling before the Haldane reorganisation. Those two latter figures are well covered by M. V. Brett, *Journals and Letters of Reginald Viscount Esher 1870–1910*, 2 vols (1934); Peter Fraser, *Lord Esher* (1974); Frederick Maurice, *Haldane*, 2 vols (1937–9); D. Sommer, *Haldane of Cloan* (1960); and S. E. Koss, *Lord Haldane: scapegoat for liberalism* (New York, 1969). Other works on army matters are W. S. Hamer, *The British Army: civil-military relations 1885–1905* (Oxford, 1970); two articles by A. V. Tucker, "Army and society in England 1870–1900: a reassessment of the Cardwell reforms", *J.Brit.Studies*, ii (1962), and "The issue of army reform in the Unionist government 1903–5", *Hist. Journal*, ix (1966); Brian Bond, *The Victorian Army: the staff college 1857–1917* (1972); B. Poe, "British army reforms 1902–14", *Military Affairs*, xxxi (1967); and J. K. Dunlop, *The Development of the British Army 1899–1914* (1938), which has special reference to the Territorials. For the Royal Navy, A. J. Marder provides authoritative history in *British Naval Policy 1880–1905: the anatomy of British sea power* (1940), and *From the Dreadnought to Scapa Flow: the Royal Navy in the Fisher era 1904–19*, I, *The Road to War 1904–14* (1961). For the Fisher reforms, add R. Bacon, *The Life of Lord Fisher of Kilverstone*, 2 vols (1929); A. J. Marder (ed.), *Fear God and Dread Nought: the correspondence of Admiral of the Fleet Lord Fisher of Kilverstone* 3 vols (1952–9); and R. A. Hough, *First Sea Lord: an authorised biography of Admiral Lord Fisher* (1969). For the Committee of Imperial Defence and the more general evolution of defence coordination, *see* Hansard, 4th series, CXVIII; CXXXIX; CXLVI; and there are F. A. Johnson, *Defence by Committee: the British Committee of Imperial Defence 1885–1959* (1960); J. Ehrman, *Cabinet Government and War 1890–1940* (Cambridge, 1958); J. P. Mackintosh, "The role of the Committee of Imperial Defence before 1914", *Eng. H.R.*, lxxxiii (1962); and N. d'Ombrain, *War Machinery and High Policy: defence administration in peacetime Britain 1902–14* (1973).

Consideration of the evolution of government cannot be detached from the political context. Paul Smith, *Disraelian Conservatism and Social Reform* (1967), is a slightly jaundiced but important account of the policy-making process before and during the government of 1874–80. H. V. Emy, *Liberals Radicals and Social Politics 1892–1914* (Cambridge, 1973), deals with the evolution and fortunes of Liberal legislative programmes. Jose Harris, *Unemployment and Politics: a study in English social policy 1886–1914* (Oxford, 1972), considers questions of government action in one field; and the attitudes of Labour to the question are covered by K. D. Brown, *Labour and Unemployment 1900–14* (Newton Abbot, 1971). B. B. Gilbert, *The Evolution of National Insurance in Great Britain: the origins of the welfare state* (1966), charts the progress of one idea which achieved fulfilment of a sort in Lloyd George's Act of 1911; and D. Collins, "The introduction of old age pensions in Great Britain", *Hist. Journal*, viii (1965), considers another innovation of the same government. Peter Rowland, *The Last Liberal Governments: the promised land 1905–10* (1968), and *The Last Liberal Governments: unfinished business 1911–14* (1971) provide some sort of account of their domestic policy. H. N. Bunbury (ed.), *Lloyd George' Ambulance Wagon: being the memoirs of William J. Braithwaite 1911–12* (1957), gives a civil servant's inside account of the National Insurance episode; and G. R. Askwith (Lord Askwith) *Industrial Problems and Disputes* (1920), does something the same for industrial conciliation from 1911 to 1919.

The period witnessed a notable strengthening and reshaping of local government, with the Local Government Acts of 1888 (51 & 52 Vict., c. 41) and 1894 (56 & 57 Vict., c. 73) and the London Government Act of 1899 (62 & 63 Vict., c. 14). The debates in the House of Commons on the bill of 1888 (*Hansard*, 3rd series, CCCXXIII–CCCXXX) reveal how the Act varied from the government's proposals. The Annual Reports of the Local Government Board have already been mentioned; there were also the Annual Reports of the Medical Officer of Health to the Board (to the Privy Council prior to 1873). The *Municipal Year Book and Public Services Directory* was published from 1897 onwards. Outline histories are provided by K. B. Smellie, *A History of Local Government* (1946 and subsequent editions), and J. J. Clarke, *A History of Local Government of the United Kingdom* (1955). Two contemporary studies are E. Jenks, *An Outline of English Local Government* (1894, 1907), and J. Redlich, *Local Government in England*, ed. F. W. Hirst, 2 vols (1903), 2nd edn. by B. Keith-Lucas (1970). Two valuable works on difficult aspects of the topic are V. D. Lipman, *Local Government Areas 1834–1945* (Oxford, 1949), and B. Keith-Lucas, *The English Local Government Franchise: a short history* (Oxford, 1952).

County government is not on the whole well covered. A. F. Davie, "The administration of Lancashire 1838–89", in S. P. Bell (ed.), *Victorian Lancashire* (Newton Abbot, 1974), looks at the period before county councils; and there are two important articles by J. P. D. Dunbabin, "The politics of the establishment of county councils", *Hist. Journal*, vi (1963), and "Expectations of the new county councils and their realisation", ibid., viii (1965). J. M. Lee, *Social Leaders and Public Persons: a study of county government in Cheshire since 1888* (Oxford, 1963), studies the personnel of county politics. There is no satisfactory history of London government after 1888, but G. I. Gibbon and R. W. Bell, *History of the London County Council 1889–1939* (1939), is the nearest thing for the L.C.C.; and W. A. Robson, *The Government and Misgovernment of London* (1939), provides a more critical view. Paul Thompson, *Socialists, Liberal and Labour: the struggle for London 1885–1914* (1967), analyses developments on the left of London local politics; and K. Young, *Local Politics and the Rise of Party: the London Municipal Society and the Conservative intervention in local elections 1894–1963* (Leicester, 1976), looks at the other side. Outstanding studies of other major cities are A. Briggs, *History of Birmingham*, II, *Borough and City 1865–1938* (1952); S. D. Simon, *A Century of City Government: Manchester 1838–1938* (1938); A. Redford with I. S. Russell, *The History of Local Government in Manchester*, 3 vols (1939–40); and B. D. White, *A History of the Corporation of Liverpool 1835–1914* (Liverpool, 1951). E. P. Hennock, *Fit and Proper Persons: ideal and reality in nineteenth century urban government* (1973), deals mainly with Leeds and Birmingham. Two articles with a mainly mid-Victorian perspective are E. P. Hennock, "Finance and politics in urban local government in England 1835–1900", *Hist. Journal*, vi (1963), which considers the financial limitations of improving authorities; and R. M. Gutchen, "Local government and centralisation in nineteenth century England", ibid. iv (1961), which emphasises central government's concern for minimum standards and greater uniformity in local government. There is no good study of police in the period, but T. A. Critchley, *A History of Police in England and Wales 900–1966* (1967), provides an outline; and W. R. Cockcroft, "The Liverpool police force 1836–1902", in Bell (ed.), op.cit., looks at one city's force.

125. Reconstitution of the Defence Committee, 1903–5

(a) *Balfour's speech on motion to establish Committee of Defence on a permanent footing, 5 March 1903*

(*Hansard*, 4th series, CXVIII, cols 1578 ff.)

... As the House is aware, there has been for many years in existence a Defence Committee of the Cabinet, and I may perhaps commence my observations by explaining in what respects the present Defence Committee differs from that which it has replaced. In the first place it differs from it as regards the subjects with which it deals. The general practice of the old Defence Committee was to take up the points referred to it from time to time by the Cabinet. There might be a question, perhaps, between the War Office or the Admiralty and the Chancellor of the Exchequer upon which some discussion outside these two departments was desirable, or it might be that some question of imperial defence which had risen for the moment above the horizon had attracted the attention of the Cabinet and was referred by it to the Defence Committee. In that capacity the old Defence Committee did, I think, extremely good work, and was a great improvement on the state of things which existed before it was called into being. But the new Defence Committee is much more ambitious – at all events, at this early stage I have no right to use any other word – in its scope. The idea the government had in establishing it is not to take up from time to time questions referred to it by the Cabinet, but to make it its duty to survey as a whole the strategical military needs of the empire, to deal with the complicated questions which are all essential elements in that general problem, and to revise from time to time their own previous decisions; so that the Cabinet shall always be informed and always have at its disposal information upon these important points. They should not be left to the crisis of the moment, but when there is no special stress or strain the government and its advisers should devote themselves to the consideration of these important issues.

So much for the change of subject, scope, and design between the new Defence Committee and the old. It only remains for me to describe in what the constitution of the new committee differs from the constitution of the old one. The old Defence Committee was, in the strictest and narrowest sense of the word, a committee of the Cabinet; and like all ordinary committees of the Cabinet, it kept no record, and it admitted to its council no outsiders. Of course that does not mean that the old Defence Committee did not ask the opinion of naval and military experts which the government had at their disposal. It only means that those experts came to the committee, not as members but as witnesses. They came, they were asked questions, they were cross-examined, and they gave their opinions, and those opinions were considered by the Cabinet Committee, and the Cabinet Committee formed its judgment, like other Cabinet committees, and conveyed that to the Cabinet as a whole. There are obvious disadvantages in that course. In the first place, it is of the essence both of Cabinets and of Cabinet committees, in the narrower sense of the word, that they keep no records. There are great objections to that procedure when you are dealing with the particular class of subject with which the Defence Committee is entrusted. In the first place, even during the continuance of a single administration, it may well happen that the conditions of the problem change, and that they have to be reconsidered by the Defence Committee, and by the Cabinet which it advises, and it is an enormous additional labour that the whole matter has to be gone into again, and taken up in the midst of its responsible and multifarious duties by the Cabinet. The members themselves, or some of them, may well have got rusty in the details of the problem on which they made up their minds before, and only remember the outline of their decision. If the new plan bears all the fruit that I hope it will bear the con-clusions of the Defence Committee will be embodied not merely in resolutions, but in reasoned documents in which the whole ground upon which those conclusions have been arrived at will be set out for the information, in the first place, of the Cabinet of the time, and in the second place of the same admini-stration at a later period, for revision if need be; and last, if not least, for the information of their successors in office.

There are a great many things in which there is discontinuity between successive administrations in this House, chosen, as they commonly are, upon different sides of the House. But there is one point on which there ought to be no discontinuity, and that is the military and naval policy of the empire. There may be differences of opinion. There have been, indeed, in my own experience, most important differences of opinion, not between the members of that bench and members of this bench, but between the First Naval Lord at one time and the First Naval Lord at another time, between two successive boards of Admiralty, two successive commanders-in-chief, two successive sets of experts belonging to either department. It is most important that when these differ-ences of opinion show themselves, the grounds on which the former decision was arrived at should be there in a simple, easily intelligible, easily accessible form. Then there will be the data which will enable those who take up for the second time or the third time the reconsideration of these old problems to cover without trouble the ground already traversed, and, if changes are necessary, to make them with the minimum of trouble, friction, waste of time, and inconven-ience. When we remember how very hard-worked under modern conditions both ministers and heads of departments are, I think the mere saving of time, let alone the increased clearness with which these grounds will be apprehended if they are put on record, is of the utmost importance. Of course the decision arrived at next week or the week after next binds nobody. It expresses the opinion of this committee at the moment, and it does not bind even them not to reconsider their decision if new facts come up. It does not bind the Cabinet of whom they are only the advisers; still less does it bind their successors in office. They will approach the consideration or reconsideration of these great problems absolutely unhampered. But whilst they are unhampered by the decisions of their predecessors, they will be fully informed of the grounds on which these decisions have been arrived at. That is the first great difference between the new Defence Committee and the old Defence Committee. The committee will keep records, and the records will not consist of bare resolutions saying that so many men are required for this or that purpose, or so many ships are necessary for this or that need. We shall have something much more than that, namely the full-blooded and detailed account of the reasons on which the conclusions come to are based. The second difference is as to the actual constitution of the committee. It differs fundamentally from anything that can be described as a Cabinet committee which, as far as my experience goes, has ever existed in the past.

I think it is all the more important that I should explain to the House the constitution of the committee which we have, provisionally, at all events, determined upon, because I think that something that I said at Liverpool may have created some misconception in the public mind upon the subject. Our view is this – that there must be a fixed nucleus in this committee. If you do not have that, you do not have continuity. If every time a topic is to come up you recreate your committee, there is evidently not that continuity of consideration which I am sure is all-important if really valuable conclusions are to be arrived at. That is the first condition we lay down.

The second condition that we lay down is that this fixed and permanent nucleus should not be too large. It is very easy to say, and we are all tempted to say, that every available person who could give a valuable contribution to the discussion of the strategical subjects should be admitted to this committee. I am sure that those who have seen much of committee work will not be misled by that view. A committee to do anything must not be too large. It is perfectly true that by restricting the numbers you will exclude from your councils, from your immediate discussions, persons of great capacity and great knowledge, whose opinions would be eminently worth having, but the main point is to have the machine a working machine – a machine that really can get through the extraordinarily complicated and difficult problems with which it has to deal, which it would never do if its members were permitted to grow beyond certain narrow limits. Therefore there must be a permanent nucleus, and the nucleus must not be too large. The permanent nucleus which we have tentatively, provisionally at all events, determined upon, makes the Cabinet members of the committee consist of the Lord President, the Prime Minister, the Secretary of State for War, and the First Lord of the Admiralty. It makes the non-Cabinet members of the committee the First Sea Lord, the Commander-in-Chief, the head of the Naval Intelligence and the head of the Military Intelligence. That I think is quite large enough for that continuous and permanent nucleus of which I spoke just now. I think, though I am not sure, that I misled the public by an incautious phrase at Liverpool. Whilst that is a permanent nucleus it does not mean that the gentlemen I have enumerated are for all purposes and all occasions to constitute the whole of the Defence

Committee. For instance it would be quite absurd for the Defence Committee to discuss any problems involving the expenditure of public money without asking the Chancellor of the Exchequer to take part in our deliberations. It would be quite impossible for the committee to discuss such problems, for example, as the defence of India without asking the Secretary of State for India and his military advisers also to take part in our deliberations. It would be quite impossible to discuss any problems in which were closely intertwined the current questions of diplomacy without begging the Foreign Secretary to come and give us his opinion and advice. Whilst I mention those particular members of the Cabinet as obviously being required from time to time, I do not mean to exclude other members who, for any particular reason, may be required to help us; nor do I absolutely exclude the introduction of other members who are not members of the Cabinet, though I am disposed to think they should as a rule come as witnesses rather than as members. On the other hand I pronounce nothing more than a tentative opinion. That is the constitution of the committee as we have conceived it. It differs, of course, from the old committee in the fact that it has upon it an important body of experts; and there are some, I think, who would wish to go further and would like to have a Committee of Defence entirely composed of military and naval experts, who should discuss these problems among themselves, and then go to the Cabinet with a cut-and-dried opinion upon the various points submitted to them or upon the points which they think ought to be brought to the notice of the government. Personally I am strongly opposed to that. Remember that has been tried and within its limits has been extremely useful. There is at this moment a Joint Committee of the Army and the Navy, to whom a great many problems have been submitted, and who have given very valuable assistance.

In my opinion the Committee of Defence, if it is to be worth anything, must contain a strong Cabinet element. I believe that to be important for many reasons. I believe it to be very important for constitutional reasons – from this point of view, among others, that Cabinet opinions come to the Cabinet with a very different weight to the opinions of mere experts. And further, I think that, as the decisions will have been arrived at by the help of members of the Cabinet, they will, whatever their value may be, receive a deference and support which they never could or would receive if they were simply thrown at the heads of the Cabinet from outside. That is a reason, I think, that everyone will agree with; but there is another reason with which there may not be equal agreement. I have the profoundest respect, need I say, for expert opinion, whether naval or military; but I cannot help thinking that even the best of soldiers and the best of sailors give a better opinion after they have been thoroughly cross-examined by civilians than they do before they have undergone a process which, I hope, is not unpleasant, but may be long and laborious. The Defence Committee, as I need not say, will be full of instruction for civilians and Cabinet ministers, and I hope it will not be without its instruction for even soldiers and sailors. I entirely agree with those critics of our old system, our old national system, in which the navy decided its own affairs without consulting the army, and the army decided its own affairs without reference to the navy – I agree that that was a very faulty system. That is cured by bringing soldiers and sailors face to face on this committee. While the soldiers will benefit from the sailors and the sailors from the soldiers, I hope both will benefit from the civilians; at any rate I am vain enough of the class to which I belong to think that that happy result may not be impossible . . .

Motion made and question proposed, "that, in the opinion of this House, the growing needs of the empire require the establishment of the Committee of Defence on a permanent footing" (Mr Balfour).

(b) *Balfour's statement in debate on Civil Service estimates, 2 August 1904*
(ibid. CXXXIX, col. 602)

Prime Minister and First Lord of the Treasury (Mr A. J. Balfour, Manchester E.) said he did not propose at that stage of the discussion to make any broad statement of policy. He thought the House was thoroughly acquainted with the grounds which induced the government to remodel the Committee of Defence. It was necessary for its new constitution that there should be a staff which should assist the members of the committee adequately to perform their work, and should also give them the element of continuity which he thought was so valuable a part of the new machinery which had been created. . . .

(c) *Balfour in discussions of 11 May 1905*
(ibid. CXLVI, cols 63 ff.)

. . . But although these are not within the purview of our functions, I think that the longer our labours have gone on the more convinced, I believe, is every member of the committee, every minister who sits on that committee, of the necessity of the work which the committee carries out. I say that in no spirit of criticism of our predecessors, because we, for the most part, are ourselves first in this movement. But my sense of astonishment is a growing sense that we should ever have got on without some kind of organisation such as we have now.

Of course, from time to time, the sort of questions with which this committee has to deal have been confided to successive committees appointed *ad hoc*, consisting of eminent sailors and soldiers, and no doubt in many cases with a strong civilian element. These committees – and this is the main point to be remembered – kept no continuous record. They dealt with a single and isolated subject, apart from other questions; and although their labours remained for all time in the report which they gave to the government or to the House, a series of committees appointed *ad hoc* is a different thing from one having a continuous existence, and having behind it records of its decisions, or it may be indecisions, for the instruction and use of those who from time to time are called to the service of the Crown as responsible ministers. That want is filled by this Defence Committee as it could never be filled by a temporary committee; and I venture to go further and to repeat what I have said before, namely, that as time goes on I am convinced that the various colonies of the empire will bring before the committee matters in which they feel special interest, and will send to this committee their representatives to act in these matters on perfect equality with the members of the committee who sit week after week in Whitehall. I do not venture to prophesy of what colonial developments this committee may prove itself capable, but we have sown a seed which may bear great fruit, and we have already been enabled to lay foundations on which a noble building may be erected. Of that there is no question at all.

But the real and main function of this committee comes in, in the first place, where two departments of the home government are concerned – like the War Office and the Admiralty, or the Foreign Office and the War Office and the Admiralty, as often happens; and secondly where the home government and a colonial government have a common purpose to serve in connection with defence; and thirdly, to bring into coordination the Indian government and the British government for the purpose of common Indian defence. There is nobody who is at all acquainted with the history of the Anglo-Indian problem of Indian defence but has had it most forcibly brought to their minds how great has been the lack in past times of some body of this kind, and how exceedingly difficult it is even for this committee to work with perfect smoothness and rapidity through the complex problems which the governments of India and of this country have to face in common and have to deal with on some common and accepted plan. I need not say that the number of topics that come under one or other of these heads is very great. . . .

I propose today to confine my observations to the broader issues of national defence. I shall venture to divide national defence into the three branches – home defence, colonial defence and Indian defence; and the House will recognise that when I mention these three great divisions I cannot from the very nature of the case attempt to go into anything like every detail that each may suggest; and that I can only indicate in somewhat broad outline the conclusions at which the Committee of Defence have arrived.

The first of these great divisions is home defence, and it is certainly the most important. If home defence be ill-secured, the British Empire, though it may be a magnificent structure, a magnificent monument, rests on feet of clay. We are perfectly useless for purposes of defence in far off seas, if the very centre and heart of the empire is really open to serious invasion. But though everybody recognises that this is the central problem of imperial and national defence, we go year after year with something in the nature of a profitless wrangle between the advocates of different schools, to which the puzzled civilian attaches himself either on the one side or the other, and which leaves in the general mind of the country an uneasy sense that in spite of the millions we are spending on the navy and the army the country is not, after all, secure against some sudden and unexpected attack levelled at us by neighbours with whom we certainly do not wish to quarrel, but who, for some reason or other, may desire to shatter the great fabric of our empire. It seemed to us that this long-standing quarrel was the first matter with which we had to deal. And remember this division of opinion goes far beyond the living memories among us. It goes right back to Elizabethan times. You will find the same two opposed schools urging the same arguments far back in the time of Drake. You will find that great soldiers in the sixteenth century believed the invasion of England possible – great continental, as well as great British soldiers; and you will find that great British sailors did not believe it possible. If you go down the stream of time, you come to an exactly similar state of things during the Napoleonic wars. There is no doubt that Napoleon conceived that invasion of these islands was possible. No man studying the facts can accept the hypothesis put forward by some historians that the materials, the men and the ships assembled by Napoleon at Boulogne early in the last century were merely a feint to distract some other power. It is certain that Napoleon believed invasion to be possible; and it is equally certain that Nelson believed it to be impossible. You come to a generation later, and you find the duke of Wellington, in the forties, in a very famous communication which was made public at the time, expressing the most serious alarm, in terms almost pathetic in their intensity, as to the safety of these islands from invasion from across the Channel. Sailors, I believe, have been unwavering in their opinion. I am not aware of any considerable naval authority who has ever held that serious overseas invasion is a thing of which we need be greatly alarmed. . . .

Mr Haldane. The right hon. gentleman promised to say something on the colonial question.

Mr A. J. Balfour. That is true and I will deal with it in connection with the constitution of the committee. It may seem a paradox, but after having given the matter the most careful consideration in my power, I have come to the conclusion that the only member of the Defence Committee who ought to have an indisputable right to be a member is the Prime Minister himself. It is perfectly true that as a matter of practice and in relation to almost all the subjects we have had under discussion there have been summoned to the meetings of the committee, not as witnesses but as members, the two members of the Cabinet responsible for the army and the navy respectively and their chief naval and military advisers. The Chancellor of the Exchequer is an almost constant attendant, because, unfortunately, it is impossible to discuss a large number of these questions irrespective of the state of the national finances. Constantly, also, questions have arisen in which we have been compelled to ask the overburdened minister for Foreign Affairs to come to assist us. Indeed, he has asked us to deal with questions in which his own and other departments are concerned, and on these occasions, of course, he has to be present. In the same way, the Colonial Secretary attends whenever any question-is raised in which the colonies are directly interested, and we have had, on more than one oc-casion also not merely the Colonial Secretary, but the Permanent

Under-Secretary for the Colonies, who has given us valuable assistance. Observe the enormous advantage of this flexibility of constitution. If you laid down fixed members of the committee every other person would come to the meetings on sufferance, either as an additional member, or with a different status, and that would carry with it what would be regrettable in the highest degree – namely, that when any colonial representative came over on a question in which the colonies were interested, he would not come on precisely the same footing as other members, but in the form, I will not say of a suppliant, but of a witness, or of an ambassador bearing a request, or in some other capacity than that of a member of the committee. He is now a full member of the committee for a particular purpose, and that arrangement has the advantage of making known to him the documents of the committee, some of which are of the most confidential character, and are not to be scattered broadcast all over the world. They remain in the keeping of the one fixed and permanent member of the committee – namely the Prime Minister. I admit that that constitution, which has no statutory obligation, and can be changed by any successor of mine who desires to do so, is in itself at first sight singular. But those who habitually attend the committee have found it convenient and flexible; we have not found it open to any objection; and if it be urged that it takes away from the committee its authority, because no one knows of whom it is constituted, I would say that the minutes state who was present, and who agreed to the resolutions at which the committee arrived. These resolutions remain on record for the benefit of ourselves and our successors, and there is not the slightest danger of the House of Commons believing that the resolutions are expressed on the authority of an important body, when, as a matter of fact, they are expressed on the opinion of a single individual, who perhaps has very little authority.

I think that probably answers the question put to me by the hon. and learned member for Haddington, and, if so, it also answers the question put to me by the hon. member for Kings Lynn. He said, and said truly, that some questions that the Committee of Defence have discussed involve very nice points of international law. That indeed is a fact, as anyone who has served on the committee during the present war knows to his cost; but for those purposes we ask the Attorney-General to attend. He is for those purposes a member of the committee. He comes and gives us his opinion; if there is a vote taken he will give his vote just like any other member of the committee. So that, again, gives a further illustration of the great adaptability which the present constitution of the committee gives to the varying circumstances of the national need. That is all I have to say in reply; and I can only thank the committee, first, for having tolerated a very long speech at the beginning of the sitting, and then having patiently listened to such defence as I am able to offer to the criticisms that have in a very kindly spirit been given utterance to in the course of the afternoon.

126. Local Government Act, 1888

(Public General Statutes, 51 & 52 Vict. c. 41)

Part I. County Councils

Constitution of the County Council

1. A council shall be established in every administrative county as defined by this Act and shall be entrusted with the management of the administrative and financial business of that county, and shall consist of the chairman, aldermen and councillors.

2 (1) The council of a county and the members thereof shall be constituted and elected and conduct their proceedings in like manner and be in the like position in all respects as the council of a borough divided into wards, subject nevertheless to the provisions of the Act and in particular to the following provisions, that is to say,

(2) As respects the aldermen and councillors,

(a) clerks in holy orders and other ministers of religion shall not be disqualified for being elected and being aldermen and councillors;

(b) a person shall be qualified to be an alderman or councillor who, though not qualified in manner provided by the Municipal Corporations Act, 1882 as applied by this Act, is a peer owning property in the county, or is registered as a parliamentary voter in respect of ownership of property of whatsoever tenure situate in the county;

(c) the aldermen shall be called county aldermen, and the councillors shall be called county councillors; and a county alderman shall not, as such, vote in the election of a county alderman;

(d) the county councillors shall be elected for a term of three years and shall retire together, and their places shall be filled by a new election; and

(e) the divisions of the county for the purposes of the election of county councillors shall be called electoral divisions and not wards, and one county councillor only shall be elected for each electoral division;

(3) As respects the numbers of the county councillors, and the boundaries of the electoral divisions in every county,

(a) the number of the county councillors, and their apportionment between each of the boroughs which have sufficient population to return one councillor and the rest of the county shall be such as the Local Government Board may determine; and

(b) any borough returning one councillor only shall be an electoral division; and

(c) in the rest of the county the electoral divisions shall be such as in the case of a borough returning more than one councillor the council of the borough, and in the rest of the county the quarter sessions for the county may determine, subject in either case to the directions enacted by this Act; and in case of elections after the first to any alterations made, in accordance with the said directions, in manner in this Act mentioned:

(4) As respects the electors of the county councillors,
the persons entitled to vote at their election shall be, in a borough the burgesses enrolled in pursuance of the Municipal Corporations Act, 1882 and the Acts amending the same, and elsewhere the persons registered as county electors under the County Electors Act, 1888.

(5) As respects the chairman of the county council,

(a) he shall be called chairman, instead of mayor; and

(b) he shall, by virtue of his office, be a justice of the peace for the county; but before acting as such justice, he shall, if he has not already done so, take the oaths required by law to be taken by a justice of the peace other than the oath respecting the qualification by estate.

(6) The county council may from time to time appoint a member of the council to be vice-chairman, to hold office during the term of office of the chairman, and, subject to any rules made from time to time by the county council, anything authorised or required to be done by, to, or before the chairman may be done by, to, or before such vice-chairman.

Powers of County Council
3. There shall be transferred to the council of each county on and after the appointed day the administrative business of the justices of the county in quarter sessions assembled, that is to say all business done by the quarter sessions or any committee appointed by the quarter sessions, in respect of the several matters following, namely,

(i) The making, assessing and levying of county, police, hundred, and all rates, and the application and expenditure thereof, and the making of orders for the payment of sums payable out of any such rate or out of the county stock or county fund, and the preparation and revision of the basis or standard for the county rate;

(ii) the borrowing of money;

(iii) the passing of the accounts of and the discharge of the county treasurer;

(iv) shire halls, county halls, assize courts, judges lodgings, lock up houses, court houses, justices rooms, police stations, and county buildings, works and property, subject as to the use of buildings by the quarter sessions and the justices to the provisions of this Act respecting the joint committee of quarter sessions and the county council;

(v) the licensing under any general Act of houses and other places for music or for dancing, and the granting of licences under the Racecourses Licensing Act, 1879;

(vi) the provision, enlargement, maintenance, management, and visitation of and other dealings with asylums for pauper lunatics;

(vii) the establishment and maintenance of and contribution to reformatory and industrial schools;

(viii) bridges and roads repairable with bridges, and any powers vested by the Highways and Locomotives (Amendment) Act, 1878 in the county authority;

(ix) the tables of fees to be taken by and the costs to be allowed to any inspector, analyst, or person holding any office in the county other than the clerk of the peace and the clerks of the justices;

(x) the appointment, removal and determination of salaries of the county treasurer, the county surveyor, the public analysts, any officer under the Explosives Act, 1875 and any officers whose remuneration is paid out of the county rate other than the clerk of the peace and the clerks of the justices;

(xi) the salary of any coroner whose salary is payable out of the county rate, the fees, allowances, and disbursements allowed to be paid by any such coroner, and the division of the county into coroners districts, and the assignment of such districts;

(xii) the division of the county into polling districts for the purposes of parliamentary elections, the appointment of places of election, the places of holding courts for the revision of the lists of voters, the costs of and other matters to be done for the registration of parliamentary voters;

(xiii) the execution as local authority of the Act relating to contagious diseases of animals, to destructive insects, to fish conservancy, to wild birds, to weights and measures, and to gas meters and of the Local Stamp Act, 1869;

(xiv) any matters arising under the Riot (Damages) Act, 1869;

(xv) the registration of rules of scientific societies under the Act of the sixth and seventh years of the reign of her present majesty, chapter thirty-six: the registration of charitable gifts . . .; the certifying and recording of places of religious worship . . .; the confirmation and recording of the rules of loan societies . . .; and

(xvi) any other business transferred by this Act. . . .

8 (1) Nothing in this Act shall transfer to a county council any business of the quarter sessions or justices in relation to appeals by overseers or persons against the basis or standard for the county rate or against that or any other rate.

(2) All business of the quarter session or any committee thereof not transferred by or in pursuance of this Act to the county council shall be reserved to and transacted by the quarter sessions or committee thereof in the same manner, as far as circumstances admit, as if this Act had not passed.

9 (1) The powers, duties, and liabilities of quarter sessions and of justices out of session with respect to the county police shall, on and after the appointed day, vest in and attach to the quarter sessions and the county council jointly, and be exercised and discharged through the standing joint committee of the quarter sessions and the county council appointed as hereinafter mentioned.

(2) Provided that the powers conferred by section seven of the County and Borough Police Act, 1856 which requires constables to perform, in addition to their ordinary duties, such duties connected with the police as the quarter sessions may direct or require, shall continue to be exercised by the quarter sessions as well as by the said standing joint committee, and may also be exercised by the county council; and the said section shall be construed as if the

county council and the said joint standing committee were therein mentioned as well as the quarter sessions.

(3) Nothing in this Act shall affect the powers, duties, and liabilities of justices of the peace as conservators of the peace, or the obligation of the chief constable or other constables to obey their lawful orders given in that behalf. . . .

Part II. Application of Act to boroughs, the metropolis and certain special counties

30 (1) For the purposes of the police and the clerk of the peace and of the clerks of the justices and joint officers, and of matters requiring to be determined jointly by the quarter sessions and the council of a county, there shall be a standing joint committee of the quarter sessions and of the county council consisting of such equal number of justices appointed by the quarter sessions and of members of the county council appointed by that council as may from time to time be arranged by the quarter session and the council, and in default of arrangement such number taken equally from the quarter sessions and the council as may be directed by a Secretary of State.

(2) The joint committee shall elect a chairman, and in the case of an equality of votes for two or more persons as chairman, one of those persons shall be elected by lot.

(3) Any matter arising under this Act with respect to the police or to the clerk of the peace or to clerks of the justices or to officers who serve both the quarter sessions or justices and the county council, or to the provision of accommodation for the quarter sessions or justices out of session, or to the use by them of any buildings or the police or the said clerks of any building, rooms, or premises, or to the application of the Local Stamp Act, 1869 to any sums received by clerks to justices, or with respect to anything incidental to the above-mentioned matters, and any other matter requiring to be determined jointly by the quarter sessions and the county council, shall be referred to and determined by the joint committee under this section; and such expenditure as the said joint committee determine to be required for the purposes of the matters above in this section mentioned shall be paid out of the county fund, and the council of the county shall provide for such payment accordingly. . . .

31. Each of the boroughs named in the Third Schedule to this Act being a borough which on the first day of June one thousand eight hundred and eighty-eight, either had a population of not less than fifty thousand, or was a county of itself shall from and after the appointed day be for the purposes of this Act an administrative county of itself, and is in this Act referred to as a county borough.

Provided that for all other purposes a county borough shall continue to be part of the county (if any) in which it is situate at the passing of this Act, and if a separate commission of assize, oyer and terminer, or gaol delivery is not directed to be executed within the borough, the borough shall, for the purposes of any such commission and of the service of jurors and the making of jury lists, be part of the county in which it is specified in the said schedule to be deemed for the purposes of this Act to be situate. . . .

34 (1) The mayor, aldermen and burgesses of each county borough acting by the council shall, subject as in this Act mentioned, have and be subject to all the powers, duties, and liabilities of a county council under this Act (in so far as they are not already in possession of or subject to the same), and in particular shall, subject to the provisions of this Act as to adjustment between counties and county boroughs, be entitled to receive the like sums out of the Local Taxation Account, and be bound to make the like payments in substitution for local grants and the like grants in respect of the costs of the officers of unions and of district schools as in the case of a county council, so far as the circumstances make such payments applicable, and all the provisions of this Act (including those with respect to the forfeiture on the withholding by a Secretary of State of his certificate as respects the police of the county) shall accordingly, so far as circumstances admit, apply in the case of every such borough, with the necessary modifications, and in particular with the following modifications,

(a) the county borough shall be substituted for the county, and borough fund shall be substituted for county fund, and town clerk shall be substituted for clerk of the peace and clerk of the council;

(b) a reference to two or more counties shall include a reference to county boroughs as well as to counties;

(c) such powers, duties, and liabilities of the court of quarter session or justices as in the case of the county are transferred to the county council shall be transferred to the council of the county borough, whether the same are vested in or attached to the court of quarter session or justices of the borough or of the county in which the borough is situate;

(d) and (e) [financial details].

(2) and (3) [Powers and responsibilities transferred and those excepted.] . . .

40. Application of Act to metropolis
In the application of this Act to the metropolis, the following provisions shall have effect,

(1) The metropolis shall, on and after the appointed day, be an administrative county for the purposes of this Act by the name of the administrative county of London.

(2) Such portion of the administrative county of London as forms part of the counties of Middlesex, Surrey, and Kent shall on and after the appointed day be severed from those counties and form a separate county for all non-administrative purposes by the name of the county of London.

127. Local Government Act, 1894

(*Public General Statutes*, 56 & 57 Vict. c. 73)

Part 1: Parish meetings and parish councils
Constitution of parish meetings and parish councils
1 (1) There shall be a parish meeting for every rural parish and there shall be a parish council for every rural parish which has a population of three hundred or upward: provided that an order of the county council in pursuance of Part III of this Act,

(a) shall, if the parish meeting of a rural parish having a population of one hundred or upwards so resolve, provide for establishing a parish council in the parish, and may, with the consent of the parish meeting of any rural parish having a population of less than one hundred, provide for the establishing of a parish council in the parish; and

(b) may provide for grouping the parish with some neighbouring parish or parishes under a common parish council, but with a separate parish meeting for every parish so grouped, so however that no parish shall be grouped without the consent of the parish meeting for that parish.

(2) For the purposes of this Act every parish in a rural sanitary district shall be a rural parish.

(3) Where a parish is at the passing of this Act situate partly within and partly without a rural sanitary district, the part of the parish which is within the district and the part which is without shall, as from the appointed day, but subject to any alteration of area made by or in pursuance of this or other Act, be separate parishes, in like manner as if they had been constituted separate parishes under the Divided Parishes and Poor Law Act, 1876 and the Acts amending the same.

2 (1) The parish meeting for a rural parish shall consist of the following persons, in this Act referred to as parochial electors and no others, namely the persons registered in such portion either of the local government register of electors or of the parliamentary register of electors as relates to the parish.

(2) Each parochial elector may, at any parish meeting or at any poll consequent thereon, give one vote and no more on any question, or, in the case of an election for each of any number of persons not exceeding the number to be elected.

(3) The parish meeting shall assemble at least once in every year, and the proceedings of every parish meeting shall begin not earlier than six o'clock of the evening.

(4) Subject to the provisions of this Act as to any particular person being the chairman of a parish meeting, the meeting may choose their own chairman.

(5) A poll consequent on a parish meeting shall be taken by ballot. . . .

3 (1) The parish council for a rural parish shall be elected from among the parochial electors of that parish or persons who have during the whole of the twelve months preceding the election resided in the parish, or within three

miles thereof, and shall consist of a chairman and councillors, and the number of the councillors shall be such as may be fixed from time to time by the county council, not being less than five or more than fifteen.

(2) No person shall be disqualified by sex or marriage from being elected or from being a member of the parish council.

(3) The term of office of a parish councillor shall be one year. . . .

(5) The parish councillors shall be elected by the parochial electors of the parish. . . .

(7) The parish council shall in every year, on or within seven days after the ordinary day of coming into office of councillors, hold an annual meeting.

(8) At the annual meeting the parish council shall elect from their own body, or from other persons qualified to be councillors of the parish a chairman who shall, unless he resigns or ceases to be qualified or becomes disqualified, continue in office until his successor is elected. . . .

4. [Use of school rooms.]

Powers and duties of parish councils and parish meetings

5 (1) The power and duty of appointing overseers of the parish and the power of appointing and revoking the appointment of an assistant overseer for every parish having a parish council shall be transferred to and vested in the parish council, and that council shall in each year at their annual meeting appoint the overseers of the parish and shall as soon as may be fill any casual vacancy occurring in the office of overseer of the parish, and shall in either case forthwith give written notice thereof in the prescribed form to the board of guardians.

(2) As from the appointed day,

(a) the churchwardens of every rural parish shall cease to be overseers, and an additional number of overseers may be appointed to replace the churchwardens; and

(b) references in any Act to the churchwardens and overseers shall, as respects any rural parish, be construed as references to the overseers; and

(c) the legal interest in all property vested either in the overseers or in the churchwardens and overseers of a rural parish, other than property connected with the affairs of the church or held for an ecclesiastical charity shall, if there is a parish council, vest in that council, subject to all trusts and liabilities affecting the same, and persons concerned shall make or concur in the making such transfers, if any, as are requisite for giving effect to this enactment.

6 (1) Upon the parish council of a rural parish coming into office there shall be transferred to that council,

(a) the powers duties and liabilities of the vestry except

(1) so far as relates to the affairs of the church or to ecclesiastical charities; and

(2) any power, duty, or liability transferred by this Act from the vestry to any other authority;

(b) the powers, duties, and liabilities of the churchwardens of the parish, except so far as they relate to the affairs of the church, or to charities, or are powers and duties of overseers, but inclusive of the obligations of the churchwardens with respect to maintaining and repairing closed churchyards wherever the expenses of such maintenance are repayable out of the poor rate under the Burial Act, 1855. . . .

(c) The powers, duties, and liabilities of the overseers or churchwardens and overseers of the parish with respect to

(i) appeals or objections by them in respect of the valuation list, or appeals in respect of the poor rate, or county rate, or the basis of the county rate; and

(ii) the provision of parish books, and of a vestry room, or parochial office, parish chest, fire engine, fire escape, or matters relating thereto; and

(iii) the holding or management of parish property, not being property relating to affairs of the church or held for an ecclesiastical charity, the holding or management of village greens, or of allotments, whether for recreation ground or for gardens, or otherwise for the benefit of inhabitants or any of them;

(d) the powers exercisable with the approval of the Local Government Board by the board of guardians for the poor law union comprising the parish in respect of the sale, exchange, or letting of any of the parish property.

(2) A parish council shall have the same power of making any complaint or representation as to unhealthy dwellings or obstructive buildings as is conferred on inhabitant householders by the Housing of the Working Classes Act, 1890 but without prejudice to the power of such householders.

(3) A parish council shall have the same power of making a representation with respect to allotments, and of applying for the election of allotment managers as is conferred on parliamentary electors by the Allotments Act, 1887 or the Allotments Act, 1890 but without prejudice to the powers of those electors. . . .

7 (1) As from the appointed day in every rural parish the parish meeting shall exclusively have the power of adopting the following Acts inclusive of any Acts amending the same (all which Acts are in this Act referred to as the "adoptive Acts"), namely,

(a) the Lighting and Watching Act, 1833;

(b) the Baths and Washhouses Acts, 1846–82;

(c) the Burial Acts, 1852–88;

(d) the Public Improvements Act, 1860;

(e) the Public Libraries Act, 1892. . . .

8 (1) A parish council shall have the following additional powers, namely, power

(a) to provide and acquire buildings for public offices and for meetings and for any purpose connected with parish business or with the powers and duties of the parish council or parish meeting; and

(b) to provide or acquire land for such buildings, and for recreation ground, and for public walks, and . . .

(c) to apply to the Board of Agriculture under section 9 of the Commons Act, 1876; and

(d) to exercise with respect to any recreation ground, village green, open space or public walk, which is for the time being under their control or to the expense of which they may have contributed such powers as may be exercised by an urban authority under Public Health Acts of 1875 and 1890. . . .

11 (1) A parish council shall not, without the consent of a parish meeting, incur expenses or liabilities which will involve a rate exceeding threepence in the pound for any local financial year or which will involve a loan.

(2) A parish council shall not, without the approval of the county council, incur any expense or liability which will involve a loan.

(3) The sum raised in any local financial year by a parish council for their expenses (other than expenses under the adoptive Acts) shall not exceed a sum equal to a rate of sixpence in the pound on the rateable value of the parish at the commencement of the year. . . .

Part II. Guardians and district councils

20. As from the appointed day the following provisions shall apply to boards of guardians.

(1) There shall be no *ex officio* or nominated guardians.

(2) A person shall not be qualified to be elected or to be a guardian for a poor law union unless he is a parochial elector of some parish within the union, or has during the whole of the twelve months preceding the election resided in the union, or in the case of a guardian for a parish wholly or partly situate within the area of a borough, whether a county borough or not, is qualified to be a councillor for that borough, and no person shall be disqualified by sex or marriage for being elected or being a guardian. So much of any enactment, whether in a public general or in a local and personal Act, as relates to the qualification of a guardian shall be repealed.

(3) The parochial electors of a parish shall be the electors of the guardians for the parish, and if the parish is divided into wards for the election of guardians, the electors of the guardians for each ward shall be such of the parochial electors as are registered in respect of qualification within the ward.

(4) Each elector may give one vote and no more for each of any number of persons not exceeding the number to be elected.

(5) The election shall, subject to the provisions of this Act, be conducted according to rules framed under this Act by the Local Government Board.

(6) The term of office of a guardian shall be three years, and one-third or as nearly as may be of every board of guardians shall go out of office on the fifteenth day of April in each year and their places shall be filled by newly elected guardians. Provided as follows,

(a) where the county council on the application of the board of guardians of any union in their county consider that it would be expedient to provide for the simultaneous retirement of the whole board of guardians for the union, they may direct that the members of the board of guardians for that union shall retire together on the fifteenth day of April in every third year, and such order shall have full effect, and where a union is in more than one county, an order may be made by a joint committee of the councils of those counties;

(b) where at the passing of this Act the whole of the guardians of any union, in pursuance of an order of the Local Government Board, retire together at the end of every third year, they shall continue so to retire, unless the county council, or a joint committee of the county councils, on the application of the board of guardians or of any district council of a district wholly or partially within the union, otherwise direct.

(7) [1] A board of guardians may elect a chairman or vice-chairman, or both, and not more than two other persons, from outside their own body, but from persons qualified to be guardians of the union, and any person so elected shall be an additional guardian and member of the board. Provided that on the first election, if a sufficient number of persons who have been *ex officio* or nominated guardians of the union, and have actually served as such, are willing to serve, the additional members shall be elected from among those persons.

21. As from the appointed day

(1) urban sanitary authorities shall be called urban district councils, and their districts shall be called urban districts; but nothing in this section shall alter the style or title of the corporation or council of a borough;

(2) for every rural sanitary district there shall be a rural district council whose district shall be called a rural district.

(3) In this and every other Act of parliament, unless the context otherwise requires, the expression "district council" shall include the council of every urban district, whether a borough or not, and of every rural district, and the expression "county district" shall include every urban and rural district whether a borough or not.

22. The chairman of a district council unless a woman or personally disqualified by any Act shall be by virtue of his office justice of the peace for the county in which the district is situate, but before acting as such justice he shall, if he has not already done so, take the oaths required by law to be taken by a justice of the peace other than the oath respecting the qualification by estate.

23. As from the appointed day where an urban district is not a borough,

(1) there shall be no *ex officio* or nominated members of the urban sanitary authority;

(2) a person shall not be qualified to be elected or to be a councillor unless he is a parochial elector of some parish within the district or has during the whole of the twelve months preceding the election resided in the district, and no person shall be disqualified by sex or marriage for being elected or being a

[1] sub-section 20 (7) is omitted in some printed copies of the Act and a sub-section 20 (8) given: the clause is identical in each case

councillor. So much of any enactment whether in a public general or local and personal Act as relates to the qualification of a member of an urban sanitary authority shall be repealed.

(3) The parochial electors of the parishes in the district shall be the electors of the councillors of the district, and, if the district is divided into wards, the electors of the councillors for each ward shall be such of the parochial electors as are registered in respect of qualifications within the ward;

(4) each elector may give one vote and no more for each of any number of persons not exceeding the number to be elected.

(5) The election shall, subject to the provisions of this Act, be conducted according to rules framed under this Act by the Local Government Board;

(6) the term of office of a councillor shall be three years, and one third as nearly as may be of the council, and if the district is divided into wards one third as nearly as may be of the councillors for each ward shall go out of office on the fifteenth day of April in each year, and their places shall be filled by newly elected councillors. Provided that a county council may on request made by resolution of an urban district council passed by two thirds of the members voting on the resolution direct that the members of such council shall retire together on each fifteenth day of April in every third year, and such order shall have full effect.

24 (1) The district council of every rural district shall consist of a chairman and councillors, and the councillors shall be elected by the parishes or other areas for the election of guardians in the district.

(2) The number of councillors for each parish or other area in a rural district shall be the same as the number of guardians for that parish or area.

(3) The district councillors for any parish or other area in a rural district shall be the representatives of that parish or area on the board of guardians, and when acting in that capacity shall be deemed to be guardians of the poor, and guardians as such shall not be elected for that parish or area.

(4) The provisions of this Act with respect to the qualification, election, and term of office and retirement of guardians, and to the qualification of the chairman of the board of guardians, shall apply to district councillors and to the chairman of the district council of a rural district, and any person qualified to be a district councillor for the district.

(5) Where a rural sanitary district is on the appointed day situate in more than one administrative county, such portion thereof as is situate in each administrative county shall, save as otherwise provided for or in pursuance of this or any other Act, be as from the appointed day a rural district. . . .

(7) Every district council for a rural district shall be a body corporate by the name of the district council, with the addition of the name of the district, or, if there is any doubt as to the latter name, of such name as the county council direct, and shall have perpetual succession and a common seal, and may hold land for the purposes of their powers and duties without licence in mortmain.

25 (1) As from the appointed day, there shall be transferred to the district

council of every rural district all the powers duties and liabilities of the rural sanitary authority in the district, and of any highway authority in the district, and highway boards shall cease to exist, and rural district councils shall be the successors of the rural sanitary and highway authority and shall also have as respects highways all the powers, duties, and liabilities of an urban sanitary authority under sections one hundred and twenty-four to one hundred and forty-eight of the Public Health Act, 1875 and those sections shall apply in the case of a rural district in like manner as in the case of an urban district and an urban authority. Provided that the council of any county may by order postpone within their county or any part thereof the operation of this section so far as it relates to highways, for a term not exceeding three years from the appointed day or such further period as the Local Government Board may on the application of such council allow. . . .

(5) Rural district councils shall also have such powers, duties, and liabilities of urban sanitary authorities under the Public Health Acts or any other Act and such provisions, if any, of those Acts relating to urban districts shall apply to rural districts, as the Local Government Board by general order direct. . . .

26 (1) It shall be the duty of every district council to protect all public rights of way. . . .

(2) A district council may with the consent of the county council for the county within which any common land is situate aid persons in maintaining right of common. . . .

28. The expenses incurred by the council of an urban district in the execution of the additional powers conferred on the council by this Act shall, subject to the provisions of this Act, be defrayed in a borough out of the borough fund or rate, and in any case out of the district fund and general district rate or any other fund applicable towards defraying the expenses of the Public Health Act, 1875.

29. The expenses incurred by the council of a rural district shall, subject to the provisions of this Act, be defrayed in manner directed by the Public Health Act, 1875 with respect to expenses incurred in the execution of that Act by a rural sanitary authority and the provisions of the Public Health Act with respect to those expenses shall apply accordingly. . . .

30. The provisions of this part of this Act respecting guardians shall apply to the administrative county of London and to every county borough.

31 (1) The provisions of this Act with respect to the qualification of the electors of urban district councillors and of the persons to be elected, and with respect to the mode of conducting the election shall apply as if members of the local board of Woolwich and the vestries elected under the Metropolis Management Acts, 1855 to 1890 or any Act amending those Acts, and the auditors for parishes elected under those Acts, and as far as respects the qualification of persons to be elected as if members of the district boards under the said Acts were urban district councillors, and no person shall *ex officio* be chairman of any of the said vestries. Provided that the Elections (Hours of Poll) Act shall apply to elections to the said vestries.

(2) Each of the said vestries, except those electing district boards, and each of the said district boards, and the local board of Woolwich, shall at their first meeting after the annual election of members elect a chairman for the year, and section forty-one of the Metropolis Management Act, 1855 shall apply only in the case of the absence of such chairman, and the provisions of this Act with respect to chairmen of urban district councils being justices shall apply as if the said vestries and boards were urban district councils. . . .

128. London Government Act, 1899

(Public General Statutes, 62 & 63 Vict. c. 14)

. . .

Establishment of metropolitan boroughs

1. The whole of the administrative county of London, exclusive of the city of London, shall be divided into metropolitan boroughs (in this Act referred to as boroughs) and for that purpose it shall be lawful for her majesty by an order in council subject to and in accordance with this Act to form each of the areas mentioned in the first schedule to the Act into a separate borough, subject nevertheless to such alteration of areas as may be required to give effect to the provisions of this Act, and subject also to such adjustment of boundaries as may appear to her majesty in council expedient for simplification or convenience of administration, and to establish and incorporate a council for each of the boroughs so named.

2 (1) The council of each borough shall consist of a mayor, aldermen and councillors, provided that no woman shall be eligible for any such office.

(2) An order in council under this Act shall fix the number and boundaries of the wards, and shall assign the number of councillors to each ward, that number being divisible by three, and regard being had to the rateable value as well as to the population of the wards.

(3) The number of aldermen shall be one sixth of the number of councillors, and the total number of aldermen and councillors for each borough shall not exceed seventy.

(4) Except as otherwise provided by or under this Act the provisions of the Local Government Act, 1888 with respect to the chairman of the county council and the county aldermen shall apply to the mayor and aldermen of the metropolitan boroughs respectively, and for this purpose references in that Act to the chairman of the county council and to county aldermen shall be construed as references to the mayor and aldermen of a borough.

(5) Except as otherwise provided by or under this Act, the law relating to the constitution, election and proceedings of administrative vestries and to the electors and members thereof shall apply in the case of the borough councils under this Act and the electors and councillors thereof, and section forty-six of the Local Government Act of 1894 relating to disqualifications shall apply to the offices of mayor and alderman. . . .

4 (1) On the appointed day every elective vestry and district board in the county of London shall cease to exist, and subject to the provisions of this Act and of any scheme made hereunder their powers and duties, including those under any local Act, shall as from the appointed day be transferred to the council for the borough comprising the area within which those powers are exercised and their property and liabilities shall be transferred to that council, and that council shall be their successors and the clerk of the council shall be called town clerk and shall be the town clerk within the meaning of the Acts relating to the registration of electors. . . .

129. McDonnell Report on the Civil Service, 1914

(*Parliamentary Papers 1914*, XVI)

(X) The administrative class
38. We now come to the highest class of public officer recruited by examination, viz, that recruited by the scheme of examination known as "Class I". For officers so recruited, together with those promoted to situations normally filled by this examination, the Ridley Commission proposed the designation of First Division.

The proposal was not adopted in the orders in council of 1890, which, for the purposes of the general regulations which they prescribe, do not distinguish between these officers and others drawing salaries in excess of the Second Division scale.

Having regard to the nature of the duties which these officers perform, we think that the term "Administrative Class" is a more appropriate name than that proposed by the Ridley Commission, and in the remainder of this report we shall use that term in the sense described above.

We do not mean to imply by the use of this term that these officers are the only officers performing administrative duties; on the contrary there are many such outside this class, and in Chapter IV we have discussed one category of superior rank and importance [situations held direct from the Crown].

The nomenclature employed is based on the normal method of recruiting, and we suggest the above term because we think it important to distinguish this class as clearly as possible from the clerical classes, and because it is the only general class recruited as such for administrative purposes.
39. The administrative class at the present time comprises about four hundred and fifty individuals, but with respect to the difficult duties which its members are called upon to discharge and the high offices which the ablest of them are called upon to fill it constitutes perhaps one of the most important sections of the Civil Service.

Officers recruited by this scheme of examination form part of the establishment of sixteen public departments. . . .
40. The class with which we are now concerned is thus distributed over all the

more important departments of government directed by your majesty's ministers save two, viz, the Board of Agriculture and Fisheries and the Board of
Education. The former board, we understand, is now on the point of introducing the class, while the latter employs in its stead a type of officer which will
engage our particular attention later.

41. The Class I examination is open to all candidates of British nationality
between the ages of 22 and 24. The candidates are examined during August in
each year in any subjects which they desire to present (subject to the limitation
imposed by a fixed maximum of marks) among a prescribed number which
embrace almost all the studies forming the subject of the various honours
courses of the universities of the kingdom, viz, the leading languages and
literatures of the ancient and modern worlds; mathematics; the natural sciences;
ancient and modern history and geography; economic and political science; law
and philosophy.

42. Witnesses representing all the universities of the United Kingdom appeared
before us at our request to give the views of their universities and their own
views on the bearing which the highest education has on efficiency in the Civil
Service; and particularly on the suitability of the Class I examination for
securing candidates giving the greatest promise of administrative capacity.
Their evidence is of great interest and importance. The conclusion to be drawn
from it is that the best education taken in conjunction with the training and
formative influences of university life produces the best type of public servant.
This conclusion is confirmed by a consensus of opinion on the part of those
witnesses who appeared before us having administrative and ministerial experience, and by some interesting evidence as to the increasing value attached in
the commercial world to university training and experience.

We accept the conclusion as just in the main. Instances have occurred in the
past, and doubtless will occur again, of the recruitment through the Class I
examination of men who without the advantage of university training have
proved distinguished public servants. But they are the exceptions. Experience
shows that as a rule the best university training ripens natural ability and
develops administrative capacity; and it is for this reason that we have urged
above that facilities should be provided for the most promising boys of the
primary and secondary schools of the country to get to the universities and
enjoy the advantages of their teaching. We cannot too earnestly repeat that it is
not by lowering the educational standards of the highest ranks of the Civil
Service, but only by enabling the clever sons of poor parents to benefit by
university training, and thereby enter the Civil Service, that the interests of
democracy, and of the public service can and ought to be reconciled.

43. It has been suggested by some witnesses that the experience of those offices
in which officers of the administrative class are not employed shows that in the
government service generally all clerical and administrative work higher than
that done by the present assistant clerks could be sufficiently provided for by
recruitment through an examination corresponding to the present Second

Division examination if followed by the careful selection and training of the ablest successful candidates during their official life.

We do not agree with that suggestion; we believe that official experience points rather to the extension than to the limitation of the field of employment of the administrative class. . . .

Part IX

EDUCATION

INTRODUCTION

The feature of the last quarter of the nineteenth century in the field of education is the transformation of elementary education brought about as the result of W. E. Forster's Elementary Education Act of 1870.[1] Before this Act schools had been "voluntary", not only in the sense that there was no compulsion to attend them, which remained broadly the case until the Elementary Education Act of 1876,[2] but also in the sense that they had been founded by private persons or groups of persons. There had been liberal state grants to assist their building and maintenance and to help pay the teachers, but no state or local authority schools. Thus, although the National Society,[3] which had been the most successful founder of schools, showed a high sense of social responsibility, the distribution of schools was almost necessarily somewhat haphazard, depending where the money and men and women could be found to run them. Thus they tended to be thinnest on the ground where need and difficulties were most acute – in industrial areas and the poorest quarters of great towns. It was to remedy this deficiency that the Act of 1870 had been introduced. The country was divided into school districts and the duty was laid on the Committee of Council for Education, the staff of the education department, to satisfy themselves that the provision for elementary education in each of these districts was adequate. Six months was given – a year had been proposed – in which voluntary bodies might still attempt to supply deficiencies on the old terms of grant. Thereafter the duty was to devolve on locally elected school boards. Thus arose the distinction between "provided" and "non-provided" elementary schools, or, in the popular terminology which generally met the situation, between board and national schools. Both types received state grants according as they satisfied the "Code" and the elaborate system of inspection which had been evolved before the Act. But grants were no longer available to help the building of voluntary schools, and the grants to assist their running were limited in amount to the equivalent of their independent revenue, i.e. the sum of their endowment and subscription income and the "school pence", the fees limited to a maximum of ninepence a week and more generally around twopence or threepence which the pupils were charged. School boards on the other hand, with the consent of the department, could raise loans on the security of rates to build their schools and could call upon the rates to make up the difference between grants and school pence and the cost of running their schools and paying their teachers.

The other great difference between board and voluntary schools was in the

[1] 33 & 34 Vict. c. 75   [2] No. 130
[3] founded 1811 under the name of the National Society for Educating the Poor in the Principles of the Established Church

matter of religious education. Forster had proposed local option on the part of the boards to decide the religious affiliation of their schools as they founded them and he always felt, as did others, that this would have led to the more rapid spread of the school board system. But he was overruled in parliament, and the well known Cowper-Temple clause 14 of the Act provided that no religious catechism or religious formulary distinctive of any particular denomination was to be taught in rate-provided schools. Very few boards, and those mostly in Wales where Sunday school teaching was highly developed, went in for the purely secular education which the Act permitted and which had been the Nonconformist demand. Thus so far as there is such a thing as democratic decision there is no doubt that it was overwhelmingly in favour of some religious education. But while basic religious education suited the Nonconformists very well it did not satisfy Anglicans and was quite unacceptable to Roman Catholics. Anglicans wanted in their schools an atmosphere in which the doctrines and practices of their religion were accepted as the indisputable framework of life, as opposed to the dissenting emphasis on individual choice in these matters. A purely biblical teaching implied that matters which to Anglicans were its essential complement were of a lower authority and open to debate.[1] Moreover they felt, not altogether without justification, that they had laid the foundations of national education in the voluntary schools, and that it was hard that their schools should receive less public support than the board schools, and that Anglicans should pay rates for schools to which dissenters had no objection but Anglicans had. The weakness of the Anglican position was that an atmosphere designed to leave no doubt in children's minds as to the nature of religious truth, was bound, so far as it was efficacious at all, to influence the children of dissenters attending the school almost as much as the rest, however thoroughly the "conscience clause" protected them from explicit instruction. In many places too, particularly in the countryside, the Anglican school was the only one available and tales of pressure upon the children of dissenters to conform to the general practice of the school were accepted by critics as typical, which they probably were not. On both sides, therefore, there was room for allegations of unfairness which party and political leaders tended to exploit, though at the local level a good deal of give and take developed. Whether this would have happened had Forster's original scheme of local option been accepted it is impossible to say; at any rate his scheme would have tackled the trouble at the root. It might also have preserved a more explicit religious basis of education in the schools, though there is no reason to suppose that the religious training given in the board schools was other than sincere and thorough within its limits. In 1896 Sir John Gorst paid a warm tribute to its competence in the schools of the great boards, though he attributed this to the attraction that these schools had for the best teachers from the Anglican training colleges. Until day training colleges became more common after 1890 most training colleges were Anglican, and this constituted another dissenting

[1] No. 135

grievance. It was alleged that dissenting students who had passed much higher than Anglican entrants in the qualifying Queen's scholarship examination failed to get a place. The State's contribution to the maintenance of training colleges was roughly double that from private sources. This was held by dissenters to mean that they ought to be looked on as fully public bodies, and that dissenters ought therefore to be granted entry on equal terms.

The Catholic view was at once more difficult and more straightforward. There was never any question that nothing but their own schools, closely linked with their church, met Roman Catholic needs, and as Catholics had no pretension to be more than a minority church in the country, their leaders did not concern themselves directly with more than their own needs. The bulk of the Catholic population was to be found, however, in the poorer parts of the industrial towns, and the provision of schools for them involved the whole church in considerable effort and sacrifice. But politically the position of the church was strong. The Irish members and vote in the country could be relied upon for support, and this meant that in opposition to voluntary schools, in parliament or in school boards, the Liberal party could not reckon on its normal voting strength. The Roman Catholic view was nearer to the Anglican and Conservative than to the dissenting and Liberal.

In school board elections electors had as many votes as there were seats on the board and could use them all in support of one candidate or distribute them as they chose. This produced unexpected results at times – a popular candidate might accumulate the votes of the supporters of his policy to the detriment of his associates – but on the other hand minorities could secure some representation, and by organisation and discipline in the casting of votes an electoral majority could generally be sure of getting the upper hand. The critics of the system said that it tended to the election of cranks and extremists, but if so the intelligibility and importance of the jobs to be done tended in time to weaken their influence with electors. Supporters claimed that it led to the election of experts and brought forward, on the whole, a better class of men than got on to town councils. Patrick Cumin, the secretary of the education department, argued in evidence before the Cross Commission after education had become compulsory that the possibility of getting at least one representative on the school board played a large part in making majority decisions acceptable to minorities who might otherwise have been recalcitrant. In the great towns, school boards elicited a Liberal and Nonconformist support for education that had not been conspicuous when it demanded private subscriptions. But it could be argued that only public agencies could tackle the educational jobs Liberals and Nonconformists were particularly interested in – the education of the town masses. They tended to dominate the boards in the great towns, but thanks to the voting system and the independence of the Catholic vote, could rarely do so unchallenged or uninterruptedly. Most of the bigger boards achieved, in any event, a very great work.[1] Financially, boards were in a strong position. They

[1] No. 133

did not levy rates themselves but raised precepts for their needs on the rating authorities and thus had no direct responsibility to the ratepayers. Expenditure rose rapidly and soon in many places exceeded the 3*d* rate that Forster had envisaged as the limit of what his plans were likely to cost. Boards also had the legal responsibility, subject to the oversight of the education department, to declare and make good deficiencies in the school accommodation of their districts. The department was overtaxed by the amount of detailed work that fell to it, and for this reason, and perhaps from reluctance to quarrel with powerful school boards, allowed them on occasion to exercise this power to supersede rather than to supplement voluntary schools. Indeed, to let voluntary schools decay and replace them gradually with board schools was the underlying if not always avowed policy of the Liberals.

Voluntary agencies were in fact hard driven to preserve their proportionate place in the educational field; still more to offer amenity and teachers' salaries on the scale provided in the board schools. Great efforts were made; the number of places provided and the value of subscriptions approximately doubled between 1870 and 1898, but while this argues genuine devotion in the subscribing classes and real popular support for the voluntary principle it did not enable the voluntary schools to keep pace with the improving standards of board schools, and from 1895 onwards there was increasing pressure in church and Conservative circles for more public support for voluntary schools. In country places and small towns boards were less popular and, where they were set up, often less effective. Motives of economy played a large part in the dislike of them; districts sometimes preferred to rate themselves voluntarily and so keep the control of their schools among a limited number of known and trusted neighbours; often they preferred their old-style schools, and not infrequently this was as well; the parson knew best among his neighbours and cared most what the school he or his predecessors had founded really needed, and used the pressures of the time to obtain it. On the other hand, managers acting for subscriber trustees were not infrequently both interfering and parsimonious, as country teachers could learn to their discomfort. Individual teachers – about whom we know all too little – were often, both in country and in town, the unsung heroes of this period of educational development.

School boards, managers and teachers of schools looked to the current "Code" of the education department as the measure of what they could do and what they could earn. The codes of the first half of our period were inspired by Robert Lowe's 1862 Code, which had placed its emphasis on drill in the "3 Rs", had made inspectors largely examiners in these subjects, and had based grants on examination results. Through the seventies and eighties the rigours of this outlook were gradually relaxed; recognition, which meant grant, was given to a wider range of subjects; in 1890 a sample examination was substituted for one involving all scholars and all subjects, and in 1900 a block grant, broadly assessed, for the more particularised one. This gave more scope for flexibility and individuality in teaching.

The Act of 1876 made schooling compulsory from five to ten, or older if one of the code "standards", which one depending on local decision, had not been reached by that age. The minimum age of school leaving was raised to eleven in 1893, and to twelve by a private member's Act in 1899.[1] The 1876 Act also set up machinery of enforcement through school board attendance officers and attendance committees elected from guardians of the poor in non-school board districts. But the fine for non-attendance was only five shillings including costs; enforcement was often very lax and attendance standards varied very much, not only in country districts but from parish to parish in towns, excellent attendance records neighbouring very poor ones in both cases. The 1876 Act raised the limit of grant to voluntary schools; the Elementary Education Act of 1891[2] made grants towards "school pence" which virtually made the schools free, and other Acts of 1897[3] and 1898[4] made additional grants to voluntary schools and to the poorer school boards. Another Act of 1899[5] set up a Board of Education, as it was styled, and brought under it the work of the department of education, of the science and art department, hitherto conducted separately at South Kensington, and the handling of educational trusts which had been the work of the Charity Commission. The machinery for a coherent national educational policy was at last created.

The threat to British economic leadership from the United States and Germany, particularly from the latter, had its influence in the educational field. It was widely held that Germany's thorough school system and her care for further education in the technical and scientific spheres played a large part in her economic progress. A Royal Commission on technical instruction[6] illustrated, perhaps, rather than emphasised in what was a somewhat complacent report the feeling in many quarters that we were deficient in these regards, and in 1889 and in 1891 Technical Instruction Acts allowed counties and county boroughs to spend up to a penny rate on these subjects, while a grant under the Customs and Excise Act of what was known as the "whisky money" gave them further resources. Funds from the wealthy London companies provided "City and Guilds" grants for the founding of technical schools and of examination centres and payment for the courses examined. More widely ranging was the work of the department of science and art, "a kind of university for the working classes", as Sir John Donnelly, its head, called it to the Cross Commission. Local committees of approved character could get grants for the building of schools of science and art, or if they were less ambitious, organise classes which could earn grants on the results of examinations conducted by the department. These were usually applied to the payment of the teacher. Classes could be both day and evening and with certain exceptions were designed to be post-elementary in character. They could be run independently and on occasions in the most remote localities.[7] The main function of the department, apart from supervising the schools of science and art, was to provide stimulus and resources to technical and secondary schools up and down the country. In the big centres of population the work linked up also with the more go-ahead of the school boards. Strictly the 1870 Act [1] limited the school boards to use the rates, and a little less specifically, Department of Education grants, for elementary education. But the Act did not specifically define elementary education. As the board schools became better organised and bit deeper into their job, boards found brighter pupils racing through the "standards" and ready to stay at school for the sake of a better education, even after they were qualified by attainments and age to leave and take a job. The more ambitious boards thought of themselves as the education authorities for their towns; their members tended to be of a class and *milieu* susceptible to the cry that the country's economy demanded more scientific and technical education, and set themselves in effect to create a rate-supported, primarily practical and working class secondary education in specialised "7th Standard" or "Higher Elementary" schools. A certain amount of instruction within the ordinary "standards" was provided in connection with these, but this was mainly to satisfy the auditors and the education department; the substance was secondary education. [2] Often the classes worked on science and art department schedules, and science and art grants helped in financing them. The education department, whose consent was necessary to loans for the building and equipping of such schools and to the payment of grants on such of their teaching as came within its code, was conscious of the weakness of the legal position and in some cases had refused or delayed its consent. But the pressure from some of the school boards was constant, the work was good work and needed doing, and by and large the department came to connive at its development, and even to encourage it. A third way in which secondary education was developing was under the Charity Commissioners, incorporating the Schools Commissioners, who, under the Endowed Schools Act of 1869 had been given the task of reorganising and modernising educational charities. Schemes promulgated by the commissioners varied according to the particulars of the endowments, but those that envisaged secondary schools in general provided for boards of governors, with guarantees for their public responsibility and character, and for schools on grammar school lines, following to some extent the now well-established public school tradition. Such schools had considerable freedom in the fees they charged, they often ran classes under science and art regulations and submitted to examination for the grants and, to establish the public confidence, sat the Oxford or Cambridge local examinations set up under schemes of 1858, or those of the Oxford and Cambridge Board, set up in 1874, which could be combined with inspections of the school carried out by distinguished university figures. The relevance of Matthew Arnold's advice to "organise your secondary education", proffered as long ago as 1864, was becoming yearly more apparent.

In 1895 a Royal Commission on secondary education was set up under James Bryce. [3] It reported in favour of the unification of the central control of educa-

[1] Forster's   [2] No. 131 (a, b)   [3] No. 137

tion, a recommendation that was carried out by the Act of 1899, and of placing local responsibility on the shoulders of county and county borough authorities. The vice-president of the council in Salisbury's 1895 government, the able but erratic Sir John Gorst, introduced in 1896 a bill placing not only secondary but elementary education under county supervision, involving, where the local electorate agreed, the supercession of school boards. The bill was not very carefully worked out, it did not command the full support either of the department or of the Cabinet, and it was lost. School board enthusiasts, mostly Liberals, wanted the powers of the boards enlarged to include secondary education. Conservatives mistrusted the radicalism of the boards, and wanted larger authorities with comprehensive powers and direct responsibility to the ratepayers, and were faced also with the problem of the voluntary schools. On the major issue of organisation they found an ally in the Technical Education Committee of the London County Council, whose chairman the Fabian Sidney Webb wrote *The Education Muddle and the Way Out* in favour of the county rather than the school board. Legal weapons were brought into play. With the connivance of the Board of Education, though not directly at its instance, the Camden School of Art and individuals associated with it challenged the legality of the London School Board's use of rates for art classes in competition with its own. The auditor, Cockerton, pronounced in its favour, and the Cockerton case, fought by the school board up to the Court of Appeal, had the effect of making much of the board's quasi-secondary and evening class work illegal. The government's mind was disclosed in the Education Act of 1901, a two clause Act protecting school boards from retrospective actions and enabling them, with the prior consent of the technical education authorities for their district, to carry on with the impugned work for a year. Meanwhile the Education Bill of 1902 [1] was being hammered out. A new influence had come upon the scene in the person of Robert Morant, at first Gorst's private secretary, then Balfour's adviser, and after 1903 permanent secretary of the board. Morant was to become the most prominent and controversial civil servant of his time. Ruthless in purpose, demonic in driving power, he contributed fully as much as his chief – that most courteous and inflexible man of steel, as Clemenceau was later to call him – to what was to approve itself one of the most creative acts of statesmanship of its age. It was decided, partly in order to raise the necessary head of political steam in the shape of Tory enthusiasm, to put the voluntary schools unequivocally on the rates. They were to admit representatives of the ratepayers into a minority position on their managing bodies, and in return their running expenses were to be met from the rates, except those associated with religious education. School boards disappeared, and were replaced by statutory committees of the county and county borough councils, with general powers in education, and, for elementary education within their areas, similar committees of the non-county borough and larger rural district councils. There was provision for a co-opted element on the

[1] No. 138

committees to secure expertise. The Education Act of 1902 [1] completed the
work of 1870. It provided local machinery for secondary education for the
whole country. In the sphere of elementary education it ended the difference in
current resources between schools which private enterprise had set up and
those which public authority had provided; a difference which rising standards had created and which rising standards made indefensible. It set strong
and responsible local authorities over both of them. In secondary and technical
education, definite spheres of responsibility were matched with local authorities
with the clear duty of coping with them.

The framework had been set up; Morant's dynamic and architectonic mind
was to articulate and animate it. A recasting of the board's codes and directories
was called for. Something of working class secondary education which the
school boards had created was lost in the process, and something of the close
contact between day and evening education. Morant viewed secondary education as a further stage of the general education of which primary education
afforded the rudiments, and his secondary education code of 1904–5 enforced
this view. It has been criticised as too dominated by a public school outlook: its
intention, at any rate, was to model the State education on what was generally
accepted as the best. He also fought to secure secondary schools from too close
a bureaucratic domination by giving them boards of governors with a measure
of independent power. Even during his period of office diversification of type
began.

When they returned to power in the floodtide of 1906 the Liberals did not
propose seriously to disturb the educational machinery that Balfour and
Morant had set up. Their Education Bill of 1906 was described by Ramsay
MacDonald as a sectarian bill, rather than an education bill. It proposed to
assimilate the voluntary schools to the council schools, both in management
and in the religious education they offered, with exceptional provisions for the
great towns in which the majority of the Irish lived. The Irish members,
however, refused to support the bill; the Lords returned it amended out of
recognition; and the government was forced to abandon it. Attempts to enact
comparable measures in later years broke down; though unofficial discussions
showed the leaders of the church readier to compromise than some of their
followers. Administratively, however, the Liberals were able to do much. They
imposed an equivalent of the Cowper-Temple clause on the secondary schools
as regards religious education; they insisted as a condition of grant that training
colleges must not impose denominational tests on their entry; [2] and they laid it
down that a quarter of the places in secondary schools must be reserved for
entries from elementary schools. A labour bill accepted by the government
provided for the feeding at elementary school of necessitous children. Morant
succeeded in having smuggled into a miscellaneous provisions bill of 1907 a
clause requiring a medical examination of elementary school children at least
three times in the course of their school careers. In this modest fashion were

[1] No. 139   [2] No. 141

laid the foundations of the school medical service which in time did great things for the health and efficiency of the young.

As regards the highest tier of education, the period was fuller of initiatives whose fulfilment came in the near future than of actual accomplishment on a solid scale. The two older English universities, under the stimulus of a further Royal Commission in 1876 and a commission of reform in 1877 empowered to take action in university and college matters, continued to develop as centres of national education, mainly for the wealthier classes though with many efforts to open the ranks to those better endowed with brains than with money. In the seventies, under the leadership of strong-minded and scholarly women and with sympathetic masculine connivance and support, first at Cambridge and then at Oxford, women's colleges made a tentative though determined, and what would nowadays be called a "low-profile" appearance. University and King's colleges at London developed a distinguished intellectual life; a variety of institutions, including women's colleges, attach themselves loosely to the university, whose main activity was the conduct of examinations for its internal students. After 1858, however, when "external" students were admitted to examination the university played a very important role in providing standards for private students and for unconnected institutions, which by sending students in for the London examinations obtained access to a reputable degree. This was the first stage through which most English university colleges passed. The four ancient Scottish universities, reformed in 1868 and 1889, played an increasing role in teacher training and scientific and technical education, besides developing their teaching and work in arts subjects. Teaching was done more by professors than in English universities; student life, apart from the classes, was virtually unorganised; the student body more popular and fluctuating in character.

The movement towards "civic" universities as they were afterwards called in England may be dated from the foundation of Owen's College in Manchester in 1851. The motives behind the movement, as it gathered body and scope, were middle class independence, desire for a more technical and scientific education, and civic ambition, usually represented in a knot of especially forward looking and often wealthy leaders. The Yorkshire College of Science at Leeds, founded in 1874, and Liverpool University College were early examples of this. The first Welsh university college, at Aberystwyth in 1879, had Welsh nationalism behind it as well. The federal Victoria University of Manchester, formed in 1880 from Owen's College, Liverpool University College and the Yorkshire College at Leeds, represented a considerable advance, though the substance was mainly in the individual colleges, and the federation was mainly to enable more academic ground to be covered, and to secure mutual support and common standards in teaching and examination. Cardiff and Bangor secured university colleges in 1883 and 1884, and a Welsh university on lines like the Victoria was set up in 1893. Meanwhile other cities, Birmingham, Sheffield, Bristol and Nottingham, had acquired or developed institutions aiming at a similar breadth of teaching, often in association with local medical schools and associations. In 1898 a London University Act was passed which began the process of integrating the many institutions connected with the university into something of an effective, if initially rather cumbrous whole. The first "civic" university to receive its charter was Birmingham in 1900, largely owing to the force and influence of Joseph Chamberlain. Liverpool asked for an independent charter in 1902. This was largely fostered by R. B. Haldane, who had played a leading part in the London University Bill of 1898 and in the formation of Imperial College of Science in London, in which the Prince of Wales, shortly to be Edward VII, was interested. Thanks to the influence of Arthur Balfour the Prime Minister, the Liverpool petition was referred to a strong committee of the Privy Council. The case was closely argued by representatives of the three partners of the Victoria University. Owen's College was more or less neutral, provided that if the Liverpool petition were granted it should get the same treatment. The Yorkshire college was more strongly attached to the existing federal form. The Privy Council decision was given on 10 February 1903 [1] and is described by Haldane, in his autobiography, as a "momentous document" of university history. It accepted with due caution the principle of a separate charter for each of the three colleges, and for cities which could present going institutions and a prospect for the future of them, hesitation was ended.

Government grants had already been made regularly to the London colleges and to the Welsh colleges, and, in response to a request of 1887, to the constituent colleges of the Victoria University. In 1889 G. J. Goschen, the Chancellor of the Exchequer, announced a government grant of £15,000 to universities and university colleges, and the setting up of an advisory committee on its distribution. Eleven institutions were approved for the receipt of differing amounts, and the Treasury proposed that to give security to the recipients these should remain the same for five years. By 1914 grants had climbed to a total of £149,000. Up to 1904 advisory committees – there were five of them in the period – were appointed for short periods *ad hoc*. The committee of 1904–6, under the chairmanship of R. B. Haldane, set itself the task of organising a system of grants upon a permanent basis, and recommended a permanent committee keeping in regular touch with the institutions benefiting. This recommendation was accepted; the first chairman was Professor W. McCormick. For a brief period the committee reported to the Board of Education; then, after the 1914–18 war, for a variety of reasons, among them the fact that Treasury authority covered Scotland and Ireland, as well as England and Wales, Treasury control was resumed, and the University Grants Committee became one of the great shaping influences in English university life.

[1] No. 140

SELECT BIBLIOGRAPHY

Among the official papers are the eight Reports of the Royal Commission (Devonshire) on Scientific Instruction and the Advancement of Science (*Parliamentary Papers 1871*, XXIV–V; *1873*, XXVIII; *1874*, XXII; *1875*, XXVII–VIII), and those of the 1881–4 Royal Commission (Samuelson) on Technical Instruction (ibid. *1881*, XXVII; *1884*, XXIX–XXXI) which are highly revealing of contemporary preoccupations. The Royal Commission (Cross) on the Elementary Education Acts (ibid. *1886*, XXV; *1887*, XXIX–XXX; *1888*, XXXV–VII) covered in its Report and evidence most of the controversial topics of the time including the religious disputes which continued until after the Great war. The Royal Commission (Bryce) on Secondary Education (Report, evidence and Assistant Commissioners' Reports, ibid. *1895*, XLII–XLIX) prepared the way, somewhat tentatively, for Balfour's Act of 1902. The Parliamentary Debates on the latter in *Hansard* are of obvious importance. The Royal Commission (Aberdare) on Intermediate and Higher Education in Wales (*Parliamentary Papers 1881*, XXXIII) was significant for the discussion of higher education in general as well as for the principality. The Select Committee on Education, Science and Art (Administration) (ibid. *1883*, XIII; *1884*, XIII) dealt mainly with the question of ministerial responsibility. The Annual Reports of the Committee of Council for Education until 1899 and of the Board of Education thereafter run through the period and contain important material, and Michael Sadler's Special Reports on Education Subjects (ibid. *1897*, XXV; *1898*, XXIV–V; *1900*, XXI–II) are of interest. Among contemporary serial publications the weekly *School Board Chronicle* is of great value.

The outline histories of education in general are J. W. Adamson, *English Education 1789–1902* (Cambridge, 1930, 1964); W. H. G. Armytage, *Four Hundred Years of English Education* (Cambridge, 1964); H. C. Barnard, *A Short History of English Education from 1760 to 1944* (1947); S. J. Curtis, *History of Education in Great Britain* (1948), *Education in Britain since 1900* (1952), and with M. E. A. Boultwood, *An Introductory History of English Education since 1800* (1960); and of elementary education in particular, Frank Smith, *A History of English Elementary Education 1760–1902* (1931); M. Sturt, *The Education of the People: a history of primary education in England and Wales in the nineteenth century* (1967); and G. Sutherland's Historical Association pamphlet, *Elementary Education in England* (1971). E. G. West, *Education and the Industrial Revolution* (1974), is a stimulating treatment mainly on the period before 1874, but E. J. R. Eaglesham, *From School Board to Local Authority* (1956), which studies the developments leading to the 1902 Act, and *The Foundations of Twentieth-Century Education in England* (1967), concentrate on this period. J. Leese, *Personalities and Power in English Education* (Leeds, 1950), combines analytical and biographical approaches; and G. A. N. Lowndes, *The Silent Social Revolution: an account of the expansion of public Education in England and Wales 1895–1935* (1937), is a good treatment of the public sector. For secondary education, R. L. Archer, *Secondary Education in the Nineteenth Century* (Cambridge, 1921), remains a useful introduction but should be supplemented by J. Graves, *Policy and Progress in Secondary Education 1902–42* (1943); A. M. Kazamias, *Politics, Society and Secondary Education in England* (Philadelphia, 1966); and the early chapters of Olive Banks, *Parity and Prestige in English Secondary Education* (1955). For technical education, *see* M. Argles, *South Kensington to Robbins: an account of English technical and scientific education since 1851* (1964); S. F. Cotgrave, *Technical Education and Social Change* (1958); and G. Haines, "German influence upon scientific instruction in England 1867–87", *Vict. Studies*, i (1958). Adult education is treated by J. F. C. Harrison, *Learning and Living 1790–1960: a study in the history of the English adult education movement* (1961); and T. Kelly, *A History of Adult Education in Great Britain* (Liverpool, 1962).

A. Tropp, *The School Teachers* (1957), examines the growing and evolving profession. The inspectors are covered by H. E. Boothroyd, *A History of the Inspectorate* (1923); and E. L. Edmonds, *The School Inspector* (1962). As well as Matthew Arnold's *Reports on Elementary Education 1852–82*, ed. F. Marvin (1908), contemporary works of interest include A. J. Swinburne, *Memoirs of a School Inspector* (1912); and E. M. Sneyd-Kynnersley, *HMI: passages in the life of an inspector of schools* (1908).

As for central government, L. A. Selby-Bigge, *The Board of Education* (1927), provides some background. P. H. J. H. Gosden, *The Development of Educational Administration in England and Wales* (Oxford, 1966), is the standard account of both central and local developments, and his "The Board of Education Act 1899", *Brit. J. of Ed. Studies*, xi (1962), deals with the transformation of the old Committee of Council into the Board of Education. For policy questions in the period's first half, G. Sutherland, *Policy-Making in Elementary Education 1870–95* (1973), is essential; *see also* her "Administrators in education after 1870: patronage, professionalism and expertise", in *Studies in the Growth of Nineteenth-Century Government* (1972), edited by herself. Among the more useful studies of politicians and civil servants are W. H. G. Armytage, "A. H. D. Acland", *Journal of Education*, lxxxix (1947); E. Ashby and M. Anderson, *Portrait of Haldane at Work on Education* (1974); B. M. Allen, *Sir Robert Morant* (1934); the anonymous and privately printed *Patric Cumin, Secretary to the Education Department* (1901); D. N. Chester, "Robert Morant and Michael Sadler", *Public Administration*, xxviii (1950) and xxxi (1953); L. Grier, *Achievement in Education: the life and work of Michael Ernest Sadler* (1952); M. Sadleir, *Sir Michael Sadler: a memoir by his son* (1949); and T. Wemyss Reid, *Memoirs and Correspondence of Lyon Playfair* (1899). G. W. Kekewich's *The Education Department and After* (1920) is a tart account by a former Permanent Secretary.

Education was always a political and religious issue. A. E. Dyson and J. Lovelock (eds), *Education and Democracy* (1975), is a collection of documents which explores the relationship. B. Simon, *Education and the Labour Movement 1870–1920* (1965); R. Barker, *Education and Politics 1900–51: a study of the Labour party* (1972), and the same author's "The Labour party and education for socialism", *Int. Rev. of Soc. Hist.*, xiv (1969), deal with the Labour movements. Sutherland's *Policy-Making Process in Elementary Education*, cited above, contrasts the policies of the governing parties; and Paul Smith, *Disraelian Conservatism and Social Reform* (1967), considers Tory policies down to 1880. Joseph Chamberlain's pamphlet, *Free Schools* (1876), expressed an important Radical viewpoint; and C. H. D. Howard, "Joseph Chamberlain and the unauthorised programme", *Eng.H.R.*, lxv (1950), looks at one of its later manifestations. On the more specifically religious aspects of the schools question, *see* N. J. Richards, "Religious controversy and the school boards 1870–1902", *Brit. J. of Ed. Studies*, xviii (1970); M. Cruickshank, *Church and State in English Education 1870 to the Present Day* (1963); J. Murphy, *Church, State and Schools in Britain 1800–1970* (1971); and B. Sacks, *The Religious Issue in the State Schools in England and Wales 1902–14* (Albuquerque, New Mexico, 1960). For the Liberal response to the 1902 Act, *see* K. O. Morgan, "The 'Coercion of Wales Act', 1904", in *British Government and Administration*, ed. H. Hearder and H. R. Loyn (Cardiff, 1974); A. K. Russell, *Liberal Landslide: the general election of 1906* (Newton Abbot, 1973); and N. J. Richards, "The Education Bill of 1906 and the decline of political nonconformity", *J.Eccles.History*, xxiii (1972). C. F. K. Brown, *The Church's Part in Education 1833–1941* (1942), deals mainly with the National Society. There is much on and from the Catholic standpoint in V. A. McClelland, *Cardinal Manning: his public life and influence 1865–92* (1962); and C. H. D. Howard, "The Parnell manifesto of 21 November 1885 and the schools question", *Eng. H.R.*, lxii (1974), examines one aspect of its political implications.

There are good studies of the local dimensions of national education. L. Wynne Evans, "The evolution of Welsh educational structure and administration 1881–1921", in *Studies in the Government and Control of Education since 1860*, History of Education Society (1970), is a useful survey of Welsh developments. For London there are two contemporary works, T. A. Spalding, *The Work of the London School Board* (1900); and H. B. Philpott, *London at School: the story of the School Board* (1904); as well as S. Maclure, *One Hundred Years of London Education 1870–1970* (1970); D. Rubinstein, *School Attendance in London 1870–1904: a social history* (Hull, 1969); and P. and H. Silver, *The Education of the Poor: the history of a national school 1824–1974* (1974), which tells of a church school in Kennington. For other cities and towns there are J. H. Bingham, *The Sheffield School Board 1870–1903* (Sheffield, 1949); *Education in Bradford since 1870*, Bradford Corporation (1970); D. Wardle, *Education and Society in Nineteenth Century Nottingham* (Cambridge, 1971); and two essays, A. Gill, "The Leicester School Board

1871–1903", and M. Seaborne, "Education in the nineties: the work of the Technical Education Committees", in B. Simon (ed.), *Education in Leicestershire 1540–1940: a regional study* (Leicester, 1968). For the counties and rural areas there are M. Johnson, *Derbyshire Village Schools in the Nineteenth Century* (Newton Abbot, 1970); R. R. Sellman, *Devon Village Schools in the Nineteenth Century* (Newton Abbot, 1967); P. Keane, "An English county and education: Somerset 1889–1902", *Eng. H.R.*, lxxxviii (1973); and R. C. Russell's multi-part *A History of Schools and Education in Lindsey and Lincolnshire 1800–1902* (Lincoln, 1965 onwards).

T. W. Bamford, *The Rise of the Public Schools* (1967), is a good introduction to its subject; and D. Newsome, *Godliness and Good Learning* (1961), though mainly concerned with an earlier period, is an excellent discussion of one important theme. E. G. Mack, *Public Schools and British Opinion since 1860* (New York, 1941), considers attitudes to the schools; and B. Simon and I. Bradley (eds), *The Victorian Public School* (Dublin, 1975), is a collection of essays on various themes. J. Otter, *Nathaniel Woodard: a memoir of his life* (1925); and B. Heeney, *Mission to the Middle Classes: the Woodard schools of 1848–91* (1969), consider the most prolific founder of new "public" schools. R. Wilkinson, *The Prefects: British leadership and the public school tradition* (1964), considers a theme which is developed further by J. Hennessy, "British education for an elite in India", and C. Burnett, "The education of military elites", in R. Wilkinson (ed.), *Governing Elites: studies in training and selection* (New York, 1969). The development of a different but still middle class elite is discussed by J. S. Petersen, "Schoolmistresses and headmistresses: elites and education in nineteenth-century England", *J. Brit. Studies*, xv (1975). D. Ward, "The public schools and industry after 1870", *J. Contemp. Hist.*, xi (1967), considers another sort of relationship between the schools and the wider society.

M. Sanderson (ed.), *The Universities in the Nineteenth Century* (1975), is a useful collection of documents. *See also* Privy Council Reports in the Public Record Office. W. H. G. Armytage, *The Civic Universities: aspects of a British tradition* (1955), is an excellent introduction to a major question of the period. For the older universities there are A. I. Tillyard, *A History of University Reform from 1800 A.D. to the Present Time* (Cambridge, 1913); D. A. Winstanley, *Later Victorian Cambridge* (Cambridge, 1947); J. P. C. Roach, "The University of Cambridge", in Victoria County Histories, *A History of the County of Cambridge and the Isle of Ely*, III (1959); B. Stephen, *Emily Davies and Girton College* (1927); C. E. Mallet, *A History of the University of Oxford*, III (1927); W. R. Ward, *Victorian Oxford* (1965); E. Abbot and L. Campbell, *The Life and Letters of Benjamin Jowett*, 2 vols (1897); and J. Sparrow, *Mark Pattison and the Idea of a University* (Cambridge, 1967). Among the more helpful histories of other institutions are T. W. Moody and J. C. Beckett, *Queen's Belfast 1845–1949: the history of a university*, 2 vols (1959); A. W. Chapman, *The Story of a Modern University: a history of the University of Sheffield* (1955); H. B. Charlton, *Portrait of a University 1851–1951* (Manchester, 1951), on Manchester University; P. H. J. H. Gosden and A. J. Taylor, *Studies in the History of a University 1874–1974* (Leeds, 1975), on Leeds; and S. Caine, *The History of the Foundation of the London School of Economics and Political Science* (1963). For intellectual currents in and affecting the universities, *see* S. Rothblatt, *The Revolution of the Dons: Cambridge and society in Victorian England* (1968); J. P. C. Roach, "Victorian universities and the national intelligentsia", *Vict. Studies*, ii (1959); S. Rowbotham, "The call to university extension teaching 1873–1900", *University of Birmingham Historical Journal*, xii (1969); and C. Bibby, "Thomas Henry Huxley and university development", *Vict. Studies*, ii (1958). V. A. McClelland, *English Roman Catholics and Higher Education 1830–1903* (Oxford, 1973), is an important work on one religious group.

130. Elementary Education Act, 1876

(Public General Statutes, 39 & 40 Vict. c. 79)

Whereas it is expedient to make further provision for the education of children, and for securing the fulfilment of parental responsibility in relation thereto, and otherwise to amend and to extend the Elementary Education Acts,

Be it enacted by the queen's most excellent majesty, by and with the advice and consent of the lords spiritual and temporal and commons in this present parliament assembled, and by the authority of the same, as follows:

Preliminary

1. This Act may be cited as the "Elementary Education Act, 1876".
2. This Act shall not, save as otherwise expressly provided, apply to Scotland or Ireland.
3. This Act shall, save as otherwise expressly provided, come into operation on the first day of January one thousand eight hundred and seventy-seven (which day is in this Act referred to as the commencement of this Act).

Part I. Law as to employment and education of children

4. It shall be the duty of the parent of every child to cause such child to receive efficient elementary instruction in reading, writing, and arithmetic, and if such parent fail to perform such duty, he shall be liable to such orders and penalties as are provided by this Act.
5. A person shall not, after the commencement of this Act, take into his employment (except as hereinafter in this Act mentioned) any child,

(1) who is under the age of ten years; or

(2) who, being of the age of ten years or upwards, has not obtained such certificate either of his proficiency in reading, writing, and elementary arithmetic, or of previous due attendance at a certified efficient school, as is in this Act in that behalf mentioned, unless such child, being of the age of ten years or upwards, is employed, and is attending school in accordance with the provisions of the Factory Acts, or of any byelaw of the local authority (hereinafter mentioned) made under section seventy-four of the Elementary Education Act, 1870 as amended by the Elementary Education Act, 1873 and this Act, and sanctioned by the Education Department.

6. Every person who takes a child into his employment in contravention of this Act shall be liable, on summary conviction, to a penalty not exceeding forty shillings.
7. The provisions of this Act respecting the employment of children shall be enforced,

(1) in a school district within the jurisdiction of a school board, by that board; and

(2) in every other school district by a committee (in this Act referred to as a school attendance committee) appointed annually, if it is a borough, by the council of the borough, and, if it is a parish, by the guardians of the union comprising such parish.

A school attendance committee under this section may consist of not less than six nor more than twelve members of the council or guardians appointing the committee, so however that in the case of a committee appointed by guardians one third at least shall consist of *ex officio* guardians, if there are any and sufficient *ex officio* guardians.

Every such school board and school attendance committee (in this Act referred to as the local authority) shall, as soon as may be, publish the provisions of this Act within their jurisdiction in such manner as they think best calculated for making those provisions known. . . .

9. A person shall not be deemed to have taken any child into his employment contrary to the provisions of this Act, if it is proved to the satisfaction of the court having cognizance of the case either,

(1) that during the employment there is not within two miles, measured according to the nearest road, from the residence of such child any public elementary school open which the child can attend; or

(2) that such employment, by reason of being during the school holidays, or during the hours during which the school is not open, or otherwise, does not interfere with the efficient elementary instruction of such child, and that the child obtains such instruction by regular attendance for full time at a certified efficient school or in some other equally efficient manner; or

(3) that the employment is exempted by the notice of the local authority hereinafter next mentioned; (that is to say,)

The local authority may, if it thinks fit, issue a notice exempting from the prohibitions and restrictions of this Act the employment of children above the age of eight years, for the necessary operations of husbandry and the ingathering of crops, for the period to be named in such notice: Provided that the period or periods so named by any such local authority shall not exceed in the whole six weeks between the first day of January and the thirty-first day of December in any year.

The local authority shall cause a copy of every notice so issued to be sent to the Education Department and to the overseers of every parish within its jurisdiction, and the overseers shall cause such notice to be affixed to the door of all churches and chapels in the parish, and the local authority may further advertise any such notice in such manner (if any) as it may think fit.

10. The parent, not being a pauper, of any child who is unable by reason of poverty to pay the ordinary fee for public elementary school or any part of such fee, may apply to the guardians having jurisdiction in the parish in which he resides; and it shall be the duty of such guardians, if satisfied of such inability, to pay the said fee, not exceeding threepence a week, or such part thereof as he is, in the opinion of the guardians, so unable to pay.

The parent shall not by reason of any payment made under this section be deprived of any franchise, right, or privilege, or be subject to any disability or disqualification.

Payment under this section shall not be made on condition of the child attending any public elementary school other than such as may be selected by the parent, nor refused because the child attends, or does not attend any particular public elementary school. . . .

12. Where an attendance order if not complied with, without any reasonable excuse within the meaning of this Act, a court of summary jurisdiction, on complaint made by the local authority, may, if it think fit, order as follows:

(1) In the first case of non-compliance, if the parent of the child does not appear, or appears and fails to satisfy the court that he has used all reasonable efforts to enforce compliance with the order the court may impose a penalty not exceeding with the costs five shillings; but if the parent satisfies the court that he has used all reasonable effort as aforesaid, the court may, without inflicting a penalty, order the child to be sent to a certified day industrial school; or if it appears to the court that there is no such school suitable for the child, then to a certified industrial school.

(2) In the record of any subsequent case of non-compliance with the order, the court may order the child to be sent to a certified day industrial school, or if it appears to the court that there is no such school suitable for the child, then to a certified industrial school and may further in its discretion inflict any such penalty as aforesaid, or it may for each such non-compliance inflict any such penalty as aforesaid without ordering the child to be sent to an industrial school;

Provided that a complaint under this section with respect to a continuing non-compliance with any attendance order shall not be repeated by the local authority at any less interval than two weeks. . . .

131. Bridge Street Technical School, Birmingham, 1884 and 1888

(a) *Opening of the technical school, 1884*

(*School Board Chronicle*, 12 July 1884)

The new technical school, called the Central 7th Standard School, in Bridge Street West, Broad Street, was opened on Monday morning. In this institution the school board commence a system of technical education to supplement the instruction received in the public elementary schools of the borough. It will be remembered that Mr George Dixon (the chairman of the board) undertook to provide a school building for at least two hundred boys, with all the necessary fittings, the board finding the furniture and paying the staff of teachers. The premises, which were opened on Monday, were formerly used as a cocoa manufactory. A portion of the old building has been pulled down, and rooms adapted to the requirements of the school built on the site.

No expense has been spared by Mr Dixon in fitting up the school, the appointments being of a most substantial and elaborate character. On the right of the entrance gateway is a large reading and class room, and adjoining it is a master's room. Near to this is a room for mathematics, the walls being painted black, and thus serving the purpose of a permanent blackboard. A room adjacent is to be used as a carpenter's shop, benches and lathes being fitted up. There is also a covered gymnasium, and horizontal bars are erected in the playground. On the opposite side of the yard is a cooking kitchen with a large range, and in close proximity is a commodious dining room, where it is proposed to furnish dinners for the lads. To lads whose homes are a considerable distance from Broad Street this will be a great advantage. On the first floor, approached by a handsome staircase, is a lecture theatre, having rising seats, and, on the level, a demonstrator's table, for chemical and scientific lectures. Next to this is the chemical room, fitted with five double tables, and having cupboards for storing the chemicals and appliances. On the same floor is a room in which drawing will be taught, and also two other class rooms. On the second floor there are several rooms, which will not be utilised, however, at present. The alterations and fittings of the building have been carried out by Mr Barker, builder, Lozells.

The technical school will form a 7th standard open to boys who have passed the 6th standard, or an examination equivalent thereto, and it will be conducted in accordance with the regulations of the Education Department as a public elementary school earning a grant under the code from the Science and Art Department. The staff will consist of a headmaster and an assistant master for mathematics and the three Rs, a drawing master, two science masters, and a master carpenter. The science demonstrator to the board (Mr Harrison) will supervise the whole of the technical and scientific instruction as part of his regular duties. The estimated annual cost of the school to the board is £1,090. The boys will pay threepence each per week, and these fees, together with the grants the school is expected to earn, will reduce the cost to about £400, or £2 per boy per annum. The course of instruction will include reading, writing, arithmetic, mathematics, theoretical and practical mechanics, freehand, geometry, and model drawing, machine construction and drawing, chemistry, electricity, and the use of ordinary workshop tools; and to these subjects may be added metallurgy. There is accommodation in the school for about 400 boys, and up to the present 150 have been enrolled on the books. Mr E. J. Cox of London has been appointed headmaster of the school at a salary of £200 a year. . . .

3 July. Mr G. Dixon (chairman) presiding (at a meeting of the school board) . . . The Rev. E. F. M. MacCarthy submitted the report of the Education Committee, and in accordance with its recommendations, moved, That the committee be authorised to expend a sum not exceeding £500 in providing apparatus for science lessons, chemicals, and tools for the Bridge Street Central 7th Standard School.

The board would be pleased to hear that the 7th Standard School was opened on Monday last, with an attendance of about 120 scholars. There were some schools which were just on the point of having their annual examinations, and it was not proposed to transfer scholars from those schools until the examinations were over. It would therefore not be until Christmas that the new school would have its full number of 200 scholars. He hoped members of the board would visit the school when it was in working order, and they would be pleased both with the general arrangement and the details of the school. Not only had the chairman of the board shown his interest by his generous gift of the buildings, but every detail showed signs of his almost parental care in the working out of the details of the school. Of course the school was an expensive one, and the committee in asking for an expenditure of £500 upon apparatus etc. felt that the board had only to carry out the principle of doing thoroughly that which it had undertaken. Although the sum might be large, yet it would be fully justified by the return. . . .

Dr Crosskey supported the resolution, and explained that the new technical school would not in any way come into conflict with the work of the Midland Institute or Mason College, but would rather prepare such scholars for such teaching as the evening classes at these institutions provided. He thought it would be an inducement to many working men to keep their children a couple of years longer at school when they could have the training which the 7th Standard School would give in the principles which would underlie their future work. He felt they would turn out lads who would not only be able to command better wages, but would take an intelligent interest in the work to which they applied themselves.

Mr Barnes had much pleasure in supporting the resolution. He thought the benefit which technical training would confer would not end with the workmen, but would be a great gain to the manufacturers as well. He was very glad to see the guilds of London subscribing £100,000 towards technical schools in London. It was, he thought, going in a direction which, if followed out, would enable us to produce in this country many of those articles, especially of art workmanship, which were at present purchased to so large an extent from abroad. . . .

(b) *G. W. Kekewich of the Education Department on the Department's attitude* (*1888*)

(Royal Commission (Cross) on the Elementary Education Acts, *Parliamentary Papers 1888*, XXXVI, 974 ff.)

Q.991. In the Bridge Street school at Birmingham, the school was worked for many years as a public elementary school, having science classes attached to it. It was practically a science school. The school got a very low grant for elementary subjects – not more than 14s a head. I think it took no class subject, and I think it did not take singing. The public elementary school was merely kept up in order to enable the science classes to be added to it, and in order to enable the school board, therefore, to spend the rates upon the maintenance of the science classes. I daresay there were some children in that school who were practically not in the public elementary school, but nevertheless there was the public elementary school attached to it. We could not tell whether there were children in the science classes who were not in the public elementary school. . . .

132. Royal Commission on Technical Instruction, 1884

(a) *Examinations under science and art department: subjects examined and assisted*

(Samuelson Commission, *Parliamentary Papers 1884*, XXIX (C. 3981), 400–3)

VI. Examinations in art, in connection with the Science and Art Department, date back to 1853, though the existing comprehensive plan of annual examinations was not established until 1857. In that year 12,509 students were instructed in local schools of art, and 396 in the Central Training School, and through the various agencies connected with the department 43,212 children in elementary and other schools were taught drawing. No general system of examinations in science was formulated until 1859, when the number of subjects, on which payment could be obtained, was limited to six. In May 1861 when the first general and simultaneous science examination was held, there were thirty-eight classes with 1,330 pupils, besides some 800 pupils in classes not under certificated teachers.

In the year 1882 there were in all 909,206 persons receiving art instruction in connection with the department, and 68,581 students in science, in 1,403 science schools with 4,881 classes.

The examinations in art are of three grades, the first grade being intended for children attending the elementary school, the second grade for the pupils of secondary schools and the students of art classes and schools of art, and the third grade is applicable for teachers or art masters.

Science examinations are held in twenty-five subjects; the examinations take place in May, and are divided into three stages; the "elementary", "advanced", and "honours". In each stage there are two grades of success.

On receipt of proper demands from local authorities papers both for the science and art examinations are forwarded from South Kensington to the centres where the examinations are conducted. The worked papers are sealed up directly after the examinations and forwarded to London. On the result of these examinations prizes and scholarships are awarded to the successful students and money payments are made to the local committee, which vary in accordance with the degree of success attained by the students and with the nature of the subject.

The total payments in the year 1882–3 on account of science schools and classes, grants, prizes, etc. was 45,376*l* 0*s* 6*d*, and for success in art the amount was 67,354*l* 10*s* 6*d*.

The total expense of the science and art schools is returned at 155,367*l* 5*s* 4*d* for the year 1882–3, exclusive of the staff of the department, who received 8,898*l* 4*s* 10*d*.

VII. The City and Guilds of London Institute

This institute has been established by the city livery companies for the purpose of providing and encouraging education adapted to the requirements of all classes of persons engaged, or preparing to engage, in manufacturing and other industries.

With this object the institute subsidises existing educational establishments which, in the opinion of the council of the institution, are providing sound technical instruction, and which would possibly languish except for external aid.

It also encourages, in the principal industrial centres of Great Britain, the formation of evening classes in which workmen and foremen engaged in their several factories during the day receive special instruction in the principles of science in their application to the processes with the practical details of which they are already familiar.

It aims at establishing and maintaining in the metropolis model technical schools, to serve as types of other schools to be founded and supported by local efforts in provincial towns; and, lastly, it is erecting a Central Institution, corresponding to some extent to the great polytechnic schools of Germany, Switzerland, and Italy, and to the Ecole Centrale of Paris.

With this varied programme, the City and Guilds of London Institute is assisting in the professional instruction of all classes of persons engaged in industrial operations, of artizans, apprentices, foremen, managers of works, manufacturers, and technical teachers.

The council of the institute have no intention of interfering with any existing social institution, such as apprenticeship, or any other relationship between employer and employed, but aim only at supplying the want of further instruction which is everywhere felt to exist, by supplementing, and by preparing pupils more thoroughly to profit by workshop training.

For the establishment of technical classes in the metropolis and in provincial manufacturing towns, the institute has granted for a period of years the following annual subventions.

£
400 to University College, London
400 to King's College, London
350 to Horological Institute
250 to School of Art Wood Carving
300 to Firth College, Sheffield
300 to University College, Nottingham
200 to Technical School, Manchester

In addition to these annual grants, it has given 700*l* for the establishment of a technical school in Leicester, as well as 200*l* to Nottingham, and 100*l* to Manchester for the purchase of mechanical appliances, besides other smaller grants.

In nearly all the large manufacturing towns, evening classes in technology, as distinguished from the government classes in science and art, are being assisted by the institute. The work done by the students of these classes is inspected and examined by the institute, and on the results of the annual examinations certificates and prizes are granted which are beginning to be regarded as diplomas of proficiency and are said to enable operatives to obtain better employment and higher remuneration. These evening classes have already become and are likely in future to become still more the nuclei of technical colleges, mainly supported by the towns in which they are situated but connected with and affiliated to the City and Guilds of London Institute by means of its examinations and superintending influence.

According to the programme of technological examinations for 1883–4, examinations are held in the following subjects.

1. Alkali and allied branches
    A. Salt manufacture
    B. Alkali manufacture
    C. Soap manufacture
2. Bread-making
3. Brewing
4. Distilling
    A. Coal tar distilling
    B. Spirit manufacture
5. Sugar manufacture
6. Fuel
7. Oils, colours, and varnishes, manufacture of
8. Oils and fats, including candle manufacture
9. Gas manufacture
10. Iron and steel manufacture
11. Paper manufacture
12. Pottery and porcelain manufacture
13. Glass manufacture
14. Dyeing
    A. Silk
    B. Wool
15. Bleaching, dyeing, and printing of calico or linen
16. Tanning leather
17. Photography
18. Electro-metallurgy
19. Textile fabrics, manufacture of
    A. Cloth
    B. Cotton

        C. Linen
        D. Silk
        E. Jute

20. Lace manufacture
21. Weaving and pattern designing
22. Electrical engineering
        A. Telegraphy
        B. Electric lighting and transmission of power
        C. Electrical instrument making
23. Metal plate work
24. Plumber's work
25. Silversmith's work
26. Watch and clock making
27. Tools
        A. Wood working
        B. Metal working
28. Mechanical engineering
29. Carriage building
30. Printing
31. Ores, mechanical preparation of
32. Mine surveying
33. Milling (flour manufacture)
34. Carpentry and joinery

These examinations were originally established by the Society of Arts, but were subsequently taken over and considerably modified and developed by the City and Guilds of London Institute. In 1879 the number of candidates was 202, and the examinations were held in twenty-three different places. In 1883, 2,397 candidates presented themselves from 154 centres in different parts of the United Kingdom. . . .

(b) *Position of country in technical skills*

(ibid. 506–7)

. . . But, great as has been the progress of foreign countries, and keen as is their rivalry with us in many important branches, we have no hesitation in stating our conviction, which we believe to be shared by continental manufacturers themselves, that, taking the state of the arts of construction and the staple manufactures as a whole, our people still maintain their position at the head of the industrial world. Not only has nearly every important machine and process employed in manufactures been either invented or perfected in this country in the past, but it is not too much to say that most of the prominent new industrial departures of modern times are due to the inventive power and practical skill of our countrymen. Amongst these are the great invention of Bessemer for the production of steel in enormous quantities, by which alone, or with its modification by Thomas and Gilchrist, enabling the commonest description of iron to be used for the purpose, steel is now obtained at one-tenth of the price of twenty years ago; the Weldon, Hargreaves and Deacon processes, which have revolutionised the alkali trade; the manufacture of aniline colours by Perkin; the new processes in the production of silk fabrics by Lister; the numerous applications of water pressure to industrial purposes by Armstrong; the Nasmyth steam hammer; the compound steam engine, as a source of great economy in fuel; and the practical application of electricity to land and submarine telegraphy by Cooke, Wheatstone, Thomson, and others.

Machinery made in this country is more extensively exported than at any former period; the best machines constructed abroad are in the main and with the exceptions which we have named made, with slight, if any, modifications, after English models. A large proportion of the power looms exhibited and used in the continental weaving-schools has been imported from this country. In the manufacture of iron and steel we stand preeminent, and we are practically the naval architects of the world. Our technical journals, such as those of the institutes of Civil and Mechanical Engineers, and of the Iron and Steel Institute, are industriously searched and their contents assimilated abroad.

In those textile manufactures in which other nations have hitherto excelled us, as in soft all-wool goods, we are gaining ground. We saw at Bradford merinoes manufactured and finished in this country which would bear comparison in texture and in colour with the best of those of the French looms and dye-houses, and in the delicate fabrics of Nottingham and Macclesfield (thanks, in great measure, to their local schools of art) we no longer rely on France for designs.

In art manufactures proper, notably in porcelain, earthenware and glass, as also in decorative furniture, our productions are of conspicuous excellence. It is possible that this may be due in a certain degree to the employment, in some branches, of skilled workers trained in foreign countries, and we cannot do otherwise than acknowledge the preeminence in the main of our French neighbours in design as applied to decorative work, or disregard the efforts which they are making to maintain that preeminence, and those made in Belgium and Italy to emulate them. . . .

(c) *Conclusions*

(ibid. 513–14)

. . . Not so many years have passed since the time when it would still have been a matter for argument whether, in order to maintain the high position which this country has attained in the industrial arts, it is incumbent upon us to take care that our managers, our foremen, and our workmen, should, in the degrees compatible with their circumstances, combine theoretical instruction with their acknowledged practical skill. No argument of this kind is needed at the present day. In nearly all the great industrial centres – in the metropolis, in Glasgow, in

Manchester, Liverpool, Oldham, Leeds, Bradford, Huddersfield, Keighley, Sheffield, Nottingham, Birmingham, the Potteries, and elsewhere – more or less flourishing schools of science and art of various grades, together with numerous art and science classes exist and their influence may be traced in the production of the localities in which they are placed. The schools established by Sir W. Armstrong at Elswick; by the London and North-Western Railway Company at Crewe; and those of Messrs Mather and Platt of Salford, in connection with their engineering works, testify to the importance attached by employers to the theoretical training of young mechanics. The efforts of Messrs Denny, the eminent shipbuilders of Dumbarton, for encouraging the instruction of their apprentices and for rewarding their workmen for meritorious improvements in details applicable to their work, are proofs of this appreciation. The evidence of Mr Richardson of Oldham, and of Mr Mather of Salford, is emphatic as to their experience of its economical value.

Without more particularly referring to the valuable work in the past, accomplished by the numerous mechanics' institutes spread over the country, many of them of long standing, we may point out that they are now largely remodelling their constitutions in order to bring up their teaching to the level of modern requirements, as regards technical instruction. The example of the Manchester Mechanics' Institute may be studied in this connection.

Moreover, as evidencing the desire of the artizans themselves to obtain facilities for instruction both in science and art, we must not omit to mention the classes established and maintained by some of the leading cooperative societies. The Equitable Pioneers Society of Rochdale has led the way in this, as in so many other social movements. It is much to be wished that the various trades unions would also consider whether it is not incumbent on them to promote the technical education of their members.

The manufacturers of Nottingham speak with no uncertain voice of the important influence of the local school of art on the lace manufacture of that town. Without the Lambeth School, the art productions of Messrs Doulton could scarcely have come into existence. The linen manufacturers of Belfast are becoming alive to the necessity of technical instruction if competition on equal terms with foreign nations in the more artistic productions is to be rendered possible. The new generation of engineers and manufacturers of Glasgow has been trained in the technical schools of that city. The City and Guilds of London Institute owes its existence to the conviction of the liverymen that technical instruction is a necessary condition of the welfare of our great industries.

Natural science is finding its way surely, though slowly, into the curriculum of our older English universities, and of our secondary schools. It is becoming a prominent feature in the upper divisions of the elementary board schools in our large towns. There are scarcely any important metallurgical works in the kingdom without a chemical laboratory in which the raw materials and products are daily subjected to careful analysis by trained chemists. The attainments of the young men who have been trained in the Royal Naval College at Greenwich recommend them for remunerative employment by our great shipbuilding firms.

In our relations with public bodies and individuals in this country during the progress of our inquiry, the great anxiety has been manifested to obtain our advice as to the mode in which technical instruction can be best advanced, and we have to acknowledge the readiness of the education and science and art departments to receive and act upon suggestions in matters of detail from individual members of the commission, which it would have been pedantic to delay until the completion of our task. Amongst suggestions which have thus been made was that of an exhibition of the school-work of all nations, which his royal highness the prince of Wales has consented to add to the Health Exhibition of 1884. This exhibition will be an appropriate illustration of the account of foreign schools contained in the previous parts of this report. Your commissioners, during their continental visits, received from the authorities of technical schools numerous assurances of their cordial support and cooperation in such a display.

Thus, there is no necessity to "preach to the converted", and we may confine ourselves to such considerations as bear upon the improvement and more general diffusion of technical education at home, in accordance with the conditions and needs of our industrial population.

In dealing with the question of technical instruction in this country we would, at the outset, state our opinion that it is not desirable that we should introduce the practice of foreign countries into England, without considerable modification. As to the higher education, namely, that for those intended to become proprietors or managers of industrial works, we should not wish that every one of them should continue his theoretical studies till the age of twenty-two or twenty-three years in a polytechnic school, and so lose the advantage of practical instruction in our workshops (which are really the best technical schools in the world) during the years from eighteen or nineteen to twenty-one or twenty-two, when he is best able to profit by it. . . .

133. London School Board: "Budget" speech of Sir Richard Temple, 25 January 1887

(*School Board Chronicle*, 5 February 1887)

Sir Richard Temple, Bt, was vice-chairman of a new "Moderate" board elected the previous year, and the speech proposed the estimates and put forward the policy of the new board.

. . . I then passed on to the question as to what more can be effected for economy in the future. In order to deal with this grave question I have called to remembrance the new demands which are likely to be made on us by public opinion, and which afford an additional motive for economising our existing branches of expenditure. In view of our thus economising, I have adverted to the average cost per child, to the dominant element in that cost, namely, the teaching staff, and to the efficiency of our education. I have submitted my opinion that our unnecessary interference with the voluntary system in the well-to-do parts of the metropolis has been, and even still is, a cardinal point in our finance. While claiming for our new regulations regarding school fees all the advantages that could be expected, I have suggested that our receipts from this source are much less than they ought to be. I have touched upon the financial disadvantages arising from the excessive average of non-attendance of scholars in the schools. I alluded to the possibility of some diminution of the interest and repayment charges on our capital account by a possible rearrangement. I have shown that the new pension scheme is to be self-sustaining, and is to cost nothing to the ratepayers. I am sorry if in the course of this exposition I shall seem to have reflected on the economy practised by the preceding board. But I must set forth the financial case as it seems to me to be actually. I know as well as anyone that whatever may have been the drawbacks, the late board did a great work, and that we have entered into its labours. I, in common with others, may feel jealous and regretful in respect to the board's work in many parts of the metropolis, to work which might as well be done by the voluntary system without any cost to the ratepayer. But I have visited the poorest schools in all the poorest parts of London, and have thus witnessed the good which the board has done, and is doing, in places where no other agency would have been sufficient. In localities oppressed by want, sorrow and darkness, the board raises an educational banner which no other hand would be strong enough to sustain. Its organisation, thus regarded, must strike any competent and patriotic observer with amazement, and fill him with thankfulness. A system so deep-searching, so far-reaching as this is one in which we may all be proud to bear a part. We may hope by ceaseless care for economy and efficiency to render it worthy of London. If it should ever deserve to be called worthy in this high sense, then it will have received the highest meed of praise that could be accorded to any local organisation whatever. . . .

134. Science and art classes in remote areas: Caithness, 1887

(C. A. Buckmaster, Inspector of Classes, Report of Science and Art Department, *Parliamentary Papers 1887*, XXXIV, 93–4)

. . . Some of the small schools I have visited during the past session are interesting as showing how widely the departmental net is cast. The schools to which I particularly refer are eight in number and situated in the east and north-east of Caithness. They were visited in the month of March, when locomotion was difficult on account of the snow. I found that the one situated in the most populous place, and which should have been a model to the others, was perhaps the worst; while in another, a little hamlet supports and has supported more than one science class for several years. In fact, in the village to which I refer, that of Watten, I was informed that the majority of the inhabitants had at one time or another passed one or more of the department's examinations. Such an instance is probably unique, but if this can be done in a remote village in the north of Scotland, the same is possible elsewhere. . . .

135. Royal Commission (Cross) on the Elementary Education Acts: examination of Rev. R. Bruce by Cardinal Manning, 1888

(Parliamentary Papers 1888, XXXV (C. 5188), 44,475 ff.)

(Cardinal Manning) I think I understood you to say, in answer to Dr Morse, that government was not the first in the field of education, but that what we call the voluntary or denominational system came first? – I think that the denominations taught before government gave grants.

Bell and Lancaster and the National Society were all up and doing before the government? – And, of course, the Roman Catholic church also.

I quite agree with you, that is historically true. Does not that point to this fact, that the education of this country sprung from parental responsibility; that is to say, the sense of parents in their conscience that it was their duty to seek education for their children, and that they had the choice and control of that education; was not that the principle upon which the education of this country first founded itself? – A need felt by the parents.

Consciously by the parents. The conscience and also the responsibility of parents was the motive of the education that was first sought? – In some cases, I think that leaders in different churches felt the responsibility before the parents; as, for instance, in the case of John Knox, and other leading men in the parochial schools of Scotland.

It was not a legislative act? – Not at all.

Therefore, it was a popular act? – A spontaneous act.

And of a Christian people? – Yes.

Eminently? – In the main.

And the education that was founded was Christian education; and, I am compelled to say, denominational education? – Yes.

The denominational system of education was therefore in possession? – Yes.

The board school system came in? – Yes.

I will say nothing more than that it came in; it founded itself upon another principle, as it appears to me; and I should like to know from you what would be the principle upon which you think it was founded? – The principle upon which the board school system is founded is that it is in the interest of the State and of the children, that every child of the country should have an education in elementary subjects.

Do you then claim a right for the State to come in and educate the people? – I used not to do; I used to be opposed to it very strongly in the early part of my ministry.

Then were you opposed to it on the ground that the State had no right to do it, or on the ground that it was inexpedient that it should be done? – It was on the religious ground that I objected.

I think so, because in 1845 and 1846 the opposition of the Nonconformist bodies was not against a right claimed by the State, but against the intervention of the State at all? – It was the idea that the State could not do the thing so well as voluntary schools; strictly voluntary observe – not aided at all by government.

Very well. Then clearly up to that date the right of parents and the conscience of parents were the motive and the rule of the education of this country? – I question whether the parents were ever considered.

They were not considered perhaps in this sense: that the parents did not meet together to do it; but that others who might have been ministers, clergy, and persons of education, knowing the need, and seeing that the people could not do it for themselves, came forward spontaneously to assist them in its being done? – Certainly.

Now then, it seems to me that the answer to your proposal of universal school boards is inconsistent with the rights of the parents to control the education of their children. I should like to know how you would answer that? – I would let a parent send his children to any school he pleases, if it was an efficient school.

But you have a compulsory law? – Yes.

And that law is enforced by fines, distraint, and imprisonment? – Not imprisonment, that I am aware of.

Yes, ultimately? – I never heard of a case in Huddersfield.

It is so ultimately? – I am not answerable for what the State does.

Having a compulsory law with those three penalties, it is impossible that you should have a system of education that is not of a kind that would give freedom of conscience to all parents? – It should give freedom of conscience to parents.

There ought then to be freedom of conscience to parents? – Certainly.

I believe that the large majority of parents of this country object to an education without religion quite as strongly as some people would object to an education of their children in my schools, or as I should object to the education of my children in other schools; that is to say, that the objection against particular forms of religion is not so strong in the conscience as the objection to education without religion altogether? – I scarcely think that.

You follow what I say? – Yes; but I do not think that is correct; it is not my opinion.

If the State comes in to claim a supreme right to compel the education of children, it is bound to provide such education as the parents can conscientiously accept? – I do not see that; it can provide what, in the conscience of the State, it thinks that the parents should comply with.

(Chairman) Are you quite sure that the State has got a conscience? – It ought to have.

(Cardinal Manning) I am coming to that presently, but for the present, I mean to say this: given compulsion there must be a provision made for the conscience of parents; if not, the State would compel parents under penalties to do that to which they conscientiously object; and the whole of our system is founded upon the most profuse recognition of freedom of conscience. Therefore, my first objection against a universal school board system, would be that it violates the whole basis of our commonwealth? – I said the contrary: that the present system compels me and a number of other Nonconformists to pay for the teaching of the Roman Catholic religion and the teaching of the Church of England religion, and that it violates my conscience, in compelling me to pay for it.

To that I should make two objections; the one is that the money of the State does not go to teaching religion in our schools? – How can we know that.

I believe that I can affirm that. The very long experience that I have had now forty and more years in schools would tell me so, because the money that is received from the State does not suffice even for the secular part of the teaching; it would not pay the stipend of the teachers, and it would not provide the house in which it is taught; so that the teaching of religion in a denominational school is thrown entirely upon the managers. There is a contract between the government and the denominational schools, whereby the government purchases the three Rs (I will say for brevity) at a sum certainly much less than that for which the government could institute and maintain schools for that purpose. Therefore, my first answer would be that the money of the State does not go for religious teaching. But it would seem to me that you admitted to Dr Morse that natural morality might be taught in schools? – Yes.

Do not you admit that there is natural religion? – Yes.

Is not the State bound to maintain natural religion and morality; for instance, the existence of God and that He is a lawgiver, and that His laws are the great outlines of the obligations of man; surely no State can exist, unless it becomes atheist, without recognising the obligation to teach natural religion and natural law? – Is the State obliged to teach everything that is true?

I am certainly of opinion that the State is bound to teach both natural religion and natural law? – I do not think so, because I should say that there are certain truths in astronomy which the State is not bound to teach but astronomers.

I do not call astronomy either religious or moral? – I was speaking of things that are true.

I am confining my argument distinctly to things religious and moral. I am trying to reach the principle upon which the system which you are proposing – the universal school board system – can rest, and I must say that I can find none. I believe it to be unjust, and I will tell you why: it would assume for the State a supreme power contrary to the right of conscience in parents. Now, the first natural right, we know, in parents is the right of choosing the education of their children and the teachers of their children, and the companions of their children, and it would seem plain that the State cannot assume to itself the supreme right of controlling that? – I do not think they should control it.

On what ground could such a claim be founded? Does it exist in natural law?

The right of parents exists in natural law. Is this claim on the part of the State to be found in natural law? – I do not think that either denominational schools or board schools exist in natural law.

I am speaking of the claim of the State to educate; is that found in natural law? – I do not think that it is. I think that all State arrangements are simply the result of experience and expediency.

Of course, you are well aware that in the old imperial law, which was first of all the civil law of Christendom, the power of the father was so immense that it extended even to life and death? – Quite so.

And that the parent was always recognised as having the right to educate his children; and that principle passed into the law of all civilised countries; it is the foundation of English law; and it is upon that law at this moment that the whole system of our education rests. It seems to me that the proposal for a universal school board system, excluding the conscience of parents in the control of the religious education of their children, is contrary to the law of nature and of the land? – I should not exclude them. These parents will have the right to vote for their teachers. They might, if they were Roman Catholics, vote for a Roman Catholic teacher, and if they were church people they might vote for a church teacher.

But my one vote, together with a multitude against me, would not satisfy me? – They would have fair play as citizens, and I think that the State has nothing to do with men except as men, and should let them take their chance.

Am I not right in saying that, even according to the law of nature, there is a natural religion and a natural morality, and that man as man comes under those two obligations? – Yes.

And therefore the education of man as man in the order of nature alone, leaving Christianity out of sight, must be controlled by those two great laws. Man must be formed in the knowledge of natural religion and morality; and it seems to me that the board school system does not do that? – I should take the objection that clergymen, Independent ministers, and Roman Catholics sometimes do interfere with the right of the parents; they take the responsibility off the parents.

Nobody can do that? – But they do it.

I think not? – I have had cases of parents sending children to school, and ministers of some church coming and saying they must not do it.

There may be particular cases where some persons misconduct themselves, but I am speaking of the system? – So am I.

By our law at this moment the denominations are permitted to form schools freely under the control of the department under inspection, and all conditions necessary; but they are left entirely free to form a school which shall be Congregationalist or Catholic. There, as it seems to me, is no interference with the conscience of parents, because they are not bound to send their children there? – But we are not allowed to do that under the present system.

How so? – Because we are told that if there is sufficient accommodation in the church school, we shall not have any other school in the district.

Wait a moment; I am going to make a concession to you. I quite admit that there are residual difficulties to be found all over the country. Again and again you have said in evidence that the small schools of the country are often very inefficient, and I have a very strong feeling that when Nonconformists are scattered over the country, and are unable to form schools of their own, there is very great hardship in compelling them to attend the parish national school; and I also feel that my own people would be compelled in the same way, and I object to it strongly. But that does not touch the system; these are residual difficulties I admit, but it appears to me your remedy erects the residual difficulty into the rule for the whole land. I object to that. The system ought to be based upon its own proper principles, and those residual difficulties dealt with afterwards? – I want a system in which the Roman Catholics, the Protestant church, and dissenters may all work amicably together, as men believing in what is good, as we do in our board, and as the members of this commission do.

That would bring in natural religion and natural morality, and also Lord Norton's general Christianity, and that would raise immensely the system of board schools; but, in answering Dr Morse, you said, I think, that if the parents neglect their duty, the State may come in to protect the rights and interests of children? – In some instances, but it is a very delicate question when they should.

I entirely agree with you, and nobody knows better than Lord Norton, who has been labouring all his life nearly in industrial schools, that industrial schools really are penal upon bad parents, because their children are put into industrial schools and the parents are made to pay? – Yes.

That seems to me an exercise of the protective right of the State, which is justifiable on Dr Morse's principle, namely, that when parents neglect their duty and children are abandoned, then the State might come in; but giving up that category of bad parents which you do, I contend that the State has no right to come in over all other categories of good parents? – What is the value of that religion to those parents?

To the individuals none, but in the system it is supreme. Why would not such a system as this satisfy you; that the State should give, it might be called free trade, to all those who are ready to found and maintain schools without asking them what they are in religion: and I would say even this, let there be a category of the Church of England, the Congregationalists, the Wesleyans, the Catholics, and the Agnostics, if you like, and secular board schools; I will reduce the board schools to a category, and let the State freely give support to all; that would be not only free trade but fair trade. It would seem to me that then we ought not to be tied down to one source only of public money, as the voluntary schools at this moment are only paid out of the Consolidated Fund; and, as Lord Norton said, any want of efficiency in voluntary schools may be fairly traced to their want of funds compared with the abundant wealth which is in the hands of the school board derived from two sources of public money. I would deal with all alike; you would not object to that? – I wish all to be put on one level.

And you would have free trade? – I want a system in which the teacher may be either a Roman Catholic, Protestant, dissenter, or Nonconformist, and where the children shall never be asked questions, about religious beliefs; where they shall be meeting together as brothers and sisters; and if there is anything further to be taught, let the clergymen or ministers teach it.

I must object to that; that is a mixed system; it is the system of common schools in America, and in America there is a very widespread and powerful reaction on the part of the parents for what is called "the home" against the common school system. We believe that to be the only system that will preserve our education. I will only ask you one question more. I believe that there was never a claim on the part of the State to educate the citizens of the State except in Athens, and that it was adopted in the first French revolution, from which I believe the present theories in England have derived themselves; and I do not know of any law in which the parental right has not been recognised as supreme unless it be forfeited in the case of abuse or neglect; and therefore I object to the board school *in toto* upon the ground that it is founded upon a principle which I must say with all respect is heathen, I use the term classically. You do not agree with that? – No; I want to see a system in which we can all work harmoniously together. I sit myself in the school board in Huddersfield by the side of the Roman Catholic priest, and we are very good friends; and I do not see why the children should not do the same in school.

(Chairman) I do not quite understand the ultimate view you have; would you desire if you could eventually, not as a transient story, to have a system of universal school boards, and that no religion should be taught at all in school hours? – Not in school hours. I think there ought to be some formal recognition in a simple service, but I do not see that even that is absolutely necessary; because when I send a child to a music or drawing lesson, or when I send my son to a medical school, these instructions are not given with any religious introduction; you simply take care to send him to a good moral man with capacity to teach the desired subjects.

I will ask you this further question; how do you define elementary education? – That is a very difficult point. It seems to be growing, because we are taking into the word "elementary" a good deal that is not "elementary".

I was not going into those high subjects, but keeping to the simple story; what is your definition of elementary education? – I consider that which is necessary for a child to know to perform his secular duties as a citizen.

Now I have just exactly come to it; that is the very point. Do you think that the aim of the State ought to be to teach a child to perform his secular duties, or to make him altogether a better man? – I do not think that it has anything to do with his religion in any form whatever, except to give perfect liberty to all persons to have what religion they please and to support it with their own money.

I am only afraid that our unfortunate sectarian differences (upon which I agree to differ) land us in this very great difficulty. Are you aware that Dr Arnold's view was that you could have no education without religion? – I have the greatest admiration for Dr Arnold, but I do not quite agree with him there.

You know that was his view? – Yes.

But as an old pupil of Dr Arnold I am imbued with his spirit in that way. I want to ask you this; do you not think that if you by compulsion take the child for a certain number of school hours a day, which you fix as the proper hours for which a child ought to be in school, you are depriving his parents of their actual right to have him, what I call elementarily educated, in order that he may be a better man if in those hours you do not take care that his religious training is looked after as well as his moral training? – I do not think that nine-tenths of the parents care for any religious education during the week in a day school; if they have a good secular education they are quite willing to leave all the rest to the Sunday school teachers and the clergy.

But it is the very indifference of the parents against which we have to guard the interests of the children; and if you take the child of poor, ignorant, careless parents and send him to school a certain number of hours to be taught, knowing that the parents would never teach him any religion at all themselves, are you not running a tremendous danger lest under our sectarian differences you are depriving that child of the right of religious education? – I do not think that you can deprive a child of a right which he has never had; he never had the right to get his religious education from the State. I think that if secular education, pure and simple, without any reference to religion, was given, it would be simply a call to the different churches, by their schools and clergymen, to do their utmost to teach religion in a way that would be effective; whereas now it is not effective.

Do you think that it would be possible (taking such a great town as Huddersfield for a moment) to get hold of your children daily to teach them any religion? – I very much question it if it were purely voluntarily. I think it would have just the same effect as teaching it in the day school has; it would then be a task, and I do not think that does any good.

But you are alive to the importance of religious teaching as much as I am? – Yes; but at a time when the children may come or not, and when they do they are taught by religious people appointed for that purpose.

But how can it be certain that they shall have it at all, if they do not get it in the school? – You cannot be certain; if you have any doubt about it you must adopt voluntary means to get it.

The witness withdrew.

136. Elementary Education Act, 1891

(Public General Statutes, 54 & 55 Vict. c. 56)

. . .

1 (1) After the commencement of this Act, there shall be paid, out of moneys provided by parliament, and at such times and in such manner as may be determined by regulations of the education department, a grant (in this Act called a fee grant) in aid of the cost of elementary education in England and Wales at the rate of ten shillings a year for each child of the number of children over three and under fifteen years of age in average attendance at any public elementary school in England and Wales (not being an evening school) the managers of which are willing to receive the same, and in which the education department are satisfied that the regulations as to fees are in accordance with the conditions in this Act.

(2) If in any case there is a failure to comply with any of the conditions in this Act, and the education department are satisfied that there was a reasonable excuse for the failure, the department may pay the fee grant, but in that case shall, if the amount received from fees has exceeded the amount allowed by this Act, make a deduction from the fee grant equal to that excess.

(3) For the purposes of section nineteen of the Elementary Education Act, 1876 the fee grant paid or payable to a school shall be reckoned as school pence to be met by the grant payable by the education department.

2 (1) In any school receiving the fee grant,

(a) where the average rate of fees received during the school year ended last before the first day of January one thousand eight hundred and ninety-one was not in excess of ten shillings a year for each child of the number of children in average attendance at the school; or

(b) for which an annual parliamentary grant has not fallen due before the said first day of January;

no fee shall, except as by this Act provided, be charged for children over three and under fifteen years of age.

(2) In any school receiving the fee grant where the said average rate was so in excess, the fees to be charged for children over three and under fifteen years of age shall not, except as by this Act provided, be such as to make the average rate of fees for all such children exceed for any school year the amount of the said excess.

3. In any school receiving the fee grant, where the average rate charged and received in respect of fees and books, and for other purposes, during the school year ended last before the first day of January one thousand eight hundred and ninety-one, was not in excess of ten shillings a year for each child of the number of children in average attendance at the school, no charge of any kind shall be made for any child over three and under fifteen years of age.

4 (1) Notwithstanding anything hereinbefore contained, the education department, if they are satisfied that sufficient public school accommodation, without

payment of fees, has been provided for a school district, and that the charge of school fees or the increase of school fees for children over three and under fifteen years of age in any particular school receiving the fee grant is required owing to a change of population in the district, or will be for the educational benefit of the district, or any part of the district, may from time to time approve such charge or increase of fees in that school, provided that the ordinary fee for such children shall not exceed sixpence a week.

(2) The education department shall report annually to parliament all cases in which they have sanctioned or refused the imposition or augmentation of fees under this section, with a statement of the amount of fee permitted.

(3) The education department may, if they think fit, make it an express condition of such approval that the amount received for any school year from the fees so charged or increased, or a specified portion of that amount, shall be taken in reduction of the fee grant which would otherwise have been payable for that school year, and in that case the fee grant shall be reduced accordingly. . . .

137. Royal Commission (Bryce) on Secondary Education: conclusion, 1895

(Parliamentary Papers 1895, XLIII, 326–8)

. . . In dwelling on the need for a systematic organisation of secondary education we have more than once had occasion to explain that we mean by "system" neither uniformity nor the control of a central department of government. Freedom, variety, elasticity are, and have been, the merits which go far to redeem the defects in English education, and they must at all hazards be preserved. The "system" which we desire to see introduced may rather be described as coherence, an organic relation between different authorities and different kinds of schools which will enable each to work with due regard to the work to be done by the others, and will therewith avoid waste both of effort and of money. Of the loss now incurred through the want of such coherence and correlation, it is impossible to speak too strongly. It is the fault on which all our witnesses and all our assistant commissioners unite in dwelling. Unfortunately, so far from tending to cure itself, it is an evil which every day strikes its roots deeper. The existing authorities and agencies whose want of cooperation we lament are each of them getting more accustomed to surrender them. Vested interests are being created which will stand in the way of the needed reforms. Instances occur in which large sums of money are being expended in buildings, or otherwise upon institutions, which, if not superfluous, are planned upon imperfect lines, and with reference to one area or one purpose only where others should have been equally regarded, while at the same time many plans of admitted excellence cannot be carried out owing to the precarious position in which the money available under the Customs and Excise Act of 1890 now stands. Thus the difficulty of introducing the needful coherence and correlation becomes constantly greater, and will be more serious a year or two hence than it is at this moment. We feel bound, therefore, to state the opinion which has grown stronger in us since we entered upon this enquiry that the matter is one of urgency, and ought to engage the very early attention of your majesty's advisers and of parliament. Whether or not the suggestions contained in this report commend themselves to those authorities, we cannot but express an earnest hope that the legislature will be invited on an early day to address itself to the consideration of questions which become more difficult the longer they stand untouched.

Upon the magnitude of those questions, and their influence on the future of the country we need not enlarge. Elementary education is among the first needs of a people, and especially of a free people, as appears by the fact that all, or nearly all, modern constitutional states have undertaken to provide it. But it is by those who have received a further and superior kind of instruction that the intellectual progress of a nation is maintained. It is they who provide its literature, who advance its science, who direct its government. In England, those classes which have been wont to resort to the universities have, during the last sixty or seventy years, fared well. Those who could afford to pay the very high charges made at some of the great endowed schools have had an education which, if somewhat one-sided, has been highly stimulative to certain types of mind. But the great body of the commercial and professional classes were long forced to content themselves with a teaching which was usually limited in range and often poor in quality, and whose defects had become so familiar that they had ceased to be felt as defects.

Things have improved within the last thirty years, as may be seen by whoever compares the picture drawn by our assistant commissioners with that contained in the reports of the assistant commissioners of 1865. But the educational opportunities offered in most of our towns, and in nearly all our country districts, to boys or girls who do not proceed to the universities, but leave school at sixteen, are still far behind the requirements of our time, and far less ample than the incomes of the parents and the public funds available might well provide. More than twenty years ago, a very distinguished writer (now unhappily lost to us), who did more than any one else to call the attention of his countrymen to this topic, and was often disheartened by what seemed their apathy, dwelt forcibly upon this point.

"Our energies and our prosperity will be more fruitful and safer, the more we add intelligence to them; and here, if anywhere, is an occasion of applying the words of the wise man – 'If the iron be blunt, and the man do not whet the edge, then must he put forth more strength; but wisdom is profitable to direct.' " [1]

More, much more, than is now done might be done, not merely to fit such boys and girls for the practical work of their respective future careers, but to

[1] Matthew Arnold. The quotation is from his preface to *Higher Schools and Universities in Germany*, 2nd edn (1874).

make them care for knowledge, to give them habits of application and reflection, to implant in them tastes which may give them delights or solaces outside the range of their workaday lives. Not a few censors have dilated upon the disadvantages from which young Englishmen suffer in industry and commerce owing to the superior preparation of their competitors in several countries of continental Europe. These disadvantages are real. But we attach no less importance to the faults of dullness and barrenness to which so many lives are condemned by the absence of those capacities for intellectual enjoyment which ought to be awakened in youth. In an age of increasing leisure and luxury, when men have more time and opportunity for pleasure, and pursue it more eagerly, it becomes all the more desirable that they should be induced to draw it from the best sources. Thus, it is not merely in the interest of the material prosperity and intellectual activity of the nation, but no less in that of its happiness and its moral strength, that the extension and reorganisation of secondary education seem entitled to a place among the first subjects with which social legislation ought to deal.

138. Education Bill, 1902: Balfour's speech on third reading, 3 December 1902

(Hansard, 4th series, CXV, cols 1175 ff.)

. . . I hope the House will see what I am coming to. If this bill is bad, it is bad in comparison with the existing system, or else in comparison with some other system proposed. No other system is proposed, and I am therefore reduced to asking, and asking alone, whether this bill is bad as compared with the system which it replaces. Is this, or is it not as compared with the system under which we live, a great reform? I do not ask whether it is a great reform as compared with some plan which the right hon. member for South Aberdeen (Mr Bryce) has in the recesses of his conscience. I do not ask whether it is a great plan as compared with a scheme half suggested by the hon. member for North Camberwell (Dr Macnamara), because those schemes have not been developed and cannot be compared. I ask one question only, and on the answer ought to depend the vote of every man who votes tonight. Is this scheme of the government a great educational reform compared with the existing system which it is destined to replace? At the present moment our elementary education is carried on by isolated schools unconnected with each other, unconnected with the locality in which they exist; unorganised into any coherent whole to serve the interests of the population. That is, at any rate, changed. All schools are now put under a coordinating authority, and, so far, a great reform is established. Secondly, the great majority of these schools, or a large number of them – I do not wish to put it too high – are ill-equipped for want of funds. Is this bill or is it not a great reform in that? Nobody can deny and nobody does deny, that it is a great reform. In the third place, under our existing system a large number of these elementary schools are imperfectly staffed, and the staffs which have to work them are imperfectly and inadequately paid. Is that denied? It is not denied, nor can it be denied that that evil is remedied by the present bill. In the fourth place, there is at the present time a competition, between two kinds of schools, under wholly different management, yet carrying out the same great objects, and educating the same classes. That competition is put an end to by this bill. Can it be denied by any educational reformer that that also is an enormous educational improvement? In the fifth place, there is under our existing system a most imperfect machinery for educating the teachers of the rising generation. Many of them get no proper training at all. Those who do get a proper training are very commonly persons belonging to one denomination which has had the public spirit or the power to obtain training for them. Is that an admirable system? Is it a system which we ought to permit or which any other civilised country in the world would permit? But if you carry the rejection of the third reading you will permit it, and permit it indefinitely. Is it not a great thing to have provided, at all events, the machinery by which this great defect can be remedied? In the sixth place, as has been admitted on every side of the House, there is no provision at all under our existing system for secondary education properly considered. There is provision no doubt for technical education, but for secondary education in its full sense our educational machinery at the present time is wholly and utterly inadequate. Is that not a great defect, and is that not remedied? It is, if the public authorities do their duty, absolutely remedied, and that, again, I claim as a reason why the House should accept the third reading of this bill. These are great educational interests. But there is then the coordination of education, the combination of primary, secondary, and higher education in one general scheme; and there is, last of all, a matter on which I confess I think the present government have received but very scant gratitude from those who in this House profess to represent the Nonconformists of this country – I mean what is known as the pupil teacher grievance and the general teacher grievance. I remember well enough, many years ago, when I was newer to these educational problems than I am now, the member for Carnarvon drawing my attention in this House to the pupil teacher grievance. We have remedied that absolutely. [Hon. members: No, no.] The pupil teacher grievance is absolutely remedied. There is no child of a Nonconformist now who desires to enter the teaching profession who will be precluded, because he or she is a Nonconformist, from obtaining the requisite training of a pupil teacher. That grievance having been entirely swept away, we are now told that that is a matter which nobody need thank us for, because, after all, when you train these Nonconformist pupils they will not find a place anywhere. Yes, but that was not the Nonconformist teacher grievance. The Nonconformist teacher grievance was the one which I have described and the one which we have swept away. But even this secondary grievance which has now been discovered and added to the old pupil teacher grievance – even that has been largely mitigated, because the teacherships other than the head teacherships in denominational schools are now thrown open, if the management are prepared to use the powers given to them by the bill, to Nonconformists. Of course I do not want in the least to exaggerate. I have no doubt whatever that the great majority of teachers in denominational schools will remain denominational – I do not in the least wish to pretend or suggest to the House that any other result will ensue – but it does make a difference, and there will be a large number of schools in which another policy will be pursued.

I do not say that I have completed the list of changes in our educational system, which are great and admitted changes for the better, produced by this bill, but I think every candid man will find it impossible in his heart and conscience to deny that, in every one of the great examples I have mentioned, we have made a revolution, and a revolution for the better. If this revolution were not carried out, if the amendment of the leader of the Opposition were to find a majority in the lobbies, what would be the result? Every one of these great reforms would be postponed, and, as I venture to think, indefinitely postponed. It is perfectly easy for hon. gentlemen opposite, criticising our bill, to say, "Oh, how much better it would be if you could do this, that or the other thing." If they came into power tomorrow, if we had that general election from which they hope so much, next week, and if the most sanguine estimate of the most sanguine of hon. gentlemen opposite were carried into effect, is there a single serious politician on that side who thinks that the government that would then be formed could come down to this House and go to the country with a great scheme of educational reform with any hope of carrying it? Why, it is nonsense, and everybody knows it is nonsense. I remember reading a document, called the "British Weekly" Catechism, which was directed against this bill, in which the hope, the avowed expectation, was that if this bill could be defeated then the educational system of the country would go on until by the mere difficulty of getting subscriptions, by the slow starvation of the voluntary schools, we might gradually, year after year, see the board schools increase, the voluntary schools diminish, until there was what they were pleased to term a national system of education entirely founded on the board school system. And I believe that is absolutely the only policy that would be open to the hon. gentlemen opposite, not because I believe them to be insincere in their desire for educational reform, but simply because the difficulties of this task, and Heaven knows every one who has tried to deal with it must be prepared to admit them, are so great that it would be absolutely out of their power to carry out any of the schemes which they so airily suggest in the irresponsibility of opposition.

Let the House and the country realise that we have this night to choose whether we accept a great educational reform, which in the opinion of some may have defects or demerits, which in the opinion of some may give too much to this sect or to that, and which may not deal with all the speculative questions which some would desire to see treated according to some theoretical plan of perfection; and that it is the only practical scheme that has been placed before the country for putting our educational system upon a national basis. I admit that it has many opponents, I admit that it is looked at with suspicion by large classes in the country, I admit that the militant Nonconformists have denounced it with extreme, and I would almost have said with unscrupulous violence. [Hon. members: Oh.] I am not talking of anybody in this House, because I have already told the House on previous occasions what I think of the manner in which the opposition to this bill has been here conducted, which I think does on the whole great credit to this House – I am talking of speeches and pamphlets in the country. It has been assailed, as I say, by extreme persons who think that some cherished ecclesiastical view is interfered with by the provisions of the bill; and the ratepayers have looked at it with suspicion, because they have been afraid that additional burdens may be thrown upon them by this bill, but much less by this bill than by any scheme which I have heard suggested by hon. gentlemen opposite. I quite acknowledge that if all the great interests and all the great classes that I have enumerated are going to combine to defeat this educational measure they may do much to impair its utility; but I hope and think better of my countrymen. I ask no man to change his opinion upon this bill; I ask no man to give up what he regards as a conscientious conviction; my demand is simply this – living as we do in a free and constitutionally governed country – that they should attempt to make the best of a measure passed by the legislature of this country, and that if that measure fails, and in so far as it fails, they should devote their attention to amending it. I do not ask them to approve it, I do not ask them to say that if they had been in power they would not have found some much better plan for dealing with the infinitely difficult problem; but I do ask them, I do make this demand on the patriotism and public spirit of every class, clerical and non-clerical, in this country that when this bill becomes law they shall do their best to work it while it is unamended, and, if it requires amendment, that they shall use constitutional means to amend it in conformity with the declared will of the people. I have hopes that when it is brought into operation, when it is actually in working order, it will be found that no religious interest receives any unfair advantage [hon. members: No, no.]; that at all events is my hope, that no religious interest is unfairly benefited or unfairly depressed. I have hopes that, with due regard to every existing right and privilege, and with due regard to all the theories of local government, which are gradually developing in this country to the great advantage of public life, this measure will be found not merely one which is consistent with our whole theory of local government, not merely one which will strengthen and dignify the great assemblies which we hand over to the management of our local affairs, but it will be, in addition, the greatest reform of all kinds of education which this country has, for thirty years, seen adopted; and that, if it requires change, as everything requires change in the progress of time, it will not be because we have been the slaves of an ecclesiastical clique or the advocates of any narrow scheme of national education, but because as time goes on, and as national needs change and advance, so alterations are required in every scheme, however well devised, however honestly intended, which this House and this legislature may pass. In that hope, I earnestly trust that every friend of education in this House tonight will give his vote in favour of this bill, reserving, of course, every freedom as regards the future; but, as regards the present, recognising that this scheme, and this scheme alone, holds the field, and that if this scheme is rejected we are bogged for years to come in the present utterly indefensible system of primary, secondary, and technical education, under which we have so long laboured and groaned.

139. Education Act, 1902

(Public General Statutes, 2 Edw. 7 c. 42)

Be it enacted by the king's most excellent majesty, by and with the advice and consent of the lords spiritual and temporal and commons in this present parliament assembled and by the authority of the same, as follows:

Part I Local education authority

1. For the purposes of this Act, the council of every county and of every county borough shall be the local education authority:

Provided that the council of a borough with a population of over twenty thousand shall, as respects that borough or district, be the local education authority for the purpose of Part III of this Act, and for that purpose, as respects that borough or district, the expression "local education authority" means the council of that borough or district.

Part II Higher education

2 (1) The local education authority shall consider the educational needs of their area and take such steps as seem to them desirable, after consultation with the Board of Education, to supply or aid the supply of education other than elementary, and to promote the general coordination of all forms of education, and for that purpose shall apply all or so much as they deem necessary of the residue under section one of the Local Taxation (Customs and Excise) Act, 1890 and shall carry forward for the like purpose any balance thereof which may remain unexpended, and may spend such further sums as they think fit: Provided that the amount raised by the council of a county for the purpose in any year out of rates under this Act shall not exceed the amount which would be produced by a rate of twopence in the pound, or such higher rate as the county council, with the consent of the Local Government Board, may fix.
(2) A council, in exercising their powers under this part of this Act, shall have regard to any existing supply of efficient schools or colleges, and to any steps already taken for the purpose of higher education under the Technical Instruction Acts, 1889 and 1891.

3. The council of any non-county borough or urban district shall have power, as well as the county council, to spend such sums as they think fit for the purpose of supplying or aiding the supply of education other than elementary: Provided that the amount raised by the council of a non-county borough or urban district for the purpose in any year out of rates under this Act shall not exceed the amount which would be produced by a rate of one penny in the pound.

4 (1) A council, in the application of money under this part of this Act, shall not require that any particular form of religious instruction or worship or any religious catechism or formulary which is distinctive of any particular denomination shall or shall not be taught, used or practised in any school, college or hostel aided but not provided by the council, and no pupil shall, on the ground of religious belief, be excluded from or placed in an inferior position in any school, college or hostel provided by the council, and no catechism or formulary distinctive of any particular religious denomination shall be taught in any school, college or hostel so provided, except in cases where the council, at the request of parents of scholars, at such times and under such conditions as the council think desirable, allow any religious instruction to be given in the school, college or hostel otherwise than at the cost of the council: Provided that, in the exercise of this power, no unfair preference shall be shown to any religious denomination.

(2) In a school or college receiving a grant from, or maintained by a council under this part of this Act,

(a) a scholar attending as a day or evening scholar shall not be required, as a condition of being admitted into or remaining in the school or college, to attend or abstain from attending any Sunday school, place of religious worship, religious observance or instruction in religious subjects in the school or college or elsewhere; and

(b) the times for religious worship or for any lesson on a religious subject shall be conveniently arranged for the purpose of allowing the withdrawal of any such scholar therefrom.

Part III Elementary education

5. The local education authority shall, throughout their area, have the powers and duties of a school board and school attendance committee under the Elementary Education Acts, 1870 to 1900 and any other Acts, including local Acts, and shall also be responsible for and have the control of all secular instruction in public elementary schools not provided by them; and school boards and school attendance committees shall be abolished.

6 (1) All public elementary schools provided by the local education authority shall, where the local education authority are the council of a county, have a body of managers consisting of a number of managers not exceeding four appointed by that council, together with a number not exceeding two appointed by the minor local authority.

Where the local education authority are the council of a borough or urban district they may, if they think fit, appoint for any school provided by them a body of managers consisting of such number of managers as they may determine.

(2) All public elementary schools not provided by the local education authority shall, in place of the existing managers, have a body of managers consisting of a number of foundation managers not exceeding four, appointed as provided by this Act, together with a number of managers not exceeding two, appointed

(a) where the local education authority are the council of a county, one by that council and one by the minor local authority; and

(b) where the local education authority are the council of a borough or urban district, both by that authority.

(3) Notwithstanding anything in this section,

(a) schools may be grouped under one body of managers in manner provided by this Act; and

(b) where the local education authority consider that the circumstances of any school require a larger body of managers than that provided under this section, that authority may increase the total number of managers, so, however, that the number of each class of managers is proportionately increased.

7 (1) The local education authority shall maintain and keep efficient all public elementary schools within their area, which are necessary, and have the control of all expenditure required for that purpose, other than expenditure for which, under this Act, provision is to be made by the managers; but, in the case of a school not provided by them, only so long as the following conditions and provisions are complied with.

(a) The managers of the school shall carry out any directions of the local education authority as to the secular instruction to be given in the school, including any directions with respect to the number and educational qualifications of the teachers to be employed for such instruction, and for the dismissal of any teacher on educational grounds; and, if the managers fail to carry out any such direction, the local authority shall, in addition to their other powers, have the power themselves to carry out the direction in question as if they were the managers; but no direction given under this provision shall be such as to interfere with reasonable facilities for religious instruction during school hours;

(b) the local education authority shall have power to inspect the school;

(c) the consent of the local education authority shall be required to the appointment of teachers, but that consent shall not be withheld except on educational grounds; and the consent of the authority shall also be required to the dismissal of a teacher, unless the dismissal be on grounds connected with the giving of religious instruction in the school;

(d) the managers of the school shall provide the school house free of any charge, except for the teacher's dwelling-house (if any), to the local education authority for use as a public elementary school, and shall, out of funds provided by them, keep the school house in good repair, and make such alterations and improvements in the buildings as may be reasonably required by the local education authority: Provided that such damage as the local authority consider to be due to fair wear and tear in the use of any room in the school house for the purpose of a public elementary school shall be made good by the local education authority;

(e) the managers of the school shall, if the local education authority have no suitable accommodation in schools provided by them, allow that authority to use any room in the school house out of school hours free of charge for any educational purpose, but this obligation shall not extend to more than three days in the week.

(2) The managers of a school maintained but not provided by the local education authority, in respect of the use by them of the school furniture out of school hours, and the local education authority, in respect of the use by them of any room in the school house out of school hours, shall be liable to make good any damage caused to the furniture or the room, as the case may be, by reason of that use (other than damage arising from fair wear and tear); and the managers shall take care that, after the use of a room in the school house by them, the room is left in a proper condition for school purposes.

(3) If any question arises under this section between the local education authority and the managers of a school not provided by the authority, that question shall be determined by the Board of Education.

(4) One of the conditions required to be fulfilled by an elementary school in order to obtain a parliamentary grant shall be that it is maintained under, and complies with, the provisions of this section.

(5) In public elementary schools maintained but not provided by the local education authority, assistant teachers and pupil teachers may be appointed, if it is thought fit, without reference to religious creed and denomination, and, in any case in which there are more candidates for the post of pupil teacher than there are places to be filled, the appointment shall be made by the local education authority, and they shall determine the respective qualifications of the candidates by examination or otherwise.

(6) Religious instruction given in a public elementary school not provided by the local education authority shall, as regards its character, be in accordance with the provisions (if any) of the trust deed relating thereto, and shall be under the control of the managers: Provided that nothing in this subsection shall affect any provision in a trust deed for reference to the bishop or superior ecclesiastical or other denominational authority, so far as such provision gives to the bishop or authority the power of deciding whether the character of the religious instruction is or is not in accordance with the provisions of the trust deed.

(7) The managers of a school maintained but not provided by the local education authority shall have all powers of management required for the purpose of carrying out this Act, and shall (subject to the powers of the local education authority under this section) have the exclusive power of appointing and dismissing teachers.

8 (1) Where the local education authority or any other persons propose to provide a new public elementary school, they shall give public notice of their intention to do so, and the managers of any existing school, or the local education authority (where they are not themselves the persons proposing to provide the school), or any ten ratepayers in the area for which it is proposed to provide the school, may, within three months after the notice is given, appeal to the Board of Education on the ground that the proposed school is not required, or that a school provided by the local education authority, or not so provided, as the case may be, is better suited to meet the wants of the district than the school proposed to be provided; and any school built in contravention of the decision of the Board of Education on such appeal shall be treated as unnecessary.

(2) If, in the opinion of the Board of Education, any enlargement of a public elementary school is such as to amount to the provision of a new school, that enlargement shall be so treated for the purposes of this section.

(3) Any transfer of a public elementary school to or from a local education authority shall, for the purposes of this section, be treated as the provision of a new school.

9. The Board of Education shall without unnecessary delay determine, in case of dispute, whether a school is necessary or not, and in so determining and also in deciding on any appeal as to the provision of a new school shall have regard to the interest of secular instruction, to the wishes of parents as to the education of their children, and to the economy of the rates; but a school for the time being recognised as a public elementary school shall not be considered unnecessary in which the number of scholars in average attendance, as computed by the Board of Education, is not less than thirty. . . .

140. Report to the Privy Council on petition of University College, Liverpool for charter incorporating a university in Liverpool, 10 February 1903

(Public Record Office, PC2 384)

At the council chamber, Whitehall, by a committee of the lords of his majesty's most honourable Privy Council, 10 February 1903. Present: Lord President, earl of Rosebery, Lord James of Hereford, Sir Edward Fry.

Your majesty having been pleased by your order of 24 April 1902 to refer unto this committee, together with other petitions on the subject, the humble petition of the University College, Liverpool praying for the grant of a charter incorporating a university in Liverpool, and the Owens College, Manchester having also petitioned, in the event of your majesty being advised to grant such a charter, for the grant of a charter incorporating the Victoria University in Manchester as an independent university, the lords of the committee, in obedience to your majesty's said order of reference, have taken the said petitions into consideration, and having heard counsel and witnesses on behalf of the said petitioners and sundry other bodies affected, do agree humbly to report, as their opinion, that such charters ought to be granted.

The committee, however, considers that the step involves issues of great moment, which should be kept in view, and for the solution of which due preparation should be made, especially in respect to those points on which, having regard to the great importance of the matter and the effects of any change upon the future of higher education in the north of England, cooperation is expedient between universities of a common type and with cognate aims.

The committee are further of opinion that in framing the clauses of the charters now proposed to be granted, and of any similar charter that may hereafter be granted the effect of the multiplication of such universities should not be lost sight of.

To these ends the committee concur in recommending that before they finally settle the draft charters under review, the authorities of the Yorkshire College at Leeds should have the opportunity of submitting a draft charter incorporating a university in Yorkshire, and that the institutions concerned should be invited to consider in greater detail not only the points upon which joint action is desirable, but also the methods by which it can best be secured without unduly restricting the liberty or circumscribing the responsibility that ought to attach to independent universities.

The committee likewise consider that there should be expressly reserved to your majesty as visitor the right from time to time, and in such manner as your majesty shall think fit to direct an inspection of the university, its buildings, laboratories, and general equipment, and also of the examinations, teaching, and other work done by the university; and further that in any charter granted careful provision should be made to secure an effective voice to external and independent examiners in all examinations for degrees.

And the committee would humbly propose in due time to submit a further report to your majesty.

141. Training colleges: abolition of denominational restrictions, 1907

(a) *From prefatory memorandum signed R. L. Morant*

(Regulations for the Training of Teachers, *Parliamentary Papers 1907*, LXIV (C. 3597), 31–2; 56–7)

The regulations for 1907 embody important changes of two kinds which are designed to secure that candidates shall not in future be debarred from access to training colleges by denominational restrictions.

In the first place it is provided that admission to all training colleges and hostels shall in and after 1908 be regulated by certain provisions which are set out in detail in section 8 of the regulations. The most important of these states that in no circumstances may the application of a candidate be rejected on the ground of religious faith or by reason of his refusal to undertake to attend or

abstain from attending any place of religious worship, or any religious observance, or instruction in religious subjects in the college or elsewhere.

In the second place it is provided that after 1 August 1907 no institution not
already recognised as a training college will be so recognised unless it complies
with certain conditions as to freedom from denominational restrictions or
requirements which are set out in sections 7 (g) and 7 (h), and that after the
same date no institution not already recognised as a hostel will be so recognised
unless it both complies with these conditions and is also connected with a
training college which complies with these conditions. The conditions provide
that the instrument, of whatever nature, under which the college or hostel is
governed

(a) must not require any members of the teaching staff to belong or not to
belong to any particular denomination;

(b) must not require a majority of the governing body (whether in virtue of
their tenure of any other office or otherwise) to belong or not to belong to any
particular religious denomination;

(c) must not provide for the appointment of a majority of the governing body
by any person or persons who, or by any body the majority of whom, are
required (whether by virtue of their tenure of any other office or otherwise) to
belong or not to belong to any particular religious denomination.

It is further provided that in colleges or hostels recognised for the first time
after 1 August 1907 no catechism or formulary distinctive of any particular
religious denomination may be taught except in cases where the parent or
guardian of any student request the governors in writing to provide for the
student religious instruction in the doctrines, catechism, or formularies distinctive of any particular religious denomination. In such case the governors may,
if they think fit, and if the instrument under which the training college or hostel
is governed requires or does not prohibit the giving of such instruction in the
college or hostel, comply with such request and provide such instruction accordingly out of funds other than grants made by the Board of Education or by
any local authority. . . .

(b) *Regulation 8: admission of students*
8. In general the selection of particular persons for admission to a training
college or hostel rests with the authorities of each college or hostel, acting
through such agents as they may appoint. Such persons must possess the
qualifications required by the board. The admission of students to a training
college in 1907 must be conducted in accordance with section 8 of the
Regulations for the Training of Teachers, 1906. In the case of candidates
admitted or applying to be admitted to a training college or hostel in 1908, the
following conditions must in all cases be observed.

(a) The principal or official correspondent of every training college or hostel
in receipt of grant must keep for the use of the Board of Education a register of
candidates for admission in the order in which their applications are received

and opened. This register must show particularly all information as to the qualifications of the candidate which has been received (1) prior to, (2) together with, (3) subsequent to the applications.

(b) If the candidate has been refused admission, the register must state also, in as much detail as possible, the reasons for refusal. The actual reasons must be recorded for the information of the board, confidentially if needs be: but they need not be communicated to the candidate or his friends in the form in which they are recorded.

(c) Applications received before 1 August of the year before that in which admission is desired must be returned with the intimation that they cannot be received or recorded until that date.

(d) In no circumstances may the application of a candidate be rejected on the ground of religious faith or by reason of his refusal to undertake to attend or abstain from attending any place of religious worship, or any religious observance, or instruction in religious subjects in the college or elsewhere; nor on the ground of social antecedents or the like.

(e) Applications may be made by or on behalf of any candidate who has been refused admission to a college with a view to obtaining the board's decision as to whether section 8 has been infringed.

(f) If the grounds on which the candidate has been rejected are in the view of the board unreasonable, the college or hostel concerned will be liable to a reduction in its total grant for the year not exceeding £100 on the first occasion, and to removal from the list of recognised colleges or hostels on the second occasion.

(g) No college or hostel may impose on candidates for admission an examination, written or oral, in addition to such examinations as may be approved by the board as qualification for admission.

(h) No recognised student may be required to withdraw from a college or hostel on any ground similar to those set forth in section 8 (d).

Part X

POOR LAW AND PROBLEM OF POVERTY

INTRODUCTION

The period under consideration witnesses a revolution in the attitude to the problem of poverty. Its moral aspect, its extent and tractability, the methods and machinery by which it could best be tackled, all came under drastic reconsideration, and a new attitude of public opinion, a new conception of the part that the State should play, were well on their way to acceptance before the period ended. Earlier decades of the century had been satisfied that the freeing of individual energies and enterprise from State interference and restriction would result in an economic growth that would provide a livelihood and opportunity, according to their energy and ability, for virtually all. Distress flowing from temporary maladjustments of the economic machine, or from individual mishaps, should be dealt with by charity. Public provision was necessary only for those whom their own vice, idleness or improvidence had reduced to destitution, and must be on a minimal scale, so as to make it "less eligible" than effective working for a living, though the contingencies of sickness, old age and widowhood might be treated more leniently if their circumstances warranted it. The unexampled prosperity of the middle decades of the century appeared to justify these theses. But in spite of it destitution and poverty, though diminished, refused to shrink to negligible proportions. The late seventies and eighties gave ominous warning that increasing prosperity might have its ceiling, while the political democratisation of the eighties and nineties brought those to whom poverty was a threat, if not an experience, to the borders, if not within the bounds of the political country. Within the circle of poor law administrators there was at the beginning of the period a reaction towards "the principles of 1834". It found its most influential protagonists, perhaps, among the poor law inspectors, and in their defence it may be said that, apart from their founding principles, poor law institutions made only limited sense. The attack was particularly directed against outdoor relief,[1] which covered nearly twice as many people in the country at large as were in workhouses. In its inclusion in its attack of the vulnerable classes of the sick, aged and widowed it went further, indeed, than the Report of 1834.[2] In some London parishes – Stepney and St George-in-the East were notable examples – and in the country, conspicuously at Bradley near Reading, and at Brixworth in Northamptonshire, by a course of strenuous administration under devoted and energetic guardians[3] outdoor relief was reduced to a very low level. Whether this produced real moral effects, drove the evil elsewhere, or merely inflicted random hardship, arguments differed and the experiment was not on a sufficient scale to demonstrate. All the efforts of the inspectors could not induce the

[1] Nos 144, 145; *see also* Nos 142, 155
[2] *E.H.D.*, XII (1), No. 206   [3] *see* elections for guardians, No. 143

guardians as a body to cooperate in them. It is only fair to add that in most parishes where the experiment was consistently tried, the guardians and others associated with them made strenuous use of charity and private resources to save "deserving poor" from having to "come on the House" in crises of their lives.

The spirit animating much of this effort was that of the Charity Organisation Society,[1] founded in 1869 and influential in governing circles throughout the whole of the period, though often regarded with mistrust and dislike outside them. Perhaps the last great expression of the Victorian charitable impulse based on the sense of duty of the higher to the lower classes – and so, of course, out of tune with the rising democratic temper – the society was in protest against the undiscriminating charity which had proliferated in the earlier decades of the century. It sought, with only limited success, to bring local charities under a common organisation to prevent overlapping and waste, and preached the necessity of patient and trained investigation of the circumstances of all applicants, if charity was not to breed a spineless clientele of its own, and was to help those who were prepared to help themselves. Its leaders stood firmly by the "principles of 1834" as those on which alone the State should act, and thus, until argument in the Royal Commission of 1905–9[2] forced some compromise on some of them, remained opposed to the newer conceptions of the State's role which were growing up. But they envisaged a large supporting role for charity. Much was heard at this time of the Elberfeld system, under which the upper and middle classes, or at any rate the more public spirited of this German industrial town, municipally organised but unpaid, undertook very detailed responsibility for the welfare of the town's poor. The period also saw the initiation, at first in Gloucestershire, of regional and then of central conferences of representative guardians, for the discussion of their problems.[3] Some of the more prominent of these were members of the society. The failure of some distress funds to reach the proper objects of their compassion, as later investigation showed – notably the Mansion House Fund for the unemployed, swollen by alarm at the riots of February 1886 – underlined the society's contention as to the harmfulness of impulsive and unregulated charity. Its ideal of the formal association of organised charity with public assistance as a first resort for the distressed who wished to preserve their independence received expression in the Majority Report of the Poor Law Commission of 1905–9.[2] But it was a Pyrrhic victory from which nothing resulted, and it is a paradoxical but not untrue verdict on the work of the Charity Organisation Society that the chief lesson the public at large gathered from it was that charity was in fact too difficult, both to give and to receive, really to be organisable. The more enduring services of the society were in its focussing of continuous attention on the problems of distress, in its emphasis on the need of scientific study of them, and in its insistence with its own workers of the need of serious training for those whom we should now call social workers. In this respect it was a pioneer.

In the 1880s reviving Socialist propaganda argued that it was the economic

[1] No. 146   [2] No. 154   [3] No. 144

system that was to blame for poverty, and not the poor themselves. The addition of two million voters to the electorate gave resonance to this criticism; the unemployed riots of February 1886 gave it undertones of menace. New ideas and a new flexibility of attitude began to be apparent in circles normally orthodox. T. H. Green, *Principles of Political Obligation* (1882), was well in the Liberal tradition, both in politics and in economics, but he envisaged a number of directions in which State action might improve the conditions of workers' lives. Arnold Toynbee, *Industrial Revolution*, emphasised the extent to which orthodox economic theory had been shaped by special preoccupations of the late eighteenth and early nineteenth centuries, and urged the need of looking at it from wider and more varying angles, particularly that of working class welfare. The foundation of Toynbee Hall in 1884 began the University Settlement movement, which aimed at bringing about an understanding between university and working classes based on their living together. Many of those active in newer movements of social reform graduated through Toynbee Hall and other such settlements.

The aspect of the problem of poverty that now came to the fore was that of unemployment, the addition to the ranks of the poor, as it was diagnosed, of sections of the working classes normally in good employment, but driven out of it by misfortune to their trade. It is true that those first and most deeply affected tended to be those whose working records were least satisfactory, but also that many who hitherto had managed to keep their heads above water were driven by a bout of unemployment into the ranks of those for whom recourse to the poor law, if not habitual, was always round the corner. That the problem of these victims of economic misfortune was not the one for which the poor law had been devised was recognised by Joseph Chamberlain in the circular to local authorities which he issued as president of the Local Government Board in March 1886.[1] In face of heavy local unemployment, local authorities were asked to set on foot works which would provide a temporary resource for those affected. These works were to be apart from the poor law, though local authorities were asked to cooperate with the guardians in selecting those to be employed on them. Thus the still dreaded stigma of pauperism and the electoral disqualification accompanying it would be avoided by those judged not to be paupers in the normal sense. The circular was reissued in 1887, 1891, 1892 and 1895. Its principal proposal was to be the subject of further elaborate experiment in the Unemployed Workmen Act of 1905.[2]

Other factors, too, were making for a relaxation of poor law austerities. The Metropolitan Poor Act of 1867,[3] following scandals in the medical administration of workhouses, had set up a common fund from which the expenses of poor law infirmaries in the metropolis could be met. This was the first step in a steady Local Government Board policy of improving the standard of infirmary treatment and accommodation throughout the unions of the country. These facilities were increasingly made use of by people who in no other way qualified

[1] No. 148   [2] No. 152   [3] 30 & 31 Vict. c. 6

as paupers and, indeed, often paid for their treatment. A reflection of this situation was the Medical Relief Disqualification Removal Act of 1885.[1] The improvements in workhouse infirmary accommodation almost inevitably resulted in improvement elsewhere in the workhouses, again particularly in London and the larger towns. In London, partly as a result of the movement against outdoor relief, and partly, perhaps, because workhouses became less uncongenial, the proportion of indoor to outdoor relief increased considerably. To limit an apparent exploitation of these improved conditions by the "undeserving" able-bodied, "test" workhouses for them, where work was hard and conditions repellent, were operated at Croydon in 1871–82, and Kensington, 1882–1906, and in some of the other great towns. But a great deal of difficulty attended their administration, when the only sanction for their discipline was a sentence to the hardly more rigorous condition of prison, and magistrates, as sometimes happened, showed reluctance in sentencing men who had committed no obvious crime. By the Local Government Act of 1894[2] the oligarchic elements in the local administration of the poor law were swept away and a wide household qualification both for voting and for election as a guardian was introduced.[3] In fact, the interest in guardians' elections remained slight and there was no drastic change in their personnel. But their ability to embark upon or persist in long range or unpopular measures was weakened, as in a wide and inert constituency their overthrow could so easily be engineered.

Meanwhile the most important statistical exercise of the century in the study of poverty was under way. Charles Booth, a Liverpool shipping man and a believer in an individualist economy, stung by Socialist assertions that 25% of Londoners lived in poverty, undertook, with the aid of his wife and of a small secretarial staff, a house by house and street by street investigation of conditions, at first in London's East End. His enquiries established that not a quarter but more like a third of London's population lived at or near the border of poverty. Booth was not a sentimentalist; he lived among and often with the people he was studying, and developed a great respect for the quality of life lived by many around the poverty line, deprived though they were of much that made for security and comfort. He remained a believer in the economic system that, in his view, had made it possible for the country to support, even though with so much distress at lower levels, the vast population that had grown up during the century. The evil came primarily, in his view, from the competition of economic inadequates or unfortunates of one sort and another with those just able to hold their own in the competitive field. This prevented any stabilisation of the labour market in the fields dominated by unskilled and intermittent employment. The poor law he regarded as in principle a measure of socialism; the only way of preserving an individualist system at a standard of life tolerable for those at its lower levels – and humanly defensible – was by a further measure of socialism: the creation of labour colonies to which those incapable of making a decent living should be assigned, there to be recondi-

[1] No. 147   [2] No. 127   [3] No. 143

tioned as far as possible for re-emergence on the labour market, or to be supported – and disciplined – while doing what they could in the way of labour for their own support.[1]

In the 1890s the aged poor became the focus of attention.[2] As early as 1879 Canon W. L. Blackley had put forward a scheme for contributory old age pensions which had attracted a good deal of attention. In 1889 the German scheme, also contributory, went into effect; in 1891 Joseph Chamberlain made the first of his several suggestions along similar lines, with the element of State contribution Bismarck had introduced, and Booth, to the consternation of his Royal Statistical Society audience, suggested a non-contributory State pension of 5s a week for everyone at the age of seventy.[3] Proposals for a contributory pension met the opposition of the politically influential friendly societies. Most of them, as a result of the increased longevity of the working classes, of their natural attachment to their older members, who, instead of dying off remained a charge on them, and of the sharp competition of the newer societies, were finding an actuarial position which had never been solid increasingly precarious, and dreaded any competition for working class savings. They therefore joined the Charity Organisation Society in condemning all such schemes as fatal to all independence and thrift. Booth argued, on the contrary, that old age was the greatest single factor in destitution,[4] and that the certainty of a bare subsistence to which they would have a right would give the working classes a motive to save in order to add what they could to it. It took the friendly societies ten years to realise that a non-contributory state pension would, in fact, ease their position with their older members. In the meanwhile, though both Liberal and Conservative governments set up enquiries, neither was willing to risk the expense of a State pension scheme, or to run the political risk of a contributory one. The immediate result of the movement and of the recommendations of the Royal Commission on the Aged Poor[5] was that conditions were made better for the aged inmates of workhouses, and outdoor relief, when granted, tended to be on a less miserly and more realistic scale. The introduction of a State pension scheme in New Zealand in 1898 revived the campaign in England, and forced the Tory government to set up in 1899 the Chaplin Committee, which recommended a 5s a week pension for the deserving and necessitous poor, payable under the supervision of the guardians, and partly at their cost, partly at the State's. Association with the poor law robbed the scheme of any considerable appeal, and the outbreak of the Boer war released the government from any serious effort to put it into effect. Financial stringency after the war served to postpone plans; even Chamberlain, the chief advocate of pensions in the government, finally made them contingent on tariff reform to provide the finance for them. Ten years of Conservative government accomplished nothing in this field.

In 1904, in face of post-war unemployment, a more elaborate version of

[1] No. 149 (a–d)   [2] Nos 150, 151   [3] No. 150   [4] No. 151
[5] *Parliamentary Papers 1895*, XIV, XV

Chamberlain's proposals of 1886 to provide work for the unemployed was tried out, and in the following year given statutory form as the Unemployed Workmen Act.[1] It was to be financed partly by charitable funds and partly by State grant, and was thus distinguished from poor law employment, and the work was to be confined to genuine unemployed. In addition there were to be colonies for training candidates for agricultural work and for emigration, and Labour Exchanges, in which small-scale experiments had been made since 1871, were to be set up in places putting the Act into operation, to centralise offers and applications for employment. On the provision of work, the experience of this, as also of the earlier schemes, was that it was not possible either to provide work which the genuine unemployed could do effectively or to limit it to them; those who took advantage of the scheme were mostly the casuals and underemployed who normally divided their time between employment and the workhouse labour yards. Even at lower wage rates, the work proved expensive. Colonies had only limited appeal and efficacy; the best were those run by religious bodies with a care and devotion that it was not easy for official organisation to provide. An example was the Salvation Army colony at Hadleigh. The most hopeful experience was with the Labour Exchanges,[2] now organised for the first time on a reasonably comprehensive scale and with interchange between different centres. The verdict of the Majority Report of the Poor Law Commission on the Act[3] was that it provided valuable educational experience for the local administrators engaged upon it, but chiefly by its failures.

It had now become clear that whatever applicability the "principles of 1834" might have they were no longer defensible as a whole philosophy of their subject, and that anyway in the twentieth century they were only with the greatest difficulty politically defensible or administratively enforceable. Whether in recognition of this, or for whatever reason, the expiring Conservative government appointed its 1905 Royal Commission,[4] predominantly of well known experts of a wide range of opinion and experience, to investigate and report on the subject. The Majority and Minority Reports of this commission, published in 1909, with their volumes of evidence and of supporting memoranda, mark an epoch in its study. Both, and the Minority Report despite the Fabianism of its authors, so far share the views of 1834 as to regard the main job of the public treatment of pauperism as to reinforce the conditioning of the population for employment in a competitive economy. Both recognise that idleness, fecklessness and drink constituted an element of the problem to be dealt with. But both, despite Charity Organisation Society inspiration of much of the Majority Report, recognise that this is not the whole, or even the crux of the problem. That lay rather in what the Majority Report chose to call "new" problems of the economy, new, that is, since 1834, which called for general administrative measures to cure or palliate

[1] No. 152   [2] Nos 154 (c); 156
[3] No. 154 (b)   [4] No. 154

them.[1] Thus cyclical depression could be offset to some extent by the reservation of large schemes of public and private development for such times. Casual employment, resulting in gross underemployment, and recognised by both reports as the characteristic predicament of masses on the verge of pauperism, might be lessened by joint efforts of government and industry to build up more permanent though probably smaller labour forces in the industries more particularly affected.[2] Both, again, condemned the measures taken under the Chamberlain circular[3] and the Unemployed Workmen Act,[4] and much of union "labour test" employment as adding to the pool of casual labour without helping genuine employment. "Blind alley" jobs for boys, which paid them well for a few years, and then threw them untrained upon the labour market, presented similar problems. Both reports, again, looked on Labour Exchanges as the most promising of the recent experiments and called for the setting up of a national system, from which they expected not only valuable help for those seeking and offering employment, but assistance in the study and in the dissemination of knowledge of the general employment situation and of its prospects. In studies prepared and known in government circles before the passing of the Old Age Pensions Act of 1908,[5] both emphasised the large part that old age played in the problem of destitution, and recommended more generous and constructive methods of dealing with it. Both also called for reform, though in different ways, in the treatment of the sick, and of pauper children. The Minority Report wished to see a large development of trade union unemployment insurance; the Majority Report called for further studies with a view to setting up a national scheme. Thus, over the whole range of problems which poor law administration had thrown up – and this is probably the major historical importance of the commission – an attitude of constructive helpfulness replaced the traditional reliance on deterrence. The administrative machinery of unions and boards of guardians fell equally under condemnation. Areas of administration were too small, standards too varied and haphazard, too subject to local and incalculable influences. The Majority Report proposed the transfer of responsibility to county councils, operating, however, through public assistance committees, with a large infusion of nominated members and through local committees similarly afforced. The object was to give the administration as expert a character as possible and remove it from immediate popular influence. It also proposed parallel committees representative of local charities, set up under schemes to be approved by the Charity Commission, to deal, at any rate in the first instance, with cases needing only temporary assistance, with a view to avoiding any unnecessary bringing of men on to public assistance, which it was proposed should still carry a limited electoral disqualification. Both Majority and Minority reports were convinced of the evil of haphazard charity. The Minority Report proposed a more drastic administrative reconstruction: the "break up of the poor law"; that is the transfer of such of its

---

[1] No. 154 (a)   [2] No. 154 (d)   [3] No. 148
[4] No. 152   [5] No. 153

responsibilities as were now paralleled, *mutatis mutandis*, by county council or national agencies, e.g. for health, education, lunacy, etc., to those agencies. Both reports envisaged public assistance, as it was now to be called, for the able-bodied in terms more of rehabilitation than of deterrence;[1] the Minority Report, especially, emphasising the public duty of providing full maintenance for those who, for one reason or another, had lost the power of self-support, but also their corresponding duty to submit to a drastic course of physical and mental reconditioning, with the aim of making new men of them, rather than with the impracticable object of specialised training. Both envisaged as an ultimate remedy or sanction detention colonies to which the recalcitrant or recidivist might be sent for a long stay. There was, in both versions of the conclusions to which the long labours of the Royal Commission led, a not inconsiderable survival of the authoritarian, if benevolent attitude of the nineteenth century worker, whether voluntary or official, in the field of poverty to those who had not succeeded in making good for themselves an economic standing ground. This was perhaps even more marked in the Minority than in the Majority Report, and may account for the failure of the considerable propaganda efforts that its authors launched for its proposals immediately after their publication to make any lasting impact. But the rivalry between the two reports weakened both, and anyway their scope was too considerable to make either politically viable in the immediate circumstances of the time. Thus the reports remained a great storehouse of information and suggestion, rather than the basis of any immediate legislative programme. In particular the administrative framework of the poor law remained unchanged, though the spirit of administration was mollified for the next couple of decades.

The Liberal government of 1905 did not come back from the general election of 1906 pledged to any large programme of social reform; rather the frustrations imposed on it by the House of Lords, and the fear of competition for popular support from Labour, plus the generous and perceptive instincts of some of its members drove it into one. Three measures stand out in the sphere at present under consideration. The Old Age Pension Act of 1908[2] came down on the side of the non-contributory principle and granted pensions up to 5s a week to all over seventy who met not very stringent qualifications as to character and industry and came within fairly narrow income limits. In 1909 the Trade Boards Act[3] following a principle which Sir Charles Dilke had been advocating since 1898 provided for the compulsory regulation of wages and piece rates by a joint board of employers, workers and public representatives in the four industries most conspicuously subject to "sweating". Seven more industries were added in 1913, and a number more in later years. In the same year, and under the same ministerial impulse, that of Winston S. Churchill, a national system of Labour Exchanges was set up.[4] In Churchill's mind this was only the necessary preliminary to a system of unemployment insurance in which contributions from workers, employers and the State were to be pooled

[1] No. 154 (f)   [2] No. 153   [3] No. 164   [4] No. 156

to create a fund out of which benefit became payable to workers thrown out of a job. The scheme was applied at first only to four trades which combined vulnerability with suitability to organisation. At a later date it provided the standard for industry in general. The measure became Part II [1] of the National Insurance Act of 1911, for which Lloyd George was responsible, Part I of which dealt with health.[2] But Professor Bentley Gilbert has assured us that "Unemployment Insurance was the handiwork of Churchill". The characteristic of the insurance principle was that it cut through the inquisition into character and record which had accompanied relief in the thought of the Majority Report and the liability to retraining which had conditioned it in the Minority Report. In Churchillian phrase, it refused to mix up mathematics ("the magic of averages") with morals; it was concerned "with the fact of unemployment, not the character of the unemployed". A decisive farewell was thus bidden to the tradition of patronage of the nineteenth century.

SELECT BIBLIOGRAPHY

From its inception in 1871 the Local Government Board submitted annual reports to parliament. They provide a steady stream of information on the poor law. So too do the annual reports of the Poor Law District Conference from 1875 to 1929. The Royal Commission on the Poor Laws, 1905–9, produced two heavyweight reports (*Parliamentary Papers 1909*, XXXVII) and fourteen other volumes of evidence and research. *See* T. H. Green, *Principles of Political Obligation* (1882), and Arnold Toynbee, *Industrial Revolution*, new edn (Newton Abbot, 1972). H. Preston-Thomas translated P. F. Ashcrott, *The English Poor Law System*, 2nd edn (1902), and has material in his autobiographical volume, *The Work and Play of a Government Inspector* (1909). There are disquieting glimpses of the poor law in the 1890s in George Lansbury, *My Life* (1928). The standard history is S. and B. Webb, *English Poor Law History: the last hundred years*, 2 vols (1929), repr. (1963). There are brief but useful recent accounts in M. E. Rose, *The Relief of Poverty 1834–1914* (1972); and in D. Fraser (ed.), *The New Poor Law in the Nineteenth Century* (1976). *See also Public General Statutes*, 48 & 49 Vict. c. 46; 5 Edw. 7 c. 18; and 1 & 2 Geo. 5 c. 55.

The wider problem of poverty as distinct from pauperism can be studied in many ways. Traditionalist opinion, hard-headed but sometimes constructive, is exemplified in the Charity Organisation Society. Its organ, *Charity Organisation Reporter* (1872–84), was continued from 1885 as *Charity Organisation Review*. William Booth, *In Darkest England and the Way Out* (1890) put forward the remedies of the Salvation Army, not always so remote in spirit from those of the Charity Organisation Society as that body would have liked to think. Collectivist opinion can be studied in Beatrice Webb, *My Apprenticeship* (1926) and *Our Partnership* (1948); in the widely read L. G. C. Money, *Riches and Poverty* (1905); in C. F. G. Masterman, *The Condition of England* (1909); in R. H. Tawney, *Poverty as an Industrial Problem* (1914); and in J. M. Winter and D. M. Joslin (eds), *R. H. Tawney's Commonplace Book* (1972). A pioneering study of the intellectual climate of the 1880s is H. M. Lynd, *England in the Eighteen-Eighties* (1945). C. L. Mowat, *The Charity Organisation Society 1869–1913* (1961); and G. Stedman Jones, *Outcast London* (1971), range more widely through time. P. Ford, *Social Theory and Social Practice* (Shannon, 1968), deserves to be better known. E. P. Hennock, "Poverty and social theory in England: the experience of the 1880s", *Social History*, i (1976), is an important recent contribution.

[1] No. 157   [2] No. 166

One of the fruits of intellectual debate was the social survey. The weightiest of these investigations was the first: C. Booth, *Life and Labour of the People in London* (1889), 17 vols (1902 edn) embodies the fruits of research and publication going back to 1886. B. S. Rowntree, *Poverty: a study of town life* (1901), used a more careful definition of poverty in this work on York. The most attractive if the slightest of these works is the study of Middlesbrough by Lady Hugh Bell, *At the Works* (1907), rev. (1911). Professional statisticians take over in A. L. Bowley and A. R. Burnett-Hurst, *Livelihood and Poverty* (1915). There is a retrospective view of Salford in R. Roberts, *The Classic Slum* (Manchester, 1971). The agricultural labourer is depicted in B. S. Rowntree and M. Kendall, *How the Labourer Lives* (1913). Impressionistic pictures of country life can be found in two classics: J. R. Jeffries, *Hodge and his Masters*, 2 vols (1880); and F. Thompson, *Lark Rise* (1939), reissued with other volumes as *Lark Rise to Candleford* (1945), a work many times reprinted. Serious but charming history is to be found in M. K. Ashby, *Joseph Ashby of Tysoe 1859–1919* (1961).

Two of the problems associated with poverty in this period are drink and unemployment. There is a huge and until recently forgotten literature on drink. Two official enquiries may be mentioned: the Select Committee of the House of Lords on Intemperance (*Parliamentary Papers 1877*, XI, XIV); and the Royal Commission on the Liquor Licensing Laws of 1897–9, of which the final report is in *Parliamentary Papers 1899*, XXXV; there are five other volumes of evidence and reports. J. Rowntree and A. Sherwell, *The Temperance Problem and Social Reform* (1899) was widely read at the time and is a careful moderate study from the temperance point of view. G. B. Wilson, *Alcohol and the Nation* (1940), is a mine of information. B. Harrison, *Drink and the Victorians* (1971), is the only large-scale modern study; it stops in 1872 but casts some light forward into our period. A. E. Dingle, "Drink and working-class living standards 1870–1914", *Ec.H.R.*, xxv (1972), re-examines the connection between rising wages and intemperance. Problems of unemployment crop up in *Unskilled Labour* (1908), a report based on oral and written evidence and published by the Charity Organisation Society. W. H. Beveridge, *Unemployment: a problem of industry* (1906), new edn (1930), reveals in its sub-title the new attitude of Liberal economists to social problems. An excellent modern study is J. Harris, *Unemployment and Politics . . . 1886–1914* (1972).

The self-help response to poverty or the threat of poverty can be studied in the concluding labours of the Royal Commission on Friendly Societies (*Parliamentary Papers 1874*, XXIII); and in E. W. Brabrook, *Provident Societies and Industrial Welfare* (1898). A modern guide is P. H. J. H. Gosden, *Self-Help: voluntary associations in the nineteenth century* (1973). A part of the long debate on old age pensions can be followed in the departmental committee's proceedings (*Parliamentary Papers 1898*, XLV) and in the Royal Commission on the aged poor (*Parliamentary Papers, 1895*, XIV, XV). There is a full account of the background to this and other Liberal welfare measures in B. B. Gilbert, *The Evolution of National Insurance* (1966). *See also* Parliamentary Debates in *Hansard*, 5th series. G. R. Searle, *The Quest for National Efficiency* (1971) is useful, though something of a tour de force. J. R. Hay, *The Origin of Liberal Welfare Reforms* (1975), is a guide to the recent extensive literature.

One useful by-product of concern for social problems was the publication of more and better statistics. The Return of Wages (*Parliamentary Papers 1887*, LXXXIX) marks the beginning of the Board of Trade's sustained interest in such statistics. The publication of the *Abstract Labour Statistics* began in 1895 and a volume appeared in most years down to 1914. More detailed figures are presented in the monthly *Labour Gazette* (1893 onwards). The Department of Employment, *British Labour Statistics: historical abstract 1886–1968* (1971), makes much of this data more easily accessible; some series, derived from other sources, were carried much further back into the nineteenth century. The family expenditure survey of 1904, on which the first official cost of living index was later based, is given in the "Second fiscal blue book" (*Parliamentary Papers 1905*, LXXXIV). Later Reports on Working-Class Rents, Houses, Prices . . . and Wages are in *Parliamentary Papers 1908*, CVII; and *1913*, LXVI. A mass of figures, some of them speculative, are in A. R. Prest, *Consumers' Expenditure in the United Kingdom 1900–19* (1954). E. H. Phelps Brown and M. Browne, *A Century of Pay* (1968) is a thorough survey by the doyen of Labour economists. S. Pollard, *History of Labour in Sheffield* (Liverpool, 1959) is one of the few local studies. Recent work on diet includes T. C. Barker and others, *Our Changing Fare* (1966); J. Burnett, *Plenty and Want* (1968); and D. J. Oddy, "Working-class diets in late nineteenth-century Britain", *Ec.H.R.*, xxiii (1970).

142. Indoor and outdoor relief in Wales: extract from letter from Andrew Doyle, inspector to the clerks of unions in Wales

(Second Annual Report of Local Government Board, 1872–3, *Parliamentary Papers 1873*, XXIX, Appendix, 56)

[1873] Dear sir, I have to request that you will submit to the Guardians the accompanying Statistical Statement of the Pauperism and Expenditure of the several Unions in North and South Wales and Monmouthshire.

Although there are Unions in which the law would appear to be fairly well administered, yet I regret that I cannot congratulate the Guardians or the Ratepayers of the district upon the general result that this statement discloses. While the average pauperism of England and Wales is only 4.3 per cent on the population, the pauperism of Wales and Monmouthshire is 5.7. The pauperism of individual Union in this district varies from 3.2, the lowest, to 10.8, the highest. The proportion of in-door to out-door pauperism varies from 1.23, the lowest, to 15.06, the highest. The rate in the £ of in-maintenance and out-relief on the rateable value of property varies from $7\frac{1}{2}d$, the lowest, to $3s\ 2\frac{3}{4}d$, the highest. The cost per head per week of the in-door poor varies from $2s\ 5\frac{3}{4}d$, the lowest, to $4s\ 9\frac{3}{4}d$, the highest.

It is obvious from this statement that very great diversity must exist in the principle in which the Poor Law is administered in the several Unions.

Notwithstanding the great disproportion shown by the accompanying statement between out-door and in-door relief in this district, there is no part of the kingdom in which the application of in-door relief as a test of destitution has been attended with more signal advantage than in certain unions in the principality. I would refer in illustration to some of the most recent cases of which I have had experience. In the Holyhead Union there were 97 mothers of illegitimate children, with 109 children, receiving relief to the amount of 218*l* during the half year ended Michaelmas 1869, when the union was without a workhouse. In the corresponding half year in 1870, immediately after the workhouse was opened, not a single case was relieved on account of bastardy. On 1 July 1869 there were 2,377 paupers in receipt of relief; on 1 July 1870, after the workhouse was opened, the number was 1,807; it was reduced on 1 January 1871 to 1,767, on 1 July 1871 to 1,699, and on 1 January 1872 to 1,561. The expenditure on account of out-relief was, for the half year ended Michaelmas 1869, 5,068*l* 19*s* 6*d*; the expenditure in in-maintenance and out-relief during the half year ended Michaelmas 1870, after the workhouse was opened, was reduced to 4,379*l* 8*s* 6*d*; it was further reduced in the half year ended Lady Day 1871 to 4,277*l* 10*s* 2*d*, in the half year ended Michaelmas 1871 to 4,168*l* 5*s* 5*d*, and in the half year ended Lady Day 1872 to 4,014*l* 6*s* 5*d*.

The number of paupers receiving out-relief in the Hawarden Union in the first week of Lady Day half-year 1871 was 281, the out-relief for that week being 23*l* 14*s* 0*d*. In consequence of an addition having been made to the union, the number of out-door paupers in the corresponding week in 1872 had risen to 455, and the out-relief to 33*l* 1*s* 9*d*. As the workhouse test is strictly carried out in this union, the number of out-door paupers in the corresponding week in 1873 was reduced to 297, and the out-relief to 29*l* 5*s* 6*d*. Notwithstanding the great reduction in the number of out-door poor, and in the amount of weekly relief, it may be observed that there was at the same time a decrease in the number of in-door poor, the number being in the first week of Lady Day half-year, 1871, 54; 1872, 54; and 1873, 41. . . .

143. Contested and uncontested elections for guardians during 1873, 1874 and 1875

(Eighth Annual Report of Local Government Board, *Parliamentary Papers 1878–9*, XXVIII, xlvi–xlviii)

In pursuance of an order of the House of Commons during the last session we prepared and presented to parliament a return showing the total number of contested and uncontested elections for guardians during each of the years 1873, 1874 and 1875 for each county in England and Wales, and the total cost of the contested elections in each county, inclusive of the clerk's remuneration. From this return it appears that out of the 14,192 annual elections, the number contested was, in 1873, 605; in 1874, 686, and in 1875, 719; the total cost for such contests, inclusive of the clerk's remuneration, being, in 1873, £11,435; in 1874, £12,269; and in 1875, £13,427.

As was to be expected the cost of the contested elections varied greatly in different counties. In Middlesex the average cost was, in 1873, £42 14*s*; in 1874, £40 15*s* 1*d*; in 1875, £45 7*s* 11*d*. In 1874 there were three contested elections in Westmoreland, the average cost of which was £1 each; and in Radnorshire one was held in 1873 and another in 1875, at the same cost. The proportion which the contested elections bore to the uncontested ones also varied greatly in different counties. In Middlesex, out of 212 elections, 50 were contested in 1873, 45 in 1875, and 53 in 1875. In Salop, out of 301 elections, one only was contested in 1873, and one in 1874. Taking the aggregate number of elections over the three years over which the return extends, the proportion of the contested to the uncontested elections in some of the principal manufacturing counties was approximately as follows. In Lancashire, one to five; in the West Riding of Yorkshire, one to nine; in Staffordshire, one to ten; in Durham, one to seven. In the whole of England and Wales it was one to twenty-one. Taking the whole of the contested elections together, their average cost was, in 1873, £18 18*s*; in 1874, £17 7*s* 8*d*; and in 1875, £18 13*s* 6*d*. The majority of them seem to have taken place in populous districts. . . .

144. James Bryce on outdoor relief: paper given to first poor law conference of the South Midland District, January 1876

(From Reports of Poor Law Conferences 1874–1930 (1875–1930), Bodleian Per. 24763 e.52)

The practice of holding regional conferences of guardians began at Hardwicke Court, Gloucester, in 1868, and was followed in other regions. Very soon after annual central conferences of representatives of the regions began. Usually speakers were guardians themselves. In 1876 all seven regional conferences and the central conference passed resolutions critical of the extent of out-relief throughout the country, which in terms of expenditure alone amounted to twice as much as institutional relief. James Bryce was Regius Professor of Law at Oxford and was speaking at the first conference of the South Midland District at Oxford in January 1876.

For the last forty years, ever since the New Poor Law came into operation, there have been two powerful currents of opinion running counter to one another in this most important of all practical questions – the mode in which legal relief ought to be given. Theoretical economists, and the most experienced practical men, have been nearly unanimous in condemning outdoor relief. But the great stream of popular sentiment has been and continues to be against them, and the administration of the law has on the whole obeyed popular sentiment. It is, therefore, important to discover what ground, what real cause over and above mere ignorance and habit, has enabled the outdoor system, with all its obvious liabilities to abuse, to retain a hold on the public mind, and to examine how, if that hold cannot be shaken, its evils may be reduced to a minimum. . . .

The first thing that strikes anyone who looks into the subject is the extraordinary difference of practice in different parts of England. Although one law and one Prohibitory Order prevail over the whole of the rural districts, there are unions where sixty per cent of the paupers are relieved in the workhouse, and others where only three per cent are so relieved – the rest getting relief at their homes. Even in the same county one finds great variance between the practice of guardians in one union and another. Here it is lavish, and any man – the attendance being, perhaps, very fluctuating – can get what he likes for his pauper; there it is strict, and the applicant comes to know that he will be met by the offer of the workhouse. The same difference exists between unions under the regulation order, and, strange to say, many of those unions, though enjoying a less restricted discretion, are in fact more stringent in their application of the workhouse test. Outdoor relief, for instance, is better kept down in Lancashire than in Derbyshire. As there is usually no difference between the needs of the population in these different unions at all corresponding to the extraordinary difference in their practice, it is clear that one or other set of guardians must be wrong. And as the whole working of our poor law depends upon the guardians – the exceptions to the two great orders leaving them a far wider discretion than anyone would at first have supposed – it is obviously most important for them to consider and be guided by true principles of action.

It is on them, not on the Central Authority that the welfare of the poor depends.[1]

These principles are really very simple: perhaps it is because they are so simple that they are so often neglected. I am half ashamed to restate them, for they are all set forth in the report of the commissioners of 1834 – a masterpiece of clearness, force and penetration – which left no room for originality to subsequent writers.

First of all, what is the object and end of a poor law – that is, a law giving relief to the indigent out of a tax raised on the rest of the community? Is it to make the poor comfortable, or to keep them from plundering the rich? On the contrary, it is simply and solely to prevent starvation. What the law directs a guardian to relieve is not poverty, however great the compassion he may feel for poverty, but destitution – absolute want of the bare necessaries of life. And why? Because you have no right to take the money of the industrious and give it to the idle; because it would be unfair and unjust that the earnings by which one man keeps himself above poverty should be expended on another who had made no such efforts, save for the one paramount object of keeping a fellow-creature from perishing. And a second and not less weighty reason is this, that in nine cases out of ten the worst thing you can do, even for the individual man, is to give him legal relief; while in ninety-nine cases out a hundred you by doing so injure, not only the individual, but the whole class to which he belongs, which sees and is demoralised by the example of pampered improvidence. No such mischief to a man as to lose his manliness. You will injure a labourer less by persecuting him, by over-taxing him, by depriving him of the few pleasures his hard lot allows, than by destroying his self-reliance, by teaching him hypocrisy and imposture, by encouraging him in recklessness and idleness.

Let me anticipate two objections which I foresee to so broad a statement. Some may say, "This is an argument against all and every relief to the poor." Against all legal relief it certainly is – not against other relief, as I hope to show presently. But although all legal relief, however carefully dispensed, is, for reasons indicated, more or less unjust to those who pay the rates, and pernicious to those who are aided out of them, it may nevertheless be necessary to give it, not only because we could not bear to see our fellow creatures die of want, but also because the abolition of a poor law might lead to a large increase in that indiscriminate almsgiving which is a greater evil than a well-administered poor law. I do not therefore argue for the abolition of our present law: I only wish to remind you that what is indefensible in principle needs to be very closely watched and carefully worked in practice.

Again it may be objected that, however undeniable what has been said as

[1] For the prohibitory order, see E.H.D., XII (1), No. 213. The regulatory order of 1852 to metropolitan and big city unions had left guardians a wider discretion. The number of unions to which the prohibitory order applied diminished considerably through the period, and, in practice, unions subject to it were able, by application to the board, to get relaxation in special circumstances fairly easily.

respects the able-bodied pauper, who can work and deserves no pity if he won't, it does not apply to the sick, to the aged, to the widow left with children, persons who cannot help themselves, and must therefore be helped by others.

Now, here there is a confusion. True enough it is that these persons cannot support themselves when they are actually overtaken by sickness or old age; but they could, in most cases, have provided in time of health and youth for what they knew to be the common lot of mankind. They ought to have made such provision then, and if they neglected to do so, are they entitled to complain if they suffer now? We may pity them, as we pity all whose faults bring misfortune upon them, and we may heartily wish to relieve them. But what is the result if we yield to this benevolent impulse? Simply this, that when the sick man recovers his health the lesson of providence is lost upon him. He spends the whole of his earnings, because he knows that when next the like misfortune happens, he will again be able to throw himself on the fund raised from those who are more self-denying; and his children or acquaintances draw the same conclusion. If he is no worse off for not having laid up anything for a rainy day, why should they do so? Why keep away from the public house, and subscribe to a benefit club, if the union will give you, on the doctor's certificate, as much, or more than the benefit club would allow? Why should a son make efforts to support his aged father, or a younger brother the elder brother who brought him on in the world, if the support of the old man can be thrown upon the rates? How can a youth be expected to postpone marrying till he has saved enough to enable his wife to get along if he is carried off by a fever, when he sees the widows of his companions, who have married early and improvidently, immediately allotted an allowance for each of their children? Divine providence has so arranged the world so that just as pain, sickness, and death follow on violations of the laws of health, so, in like manner, idleness, shiftlessness, and intemperance are followed and punished by wretchedness and want. And human legislation may easily run into serious mischief when it attempts to interfere with these laws. To remove the natural penalty would be to stimulate and propagate the original evil, which is kept in check only by that penalty. It is, therefore, unfortunately true that the principle which shows how dangerous a poor law is, applies not merely to the case of the able-bodied, but also to that of the sick and the aged, for whom we feel far more tenderness; and the only case in which it does not apply is where a person suffers from some unusual and unforeseeable visitation – such as an accident to himself, or the destruction of his house and property by fire or flood.

Starting, then, from the principle that what the guardian has to relieve is not indigence but absolute destitution, and that all legal relief more or less weakens the independent spirit, the modesty, the uprightness and thrift of the poorer classes, what other conclusions follow as to the manner in which, and conditions under which relief ought to be given? That it should be given as sparingly as possible, and only in cases of pressing need. That it should be preceded by a strict enquiry into the applicant's circumstances, and be given in a form which makes imposture difficult or impossible. That it should be so given as to effect its object, and not suffered to be abused by the recipient's spending it in some other way. That it should be so given as to be, if not positively repulsive, at least unattractive, so that no one should ask for it who can possibly do without it. That it should be given on fixed principles, so that the pauper may not trust to getting an exception made in his case by personal solicitation. That it should be so given as to interfere as little as possible with the rate of wages and the distribution of labour in the country. These are rules of the plainest common sense. Let us see what is their application to the question of the comparative merits of out-door relief and in-door relief. I will not weary you with a minute examination of the two methods under each point, but be content with stating concisely the reasons for believing, in regard to every one of them, that relief given at home is more liable to abuse and more pernicious to the poor themselves than relief granted in the workhouse.

Both methods are objectionable on the main ground that they remove the natural check on improvidence and sloth. But out-door relief is much the more dangerous, because it does so to a far greater extent. It makes legal charity less disagreeable, and therefore less deterrent. In the opinion of the labouring class, demoralised as they have been by the blind legislation which prevailed till 1834, there is unhappily little stigma attached to the receipt of an allowance in the labourer's cottage; and when a man's neighbours see that his neglect of his duties when he was in receipt of good wages has had no worse consequence than to give him the trouble of applying to the guardians with an easily procured certificate of illness, or proof that he is over sixty years of age – can we wonder if they imitate him, and look forward to the same provision?

For the same reason out-door relief does much more to weaken the feeling of filial and brotherly duty. There is not a more melancholy result of our whole poor law system than this, that it has so loosened the ties of natural affection. Children are not ashamed to let an aged parent go on the parish, when, by a little self-sacrifice, they could provide for his wants, just because the parish has accustomed them to think that it is not their duty but the taxpayers'; and because the thing is done privately and quietly. When he is required to enter the workhouse, the shame which lingers in all but the basest natures asserts itself and the feeling of their neighbours, if not their own, usually compels them to do their duty.

To be workable at all, a system of out-door relief requires the closest scrutiny of individual cases; and where this is neglected the number of applicants quickly increases, imposture becomes easier, and the character of the parish sinks. But under our present arrangements this scrutiny is very seldom insisted upon, and is, indeed, extremely difficult. There are three authorities concerned – the relieving officer, the medical officer and the guardians. Supposing the first of these to be a sensible and active man, he has far more work thrown on him in most unions than he can possibly discharge. With perhaps several hundred persons receiving weekly payments, and new applicants continually arising, he has no time to inquire particularly into the character or the resources of the applicants, what relatives they have, whether they are secretly receiving aid from some other quarter, whether they keep their houses in a healthy state, whether they send their children to school – all of them matters that ought to be considered before relief is allotted. The doctor has a simpler task, but it is often ill discharged. . . . And the guardians, whatever their zeal, have generally no means of ascertaining for themselves what the circumstances of the pauper are. They are practically at the mercy of their officers, who always find it easier to consent than to refuse. . . . Now, a close personal scrutiny, such as given in Elberfeld or in Boston . . . is more efficient and more just than the rough and ready application of the workhouse test. But that test is far better than such enquiries as our boards commonly make, for it will be accepted only by real want or illness.

There is also the danger that relief which gets into the pauper's hands may be misapplied, a danger which those of you who have narrowly watched our present system know to be a real one, and not least so as regards "medical extras". . . . I remember an instance in Glasgow, where the police returns of committals proved that on the afternoon and evening of the day in which the parish made its weekly distribution of allowances, the number of drunk and disorderly persons was something like double the average of other days. . . .

Finally, we come to the effect on wages. Whenever relief is given to a person already earning something, the result is necessarily to depress the wages of other persons following the same occupation, because the pauper labourer can afford to take less than his fellows, having the difference made up to him by the union. . . . This was a frightful evil in the days of the old poor law. It is now less serious, since we at least profess not to relieve the able-bodied, but, in the case of widows with children, and men weakened though not disabled by age, or by some infirmity, persons who can earn something by light kinds of labour and who receive an allowance beside, it is still very mischievous. To lapse into it is natural, because it seems better for the pauper to do some work, and cheaper for the union to pay him 3s in aid of wages than 6s and keep him idle. But look at the injustice of this to the other workmen of the neighbourhood. They are being rated to support this very rival who is injuring them; every penny that he gets is not only taken from them, who can ill afford it, but actually tends to make their condition worse, by enabling the employer to lower the wages he gives them. The wretched wages which seamstresses and char-women receive, or till very lately received, and which helped to produce grave moral evils, were no doubt largely due to the competition for work of widows subsidised by lavish out-door relief. . . .

If all these evils attend a system of out-door relief . . . how comes it that out-door relief still prevails to so great an extent in the large majority of our unions? . . .

There are, I believe, four reasons which have weighed with guardians in this matter and governed their conduct. Three of these reasons seem to me unsound. The fourth has something in it and deserves a closer examination.

Firstly there is the argument of expense. . . . To maintain in the workhouse a family applying for relief costs perhaps 10s. To maintain them entirely in the hovel where they live may cost only 4s – as they can get someone else to help, or earn something themselves. It is therefore supposed that 6s is saved. . . . But the truth is that when applicants are told that they must enter the workhouse, and will not be relieved out of it, nine out of every ten of them slip away and only one remains to accept the workhouse. On one case, therefore, there is a loss of 6s, while on the nine others there is a gain of 4s each, that is of £1 16s. But the board, seeing only the instance immediately before it, forgets the nine cases, or, as I should rather say, the nine out of ten chances that the applicant, if firmly dealt with, will not be a charge on the union at all, but help himself, or get some relative to help him; and it forgets still more the influence of the bad example set in bringing other applicants whom a steadier adherence to rule would have repelled. So far from filling the workhouse, the steady refusal of outdoor relief actually diminishes the number of its inmates, by diminishing the general pauperism of the district. The out-door system is therefore, in the long run, far more costly.

Secondly, there is the argument from popularity or charity. We are apt to think it the charitable thing to grant relief, and guardians feel as if they were doing something noble and warm-hearted when they yield to a pitiful appeal. Now, there are three kinds of so-called charity, which I will describe as personal charity, pecuniary charity, and poor law charity. Personal charity is where a man himself, at the sacrifice of his own time and convenience, visits the widow and the fatherless in their affliction, and strives to comfort and help them in the way he finds best for them. This is the charity of the Gospel. Pecuniary charity is where he subscribes a sum of money, which may be applied well, but which is not unlikely to be applied ill. It implies some amount of sacrifice; but in these days of overgrown fortunes the sacrifice is often a small one, and there is sometimes mixed up with it not a little ostentation. But poor law charity is not charity at all; for it costs the giver nothing. What sacrifice is there in being liberal with other people's money? or what credit ought one to have for it? A guardian is there to administer a public fund, and his first duty, when he has obeyed the law by relieving absolute destitution, is to the people who have contributed that fund – many of them nearly as poor, and all of them, so far as appears, more deserving than the paupers who come before him. It is an unpleasant duty, and he is entitled to all praise if he attends regularly and investigates carefully. But the last thing that ought to make him popular, or by which he should seek popularity, is a lavish distribution of money which is not his at all.

Thirdly, there is the argument of humanity, of which I desire to speak with all respect and sympathy. The workhouse is, no doubt, an unpleasant place for a man to end his life in. There is a sort of disgrace attached to it, and its inmates must forego the sense of freedom they had in their own houses. It is also disagreeable to break up a family, and take in three of a widow's children, leaving her outside with one. But it ought not to be forgotten that the children will be, in most of our workhouses – I hope we may soon be able to say in all of them – far better cared for than they would be in their own wretched and unhealthy cottages, where they grow up in pauperism, accustomed to look to the relieving officer for their weekly pittance; while the aged or infirm get better nursing and attendance, and will be removed from the temptation, which idleness aggravates, to intemperate habits. And it is even more important to remember that what ought to be considered is not the good of a particular individual, but the good of the whole labouring class. This is the kernel of the whole matter. If you look only at the single case before you, kindness of heart prompts you to do the indulgent thing, and you let the poor man stay in the house where his better years have been passed, among the neighbours who have grown old with him. It is far easier, far pleasanter to one's feeling, to do this, just as it is far easier for a parent to let a child's faults go unreproved than to reprimand or punish him. But as we don't think those the best fathers who never reprove their children, so he is the worst friend to the poor who is too tender or timid to be firm when firmness is called for. And it is as certain as any law of nature, that every instance in which relief is given without absolute necessity for it produces a crop of other cases in which it will be asked for by those who could do without it. The more you give, the more will be demanded, the more will thrift and self-reliance wither up and disappear. So strong is the tendency in human nature, especially in a population so much addicted to intoxicating drinks as ours unhappily is, to improvidence and self-indulgence, that the only way to keep down relief is to make relief disagreeable. Kindness to the individual is cruelty to the class; and as it is our mismanagement in the past that has, in great measure, brought the lowest class in England to its present state, the clearer is our duty at once to pause in this fatal career.

Lastly, let me speak of the one justification for outdoor relief which largely influences wise minds as well as tender hearts and which indicates, as I venture to think, the practical remedy which we must apply if outdoor relief is to be extinguished. It is this. Every one feels that the workhouse test presses very unequally on the poor to whom it is applied. In the majority of cases – at least since the rise in agricultural wages – pauperism is a man's own fault, and arises from intemperance or sloth, or some other form of improvidence. But there are also cases where the sufferer is innocent, where some accident or unexpected illness, or the misconduct of a relative to whom money has been lent, or the failure of a benefit club, has brought a hard-working sober man, or a struggling widow, into difficulties which they cannot escape from. It is painful, and it seems hardly just, to treat such cases in the same way as others where no such excuse can be shown, and to offer the workhouse or nothing: especially as, to persons who have been striving hard to do their best, the workhouse seems far more degrading than it does to the average pauper. Yet experience shows that to relax the general rule and give relief at home is a course full of danger, for it spreads the notion that there is a legal right to such relief. What is wanted in these cases is some subsidiary agency, not legal at all, and therefore not bound to follow such strict rules, able to extend a help which cannot be claimed as a right, but will be received as a favour, and which will be dispensed by persons who undertake the work in that spirit of true charity which does not grudge its own time and pains, and which seeks not so much to help the needy as to enable him and show him how to help himself. In other words what we most seem to require is a voluntary organisation of charity, independent of the poor law authorities, though acting in concert with them. As it would be supported by voluntary contributions, no one could calculate on relief from it unless he proved that his case was really a deserving one; and its existence would therefore be less of a stimulus to idleness or imposture. As it would be at hand to deal with those exceptional cases in which the sentiment of humanity makes it difficult for guardians to apply the workhouse test, the guardians would feel free to apply that test unshrinkingly. As those who worked it would be persons brought to the task by motives of genuine benevolence and public spirit, it would be able to deal with poverty and suffering in a more thoughtful and careful spirit than can be expected from a relieving officer – firstly because he is an officer; and secondly because he has now almost always a larger district than he can properly manage. And as the central committee and district visitors through which it acted would soon come to know thoroughly the condition of the poor throughout the area of its operations, whether a town (where, no doubt, it would be most useful) or a parish or group of parishes in the country, it would be able to supply the fullest information as to the character and circumstances of the poor, both to the poor law authorities and to private benevolent persons, and would act as a useful check upon the uncertain and often ill-directed charity of the latter.

Such an organisation as I have been attempting to shadow forth is not a mere fancy, but has been created and worked with admirable success in other countries. In France there is no poor law – no legal relief to the indigent at all; and the *bureaux de bien-faisance*, as they are called, which supply its place, are voluntary, although State-recognised institutions. By all accounts they have worked admirably, and kept pauperism at bay to an extent that we can hardly realise. The same plan was tried with wonderful success by Dr Chalmers in Glasgow some fifty years ago: and attempts are now being made to recur to it in several of our cities, notably in London under the auspices of the Charity Organisation Society. But perhaps the best illustrations of the efficiency of a system of investigation by visitors, when conducted in a thoroughly systematic way, and of the possibility of giving out-door relief thereby without incurring our familiar mischiefs are those furnished by some of the cities of Germany, and particularly by the great manufacturing town of Elberfeld. . . . Quite independently, it has been struck out by the Americans; and having seen it in operation in Boston five years ago, I can testify to the admirable success with which it has checked the growth of a pauper class there, and enabled the poor law, a law very similar to our own, to be so worked as to relieve destitution without stimulating pauperism. . . .

145. Outdoor relief in the Eastern District, 1878–9

(Report of Courtenay Boyle, Inspector, Eighth Annual Report of Local Government Board, *Parliamentary Papers 1878–9*, XXVIII, Appendix B, 106–8)

. . . That district embraces the three counties of Norfolk, Suffolk, and Essex (the union of West Ham excepted) and the union of Wisbeach.

It is principally agricultural, and it contains only four unions, namely, Norwich, Ipswich, Yarmouth, and King's Lynn, which are purely urban in their character.

The population of 1871 was in proportion of little more than one person to every three acres, and it must therefore be borne in mind that many considerations which apply strongly to thickly populated districts of highly paid industries apply, if at all, with much diminished force to counties where the population is scattered, and chiefly dependent on agriculture.

A. Out-door relief

The following figures show the pauperism on 1 January 1878 and 1 January 1879, and it is satisfactory to find that in spite of the various causes calculated to produce distress tending against such a result, there is only a slight increase in the number of persons relieved.

1 *January* 1878 . . . 48,049

,,   1879 . . . 48,625

For the last four years I had taken every opportunity which presented itself of urging the guardians to make use of their workhouse, and to bring their administration cautiously but steadily towards the system of making in-door relief the rule, and out-door relief the exception.

The understanding of sound principles which has been brought about by poor law conferences, by the publication of the results obtained, not only as regards the rates but as regards the poorer classes in unions where out-relief has been materially diminished, and by the advice of the board, has fostered a disposition to gradually substitute in-door for out-door relief, with what result the following figures show.

Pauperism of district	In-door	Out-door	Total	Proportion of out-door to in-door relief
1 *January* 1873	9,962	62,452	72,414	*more than* 6 *to* 1
,, 1878	8,203	39,846	48,049	,, ,, 5 *to* 1
,, 1879	8,288	40,337	48,625	*less than* 5 *to* 1

Thus though the number of out-door paupers is less by over 22,000 than it was in 1873, the number of in-door paupers has not only not increased, but is actually less than it was. No more applicants have been "forced into the house".

It will be observed, however, that the district is still in excess of all England both as regards the percentages of pauperism to the population, and the proportion of out-door to in-door relief.

	All England	Eastern District
Percentage of pauperism to population of 1871 on 1 January 1878	3.3	4.2
Proportion of out-door to in-door	3 to 1	5 to 1

Many causes contribute to this result.

The argument that out-door relief is the cheaper still operates in the minds of many guardians; the argument that it is much less harsh operates in the minds of more.

An unwillingness to break up a home which it is difficult to blame tends to the granting of small doles of out-relief.

The fact that a considerable number of the older men belonged to friendly societies which failed strengthens the feeling that the absence of any provision for age is not wholly the fault of the applicant.

But as a matter of fact the most contradictory excuses are made for the high proportion of out-relief in various unions.

"We are purely agricultural here, sir," said the chairman of one board of guardians to me, "We have no towns or factories where work can be had; our population has to trust exclusively to field work, and finds it very difficult to lay anything by."

"We are peculiarly situated," said another chairman about a week after, "We have several large factories in our union which give employment to a considerable number of hands who come upon us directly they are out of work, owing to sickness or other temporary causes."

Again, "Our high rate is due to the fact that we have a considerable seafaring population, the women and children of which are apt to become chargeable to the rates if anything interferes with their husband's earnings, and even when they are at sea."

"Your arguments may apply to districts where there is extra employment such as fishing, but here we have none such, therefore out-relief is naturally high."

Once more, "We have no large proprietors here to give extra employment."

"We have several large proprietors in our union, and we find that their charity does much to increase dependence on relief."

The procedure too is by no means uniform, and certain forms of relief are persistently refused in certain unions which are frequently if not habitually granted in others. . . .

Generally speaking, the forms of relief about which there are the greatest divergence of action are, relief to able-bodied widows with one child, relief to wives of militiamen and of persons in custody of the law, and orders for medical attendance in the confinement of wives of men in full earnings. The Lexden and Winstree guardians have for three years adopted the principle of giving no confinement orders to men in full earnings, except by way of loan and have hitherto experienced no difficulty in adhering to it. The Wangford guardians assured me that they had found no hardship follow their persistent refusal of out-relief to able-bodied widows with one child.

The system of giving relief on loan is adopted in the majority of unions in the district, either the relieving officer or some other person being given a percentage on the amount collected. The system has worked well by enabling guardians to give help where it may be truly needed, without putting the whole burden upon the ratepayers. It tends moreover to diminish the number of unnecessary applications. In several unions, however, the system is rejected on the score of the difficulty of enforcing repayment, and in one for the remarkable reason that debt is danger, and that to lend money to a man is to involve him in obligations from which it is best to keep him free. . . .

146. Charity Organisation Society in 1881

(Twelfth Annual Report of Charity Organisation Society (1881))

(a) Methods of charity organisation

During the past year the work of the society has continued to increase, and year by year it is done, the council believe, in a more satisfactory manner.

Before dealing, however, with some of the details of the work, the council desire to restate shortly the meaning and importance of organisation in charity, what it entails, and with what difficulties it has to contend. Charity organisation is a development of the functions of each person or institution engaged in charity, so that they may combine for mutual help and act up to a higher standard. There may be said to be two methods in operation. The one is adopted by those who are content with giving and inclined to confound giving with charity, desirous most of all of giving quickly, intent on giving as much as possible to as many as possible, regardful of quantity rather than of quality, ready to use a few time-honoured remedies for the removal of the symptoms of evil, and assured that the thoughts and emotions stirred by the sight of distress are a sufficient pledge of a right judgment in dealing with it. The other is the method of those who count charity, with all its influences and powers, a healing art, based like other arts on knowledge and practice, who require cautious giving, quick or slow, that will produce as its result healthy self-dependence; who are mindful of both quality and quantity, but are not contented with off-hand methods, which do not remedy but only allay the importunity of distress, and who are anxious to foster better conditions of life, which may check and prevent in a succeeding generation some of the glaring evils of this. This is the method of charity organisation.

The importance of the difference between the two methods is obvious; and, if the Charity Organisation Society succeeds in its mission, the present generation will, by new experiences, by comparison of opinions and results, by mistakes too, and difficulties, educate itself year by year towards the higher standard of charity. This method of charity also entails much unselfishness, not entirely absent – but in great part forgotten, in the other; comparatively few think it necessary to take up charitable work like a learner; many are disinclined to give up separate advantages and to merge them in a combination with others; few are yet convinced that, it is best for those they wish to help, that charity should not be made an instrument for the advancement of religious views; few are ready to devote to one or two cases the persistent care frequently required both in learning facts of character and in exerting with this knowledge a patient healing influence. This "care of the least", which to the individual must often appear to produce no grand result, though it consume much time and energy, is not attractive.

There are some inherent difficulties also in the organisation of charity. A person cannot learn the evil he would remove at once by any feeling of the pulse or by auscultation, though his experience, if he has been properly instructed, may teach him much at a single interview; he must in great part rely upon the evidence of others, employ the assistance of others in ascertaining facts, and test the credibility of informants; he must by questions and by this evidence learn how to aid the distressed person, not taking his suggestions merely, but forming his own conclusions; and, after all, he cannot usually prescribe forthwith, but he must seek his remedies in many quarters. Any one charitable person or institution will seldom be able to deal entirely with a case. To meet these difficulties it is obvious that many cooperators are required; that small areas are necessary; that, to utilise personal interest and influence, as much as possible, to prevent "overlapping", and for other purposes, all should combine, so as to form in these small areas thoroughly strong and recognised local centres; that at these local centres there should be an efficient staff of honorary and paid agents to obtain information with the least delay and the greatest accuracy regarding cases of distress, and to arrange the means of helping them. This is the groundwork of organisation; and these are some of the difficulties with which charity organisation has to contend.

District committee work

For the progress of charity organisation, therefore, the council has to rely mainly on the development of the district committees of the society; and to this accordingly they have given continuous attention. . . .

(b) What workers can do in charity organisation
Training, visiting, and helping
1. To assist regularly in the general work of a district committee, even if it be only for a few hours on a day or two in the week.

Help may thus be given in concert with others, and experience and good methods be made common property. The training also, which is a necessary condition of effectual charitable work, may be acquired.
2. To visit those who have been helped by the committee. These persons (not unlike many of their betters) are often without the commonest ideas of thrift in food, dress, etc., often incur ruinous expenditure, especially at funerals; and are often ignorant of the most ordinary rules of sanitation and cleanliness. Sometimes, too, much may be done to influence character.

The request for help in distress may be made the turning point in the career of a whole family.
3. To influence, by watchful friendliness, those whom relief would not benefit.
4. To take charge of individual cases, seeing that the relief required for them, sometimes for a long period, is procured and carefully administered.
5. To visit and befriend those who are in receipt of pensions.

General work at a committee
6. To give a patient hearing to those who come to the office in distress, to learn the causes of their distress, and to take down their case.
7. To see employers, if necessary, and to make inquiries.
8. To correspond about those in distress; ask relations or friends able to help; reply to inquirers; write to societies or individuals in order to obtain the necessary relief.
9. To keep accounts.
10. To take up some special branch of work, collect loans, take charge of convalescent cases, or emigration cases, supply outfits, write or supervise the local publications of the committee.

Cooperation
11. To become acquainted with the clergy and visitors, tradesmen and working men, and other residents, talk questions over with them, draw them into cooperation, and suggest modes of common action.
12. To promote, in a similar manner, cooperation between the various agencies in the district.

On other institutions
13. To serve on committess of charitable institutions, in order to promote cooperation and ensure that the relief given by one institution be supplemented by the relief given by another, so that every case may be thoroughly dealt with.
14. To serve as almoner of the Society for the Relief of Distress, or, e.g. as a

member of the Metropolitan Association for Befriending Young Servants, or as District Visitor.

15. To serve as Guardian of the Poor, if elected.

16. To take part in visiting the sick or managing the book supply in infirmaries and workhouses, helping in the work of a "Workhouse Girls' Aid Committee", etc.

17. To serve as vestryman, if elected.

18. To work on Sanitary Aid committees.

19. To take part in school work, as teacher at night schools, recreation classes, handicraft classes, or as a school manager.

20. To collect rents.

147. Medical Relief Disqualification Removal Act, 1885

(Public General Statutes, 48 & 49 Vict. c. 46)

2 (1) Where a person has in any part of the United Kingdom received for himself, or for any member of his family, any medical or surgical assistance, or any medicine at the expense of any poor rate, such person shall not by reason thereof be deprived of any right to be registered or to vote either,

(a) as a parliamentary voter; or

(b) as a voter at any municipal election; or

(c) as a burgess; or

(d) as a voter at any election to an office under the provisions of any statute;

but nothing in this statute shall apply to the election,

(a) of any guardian of the poor; or

(b) of any member of any parochial board in Scotland;

(c) of any other body acting in the distribution of relief to the poor from the poor rate. . . .

148. Chamberlain's circular to guardians urging the provision of work outside the poor law for unemployed, 15 March 1886

(Parliamentary Papers 1886, LVI, 154–6)

Local Government Board, Whitehall, 15 March 1886. Sir, The inquiries which have recently been undertaken by the Local Government Board unfortunately confirm the prevailing impression as to the existence of exceptional distress amongst the working classes. This distress is partial as to its locality, and is, no doubt, due in some measure to the long-continued severity of the weather.

The returns of pauperism show an increase, but it is not yet considerable; and the numbers of persons in receipt of relief are greatly below those of previous periods of exceptional distress.

The Local Government Board have, however, thought it their duty to go beyond the returns of actual pauperism, which are all that come under their notice in ordinary times, and they have made some investigation into the condition of the working classes generally.

They are convinced that in the ranks of those who do not ordinarily seek poor law relief there is evidence of much and increasing privation, and if the depression in trade continues it is to be feared that large numbers of persons usually in regular employment will be reduced to the greatest straits.

Such condition of things is a subject for deep regret and very serious consideration.

The spirit of independence which leads so many of the working classes to make great personal sacrifices rather than incur the stigma of pauperism is one which deserves the greatest sympathy and respect, and which it is the duty and interest of the community to maintain by all the means at its disposal.

Any relaxation of the general rule at present obtaining which requires, as a condition of relief to able-bodied male persons on the ground of their being out of employment, the acceptance of an order for admission to the workhouse or the performance of an adequate task of work as a labour test, would be most disastrous, as tending directly to restore the condition of things which, before the reform of the poor laws, destroyed the independence of the labouring classes, and increased the poor rate until it became an almost insupportable burden.

It is not desirable that the working classes should be familiarised with poor law relief, and if once the honourable sentiment which now leads them to avoid it is broken down it is probable that recourse will be had to this provision on the slightest occasion.

The Local Government Board have no doubt that the powers which the guardians possess are fully sufficient to enable them to deal with ordinary pauperism, and to meet the demand for relief from the classes who usually seek it.

When the workhouse is full, or when the circumstances are so exceptional that it is desirable to give out-door relief to the able-bodied poor on the ground of want of work, the guardians in the unions which are the great centres of population are authorised to provide a labour test, on the performance of which grants in money and kind may be made, according to the discretion of the guardians. In other unions, where the guardians have not already this power, the necessary order is issued whenever the circumstances appear to require it.

But these provisions do not in all cases meet the emergency. The labour test is usually stone breaking or oakum picking. This work, which is selected as offering the least competition with other labour, presses hardly upon the skilled artisans, and, in some cases, their proficiency in their special trades may be prejudiced by such employment. Spade husbandry is less open to objection, and when facilities offer for adopting work of this character as a labour test the board will be glad to assist the guardians by authorising the hiring of land for the purpose, when this is necessary. In any case, however, the receipt of relief from the guardians, although accompanied by a task of work, entails the disqualification which by statute attaches to pauperism.

What is required in the endeavour to relieve artisans and others who have hitherto avoided poor law assistance and who are temporarily deprived of employment is,

1. work which will not involve the stigma of pauperism;
2. work which all can perform, whatever may have been their previous avocations;
3. work which does not compete with that of other labourers at present in employment;

and, lastly, work which is not likely to interfere with the resumption of regular employment in their own trades by those who seek it.

The board have no power to enforce the adoption of any particular proposals, and the object of this circular is to bring the subject generally under the notice of boards of guardians and other local authorities.

In districts in which exceptional distress prevails the board recommend that the guardians should confer with the local authorities, and endeavour to arrange with the latter for the execution of works on which unskilled labour may be immediately employed.

These works may be of the following kinds, among others,

(a) spade husbandry on sewage farms;
(b) laying out of open spaces, recreation grounds, new cemeteries, or disused burial grounds;
(c) cleansing of streets not usually undertaken by local authorities;
(d) laying out and paving of new streets, etc.;
(e) paving of unpaved streets, and making of footpaths in country roads;
(f) providing or extending sewerage works and works of water supply.

It may be observed that spade labour is a class of work which has special advantages in the case of able-bodied persons out of employment. Every able-bodied man can dig, although some can do more than others, and it is work which is in no way degrading, and need not interfere with existing employment.

In all cases in which special works are undertaken to meet exceptional distress it would appear to be necessary, first, that the men employed should be engaged on the recommendation of the guardians as persons whom, owing to previous condition and circumstances, it is undesirable to send to the workhouse, or to treat as subjects for pauper relief, and, second, that the wages paid should be something less than the wages ordinarily paid for similar work, in order to prevent imposture, and to leave the strongest temptation to those who avail themselves of this opportunity to return as soon as possible to their previous occupations.

When the works are of such a character that the expenses may properly be defrayed out of borrowed moneys the local authorities may rely that there will be every desire on the part of the board to deal promptly with the application for their sanction to a loan.

I shall be much obliged if you will keep me informed of the state of affairs in your district, and if it should be found necessary to make any exceptional provision I shall be glad to know at once the nature of such provision, and the extent to which those for whom it is intended avail themselves of it.

I am, etc. (signed) J. Chamberlain.

The Clerk to the Guardians.

149. Charles Booth on labour and life in London in 1889

(a) *Statistics of poverty*

> (Charles Booth, *Life and Labour of the People in London* (1889), II, 20–1)

... The inhabitants of every street, and court, and block of buildings in the whole of London have been estimated in proportion to the numbers of the children and arranged in classes according to the known position and condition of the parents of these children. The streets have been grouped together according to the School Board sub-divisions or "blocks", and for each of these blocks full particulars are given in the tables of the appendix. The numbers included in each block vary from less than 2,000 to more than 30,000, and to make a more satisfactory unit of comparison I have arranged them in contiguous groups, two, three, or four together, so as to make areas having each about 30,000 inhabitants, these areas adding up into the large divisions of the School Board administration. The population is then classified by registration districts, which are likewise grouped into School Board divisions, each method finally leading up to the total for all London.

The classes into which the population of each of these blocks and districts is divided are the same as were used in describing East London, only somewhat simplified. They may be stated thus,

A. The lowest class – occasional labourers, loafers and semi-criminals.

B. The very poor – casual labour, hand-to-mouth existence, chronic want.

C and D. The poor – including alike those whose earnings are small, because of irregularity of employment, and those whose work, though regular, is ill-paid.

E and F. The regularly employed and fairly paid working class of all grades.

G and H. Lower and upper middle class and all above this level.

The classes C and D, whose poverty is similar in degree but different in kind, can only be properly separated by information as to employment which was obtained for East London, but which, as already explained, the present enquiry does not yield. It is the same with E and F, which cover the various grades of working-class comfort. G and H are given together for convenience.

Outside of, and to be counted in addition to these classes, are the inmates of institutions whose numbers are specially reported in every census, and finally there are a few who, having no shelter or no recognised shelter for the night, elude official enumeration and are not counted at all.

The proportions of the different classes shown for all London are as follows.

A (*lowest*)	37,610 *or*	0.9% ⎫	*in poverty*
B (*very poor*)	316,834 „	7.5% ⎬	30.7%
C *and* D (*poor*)	938,293 „	22.3% ⎭	
E *and* F (*working class, comfortable*)	2,166,503 „	51.5% ⎫	*in comfort*
G *and* H (*middle class and above*)	749,930 „	17.8% ⎬	69.3%
[*Total*]	4,209,170	100%	
Inmates of institutions	99,830		
[*Total*]	4,309,000		

(b) *The reserve of labour*

(ibid. 152–4)

... The modern system of industry will not work without some unemployed margin – some reserve of labour – but the margin in London today seems to be exaggerated in every department, and enormously so in the lowest class of labour. Some employers seem to think that this state of things is in their interest – the argument has been used by dock officials – but this view appears shortsighted, for labour deteriorates under casual employment more than its price falls. I believe it to be to the interest of every employer to have as many regularly employed servants as possible, but it is still more to the interest of the community, and most of all to the employed. To divide a little work amongst a number of men – giving all a share – may seem kind and even just, and I have known such a course to be taken with this idea. It is only justifiable as a temporary expedient, serving otherwise but to prolong a bad state of things.

... If the higher organisation of industry brought it about that a value not to be found in desultory work were found in the entire service and undivided energies of the worker, a division would follow as to women's work between those who earn their living and those who only help to do so, or work for pocket-money. Such special value ought to exist. In connection with great skill, I believe it does exist to a very marked extent. The same argument applies more or less to all industry. Some suppose that the introduction of machinery tends in an opposite direction, imagining that all men are equal before the machine, but this is a mistake. Machinery may tend to accentuate the difference between skilled and unskilled labour, but the machine hand is always a skilled worker, not lightly to be discharged, and the regularity of his employment carries with it that of the unskilled hands. The value of the machine itself tends in the same direction. It is where machinery is most used that employment is most constant, and where it is least used that it is most precarious. The higher organisation of industry tends against every cause of irregularity of employment.

However it is to be explained, the fact remains that neither class B nor class C work much more than half their time, and that there is no month in the year, taking the people together, when this is not so. It is also a fact that most of the work done by class B is inefficiently done, both badly and slowly. It may not be too much to say that if the whole of class B were swept out of existence, all the work they do could be done, together with their own work, by the men, women, and children of classes C and D: that all they earn and all they spend might be earned, and could very easily be spent, by the classes above them; that these classes, and especially class C, would be immensely better off, while no class, nor any industry, would suffer in the least. This view of the subject serves to show who it is that really bear the burden. To the rich the very poor are a sentimental interest: to the poor they are a crushing load. The poverty of the poor is mainly the result of the competition of the very poor. The entire removal of this very poor class out of the daily struggle for existence I believe to be the only solution of the problem. Is this solution beyond our reach? . . .

(c) *Working class lives*

(ibid. I, 160–2)

. . . I would perhaps build too much on my slight experience, but I see nothing improbable in the general view that the simple natural lives of working-class people tend to their own and their children's happiness more than the artificial complicated existence of the rich. Let it not be supposed, however, that on this I propose to base any argument against the desire of this class to better its position. Very far from it. Their class ambition as well as their efforts to raise themselves as individuals deserve the greatest sympathy. They might possess and spend a good deal more than they now do without seriously endangering the simplicity of their lives or their chances of happiness, and it would be well if their lot included the expenditure of a larger proportion of our surplus wealth than is now the case. Moreover, the uncertainty of their lot, whether or not felt as an anxiety, is ever present as a danger. The position of the class may be secure – some set of men and their families must hold it – but that of the individual is precarious. For the wife and family it will depend on the health, or habits, or character of the man. He drinks or he falls ill; he loses his job; some other man takes his place. His employment becomes irregular and he and they fall into class C, happy if they stop there and do not drop as low as B. Or it may be the woman who drags her family down. Marriage is a lottery, and child-bearing often leads to drink. What chance for a man to maintain respectability and hold up his head among his neighbours if he has a drunken wife at home, who sells the furniture and pawns his clothes? What possibility of being before-hand and prepared to meet the waves of fortune? Or it may be that trade shrinks, so that for a while one man in ten or perhaps one in seven is not wanted. Some must be thrown out of work. The lot falls partly according to merit and partly according to chance, but whatever the merit or the lack of it, the same number will be thrown out of work. Thus we see that the "common lot of humanity", even though not much amiss in itself, is cursed by insecurity against which it is not easy for any prudence to guard.

It must be said that in respect of security of position the men who belong to class F are much better off than those of E. They live better, but beyond this they save more. The risk of loss of work through bad trade does not usually affect them, and drink is less prevalent, and except in extreme cases less ruinous.

Such, taking E and F together, is the standard of life on which we hope to improve, and from which, upwards or downwards, we may measure the degrees of poverty or wealth of the rest of the community. This standard, provided there be no social cataclysm or revolution, is fairly secure. The fear that any reduction in the cost of living will be followed by an equal reduction in the remuneration or regularity of their labour, still a danger with the classes below, is no longer a danger for them. The foundations are laid. Add but a very little to the favourable chances, take away but a little from the forces adverse to their prosperity, and we, or succeeding generations, should see a glorious structure arise, to be the stronghold of human progress. It is to improvement in the condition of the classes beneath them that they must look. The low-paid work of class D, and the irregular employment of class C, and the fact that these classes are too poor or too irregularly employed to cooperate or combine, causes them to hang as a heavy weight on class E. They in their turn suffer even more from the wretched lives of class B. The disease from which society suffers is the unrestricted competition in industry of the needy and the helpless. . . .

It is class B that is *de trop*. The competition of B drags down C and D, and that of C and D hangs heavily upon E. . . .

(d) *Socialism to preserve individualism*

(ibid. 165–9)

. . . To effectually deal with the whole of class B – for the State to nurse the helpless and incompetent as we in our own families nurse the old, the young and the sick and provide for those who are not competent to provide for themselves – may seem an impossible undertaking, but nothing less than this will enable self-respecting labour to obtain its full remuneration and the nation its raised standard of life. The difficulties which are certainly great, do not lie in the cost. As it is, these unfortunate people cost the community, one way and another, considerably more than they contribute. I do not refer solely to the fact that they cost the state more than they pay directly or indirectly in taxes. I mean that altogether, ill-paid and half-starved as they are, they consume or waste or have expended on them more wealth than they create. If they were ruled out we should be much better off than we now are; and if this class were under State tutelage – say at once under State slavery – the balance-sheet would be more favourable to the community. They would consume more, but the amount they produced would be increased in greater proportion by State organisation of their labour and their lives. It is not in the cost that the difficulty lies, but in the question of individual liberty, for it is as freemen, and not as slaves, that we must deal with them. The only form compulsion could assume would be that of making life otherwise impossible; and enforcement of the standard of life which would oblige everyone of us to accept the relief of the State in the manner prescribed by the State, unless we were able and willing to conform to this standard. The life offered would not be attractive. Some might be glad to exchange their half-fed and half-idle and wholly unregulated life for a disciplined existence, with regular meals and fixed hours of work (which would not be short); many, even, might be willing to try it; but there would be few who would not tire of it and long for the old life of hardship and vicissitude, saying,

> "Give me again my hollow tree,
> A crust of bread and liberty."

If we could adopt this plan, there is no cause for fearing that it would encourage idleness or weaken the springs of energy. No, the difficulty lies solely in inducing or driving these people to accept a regulated life.

To bring class B under State regulation would be to control the springs of pauperism; hence what I have to propose may be considered as an extension of the poor law. What is the poor law system? It is a limited form of socialism – a socialistic community (aided from outside) living in the midst of an individualist nation. Socialistic also to a great extent are our board schools, hospitals, and charitable institutions, where the conditions of relief are not the services which the applicant can render in return, but the services of which he stands in need. My idea is to make the dual system, socialism in the arms of individualism, under which we already live, more efficient by extending somewhat the sphere of the former and making the division of function more distinct. Our individualism fails because our socialism is incomplete. In taking charge of the lives of the incapable, State socialism finds its proper work, and by doing it completely, would relieve us of a serious danger. The individualist system breaks down as things are, and is invaded on every side by socialist innovations, but its hardy doctrines would have a far better chance in a society purged of those who cannot stand alone. Thorough interference on the part of the State with the lives of a small fraction of the population would tend to make it possible, ultimately, to dispense with any socialist interference in the lives of all the rest.

This, in rough outline and divested of all detail, is my theory. It is rather with a view to discussion that I put it forward; and save in a very guarded and tentative way I shall not venture to base upon it any suggestions for immediate action.

Put practically, but shortly, my idea is that these people should be allowed to live as families in industrial groups, planted wherever land and building materials were cheap; being well housed, well fed, and well warmed; and taught, trained, and employed from morning to night on work, indoors or out, for themselves or on government account; in the building of their own dwellings, in the cultivation of the land, in the making of clothes, or in the making of furniture. That in exchange for the work done the government should supply materials and whatever else was needed. On this footing it is probable that the State would find the work done very dear, and by so much would lose. How much the loss would be could only be told by trying the system experimentally. There would be no competition with the outside world. It would be merely that the State, having these people on its hands, obtained whatever value it could out of their work. They would become servants of the State. Accounts would have to be kept, however, and for this purpose the work done would have to be priced at the market rate. It would even be well that wages should be charged and credited each person at the fair proportionate rate, so that the working of one community could be compared with another, and the earnings of one man or one family with others in the same community. The deficiency could then be allotted in the accounts proportionately to each, or if the State made no claim for interest or management, there might be a surplus to allot, opening out a road back to the outside world. It would, moreover, be necessary to set a limit to the current deficiency submitted to by the State, and when the account of any family reached this point to move them on to the poor-house, where they would live as a family no longer. The socialistic side of life as it is includes the poor-house and the prison, and the whole system, as I conceive it, would provide within itself motives in favour of prudence, and a sufficient pressure to stimulate industry. Nor would hope be wanting to those who were ambitious to face the world again.

As I reject any form of compulsion, save the gradual pressure of a rising standard of life, so, too, I suggest no form of restraint beyond the natural difficulty of finding a fresh opening in an ever hardening world. The only desirable return to the individualist life (except in the case of children) would be with funds in hands earned by hard work and good conduct, saved within the cost the State was prepared to bear. For the future of the children careful provision would be made. Incompetence need not be hereditary; it should, on the contrary, become less so than is now the case.

It is not possible that action of this kind could be rapid. To open a little the portals of the poor law or its administration, making within its courts a working guild under suitable discipline; to check charitable gifts, except to those who from age or infirmity are unfit for any work; to insist upon sanitation and to suppress overcrowding; to await and watch the results, ready to push forward as occasion served – this is all that could be done. Much would be learnt from an experiment. It might be tried in some selected district – for instance, in part of Stepney, where official relief already works hand in hand with organised charity. The law as it stands would, I believe, admit of this; the cost, if shared between private and public sources, need not deter. Such an experiment is what I venture to suggest.

The good results to be hoped for from such an extension of "limited socialism" as I have suggested would be manifold. Class A, no longer confounded with "the unemployed", could be gradually harried out of existence. The present class B would be cared for, and its children given fair chances. The change could only come in a very gradual way; a part, sharing the improved chances of classes C and D, would be pushed upward into self-supporting habits, and another part, failing to keep itself even when helped by the State, would pass into the ranks of paupers, so that the total numbers to whom the proposed State organisation would ultimately apply would be very much less than the present numbers of class B. Class C would then have more work, class D more pay, and both be able to join hands with the social policy of classes E and F. . . .

150. Charles Booth on old age pensions, 1899

(Charles Booth, *Old Age Pensions and the Aged Poor* (1899), 33–43)

This is a more flexible version of the proposal of 1891, *see* introduction.

The maintenance of old people is at present drawn from some or all of the following sources: accumulations, inherited or saved; insurance, and pay for past work; present earnings; assistance from children or relatives; charitable assistance; and poor law relief. The resulting maintenance is acknowledged to be in very many cases insufficient; the two last are undesirable, and assistance from children may be pressed too hard. What, then, would be the effect of the introduction into each budget of a small annuity in old age?

The problem before us is to increase the total sum available for each old person while decreasing, or if possible doing away with, the amounts drawn from the undesirable sources.

For financial reasons it would not be possible to make an annuity from the State for all old people anything but small, and even if such a thing were possible it would be altogether undesirable, for the virtue of the proposal depends largely upon the assurance that the springs of individual action will not be adversely affected.

A general endowment of old age has been spoken of as openly discouraging the population from providing for themselves,[1] but before accepting any such conclusion I would pray my readers to look at this question with fresh eyes; I would ask them to question their own observation and experience, and consider their own habits of action. What are the usual motives of saving? By what fears or what hopes inspired? And with whom do they find these hopes and fears operative? And then say on how many of those who save today would the provision by State interference of a few shillings a week in old age so act as to check savings?

It will, I think, hardly be denied that only a very small portion of England's annual accumulations are saved by those in fear of destitution at any time, and

---

[1] Sir S. Walpole in the Appendix to the Report of Rothschild Committee on Old Age Pensions (1898)

that with all who save it is more usually other motives and other objects of desire that prevail. Of these objects some may be remote, others near at hand; but I should question whether any of them lose their force by the removal of the fear of destitution. If they did so lose their force, thrift and prudence with prosperous people would have a short life. Even amongst the quite poor, with whom, if at all, it might be supposed that fear of future destitution would be effective, savings are seldom deliberately made for any object more doubtful or remote than sickness and funeral expenses. If money is laid by, the aim is rather the security of position that is afforded by a small balance at the bank. The fact that this will surely be exhausted in old age, if the owner survive, is no stimulus to further accumulations, but even the contrary. Nor is striving after security of position the principal motive for saving in this or any other class. Among the poor who save, it is more usually some immediate advantage that is sought, the offspring not of fear, but of hope, for which people are ready to pinch and scrape. In such aims, and not in the dread of being some day destitute, lies the chief cause of thrifty accumulation – at least it is so in England.

The impulse towards saving, caused by the spirit of enterprise, accompanied by the desire of advancement in life, is potent in the sphere of trade with rich and poor alike. So small is the part that the dread of destitution plays in this development that we continually see men straining credit to the uttermost, even at a very real risk of supervening destitution, rather than abandon their ambitious aims. So that this fear seldom serves either as a motive to urge towards economy or as a bug-bear to restrain from extravagance.

The possession of some wealth is usually an encouragement to the acquisition of more; and nothing provides so persistent and irresistible an incentive to prudence as a prolonged experience of comfort. The spiritual truth that "to him that hath shall be given" is clinched by the worldly observation that "he who has wants more." When the future is secure thrift becomes more attractive, and thus I claim that the certainty of a minimum provision in old age, so far from checking, would stimulate small savings.

There are those who would not in any case save at all for their old age. They do not do it now. If they survive they are quite sure to come on the parish. For such we have only the choice of this or that form of public or charitable maintenance in old age. With them, if improvement is to be made, the habit of saving for nearer objects must be formed before saving for old age can be expected to play any part. Thus, put at the very lowest, the certainty of a few shillings a week in old age, will not prevent any savings that would otherwise be made.

But there is a very large class just above the lowest who might fairly be expected to save, but do not, or who might well save more, and for more remote and important objects; for this class, with increasing intelligence, and savings in hand, a great career opens. It is upon people of this kind that the certainty of a small fixed subsidy in their old age, would, I dare to hope, have a very happy influence.

Half the objections to the interference of the State in this matter rest upon a hasty impression that the sort of sum spoken of – 5s a week or perhaps less – is all that can be desired in old age; but this, to me, seems a most extraordinary notion. An existence maintained on 4s, or 5s, or even 7s a week, would constitute an extremely inadequate ideal in old age. For those who, in their working years, have led the comfortable lives of English working people, three or four times 5s would not exaggerate the aim towards which their savings should be directed. At present the working classes are too often without any such thought at all. Not to survive, is all the ideal they have. But, nevertheless, half of them do survive, and if the hopeless feeling be removed, and the worse than hopeless final reliance on the poor law, with its accursed test of destitution, we might see the better ideal spread downwards, from class to class, potent to bless their lives in the present as well as in the future.

May I venture to suggest in general terms what the ideal might be? It is evident that the old must look for the physical comfort of food and warmth, clothing and house room. Beyond this their aim must include independence. There should be no need for them to ask more than kindness from anyone. The old, no less than the young and middle-aged, should be able to give as well as receive, to grant favours as well as accept them. And when they die it is not enough that funeral expenses should be met; they should have a little something to leave to those who come after them beyond the money to "put them below the ground." Is this ideal out of reach? Is it too much to look for? And is it not worth saving for?

The buying of a deferred annuity does not fit in very well with such hopes as these, there is something unsatisfactory and even selfish about a plan which concentrates on one purpose only all the value of savings, and partly perhaps on this account, it is an altogether unpopular investment. But as the basis, the backbone, and the safeguard of old age finance, the certainty of some such small weekly provision would be invaluable. It thus comes to be an object of public policy.

It is gravely asserted by some that independence and self-respect would be lost by the acceptance of a benefit for which the recipient has not himself fully paid. But such a contention is surely preposterous. The rich feel nothing of the sort as regards educational endowments. Or if it is a question of general taxation for public purposes, the benefits of which all may share, we each pay our quota and we all grumble with democratic equality.

My conclusion, therefore, is that an endowment for all old people paid for out of taxation would, if the amount granted be small, have no adverse but rather a favourable influence on private accumulation, and that the spirit of independence would not suffer.

Then as to money now received in consideration of past work. It is probable that in any arrangement made with public or municipal servants, school teachers, policemen and others, the extent to which the future was secured by a general pension would be considered. But if less deferred pay were required, it may be supposed that more present pay could be secured.

Besides such regularly constituted pensioners, there are many old people in the receipt of industrial superannuation allowances more or less charitable in their character, though very often given as an acknowledgment and recognition of past services. These in some cases take the shape of a non-economic wage-payment for some easy, or, perhaps, merely nominal work suited to be an old man's occupation. The certainty of a small pension from the State would undoubtedly be taken into account by those whose object is to provide for the declining years of an old servant and a smaller allowance might serve; but the fact that there was something to meet – something not in itself sufficient for maintenance, nor available as soon as might be desired, but enough to form the nucleus of a secure livelihood, would very much facilitate and encourage action of this kind. I, therefore, believe that the old generally would probably gain rather than lose under this head; and the State should, I think, encourage this tendency by providing the machinery needed for contributions in aid of pensions, either by way of increasing the amount to be received or enabling the pension to take effect at an earlier age.

The effect on insurance would be similar. The provision would be facilitated, and the benefit to be secured would be brought more clearly into view by being specially concentrated upon the years directly preceding pension age – those years of difficulty that must very commonly intervene between industrial breakdown and ultimate financial breakdown. To meet these difficulties, which are usually connected with sickness and debility, insurance is by far the most suitable device, and if resorted to will leave money savings unexhausted for the benefit of old age. The Friendly Societies would have a wide field here. The object is very tangible, the danger to be insured against easily grasped by the imagination, as is also the sure haven if pension age can be reached with unexhausted resources. The cost, too, of such insurance would be comparatively small. I, therefore, believe that more and not less insurance would result, and what is even more important, there would be greater certainty that benefits paid for would be secured. Failure of Friendly Societies to meet their engagements would be no longer excusable.

As to present earnings, and the effect of pensions on wages, views are sometimes expressed that would be fatal if they were true. It has been held that those in receipt of pensions will, by so much, obtain less wages, and that those who are not yet entitled to a pension will suffer with them. Finally, pushing this contention still further, it is said that the whole standard of wages and earnings throughout life will be lowered if the full burthen of maintenance in old age is lessened in any degree. In meeting these views I have at least one comfort. Those who bring them forward are also prone to inveigh against the socialistic character of what is proposed, as a deliberate transfer of wealth from the rich to the poor. Whereas if wages are to be adversely affected it must be the employer or consumer who would profit, and not the poor, by so futile a proceeding.

To a certain socialistic transfer I plead guilty. If pensions are provided out of ordinary taxation, and if the burthen of taxation falls approximately according to means, then the pensions of the poor will be paid partly from the taxation of the rich. Even if pensions are paid equally to all, still the rich, as a class, would pay more, while the poor, as a class, would pay less than their pensions would actually cost. This is equally true as regards all the needs of the community for which taxation provides. The rich in return for the poor rates paid by them have only the same claims, in case of need, on the workhouse as the poor. I do not think that in the case of pensions the result would actually be offset to any great extent by concurrent reductions in wages. As to those in receipt of pensions there might be some who would in consequence be paid less – such, for instance, as caretakers and night watchmen – but, as a rule, it is not the case that those who, having some small private resources, are partly independent of wage earnings, work any the cheaper on that account. The effect is rather to be seen in the kind of work they choose to do. If some have pensions and some not, and labour is unorganised, wages may suffer; this is often the case with the work of the very poor, subsidised by charity, when low pay is, perhaps, a qualification for the assistance given. Wages would not suffer generally if every-one were on an equal footing as to pension. But then (it is said) there would at least be competition between men just under or just over the pension age, between subsidised men of 65 or 66 and unsubsidised men of 63 or 64. I cannot deny that this might be the case, but I do not see why the effect of such competition should be different from that of the competition which arises to-day between men who have and men who have not secured some little provision by savings, and fear is never expressed on this score as to the results of individual saving.

As to the effect on wages generally, it may be true that where employment carries the right of a pension the current wages are in some cases lower. When this is so it is partly due to the pension being accepted as deferred wages, but also to the certainty and regularity of earnings which result when the engagement is of a character to include the promise of a pension; and the effect produced on the rate of wages is shown in comparison and in competition with employments offering no such security. If the pension privilege were common to all, there is, I think, no reason to suppose that any effect on wages would be noticeable. The social adjustment involved would include a great many other considerations. The relations between employer and employed, and producer and consumer, would be regulated without more regard to this than to any other form of public expenditure.

In consequence of the high pressure of modern industry, men are thrown out of their regular employment earlier than formerly while they are yet quite capable of doing useful service. To find some suitable employment for them will be an industrial problem of the future; and to have a little money in hand or the prospect of a small weekly allowance at a certain age, will assuredly not lessen their chances. What men need in such cases is breathing time and hope.

With regard to assistance from children I do not suppose that under an endowment scheme quite as much will be contributed by children as is now, in some cases, drawn from them for the support of indigent parents. What I claim is, that these contributions are now often pressed too far, both by custom, on the willing, and by law, on the unwilling. That, in fact, the burthen (which must be borne in some fashion) would be better borne if more widely distributed. But in one way more, rather than less, would be done; for now, while a great struggle may be made to keep the old people out of the house, if once that effort is abandoned, voluntary contributions cease. A small pension would give in this, as in every other direction, fresh courage. Many an old person with 5s, or even less than 5s a week, would be a possible and welcome guest in the younger home. Or if the larger hope I entertain is fulfilled and the old people, adding savings to pensions, are able to maintain their own home, there will still be much that the young can and surely will do for them; and none the less if it be balanced by what the old people will gladly do for their children. In either case the mutual relations would be better and happier than they now are.

It may be noted that in England the relations between parents and children, comparing rich and poor, are absolutely reversed. Among the upper classes of the rich, children look absolutely to their parents for support, not only, as with the middle class, during the whole period of a prolonged education, but onwards throughout life, till at the death of their parents the juniors of one generation become the elders of the next. And on this is built up an amazingly complicated system of settlements. With the upper middle class the system is not carried so far; especially with the sons, who after receiving a good start in life are expected to fend for themselves; but still the inheritance of a patrimony is looked forward to as the ordinary culmination. It is in our huge and ever growing lower middle class that is found the mixed system under which there are reciprocal benefits. With them the young people commonly look to their elders for assistance – although, if prosperous, they may become the pillars of the family. It is with the poor alone that all the favours come from the young, the old having to look to their descendants to save them from starvation or the parish, while the young have to weigh the claims of parents against those of wives and children.

As to charity as a source of maintenance, I should be very glad if I could obtain for my proposals the support of those who take an interest in the regulation of charitable giving. The cases of the old who ask relief present almost always the difficulties associated with the word "chronic", and all these difficulties would be greatly mitigated by a small allowance coming in at a certain age. Assistance that might otherwise be quite impracticable would become possible or even easy. Hope again exercises her magic influence. And if the conduct of any particular old person be such as to make it impossible to assist him, he will be relegated without hesitation to the workhouse, carrying thither his pension.

I do not know that less would be given in charity than is given now, but I think it would be more wisely given, and that none but those whose cases were hopeless, either from infirmity of body or mind, or from habitual misconduct, need fail to secure a comfortable and respectable maintenance in old age, independent of the poor law. In a word, as regards the old, begging would become less fraudulent and charity more effective.

The part that the poor law would play in connection with a complete system of State pensions depends so much on the details of the scheme and its administration, that I propose to leave that question until these have been considered. My proposals do not stop short of the entire abolition of systematic out-relief.

Such, soberly stated, are the virtues of this scheme. The arguments on which in principle it rests, stand untouched by criticism. But that there are some objections and serious practical difficulties to be surmounted I do not deny. With the idea of showing both what they are and how they may be met and overcome, I now venture into details. . . .

151. Pauperism among the aged in the 1890s

(Report of the Royal Commission on the Aged Poor, *Parliamentary Papers 1895*, XIV, 20–8)

The report comments on the lack till recently of official returns of "aged pauperism" and then refers to the figures contained in "Mr Burt's return" of 1890, showing the number of paupers over sixty on a given day, and to those in "Mr Ritchie's return", showing, union by union, the number of paupers on 1 January 1892 and the number relieved during the year ended Lady Day 1892, excluding vagrants and lunatics in asylums, analysed according to age groups, and distinguishing those who received only medical aid. The later figures had been given to the commission in the evidence of Sir Hugh Owen, Permanent Secretary of the Local Government Board.

23. The particulars as to the proportion of aged persons relieved during a year for several counties are examined by Sir Hugh Owen, and the figures are unquestionably, as he says, in many respects "very startling". The fact that 35 per cent of the population of London over sixty-five are returned as receiving relief other than medical relief, and that 23 [per cent] of this 35 per cent receive it in poor law establishments, is especially remarkable.

24. But in reviewing the figures and drawing conclusions from them several facts must be borne in mind. The number of persons receiving relief at some time in the course of a year does not by any means represent the number who are continuously destitute. Relief is in many cases only sought at intervals to tide over sickness and other special emergencies. This is illustrated by the

results which Mr Booth has given us for Paddington, where it is found that the
aged recipients of indoor relief in a year exceed by 50 per cent the recipients in
one day; but if two years are taken the one day figure is nearly doubled. The
figures he gives show that, at all ages, occasional recourse is had to the poor law
by those who do not permanently rely on it, and that such persons to a large
extent keep entirely off the rates for long periods. We think it right, however, to
point out that an aged person above sixty-five, who comes only at long intervals
for relief, may often be a person who is generally averse to such assistance, and
only accepts it under pressure of illness or severe distress. The ordinary condition of such persons must be only just removed from pauperism and calls for
sympathy and consideration. There are also many aged poor who are destitute
so far as their own resources are concerned, but who are kept off the rates by
the assistance of friends and by private charity. Such persons must sometimes
endure great privation in their effort to avoid application for official relief, and
they form a class quite as deserving of consideration as others who are actually
numbered in the return as paupers. . . .

27. It appears from the figures above quoted that nearly 20 per cent of the total
population above the age of sixty-five receive relief on one day, and nearly 30
per cent in the course of one year. If, however, a deduction be made from the
total population of those belonging to classes which are not likely at any time of
their lives to be in want of relief, it is evident that the percentage of those
actually relieved to the population below the well-to-do must be greatly
increased. Making every allowance for the qualifications which we have
enumerated, we cannot but regard it as an unsatisfactory and deplorable fact
that so large a proportion of the working classes are in old age in receipt of poor
relief.

28. At the same time, it must be remembered that the figures for one day, and
not those for the whole year, indicate the measure of pauperism as a continuous
burden, as they give roughly the average number of persons receiving relief at
any one time; but even these figures vary very widely in different unions. The
summary we have given shows that the total number of aged persons in receipt
of relief for the twelve months stands to the number for one day in ratio of
three to two, while the numbers relieved indoors according to the two counts
are in the ratio of nine to five. The higher ratio of the year's count in the case of
indoor relief shows that it is more often temporary in its character. It is notable
that in London, where the proportion of indoor relief is much larger than in the
country generally, the total number of aged receiving relief according to the
year's count is twice that for the day, the ratio for the whole country being as
we have seen three to two. This higher proportion in London illustrates two
other important considerations, besides that which we have already indicated,
not to be overlooked in a statistical estimate of those figures in Mr Ritchie's
return which relate to the year's count of pauperism. The first is that the
population given by the census, on which percentages are necessarily calculated, is the population for one day only, and that in unions such as those in

the metropolis, which form part of a large and continuous urban area, there is likely to be a much larger number of persons resident at some time in the course of a year. This would be especially the case among the poor, whose migrations are comparatively frequent. The year's pauperism is therefore unduly magnified in such districts when measured by its percentage of the one-day population. Secondly, there seems no doubt that in many cases, owing to the great difficulties incident to the preparation of the return, which are referred to in the preliminary memorandum of the Local Government Board, recurrent applications by one individual have been entered wrongly as separate cases, even when made in the same union. These two considerations both lead to the inference that the year's percentages of aged pauperism given by the return are in many urban districts in excess of the true figures, and that the total amount of aged pauperism for the year is not really so large as appears from the figures given in the summary table. . . .

33. We are agreed in the opinion, and we are confirmed in our view by the evidence we have received, that, in Mr Chamberlain's word, "as regards the great bulk of the working classes, during their working lives they are fairly provident, fairly thrifty, fairly industrious, and fairly temperate." We do not suggest that, in exercising the thrift necessary for a provision in old age, working men should lead penurious lives or deprive themselves of reasonable comforts.

34. The statement that pauperism is largely due to drink, idleness, improvidence, and the like causes has in truth mainly had reference to that portion of the aged poor who are in workhouses, and who are there for other reasons than sickness or great infirmity. When it is seen that according to the yearly count under 9 per cent of the aged over sixty-five are in poor law establishments, and according to the one day count under 5 per cent, and that this number includes all sick and infirm persons who cannot be relieved at their own homes, it is apparent that the imputation applies to but a very small proportion of the working class population.

Summary . . .

2. We are of opinion that no fundamental alterations are needed in the existing system of poor relief as it affects the aged, and that it would be undesirable to interfere either by order or by statute with the discretion now vested in the guardians as to the manner in which such relief should be given, since it is in our view of essential importance that guardians should have power to deal on its merits with each individual case. At the same time we are convinced that there is a strong feeling that in the administration of relief there should be greater discrimination between the respectable aged who become destitute and those whose destitution is distinctly the consequence of their own misconduct; and we recommend that boards of guardians, in dealing with applications for relief, should enquire with special care into the antecedents of destitute persons whose physical faculties have failed by reason of age and infirmity; and that

outdoor relief should in such cases be given to those who are shown to have been of good character, thrifty according to their opportunities, and generally independent in early life, and who are not living under conditions of health or surrounding circumstances which make it evident that the relief given should be indoor relief.

3. We desire to place on record in strong terms our conviction that when outdoor relief is given the amount should be adequate to meet fully the extent of the destitution, and that proper investigation and supervision should be ensured in all cases in which application is made for relief.

152. Unemployed Workmen Act, 1905

(Public General Statutes, 5 Edw. 7 c. 18)

1 (1) For the purposes of this Act there shall be established, by order of the Local Government Board under this Act, a distress committee of the council of every metropolitan borough in London, consisting partly of members of the borough council and partly of members of the board of guardians of every poor law union wholly or partly within the borough and of persons experienced in the relief of distress, and a central body for the whole of the administrative county of London consisting partly of members of and selected by the distress committees and of members of and selected by the London County Council, and partly of persons co-opted to be additional members of the body, and partly, if the order so provides, of persons nominated by the Local Government Board, but the number of the persons so co-opted and nominated shall not exceed one-fourth of the total number of the body and every such order shall provide that one member at least of the committee or body established by the order shall be a woman.

(2) The distress committee shall make themselves acquainted with the conditions of labour within their area, and when so required by the central body shall receive, inquire into and discriminate between any applications made to them from persons unemployed:

Provided that a distress committee shall not entertain an application from any person unless they are satisfied that he has resided in London for such period not being less than twelve months immediately before the application as the central body fix as a residential qualification.

(3) If the distress committee are satisfied that any such applicant is honestly desirous of obtaining work but is temporarily unable to do so from exceptional causes over which he has no control, and consider that his case is capable of more suitable treatment under this Act than under the poor law, they may endeavour to obtain work for the applicant, or if they think the case is one for treatment by the central body rather than by themselves refer the case to the central body, but the distress committee shall have no power to provide, or contribute towards the provision of work for any unemployed person.

(4) The central body shall superintend and, as far as possible, coordinate the

action of the distress committees, and aid the efforts of those committees by establishing, taking over, or assisting labour exchanges and employment registers, and by the collection of information and otherwise as they think fit.

(5) The central body may, if they think fit, in any case of an unemployed person referred to them by a distress committee, assist that person by aiding the emigration or removal to another area of that person and any of his dependants, or by providing or contributing towards the provision of temporary work in such manner as they think best calculated to put him in a position to obtain regular work or other means of supporting himself.

(6) Any expenses of the central body under this Act and such of the expenses of the distress committees under this Act as are incurred with the consent of the central body shall be defrayed out of a central fund under the management of the central body which shall be supplied by voluntary contributions given for the purpose, and by contributions made on the demand of the central body by the council of each metropolitan borough in proportion to the rateable value of the borough and paid as part of the expenses of the council:

Provided that,

(a) A separate account shall be kept of all sums supplied by contributions made by the councils of the metropolitan boroughs, and no expenses except

(i) establishment charges of the central body and the distress committees, including the expenses incurred by them in respect of labour exchanges and unemployment registers and in the collection of information; and

(ii) the expenses incurred by the central body in aiding the emigration or removal to another area of an unemployed person and any of his dependants; and

(iii) the expenses incurred by the central body in relation to the acquisition, with the consent of the Local Government Board, of land for the purposes of this Act;

(b) No such contribution by a council shall in any year exceed the amount which would be produced by a rate of one halfpenny in the pound calculated on the whole rateable value of the borough, or such higher rate, not exceeding one penny, as the Local Government Board may approve.

(7) The provision of temporary work or other assistance for any person under this Act shall not disentitle him to be registered or to vote as a parliamentary, county, or parochial elector, or as a burgess.

(8) This section shall apply to the city of London as if the city of London were a metropolitan borough and the mayor, aldermen and commons of the city of London in common council assembled were the council of the borough, and any contribution required for the purposes of this Act shall be paid out of the consolidated rate, but shall not be reckoned in calculating the amount of the rate for the purpose of any limit on that amount.

(9) The Local Government Board may, upon the application of the council of any borough or district adjoining or near to London, by order extend the provisions of this section to that borough or district as if the borough or district

were a metropolitan borough and were within the administrative county of London, and with such other modifications and adaptations as to the board may appear necessary.

2 (1) There shall be established by order of the Local Government Board for each municipal borough and urban district with a population according to the last census for the time being of not less than fifty thousand, and not being a borough or district to which the provisions of section one of this Act have been extended, a distress committee of the council for the purposes of this Act with a similar constitution to that of a distress committee in London, and the distress committee so established shall as regards their borough or district have the same duties and powers, so far as applicable, as are given by this Act to the distress committees and central body in London.

This provision shall extend to any municipal borough or urban district with a population according to the last census for the time being of less than fifty thousand but not less than ten thousand, if the council of the borough or district make an application for the purpose to the Local Government Board, and the board consent. . . .

153. Old Age Pensions Act, 1908

(Public General Statutes, 8 Edw. 7 c. 40)

1 (1) Every person in whose case the conditions laid down by this Act for the receipt of an old age pension (in this Act referred to as statutory conditions) are fulfilled, shall be entitled to receive such a pension under this Act so long as those conditions continue to be fulfilled, and so long as he is not disqualified under this Act for the receipt of the pension.

(2) An old age pension under this Act shall be at the rate set forth in the schedule to this Act.

(3) The sums required for the payment of old age pensions under this Act shall be paid out of moneys provided by parliament.

(4) The receipt of an old age pension under this Act shall not deprive the pensioner of any franchise, right, or privilege, or subject him to any disability.

2. The statutory conditions for the receipt of an old age pension by any person are,

(1) The person must have attained the age of seventy:

(2) The person must satisfy the pension authorities that for at least twenty years up to the date of the receipt of any sum on account of a pension he has been a British subject, and has had his residence, as defined by regulations under this Act, in the United Kingdom:

(3) The person must satisfy the pension authorities that his yearly means as calculated under this Act do not exceed thirty-one pounds ten shillings.

3 (1) A person shall be disqualified for receiving or continuing to receive an old age pension under this Act, notwithstanding the fulfilment of the statutory conditions,

(a) While he is in receipt of any poor relief (other than relief excepted under this provision), and, until the thirty-first day of December nineteen hundred and ten unless parliament otherwise determines, if he has at any time since the first day of January nineteen hundred and eight received, or hereafter receives, any such relief: Provided that for the purposes of this provision,

(i) any medical or surgical assistance (including food or comforts) supplied by or on the recommendation of a medical officer; or

(ii) any relief given to any person by means of the maintenance of any dependant of that person in any lunatic asylum, infirmary, or hospital, or the payment of any expenses of the burial of a dependant; or

(iii) any relief (other than medical or surgical assistance, or relief herein-before specifically exempted) which by law is expressly declared not to be a disqualification for registration as a parliamentary elector, or a reason for depriving any person of any franchise, right, or privilege; shall not be considered as poor relief:

(b) If, before he becomes entitled to a pension, he has habitually failed to work according to his ability, opportunity, and need, for the maintenance or benefit of himself and those legally dependent upon him:

Provided that a person shall not be disqualified under this paragraph if he has continuously for ten years up to attaining the age of sixty, by means of payments to friendly, provident, or other societies, or trade unions, or other approved steps, made such provision against old age, sickness, infirmity, or want or loss of employment as may be recognised as proper provision for the purpose by regulations under this Act, and any such provision, when made by the husband in the case of a married couple living together, shall as respects any right of the wife to a pension, be treated as provision made by the wife as well as by the husband:

(c) While he is detained in any asylum within the meaning of the Lunacy Act, 1890 or while he is being maintained in any place as a pauper or criminal lunatic:

(d) During the continuance of any period of disqualification arising or imposed in pursuance of this section in consequence of conviction for an offence.

(2) Where a person has been before the passing of this Act, or is after the passing of this Act, convicted of any offence, and ordered to be imprisoned without the option of a fine or to suffer any greater punishment, he shall be disqualified for receiving or continuing to receive an old age pension under this Act while he is detained in prison in consequence of the order, and for a further period of ten years after the date on which he is released from prison.

(3) Where a person of sixty years of age or upwards having been convicted before any court is liable to have a detention order made against him under the Inebriates Act, 1898 and is not necessarily by virtue of the provisions of this Act disqualified for receiving or continuing to receive an old age pension under

this Act, the court may if they think fit order that the person convicted be so disqualified for such period not exceeding ten years as the court direct.

4 (1) In calculating the means of a person for the purpose of this Act account shall be taken of,

(a) the income which that person may reasonably expect to receive during the succeeding year in cash, excluding any sums receivable on account of an old age pension under this Act, that income, in the absence of other means for ascertaining the income, being taken to be the income actually received during the preceding year;

(b) the yearly value of any advantage accruing to that person from the use or enjoyment of any property belonging to him which is personally used or enjoyed by him;

(c) the yearly income which might be expected to be derived from any property belonging to that person which, though capable of investment or profitable use, is not so invested or profitably used by him; and

(d) the yearly value of any benefit or privilege enjoyed by that person.

(2) In calculating the means of a person being one of a married couple living together in the same house, the means shall not in any case be taken to be a less amount than half the total means of the couple.

(3) If it appears that any person has directly or indirectly deprived himself of any income or property in order to qualify himself for the receipt of an old age pension, or for the receipt of an old age pension at a higher rate than that to which he would otherwise be entitled under this Act, that income or the yearly value of that property shall, for the purposes of this section, be taken to be part of the means of that person. . . .

6. Every assignment of or charge on and every agreement to assign or charge an old age pension under this Act shall be void, and, on the bankruptcy of a person entitled to an old age pension, the pension shall not pass to any trustee or other person acting on behalf of the creditors.

7 (1) All claims for old age pensions under this Act and all questions whether the statutory conditions are fulfilled in the case of any person claiming such a pension, or whether those conditions continue to be fulfilled in the case of a person in receipt of such a pension, or whether a person is disqualified for receiving or continuing to receive a pension, shall be considered and determined as follows.

(a) Any such claim or question shall stand referred to the local pension committee, and the committee shall (except in the case of a question which has been originated by the pension officer and on which the committee have already received his report), before considering the claim or question, refer it for report and inquiry to the pension officer:

(b) The pension officer shall inquire into and report upon any claim or question so referred to him, and the local pension committee shall, on the receipt of the report of the pension officer and after obtaining from him or from any other source if necessary any further information as to the claim or question, consider the case and give their decision upon the claim or question:

(c) The pension officer, and any person aggrieved, may appeal to the central pension authority against a decision of the local pension committee allowing or refusing a claim for pension or determining any question referred to them within the time and in the manner prescribed by regulations under this Act, and any claim or question in respect of which an appeal is so brought shall stand referred to the central pension authority, and shall be considered and determined by them:

(d) If any person is aggrieved by the refusal or neglect of a local pension committee to consider a claim for a pension, or to determine any question referred to them, that person may apply in the prescribed manner to the central pension authority, and that authority may, if they consider that the local pension committee have refused or neglected to consider and determine the claim or question within a reasonable time, themselves consider and determine the claim or question in the same manner as on an appeal from the decision of the local pension committee. . . .

Schedule

Means of pensioner	Rate of pension per week	
	s	d
Where the yearly means of the pensioner as calculated under this Act		
don not exceed 21l	5	0
exceed 21l, but do not exceed 23l 12s 6d	4	0
exceed 23l 12s 6d, but do not exceed 26l 5s	3	0
exceed 26l 5s, but do not exceed 28l 17s 6d	2	0
exceed 28l 17s 6d, but do not exceed 31l 10s	1	0
Exceed 31l 10s	*no pension*	

154. Royal Commission on the Poor Law, 1905-9: Majority Report

(a) *The new problem: chronic under-employment*

(*Parliamentary Papers 1909*, XXXVII, 334-9)

167. At every Relief Committee [1] – and later at every Distress Committee – there appear large numbers who did not seem to "fit in" with the theory on which relief or distress funds were based. This theory, as we have seen, was that, in times of good trade, there was approximately full employment for all classes; that in the bad years, and, of course, at all times when any special non-economic calamity had occurred, there were unemployed – people thrown out of

[1] i.e. under Unemployed Workmen Act, 1905, No. 152

work from no fault of their own – who must be supported till times were better;
that a poor law provision which, rightly or wrongly, carried some measure of
stigma, was not the right kind of provision for working people who merely
required to be "tided over" a period which experience had shown to be inevitable.

168. But now, before every committee appeared numbers in the prime of life as
regards years, to whom the idea of "tiding over" was evidently quite inapplicable. They seemed to fall into three categories: the casual workers, the seasonal
workers, and the unemployables.

169 (i) The casual workers. These are men engaged from hour to hour or day to
day, and for whom it is a matter of chance whether employment will be
forthcoming on the morrow. At the best of times, they are never taken up into
regular industry, but count themselves well off if they obtain four days a week
of work. In dull seasons and at exceptional times these casuals are, of course,
more unemployed than usual and they appear in crowds wherever relief work is
to be had.

170. The type of "casual" is the dock labourer. . . .

174. Unfortunately, casual labour is not confined to the persons who load and
unload ships. The occupation of the store porters, in the great warehouses
which line the docks for miles in Liverpool and other places, is even more
irregular. "It is utterly impossible", says Mr A. L. Rathbone, "as a rule, for the
warehouseman himself to tell from day to day how many men he will require
the following morning. He may have a heavy stock of any particular class of
goods in his warehouse, the owner of which may sell it, say, late in the afternoon; the order is passed through, and the carrier applies for delivery first thing
in the morning. The warehouseman thus requires a considerable number of
men; but, for days on end, even although he has a heavy stock in his warehouse,
he may not require more than one or two hands besides himself to attend to
sampling orders, and such small matters of that kind."

175. In pig iron and steel smelting at Middlesbrough, again, there is much
casual labour, particularly in shipping and stocking the huge amounts of iron
ore and crude metal, where men are employed by the hour, ton, or job, and
labour is liable to interruption by bad weather, or a lull in shipment. In
Birmingham all the large locomotive works as well as the larger metal works
employ a number of casual labourers, taken on by the day and hanging about the
gates between jobs. In engineering the ship repairers' men employed in all the
dock centres in repairs to ships and ship's engines are employed for long hours
at high pressure, and are then thrown out of work till the next repairing job.
The railway companies also employ casual labour – generally as temporary
porters – at times of holiday pressure to a varying extent, but so far as possible
prefer to get extra labour by transferring men from one grade to another. The
occupation of carmen again is a very casual employment: in London at the
busiest times 5,000 out of 42,000 are said to be idle, and two-thirds only belong
to permanent staffs.

176. For most men indeed, as has been said, "employment consists of a succession of jobs", but it is bad in every respect when the jobs are discontinuous and of irregular duration. This is the characteristic of the many trades connected with buildings where the guaranteed employment seldom extends beyond the completion of the particular contract, and is at all times subject to interruption by bad weather. . . .

178. Investigations into the circumstances of the casual unemployed seem to show that, if anything is to be done with this class, it must be done for them. They are unable to work out their own salvation. The Toynbee Trust inquiry into the condition of the unemployed in 1895–6 reported that their most marked characteristic was their "stolidity", their "inability to accept change", "their willingness to rely on someone else – wife, children, or charity, till another similar job turned up".

179. Casual labour, besides, has this heavy additional handicap, that it does not give the material for building up an industrial "character", such as domestic servants and seamen, for instance, find indispensable. . . .

181. (2) The seasonal workers. These are workers whose work describes a cycle within a cycle; people fully employed, perhaps, for some months of the year and idle the rest. This class also comes largely into prominence at times of relief work – if it be the off-season with them.

182. In a sense nearly all workers are seasonal, their trades busy in certain months and slack in others. . . .

183. But what is now known as the "seasonal worker" is to a large extent the product of modern conditions – of the excessive specialisation which tends to set whole trades apart for the provision of some commodity or service which can be produced or is in demand only at certain seasons of the year. And the aggregation of population into urban centres often provides large amounts of labour, chiefly of women and children, willing to take a few weeks or months of employment. The types of such work are jam-making, which can be done only in autumn and thrives on the abundant cheap labour of East and South London, and aerated water manufacture, where the active demand comes with hot weather, and where "a sudden fall of temperature means the dismissal of many hands". . . .

187. (3) The "unemployables". These are people whom no ordinary employer would willingly employ, not necessarily because they are literally incapable of doing work, but because they are not up to the standards required by the industries which they wish to enter or remain in. The word, unfortunately, has obtained a large extension of late years. It has come to mean not only the imbecile, the drunkard, the impotent, but also the person who cannot conform to the requirements of a highly artificial and exacting system of industry, or find an employer who can give the time and pains to find him a place where his services are worth a wage.

188. It must be recognised that an enormous change has come over the character of industry since the days when England was an agricultural country. To

feed our vast population, and to produce a national income large enough to defray our increasingly heavy burdens, we have had to organise the work of the community in a way of which the past had almost no experience. In the course of this organising, it has become difficult if not impossible for any man to obtain a wage unless he comes in to the organism where labour is divided and its products brought together again, and where everything raised or made is first sold. That is to say, the working man has to find an employer who will fit him in to a place in this organised system. . . .

(b) *Comment on Unemployed Workmen Act, 1905*
(ibid. 384–5)

426. From this brief summary of the provisions of the Act, it will be seen that it aimed at combining members of municipal, poor law, and charitable bodies into a new and special local authority, whose normal duty was to watch, so to speak, for the approach of unemployment in their district, and whose abnormal duty was to provide help for the better class of unemployed workmen under conditions which, it was hoped, would avoid some of the evils which had arisen through the unregulated provisions of work by the municipalities and charitable agencies.

427. In so far as the Act provided for the diagnosis of the problem of unemployment, and for the classification and dispersal of the unemployed, it would seem, *a priori*, to have met a need which has been indicated by our examination of the modern problem of unemployment in previous sections. In so far, however, as the Act perpetuated the system of relief-works, in so far as it assumed that the chief problem of unemployment was furnished by the capable workmen as distinct from the incapable, and in so far as it added yet another authority to the medley of organisations already dealing with the unemployed, the Act seems to have been doomed from the outset to failure administratively, and to failure as a remedy to the evils against which it was designed. . . .

450. In practice, therefore, we find that the irregular and under-employed labourer, who was intended by the promoters of the Act to be excluded, has in fact very largely, though not exclusively, benefited under the Act; while on the other hand there is a considerable body of evidence to show that partly on account of this extensive use of the Act by the casual labourers, the better class of workmen for whom it was intended have in some districts refused to apply for its benefits. . . .

464. . . . The association of guardians, town councillors and voluntary workers on the distress committees has been of great benefit educationally. The new bodies, and the public from whom they are recruited, are beginning to diagnose the problem of unemployment, and to recognise its diversity and difficulty, as they have never done before. Since 1905 the nation as a whole has learnt much about the possibilities and limitations of help for the unemployed. But if it is true that valuable educational experience is due to the Act, it is also true that it

is the failures rather than the successes of the Act which have provided the education. . . .

(c) *Labour Exchanges*

(ibid. 397–400)

481. This [1] points to the need in future of obtaining more accurate statistics as to the numbers, classes, and character of the men reduced to unemployment, and as to the length of the period during which they are unemployed. It is only by obtaining such accurate particulars that it will be possible to make the remedies effective by adjusting them to the needs of the time and to the wants of the particular class of men affected.

482. A second defect which permeates our modern system is the failure to do anything positive and effective to increase the mobility of labour. Although, as we have seen, there is a lamentable tendency for unskilled labour to stagnate in certain localities, and although there is on all sides an increasing difficulty for individuals by their own efforts to recover regular employment when once it has been lost, yet the community has provided no public machinery for helping the unemployed workman to find work which may be waiting for him. . . .

485. We have hitherto been referring principally to the lack of facilities for removing workmen from place to place, i.e. to what is technically known as place mobility. But there is not only a similar lack of facilities for moving workmen from trade to trade, and so ensuring what is known as trade mobility, but the trade union organisation discourages such inter-trade mobility. If a man abandons his own trade and trade union he is penalised by the immediate loss of unemployed and other benefits, and he is not for some time qualified for the trade union benefits of the trade into which he transfers his labour. We have received some evidence that the ranks of the unemployed, and of the casual labourer are recruited from workmen who, from one cause or another, no longer find employment in their original trades, and who degenerate into unskilled labourers, thus helping to overstock still further the already over-crowded unskilled labour market. It is not within the province of the poor law to provide technical training for the able-bodied; nor are there, so far as we are aware, technical schools where adults can learn a new trade. To the extent to which this is an educational question, it is perhaps beyond our scope to pre-scribe remedies. But the difficulty is not merely educational. Even if the neces-sary technical training were available either in schools or ordinary workshops, there is at present no available information to indicate to a workman desirous of changing his trade in what other trade or trades there is most demand for the kind of qualities which he possesses. To this extent the question of trade mobility is one of obtaining more accurate information on the state of employ-ment in various trades; and to this extent we believe we can propose some remedial measures for the difficulty.

[1] the mistaken assumptions on which the Act of 1905 was based

486. To sum up, it is clear that there is at present great lack of machinery for assisting the mobility of labour, and this at a time when such machinery is particularly needed, and when, through the increase of travelling, postal, telephonic and telegraphic facilities physical mobility should not be a difficult matter. We lay it down, therefore, as one of the leading objects of our future proposals that they should tend towards an increased mobility of labour. After what has been said, it is equally clear that any successful treatment of distress from unemployment on the basis of the existing statistics is impossible. We therefore lay it down as a second object that statistics relating to the enumeration and classification of the unemployed should be collected on a trustworthy and scientific basis.

487. Both these objects can, we think, be achieved by the establishment of a national system of Labour Exchanges. . . .

(d) *Intermittent employment and some suggested remedies*

(ibid. 410–14)

557. . . . We must do all that we can to make intermittent labour less the resort of both workmen and employers.

558. As regards the workmen, this can probably best be done by increasing in every possible way the advantages of regular as against irregular employment.

559. As regards the employers, two proposals for the regularisation of work have been made to us which assume somewhat opposite and antagonistic forms. On the one hand it is urged that employers should regularise their work by spreading it more evenly over the year, and in this way employ more men regularly and fewer men casually. On the other hand it is urged that public authorities and the State should in their capacity as employers deliberately reserve a certain volume of their work and throw it upon the labour market at such times as the ordinary demand is slack. Such action, it is urged, would tend to regularise the total demand for labour. Thus the first proposition is that employers should spread their work evenly over the year, and the second that a certain section of employers should deliberately not spread it evenly over the year.

560. We are of the opinion that both of these principles may, to a certain extent and within certain limitations, be adopted. . . .

563. We recognise further, to the full, the difficulty there may be in certain occupations, such particularly as the docks, both on the part of the men and on the part of the employers, in inducing them to regularise industry. We think, therefore, that the Board of Trade should send officers to visit localities where intermittent employment prevails, and should endeavour, through conference with employers and employed, to arrange for some schemes by which the industry may be to a greater extent regularised. A provision in this sense has, we understand, been inserted in the Port of London Act for establishing a London Port Authority. . . .

(e) *Insurance against unemployment*

(ibid. 421)

604. This review of unemployment insurance enables us to arrive at the following conclusions.

First, that the establishment and promotion of unemployment insurance, especially amongst unskilled and unorganised labour, is of paramount importance in averting the distress arising from unemployment.

Second, that the attainment of this object is of such national importance as to justify, under specified conditions, contributions from public funds towards its furtherance.

Third, that this form of insurance can best be promoted by utilising the agency of existing trade organisations or of organisations of a similar character which may be brought into existence.

Fourth, that no scheme either foreign or British which has been brought before us is so free from objections as to justify us in specifically recommending it for general adoption.

605. Owing partly to want of time, and partly to absence within the commission of expert and actuarial experience upon insurance, we have not attempted ourselves to formulate such a scheme. It will require much close general investigation and knowledge of local conditions before the foundation of a general or a national system of insurance can be safely laid. But the question is urgent. We therefore recommend that a small commission or departmental committee of experts and representatives of existing trade benefit associations be at once appointed with an instruction to frame as quickly as possible a scheme or schemes for consideration.

(f) *Permanent system of public assistance for the able-bodied*

(ibid. 422)

607. Though the suggestions we have made in our last section may, we hope, do much to prevent capable and deserving men from being reduced to destitution through lack of employment, yet these preventive measures will require some time for their complete development. Side by side with these preventive measures must be established a permanent organisation to which those, whom our preventive measures fail to reach, can have recourse if necessary in times of distress. We propose that in future there shall be in every district four separate but cooperating organisations, viz,

(1) An organisation for insurance against unemployment.

(2) A labour exchange managed by the Board of Trade with the help of a local committee.

(3) A voluntary aid committee representing local organisations, subject to the conditions we elsewhere state.

(4) The Public Assistance Authority representing the county and county borough councils, and acting locally through public assistance committees. . . .

609. .... There is, however, one principle in connection with the policy to be pursued in regard to public assistance which is of such importance in connection with the treatment of the able-bodied, that we propose to restate it. It should, we think, be a fundamental condition of the assistance system of the future that the responsibility for due and effective relief of all necessitous persons at the public expense should be in the hands of one and only one authority in each county and county borough. It is difficult to conceive any system in which different public authorities have power simultaneously to administer relief to much the same class of applicant in the same locality, which will not result in overlapping, confusion, and divergence of treatment and practice. ... Under the system which we propose, one authority and one authority only, the Public Assistance Authority, will for the future be responsible for the public relief of the able-bodied suffering from distress due to want of employment. The Public Assistance Authority will, as before stated, act locally through the Public Assistance Committee.

(g) *Establishment of Voluntary Aid Organisation*
(ibid. 525)

237. Our recommendations in regard to the organisation of voluntary aid are as follows.

1. That in the area of each Public Assistance Authority, that is in each county or county borough, there be formed a voluntary aid council, consisting in part of trustees of endowed charities, of members of registered voluntary charities ... of some members of the Public Assistance Authority, and of such persons as members of friendly societies and trade associations, of clergy and ministers, and of other persons being co-opted members, as may be settled in schemes approved by the charities commission.

2. That a statutory obligation be imposed on the lord lieutenants, the chairmen of county councils, the lord mayors and mayors of county boroughs to take steps, within a given period, and after consultation with the managers of charitable societies, trustees of endowed charities, and members of the Public Assistance Authority, for drawing up schemes in accordance with the preceding recommendation, which schemes must be submitted to the Charities Commission for approval.

3. That the Voluntary Aid Council submit to the Charities Commission proposals for the formation of voluntary aid committees to be drawn up in the form of schemes to be approved by the commission, and that the Voluntary Aid Council under such schemes appoint as members of the voluntary aid committees persons such as those mentioned in Recommendation 1. ...

7. The duties of the Voluntary Aid Council would be for the most part not executive but supervisory. The executive work would be assigned to the voluntary aid committees. The Voluntary Aid Council would supervise their operations generally and would, as far as possible, maintain the same principles of help and relief throughout the county or county borough. They would

collect funds for distribution to the voluntary aid committees, and they would allocate funds to poor districts. The county is already the accepted area for many benevolent and philanthropic purposes. The local infirmary or hospital is frequently a county institution. There are county nursing associations, and the county is the recognised centre in connection with various naval and military charitable associations. We propose that the Voluntary Aid Council acting for the county should promote any voluntary institutions, associations, or societies for which the county, as a whole, has need. Its duties would thus be important and distinctive.

8. That the Voluntary Aid Committee aid (1) persons in distress whose cases do not appear suitable for treatment by the Public Assistance Committee, and (2) applicants for public assistance whose cases have been referred to the committee by the Public Assistance Committee.

155. Relief as an encouragement to casual labour

(W. H. Beveridge, *Unemployment: a problem of industry* (1906), new edn (1930), 109–10)

The publication of this book in 1906 laid the foundation of the reputation of W. H. Beveridge, later Sir William, and later Lord Beveridge, civil servant and administrator, and in 1942 author of the Beveridge Report on Social Insurance and Allied Services, which marked an epoch in European thought and practice on its subject.

The danger of subsidising casual employment by public or private relief without improving the conditions of the casual labourer is a very real one. It is not easy to get evidence of the nominal rate of wages in a district being affected injuriously by lax administration of outdoor relief or of charity; probably custom and public sentiment are at all times sufficient to hold in check the theoretical tendency of "grants in aid of wages" to depress wages directly. But in regard to casual employment, while it is equally difficult to get direct evidence of harm done by charitable subsidies, it is clear that there are no such practical obstacles to the working of economic laws. People who would be aghast at charity or public assistance given to a man in receipt of low wages, are quite ready to help an "unemployed" casual labourer, though . . . the ultimate effect must be to lower the average share of work required for subsistence and thus increase the number of casual labourers till a fresh equilibrium is reached at that lower level. It is obvious that the perennial stream of charity descending on the riverside labourer and his wife and becoming a deluge at Christmas or at the birth of a new baby is a great convenience to the industry which needs his occasional services and frequent attendance. It amounts to nothing more or less than a subsidy to a system of careless and demoralising employment. The bulk of relief work doled out winter after winter by municipalities has the same economic character. Casual employment, in fact, makes possible a widespread form of the "grant in aid of wages" far more dangerous because far more insidious than the direct forms which were the object lessons of the old poor law. The new subsidy works, not by lowering the rates of pay, but by making labour immobile and so increasing irregularity of earning.

The economic parallel here drawn between under-employment and under-payment implies of course no moral censure. Least of all does it imply criticism of any one set of employers as more thoughtless than others. Casual employment runs through the industrial system. Nearly everyone at times takes on casual labour. Hardly any are in a position to appreciate the true bearings of their action.

Upon under-employment then attention must first be concentrated. The evil is most pronounced in certain occupations such as waterside labour and building. It is by no means confirmed to them. The experiences of distress committees show a fringe of under-employed labour almost everywhere and in dependence upon an enormous variety of trades. On the other hand, actual under-employment is less general than the economic forces to which it may be ultimately attributed. These forces produce or tend to produce everywhere reserve bodies of labour. They involve almost everywhere a certain irregularity of employment and leakage of labour and earning power. The leakage, however, need not be so great as to cause actual distress. To belong to a reserve of labour is not necessarily to be under-employed.

While, however, the problem of under-employment is in this sense limited and narrower than that of the reserve of labour, it cannot profitably be considered without reference to the wider aspects. It has to be seen as a problem, not of rescuing individuals, but of reforming industrial methods; as a problem, not of grappling with an emergency, but of raising a general level of life. It is in essentials a problem of business organisation – that of providing a reserve of labour power to meet fluctuations in such a way as not to involve distress. This is done in some industries. In the possiblity of doing it for all lies the only hope of a cure for one of the most inveterate of social evils.

156. Announcement of Winston S. Churchill as president of the Local Government Board on government intention to set up Labour Exchanges and a measure of unemployment insurance, 19 May 1907

(*Hansard*, 5th series, 507 ff.)

. . . So I come to unemployment insurance. It is not practicable at the present time to establish a universal system of unemployment insurance. It would be risking the policy to cast one's net so wide. We therefore have to choose at the very outset of this subject between insuring some workmen in all trades and insuring all workmen in some trades. That is the first parting of the ways upon unemployment insurance. In the first case we can have a voluntary and in the second case a compulsory system. If you adopt a voluntary system of unemployment insurance, you are always exposed to this difficulty. The risk of unemployment varies so much between man and man, according to their qualities; character, circumstances, temperament, demeanour towards their superiors – these are all factors; and the risk varies so much between man and man that a voluntary system of unemployment insurance which the State subsidises always attracts those workers who are most likely to be unemployed. That is why all voluntary systems have broken down when they have been tried, because they accumulate a preponderance of bad risks against the insurance office, which is fatal to its financial stability. On the other hand, a compulsory system of insurance, which did not add to the contribution of the worker a substantial contribution from outside, has also broken down, because of the refusal of the higher class of worker to assume unsupported a share of the burden of the weaker members of the community. We have decided to avoid these difficulties. Our insurance scheme will present four main features. It will involve contributions from the workpeople and from the employers; those contributions will be aided by a substantial subvention from the State; it will be insurance by trades, following the suggestion of the Royal Commission; and it will be compulsory within those trades upon all, unionist and non-unionist, skilled and unskilled, workmen and employers alike. The hon. member for Leicester (Mr Ramsay MacDonald) with great force showed that to confine a scheme of unemployment insurance merely to trade unionists would be trifling with the subject. It would only be aiding those who have been most able to aid themselves, without at the same time assisting those who hitherto under existing conditions have not been able to make any effective provision.

To what trades ought we, as a beginning, to apply our system of compulsory contributory unemployment insurance? There is a group of trades well marked out for this class of treatment. They are trades in which unemployment is not only high, but chronic, for even in the best of times it persists; where it is not only high and chronic, but marked by seasonal and cyclical fluctuations, and wherever and however it occurs it takes the form of short time or of any of those devices for spreading wages and equalising or averaging risks, but of a total, absolute, periodical discharge of a certain proportion of the workers. These are the trades to which, in the first instance, we think the system of unemployment insurance ought to be applied. The group of trades which we contemplate to be the subject of our scheme are these: house-building and works of construction, engineering, machine and tool making, ship and boat building, vehicles, sawyers, and general labourers working at these trades.

Mr Ramsay MacDonald: Is the engineering civil engineering or mechanical?

Mr Churchill: The whole group of mechanical engineering trades. That is a very considerable group of industries. They comprise, according to the last census returns, two and a quarter millions of adult workers. Two and a quarter millions of adult workers are, roughly speaking, one-third of the adult population of these three kingdoms engaged in purely industrial work; that is to say, excluding commercial, professional, agricultural, and domestic occupations. Of the remaining two-thirds of the adult industrial population nearly one-half are employed on the textile trades, in mining, on the railways, in the merchant marine, and in other trades, which either do not present the same features of unemployment which we see in the precarious trades, or which by the adoption of short time or other arrangements, avoid the total discharge of a proportion of workmen from time to time. So that this group of trades to which we propose to apply the system of unemployment insurance, roughly speaking, covers very nearly half of the whole field of unemployment. That half, on the whole, is perhaps the worst half. The financial and actuarial basis of the scheme has been very carefully studied by the light of all available information. The report of the actuarial authorities whom I have consulted leaves me no doubt that, even after all allowance has been made for the fact that unemployment may be more rife in the less organised and less highly skilled trades than in the trade unions who pay unemployment benefits – that is a fact which is not proved, and which I am not at all convinced of – there is no doubt whatever that a financially sound scheme can be evolved which, in return for moderate contributions, will yield adequate benefits. I am not going to offer figures of contributions or benefits to the House at this stage, though I should not be unable to do so. I confine myself to stating that we propose to aim at a scale of benefits which is somewhat lower both in amount and in duration than those which the strongest trade unions pay at the present time. Nevertheless, they will be benefits which will afford substantial weekly payments for a period which will cover by far the greater part of the period of unemployment of all unemployed persons in this great group of insured trades. In order to enable such a scale of benefits to be paid it is necessary that we should raise something between 5d and 6d – rather nearer 6d than 5d – per man per week. That sum, we propose, should be made up by contributions, not necessarily equal, between the workmen, the employer and the State. For such a sacrifice – and it is not, I think, an exorbitant one, which, fairly adjusted, will not hamper industry nor burden labour, nor cause an undue strain upon the public finances – we believe it possible to relieve a vast portion of the industrial population of these islands from that haunting dread and constant terror which gnaws out the very heart of their prosperity and content.

The relation of the insurance scheme towards the unions must be most carefully considered. We hope that there will be no difficulty, as the discussion on this subject proceeds, in showing that we safeguard all the institutions which have made voluntary efforts in this direction from anything like the unfair competition of a national insurance fund. More than that, we believe that the proposals which we shall make, when they are brought forward in detail, will act as a powerful encouragement to all voluntary agencies to adopt and extend the system of unemployment insurance. Yes, but the House may say what is the connection of all this with Labour Exchanges. I must apologise for detaining the House so long –

Mr John Ward: This is the most interesting part of your speech.

Mr Churchill: But the machinery of the insurance office has been gone into with great detail, and we propose as at present advised to follow the German example of insurance cards or books, to which stamps will be affixed every week. For as soon as a man in an insured trade is without employment, if he has kept to the rules of the system, all he will have to do is to take his card to the nearest Labour Exchange, which will be responsible, in conjunction with the insurance office, either for finding him a job or for paying him his benefits. I am very glad, indeed, to have availed myself of the opportunity which my right hon. friend has given me to submit this not inconsiderable proposal in general outline, so that the bill for Labour Exchanges which I will introduce tomorrow may not be misjudged as if it stood by itself, and was not part of a considered, coordinated, and connected scheme to grasp with this hideous crushing evil which has oppressed for so long the mind of every one who cares about social reform. We cannot deal with the insurance policy this session for five reasons. We have not the time now. We have not got the money yet. The finances of this insurance scheme have got to be adjusted and interwoven with the finances of the other schemes which my right hon. friend the chancellor of the Exchequer is engaged upon now for dealing with various forms of invalidity and other insurance.

In the next place, Labour Exchanges are the necessary preliminary. We have got to get the apparatus of the Labour Exchanges into working order before this system of insurance can effectually be established or worked. Lastly, no such novel departure as a compulsory, contributory unemployment insurance in a particular trade could possibly be adopted without a very much fuller degree of consultation and negotiation with the parties concerned, that is the trade unions and employers, and the different trades and classes affected, than has been possible to us under the conditions of secrecy under which we have necessarily been working.

157. Part II of National Insurance Act, 1911: unemployment insurance

(Public General Statutes, 1 & 2 Geo. 5 c. 55)

84. Every workman who, having been employed in a trade mentioned in the sixth schedule to this Act (in this Act referred to as "an insured trade"), is unemployed, and in whose case the conditions laid down by this part of this Act (in this Act referred to as "statutory conditions") are fulfilled, shall be entitled, subject to the provisions of this part of this Act, to receive payments (in this Act referred to as "unemployment benefit") at weekly or other pre-scribed intervals at such rates and for such periods as are authorised by or under the seventh schedule to this Act, so long as those conditions continue to be fulfilled, and so long as he is not disqualified under this Act for the receipt of unemployment benefit:

Provided that unemployment benefit shall not be paid in respect of any period of unemployment which occurs during the six months following the commencement of this Act.

85 (1) The sums required for the payment of unemployment benefit under this

Act shall be derived partly from contributions by workmen in the insured trades and partly from contributions by employers of such workmen and partly from moneys provided by parliament.

(2) Subject to the provisions of this part of this Act, every workman employed within the United Kingdom in an insured trade and every employer of any such workman shall be liable to pay contributions at the rates specified in the eighth schedule to this Act.

(3) Except where the regulations under this part of this Act otherwise prescribe, the employer shall, in the first instance, be liable to pay both the contribution payable by himself, and also on behalf of and to the exclusion of the workmen, the contribution payable by such workman, and subject to such regulations, shall be entitled, notwithstanding the provisions of any Act or contract to the contrary, to recover from the workman by deductions from the workman's wages or from any other payment due from him to the workman the amount of the contributions so paid by him on behalf of the workman.

(4) Nothwithstanding any contract to the contrary, the employer shall not be entitled to deduct from the wages of or other payment due to the workman, or otherwise recover from the workman by any legal process the contributions payable by the employer himself.

(5) Subject to the provisions of this part of this Act, the Board of Trade may make regulations providing for any matters incidental to the payment and collection of contributions payable under this part of this Act, and in particular for

(a) payment of contributions by means of adhesive or other stamps affixed to or impressed upon books or cards, or otherwise, and for regulating the manner, times and conditions in, at and under which such stamps are to be affixed and impressed or payments are otherwise to be made;

(b) the issue, sale, custody, production, and delivery up of books or cards and the replacement of books or cards which have been lost destroyed or defaced.

(6) A contribution shall be made in each year out of moneys provided by parliament equal to one-third of the total contributions received from employers and workmen during that year, and the sums to be contributed in any year shall be paid in such manner and at such times as the Treasury may determine.

86. The statutory conditions for the receipt of unemployment benefit by any workman are

(1) that he proves that he has been employed as a workman in an insured trade in each of not less than twenty-six separate calendar weeks in the preceding five years;

(2) that he has made application for unemployment benefit in the prescribed manner, and proves that since the date of the application he has been continuously unemployed;

(3) that he is capable of work but unable to obtain suitable employment;

(4) that he has not exhausted his right to unemployment benefit under this part of this Act:

Provided that a workman shall not be deemed to have failed to fulfil the statutory conditions by reason only that he has declined

(a) an offer of employment in a situation vacant in consequence of a stoppage of work due to a trade dispute; or

(b) an offer of employment in the district where he was last ordinarily employed at a rate of wage lower, or on conditions less favourable, than those which he habitually obtained in his usual employment in that district, or would have obtained had he continued to be so employed; or

(c) an offer of employment in any other district at a rate of wage lower or on conditions less favourable than those generally observed in such district by agreement between associations of employers and of workmen, or, failing any such agreement, than those generally recognised in such district by good employers.

87 (1) A workman who has lost employment by reason of a stoppage of work which was due to a trade dispute at the factory, workshop, or other premises at which he was employed shall be disqualified for receiving unemployment benefit so long as the stoppage of work continues, except in a case where he has, during the stoppage of work, become *bona fide* employed elsewhere in an insured trade.

Where separate branches of work which are commonly carried on as separate businesses in separate premises are in any case carried on in separate departments on the same premises, each of those departments shall, for the purposes of this provision, be deemed to be a separate factory or workshop or separate premises, as the case may be.

(2) A workman who loses employment through misconduct or who voluntarily leaves his employment without just cause shall be disqualified for receiving unemployment benefit for a period of six weeks from the date when he so lost employment.

(3) A workman shall be disqualified for receiving unemployment benefit whilst he is an inmate of any prison or any workhouse or other institution supported wholly or partly out of public funds, and whilst he is resident temporarily or permanently outside the United Kingdom.

(4) A workman shall be disqualified for receiving unemployment benefit while he is in receipt of any sickness or disablement benefit or disablement allowance under Part I of this Act.

88 (1) All claims for unemployment benefit under this part of this Act, and all questions whether the statutory conditions are fulfilled in the case of any workman claiming such benefit, or whether those conditions continue to be fulfilled in the case of a workman in receipt of such benefit, or whether a workman is disqualified for receiving or continuing to receive such benefit, or otherwise arising in connection with such claims, shall be determined by one of the officers appointed under this part of this Act for determining such claims for benefit (in this Act referred to as "insurance officers"):

Provided that

(a) in any case where unemployment benefit is refused or is stopped, or where the amount of the benefit allowed is not in accordance with the claim, the workman may require the insurance officer to report the matter to a court of referees constituted in accordance with this part of this Act, and the court of referees after considering the circumstances may make to the insurance officer such recommendations on the case as they may think proper, and the insurance officer shall, unless he disagrees, give effect to those recommendations. If the insurance officer disagrees with any such recommendation, he shall, if so requested by the court of referees, refer the recommendation, with his reasons for disagreement, to the umpire appointed under this part of this Act, whose decision shall be final and conclusive;

(b) the insurance officer in any case in which he considers it expedient to do so may, instead of himself determining the claim or question, refer it to a court of referees, who shall in such case determine the question, and the decision of the court of referees shall be final and conclusive.

(2) Nothing in this section shall be construed as preventing an insurance officer or umpire, or a court of referees, on new facts being brought to his or their knowledge, revising a decision or recommendation given in any particular case, but, where any such revision is made, the revised decision or recommendation shall have effect as if it had been an original decision or recommendation, and the foregoing provisions of this section shall apply accordingly, without prejudice to the retention of any benefit which may have been received under the decision or recommendation which has been revised. . . .

91 (1) The Board of Trade may make regulations for any of the purposes for which regulations may be made under this part of this Act and the schedules therein referred to, and for prescribing anything which under this part of this Act or any such schedules is to be prescribed, and . . . generally for carrying this part of this Act into effect, and any regulations so made shall have effect as if enacted in this Act.

Any regulations made under this section for giving an opportunity of obtaining a decision of the umpire may be brought into operation as soon as may be after the passing of this Act. . . .

92 (1) For the purposes of this part of this Act, there shall be established under the control and management of the Board of Trade a fund called the unemployment fund, into which shall be paid all contributions payable under this part of this Act by employers and workmen and out of moneys provided by parliament, and out of which shall be paid all claims for unemployment benefit and any other payments which under this part of this Act are payable out of the fund.

(2) The accounts of the unemployment fund shall be audited by the comptroller and auditor-general in such manner as the Treasury may direct.

(3) Any moneys forming part of the unemployment fund may from time to time be paid over to the National Debt commissioners and by them invested in

accordance with regulations made by the Treasury in any securities which are for the time being authorised by parliament as investments for savings banks moneys.

(4) The National Debt commissioners shall present to parliament annually an account of the securities in which moneys forming part of the said fund are for the time being invested. . . .

Sixth schedule. List of insured trades for the purposes of Part II of this Act relating to unemployment insurance

(1) Building; that is to say, the construction, alteration, repair, decoration, or demolition of buildings, including the manufacture of any fittings of wood of a kind commonly made in builders' workshops or yards.

(2) Construction of works; that is to say, the construction, reconstruction, or alteration of railroads, docks, harbours, canals, embankments, bridges, piers or other works of construction.

(3) Shipbuilding; that is to say, the construction, alteration, repair or decoration of ships, boats or other craft by persons not being usually members of a ship's crew, including the manufacture of any fittings of wood of a kind commonly made in a shipbuilding yard.

(4) Mechanical engineering, including the manufacture of ordnance and firearms.

(5) Ironfounding, whether included under the foregoing headings or not.

(6) Construction of vehicles; that is to say, the construction, repair, or decoration of vehicles.

(7) Sawmilling (including machine woodwork) carried on in connection with any other insured trade or of a kind commonly so carried on.

Seventh schedule. Rates and periods of unemployment benefit

In respect of each week following the first week of any period of unemployment, seven shillings, or such other rates as may be prescribed either generally or for any particular trade or any branch thereof:

Provided that, in the case of a workman under the age of eighteen, no unemployment benefit shall be paid while the workman is below the age of seventeen, and while the workman is of the age of seventeen or upwards but below the age of eighteen, unemployment benefit shall only be paid at half the rate which it would be payable if the workman was above the age of eighteen.

No workman shall receive unemployment benefit for more than fifteen or such other number of weeks as may be prescribed either generally or for any particular trade or branch thereof within any period of twelve months, or in respect of any period less than one day.

No workman shall receive more unemployment benefit than in the proportion of one week's benefit for every five contributions paid by him under this Act. . . .

Eighth schedule. Contributions for the purposes of Part II of this Act relating to unemployment insurance. Rates of contributions from workmen and employers

From every workman employed in an insured trade for every week he is so employed . . . $2\frac{1}{2}d$

From every employer by whom one or more workmen are employed in an insured trade, in respect of each workman, for every week he is so employed . . . $2\frac{1}{2}d$

Provided that, in the case of a workman below the age of eighteen $1d$ shall be substituted for $2\frac{1}{2}d$ as the contribution from the workman and from the employer, but, for the purpose of reckoning the number of contributions in respect of such a workman except as regards the payment of unemployment benefit before he reaches the age of eighteen, the $1d$ shall be treated as two-fifths of a contribution.

Part XI

FACTORIES, HEALTH AND HOUSING

INTRODUCTION

The battles of principle which had been fought in the previous period over
factory legislation were gone over again in 1876–8 in the Royal
Commission on the Factory Acts, and were decided in favour of the legislation and of the machinery of inspection and court action which upheld it. It was
thenceforth accepted that while men could be left to negotiate their own terms
of factory employment, the hours and conditions under which women and
young people and children laboured must, at the limit, in the interests of health
and humanity be fixed for them by the State. As a result the great Factory and
Workshop Act of 1878[1] repeated and consolidated in magistral fashion the
earlier legislation. The one great change that it made was in the distinction
between factories and workshops. This had formerly turned on the number of
workpeople, whether fifty or under, and was now to turn on the use or not of
power. The new criterion was at once more logical and administratively more
convenient. In the subsequent years additions were made to the factories code,
bringing in white lead and phosphorus match manufacture, laundries, and the
hours and conditions of shop assistants. But the main problem was in the
regulation of workshops. The number and variety of these and the difficulty of
locating them threatened to overwhelm the inspectorate. Many were barely
known even to the local authorities and the continuous enforcement of any sort
of regulation upon them was a matter of the greatest difficulty. Many of them
could escape by virtue of the clause – repeated in the Act of 1878 – by which
places primarily the dwelling places of the workers were exempted from inspection. In several of the Annual Reports of the inspectors mention is made of the
bad conditions in which many of these domestic industries were conducted,
and evidence before the Royal Commission on the Housing of the Working
Classes (1884–5)[2] also drew attention to the problem. In 1887 John Burnett,
the recently appointed labour correspondent of the Board of Trade, wrote a
detailed and careful account of conditions in the tailoring trade in the East End
of London.[3] Ill paid domestic work was by no means new in this industry and
by no means confined to London, but the large immigration of Jews fleeing
from persecution in Russia and Poland within recent years had given the
problem in the East End a new size, organisation, and notoriety. Burnett's
report induced the House of Lords to set up a select committee to enquire into
the whole problem of sweating. The evidence revealed a good deal that was
very unsatisfactory in tailoring in other parts of the country, in building sub-
contracting, in cabinet making and in other branches of industry, besides the
already notorious chain making, file making and lock making in the Midlands.
One result of the revelations was the voting by the House of Commons of the

[1] 41 & 42 Vict. c. 16   [2] No. 160   [3] No. 161

fair wages resolution of 1891,[1] which gradually set the practice for public authorities. Another was to influence factory legislation. In 1891 three factory bills were introduced in the House of Commons. All three went to committee, and the resulting Act[2] was the Government Bill amended in the light of the others. The Act provided for the transfer of the sanitary supervision of workshops from the factory inspectors to the local authorities, though with provision for the intervention of the Home Office and of the inspectors in case of default. In view of the record of the local authorities, this provision was regarded with a good deal of suspicion, but recent experience had shown that the job could only be done effectively by the local authorities, and that the alternatives were to trust to time and pressure to induce them to do it, or to accept that it could not be done. The Act also contained several provisions which by later Acts were extended or made administratively simpler. One gave the Home Secretary power to make special regulations for processes which he deemed dangerous to life or health. Another provided that workshops which employed outworkers must provide lists of them and of where they worked, which simplified the tracking down of possible sweat dens. Still another laid down that out-establishments must provide "particulars" of the work engaged in and its price to the workers. But the measure which dealt successfully with sweating was that submitted to the House in 1898 by Sir Charles Dilke, rejected, and by him brought forward again year by year, until Winston S. Churchill, as Home Secretary, adopted it as the government's own, and carried it as the Trade Boards Act of 1909.[3] It was on the lines of Australian legislation carried by Alfred Deakin[4] as Chief Secretary of Victoria in 1895. It provided for the regulation both of wages and of working conditions in selected industries by a board consisting of representatives of employers and of employees and of the State. Four industries were at first included, tailoring, box making, machine made lace and net finishing and repairing, and chain making. In 1913 seven more industries were included, and later, more. For dealing with weak and ill-organised industries without antagonising the trade unions or embroiling the State too closely, the measure proved a great success.

The background of developments in public health in the later years of the nineteenth century, as with factories, was a great Royal Commission, the Adderley Commission of 1869–71.[5] This had recommended the concentration of health administration in one central organisation and one local organisation for each area. So far as central organisation was concerned the recommendation was carried out by concentrating the powers of the Privy Council department of health and of the Home Office department of local government in the new Local Government Board, which also had charge of the poor law. In urban areas the town corporations, statutory boards of commissioners where these existed, and boards of health set up under the Act of 1848; and in rural areas the local boards of guardians, formed the core of the authorities made responsible. A great consolidating statute, the Public Health Act of 1875,[1] provided a code which was the basis of English health administration for the next sixty years. Sir John Simon, the former head of the medical department of the Privy Council, played an important part in the drafting of this statute, and also became head of the medical side in the new set-up. But his influence nevertheless declined. The head of the new department was John Lambert, an administrator with little interest in health, but a great deal in power. The key positions in the new administration were filled by Lambert's men, often men with a poor law background, and the medical side, which under the Privy Council had had great influence, found itself shut off in its own specialisms. Simon continued to initiate important medical enquiries; his own staff were devoted to him; and medical officers of health looked to him for their line. The London ones had made him president of their association twenty years earlier. But his access to his minister was gradually shut off, and in 1877 he resigned. There was undoubtedly a loss of drive, and many poor appointments were made as medical officers of health. On the other hand medical interest in public health matters was stimulated in 1875 by the Cambridge foundation of a public health diploma obtainable by examination. The county councils Act[2] laid down that medical officers of health of large districts were to be fully qualified medical men; before long the D.P.H. began, as a matter of practice and later of law, to be required of them. Professional zeal and self-respect saw to it that throughout the country, in the more obvious matters of sewerage, water supply and street cleaning, scandals were eliminated. The reorganisation of local government in 1888 and 1894[3] made political pressure available in favour of, and sometimes against rate paid improvements. On the whole the impetus of the country in improvement in health matters was maintained. Meanwhile a new age of bacteriological research was making the effective dealing with epidemics increasingly possible. The causative organisms of cholera, tuberculosis and diphtheria were isolated. Acts, at first adoptive and then compulsory, made the notification of infectious diseases obligatory in 1889[4] and 1899.[5] Power to build isolation hospitals was given in 1893[6] and 1901.[7] The last cholera epidemic of the period was quickly brought under control in 1893. The standard of poor law hospitals had been improving and their use by paying patients increasing, while the age-old movement for voluntary hospitals persisted with undiminished strength. The national death rate fell from 21 to 15·4 per thousand between 1878 and 1907. The field in which improvement was slowest to come was in the infant death rate, which reached its peak of 160/3 per thousand in 1898–9. By 1905 it was down to 128 and by 1910 to 105.

The Physical Deterioration Committee of 1904[8] arose out of alarm at the high rate of rejection of army recruits for poor physique during the Boer war. Examination of the problem could be neither as prolonged nor as thorough as

---

[1] No. 158
[2] Local Government Act, 1888; No. 126
[3] Nos 126, 127
[4] 52 & 53 Vict. c. 72
[5] 61 & 62 Vict. c. 8
[6] 56 & 57 Vict. c. 68
[7] 1 Edw. 7 c. 8
[8] No. 163

its nature demanded, and the evidence, on the whole, tended to discount the more alarmist fears of actual deterioration of the stock. But there was plenty of evidence that bad feeding, bad sanitary conditions and overcrowding were taking a very heavy toll of the fitness of the less fortunate of the nation's young. The disquiet fed by these revelations encouraged the provision, by voluntary agencies in the first place, of free breakfasts for school children in poor areas, and an Act of 1906 [1] which permitted contribution from the rates for this. The beginning of school medical examination in 1907 – leading later to a service that did much for the health of the young – was made possible by the same anxiety.[2]

The great event of the early twentieth century, however, was the setting up of National Health Insurance in 1911.[3] This provided for the whole working population. It did not provide for their wives and families, nor did it provide specialist and hospital attention. But for every insured person it provided the attention of a doctor of his own choice, within limits; payment of sickness benefit for a limited period while he was off work on account of sickness; disability benefit for a further period if the effect of his sickness was to incapacitate him for work, permanently or for a period; sanatorium benefit in certain cases; and a maternity benefit for his wife on the birth of a child. The major disasters and disruptions of working class life were thus provided against. The insurance principle – disliked by the Socialists – was welcomed by the working class themselves as making what they got a matter of right and not simply of grace. For the doctors whose practice was among working men, too, the Act provided improved remuneration and much greater security.

For the greater part of the period the sanitary state, and, particularly in certain areas, the overcrowding of working class housing had proved one of the great hazards to the health and welfare of the large part of the nation thus affected. In country districts the example and action of good landlords and the operation of the Sanitary Acts wrought a gradual improvement. It was in industrial towns and particularly in London that the worst conditions were to be found. In 1851 Lord Shaftesbury had succeeded in passing an Act[4] empowering local authorities to build workmen's lodging houses, but, as he explains in his evidence before the Royal Commission on the Housing of the Working Classes of 1884–5,[5] no action was taken under it. In the sixties the Peabody Trust founded by an American philanthropist, and Sir Sydney Waterlow's Industrial Buildings Society began the erection of blocks of flats for the occupation of working men. In 1866 W. T. M. Torrens's Labouring Classes Lodging Houses and Dwellings Act allowed the demolition of houses condemned on sanitary grounds; the bill also called for their replacement, but the House of Lords had struck out the clause. In 1875 Cross's working class housing Act[6] provided for the demolition, replanning and reconstruction of

[1] Edw. 7 c. 57   [2] Part IX, Introduction   [3] No. 166
[4] 14 & 15 Vict. c. 34   [5] No. 160 (c)
[6] Artizans' and Labourers' Dwellings Improvement Act, 1875; No. 159

districts of derelict houses. But, except in Birmingham under the stimulus of
Chamberlain, relatively little use had been made of the Act. The terms of
compensation allowed by the courts proved too onerous, and the emendation of
the Act in 1883 did little to bring about more active use. Manchester and
Liverpool and some other places tackled their similar problems by private Acts.
The opposition of the landlords, the expense, and the time-lag between the
eviction of the slum-dwellers and the erection of accommodation for them,
often on an inadequate scale or in removed localities, made the operation from
every point of view a difficult one. The Royal Commission of 1884–5 on the
housing of the working classes covered a wide range of places and a considerable period of time in its evidence, as Lord Shaftesbury's reference before it to
his Act of 1851 illustrates.[1] The worst of the railway derelictions[2] belong to the
fifties and sixties, and the suburban building that arose on and around the
cleared sites fell mainly into lower middle class or artisan occupation. The
street improvements of the Metropolitan Board of Works similarly destroyed
areas of cheap if unsatisfactory housing and worsened the problem in neighbouring streets. In the same way the London School Board's fine new schools
were quite properly built in poor areas, but often at the direct immediate
expense of the poorest inhabitants. The little help that could be expected from
local and, indeed, central authority is illustrated in No. 160 (b, d). Chelsea and
Holborn alone among the London districts carried on an active sanitary policy.
The only method that dealt directly both with bad housing and with the people
who made it bad was the heroic one of Octavia Hill[3] and that involved the
moral authority and personal concern that might be found in good landlords in
country districts, but was reproducible in crowded city districts only by a series
of moral miracles. The Cheap Trains Act of 1883,[4] which empowered the
Board of Trade to order the companies to lay on cheap workmen's trains from
certain areas, particularly in South London, made dispersion possible, but still
at an expense not easy for the poorest classes. Under the new London County
Council sanitary and housing problems were tackled more resolutely. But the
difficulties remained formidable – the hardships inflicted on those whose
houses had to be destroyed, and the greater cost of alternative accommodation
in days when it was regarded as unfair to subsidise some people's housing from
the rates. Liverpool was the only city credited with building cheaply enough to
provide substitute accommodation without hardship to the tenants.

Further legislation in 1890 and 1894 increased the powers of local authorities, and the elaborate Housing and Town Planning Act of 1909[5] considerably
enlarged planning powers, and also introduced clauses enabling people whose
property had been improved as a result of planning action to be charged
towards its costs, at the same time enabling them to sue for injurious affecta-
tion. The bill also strengthened the local machinery by making compulsory on
all counties the appointment of a medical officer of health on terms acceptable

[1] No. 160 (c)   [2] No. 160 (a)   [3] No. 160 (e)
[4] 46 & 47 Vict. c. 34   [5] No. 165

to the Local Government Board, and by making county health and housing committees statutory, with the right to consider and recommend on subjects coming within that ambit. But the president of the Local Government Board, John Burns, disappointed his admirers and the enthusiasts for the bill by an inert administration of it.

Piecemeal rather than heroic action became the keynote of British policy in housing until the war. But though many black spots remained, by and large substantial results were obtained. Since the 1890s the criterion adopted in British health statistics for overcrowding was an occupation of more than two persons per room in the house. The national percentage in urban areas in 1891 was 12·5%; in 1901 8·9%; and in 1911 8·5%. For rural areas, where the problem was less acute, the percentages were, 1891, 8·5; 1901, 8·5; 1911, 5·6.

SELECT BIBLIOGRAPHY

With the partial exception of factories the social problems dealt with here fall within the responsibility of local government. It is appropriate therefore to begin with the *Annual Reports* of the Local Government Board. In addition there are the *Annual Reports of the Medical Officer of Health to the Local Government Board*. The standard contemporary account of local government is J. Redlich and F. W. Hirst, *Local Government in England*, 2 vols (1903). Two other useful contemporary works are H. Jephson, *Sanitary Evolution of London* (1907), and S. J. Chapman, *Work and Wages*, III, *Social Betterment* (1914). There are many studies of local government in action of which two may be mentioned here: A. Redford and I. S. Russell, *The History of Local Government in Manchester*, II, III (1940), and A. Briggs, *A History of Birmingham 1865–1938* (1952).

Following the Public Health Act of 1875, and down to the National Insurance Act of 1911, there is much official information on health. The *Annual Reports of the Registrar-General* are themselves reviewed in decennial supplements: the supplement to the 35th Report (*Parliamentary Papers 1875*, XVIII) is by William Farr himself. Concern about the health of the young resulted in the Royal Commission on Physical Training (Scotland) (*Parliamentary Papers 1903*, XXX); and in the much better known *Report of the Interdepartmental Committee on Physical Deterioration* (*Parliamentary Papers 1904*, XXXII). The inauguration of the school medical service resulted in the *Annual Reports of the Chief Medical Officer of the Board of Education* (from 1910). The work of the school doctors is briefly reviewed in the Department of Education and Science, *The School Health Service 1908–74* (1975). Analogous to the fiscal blue books are *Statistical Memoranda . . . on Public Health and Social Conditions* (*Parliamentary Papers 1909*, CIII). The works of two distinguished public servants may be mentioned: G. Newman, *Infant Mortality: a social problem* (1906), and A. Newsholme, *The Last Thirty Years in Public Health: recollections . . .* (1936). M. Hewitt, *Wives and Mothers in Victorian Industry* (1958), and B. Abel-Smith, *The Hospitals 1800–1948* (1964), ably cover parts of the field. On mortality W. P. D. Logan, "Mortality in England and Wales from 1848 to 1947", *Population Studies*, iv (1950–1), presents plain facts; while T. McKeown and others, "Reasons for the decline of mortality in England and Wales during the nineteenth century", and "An interpretation of the decline of mortality in England and Wales during the twentieth century", *Population Studies*, xvi (1962) and xxix (1975), play down the role of medical science.

On housing and the environment the official sources are as rich as ever. The pollution of the atmosphere has been faithfully recorded by the alkali inspectorate in Annual Reports since 1863. There was a Royal Commission on Noxious Vapours in 1878 (*Parliamentary Papers 1878*,

XLIV). The working of early slum-clearance legislation was investigated by a Select Committee on Artizans' and Labourers' Dwellings Acts (*Parliamentary Papers 1881*, VII; *1882*, VII). This was quickly followed by the Royal Commission on the Housing of the Working Classes (*Parliamentary Papers 1884-5*, XXXI); and in 1890 by the Act (53 & 54 Vict. c. 70); and by a new Housing and Town Planning Act of 1909. The Census in 1891 and after included questions on housing, which made possible the accurate measurement of overcrowding. A mildly Utopian reaction to housing problems was Ebenezer Howard, *Garden Cities of Tomorrow* (1902), the better known version of a work first published as *Tomorrow* (1898). More level-headed is J. S. Nettlefold, *Practical Housing* (Letchworth, 1908). The history of pollution remains to be written; the history of housing has proved more attractive to historians. W. Ashworth, *Genesis of Modern British Town Planning* (1954), is the standard work on that subject. The definition and origin of slums is discussed in H. J. Dyos, "The slums of Victorian London", *Vict. Studies*, xi (1967). The impact of Andrew Mearns's famous pamphlet of 1883 is discussed by A. S. Wohl, "The bitter cry of outcast London", *International Review of Social History*, xiii (1968). Among recent contributions are S. D. Chapman (ed.), *History of Working Class Housing* (1971); J. N. Tarn, *5% Philanthropy: urban housing 1840-1914* (1973); E. Gauldie, *Cruel Habitations ... 1780-1914* (1974); and W. V. Hale and M. T. Pountney, *Trends in Population, Housing ... 1861-1961* (1974). H. J. Dyos and M. M. Wolff (ed), *Victorian Cities*, 2 vols (1973), covers a wider field. J. Parry Lewis, *Building Cycles and Britain's Growth* (1965) is the best guide to the vexed question of fluctuations in building activity.

The later history of factory legislation has not attracted as much attention as its earlier years. B. L. Hutchins and A. Harrison, *History of Factory Legislation* (1903), has some value as a careful and contemporary account. H. A. Mess, *Factory Legislation and its Administration 1891-1924* (1926), carries the story forward to the end of the period. The primary source for the subject is the Annual Report of the factory inspectors, published in *Parliamentary Papers*: until 1877 each inspector made a report; from 1878 the chief inspector prepared one report, including after 1893 information on the work of women inspectors.

Copious evidence on "sweating" was presented to a Select Committee of the House of Lords (*Parliamentary Papers 1888*, XX App.G; XXI; *1889*, XIII, XIV). C. Black, *Sweated Industry and the Minimum Wage* (1907) prepared the ground for the Trade Boards Act of 1909. R. H. Tawney, *The Establishment of Minimum Rates in the Chainmaking Industry ...* (1914) and *... in the Tailoring Industry* (1915), studied its effects. The question whether stringent enforcement of factory Acts was counter-productive and an encouragement to "sweating" is raised in J. A. Schmiechen, "State reform and the local economy: an aspect of industrialisation in late Victorian and Edwardian London", *Ec.H.R.*, xxviii (1975).

158. Public Health Act, 1875

(Public General Statutes, 38 & 39 Vict. c. 55)

91. Nuisances. For the purposes of this act,

   1. any premises in such a state as to be a nuisance or injurious to health;

   2. any pool ditch gutter watercourse privy urinal cesspool drain or ashpit so foul or in such a state as to be a nuisance or injurious to health;

   3. any animal so kept as to be a nuisance or injurious to health;

   4. any accumulation or deposit which is a nuisance or injurious to health;

   5. any house or part of a house so overcrowded as to be dangerous or injurious to the health of the inmates, whether or not members of the same family;

   6. any factory workshop or workplace (not already under the operation of any general Act for the regulation of factories or bakehouses), not kept in a cleanly state, or not ventilated in such manner as to render harmless so far as practicable any gases vapours dust or other impurities generated in the course of the work carried on therein that are a nuisance or injurious to health, or so overcrowded while work is carried on as to be dangerous or injurious to the health of those employed therein;

   7. any fireplace or furnace which does not as far as practicable consume the smoke arising from the combustible used therein, and which is used for working engines by steam, or in any mill factory dyehouse brewery bakehouse or gaswork, or in any manufacturing or trade process whatsoever; and any chimney (not being the chimney of a private dwelling house) sending forth black smoke in such quantity as to be a nuisance, shall be deemed to be nuisances liable to be dealt with summarily in manner provided in this Act: Provided

First, that a penalty shall not be imposed on any person in respect of any accumulation or deposit necessary for the effectual carrying on of any business or manufacture if it be proved to the satisfaction of the court that the accumulation or deposit has not been kept longer than is necessary for the purposes of the business or manufacture, and that the best available means have been taken for preventing injury thereby to the public health.

Secondly, that where a person is summoned before any court in respect of a nuisance arising from a fireplace or furnace which does not consume the smoke arising from the combustible used in such fireplace or furnace, the court shall hold that no nuisance is created within the meaning of the Act, and dismiss the complaint, if it is satisfied that such fireplace or furnace is constructed in such manner as to consume as far as practicable, having regard to the nature of the manufacture or trade, all smoke arising therefrom, and that such fireplace or furnace has been carefully attended to by the person having the charge thereof.

92. It shall be the duty of every local authority to cause to be made from time to time inspection of their district, with a view to ascertain what nuisances exist calling for abatement under the provisions of this Act in order to abate the

same; also to enforce the provisions of any Act in force within the district requiring fireplaces and furnaces to consume their own smoke.

159. Act for facilitating the improvement of the dwellings of the working classes in large towns (1875)

(*Public General Statutes*, 38 & 39 Vict. c. 36 (Artizans' and Labourers' Dwellings Improvement))

Introduced by Richard Cross, Disraeli's very successful Home Secretary, to whom much of the credit for the social legislation of the government must go. Alexander Macdonald, the miners' member for Stafford, said in 1879 that the Conservatives had done more for the working man in five years than the Liberals in fifty.

Whereas various portions of many cities and boroughs are so built and the buildings thereon are so densely inhabited as to be highly injurious to the moral and physical welfare of the inhabitants:

And whereas there are in such portions of cities and boroughs as aforesaid a great number of houses, courts, and alleys which by reason of the want of light, air, ventilation, or of proper conveniences, or from other causes, are unfit for human habitation, and fevers and diseases are constantly generated there, causing death and loss of health, not only in the courts and alleys, but also in other parts of such cities and boroughs:

And whereas it often happens that owing to the above circumstances, and to the fact that such houses, courts, and alleys are the property of several owners, it is not in the power of any one owner to make such alterations as are necessary for the public health:

And whereas it is necessary for the public health that many of such houses, courts, and alleys should be pulled down, and such portions of the said cities and boroughs should be reconstructed:

And whereas in connection with the reconstruction of those portions of such cities and boroughs it is expedient that provision be made for dwellings for the working class who may be displaced in consequence thereof:

Be it enacted. . . .

1. This Act may be cited for all purposes as the "Artizans' and Labourers' Dwellings Improvement Act, 1875."
2. This Act shall apply only to
   1. the city of London;
   2. the metropolis, exclusive of the city of London; and
   3. urban sanitary districts in England containing, according to the last published census for the time being, a population of twenty-five thousand and upwards;
   4. urban sanitary districts in Ireland containing according to the last published census a population of twenty-five thousand and upwards;
and the local authority shall be as follows; that is to say
   1. as respects the city of London, the Commissioners of Sewers; and
   2. as respects the metropolis, the Metropolitan Board of Works; and

3. as respects each urban sanitary district, the urban sanitary authority of that district.

Part I. Unhealthy areas

1. Scheme by local authority. . . .

3. Where an official representation as hereinafter mentioned is made to the local authority that any houses, courts, or alleys within a certain area under the jurisdiction of the local authority are unfit for human habitation, or that diseases indicating a generally low condition of health amongst the population have been from time to time prevalent in a certain area within the jurisdiction of the local authority, and that such prevalence may reasonably be attributed to the closeness, narrowness, and bad arrangement or the bad condition of the streets and houses or groups of houses within such area, or the want of light, air, ventilation, or proper conveniences, or to any other sanitary defects, or to one or more of such causes, and that the evils connected with such houses, courts or alleys and the sanitary defects in such area cannot be effectually remedied otherwise than by an improvement scheme for the rearrangement and reconstruction of the streets and houses within such area, or of some of such streets and houses, the local authority shall take such representation into their consideration, and if satisfied of the truth thereof, and of the sufficiency of their resources, shall pass a resolution to the effect that such area is an unhealthy area, and that an improvement scheme ought to be made in respect of such area, and after passing such resolution, they shall forthwith proceed to make a scheme for the improvement of such area.

Provided that no person being beneficially interested in any lands within such area shall vote as member of the local authority upon such resolution, or upon any question relating to the purchase or taking of lands in which he is so interested.

If any person votes in contravention of this proviso, he shall on summary conviction incur a penalty not exceeding twenty pounds, but the fact of his giving such vote shall not invalidate any resolution passed by the local authority.

Provided always that any number of such areas may be included in one improvement scheme.

4. An official representation shall mean, in the metropolis, a representation made by the medical officer of health of any district board or vestry or by such medical officer as is hereafter in this Act mentioned, to the local authority, and elsewhere shall mean a representation made to the local authority by the medical officer of health of such authority. A medical officer acting in pursuance of this Act shall make such representation whenever he sees cause to make the same; and if two or more justices of the peace acting within the jurisdiction for which he is medical officer, or twelve or more persons liable to be rated to any rate out of the proceeds of which the expenses of the local authority under this Act are made payable, complain to him of the unhealthiness of any area within such jurisdiction, it shall be the duty of the officer forthwith to inspect such area, and to make an official representation stating the facts of the case, and whether in his opinion the area is an unhealthy area or not an unhealthy area, for the purposes of this Act.

5. The improvement scheme of a local authority shall be accompanied by maps, particulars, and estimates; it may exclude any part of the area in respect of which an official representation is made, or include any neighbouring lands, if the local authority are of opinion that such exclusion is expedient or inclusion is necessary for making their scheme efficient for sanitary purposes; it may also provide for widening any existing approaches to the unhealthy area or otherwise for opening out the same for the purposes of ventilation or health; also it shall distinguish the lands proposed to be taken compulsorily, and shall provide for the accommodation of at least as many persons of the working class as may be displaced in the area with respect to which the scheme is proposed, in suitable dwellings which, unless there are special reasons to the contrary, shall be situate within the limits of the same area, or in the vicinity thereof; it shall also provide for proper sanitary arrangements. It may also provide for such scheme or any part thereof being carried out and effected by the person entitled to the first estate of freehold in any property subject to the scheme or with the concurrence of such person, under the superintendence and control of the local authority, and upon such terms and conditions to be embodied in the scheme as may be agreed upon between the local authority and such person. . . .

160. Royal Commission on the Housing of the Working Classes, 1884–5

(a) *Report on railway demolitions*

(Parliamentary Papers 1884–5, XXX, 24)

The subject of railway demolitions is a large one, which will have to be considered in various aspects. For the moment it will be sufficient to glance at the effect and extent of them in their bearing as a cause of overcrowding. The majority of the cases of demolition have occurred during the last twenty-five to thirty years, as the older railways came largely through unoccupied ground. The displacements of the population by the Midland Railway Company in Somers Town, for instance, have been a great cause of overcrowding in the borough of St Pancras; about five hundred houses were removed and the inhabitants for the most part migrated to the surrounding neighbourhood. This would represent an influx of six thousand people to an already crowded district, if the estimate of twelve to a house were taken. Without quoting further cases in evidence, attention may be called to the fact that the reason why railway companies often schedule and take the poorest properties, the demolition of which causes the greatest misery, is that they have hitherto been the cheapest to obtain.

(b) *Report on local authority action*

(ibid.)

The vestries and district councils have under 18 & 19 Vict. c. 120 power of appointing medical officers of health and inspectors of nuisances who are in no way subject to the Local Government Board or any other public department, either as to the tenure of office or as to salary. These powerful governing bodies are elected by parishioners rated to the relief of the poor; but little interest is, as a rule, taken in the election by the inhabitants, instances having been known of vestrymen in populous parishes being returned by two votes on a show of hands. The fact that only two authorities out of thirty-eight, the vestry of Chelsea and the district board of works of Hackney, have in the past been energetically taking action under the provisions of the Sanitary Act in respect of tenement houses, may be fairly taken as presumptive proof of supineness on the part of many of the metropolitan local authorities in sanitary matters, at all events as regards parishes that contain large numbers of such houses as would come under this Act. . . . Clerkenwell, with a population of 69,000 employs the services of two sanitary inspectors, with an assistant, who is however, also sexton and coroner's officer; it cannot, therefore, be considered as an extreme instance of inactivity in this respect. . . . The vestry consists of seventy-two members, of whom the average attendance is stated by Mr Paget the vestry clerk to be from twenty-five to thirty. There are on the vestry thirteen or fourteen persons who are interested in bad or doubtful property, and they include the middlemen already referred to. There are, moreover, ten publicans on the vestry who, with the exception of one or two, have in this parish the reputation of working with the party who trade in insanitary property, and accordingly this party commands a working majority on the vestry. Taking the house farmers alone, it is found from Mr Paget's evidence that they preponderate in very undue proportion on the most important committees of the vestry. On the works committee there are ten out of the fourteen house farmers referred to, on the assessment committee seven out of the fourteen appear. Enough has been said about the condition of the dwellings of the poor in this parish. It will suffice, therefore, to mention that when the sanitary committee of the vestry (which was greatly influenced by its active chairman whose zeal is said to have caused his subsequent dismissal from it) recommended the enforcement of the tenement provision of the Sanitary Act, the opposition of the vestry was sufficiently strong to indefinitely postpone the consideration of the recommendations. It is not surprising that the sanitary inspectors whose tenure of office and salary is subject to such a body show indisposition to activity. The state of the homes of the working class of Clerkenwell, the overcrowding and other evils which act and react on one another, must be attributed in a large measure to the default of the responsible local authority. . . .

(c) *Evidence of Lord Shaftesbury*

(ibid.)

14. [Shaftesbury] The evil of overcrowding has increased very much of late years, owing to the large displacement of the population for the making of new streets, and the embankment, and the law courts and all the general improvements throughout London. The population was overcrowded before, but now they have become overcrowded to an extent which I have never known.

For instance, to begin with the case of the rookeries: when the rookeries which were on the site of New Oxford Street were cleared away, the population flowed over into Church Lane and the adjacent streets, and the houses, which to my certain knowledge were then overcrowded, became at that time crowded to such an extent that it was impossible for the people to live in them with any hope of health and decency. Then, again, when the clearances took place at Westminster in the year 1866 the overcrowding became excessive, and it was very hard indeed on the poor people. I went over the houses myself, and had the statement from their own lips that many of them having two rooms were compelled by their landlords to take one room, and to pay exactly the same rent for the one room that they had formerly paid for the two rooms. A great many were driven across the river, but that involved very serious calamities indeed to the poor people who had to live such a distance from their work, or to form new relations of labour in the districts they fled to.

15. [Sir Charles Dilke] With regard to the effect produced on the people themselves, and on their moral habits, I believe that the attention of your lordship was called to the evidence given on that subject last year before the committee of the House of Lords on the protection of young girls? – It was. I sat on that committee. If I were to go into the consequences of overcrowding, particularly in single rooms, few people would believe what I said. . . .

16. Besides the evil of the crowding of a poor family into a single room, there are cases that have, no doubt, come within your lordship's knowledge where lodgers are taken as well? – Undoubtedly. I have seen once, but only once, four distinct families in one room, each occupying a corner. I do not think such a state of things could exist now in London, with all the overcrowding. The whole street in which that occurred is now swept away.

17. There is a disposition, is there not, on the part of these poor people, when once they have paid their rent, to consider that they can do what they like with the room, that is to say that they can let lodgings in the room, if they please? – Exactly so, they consider that the rooms are their own houses. . . .

19. The consequences to health, I believe, of the one-room system are very serious, and a great deal of sickness is produced by the overcrowding? – The effect of the one-room system is, physically and morally, beyond all description. In the first place the one-room system always leads, as far as I have seen, to the one-bed system. If you go into these single rooms you may sometimes find two beds, but you generally find one bed occupied by the whole family, in many of these cases consisting of father, mother, and son, or of father and daughters, or of sisters and brothers. . . . In the one-room system, where the inhabitants are many, you cannot introduce a sufficient amount of air. . . . The one-room system arises of course, from the desire of cheapness, and I believe it always was so. Now, owing to the influx of people into London, simultaneously with the great displacements which have taken place, the competition for house room is so great, and the space is so limited, that the numbers in each room increase and the rents are raised to a frightful amount. . . .

20. Dealing specially with the point of overcrowding to which our investigations are in the first place directed, as regards London has your lordship any suggestion to offer to the Royal Commission with a view to the reduction of that evil? – I believe that in London nearly all that is necessary might be done by private effort – I mean by private effort without the intervention of government financial aid in any way. In the first place I believe that if the Act that I carried through in the year 1851 were called into operation, it would meet almost all the requirements. You will observe that it is very simple. There is a very good abstract of it in an article written by Mr Arnold Foster in the *Nineteenth Century* for December 1883, and you will see in the course of a very few words how very comprehensive and how very simple it is. The object of the Act, he says, "is to encourage the establishment of lodging houses for the labouring classes; and it gives powers to the vestries to adopt the Act on the security of the rates, and with power to borrow." It is not confined to municipalities or boroughs, but any populous place with ten thousand inhabitants having a vestry may put the Act into operation, and for this purpose vestries may combine. Ten or more ratepayers belonging to any open vestry may require a meeting to be summoned and may decide as to the adoption of the Act. They may have full powers conferred upon them to buy and sell land and to hold land; they can pull down houses, and they can put into operation all the existing Acts. If the Act were put in force in London now that there is very strong feeling on this subject, I believe that you might have London covered with a cluster of legally-constituted authorities which would take action and deal with this question. The title of the Act is the 14 & 15 Vict. c. 34. . . .

24. Your lordship's principal suggestion to the commission would be that they should recommend the making use of that Act, which is still in force? – Very much so, but there are a variety of other methods which might be adopted. There is the adaptation and conversion of existing houses, which we tried on a very large scale and most efficiently, a great many years ago. It has since been followed up to some extent by Miss Octavia Hill, and is answering very well. I see a gentleman here, Mr Godwin, of the *Builder*, who will confirm what I say. The conversion of existing tenements by repairs, drainage, and everything of that kind, and adapting them as fit habitations for the poorer sort, may be in some cases a temporary expedient, but sometimes it may be a permanent one. When the houses are very old indeed it can only be a temporary expedient, because when you have spent a little money on them, after three or four years they begin to fall into disrepair, as in the case of Tyndall's Buildings, which are now pulled down by the Metropolitan Board of Works. Other houses, such as we have in Wild's Court and in Clarke's Buildings, being of good construction, might be permanently adapted for habitation, and would last for years and years. The changes wrought in Tyndall's Buildings commended in 1857, were something perfectly marvellous. Mr Godwin was good enough to go with me to see Tyndall's Buildings before we undertook to reform it, and he saw it after it was put in order, and I do not think you would have recognised the locality. It

was so vile a place that the police would never go there except in couples. The health of it was so bad that every year cases of fever were sent from it to the hospital. But after our renovation there were no cases of fever, and the police did not go there simply because they were not required to go there. That was a marvellous instance of the conversion of existing houses at a low figure – at a very low figure, I mean, compared with the expense of rebuilding houses from the foundation, and therefore we could charge moderate rents, and the people lived there in very great happiness and comfort. That is a magnificent instance of the success of that kind of conversion; but now, I am sorry to say that it has been destroyed by order of the Metropolitan Board of Works, to make way for a new street. It is to be much regretted, for we thereby lose our best proof of power to adapt the worst houses to the use of the very poor. . . .

(d) *Evidence of Hugh Owen, Permanent Secretary to Local Government Board*
(ibid.)

367. [Cardinal Manning] If the local authority does not act upon the representations, which on reference to the Local Government Board they thought to be founded upon sufficient reason, of course the Local Government Board would intervene? – [Hugh Owen] That would be so where the matter was a large one like a sewerage scheme or scheme of water supply. We should issue our order declaring the authority in default, and we should require them to perform their duty within a certain limited time; and if they fail to do so, we have the power of executing the works ourselves.

368. If the work is not a large one, is there a more expeditious or summary power of remedying the default of the local authority? – There is this difficulty, that, if it were once assumed that the Local Government Board, where a nuisance was shown to exist, would take upon themselves the duty of the local authority and institute proceedings before justices, and execute the works if works are necessary, I have not the least hesitation in saying that the number of applications would be very great, and those applications would not be confined to the metropolis, because the same power exists with regard to the country generally. In the case of many of the large towns we should have similar complaints, and we should be simply overwhelmed, and we should be called upon, as it appears to me, to do the duty of the local authorities themselves.

369. Upon whom would the cost of such proceedings fall? – Of course, every possible technical objection would be taken to the action of the board. Everyone would be against a central department interfering in matters of that kind. If there was a technical objection on a point of law, and we failed, the State would have to pay the costs. But assuming that all went well, and that there was no appeal, or, if there was an appeal, that the action of the person appointed by the board was supported, then probably the expenses would be recovered. But I may perhaps say with regard to that that the Secretary of State, before the powers were transferred to the Local Government Board, in one or two cases undertook the execution of works, and money was borrowed for the purpose

from the Public Works Loans Commissioners with the result that a heavy loss was sustained by the State. In one of the cases I am referring to the works were works of water supply at Epping; they were a failure, and in consequence, the local authority declined to levy the rate required for payment of the loan, and eventually the Public Works Loans Commissioners had to obtain a mandamus to compel them to levy the necessary rate. It ended in a compromise, the State waiving a considerable portion of its claim, because the works which had been executed by the person appointed by the Secretary of State were so unsatisfactory.

370. [The Marquess of Salisbury] That work at Epping was the sinking of a well, was it not? – Yes, they provided the greater part of the works for the supply of the water, and they afterwards failed to find the water.

371. [The Chairman] That sort of thing sometimes happens to local authorities, as at Richmond, for instance? – Yes, and for that reason, the board, ever since they have had the powers vested in them, have steadily refused to undertake the execution of works. The responsibility they say rests with the authority, and, when the board are satisfied that the authority has made default, and an order has been issued requiring them to remedy the default, and they fail to do so, the board go to the Queen's Bench Division, and obtain a mandamus requiring the authority to perform their duty rather than attempt to perform it for them by carrying out the works themselves.

372. [Cardinal Manning] In your opinion the legislative provisions at this moment are ample to cover all the ground that is needed; but is there sufficient legislative machinery for the enforcement or carrying into effect of these provisions? – There are very wide powers of enforcement. There are powers vested in the Metropolitan Board of Works, but they do not exercise them. The local authorities have not used all the powers that are given to them by the Acts; and the Metropolitan Board of Works, who have the power of superseding them, have not done so. It is also true that, although the Local Government Board have certain powers, they have refrained from exercising them on account of practical difficulties, and indisposition to take the place of local authorities in discharging the duties which are imposed on them by statute.

373. I do not ask in what way they should be removed, but there are practical difficulties which might be removed? – I have no doubt that if there were more action on the part of local authorities, the difficulty would to a great extent disappear. . . .

399. [Sir Richard Cross] Are you satisfied now that the Act of 1868 and my own Act of 1875 have been amended by the Acts of 1879 and 1883, that the question of too much compensation cannot occur again? – There is no doubt that the amount that has been awarded by the arbitrators (I am not speaking now of the metropolis, but of Birmingham and some other places) has had a very deterrent effect as regards the adoption of new schemes. But taking the provisions as they now stand, my own view is that it would be very difficult to find words which would lay down more fairly and more equitably the basis of calculating the sums that should be awarded.

400. Then you are satisfied now with the alterations which were made in the Acts of 1879 and 1882? – That is my own view of the matter.

401. As to Mr Torrens's Act can you account for the vestrymen not having put that in force? – I should think that the chief reason was the expense and the desire to shift on the Metropolitan Board of Works the promotion of these improvement schemes.

402. Can you give any evidence as to the allegation which has very often been made that many of the vestrymen are interested in this class of property, and therefore decline to put the Acts in force? – That has been stated over and over again, and I should think there was a probability of there being some foundation for it, but I have not myself any facts that I could mention as to that.

403. You are aware that the chairman of the commission made an admirable speech upon that subject in the House of Commons the other day? – Yes. . . .

507. [Mr Broadhurst] With regard to the inspection of property, do you regard it as a farce for vestries to have the absolute power of appointment and discharge of inspectors and surveyors when the vestries themselves are composed almost exclusively of property owners? – Assuming that it is the case that they are almost exclusively composed of property owners, of course the reports of the inspectors would not have so much weight when they affect the property of the members of the vestry as under other circumstances.

508. Does it not occur to you as being very much like the wolves appointing a shepherd? – I do not think it is alleged that there are such vestries as those which you are referring to, and which are composed exclusively of property owners. There is a proportion of property owners, no doubt.

509. I do not think it is usually reckoned, is it, that there is anything like the same proportion in the vestries of persons who are not property owners? – We have not in the office, neither have I myself, knowledge of the precise facts.

(e) *Evidence of Octavia Hill*

(ibid.)

8847. [Sir Charles Dilke] Do you consider that blocks of buildings for the poorer classes of London labourers can be made to pay on sites which have been cleared by the operation of Sir Richard Cross's Act? – [Octavia Hill] So far as the artisans are concerned, I should have thought the thing quite proved.

8848. But the phrase I used was "the poorer class of London labourers". – So far as the labourers are concerned, I have very great hopes of it: with due care – with the thorough conscientious and strict economy and application of all the amending clauses of what I may call the penal Sanitary Acts, and with great care on the part of promoters – and if the builders indulge in no "fancies", I entirely believe they would pay well. . . .

8849. What suggestions would you make as to the construction of the blocks? – I think there should be very much greater simplicity. Instead of building what the promoters who come from comfortable homes think ought to be wanted, they should build what really is wanted, and what is essential to health. . . .

Primarily, I should not carry the water and drains all over the place; I think that is ridiculous. If you have water on every floor, that is quite sufficient for working people. It is no hardship to have to carry a pail of water along a flat surface. You would not dream of interfering with the water supply in a tidy little house now, and yet people carry their water up three or four floors there. You would not think of legislating to prevent that. Surely, if you bring the water on to each floor, that is quite sufficient. In most of the blocks of workmen's tenements the water is laid on into every tenement. That is not only a large cost to begin with, but it means an enormous cost in keeping the thing up, and a larger cost still in proportion as the tenants are destructive and careless. Of course, the same thing applies to the drains, and it is not in the least necessary that they should be laid everywhere. Then there is another thing which the old companies have done (and they have been quite right from one point of view – I am not saying a word against them – they intended to provide for artisans, and they have done so), they built rooms with no separate approach, and therefore those rooms must from the very first be let *en suite*. . . .

8855. Leaving the cases of buildings that are so bad as to require removal and rebuilding, which you describe as your first class; and coming to the second class, which you describe as including buildings which are improvable, but which are in the hands of ignorant or unwilling owners; in what ways could the owners of property which is unsatisfactory but capable of improvement without rebuilding be forced to improve, other than the means which exist at the present time? – I should have thought by getting willing people to put in force the Acts which now exist. Most of the Acts are permissive, and even compulsory Acts want some willing people to put them in force. At present it seems to me that hardly anybody anxious to effect sanitary improvements is paying any attention to the importance of their going on the vestries. We ought to get better men on the vestries, and it is extraordinary to my mind that gentlemen do not come forward and join the vestries. Just what one has seen done in the case of the boards of guardians ought to be done in the case of the vestries, namely, that men of education and power ought to join them. I know of no other way. Of course, the amending Acts will make the vestries more willing to put them in force; at least, I should hope so. . . .

8864. How would you propose to deal with what you would call the destructive class of tenants? – The destructive and the criminal classes cannot, in my opinion, be dealt with by the existing, or by any other building societies, because the difficulty with these people is not financial, but moral; and, therefore, I know nothing for them but some individual power and watchfulness. They must be trained.

8865. In short, what is commonly called your system? – Yes, what is called my system. I know no other way of dealing with this body of people. Such work may be small, it may be large, it may be capable of growth or it may not; but I know of no other way of touching those classes at all.

8866. That is a system which is mainly applicable to what may be called old houses, is it not? – Yes, But it should be followed up by the construction of new houses, and we have so followed it up in a large number of cases; but when we get to the question of new house[s], of course it might be handed over to the societies. It is not a question of class, it is a question of character. You may have a destructive drunken man, whom neither Sir Sydney Waterlow's nor any other society would take into their buildings at all, for he will not conform to the rules; the only way that I know of getting hold of him is buying up the house in which he is, exactly as it is, and making him profit by his own care. You must do the thing through personal influence. Now, in my opinion, that influence must be brought to bear by two classes of people – the landlord and [or] his representative. If people will do as many have done, viz, buy houses for the sake of managing them, then they can get hold of such men; but it must be done by one individual – it cannot be done by a society. The management depends very much on judgment of character. You must notice when this man is doing any better, and when he is not. You cannot bring that up before a committee, and prove it. You must say to this man, "Go", and you must say to that one "Stay", and you must devise a plan which shall make that man gradually feel the benefit of his own care. When we buy these old houses we do nothing to them but the drains and the water supply and put the roofs to rights, and everything else of every sort and kind, is added in proportion to the tenant's own care; and I do not think you can do that except by the agency of volunteers.

8867. Do you find a sufficient and continuous supply of volunteer workers to carry on that plan? – "Sufficient" is a large word, but it has been a steadily increasing one. . . .

8869. You, of course, consider that for obvious reasons, volunteer workers are better fitted to deal with the destructive class than paid workers? – I do not think you can deal with them by paid workers; I never saw them dealt with by paid workers. They are either allowed to tyrannise over all the others, or else they are cast out. The ordinary system of collection, as far as I know it, is this; a man goes round on Monday mornings and stands at the door of the house and asks for the rents that are forthcoming. A certain proportion of the rents are brought by the honest, sober and steady people. A certain proportion which just enables the man to carry on the houses, or to make what percentage he requires. The bad, destructive tenant does not pay, and therefore, the honest, sober, and careful pay for the dishonest and destructive. We exactly reverse that. We have to stimulate hope and energy by a most elaborate system of detailed work, enabling tenants to profit by their own care. I make an allowance for a certain amount to every house for repairs, and I say to the inhabitants: "Now, if this is not spent in destruction, it can be spent in improving your places": and only in that way do we get hold of them. They choose what improvements shall be added, and in that way we raise the condition of repair in the houses gradually. But you could not pay for the amount of detailed labour that is involved in such subdivision of accounts and supervision.

8870. You have a strong opinion, have you not, that all schemes for building, and all schemes of the kind which you have described, should be thoroughly self-supporting? – Most strongly do I feel that. First of all, I do not feel that any rate – or State – supported scheme could ever meet the requirements of the case, because if you once assume that it is your duty to provide houses for the poor at a price which they assume that they can pay, it will be just a rate-in-aid of wages like the old poor law system, and if the labour market is in an unsatisfactory state, wages will simply fall. Again, you will get people coming up to London, just throwing themselves as it were on your charity to provide houses for them, and you will never meet their wants in the way independent work will. All the work that I have ever done has been self-supporting. Although we have volunteers for collectors, we have always charged the ordinary percentage for the collection of rents; and I feel most strongly that everything ought to be thoroughly self-supporting. It is most cruel, especially in the present state of the working classes' hope and thought, to play with these things. Anything that looks like assuming responsibility that you cannot take, seems to me most cruel to them. I do hope that, whatever does come out of this commission, it may not be anything that will interfere with the principle that the homes should be self-supporting, as I am sure they can be made with care, and with patience, and with thought. I mean by "self-supporting" just this: that you should put them on such a footing that you can pay interest on the money that you get, and that you can get any amount of money needed. That is what I call self-supporting.

8933. I think I understood you to say that you consider that voluntary action is absolutely necessary, and will always be absolutely necessary, whatever may be the future remedies? – So long as we have a destructive and criminal class, I do; and I think that voluntary action is very important for everybody. The relation of the ground-landlord to his tenants is a valuable one, and a large part of my life has been spent in bringing people into that relation. We have houses now in Marylebone, St Pancras, St Giles, St George's-in-the-East, Whitechapel, Chelsea, and Drury Lane, in all of which places various individuals have purchased; and so strongly do I feel about the individual influence and work and relation that I have never formed a society. It would have saved an enormous amount of trouble in many ways as to accounts, because, for every one of these places we have to keep a separate account now, as they are really separate bits of property. But then we get the whole interest and personal relationship of these various men of education and power and thought who have cared to take a small bit of London and see what they can make of it and its people.

8934. But would you have pressed so far as to exclude official administration; would you wish to make the housing of the poor an undertaking simply in the hands of voluntary agents? – I am most grateful and delighted to see all that the different societies have done; nobody can feel more grateful to them than I for all that they are doing, and I should like to see them go on; but I also wish to see, side by side with that, the extension of this individual action; and from my own way of work I know more about it, and I am more interested in it, and see what it will do which the other will not do, and particularly how it will deal with the destructive and with the criminal classes. If a building company builds a block of buildings, they cannot take into them people of this bad character. Supposing you could get all London taken up by a good building company, what is to become of the destructive classes? You cannot accept them as tenants; I could not accept them myself, as tenants in a new building. But if I go down and purchase a street, I buy up a number of houses inhabited by those people, and then I say to them, "You must either do better, or you must leave; which is it to be?" I have bought one court, which was decidedly immoral and bad; there were thirty-eight houses in it, and a great many of them were very bad. I put myself in communication with the clergy and gentlemen at work there, and I said to them, "I tell all these people that if they do not improve the conduct of their houses they must leave. Will you tell me whether you think they are improving, or not, and I will act upon your advice?" They were, many of them, questions that I could not, myself, judge of. We had to clear two houses out of the thirty-eight, and the rest of them have improved, and now that court is one of the nicest, prettiest, and most orderly of courts, and it has been so for twelve years. . . .

8966. Do you not think that a great deal of charitable work, in this, as in other matters, is wasted, and made less efficacious than it otherwise would be, on account of our passion for societies and committees? – I do. I have had people come to me and offer to put themselves at the head of all my workers, and form a large society; they say I should gain so very much. I would, but I never formed any committee.

8967. A committee wastes a great deal of time in talking? – It does; and besides, as I said to Mr Ruskin, the first time we talked this matter over, no committee would do it, because we cannot set up a perfect standard immediately, but progress must be gradual. Even as to overcrowding, the change must be gradual. We cannot say that we will not have more than so many people in a room. We buy the rooms perfectly teeming with people, and for a few weeks we go on like that; and then we gradually get them to move into larger or take additional rooms; and we deal with everything gradually in that way. That must be a question of individual action, and with each person in the court the same thing arises. I do not say that I will not have drunkards, I have quantities of drunkards; but everything depends on whether I think the drunkard will be better for being sent away or not. It is a tremendous despotism, but it is exercised with a view to bringing out the powers of people, and treating them as responsible for themselves within certain limits.

161. John Burnett's report to Board of Trade on sweating in the East End of London

(Following the Burnett Report to the Board of Trade, the earl of Dunraven recommended the setting up of a Select Committee on Sweating. The text is from the copy in *Parliamentary Papers 1888*, XX, App. G, where it is the first of the several reports of the Select Committee)

The Assistant Secretary, Commercial Department, Board of Trade.

Sir, In conformity with your directions I have made enquiries into what is known as the "sweating system" at the East End of London, especially in the tailoring trade, and I have now to submit the following report.

The system may be defined as one under which sub-contractors undertake to do work in their own houses or small workshops, and employ others to do it, making a profit for themselves by the difference between the contract prices and the wages they pay their assistants. The scale of business of such sub-contractors varies greatly, many who are called sweaters employing one or two assistants only, while workshops in which ten, twenty or even thirty to forty are employed are also numerous. There are some where the numbers are more than fifty. The larger workshops tend to approximate to the factory system and there is one case I should say where the approximation is very close, so that it is doubtful whether the employer can be called a "sweater" at all, the numbers employed amounting to nearly a hundred, and the conditions of employment being generally superior to those afterwards described. In any case, the mass of those employed under the sweating system labour in workshops where much fewer than twenty are engaged, or in the houses, which may be single rooms, of the "small sweaters".

This mode of working, known generally as the "sweating system", is, in the tailoring trade, no new thing. In some form or other it has existed for over half a century, and frequent traces of its existence may be found in the books, newspapers, and other social records of fifty years ago. The clothing trade is one particularly suited for being carried on under such a system, and has readily adapted itself to its extension. It is not difficult to understand that this parcelling out of the tailor's work must have had its origin in the journeyman worker taking home from his employer work to be done there by himself and, possibly, other members of his family. That, it is well known, was and is part of the mode of carrying on the trade. Such a mode of letting or sending out the work offered obvious advantages to both parties. The master tailor was spared the expense of finding workshop accommodation, with all its concomitant charges. He was relieved of the cares of constant supervision of his workpeople, who, being paid at a given rate per garment, were their own taskmasters. Good work was ensured by the pride of the tailor in his craft, and by the knowledge that bad or slovenly work would lose him his connection with the master tailor. On the other hand, the journeyman at work in his own house felt more independent, as having full control over himself, the general conditions of his toil and his hours of labour, limited only by the time fixed for the delivery of his work. He had also the advantage of being able to take work from several employers, or even from special customers on his own account. Under that system there was but little subdivision of labour. A tailor was a regularly trained and skilled worker, able to make garments of all kinds from the beginning to the end. The only subdivision of labour would be that which sprang naturally from the employment of apprentices, who would be chiefly employed on the least important parts of the work. Increasing population, cheapened materials of dress, the introduction of machinery, and the growth of a ready-made clothing industry, however, soon altered this. Garments were to be made for stock, and for export, as well as to order, and the clothing trade has become something very different to what it used to be. Except for the best kinds of clothing, the old-fashioned tailor is being crushed out, and although for the highly skilled man the rates of remuneration may be as high, or higher than before, the great bulk of the cheap clothing trade is in the hands of a class who are not tailors at all, in the old sense of the term. The demand for cheap clothes, irrespective of quality, has continually tended to bring down the rates of remuneration of the least skilled among the workers, and has caused the introduction of the most minute systems of subdivided labour. The cheaper branches of the trade have been completely cut up into sections. Instead of there being now only the customer, the master tailor, and his journeymen and apprentices, we have now the customer, the master tailor, the contractor, and possibly several other middlemen between the consumer and the producer, each making his profit out of the work at the bottom of the scale. Instead of the complete tailor, we have now men who only make coats or waistcoats, or trousers. Nor does subdivision stop here. We have cutters, basters, machinists, pressers, fellers, buttonhole workers and general workers, all brought to bear upon the construction of a coat. The learning of any one of these branches is, naturally, so much easier than the acquisition of the whole trade that immense numbers of people of both sexes and all ages have rushed into the cheap tailoring trade as the readiest means of finding employment. The result of this easy entry into the trade has been an enormously overcrowded labour market, and a consequently fierce competition among the workers themselves, with all the attendant evils of such a state of things. Under any circumstances this condition of affairs would have been fraught with misery for most of those engaged in such work, but matters have been rendered infinitely worse to the native workers during the last few years by an enormous influx of pauper foreigners from other European nations. These aliens have been chiefly Germans and Russian Jews, and there can be no doubt that the result has been to flood the labour market of the East End of London with cheap labour to such an extent as to reduce thousands of native workers to the verge of destitution. But for this special cause there would be no demand for inquiry on the subject. The evil, however, is becoming so intense as to raise a cry for its special treatment. The previous conditions of life of the unhappy foreigners who are thus driven, or come here of their own accord, are such that they can live on much less than our English workers. They arrive here in a state of utter destitution, and are compelled by the very necessity of their position to accept the work most easily obtained at the lowest rate of wages. In this way has grown up in our midst a system so bad in itself and so surrounded by adherent evils as to have caused, not only among the workers themselves great suffering and misery, but in the minds of others grave apprehensions of public danger. . . .

There can be little doubt that, from the causes already referred to, there had been an altogether abnormal increase in the immigration of foreign Jews since the period of the last census. It would, therefore, appear from the estimate of Mr Booth, based upon a careful investigation made by the school board visitors of the district, and from the figures of the Jewish Board of Guardians that from 18,000 to 20,000 are employed under the sweating system as it prevails in the tailoring trade of East London.

There are of course in addition many English workers employed in the same trade and in the same shops, but their number is gradually being reduced owing to the severity of a competition in which those who can subsist on least are sure to be victorious. Indeed it is asserted that while in 1880 there were only one sixth of the population of Whitechapel foreigners and Jews, the proportion is now one fourth, although there is but little increase in the total of inhabitants. This statement is borne out by local statistics, and tends to show that native residents employed in the local industries, of which the clothing trade is the chief, are being gradually squeezed out by the foreign and Jewish element. Having thus attempted to arrive at some general idea of the number of people involved in it, it will be well to state the facts as to the general condition of the system, and of those therein employed.

Under the sweating system the mode of giving out work is no longer that described in the opening portion of this report. In the cheap clothing trade the number of garments to be given out to make is so immense that the old system becomes practically unworkable. Either the manufacturing clothier must establish a huge factory or give out his goods to an indefinite number of journeymen if he means to run on the lines of the old system. Instead of that he gives out his work to middlemen who undertake to do it at given rates per garment. These middlemen of contractors may sublet to other contractors. Indeed work let out in this way may pass through several hands in its course from the clothier or the head contractor, to the actual maker of the clothes. The intermediate agents who neither work themselves nor employ workmen are not called sweaters. It is only the men who take the work direct either from the chief clothier or contractor, or from intermediate agents, and who employ men, women, or children to execute it for them that are sweaters. They in fact undertake work at a price per garment, and trust to make a profit by the labour of, or by "sweating" those who work for them. The object of the sweater being therefore clearly his own gain, the inevitable tendency of such a system is to grind the workers down to the lowest possible level. Perhaps the practical working of the system can best be illustrated by taking the case of a small sweater newly commencing business on his own account, he in all probability having been previously employed in a sweater's shop.

In the first place he must have a workroom. This he finds by using the room, or one of the rooms in which he and his family reside. He then obtains a sewing machine for which he pays 2s 6d per week under the hire purchase system. He is then ready to take work either from a chief contractor or from an intermediate agent as he may be able. The question of security arises, but an assurance of the man's responsibility from some one already known to the contractor is generally sufficient if there is work to be given out. The sweater is now in a position to commence in earnest and organise his establishment. The work is already cut out for him by the head clothier or contractor. If he is able to "baste" the parts of the garment together he probably does so himself. If not he must employ a "baster". As a rule the "basters" are men, but are sometimes skilled females. Next he requires a machinist. Again in the vast majority of cases men are employed as the work is heavy, but women are also largely employed in this capacity. A presser is also required. This is the heaviest kind of work in the trade and men are invariably employed to do it. The sweater will also require the services of two or three female workers, one to work buttonholes, one to do felling, and one as a learner to make herself generally useful and to carry work between the warehouse and the workshop. It is sometimes claimed for the sweaters that they are to a large extent necessary under the circumstances and with such a community as exists in the East End of London because they organise the labour of those unable to obtain work for themselves, and are fairly entitled to all the profit they may thus make. It will be seen, however, that the work of organisation is a very small affair, requiring indeed very little either of ability or of capital. It would in fact be better if no such organisation existed, and if the workers were left to be employed under a factory system by the head contractors themselves as is now done on a very large scale in some parts of the country. The ease with which men can become sweaters greatly intensifies the evils of the trade. It is the desire of every man who works under the system to become as soon as possible a sweater of other people and to get into the business on his own account. The number of sweating dens therefore increase with startling rapidity. There are in fact some streets in Whitechapel and St George's-in-the-East in which almost every house contains one or more sweating establishments. The result is that the sweaters are now beginning to compete against each other for the work to be done, and prices are falling in consequence. Knowing this, the contractors and sub-contractors play the sweaters off against each other with a view to the reduction of prices, a process in which they are too generally successful. The supply of cheap labour has of late years been enormous, and when there was the slightest difficulty in obtaining it at the prices offered there was no difficulty in obtaining more people from abroad.

Only the small sweater has so far been described, but his small establishment, well as it is contrived to secure all the advantages of a complete sub-division of labour, falls far behind, in this respect, of the larger sweaters who employ six or eight times as many people as he does. In a large sweating establishment where a number of people of every branch enumerated are em-ployed it is difficult to find two of the same branch who are paid at the same rate. With the exception of button hole working nearly everything is paid for by the day, and every worker is paid by the sweater according to his worth as measured by the quantity of work he can turn out. So nicely can the productive ability of his workers be gauged by the sweater that a certain wage per day means invariably a certain amount of work per day. This explains the almost entire absence of the piecework system, which is unnecessary as a means of stimulating production, inasmuch as the workers are under a system of task-work much more rigid in its operation than piecework. Few sweaters ever employ two persons of the same branch of the trade at the same rate of wages, and as a rule the range of ability varies with the wage paid. In this way subdivision of labour is carried to its utmost limit. The highest paid and most skilful hands do only the work requiring the best execution, while less impor-tant particulars run down a graduated scale to the least skilful workers. Thus not only is the garment sub-divided as already described, but each section is sub-divided so as to ensure, as nearly as human skill can arrange it, that there shall be a maximum of work for a minimum of wages. Another complication of the system is that for every class of clothing the rates per garment vary as do the wages of those employed upon them. As a rule the best class of work goes regularly to certain shops, and the lowest kinds to other shops and localities. There is thus to be found an infinite variety of rates of wages and a vast difference even in the social status of the sweaters. The small sweater of one set of hands in all probability works as hard, or even harder than any of his *employés*. He may even be his own presser. If so, he must keep abreast of the other parts of the work, and can then spare but little time to see that his workpeople sweat as much as he does himself. In the smaller places the sweater is always among his people, and the relationship between them is, as a rule, friendly and familiar. The princes of the sweating system, however, who em-ploy forty or fifty people, are under no such necessity to work with their own hands, but take things easy. They, as a rule, have good regular work, fair prices, cheap labour, and large profits.

The character of the workshops, or places used as workshops, varies con-siderably. The smaller sweaters, as has been already remarked, use part of their dwelling accommodation, and in the vast majority of cases work is carried on under conditions in the highest degree filthy and unsanitary. In small rooms not more than nine or ten feet square, heated by a coke fire for the pressers' irons, and at night lighted by flaring gas jets, six, eight, ten, and even a dozen workers may be crowded. The conditions of the Public Health Acts, and of the Factory and Workshops Regulation Acts, are utterly disregarded, and existing systems of inspection are entirely inadequate to enforce their provisions, even if no divided authority tended to weaken the hands of the inspectors. At a moderate computation, there must be at least two thousand sweaters in the East End of London, and of these not one-third can be known to the factory inspectors, hidden as their shops are in the garrets and back rooms of the worst kinds of East End tenements. A tour of inspection of a few of these places and of the people therein employed gives some idea of the misery and the extent of the system, and there can be little doubt that a rigid enforcement of the Acts above referred to, with a cordial cooperation between the local sanitary authorities and the factory inspectors would do much to make life more tolerable to the workers, and tend to improve also the general condition of the trade. After the small house workshops come those built over the backyards of the houses, which, if not clean or comfortable, are more spacious and better ventilated, but even some of these are but miserable places where men and women are huddled together without regard to either health or decency.

Where work is carried on under such a system and such conditions little is to be expected from the people employed, who may be said to exist, but cannot by any possibility enjoy life. In these sweating dens nineteen-twentieths of the toilers must be Jews, large numbers of whom are as yet unable to speak the language of the country they work in. They are unfortunates who have either been driven here by political or religious difficulties, or have been attracted by the presence of friends, or the hope of finding some kind of employment. Many of them arrive in London, knowing no trade, in a state of pauperism, and depending on the well-known benevolence of their wealthier co-religionists for the means of subsistence, and for assistance in obtaining employment. The readiness with which this has hitherto been obtained has undoubtedly tended to increase the flood of immigration, and to develop the sweating system. . . .

162. Factories Act, 1891

(Public General Statutes, 54 & 55 Vict. c. 75 (Factory and Workshop))

Special rules and requirements
8. i. Where the Secretary of State certifies that in his opinion any machinery or process or particular description of manual labour used in a factory or workshop (other than a domestic workshop) is dangerous or injurious to health or dangerous to life and limb, either generally or in the case of women, children, or any other class of person, or that the provision of fresh air is insufficient, or that the quantity of dust generated or inhaled in any factory or workshop is dangerous or injurious to health, the chief inspector may serve on the occupier of the factory or workshop a notice in writing either proposing such special rules or requiring the adoption of such special measures as appear to the chief inspector to be reasonably practicable and to meet the necessities of the case.

ii. [Occupier must object within twenty-one days or rules will be established.]

iii. [If notice of objection suggests any modification Secretary of State shall consider and may assent, in which case rules and requirements so amended are established.]

iv. [If Secretary of State does not agree, matter to be referred to arbitration under this Act and arbitrators' award to be established] . . .

24. Every person who is engaged as a weaver in the cotton, worsted, or woollen or linen, or jute trade, or a winder, weaver, or reeler in the cotton trade, and is paid by the piece, in or in connection with any factory or workshop shall have supplied to him with his work sufficient particulars to enable him to ascertain the rate of wages at which he is entitled to be paid for his work, and the occupier of such factory or workshop shall supply him with such particulars accordingly. . . .

27. i. The occupier of every factory or workshop (including any workshop conducted on the system of not employing any child, young person or woman therein) and every contractor employed by any such occupier in the business of the factory or workshop, shall, if so required by the Secretary of State by an order made in accordance with section 65 of the principal Act, and subject to any exception mentioned in the order, keep in the prescribed form and with the prescribed particulars lists showing the names of all persons directly employed by him, either as workman or as contractor, in the business of the factory or workshop outside the factory or workshop, and the places where they are employed, and every such list shall be open to inspection by any inspector under the principal Act or by any officer of a sanitary authority. . . .

163. Physical Deterioration Committee, 1904

(*Parliamentary Papers 1904*, XXXII)

This committee was set up by the duke of Devonshire as Lord President of the Council to investigate allegations being made, on the basis of the high percentage of army recruits rejected for reasons of unsatisfactory physique, that the nation was deteriorating physically. Medical and anthropological opinion rejected the view that any permanent impairment of the stock could have taken place, but plenty of evidence of the adverse temporary effect of various environmental factors was turned up.

14. A few years later the British Association for the Advancement of Science was responsible for a more ambitious effort in the same direction. A committee whose labours extended over five years, 1878–83, was appointed for the purpose of making a systematic examination of the height, weight, and other physical characters of the British Isles and collecting the results. During the period covered facts relating to the stature and height of 53,000 persons of all ages and both sexes were collected, 8,585 of whom were adult males, distributed as follows: England, 6,194; Scotland, 1,304; Wales, 741; Ireland, 346; but here again no later investigation on a considerable scale offers adequate material for comparison. In order to make such a comparison effective the samples must, in the first, be numerous enough; each must be taken in sufficient numbers, not less than a thousand, from districts so small that there is no sensible variation in the type of people within its boundaries; and the

classes whose average dimensions are given must be carefully differentiated, so as to present, as far as possible, homogeneous material to the investigator. The British Association report shows that there is a considerable difference in the average dimension of the different classes of the population. The average stature, for example, of boys between the ages of eleven and twelve at public schools was 54.98 inches, while of boys of the same age at industrial schools it was only 50.02. There was thus a difference of five inches in the average stature of boys belonging to the two extreme classes measured. The difference in the stature of the two extreme classes of adults was not so great, being only 3½ inches, but it was still considerable.

15. The bearing of these facts upon the taking of samples for comparison at different dates is obvious, and in only four cases since 1883, so far as the committee is aware, have measurements been taken by the aid of which a more or less legitimate comparison may be made with the figures then obtained, but in no case on any considerable scale.

16. Thus in the British Association's statistics it is found that the average stature of 100 adult males taken from the counties of Aberdeen, Banff, Elgin and Nairn was 68.04 inches; in 1895-7 measurements of 364 of the rural and urban population of East Aberdeenshire were obtained showing an average stature of 68.02 inches. In the second case, where the conditions of accurate comparison are more nearly fulfilled, the British Association report gives the average stature in the period 1874-5 of boys at Marlboro' College between the ages of fourteen and sixteen as 61.4 inches, whereas statistics for boys of the same age in the period 1899-1902 show an average stature of 61.96 inches, an increase of 0.56 inches in twenty-five years. In the third case the British Association report gives the average stature of 635 adult males from Connaught as 68.72 inches. Messrs Cunningham, Haddon, and Browne have measured in Connaught, mostly on the West Coast, about 200 adult males with an average stature of 67.41 or 1.32 [1] inches less than the other, but owing to the small numbers measured the possible variation of difference in samples is 1.05. To the extent, therefore, that the difference of the two averages exceeds this figure there may be evidence of deterioration, but it is not conclusive, as there is no guarantee that the racial type and class were the same at both dates. In the fourth case, a physical census in industrial schools in 1901 (the results of which, after being laid before the Royal Commission on Physical Training in Scotland, were corroborated by a further census in 1903) enables a comparison to be made with the height, weight, and chest measurement of children forming the lowest class in physical development dealt with in the British Association's report of 1883. The result of the comparison, for what it is worth, clearly indicates improvement in the physical development of this class at the ages of eleven and fourteen. . . .

68. It may be as well to state at once that the impressions gathered from the great majority of the witnesses do not support the belief that there is any general progressive physical deterioration.

[1] possibly an error for 1.31

69. The evidence of Dr Eicholz contains a summary of his conclusions on this point so admirably epitomising the results of a comprehensive survey of the whole subject that the committee cannot do better than reproduce it in full at this stage of their report.

(i) I draw a clear distinction between physical degeneracy on the one hand and inherited retrogressive deterioration on the other. (ii) With regard to physical degeneracy, the children frequenting the poorer schools of London and the large towns betray a most serious condition of affairs, calling for ameliorative and arrestive treatment, the most impressive features being the apathy of parents as regards the school, the lack of parental care of children, the poor physique, powers of endurance, and educational attainments of the children attending school. (iii) Nevertheless, even in the poorer districts, there exist schools of a type above the lowest, which shows a marked upward and improving tendency, physically and educationally – though the rate of improvement would be capable of considerable acceleration under suitable measures. (iv) In the better districts of the towns there exist public elementary schools frequented by children not merely equal but often superior in physique and attainments to rural children. And these schools seem to be at least as numerous as schools of the lowest type. (v) While there are, unfortunately, very abundant signs of physical defect traceable to neglect, poverty, and ignorance, it is not possible to obtain any satisfactory or conclusive evidence of hereditary physical deterioration – that is to say, deterioration of a gradual retrogressive permanent nature, affecting one generation more acutely than the previous. There is little, if anything, in fact, to justify the conclusion that neglect, poverty and parental ignorance, serious as their results are, possess any marked hereditary effects, or that heredity plays any significant part in establishing the physical degeneracy of the poorer population. (vi) In every case of alleged progressive deterioration among the children frequenting an elementary school, it is found that the neighbourhood has suffered by the migration of the better artisan class, or by the influx of worse population from elsewhere. (vii) Other than the well known specifically hereditary diseases which affect poor and well-to-do alike, there appears to be very little real evidence on the pre-natal side to account for the widespread physical degeneracy among the poorer population. There is, accordingly, every reason to anticipate rapid amelioration of physique so soon as improvement occurs in external conditions, particularly as regards food, clothing, overcrowding, cleanliness, drunkenness, and the spread of common practical knowledge of home management. (viii) In fact, all evidence points to active, rapid, improvement, bodily and mental, in the worst districts, as soon as they are exposed to better circumstances, even the weaker children recovering at a later stage from the evil effects of infant life. . . .

164. Trade Boards Act, 1909

(Public General Statutes, 9 Edw. 7 c. 22)

1 (1) This Act shall apply to the trades specified in the schedule to this Act and to any other trades to which it has been applied by provisional order of the Board of Trade made under this section. . . .

(4) The Board of Trade may submit to parliament for confirmation any provisional order made by them in pursuance of this section but no such order shall have effect unless and until it is confirmed by parliament. . . .

2 (1) The Board of Trade shall, if practicable, establish one or more Trade Boards constituted in accordance with regulations made under this Act for any trade to which this Act applies or any branch of work in the trade. . . .

4 (1) Trade Boards shall, subject to the provisions of this section, fix minimum rates of wages for timework in their trades (in this Act referred to as minimum time-rates) and may also fix general minimum rates for piece-work for their trades (in this Act referred to as general minimum piece rates) and these rates of wages (whether time or piece rates) may be fixed so as to apply universally to the trade or so as to apply to any special process in the work of the trade, or to any special class of workers in the trade or to any special areas. . . .

(2) Before fixing any minimum time rate or general minimum piece rate, the Trade Board shall give notice of the rate which they propose to fix and consider any objections to the rate which may be lodged with them within three months. . . .

11 (1) The Board of Trade may make regulations with respect to the constitution of Trade Boards which shall consist of members representing employers and members representing workers (in this Act referred to as representative members) in equal proportions and of the appointed members. Any such regulations may be made so as to apply generally to the constitution of all Trade Boards, or specially to the constitution of any particular Trade Board or any particular class of Trade Boards.

(2) Women shall be eligible as members of Trade Boards as well as men.

(3) The representative members shall be elected or nominated, or partly elected and partly nominated as may be provided by the regulations, and in framing the regulations the representation of home workers on Trade Boards shall be provided for in all trades in which a considerable proportion of home workers are engaged.

(4) The chairman of a Trade Board shall be such one of the members as the Board of Trade may appoint, and the secretary of the Trade Board shall be appointed by the Board of Trade. . . .

12 (1) A Trade Board may establish district trade committees consisting partly of members of the Trade Board and partly of persons not being members of the Trade Board but representing employers or workers engaged in the trade and constituted in accordance with regulations made for the purpose by the Board of Trade and acting for such areas as the Trade Board may determine.

(2) Provision shall be made by the regulations for at least one appointed member acting as a member of each district trade committee, and for the equal representation of local employers and local workmen on the committee, and for the representation of home workers thereon in the case of any trade in which a considerable proportion of home workers are engaged in the district, and also for the appointment of a standing sub-committee to consider applications for special minimum piece-rates and complaints made to the Trade Board under this Act, and for the reference of any applications or complaints to that sub-committee. . . .

165. Housing and Town Planning Act, 1909

(*Public General Statutes*, 9 Edw. 7 c. 44)

11 (1) Where it appears to the Local Government Board that a local authority have failed to perform their duty under the Housing Acts of carrying out an improvement scheme under Part I of the principal Act,[1] or have failed to give effect to any order as respects an obstructive building, or to a reconstruction scheme under Part II of the Act, or have failed to cause to be made the inspection of their district required by this Act, the board may make an order requiring the local authority to remedy the default and to carry out any works or do any other things which are necessary for the purpose under the Housing Act within a time fixed by the order.

(2) Any order made by the Local Government Board under this section may be enforced by a mandamus. . . .

43. Notwithstanding anything in any local Act or byelaw in force in any borough or district, it shall not be lawful to erect any back to back houses intended to be used as dwellings for the working class and any such houses commenced to be erected after the passing of this Act shall be deemed to be unfit for human habitation for the purposes of the provisions of the Housing Acts. . . .

45. Nothing in the Housing Acts shall authorise the acquisition for the purposes of those Acts of any land which is the site of an ancient monument or other object of archaeological interest or the compulsory acquisition for the purposes of Part III of the Housing of the Working Classes Act, 1890 of any land which is the property of any local authority or has been acquired by any corporation or company for the purpose of a railway, dock, canal, water or other public undertaking, or which at the date of the order forms part of any park, garden, or pleasure ground, or is otherwise required for the amenity or convenience of any dwelling house. . . .

Part II. Town planning

54 (1) A town planning scheme may be made in accordance with the provisions of this part of this Act as respects any land which is in the course of development or appears likely to be used for building purposes, with the general object

[1] Housing of the Working Classes Act, 1890, 53 & 54 Vict. c. 70

of securing proper sanitary conditions, amenity, and convenience in connection with the laying out and use of the land and of any neighbouring land.

(2) The Local Government Board may authorise a local authority within the meaning of this part of this Act to prepare such a town-planning scheme with reference to any land within or in the neighbourhood of their area, if the authority satisfy the board that there is a *prima facie* case of making such a scheme, or may authorise a local authority to adopt with or without any modifications any such scheme proposed by all or any of the owners of any land and with respect to which the local authority might have been authorised to prepare a scheme.

(3) Where it is made to appear to the Local Government Board that a piece of land already built upon, or a piece of land not likely to be used for building purposes, is so situated with respect to any land likely to be used for building purposes that it ought to be included in any town-planning scheme with respect to the last-mentioned land, the board may authorise the preparation or adoption of a scheme including such piece of land as aforesaid, and providing for the demolition or alteration of any buildings thereon so far as may be necessary for carrying the scheme into effect.

(4) A town-planning scheme proposed or adopted by a local authority shall not have effect unless it is approved by order of the Local Government Board, and the board may refuse to approve any scheme except with such modification and subject to such conditions as they think fit to impose. . . .

(5) A town-planning scheme, when approved by the Local Government Board, shall have effect as though it were enacted in this Act. . . .

57 (1) The responsible authority may, at any time, after giving such notice as may be provided by a town-planning scheme, and in accordance with the provisions of the scheme,

(a) remove, pull down, or alter any building or other work in the area included in the scheme which is such as to contravene the scheme, or in the erection or carrying out of which any provision of the scheme has not been complied with, or

(b) execute any work which it is the duty of any person to execute under the scheme in any case where it appears to the authority that delay in the execution of the work would prejudice the efficient operation of the scheme. . . .

(3) If any question arises whether any building or work contravenes a town-planning scheme, or whether any provision of a town-planning scheme is not complied with in the erection or carrying out of any such building or work, that question shall be referred to the Local Government Board, and shall, unless the parties otherwise agree, be determined by the board as arbitrators, and the decision of the board shall be final and conclusive and binding on all persons.

58 (1) Any person whose property is injuriously affected by the making of a town-planning scheme shall, if he makes a claim for the purpose within the time, if any, limited by the scheme, not being less than three months after the

date when notice of approval of the scheme is published . . . be entitled to claim compensation in respect thereof from the responsible authority. . . .

(3) Where, by the making of any town-planning scheme any property is increased in value, the responsible authority, if they make a claim for the purpose within the time (if any) limited by the scheme, not being less than three months after the date when approval of the scheme is first published . . . shall be entitled to recover from any person whose property is so increased in value, one half of the amount of that increase. . . .

Part III. County medical officers, county public health and housing committee
68 (1) Every county shall appoint a medical officer under section 17 of the Local Government Act, 1888. . . .
71 (1) Every county council shall establish a public health and housing committee, and all matters relating to the exercise and performance by the council of their powers and duties as respects public health and housing of the working classes (except the power of raising a rate or borrowing money) shall stand referred to the public health and housing committee, and the council shall, before exercising any such powers, unless in their opinion the matter is urgent, receive and consider the report of the public health and housing committee with respect to the matter in question, and the council may also delegate to the public health and housing committee, with or without restrictions or conditions as they think fit, any of their powers as respects public health and housing of the working classes, except the power of raising a rate or of borrowing money, and except the power of resolving that the powers of a district council in default shall be transferred to the council.

Part IV. Supplemental
73. Where any scheme or order under the Housing Acts or Part II of this Act authorises the acquisition or appropriation to any other purpose of any land forming part of any common, open space, or allotment, the scheme or order so far as it relates to the acquisition or appropriation of such land shall be provisional only, and shall not have effect unless and until it is confirmed by parliament, except where the scheme or order provides for the giving in exchange for such land other land, not being less in area, certified by the Local Government Board, after consultation with the Board of Agriculture and Fisheries to be equally advantageous to the persons (if any) entitled to commonable or other rights and to the public.

166. National Insurance Act, 1911

(Public General Statutes, 1 & 2 Geo. 5 c. 55)

Part I. National health insurance
1 (1) Subject to the provisions of this Act, all persons of the age of sixteen and upwards who are employed within the meaning of this part of this Act, shall be,

and any such persons who are not so employed but who possess the qualifications hereinafter mentioned may be insured in manner provided in this part of this Act, and all persons so insured (in this Act called "insured persons") shall be entitled in the manner and subject to the conditions provided in this Act to the benefits in respect of health insurance and prevention of sickness conferred by this part of the Act. . . .

3. Except as otherwise provided in this Act, the funds for providing the benefits conferred by this part of this Act and defraying the expenses of administration of those benefits shall be derived as to seven-ninths (or, in the case of women, three-fourths) thereof from contributions made by or in respect of the contributors by themselves or their employers, and as to the remaining two ninths (or in the case of women, one quarter) thereof from moneys provided by parliament. . . .

8 (1) Subject to the provisions of this Act, the benefits conferred by this part of the Act upon insured persons are,

(a) Medical treatment and attendance, including the provision of proper and sufficient medicines, and such medical and surgical appliances as may be prescribed by regulations to be made by the insurance commissioners (in this Act called "medical benefit").

(b) Treatment in sanatoria or other institutions or otherwise upon suffering from tuberculosis, or such other diseases as the Local Government Board with the approval of the Treasury may approve (in this Act called "sanatorium benefit").

(c) Periodical payments while rendered incapable of work by some specific disease, or by bodily or mental disablement, of which notice has been given, commencing from the fourth day after being so rendered incapable of work, and continuing for a period not exceeding twenty-six weeks (in this Act called "sickness benefit").

(d) In the case of the disease or disablement continuing after the determination of sickness benefit, periodical payments so long as so rendered incapable of work by the disease or disablement (in this Act called "disablement benefit").

(e) Payment in the case of the confinement of the wife, or when the child is a posthumous child, of the widow of an insured person, of a sum of thirty shillings (in this Act called "maternity benefit").

(f) In the case of persons entitled under this part of this Act to any of the further benefits mentioned in Part II of the fourth schedule to this Act (in this Act called "additional benefits") such of those benefits as they may be entitled to. . . .

14 (1) Sickness benefit, disablement benefit, and maternity benefit shall be administered in the case of insured persons who are members of approved societies by and through the society or a branch thereof, and in other cases by and through the insurance committee; medical and sanatorium benefits shall in all cases be administered by and through the insurance committee and ad-

ditional benefits shall be administered by the society or branch of which the persons entitled thereto are members, except where such benefits are in the nature of medical benefits, in which case they shall be administered by and through the insurance committees. . . .

15 (1) Every insurance committee shall, for the purpose of administering medical benefit make arrangements with duly qualified medical practitioners in accordance with regulations made by the insurance commissioners.

(2) The regulations made by the insurance commissioners shall provide for the arrangements made being subject to the approval of the insurance commissioners and being such as to secure that insured persons shall, save as hereinafter provided, receive adequate medical attendance and treatment from the medical practitioners with whom arrangements are so made, and shall require the adoption by every insurance committee of such system as will secure,

(a) the preparation and publication of lists of medical practitioners who have agreed to attend and treat insured persons whose medical benefit is administered by the committee;

(b) a right on the part of any duly qualified medical practitioner who is desirous of being included in any such list as aforesaid of being so included, but where the insurance commissioners, after such enquiry as may be prescribed, are satisfied that his continuance in the list would be prejudicial to the efficiency of the medical service of the insured, they may remove his name from the list;

(c) a right on the part of any insured person of selecting, at such periods as may be prescribed, from the appropriate list the practitioner by whom he wishes to be attended and treated, and subject to the consent of the practitioner so selected of being attended and treated by him;

(d) the distribution amongst, and so far as practicable under arrangements made by the several practitioners whose names are on the lists, of the insured persons who after due notice have failed to make any selection, or who have been refused by the practitioner whom they have selected;

(e) the provision of medical attendance and treatment, on the same terms as to remuneration as those arranged with respect to insured persons, to members of any friendly society which or a separate section of which becomes an approved society who were such members at the date of the passing of this Act, and who are not entitled to medical benefit under this part of this Act by reason either that they are of the age of sixty-five or upwards at the date of the commencement of this Act, or that being subject to permanent disablement at that date they are not qualified to become insured persons. . . .

23 (1) Any society, that is to say any body of persons corporate or unincorporate (not being a branch of another such body), registered or established under any Act of parliament or by royal charter or if not so registered having a constitution of such a character as may be prescribed, which complies with the requirements of this Act relating to approved societies may be approved by the insurance commissioners, and if so approved shall be an approved society for the purposes of this part of this Act:

Provided that, where any society establishes for the purposes of this part of this Act a separate section consisting of insured persons, whether with or without honorary members not being insured persons, and so constituted as to comply with the requirements of this Act relating to approved societies, such separate section may be approved by the insurance commissioners, and if so approved, shall be an approved society and the provisions of this part of this Act relating to the conditions of approval of societies and to approved societies shall apply only to such separate section of the society.

(2) No society shall receive the approval of the insurance commissioners unless it satisfies the following conditions,

(i) it must not be a society carried on for profit;

(ii) its constitution must provide to the satisfaction of the insurance commissioners for its affairs being subject to the absolute control of its members being insured persons, or if the rules of the society so provide of its members whether insured persons or not; including provision for the election and removal of the committee of management or other governing body of the society, in the case of a society whose affairs are managed by delegates elected by members, by such delegates, and in other cases in such manner as will secure absolute control by its members.

(iii) If the society has honorary members, its constitution must provide for excluding such honorary members from the right of voting in their capacity of members of the society on all questions and matters arising under this part of this Act.

(3) Applications for approval under this section may be made and approval granted at any time before or after the commencement of this Act, and the insurance commissioners may grant approval either unconditionally or subject to the condition of the society taking within such time as the commissioners may allow such steps as may be necessary to make the society comply with the requirements of this part of this Act relating to approved societies. . . .

42. Until the first day of January nineteen hundred and fifteen, the following provisions shall apply in the case of insured persons (in this Act referred to as "deposit contributors") who have not joined an approved society within the prescribed time, or who having been members of an approved society have been expelled or have resigned therefrom and have not within the prescribed time joined another approved society.

(a) Contributions by or in respect of a deposit contributor shall be credited to a special fund, to be called the Post Office fund;

(b) the sums required for the payment of any sickness, disablement, or maternity benefit payable to a deposit contributor, except so far as they are payable out of moneys provided by parliament, shall be paid out of the money standing to his credit in the Post Office fund, and his right to benefits under this part of the Act shall be suspended on the sums standing to his credit in that fund being exhausted, except that his right to medical benefit and sanatorium benefit shall continue until the expiration of the then current year, and that the insurance committee, if it has funds available for the purpose and thinks fit so to do, may allow him to continue to receive medical benefit or sanatorium benefit or both such benefits after the expiration of such year.

(c) Such sum as may be prescribed shall in each year be payable in respect of each deposit contributor towards the expenses incurred by the insurance committee in the administration of benefits.

(d) Such sum as the insurance committee may, with the consent of the insurance commissioners, determine shall in each year be payable in respect of each deposit contributor for the purposes of the cost of medical benefit. . . .

57 (1) As soon as may be after the passing of this Act there shall be constituted for the purposes of this part of this Act commissioners (to be called the Insurance Commissioners), with a central office in London and with such branch offices as the Treasury may think fit, and the commissioners shall be appointed by the Treasury, and of the commissioners so appointed one at least shall be a duly qualified medical practitioner who has had personal experience of general practice.

(2) The Insurance Commissioners may sue and be sued and may for all purposes be described by that name, and shall have an official seal which shall be officially and judicially noticed, and such seal shall be authenticated by any commissioner or the secretary to the commissioners, or some person authorised by the commissioners to act on behalf of the secretary.

(3) The Insurance Commissioners may appoint such officers, inspectors, referees, and servants for the purposes of this part of this Act as the commissioners subject to the approval of the Treasury as to number may determine, and there shall be paid out of moneys provided by parliament to the commissioners and to such officers, inspectors, referees, and servants such salaries or remuneration as the Treasury may determine; and any expenses incurred by the Treasury (including the remuneration of valuers and auditors appointed by the Treasury) or the commissioners in carrying this part of this Act into effect, to such extent as the Treasury may sanction, shall be defrayed out of moneys provided by parliament.

(4) Every document purporting to be an order or other instrument issued by the Insurance Commissioners and to be sealed with the seal of the commissioners authenticated in manner provided by this section, or to be signed by the secretary to the commissioners or any person authorised by the commissioners to act on behalf of the secretary, shall be received in evidence and deemed to be such order or instrument without further proof, unless the contrary is shown.

(5) The Insurance Commissioners may empower any inspector appointed by them to exercise in respect of any approved society or any branch of an approved society all or any of the powers given by section seventy-six of the Friendly Societies Act, 1896 to an inspector appointed thereunder. . . .

59 (1) An insurance committee shall be constituted for every county and county borough.

(2) Every such committee shall consist of such number of members as the

Insurance Commissioners, having regard to the circumstances of each case, determine, but in no case less than forty or more than eighty, of whom

(a) three-fifths shall be appointed in such manner as may be prescribed by regulations of the Insurance Commissioners so as to secure representation of the insured persons resident in the county or county borough who are members of approved societies and who are deposit contributors, in proportion, as nearly as may be, to their respective numbers;

(b) one-fifth shall be appointed by the council of the county or the county borough;

(c) two members shall be elected in manner provided by regulations made by the Insurance Commissioners either by any association of duly qualified medical practitioners resident in the county or county borough which may have been formed for that purpose under such regulations, or if no such association has been formed, by such practitioners;

(d) one member, or if the total number of the committee is sixty or upwards two members, or if the total number of the committee is eighty, three members shall be duly qualified medical practitioners appointed by the council of the county or county borough;

(e) the remaining members shall be appointed by the Insurance Commissioners. . . .

Part XII

TRADE UNIONS AND SOCIALISM

INTRODUCTION

By the sixties many trade unions had become responsible and relatively wealthy bodies. Yet the closing years of the decade saw the taint of an inherent illegality in their activity which they hoped they had lived down reviving in legal decisions about them and barring them from the protection, especially for their funds, which they had assumed friendly society legislation had opened to them. At the same time a recrudescence of violence among some of the smaller societies damaged their general reputation. The skilful handling of their case before the Royal Commission on Trade Unions of 1867–9 [1] by their leaders and their middle class friends restored the general standing of the movement and Gladstone's Trade Union Act of 1871 [2] affirmed the legality of trade unions and gave legal protection to their funds, while avoiding restrictions on their internal handling of them. This was afterwards interpreted as conferring a general immunity from legal attack. But his Criminal Law Amendment Act [3] of the same year legalised picketing under restrictions which the trade union movement felt would nullify its value as a weapon in serious strife. The Disraelian Conspiracy and Protection of Property Act of 1875 [4] relaxed these restrictions, reflecting the then favourable attitude of conservatism to the trade unions. In the same year an Employers and Workmen Act [5] did away with the penalty of imprisonment for the breach on the part of a workman of his contract of employment, and made the penalty, as with the employer, a pecuniary one. These successes had been helped by the practice which had consolidated during the period, of holding an annual Trade Union Congress and of appointing from it a parliamentary committee with a continuing responsibility for presenting a trade union point of view to parliament and to the public. [6] Trade unionism was becoming something of an estate of the realm, with a protected and even something of a privileged position as the representative of the working classes.

The prosperous years to the mid-seventies saw also a considerable numerical growth of trade unionism, not only in the membership of established unions, but also in relatively unskilled and scattered occupations, not hitherto regarded as susceptible of organisation. Agriculture, railways and gasworks provided examples of this. The slump checked it. Wage decreases had to be accepted in a number of industries and union membership declined, but the unions themselves, even in the case of the relatively new ones, survived and maintained a skeleton existence pending more favourable times.

In 1879 Henry George made a lecturing tour of the country, advocating the

[1] E.H.D., XII (1), No. 268
[2] known, with Trade Union Act, 1876 and Trades Disputes Act, 1906, as the Trade Union Acts, 1871–1906
[3] 34 & 35 Vict. c. 32   [4] No. 167   [5] 38 & 39 Vict. c. 90
[6] e.g. No. 177; No. 179; No. 186

"single tax" on the "natural monopoly" of land, and sowed, incidentally, many seeds of socialism. In 1883 H. M. Hyndman founded the Democratic Federation, afterwards the Socialist Democratic Federation, the first avowedly Marxist propaganda association in the country, and the following year saw the start of Fabianism. Hyndman's most famous convert was William Morris, who added a note of artistic revulsion against the values of mid-Victorian capitalism to the staples of Socialist economic and political argument. Socialism remained primarily middle class in leadership and support, but inspired a handful of working class members, among them John Burns, Ben Tillet,[1] Tom Mann, and Will Thorne, who provided a fighting leadership for trade unionism, particularly among the masses of the hitherto unorganised. Robert Blatchford, a convert of Morris rather than of Hyndman, founded the *Clarion* in 1891, and with Clarion clubs and organised cycling excursions sought to make socialism a more cheerful and sociable thing. Fabians developed non-Marxist doctrines of socialism and exercised a considerable practical influence by writing propaganda, mainly of facts and figures which served the whole working class movement, and by permeating political and local government circles in London and elsewhere with advice and plans tending to socialism, municipal and national.

The dock strike of 1889[2] is reckoned as the start of the "new unionism" of the unskilled as distinct from the skilled working classes. Chronologically, this is less than exact, but the undefended condition of the dockers, hitherto the most casual of labour often struggling at the dock gate for an hour or two's work at the price of a few pence, the excellent order of the public manifestations of the strike under Labour's greatest showman, John Burns, the consequent friendliness of police and public, and finally the distinguished and widespread support that was given to it, won it success: and the success gave a powerful stimulus to unionism not only among comparable groups of workers, but generally. The struggle had been for sixpence an hour and a minimum four hours hiring. But there was a tendency for the dockers to overplay their hand in the last stages of the strike: in the following year they were defeated by the employers in a further struggle, and defeats in other ports culminating in the "well organised" port of Hull, together with a renewal of economic depression put a term to the rapid growth of the "new unionism". Besides dockers' and sailors' unions, some few "general unions" were left standing after the reaction. These, however, were rather federations of miscellaneous groups than what their name purported, relying a good deal on local circumstances and a policy rather defensive than generally offensive for their membership and success. In conflict, the "new" unions of labourers were very vulnerable to "blacklegs", and their reliance on picketing and a persuasion often verging on intimidation of the "blacklegs", made them very dependent on public support, and began to bring into question the hitherto accepted compromises of trade union law. In shipping employers took counter-offensive action, and the Shipping Federation formed in 1891, after violent struggle in

---

[1] No. 172 (a) [2] No. 168

many instances, in some involving the maintenance of depot ships of "black-legs" outside ports, succeeded very largely in imposing the "federation ticket" – involving the renunciation of unionism – on sailors. William Collison's "Free Labour Union" of 1893 was the most reputable and successful of the organisations supplying labour for the breaking of strikes.

The more important unions remained those in the cotton textile industry – always better organised than the woollen – in engineering and iron and steel, in building and in the mines. The cotton spinners fought a bitter strike in 1893, ended by the "Brooklands" agreement, the fruit of hard negotiation all through the night of 22 March. This provided a stable basis for the most turbulent part of the industry for the next twenty years. The building unions were mainly craft unions, largely occupied with the problems of their own relations. Iron and steel unions in a steadily expanding industry remained relatively quiescent under a regime of sliding scales. Mining, also expanding largely, presented more intractable problems,[1] with the older north-eastern areas and the new one of South Wales working largely for export markets, and the central areas for a domestic market in which "playing the pits" – restricting working – could to some extent influence prices. There were also differences in profitability between older and newer areas and pits. In the north-east and Wales, sliding scales[2] were largely operated, though not without frequent disputes as to their basis, graduation and range. In the 1880s Ben Pickard in Yorkshire, and William Ashton in Lancashire gradually built up the Miners' Federation, which by the end of the decade dominated the Midland areas as well. The federation gave a great deal of help to the Durham miners in their long and ineffectual struggle against wage reductions in 1892, and in 1893, facing a similar threat, called out all its own districts, thus facing the country with the most formidable coal strike of its history.[3] After fruitless attempts at mediation by local authorities and the Board of Trade, Gladstone proposed Rosebery, who was able to persuade both sides to accept a conciliation procedure which worked until the great struggle of 1912,[4] and even then provided some of the machinery by which the Coal Mines (Minimum Wage) Act of the year[5] was operated. In this period the federation influence spread to Scotland and South Wales, though Northumberland and Durham remained detached till the eight hour question had been resolved. The federation opposed an automatic sliding scale and demanded a statutory eight hour day for mining. A bill to the latter effect received a second reading in the House of Commons in 1893, and was brought forward on a number of subsequent occasions. It did not make much progress largely because of the opposition of the north-eastern coalfields, which remained attached to their traditional system of two seven-hour shifts for coal face workers with a ten-hour shift for ancillaries.

Engineering faced changing techniques raising problems of work organisation involving productivity on the one hand and the frequent devaluation, on

[1] No. 170   [2] No. 171   [3] No. 174; *see also* No. 181
[4] No. 184   [5] No. 185

the other, of skills which the worker looked on as his life's capital. At the same time, from 1892 the union opened its membership more widely to less skilled workers, anxious themselves to acquire an established position. Union practice was to strike employers in sequence, to counter which an Employers' Federation was formed: this, the appointment of the able George Barnes as union secretary and a number of disputes over workshop practice, brought about the prolonged engineering lock-out of 1897.[1] The employers fought with skill and determination, and, despite a rallying of a good deal of public opinion to the men's side, rejected offers of compromise, and forced the men to accept terms which on the crucial issue of work organisation represented complete defeat for them. It was the most thorough defeat any major union had sustained for twenty years and, with minor modifications in the men's favour, the agreement ending it remained the basis of the organisation of engineering until the war of 1914–18 transformed it.

Industrial relations became increasingly a subject of public concern in the nineties. Labour statistics began to be issued from a special sub-department of the Board of Trade in 1887; this was followed by the setting up of a Labour Department under the ex-trade unionist William Burnett, and the issue of regular reports on labour matters by the board. A Lords Select Committee of 1888 on sweating[2] shocked the country by the revelations it provoked of conditions in some branches of the building and clothing industries, and, as a result, the 1891 fair wages resolution[3] of the House of Commons sought to protect standards, at any rate in public employment. Railway accidents said to be due to the sheer exhaustion of railwaymen working excessive tours of duty led to powers of enquiry and regulation being given to the Board of Trade by the Railway Regulation (Hours of Labour) Act of 1893,[4] the first instance of the direct regulation by the State of the hours of work of adult male labour. The Devonshire Commission (1891–4)[5] engaged in a vast enquiry into the conditions and problems in practically all branches of labour. The Majority Report registered little more than a recognition of the complexity of the problems; the Minority, by a group of trade unionist members, was a last minute bit of Socialist propaganda giving a first airing to ideas that were afterwards developed before the Poor Law Commission, but bearing little relation to the discussions. The main concrete result of the commission was a Conciliation Act of 1896[6] giving the Board of Trade powers of intervention in trade disputes for purposes of conciliation which were afterwards widely used.

In 1874 two miners' union officials, James Burt and Alexander Macdonald, were returned at the general election for Morpeth and Stafford respectively. They accepted the Liberal allegiance, but thought of themselves as peculiarly responsible for working class and trade union interests. Others followed suit, and a tradition of support of the Liberals grew up among politically minded trade unionists, particularly among the miners. The personality of Gladstone,

[1] No. 176   [2] No. 161   [3] No. 169   [4] No. 173
[5] cf. Nos 170, 171   [6] No. 175

despite his little sympathy with their ideas, exercised an almost hypnotic influence upon trade unionists. But the dominance of the Home Rule issue, the loss of Chamberlain, who had set himself in the 1885 election to campaign for the new voter, and divisions over imperialism weakened the attractions of liberalism. Keir Hardie, an Ayrshire miner who had brought himself up in the traditions of liberalism, fought a by-election at Lanark as an Independent, despite Liberal efforts to suborn him, and was bottom of the poll. In the 1892 general election Hardie, Burns, and Havelock Wilson, the seamen's leader, were returned as Independents, though with Liberal support, while a number of working men were returned simply as Liberals. Partly as a result of Fabian teaching and partly in the natural process of time, local government issues began to attract the attention of trade union and working class leaders, and on these they often clashed with local Liberal leaders; from this and from Socialist influence there sprang up Independent Labour parties in such places as Manchester and Bradford. The 1893 Conference [1] gave a national organisation, at first federal and then increasingly unitary, to this group. Keir Hardie, elected leader, although a Socialist, wanted to keep the working class rather than the doctrinaire aspect of the new party foremost, with the idea of ultimately gaining official trade union support. But its candidatures in by-elections between 1892 and 1895 and in the 1895 general election seemed to be aimed at Liberals and especially working class Liberals: they were uniformly unsuccessful and a change in Trade Union Congress rules in 1895, which debarred trade councils from representation and limited it to trade unions, was aimed at Socialist influence. Meanwhile attempts at merging the Independent Labour party and the Social Democratic Federation broke down, and with tacit Fabian connivance the Independent Labour party gradually absorbed Fabian membership in the north, and developed as a working class party of definite but non-doctrinaire Socialist beliefs. Among the trade union leaders the bitterness of 1895 died down, the defeat of the engineers in 1897 enhanced the relative attractiveness of political action, and in the Plymouth Trade Union Congress of 1899 [2] a motion for the convening of a conference of Socialist parties and groups and interested trade unions, with a view to concerting united political action, was carried largely as a result of Independent Labour stage management. The conference set up the Labour Representation Committee and made James Ramsay MacDonald its secretary. In 1901 was given Mr Justice Farwell's decision in the famous Taff Vale case,[3] confirming unions' liability to be sued in tort for damages resulting from strike or other action. The decision began to have serious consequences for trade union action and made it essential in the minds of trade union leaders to seek parliamentary redress. Neither Independent Labour nor Liberal-Labour candidatures had had any marked success in the general election of 1900, but in the succeeding three years trade union support for the Labour Representation Committee trebled, the Newcastle resolution of 1903 preserved the group's open political but

[1] No. 172   [2] No. 177   [3] No. 178

definitely working class character; striking by-election successes were obtained, and behind the scenes MacDonald and the Liberal whip Herbert Gladstone were hard at work making local arrangements to eliminate Liberal-Labour clashes in the forthcoming general election. These negotiations were not publicised, indeed the participants tried to keep them as secret as possible but could not entirely succeed. Local Liberals resented the surrender of their hopes of seats and especially the decline of their organisation which ensued; Labour zealots disliked the suggestion of any pact with Liberals; but the Liberal central office exercised a good deal of pressure, and even Keir Hardie privately approved of what MacDonald was doing. These negotiations probably did more for Labour – as the united Labour Representation Committee and trade union Liberal members soon came to call themselves – than for Liberals, who, in the runaway victory of 1906 could hardly have missed the support of Labour voters that they brought them. But a runaway victory had not been on the cards in the years preceding the election.

Meanwhile Labour Representation Committee members brought in two bills for the reform of trade union law in 1903 and 1904, the second of which reached a second reading, and the government set up a Royal Commission on the subject, of which Sidney Webb was a member, but with which the trade unions refused to cooperate. Both the bills and the report of the Royal Commission proposed to leave unions legally responsible for actions which they had unequivocally approved, or endorsed, but to guard them from the consequences of rash action by agents or members. In the new House, a Government Bill, limiting but not denying trade union responsibility, was introduced, and a private Labour Bill proposing to abolish it altogether and restore legal immunity as it had in practice been enjoyed in the first twenty years of the legislation of the seventies. Under pressure not only from Labour, but as much from Liberals who had given election pledges in favour of trade union immunity, the government withdrew its own clause on the vital point and substituted Labour's. Lawyers on both sides of the House were clearly dissatisfied; but Balfour hardly made serious objections; the House accepted the view that it would be hard to draw a clause that would make trade unions responsible without limiting seriously the use of strikes, and the Lords decided not to exercise powers that were already under challenge in a context where popular feeling might be roused.

The Trades Disputes Act of 1906[1] opened a period in which strikes were more frequent, more extensive and more violent than they had been in the preceding decade. In 1896–1905, 4,525,600 man days had been lost each year in an average of 592 strikes. From 1906 to 1914 the corresponding figures were 11,028,000, and 726. How far a sense of invulnerability or of predestined triumph resulting from the vindication of the unions' claim to legal immunity and from the political triumph of 1906 played a part in this, it is difficult to say. The growing fashion of Marxist, and even of syndicalist ideas which gained a

[1] No. 180

temporary vogue among the younger generation of leaders also had an undoubted influence. But the more serious troubles were in industries under special difficulties or those where organisation of the men had made little progress, and from this point of view the strike movement can be regarded as a second wave of the demand of the labourers for improved status and conditions which had first culminated in the dock strike of 1889. There were difficulties and strikes in cotton and in engineering, but they did not last long. The first great movement was that of the railwaymen, whose wages had remained relatively low with the cessation of railway expansion and as a result of the Railway Act of 1893 which had virtually frozen charges. Further, the railway companies, with the exception of the North Eastern, refused to recognise unions on the ground that they were inimical to the discipline required in the railway service. The railway unions had been preparing an "all-grades" programme for some time; this, involving rises all round and the redress of various grievances, was put forward under threat of strike in 1907. It brought the immediate intervention of the president of the Board of Trade, David Lloyd George, who persuaded both sides to accept a series of "conciliation boards" for the different companies and grades, to deal *seriatim* with the issues involved. In shipping, Havelock Wilson's Seamen's Union, helped by other port workers, inflicted an unexpected defeat on the once omnipotent Shipping Federation.[1] Out of this grew a series of dock strikes, the formation of a Transport Workers' Union under the leadership of Mann and Tillett, and a series of strikes in the main ports, culminating in London, which brought considerable gains to the workers. In these troubled conditions, railway workers in the ports, especially in Liverpool, began strikes which forced their unions to take up general issues. The 1907 conciliation scheme had worked slowly, and from the men's point of view not very satisfactorily; the demand now was for its drastic reform and the acceptance of union officials as negotiators for the men by the companies. Talks with the government broke down; a strike was proclaimed,[2] but again the negotiating genius of Lloyd George brought a settlement after two days, largely on the men's terms.[3] But though they speeded things up, the reformed conciliation boards did not satisfy the men, and a further major confrontation was in preparation when war broke out in August 1914. Dockers and transport workers continued to make gains in local strikes until in 1912 the dockers in London struck against the employment of non-union men and met the uncompromising opposition of the newly appointed chairman of the new London Dock Authority, and after a bitter struggle were forced to go back to work on the old terms.

Miners were not low-wage workers, but an increasing demand for coal met increasing unit costs and no steady price rise. The increasing size of employing units trying to meet these difficulties by better organisation matched the increasing domination of the Miners' Federation and made negotiations less flexible. The immediate difficulty was special payments for "abnormal places"

[1] No. 182   [2] No. 183 (a, b, c)   [3] No. 183 (d)

where the conditions of the seam made it impossible for the hewer to earn his normal wage. Consideration for this "con" was a long standing practice in all coal fields, but a court decision in South Wales laid down that such payment was *ex gratia*, and not claimable as part of ordinary wages. A dispute on the subject in one of the mines of the Cambrian combine led to a prolonged strike in which the intransigence of the workers wore out the patience even of the Miners' Federation in the English coal fields. But the continued feeling on the issue drove the federation to put forward another of its long-cherished schemes, a demand for a statutory minimum wage in the mines. A detailed scheme was prepared but negotiations with the owners broke down and despite the utmost pressure the government could exert a strike broke out.[1] After it had been in progress for a fortnight the government decided to accept the principle of a minimum wage, but to insist on the actual amount being fixed in each district by local negotiations under a Board of Trade chairman with power to give a final decision. The federation refused to accept this, but the government passed the necessary legislation;[2] the federation balloted its members as to whether they would continue the strike, and, in face of a small majority for doing so, called it off. Difficult local negotiations followed, but the requisite agreements were reached, though often only after a chairman's decision.

The belligerent mood among trade unionists continued, and in 1913 miners, transport workers and railwaymen began negotiating an agreement for concerted action of all three unions in case of strike on the part of any one of them. The Triple Alliance, as it was called, though not very precise in its stipulations nor fully facing the difficulties of joint consultation and action, was signed in 1915 and played a part in the labour difficulties, particularly of the mining industry, in the troubled future years from 1918 to 1927.

SELECT BIBLIOGRAPHY

At the beginning of the period there appeared the *First Report* of the Royal Commission appointed to inquire into the working of the Master and Servant Act 1867 (*Parliamentary Papers 1874*, XXIV), but more important was the Royal Commission on Labour of 1892–4 which produced five Reports (*Parliamentary Papers 1892*, XXXIV, to *1894*, XXXV) and voluminous minutes of evidence. Also important was the Royal Commission on Trade Disputes and Trade Combinations whose Report was published in 1906 (*Parliamentary Papers 1906*, LVI). A further general Report on trade unionism was produced by the Industrial Council (*Parliamentary Papers 1913*, XXVIII) which in itself achieved nothing. Other reports tended to deal with particular issues or disputes affecting the labour world: for example, the *Report of the Select Committee on Home Work* (*Parliamentary Papers 1907* (290), VI, and *1908* (246), VIII); the *Report of the Royal Commission on the Working of the Railway Conciliation and Arbitration Scheme of 1907* (*Parliamentary Papers 1911*, XXIX); the *Report of an Enquiry by the Board of Trade into the Earnings and Hours of Labour of Workpeople of the United Kingdom in 1906* (*Parliamentary Papers 1909*, LXXX–CVIII); and the *Correspondence and Report of November 1910 relating to the*

[1] No. 184　　　　　　　[2] No. 185

Colliery Strike Disturbances in South Wales (*Parliamentary Papers 1911*, LXIV). *See also* Taff Vale Railway v. Amalgamated Society of Railway Servants (*Appeal Cases* (1901)).

Parliamentary Debates report the fair wages resolution of 1891 in *Hansard*, 3rd series, CCCL, col. 647; and Asquith's speech on government intervention in the coal strike of 1912, ibid. 5th series, XXXV, cols 39 ff. Acts represented in this part are (*Public General Statutes*), 38 & 39 Vict. c. 86, Conspiracy and Protection of Property Act, 1875; 56 & 57 Vict. c. 29, Railway Regulation (Hours of Labour) Act, 1893; 59 & 60 Vict. c. 30, Conciliation Act, 1896; 6 Edw. 7 c. 47, Trades Disputes Act, 1906; 8 Edw. 7 c. 57, Coal Mines Regulation Act, 1908; 2 Geo. 5 c. 2, Coal Mines (Minimum Wage) Act, 1912; and 2 & 3 Geo. 5 c. 30, Trade Union Act, 1913.

From 1875 a *Return Showing the Number of Trade Unions Registered since 1871* (*Parliamentary Papers 1875*, XLII) was produced but the regular issuing of continuing reports had to await the establishment of the Labour Department of the Board of Trade which issued the *Statistical Tables and Report on Trade Unions* in 1887 (*Parliamentary Papers 1887*, XXXXIX) and the Reports on the strikes and lockouts of 1888 (*Parliamentary Papers 1889*, LXX), and continued them on an annual basis. From 1910 a *Directory of Industrial Associations in the United Kingdom* (*Parliamentary Papers 1910*, LXXXIII) was produced; and the department's interest in peaceful industrial relations was evidenced in the series, *Report by the Board of Trade of Proceedings under the Conciliation* (*Trade Disputes*) *Act 1896* (First Report, *Parliamentary Papers 1897*, LXXXIII); and the Reports on rules of voluntary conciliation and arbitration boards and joint committees (*Parliamentary Papers 1908*, XCVIII; *1910*, XX).

The Times is the source of news reports on the foundation of the Independent Labour Party (14 January 1893); the mining dispute (13 and 18 November 1893); the engineers' dispute (16 December 1897); the Trade Union Congress at Plymouth (7 September 1899); the Caxton Hall conference (17 February 1905); the shipping strike (11 July 1911); and the railway strike (16, 17, 18 and 21 August 1911).

The primary records of private institutions are not so readily accessible but two may be mentioned: the *Minutes of the Parliamentary Committee of the Trade Union Congress 1888–1921*, available on microfilm; and the Labour Representation Committee, *Report of the Conference held in London* (*17 February 1900*) *and Reports of the Annual Conferences of the Labour Representation Committee, 1–5* (*1901–5*), reprinted (1967).

Trade union leaders and labour politicians have not been shy of producing autobiographies and collections. Among them are J. Keir Hardie, *Keir Hardie's Speeches and Writings 1888–1915* (Glasgow, n.d.); Joseph Arch, *Joseph Arch: the story of his life* (1898); G. N. Barnes, *From Workshop to War Cabinet* (1924); Thomas Burt, *Autobiography* (1924); J. R. Clynes, *Memoirs 1869–1924* (1937); John Hodge, *From Workman's Cottage to Windsor Castle* (1931); George Lansbury, *My Life* (1928); Tom Mann, *Memoirs* (1923); Robert Smillie, *My Life for Labour* (1924); Will Thorne, *My Life's Battles* (1925); Ben Tillett, *Memoirs and Reflections* (1931); Beatrice Webb, *My Apprenticeship* (1926) and *Our Partnership* (1948); and finally J. Havelock Wilson, *My Stormy Voyage through Life* (1925). *See also* E. S. Purcell, *Life of Cardinal Manning*, 2 vols (1895), 2nd edn (1896).

Sidney and Beatrice Webb, *The History of Trade Unionism* (1920 edn), and *Industrial Democracy* (1920 edn), still dominate, but H. A. Clegg, Alan Fox and A. F. Thompson, *A History of British Trade Unions since 1889*, I, *1889–1910* (1964), make claims to be the successors. Henry Pelling, *A History of British Trade Unionism* (1972 edn), provides an easy introduction; K. Burgess, *The Origins of British Industrial Relations* (1975); W. H. Fraser, *Trade Unions and Society: the struggle for acceptance 1850–80* (1974); and E. H. Phelps Brown, *The Growth of British Industrial Relations* (1959), deal with specific periods within 1874–1914. Ian G. Sharp, *Industrial Conciliation and Arbitration in Great Britain* (1950); J. H. Porter, "Wage bargaining under conciliation agreements 1860–1914", *Ec.H.R.*, xxiii (1970); and R. Holton, *British Syndicalism 1900–14* (1976), deal with two of the major industrial issues of the period. These may be supplemented by contemporary views: Ben Tillett, *History of the Transport Strike of 1911* (1912); David Evans, *Labour Strike in the South Wales Coalfield* (Cardiff, 1911); G. D. H. Cole, *The World of Labour* (1913), and the magazine *The Industrial Syndicalist 1910–11* (reprinted

1974), and a series of three volumes on *Trade Unions in the Victorian Age: debates on the issue from nineteenth century critical journals* (Farnborough, 1973).

Institutional histories of individual unions abound: amongst the better ones for the older established skilled unions there are R. Page Arnot, *The Miners 1889–1910* (1949), *The Miners' Years of Struggle* (1953), *South Wales Miners* (1967), and *A History of the Scottish Miners* (1955); P. S. Bagwell, *The Railwaymen* (1963); R. Challinor, *The Lancashire and Cheshire Miners* (Newcastle, 1972); E. W. Evans, *The Miners of South Wales* (Cardiff, 1961); A. Fox, *A History of the National Union of Boot and Shoe Operatives 1875–1957* (Oxford, 1958); H. J. Fyrth and H. Collins, *The Foundry Workers* (Manchester, 1959); S. C. Gillespie, *A Hundred Years of Progress: the record of the Scottish Typographical Association* (Glasgow, 1953); A. R. Griffin, *The Miners of Nottinghamshire, I, 1881–1914* (Nottingham, 1955); J. B. Jefferys, *The Story of the Engineers* 1945); Frank Machin, *The Yorkshire Miners* (Barnsley, 1958); J. E. Mortimer, *History of the Boilermakers' Society, I, 1834–1906* (1973); A. E. Musson, *The Typographical Association* (1954); R. W. Postgate, *The Builders' History* (1923); Arthur Pugh, *Men of Steel* (1951); A. Tuckett, *The Blacksmiths' History* (1974); H. A. Turner, *Trade Union Growth, Structure and Policy: a comparative study of the cotton unions* (1962); W. H. Warburton, *History of Trade Union Organisation in the Potteries* (1931); E. Welbourne, *The Miners of Northumberland and Durham* (Cambridge, 1923); and finally perhaps the best of the mining histories, J. E. Williams, *The Derbyshire Miners* (1962). R. G. Neville and J. Benson, "Labour in the coalfields II", *Bulletin of the Society for the Study of Labour History*, 31 (1975), surveys recent literature.

The rise of the general union is represented by E. J. Hobsbawm, *Labouring Men* (1964); and Richard Hyman, *The Workers' Union 1898–1929* (1971). Dock union history is contained in E. L. Taplin, *Liverpool Dockers and Seamen 1870–90* (Hull, 1974); J. Lovell, *Stevedors and Dockers; a study of trade unionism in the Port of London 1870–1914* (1969); H. R. Hickins, *Building the Union* (Liverpool, 1973); and R. Brown, *Waterfront Organisation in Hull 1870–1900* (Hull, 1973).

White collar workers are surveyed generally by G. S. Bain, *The Growth of White Collar Unionism* (1970); and G. S. Bain and H. Pollins, "The history of white collar unions and industrial relations: a bibliography", *Bulletin of the Society for the Study of Labour History*, 2 (1965); the clerks by Fred Hughes, *By Hand and Brain* (1953); and the *Union of Post Office Workers* by M. Moran (1974). Agricultural trade unionism is dealt with by J. P. D. Dunbabin, *Rural Discontent in Nineteenth Century Britain* (1974); R. Groves, *Sharpen the Sickle* (1949); P. Horn, *Agricultural Trade Unionsim in Oxfordshire 1872–81* (Oxford, 1974); and E. Selley, *Village Trade Unions in Two Centuries* (1919).

At national level the union movement was coordinated by the T.U.C.: B. C. Roberts, *The Trades Union Congress 1868–1921* (1958); and J. Lovell and B. C. Roberts, *A Short History of the T.U.C.* (1968), examine these developments. At local level the trade councils were the linking body as can be seen from A. Bennett, *Oldham Trades and Labour Council Centenary Handbook 1867–1967* (Oldham, 1967); Barry Burke, *Rebels with a Cause: the history of Hackney Trades Council 1900–75* (1975); J. F. Clarke and T. P. Macdermot, *Newcastle and District Trades Council 1873–1973* (Newcastle, 1973); J. Corbett, *The Birmingham Trades Council 1866–1966* (1966); E. and R. Frow, *To Make that Future – Now!: a history of the Manchester and Salford Trades Council* (Manchester, 1976); D. Large and R. Whitfield, *The Bristol Trades Council 1873–1973* (Bristol, 1973); and G. Tate, *The London Trades Council 1860–1950* (1950).

A major new source for trade union and labour movement biography is J. Bellamy and John Saville, *Dictionary of Labour Biography*; at present there are three volumes (1972–6). *See also* G. L. Owen, "G. D. H. Cole's historical writings", *Int. Rev. of Soc. Hist.*, xi (1966). Examples of biographies of individual union leaders are A. Bullock, *The Life and Times of Ernest Bevin* (1960); E. W. Evans, *Mabon* (Cardiff, 1959), on the life of the miners' leader William Abraham; F. M. Leventhal, *Respectable Radical: George Howell* (1971); P. Horn, *Joseph Arch* (Kineton, 1971); W. Kent, *John Burns* (1950); G. and L. Radice, *Will Thorne* (1974); F. B. Smith, *Radical Artisan: William James Linton* (Manchester, 1973); and Dona Torr, *Tom Mann and his Times 1856–90* (1956). Much information can be gained from the study of the middle class supporters of the unions, for example W. H. G. Armytage, *A. J. Mundella 1825–97* (1951); and C. E. Mack and W. H. G. Armytage, *Thomas Hughes* (1952).

Statistics of the trade union movement are collected in the Department of Employment and Productivity, *British Labour Statistics: historical abstract 1886–1968* (1971); and B. R. Mitchell and P. Deane, *Abstract of British Historical Statistics* (Cambridge, 1962). In contrast John Gorman, *Banner Bright* (1973), looks at union banners; and R. A. Leeson, *United we Stand* (Bath, 1971), displays trade union emblems, both being demonstrations of pride in the movement.

The development of the trade union movement and the left wing political parties in Britain was closely intertwined and much of the trade union material already listed contains examples of political activities. General surveys of the development of labour representation in parliament include E. J. Hobsbawn, *Labour's Turning Point 1880–1900* (1948); H. Pelling, *The Origins of the Labour Party 1880–1900* (1956); Frank Bealey and Henry Pelling, *Labour and Politics 1900–6* (1958); G. D. H. Cole, *British Working Class Politics 1832–1914* (1941); Henry Pelling, *A Short History of the Labour Party* (1961); P. P. Poirier, *The Advent of the Labour Party* (1958); and R. McKibbin, *The Evolution of the Labour Party 1910–24* (1975). Particular issues are examined in K. D. Brown, *Labour and Unemployment 1900–14* (Newton Abbot, 1971); and R. Barker, *Education and Politics 1900–51* (1972). Examples of Fabian Socialist thought may be found in G. B. Shaw, *Fabian Essays in Socialism* (1889); and S. Webb, *Socialism in England* (1890); while the Fabians are surveyed by M. Cole, *The Story of Fabian Socialism* (1961); A. M. McBriar, *Fabian Socialism and English Politics 1884–1918* (Cambridge, 1962); and W. Wolfe, *From Radicalism to Socialism* (1975). Studies of the life and work of individual Socialists include C. L. Mowat, an essay on Ramsay MacDonald in A. Briggs and J. Saville, *Essays in Labour History 1886–1923* (1971); and G. Elton, *The Life of Ramsay MacDonald 1866–1919* (1938). Keir Hardie has been most recently studied by K. O. Morgan, *Keir Hardie: Radical and Socialist* (1975); but the older biographies by E. Hughes, *Keir Hardie* (1956); and W. Stewart, *J. Keir Hardie* (1921), are still useful, as is A. E. P. Duffy, "Differing policies and personal rivalries in the origins of the Independent Labour Party", *Vict. Studies*, vi (1962). C. Tsuzuki, *H. M. Hyndman and British Socialism* (1961); L. Thompson, *Robert Blatchford* (1951); L. Thompson, *The Enthusiasts: John and Katherine Bruce Glasier* (1971); Jack Lindsay, *William Morris* (1975); and E. P. Thompson, *William Morris* (1955), examine other notable leaders in the political side of the Labour movement.

167. Conspiracy and Protection of Property Act, 1875

(*Public General Statutes*, 38 & 39 Vict. c. 86)

. . .

3. An agreement or combination by two or more persons to do or procure to be done any act in contemplation or furtherance of a trade dispute between employers and workmen shall not be indictable as a conspiracy if such act committed by one person would not be punishable as a crime.

Nothing in this section shall exempt from punishment any persons guilty of a conspiracy for which a punishment is awarded by any Act of parliament.

Nothing in this section shall affect the law relating to riot, unlawful assembly, breach of the peace, sedition, or any offence against the State or the sovereign.

A crime for the purposes of this section means an offence punishable on indictment, or an offence which is punishable on summary conviction, and for the commission of which the offender is liable under the statute making the offence punishable to be imprisoned either absolutely or at the discretion of the court as an alternative for some other punishment.

Where a person is convicted of any such agreement or combination as aforesaid to do or procure to be done an act which is punishable only on summary conviction, and is sentenced to imprisonment, the imprisonment shall not exceed three months, or such longer time, if any, as may have been prescribed by the statute for the punishment of the said act when committed by one person.

4. Where a person employed by a municipal authority or any company or contractor upon which is imposed by Act of parliament the duty or who have otherwise assumed the duty of supplying any city, borough, town, or place, or any part thereof with gas or water wilfully and maliciously breaks a contract of service with that authority, company, or contractor, knowing or having reasonable cause to believe that the probable consequences of his so doing either alone or in combination with others will be to deprive the inhabitants of that city, borough, town, place, or part wholly or to a great extent of their supply of gas or water, he shall on conviction thereof by a court of summary jurisdiction or on indictment as hereinafter mentioned be liable either to pay a penalty not exceeding twenty pounds or to be imprisoned for a term not exceeding three months with or without hard labour.

Every such municipal authority, company, or contractor as is mentioned in this section shall cause to be posted up at the gasworks or waterworks as the case may be belonging to such authority, company, or contractor a printed copy of this section in some conspicuous place where the same may be conveniently read by the persons employed, and as often as such copy becomes defaced, obliterated, or destroyed shall cause it to be renewed with all reasonable despatch.

If any municipal authority, or company, or contractor make default in complying with the provisions of this section in relation to such notice as aforesaid, they or he shall incur on summary conviction a penalty not exceeding five pounds for every day during which such default continues and any person who unlawfully injures, defaces, or covers up any notice so posted up as aforesaid in pursuance of this Act shall be liable on summary conviction to a penalty not exceeding forty shillings.

5. Where any person wilfully and maliciously breaks a contract of service or of hiring knowing or having reasonable cause to believe that the probable consequence of his so doing, either alone or in combination with others, will be to endanger human life or cause serious bodily injury or to expose valuable property whether real or personal to destruction or serious injury, he shall on conviction thereof by a court of summary jurisdiction or on indictment as hereinafter mentioned be liable either to pay a penalty not exceeding twenty pounds, or to be imprisoned for a term not exceeding three months with or without hard labour.

Miscellaneous

6. Where a master being legally liable to provide for his servant or apprentice necessary food, clothing, medical aid, or lodging wilfully and without lawful excuse refuses or neglects to provide the same whereby the health of the servant or apprentice is or is likely to be seriously or permanently injured, he shall on summary conviction be liable either to pay a penalty not exceeding twenty pounds or to be imprisoned for a term not exceeding six months with or without hard labour.

7. Every person who with a view to compel any other person to abstain from doing or to do any act which such other person has a legal right to do or to abstain from doing wrongfully and without legal authority,

   1. uses violence to or intimidates such other person or his wife or children, or injures his property; or

   2. persistently follows such other person about from place to place; or

   3. hides any tools, clothes, or other property owned by such other person, or deprives him or hinders him in the use thereof; or

   4. watches or besets the house or other place where such other person resides or works or carries on business or happens to be, or the approach to such house or place; or

   5. follows such other person with two or more other persons in a disorderly manner in or through any street or road,

shall, on conviction thereof by a court of summary jurisdiction or on indictment as hereinafter mentioned, be liable either to pay a penalty not exceeding twenty pounds or to be imprisoned for a term not exceeding three months with or without hard labour.

Attending at or near the house where a person resides or carries on business or happens to be, or the approach to such house or place in order merely to obtain or communicate information, shall not be deemed a watching or besetting within the meaning of this section.

8. Where in any Act relating to employers or workmen a pecuniary penalty is imposed in respect of any offence under such Act, and no power is given to reduce such penalty, the justices or court having jurisdiction in respect of such offence may, if they think it just so to do, impose by way of penalty in respect of such offence any sum not less than one fourth of the penalty imposed by such Act.

Legal proceedings

9. Where a person is accused before a court of summary jurisdiction of any offence made punishable by this Act, and for which a penalty amounting to twenty pounds or imprisonment is imposed, the accused may on appearing before the court of summary jurisdiction declare that he objects to being tried for such offence by a court of summary jurisdiction, and thereupon the court of summary jurisdiction may deal with the case in all respects as if the accused were charged with an indictable offence and not an offence punishable on summary conviction, and the offence may be prosecuted on indictment accordingly. . . .

168. Cardinal Manning's note on his intervention in the dock strike, 16 September 1889

(E. S. Purcell, *Life of Cardinal Manning*, 2 vols (1895), 2nd edn (1896), II, 662–3)

On 5 September Miss Harkness came to me from the leaders of the strike to tell me that the coal heavers who had returned to work would strike again at noon the next day, if the dock directors did not grant the demands of their men. If the coal supply had failed, the railroads and the gas factories would have been affected. I went at once to the Home Office; both Secretary and Under Secretary were out of London. I went to the Mansion House; the lord mayor was in Scotland. But I found the deputy lord mayor and the second chief of police. We went together to the directors. They received us courteously but nothing came of it. This was Friday. The lord mayor and the bishop of London came to town. Saturday we met the leaders of the strike at the Mansion House, and drew up terms to be laid before the men, i.e. 6*d* from January. We waited for an answer till ten o'clock. No answer was ever given. But next morning, Sunday, appeared a manifesto repudiating terms, negotiations and negotiators. In the afternoon in Hyde Park the meeting passed a resolution, accepting the terms, to begin on 1 October. This the directors rejected, and next day, Monday, the leaders met at the Mansion House, and it was arranged that Mr Buxton and I should meet the strike committee at Poplar next day, Tuesday. We did so at 5 o'clock, in the Wade Street Schools. The conference lasted three and a half hours. About sixty-five men were present. For two hours there was little hope. I had proposed that the difference of time between then and 1 January should be split, fixing 4 November. Gradually a change came, and Mr Champion moved a resolution adopting my proposal and empowering me to treat with the directors. This was at last carried by twenty-eight to fifteen, nineteen Surrey men not voting, their demand being distinct from the north.

Next day, Wednesday, we saw the directors. The lord mayor, by telegram, empowered me to urge the proposition of the men upon the directors. They gave no definite answer. We saw Mr Norwood in private, and things seemed more favourable. The directors said they were bound in honour not to come in, until the wharfingers, and lightermen, and Surrey men came in.

The next days were spent in dealing with the two first, but until Saturday we could not get an agreement. It was five o'clock before the lightermen gave in. And six o'clock before the directors signed.

The strike then ended.

The lightermen then came to the Mansion House to thank us and to shake hands.

16 September 1889. Three acts in this mediation fell to my lot.
1. The beginning, on 6 September, when I went to the Dock House with Sir Andrew Lusk.
2. The beginning again on the eighth after the manifesto of repudiation.
3. The carrying of "4 November" at Poplar on the night of the tenth, and the resolutions empowering me to go to the directors.

To this summary add the interview with the directors, with the lord mayor's telegram empowering me to speak in his name.

I was therefore empowered both by the men and the lord mayor.

Hactenus Balaam's ass.

169. "Fair wages" resolution, 1891

(*Hansard*, 3rd series, CCCL, col. 647)

Evidence before the Lords Select Committee of 1884 on sweating showed that this was rife in work done under government and local authority contracts. The London County Council and the London School Board adopted in the late eighties the practice of stipulating in their contracts that the customary wages should be paid. In February 1891 Sidney Buxton moved a resolution in the House of Commons that a similar practice should be adopted with government contracts. The First Commissioner of Works, David Plunket,[1] accepted the principle on behalf of the government but suggested a different wording, which was accepted by Buxton and the House.

In the opinion of this House it is the duty of the government in all government contracts to make provision against the evils recently disclosed before the Sweating Commission, to insert such conditions as may prevent the abuse arising from sub-letting, and to make every effort to secure the payment of such wages as are generally accepted as current in each trade for competent workmen.

[1] Member for Dublin University

170. **Labour relations in Durham mining industry: evidence of W. H. Patterson, secretary of the Durham Miners' Association, before Royal Commission on Labour, 8 July 1891**

(Devonshire Report (Evidence, Group A (4170)), *Parliamentary Papers 1892*, XXXV, i, 3–4)

46. [Mr Dale] On page 6 occurs question No. 9, "Can you suggest any means of avoiding or arranging strikes and promoting cordial relations between capital and labour?" – [W. H. Patterson] The best means that has come under my experience is the sliding scale. I have always believed, long before it was introduced, that it was the safest and most beneficial to all parties concerned, that is, providing you can get an equal and fair basis. The first sliding scale that we had introduced was based on the principle and prices that had been referred to arbitration and decided by such men as Lord Derby and others. I need not repeat the names, all the practices and prices were ascertained; that was the first principle; that worked too well for the men, then the owners gave us notice to abolish it, so we went on. . . .

48. Prior to the establishment of the joint committee and the official relationship between the Durham Miners' Association and the Durham Coal Owners' Association which have existed now for some years, had strikes been frequent in the county of Durham? – Yes, I could not repeat them now, but I can tell you of some of them. There was a strike at Monkwearmouth and one at Heworth.

49. Are you of opinion that the frank recognition by an owners' association of a miners' association, as in the county of Durham, and the holding of official relationships, has tended to promote harmony, and to diminish at any rate the number of strikes? – I think it has; in fact, I say it has. . . .

51. [Mr Gerald Balfour] I understand from what you last said that in your opinion sliding scales form the best means of averting disputes between owners and workmen at the coal trade? – Yes.

52. I think you said there is at present no sliding scale in use in the Durham coal trade? – No, there is none now.

53. When was the last given up? – 1889.

54. Can you tell us on what ground it was given up? – Because the men got an idea, and I might say also the officials of the society, that the basis of that scale should be advanced, and the owners and we could not agree as to the advancing of the basic price upon what we call double leads or increased payments when the coal rises to a certain price.

55. How long had that scale lasted? – I think it was three years.

56. And previous to that there had been several other scales? – Yes.

57. Do you remember on what grounds those scales had been given up? – They terminated themselves and were renewed in some instances, except the first and the last. I think the second terminated itself and was renewed by the third, and when the third terminated itself it was renewed by the fourth.

58. When you say terminated by itself, do I understand you to mean that it was

renewed on the same basis as before? – Oh, no, a certain number of years was contained in each scale; some were made for three years, some, I think have gone on five years. Then they terminated and so much notice was given by either side; when the fixed time expires, then either party that is dissatisfied gives notice, and if the scale can be renewed it is renewed.

59. But in those cases when the scale was renewed do I understand you to say it was renewed on the same basis or upon a different basis? – There are not two scales alike. Of course I cannot remember every basis we have put in the scales. I cannot remember the different terms.

60. Was it in every case the men who objected to the basis when a scale came to an end? – The owners objected in the first instance; then the men objected in the second instance too.

61. Has there been any suggestion that the system of a sliding scale should be revived since 1889? – By a few of the leading men belonging to the trades union, but no expression of opinion as coming from the body of either one section or the other, to my knowledge.

62. Then how have wages been arranged since then? – By meeting the owners at various times and discussing the question whether or not there should be a reduction on the price.

63. Were you able to come in each case to a decision without invoking the assistance of an arbitrator? – Yes.

171. The ideal sliding scale: evidence of A. Sopwith representing the Cannock Chase coal owners, before Royal Commission on Labour, 8 December 1891

(Devonshire Report (Evidence, Group A (4170)), *Parliamentary Papers 1892* XXXV, i, 346–7)

6491 [A. Sopwith] Really I think that I represent the views of the association in saying that if a sliding scale could be established on an equitable basis, and that a greater stability were given to sliding scales than they have had in the past, that it would be a very good thing. What I mean, simply as a suggestion, is this: in the past we have had a hard and fast line, a certain advance to the men, a fixed sum for every advance in price. The wages in our district are regulated by what we call the "holer's day" or "stint", and in all agreements it has been based upon a sum practically of 3*d* to 1*s*. There has been no graduation either at the top of the scale or at the lower part of the scale. Now if a sliding scale could be established with a certain range like that, and then in order to meet the views of the men, the lower part of the scale graduated so as not to induce the masters unduly to lower wages, and then, if again there were some references in the sliding scale to arbitration when the wage got beyond a certain point, and if masters and men on either side were made responsible for not carrying out the arbitrator's award for a certain time, I think we would get a very large cover, and would probably get over a certain time when a strike might otherwise be involved. What we want is a longer range and a greater graduation or something equivalent.

6492. [Mr Dale] In what sense do you use the term "a longer range", a range of what? – In the sliding scales the range has been fixed absolutely, say a certain advance of wages for a certain advance in price.

6493. Those are minimum and maximum? – Those are minimum and maximum, and in time of very good trade, as was the case when the first award was made, the matter was not taken into consideration that the prices would fall as low as they did within a very considerable amount. Therefore the matter was not dealt with, and in the last scale again which was made, on the other hand the scale was not made to reach the present price of coal.

6494. The present low price or high price, which? – The present price of coal is higher than was put in the sliding scale agreement.

6495. You think that a sliding scale in your district, if re-established, should have no limitation upwards or downwards, or at any rate should have a much higher maximum? – It ought to be a larger range, and, I think, a graduated range, because you cannot reduce men's wages below a certain point, and the question is when the lowest price in any of those previous scales has been reached. Naturally if it was carried without limitation on the same basis it would reduce the men's wages perhaps to a lower point than they could really bear. But that might be modified by having a graduated scale when it gets below a certain price.

6496. Graduated in the sense of a less variation in wage to a given variation in price? – To give variation in price to the same; but less reduction for the same amount as the standard reduction in price. . . .

6503. [Mr Gerald Balfour] About this sliding scale; you say that the last sliding scale was terminated by the men in 1883? – Yes.

6504. And that they objected to any sliding scale on principle? – I would not like to put the thing in a very specific way. There were one or two meetings of the men, and the thing dropped through without any specific points of difference; but the general feeling was that a sliding scale was not applicable. I may mention, in connection with that, that one difficulty with the sliding scale, and I think that it will rather apply to our district, is this: that having fixed the sliding scale and certain charges or prices for getting coal fixed upon that sliding scale, and certain local circumstances, the improvement of the seams, which are very variable in our district, may lead to a manager of a mine asking for a reduction in the charter; and I think there were differences of this kind which really led the men to think that a sliding scale was objectionable.

6505. They did not, however, formulate their objections? – They did not formulate their objections. It died a sort of natural death. We had four or five sliding scales, and, I think, most masters and men were rather tired of them. I think that is the meaning of it.

6506. And you said in case of having a sliding scale re-established, you would like to see it constructed upon a somewhat different basis? – I did. . . .

172. Foundation of the Independent Labour Party, 13 and 14 January 1893

(*The Times* (14 January 1893))

The foundation of the Independent Labour Party took place at a conference at Bradford, 13 and 14 January 1893, of just over 100 delegates from various Labour and Socialist organisations interested in founding a specifically Labour party. James Keir Hardie was elected chairman by a 2 : 1 majority over the Bradford Labour leader W. H. Drew. The title first proposed for the party was the "Socialist Labour Party", but, on debate, this was amended to the "Independent Labour Party". Ben Tillett's speech in this debate and resolutions defining the objects of the party are given below.

(a) *Ben Tillett's speech at Bradford Labour Conference, 1893*

Alderman Ben Tillett could not understand why their friends should apply the term Socialist to their party. One speaker seemed anxious to accord support to their continental brethren, but in practical democratic organisation there was nothing like this old country. It was a lesson to every one of the continental bodies, which although they had so much chatter and blabber, had no real effective detail. For pluck and determination to fight out their details English trade unionism was the best sort of socialism and labourism he knew. He desired to capture the trade organisations of the country, for they were a body of men well organised and were willing to pay their money in order to secure their ends. They were men who were not merely Socialists on the platform but Socialists at their work. They were men who did not advocate blood-red revolution and when it came to a revolution sneak under the first bedpost. (A voice, "Shame.") These vast organisations of men in this country were working out their own economic salvation, and for work could compare favourably with any of these chatterers. As a trade unionist with a little experience and knowledge of the Labour movement he was glad to say that if there were fifty red revolutionist parties in Germany, he would rather have the solid, progressive, matter-of-fact fighting trade unionist of England, and for that reason he desired that they should keep away from their name any term of socialism. He preferred a man who had spent his life in the Labour movement to three chattering magpies who had neither the courage of their convictions nor the capacity to deal with details of their opinions. He himself was anxious that they should not claim any other power than what they possessed, and he desired that they should respect trade unions. There was not a Socialist party in the world who could show the effective organisation of these men and women in Lancashire. He had become thoroughly sick of people who bore on their foreheads "socialism" and who were no more Socialist than Bismarck. In conclusion he said that he wanted to keep the organisation out of the hands of the wirepullers, and to keep it in the hands of work-a-day men, work-every-day men, who were anxious to do what was right. . . .

On the voting the amendment was carried.

(b) *Object of the Independent Labour Party*

The object of the party was the question next discussed, and on this point the following resolution stood in the name of Mr T. Heywood, of the Lancashire branch of the Socialist Democratic Federation, "That the object of the Independent Labour Party shall be to secure the collective communal ownership of all the means of production, distribution and exchange." This was moved by Mr Bardsley and seconded by Mr Birch.

Mr J. L. Mahon moved as an amendment, "That the object of the Independent Labour Party shall be to secure the independent representation and protection of labour interests on public bodies." . . . A vote was taken and the amendment of Mr Mahon was defeated by 91 votes to 13. Alderman Tillett submitted another amendment which excluded the words "and communal". This was agreed to and carried as a substantive motion.

On the motion of Mr Shaw Maxwell the conference unanimously adopted the following resolution, "That this conference believes that the best method of effecting the economic emancipation of the workers is to secure their independent representation upon all legislative, governing, and administrative bodies."

Mr W. H. Drew submitted the following resolution, "That this conference of delegates of numerous local organisations all over the United Kingdom, pledged to the principle of independent labour representation on all legislative, governing and administrative bodies, hereby agrees to federate for the speedier accomplishment of their one common object." . . . After further discussion the amendment was lost, and the original motion carried. . . .

173. Railway Regulation (Hours of Labour) Act, 1893

(*Public General Statutes*, 56 & 57 Vict. c. 29)

1 (1) If it be represented to the Board of Trade by or on behalf of the servants or any class of the servants of a railway company, that the hours of labour of those servants or of that class or in any special case of any particular servants engaged in working the traffic on any part of the line of the company are excessive, or do not provide sufficient intervals of uninterrupted rest between the periods of duty or sufficient relief in respect of Sunday duty, the Board of Trade shall enquire into the representation.

(2) If it appears to the Board of Trade either on such representation or otherwise that there is in the case of any railway company reasonable ground of complaint with respect to any of the matters aforesaid, the Board of Trade shall order the company to submit to them within a period specified by the board such a schedule of time for the duty of the servants or of any class of the servants of the company as will in the opinion of the board bring the actual hours of work within reasonable limits, regard being had to all the circumstances of the traffic and to the nature of the work.

(3) If a railway company fail to comply with any such order, or to enforce the provisions of any schedule submitted to the board in pursuance of any such

order and approved by the board, the board may refer the matter to the Railway and Canal Commission, and thereupon the Railway and Canal Commission shall have jurisdiction in the matter and the board may appear in support of the reference and the commissioners may make an order requiring the railway company to submit to the commission within a period specified by the commission such a schedule as will in the opinion of the commission bring the actual hours of work within reasonable limits.

(4) If a railway company fails to comply with any order made by the Railway and Canal Commission in pursuance of this section, or to enforce the provisions of any schedule submitted to the Railway and Canal Commission in pursuance of any such order, and approved by that commission, the company shall be liable to a fine not exceeding one hundred pounds for every day during which the default continues. . . .

(7) This Act shall not apply to any servant of a railway company who is in the opinion of the Board of Trade wholly employed either in clerical work or in the company's workshops.

174. Mining dispute, 1893

This was the longest and most extensive dispute the industry had yet experienced. It arose from the refusal of the Miners' Federation of Great Britain to accept the wage reductions demanded by the coal owners in view of the fall in the price of coal. Effectively, the federation covered the coalfields of Lancashire, Yorkshire and the Midlands. The owners demanded a reduction of 25% of the 40% advance on the 1888 rates of pay, regarded as a standard, which had been conceded over recent years. This was about $17\frac{1}{2}$% of gross wages. A. J. Mundella, the president of the Board of Trade, had already, on 3 and 4 November, called the parties together, and the owners had shown willingness to accept a 15% reduction on the advances, subject to the ratification of a conciliation board to be set up, but the miners stipulated for no immediate reduction – in view of the price coal had now reached – and a 30% on the advances limit to future reductions. It will be seen that they gained the first point, and the conciliation board set up did not, in fact, in any of its determinations, go below the 30% level, though it was formally free so to do.

(a) *Prime Minister's letter offering the mediation of Lord Rosebery, 13 November 1893*

(*The Times* (14 November 1893))

10 Downing Street, 13 November 1893. Sir, The attention of her majesty's government has been seriously called to the widespread and disastrous effects produced by the long continuance of the unfortunate dispute in the coal trade which has now entered on its sixteenth week.

It is clear from information which has reached the Board of Trade that much misery and suffering are caused not only to the families of the men directly involved but also to many thousands of others not directly engaged in mining whose employment has been adversely affected by the stoppage. The further prolongation of the dispute cannot fail to aggravate the suffering, especially in view of the approach of winter, when the greatly increased price of fuel is likely to cause distress among the poorer classes throughout the country.

The government have not up to the present considered that they could advantageously intervene in a dispute, the settlement of which would far more usefully be brought about by the action of those concerned in it than by the good offices of others. But having regard to the serious state of affairs referred to above, to the national importance of a speedy termination of the dispute, and to the fact that the conference which took place on 3 and 4 November did not result in a settlement, her majesty's government have felt it their duty to make an effort to bring about a resumption of negotiations between the employers and the employed, under conditions which they hope may lead to a satisfactory result.

It appears to them that advantage might accrue from further discussion between the parties of the present position of matters, under the chairmanship of a member of the government who it is hoped will not be unacceptable to either side.

Lord Rosebery has consented, at the request of his colleagues, to undertake the important duty which such position involves.

I have therefore to invite the Miners' Federation to send representatives to a conference to be held forthwith under his chairmanship.

In discharging this duty it is not proposed that Lord Rosebery should assume the position of an arbitrator or umpire, or himself vote in the proceedings, but that he should confine his action to offering his good offices in order to assist the parties in arriving between themselves at a friendly settlement of the questions in dispute. I am, Your obedient and faithful servant, W. E. Gladstone.
T. Ashton, Esq., General Secretary, Miners' Federation of Great Britain.

(b) *Terms of settlement, 17 November 1893*
(ibid. (18 November 1893))

Terms of settlement of the coal dispute agreed upon between the representatives of the Federated Coal Owners and the Miners' Federation of Great Britain, at a conference held in the Foreign Office, on Friday, 17 November 1893.

Lord Rosebery, K.G. in the chair.
(1) That a Board of Conciliation shall be constituted forthwith to last for one year at least, consisting of an equal number of coal owners' and miners' representatives, fourteen of each. They shall at their meeting endeavour to elect a chairman from outside, and should they fail, will ask the Speaker of the House of Commons to nominate one.

The chairman to have a casting vote.

That the board, when constituted, shall have power to determine from time to time the rate of wages on and from 1 February 1894.

The first meeting to be held on Wednesday, 13 December 1893 at the Westminster Palace Hotel.

(2) That the men resume work at once at the old rate of wages until 1 February 1894.

It is agreed that all collieries, so far as practicable, be reopened for work forthwith, and that so far as practicable no impediment be placed in the way of the return of the men to work.

We, the undersigned, chairman and secretaries of the Federated Coal Owners and of the Miners' Federation of Great Britain, on behalf of those represented at this conference, agree to the above terms of settlement of the present coal dispute.

Signed on behalf of the Coal Owners, A. M. Chambers (chairman); T. Radcliffe Ellis (secretary); on behalf of the Miners' Federation of Great Britain, Benjamin Pickard (chairman); Thomas Ashton (secretary)

Rosebery, chairman of conference; H. Llewellyn Smith, secretary of conference.

175. Conciliation Act, 1896

(*Public General Statutes*, 59 & 60 Vict. c. 30)

1 (1) Any board established either before or after the passing of this Act which is constituted for the purpose of settling disputes between employers and workmen by conciliation or arbitration, or any association or body authorised by an agreement in writing made between employers and workmen to deal with such disputes (in this Act referred to as a conciliation board) may apply to the Board of Trade for registration under this Act.

(2) The application must be accompanied by copies of the constitution, byelaws and regulations of the conciliation board with such other information as the Board of Trade may reasonably require.

(3) The Board of Trade shall keep a register of conciliation boards, and shall enter therein with respect to each registered board its name and principal office, and such other particulars as the Board of Trade may think expedient, and any registered conciliation board shall be entitled to have its name removed from the register on sending to the Board of Trade a written application to that effect.

(4) Every registered conciliation board shall furnish such returns, reports of its proceedings, and other documents as the Board of Trade may reasonably require.

(5) The Board of Trade may on being satisfied that a registered conciliation board has ceased to exist or to act remove its name from the register.

(6) Subject to any agreement to the contrary, proceedings for conciliation before a registered conciliation board shall be conducted in accordance with the regulations of the board in that behalf.

2 (1) Where a difference exists or is apprehended between an employer or any class of employers and workmen or between different classes of workmen, the Board of Trade may if they think fit exercise all or any of the following powers, namely,

(a) inquire into the causes and circumstances of the difference;

(b) take such steps as to the board may seem expedient for the purpose of enabling the parties to the difference to meet together by themselves or their representatives under the presidency of a chairman mutually agreed upon or nominated by the Board of Trade or by some other person or body, with a view to the amicable settlement of the difference;

(c) on the application of employers or workmen interested and after taking into consideration the existence and adequacy of means available for conciliation in the district or trade and the circumstances of the case, appoint a person or persons to act as conciliator or as a board of conciliation;

(d) on the application of both parties to the difference, appoint an arbitrator.

(2) If any person is so appointed to act as conciliator, he shall inquire into the causes and circumstances of the difference by communication with the parties and otherwise shall endeavour to bring about a settlement of the difference and shall report his proceedings to the Board of Trade.

(3) If a settlement of the difference is effected either by conciliation or by arbitration a memorandum of the terms thereof shall be drawn up and signed by the parties or their representatives and a copy thereof shall be delivered to and kept by the Board of Trade.

3. The Arbitration Act, 1889 shall not apply to the settlement by arbitration of any difference or dispute to which this Act applies but any such arbitration proceedings shall be conducted in accordance with such of the provisions of the said Act or such of the regulations of any conciliation board or under such other rules or regulations as may be mutually agreed upon by the parties to the difference or dispute.

4. If it appears to the Board of Trade that in any district or trade adequate means do not exist for having disputes submitted to a conciliation board for the district or trade, they may appoint any person or persons to inquire into the conditions of the district or trade and to confer with the employers and employed, and if the Board of Trade thinks fit with any local authority or body as to the expediency of establishing a conciliation board for the district or trade. . . .

176. Engineers' dispute, 1897: conditions of settlement

(*The Times* (16 December 1897))

The dispute in the engineering industry came to a head in March 1897. Wages, hours and more particularly the manning of new machines were at issue and the employers proceeded to a lock-out in protest against the union's striking of individual firms. This was gradually extended until it came to cover nearly the whole of the industry.

I. General principle agreed to of freedom to employers in the management of their works. The federated employers, while disavowing any intention of interfering with the proper functions of trade unions, will admit no interference with the management of their business, and reserve to themselves the right to introduce into any federated workshop, at the option of the employers concerned, any condition of labour under which any members of the trade unions here represented were working at the commencement of the dispute in any of the workshops of the federated employers; but in the event of any trade union desiring to raise any matter arising therefrom, a meeting can be arranged by application to the secretary of the employers' local association to discuss the matter.

Nothing in the foregoing shall be construed as applying to the normal hours of work or to general rises and falls of wages or to rates of remuneration.

II. Illustrations of the above general principle

1. Freedom of employment. Every workman shall be free to belong to a trade union or not, as he may think fit.

Every employer shall be free to employ any man, whether he belongs or not to a trade union.

Every workman who elects to work in a federated workshop shall work peaceably and harmoniously with all fellow-*employés*, whether he or they belong to a trade union or not; he shall also be free to leave such employment, but no collective action shall be taken until the matter has been dealt with under the provisions for avoiding disputes.

The federation do not advise their members to object to union workmen or to give preference to non-union workmen.

2. Piecework. The right to work piecework at present exercised by many of the federated employers shall be extended to all members of the federation and to all their union workmen.

The prices to be paid for piecework shall be fixed by mutual arrangement between the employer and the workman or workmen who perform the work.

The federation will not countenance any piecework conditions which will not allow a workman of average ability to earn at least the wage at which he is rated.

The federation recommends that all wages and balances shall be paid through the office.

3. Overtime: terms of recommendation agreed to be made to employers. When overtime is necessary the federated employers recommend the following as a basis and guide.

That no man shall be required to work more than forty hours overtime in any four weeks after full shop hours have been worked, allowance being made for time lost through sickness or absence with leave.

In the following cases overtime is not to be restricted, viz, breakdown in plant; general repairs, including ships; repair or replace work, whether for the employer or his customers; trial trips.

It is mutually agreed that in cases of urgency or emergency restrictions shall not apply.

This basis is to apply only to members of the trade unions who are represented at this conference.

All other existing restrictions as regards overtime are to be removed.

It is understood that if mutually satisfactory to local associations of employers and the workmen concerned existing practices regarding overtime may be continued.

4. Rating of workmen. Employers shall be free to employ workmen at rates

of wages mutually satisfactory. They do not object to the unions or any other body of workmen in their collective capacity arranging amongst themselves rates of wages at which they will accept work, but while admitting this position they decline to enforce a rule of any society or an agreement between any society and its members.

The unions will not interfere in any way with the wages of men outside their own unions.

General alterations in the rates of wages in any district or districts will be negotiated between the employers' local association and the local representatives of the trade unions or other bodies of workmen concerned.

5. Apprenticeship. There shall be no limitation of the number of apprentices.

6. Selection, training and employment of operatives. Employers are responsible for the work turned out by their machine tools, and shall have full discretion to appoint the men they consider suitable to work them, and determine the conditions under which such machine tools shall be worked. The employers consider it their duty to encourage ability wherever they find it, and shall have the right to select, train and employ those whom they consider best adapted to the operations carried on in their workshops, and will pay them according to their ability as workmen.

III. Provisions for avoiding disputes. With a view to avoid disputes in future, deputations of workmen will be received by their employers, by appointment, for mutual discussion of questions, in the settlement of which both parties are directly concerned.

In case of disagreement the local associations of employers will negotiate with the local officials of the trade unions.

In the event of any trade union desiring to raise any question with an employers' association a meeting can be arranged by application to the secretary of the employers' local association to discuss the question.

Failing settlement by the local association and the trade union of any question brought before them, the matter shall be forthwith referred to the executive board of the federation and the central authority of the trade union; and pending the question being dealt with there shall be no stoppage of work either of a partial or of a general character, but work shall proceed under the current conditions.

177. Trade Union Congress, Plymouth: instruction to parliamentary committee to call conference on Labour representation, 6 September 1899

(*The Times* (7 September 1899))

M r Holmes (Cardiff) next moved, "That this congress, having regard to its decisions in former years and with a view to the securing of a better representation of the interests of Labour in the House of Commons, hereby instructs the parliamentary committee to invite the cooperation of all the cooperative societies, socialistic societies, trade unions and other working [?class] organisations to jointly cooperate on lines mutually agreed upon in convening a special congress of such of the above named organisations as may be willing to take part to devise ways and means for securing the return of an increased number of Labour members to the next parliament." . . . After a long discussion . . . the resolution was carried amid cheers and counter cheers, by 546,000 votes against 434,000.

178. Taff Vale case, 1901: decision of Mr Justice Farwell

(Taff Vale Railway v. Amalgamated Society of Railway Servants, *Appeal Cases* (1901), 427 ff.)

[Farwell J.] The defendant society have taken out a summons to strike out their name as defendants, on the ground that they are neither a corporation nor an individual and cannot be sued in a quasi-corporate or any other capacity. Failing this, they contend that no injunction ought to be granted against them. I reserved judgment last week on these two points, because the first is of very great importance, and counsel were unable to assist me by citing any reported case in which the question had been argued and decided.

Now it is undoubtedly true that a trade union is neither a corporation nor an individual, nor a partnership between a number of individuals; but this does not by any means conclude the case. A trade union, as defined by s. 16 of the Trade Union Act, 1876, "means any combination, whether temporary or permanent, for regulating the relations between workmen and masters, or between workmen and workmen, or between masters and masters, or for imposing restrictive conditions on the conduct of any trade or business, whether such combination would or would not, if the principal Act had not been passed, have been deemed to have been an unlawful combination by reason of some one or more of its purposes being in restraint of trade". It is an association of men which almost invariably owes its legal validity to the Trade Union Acts, 1871 and 1876. In the present case the foundation of the argument that I have heard on behalf of the society is that it is an illegal association – an argument that would have more weight if the action related to the enforcement of any contract, and were not an action in tort. The questions I have to consider are what, according to the true construction of the Trade Union Acts, has the legislature enabled the trade unions to do, and what, if any, liability does a trade union incur for wrongs done to others in the exercise of its authorised powers? The Acts commence by legalising the usual trade union contracts, and proceed to establish a registry of trade unions, to give to each trade union an exclusive right to the name in which it is registered, authorise it, through the medium of trustees to own a limited amount of real estate, and unlimited personal estate "for the use and benefit of such trade union and the members thereof"; provide that it shall have officers and treasurers, and render them liable to account;

requires that annual returns be made to the registry of the assets and liabilities and receipts and expenditure of the society; imposing a penalty on the trade union for non-compliance; and permit it to amalgamate with other trade unions and to be wound up. The funds of the society are appropriated to the purposes of the society, and their misappropriation can be restrained by injunction ... and on a winding up, such funds are distributed among the members in accordance with the rules of the society.... Further, the Act of 1871 contains a schedule of matters which must be provided for in the rules. The object and the limitations of the Acts are stated by Sir George Jessel in Rigby v. Connell ((1880), 14 Ch. D. 489) as follows: "That Act was passed, no doubt, primarily with a view to preventing the treasurers and secretaries and officers of these societies from robbing them; that was the chief object. It was discovered that some of these men, abusing the confidence reposed in them, took advantage of the law which made these societies illegal, by appropriating their funds and property to their own use. That, no doubt, was one of the principal objects, and therefore the Act was passed to get at these men. Another object was this: there was a great difficulty in suing and getting their property from third persons, and one object of the Act was to enable these societies to sue in respect of their property, and also to enable them to hold property such as a house or an office, but it was not intended that the contracts entered into by the members of the society should be made legal contracts *inter se*, so that courts of justice should interfere to enforce them. If that had been intended the result would have been this, that an agreement between a number of workmen once entered into, compelling them to work in a particular manner, or to abstain from working in a particular manner, would have been enforceable according to law, and to a certain extent would have reduced some portion of the workmen to a condition of something like serfdom and slavery. Of course the legislature, by interfering, had no idea of doing anything of that sort." But these limitations merely restrict the actual enforcement of trade union contracts by action or suit, and do not affect the status of the association to which such members belong. Now, although a corporation and an individual or individuals may be the only entity known to the common law who can sue or be sued, it is competent to the legislature to give to an association of individuals which is neither a corporation nor a partnership, nor an individual, a capacity for owning property and acting by agents, and such capacity in the absence of express enactment to the contrary involves the necessary correlative of liability to the extent of such property for the acts and defaults of such agents. It is beside the mark to say of such an association that it is unknown to the common law. The legislature has legalised it, and it must be dealt with by the courts according to the intention of the legislature. For instance, a lease in perpetuity is unknown at common law, but such a lease granted by one railway company to another when confirmed by the legislature becomes valid and binding (*see* Sir George Jessel's judgment in Sevenoaks etc. Ry. Co. v. London, Chatham and Dover Ry. Co. (1879), 11 Ch. D. 625, 635); nor can it be said for this purpose that the association is illegal, for the legislature by ss 2 and 3 of the Act of 1871 has rendered legal the usual purposes of a trade union, and has further enabled the trade union to carry into effect those purposes by the provision to which I have already referred. This is not a case of suing in contract, to which the provisions of s. 4 of the Act would apply; it is an action in tort, and the real question is whether on the true construction of the Trade Union Acts the legislature has legalised an association which can own property and can act by agents by intervening in labour disputes between employers and employed, but which cannot be sued in respect of such acts.

Now the legislature in giving a trade union the capacity to own property and the capacity to act by agents has, without incorporating it, given it two of the essential qualities of a corporation – essential, I mean, in respect of the liability for tort, for a corporation can only act by its agents, and can only be made to pay by means of its property. The principle on which corporations have been held liable in respect of wrongs committed by its servants or agents in the course of their service and for the benefit of the employer – *qui sentit commodum sentire debet et onus* – (*see* Mersey Docks Trustees v. Gibbs (1866), L.R. 1, H.L. 93) is as applicable to the case of a trade union as to that of a corporation. If the contention of the defendant society were well-founded, the legislature has authorised the creation of numerous bodies of men capable of owning great wealth and of acting by agents with absolutely no responsibility for the wrongs that they may do to other persons by the use of that wealth and the employment of those agents. They would be at liberty (I do not at all suggest that the defendant society would so act) to disseminate libels broadcast, or to hire men to reproduce the rattening methods that disgraced Sheffield thirty or forty years ago, and their victims would have nothing to look to for damages but the pockets of the individuals, usually men of small means, who acted as their agents. That this is a consideration that may fairly be taken into account appears from the opinion of the judges given to the House of Lords in the Mersey Docks Case (L.R. 1, H.L. 120): "We cannot think that it was the intention of the legislature to deprive a shipowner who pays dues to a wealthy trading company, such as the St Catherine's Dock Company, for instance, of all recourse against it, and to substitute the personal responsibility of a harbour master, no doubt a respectable person in his way, but whose whole means, generally speaking, would not be equal to more than a very small percentage of the damages, when there are any." The proper rule of construction of statutes such as these is that in the absence of express contrary intention, the legislature intends that the creature of the statute shall have the same duties, and that its funds shall be subject to the same liabilities as the general law would impose on a private individual doing the same thing. It would require very clear and express words of enactment to induce me to hold that the legislature had in fact legalised the existence of such irresponsible bodies with such wide responsibility for evil. Not only is there nothing in the Acts to lead me to such a conclusion, but ss 15 and 16 of the Act of 1876 point to a contrary conclusion;

nor do I see any reason for saying that the society cannot be sued in tort in their registered name. Sects 8 and 9 of the Act of 1871 expressly provide for actions in respect of property being brought by and against the trustees, and this express intention impliedly excludes such trustees from being sued in tort. If, therefore, I am right in concluding that the society are liable in tort, the action must be against them in their registered name. The acts complained of are the acts of the association. They are acts done by their agents in the course of the management and direction of a strike; the undertaking such management and direction is one of the main objects of the defendant society, and is perfectly lawful; but the society, in undertaking such management and direction, undertook also the responsibility for the manner in which the strike is carried out. The fact that no action could be brought at law or in equity to compel the society to interfere or refrain from interfering in the strike is immaterial; it is not a question of the rights of members of the society, but of the wrong done to persons outside the society. For such wrongs, arising as they do from the wrongful conduct of the agents of the society in the course of managing a strike which is a lawful object of the society, the defendant society is, in my opinion, liable.

I have come to this conclusion on principle, and on the construction of the Acts, and there is nothing to the contrary in any of the cases cited by the defendants' counsel. . . .

179. Caxton Hall conference, 16 February 1905
(*The Times* (17 February 1905))

The three national labour committees – the Parliamentary Committee of the Trade Union Congress, the General Federation of Trade Unions and the Labour Representation Committee – met at Caxton Hall, Westminster to discuss a common policy in view of the approach of the general election. Mr James Sexton, chairman of the Parliamentary Committee, was in the chair. The conference came to the following decisions. (1) That all candidates adopted by the Labour Representation Committee under its constitution should receive the loyal and hearty support of all sections of the Labour party. (2) That all Labour and trade union candidates approved by the Parliamentary Committee in accordance with the standing orders of the Trade Union Congress shall receive the support of the Labour Representation Committee in so far as its constitution allows, and in the same manner as given to Mr T. Richards in W. Monmouth. (3) That members of the Labour Representation Committee shall not be considered disloyal in refusing to support any adopted Labour candidate on any party platform except that of Labour and that the candidates provided by the committees shall offer no opposition to each other. (4) That the Labour Representation Committee make it clear that their national constitution does not require abstention on the part of electors in constituencies where no Labour candidate is running.

180. Trades Disputes Act, 1906

(Public General Statutes, 6 Edw. 7 c. 47)

1. The following paragraph shall be added as a new paragraph after the first paragraph of section three of the Conspiracy and Protection of Property Act, 1875:

"Any act done in pursuance of an agreement or combination by two or more persons shall, if done in contemplation or furtherance of a trade dispute, not be actionable unless the act, if done without any such agreement or combination, would be actionable."

2 (1) It shall be lawful for one or more persons, acting on their own behalf or on behalf of a trade union or of an individual employer or firm in contemplation or furtherance of a trade dispute, to attend at or near a house or place where a person resides or works or carries on business or happens to be, if they so attend merely for the purpose of peacefully obtaining or communicating information or of peacefully persuading any person to work or abstain from working.

(2) Section 7 of the Conspiracy and Protection of Property Act, 1875 is hereby repealed, from "attending at or near" to the end of the section.

3. An act done by a person in contemplation or furtherance of a trade dispute shall not be actionable on the ground only that it induces some other person to break a contract of employment or that it is an interference with the trade, business or employment of some other person, or with the right of some other person to dispose of his capital or his labour as he wills.

4 (1) An action against a trade union, whether of workmen or of masters, or against any members or officials thereof on behalf of themselves and all other members of the trade union in respect of any tortious act alleged to have been committed by or on behalf of the trade union, shall not be entertained by any court.

(2) Nothing in this section shall affect the liability of the trustees of a trade union to be sued in the events provided for by the Trade Union Act, 1871, section 7, except in respect of any tortious act committed by or on behalf of the union in contemplation or in furtherance of a trade dispute.

5 (1) This Act may be cited as the Trades Disputes Act, 1906, and the Trade Union Acts, 1871 and 1876 and this Act may be cited together as the Trade Union Acts 1871–1906. . . .

181. Coal Mines Regulation Act, 1908

(Public General Statutes, 8 Edw. 7 c. 57)

1 (1) Subject to the provisions of this Act a workman shall not be below ground in a mine for the purpose of his work, and of going to and from his work, for more than eight hours during any consecutive hours. . . .

2. [Owner to keep register of times of descent and ascent.]

3. [An hour's overtime permitted on 60 days in the year.]
4. [Act may be suspended by order in council in case of war or other emergency.] . . .

182. *The Times* leader on the shipping strike, 11 July 1911

(*The Times* (11 July 1911))

The extensive labour dispute in British ports, which began with seamen and rapidly spread to dockers and other classes of men connected with ships and shipping, cannot be said to be over; but it is evidently drawing to a conclusion, at any rate for the present. The settlement at Manchester, which we were able to announce yesterday, following on that at Hull a week earlier, points to the probability of a general subsidence at an early date. The trouble has been particularly acute at these two ports, and at one time it assumed an extremely threatening aspect, through the violence of a section of the strikers. In both cases Mr Askwith has acted as mediator, with the happy result that seldom fails to follow from his intervention. In London also a settlement with the dockers seems imminent. At the consultation held yesterday between the Port of London Authority and representatives of shipowners and wharfingers agreement was practically reached to adopt the proposal made by the Labour Committee of the Port Authority that the ordinary wages should be raised from 6d to 7d an hour, and for overtime from 8d to 9d. This is, in effect, the story of the dispute everywhere, whether sailors and firemen, ship's stewards or cooks, dockers, carters or others engaged in land transport are concerned. Advances of wages have been granted at one port after another; at Liverpool, Southampton, Bristol, on the Tyne, the Humber and the Wear. And more than that. In several cases owners and employers have agreed to "recognise" the various unions, and meet representatives of the men, and other concessions of a subsidiary character have been made. In short the men have won a striking victory. It is not complete, but it goes a long way towards completion, and very much further than anyone, not excepting the men themselves, ever expected.

The whole affair is, in truth, one of the most remarkable incidents in the history of labour disputes. It was preceded by a good deal of windy talk of the kind that has become as familiar as the cry of "Wolf!" in the old apologue, and with the same result: it was not taken seriously. Even when the much advertised signal was given on 14 June and the strike began, very little happened, and onlookers were deceived into thinking that they had only one more false alarm before them. To all appearances the organisation of the seamen, which has so long and so often proved its weakness, was no stronger than before; whereas the Shipping Federation, which has as long and often proved its strength, seemed to be as strong as ever. The course that events have taken has, therefore, been a complete surprise to everyone, including, we suspect, Mr Havelock Wilson himself. His prediction has to a great extent been fulfilled, and he is fully entitled to congratulate himself, but he cannot have expected either a victory so easy and so speedy, or an explosive extension to other workers of the movement he had organised such as actually occurred. The strike has behaved like a bush fire in this dry, hot weather. No doubt the advance of wages granted at once by some Atlantic liners – and notably by the *Olympic* – set the movement going, and the further it got the harder it became to stem. When attempts were made to resist, with the help of outside labour, some distinct success had already been attained, and the dockers, in a wave of sympathetic enthusiasm, threw their weight into the scale by refusing to handle "black-leg" cargoes. Carters, coalheavers, and other dockside workers joined in the struggle, with remarkable unanimity; and presently, the sympathetic strikers, encouraged by success, began to make demands on their own account. Hence the serious trouble at Hull and Manchester. A singular feature of the affair is that an increase of wages was not one of the items in the original programme put forward on behalf of the seamen. They demanded recognition of the union, a conciliation board, modification of the system of medical inspection and freedom from the compulsory obligation to take out a federation ticket. At first when they were offered a rise of wages, all these demands disappeared; very naturally, because the ultimate object is always more wages, to which other demands are merely stepping stones. But in the terms of settlement agreed to yesterday at Manchester, as in those previously arranged at Hull, the other demands are virtually conceded as well as a rise in wages. Whether that is so at other ports where the dispute has been settled we do not know. Complete information has not been forthcoming, and the circumstances have been very confused. But at any rate recognition of the union has been obtained in other ports. In face of these facts it would be futile to minimise the victory gained by the men, or the blow inflicted on the Shipping Federation. It has been taken by surprise and seriously shaken as a fighting organisation. Our Manchester correspondent says that the men there made a bonfire of their federation tickets and returned to work yesterday in jubilant spirits.

One conclusion emerges clearly from the story of this surprising labour dispute, and it should not be overlooked or misunderstood. It is obvious that the owners and employers concerned could afford, broadly speaking, to grant concessions without difficulty. If they could not, they would not have done so. That is the real reason why a hopeless-looking strike, which was generally expected to be a fiasco, has resulted in an astonishingly speedy and easy success. It is very necessary to grasp this point clearly, because failure to appreciate it may lead to disastrous counsels. If the idea is encouraged that seamen, dockers, carters, and the rest, have only to strike, and stick together to get everything they want, they may be tempted to try again before long with very different results. We do not deny the solidarity of the labour forces on the present occasion or the influence exercised by it; but unless the economic conditions had been favourable, it would only have resulted in a disastrous conflict. The fact is evident that an advance in wages was overdue, and that the

Shipping Federation was powerless to prevent it. The result is a blow to its power and position; but if the men who are rejoicing in that fact wish to restore the federation, the shortest way to do it would be to carry their success too far, and to make demands which the owners could not afford to concede. Let us hope that the upshot of the present dispute will be the establishment of proper machinery for adjusting these questions, which, had it existed, would have obviated the need of a conflict at all. The strike may be held to have been justified by its success, but it would have been better to have secured the results without a strike.

183. The railway strike, 1911

The railway conciliation agreement of 1907 had been a compromise to which neither unions nor companies had felt deeply committed. The conciliation boards did bring some improvements in pay and conditions, but the unions contended too slowly and unequally. Railway resources were, in any event, strictly limited, but it is probable that the exclusion of trade union officials, as such, from the boards and panels, and the limitation of their membership to the grades and companies directly concerned constituted the chief grievance. In 1911 railwaymen in port towns were affected by the dock strike and subsequent unrest, and a number of local railway strikes took place. In Liverpool a general transport strike was threatened, and the executives of the railway unions, meeting there, took the decision to give official backing to the unrest among their members, and to demand, under threat of an immediate strike, a meeting with the companies. The latter, with the exception of the North-Eastern, had always refused to concede this to them (*see* (a)). *The Times*'s view of the situation is seen at (b). The Board of Trade had meanwhile been in constant touch with the parties, and had succeeded in getting a temporary postponement of strike action. The Prime Minister's final offer of a Royal Commission to enquire into the conciliation boards was regarded by the unions, however, as simply an attempt to gain time, and the telegrams at (c) were sent out. Discussions the following day, and particularly a statement by Lloyd George in the House of Commons, underlined the readiness of the government to set the commission to work at once, and Lloyd George persuaded the companies to agree to a direct meeting with the now mollified unions. As a result the agreement at (d) was reached. The commission reported on 20 October in favour of continuing the conciliation scheme, with the right of the men to be represented on boards and panels by trade union officials, if they so chose, and the provision of independent chairmen, with a casting vote in case of disagreement. After nearly a month of negotiation the revised scheme was accepted, and continued in effect until the government took over the railways in the course of the war, althought the unions had already, by 1914, given notice to terminate it.

(a) Unions' ultimatum to the companies, 15 August 1911
(*The Times* (16 August 1911))

That this joint meeting of the executive committees of the Amalgamated Society of Railway Servants, the Associated Society of Locomotive Engineers and Firemen, the General Railway Workers' Union and the General Society of the Signalmen's and Pointsmen's Union summoned to consider the critical situation which has arisen in consequence of the strike of railway workers in Liverpool and other centres, and also the almost universal demand on the part of our neighbours for instructions to immediately cease work, hereby unanimously agree to offer the railway companies twenty-four hours to decide whether they are prepared immediately to meet representatives of the societies and negotiate the basis of settlement on the matters in dispute affecting the various grades. In the event of this offer being refused there will be no alternative than to respond to the demand now being made for a national railway stoppage.

(b) *The Times* leader, 17 August 1911

(ibid. (17 August 1911))

. . . The *Railway Review*, which is the journal of the Amalgamated Society, in the number to be issued today, which we quote elsewhere, states that the present demand of the railwaymen is for "the elementary but important right of being represented by their unions". It is for this object that a general strike has been threatened. The natural question that at once occurs to uninformed observers is, why not recognise the unions? Employers in the other great industries do so as a matter of course. The answer is that the unions in this case do not represent the men. If they did they would of necessity be recognised. In an article on the "Strength of the Unions" we give some figures showing that the membership of the unions only amounts to one-sixth of the number of men employed by the railway companies. Some modification of this estimate must in fairness be made on account of the large number of persons employed by the companies but not eligible for the unions mentioned. The number of men actually affected by the conciliation scheme was 420,000. And, on the other hand, the present membership of the Amalgamated Society is said to be considerably more than 75,000. When all possible corrections have been made, however, it appears that the unions do not represent more than a fourth, at the utmost, of the men affected. The rest do not belong because they do not wish to do, and the real object of getting the unions recognised as the regular mouthpiece of the men is to compel them against their will. The formation of conciliation boards, on which the men are properly represented by their own elected delegates has not been favourable to the growth of unions, and hence the desire to get rid of them. But that is not a sufficient reason – if any reason could be sufficient – for a general strike, and public opinion will undoubtedly uphold the railway companies in resisting such a demand. Nor will it be inclined against them by the charge brought against the conciliation boards that they rob the men of their natural weapon and prevent them from striking. That is precisely what such devices are for; they substitute negotiations for the crude and violent method of the strike. The complaint is really a tribute to their success, though, like other mundane institutions, they are not perfect and their working may be subject to the drawbacks mentioned by the correspondent who signs himself "Watchman". . . .

(c) *Telegram summoning railway workers to strike*

(ibid. (18 August 1911))

YOUR LIBERTY AT STAKE ALL RAILWAYMEN MUST STRIKE AT ONCE LOYALTY TO EACH OTHER MEANS VICTORY

WILLIAMS FOX LOWTH CHORLTON

(d) *Agreement terminating strike, 19 August 1911*

(ibid. (21 August 1911))

Terms of settlement of the railway dispute signed on 19 August 1911 at the Board of Trade on behalf of the railway companies who have adopted the conciliation scheme of 1907 and of the joint executives of the trade unions of the railway *employés* and of the government and the Board of Trade.

1. The strike to be terminated forthwith and the men's leaders to use their best endeavours to induce the men to return to work at once.

2. All the men involved in the present dispute, either by strike or lock-out, including casuals, who present themselves for work within a reasonable time to be reinstated by the companies at the earliest practicable moment, and no one to be subjected to proceedings for breach of contract, or otherwise punished.

3. The conciliation boards to be convened for the purpose of settling forthwith the questions at present in dispute, so far as they are within the scope of such boards, provided notice of such questions be given not later than fourteen days from the date of this agreement. If the sectional boards fail to arrive at a settlement, the central board to meet at once. Any decisions arrived at to be retrospective as from the date of this agreement. It is agreed for the purpose of this and the following clauses "rates of wages" includes remuneration whether by time or piece.

4. Steps to be taken forthwith to effect a settlement of the questions now in dispute between the companies and classes of their *employés* not included with the conciliation scheme of 1907 by means of conferences between representatives of the companies and representatives of their *employés* who are themselves employed by the same company and failing agreement by arbitration to be arranged mutually or by the Board of Trade. The above to be a temporary arrangement pending the report of the commission as to the best means of settling disputes.

5. Both parties to give every assistance to the special commission of inquiry, the immediate appointment of which the government have announced.

6. Any question which may arise as to the interpretation of this agreement to be referred to the Board of Trade.

[signed] (1) on behalf of the railway companies, G. H. Claughton, W. Guy Granet; (2) on behalf of and at the request of the joint executives of the trade unions of the railway *employés*, for the Amalgamated Society of Railway Servants, A. Bellamy, J. E. Williams, J. H. Thomas; for the Associated Society of Locomotive Engineers and Firemen, A. Fox; for the General Railway Workers Union, T. Lowth; for the Signalmen's and Pointsmen's Society, S. Charlton; (3) on behalf of the government and the Board of Trade, D. Lloyd George, Sydney Buxton, H. Llewellyn Smith, G. R. Askwith.

184. Coal strike: Asquith on government intervention and attitude, 4 March 1912

(Hansard, 5th series, XXXV, cols 39 ff.)

The statement was made in response to a request for information from A. Bonar Law, the Opposition leader.

The Prime Minister. Perhaps the House will grant me its indulgence if, in reply to the right hon. gentleman, I rather exceed the limits ordinarily prescribed for an answer to such a question. The House has been kept informed, as far as possible, of the progress of the negotiations going on during the last ten days, but I am sure it will be an advantage if I am allowed, by the indulgence of the House, very briefly to put together a more connected narrative, as far as possible, of the actual progress made. It is just a fortnight ago that the government, who had been closely watching from the very beginning the various stages of the controversy in the coal industry, and who have had the advantage of the most skilled and experienced advisers in such matters in this country, came to the conclusion that it was their duty and in the general interest actively to intervene. I accordingly, in the name of the government, issued invitations to the representatives of both the interests concerned to confer separately with myself and my colleagues, with two objects; in the first place in order that we might acquire from the best and most authoritative sources first hand knowledge of the case as it presented itself both to one side and the other; and in the next place, that we might be able to ascertain the measure of the gap which lay between them, and form some estimate as to how far it was possible that it should be bridged. Both sides, I am glad to say, responded, and responded readily to that invitation, and I am paying a debt of obligation when I say that each of them in turn presented its case with fullness of knowledge, with ability and skill, and with an admirably calm and cool temper, which very much helped us in arriving at a definite conclusion.

I need not say to the House that we who represented the government in the matter listened to the cases so presented with an absolutely impartial mind, and without any kind of prepossession one way or the other, but having done so – these conferences lasted over several days – we unanimously came to certain conclusions. The first was that there are cases – I do not at present pretend to say how numerous, but they are substantial in number and in circumstances – in which underground workers in the coal industry are prevented by causes over which they have no control, and for which they are in no sense responsible, from earning a reasonable minimum wage. We came further to the conclusion, in which we were equally unanimous, that such cases ought to be met, and must be met by the recognition and application of what, if I may use a compendious expression, I may call district minimum wages, but at the same time we were equally strongly of opinion that if that principle was to be recognised and to be applied it must be subject to two conditions. In the first place a minimum wage, varying district by district, according to the very diverse conditions under which the coal mining industry is carried on in this country, must be a reasonable one, and next the concession, the universal concession in all the coalfields of the country of a minimum and reasonable wage must be fenced in and accompanied by adequate safeguards to protect the employers against abuse, and, in particular, to provide against such a diminution in output as would in the long run be disastrous to all concerned in the industry itself.

These are the conclusions at which we arrived, and the way in which we proposed to translate them into practice was to invite both parties to meet together in district conferences, where a representative of the government would be present to give them any assistance, and at which we hoped and believed, and still hope and believe a reasonable minimum rate might be arrived at; but in the last resort, in the event of failure to agree, a figure, varying as I have said, district by district, should be fixed, after full consideration and after hearing all the interests concerned, by those whom the government had so delegated to represent itself. This is the position which we had reached in the early part of last week, and these conclusions, in the shape of four propositions – the first two stating the agreement at which we had arrived, and the second two stating the practical machinery by which we proposed to give effect to these arrangements – were submitted to both parties. They were accepted, I will not say willingly, I daresay with great reluctance in some quarters, but they were accepted, and genuinely accepted, and in the best spirit, by what now turn out to be quite – measured by the number of persons employed and by the output of the industry – 65% of the coalowners of Great Britain. The coalowners of Northumberland held back for a moment, but I am glad to say that after a few hours they joined their fellow coalowners, and we may now say that the proposals of the government have been accepted by practically the whole of the coalowners of England and North Wales, the only sections of coalowners who are at present unable to see their way to accept them are those who represent South Wales and Scotland. That is the case as regards the owners.

Then how did we fare with the men, the miners themselves? The miners were, I think I may say, satisfied – they had every reason to be satisfied – that the government had recognised, and that 65% of the owners had recognised the principle of a minimum wage for which they had been contending. They did not demur to, on the contrary throughout all these proceedings they have recognised to the fullest, and in the most candid way, the necessity for accompanying the grant of a minimum wage with adequate safeguards. There has been no demur of any sort or kind to that proposition – I do not say we have come to an agreement yet as to the precise machinery by which it is to be worked out. They agreed further with us, and it was part of their case, that it was impossible to fix a uniform minimum wage for the whole country, and that the matter must be dealt with district by district and area by area; and finally I am sure they will agree with me when I say they all accepted what is too obvious to need demonstration, namely, that if you have a minimum wage, it must be fixed at a reasonable amount. The point at which difficulty arose was this: accepting all that, which I might almost describe as common ground, they insisted as a condition preceding the entering into any further negotiation or arrangement, that not merely the principle of a minimum wage, varying district by district according to the circumstances of the various areas, should be accepted, but that the actual figure in each district should be the figure they themselves had arrived at and announced to be their irreducible minimum in certain resolutions which the Miners' Federation passed on 2 February last. I will come back to that in a moment when I deal with details. That was the position. That schedule of theirs was to be treated as beyond the range of negotiation or revision. That was the condition of things which we had reached on Thursday last, and on that day, at the suggestion of my colleagues – and accompanied by my three right hon. friends who went through all that anxious and laborious time with me and who gave me invariable and unfailing help – I went to the Foreign Office, and having not merely the executive, but the whole of the conference of the men present, I addressed them. There is a certain amount of controversy about what I said. I said nothing to the men at the Foreign Office last Thursday which I am not prepared to repeat on the floor of this House. A report was published the next morning. Of that report I wish to say that it was an accurate report, and as far as everything material is concerned, an exhaustive report. . . . I said nothing in that speech – and I am borne out in my recollection not only by my right hon. friends who were with me, but by the president and secretary of the Miners' Federation – which in substance or in any material respect differs from or goes in advance of the published report.

I was very much surprised to be told that there appeared in some of the newspapers today a statement by one of the miners' representatives that I had said at this conference of miners that I and my colleagues, his majesty's government, regarded the grant of the minimum wage in the coal industry as the first step to the attainment, apparently by legislation, at any rate by some form of compulsion, of a minimum wage in all the industries of the country. If I had said that it would have appeared in the report. I am not in the habit of engaging in sly flirtations of this kind with socialism and then trying to conceal from the public the manner in which I have been employing my time. Not only did I not say anything of the kind, but anyone who takes the trouble to read my speech will see that it is absolutely inconsistent with the whole drift of the argument which I addressed to the miners; for my argument was this: I was trying to impress on them that in getting as far as we had we had made an enormous advance from their point of view. It was all important to them to agree to conference, deliberation and negotiation with regard to the actual figures of the minimum wage. I pointed out, and I laid the greatest possible stress upon it, that in this respect the industry in which they were engaged, the coal industry, had peculiar and indeed unique features, and it was these peculiar and unique features which justifed, and even necessitated on the part of the government an intervention which otherwise would have been wholly unwarranted. To suppose, when that was the main drift and gist of the argument I was addressing to the men, that I put in a plea that this was going to be the first step towards the application to the other industries in which these conditions did not obtain, is entirely to ignore the foundations of the case I addressed to them. Several hon. gentlemen opposite have given me private notice of questions. I hope they will be content with that answer on that point at any rate. . . .

I hope the House will forgive me for having gone into the matter at such length. I think I am entitled to be somewhat hurt by the insinuation that I could deliberately or even inadvertently allow to go [into] the world as an authentic account of what I had said a report from which were omitted substantial and material matters. What did I say? . . . I said to the men, I think I was entitled to say, that is wonderful progress you have made; you are within sight of your goal. You have got the principle for which you have been fighting and contending recognised practically by the employers and recognised in terms by the government of the country. What remains? You do not deny the necessity, you admit it fully and frankly, for adequate safeguards against abuse, so that is out of the way. What is left? Merely the question of fixing the amount area by area.

It is important in the interests of everybody, in the interests certainly of fair play, that the House and the public should clearly understand how this question arises about fixing the minimum wage. The miners stated their case perfectly clearly. They have throughout these negotiations shown the utmost candour. The position of the miners is this. They said, we were ready to negotiate, if the principle were admitted, with the owners as to amount. We found that it was impossible. It was not impossible in the federated area, where negotiations took place and very nearly reached a satisfactory conclusion, but in other parts of the country it was found impossible altogether. Thereupon, at their meeting on 2 February last, they passed a resolution affirming the principle of a minimum wage and appending to it as a schedule a list of, I think, seventeen different rates applicable to the different coal areas of the country. They ranged in amount from, I think, as low as 4s 11d to as high as 7s 6d. There was every kind of intermediate variation. The miners' position was this: they said these were not the rates we should have asked if we had been bargaining. We should have asked more. But finding that bargaining – a conclusion reluctantly come to – was impossible, we fixed the rates for the different areas as low as we possibly could, and in many cases lower than we thought was reasonable. That is the schedule which they presented, and in regard to which they said they were not prepared to negotiate. I need not say that we brought this schedule in all its features very carefully before the employers who appeared before us. The employers – I am not saying for a moment which side is right, that is not the point, and I am not prejudging it – pointed out that there were, to this schedule presented by the miners, a number of very formidable objections. . . . In the first place they said that . . . the men's schedule lumped together into a single area parts of the country which ought to be kept separate. . . . They said next that in the men's schedule, even in a particular district which was admittedly one capable of being treated as a whole, sufficient allowance had not been made for . . . variations as between particular pits. . . . Thirdly . . . they said that the rates as a whole . . . the effect would be that in many parts of the country the less productive pits must be closed. . . .

These are the two cases. I carefully abstain from expressing any opinion which was right and which was wrong. . . . It may be . . . there is a lot of give and take in the matter. . . . The point I put to the men is this, and it is the point I put to the House now – I am not adopting a contentious attitude, as the House will see, my whole object is peace – the point I put to the House and the point I put to the country – that great body of public opinion which, after all, dominates and, in the long run, controls us in matters of this kind – was it possible for any government, even when it had recognised, as we had, the principle of a reasonable minimum wage – was it possible that we were going to ask parliament, and eventually the country . . . to coerce one of the two parties in an industrial dispute to accept, not merely the principle, but the very figures which had been dictated by the men, without enquiry, without negotiation, without any machinery for arriving at an equitable determination? I put that argument to the men, and though I have in the course of my life, professional and political, had to present many cases, often, I am glad to say, good cases, sometimes, perhaps, indifferent cases, I will not say bad cases, it has never been my good fortune to present a case which seemed to me so irresistible from the point of reason, justice and common sense. And as I watched these men, the very flower of the mining industry of the country, while I was speaking – I was over-sanguine – I flattered myself, and I think some of my right hon. friends shared my opinion, that I had almost persuaded them. Well, I did not.

I regret to say that a few hours later on the same day, and again on the next day . . . I pointed out to the men . . . the enormous and terrible responsibility which they were incurring in arriving at a decision and entering upon a course in which the sufferers – the immediate sufferers, and perhaps the ultimate sufferers – would be neither themselves nor those with whom they were contending, but the great bulk of the population. Well, as I have said, the men . . . came for reasons which to them seemed good and sufficient to the conclusion that they could not accept the proposal of the government which, adopting the principle of the minimum, would have left the adjustment of the precise figure in each district to the conference of men and masters. Thereupon, on Friday morning last the negotiations on which my colleagues and I have, I venture to say, expended as much labour and as much anxious desire to arrive at a pacific conclusion as it is possible for men to do, came, not to a breakdown but to a deadlock. I would venture to say that if any apology were needed, I do not think the time and labour expended upon them has been wasted. We have advanced a great deal, a long way upon the road to a possible settlement as compared with the position in which we all stood, say, a fortnight or three weeks ago, and I must say that I have never seen in all my experience, nor do I think has anyone else, an industrial conflict in which such large interests were involved where there was the same spirit of fairness and good feeling between the parties concerned. From beginning to end of these discussions there was no trace of anything in the nature of bitterness or envenomed feeling between the employers and employed. So far so good. But the result for the moment is, of course, lamentably insufficient. . . .

185. Coal Mines (Minimum Wage) Act, 1912

(Public General Statutes, 2 Geo. 5 c. 2)

1 (1) It shall be an implied term of every contract for the employment of a workman underground in a coal mine that the employer shall pay to that workman wages at not less than the minimum rate settled under this Act and applicable to that workman, unless it is certified in manner provided by the district rules that the workman is a person excluded under the district rules from the operation of this provision, or that the workman has forfeited the right to wages at the minimum rate by reason of his failure to comply with the conditions with respect to the regularity or efficiency of the work to be performed by workmen laid down by these rules; and any agreement for the payment of wages in so far as it is in contravention of this provision shall be void.

For the purpose of this Act the expression "district rules" means rules made under the powers given by this Act by the joint district board.

(2) The district rules shall lay down conditions, as respects the district to which they apply, with respect to the exclusion from the right to wages at the minimum rate of aged workmen and infirm workmen (including workmen partially disabled by illness or accident), and shall lay down conditions with respect to the regularity and efficiency of the work to be performed by the workmen, and with respect to the time for which a workman is to be paid in the event of any interruption of work due to an emergency, and shall provide that a workman shall forfeit the right to wages at the minimum rate if he does not comply with conditions as to regularity and efficiency of work, except in case where the failure to comply with the conditions is due to some cause over which he has no control.

The district rules shall also make provision with respect to the persons by whom and the mode by which any question, whether any workman in the district is a workman to whom the minimum rate of wages is applicable or whether a workman has complied with the conditions laid down by the rules, or whether a workman who has not complied with the conditions laid down by the rules has forfeited his right to wages at the minimum rate, is to be decided, and for a certificate being given of any such decision for the purposes of this section.

(3) The provisions of this section as to payment of wages at a minimum rate shall operate as from the date of the passing of this Act, although a minimum rate of wages may not have been settled, and any sum which would have been payable under this section to a workman on account of wages if a minimum rate had been settled may be recovered by the workman from his employer at any time after the rate is settled.

2 (1) Minimum rates of wages and district rules for the purposes of this Act shall be settled separately for each of the districts named in the schedule to this Act by a body of persons recognised by the Board of Trade as the joint district board for that district.

Nothing in this Act shall prejudice the operation of any agreement entered into or custom existing before the passing of this Act for the payment of wages at a rate higher than the minimum rate settled under this Act, and in settling any minimum rate of wages the joint district board shall have regard to the average daily rate of wages paid to the workmen of the class for which the minimum rate is to be settled

(2) The Board of Trade may recognise as a joint district board for any district any body of persons, whether existing at the time of the passing of this Act or constituted for the purposes of this Act, which in the opinion of the Board of Trade fairly and adequately represents the workmen in coal mines in the district and the employers of those workmen, and the chairman of which is an independent person appointed by agreement between the persons representing the workmen and employers respectively on the body, or in default of agreement by the Board of Trade.

The Board of Trade may, as a condition of recognising as a joint district board for the purposes of this Act any body the rules of which do not provide for securing equality of voting power between the members representing workmen and the members representing employers and for giving the chairman a casting vote in case of difference between the two classes of members, require that body to adopt any such rule as the Board of Trade may approve for the purpose, and any rule so adopted shall be deemed to be a rule governing the procedure of the body for the purposes of this Act ...

3 (1) Any minimum rate of wages or district rules settled under this Act shall remain in force until varied in accordance with the provisions of this Act.

(2) The joint district board of a district shall have power to vary any minimum rate of wages or any district rules for the time being in force in their district,

(a) at any time by agreement of the members of the joint district board representing the workmen and the members representing the employers; and

(b) after one year has elapsed since the rate or rules were last settled or varied, on an application made (with three months notice given after the expiration of the year) by any workmen or employers, which appears to the joint district board to represent any considerable body of opinion amongst either the workmen or the employers concerned;

and the provisions of this Act as to the settlement of minimum rates of wages or district rules shall, so far as applicable, apply to the variation of any such rate or rules. . . .

186. Trade Union Act, 1913

(Public General Statutes, 2 & 3 Geo. 5 c. 30)

. . .

3 (1) The funds of a trade union shall not be applied, either directly or in conjunction with any other trade union, association, or body, or otherwise indirectly, in the furtherance of the political objects to which this section applies (without prejudice to the furtherance of any other political objects), unless the furtherance of those objects has been approved as an object of the union by a resolution for the time being in force passed on a ballot of the members of the union taken in accordance with this Act for the purpose by a majority of the members voting; and where such resolution is in force, unless rules, to be approved, whether the union is registered or not, by the Registrar of Friendly Societies, are in force providing,

a. that any payments in furtherance of those objects are to be made out of a separate fund (in this Act referred to as the political fund of the union), and for the exemption in accordance with this Act of any member of the union from any obligation to contribute to such a fund if he gives notice in accordance with this Act that he objects to contribute; and

b. that a member who is exempt from the obligation to contribute to the political fund of the union shall not be excluded from any benefits of the union, or placed in any respect either directly or indirectly under any disability or at any disadvantage as compared with other members of the union (except in relation to the control or management of the political fund) by reason of his being so exempt, and that contribution to the political fund of the union shall not be made a condition for admission to the union.

(2) If any member of a trade union alleges that he is aggrieved by a breach of any rule made in pursuance of this section, he may complain to the Registrar of Friendly Societies, and the Registrar of Friendly Societies, after giving the complainant and any representative of the union an opportunity of being heard, may, if he considers such a breach has been committed, make such order for remedying the breach as he thinks just under the circumstances, and any such order of the registrar shall be binding and conclusive on all parties without appeal and shall not be removable into any court of law or restrainable by injunction, and on being recorded in the county court may be enforced as if it had been an order of the county court. In the application of this provision to Scotland the sheriff court shall be substituted for the county court, and "interdict" shall be substituted for "injunction".

(3) The political objects to which this section applies are the expenditure of money,

a. on the payment of any expenses incurred whether directly or indirectly by a candidate or prospective candidate for election to parliament or to any public office, before, during, or after the election in connection with his candidature or election; or

b. on the holding of any meeting or the distribution of any literature or documents in support of any such candidate or prospective candidate; or

c. on the maintenance of any person who is a member of parliament or who holds a public office; or

d. in connection with the registration of electors or the selection of a candidate for parliament or any public office; or,

e. on the holding of political meetings of any kind, or on the distribution of political literature or political documents of any kind, unless the main purpose of the meetings or of the distribution of the literature or documents is the furtherance of statutory objects within the meaning of this Act.

The expression "public office" in this section means the office of member of any county, county borough, district, or parish council, or board of guardians, or of any public body who have power to raise money, either directly or indirectly, by means of a rate. . . .

APPENDICES

I. SELECT CHART PEDIGREES

i. DESCENT OF QUEEN VICTORIA

[House of Hanover]

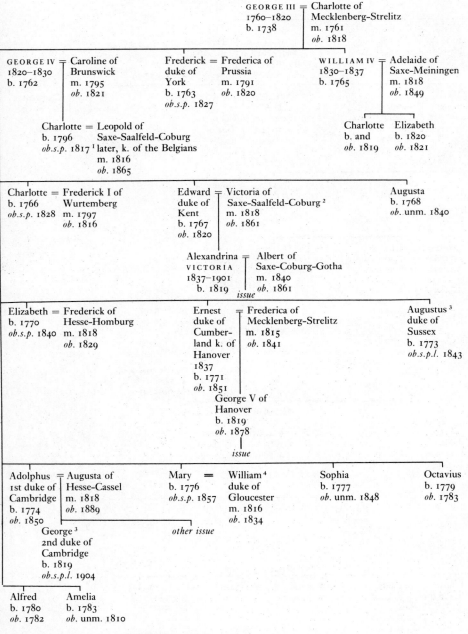

GEORGE III = Charlotte of
1760–1820   Mecklenberg-Strelitz
b. 1738   m. 1761
  ob. 1818

GEORGE IV = Caroline of
1820–1830   Brunswick
b. 1762   m. 1795
  ob. 1821

Frederick = Frederica of
duke of   Prussia
York   m. 1791
b. 1763   ob. 1820
ob.s.p. 1827

WILLIAM IV = Adelaide of
1830–1837   Saxe-Meiningen
b. 1765   m. 1818
  ob. 1849

Charlotte = Leopold of
b. 1796   Saxe-Saalfeld-Coburg
ob.s.p. 1817 [1] later, k. of the Belgians
  m. 1816
  ob. 1865

Charlotte   Elizabeth
b. and   b. 1820
ob. 1819   ob. 1821

Charlotte = Frederick I of
b. 1766   Wurtemberg
ob.s.p. 1828   m. 1797
  ob. 1816

Edward = Victoria of
duke of   Saxe-Saalfeld-Coburg [2]
Kent   m. 1818
b. 1767   ob. 1861
ob. 1820

Augusta
b. 1768
ob. unm. 1840

Alexandrina = Albert of
VICTORIA   Saxe-Coburg-Gotha
1837–1901   m. 1840
b. 1819   ob. 1861
  issue

Elizabeth = Frederick of
b. 1770   Hesse-Homburg
ob.s.p. 1840   m. 1818
  ob. 1829

Ernest = Frederica of
duke of   Mecklenberg-Strelitz
Cumber-   m. 1815
land k. of   ob. 1841
Hanover
1837
b. 1771
ob. 1851

George V of
Hanover
b. 1819
ob. 1878

issue

Augustus [3]
duke of
Sussex
b. 1773
ob.s.p.l. 1843

Adolphus = Augusta of
1st duke of   Hesse-Cassel
Cambridge   m. 1818
b. 1774   ob. 1889
ob. 1850

Mary =
b. 1776
ob.s.p. 1857

William [4]
duke of
Gloucester
m. 1816
ob. 1834

Sophia
b. 1777
ob. unm. 1848

Octavius
b. 1779
ob. 1783

George [3]
2nd duke of
Cambridge
b. 1819
ob.s.p.l. 1904

other issue

Alfred
b. 1780
ob. 1782

Amelia
b. 1783
ob. unm. 1810

[1] died after delivery of stillborn child
[2] sister of Leopold of the Belgians
[3] married in defiance of Royal Marrage Act, 1772
[4] Mary's first cousin, son of George III's brother

ii. FAMILY OF QUEEN VICTORIA

[House of Hanover]

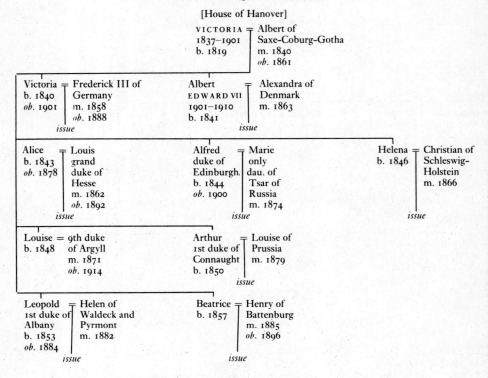

iii. ROYAL FAMILY 1901 TO 1914

[House of Saxe-Coburg]

[House of Windsor]

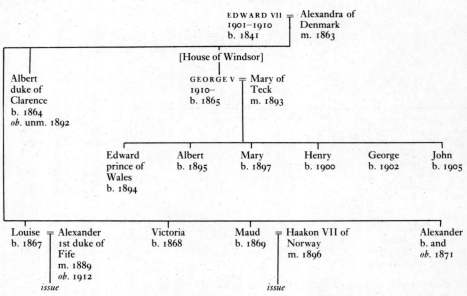

II. GENERAL ELECTIONS 1833–1914

in office	1833	Liberal government	February	1874	Conservative majority
January	1835	Liberal majority	April	1880	Liberal ,,
August	1837	Liberal ,,	November	1885	Liberal ,,
July	1841	Conservative ,,	July	1886	Conservative ,,
July	1847	Liberal ,,	July	1892	Liberal ,,
July	1852	Liberal ,,	July	1895	Conservative ,,
March	1857	Liberal ,,	February	1900	Conservative ,,
May	1859	Liberal ,,	January	1906	Liberal ,,
July	1865	Liberal ,,	Jan./Feb.	1910	Liberal ,,
November	1868	Liberal ,,	in office	1914	Liberal government

III. PRIME MINISTERS 1833–1914

1833	Earl Grey *in office*	1872	Gladstone *in office*
1834	William Lamb, 2nd Viscount Melbourne, July	1873	
		1874	Disraeli, February
	Sir Robert Peel, December	1875	
1835	Melbourne, April	1876	
1836		1877	
1837		1878	
1838		1879	
1839		1880	Gladstone, April
1840		1881	
1841	Peel, September	1882	
1842		1883	
1843		1884	
1844		1885	Robert Gascoyne-Cecil, 3rd marquess of Salisbury, June
1845			
1846	Lord John Russell, July	1886	Gladstone, February
1847			Salisbury, August
1848		1887	
1849		1888	
1850		1889	
1851		1890	
1852	Edward Stanley, 14th earl of Derby, February	1891	
		1892	Gladstone, August
	George Hamilton Gordon, 4th earl of Aberdeen, December	1893	
		1894	Archibald Primrose, 5th earl of Rosebery, March
1853		1895	Salisbury, June
1854		1896	
1855	Henry John Temple, 3rd Viscount Palmerston, February	1897	
		1898	
1856		1899	
1857		1900	
1858	Derby, February	1901	
1859	Palmerston, June	1902	Arthur James Balfour, July
1860		1903	
1861		1904	
1862		1905	Sir Henry Campbell-Bannerman, December
1863			
1864			
1865	Earl Russell, formerly Lord John Russell, October	1906	
		1907	
1866	Derby, June	1908	Herbert Henry Asquith, April
1867		1909	
1868	Benjamin Disraeli, February	1910	
	William Ewart Gladstone, December	1911	
		1912	
1869		1913	
1870		1914	Asquith *in office*
1871			

IV. ARCHBISHOPS, 1833 TO 1914

England

Canterbury	York

1833	William Howley	1833	Edward Venables Vernon Harcourt
	(*since* 1828)		(*since* 1808)
1848	John Bird Sumner	1848	Thomas Musgrave
1862	Charles Thomas Longley	1860	Charles Thomas Longley
1868	Archibald Campbell Tait	1862	William Thomson
1883	Edward White Benson	1891	William Connor Magee
1896	Frederick Temple	1891	William Dalrymple Maclagan
1903	Randall Thomas Davidson	1909	Cosmo Gordon Lang
1914	Davidson *in office*	1914	Lang *in office*

Ireland

Armagh	Dublin

1833	John George Beresford	1833	Richard Whately
	(*since* 1822)		(*since* 1831)
1862	Marcus Gervais Beresford	1864	Richard Chenevix Trench, res.
1886	Robert Knox	1885	William Conyngham, Lord Plunket
1893	Robert Samuel Gregg	1897	Joseph Ferguson Peacocke
1896	William Alexander	1914	Peacocke *in office*
1911	John Baptist Crozier		
1914	Crozier *in office*		

1833–1914: A CHRONOLOGY OF THE TEXTS IN VOLUME XII

Figures refer to the numbered documents, not to the pages: number (1) preceding the figures refers to Part 1, 1833–74, and (2) to Part 2, 1874–1914.

1830

Sir J. Graham's reforms at the Admiralty, (1), 169

1831

Population census, table, (1), 73
Exports, table, (1), 89
Sir J. Graham's reforms at the Admiralty, (1), 169

1832

Exports, table, (1), 89
Sir J. Graham's reforms at the Admiralty, (1), 169
Factories Regulation Bill, M. Sadler on second reading, (1), 249

1833

Emigration, table, (1), 75
Grain and flour imports, table, (1), 81
Wheat prices, table, (1), 82
Exports, table, (1), 89
Trade cycle, table, (1), 90
Report of Select Committee on Agriculture, (1), 91
Tracts for the Times, No. 1, (1), 111
Sir J. Graham's reforms at the Admiralty, (1), 169
Report of Royal Commission on employment of children in factories, (1), 250
Factories Regulation Act, (1), 251

1834

Emigration, table, (1), 75
Grain and flour imports, table, (1), 81
Wheat prices, table, (1), 82
Exports, table, (1), 89
Trade cycle, table, (1), 90
First Report of Royal Commission on ecclesiastical revenues, (1), 112
Sir J. Graham's reforms at the Admiralty, (1), 169
Report of Select Committee on county rates, (1), 189
Report of Royal Commission on administration and practical operation of the Poor Laws, (1), 206
W. Cotton on work of the National Society, (1), 228
Report of Select Committee on hand loom weavers, (1), 252

1835

Visc. Melbourne in debate on the address, (1), 1, 3
Duke of Wellington in debate on the address, (1), 2
Sir R. Peel in debate on the address, (1), 4
Tamworth manifesto, (1), 52
Emigration, table, (1), 75
Grain and flour imports, table, (1), 81
Wheat prices, table, (1), 82
Exports, table, (1), 89
Trade cycle, table, (1), 90
Report of Select Committee on gaols and houses of correction, (1), 153
Report of Royal Commission on municipal corporations, (1), 190
Municipal Corporations Act, (1), 191
Report of Select Committee on charities, (1), 231; on Berkhampstead Endowed School, 231 (a); W. Grant on state of grammar schools, 231 (b)
Report of Select Committee on hand loom weavers, (1), 252

Minutes of Wesleyan Conference on Sir J. Graham's education proposals, (1), 119
Ld. Wharncliffe to British and Foreign School Society, (1), 236 (a, b)
Education clauses of Sir J. Graham's Factory Bill, announcing proposals, (1), 237; speech on Amended Bill, 238; Ld. Ashley on withdrawal, 239

1844

Population rates, table, (1), 74
Grain and flour imports, table, (1), 81
Wheat prices, table, (1), 82
Railway returns, table, (1), 84
Shipping, table, (1), 86
Exports, tables, (1), 87, 88, 89
Select Committee on Joint Stock Companies, (1), 95
Select Committee on railways, (1), 96
Sir R. Peel on Bank Charter Acts, (1), 97
Select Committee on Medical Relief, evidence of G. J. Guthrie, (1), 216 (a); evidence of H. W. Rumsey, 216 (b)

1845

Population rates, table, (1), 74
Grain and flour imports, table, (1), 81
Wheat prices, table, (1), 82
Railway returns, table, (1), 84
Shipping, table, (1), 86
Exports, tables, (1), 87, 88, 89
Divorce sentence, Mr Justice Maule on R. v. T. Hall, (1), 159
Royal Commission on occupation of land in Ireland, (2), 78

1846

Bill for repeal of Corn Laws, duke of Wellington on second reading, (1), 58; Sir R. Peel on second reading, 145; Disraeli on third reading, 146
Population rates, table, (1), 74
Grain and flour imports, table, (1), 81
Wheat prices, table, (1), 82
Railway returns, table, (1), 84
Shipping, table, (1), 86
Exports, tables, (1), 87, 88, 89
Select Committee on amalgamation of railways and canals, (1), 98
County Courts Act, (1), 160
Minutes of Committee of Council for Education, apprenticeship of pupil teachers, (1), 240 (a); regulations on normal schools, education of schoolmasters, and salary aid, 240 (b)
Famine in Ireland, T. Mathew to Trevelyan, (2), 79 (a); Routh to Trevelyan on measures taken, 79 (b); Col. Jones to Trevelyan on prospects for winter, 79 (c); Parker to Jones on conditions in Scull and Skibbereen, 79 (d)

1847

Population rates, table, (1), 74
Grain and flour imports, table, (1), 81
Wheat prices, table, (1), 82
Railway returns, table, (1), 84
Shipping, table, (1), 86
Exports, tables, (1), 87, 88, 89
Select Committee on commercial distress, (1), 99
Select Committee on settlement and poor removal, evidence of E. Chadwick, (1), 217 (a); evidence of Rev. S. G. Osborne, 217 (b)
J. Fielden, Ten Hours Act, (1), 260
Famine in Ireland, relief measures, Trevelyan to heads of Irish depts, (2), 79 (e); Report of Caffin on conditions in Scull and Skibbereen, 79 (f); Third Monthly Report of relief commissioners, 79 (g)
Act to make further provision for relief of the poor in Ireland, (2), 80 (a)
Act to provide for execution of laws for the relief of the poor in Ireland, (2), 80 (b)

1848

Population rates, table, (1), 74
Grain and flour imports, table, (1), 81
Wheat prices, table, (1), 82
Railway returns, table, (1), 84
Shipping, table, (1), 86
Exports, tables, (1), 87, 88, 89
Select Committee on commercial distress, (1), 99
Chartist petition, Select Committee on Public Petitions, (1), 147
Cholera this year, (1), 225
Board of Health Report on its work, (1), 226

1849

Population rates, table, (1), 74
Grain and flour imports, table, (1), 81
Wheat prices, table, (1), 82
Railway returns, table, (1), 84
Shipping, table, (1), 86
Exports, tables, (1), 87, 88, 89
Committee of Inquiry into Treasury establishments, (1), 170
Committee of Inquiry into establishment and duties of Colonial Office, (1), 171
Report of Board of Health on cholera, (1), 225
Board of Health Report on its work, (1), 226
Report of S. Tremenheere on strike trouble in Northumberland, (1), 262

1850

Contest with Palmerston, Queen Victoria to Ld. J. Russell, (1), 12; Ld. Palmerston to Russell, 13
Population rates, table, (1), 74
Grain and flour imports, table, (1), 81
Wheat prices, table, (1), 82
Railway returns, table, (1), 84
Shipping, table, (1), 86
Exports, tables, (1), 87, 88, 89
Card. Wiseman, diocesan letter "out of the Flaminian Gate", (1), 120
Ld. J. Russell to Bp. of Durham on papal aggression, (1), 121
Select Committee on County Rates and Expenditure Bill, (1), 198
Board of Health Report on its work, (1), 226
University of Oxford Commission of Inquiry, Ld. J. Russell to duke of Wellington, (1), 241
Factory weavers, Report of R. J. Saunders on effect of Ten Hours Act on domestic life, (1), 261
Report of S. Tremenheere on strike trouble in Northumberland, (1), 262

1851

Prince Albert on cabinet crisis, (1), 7, 8, 9, 10, 11
Contest with Palmerston, Queen Victoria to Ld. J. Russell, (1), 14, 16; Russell to the queen, 15, 19; marquis
    of Normanby to Ld. Palmerston, 17; Palmerston to Normanby, 18; Russell to Palmerston, 20
Population census, table, (1), 73
Population rates, table, (1), 74
Occupations, table, (1), 78
Grain and flour imports, table, (1), 81
Wheat prices, table, (1), 82
Land, cultivated acreage and output, table, (1), 83
Railway returns, table, (1), 84
Shipping, table, (1), 86
Exports, tables, (1), 87, 88, 89
Select Committee on Law of Partnership, (1), 100
Ecclesiastical Titles Act, (1), 122
Census Report on Religious Worship, tables, (1), 123, 125, 126, 127, 128, 129, 130, in text 132; texts, 124,
    131, 132, 133
Board of Health Report on its work, (1), 226

1852

Ld. Palmerston's defence of himself, (1), 21
Act for more effectual inquiry into corrupt practices, (1), 59

1870

1871

1872

1873

INDEX TO TEXTS

The figures refer to the numbered documents, not to the pages